Caderno de Estudos da Lei Seca
Volume Único

Normas de Benefícios e Processo do INSS

Caderno de Estudos da Lei Seca

Volume Único

Normas de Benefícios e Processo do INSS

Coordenação
Frederico Amado

3ª edição
revista e atualizada

- ✪ Espaços para anotações
- ✪ Letra maior para uma leitura confortável
- ✪ Em espiral para facilitar o manuseio

Inclui
- ✪ IN INSS/PRES 128/2022
- ✪ Portarias DIRBEN/INSS 990 a 999, de 2022

Recomendado para Profissionais

2023

www.editorajuspodivm.com.br

www.editorajuspodivm.com.br

Rua Canuto Saraiva, 131 – Mooca – CEP: 03113-010 – São Paulo – São Paulo
Tel: (11) 3582.5757
• Contato: https://www.editorajuspodivm.com.br/central-de-relacionamento

Copyright: Edições *Jus*PODIVM

Diagramação: Equipe *Jus*PODIVM

Capa: Ana Caquetti

Fechamento desta edição: 07.08.2023

A481c   Amado, Frederico.
            Caderno de Estudos da Lei Seca – Normas de Benefícios e Processo do INSS 2023 – Volume Único / Frederico Amado – 3. ed. rev. e atual. – São Paulo: Editora JusPodivm, 2023.
            664 p. (Coleção Caderno de Estudos da Lei Seca)

            Bibliografia
            ISBN: 978-85-442-4598-9.

            1. Direito Previdenciário 2. Instituto Nacional do Seguro Social (INSS) I. Amado, Frederico. II. Título.

CDD 341.6242

Todos os direitos desta edição reservados a Edições *Jus*PODIVM.

É terminantemente proibida a reprodução total ou parcial desta obra, por qualquer meio ou processo, sem a expressa autorização do autor e das Edições *Jus*PODIVM. A violação dos direitos autorais caracteriza crime descrito na legislação em vigor, sem prejuízo das sanções civis cabíveis.

SOBRE O COORDENADOR

FREDERICO AMADO

• Procurador Federal/Procuradoria-Geral do INSS em Brasília-DF com atuação perante o STF, STJ e TNU.

• Professor de Direito Previdenciário e Ambiental do Especcial Jus (www.especcialjus.com.br).

• Coordenador da Pós-graduação EAD em Prática Previdenciária da Faculdade Verbo em parceria com o Especcial Jus.

• Coordenador da Pós-graduação AO VIVO pelo MEET em Prática Previdenciária da FBB em parceria com o Especcial Jus.

• Coordenador da Pós-graduação em Direito Ambiental EAD da Faculdade Verbo em parceria com o Especcial Jus.

• Instrutor da Escola da AGU.

• Mestre em Planejamento Ambiental pela UCSAL.

• Especialista em Direito do Estado pela Unyahna. Palestrante.

Página de contato: www.especcialjus.com.br

E-mail: professorfredericoamado@gmail.com

Twitter: @FredericoAmado

Facebook: Frederico Amado

Instagram: @fredericoamado

APRESENTAÇÃO

Este ***Caderno de Lei Seca – Normas de Benefícios e Processo do INSS*** contempla as 11 regulamentações perpetradas pela Autarquia de Previdência publicadas em 29 de março de 2022 a respeito do processo previdenciário, benefícios, serviços, segurados, acordos internacionais, revisão, compensação financeira, reabilitação profissional e outros temas correlatos.

Trata-se da substituição da IN INSS 77/2015 e outros atos da Autarquia revogados, a fim de apresentar uma nova regulamentação atualizada pela Emenda Constitucional 103/2019 e Decreto 10.410/2020.

Nesta edição promovemos diversas atualizações decorrentes de alterações normativas, a exemplo da Portaria INSS/DIRBEN 1.121/2023 e da Instrução Normativa PRES/INSS 151/2023.

O formato do Caderno em espiral permite um estudo confortável com letras grandes e com espaços para anotações.

Ademais, a Editora Juspodivm elaborou um sumário individual dos 11 atos normativos, permitindo uma identificação de todos os temas regulados em cada um deles.

Boa leitura!

Frederico Amado

SUMÁRIO

PLANO DE ESTUDOS **31**

INSTRUÇÃO NORMATIVA PRES/INSS Nº 128, DE 28 DE MARÇO DE 2022

Disciplina as regras, procedimentos e rotinas necessárias à efetiva aplicação das normas de direito previdenciário. **35**

LIVRO I – DOS BENEFICIÁRIOS **35**

TÍTULO I – DOS SEGURADOS E DA ADMINISTRAÇÃO DAS INFORMAÇÕES DOS SEGURADOS **35**

    CAPÍTULO I – DOS SEGURADOS, DA FILIAÇÃO E INSCRIÇÃO, DA VALIDADE, COMPROVAÇÃO E ACERTO DE DADOS DO CNIS **35**

        Seção I – Dos Segurados e da Filiação 35

        Seção II – Do não Filiado 36

        Seção III – Da Inscrição 36

        Seção IV – Da Validade dos Dados do CNIS 38

        Seção V – Das Informações Incorporadas ao CNIS 39

        Seção VI – Da Atualização do CNIS 40

        Seção VII – Da Pessoa Física 40

        Seção VIII – Da Empresa, do Equiparado à Empresa e do Empregador Doméstico 41

        Seção IX – Do eSocial ou do Sistema que venha substituí-lo, do Simples Doméstico, da Carteira de Trabalho Digital, do Registro Eletrônico de Empregado, do Registro do Trabalhador sem Vínculo de Emprego/Estatutário – TSVE, da Folha de Pagamento e do Recibo Eletrônico 41

        Seção X – Do Empregado 43

        Seção XI – Do Empregado Doméstico 52

        Seção XII – Do Trabalhador Avulso 56

        Seção XIII – Do Contribuinte Individual 59

        Seção XIV – Do Facultativo 69

        Seção XV – Do Segurado Especial 70

        Seção XVI – Do Ajuste de Guia de Recolhimento do Contribuinte Individual, Empregado Doméstico, Segurado Facultativo e Segurado Especial que Contribui Facultativamente 77

        Seção XVII – Da Complementação, Utilização e Agrupamento para Fins do Alcance do Limite Mínimo do Salário de Contribuição 78

        Seção XVIII – Das Disposições e Atividades Específicas 80

SUMÁRIO

Seção XIX – Da Reclamatória Trabalhista 89

Seção XX – Das Informações de Registros Civis 90

TÍTULO II – DOS DEPENDENTES 92

TÍTULO III – DA MANUTENÇÃO E DA PERDA DA QUALIDADE DE SEGURADO 93

LIVRO II – DOS BENEFÍCIOS E SERVIÇOS 95

TÍTULO I – DAS DISPOSIÇÕES GERAIS RELATIVAS AOS BENEFÍCIOS 95

CAPÍTULO I – DA CARÊNCIA 95

Seção I – Disposições Gerais 95

Seção II – Dos Períodos de Carência e das Isenções 98

Seção III – Disposições Específicas Aplicadas ao Segurado Especial e Demais Trabalhadores Rurais 99

CAPÍTULO II – DO TEMPO DE CONTRIBUIÇÃO 100

Seção I – Disposições Gerais 100

Seção II – Das Contribuições Abaixo do Mínimo 101

Seção III – Dos Períodos Computáveis 102

Seção IV – Dos Períodos Não Computáveis 105

Seção V – Das Disposições Finais 106

CAPÍTULO III – DO CÁLCULO DO VALOR DO BENEFÍCIO 106

Seção I – Disposições Gerais 106

Seção II – Do Período Base de Cálculo 106

Seção III – Do Salário de Benefício 108

Seção IV – Da Renda Mensal Inicial 109

Seção V – Do Reajustamento do Valor do Benefício 114

TÍTULO II – DOS BENEFÍCIOS PROGRAMÁVEIS 114

CAPÍTULO I – DAS DISPOSIÇÕES GERAIS 114

CAPÍTULO II – DA APOSENTADORIA PROGRAMADA 115

CAPÍTULO III – DA APOSENTADORIA PROGRAMADA DO PROFESSOR 116

Seção I – Do Requisito de Acesso 116

Seção II – Das Disposições Transitórias Referentes ao Requisito de Acesso 116

Seção III – Da Atividade de Professor 117

CAPÍTULO IV – DA APOSENTADORIA POR IDADE DO TRABALHADOR RURAL 117

Seção I – Da Aposentadoria Híbrida 117

Seção II – Das Disposições Gerais 118

CAPÍTULO V – DA APOSENTADORIA ESPECIAL 118

Seção I – Do Requisito de Acesso 118

Seção II – Das Disposições Transitórias Referentes ao Requisito de Acesso 118

Seção III – Das Disposições Gerais 119

SUMÁRIO

Seção IV – Da Caracterização de Atividade Exercida em Condições Especiais 120

Seção V – Das Disposições Relativas ao Enquadramento por Exposição a Agentes Prejudiciais à Saúde... 124

CAPÍTULO VI – DA APOSENTADORIA DA PESSOA COM DEFICIÊNCIA 129

Seção I – Das Disposições Gerais.. 129

Seção II – Dos Requisitos de Acesso 130

CAPÍTULO VII – DAS DISPOSIÇÕES TRANSITÓRIAS 131

Seção I – Da Aposentadoria por Idade 131

Seção II – Da Aposentadoria por Tempo de Contribuição 132

TÍTULO III – DOS BENEFÍCIOS NÃO PROGRAMÁVEIS 133

CAPÍTULO I – DISPOSIÇÕES GERAIS 133

CAPÍTULO II – DA APOSENTADORIA POR INCAPACIDADE PERMANENTE 133

Seção I – Das Disposições Gerais.. 133

Seção II – Da Manutenção do Benefício 134

Seção III – Da Suspensão do Benefício 135

Seção IV – Da Cessação do Benefício 135

CAPÍTULO III – AUXÍLIO POR INCAPACIDADE TEMPORÁRIA 136

Seção I – Das Disposições Gerais.. 136

Seção II – Dos Requisitos de Acesso 137

Seção III – Da Prorrogação do Benefício 137

Seção IV – Da Manutenção do Benefício 137

Seção V – Da Suspensão do Benefício 138

Seção VI – Da Cessação do Benefício 138

Seção VII – Da Reabertura do Benefício 138

Seção VIII – Das Disposições Relativas ao Acidente do Trabalho............ 139

Seção IX – Da Comunicação de Acidente do Trabalho – CAT 139

CAPÍTULO IV – DO AUXÍLIO-ACIDENTE 140

Seção I – Das Disposições Gerais.. 140

Seção II – Do Requisito de Acesso 141

Seção III – Da Manutenção do Benefício 141

Seção IV – Da Suspensão do Benefício 141

CAPÍTULO V – DO SALÁRIO-MATERNIDADE 141

CAPÍTULO VI – DO SALÁRIO-FAMÍLIA 142

CAPÍTULO VII – DA PENSÃO POR MORTE 144

Seção I – Disposições Gerais 144

Seção II – Da Pensão por Morte para o Cônjuge ou Companheiro(a) 146

Seção III – Da Habilitação Provisória 147

Seção IV – Da Extinção da Cota ou da Pensão por Morte...................... 147

SUMÁRIO

CAPÍTULO VIII – DO AUXÍLIO-RECLUSÃO 148
- Seção I – Disposições Gerais 148
- Seção II – Das Especificidades em Relação aos Dependentes 150
- Seção III – Da Manutenção do Benefício 150
- Seção IV – Das Causas de Suspensão e Extinção do Auxílio-reclusão 150

TÍTULO IV – DOS ACORDOS INTERNACIONAIS 151
CAPÍTULO I – DAS INFORMAÇÕES GERAIS 151
CAPÍTULO II – DAS REGRAS DOS ACORDOS INTERNACIONAIS 151
- Seção I – Da Totalização dos Benefícios 152
- Seção II – Dos Benefícios por Incapacidade 152
- Seção III – Do Pagamento de Benefícios 152
- Seção IV – Do Deslocamento Temporário 153

CAPÍTULO III – DA SAÚDE 153

TÍTULO V – DA HABILITAÇÃO E REABILITAÇÃO PROFISSIONAL 153

TÍTULO VI – DOS BENEFÍCIOS DE LEGISLAÇÃO ESPECIAL E EXTINTOS 155
CAPÍTULO I – DOS BENEFÍCIOS EXTINTOS 155
- Seção I – Das Disposições Gerais 155
- Seção II – Do Aeronauta 156
- Seção III – Do Atleta Profissional de Futebol 157
- Seção IV – Do Jornalista Profissional 157
- Seção V – Do Ex-combatente 159
- Seção VI – Do Pecúlio 160

CAPÍTULO II – DAS SITUAÇÕES ESPECIAIS 162
- Seção I – Dos Ferroviários Servidores Públicos e Autárquicos Cedidos pela União à Rede Ferroviária Federal S/A 162
- Seção II – Do Auxílio Especial Mensal aos Jogadores Titulares e Reservas das Seleções Brasileiras Campeãs das Copas Mundiais – Lei nº 12.663, de 5 de junho de 2012 164

CAPÍTULO III – DAS PENSÕES ESPECIAIS DEVIDAS PELA UNIÃO 165
- Seção I – Da Pensão Especial Devida às Pessoas com Deficiência Portadoras da Síndrome da Talidomida – Lei nº 7.070, de 20 de dezembro de 1982 165
- Seção II – Da Pensão Mensal Vitalícia do Seringueiro e seus Dependentes – Decreto-Lei nº 9.882, de 16 de setembro de 1946 166
- Seção III – Da Pensão Especial das Vítimas de Hemodiálise de Caruaru – PE – Lei nº 9.422, de 24 de dezembro de 1996 167
- Seção IV – Da Pensão Especial Hanseníase – Lei nº 11.520, 18 de setembro de 2007 168
- Seção V – Da Pensão Especial Destinada a Crianças com Síndrome Congênita do Zika Vírus – Lei nº 13.985, de 7 de abril de 2020 169

LIVRO III – DA CONTAGEM RECÍPROCA 170

TÍTULO I – DA EMISSÃO DE CERTIDÃO DE TEMPO DE CONTRIBUIÇÃO 170
CAPÍTULO I – DAS DISPOSIÇÕES GERAIS... 170
CAPÍTULO II – DA EMISSÃO DA CTC 170
CAPÍTULO III – DA REVISÃO DA CTC.. 172
TÍTULO II – DA COMPENSAÇÃO PREVIDENCIÁRIA 173
LIVRO IV – DO PROCESSO ADMINISTRATIVO PREVIDENCIÁRIO 173
TÍTULO I – DAS DISPOSIÇÕES GERAIS 173
CAPÍTULO I – DOS INTERESSADOS E SEUS REPRESENTANTES........................ 173
Seção I – Dos Interessados.. 173
Seção II – Dos Representantes 174
Seção III – Da Procuração.. 176
CAPÍTULO II – DOS IMPEDIMENTOS E DA SUSPEIÇÃO 178
CAPÍTULO III – DA COMUNICAÇÃO DOS ATOS 178
CAPÍTULO IV – DA FASE INICIAL.. 179
Seção I – Das Disposições Gerais... 179
Seção II – Da Formalização do Processo Eletrônico 179
CAPÍTULO V – DA FASE INSTRUTÓRIA 180
Seção I – Dos Documentos em Meio Físico 180
Seção II – Dos Documentos em Meio Eletrônico.. 180
Seção III – Dos Documentos Microfilmados.. 182
Seção IV – Da Autenticidade e do Valor Probante dos Documentos......... 182
Seção V – Da Carta de Exigência.. 183
Seção VI – Dos Meios de Prova Subsidiários.. 184
CAPÍTULO VI – DA FASE DECISÓRIA 185
TÍTULO II – DA FASE RECURSAL 186
TÍTULO III – DA FASE REVISIONAL 187
CAPÍTULO I – DAS DISPOSIÇÕES GERAIS... 187
TÍTULO IV – DAS DISPOSIÇÕES DIVERSAS RELATIVAS AO PROCESSO........ 188
CAPÍTULO I – DA PRESCRIÇÃO E DA DECADÊNCIA 188
CAPÍTULO II – DA CONTAGEM DE PRAZOS 189
CAPÍTULO III – DA DESISTÊNCIA DO PROCESSO 189
CAPÍTULO IV – DAS VISTAS, CÓPIA E RETIRADA DE PROCESSO 190
LIVRO V – DA MANUTENÇÃO DOS BENEFÍCIOS 190
CAPÍTULO I – DO PAGAMENTO DE BENEFÍCIO 190
CAPÍTULO II – DA COMPROVAÇÃO DE VIDA 192
CAPÍTULO III – DO ABONO ANUAL 192
CAPÍTULO IV – DA CORREÇÃO MONETÁRIA 193
CAPÍTULO V – DA AUTORIZAÇÃO DE VALORES EM ATRASO 193

SUMÁRIO

CAPÍTULO VI – DO RESÍDUO 194
CAPÍTULO VII – DOS DESCONTOS EM BENEFÍCIOS 194
    Seção I – Da Consignação 195
    Seção II – Da Pensão Alimentícia 195
    Seção III – Das Operações Financeiras Autorizadas pelo Beneficiário 196
CAPÍTULO VIII – DAS DISPOSIÇÕES FINAIS 197

LIVRO VI – DAS DISPOSIÇÕES DIVERSAS E FINAIS 197
TÍTULO I – DAS DISPOSIÇÕES DIVERSAS RELATIVAS AOS BENEFÍCIOS E SERVIÇO 197
CAPÍTULO I – DA ACUMULAÇÃO DE BENEFÍCIOS 197
    Seção I – Das Acumulações Indevidas 198
    Seção II – Das Acumulações devidas com Redução 199
    Seção III – Das Disposições Diversas Relativas à Acumulação 200
CAPÍTULO II – DOS ACORDOS DE COOPERAÇÃO TÉCNICA 201
TÍTULO II – DAS DISPOSIÇÕES FINAIS 205

ANEXO I – INSTRUÇÃO NORMATIVA PRES/INSS Nº 128, DE 28 DE MARÇO DE 2022 209
ANEXO II – INSTRUÇÃO NORMATIVA PRES/INSS Nº 128, DE 28 DE MARÇO DE 2022 216
ANEXO III – INSTRUÇÃO NORMATIVA PRES/INSS Nº 128, DE 28 DE MARÇO DE 2022 217
ANEXO IV – INSTRUÇÃO NORMATIVA PRES/INSS Nº 128, DE 28 DE MARÇO DE 2022 218
ANEXO V – INSTRUÇÃO NORMATIVA PRES/INSS Nº 128, DE 28 DE MARÇO DE 2022 220
ANEXO VI – INSTRUÇÃO NORMATIVA PRES/INSS Nº 128, DE 28 DE MARÇO DE 2022 221
ANEXO VII – INSTRUÇÃO NORMATIVA PRES/INSS Nº 128, DE 28 DE MARÇO DE 2022 222
ANEXO VIII – INSTRUÇÃO NORMATIVA PRES/INSS Nº 128, DE 28 DE MARÇO DE 2022 ... 223
ANEXO IX – INSTRUÇÃO NORMATIVA PRES/INSS Nº 128, DE 28 DE MARÇO DE 2022 225
ANEXO X – INSTRUÇÃO NORMATIVA PRES/INSS Nº 128, DE 28 DE MARÇO DE 2022 227
ANEXO XI – INSTRUÇÃO NORMATIVA PRES/INSS Nº 128, DE 28 DE MARÇO DE 2022 228
ANEXO XII – INSTRUÇÃO NORMATIVA PRES/INSS Nº 128, DE 28 DE MARÇO DE 2022 229
ANEXO XIII – INSTRUÇÃO NORMATIVA PRES/INSS Nº 128, DE 28 DE MARÇO DE 2022 ... 229
ANEXO XIV – INSTRUÇÃO NORMATIVA PRES/INSS Nº 128, DE 28 DE MARÇO DE 2022 ... 230
ANEXO XV – INSTRUÇÃO NORMATIVA PRES/INSS Nº 128, DE 28 DE MARÇO DE 2022 231
ANEXO XVI – INSTRUÇÃO NORMATIVA PRES/INSS Nº 128, DE 28 DE MARÇO DE 2022 ... 232
ANEXO XVII – INSTRUÇÃO NORMATIVA PRES/INSS Nº 128, DE 28 DE MARÇO DE 2022 233
ANEXO XVIII – INSTRUÇÃO NORMATIVA PRES/INSS Nº 128, DE 28 DE MARÇO DE 2022 234
ANEXO XIX – INSTRUÇÃO NORMATIVA PRES/INSS Nº 128, DE 28 DE MARÇO DE 2022 ... 234
ANEXO XX – INSTRUÇÃO NORMATIVA PRES/INSS Nº 128, DE 28 DE MARÇO DE 2022 235
ANEXO XXI – INSTRUÇÃO NORMATIVA PRES/INSS Nº 128, DE 28 DE MARÇO DE 2022 ... 235
ANEXO XXII – INSTRUÇÃO NORMATIVA PRES/INSS Nº 128, DE 28 DE MARÇO DE 2022 235
ANEXO XXIII – INSTRUÇÃO NORMATIVA PRES/INSS Nº 128, DE 28 DE MARÇO DE 2022. 236
ANEXO XXIV – INSTRUÇÃO NORMATIVA PRES/INSS Nº 128, DE 28 DE MARÇO DE 2022. 237

ANEXO XXV – INSTRUÇÃO NORMATIVA PRES/INSS Nº 128, DE 28 DE MARÇO DE 2022 .. 237

ANEXO XXVI – INSTRUÇÃO NORMATIVA PRES/INSS Nº 128, DE 28 DE MARÇO DE 2022.... 239

ANEXO XXVII – INSTRUÇÃO NORMATIVA PRES/INSS Nº 128, DE 28 DE MARÇO DE 2022 .. 240

ANEXO XXVIII – INSTRUÇÃO NORMATIVA PRES/INSS Nº 128, DE 28 DE MARÇO DE 2022 240

ANEXO XXIX – INSTRUÇÃO NORMATIVA PRES/INSS Nº 128, DE 28 DE MARÇO DE 2022.... 241

PORTARIA DIRBEN/INSS Nº 990, DE 28 DE MARÇO DE 2022

Aprova as Normas Procedimentais em Matéria de Benefícios... 245

ANEXO 245

LIVRO I – DA ADMINISTRAÇÃO DAS INFORMAÇÕES DOS SEGURADOS DO REGIME GERAL DE PREVIDÊNCIA SOCIAL – RGPS.. 245

TÍTULO I – DOS SEGURADOS, DA FILIAÇÃO E INSCRIÇÃO, DA VALIDADE, COMPROVAÇÃO E ACERTO DE DADOS DO CNIS.. 245

    CAPÍTULO I – DA FILIAÇÃO E INSCRIÇÃO 245

        Seção I – Da Filiação e Inscrição Junto ao INSS 245

    CAPÍTULO II – DO CNIS.. 247

        Seção I – Do Cadastro Nacional de Informações Sociais – CNIS 247

        Seção II – Do Acesso às Informações e Serviços Previdenciários................ 249

        Seção III – Das Inconsistências nos Dados de Pessoa Física do CNIS 249

        Seção IV – Formação de Elos de Inscrições da Pessoa Física......................... 250

        Seção V – Registro de Informações em NIT/PIS/Pasep/NIS Pertencente a outro Filiado: Vínculo, Remuneração e Contribuição em NIT de Terceiro ... 250

        Seção VI – Comprovação e Acerto de dados do CNIS 251

    CAPÍTULO III – SEGURADO ESPECIAL 271

        Seção I – Do Enquadramento 271

        Seção II – Da Inscrição do Segurado Especial 272

        Seção III – Da Temporalidade 273

        Seção IV – Autodeclaração 274

        Seção V – Do Segurado Especial Indígena 278

        Seção VI – Das Disposições Gerais 279

    CAPÍTULO IV – DAS FORMAS DE PAGAMENTO DAS CONTRIBUIÇÕES PREVIDENCIÁRIAS E AJUSTE DE GUIAS DE RECOLHIMENTO 280

        Seção I – Da Contribuição dos Segurados Empregado, Empregado Doméstico e Trabalhador Avulso 280

        Seção II – Da Contribuição dos Segurados Contribuinte Individual e Facultativo 280

        Seção III – Da Contribuição do Segurado Especial.. 281

        Seção IV – Da Forma e dos Códigos de Recolhimento da Contribuição Previdenciária e de sua Complementação pelos Segurados Contribuinte Individual, Especial e Facultativo... 282

SUMÁRIO

Seção V – Do Ajuste de Guia de Recolhimento do Contribuinte Individual, Empregado Doméstico, Segurado Facultativo e Segurado Especial que Contribui Facultativamente 282

Seção VI – Da Complementação, Utilização e Agrupamento para fins do Alcance do Limite Mínimo do Salário de Contribuição 284

Seção VII – Das Contribuições não Recolhidas até o Vencimento 286

CAPÍTULO V – DAS ATIVIDADES ESPECÍFICAS 287

Seção I – Do Auxiliar Local 287

Seção II – Do Aluno Aprendiz 288

Seção III – Do Mandato Eletivo 289

Seção IV – Do Dirigente Sindical 290

Seção V – Do Anistiado – art. 8º do Ato das Disposições Constitucionais Transitórias – ADCT 291

Seção VI – Do Anistiado – Lei nº 8.632, de 4 de março de 1993 e Lei nº 11.282, de 23 de fevereiro de 2006 291

Seção VII – Do Garimpeiro 291

CAPÍTULO VI – DA RECLAMATÓRIA TRABALHISTA 291

Seção Única – Disposições Gerais 291

CAPÍTULO VII – O ESOCIAL OU SISTEMA QUE VENHA SUBSTITUÍ-LO COMO FONTE DO CNIS 292

Seção I – Disposições Gerais 292

Seção II – Identificação do Empregador/Contribuinte/Órgão Público Pessoa Jurídica no eSocial 294

Seção III – Identificação do Empregador/Contribuinte Pessoa Física no eSocial 294

Seção IV – Identificação do Trabalhador no eSocial 295

Seção V – Consulta Qualificação Cadastral – CQC 295

Seção VI – Formas de Utilização do eSocial 296

Seção VII – Eventos do eSocial 296

Seção VIII – Participação do Segurado como Peça-Chave para Fortalecer a Atuação Governamental na Fiscalização do Cumprimento das Obrigações Trabalhistas e Previdenciárias 298

Seção IX – Da Carteira de Trabalho Digital Composta de Registros Oriundos do eSocial 299

TÍTULO II – DAS INFORMAÇÕES DE REGISTROS CIVIS ENCAMINHADAS AO INSS 300

CAPÍTULO I – DA RECEPÇÃO DAS INFORMAÇÕES DE REGISTROS CIVIS 300

Seção I – Da Recepção dos Dados de Óbitos Anteriores a 10 de Dezembro de 2015 300

Seção II – Da Recepção das Informações de Registros Civis Posteriores a 10 de Dezembro de 2015 301

CAPÍTULO II – DO COMPARTILHAMENTO DAS INFORMAÇÕES DE REGISTROS CIVIS 306

Seção Única – Compartilhamento dos Dados de Registros Civis com Entidades e Órgãos Públicos 306
ANEXO I – PORTARIA DIRBEN/INSS Nº 990, DE 28 DE MARÇO DE 2022 .... **307**
ANEXO II – PORTARIA DIRBEN/INSS Nº 990, DE 28 DE MARÇO DE 2022 .... **308**
ANEXO III – PORTARIA DIRBEN/INSS Nº 990, DE 28 DE MARÇO DE 2022 .... **308**
ANEXO IV – PORTARIA DIRBEN/INSS Nº 990, DE 28 DE MARÇO DE 2022 .... **322**
ANEXO V – PORTARIA DIRBEN/INSS Nº 990, DE 28 DE MARÇO DE 2022 .... **323**

PORTARIA DIRBEN/INSS Nº 991, DE 28 DE MARÇO DE 2022

Aprova as Normas Procedimentais em Matéria de Benefícios 351
ANEXO **351**
LIVRO II – BENEFÍCIOS **351**
TÍTULO I – DOS DEPENDENTES **351**
    CAPÍTULO I – DAS DISPOSIÇÕES GERAIS **351**
    CAPÍTULO II – DA COMPROVAÇÃO DA QUALIDADE DE DEPENDENTE **352**
    CAPÍTULO III – DISPOSIÇÕES RELATIVAS AOS FILHOS E IRMÃOS **353**
    CAPÍTULO IV – DISPOSIÇÕES RELATIVAS AOS CÔNJUGES E COMPANHEIROS OU COMPANHEIRAS **354**
    CAPÍTULO V – DISPOSIÇÕES RELATIVAS À DEFICIÊNCIA OU INCAPACIDADE **354**
    CAPÍTULO VI – DISPOSIÇÕES RELATIVAS À PERDA DA QUALIDADE DE DEPENDENTE **356**
    CAPÍTULO VII – DISPOSIÇÕES HISTÓRICAS **356**
TÍTULO II – DA MANUTENÇÃO E PERDA DE QUALIDADE DE SEGURADO **358**
    CAPÍTULO I – DA QUALIDADE DE SEGURADO **358**
        Seção I – Disposições Gerais 358
        Seção II – Situações Especiais 358
    CAPÍTULO II – DO PERÍODO DE MANUTENÇÃO DA QUALIDADE DE SEGURADO **359**
    CAPÍTULO III – DA PRORROGAÇÃO DA QUALIDADE DE SEGURADO **360**
        Seção I – Das Disposições Gerais 360
        Seção II – Segurado com Período de Contribuição Ininterrupta no RGPS 360
        Seção III – Segurado Desempregado do RGPS 360
    CAPÍTULO IV – DA PERDA DA QUALIDADE DE SEGURADO **361**
        Seção I – Das Disposições Gerais 361
        Seção II – Benefícios para os Quais não Importa a Perda da Qualidade de Segurado 362
    CAPÍTULO V – DISPOSIÇÕES HISTÓRICAS **363**
        Seção I – Histórico Referente à Perda da Qualidade de Segurado 363
        Seção II – Segurado Facultativo após Recebimento de Benefício por Incapacidade 363
        Seção III – Anistia 363

SUMÁRIO

TÍTULO III – DA CARÊNCIA **364**

    CAPÍTULO I – CONSIDERAÇÕES GERAIS **364**

        Seção I – Das Contribuições Recolhidas em Atraso e após o Fato Gerador 366

        Seção II – Do Empregado Doméstico 366

    CAPÍTULO II – DOS PERÍODOS COMPUTÁVEIS **367**

    CAPÍTULO III – DOS PERÍODOS NÃO COMPUTÁVEIS **367**

    CAPÍTULO IV – DO CÔMPUTO DA CARÊNCIA PARA AS DIFERENTES CATEGORIAS **368**

        Seção I – Do Empregado, Empregado Doméstico e Trabalhador Avulso ... 368

        Seção II – Do Contribuinte Individual 368

        Seção III – Do Segurado Especial 369

        Seção IV – Do Segurado Facultativo 369

    CAPÍTULO V – DA CARÊNCIA APLICADA AOS BENEFÍCIOS PREVIDENCIÁRIOS ... **369**

        Seção I – Auxílio por Incapacidade Temporária e Aposentadoria por Incapacidade Permanente 369

        Seção II – Do Salário-maternidade 370

        Seção III – Da Pensão por Morte 370

        Seção IV – Do Auxílio-reclusão 370

        Seção V – Das Aposentadorias Programáveis 371

        Seção VI – Dos Benefícios Isentos de Carência 372

    CAPÍTULO VI – HISTÓRICOS **372**

        Seção I – Segurado Inscrito até 24 de julho de 1991 372

        Seção II – Segurado Inscrito a partir de 25 de julho de 1991 373

        Seção III – Segurados Optantes pelo Recolhimento Trimestral 374

        Seção IV – Carência para Benefícios de Aposentadoria por Tempo de Contribuição, Idade e Especial na Vigência da Medida Provisória nº 83 de 2002 e da Lei nº 10.666 de 2003 374

        Seção V – Dos Tempos de Contribuição Computáveis e não Computáveis para Efeito de Carência 375

        Seção VI – Da Contagem de 1/3 de Carência para Benefício de Aposentadoria por Idade, Tempo de Contribuição, Inclusive de Professor e Especial 376

        Seção VII – Do Auxílio-reclusão 376

TÍTULO IV – DO TEMPO DE CONTRIBUIÇÃO **376**

    CAPÍTULO I – CONSIDERAÇÕES GERAIS **376**

        Seção única – Das Contribuições Recolhidas em Atraso e após o Fato Gerador 377

    CAPÍTULO II – DAS CONTRIBUIÇÕES ABAIXO DO MÍNIMO **378**

    CAPÍTULO III – DOS PERÍODOS COMPUTÁVEIS **378**

    CAPÍTULO IV – DOS PERÍODOS DECORRENTES DE ATIVIDADE NO SERVIÇO PÚBLICO **381**

CAPÍTULO V – DOS PERÍODOS DECORRENTES DE ATIVIDADE DE PROFESSOR... 381

CAPÍTULO VI – DOS PERÍODOS NÃO COMPUTÁVEIS... 382

CAPÍTULO VII – DA CERTIDÃO DE TEMPO DE CONTRIBUIÇÃO ORIUNDA DE OUTROS REGIMES DE PREVIDÊNCIA ... 383

CAPÍTULO VIII – DO RECOLHIMENTO POST MORTEM ... 384

TÍTULO V – DO CÁLCULO DO VALOR DO BENEFÍCIO ... 384

    CAPÍTULO I – DO SALÁRIO DE BENEFÍCIO – SB... 384

        Seção I – Do Salário de Benefício Aplicado aos Benefícios – Fato Gerador Posterior à Publicação da Emenda Constitucional nº 103, de 2019 ... 385

        Seção II – Do Salário de Benefício Aplicado aos Benefícios – Fato Gerador ou Direito Adquirido até a Véspera da Publicação da Emenda Constitucional nº 103 de 2019 ... 385

    CAPÍTULO II – DO PERÍODO BÁSICO DE CÁLCULO ... 387

        Seção I – Considerações Gerais... 387

        Seção II – Da Múltipla Atividade... 390

    CAPÍTULO III – DO FATOR PREVIDENCIÁRIO... 393

    CAPÍTULO IV – DA RENDA MENSAL INICIAL ... 393

        Seção I – Considerações Gerais... 393

        Seção II – Da RMI Aplicada aos Benefícios Previdenciários não Sujeitos ao Cálculo de Salário de Benefício... 395

        Seção III – Da Utilização da RMI mais Vantajosa... 399

    CAPÍTULO IV – DO REAJUSTAMENTO ... 399

TÍTULO VI – DOS BENEFÍCIOS PROGRAMÁVEIS ... 399

    CAPÍTULO I – DAS DISPOSIÇÕES GERAIS... 399

        Seção I – Da Data de Início de Benefício – DIB... 400

        Seção II – Da Cessação do Benefício... 400

    CAPÍTULO II – DA APOSENTADORIA PROGRAMADA ... 400

        Seção I – Das Disposições Gerais... 400

        Seção II – Da Análise do Benefício... 401

    CAPÍTULO III – DA APOSENTADORIA PROGRAMADA DO PROFESSOR ... 401

        Seção I – Das Disposições Gerais... 401

        Seção II – Da Análise do Benefício... 402

    CAPÍTULO IV – DA APOSENTADORIA POR IDADE DO TRABALHADOR RURAL.... 403

        Seção I – Das Disposições Gerais... 403

        Seção II – Da Análise do Benefício... 404

    CAPÍTULO V – APOSENTADORIA ESPECIAL... 404

        Seção I – Das Disposições Gerais... 404

        Seção II – Da Atividade Exercida em Condições Especiais... 405

        Seção III – Das Disposições Relativas ao Enquadramento por Exposição a Agentes Prejudiciais à Saúde... 408

SUMÁRIO

Seção IV – Das Disposições Relativas ao Enquadramento por Categoria Profissional 409

Seção IV – Da Análise do Benefício 412

Seção V – Do Segurado que Continuar ou Retornar à Atividade 413

CAPÍTULO VI – DA APOSENTADORIA DA PESSOA COM DEFICIÊNCIA 413

Seção I – Das Disposições Gerais 413

Seção II – Da Análise do Benefício 414

CAPÍTULO VII – DAS DISPOSIÇÕES TRANSITÓRIAS 414

Seção I – Da Aposentadoria por Idade 414

Seção II – Da Aposentadoria por Tempo de Contribuição 415

CAPÍTULO VIII – EFEITOS DA EXTINÇÃO DO RPPS 417

TÍTULO VII – DOS BENEFÍCIOS NÃO PROGRAMÁVEIS 417

CAPÍTULO I – APOSENTADORIA POR INCAPACIDADE PERMANENTE 417

Seção I – Considerações Gerais 417

Seção II – Das Revisões das Condições que Ensejaram a Concessão do Benefício 418

CAPÍTULO II – AUXÍLIO POR INCAPACIDADE TEMPORÁRIA 418

Seção I – Das Disposições Gerais 418

Seção II – Da Análise do Benefício 419

Seção III – Da Manutenção do Benefício 421

Seção IV – Da Prorrogação do Benefício 422

Seção V – Do Restabelecimento de Benefício Anterior 422

Seção VI – Alta a Pedido 423

Seção VII – Suspensão ou Cessação do Benefício 423

CAPÍTULO III – DO ACIDENTE DE TRABALHO 423

Seção I – Considerações Gerais 423

Seção II – Da Análise do Benefício 425

Seção III – Comunicação de Acidente de Trabalho 426

CAPÍTULO IV – DO SALÁRIO-MATERNIDADE 427

Seção I – Considerações Gerais 427

Seção II – Da Análise do Benefício 429

Seção III – Da Prorrogação do Prazo do Benefício 432

Seção IV – Da Manutenção do Benefício 432

Seção V – Do Cancelamento do Benefício 433

Seção VI – Das Disposições Históricas 433

CAPÍTULO V – SALÁRIO-FAMÍLIA 435

Seção I – Das Disposições Gerais 435

Seção II – Das Disposições Específicas 435

Seção III – Da Análise do Benefício 436

Seção IV – Do Pagamento	437
Seção V – Da Suspensão do Benefício	437
Seção VI – Da Cessação do Benefício	438
CAPÍTULO VI – DA PENSÃO POR MORTE	**438**
Seção I – Das Disposições Gerais	438
Seção II – Da Análise do Benefício	441
Seção III – Da Análise do Benefício da Pensão Provisória	443
Seção IV – Da Cessação do Benefício	444
Seção V – Das Disposições Históricas	445
CAPÍTULO VII – DO AUXÍLIO-RECLUSÃO	**445**
CAPÍTULO VIII – DO ABONO ANUAL	**449**
Seção I – Das Disposições Gerais	449
Seção II – Da Manutenção do Benefício	449
Seção III – Histórico	449
TÍTULO VIII – EMISSÃO DE CERTIDÃO DE TEMPO DE CONTRIBUIÇÃO	**449**
CAPÍTULO I – DA DEFINIÇÃO	**449**
CAPÍTULO II – DO REQUISITO PARA A EMISSÃO	**450**
CAPÍTULO III – DA EMISSÃO DA CTC	**450**
Seção Única – Da Entrega da CTC	451
CAPÍTULO IV – DOS PERÍODOS COMPUTÁVEIS E NÃO COMPUTÁVEIS	**452**
CAPÍTULO V – DA RATIFICAÇÃO, RETIFICAÇÃO E INFORMAÇÃO RELATIVA À CTC COM ATIVIDADE RURAL	**453**
CAPÍTULO VI – DO CANCELAMENTO DA CTC	**453**
CAPÍTULO VII – DA REVISÃO DA CTC	**454**
ANEXO I – PORTARIA DIRBEN/INSS Nº 991, DE 28 DE MARÇO DE 2022	**455**
ANEXO II – PORTARIA DIRBEN/INSS Nº 991, DE 28 DE MARÇO DE 2022	**455**
ANEXO III – PORTARIA DIRBEN/INSS Nº 991, DE 28 DE MARÇO DE 2022	**455**
ANEXO IV – PORTARIA DIRBEN/INSS Nº 991, DE 28 DE MARÇO DE 2022	**462**
ANEXO V – PORTARIA DIRBEN/INSS Nº 991, DE 28 DE MARÇO DE 2022	**463**
ANEXO VI – PORTARIA DIRBEN/INSS Nº 991, DE 28 DE MARÇO DE 2022	**463**
ANEXO VII – PORTARIA DIRBEN/INSS Nº 991, DE 28 DE MARÇO DE 2022	**463**
ANEXO VIII – PORTARIA DIRBEN/INSS Nº 991, DE 28 DE MARÇO DE 2022	**464**
ANEXO IX – PORTARIA DIRBEN/INSS Nº 991, DE 28 DE MARÇO DE 2022	**464**
ANEXO X – PORTARIA DIRBEN/INSS Nº 991, DE 28 DE MARÇO DE 2022	**464**
ANEXO XI – PORTARIA DIRBEN/INSS Nº 991, DE 28 DE MARÇO DE 2022	**465**

PORTARIA DIRBEN/INSS Nº 992, DE 28 DE MARÇO DE 2022

Aprova as Normas Procedimentais em Matéria de Benefícios	469

SUMÁRIO

ANEXO **469**
LIVRO III – DA MANUTENÇÃO DE BENEFÍCIOS **469**
TÍTULO I – DAS DISPOSIÇÕES GERAIS RELATIVAS À MANUTENÇÃO DE BENEFÍCIOS **469**
    CAPÍTULO I – DISPOSIÇÕES GERAIS **469**
        Seção I – Conceito, Objetivo e Finalidade da Manutenção de Benefícios 469
        Seção II – Gestão da Folha de Pagamento de Benefícios 469
    CAPÍTULO II – DADOS CADASTRAIS **470**
        Seção Única – Atualização de Dados Cadastrais de Benefício em Manutenção 470
TÍTULO II – DAS DISPOSIÇÕES DIVERSAS RELATIVAS À MANUTENÇÃO DE BENEFÍCIOS ... **472**
    CAPÍTULO I – REPRESENTAÇÕES NOS BENEFÍCIOS **472**
        Seção I – Procuração para Recebimento de Valores 472
        Seção II – Representação Legal 476
    CAPÍTULO II – ATUALIZAÇÕES NOS BENEFÍCIOS **480**
        Seção I – Salário-família 480
        Seção II – Da Cessação da Aposentadoria por Incapacidade Permanente 482
        Seção III – Do Acréscimo/Majoração de 25% (vinte e cinco por cento) do Acompanhante 483
        Seção IV – Do Auxílio-reclusão 484
        Seção V – Reativação de Benefícios 487
        Seção VI – Transferência de Benefícios em Manutenção – TBM 488
        Seção VII – Transferência de Benefício por Número de Benefício – TBBNB 489
        Seção VIII – Desistência de Benefício 489
        Seção IX – Atualização Especial em Benefício – AEB 492
        Seção X – Sistema de Óbitos 493
TÍTULO III – DAS DISPOSIÇÕES RELATIVAS AOS PAGAMENTOS DOS BENEFÍCIOS **493**
    CAPÍTULO I – DO PAGAMENTO DE BENEFÍCIOS **493**
        Seção I – Do Pagamento 493
        Seção II – Formas de Pagamento 494
        Seção III – Cálculo Proporcional 496
        Seção IV – Abono Anual ou Décimo Terceiro 497
        Seção V – Prescrição para Pagamento de Valores 498
        Seção VI – Do Reajuste Anual de Benefícios 499
        Seção VII – Arredondamento 501
        Seção VIII – Atualização Monetária 501
        Seção IX – Resíduo 501
        Seção X – Benefícios com Complementação à Conta da União 504
        Seção XI – Bloqueio e Desbloqueio de Pagamento 505

CAPÍTULO II – CRÉDITO ESPECIAL 505
Seção I – Conceito 505
Seção II – Pendência, Cancelamento, Autorização e Invalidação do Crédito 506
Seção III – Complemento Positivo – CP 506
Seção IV – Pagamento Alternativo de Benefícios – PAB 508

CAPÍTULO III – VALORES DESCONTADOS DA RENDA MENSAL 509
Seção I – Da Consignação 509
Seção II – Da Pensão Alimentícia – PA 511
Seção III – Imposto de Renda 513
Seção IV – Empréstimo Consignado 520
Seção V – Descontos Decorrentes de Entidades Associativas 521
Seção VI – Descontos Decorrentes de Determinação Judicial 522

TÍTULO IV – DAS CONSIDERAÇÕES FINAIS 522

ANEXO I – PORTARIA DIRBEN/INSS Nº 992, DE 28 DE MARÇO DE 2022 523
ANEXO II – PORTARIA DIRBEN/INSS Nº 992, DE 28 DE MARÇO DE 2022 524
ANEXO III – PORTARIA DIRBEN/INSS Nº 992, DE 28 DE MARÇO DE 2022 524
ANEXO IV – PORTARIA DIRBEN/INSS Nº 992, DE 28 DE MARÇO DE 2022 524
ANEXO V – PORTARIA DIRBEN/INSS Nº 992, DE 28 DE MARÇO DE 2022 525
ANEXO VI – PORTARIA DIRBEN/INSS Nº 992, DE 28 DE MARÇO DE 2022 525
ANEXO VII – PORTARIA DIRBEN/INSS Nº 992, DE 28 DE MARÇO DE 2022 525
ANEXO VIII – PORTARIA DIRBEN/INSS Nº 992, DE 28 DE MARÇO DE 2022 526
ANEXO IX – PORTARIA DIRBEN/INSS Nº 992, DE 28 DE MARÇO DE 2022 526
ANEXO X – PORTARIA DIRBEN/INSS Nº 992, DE 28 DE MARÇO DE 2022 530
ANEXO XI – PORTARIA DIRBEN/INSS Nº 992, DE 28 DE MARÇO DE 2022 531
ANEXO XII – PORTARIA DIRBEN/INSS Nº 992, DE 28 DE MARÇO DE 2022 531
ANEXO XIII – PORTARIA DIRBEN/INSS Nº 992, DE 28 DE MARÇO DE 2022 531
ANEXO XIV – PORTARIA DIRBEN/INSS Nº 992, DE 28 DE MARÇO DE 2022 531
ANEXO XV – PORTARIA DIRBEN/INSS Nº 992, DE 28 DE MARÇO DE 2022 532
ANEXO XVI – PORTARIA DIRBEN/INSS Nº 992, DE 28 DE MARÇO DE 2022 532
ANEXO XVI – PORTARIA DIRBEN/INSS Nº 992, DE 28 DE MARÇO DE 2022 533

PORTARIA DIRBEN/INSS Nº 993, DE 28 DE MARÇO DE 2022

Aprova as Normas Procedimentais em Matéria de Benefícios 537

ANEXO 537

LIVRO IV – PROCESSO ADMINISTRATIVO PREVIDENCIÁRIO 537

TÍTULO I – DAS DISPOSIÇÕES GERAIS 537
CAPÍTULO I – DO CONCEITO E DOS PRINCÍPIOS 537

SUMÁRIO

CAPÍTULO II – DOS IMPEDIMENTOS E DA SUSPEIÇÃO 538
CAPÍTULO III – DO INÍCIO E CONCLUSÃO DO PROCESSO 539
CAPÍTULO IV – PROCESSO ADMINISTRATIVO ELETRÔNICO 539
    Seção Única – Formalização do Processo Administrativo Eletrônico 540
CAPÍTULO V – DA COMUNICAÇÃO DOS ATOS 541
    Seção I – Das Notificações Postais 542
    Seção II – Do Edital 542

TÍTULO II – DA FASE INICIAL 543
CAPÍTULO I – DO REQUERIMENTO 543
    Seção Única – Da Data de Entrada do Requerimento – DER 544
CAPÍTULO II – DA IDENTIFICAÇÃO DO INTERESSADO E DOS SEUS REPRESENTANTES 544
    Seção I – Do Interessado 544
    Seção II – Dos Representantes do Interessado 545
CAPÍTULO III – DA CONTA DE ACESSO 547
    Seção I – Dos Níveis de Autenticação e dos Selos de Confiabilidade 548
    Seção II – Dos Protocolos pelo Meu INSS 548

TÍTULO III – DA FASE INSTRUTÓRIA 548
CAPÍTULO I – ANÁLISE PRÉVIA 548
CAPÍTULO II – SANEAMENTO 551
CAPÍTULO III – CARTA DE EXIGÊNCIA 552
CAPÍTULO IV – JUSTIFICAÇÃO ADMINISTRATIVA 553
    Seção I – Das Finalidades 553
    Seção II – Do Início de Prova Material 554
    Seção III – Da Comprovação da Atividade Especial 554
    Seção IV – Da Exclusão de Dependentes 555
    Seção V – Do Requerimento 555
    Seção VI – Das Testemunhas 555
    Seção VII – Da Autorização 555
    Seção VIII – Do Processamento 556
    Seção IX – Da Homologação da JA 556
    Seção X – Da Justificação Judicial 557
    Seção XI – Das Outras Disposições 557
CAPÍTULO V – DA PESQUISA EXTERNA 558

TÍTULO IV – DA FASE DECISÓRIA 558
TÍTULO V – DAS DISPOSIÇÕES DIVERSAS RELATIVAS AO PROCESSO 560
CAPÍTULO I – DAS VISTAS, CÓPIA E DA RETIRADA DE PROCESSOS 560
CAPÍTULO II – DA PRESCRIÇÃO E DA DECADÊNCIA 561
    Seção I – Da Decadência 561
    Seção II – Da Prescrição 562

ANEXO I – PORTARIA DIRBEN/INSS Nº 993, DE 28 DE MARÇO DE 2022 563

ANEXO II – PORTARIA DIRBEN/INSS Nº 993, DE 28 DE MARÇO DE 2022 564

ANEXO III – PORTARIA DIRBEN/INSS Nº 993, DE 28 DE MARÇO DE 2022 564

PORTARIA DIRBEN/INSS Nº 994, DE 28 DE MARÇO DE 2022

Aprova as Normas Procedimentais em Matéria de Benefícios 569

ANEXO 569

LIVRO V – DAS ACUMULAÇÕES EM BENEFÍCIOS 569

    CAPÍTULO I – ACUMULAÇÕES INDEVIDAS 569

    CAPÍTULO II – ACUMULAÇÕES PERMITIDAS COM REDUÇÃO 570

    CAPÍTULO III – DAS DISPOSIÇÕES DIVERSAS RELATIVAS A ACUMULAÇÃO 571

PORTARIA DIRBEN/INSS Nº 995, DE 28 DE MARÇO DE 2022

Aprova as Normas Procedimentais em Matéria de Benefícios 577

ANEXO 577

LIVRO VI – DOS ACORDOS INTERNACIONAIS DE PREVIDÊNCIA SOCIAL 577

TÍTULO I – DAS REGRAS DOS ACORDOS INTERNACIONAIS 577

    CAPÍTULO I – DAS DISPOSIÇÕES GERAIS 577

        Seção I – Dos Acordos 577

    CAPÍTULO II – DOS DIREITOS PREVISTOS NOS ACORDOS INTERNACIONAIS 578

        Seção I – Dos Benefícios 578

        Seção II – Da Manutenção dos Benefícios 582

        Seção III – Do Intercâmbio das Informações 585

    CAPÍTULO III – DO DESLOCAMENTO TEMPORÁRIO 586

    CAPÍTULO IV – DA SAÚDE 587

ANEXO I – PORTARIA DIRBEN/INSS Nº 995, DE 28 DE MARÇO DE 2022 588

ANEXO II – PORTARIA DIRBEN/INSS Nº 995, DE 28 DE MARÇO DE 2022 588

ANEXO III – PORTARIA DIRBEN/INSS Nº 995, DE 28 DE MARÇO DE 2022 589

ANEXO IV – PORTARIA DIRBEN/INSS Nº 995, DE 28 DE MARÇO DE 2022 590

PORTARIA DIRBEN/INSS Nº 996, DE 28 DE MARÇO DE 2022

Aprova as Normas Procedimentais em Matéria de Benefícios 595

ANEXO 595

LIVRO VII – RECURSOS 595

TÍTULO I – DA FASE RECURSAL 595

    CAPÍTULO I – DISPOSIÇÕES GERAIS 595

        Seção I – Do Conceito 595

        Seção II – Da Classificação dos Recursos 596

SUMÁRIO

   Seção III – Do Processo Administrativo 596
   Seção IV – Dos Interessados 596
   Seção V – Do Local para Apresentação do Recurso e das Contrarrazões ... 597
   Seção VI – Do Requerimento 597
   Seção VII – Da Ciência e Notificação do Interessado 597
   Seção VIII – Dos Prazos 597
   Seção IX – Da Tempestividade 598
   Seção X – Da Ação Judicial 598
   Seção XI – Das Contrarrazões 598
   Seção XII – Da Reafirmação da DER 599
   Seção XIII – Da Desistência do Recurso 599
   Seção XIV – Da Consulta Fundamentada 599
   Seção XV – Da Decisão Administrativa Definitiva 600
  CAPÍTULO II – DA INSTRUÇÃO DO RECURSO ORDINÁRIO **600**
  CAPÍTULO III – DA REFORMA DO ATO DENEGATÓRIO **600**
  CAPÍTULO IV – DAS DILIGÊNCIAS **601**
  CAPÍTULO V – DO RECURSO ESPECIAL **602**
   Seção I – Do Recurso Especial do Interessado/beneficiário 602
   Seção II – Do Recurso Especial do INSS 602
  CAPÍTULO VI – DOS INCIDENTES PROCESSUAIS **603**
   Seção I – Disposições Gerais 603
   Seção II – Dos Embargos de Declaração 603
   Seção III – Da Revisão de Acórdão 604
   Seção IV – Do Pedido de Uniformização de Jurisprudência 604
   Seção V – Da Reclamação ao Conselho Pleno 605
   Seção VI – Da Uniformização em Tese de Jurisprudência 605
   Seção VII – Da Solução de Controvérsia 606
  CAPÍTULO VI – DO CUMPRIMENTO DE ACÓRDÃO **606**
TÍTULO II – FLUXO DO PROCESSO DE RECURSO **607**

PORTARIA DIRBEN/INSS Nº 997, DE 28 DE MARÇO DE 2022

Aprova as Normas Procedimentais em Matéria de Benefícios 613
ANEXO **613**
LIVRO VIII – REVISÃO **613**
TÍTULO I – DA FASE REVISIONAL **613**
  CAPÍTULO I – CONCEITO **613**
  CAPÍTULO II – LEGITIMIDADE PARA SOLICITAR REVISÃO **613**
  CAPÍTULO III – DATA DO PEDIDO DA REVISÃO – DPR **613**

CAPÍTULO IV – PROCEDIMENTOS	614
Seção I – Da Revisão a Pedido	614
Seção II – Dos Benefícios Indeferidos	614
Seção III – Dos Novos Elementos	614
Seção IV – Da DER	615
Seção V – Da Revisão de Ofício	615
Seção VI – Da Revisão de Reajustamento	616
Seção VII – Dos Efeitos Financeiros	616
Seção VIII – Da Conclusão da Revisão	616
TÍTULO II – DAS REVISÕES TEMÁTICAS	**616**
CAPÍTULO I – ORTN/OTN/BTN	617
CAPÍTULO II – ARTIGO 58	617
CAPÍTULO III – ARTIGO 201	617
CAPÍTULO IV – "BURACO NEGRO"	617
CAPÍTULO V – ARTIGO 145	617
CAPÍTULO VI – ÍNDICE TETO (ARTIGO 26 E 21) E "BURACO VERDE" (ART. 26)	618
CAPÍTULO VII – IRSM	618
CAPÍTULO VIII – REVISÃO DO TETO	618
CAPÍTULO IX – ARTIGO 29	618
TÍTULO III – DA REVISÃO DE ACUMULAÇÃO DE BENEFÍCIO DE AUXÍLIO-ACIDENTE COM APOSENTADORIA	**619**

PORTARIA DIRBEN/INSS Nº 998, DE 28 DE MARÇO DE 2022

Aprova as Normas Procedimentais em Matéria de Benefícios	623
ANEXO	**623**
LIVRO IX – COMPENSAÇÃO PREVIDENCIÁRIA	**623**
TÍTULO I – DEFINIÇÃO	**623**
TÍTULO II – CONCEITOS GERAIS	**625**
TÍTULO III – COMPENSAÇÃO PREVIDENCIÁRIA RGPS REGIME INSTITUIDOR – RI	**627**
CAPÍTULO I – DO REQUERIMENTO	627
CAPÍTULO II – DA DATA DE DESVINCULAÇÃO	628
CAPÍTULO III – DO CÁLCULO DA RENDA MENSAL INICIAL DA COMPENSAÇÃO	628
CAPÍTULO IV – DO PRÓ-RATA	629
CAPÍTULO V – DA REVISÃO DE OFÍCIO	629
CAPÍTULO VI – DA CESSAÇÃO MANUAL	629
CAPÍTULO VII – DISPOSIÇÕES ESPECÍFICAS	630
TÍTULO IV – COMPENSAÇÃO PREVIDENCIÁRIA RGPS REGIME DE ORIGEM – RO	**630**
CAPÍTULO I – DO REQUERIMENTO	630

SUMÁRIO

CAPÍTULO II – DA ANÁLISE DO TEMPO CERTIFICADO 631

CAPÍTULO III – DA DATA DE DESVINCULAÇÃO 632

CAPÍTULO IV – DO CÁLCULO DA RENDA MENSAL INICIAL DA COMPENSAÇÃO 633

    Seção I – Do Cálculo da Renda Mensal Inicial de Aposentadorias 633

    Seção II – Do Cálculo da Renda Mensal Inicial da Pensão 634

CAPÍTULO IV – DO PRÓ-RATA 635

CAPÍTULO V – DA REVISÃO 635

    Seção I – Da Revisão dos Benefícios 635

    Seção II – Da Revisão da CTC 636

CAPÍTULO VI – DA CESSAÇÃO 636

CAPÍTULO VIII – DISPOSIÇÕES ESPECÍFICAS 636

TÍTULO V – DOS ACORDOS INTERNACIONAIS NA COMPENSAÇÃO PREVIDENCIÁRIA 637

TÍTULO VI – DA PRESCRIÇÃO 637

ANEXO I – PORTARIA DIRBEN/INSS Nº 998, DE 28 DE MARÇO DE 2022 638

ANEXO II – PORTARIA DIRBEN/INSS Nº 998, DE 28 DE MARÇO DE 2022 638

ANEXO III – PORTARIA DIRBEN/INSS Nº 998, DE 28 DE MARÇO DE 2022 639

PORTARIA DIRBEN/INSS Nº 999, DE 28 DE MARÇO DE 2022

Aprova as Normas Procedimentais em Matéria de Benefícios 643

ANEXO 643

LIVRO X – REABILITAÇÃO PROFISSIONAL 643

TÍTULO I – DA HABILITAÇÃO E REABILITAÇÃO PROFISSIONAL 643

CAPÍTULO I – DA CONCEITUAÇÃO E DAS FUNÇÕES BÁSICAS 643

CAPÍTULO II – DA CLIENTELA 644

    Seção I – Disposições Gerais 644

CAPÍTULO III – DA OBRIGATORIEDADE 644

    Seção I – Disposições Gerais 644

    Seção II – Da Convocação e Agendamento dos Beneficiários em Reabilitação Profissional 644

    Seção II-A – Do Monitoramento do Benefício de Segurados em Reabilitação Profissional – MORP 645

    Seção III – Da Recusa e do Abandono ao Programa de Reabilitação Profissional 645

CAPÍTULO IV – DA COMPOSIÇÃO E ORGANIZAÇÃO DAS EQUIPES 647

CAPÍTULO V – DA AVALIAÇÃO DO POTENCIAL LABORATIVO 647

    Seção I – Disposições Gerais 647

    Seção II – Da Avaliação Socioprofissional 647

    Seção III – Da Conclusão da Avaliação do Potencial Laborativo 648

CAPÍTULO VI – DA ORIENTAÇÃO E ACOMPANHAMENTO DA PROGRAMAÇÃO PROFISSIONAL – PRP **649**

    Seção I – Disposições Gerais 649

    Seção II – Dos Grupos Informativos 649

    Seção III – Do Projeto Singular de Reabilitação Profissional........................ 649

    Seção IV – Da Análise de Compatibilidade da Função................................. 650

    Seção V – Dos Beneficiários com Vínculo Empregatício 650

    Seção VI – Do Beneficiário sem Vínculo Empregatício 651

    Seção VII – Do Treinamento em Empresa Parceira ou com ACT 651

    Seção VIII – Dos Cursos de Formação Profissional 651

    Seção IX – Da Melhoria de Escolaridade 651

CAPÍTULO VII – DO ENCERRAMENTO DO PROCESSO DE REABILITAÇÃO PROFISSIONAL... **652**

    Seção I – Do Desligamento por Conclusão do Programa de Reabilitação Profissional.. 652

    Seção II – Dos Desligamento por Interrupção do Programa de Reabilitação Profissional.. 653

CAPÍTULO VIII – DA ARTICULAÇÃO COM A COMUNIDADE................................ **653**

    Seção I – Da Pesquisa Externa na Reabilitação Profissional........................ 653

    Seção II – Dos Acordos e Convênios de Cooperação Técnica 654

CAPÍTULO IX – DO ACOMPANHAMENTO E PESQUISA DA FIXAÇÃO NO MERCADO DE TRABALHO **654**

CAPÍTULO X – DO BOLETIM ESTATÍSTICO DA REABILITAÇÃO PROFISSIONAL **654**

CAPÍTULO XI – DOS RECURSOS MATERIAIS **655**

    Seção I – Das Considerações Gerais 655

    Seção II – Das Órteses, Próteses, Meios auxiliares de locomoção e outros recursos de Tecnologia Assistiva – OPM/TA.. 655

    Seção III – Dos Cursos de Formação Profissional 657

    Seção IV – Das Taxas e Documentos de Habilitação 658

    Seção V – Do Auxílio-transporte Urbano, Intermunicipal e Interestadual, Auxílio-alimentação e Diárias 658

    Seção VI – Do Implemento Profissional... 659

    Seção VII – Das Disposições Finais.. 659

ANEXO I – PORTARIA DIRBEN/INSS Nº 999, DE 28 DE MARÇO DE 2022 .... **660**

ANEXO II – PORTARIA DIRBEN/INSS Nº 999, DE 28 DE MARÇO DE 2022 .... **660**

ANEXO III – PORTARIA DIRBEN/INSS Nº 999, DE 28 DE MARÇO DE 2022 .... **663**

ANEXO IV – PORTARIA DIRBEN/INSS Nº 999, DE 28 DE MARÇO DE 2022.......... **664**

ANEXO V – PORTARIA DIRBEN/INSS Nº 999, DE 28 DE MARÇO DE 2022 .... **664**

PLANO DE ESTUDOS

Diploma	Estudado	Revisão 1	Revisão 2	Revisão 3	Questões
INSTRUÇÃO NORMATIVA PRES/INSS Nº 128/2022	☐	☐	☐	☐	☐
PORTARIA DIRBEN/INSS Nº 990/2022	☐	☐	☐	☐	☐
PORTARIA DIRBEN/INSS Nº 991/2022	☐	☐	☐	☐	☐
PORTARIA DIRBEN/INSS Nº 992/2022	☐	☐	☐	☐	☐
PORTARIA DIRBEN/INSS Nº 993/2022	☐	☐	☐	☐	☐
PORTARIA DIRBEN/INSS Nº 994/2022	☐	☐	☐	☐	☐
PORTARIA DIRBEN/INSS Nº 995/2022	☐	☐	☐	☐	☐
PORTARIA DIRBEN/INSS Nº 996/2022	☐	☐	☐	☐	☐
PORTARIA DIRBEN/INSS Nº 997/2022	☐	☐	☐	☐	☐
PORTARIA DIRBEN/INSS Nº 998/2022	☐	☐	☐	☐	☐
PORTARIA DIRBEN/INSS Nº 999/2022	☐	☐	☐	☐	☐

INSTRUÇÃO NORMATIVA PRES/INSS Nº 128, DE 28 DE MARÇO DE 2022

Disciplina as regras, procedimentos e rotinas necessárias à efetiva aplicação das normas de direito previdenciário.

O PRESIDENTE DO INSTITUTO NACIONAL DO SEGURO SOCIAL – INSS, no uso das atribuições que lhe confere o Decreto nº 9.746, de 8 de abril de 2019, e tendo em vista o que consta no Processo Administrativo nº 35014.341866/2020-55, resolve:

Art. 1º Disciplinar as regras acerca dos procedimentos e das rotinas sobre cadastro, administração e retificação de informações dos beneficiários, reconhecimento, manutenção, revisão e recursos de benefícios previdenciários e assistenciais, serviços do Regime Geral de Previdência Social – RGPS, compensação previdenciária, acordos internacionais de Previdência Social e processo administrativo previdenciário no âmbito do INSS.

LIVRO I – DOS BENEFICIÁRIOS

TÍTULO I – DOS SEGURADOS E DA ADMINISTRAÇÃO DAS INFORMAÇÕES DOS SEGURADOS

CAPÍTULO I – DOS SEGURADOS, DA FILIAÇÃO E INSCRIÇÃO, DA VALIDADE, COMPROVAÇÃO E ACERTO DE DADOS DO CNIS

SEÇÃO I – DOS SEGURADOS E DA FILIAÇÃO

Art. 2º Filiação é o vínculo que se estabelece entre a Previdência Social e as pessoas que para ela contribuem, do qual decorrem direitos e obrigações.

§ 1º Filiado é aquele que se relaciona com a Previdência Social na qualidade de segurado obrigatório ou facultativo, mediante contribuição ao RGPS.

§ 2º Não gera filiação obrigatória ao RGPS o exercício de atividade prestada de forma gratuita ou o serviço voluntário, nos termos da Lei nº 9.608, de 18 de fevereiro de 1998.

Art. 3º São segurados obrigatórios os filiados ao RGPS nas categorias de empregado, empregado doméstico, trabalhador avulso, contribuinte individual e segurado especial.

§ 1º A filiação à Previdência Social, para os segurados obrigatórios, decorre automaticamente do exercício de atividade remunerada.

§ 2º O segurado que exercer mais de uma atividade remunerada sujeita ao RGPS é obrigatoriamente filiado em relação a cada uma dessas atividades.

§ 3º O aposentado, inclusive por outro regime de Previdência Social, que exercer atividade abrangida pelo RGPS é segurado obrigatório em relação a essa atividade, ficando sujeito às contribuições previstas para fins de custeio da Seguridade Social.

Art. 4º É segurado facultativo a pessoa física que se filiar ao RGPS, mediante contribuição, desde que não esteja exercendo atividade remunerada que o enquadre como segurado obrigatório ao RGPS ou ao Regime Próprio de Previdência Social – RPPS.

Parágrafo único. A filiação à Previdência Social, para os segurados facultativos, decorre de inscrição formalizada, com o pagamento da primeira contribuição sem atraso.

Art. 5º O limite mínimo de idade para ingresso no RGPS do segurado obrigatório que exerce atividade urbana ou rural e do facultativo é o seguinte:

I – até 14 de março de 1967, véspera da vigência da Constituição Federal de 1967, 14 (quatorze) anos;

II – de 15 de março de 1967, data da vigência da Constituição Federal de 1967, a 4 de outubro de 1988, véspera da promulgação da Constituição Federal de 1988, 12 (doze) anos;

III – a partir de 5 de outubro de 1988, data da promulgação da Constituição Federal de 1988, à 15 de dezembro de 1998, véspera da vigência da Emenda Constitucional nº 20, 14 (quatorze) anos, exceto para menor aprendiz, que conta com o limite de 12 (doze) anos, por força do inciso XXXIII do art. 7º da Constituição Federal; e

IV – a partir de 16 de dezembro de 1998, data da publicação e vigência da Emenda Constitucional nº 20, 16 (dezesseis) anos, exceto para menor aprendiz, que é de 14 (quatorze) anos, por força do art. 1º da referida Emenda, que alterou o inciso XXXIII do art. 7º da Constituição Federal de 1988.

Parágrafo único. A partir de 25 de julho de 1991, data da publicação da Lei nº 8.213, de 24 de julho de 1991, não há limite máximo de idade para o ingresso no RGPS.

SUBSEÇÃO ÚNICA

Art. 6º Observadas as formas de filiação, a caracterização do trabalho como urbano ou rural, para fins previdenciários, depende da natureza das atividades efetivamente exercidas pelos segurados obrigatórios e não da natureza da atividade do seu empregador.

Parágrafo único. O segurado, ainda que tenha trabalhado para empregador rural ou para empresa prestadora de serviço rural, no período anterior ou posterior à vigência da Lei nº 8.213, de 1991, será considerado como filiado ao regime urbano, empregado ou contribuinte individual, conforme o caso, quando enquadrado, nas seguintes atividades, dentre outras:

I – carpinteiro, pintor, datilógrafo, cozinheiro, doméstico e toda atividade que não se caracteriza como rural;

II – motorista, com habilitação profissional, e tratorista;

III – empregado do setor agrário específico de empresas industriais ou comerciais, assim entendido o trabalhador que presta serviços ao setor agrícola ou pecuário, desde que tal setor se destine, conforme o caso, à produção de matéria-prima utilizada pelas empresas agroindustriais ou à produção de bens que constituam objeto de comércio por parte das empresas agrocomerciais, que, pelo menos, desde 25 de maio de 1971, vigência da Lei Complementar nº 11, vinha sofrendo desconto de contribuições para o antigo Instituto Nacional de Previdência Social – INPS, ainda que a empresa não as tenha recolhido;

IV – empregado de empresa agroindustrial ou agrocomercial que presta serviço, indistintamente, ao setor agrário e ao setor industrial ou comercial;

V – motosserrista;

VI – veterinário, administrador e todo empregado de nível universitário;

VII – empregado que presta serviço em loja ou escritório; e

VIII – administrador de fazenda, exceto se demonstrado que as anotações profissionais não correspondem às atividades efetivamente exercidas.

SEÇÃO II – DO NÃO FILIADO

Art. 7º O não filiado é todo aquele que não possui forma de filiação obrigatória ou facultativa ao RGPS, mas se relaciona com a Previdência Social.

Parágrafo único. Não será observada idade mínima para o cadastramento do não filiado, exceto do representante legal e do procurador.

SEÇÃO III – DA INSCRIÇÃO

Art. 8º Considera-se inscrição, para os efeitos na Previdência Social, o ato pelo qual a pessoa física é cadastrada no RGPS mediante comprovação dos dados pessoais, da seguinte forma, observada a Seção IV deste Capítulo:

I – empregado: pelo empregador, por meio da formalização do contrato de trabalho e, a partir da obrigatoriedade do uso do Sistema de Escrituração Digital das Obrigações Fiscais, Previdenciárias e Trabalhistas – eSocial, instituído pelo Decreto nº 8.873, de 11 de dezembro de 2014, ou de sistema que venha a substituí-lo, por meio de registro contratual eletrônico nesse sistema;

II – trabalhador avulso: pelo cadastramento e registro no Órgão Gestor de Mão de Obra – OGMO, no caso dos portuários, ou no sindicato, em se tratando de não portuário, e a partir da obrigatoriedade do uso do eSocial, ou de sistema que venha a substituí-lo, por meio de cadastramento e registro eletrônico nesse Sistema;

III – empregado doméstico: pelo empregador, por meio de registro contratual eletrônico no eSocial, observados os §§ 1º, 7º e 8º e o art. 39;

IV – contribuinte individual:

a) por ato próprio, mediante cadastramento de informações para identificação e reconhecimento da atividade, sendo que o INSS poderá solicitar a comprovação desta condição, a se realizar por meio da apresentação de documento que caracterize o exercício de atividade;

b) pela cooperativa de trabalho ou pessoa jurídica a quem preste serviço, no caso de cooperados ou contratados, respectivamente, se ainda não inscrito no RGPS; e

c) pelo Microempreendedor individual – MEI, por meio do sítio eletrônico do Portal do Empreendedor;

V – segurado especial: preferencialmente, pelo titular do grupo familiar, que detiver uma das condições descritas no art. 109, sendo que o INSS poderá solicitar a comprovação desta condição, por meio da apresentação de documento que caracterize o exercício da atividade declarada, observadas as disposições contidas no art. 9º ; e

VI – facultativo: por ato próprio, mediante cadastramento de informações para sua identificação, desde que não exerça atividade que o enquadre na categoria de segurado obrigatório.

§ 1º Para o empregado doméstico, contribuinte individual, segurado especial e facultativo, a inscrição será realizada no Cadastro Nacional de Informações Sociais – CNIS, sendo-lhe atribuído Número de Identificação do Trabalhador – NIT, que será único, pessoal e intransferível, conforme art. 18 do Regulamento da Previdência Social – RPS, aprovado pelo Decreto nº 3.048, de 6 de maio de 1999.

§ 2º Além das informações pessoais, a inscrição do segurado especial deverá conter:

I – a forma do exercício da atividade, se individual ou em regime de economia familiar, neste caso com vinculação ao seu respectivo grupo familiar;

II – a sua condição no grupo familiar, se titular ou componente;

III – o grupo e o tipo de atividade do titular de acordo com tabela do Código Brasileiro de Ocupações – CBO;

IV – a forma de ocupação do titular vinculando-o à propriedade, ao local ou à embarcação em que trabalhe;

V – a identificação da propriedade, local ou embarcação em que desenvolve a atividade;

VI – o local ou município onde reside, de forma a identificar se é mesmo município ou município contíguo, ou aglomerado rural; e

VII – a identificação e inscrição da pessoa responsável pelo grupo familiar, quando for o caso.

§ 3º O segurado especial integrante de grupo familiar que não seja proprietário do imóvel rural ou embarcação em que desenvolve sua atividade deve informar, no ato da inscrição e na autodeclaração, conforme o caso, o nome e o número no Cadastro de Pessoas Físicas – CPF do parceiro ou meeiro outorgante, arrendador, comodante ou assemelhado.

§ 4º Nos casos de impossibilidade de emissão de NIT para indígenas por falta de apresentação de certidão de registro civil, o INSS deverá comunicar o fato à Fundação Nacional do Índio – FUNAI, que orientará e ajudará o indígena, sem registro civil, a obter o documento.

§ 5º A ausência da certidão de registro civil citada no § 4º, não poderá ser suprida, para fins de concessão de benefícios previdenciários e assistenciais, pelos registros administrativos de nascimento e óbito escriturados pelos Postos Indígenas ou Administrações Executivas da FUNAI.

§ 6º O número de inscrição da pessoa física no CNIS poderá ser oriundo das seguintes fontes:

I – Número de Identificação do Trabalhador – NIT, atribuído pelo INSS;

II – Programa de Integração Social – PIS, organizado e administrado pela Caixa Econômica Federal – CEF, com base nas informações fornecidas pelas empresas, no caso de empregado, e pelo OGMO ou sindicato, no caso de trabalhador avulso, conforme § 1º do art. 7º da Lei Complementar nº 7, de 7 de setembro de 1970;

III – Programa de Formação do Patrimônio do Servidor Público – PASEP, organizado e administrado pelo Banco do Brasil – BB, conforme § 6º do art. 5º da Lei Complementar nº 8, de 3 de dezembro de 1970; ou

IV – Número de Identificação Social – NIS, previsto no parágrafo único do art. 3º do Decreto nº 6.135, de 26 de junho de 2007, atribuído e validado pela CEF quando a pessoa física é inscrita no Cadastro Único para Programas Sociais – CadÚnico.

§ 7º Não caberá atribuição de novo número de inscrição se o segurado já possuir NIT/PIS/Pasep/NIS, ainda que seja efetuada alteração de categoria profissional.

§ 8º O número no CPF é suficiente e substitutivo para a apresentação do NIT/PIS/Pasep/NIS, desde que a inscrição existente no CNIS contenha o número do CPF validado com a base da Secretaria Especial da Receita Federal do Brasil – RFB.

§ 9º Presentes os pressupostos da filiação, admite-se a inscrição post mortem do segurado especial, obedecidas as regras vigentes para sua caracterização.

§ 10. Na hipótese do § 9º, caso não seja comprovada a condição de segurado especial, poderá ser atribuído NIT apenas para fins de formalização do requerimento do benefício previdenciário.

§ 11. Não será admitida a inscrição após a morte do segurado contribuinte individual e do segurado facultativo.

§ 12. A inscrição pode ocorrer na condição de filiado e de não filiado, observados o § 1º do art. 2º e o *caput* do art. 7º. *(Redação dada pela IN PRES/INSS 141/2022)*

§ 13. A comprovação dos dados pessoais e de outros elementos necessários e úteis à caracterização do segurado poderá ser exigida pelo INSS, a qualquer tempo, para atualização de cadastro, inclusive quando da concessão de benefício.

§ 14. A inscrição formalizada por segurado em categoria diferente daquela em que deveria ocorrer deve ser alterada para a categoria correta mediante apresentação de documentos comprobatórios e análise da pertinência pelo INSS.

§ 15. No caso de alteração da categoria de segurado obrigatório para facultativo será solicitada declaração do requerente de que não exerce atividade de filiação obrigatória vinculada ao RGPS ou RPPS, para análise em conjunto com as informações constantes nos sistemas corporativos à disposição do INSS. *(Redação dada pela IN PRES/INSS 141/2022)*

Art. 9º O cadastro dos segurados especiais no CNIS será mantido e atualizado de acordo com os termos definidos no art.19-D do Decreto nº 3.048, de 6 de maio de 1999.

§ 1º O INSS utilizará as informações constantes do cadastro de que trata o *caput* para fins de comprovação do exercício da atividade e da condição de segurado especial e do respectivo grupo familiar.

§ 2º As informações obtidas e acolhidas pelo INSS diretamente de bancos de dados disponibilizados por órgãos e entidades públicas serão utilizadas para validar ou invalidar informação para o cadastramento do segurado especial, bem como, quando for o caso, para deixar de reconhecer essa condição.

SEÇÃO IV – DA VALIDADE DOS DADOS DO CNIS

Art. 10. A partir de 31 de dezembro de 2008, data da publicação do Decreto nº 6.722, os dados constantes do CNIS relativos a atividade, vínculos, remunerações e contribuições valem, a qualquer tempo, como prova de filiação à Previdência Social, tempo de contribuição e salários de contribuição.

Art. 11. O INSS poderá solicitar ao filiado a apresentação de documentos comprobatórios, quando não constarem no CNIS informações relativas a dados cadastrais da pessoa física, atividade, vínculos, remunerações e contribuições ou quando houver dúvida sobre a regularidade ou a procedência dessas informações, motivada por divergência, extemporaneidade ou insuficiência de dados, inclusive referentes ao empregador, ao filiado, à natureza da atividade ou ao vínculo.

Parágrafo único. Somente serão solicitados ao filiado documentos expedidos por órgãos públicos ou certidões quando não for possível a sua obtenção diretamente do órgão ou da entidade responsável pela base de dados oficial.

Art. 12. O filiado poderá solicitar, a qualquer momento, a inclusão, alteração, ratificação ou exclusão das informações divergentes, extemporâneas ou insuficientes, do CNIS, com a apresentação de documentos comprobatórios, conforme critérios estabelecidos em ato normativo próprio do INSS, observadas as formas de filiação, independentemente de requerimento de benefício.

Art. 13. Ato normativo próprio do INSS poderá estabelecer outras documentações comprobatórias para prova do tempo de serviço ou contribuição, além daqueles elencados nesta Instrução Normativa, observado o disposto no art. 19-B do RPS.

Art. 14. Os critérios para a análise dos documentos comprobatórios de exercício de atividade, remunerações e contribuições, observadas as peculiaridades de cada tipo de filiado, serão definidos por ato normativo próprio estabelecido pelo INSS.

Art. 15. As anotações em Carteira Profissional – CP e/ou Carteira de Trabalho e Previdência Social – CTPS em meio físico, relativas a férias, alterações de salários e outras, que demonstrem a sequência do exercício da atividade, podem suprir possível falha de registro de admissão ou dispensa.

Art. 16. As informações constantes na CP ou CTPS somente serão desconsideradas mediante despacho fundamentado que demonstre a sua inconsistência, cabendo, nesta hipótese, o encaminhamento para apuração de irregularidades, conforme disciplinado em ato normativo próprio.

Art. 17. As informações constantes do CNIS, sujeitas a comprovação, serão identificadas e destacadas por meio de indicadores de pendências.

Art. 18. Informações inseridas extemporaneamente no CNIS, independentemente de serem inéditas ou retificadoras de dados anteriormente informados, somente serão aceitas se corroboradas por documentos que comprovem a sua regularidade.

Art. 19. A extemporaneidade da inserção de dados no CNIS deverá respeitar as definições sobre a procedência e origem das informações, considerando o disposto no art. 19 do RPS, alterado pelo Decreto nº 10.410 de 30 de junho de 2020.

Art. 20. O INSS poderá definir critérios para apuração das informações constantes da guia de Recolhimento do FGTS e de Informações à Previdência Social – GFIP ou de instrumento que venha substituí-la, na forma do § 3º do art. 2º do Decreto nº 8.373, de 2014, e do art. 16 da Lei nº 13.874, de 20 de setembro de 2019, que ainda não tiverem sido processadas, bem como para aceitação de informações relativas a situações cuja regularidade dependem de atendimento de critério estabelecido em lei.

Art. 21. Mediante o disposto no art. 29-A da Lei nº 8.213, de 1991, nos artigos 19, 19-A e 19-B do RPS e na manifestação da Consultoria Jurídica do Ministério da Previdência Social – MPS por meio do Parecer CONJUR/MPS nº 57, de 5 de fevereiro de 2009, serão consideradas quitadas em tempo hábil as contribuições previdenciárias devidas pelos contribuintes individuais, contribuintes em dobro, facultativos, equiparados a autônomos, empresários e empregados domésticos, relativas ao período compreendido entre abril de 1973 e fevereiro de 1994, quitadas até essa data, dispensando-se a exigência da respectiva comprovação por parte do contribuinte quando estejam no CNIS ou microficha.

Art. 22. Na hipótese em que a documentação apresentada for insuficiente para formar convicção ao que se pretende comprovar, o INSS poderá realizar, conforme o caso, todas as ações necessárias à conclusão do requerimento, ou seja, emitir carta de exigência, tomar depoimentos, emitir Pesquisa Externa ou processar Justificação Administrativa – JA, observado o disposto nos art. 567 e 573.

Art. 23. Realizadas todas as ações necessárias à conclusão do requerimento, o INSS deverá, na prolação da decisão, observar o disposto no art. 574 quanto à motivação da decisão administrativa.

Art. 24. Se após a análise da documentação for verificado que esta é contemporânea, não apresenta indícios de irregularidade e forma convicção dos fatos a comprovar e da sua regularidade, o INSS efetuará o acerto dos dados no CNIS, emitindo-se a comunicação ao segurado, informando a inclusão, alteração, ratificação ou exclusão do período ou remuneração pleiteada.

Art. 25. Fica o INSS obrigado a disponibilizar ao segurado o extrato do CNIS, por meio dos canais de atendimento previstos na Carta de Serviços ao Usuário.

SEÇÃO V – DAS INFORMAÇÕES INCORPORADAS AO CNIS

Art. 26. O INSS terá acesso aos dados necessários para a análise, a concessão, a revisão e a manutenção de benefícios por ele administrados, constantes de bases, sistemas ou quaisquer tipos de repositórios, conforme preconiza o Decreto nº 10.047, de 9 de outubro de 2019, cabendo aos órgãos e entidades da administração pública federal assegurar que as informações constantes de suas bases de dados estejam corretas e atualizadas, na forma do § 4º do art. 3º deste Decreto.

Parágrafo único. O INSS não é responsável pelas inconsistências existentes nas bases de dados mantidas por outros órgãos e entidades.

Art. 27. O INSS, para o exercício de suas competências, terá acesso às informações do segurado relativas aos períodos com deficiência leve, moderada e grave, fixadas em decorrência de avaliação médica e funcional, para fins de reconhecimento e manutenção de direitos aos benefícios mantidos pelo RGPS.

Art. 28. Constarão no CNIS as informações dos segurados e beneficiários dos regimes próprios de previdência social para verificação das situações previstas no RPS e nesta Instrução Normativa que impactam no reconhecimento e manutenção de direitos aos benefícios mantidos pelo RGPS.

SEÇÃO VI – DA ATUALIZAÇÃO DO CNIS

Art. 29. Aplicam-se as orientações desta Seção e do art. 557 aos documentos em meio físico apresentados ao INSS para fins de atualização do CNIS, em conformidade com este Capítulo, relacionadas à comprovação da atividade dos filiados.

Parágrafo único. Para períodos anteriores ao eSocial, aplicam-se as orientações desta Seção e dos arts. 558 à 560, quando se tratar de documentos em meio eletrônico, e dos arts. 561 e 562, quando se tratar de documentos microfilmados, apresentados ao INSS para fins de atualização do CNIS. *(Redação dada pela IN PRES/INSS 141/2022)*

Art. 30. Na impossibilidade de apresentação dos originais ou de cópias autenticadas, em cartório ou administrativamente, os documentos em meio físico que se fizerem necessários à atualização do CNIS, observado o contido no art. 19-B do RPS, bem como art. 557, poderão ser apresentados ao INSS:

I – em cópia simples entregue em meio papel, dispensada a autenticação administrativa para a atualização a que se destinam, salvo na existência de dúvida fundamentada quanto à sua autenticidade, integridade e contemporaneidade, observado o § 2º do art. 557; ou

II – digitalizados pelo segurado, a partir dos documentos originais, na forma e padrão definidos pelo INSS, que terão efeito legal de cópia simples, observado na alínea "b" do inciso II do *caput* do art. 558 e no art. 559, dispensada a autenticação administrativa para a atualização a que se destinam, salvo na existência de dúvida fundamentada quanto à sua autenticidade, integridade e contemporaneidade.

Parágrafo único. Quando se tratar de documento em meio físico que originalmente seja constituído de partes indissociáveis, a contemporaneidade somente poderá ser analisada se a cópia contiver as partes essenciais que garantam a verificação da ordem cronológica dos registros e anotações, bem como a data de emissão, conforme § 1º do art. 557.

Art. 31. Aplicam-se as orientações dispostas no art. 560 aos documentos produzidos em meio eletrônico e apresentados ao INSS para fins de atualização do CNIS.

§ 1º Embora o documento eletrônico assinado por meio de certificado digital proveniente da Infraestrutura de Chaves Públicas Brasileira – ICP-Brasil, tenha garantia de autenticidade e integridade, com ou sem o carimbo do tempo, este se faz necessário para a verificação da sua contemporaneidade e, por consequência, para a comprovação de vínculo, atividade, remuneração ou contribuição.

§ 2º O documento eletrônico que tenha sido assinado por certificação no padrão ICP-Brasil, sem carimbo do tempo, ou por certificação não disponibilizada pela ICP-Brasil, deve ser complementado por outra prova material contemporânea prevista nesta Instrução Normativa, para fins de comprovação de vínculo, atividade, remuneração ou contribuição.

§ 3º Para fins de comprovação de vínculo, atividade, remuneração e contribuição, o documento impresso ou gerado em formato de arquivo a partir de um conteúdo digital de documento eletrônico não poderá ser utilizado como elemento de prova perante o INSS, por não ser possível atestar a sua autenticidade, integridade e contemporaneidade, exceto na situação disposta no § 4º.

§ 4º Nas situações em que for apresentado documento impresso ou arquivo proveniente de conteúdo em meio digital, os dados nele contidos somente poderão ser utilizados como elemento de prova perante o INSS se o documento ou arquivo permitir a verificação da autenticidade e do conteúdo mediante informação do endereço eletrônico e do código ou chave de autenticação, o que não afasta a necessidade de avaliação da contemporaneidade, conforme o caso.

SEÇÃO VII – DA PESSOA FÍSICA

Art. 32. Para atualização da inscrição no CNIS é necessária a identificação da pessoa física por meio de documento legal de identificação com foto que permita o seu reconhecimento, podendo ser um dos seguintes documentos:

I – Cédula de Identidade ou Registro Geral – RG;

II – Carteira Nacional de Habilitação – CNH;

III – Carteira de Trabalho e Previdência Social – CTPS em meio físico;

IV – carteira expedida por órgão ou entidade de classe;

V – passaporte;

VI – Documento Nacional de Identificação – DNI; ou

VII – outro documento legal com foto dotado de fé pública que permita a identificação da pessoa física.

§ 1º O documento previsto no inciso III somente será aceito pelo INSS como documento de identificação se tiver sido emitido até a data da instituição da Carteira de Trabalho Digital, conforme art. 40.

§ 2º Para alteração, inclusão ou exclusão dos dados da inscrição devem ser apresentados os seguintes documentos, conforme o caso:

I – dados pessoais:

a) CPF;

b) documento legal de identificação, com foto, que permita o reconhecimento da pessoa;

c) outros documentos que contenham a informação a ser atualizada, tais como Certidão Civil de Nascimento/Casamento/Óbito, Título de Eleitor ou Carteira de Trabalho;

II – titularidade da inscrição e data de cadastramento quando inexistente na base do CNIS: o comprovante de inscrição do NIT/PIS/PASEP/NIS; e

III – dados de endereço: por ato declaratório do segurado.

SEÇÃO VIII – DA EMPRESA, DO EQUIPARADO À EMPRESA E DO EMPREGADOR DOMÉSTICO

Art. 33. Considera-se empresa a firma individual ou a sociedade que assume o risco de atividade econômica urbana ou rural, com fins lucrativos ou não, bem como os órgãos e as entidades da administração pública direta, indireta ou fundacional.

§ 1º A formalização da empresa se dá com o registro de seus atos constitutivos junto aos órgãos competentes, tais como: Junta Comercial, Cartório de Registros de Títulos e Documentos, Ordem dos Advogados do Brasil – OAB, considerando-se para fins de início da atividade, salvo prova em contrário, a data do referido registro.

§ 2º Na situação em que a data de admissão do vínculo, objeto de comprovação, seja anterior à data de constituição da empresa, proveniente do Cadastro Nacional de Pessoas Jurídicas – CNPJ ou Cadastro Específico do INSS – CEI ou Cadastro que venha substituí-lo, é recomendável que o empregador efetue a manutenção do seu cadastro junto à RFB, no que diz respeito ao preenchimento da data do primeiro vínculo, para fins de validação dos eventos no eSocial que dependam dessa informação cadastral, de forma a viabilizar o tratamento automatizado no CNIS das pendências dos dados de segurados da referida empresa.

§ 3º Equiparam-se à empresa, nos termos do parágrafo único do art. 12 do RPS:

I – o contribuinte individual, em relação a segurado que lhe presta serviços;

II – a sociedade cooperativa, urbana ou rural, definida nos arts. 1.093 a 1.096 da Lei nº 10.406, de 10 de janeiro de 2002, que instituiu o Código Civil, e regulada pela Lei nº 5.764, de 16 de dezembro de 1971;

III – a associação ou a entidade de qualquer natureza ou finalidade, inclusive o condomínio;

IV – a missão diplomática e a repartição consular de carreiras estrangeiras;

V – o operador portuário e o OGMO de que trata a Lei nº 12.815, de 5 de junho de 2013; e

VI – o proprietário do imóvel, o incorporador ou o dono de obra de construção civil, quando pessoa física, em relação a segurado que lhe presta serviços.

Art. 34. Considera-se empregador doméstico aquele que admite empregado doméstico a seu serviço ou de sua família, em âmbito residencial, por mais de 2 (dois) dias por semana, mediante remuneração, sem finalidade lucrativa, de forma contínua, pessoal e subordinada.

SEÇÃO IX – DO ESOCIAL OU DO SISTEMA QUE VENHA SUBSTITUÍ-LO, DO SIMPLES DOMÉSTICO, DA CARTEIRA DE TRABALHO DIGITAL, DO REGISTRO ELETRÔNICO DE EMPREGADO, DO REGISTRO DO TRABALHADOR SEM VÍNCULO DE EMPREGO/ESTATUTÁRIO – TSVE, DA FOLHA DE PAGAMENTO E DO RECIBO ELETRÔNICO

Art. 35. O Sistema Simplificado de Escrituração Digital das Obrigações Fiscais, Previdenciárias e Trabalhistas – eSocial foi instituído pelo Decreto nº 8.373, de 2014, e consiste em instrumento de unificação da prestação das informações de interesse do governo federal, relativas à escrituração digital das obrigações fiscais, previdenciárias e trabalhistas, recepcionadas e armazenadas no Ambiente Nacional do eSocial, composto também por aplicação para preenchimento, geração, transmissão, recepção, validação e distribuição da escrituração.

§ 1º Sob o aspecto previdenciário, estão sujeitos à prestação das informações ao eSocial o empregador, inclusive o doméstico, a empresa e os que forem a ela equiparados em lei, o segurado especial, inclusive em relação a trabalhadores que lhe prestem serviço e as pessoas jurídicas de direito público da União, dos Estados, do Distrito Federal e dos Municípios, observado o cronograma de implantação previsto em ato específico.

§ 2º Por meio do eSocial são registrados os eventos relativos ao trabalhador com ou sem vínculo empregatício, neste compreendido o segurado trabalhador avulso e o contribuinte individual que presta serviços a empresa ou cooperativa.

§ 3º A Folha de Pagamento no eSocial, por competência, consiste em uma nova forma de prestação de informações relativas às remunerações de todos os trabalhadores a serviço do declarante sujeito ao eSocial, sendo obrigação deste efetuar o registro eletrônico do evento da Folha, observado o contido no art. 26 e o cronograma de implantação previsto em ato específico.

§ 4º A comprovação do cumprimento da obrigação por meio do eSocial dar-se-á pelo número do recibo eletrônico emitido por esse sistema quando da recepção e validação do evento correspondente.

§ 5º Para fins de retificação de evento no eSocial, contemporaneamente registrado, em especial o relativo à data de admissão, caberá ao empregador observar o disposto no Manual de Orientação do eSocial, de forma a evitar a exclusão desnecessária do evento que possui a informação equivocada, aplicando-se neste caso a retificação com a finalidade de manutenção da contemporaneidade da data de envio do evento original, ficando a informação correta e contemporânea no CNIS.

Art. 36. O INSS integra o Comitê Gestor do eSocial e utiliza as informações compartilhadas do Ambiente Nacional, no limite de suas competências e atribuições, com a finalidade de garantir direitos previdenciários ao segurado empregado, inclusive o doméstico, trabalhador avulso e contribuinte individual que presta serviço a empresa ou cooperativa a partir do cumprimento das obrigações por parte dos que estão sujeitos ao eSocial.

Art. 37. A obrigatoriedade do eSocial vem sendo implementada gradativamente e a prestação das informações relativas à escrituração digital, composta pelos registros de eventos eletrônicos tributários, previdenciários e trabalhistas, substituirá a obrigação de entrega das mesmas informações em outros formulários e declarações, na forma disciplinada pelos órgãos e entidades partícipes do eSocial.

Art. 38. As informações prestadas por meio do eSocial substituirão as constantes na GFIP, conforme cronograma de implantação previsto em ato específico da Secretaria Especial da Receita Federal do Brasil – RFB.

Parágrafo único. De acordo com o art. 2º da Lei nº 11.457, de 16 de março de 2007 e art. 33 da Lei nº 8.212, de 1991, as atividades relativas a tributação, fiscalização, arrecadação, cobrança e recolhimento das contribuições previdenciárias e tributárias são de competência da RFB, sendo que o não cumprimento das obrigações previstas no eSocial sujeita o infrator à autuação pelo Auditor-Fiscal da RFB.

Art. 39. O Simples Doméstico, regime unificado de pagamento de tributos, de contribuições e dos demais encargos do empregador doméstico, foi instituído pela Lei Complementar nº 150, de 1º de junho de 2015, sendo que a inscrição do empregador e a entrada única de dados cadastrais e de informações trabalhistas, previdenciárias e fiscais passaram a ser realizadas mediante registros eletrônicos no eSocial, a partir de 1º de outubro de 2015, quando da regulamentação desse regime.

Art. 40. A Carteira de Trabalho Digital foi instituída pela Lei nº 13.874, de 2019, e a partir da obrigatoriedade do uso do eSocial, os eventos eletrônicos gerados por esse sistema, relativos ao contrato de trabalho de empregado, inclusive doméstico, serão incorporados ao CNIS e à referida Carteira, respeitados os critérios dispostos na Seção IV deste Capítulo.

§ 1º Além dos vínculos oriundos dos eventos eletrônicos gerados pelo eSocial, a Carteira de Trabalho Digital poderá apresentar vínculos anteriores à sua instituição, provenientes de dados existentes no CNIS.

§ 2º As informações que compõem a Carteira de Trabalho Digital correspondem àquelas constantes no CNIS, portanto, se tais informações estiverem pendentes ou com marcação de extemporaneidade, devem ser comprovadas de acordo com os procedimentos dispostos nesta Instrução Normativa.

§ 3º A instituição da Carteira de Trabalho Digital ocorre na forma estabelecida pelo Ministério do Trabalho e Previdência.

Art. 41. Conforme previsto no art. 41 da CLT, o empregador deve efetuar o registro dos respectivos empregados, podendo adotar livros, fichas ou sistema eletrônico.

Parágrafo único. Na hipótese do empregador optar pela utilização de sistema de registro eletrônico de empregados fica obrigatório o uso do eSocial, conforme disposto no art. 16 da Portaria MTP nº 671, de 8 de novembro de 2021, vedados outros meios de registro.

Art. 42. As informações prestadas no eSocial pelo empregador, na forma da legislação trabalhista específica, em relação ao registro contratual do empregado, inclusive doméstico, deverão constar no CNIS, e, por consequência, na Carteira de Trabalho Digital do empregado, inclusive doméstico.

Art. 43. As informações prestadas no eSocial pelo OGMO ou sindicato, na forma da legislação trabalhista específica, em relação ao cadastro do trabalhador avulso e informações relativas às remunerações auferidas, deverão constar no CNIS.

Art. 44. As informações prestadas no eSocial pela empresa contratante ou cooperativa, na forma da legislação trabalhista específica, em relação às informações relativas às remunerações auferidas, deverão constar no CNIS.

SEÇÃO X – DO EMPREGADO

Art. 45. É segurado obrigatório na categoria de empregado:

I – aquele que presta serviço de natureza urbana ou rural a empresa ou equiparado à empresa, em caráter não eventual, sob sua subordinação e mediante remuneração, inclusive como diretor empregado;

II – o contratado como intermitente para a prestação de serviços, com subordinação, de forma não contínua, com alternância de períodos de prestação de serviços e inatividade, a partir de 11 de novembro de 2017, por força da Lei nº 13.467, de 13 de julho de 2017, que alterou o *caput* e incluiu o § 3º no art. 443 e incluiu o art. 452-A na CLT;

III – aquele que, contratado por empresa de trabalho temporário, na forma da Lei nº 6.019, de 3 de janeiro de 1974, por prazo não superior a 180 (cento e oitenta) dias, consecutivos ou não, prorrogável por até 90 (noventa) dias, presta serviço para atender a necessidade transitória de substituição de pessoal regular e permanente ou a acréscimo extraordinário de serviço de outras empresas;

IV – o aprendiz, maior de 14 (quatorze) anos e menor de 24 (vinte e quatro) anos, ressalvada a hipótese da pessoa com deficiência, à qual não se aplica o limite máximo de idade, com contrato de aprendizagem por prazo determinado, não superior a 2 (dois) anos, na forma dos arts. 428 a 433 da CLT;

V – o brasileiro ou o estrangeiro domiciliado e contratado no Brasil para trabalhar como empregado:

a) no exterior, em sucursal ou agência de empresa constituída sob as leis brasileiras e que tenha sede e administração no País; ou

b) em empresa domiciliada no exterior com maioria do capital votante pertencente à empresa constituída sob as leis brasileiras, que tenha sede e administração no País e cujo controle efetivo esteja em caráter permanente sob a titularidade direta ou indireta de pessoas físicas domiciliadas e residentes no País ou de entidade de direito público interno;

VI – aquele que presta serviço no Brasil a missão diplomática ou a repartição consular de carreira estrangeira e a órgãos a elas subordinados, ou a membros dessas missões e repartições, excluídos o não brasileiro sem residência permanente no Brasil e o brasileiro amparado pela legislação previdenciária do país da respectiva missão diplomática ou repartição consular;

VII – o brasileiro civil que trabalha para a União no exterior, em organismos oficiais internacionais dos quais o Brasil seja membro efetivo, ainda que lá domiciliado e contratado, salvo se segurado na forma da legislação vigente do país do domicílio ou se amparado por RPPS;

VIII – o brasileiro civil que presta serviços à União no exterior, em repartições governamentais brasileiras, lá domiciliado e contratado, inclusive o auxiliar local de que tratam os arts. 56 e 57 da Lei nº 11.440, de 29 de dezembro de 2006, desde que este, em razão de proibição legal, não possa filiar-se ao sistema previdenciário local;

IX – o trabalhador contratado no exterior para trabalhar no Brasil em empresa constituída e funcionando em território nacional segundo as leis brasileiras, ainda que com salário estipulado em moeda estrangeira, salvo se amparado pela previdência social de seu país de origem, observado o disposto nos acordos internacionais porventura existentes;

X - o bolsista e o estagiário que prestam serviços à empresa em desacordo com a Lei nº 11.788, de 25 de setembro de 2008;

XI - o servidor da União, incluídas suas Autarquias e Fundações de direito público, ocupante, exclusivamente, de cargo em comissão declarado em lei de livre nomeação e exoneração, a partir de 1º de agosto de 1993, por força da Lei nº 8.647, de 13 de abril de 1993, e o que, nessa condição, para período anterior a essa data, não estivesse amparado por RPPS;

XII - o servidor do Estado, Distrito Federal ou Município, incluídas suas Autarquias e Fundações de direito público, ocupante, exclusivamente, de cargo em comissão declarado em lei de livre nomeação e exoneração, a partir de 16 de dezembro de 1998, por força da Emenda Constitucional nº 20, de 1998, e o que, nessa condição, para período anterior a essa data, não estivesse amparado por RPPS;

XIII - o ocupante de cargo de Ministro de Estado, de Secretário Estadual, Distrital ou Municipal, a partir de 29 de novembro de 1999, por força da Lei nº 9.876, de 26 de novembro de 1999, desde que não amparado por RPPS pelo exercício de cargo efetivo do qual tenha se afastado para assumir essa função;

XIV - o servidor titular de cargo efetivo do Estado, Distrito Federal ou Município, incluídas suas Autarquias e Fundações de direito público, desde que, nessa qualidade, não esteja amparado por RPPS;

XV - o servidor contratado pela União, bem como pelas respectivas Autarquias e Fundações de direito público, por tempo determinado, para atender a necessidade temporária de excepcional interesse público, nos termos do inciso IX do art. 37 da Constituição Federal, a partir de 10 de dezembro de 1993, por força da Lei nº 8.745, de 9 de dezembro de 1993;

XVI - o servidor contratado pelo Estado, Distrito Federal ou Município, bem como pelas respectivas Autarquias e Fundações de direito público, por tempo determinado, para atender a necessidade temporária de excepcional interesse público, nos termos do inciso IX do art. 37 da Constituição Federal, a partir de 16 de dezembro de 1998, por força da Emenda Constitucional nº 20, de 1998, e o que, nessa condição, para período anterior a essa data, não estivesse amparado por RPPS;

XVII - o ocupante de emprego público da União, incluídas suas Autarquias e Fundações de direito público;

XVIII - o ocupante de emprego público do Estado, Distrito Federal ou Município, incluídas suas Autarquias e Fundações de direito público, a partir de 16 de dezembro de 1998, por força da Emenda Constitucional nº 20, de 1998, e o que, nessa condição, para período anterior a essa data, não estivesse amparado por RPPS;

XIX - o contratado por titular de serventia da justiça, sob o regime da legislação trabalhista, e qualquer pessoa que, habitualmente, presta-lhe serviços remunerados sob sua dependência, sem relação de emprego com o Estado, a partir de 1º de janeiro de 1967, conforme Resolução Nº 325 /CD-DNPS, de 24 de julho de 1969.

XX - o escrevente e o auxiliar contratados a partir de 21 de novembro de 1994, por titular de serviços notariais e de registro, bem como aqueles de investidura estatutária ou de regime especial contratados até 20 de novembro de 1994, que optaram pelo RGPS em conformidade com a Lei nº 8.935, de 18 de novembro de 1994;

XXI - o exercente de mandato eletivo federal, estadual, distrital ou municipal, a partir de 19 de setembro de 2004, salvo o titular de cargo efetivo da União, dos Estados, do Distrito Federal ou dos Municípios, incluídas suas Autarquias e Fundações de direito público, filiado a RPPS no cargo de origem, na forma estabelecida pela Lei nº 10.887, de 18 de junho de 2004, observado o disposto pela Portaria MPS nº 133, de 2 maio de 2006, e a Subseção III da Seção XVIII deste Capítulo;

XXII - o empregado de organismo oficial internacional ou estrangeiro em funcionamento no Brasil, a partir de 29 de novembro de 1999, em decorrência dos efeitos da Lei nº 9.876, de 1999, salvo quando coberto por RPPS;

XXIII - o trabalhador rural contratado por produtor rural pessoa física, por pequeno prazo, para o exercício de atividade de natureza temporária, na forma do art. 14-A da Lei nº 5.889, de 8 de junho de 1973;

XXIV - o trabalhador volante, que presta serviços a agenciador de mão de obra constituído como pessoa jurídica, observado que, na hipótese do agenciador não ser pessoa jurídica constituída, ambos serão considerados empregados do contratante dos serviços;

XXV - o assalariado rural safrista, de acordo com o art. 14 da Lei nº 5.889, de 1973, observado que para aqueles segurados que prestam serviços a empresas agroindustriais e agropecuárias, a caracterização, se urbana ou rural, dar-se-á pela natureza da atividade exercida, conforme definido no Parecer CJ nº 2.522, de 9 de agosto de 2001, caracterizando, desta forma, a sua condição em relação aos benefícios previdenciários, observado o disposto no art. 6º;

XXVI - o empregado de Conselho, de Ordem ou de Autarquia de fiscalização do exercício de atividade profissional, na forma da Lei nº 5.410, de 9 de abril de 1968;

XXVII – o trabalhador portuário, registrado no OGMO, contratado pelo operador portuário, com vínculo empregatício com prazo indeterminado, na forma do § 2º do art. 40 da Lei nº 12.815, de 2013, que presta serviços de capatazia, estiva, conferência de carga, conserto de carga, bloco e vigilância de embarcações, na área dos portos organizados;

XXVIII – o atleta não profissional em formação, contratado em desacordo com a Lei nº 9.615, de 24 de março de 1998, com as alterações da Lei nº 10.672, de 15 de maio de 2003;

XXIX – o treinador profissional de futebol, independentemente de acordos firmados, nos termos da Lei nº 8.650, de 20 de abril de 1993;

XXX – o médico-residente ou o residente em área profissional da saúde que presta serviços em desacordo, respectivamente, com a Lei nº 6.932, de 7 de julho de 1981, e a Lei nº 11.129, de 30 de junho de 2005;

XXXI – o Agente Comunitário de Saúde:

a) com vínculo direto com o poder público local, até 15 de dezembro de 1998, desde que não amparado por RPPS, e a partir de 16 de dezembro de 1998, por força da Emenda Constitucional nº 20, de 1998, desde que não seja titular de cargo efetivo amparado por RPPS; e

b) o Agente Comunitário de Saúde e o Agente de Combate às Endemias admitido pelo gestor local do Sistema Único de Saúde – SUS e pela Fundação Nacional de Saúde – Funasa, com fundamento na Medida Provisória nº 297, de 9 de junho de 2006, convertida na Lei nº 11.350, de 5 de outubro de 2006, salvo se, no caso dos Estados, do Distrito Federal e dos Municípios, na forma disposta em lei local, seja ocupante de cargo efetivo amparado por RPPS.

§ 1º Na hipótese do inciso I do *caput*, entende-se por diretor empregado aquele que, participando ou não do risco econômico do empreendimento, seja contratado ou promovido para cargo de direção das sociedades anônimas, mantendo as características inerentes à relação de emprego.

§ 2º Na hipótese do inciso XXI do *caput*, o servidor público efetivo vinculado a RPPS que exercer, concomitantemente, o mandato eletivo de vereador, será obrigatoriamente filiado ao RGPS como empregado, devendo contribuir para este regime de previdência em relação ao cargo eletivo e ao RPPS em relação ao cargo efetivo.

§ 3º Na hipótese do inciso XXXI do *caput*, entende-se por Agente Comunitário de Saúde, nos termos da Lei nº 11.350, de 2006, a pessoa recrutada pelo gestor local do SUS, por intermédio de processo seletivo, para atuar, mediante remuneração, em programas de prevenção e promoção de saúde desenvolvidas em conformidade com as diretrizes do SUS, sob supervisão do órgão gestor deste.

§ 4º O vínculo previdenciário do Agente Comunitário de Saúde contratado por intermédio de entidades civis de interesse público dar-se-á com essas entidades, na condição de segurado empregado do RGPS.

§ 5º O vínculo empregatício mantido entre cônjuges ou companheiros não impede o reconhecimento da qualidade de segurado do empregado, excluído o doméstico, observadas as disposições da Seção IV deste Capítulo, no que couber, devendo ser aplicada esta orientação a todo processo pendente de decisão, inclusive ao que contenha esse vínculo de empregado, excluído o de doméstico, anterior à publicação desta Instrução Normativa.

§ 6º Entende-se por serviço prestado em caráter não eventual aquele exercido por pessoa física, relacionado direta ou indiretamente com as atividades normais da empresa.

SUBSEÇÃO I – DAS PROVIDÊNCIAS E DA COMPROVAÇÃO RELATIVAS A VÍNCULO E REMUNERAÇÃO DO EMPREGADO

Art. 46. Observado o disposto nas Seções IV e X deste Capítulo, para fins de comprovação junto ao INSS do vínculo empregatício urbano ou rural, com admissão a partir da data de instituição da Carteira de Trabalho Digital:

I – quando inexistir o vínculo no CNIS, ou constar com pendências ou divergências de dados, mas não for extemporâneo, o empregado poderá apresentar: *(Redação dada pela IN PRES/INSS 141/2022)*

a) comprovante contendo o número do recibo eletrônico emitido pelo eSocial, acompanhado de declaração, com a devida assinatura e identificação do responsável pelas informações, podendo ser utilizado, para tanto, o modelo "Declaração de Confirmação do Envio de Dados Trabalhistas e Previdenciários pelo eSocial e Informação dos Números dos Recibos Eletrônicos" constante do Anexo II, para fins de solicitação junto ao INSS, para que tome providências quanto à disponibilização das informações correspondentes, provenientes do eSocial, no CNIS; *(Redação dada pela IN PRES/INSS 141/2022)*

b) documento expedido pelo Ministério do Trabalho e Previdência, que comprove a relação de emprego e remunerações auferidas; ou

c) rol de documentos previstos no art. 19-B do RPS.

II – quando o vínculo for extemporâneo, o empregado poderá apresentar: *(Redação dada pela IN PRES/INSS 141/2022)*

a) declaração única do empregador e empregado, sob as penas da Lei, que deverá conter informação quanto ao exercício de atividade, indicando os períodos efetivamente trabalhados até o momento da declaração, inclusive para o intermitente, acompanhado de documentação que serviu de base para comprovar o que está sendo declarado; ou

b) rol de documentos previstos no art. 19-B do RPS.

§ 1º Os documentos elencados na alínea "c" do inciso I e alínea "b" do inciso II devem formar convicção quanto à data de início e fim do período que se pretende comprovar, bem como serem contemporâneos aos fatos a serem comprovados.

§ 2º Ato do Diretor de Benefício poderá estabelecer outros documentos para fins de reconhecimento de vínculo e remuneração, na forma definida pelos órgãos competentes.

Art. 47. No caso de contrato de trabalho intermitente, aplicam-se as mesmas regras do art. 46, sendo que a documentação deverá possibilitar ao INSS a identificação dos períodos efetivamente trabalhados.

Art. 48. Observado o disposto nas Seções IV e X deste Capítulo, para fins de inclusão, alteração ou tratamento de extemporaneidade no CNIS do vínculo empregatício urbano ou rural, com admissão e demissão anteriores à data da instituição da Carteira de Trabalho Digital, a comprovação junto ao INSS far-se-á por um dos seguintes documentos em meio físico, contemporâneos ao exercício da atividade remunerada: *(Redação dada pela IN PRES/INSS 141/2022)*

I – Carteira Profissional – CP ou Carteira de Trabalho e Previdência Social – CTPS;

II – original ou cópia autenticada da Ficha de Registro de Empregados ou do Livro de Registro de Empregados, onde conste o referido registro do trabalhador acompanhada de declaração fornecida pela empresa, devidamente assinada e identificada por seu responsável;

III – contrato individual de trabalho;

IV – acordo coletivo de trabalho, desde que caracterize o trabalhador como signatário e comprove seu registro na respectiva Delegacia Regional do Trabalho – DRT;

V – termo de rescisão contratual ou comprovante de recebimento do Fundo de Garantia do Tempo de Serviço – FGTS;

VI – extrato analítico de conta vinculada do FGTS, carimbado e assinado por empregado da Caixa Econômica Federal – CEF, desde que constem dados do empregador, data de admissão, data de rescisão, datas dos depósitos e atualizações monetárias do saldo, ou seja, dados que remetam ao período objeto de comprovação;

VII – recibos de pagamento contemporâneos ao fato alegado, com a necessária identificação do empregador e do empregado;

VIII – cópia autenticada do cartão, livro ou folha de ponto, acompanhada de declaração fornecida pela empresa, devidamente assinada e identificada por seu responsável; e

IX – outros documentos em meio físico contemporâneos que possam comprovar o exercício de atividade junto à empresa.

§ 1º No caso de contrato de trabalho intermitente, para cumprimento do previsto neste artigo o documento apresentado deverá conter ou ser complementado por outro que comprove ao INSS os períodos efetivamente trabalhados durante a vigência do vínculo empregatício.

§ 2º Além dos documentos e procedimentos previstos neste artigo, a comprovação da atividade rural do segurado empregado exercida até 31 de dezembro de 2010, para fins da aposentadoria por idade de que trata o art. 143 da Lei nº 8.213, de 1991, poderá ser feita por meio de Justificação Administrativa – JA, desde que baseada em início de prova material e observado o disposto no art. 571.

§ 3º A comprovação de atividade rural do segurado empregado para fins de cômputo em benefício urbano ou certidão de contagem recíproca será feita na forma deste artigo.

§ 4º Nas hipóteses de contrato de trabalho vinculado ao RGPS ser considerado nulo, o período de efetivo labor prestado pelo segurado será reconhecido no âmbito do RGPS, salvo hipótese de simulação ou fraude na investidura ou na manutenção da contratação, observados que:

I – a simulação ou fraude na investidura fica caracterizada quando existe a prestação de serviço apenas em seu aspecto formal, porém sem a comprovação do efetivo labor pelo segurado, ou seja, sequer houve a atividade laboral que ensejaria a proteção previdenciária, de modo que o contrato de trabalho considerado nulo não produzirá efeitos previdenciários;

II – a situação de fraude na manutenção da contratação ocorre nas hipóteses em que existe ação judicial específica demonstrando a antinormatividade da contratação e, ainda que exista decisão judicial concreta, em sede de controle difuso, determinando a desvinculação, persiste a atuação irregular da administração pública e do segurado, em evidente afronta à Constituição e ao Poder Judiciário;

III – na hipótese de fraude na manutenção da contratação, o contrato de trabalho considerado nulo produzirá efeitos previdenciários até a data da decretação da sua nulidade, ou até o seu término, se anterior a essa decretação, e desde que tenha havido a prestação efetiva de trabalho remunerado, visto que a filiação à Previdência Social está ligada ao efetivo exercício da atividade, na forma do art. 20 do Regulamento da Previdência Social – RPS;

IV – para os casos de dúvidas quanto à configuração das hipóteses de simulação ou fraude na investidura ou na manutenção da contratação, o processo poderá ser encaminhado à Procuradoria Federal local para fins de esclarecimentos quanto à motivação da nulidade contratual, bem como indicação do período a ser considerado junto ao RGPS.

§ 5º Na impossibilidade de apresentação de um dos documentos de comprovação previstos nesta Instrução Normativa, poderão ser aceitos declaração do empregador ou seu preposto, atestado de empresa ainda existente ou certificado ou certidão de órgão público, com a devida assinatura e identificação do responsável pelas informações, bem como afirmação expressa de que os dados foram extraídos de registros existentes e acessíveis a verificação pelo INSS.

§ 6º A declaração prevista no § 5º deverá conter a identificação do empregado, menção às datas de início e término da prestação de serviços, as respectivas remunerações, se também forem objeto de comprovação e, quando se tratar de vínculo de empregado com:

I – contrato de trabalho intermitente: a especificação dos períodos efetivamente trabalhados;

II – contrato de trabalho rural: o tipo de atividade exercida, a qualificação do declarante com os respectivos números do Cadastro de Pessoa Física – CPF, do Cadastro Específico do INSS – CEI, do Cadastro de Atividade Econômica da Pessoa Física – CAEPF ou, quando for o caso, do Cadastro Nacional de Pessoa Jurídica – CNPJ, bem como a identificação e o endereço completo do imóvel onde os serviços foram prestados, e a que título detinha a posse do imóvel.

§ 7º Havendo a comprovação nos moldes previstos pelo § 6º, deverá ser emitida Pesquisa Externa, observado o art. 573, com a finalidade de confirmar as informações prestadas, salvo se fornecidas por órgão público, situação em que a Pesquisa somente poderá ser realizada se, oficiado o referido órgão, não for possível formar convicção em relação ao que se pretende comprovar.

Art. 49. Observado o disposto nas Seções IV e X deste Capítulo, para fins de inclusão, alteração ou tratamento de extemporaneidade, no CNIS, do vínculo empregatício urbano ou rural, com admissão anterior à data da instituição da Carteira de Trabalho Digital, e que permaneceu ativo a partir desta data, estando encerrado ou não na data da análise, a comprovação junto ao INSS far-se-á da seguinte forma:

I – para o período do vínculo até o dia anterior à instituição da Carteira de Trabalho Digital, o exercício de atividade poderá ser comprovado por um dos documentos em meio físico, contemporâneos, previstos no art. 48;

II – para o período do vínculo a partir da data da instituição da Carteira de Trabalho Digital, inclusive para os eventos de alteração contratual e rescisão, na comprovação do exercício de atividade deverá ser aplicado, no que couber, o contido no art. 46.

§ 1º Na situação prevista no inciso I do *caput*, no caso de contrato de trabalho intermitente, o documento apresentado deverá conter ou ser complementado por outro que comprove ao INSS os períodos efetivamente trabalhados durante a vigência do vínculo empregatício.

§ 2º Na situação prevista no inciso II do *caput*, no caso de contrato de trabalho intermitente, aplica-se o contido no art. 47.

§ 3º No caso do empregado cumprir somente o previsto no inciso I do *caput*, o INSS reconhecerá o período de exercício de atividade até, no máximo, a data anterior à instituição da Carteira de Trabalho Digital.

Art. 50. A partir da substituição da GFIP pelo eSocial, conforme cronograma de implantação previsto em ato específico, será considerada pelo INSS a remuneração de empregado, urbano ou rural, inclusive aquele com contrato de trabalho intermitente, informada pelo empregador mediante registro de evento eletrônico no eSocial.

§ 1º Observado o disposto nas Seções IV e X deste Capítulo, nos casos em que o empregado identificar que não consta remuneração no CNIS ou que este apresenta remuneração informada pelo empregador com dado divergente da situação fática, a comprovação da efetiva remuneração junto ao INSS, para fins de atualização do CNIS, far-se-á por:

I – contracheque ou recibo de pagamento emitido pelo eSocial, contemporâneo ao período que se pretende comprovar, que deverá conter, além dos dados relativos às parcelas de remunerações:

a) identificação do empregador e do empregado;

b) competência ou período a que se refere o documento; e

c) número do recibo eletrônico emitido pelo eSocial.

II – rol de documentos disposto no art. 19-B do RPS.

§ 2º Os documentos elencados no inciso II devem formar convicção quanto à competência ou período que se pretende comprovar, remuneração auferida, bem como serem contemporâneos aos fatos a serem comprovados.

§ 3º Caso não conste o número do recibo eletrônico emitido pelo eSocial no contracheque ou recibo de pagamento, conforme previsto na alínea "c" do inciso I do § 1º, o empregado deverá apresentar, juntamente com o documento, comprovante contendo o número do recibo eletrônico emitido pelo eSocial, acompanhado de declaração, com a devida assinatura e identificação do responsável pelas informações, podendo ser utilizado o modelo "Declaração de Confirmação do Envio de Dados Trabalhistas e Previdenciários pelo eSocial e Informação dos Números dos Recibos Eletrônicos" constante do Anexo II, para fins de solicitação junto ao INSS, para que tome providências quanto à disponibilização das informações correspondentes, provenientes do eSocial, no CNIS. *(Acrescido pela IN PRES/INSS 141/2022)*

§ 4º A partir da substituição da GFIP pelo eSocial, as anotações contratuais salariais em CTPS em meio físico, ou aquelas constantes em Carteira de Trabalho Digital, não são hábeis para comprovar a remuneração inexistente ou divergente no CNIS, com base no previsto neste artigo e no art. 40. *(Acrescido pela IN PRES/INSS 141/2022)*

Art. 51. Observado o disposto nas Seções IV e X deste Capítulo, a comprovação junto ao INSS, para fins de atualização do CNIS, da remuneração relativa ao vínculo do empregado, urbano ou rural, inclusive aquele com contrato de trabalho intermitente, anterior à substituição da GFIP pelo eSocial, conforme cronograma de implantação previsto em ato específico, far-se-á por um dos seguintes documentos em meio físico:

I – ficha financeira;

II – anotações contemporâneas acerca das alterações de remuneração constantes da CP ou da CTPS, realizadas até a data da instituição da Carteira de Trabalho Digital, que poderão ser utilizadas apenas com anuência do filiado; ou

III – original ou cópia autenticada da folha do Livro de Registro de Empregados ou da Ficha de Registro de Empregados em meio físico, contendo anotações do nome do filiado e das remunerações, acompanhada de declaração fornecida pela empresa, devidamente assinada e identificada por seu responsável, sendo que as remunerações poderão ser utilizadas apenas com anuência do filiado.

IV – contracheque ou recibo de pagamento, contemporâneo ao período que se pretende comprovar, que deverá conter, além dos dados relativos às parcelas de remunerações: *(Acrescido pela IN PRES/INSS 141/2022)*

a) identificação do empregador e do empregado; e

b) competência ou período a que se refere o documento.

Art. 52. O INSS, com base nos procedimentos e disposições previstas nesta Subseção, poderá efetuar a atualização do CNIS.

SUBSEÇÃO II – DAS PARTICULARIDADES E DA COMPROVAÇÃO DO TEMPO DE CONTRIBUIÇÃO NO SERVIÇO PÚBLICO

Art. 53. Para os efeitos desta Subseção, especificamente no que diz respeito à comprovação do período de atividade no serviço público, bem como a caracterização do regime previdenciário a que pertence o agente público, com a finalidade de cômputo no RGPS ou emissão de Certidão de Tempo de Contribuição – CTC, observada a Orientação Normativa nº 2, de 31 de março de 2009, da Secretaria de Políticas de Previdência Social, entende-se por:

I – Regime Próprio de Previdência Social – RPPS: o regime de previdência estabelecido no âmbito de cada ente federativo, até 13 de novembro de 2019, data de publicação da Emenda Constitucional nº 103, de 2019, que assegure, por lei, a todos os servidores titulares de cargo efetivo, os benefícios de aposentadoria e pensão por morte previstos no art. 40 da Constituição Federal de 1988, observado o inciso I do art. 54;

II – RPPS em extinção: o RPPS do ente federativo que deixou de assegurar em lei os benefícios de aposentadoria e pensão por morte a todos os segurados, mantendo a responsabilidade pelo pagamento dos benefícios concedidos, bem como daqueles cujos requisitos necessários à sua concessão foram implementados anteriormente à vigência da lei;

III – RPPS extinto: considera-se extinto o RPPS do ente federativo que teve cessada a responsabilidade pela concessão e manutenção de benefícios de aposentadoria e pensão por morte, ressarcimento de contribuições ou da complementação de benefícios ou que utilizaram a totalidade do valor de suas reservas para o cumprimento das obrigações do RPPS em extinção;

IV – unidade gestora: entidade ou órgão único, de natureza pública, de cada ente federativo, abrangendo todos os poderes, órgãos e entidades autárquicas e fundacionais, que tenha por finalidade a administração, o gerenciamento e a operacionalização do RPPS, incluindo a arrecadação e gestão de recursos e fundos previdenciários, a concessão, o pagamento e a manutenção dos benefícios previdenciários;

V – cargo público: conjunto de atribuições e responsabilidades previstas na estrutura organizacional que devem ser cometidas a um servidor, sendo criado por lei, com denominação própria e vencimento pago pelos cofres públicos, para provimento em caráter efetivo ou em comissão;

VI – cargo público efetivo: conjunto de atribuições, deveres e responsabilidades específicas definidas em estatutos dos entes federativos cometidas a um servidor aprovado por meio de concurso público de provas ou de provas e títulos;

VII – cargo em comissão: destina-se às atribuições de direção, chefia e assessoramento, declarado em lei de livre nomeação e exoneração, a ser preenchido por servidor de carreira nos casos, condições e percentuais mínimos previstos em lei;

VIII – emprego público: identifica a relação funcional trabalhista, conjunto de encargos de trabalho ocupados por agentes contratados para desempenhá-los sob o regime da CLT;

IX – função pública: é a atividade em si mesma, conjunto de encargos de natureza pública, abrangendo, inclusive, a função temporária e a função de confiança;

X – agente público: todo aquele que exerce, ainda que transitoriamente ou sem remuneração, por eleição, nomeação, designação, contratação ou qualquer forma de investidura ou vínculo, mandato, cargo, emprego ou função no âmbito da União, dos Estados, dos Município e do Distrito Federal;

XI – servidor público efetivo: ocupante de cargo público provido por concurso público, nos moldes do inciso II do art. 37 da Constituição Federal de 1988, que é regido por um estatuto;

XII – empregado público: ocupa emprego público, também provido por concurso público, nos moldes do inciso II do art. 37 da Constituição Federal de 1988, sendo subordinado ao regime jurídico da CLT e vinculado, consequentemente, ao RGPS;

XIII – contratado temporário: exerce função pública, não vinculada a cargo ou emprego público, sendo contratado por tempo determinado para atender a necessidade temporária de excepcional interesse público, conforme inciso IX do art. 37 da Constituição Federal de 1988, nos casos, condições e prazos previstos em lei; e

XIV – servidor público militar: nos termos da Constituição Federal de 1988, é o membro das Forças Armadas, constituídas pela Marinha, Exército e Aeronáutica, conforme o *caput* e § 3º do art. 142 da Constituição Federal de 1988, e no âmbito estadual ou distrital, integra a Polícia Militar ou o Corpo de Bombeiros Militar do Estado ou do Distrito Federal.

Art. 54. Em relação ao Regime Próprio de Previdência Social – RPPS instituído no âmbito da União, dos Estados, do Distrito Federal e dos Municípios até 13 de novembro de 2019, data de publicação da Emenda Constitucional nº 103, de 2019:

I – considera-se instituído o regime próprio de previdência social a partir da vigência da lei, em sentido estrito, do Estado ou do Município, que estabeleça o regime previdenciário local, não podendo ser consideradas, para esse fim, as normas de aposentadorias e pensão por morte constantes da Constituição Federal, de Constituições Estaduais ou de Leis Orgânicas Municipais, nos termos do Parecer CJ/MPS/Nº 3.165, de 29 de outubro de 2003, publicado no Diário Oficial da União, de 31 de outubro de 2003;

II – considera-se instituído o RPPS, na forma do inciso I, independentemente da criação de unidade gestora ou do estabelecimento de alíquota de contribuição, observadas as condições estabelecidas na própria lei de criação;

III – quando os benefícios de aposentadoria e pensão por morte estiverem previstos em leis distintas, considerar-se-á instituído o RPPS na data da vigência da lei mais recente que estabeleça a concessão de um desses benefícios;

IV – se a lei instituidora do RPPS, editada até 12 de novembro de 2019, contiver previsão de sua entrada em vigor 90 (noventa) dias depois de sua publicação, intervalo de tempo necessário para a cobrança das contribuições dos segurados, mantém-se, nesse período, a filiação dos servidores e o recolhimento das contribuições ao Regime Geral de Previdência Social – RGPS; e

V – os servidores titulares de cargo efetivo não amparados por regime próprio de previdência social, instituído até 12 de novembro de 2019, são segurados obrigatórios do RGPS.

Art. 55. Considera-se em extinção o RPPS do ente federativo que deixou de assegurar em lei os benefícios de aposentadoria e pensão por morte a todos os servidores titulares de cargo efetivo por ter:

I – vinculado, por meio de lei, todos os seus servidores titulares de cargo efetivo ao RGPS;

II – revogado a lei ou os dispositivos de lei que asseguravam a concessão dos benefícios de aposentadoria ou pensão por morte aos servidores titulares de cargo efetivo; e

III – adotado, em cumprimento à redação original do *caput* do art. 39 da Constituição Federal de 1988, o regime da CLT como regime jurídico único de trabalho para seus servidores, até 4 de junho de 1998, data de publicação da Emenda Constitucional nº 19, de 1998, e garantido, em lei, a concessão de aposentadoria aos servidores ativos amparados pelo regime em extinção e de pensão a seus dependentes.

Art. 56. É vedado o estabelecimento retroativo de direitos e deveres em relação ao RGPS, permanecendo sob a responsabilidade dos RPPS em extinção o custeio dos seguintes benefícios:
I – os já concedidos pelo RPPS;
II – aqueles para os quais foram implementados os requisitos necessários à sua concessão;
III – os decorrentes dos benefícios previstos nos incisos I e II; e
IV – o ressarcimento ou complementação de aposentadorias e pensões por morte aos que tenham contribuído acima do limite máximo do RGPS, vedada a concessão concomitante dessas prestações, nos termos do art. 34 da Emenda Constitucional nº 103, de 2019.
Parágrafo único. Além dos benefícios previstos nos incisos I a IV do *caput*, o RPPS em extinção, na hipótese do inciso III do art. 55, será responsável pela concessão dos benefícios previdenciários aos servidores estatutários ativos remanescentes e aos seus dependentes.

Art. 57. O servidor que tenha implementado os requisitos necessários à concessão de aposentadoria proporcional pelo RPPS até a data da lei de extinção do regime, permanecendo em atividade, vincula-se obrigatoriamente ao RGPS, sendo-lhe assegurado o direito aos benefícios previdenciários deste regime desde que cumpridas as condições nele estabelecidas.

Art. 58. A cobertura previdenciária mínima de aposentadoria e pensão, exigida do RPPS, até o início da vigência da Medida Provisória nº 1.723, de 29 de outubro de 1998, convertida na Lei nº 9.717, de 27 de novembro de 1998, podia ser prestada de forma direta, indireta ou mista.
Parágrafo único. Para fins do previsto no *caput*, entende-se por:
I – direta: quando prestada pelos próprios entes federativos (União, Estados, Distrito Federal ou Municípios);
II – indireta: quando prestada por entidades conveniadas ou consorciadas; e
III – mista: quando prestada tanto pelo ente federativo quanto por entidade conveniada ou consorciada, com um dos benefícios, geralmente o de aposentadoria, assegurado diretamente pelo ente federativo e o outro, geralmente a pensão, prestado por outra entidade, seja um Instituto Previdenciário ou a Previdência Social Urbana, em decorrência de regime especial de contribuição.

Art. 59. A partir de 30 de outubro de 1998, data da publicação da Medida Provisória nº 1.723, esse modelo de gestão compartilhada por órgãos e entidades de diferentes esferas federativas foi superado, vedando-se o pagamento de benefícios mediante convênio ou consórcio, entre Estados e Municípios e entre Municípios.
Parágrafo único. A manutenção dos convênios após a publicação da Medida Provisória nº 1.723, de 29 de outubro de 1998, não invalida os RPPS, os quais devem ser considerados existentes, desde que atendidos os seus requisitos próprios, notadamente a sua instituição por lei local e a previsão de cobertura dos benefícios de aposentadorias e pensões.

Art. 60. O RPPS oferecerá cobertura exclusiva a todos os servidores públicos titulares de cargo efetivo, bem como aos membros da magistratura, do Ministério Público, da Defensoria Pública e dos Tribunais de Contas de quaisquer dos poderes da União, dos Estados, do Distrito Federal e dos Municípios, incluídas suas autarquias e fundações e a seus dependentes.
§ 1º A vinculação do servidor ao RPPS dar-se-á pelo exercício das atribuições do cargo de que é titular, nos limites da carga horária que a legislação local fixar.
§ 2º Quando houver exercício concomitante de cargo efetivo com outro cargo não efetivo, desde que haja compatibilidade de horários, haverá o vínculo e o recolhimento ao RPPS, pelo cargo efetivo e, ao RGPS, pelo cargo em comissão.

Art. 61. Até 15 de dezembro de 1998, data anterior à publicação da Emenda Constitucional nº 20, de 1998, o agente público, independentemente do regime laboral ou da forma de remuneração, neles incluídos o ocupante, exclusivamente, de cargo em comissão, declarado em lei de livre nomeação e exoneração, de cargo temporário, inclusive de mandato eletivo, e de emprego público, poderiam estar vinculados a RPPS que assegure, no mínimo, aposentadoria e pensão por morte, nos termos definidos em lei do ente federativo.

Art. 62. A partir de 16 de dezembro de 1998, data da publicação da Emenda Constitucional nº 20, de 1998, o RPPS passou a abranger exclusivamente os servidores públicos titulares de cargo efetivo ou militares do ente federativo, de suas Autarquias ou Fundações de direito público, sendo expressamente submetidos ao RGPS o servidor ocupante, exclusivamente, de cargo em comissão declarado em lei de livre nomeação e exoneração, bem como de outro cargo temporário ou de emprego público os empregados públicos e os titulares exclusivamente de cargo em comissão ou de outro cargo temporário.

§ 1º O servidor titular de cargo efetivo amparado por RPPS, nomeado para o exercício de cargo em comissão, continua vinculado exclusivamente a esse regime previdenciário, não sendo devidas contribuições ao RGPS sobre a remuneração correspondente ao cargo em comissão.

§ 2º Quando houver acumulação de cargo efetivo com cargo em comissão, com exercício concomitante e compatibilidade de horários, haverá o vínculo e o recolhimento ao RPPS, pelo cargo efetivo e, ao RGPS, pelo cargo em comissão.

§ 3º Vedada a adesão de novos segurados e a instituição de novos regimes dessa natureza, aos segurados de regime de previdência aplicável a titulares de mandato eletivo da União, dos Estados, do Distrito Federal e dos Municípios que se retiraram desses regimes aos quais se encontravam vinculados, na forma e no prazo previstos no art. 14 da Emenda Constitucional nº 103, de 2019, aplica-se o RGPS no exercício do mandato eletivo, desde que não se trate de servidor público filiado ao RPPS, afastado do cargo efetivo para o exercício desse mandato.

Art. 63. São vinculados ao RPPS, desde que expressamente regidos pelo estatuto dos servidores do ente federativo, o servidor estável, abrangido pelo art. 19 do Ato das Disposições Constitucionais Transitórias – ADCT, e o admitido até 5 de outubro de 1988, que não tenha cumprido, naquela data, o tempo previsto para aquisição da estabilidade no serviço público.

Art. 64. O aposentado por qualquer regime de previdência que exerça ou venha a exercer cargo em comissão, cargo temporário, emprego público ou mandato eletivo vincula-se, obrigatoriamente, ao RGPS.

Art. 65. O servidor público vinculado a RPPS que exercer, concomitantemente, mandato eletivo no cargo de vereador, por haver compatibilidade de horários, conforme o inciso III do art. 38 da Constituição Federal de 1988, será obrigatoriamente filiado ao RGPS em razão do cargo eletivo, devendo contribuir para este regime sobre a remuneração recebida pelo exercício do mandato eletivo e para o RPPS sobre a remuneração recebida pelo exercício do cargo efetivo.

Art. 66. Em relação à cessão do servidor público, civil ou militar, amparado por RPPS, para outro órgão ou entidade, devem ser consideradas as seguintes situações:

I – até 15 de dezembro de 1998, véspera da publicação da Emenda Constitucional nº 20, o servidor público cedido filiava-se ao RGPS caso não fosse amparado por RPPS no órgão cessionário ou requisitante, relativamente à remuneração recebida neste órgão ou entidade;

II – a partir de 16 de dezembro de 1998, data da publicação da Emenda Constitucional nº 20, até 28 de novembro de 1999, véspera da publicação da Lei nº 9.876, de 1999, o servidor público cedido filiava-se ao RGPS relativamente à remuneração recebida da entidade ou do órgão cessionário ou requisitante, ressalvado o cedido ou requisitado para outro órgão público integrante da mesma esfera de governo, amparado por RPPS, que permanecia vinculado a esse regime;

III – de 29 de novembro de 1999, data da publicação da Lei nº 9.876, de 1999, até 29 de julho de 2000, permanecia vinculado ao regime de origem, para o qual eram devidas as suas contribuições, desde que o regime previdenciário do órgão cessionário ou requisitante não permitisse sua filiação na condição de servidor cedido; e

IV – a partir de 29 de julho de 2000, em decorrência da Medida Provisória nº 2.043-21, de 25 de agosto de 2000, que acrescentou o art. 1º-A à Lei nº 9.717, de 1998, permanece vinculado ao regime de origem.

Art. 67. O acompanhamento e a supervisão dos RPPS são registrados no Sistema de Informações dos Regimes Públicos de Previdência Social – CADPREV, administrado pela Secretaria de Previdência, vinculada ao Ministério do Trabalho e Previdência, por meio da área competente, responsável por estabelecer, dentre outros fatores, o período de existência de cada RPPS, apontando a legislação correlata, bem como manter o cadastro do RPPS de cada ente da Federação, de acordo com o art. 20 da Portaria MPAS nº 6.209, de 16 de dezembro de 1999.

Parágrafo único. A União, os Estados, o Distrito Federal e os Municípios são responsáveis por encaminhar à Secretaria de Previdência, na forma, periodicidade e critérios por ela definidos, dados e informações sobre o RPPS e seus segurados para fins de manter atualizado o CADPREV, conforme previsto no parágrafo único do art. 9º da Lei nº 9.717, de 1998.

Art. 68. O INSS utiliza as informações constantes no CADPREV, como a vinculação dos agentes públicos e o histórico do regime previdenciário, para o reconhecimento do período de atividade do agente público, seja no RPPS ou RGPS, inclusive para atualização de dados no CNIS e emissão ou recepção de CTC.

Parágrafo único. Havendo divergência entre a legislação apresentada por qualquer ente federativo e o contido no CADPREV, ou, ainda, tomando conhecimento de novos elementos, tais como Leis, Decretos, entre outros, que ainda não constem nesse sistema, o INSS poderá solicitar à área competente da Secretaria de Previdência, os esclarecimentos, bem como orientar o ente federativo a encaminhar a legislação correlata para análise e manutenção do CADPREV, a cargo da Secretaria.

Art. 69. A comprovação junto ao INSS do tempo de contribuição do agente público de qualquer dos entes federativos, inclusive suas Autarquias e Fundações de direito público, em cujo período foi vinculado ao RGPS, na categoria de empregado, como servidor detentor, exclusivamente, de cargo de livre nomeação e exoneração, ou servidor titular de cargo, emprego ou função, dar-se-á mediante a apresentação de documento comprobatório do vínculo funcional, tais como ato de nomeação e exoneração, dentre outros, acompanhado da Declaração de Tempo de Contribuição ao RGPS – DTC, fornecida pelo órgão público ou entidade oficial, na forma do modelo constante no Anexo IV.

§ 1º Será dispensada a apresentação de documento comprobatório do vínculo funcional desde que a Declaração prevista no *caput* contenha a discriminação dos documentos que serviram de base para a sua emissão e a afirmação expressa de que essa documentação encontra-se à disposição do INSS para eventual consulta, considerando que os órgãos públicos possuem fé pública, gozando de presunção relativa de veracidade quanto às informações contidas na Declaração, sendo que a Pesquisa Externa somente poderá ser realizada se não restar esclarecido o que se pretende comprovar por meio de ofício ao órgão público ou entidade oficial.

§ 2º A Declaração referida no *caput* deverá estar acompanhada da Relação das Remunerações sobre as quais incidem Contribuições Previdenciárias, a ser emitida pelo órgão público ou entidade oficial, na forma do modelo constante no Anexo V, quando as remunerações forem objeto da comprovação.

Art. 70. Observado o art. 130 do RPS, o aproveitamento no RGPS do tempo de contribuição durante o qual o agente público federal, estadual, distrital ou municipal, foi vinculado a RPPS, na forma de contagem recíproca de que trata a Lei nº 6.226, de 14 de julho de 1975, será feito mediante a apresentação da Certidão de Tempo de Contribuição – CTC, conforme Anexo XV, que deverá estar acompanhada da "Relação das Remunerações de Contribuições por competências", conforme Anexo XXIII, caso compreenda período posterior à competência junho de 1994, sendo que, para fins de emissão desses documentos, o ente federativo deverá observar os requisitos e adotar os padrões previstos pela Portaria MPS nº 154, de 15 de maio de 2008.

SEÇÃO XI – DO EMPREGADO DOMÉSTICO

Art. 71. É considerado segurado obrigatório da previdência social na categoria de empregado doméstico, conforme o inciso II do *caput* do art. 9º do RPS, combinado com o art. 1º da Lei Complementar nº 150, de 2015, aquele que presta serviços de forma contínua, subordinada, onerosa e pessoal e de finalidade não lucrativa à pessoa ou à família, no âmbito residencial destas, por mais de 2 (dois) dias por semana.

§ 1º A atividade de empregado doméstico passou a ser considerada como de filiação obrigatória a partir de 8 de abril de 1973, em decorrência da publicação do Decreto nº 71.885, de 9 de março de 1973, que regulamentou a Lei nº 5.859, de 11 de dezembro de 1972, devendo ser objeto de comprovação para fins de aplicação do inciso III do art. 103.

§ 2º A atividade de empregado doméstico referente a período anterior a 8 de abril de 1973, data de vigência do Decreto nº 71.885, de 1973, em que a filiação à Previdência Social não era obrigatória, deverá ser objeto de comprovação para fins de aplicação do § 1º do art. 103.

§ 3º A partir de 2 de junho de 2015, data da publicação da Lei Complementar nº 150, de 2015, a categoria de empregado doméstico foi, em termos gerais, equiparada a de empregado, sendo que por força do disposto no art. 35 da referida Lei, bem como o contido no Parecer nº 364/2015/CONJUR-MPS/CGU/AGU, de 5 de agosto de 2015, as contribuições do empregado doméstico são de responsabilidade do empregador doméstico e, neste caso, consideradas presumidas.

Art. 72. Para vínculo ativo em 1º de outubro de 2015, o registro e as anotações do empregado doméstico na CTPS em meio físico não exime o empregador de cumprir as obrigações trabalhistas, previdenciárias e fiscais previstas na Lei Complementar nº 150, de 2015, que instituiu o Simples Doméstico, que passou a vigorar a partir da implantação do sistema eletrônico eSocial.

Art. 73. A partir de 24 de março de 1997, data da publicação da Orientação Normativa MPAS/SPS nº 8, de 21 de março de 1997, não é considerado vínculo empregatício o contrato de empregado doméstico entre cônjuges ou companheiros, pais e filhos, observando-se que:

I - o contrato de trabalho doméstico celebrado entre pais e filhos, bem como entre irmãos, não gerou filiação previdenciária entre o período de 11 de julho de 1980 a 11 de março de 1992, por força do Parecer CGI/EB 040/80, Circular 601-005.0/282, de 11 de julho de 1980, até a véspera da publicação da Ordem de Serviço/INSS/DISES nº 078, de 9 de março de 1992, entretanto, o período de trabalho, mesmo que anterior a essas datas, será reconhecido desde que devidamente comprovado e com as respectivas contribuições vertidas em épocas próprias; e

II - no período de 12 de março de 1992, vigência da Ordem de Serviço/INSS/DISES nº 078/1992, até 23 de março de 1997, véspera da publicação da Orientação Normativa MPAS/SPS nº 8, de 1997, admitia-se a relação empregatícia entre pais, filhos e irmãos, entretanto, o contrato de trabalho doméstico, entre pais e filhos, iniciado no referido período e que continuou vigendo após a Orientação Normativa MPAS/SPS nº 8, de 1997, será convalidado desde que devidamente comprovado o período de trabalho, com as respectivas contribuições vertidas em épocas próprias, não sendo permitida, após o término do contrato, a sua renovação.

SUBSEÇÃO ÚNICA – DAS PROVIDÊNCIAS E DA COMPROVAÇÃO RELATIVAS A VÍNCULO E REMUNERAÇÃO DO EMPREGADO DOMÉSTICO

Art. 74. Observado o disposto nas Seções IV e X deste Capítulo, para fins de comprovação junto ao INSS do vínculo de empregado doméstico, com admissão a partir da data da instituição da Carteira de Trabalho Digital: *(Redação dada pela IN PRES/INSS 141/2022)*

I – quando inexistir o vínculo no CNIS, ou constar com pendências ou divergências de dados, mas não for extemporâneo, o empregado doméstico poderá apresentar: *(Redação dada pela IN PRES/INSS 141/2022)*

a) comprovante contendo o número do recibo eletrônico emitido pelo eSocial, acompanhado de declaração, com a devida assinatura e identificação do responsável pelas informações, podendo ser utilizado o modelo "Declaração de Confirmação do Envio de Dados Trabalhistas e Previdenciários pelo eSocial e Informação dos Números dos Recibos Eletrônicos" constante do Anexo II, para fins de solicitação junto ao INSS para que tome providências quanto à disponibilização das informações correspondentes, provenientes do eSocial, no CNIS; *(Redação dada pela IN PRES/INSS 141/2022)*

b) documento expedido pelo Ministério do Trabalho e Previdência, que comprove a relação de emprego e remunerações auferidas; ou

c) rol de documentos previstos no art. 19-B do RPS.

II – quando o vínculo for extemporâneo, o empregado doméstico poderá apresentar:

a) declaração única do empregador e empregado domésticos, sob as penas da Lei, que deverá conter informação quanto ao exercício de atividade, indicando os períodos efetivamente trabalhados até o momento da declaração, acompanhado de documentação que serviu de base para comprovar o que está sendo declarado; ou

b) rol de documentos previstos no art. 19-B do RPS.

§ 1º Os documentos elencados na alínea "c" do incisos I e alínea "b" do inciso II devem formar convicção quanto a data de início e fim do período que se pretende comprovar, bem como serem contemporâneos aos fatos a serem comprovados.

§ 2º Ato do Diretor de Benefícios poderá estabelecer outros documentos para fins de reconhecimento de vínculo e remuneração, na forma definida pelos órgãos competentes.

Art. 75. Observado o disposto nas Seções IV e X deste Capítulo, para fins de comprovação junto ao INSS do vínculo empregatício de doméstico, com admissão a partir de 1º de outubro de 2015, e demissão anterior à data da instituição da Carteira de Trabalho Digital: *(Redação dada pela IN PRES/INSS 141/2022)*

I – quando inexistir o vínculo no CNIS, ou constar com pendências ou divergências de dados, caberá ao empregado doméstico, cumulativamente apresentar: *(Redação dada pela IN PRES/INSS 141/2022)*

a) um dos documentos, em meio físico, previstos no art. 76; e *(Redação dada pela IN PRES/INSS 141/2022)*

b) o comprovante contendo o número do recibo eletrônico emitido pelo eSocial, acompanhado de declaração, com a devida assinatura e identificação do responsável pelas informações, podendo ser utilizado o modelo "Declaração de Confirmação do Envio de Dados Trabalhistas e Previdenciários pelo eSocial e Informação dos Números dos Recibos Eletrônicos" constante do Anexo II, para fins de solicitação junto ao INSS, para que tome providências quanto à disponibilização das informações correspondentes, provenientes do eSocial, no CNIS; *(Redação dada pela IN PRES/INSS 141/2022)*

II – quando o vínculo estiver extemporâneo no CNIS, caberá ao empregado doméstico apresentar um dos documentos, em meio físico, previstos no art. 76, para o tratamento da extemporaneidade, desde que os dados existentes no documento não sejam conflitantes com as informações do CNIS. *(Redação dada pela IN PRES/INSS 141/2022)*

Parágrafo único. Na hipótese do inciso II do *caput*, caso os dados existentes no documento em meio físico sejam conflitantes com as informações no CNIS, deverão ser apresentados outros documentos para o tratamento da extemporaneidade, sendo possível, ao empregado doméstico, solicitar ao seu empregador que efetue as correções necessárias, mediante: *(Acrescido pela IN PRES/INSS 141/2022)*

I – regularização dos registros dos eventos eletrônicos no eSocial que estejam incorretos; ou

II – retificação das informações incorretas constantes no documento em meio físico e, na impossibilidade de retificação do documento, que apresente declaração conjunta, sob as penas da lei, que deverá conter informação quanto ao exercício de atividade, com a indicação dos períodos efetivamente trabalhados, acompanhado de documentação que serviu de base para comprovar o que está sendo declarado.

Art. 76. Observado o disposto nas Seções IV e X deste Capítulo, para fins de inclusão, alteração ou tratamento de extemporaneidade, no CNIS, do vínculo de empregado doméstico, com admissão e demissão anteriores a 1º de outubro de 2015, a comprovação junto ao INSS far-se-á por um dos seguintes documentos em meio físico, contemporâneos ao exercício da atividade remunerada:

I – Carteira Profissional – CP ou Carteira de Trabalho e Previdência Social – CTPS;

II – contrato de trabalho registrado em época própria;

III – recibos de pagamento relativos ao período de exercício de atividade, com a necessária identificação do empregador e do empregado doméstico; e

IV – outros documentos em meio físico contemporâneos que possam vir a comprovar o exercício de atividade remunerada como empregado doméstico, que o vincule.

§ 1º Na inexistência dos documentos previstos no *caput*, as informações de recolhimentos efetuados em época própria constantes no CNIS, quando for possível identificar a categoria de empregado doméstico por meio do código de recolhimento da guia ou por meio de microfichas, poderão ser utilizadas como comprovação do período de vínculo, desde que acompanhadas da declaração do empregador.

§ 2º Quando o empregado doméstico apresentar apenas a CP ou CTPS, em meio físico, devidamente assinada, sem o comprovante dos recolhimentos, o vínculo apenas será considerado se o registro apresentar características de contemporaneidade, observada a Seção IV deste Capítulo.

§ 3º Na inexistência de registro na CP ou na CTPS, em meio físico, e se os documentos apresentados forem insuficientes para comprovar o vínculo do segurado empregado doméstico no período pretendido, porém constituírem início de prova material, será oportunizada a Justificação Administrativa – JA, observados os art. 567 a 571 desta Instrução Normativa.

§ 4º Havendo dúvidas quanto à regularidade do contrato de trabalho de empregado doméstico, poderá ser tomada declaração do empregador doméstico, além de outras medidas pertinentes.

§ 5º São exemplos de dúvidas quanto à regularidade do contrato de trabalho doméstico as seguintes situações:

I – contrato onde se perceba que a intenção foi apenas para garantir a qualidade de segurado, inclusive para percepção de salário-maternidade;

II – contrato em que não se pode atestar a contemporaneidade das datas de admissão ou demissão; e

III – contrato de trabalho doméstico em que o valor correspondente ao seu último salário de contribuição tenha sido discrepante em relação aos meses imediatamente anteriores, de forma que se perceba que a intenção foi garantir à segurada o recebimento de valores elevados durante a percepção do salário-maternidade.

§ 6º Na situação em que o INSS tenha incluído no CNIS vínculo com admissão anterior a 1º de outubro de 2015, sem rescisão ou com data de desligamento incorreta, caso tenha ocorrido a cessação do contrato de trabalho antes de 1º de outubro de 2015, o empregado doméstico ou seu empregador deverá solicitar o encerramento ou a retificação da data de rescisão do vínculo no CNIS, junto ao INSS, mediante apresentação da CP ou CTPS, com o registro do encerramento do contrato.

§ 7º Para vínculos encerrados até 31 de outubro de 1991, competência já vencida na data da publicação dos Decretos nº 356 e 357, ambos de 7 de dezembro de 1991, quando não restar comprovado o vínculo de empregado doméstico na forma disposta nesta Instrução Normativa e existir atividade cadastrada no CNIS com recolhimentos efetuados em época própria, a pedido do filiado, poderá ser excluída a atividade, sendo que as contribuições recolhidas poderão ser aproveitadas automaticamente pelo INSS. *(Redação dada pela IN PRES/INSS 141/2022)*

Art. 77. Observado o disposto nas Seções IV e X deste Capítulo, para fins de inclusão, alteração ou tratamento de extemporaneidade, no CNIS, do vínculo de empregado doméstico, com admissão anterior a 1º de outubro de 2015 e que permaneceu ativo a partir desta data, podendo estar encerrado ou não antes da data da instituição da Carteira de Trabalho Digital, a comprovação junto ao INSS far-se-á da seguinte forma:

I – para o período do vínculo até 30 de setembro de 2015, por um dos documentos em meio físico, contemporâneos, previstos no art. 76;

II – para o período do vínculo de 1º de outubro de 2015 até o dia anterior à data da instituição da Carteira de Trabalho Digital, nos moldes previstos no art. 75; e

III – para o período do vínculo da data da instituição da Carteira de Trabalho Digital em diante, deverá ser aplicado, no que couber, o contido no art. 74.

Parágrafo único. O INSS reconhecerá somente os períodos de exercício de atividade efetivamente comprovados na forma dos incisos do *caput*, para fins de atualização do CNIS.

Art. 78. A partir de 1º de outubro de 2015, caso o empregador venha a óbito, o vínculo do empregado doméstico será encerrado na data da ocorrência desse fato pelo espólio, que deverá providenciar no eSocial o respectivo registro de encerramento do vínculo.

§ 1º Na hipótese de continuidade do vínculo, em que outro membro familiar assuma a responsabilidade após o óbito do empregador original, deve ser providenciado no eSocial, pelo empregador doméstico substituto, o envio de eventos previstos em leiaute publicado no sítio eletrônico do eSocial, para fins da correta disponibilização dos dados no CNIS e na Carteira de Trabalho Digital.

§ 2º A anotação registrada em CTPS em meio físico relativa à transferência de titularidade do empregador doméstico por motivo de óbito do empregador anterior, ocorrido até o dia anterior à data da instituição da Carteira de Trabalho Digital, será confrontada pelo INSS com as informações constantes do Sistema de Informações de Registro Civil – SIRC, para fins de comprovação do óbito e da substituição do empregador.

§ 3º Na situação prevista no § 2º, caso não sejam localizados no SIRC os dados de óbito do empregador doméstico anterior, a atualização do CNIS somente será realizada após a informação do óbito ser disponibilizada ao INSS.

Art. 79. A partir de 1º de outubro de 2015, na hipótese em que o responsável legal pelo contrato de trabalho doméstico se afastar do âmbito familiar, permanecendo a relação de emprego com outro membro da família, deve ser providenciado no eSocial, pelo empregador doméstico substituto, o envio de eventos previstos em leiaute publicado no sítio eletrônico do eSocial, para fins da correta disponibilização dos dados no CNIS e na Carteira de Trabalho Digital.

§ 1º A anotação relativa à transferência de titularidade do empregador na situação prevista no *caput*, registrada em CTPS em meio físico, será admitida perante o INSS para fins de comprovação da substituição do empregador ocorrida até o dia anterior à data da instituição da Carteira de Trabalho Digital, o que não afasta a necessidade de registro dos respectivos eventos no eSocial para vínculos em que essa substituição tenha ocorrido a contar de 1º de outubro de 2015.

§ 2º Para atendimento ao previsto nos arts. 78 e 79, a funcionalidade do eSocial que permite formalizar a transferência de titularidade do empregador doméstico somente foi disponibilizada em abril de 2020, sendo que até essa data o empregador doméstico substituto devia registrar o contrato de trabalho do empregado doméstico em seu CPF utilizando a mesma data de admissão informada no contrato firmado com o empregador anterior, registrando os eventos no eSocial a partir de então.

Art. 80. A partir de 1º de outubro de 2015, data em que as informações trabalhistas, previdenciárias e fiscais, relativas ao vínculo empregatício doméstico, passaram a ser realizadas mediante registros eletrônicos no eSocial, devido à instituição do Simples Doméstico pela Lei Complementar nº 150, de 2015, somente será considerada pelo INSS a remuneração do empregado doméstico informada pelo empregador mediante registro de evento eletrônico no eSocial.

§ 1º A partir da data prevista no *caput*, o recolhimento das contribuições previdenciárias de obrigação do empregador doméstico, apuradas com base na folha de pagamento registrada eletronicamente no eSocial, passou a ser realizado exclusivamente pelo Documento de Arrecadação do eSocial – DAE, sendo que não serão mais aceitos os recolhimentos efetuados por meio de Guia da Previdência Social – GPS. *(Redação dada pela IN PRES/INSS 141/2022)*

§ 2º Observado o disposto no *caput* e nas Seções IV e X deste Capítulo, nos casos em que o empregado doméstico identificar que não consta remuneração no CNIS ou que este apresenta remuneração informada pelo empregador com dado divergente da situação fática, a comprovação da efetiva remuneração junto ao INSS, para fins de atualização do CNIS, far-se-á pela apresentação dos documentos relacionados no inciso I ou no inciso II, seguintes: *(Redação dada pela IN PRES/INSS 141/2022)*

I – contracheque ou recibo de pagamento emitido pelo eSocial, contemporâneo ao período que se pretende comprovar, que deverá conter, além dos dados relativos às parcelas de remunerações: *(Redação dada pela IN PRES/INSS 141/2022)*

a) identificação do empregador e do empregado; *(Redação dada pela IN PRES/INSS 141/2022)*

b) competência ou período a que se refere o documento; *(Redação dada pela IN PRES/INSS 141/2022)*

c) número do recibo eletrônico emitido pelo eSocial; ou *(Redação dada pela IN PRES/INSS 141/2022)*

II – rol de documentos disposto no art. 19-B do RPS. *(Redação dada pela IN PRES/INSS 141/2022)*

§ 3º Os documentos elencados no inciso II do § 2º devem formar convicção quanto à competência ou período que se pretende comprovar, remuneração auferida, bem como serem contemporâneos aos fatos a serem comprovados. *(Acrescido pela IN PRES/INSS 141/2022)*

§ 4º Caso não conste o número do recibo eletrônico emitido pelo eSocial no contracheque ou recibo de pagamento, conforme previsto na alínea "c" do inciso I do § 2º, o empregado doméstico deverá apresentar, juntamente com o documento, comprovante contendo o número do recibo eletrônico emitido pelo eSocial, acompanhado de declaração, com a devida assinatura e identificação do responsável pelas informações, podendo ser utilizado o modelo "Declaração de Confirmação do Envio de Dados Trabalhistas e Previdenciários pelo eSocial e Informação dos Números dos Recibos Eletrônicos" constante do Anexo II, para fins de solicitação junto ao INSS, para que tome providências quanto à disponibilização das informações correspondentes, provenientes do eSocial, no CNIS. *(Acrescido pela IN PRES/INSS 141/2022)*

Art. 81. Observado o disposto nas Seções IV e X deste Capítulo, para o período entre a publicação da Lei Complementar nº 150, de 2015, e a implantação do eSocial para o empregador doméstico, que compreende as competências junho a setembro de 2015, a comprovação da remuneração junto ao INSS, para fins de atualização do CNIS, far-se-á por GPS ou por contracheque ou recibo de pagamento contemporâneo.

Art. 82. Observado o disposto nas Seções IV e X deste Capítulo, para o período anterior à competência junho de 2015, a comprovação da contribuição do empregado doméstico, junto ao INSS, para fins de atualização do CNIS, far-se-á somente por comprovante ou guia de recolhimento.

Parágrafo único. Não será permitido incluir remuneração no CNIS para o período previsto no *caput* por não ser presumido o recolhimento da contribuição.

Art. 83. O INSS, com base nos documentos previstos nesta Subseção, poderá efetuar a atualização do CNIS.

SEÇÃO XII – DO TRABALHADOR AVULSO

Art. 84. É considerado segurado obrigatório da Previdência Social na categoria de trabalhador avulso portuário ou não portuário, conforme o inciso VI do *caput* e § 7º, ambos do art. 9º do RPS, aquele que, sindicalizado ou não, presta serviço de natureza urbana ou rural a diversas empresas, sem vínculo empregatício, com a intermediação obrigatória do OGMO, nos termos da Lei nº 9.719, de 27 de novembro de 1998, e da Lei nº 12.815, de 2013, ou do sindicato da categoria, respectivamente.

§ 1º O trabalhador avulso portuário é aquele que registrado ou cadastrado no OGMO, sem vínculo empregatício, com a intermediação obrigatória do OGMO, nos termos da Lei nº 9.719, de 1998 e da Lei nº 12.815, de 2013, presta serviço de atividade portuária de capatazia, estiva, conferência de carga, conserto de carga, bloco e vigilância de embarcações, a diversos operadores portuários, na área dos portos organizados ou de instalações portuárias de uso privativo.

§ 2º O trabalhador avulso não-portuário é aquele que presta serviço com a intermediação do sindicato da categoria, sem vínculo empregatício, assim considerados:

I – o trabalhador de carga e descarga de mercadorias de qualquer natureza, inclusive carvão e minério, o trabalhador em alvarenga (embarcação para carga e descarga de navios), o amarrador de embarcação, o ensacador de café, cacau, sal e similares, aquele que trabalha na indústria de extração de sal, o carregador de bagagem em porto, o prático de barra em porto, o guindasteiro, o classificador, o movimentador e o empacotador de mercadorias em portos; e

II – o trabalhador que exerce atividade de movimentação de mercadorias em geral, nos termos da Lei nº 12.023, de 27 de agosto de 2009, em áreas urbanas ou rurais, com intermediação obrigatória do sindicato da categoria por meio de acordo ou convenção coletiva de trabalho, nas atividades de carga e descarga de mercadorias a granel e ensacados, costura, pesagem, embalagem, enlonamento, ensaque, arrasto, posicionamento, acomodação, reordenamento, reparação da carga, amostragem, arrumação, remoção, classificação, empilhamento, transporte com empilhadeiras, paletização, ova e desova de vagões, carga e descarga em feiras livres, abastecimento de lenha em secadores e caldeiras, operações de equipamentos de carga e descarga e pré-limpeza e limpeza em locais necessários às operações ou à sua continuidade.

§ 3º Para efeito do disposto no § 1º e no inciso XXVII do art. 45, entende-se por:

I – capatazia: a atividade de movimentação de mercadorias nas instalações dentro do porto, compreendendo o recebimento, conferência, transporte interno, abertura de volumes para conferência aduaneira, manipulação, arrumação e entrega, bem como o carregamento e descarga de embarcações, quando efetuados por aparelhamento portuário;

II – estiva: a atividade de movimentação de mercadorias nos conveses ou nos porões das embarcações principais ou auxiliares, incluindo transbordo, arrumação, peação e despeação, bem como o carregamento e a descarga das mesmas, quando realizados com equipamentos de bordo;

III – conferência de carga: a contagem de volumes, anotação de suas características, procedência ou destino, verificação do estado das mercadorias, assistência à pesagem, conferência do manifesto e demais serviços correlatos, nas operações de carregamento e descarga de embarcações;

IV – conserto de carga: o reparo e a restauração das embalagens de mercadoria, nas operações de carregamento e descarga de embarcações, reembalagem, marcação, remarcação, carimbagem, etiquetagem, abertura de volumes para vistoria e posterior recomposição;

V – vigilância de embarcações: atividade de fiscalização da entrada e saída de pessoas a bordo das embarcações atracadas ou fundeadas ao largo, bem como da movimentação de mercadorias nos portalós, rampas, porões, conveses, plataformas e em outros locais da embarcação;

VI – bloco: atividade de limpeza e conservação de embarcações mercantes e de seus tanques, incluindo batimento de ferrugem, pintura, reparos de pequena monta e serviços correlatos; e

VII – OGMO: a entidade civil de utilidade pública, sem fins lucrativos, constituída pelos operadores portuários, em conformidade com a Lei nº 12.815, de 2013, tendo por finalidade administrar o fornecimento de mão de obra do trabalhador avulso portuário.

SUBSEÇÃO ÚNICA – DAS PROVIDÊNCIAS E DA COMPROVAÇÃO DO PERÍODO DE ATIVIDADE E REMUNERAÇÃO DO TRABALHADOR AVULSO

Art. 85. O período de atividade remunerada do trabalhador avulso, portuário ou não portuário, somente será reconhecido desde que preste serviço de natureza urbana ou rural a diversas empresas, sem vínculo empregatício, com a intermediação obrigatória do OGMO ou do sindicato da categoria, respectivamente.

Parágrafo único. Verificada a prestação de serviço alegada como de trabalhador avulso, portuário ou não portuário, sem a intermediação do OGMO ou do sindicato da categoria, deverá ser analisado o caso e enquadrado na categoria de empregado ou na de contribuinte individual, visto que a referida intermediação é imprescindível para configuração do enquadramento na categoria, observado o disposto no art. 84.

Art. 86. Para fins de cômputo do tempo de contribuição do trabalhador avulso deverá ser comprovado junto ao INSS o exercício de atividade e a remuneração auferida.

Art. 87. Observado o disposto nas Seções IV e IX deste Capítulo, a partir da substituição da GFIP pelo eSocial, conforme cronograma de implantação previsto em ato específico, serão considerados pelo INSS o registro e a remuneração do trabalhador avulso, portuário ou não portuário, informados pelo OGMO ou sindicato, respectivamente, mediante evento eletrônico no eSocial.

§ 1º Nos casos em que o trabalhador avulso identificar que não consta remuneração no CNIS ou que este apresenta remuneração informada pelo OGMO ou sindicato com dado divergente da situação fática, o trabalhador avulso poderá apresentar:

I – contracheque ou recibo de pagamento emitido pelo eSocial, contemporâneo ao período que se pretende comprovar, que deverá conter, além dos dados relativos às parcelas de remunerações:

a) identificação do empregador e do empregado;

b) competência ou período a que se refere o documento; e

c) número do recibo eletrônico emitido pelo eSocial.

II – documento expedido pelos órgãos competentes, que demonstre o exercício de atividade e as remunerações auferidas; ou

III – rol de documentos disposto no art. 19-B do RPS.

§ 2º Na hipótese do trabalhador avulso identificar que a remuneração encontra-se extemporânea, o trabalhador avulso poderá apresentar:

I – declaração do OGMO ou Sindicato, sob as penas da Lei, que comprove o exercício de atividade e a remuneração auferida, acompanhada de documentação que possa comprovar o que está sendo declarado; ou

II – rol de documentos disposto no art. 19-B do RPS.

§ 3º Os documentos elencados no inciso III do § 1º e no inciso II do § 2º devem formar convicção quanto à competência ou período que se pretende comprovar, remuneração auferida, bem como serem contemporâneos aos fatos a serem comprovados.

§ 4º Ato do Diretor de Benefícios poderá estabelecer outros documentos para fins de reconhecimento do exercício de atividade e remuneração, na forma definida pelos órgãos competentes.

§ 5º Caso não conste o número do recibo eletrônico emitido pelo eSocial no contracheque ou recibo de pagamento, conforme previsto na alínea "c" do inciso I do § 1º, o trabalhador avulso deverá apresentar, juntamente com o documento, comprovante contendo o número do recibo eletrônico emitido pelo eSocial, acompanhado de declaração, com a devida assinatura e identificação do responsável pelas informações, podendo ser utilizado o modelo "Declaração de Confirmação do Envio de Dados Trabalhistas e Previdenciários do Trabalhador Avulso pelo eSocial e Informação dos Números dos Recibos Eletrônicos" constante do Anexo III, para fins de solicitação junto ao INSS para que tome providências quanto à disponibilização das informações correspondentes, provenientes do eSocial, no CNIS. *(Acrescido pela IN PRES/INSS 141/2022)*

Art. 88. Observado o disposto nas Seções IV e IX deste Capítulo, a comprovação da remuneração do trabalhador avulso junto ao INSS, para fins de atualização do CNIS, que seja anterior à substituição da GFIP pelo eSocial, conforme cronograma de implantação previsto em ato específico, far-se-á por um dos seguintes documentos em meio físico:

I – documento contemporâneo que comprove o exercício de atividade e a remuneração, que contenha a identificação do trabalhador avulso, do intermediador de mão de obra, do tomador de serviço, bem como a remuneração e a competência a que se refere;

II – certificado do OGMO ou do sindicato da categoria, conforme o caso, desde que contenha no mínimo:

a) a identificação do trabalhador avulso, com a indicação do respectivo CPF, e se portuário ou não portuário;

b) a identificação do intermediador de mão de obra;

c) a identificação do(s) tomador(es) de serviços e as respectivas remunerações por tomador de serviços, com a indicação da competência a que se referem;

d) a duração do trabalho e a condição em que foi prestado, referentes ao período certificado; e

e) afirmação expressa de que as informações foram prestadas com base em documentação constante nos registros daquela entidade, e que se encontram à disposição do INSS para consulta.

§ 1º O OGMO ou o sindicato da categoria poderá utilizar o modelo "Certificado de Tempo de Contribuição do Trabalhador Avulso", constante no Anexo VI.

§ 2º O período a ser certificado deverá ser aquele em que, efetivamente, o segurado trabalhador avulso portuário e não portuário tenha exercido atividade, computando-se como mês integral aquele que constar da documentação apresentada, excluídos aqueles em que, embora o segurado estivesse à disposição do OGMO ou do sindicato da categoria, não tenha havido exercício de atividade.

Art. 89. O INSS, com base nos documentos previstos nesta Subseção, poderá efetuar a atualização do CNIS.

SEÇÃO XIII – DO CONTRIBUINTE INDIVIDUAL

Art. 90. É considerado segurado obrigatório da Previdência Social na categoria de contribuinte individual, conforme o inciso V do *caput* do art. 9º do RPS:

I – a pessoa física, proprietária ou não, que explora atividade agropecuária (agrícola, pastoril ou hortifrutigranjeira), ou atividade pesqueira e extrativista, a qualquer título, em caráter permanente ou temporário, nas seguintes condições:

a) para o período de 1º de janeiro de 1976, data da vigência da Lei nº 6.260, de 6 de novembro de 1975, até 22 de junho de 2008, véspera da publicação da Lei nº 11.718, de 20 de junho de 2008, diretamente ou por intermédio de terceiros e com o auxílio de empregado, utilizado a qualquer título, ainda que de forma não contínua; e

b) a partir de 23 de junho de 2008, data da publicação da Lei nº 11.718, de 2008, na atividade agropecuária em área, contínua ou descontínua, superior a 4 (quatro) módulos fiscais; ou, quando em área igual ou inferior a 4 (quatro) módulos fiscais ou atividade pesqueira ou extrativista, com auxílio de empregados, em desacordo com o § 7º do art. 11 da Lei nº 8.213, de 1991, ou por intermédio de prepostos;

II – o assemelhado ao pescador que realiza atividade de apoio à pesca artesanal, exercendo trabalhos de confecção e de reparos de artes e apetrechos de pesca e de reparos em embarcações de pequeno porte ou atuando no processamento do produto da pesca artesanal, com auxílio de empregado em número que exceda à razão de 120 (cento e vinte) pessoas/dia dentro do ano civil;

III – a pessoa física, proprietária ou não, que explora atividade de extração mineral/garimpo em caráter permanente ou temporário, diretamente ou por intermédio de prepostos, com ou sem o auxílio de empregados, utilizados a qualquer título, ainda que de forma não contínua, observado o art. 166;

IV – o condômino de propriedade rural quando utilizar-se de empregado permanente ou quando a parte da propriedade por ele explorada ultrapassar quatro módulos fiscais, independentemente de delimitação formal da propriedade;

V – o ministro de confissão religiosa e o membro de instituto de vida consagrada, de congregação ou de ordem religiosa;

VI – o síndico ou o administrador eleito, com percepção de remuneração direta ou indireta, a exemplo da isenção da taxa de condomínio, a partir de 6 de março de 1997, data da publicação do Decreto nº 2.172, de 5 de março de 1997, sendo que até então era considerado segurado facultativo, independentemente de contraprestação remuneratória;

VII – o notário, o tabelião, o oficial de registro ou registrador, nomeados até 20 de novembro de 1994, que detêm a delegação do exercício da atividade notarial e de registro, não remunerados pelos cofres públicos;

VIII – o notário, o tabelião, o oficial de registro ou registrador, nomeados até 20 de novembro de 1994, que detêm a delegação do exercício da atividade notarial e de registro, mesmo que amparados por RPPS, conforme o disposto no art. 51 da Lei nº 8.935, de 1994, a partir de 16 de dezembro de 1998, por força da Emenda Constitucional nº 20, de 15 de dezembro de 1998;

IX – o notário ou tabelião e o oficial de registros ou registrador, titular de cartório, que detêm a delegação do exercício da atividade notarial e de registro, não remunerados pelos cofres públicos, admitidos a partir de 21 de novembro de 1994, data da publicação da Lei nº 8.935, de 1994;

X – o médico-residente ou o residente em área profissional da saúde, contratados, respectivamente, na forma da Lei nº 6.932, de 1981, com nova redação dada pela Lei nº 12.514, de 28 de outubro de 2011, e da Lei nº 11.129, de 2005;

XI – o médico participante do Programa Mais Médicos para o Brasil, instituído pela Lei nº 12.871, de 22 de outubro de 2013, exceto no caso de cobertura securitária específica estabelecida por organismo internacional ou filiação a regime de seguridade social em seu país de origem, com o qual a República Federativa do Brasil mantenha acordo de seguridade social;

XII – o árbitro de jogos desportivos e seus auxiliares que atuem em conformidade com a Lei nº 9.615, de 1998, a partir de 25 de março de 1998;

XIII – o membro de cooperativa de produção que, nesta condição, preste serviço à sociedade cooperativa mediante remuneração ajustada ao trabalho executado;

XIV – o pescador que trabalha em regime de parceria, meação ou arrendamento, em embarcação de médio ou grande porte, nos termos da Lei nº 11.959, de 29 de junho de 2009;

XV – o membro do conselho tutelar de que trata o art. 132 do Estatuto da Criança e do Adolescente – ECA (Lei nº 8.069, de 13 de julho de 1990), quando remunerado;

XVI – o interventor, o liquidante, o administrador especial e o diretor fiscal de instituição financeira, empresa ou entidade referida no § 6º do art. 201 do RPS;

XVII – a pessoa física contratada por partido político ou por candidato a cargo eletivo, para, mediante remuneração, prestar serviços em campanhas eleitorais, em razão do disposto no art. 100 da Lei nº 9.504, de 30 de setembro de 1997;

XVIII – desde que receba remuneração decorrente de trabalho na empresa:

a) o empresário individual e a pessoa física titular da totalidade do capital social na empresa individual de responsabilidade limitada – EIRELI, urbana ou rural;

b) qualquer sócio nas sociedades em nome coletivo;

c) o sócio-administrador, o sócio-cotista, o sócio-solidário, o sócio de serviço, o sócio gerente e o administrador não sócio e não empregado na sociedade limitada, urbana ou rural, conforme definido no Código Civil (Lei nº 10.406, de 10 de janeiro de 2002);

d) o membro de conselho de administração na sociedade anônima ou o diretor não-empregado que, participando ou não do risco econômico do empreendimento, seja eleito por assembleia geral dos acionistas para cargo de direção de sociedade anônima, desde que não mantidas as características inerentes à relação de emprego; e

e) o membro de conselho fiscal de sociedade ou entidade de qualquer natureza;

XIX – o administrador, exceto o servidor público vinculado a RPPS, nomeado pelo poder público para o exercício do cargo de administração em fundação pública de direito privado;

XX – o associado eleito para cargo de direção em cooperativa, em associação ou em entidade de qualquer natureza ou finalidade, desde que receba remuneração pelo exercício do cargo;

XXI – o síndico da massa falida, o administrador judicial, definido pela Lei nº 11.101, de 9 de fevereiro de 2005, e o comissário de concordata, quando remunerados;

XXII – o aposentado de qualquer regime previdenciário nomeado magistrado classista temporário da Justiça do Trabalho, na forma dos incisos II do § 1º do art. 111 ou III do art. 115 ou do parágrafo único do art. 116, todos da Constituição Federal, com redação anterior à Emenda Constitucional nº 24, de 9 de dezembro de 1999, durante o período em que foi possível, ou nomeado magistrado da Justiça Eleitoral, na forma dos incisos II do art. 119 ou III do § 1º do art. 120, ambos da Constituição Federal;

XXIII – o brasileiro civil que trabalha no exterior para organismo oficial internacional do qual o Brasil é membro efetivo, ainda que lá domiciliado e contratado, salvo quando coberto por RPPS;

XXIV – o brasileiro civil que trabalha em organismo oficial internacional ou estrangeiro em funcionamento no Brasil, a partir de 1º de março de 2000, em decorrência dos efeitos da Lei nº 9.876, de 1999, desde que não coberto por RPPS e inexistentes os pressupostos que o caracterizem como segurado empregado;

XXV – o brasileiro civil que trabalha para órgão ou entidade da Administração Pública sob intermediação de organismo oficial internacional ou estrangeiro em funcionamento no Brasil, desde que não coberto por RPPS e inexistentes os pressupostos que o caracterizem como segurado empregado;

XXVI – aquele que presta serviços, de natureza urbana ou rural, em caráter eventual a uma ou mais empresas, fazendas, sítios, chácaras ou a um contribuinte individual, em um mesmo período ou em períodos diferentes, sem relação de emprego;

XXVII – a pessoa física que exerce, por conta própria, atividade econômica de natureza urbana, com fins lucrativos ou não;

XXVIII – o incorporador de que trata o art. 29 da Lei nº 4.591, de 16 de dezembro de 1964;

XXIX – o bolsista da Fundação Habitacional do Exército contratado em conformidade com a Lei nº 6.855, de 18 de novembro de 1980;

XXX – aquele que presta serviço de natureza não contínua, por conta própria, a pessoa ou família, no âmbito residencial desta, sem fins lucrativos, até 2 (dois) dias por semana;

XXXI – aquele que trabalha como condutor autônomo de veículo rodoviário, inclusive como taxista ou motorista de aplicativo, como operador de trator, máquina de terraplenagem, colheitadeira e assemelhados, sem vínculo empregatício;

XXXII – os auxiliares de condutor autônomo de veículo rodoviário, conforme disposto no art. 1º da Lei nº 6.094, de 30 de agosto de 1974, que exercem atividade profissional em veículo cedido, em regime de colaboração;

XXXIII – aquele que, pessoalmente, por conta própria e a seu risco, exerce pequena atividade comercial em via pública ou de porta em porta, como comerciante ambulante, nos termos da Lei nº 6.586, de 6 de novembro de 1978;

XXXIV – aquele que, na condição de pequeno feirante, compra para revenda produtos hortifrutigranjeiros ou assemelhados;

XXXV – a pessoa física que habitualmente edifica obra de construção civil com fins lucrativos;

XXXVI – o trabalhador associado a cooperativa que, nessa qualidade, presta serviços a terceiros;

XXXVII – o armador de pesca, de que trata o inciso V do art. 2º da Lei nº 11.959, de 2009, pessoa física que, registrada e licenciada pelas autoridades competentes, apresenta, em seu nome ou sob sua responsabilidade, embarcação para ser utilizada na atividade pesqueira, pondo-a ou não a operar por sua conta;

XXXVIII – o Microempreendedor Individual – MEI, de que tratam os arts. 18-A e 18-C da Lei Complementar nº 123, de 14 de dezembro de 2006, que opte pelo recolhimento dos impostos e contribuições abrangidos pelo Simples Nacional em valores fixos mensais, observado que:

a) é considerado MEI o empresário individual a que se refere o art. 966 do Código Civil (Lei nº 10.406, de 2002), que tenha auferido receita bruta, no ano-calendário imediatamente anterior, até o limite estabelecido no § 1º do art. 18-A da Lei Complementar nº 123, de 2006; e

b) segundo disposto no art. 18-C e seus parágrafos, da Lei Complementar nº 123, de 2006, poderá se enquadrar como MEI o empresário individual que possua um único empregado que receba exclusivamente um salário mínimo ou o piso salarial da categoria profissional;

XXXIX – o trabalhador autônomo de cargas e o trabalhador autônomo de cargas auxiliar, nos termos da Lei nº 11.442, de 5 de janeiro de 2007, na redação dada pela Lei nº 13.103, de 2 de março de 2015;

XL – o repentista de que trata a Lei nº 12.198, de 14 de janeiro de 2010, desde que não se enquadre na condição de empregado, nos termos do inciso I do *caput* do art. 9º do RPS, em relação à referida atividade; e

XLI – o artesão de que trata a Lei nº 13.180, de 22 de outubro de 2015, desde que não se enquadre em outras categorias de segurado obrigatório do RGPS, em relação à referida atividade.

§ 1º Para os fins previstos na alínea "b" do inciso I e no inciso IV, ambos do *caput*, entende-se que a pessoa física, proprietária ou não, explora atividade por intermédio de prepostos quando, na condição de parceiro outorgante, desenvolve atividade agropecuária, pesqueira ou de extração de minerais por intermédio de parceiros ou meeiros.

§ 2º O correspondente internacional autônomo, assim entendido o trabalhador de qualquer nacionalidade que presta serviços no exterior, sem relação de emprego, a diversas empresas, não poderá ser considerado segurado obrigatório da Previdência Social Brasileira, ainda que uma das empresas contratantes do serviço seja sediada no Brasil, considerando que a Previdência Social se aplica aos trabalhadores que prestam serviços autônomos dentro dos limites do território nacional.

§ 3º É vedada a inscrição na categoria de contribuinte individual para brasileiro residente ou domiciliado no exterior, observada a situação descrita no inciso XXIII do *caput*.

SUBSEÇÃO I – DAS PROVIDÊNCIAS E DA COMPROVAÇÃO DO PERÍODO DE ATIVIDADE E REMUNERAÇÃO DO CONTRIBUINTE INDIVIDUAL

Art. 91. Para a comprovação de que trata esta Subseção deve ser observado também o disposto nas Seções IV e IX deste Capítulo.

Art. 92. Para fins de validação das contribuições existentes no CNIS, reconhecimento de filiação e autorização de cálculo de contribuições em atraso, em se tratando de segurado contribuinte individual que exerça atividade por conta própria, o período de atividade será considerado comprovado quando:

I – existir atividade cadastrada no CNIS, nessa condição, sem evidência de interrupção ou encerramento; e

II – inexistir atividade cadastrada no CNIS e houver contribuição recolhida em qualquer inscrição que o identifique, sendo considerada como data de início o primeiro dia da competência da primeira contribuição recolhida sem atraso na condição de contribuinte individual.

§ 1º Para período a partir de 29 de novembro de 1999, data de publicação da Lei nº 9.876, de 1999, não se aplica o disposto neste artigo ao empresário, que somente será segurado obrigatório, em relação a essa atividade, no mês em que receber remuneração da empresa, sendo que, para período anterior a essa data, para aquele que exercia atividade na empresa, a continuidade do exercício dessa atividade ficará condicionada à verificação da existência ou funcionamento da empresa, observada a alínea "a" do inciso V do art. 94.

§ 2º Para fins de aplicação do disposto no inciso II do *caput*, tratando-se de recolhimento trimestral, previsto no § 15 do art. 216 do RPS, o início da atividade corresponderá ao primeiro dia da primeira competência do trimestre civil abrangida pelo recolhimento.

§ 3º Aplica-se o regramento previsto neste artigo ao segurado anteriormente denominado trabalhador autônomo e equiparado a trabalhador autônomo, observando quanto ao empresário o disposto no § 1º.

§ 4º Havendo encerramento ou interrupção da atividade, o reinício deverá ser comprovado com documentos, na forma do art. 94, caso não seja possível o reconhecimento do reinício da atividade a partir das informações existentes nos sistemas corporativos à disposição do INSS.

§ 5º A existência de vínculo empregatício concomitante não é óbice ao exercício de atividade do contribuinte individual e à comprovação dessa condição na forma deste artigo.

§ 6º Para fins de inclusão e atualização da atividade na forma deste artigo, o segurado prestará as informações referentes à ocupação e ao (s) período (s) da (s) atividade (s) exercida (s) no formulário de "Requerimento de Atualização do CNIS – RAC", constante no Anexo I.

Art. 93. Cessado o exercício da atividade, o segurado contribuinte individual e aquele segurado anteriormente denominado empresário, trabalhador autônomo e equiparado a trabalhador autônomo, deverá solicitar o encerramento da atividade no CNIS, e será exigido para esse fim:

I – do segurado contribuinte individual e do segurado anteriormente denominado trabalhador autônomo e equiparado a trabalhador autônomo: declaração de exercício de atividade assinada pelo próprio filiado ou por seu procurador ou representante legal, constando a data fim da atividade que, conforme o caso, poderá ser retroativa à última contribuição ou remuneração constante do CNIS. Para esse fim poderá ser utilizado o formulário de "Requerimento de Atualização do CNIS – RAC", constante no Anexo I;

II – do empresário: observado o inciso V do art. 94, não sendo possível a confirmação do encerramento da atividade mediante consulta aos sistemas corporativos, documento que comprove o seu desligamento da sociedade ou a baixa da empresa, registrado ou emitido pelos órgãos competentes, tais como:

a) o distrato social;

b) a alteração contratual ou documento equivalente emitido por Junta Comercial, Secretaria Municipal, Estadual ou Federal da Fazenda ou por outros órgãos oficiais, cuja data de encerramento da atividade corresponderá à data constante no documento apresentado;

c) a certidão de breve relato do órgão competente no qual ocorreu o arquivamento dos documentos constitutivos da empresa; e

d) Certidão Negativa de Débito com a finalidade de baixa da empresa emitida pela RFB;

III – do Microempreendedor Individual – MEI: a Declaração Anual do Simples Nacional do MEI (DASN-SIMEI) de extinção.

§ 1º Observado o inciso V do art. 94, na hipótese do inciso II do *caput*, quando o segurado não possuir documento comprobatório ou não puder ser verificada nos sistemas corporativos à disposição do INSS a data do efetivo encerramento da atividade do empresário na empresa, aplicar-se-á o disposto no inciso I do *caput*.

§ 2º Em se tratando de contribuinte individual que exerça atividade por conta própria, enquanto não ocorrer o procedimento previsto no inciso I do *caput*, presumir-se-á a continuidade do exercício da sua atividade, sendo considerado em débito o período sem contribuição.

§ 3º Caso o contribuinte individual não regularize os períodos em débito, somente serão computados os períodos de atividade exercida com contribuições constantes no CNIS, em conformidade com o inciso III do art. 34 da Lei nº 8.213, de 1991, e com o § 1º do art. 36 do RPS.

Art. 94. Na impossibilidade de reconhecer período de atividade a partir das informações existentes nos sistemas corporativos à disposição do INSS, a comprovação do exercício de atividade do segurado contribuinte individual e do segurado anteriormente denominado empresário, trabalhador autônomo e o equiparado a trabalhador autônomo far-se-á:

I – para os profissionais liberais sujeitos à inscrição em Conselho de Classe, pela respectiva inscrição e por documentos contemporâneos que comprovem o efetivo exercício da atividade;

II – para o condutor autônomo de veículo, inclusive o auxiliar, mediante carteira de habilitação acompanhada de certificado de propriedade ou co-propriedade do veículo, certificado de promitente comprador, contrato de arrendamento ou cessão do automóvel, certidão do Departamento de Trânsito – DETRAN ou quaisquer documentos contemporâneos que comprovem o exercício da atividade remunerada;

III – para o ministro de confissão religiosa ou o membro de instituto de vida consagrada, por ato equivalente de emissão de votos temporários ou perpétuos ou compromissos equivalentes que habilitem ao exercício estável da atividade religiosa e ainda, documentação comprobatória da dispensa dos votos ou dos compromissos equivalentes, caso já tenha cessado o exercício da atividade religiosa;

IV – para o médico-residente, pelo contrato de residência médica, certificado emitido pelo Programa de Residência Médica, contracheques ou informe de rendimentos referentes ao pagamento da bolsa médico-residente, observando que, a partir da competência abril de 2003, tendo em vista o disposto no art. 4º da Lei nº 10.666, de 8 de maio de 2003, a responsabilidade pelo recolhimento da sua contribuição passou a ser da empresa;

V – para o contribuinte individual empresário, assim considerados aqueles discriminados no inciso XVIII do art. 90:

a) a partir de 5 de setembro de 1960, data de publicação da Lei nº 3.807, de 26 de agosto de 1960 (Lei Orgânica da Previdência Social – LOPS), a 28 de novembro de 1999, véspera da publicação da Lei nº 9.876, em relação aos que atuam nas atividades de gestão, direção ou com retirada de pró-labore, mediante atos de constituição, alteração e baixa da empresa; e

b) para período a partir de 29 de novembro de 1999, data da publicação da Lei nº 9.876, em qualquer caso, com a apresentação de documentos contemporâneos que comprovem o recebimento de remuneração na empresa, observando que, a partir da competência abril de 2003, conforme disposto no art. 4º da Lei nº 10.666, de 2003, a responsabilidade pelo recolhimento da sua contribuição passou a ser da empresa;

VI – para o contribuinte individual prestador de serviços à empresa ou equiparado e o associado à cooperativa:

a) para período até a competência março de 2003, por meio de contrato de prestação de serviços, recibo de pagamento autônomo – RPA ou outros documentos contemporâneos que comprovem a prestação de serviços; e

b) para período compreendido entre a competência abril de 2003 até a competência anterior à substituição da GFIP pelo eSocial, conforme cronograma de implantação previsto em ato específico, tendo em vista o disposto no art. 4º da Lei nº 10.666, de 2003, por documento contemporâneo que comprove o pagamento pelos serviços prestados, no qual conste a razão ou denominação social, o CNPJ da empresa contratante, o valor da remuneração percebida, o valor retido e a identificação do filiado;

VII – para o Microempreendedor Individual – MEI, por meio do Certificado da Condição de Microempreendedor Individual, que é o documento comprobatório do registro do Empreendedor Individual, ou do Documento de Arrecadação do Simples Nacional do MEI – DAS-MEI, através do qual são realizadas suas contribuições;

VIII – para período compreendido entre a competência abril de 2003 até a competência anterior à substituição da GFIP pelo eSocial, conforme cronograma de implantação previsto em ato específico, para o associado eleito para cargo de direção em cooperativa, associação ou entidade de qualquer natureza ou finalidade, bem como para o síndico ou administrador eleito para exercer atividade de direção condominial, desde que recebam remuneração, mediante apresentação de estatuto e ata de eleição ou nomeação no período de vigência dos cargos da diretoria, registrada em cartório de títulos e documentos;

IX – para o contribuinte individual que presta serviços a outro contribuinte individual equiparado a empresa, a produtor rural pessoa física, a missão diplomática ou a repartição consular de carreira estrangeira ou para o brasileiro civil que trabalha no exterior para organismo oficial internacional do qual o Brasil é membro efetivo, inclusive para período a partir da competência abril de 2003, em virtude da desobrigação do desconto da contribuição, nos termos do § 3º do art. 4º da Lei nº 10.666, de 2003, por meio de contrato de prestação de serviços, recibo de pagamento autônomo – RPA ou outros documentos contemporâneos que comprovem a prestação de serviços;

X – para o segurado anteriormente denominado empregador rural e atualmente contribuinte individual, por meio da antiga carteira de empregador rural, ficha de inscrição de empregador rural e dependente – FIERD, declaração de produção – DP, declaração anual para cadastro de imóvel rural, rendimentos da atividade rural constantes na declaração de imposto de renda (cédula "G" da Declaração do Imposto de Renda Pessoa Física – IRPF), livro de registro de empregados, cadastro de imóvel rural ou outros documentos contemporâneos relacionados à atividade rural;

XI – para aquele que exerce atividade por conta própria, com inscrição no órgão fazendário estadual, distrital ou municipal, recibo de pagamento do Imposto Sobre Serviço – ISS, declaração de imposto de renda, nota fiscal de compra de insumos, de venda de produtos ou de serviços prestados, dentre outros.

§ 1º Exceto no caso do brasileiro civil que trabalha no exterior para organismo oficial internacional do qual o Brasil é membro efetivo, os demais contribuintes individuais citados no inciso IX do *caput* poderão deduzir da sua contribuição mensal, 45% (quarenta e cinco por cento) da contribuição patronal do contratante, efetivamente recolhida ou declarada, incidente sobre a remuneração que este lhe tenha pagado ou creditado, no respectivo mês, limitada a 9% (nove por cento) do respectivo salário de contribuição.

§ 2º Aplica-se o disposto no inciso VI do *caput* ao associado eleito para cargo de direção em cooperativa, associação ou entidade de qualquer natureza ou finalidade, bem como ao síndico ou administrador eleito para exercer atividade de direção condominial, desde que recebam remuneração.

§ 3º Para fins de comprovação do período de atividade do contribuinte individual, enquanto titular de firma coletiva ou individual, deve ser observada a data em que foi lavrado o contrato de constituição da empresa ou documento equivalente, ou a data de início de atividade prevista em cláusulas contratuais, observado o previsto no art. 36 da Lei nº 8.934, de 18 de novembro de 1994.

§ 4º Aplica-se o disposto no inciso IX do *caput* aos trabalhadores rurais denominados volantes, eventuais ou temporários, caracterizados como contribuintes individuais, quando prestarem serviços a produtor rural pessoa física, e o disposto no inciso VI, quando o contratante for pessoa jurídica, observado que:

I – para fins de aposentadoria por idade, com o benefício da redução da idade previsto no § 1º do art. 48, da Lei nº 8.213, de 1991, para período até 31 de dezembro de 2010, ainda que existam as contribuições recolhidas a partir da competência novembro de 1991, em face do disposto no art. 143 da Lei nº 8.213, de 1991, deverá ser comprovado o efetivo exercício da atividade rural, podendo para isso o segurado:

a) apresentar contrato de prestação de serviços, recibo de pagamento ou outros documentos contemporâneos que comprovem a prestação de serviço rural;

b) na falta de documentos contemporâneos que comprovem a prestação de serviço rural, apresentar declaração do contratante do serviço, prevista no § 4º do art. 19-B do RPS, na qual constem as datas de início e término do serviço prestado, a identificação do contratante do serviço rural com os respectivos números do CPF, do Cadastro Específico do INSS – CEI, do Cadastro de Atividade Econômica da Pessoa Física – CAEPF ou, quando for o caso, do CNPJ, bem como a identificação e o endereço completo do imóvel onde os serviços foram prestados, e a que título o contratante detinha a posse do imóvel, desde que extraídos de registros existentes, que serão confirmados pelo INSS; e

c) na impossibilidade de apresentar declaração do contratante do serviço rural, o interessado poderá solicitar o processamento de Justificação Administrativa – JA, a qual será autorizada pelo INSS se houver a apresentação de início de prova material da prestação do serviço rural no período declarado pelo segurado, observado o art. 571;

II – para fins de aposentadoria por idade, com o benefício da redução da idade previsto no § 1º do art. 48 da Lei nº 8.213, de 1991, bem como para os demais benefícios do RGPS:

a) para período a partir de 1º de janeiro de 2011 até a competência anterior à substituição da GFIP pelo eSocial, conforme cronograma de implantação previsto em ato específico, quando houver prestação de serviços de natureza rural, a contratante desobrigada de efetuar o desconto e o recolhimento tratados na Lei nº 10.666, de 2003, além da contribuição recolhida em código de pagamento próprio do contribuinte individual rural, deverá apresentar contrato de prestação de serviços, recibo de pagamento ou outros documentos contemporâneos, que comprovem a prestação de serviços de natureza rural;

b) para período a partir de 1º de janeiro de 2011 até a competência anterior à substituição da GFIP pelo eSocial, conforme cronograma de implantação previsto em ato específico, quando a prestação de serviços se der a pessoa jurídica, deverá apresentar contrato de prestação de serviços, recibo de pagamento ou outros documentos contemporâneos que comprovem a prestação de serviço de natureza rural, observado que o recolhimento da contribuição é presumido; e

c) para período a partir da implantação do eSocial, quando houver prestação de serviços de natureza rural a contratante pessoa jurídica ou pessoa física equiparada, observado o § 2º do art. 20 do RPS e os incisos III e IV e o § 9º, todos do *caput* do art. 225 do RPS, a comprovação deverá ser feita de acordo com o art. 97, devendo o comprovante conter também a natureza da atividade rural no eSocial.

§ 5º Em face do disposto no art. 143 da Lei nº 8.213, de 1991, para fins de aposentadoria por idade, com o benefício da redução da idade previsto no § 1º do art. 48, da Lei nº 8.213, de 1991, faz-se necessária a comprovação do efetivo exercício da atividade rural do contribuinte individual rural em qualquer período.

§ 6º O período de atividade comprovado na forma do inciso X do *caput* somente será computado mediante o recolhimento das contribuições, observando que:

I – até 31 de dezembro de 1975, véspera da vigência da Lei nº 6.260, de 1975, desde que indenizado na forma do art. 122 do RPS;

II – de 1º de janeiro de 1976, data da vigência da Lei nº 6.260, de 1975, até 31 de outubro de 1991, por comprovante do recolhimento da contribuição anual ou, na sua ausência, desde que indenizado; e

III – a partir de 1º de novembro de 1991, em decorrência da Lei nº 8.212, de 1991, para o produtor rural não constituído como pessoa jurídica, deverá apresentar comprovante de recolhimento da contribuição mensal, ou, na sua ausência em período abrangido pela decadência, desde que indenizado.

§ 7º Até a competência anterior à substituição da GFIP pelo eSocial, conforme cronograma de implantação previsto em ato específico, na hipótese da alínea "b" do inciso VI do *caput*, caso o contribuinte individual não possua ou não possa apresentar o documento contemporâneo que demonstre o recebimento da remuneração pelos serviços prestados à empresa ou equiparado, a comprovação poderá ser feita por meio de documento de prova dos respectivos rendimentos declarados contemporaneamente à Secretaria Especial da Receita Federal do Brasil – RFB para fins de apuração do imposto de renda ou de comprovante do depósito ou da transferência bancária referentes aos valores pagos ou creditados, desde que acompanhados de declaração fornecida pela empresa, devidamente assinada por seu responsável, devendo constar:

I – a identificação completa do contratante (razão social, nº do CNPJ e endereço);

II – a identificação do contribuinte individual prestador de serviços (nome completo e nº do CPF);

III – a discriminação mensal da remuneração paga ou creditada;

IV – os valores referentes à base de cálculo e ao desconto da contribuição previdenciária; e

V – afirmação expressa de que os dados foram extraídos de registros existentes e acessíveis à verificação pelo INSS.

§ 8º Nas situações tratadas neste artigo, deverá ser emitida Pesquisa Externa com a finalidade de confirmar as informações prestadas, observado os arts. 22 e 573:

I – no caso de apresentação da declaração prevista na alínea "b" do inciso I do § 4º; e *(Redação dada pela IN PRES/INSS 141/2022)*

II – na hipótese do § 7º, caso somente seja apresentada a declaração do contratante desacompanhada de documentos comprobatórios contemporâneos.

§ 9º O segurado contribuinte individual, por conta própria ou o que presta serviços à empresa, inclusive como empresário, no mês em que não for paga nem creditada remuneração, ou não houver retribuição financeira pela prestação de serviços, poderá, por ato volitivo, contribuir como segurado facultativo para a Previdência Social, observado o disposto nesta Subseção e no art. 11 do RPS.

Art. 95. Para fins de comprovação da remuneração do contribuinte individual prestador de serviços à empresa contratante ou à cooperativa, a partir de abril de 2003 até a competência anterior à substituição da GFIP pelo eSocial, conforme cronograma de implantação previsto em ato específico, poderão ser considerados, entre outros, os seguintes documentos:

I – comprovante de retirada de pró-labore, que demonstre a remuneração decorrente do seu trabalho, nas situações de empresário;

II – comprovante de pagamento do serviço prestado, onde conste a identificação completa da empresa, inclusive com o número do CNPJ, o valor da remuneração paga, o desconto da contribuição efetuado, o número de inscrição do segurado no RGPS e/ou o CPF;

III – Declaração de Imposto Sobre a Renda da Pessoa Física – DIRPF e respectivo recibo de entrega à Secretaria Especial da Receita Federal, relativa ao ano-base objeto da comprovação, que possam formar convicção das remunerações auferidas;

IV – declaração fornecida pela empresa, devidamente assinada e identificada por seu responsável, com afirmação expressa de que as informações foram prestadas com base em documentação constante nos registros efetivamente existentes e acessíveis para confirmação pelo INSS, onde conste a identificação completa da mesma, inclusive com o número do CNPJ/CEI, o valor da remuneração paga, o desconto da contribuição efetuado, o número de inscrição do segurado no RGPS e/ou o CPF.

§ 1º No caso de apresentação da declaração prevista no inciso IV do *caput*, deverá ser emitida Pesquisa Externa com a finalidade de confirmar as informações prestadas, observado os arts. 22 e 573.

§ 2º A empresa e o equiparado, sem prejuízo do cumprimento de outras obrigações acessórias previstas na legislação previdenciária, estão obrigados a fornecer ao contribuinte individual comprovante do pagamento de remuneração pelos serviços prestados, consignando a identificação completa da empresa, inclusive com a razão ou denominação social, o CNPJ, a identificação do filiado, o valor da remuneração percebida e o desconto da contribuição efetuada quando couber.

Art. 96. Ressalvados os casos de recolhimento presumido e de comprovação da atividade rural de que trata o inciso I do § 4º do art. 94, os períodos de atividade do contribuinte individual comprovados na forma desta Subseção somente serão computados para fins de reconhecimento de direitos mediante o recolhimento das respectivas contribuições devidas ou o recolhimento dos valores apurados no cálculo de indenização.

Parágrafo único. Para o período de atividade do trabalhador rural anterior à competência de novembro de 1991, somente será exigida a indenização para fins de contagem recíproca, conforme disposto no art. 123 do RPS.

Art. 97. Observado o disposto na Seção IV deste Capítulo, a partir da substituição da GFIP pelo eSocial, conforme cronograma de implantação previsto em ato específico, será considerado pelo INSS o registro referente a serviços prestados e respectiva remuneração auferida pelo contribuinte individual prestador de serviços de que trata o § 26 do art. 216 do RPS, informados pela empresa ou cooperativa contratante, mediante evento eletrônico no eSocial.

§ 1º Nos casos em que o contribuinte individual referido no *caput* identificar que não consta remuneração no CNIS ou que a remuneração informada pela empresa ou cooperativa contratante seja divergente daquela de fato auferida, o contribuinte individual prestador de serviços poderá apresentar:

I – comprovante contendo o número do recibo eletrônico emitido pelo eSocial, acompanhado de declaração, com a devida assinatura e identificação dos responsáveis pelas informações, podendo ser utilizado o modelo "Declaração de Confirmação do Envio de Dados Trabalhistas e Previdenciários pelo eSocial e Informação dos Números dos Recibos Eletrônicos" constante do Anexo II, para fins de solicitação junto ao INSS, para que tome providências quanto à disponibilização das informações correspondentes, provenientes do eSocial, no CNIS. *(Redação dada pela IN PRES/INSS 141/2022)*

II – documento expedido pelos órgãos competentes, que demonstre a prestação de serviços e remunerações auferidas; ou

III – rol de documentos disposto no art. 19-B do RPS.

§ 2º Na hipótese do contribuinte individual referido no *caput* identificar que a remuneração encontra-se extemporânea, o contribuinte individual prestador de serviços poderá apresentar:

I – declaração da empresa contratante ou cooperativa, sob as penas da Lei, que comprove a prestação do serviço e a remuneração auferida, acompanhada de documentação que comprove o que está sendo declarado; ou

II – rol de documentos disposto no art. 19-B do RPS. *(Acrescido pela IN PRES/INSS 141/2022)*

III – *(Revogado pela IN PRES/INSS 141/2022)*

§ 3º Os documentos elencados no inciso III do § 1º e no inciso II do § 2º devem formar convicção quanto à competência ou período que se pretende comprovar, remuneração auferida, bem como serem contemporâneos aos fatos a serem comprovados.

§ 4º Ato do Diretor de Benefícios poderá estabelecer outros documentos para fins de reconhecimento do exercício de atividade e remuneração, na forma definida pelos órgãos competentes.

SUBSEÇÃO II – DO RECONHECIMENTO DO TEMPO DE FILIAÇÃO E DA RETROAÇÃO DA DATA DO INÍCIO DAS CONTRIBUIÇÕES – DIC

Art. 98. Entende-se por reconhecimento de filiação o direito do segurado de ter reconhecido, em qualquer época, o período em que exerceu atividade não abrangida pela Previdência Social, mas que, posteriormente, se tornou de filiação obrigatória, bem como o período não contribuído, anterior ou posterior à inscrição, em que exerceu atividade remunerada sujeita a filiação obrigatória.

§ 1º Caberá ao INSS, mediante requerimento do segurado, promover o reconhecimento de filiação e proceder ao cálculo para apuração das contribuições devidas, desde que o exercício da respectiva atividade seja comprovado, de forma presumida quando possível ou mediante apresentação de documentos previstos nesta Instrução Normativa.

§ 2º O reconhecimento de período em que a atividade exercida não era de filiação obrigatória ou de período de débito alcançado pela decadência referente ao exercício de atividade como contribuinte individual somente será computado, para fins de reconhecimento de direitos, mediante o pagamento da indenização correspondente.

§ 3º Em se tratando de período de filiação obrigatória a partir da competência abril de 2003, não se aplica o disposto no § 2º quando houver reconhecimento da filiação na condição de contribuinte individual prestador de serviços a empresa contratante ou a cooperativa obrigado ao desconto previsto no art. 4º da Lei nº 10.666, de 2003, tendo em vista que o recolhimento da contribuição é presumido, ressalvados os casos de prestação de serviços a contratante desobrigado de efetuar o desconto da contribuição, conforme § 3º do art. 4º da Lei nº 10.666, de 2003.

Art. 99. A retroação da data do início da contribuição – DIC, que consiste na manifestação de interesse do contribuinte individual em recolher contribuição relativa a período anterior à sua inscrição, será admitida quando restar comprovado o exercício de atividade remunerada no período, sendo o cálculo da contribuição na forma de indenização prevista no art. 45-A da Lei nº 8.212, de 1991 quando se tratar de período decadente, ou na forma de cálculo de regência previsto no art. 35 da Lei nº 8.212, de 1991 quando se tratar de período não alcançado pela decadência.

§ 1º A retroação da DIC origina-se, também, de lançamento de débito de ofício pela RFB, em razão da constatação de exercício de atividade remunerada do contribuinte individual em período anterior à sua inscrição, e da ausência de recolhimento das contribuições sob sua responsabilidade, sendo que neste caso o INSS fará a atualização cadastral desde que o segurado manifeste formalmente interesse.

§ 2º A partir da competência abril de 2003, o contribuinte individual prestador de serviços a empresa contratante ou a cooperativa obrigado ao desconto previsto no art. 4º da Lei nº 10.666, de 2003, informado em GFIP, eSocial ou sistema que venha substituí-lo, poderá ter deferido o pedido de reconhecimento da filiação mediante comprovação do exercício da atividade remunerada, independentemente do efetivo recolhimento das contribuições.

§ 3º Havendo encerramento ou interrupção da atividade e quando identificadas contribuições em atraso após essa ocorrência, o reinício deverá ser comprovado com documentos, na forma do art. 94, caso não seja possível o reconhecimento do reinício da atividade a partir das informações existentes nos sistemas corporativos à disposição do INSS.

§ 4º Para fins de reconhecimento de direitos, observadas as regras pertinentes, no período em que o contribuinte individual por conta própria estiver em débito, observado o previsto no § 2º do art. 93, caso ocorra reinício de contribuições, a competência inicial para cômputo do período relativo ao reinício de pagamento deverá recair na primeira competência recolhida em dia ou na recolhida em atraso desde que esta tenha sido paga dentro do período de graça, enquanto não regularizado todo o período de interrupção de contribuições em débito.

SUBSEÇÃO III – DO CÁLCULO DE INDENIZAÇÃO E DO CÁLCULO DO DÉBITO PELA LEGISLAÇÃO DE REGÊNCIA

Art. 100. Será objeto do cálculo de indenização o período de:

I – exercício de atividade remunerada não abrangida pela Previdência Social, mas que, posteriormente, tenha se tornado de filiação obrigatória em decorrência do disposto no art. 122 do RPS;

II – exercício de atividade remunerada na condição de contribuinte individual, desde que alcançado pela decadência, nos termos do art. 45-A da Lei nº 8.212, de 1991; e

III – exercício de atividade do trabalhador rural anterior à competência novembro de 1991, para fins de contagem recíproca, nos termos do art. 123 do RPS e, a partir dessa data, o período de atividade do segurado especial, que não tenha contribuído facultativamente, para fins de cômputo em aposentadoria por tempo de contribuição ou para contagem recíproca.

Art. 101. Na apuração do valor da indenização, será considerada como base de cálculo:

I – a média aritmética simples dos maiores salários de contribuição correspondentes a 80% (oitenta por cento) de todo o período contributivo, decorrido desde a competência julho de 1994, corrigidos mês a mês pelos mesmos índices utilizados para a obtenção do salário de benefício, respeitados os limites mínimo e máximo do salário de contribuição, caso o período indenizado for para fins de obtenção de benefício do RGPS; e

II – a remuneração vigente na data do requerimento do cálculo sobre a qual incidem as contribuições para o RPPS a que estiver filiado o interessado, observado o limite máximo do salário de contribuição, quando o período indenizado for para fins de aproveitamento em RPPS.

§ 1º O valor mensal da indenização será resultado da aplicação da alíquota de 20% (vinte por cento) sobre a base de cálculo encontrada nos incisos I e II do *caput*, conforme a finalidade do cálculo, acrescido de juros moratórios de 0,5% (zero vírgula cinco por cento) ao mês, capitalizados anualmente, limitados ao percentual máximo de 50% (cinquenta por cento), e multa de 10% (dez por cento).

§ 2º A incidência de juros moratórios e multa de que trata o § 1º será estabelecida para fatos geradores ocorridos a partir de 14 de outubro de 1996, por força do disposto no §8º-A do art. 239 do RPS.

Art. 102. No ato do requerimento da indenização, deverá ser informado para qual fim se destina o tempo de contribuição a ser indenizado, se para contagem no RGPS ou para fins de contagem recíproca.

§ 1º Caso o tempo de contribuição, indenizado para fins de contagem no RGPS, seja indicado para aproveitamento em RPPS, será devida a retificação do cálculo de indenização para apurar eventuais diferenças de valores em relação à base de cálculo própria para fins de contagem recíproca, salvo quando:

I – a data de ingresso no RPPS de destinação do tempo de contribuição for posterior à data do requerimento para cálculo da indenização;

II – o valor da base de cálculo for igual para ambas as finalidades; ou

III – o requerimento do cálculo de indenização for anterior a 4 de dezembro de 2009, data em que se tornou obrigatória a consignação da finalidade do cálculo e consequente necessidade de regularização do procedimento indevido, caso o recolhimento tenha sido efetuado em desacordo com a finalidade inicialmente declarada.

§ 2º Será também devida a retificação do cálculo, quando este tiver sido realizado em desacordo com a legislação aplicável ou com os procedimentos disciplinados para apuração dos valores devidos.

§ 3º Nas hipóteses previstas no § 1º e no § 2º, deverão ser observadas as disposições do art. 45-A da Lei nº 8.212, de 1991, na apuração de eventuais diferenças de contribuições devidas.

Art. 103. Não se submetem ao cálculo de indenização, devendo ser calculadas de acordo com a legislação de regência:

I – as contribuições em atraso do segurado contribuinte individual não alcançadas pela decadência, inclusive quando o período objeto do cálculo for para fins de contagem recíproca, conforme o disposto no § 3º do art. 45-A da Lei nº 8.212, de 1991;

II – as contribuições em atraso do segurado facultativo, observada a exigência de qualidade de segurado nessa categoria para a admissibilidade do pagamento em atraso, nos termos do § 4º do art. 11 do RPS;

III – as contribuições em atraso do segurado empregado doméstico, inclusive eventuais diferenças de contribuições recolhidas abaixo do valor devido, a partir de 8 de abril de 1973, data de vigência do Decreto nº 71.885, de 1973;

IV – a diferença de contribuição recolhida a menor pelo segurado contribuinte individual, facultativo e segurado especial que contribui facultativamente, exclusivamente para alcançar o limite mínimo do salário de contribuição;

V – a complementação de contribuição recolhida no Plano Simplificado de Previdência Social, para fins de cômputo em aposentadoria por tempo de contribuição ou contagem recíproca ou ainda, no caso do segurado facultativo de que trata o inciso XIV do §2º do art. 107, para aproveitamento das contribuições invalidadas; e

VI – a partir da competência novembro de 2019, a complementação da contribuição para alcançar o limite mínimo do salário de contribuição, quando as remunerações auferidas no mês pelo segurado não atingirem o referido limite, observadas as possibilidades de utilização e agrupamento, conforme disciplinado na Seção XVII deste Capítulo.

§ 1º Período de contrato de trabalho de empregado doméstico quando anterior a 8 de abril de 1973, data de vigência do Decreto nº 71.885, de 1973, será objeto de indenização, por ser anterior à filiação obrigatória.

§ 2º Observado o disposto na Subseção I da Seção X e na Seção XV, ambas deste Capítulo, a comprovação para fins de realização do cálculo do débito ou conferência deste, ou ainda, para fins de ajustes dos comprovantes ou guias de recolhimento do período compreendido do vínculo do empregado doméstico anterior a 1º de outubro de 2015, poderá ser feita, no que couber, por meio dos seguintes documentos, dentre outros:

I – contracheque ou recibo de pagamento contemporâneos ao período que se pretende comprovar;

II – anotações constantes da Carteira de Trabalho e Previdência Social em meio físico, com anuência do filiado; e

III – Guias de Recolhimento (GR, GR1 e GR2), Carnês de Contribuição, Guias de Recolhimento de Contribuinte Individual (GRCI), Guias de Recolhimento da Previdência Social (GRPS 3), Guia da Previdência Social (GPS) ou microfichas.

§ 3º Na hipótese do inciso IV do *caput*, na apuração de diferenças de contribuições do contribuinte individual e do segurado especial que contribui facultativamente, deverá ser observado se o pagamento original estaria sujeito ao cálculo de indenização.

Art. 104. As contribuições devidas pelo segurado contribuinte individual e o valor apurado no cálculo de indenização poderão ser objeto de parcelamento, a ser requerido perante a RFB, sendo que o período correspondente somente poderá ser utilizado para concessão de benefício e emissão de CTC após a comprovação da liquidação de todos os valores incluídos em parcelamento.

Art. 105. Caberá ao INSS promover o reconhecimento de filiação e proceder ao cálculo na forma de indenização quando se tratar de período decadente ou na forma de cálculo de regência quando se tratar de débito de período não alcançado pela decadência, mediante requerimento do interessado conforme o modelo de "Requerimento para Cálculo de Contribuição em Atraso", constante no Anexo VII, inclusive nas situações em que o INSS identificar a procedência da solicitação na análise de requerimento de benefício.

Parágrafo único. No caso de cálculo de débito de período não atingido pela decadência e desde que seja de competência posterior ao início da atividade cadastrada ou à primeira contribuição recolhida sem atraso na respectiva categoria, é dispensada a protocolização do requerimento referido no *caput*.

Art. 106. Não serão válidos para fins de reconhecimento de direitos os recolhimentos de períodos de débitos do contribuinte individual ou de períodos sem contribuições do facultativo, efetuados após o óbito do segurado.

§ 1º Também não produzirão efeitos os recolhimentos, efetuados após o óbito do segurado, relativos a diferenças de contribuições ou remunerações para majorar ou atingir o valor mínimo do salário de contribuição.

§ 2º O disposto no § 1º não se aplica:

I – para período a partir da competência novembro de 2019, no caso do segurado empregado, trabalhador avulso, empregado doméstico e contribuinte individual de que trata o art. 199 e os §§ 20, 21 e 26 do art. 216, todos do RPS, quando passou a ser facultado aos dependentes complementar a contribuição para alcançar o limite mínimo do salário de contribuição, das remunerações auferidas no mês pelo segurado não atingirem o referido limite, nos termos do § 7º do art. 19-E do RPS e observadas as disposições previstas na Seção XVII deste Capítulo; e

II – quando as diferenças de contribuições efetuadas pelo segurado contribuinte individual ou facultativo forem decorrentes da inobservância do reajuste do salário mínimo.

SEÇÃO XIV – DO FACULTATIVO

Art. 107. A filiação na qualidade de segurado facultativo gera efeito somente a partir da inscrição e do primeiro recolhimento sem atraso, não podendo retroagir e não permitindo o pagamento de contribuições relativas a competências anteriores à data da inscrição.

§ 1º Após a inscrição, o segurado facultativo somente poderá recolher contribuições em atraso quando não tiver ocorrido perda da qualidade de segurado, conforme o disposto no inciso VI do art. 13 do RPS.

§ 2º Podem filiar-se facultativamente, entre outros:

I – a pessoa que se dedique exclusivamente ao trabalho doméstico no âmbito de sua residência;

II – o síndico de condomínio, desde que não remunerado;

III – o estudante;

IV – o brasileiro que acompanha cônjuge que presta serviço no exterior;

V – aquele que deixou de ser segurado obrigatório da Previdência Social;

VI – o membro de conselho tutelar de que trata o art. 132 da Lei nº 8.069, de 1990, quando não remunerado e desde que não esteja vinculado a qualquer regime de previdência social;

VII – o estagiário que presta serviços a empresa de acordo com a Lei nº 11.788, de 2008;

VIII – o bolsista que se dedica em tempo integral à pesquisa, curso de especialização, pós-graduação, mestrado ou doutorado, no Brasil ou no exterior, desde que não esteja vinculado a qualquer regime de previdência social;

IX – o presidiário que não exerce atividade remunerada nem esteja vinculado a qualquer regime de previdência social;

X – o brasileiro residente ou domiciliado no exterior;

XI – o segurado recolhido à prisão sob regime fechado ou semiaberto, que, nesta condição, preste serviço, dentro ou fora da unidade penal, a uma ou mais empresas, com ou sem intermediação da organização carcerária ou entidade afim, ou que exerce atividade artesanal por conta própria;

XII – o beneficiário de auxílio-acidente ou de auxílio-suplementar, desde que simultaneamente não esteja exercendo atividade que o filie obrigatoriamente ao RGPS;

XIII – o atleta beneficiário do Bolsa-Atleta que não seja filiado a regime próprio de previdência social ou que não esteja enquadrado em uma das hipóteses do art. 9º do RPS; e

XIV – o segurado sem renda própria de que trata a alínea "b" do inciso II do § 2º do art. 21 da Lei nº 8.212, de 1991, que se dedique exclusivamente ao trabalho doméstico no âmbito de sua residência, desde que pertencente a família de baixa renda, com pagamento de contribuição na alíquota de 5% (cinco por cento), observado que:

a) para fins específicos de enquadramento nesta condição e recolhimento na alíquota de 5% (cinco por cento), não será considerada como renda aquela, exclusivamente, proveniente de auxílios assistenciais de natureza eventual e temporária e de valores oriundos de programas sociais de transferência de renda;

b) conforme disposto no § 4º do art. 21 da Lei nº 8.212, de 1991, considera-se de baixa renda a família inscrita no Cadastro Único para Programas Sociais do Governo Federal – CadÚnico, cuja renda mensal seja de até 2 (dois) salários mínimos;

c) o conceito de renda própria deve ser interpretado de forma a abranger quaisquer rendas auferidas pela pessoa que exerce trabalho doméstico no âmbito de sua residência e não apenas as rendas provenientes de trabalho; e

d) as informações do CadÚnico devem ser atualizadas sempre que houver mudança na situação da família ou, no máximo, a cada 2 (dois) anos.

§ 3º O exercente de mandato eletivo, no período de 1º de fevereiro de 1998 a 18 de setembro de 2004, poderá optar pela filiação na qualidade de segurado facultativo, desde que não tenha exercido outra atividade que o filiasse ao RGPS ou ao RPPS, observado o disposto na Subseção III da Seção XVIII deste Capítulo.

§ 4º O segurado em percepção de abono de permanência em serviço que deixar de exercer atividade abrangida, obrigatoriamente, pelo RGPS, poderá filiar-se na condição de facultativo.

§ 5º É vedada a filiação ao RGPS, na qualidade de segurado facultativo:

I – dentro do mesmo mês em que iniciar ou cessar o exercício da atividade sujeita à filiação obrigatória, tanto no RGPS como no RPPS, ou pagamento de benefício previdenciário, ressalvadas as hipóteses de benefícios de pensão por morte e auxílio-reclusão;

II – para o servidor público aposentado, qualquer que seja o regime de previdência social a que esteja vinculado; e

III – para os participantes do RPPS, não podendo ser consideradas, para qualquer efeito, as contribuições vertidas para o RGPS do:

a) servidor público civil ou militar da União, do Estado, do Distrito Federal ou do Município, bem como o das respectivas autarquias e fundações, sujeito a regime próprio de previdência social, inclusive aquele que sofreu alteração de regime jurídico, no período de 6 de março de 1997, data da publicação do Regulamento dos Benefícios da Previdência Social – RBPS, aprovado pelo Decreto nº 2.172, de 1997, até 15 de dezembro de 1998, véspera da vigência da Emenda Constitucional nº 20, de 15 de dezembro de 1998, exceto o que acompanha cônjuge que presta serviço no exterior;

b) servidor público civil da União, do Estado, do Distrito Federal ou do Município, bem como o das respectivas autarquias e fundações, salvo na hipótese de afastamento sem vencimento e desde que não permitida, nesta condição, contribuição ao respectivo regime próprio, a partir de 16 de dezembro de 1998, data da publicação da Emenda Constitucional nº 20, de 15 de dezembro de 1998; e

c) servidor público efetivo civil da União, de suas respectivas Autarquias ou Fundações, participante de RPPS, inclusive na hipótese de afastamento sem vencimentos, a partir de 15 de maio de 2003, data da publicação da Lei nº 10.667, de 14 de maio de 2003.

§ 6º O segurado poderá contribuir facultativamente, durante os períodos de licença, afastamento ou de inatividade, desde que não receba remuneração nesses períodos e não exerça outra atividade que o vincule ao RGPS ou a regime próprio de previdência social.

§ 7º Para o cômputo das contribuições realizadas na condição de segurado facultativo, inclusive a de que trata os §§ 6º e 7º, deverão ser observadas as disposições dos §§ 3º e 4º do art. 11 do RPS.

SUBSEÇÃO ÚNICA – DOS ACERTOS DA CONDIÇÃO E DA CONTRIBUIÇÃO DO SEGURADO FACULTATIVO NO CNIS

Art. 108. Os períodos de contribuição do facultativo serão comprovados com a inscrição acompanhada das respectivas contribuições, estas recolhidas no prazo legal, observadas as situações impeditivas ou incompatíveis com a sua condição.

SEÇÃO XV – DO SEGURADO ESPECIAL

Art. 109. São considerados segurados especiais o produtor rural e o pescador artesanal ou a este assemelhado, desde que exerçam a atividade rural individualmente ou em regime de economia familiar, ainda que com o auxílio eventual de terceiros.

§ 1º A atividade é desenvolvida em regime de economia familiar quando o trabalho dos membros do grupo familiar é indispensável à própria subsistência e ao desenvolvimento socioeconômico, sendo exercida em condições de mútua dependência e colaboração, sem a utilização de empregados permanentes, independentemente do valor auferido pelo segurado especial com a comercialização da sua produção, quando houver, observado que:

I – integram o grupo familiar, também podendo ser enquadrados como segurado especial, o cônjuge ou companheiro, inclusive homoafetivos, e o filho solteiro maior de 16 (dezesseis) anos de idade ou a este equiparado, desde que comprovem a participação ativa nas atividades rurais do grupo familiar;

II – a situação de estar o cônjuge ou o companheiro em lugar incerto e não sabido, decorrente do abandono do lar, não prejudica a condição de segurado especial do cônjuge ou do companheiro que permaneceu exercendo a atividade, individualmente ou em regime de economia familiar;

III – o falecimento de um ou ambos os cônjuges ou companheiro não retira a condição de segurado especial de filho maior de 16 (dezesseis) anos de idade ou a este equiparado, desde que permaneça exercendo a atividade, individualmente ou em regime de economia familiar;

IV – não integram o grupo familiar do segurado especial os filhos casados, separados, divorciados, viúvos e ainda aqueles que estão ou estiveram em união estável, inclusive os homoafetivos, os irmãos, os genros e as noras, os sogros, os tios, os sobrinhos, os primos, os netos e os afins; e

V – os pais podem integrar o grupo familiar dos filhos solteiros que não estão ou estiveram em união estável.

§ 2º Auxílio eventual de terceiros é aquele exercido ocasionalmente, em condições de mútua colaboração, não existindo subordinação nem remuneração, observada a exceção prevista no inciso VII do art. 112.

§ 3º É irrelevante a nomenclatura dada ao segurado especial nas diferentes regiões do país, como lavrador, agricultor, e outros de mesma natureza, cabendo a efetiva comprovação da atividade rural exercida, seja individualmente ou em regime de economia familiar.

§ 4º Enquadra-se como segurado especial o indígena cujo(s) período(s) de exercício de atividade rural tenha(m) sido objeto de certificação pela Fundação Nacional do Índio – FUNAI, inclusive o artesão que utilize matéria-prima proveniente de extrativismo vegetal, independentemente do local onde resida ou exerça suas atividades, sendo irrelevante a definição de indígena aldeado, não-aldeado, em vias de integração, isolado ou integrado, desde que exerça a atividade rural individualmente ou em regime de economia familiar, observado os requisitos contidos nos arts. 112 e 113.

§ 5º Em se tratando de segurado indígena não certificado pela FUNAI, ou de não indígena, inclusive de cônjuge e companheiro não indígena, ainda que exerça as suas atividades em terras indígenas, a comprovação da sua atividade na condição de segurado especial deverá ser realizada nos moldes previstos para os demais segurados especiais, observados os procedimentos dispostos nesta Seção.

Art. 110. Para efeitos do enquadramento como segurado especial, considera-se produtor rural o proprietário, condômino, usufrutuário, posseiro/possuidor, assentado, parceiro, meeiro, comodatário, arrendatário rural, quilombola, seringueiro, extrativista vegetal ou foreiro, que reside em imóvel rural, ou em aglomerado urbano ou rural próximo, e desenvolve atividade agrícola, pastoril ou hortifrutigranjeira, individualmente ou em regime de economia familiar, considerando que:

I – condômino é aquele que explora imóvel rural, com delimitação de área ou não, sendo a propriedade um bem comum, pertencente a várias pessoas;

II – usufrutuário é aquele que, não sendo proprietário de imóvel rural, tem direito à posse, ao uso, à administração ou à percepção dos frutos, podendo usufruir o bem em pessoa ou mediante contrato de arrendamento, comodato, parceria ou meação;

III – posseiro/possuidor é aquele que exerce, sobre o imóvel rural, algum dos poderes inerentes à propriedade, utilizando e usufruindo da terra como se proprietário fosse;

IV – assentado é aquele que, como beneficiário das ações de reforma agrária, desenvolve atividades agrícolas, pastoris ou hortifrutigranjeiras nas áreas de assentamento;

V – parceiro é aquele que tem acordo de parceria com o proprietário da terra ou detentor da posse e desenvolve atividade agrícola, pastoril ou hortifrutigranjeira, partilhando lucros ou prejuízos;

VI – meeiro é aquele que tem acordo com o proprietário da terra ou detentor da posse e, da mesma forma, exerce atividade agrícola, pastoril ou hortifrutigranjeira, partilhando rendimentos ou custos;

VII – comodatário é aquele que, por meio de acordo, explora a terra pertencente a outra pessoa, por empréstimo gratuito, por tempo determinado ou não, para desenvolver atividade agrícola, pastoril ou hortifrutigranjeira;

VIII – arrendatário é aquele que utiliza a terra para desenvolver atividade agrícola, pastoril ou hortifrutigranjeira, mediante pagamento de aluguel, em espécie ou in natura, ao proprietário do imóvel rural;

IX – quilombola é o afrodescendente remanescente dos quilombos que integra grupos étnicos compostos de descendentes de escravos;

X – seringueiro ou extrativista vegetal é aquele que explora atividade de coleta e extração de recursos naturais renováveis, de modo sustentável, e faz dessas atividades o principal meio de vida; e

XI – foreiro é aquele que adquire direitos sobre um terreno através de um contrato, mas não é o dono do local.

§ 1º Considera-se que o segurado especial reside em aglomerado urbano ou rural próximo, quando resida no mesmo município ou em município contíguo àquele em que desenvolve a atividade rural.

§ 2º O enquadramento na condição do trabalhador rural para período de atividade trabalhado a partir de 23 de junho de 2008, data da vigência da Lei nº 11.718, de 2008, está condicionado à comprovação da atividade agropecuária em área contínua ou não de até quatro módulos fiscais, independentemente do tamanho da área explorada.

§ 3º Havendo mais de uma propriedade, a apuração da área total pertencente ao segurado, nos termos do § 1º, será realizada a partir do somatório dos módulos fiscais de todas as propriedades, ainda que a atividade seja desenvolvida em apenas uma delas.

§ 4º O enquadramento do condômino na condição de segurado especial independe da delimitação formal da área por este explorada, cabendo a comprovação do exercício da atividade, se individualmente ou em regime de economia familiar, observando que:

I – com delimitação formal: será considerada a área individual destinada ao condômino; e

II – sem delimitação formal: será considerada a área total do condomínio.

§ 5º O produtor rural sem empregados, classificado como II-B e II-C, inscrito no órgão competente em função do módulo rural pelas alíneas "b" e "c" do art. 2º do Decreto nº 77.514, de 29 de abril de 1976, em sua redação original, bem como pelo art. 2º do mesmo Decreto, com a redação dada pelo Decreto nº 83.924, de 30 de agosto de 1979, é enquadrado como segurado especial desde que tenha exercido a atividade individualmente ou em regime de economia familiar, observado o requisito do tamanho da propriedade nos termos do § 2º.

§ 6º Por força da decisão judicial proferida na Ação Civil Pública – ACP nº 000380795.2011.4.05.8300, o requerente que possui forma de ocupação como "acampado" deixou de ser considerado como segurado especial a partir de 16 de janeiro de 2020, considerando que:

I – permanecem válidos para todos os fins, os períodos de segurado especial com forma de ocupação acampado reconhecidos até a data citada neste parágrafo;

II – o reconhecimento do período até 16 de janeiro de 2020 realizado em data posterior à citada, somente será válido se vinculado a requerimento com Data de Entrada do Requerimento – DER anterior;

III – caso o segurado apresente novos elementos que permitam o enquadramento em outra forma de ocupação de segurado especial, o período indeferido deverá ser revisto; e

IV – deverão ser observadas as regras para indenização previstas na legislação previdenciária.

§ 7º O enquadramento do herdeiro na condição de segurado especial independe da realização da partilha formal dos bens, cabendo a comprovação do exercício da atividade, individualmente ou em regime de economia familiar, observado o disposto neste artigo e, em relação à área do imóvel, os incisos I e II do § 4º.

§ 8º A delimitação do tamanho da terra em quatro módulos fiscais tem vigência a partir de 23 de junho de 2008, data da vigência da Lei nº 11.718, de 2008, de forma que os períodos de atividade do segurado especial anteriores devem ser analisados independentemente do tamanho da propriedade.

Art. 111. Pescador artesanal ou a este assemelhado será considerado segurado especial desde que exerça a atividade individualmente ou em regime de economia familiar, ainda que com o auxílio eventual de terceiros, fazendo da pesca sua profissão habitual ou principal meio de vida, devendo ser observado o seguinte:

I – pescador artesanal é aquele que:

a) não utiliza embarcação; ou

b) utilize embarcação de pequeno porte, nos termos da Lei nº 11.959, de 2009;

II – é assemelhado ao pescador artesanal aquele que realiza atividade de apoio à pesca artesanal exercendo as atividades:

a) de confecção e de reparos de artes e petrechos de pesca;

b) de reparos em embarcações de pequeno porte; ou

c) atuando no processamento do produto da pesca artesanal, nos termos do inciso XI do art. 2º da Lei nº 11.959, de 2009;

III – são considerados pescadores artesanais, também, os mariscadores, caranguejeiros, catadores de algas, observadores de cardumes, entre outros que exerçam as atividades de forma similar, qualquer que seja a denominação empregada.

§ 1º Para período trabalhado a partir de 31 de março de 2015, o pescador artesanal deverá estar cadastrado no Registro Geral de Atividade Pesqueira – RGP, na categoria de Pescador Profissional Artesanal, conforme inciso I do art. 2º do Decreto nº 8.425, de 31 de março de 2015.

§ 2º Os pescadores de subsistência, aqueles que exercem as atividades sem fins lucrativos, caso assim se declarem, estão desobrigados do cadastramento no RGP.

§ 3º A verificação do cadastro no RGP deverá ser realizada mediante consulta aos sistemas corporativos ou apresentação de documento comprobatório emitido pelo órgão competente.

§ 4º A não apresentação do documento citado no § 1º ou, ainda, a constatação de que o pescador teve seu registro suspenso ou cancelado, não constitui fato suficiente para descaracterizar a condição de segurado especial, pois não há como afirmar que houve, necessariamente, a suspensão de suas atividades, cabendo a continuidade da análise da comprovação da atividade com base nos documentos ou registros constantes no processo, observado o constante nesta Seção.

§ 5º Para fins do previsto na alínea "c" do inciso II do *caput*, entende-se como processamento do produto da pesca artesanal a fase da atividade pesqueira destinada ao aproveitamento do pescado e de seus derivados, provenientes da pesca e da aquicultura, aí incluídas, dentre outras, as atividades de descamação e evisceração, desde que atendidos os requisitos constantes no inciso V do art. 112.

Art. 112. Não descaracteriza a condição de segurado especial:

I – a outorga, por meio de contrato escrito de parceria, meação ou comodato, de até 50% (cinquenta por cento) do imóvel rural cuja área total, contínua ou descontínua, não seja superior a quatro módulos fiscais, desde que outorgante e outorgado continuem a exercer a respectiva atividade, individualmente ou em regime de economia familiar;

II – a exploração da atividade turística da propriedade rural, inclusive com hospedagem, por não mais de 120 (cento e vinte) dias ao ano;

III – a participação em plano de previdência complementar instituído por entidade classista a que seja associado, em razão da condição de produtor rural;

IV – a participação como beneficiário ou integrante de grupo familiar que tem algum componente que seja beneficiário de programa assistencial oficial de governo;

V – a utilização pelo próprio grupo familiar, na exploração da atividade de processo de beneficiamento ou industrialização artesanal, assim entendido aquele realizado diretamente pelo próprio produtor rural pessoa física desde que não sujeito à incidência do Imposto sobre Produtos Industrializados – IPI;

VI – a associação a cooperativa agropecuária ou de crédito rural;

VII – a incidência do Imposto Sobre Produtos Industrializados – IPI sobre o produto das atividades desenvolvidas nos termos do inciso X.

VIII – a contratação de trabalhadores, por prazo determinado, à razão de, no máximo, 120 (cento e vinte) pessoas/dia dentro do ano civil, em períodos corridos ou intercalados ou, ainda, por tempo equivalente em horas de trabalho, à razão de 8 (oito) horas/dia e 44 (quarenta e quatro) horas/semana, não devendo ser computado nesse prazo o período em que o trabalhador se afasta em decorrência da percepção de auxílio por incapacidade temporária;

IX – a percepção de rendimentos decorrentes de:

a) benefício de pensão por morte, auxílio-acidente ou auxílio-reclusão, durante o período em que seu valor não supere o do salário mínimo vigente à época, considerado o valor de cada benefício quando receber mais de um;

b) benefícios cuja categoria de filiação seja a de segurado especial, independentemente do valor;

c) benefício previdenciário pela participação em plano de previdência complementar, instituído nos termos do inciso III;

d) exercício de atividade remunerada, urbana ou rural, em período não superior a 120 (cento e vinte) dias, corridos ou intercalados, no ano civil, observado o disposto no § 2º;

e) exercício de mandato de vereador do município onde desenvolve a atividade rural, ou de dirigente de cooperativa rural constituída exclusivamente por segurados especiais, observado o disposto no § 2º;

f) exercício de mandato eletivo de dirigente sindical de organização da categoria de trabalhadores rurais;

g) parceria ou meação outorgada na forma e condições estabelecidas no inciso I do *caput*;

h) atividade artesanal desenvolvida com matéria-prima produzida pelo respectivo grupo familiar, independentemente da renda mensal obtida, podendo ser utilizada matéria-prima de outra origem, desde que, neste caso, a renda mensal obtida na atividade não exceda o salário mínimo;

i) atividade artística, desde que em valor mensal inferior ao salário mínimo; e

j) aplicações financeiras;

X – a participação do segurado especial em sociedade empresária ou em sociedade simples, como empresário individual, ou como titular, de empresa individual de responsabilidade limitada de objeto ou âmbito agrícola, agroindustrial ou agroturístico, considerada microempresa nos termos da Lei Complementar nº 123, de 2006, desde que, mantido o exercício da sua atividade rural na forma desta Seção, a pessoa jurídica componha-se apenas de segurados de igual natureza e sedie-se no mesmo município ou em município limítrofe àquele em que eles desenvolvam suas atividades;

XI – a manutenção de contrato de integração, nos termos da Lei nº 13.288, de 16 de maio de 2016, onde o produtor rural ou pescador figure como integrado.

§ 1º Em se tratando de recebimento de pensão por morte e auxílio-reclusão, para a apuração do valor previsto na alínea "a" do inciso VIII do *caput*, nos casos em que o benefício for pago a mais de um dependente, deverá ser considerada a cota individual.

§ 2º O disposto nas alíneas "d" e "e" do inciso VIII do *caput* não dispensa o recolhimento da contribuição devida, em relação ao exercício das atividades de que tratam os referidos dispositivos.

§ 3º O recebimento de benefício de prestação continuada, previsto na Lei nº 8.742, de 7 de dezembro de 1993 (Lei Orgânica da Assistência Social – LOAS), descaracteriza somente o respectivo beneficiário.

§ 4º A simples inscrição do segurado especial no CNPJ não será suficiente para descaracterização da qualidade de segurado especial, se comprovado o exercício da atividade rural na forma do inciso VII do art. 11 da Lei nº 8.213, de 1991, observado o contido no inciso IX do *caput*.

Art. 113. O segurado especial fica excluído dessa categoria:

I – a contar do 1º (primeiro) dia do mês em que:

a) deixar de satisfazer as condições estabelecidas nos arts. 109 e 111, sem prejuízo dos prazos de manutenção da qualidade de segurado;

b) exceder os limites e condições de outorga previstos no inciso I do art. 112;

INSTRUÇÃO NORMATIVA PRES/INSS Nº 128, DE 28 DE MARÇO DE 2022

c) enquadrar-se em qualquer outra categoria de segurado obrigatório do RGPS, ressalvado o disposto nas alíneas "d", "e", "h" e "i" do inciso VIII do art. 112, sem prejuízo dos prazos para manutenção da qualidade de segurado;

d) tornar-se segurado obrigatório de outro regime previdenciário; e

e) participar de sociedade empresária ou de sociedade simples, como empresário individual ou como titular, de empresa individual de responsabilidade limitada em desacordo com as limitações impostas pelo inciso IX do art. 112;

II - a contar do primeiro dia do mês subsequente ao da ocorrência, quando o grupo familiar a que pertence exceder o limite de:

a) utilização de trabalhadores nos termos do inciso VIII do art. 112; *(Redação dada pela IN PRES/INSS 141/2022)*

b) dias em atividade remunerada estabelecidos na alínea "d" do inciso VIII do art. 112; e

c) dias de hospedagem a que se refere o inciso II do art. 112;

III - pelo período em que o benefício de pensão por morte, auxílio-acidente ou auxílio-reclusão foi recebido com valor superior ao salário mínimo, observado o disposto na alínea "a" do inciso VIII e § 1º, ambos do art. 112.

Parágrafo único. Para fins da descaracterização deverá ser observado que:

I - descaracteriza somente o membro do grupo familiar que descumpra a previsão da norma, não sendo extensiva aos demais membros do grupo, o disposto nas alíneas "a" e "c" a "e" do inciso I, alínea "b" do inciso II e inciso III, do *caput*;

II - todos os membros do grupo familiar são descaracterizados quando a propriedade ultrapassar o limite previsto nos §§ 2º e 3º do art. 110, bem como observado o disposto na alínea "b" do inciso I e alíneas "a" e "c" do inciso II do *caput* e ainda, quando realizarem atividade artesanal em desacordo com o previsto no inciso V do art. 112 ou obtiverem rendimentos decorrentes do previsto no art. 114. *(Redação dada pela IN PRES/INSS 141/2022)*

Art. 114. Não se considera segurado especial o arrendador de imóvel rural ou de embarcação.

SUBSEÇÃO ÚNICA – DA COMPROVAÇÃO DA ATIVIDADE DO SEGURADO ESPECIAL

Art. 115. Para o período anterior a 1º de janeiro de 2023, a comprovação do exercício da atividade e da condição do segurado especial e do respectivo grupo familiar será realizada por meio de autodeclaração ratificada por entidades públicas executoras do Programa Nacional de Assistência Técnica e Extensão Rural na Agricultura Familiar e na Reforma Agrária – PRONATER credenciadas nos termos do art. 13 da Lei nº 12.188, de 11 de janeiro de 2010, ou por outros órgãos públicos.

§ 1º A autodeclaração dar-se-á por meio do preenchimento dos formulários "Autodeclaração do Segurado Especial – Rural", constante no Anexo VIII, "Autodeclaração do Segurado Especial – Pescador Artesanal", constante no Anexo IX" ou "Autodeclaração do Segurado Especial – Seringueiro ou Extrativista Vegetal", constante no Anexo X.

§ 2º A autodeclaração de que trata este artigo deve ser assinada, observado o § 3º:

I – pelo segurado;

II – pelo procurador legalmente constituído;

III – pelo representante legal;

IV – pelo dependente, no caso de requerimento de pensão por morte ou auxílio-reclusão; ou

V – pelo familiar, no caso de benefícios por incapacidade, havendo impossibilidade de comunicação do titular, comprovada mediante atestado médico.

§ 3º Ao requerente analfabeto ou impossibilitado de assinar será permitida respectivamente:

I – a aposição da impressão digital na presença de servidor do INSS, que o identificará; e

II – a assinatura a rogo na presença de duas pessoas, preferencialmente servidores, as quais deverão assinar com um terceiro que assinará em nome do interessado.

§ 4º O interessado irá preencher a autodeclaração e a ratificação será realizada de forma automática por meio de integração da base de dados do INSS, do Ministério da Agricultura, Pecuária e Abastecimento e outras bases.

§ 5º No caso de impossibilidade de ratificação automática do período constante na autodeclaração, a ratificação será realizada manualmente através de consulta às bases governamentais a que o INSS tiver acesso, podendo ser solicitados os documentos do art. 116.

Art. 116. Complementarmente à autodeclaração de que trata o § 1º do art. 115 e ao cadastro de que trata o art. 9º, a comprovação do exercício de atividade do segurado especial será feita por meio dos seguintes documentos, dentre outros, observado o contido no § 1º:

I – contrato de arrendamento, parceria, meação ou comodato rural, cujo período da atividade será considerado somente a partir da data do registro ou do reconhecimento de firma do documento em cartório;

II – Declaração de Aptidão ao Programa Nacional de Fortalecimento da Agricultura Familiar, de que trata o inciso II do *caput* do art. 2º da Lei nº 12.188, de 11 de janeiro de 2010, ou por documento que a substitua;

III – bloco de notas do produtor rural;

IV – notas fiscais de entrada de mercadorias, de que trata o § 7º do art. 30 da Lei nº 8.212, de 1991, emitidas pela empresa adquirente da produção, com indicação do nome do segurado como vendedor;

V – documentos fiscais relativos à entrega de produção rural a cooperativa agrícola, entreposto de pescado ou outros, com indicação do segurado como vendedor ou consignante;

VI – comprovantes de recolhimento de contribuição à Previdência Social decorrentes da comercialização da produção;

VII – cópia da declaração de imposto de renda, com indicação de renda proveniente da comercialização de produção rural;

VIII – licença de ocupação ou permissão outorgada pelo Instituto Nacional de Colonização e Reforma Agrária – INCRA ou qualquer outro documento emitido por esse órgão que indique ser o beneficiário assentado do programa de reforma agrária;

IX – comprovante de pagamento do Imposto sobre a Propriedade Territorial Rural – ITR, Documento de Informação e Atualização Cadastral do Imposto sobre a Propriedade Territorial Rural – DIAC e/ou Documento de Informação e Apuração do Imposto sobre a Propriedade Territorial Rural – DIAT, com comprovante de envio à RFB, ou outros que a RFB vier a instituir;

X – certidão fornecida pela FUNAI, certificando a condição do índio como trabalhador rural, observado o contido no § 5º;

XI – certidão de casamento civil ou religioso ou certidão de união estável;

XII – certidão de nascimento ou de batismo dos filhos;

XIII – certidão de tutela ou de curatela;

XIV – procuração;

XV – título de eleitor, ficha de cadastro eleitoral ou certidão eleitoral;

XVI – certificado de alistamento ou de quitação com o serviço militar;

XVII – comprovante de matrícula ou ficha de inscrição em escola, ata ou boletim escolar do trabalhador ou dos filhos;

XVIII – ficha de associado em cooperativa;

XIX – comprovante de participação como beneficiário em programas governamentais para a área rural nos Estados, no Distrito Federal ou nos Municípios;

XX – comprovante de recebimento de assistência ou de acompanhamento de empresa de assistência técnica e extensão rural;

XXI – escritura pública de imóvel;

XXII – recibo de pagamento de contribuição federativa ou confederativa;

XXIII – registro em processos administrativos ou judiciais, inclusive inquéritos, como testemunha, autor ou réu;

XXIV – ficha ou registro em livros de casas de saúde, hospitais, postos de saúde ou do programa dos agentes comunitários de saúde;

XXV – carteira de vacinação e cartão da gestante;

XXVI – título de propriedade de imóvel rural;

XXVII – recibo de compra de implementos ou de insumos agrícolas;

XXVIII – comprovante de empréstimo bancário para fins de atividade rural;

XXIX – ficha de inscrição ou registro sindical ou associativo junto ao sindicato de trabalhadores rurais, colônia ou associação de pescadores, produtores ou outras entidades congêneres;

XXX – contribuição social ao sindicato de trabalhadores rurais, à colônia ou à associação de pescadores, produtores rurais ou a outras entidades congêneres;

XXXI – publicação na imprensa ou em informativos de circulação pública;

XXXII – registro em livros de entidades religiosas, quando da participação em batismo, crisma, casamento ou em outros sacramentos;

XXXIII – registro em documentos de associações de produtores rurais, comunitárias, recreativas, desportivas ou religiosas;

XXXIV – título de aforamento; ou

XXXV – ficha de atendimento médico ou odontológico.

§ 1º Os documentos elencados nos incisos XI a XXXV do *caput* poderão ser utilizados desde que neles conste a profissão ou qualquer outro elemento que demonstre o exercício da atividade na categoria de segurado especial.

§ 2º A análise da contemporaneidade deverá ser realizada com base nos seguintes critérios:

I – a contemporaneidade é verificada considerando a data de emissão/registro/homologação do cadastro ou documento;

II – no caso de aposentadoria do trabalhador rural, o documento anterior ao período de carência será considerado se contemporâneo ao fato nele declarado, devendo ser complementado por instrumento ratificador contemporâneo ao período de carência e qualidade de segurado, não havendo elemento posterior que descaracterize a continuidade da atividade rural;

III – os documentos de caráter permanente, como documentos de propriedade, posse, um dos tipos de outorga, dentre outros, são válidos até sua desconstituição, até mesmo para caracterizar todo o período de carência;

IV – caso o titular do instrumento ratificador não possua condição de segurado especial na data da emissão/registro/homologação do documento, este não será considerado, sem prejuízo da análise de outros elementos constantes no processo; e

V – na hipótese de períodos intercalados de exercício de atividade rural e urbana superior a 120 (cento e vinte) dias no ano civil, deverá ser apresentado instrumento ratificador (base governamental ou documento) a cada retorno à atividade rural.

§ 3º Quanto à extensão do instrumento ratificador em relação ao grupo familiar:

I – considerando o contido no § 2º, todo e qualquer instrumento ratificador vale para qualquer membro do grupo familiar, devendo o titular do documento possuir condição de segurado especial no período pretendido, caso contrário a pessoa interessada deverá apresentar documento em nome próprio;

II – se o titular do instrumento ratificador for segurado especial na data de emissão/registro/homologação do cadastro ou documento e, posteriormente, perder a condição de segurado especial, poderá ser realizada a ratificação parcial do período em que o titular do instrumento ratificador manteve a qualidade de segurado especial, observado o limite temporal da metade da carência da aposentadoria por idade; e

III – a situação de estar o cônjuge ou companheiro(a) em lugar incerto e não sabido, decorrente de abandono do lar, não prejudica a condição do cônjuge ou companheiro(a) remanescente.

§ 4º Para fins do disposto nesta Seção, considera-se instrumento ratificador as bases governamentais a que o INSS tiver acesso e os documentos constantes no art. 112.

§ 5º Em se tratando de índio, a condição de segurado especial será comprovada por certificação eletrônica realizada pela Fundação Nacional do Índio – FUNAI, observado o contido no § 10, ou mediante apresentação da Certidão de Exercício de Atividade Rural – Indígena, emitida pela FUNAI, conforme Anexo XXV.

§ 6º A Certidão citada no § 5º poderá ser emitida em meio físico ou via Sistema Eletrônico de Informações – SEI pela FUNAI, deverá conter a identificação da entidade e do emitente da declaração, estando sujeita à homologação do INSS, sendo que:

I – conterá a identificação do órgão e do emitente da declaração;

II – conterá a identificação, a qualificação pessoal do beneficiário e a categoria de produtor a que pertença;

III – consignará os documentos e as informações que tenham servido de base para a sua emissão e, se for o caso, a origem dos dados extraídos de registros existentes na própria entidade declarante ou em outro órgão, entidade ou empresa, desde que idôneos e acessíveis à previdência social; e

IV – consignará dados relativos ao período e à forma de exercício da atividade rural nos termos estabelecidos pelo INSS.

§ 7º A homologação a que se refere o § 6º será realizada somente quanto à forma e se restringirá às informações relativas à atividade rural, sendo que não afasta a verificação quanto à existência ou não de informações divergentes constantes do CNIS ou de outras bases de dados governamentais que possam descaracterizar a condição de segurado especial do indígena, tendo em vista o disposto pelos §§ 4º e 17 do art. 19-D do RPS, observados os §§ 8º, 9º, 10º e 11º do art. 12 da Lei nº 8.212, de 1991.

§ 8º A FUNAI deverá manter sob sua guarda e responsabilidade os documentos que serviram de base para a inscrição e certificação dos períodos de exercício da atividade, podendo o INSS solicitá-los a qualquer momento.

§ 9º Para o indígena certificado pela FUNAI fica dispensado o preenchimento da autodeclaração citada no art. 115.

§ 10. Os dados da FUNAI são obtidos por meio de inscrição e certificação dos períodos de exercício de atividade do indígena na condição de segurado especial, que são realizadas por servidores públicos desta Fundação, mediante sistema informatizado disponibilizado no sítio da Previdência Social, nos termos do Acordo de Cooperação Técnica celebrado entre o Ministério da Economia, Ministério da Justiça, INSS e FUNAI.

§ 11. É indevido o cadastro de exigência para fins de reconhecimento de firma na Certidão citada no § 5º.

Art. 117. Para períodos a partir de 1º de janeiro de 2023, a comprovação da condição e do exercício da atividade rural do segurado especial ocorrerá, exclusivamente, pelas informações constantes do cadastro a que se refere o art. 9º.

§ 1º O prazo a que se refere o *caput* será prorrogado até que 50% (cinquenta por cento) dos segurados especiais, apurado conforme quantitativo da Pesquisa Nacional por Amostra de Domicílios Contínua (Pnad), esteja inserido no sistema de cadastro dos segurados especiais.

§ 2º O fim da prorrogação a que se refere o § 1º será definido em ato do Ministro do Trabalho e Previdência.

Art. 118. O segurado especial que contribui facultativamente na forma do art. 199 do RPS, terá as contribuições reconhecidas até que o cadastro previsto no art. 9º esteja disponível, após ratificação do período autodeclarado, conforme disposto no art. 115.

SEÇÃO XVI – DO AJUSTE DE GUIA DE RECOLHIMENTO DO CONTRIBUINTE INDIVIDUAL, EMPREGADO DOMÉSTICO, SEGURADO FACULTATIVO E SEGURADO ESPECIAL QUE CONTRIBUI FACULTATIVAMENTE

Art. 119. Entende-se por ajuste de guia as operações de inclusão, alteração, exclusão, transferência ou desmembramento de recolhimentos a serem realizadas em sistema próprio, a fim de corrigir no CNIS as informações divergentes dos comprovantes de recolhimentos apresentados pelo contribuinte individual, empregado doméstico, facultativo e segurado especial que contribui facultativamente, sendo que:

I – inclusão é a operação a ser realizada para inserir contribuições que não existem no extrato de contribuições do segurado e nem na Área Disponível para Acerto – ADA, mas que são comprovadas por documentos próprios de arrecadação, sendo permitida a inserção de contribuições efetivadas em Guias de Recolhimento (GR, GR1 e GR2), carnês de contribuição, Guias de Recolhimento de Contribuinte Individual (GRCI), Guias de Recolhimento da Previdência Social (GRPS 3) ou constante em microficha;

II – alteração é a operação a ser realizada para o mesmo NIT, a fim de corrigir as informações constantes no extrato de contribuições do segurado, que estão divergentes das comprovadas em documento próprio de arrecadação, ou decorrentes de erro de preenchimento do mesmo, sendo permitido, nessa situação, alterar competência, data de pagamento, valor autenticado, valor de contribuição e código de pagamento, desde que obedecidos os critérios definidos;

III – exclusão é a operação a ser realizada para excluir contribuições, quando estas forem incluídas indevidamente por fraude ou erro administrativo e não for possível desfazer a operação de inclusão;

IV – transferência é a operação a ser realizada:

a) de um NIT para outro, em razão de recolhimento em:
1. NIT de terceiro;
2. NIT indeterminado; ou
3. NIT pertencente à faixa crítica;

b) de um NIT para a ADA, a pedido do contribuinte, quando algum recolhimento constar indevidamente em seu extrato de contribuições ou a pedido dos órgãos de controle;

c) de um NIT para o CNPJ ou o CEI, em razão de recolhimento efetuado indevidamente no NIT; e

d) da ADA para o NIT ou CNPJ/CEI, em razão de recolhimento constante no "banco de inválidos";

V – desmembramento é a operação a ser realizada para distribuição de valores recolhidos de forma consolidada em uma só competência ou nos recolhimentos trimestrais que não foram desmembrados automaticamente para as demais competências incluídas no recolhimento, sendo que:

a) os recolhimentos devem ser comprovados em documento próprio de arrecadação; e

b) o desmembramento é permitido para contribuições efetivadas em Guias de Recolhimento (GR, GR1 e GR2), carnês de contribuição, Guias de Recolhimento de Contribuinte Individual (GRCI), Guias de Recolhimento da Previdência Social (GRPS 3) e Guia da Previdência Social (GPS).

§ 1º O código de pagamento deverá ser alterado sempre que houver alteração da filiação e inscrição, observadas as condições previstas nesta Instrução Normativa.

§ 2º Nos recolhimentos efetuados pelo filiado de forma indevida ou quando não comprovada a atividade como segurado obrigatório, caberá a convalidação desses para o código de segurado facultativo, observada a tempestividade dos recolhimentos e a concordância expressa do segurado, observado o disposto no § 5º do art. 107.

§ 3º Considerando que os dados constantes do CNIS relativos a contribuições valem como tempo de contribuição e prova de filiação à Previdência Social, os recolhimentos constantes em microfichas, a partir de abril de 1973 para os empregados domésticos e, a partir de setembro de 1973 para os autônomos, equiparados a autônomo e empresário, poderão ser incluídos a pedido do filiado, observando-se a titularidade do NIT, bem como os procedimentos definidos em manuais.

Art. 120. Observado o disposto no art. 119, os acertos de recolhimento de contribuinte individual, empregado doméstico, facultativo e segurado especial que contribui facultativamente, identificados no requerimento de benefício ou de atualização de dados do CNIS, são de responsabilidade do INSS, conforme estabelece a Portaria Conjunta RFB/INSS nº 273, de 19 de janeiro de 2009.

Parágrafo único. Conforme § 7º do art. 19-B do RPS, serão realizados exclusivamente pela SRFB os acertos de:

I – inclusão do recolhimento e alteração de valor autenticado ou data de pagamento da Guia da Previdência Social – GPS ou documento que vier substituí-la;

II – transferência de contribuição com identificador de pessoa jurídica ou equiparada (CNPJ/CEI) para o identificador de pessoa física (NIT) no CNIS; e

III – inclusão da contribuição liquidada por meio de parcelamento no CNIS.

Art. 121. O tratamento dos ajustes de GPS e de demais guias de recolhimento previdenciário que a antecederam, de contribuinte individual, empregado doméstico, facultativo e segurado especial que contribui facultativamente, bem como o tratamento dos registros em duplicidade, quando solicitado pelo agente arrecadador, em qualquer situação, serão de responsabilidade da RFB, conforme Portaria Conjunta RFB/INSS nº 273, de 19 de janeiro de 2009.

Art. 122. Na hipótese de não localização, pelo INSS, do registro de recolhimento efetuado por meio de GPS, depois de esgotadas todas as formas de pesquisa nos sistemas, deverá ser encaminhada cópia legível da GPS para o Serviço/Seção de Orçamento, Finanças e Contabilidade – OFC da Gerência-Executiva de vinculação da Agência da Previdência Social.

Art. 123. Observado o art. 122, o Serviço/Seção de OFC que receber cópia da guia cujo registro de recolhimento não foi localizado, após a análise, deverá notificar o agente arrecadador, para que este proceda à regularização da situação junto à SRFB ou se pronuncie sobre a autenticidade da guia em questão.

SEÇÃO XVII – DA COMPLEMENTAÇÃO, UTILIZAÇÃO E AGRUPAMENTO PARA FINS DO ALCANCE DO LIMITE MÍNIMO DO SALÁRIO DE CONTRIBUIÇÃO

Art. 124. A partir de 13 de novembro de 2019, data da publicação da Emenda Constitucional nº 103, de 12 de novembro de 2019, o segurado que, no somatório de remunerações auferidas no período de 1 (um) mês, receber remuneração inferior ao limite mínimo mensal do salário de contribuição, poderá solicitar o ajuste das competências pertencentes ao mesmo ano civil, optando por:

I – complementar a contribuição das competências, de forma a alcançar o limite mínimo do salário de contribuição exigido, por meio de Documento de Arrecadação de Receitas Federais – Darf ou de documento de arrecadação que venha substituí-lo para essa finalidade;

II – utilizar o valor do salário de contribuição que exceder ao limite mínimo, de uma ou mais competências, para completar o salário de contribuição, de uma ou mais competências, mesmo que em categoria de segurado distinta, até alcançar o limite mínimo; ou

III – agrupar os salários de contribuição inferiores ao limite mínimo, de diferentes competências, para aproveitamento em uma ou mais competências, até que alcancem o limite mínimo, de forma que o resultado do agrupamento não ultrapasse o valor mínimo do salário de contribuição.

§ 1º Os ajustes previstos nos incisos I, II e III do *caput* poderão ser efetivados, por iniciativa do segurado, a qualquer tempo, desde que utilizadas as competências do mesmo ano civil, exceto o 13º (décimo terceiro) salário, tornando-se irreversíveis e irrenunciáveis após processados.

§ 2º Para os efeitos desta Seção, considera-se:

I – ano civil: o período de 12 (doze) meses contados de 1º de janeiro a 31 de dezembro do respectivo ano;

II – limite mínimo do salário de contribuição: o salário mínimo nacional vigente na competência; e

III – ajustes processados: aqueles que foram efetivados na forma dos incisos I ao III do *caput* e do § 1º. *(Redação dada pela IN PRES/INSS 141/2022)*

§ 3º Para o ano civil 2019, em decorrência do início da vigência da Emenda Constitucional nº 103 de 2019, são permitidos os ajustes previstos nos incisos I, II e III do *caput* apenas para as competências novembro e dezembro.

§ 4º Compete ao segurado solicitar os ajustes previstos nos incisos I, II e III do *caput*, com a respectiva indicação do ajuste pretendido e das competências compreendidas, relativas ao mesmo ano civil, ou autorizar que os ajustes sejam feitos automaticamente, para que o limite mínimo mensal do salário de contribuição seja alcançado e, no caso de seu falecimento, essa solicitação ou autorização caberá aos seus dependentes, no ato do requerimento do benefício, observado o art. 127.

§ 5º Os ajustes previstos nos incisos I, II e III do *caput* não se aplicam às competências para as quais não existam remunerações pela ausência de fato gerador de contribuição decorrente do exercício de atividade remunerada.

§§ 6º e 7º *(Revogados pela IN PRES/INSS 141/2022)*

§ 8º Os valores do salário-maternidade concedido ao segurado empregado, empregado doméstico, trabalhador avulso e contribuinte individual, de que trata o art. 199 e os §§ 20, 21 e 26 do art. 216, todos do RPS, deverão integrar o somatório de remunerações a que se refere o *caput*, desde que haja o desconto da contribuição previdenciária do segurado durante a sua percepção.

§ 9º Para os segurados empregado, empregado doméstico e trabalhador avulso, os valores correspondentes à fração dos meses de início e fim do salário-maternidade deverão integrar o somatório a que se refere o *caput*, desde que haja o desconto da contribuição previdenciária do segurado, proporcional aos dias do mês em que houve a sua percepção.

§ 10. Para o contribuinte individual de que trata o art. 199 e os §§ 20, 21 e 26 do art. 216, todos do RPS, os valores correspondentes à fração dos meses de início e fim do salário-maternidade não deverão integrar o somatório a que se refere o *caput*, por não haver desconto da contribuição previdenciária relativa à fração dos meses de início e fim de sua percepção.

§ 11. Os valores do salário-maternidade concedido nos termos do parágrafo único do art. 97 do RPS não deverão integrar o somatório de remunerações a que se refere o *caput*, uma vez que não há previsão legal para aplicação dos ajustes de que trata o art. 29 da Emenda Constitucional nº 103, de 2019, ao segurado empregado, empregado doméstico, trabalhador avulso e contribuinte individual de que trata o art. 199 e os §§ 20, 21 e 26 do art. 216, todos do RPS, em período de manutenção da qualidade de segurado.

§ 12. Os valores do benefício por incapacidade e da aposentadoria por incapacidade permanente não deverão integrar o somatório de remunerações a que se refere o *caput*, uma vez que, nos termos da alínea "a" do § 9º do art. 28 da Lei nº 8.212, de 1991, e do inciso I do § 9º do art. 214 do RPS, não são considerados salários de contribuição.

§ 13. Quando se tratar dos meses de início e fim dos benefícios de que trata o § 12, somente deverão integrar o somatório de remunerações a que se refere o *caput* os valores proporcionais aos dias de efetivo exercício de atividade com a incidência de contribuição previdenciária.

§ 14. Os ajustes a que se referem os incisos I, II e III do *caput* não se aplicam ao segurado facultativo, segurado especial e contribuinte individual de que trata o inciso I do *caput* e o inciso I do § 1º, ambos do art. 199-A do RPS.

Art. 125. A complementação de que trata o inciso I do *caput* do art. 124 deverá ser feita por meio de Darf, a ser efetuada até o dia quinze do mês seguinte ao da competência de referência, prorrogando-se o vencimento para o dia útil subsequente quando não houver expediente bancário naquele dia e, após essa data, com os acréscimos legais previstos no art. 35 da Lei nº 8.212, de 1991.

§ 1º O pagamento da complementação deverá ser antecipado para o dia útil imediatamente anterior quando a data de validade do Darf recair em dia que não houver expediente bancário.

§ 2º O Darf de que trata o *caput* deverá ser emitido com o código de receita estabelecido no Ato Declaratório Executivo CODAC nº 5, de 6 de fevereiro de 2020, publicado no DOU de 7 de fevereiro de 2020.

§ 3º O Darf de que trata o *caput* não se aplica às seguintes situações: *(Acrescido pela IN PRES/INSS 141/2022)*

I – complementação da contribuição do Plano Simplificado de Previdência Social previsto no art. 199-A do RPS;

II – contribuição do Segurado Facultativo e do Segurado Especial; e

III – diferença de contribuição para valor superior ao salário-mínimo do segurado que exercer exclusivamente atividade de contribuinte individual, decorrente de remuneração comprovada superior ao valor anteriormente pago.

§ 4º Para os casos previstos no § 3º, deverá ser utilizada a Guia da Previdência Social (GPS) ou documento de arrecadação que venha a substituí-la. *(Acrescido pela IN PRES/INSS 141/2022)*

Art. 126. A efetivação do agrupamento previsto no inciso III do *caput* do art. 124 não impede o recolhimento da complementação referente à competência que teve o salário de contribuição transferido, em todo ou em parte, para agrupamento com outra competência a fim de alcançar o limite mínimo do salário de contribuição, observado o disposto no art. 125.

Parágrafo único. Não será permitido novo agrupamento em competências já agrupadas.

Art. 127. Na hipótese de falecimento do segurado, os ajustes previstos nos incisos I, II e III do *caput* do art. 124 poderão ser solicitados por seus dependentes, para fins de reconhecimento de direito a benefício a eles devido, até o dia 15 (quinze) do mês de janeiro subsequente ao do ano civil correspondente, observado o disposto no inciso I do § 2º do art. 106 e nos §§ 1º e 14 do art. 124.

Art. 128. Será considerada abaixo do mínimo a competência que não alcançar o limite mínimo do salário de contribuição estabelecido para a competência, após consolidados os salários de contribuição apurados por categoria de segurado.

Art. 129. A complementação disposta no inciso I do *caput* do art. 124, a ser recolhida na forma do art. 125, dar-se-á mediante aplicação da alíquota de contribuição prevista para a categoria de segurado existente na competência em que foi percebida remuneração inferior ao limite mínimo mensal do salário de contribuição, observando-se que:

I – para o empregado, empregado doméstico e trabalhador avulso, devem ser aplicadas as alíquotas de: 8% (oito por cento) para as competências de novembro de 2019 a fevereiro de 2020 e 7,5% (sete inteiros e cinco décimos por cento) para as competências a partir de março de 2020; e

II – para o contribuinte individual de que trata o art. 199, e os §§ 20, 21 e 26 do art. 216, todos do RPS, que contribua exclusivamente nessa condição, a complementação será efetuada por meio da aplicação da alíquota de 20% (vinte por cento), observado o disposto no § 14 do art. 124. *(Redação dada pela IN PRES/INSS 141/2022)*

§ 1º A complementação corresponderá ao valor resultante da diferença entre o salário mínimo nacional vigente no mês e a remuneração consolidada inferior ao limite mínimo do salário de contribuição da competência, multiplicado pela alíquota correspondente à categoria de segurado, conforme percentuais previstos nos incisos I e II do *caput*.

§ 2º Na competência em que ocorrer a concomitância de filiação de empregado, empregado doméstico e trabalhador avulso com contribuinte individual de que trata o inciso II, deverá ser aplicada a alíquota de contribuição prevista no inciso I.

Art. 130. É permitido o processamento dos ajustes previstos nos incisos I, II e III do *caput* do art. 124 de forma acumulada na mesma competência, respeitadas as restrições dispostas nesta Seção.

§ 1º Utilizado o valor excedente, na forma prevista no inciso II do *caput* do art. 124, caso o salário de contribuição da competência favorecida ainda permaneça inferior ao limite mínimo, esse valor poderá ser complementado, nos termos do inciso I do *caput* do art. 124.

§ 2º Realizado o agrupamento, na forma prevista no inciso III do *caput* do art. 124, caso o resultado seja inferior ao limite mínimo do salário de contribuição, o segurado poderá complementar, na forma do inciso I do *caput* do art. 124, ou utilizar valores excedentes na forma do inciso II do *caput* do art. 124.

Art. 131. Caso ocorram eventos posteriores que gerem inconsistências no cálculo da contribuição na competência envolvida pela complementação, utilização ou agrupamento, essa competência ficará pendente de regularização.

Art. 132. Conforme § 36 do art. 216 do RPS, RFB disponibilizará ao INSS as informações e registros das remunerações dos empregados, trabalhadores avulsos e domésticos, das contribuições dos demais segurados e das complementações previstas no § 27-A do art. 216 do RPS, para fins de aplicação do disposto no § 9º do art. 19 do RPS, sobre a contagem de tempo de contribuição, inclusive para instrução e revisão de direitos e concessão de benefícios.

SEÇÃO XVIII – DAS DISPOSIÇÕES E ATIVIDADES ESPECÍFICAS

SUBSEÇÃO I – DO AUXILIAR LOCAL

Art. 133. Conforme definição dada pelo art. 56 da Lei nº 11.440, de 2006, Auxiliar Local é o brasileiro ou o estrangeiro admitido para prestar serviços ou desempenhar atividades de apoio que exijam familiaridade com as condições de vida, os usos e os costumes do país onde esteja sediado o posto.

Parágrafo único. A comprovação do exercício de atividade na condição de auxiliar local, observadas as seções IV e X deste capítulo, far-se-á por meio de declaração emitida pelo órgão contratante, conforme modelo "Declaração de Tempo de Contribuição Referente ao Auxiliar Local", constante no Anexo XI.

Art. 134. As Missões Diplomáticas e as Repartições Consulares do Ministério das Relações Exteriores, as Representações da Aeronáutica, as Representações da Marinha e as Representações do Exército no exterior, deverão regularizar junto ao INSS a situação previdenciária dos auxiliares locais de nacionalidade brasileira que, em razão de proibição da legislação local, não possam ser filiados ao sistema previdenciário do país de domicílio.

§ 1º Salvo o disposto no *caput*, as relações previdenciárias relativas aos auxiliares locais contratados a partir de 10 de dezembro de 1993, em conformidade com a Lei nº 8.745, de 1993, serão regidas pela legislação vigente nos países em que estiverem sediados os postos das Missões Diplomáticas e as Repartições Consulares do Ministério das Relações Exteriores, ou as Representações da Aeronáutica, Marinha ou Exército.

§ 2º A regularização da situação dos auxiliares locais de que trata o *caput* será efetivada mediante o recolhimento de contribuições relativas ao empregado e ao empregador, em conformidade com as Leis nº 8.212, de 1991, nº 8.745, de 1993, e nº 9.528, de 10 de dezembro de 1997, e com o disposto a seguir:

I – as importâncias relativas a competências até 31 de dezembro de 1993, por força da Lei nº 8.745, de 1993, serão tratadas como indenização, consideradas a partir da data de assinatura do contrato de trabalho ou da efetiva data de entrada em exercício, quando estas não coincidirem, sendo descontadas eventuais contribuições decorrentes de recolhimento prévio efetuado por iniciativa própria;

II – para apuração dos valores a serem indenizados, serão adotadas as alíquotas a que se referem os art. 20 e 22 da Lei nº 8.212, de 1991, e o salário de contribuição vigente no mês da regularização, observadas as disposições do art. 28 do mesmo diploma legal; e

III – as importâncias devidas a partir da competência janeiro de 1994, vencidas ou vincendas, obedecerão aos critérios da Lei nº 8.212, de 1991, e alterações posteriores.

§ 3º O pedido de regularização de que trata o *caput*, referente ao registro/atualização no CNIS dos dados cadastrais, vínculos e remunerações do auxiliar local, será feito pelas Missões Diplomáticas e Repartições Consulares do Ministério das Relações Exteriores, pelas Representações da Aeronáutica, da Marinha e do Exército no exterior, junto à Gerência-Executiva do INSS no Distrito Federal, que fornecerá ou atualizará os dados da inscrição.

§ 4º Para fins de atualização do CNIS, as Missões Diplomáticas e Repartições Consulares do Ministério das Relações Exteriores, as Representações da Aeronáutica, da Marinha e do Exército no exterior, deverão providenciar a regularização do CNPJ junto à RFB, no que diz respeito ao preenchimento da data do primeiro vínculo, em consonância com o disposto no § 2º do art. 33.

§ 5º Encerrado o contrato de trabalho com as Missões Diplomáticas e as Repartições Consulares do Ministério das Relações Exteriores no exterior, com as Representações da Aeronáutica, com a Organização da Marinha contratante e com as Representações do Exército Brasileiro no exterior, o relacionamento do auxiliar local ou de seus dependentes com o INSS dar-se-á diretamente ou por intermédio de procurador constituído no Brasil.

§ 6º Na hipótese do auxiliar local não constituir procurador no Brasil, seu relacionamento com a Previdência Social brasileira far-se-á por intermédio do órgão local responsável pela execução do Acordo Internacional de Previdência Social porventura existente ou na forma estabelecida pelo INSS.

§ 7º Os auxiliares locais e seus dependentes, desde que regularizadas as situações previstas nesta Instrução Normativa, terão direito a todos os benefícios do RGPS, conforme o disposto no art. 18 da Lei nº 8.213, de 1991.

§ 8º Quando o benefício decorrer de acidente do trabalho, será necessário o preenchimento e encaminhamento da Comunicação de Acidente do Trabalho (CAT), conforme o disposto no art. 336 do RPS.

§ 9º O disposto nesta Instrução Normativa aplica-se também aos auxiliares locais de nacionalidade brasileira cujos contratos de trabalho se encontram rescindidos, no que se refere ao seu período de vigência, excluídos aqueles que tiveram auxílio financeiro para ingresso em Previdência Privada local ou compensação pecuniária no ato do encerramento do seu contrato de trabalho.

§ 10 O auxiliar local que tenha, comprovadamente, recebido algumas das importâncias a que se refere o § 9º, ainda que em atividade, somente terá regularizado o período para o qual não ocorreu o referido pagamento.

SUBSEÇÃO II – DO ALUNO APRENDIZ

Art. 135. Os períodos de aprendizado profissional realizados até 16 de dezembro de 1998, data da vigência da Emenda Constitucional nº 20, de 1998, observado o disposto no inciso X do art. 216, serão considerados como tempo de serviço/contribuição independentemente do momento em que o segurado venha a implementar os demais requisitos para a concessão de aposentadoria no RGPS, podendo ser contados:

I – os períodos de frequência às aulas dos aprendizes matriculados em escolas profissionais mantidas por empresas ferroviárias;

II – o tempo de aprendizado profissional realizado como aluno aprendiz em escolas industriais ou técnicas, com base no Decreto-Lei nº 4.073, de 30 de janeiro de 1942 – Lei Orgânica do Ensino Industrial, a saber:

a) os períodos de frequência em escolas técnicas ou industriais, mantidas por empresas de iniciativa privada e desde que reconhecidas e dirigidas a seus empregados aprendizes, bem como o realizado com base no Decreto nº

31.546, de 6 de outubro de 1952, em curso do Serviço Nacional da Indústria – SENAI, Serviço Nacional do Comércio – SENAC, ou instituições por eles reconhecidas, para formação profissional metódica de ofício ou ocupação do trabalhador menor; e

b) período de frequência em cursos de aprendizagem ministrados pelos empregadores a seus empregados em escolas próprias para essa finalidade ou em qualquer estabelecimento de ensino industrial;

III – os períodos de frequência em escolas industriais ou técnicas, inclusive escolas e colégios agrícolas, da rede de ensino federal, escolas equiparadas ou reconhecidas, desde que tenha havido retribuição pecuniária à conta do orçamento respectivo do Ente Federativo, ainda que fornecida de maneira indireta ao aluno, observando que:

a) só poderão funcionar sob a denominação de escola industrial ou escola técnica os estabelecimentos de ensino industrial ou técnico mantidos pela União e os que tiverem sido reconhecidos ou a eles equiparados (incluído pelo Decreto-Lei nº 8.680, de 15 de janeiro de 1946);

b) entende-se como equiparadas as escolas industriais ou técnicas mantidas e administradas pelos Estados ou pelo Distrito Federal e que tenham sido autorizadas pelo Governo Federal (disposição do Decreto-Lei nº 4.073, de 1942); e

c) entende-se como reconhecidas as escolas industriais ou técnicas mantidas e administradas pelos Municípios ou por pessoa física ou pessoa jurídica de direito privado e que tenham sido autorizadas pelo Governo Federal (disposição do Decreto-Lei nº 4.073, de 1942).

Art. 136. Os períodos citados no art. 135 serão considerados, observando que:

I – o Decreto-Lei nº 4.073, de 1942, vigente no período compreendido entre 30 de janeiro de 1942 a 15 de fevereiro de 1959, reconhecia o aluno aprendiz como empregado, bastando assim a comprovação do vínculo;

II – o tempo de aluno aprendiz desempenhado em qualquer época, ou seja, mesmo fora do período de vigência dos dispositivos do Decreto-Lei nº 4.073, de 1942, de que trata o tema, somente poderá ser considerado como tempo de contribuição caso comprovada a remuneração e o vínculo empregatício, conforme Parecer MPAS/CJ nº 2.893, de 12 de novembro de 2002; e

III – considerar-se-á como vínculo e remuneração a comprovação de frequência e os valores recebidos a título de alimentação, fardamento, material escolar e parcela de renda auferida com a execução de encomendas para terceiros, entre outros.

Art. 137. A comprovação do período de frequência em curso do aluno aprendiz a que se refere o art. 135, far-se-á:

I – por meio de certidão emitida pela empresa, quando se tratar de aprendizes matriculados em escolas profissionais mantidas por empresas ferroviárias;

II – por certidão escolar, nos casos de frequência em escolas industriais ou técnicas a que se refere o inciso II do art. 135, na qual deverá constar que:

a) o estabelecimento era reconhecido e mantido por empresa de iniciativa privada;

b) o curso foi efetivado sob seu patrocínio; ou

c) o curso de aprendizagem nos estabelecimentos oficiais ou congêneres foi ministrado mediante entendimentos com as entidades interessadas.

III – por meio de Certidão de Tempo de Contribuição – CTC, na forma da Lei nº 6.226, de 1975, e do Decreto nº 85.850, de 1981, quando se tratar de frequência em escolas industriais ou técnicas da rede federal, bem como em escolas equiparadas ou reconhecidas citadas nas alíneas "b" e "c" do inciso III do art. 135, nos casos de entes federativos estaduais, distritais e municipais, desde que à época, o Ente Federativo mantivesse RPPS; ou

IV – por meio de certidão escolar emitida pela instituição onde o ensino foi ministrado, nos casos de frequência em escolas industriais ou técnicas a que se refere o inciso III do *caput*, desde que à época, o ente federativo não mantivesse RPPS, devendo constar as seguintes informações:

a) a norma que autorizou o funcionamento da instituição;

b) o curso frequentado;

c) o dia, o mês e o ano do início e do fim do vínculo de aluno aprendiz; e

d) a forma de remuneração, ainda que indireta.

Parágrafo único. Para efeito do disposto na alínea "a" do inciso IV do *caput*, deverá restar comprovado que o funcionamento da instituição foi autorizado pelo Governo Federal, conforme art. 60 do Decreto-Lei nº 4.073, de 1942.

SUBSEÇÃO III – DO MANDATO ELETIVO

Art. 138. Aquele que exerceu mandato eletivo no período de 1º de fevereiro de 1998 a 18 de setembro de 2004 poderá optar pela manutenção da filiação na qualidade de segurado facultativo, nos termos da Portaria MPS nº 133 de 2006, e da Portaria Conjunta RFB/INSS nº 2.517 de 2008, em razão da declaração de inconstitucionalidade da alínea "h" do inciso I do art. 12 da Lei nº 8.212, de 1991.

§ 1º É vedada a opção pela filiação na qualidade de segurado facultativo ao exercente de mandato eletivo que exerce, durante o período previsto no *caput*, outra atividade que o filiasse ao RGPS ou a RPPS.

§ 2º Obedecidas as disposições contidas no § 1º, o exercente de mandato eletivo poderá optar por:

I – manter como contribuição somente o valor retido, considerando como salário de contribuição no mês o valor recolhido dividido por 0,2 (zero vírgula dois); ou

II – considerar o salário de contribuição pela totalidade dos valores recebidos do ente federativo, complementando os valores devidos à alíquota de 20% (vinte por cento).

§ 3º Em qualquer das hipóteses previstas nos incisos I e II do § 2º, deverão ser observados os limites mínimo e máximo do salário de contribuição.

§ 4º No caso do exercente de mandato eletivo optar por manter como contribuição somente o valor retido e recolhido e o cálculo do salário de contribuição efetuado na forma estabelecida no inciso I do § 2º resultar em valor inferior ao limite mínimo de contribuição, o requerente terá de complementar o recolhimento à alíquota de 20% (vinte por cento), até que atinja o referido limite.

§ 5º Os recolhimentos complementares referidos no inciso II do § 2º e § 4º serão:

I – acrescidos de juros e multa de mora; e

II – efetuados por meio de GPS ou documento que venha substituí-la.

Art. 139. Para instrução e análise do direito à opção pela filiação ao RGPS na qualidade de segurado facultativo, o INSS encaminhará o pedido à RFB.

Art. 140. O pedido de opção de que trata o art. 138 será recepcionado pelo INSS e deverá ser instruído com os seguintes documentos:

I – "Termo de Opção pela Filiação ao RGPS na Qualidade de Segurado Facultativo – Exercente de Mandato Eletivo – TOF – EME", constante no Anexo XII, em duas vias, assinadas pelo requerente e protocolizado em Agência da Previdência Social;

II – procuração por instrumento particular, ou público, com poderes específicos para representar o requerente, se for o caso;

III – original e cópia do documento de identidade e do comprovante de inscrição no CPF do requerente e do procurador, se for o caso;

IV – original e cópia do ato de diplomação do exercente de mandato eletivo, referente ao período objeto da opção;

V – declaração do requerente, de que não requereu a restituição dos valores descontados pelo ente federativo e de que não exerceu outra atividade determinante de filiação obrigatória ao RGPS nem ao RPPS, conforme modelo "Declaração do Exercente de Mandato Eletivo", constante no Anexo XIII; e

VI – "Discriminativo das Remunerações e dos Valores Recolhidos Relativos ao Exercente de Mandato Eletivo", constante no Anexo XIV, relacionando as remunerações e os valores descontados nas competências a que se refere a opção.

Art. 141. O INSS poderá exigir do requerente outros documentos que se façam necessários à instrução e análise do requerimento de opção de que trata o art. 138, desde que os dados não estejam disponíveis nos sistemas informatizados da Previdência Social.

Art. 142. Compete ao INSS decidir sobre o requerimento de opção pela filiação na qualidade de segurado facultativo, a que se refere o art. 138.

Art. 143. Após retorno do processo da RFB, em caso de deferimento total ou parcial do requerimento de opção, o INSS, obrigatoriamente, providenciará a alteração na categoria do filiado, efetuando o cadastramento na qualidade de segurado facultativo nos sistemas informatizados do INSS.

Art. 144. O INSS cientificará o requerente sobre o deferimento ou indeferimento do pedido e dos valores das contribuições a serem complementadas, se for o caso.

Art. 145. Deverá ser indeferida a opção pela filiação a que se refere o art. 138, quando:

I – não restar comprovado o recolhimento ou o parcelamento dos valores retidos por parte do ente federativo;

II – o ente federativo já tiver compensado ou solicitado a restituição da parte descontada; e

III – o exercente de mandato eletivo exercer atividade que o filiar ao RGPS ou RPPS.

Art. 146. O INSS deverá rever os benefícios em manutenção para cuja aquisição do direito tenha sido considerado o período de exercício de mandato eletivo, bem como as CTCs emitidas com a inclusão do referido período, quando não verificada a opção de que trata o art. 138 e a complementação prevista no inciso II do § 2º do mesmo artigo.

§ 1º Para os casos de revisão de benefício e de emissão de CTC, aplica-se o disposto no § 2º do art. 138, quando feita a opção pela manutenção da filiação na qualidade de segurado facultativo.

§ 2º Não havendo a opção de que trata o art. 138, o período de 1º de fevereiro de 1998 a 18 de setembro de 2004, em que o segurado tenha atuado na condição de exercente de mandato eletivo, será excluído nos casos de revisão de benefício e de emissão de CTC.

Art. 147. O exercente de mandato eletivo que obtiver a restituição dos valores referidos junto à RFB ou que os tiver restituído pelo ente federativo, somente poderá ter incluído o respectivo período no seu tempo de contribuição mediante indenização das contribuições, exclusivamente, na forma estabelecida no art. 122 do RPS.

Art. 148. Da decisão de indeferimento ou deferimento parcial do requerimento de opção pela filiação ao RGPS, na qualidade de segurado facultativo, caberá recurso no prazo de 30 (trinta) dias, contados da data da ciência da decisão.

Art. 149. No caso de inexistência de recurso, no prazo previsto, o processo deverá ser arquivado com parecer conclusivo.

SUBSEÇÃO IV – DO MAGISTRADO

Art. 150. Para o enquadramento previdenciário dos Magistrados classistas temporários da Justiça do Trabalho, nomeados na forma do inciso II do § 1º do art. 111, inciso III do art. 115 ou do parágrafo único do art. 116, todos da Constituição Federal, com redação anterior à Emenda Constitucional nº 24 de 1999, e os magistrados da Justiça Eleitoral nomeados na forma do inciso II do art. 119 ou do inciso III do § 1º do art. 120, ambos da Constituição Federal, devem ser observadas as orientações desta Subseção.

§ 1º A partir de 10 de dezembro de 1999, data da publicação da Emenda Constitucional nº 24, de 9 de dezembro de 1999, com a alteração dos arts. 111, 112, 113, 115 e 116 da Constituição Federal, a figura do Magistrado classista temporário da Justiça do Trabalho foi extinta, não existindo mais a nomeação para esse magistrado a partir da referida data, ficando resguardado o cumprimento dos mandatos em vigor e do tempo exercido até a extinção do mandato, mesmo sendo posterior à data da Emenda.

§ 2º Com base na Nota nº 00022/2020/CGMB/PFE-INSS-SEDE/PGF/AGU, de 7 de maio de 2020, o Magistrado temporário passou a ser segurado obrigatório do RGPS a partir de 14 de outubro de 1996, desde que não vinculado a RPPS antes da investidura, sendo que, para o enquadramento previdenciário do Magistrado classista temporário da Justiça do Trabalho e do Magistrado da Justiça Eleitoral, deve ser observado que:

I – no período até 13 de outubro de 1996, véspera da publicação da Medida Provisória nº 1.523, de 11 de outubro de 1996, a aposentadoria desse magistrado temporário era regida pelas mesmas regras dos juízes togados, aplicando-se a Lei Complementar nº 35, de 14 de março de 1979 – Lei Orgânica da Magistratura Nacional – LOMAN, de modo que o magistrado temporário estava filiado ao RPPS da União;

II – no período de 14 de outubro de 1996, data de publicação da Medida Provisória nº 1.523, de 1996, a 5 de março de 1997, véspera da publicação do Regulamento dos Benefícios da Previdência Social – RBPS, aprovado pelo Decreto nº 2.172, de 1997, esse magistrado temporário era vinculado ao RGPS, mantendo a mesma categoria de segurado obrigatório de antes da investidura do mandato, exceto se aposentado por qualquer regime de Previdência Pública, situação na qual era enquadrado como segurado equiparado a autônomo, atual contribuinte individual;

III – no período de 6 de março de 1997, data da publicação do RBPS, aprovado pelo Decreto nº 2.172, de 1997, a 6 de maio de 1999, véspera da publicação do RPS, esse Magistrado temporário era vinculado ao RGPS como segurado empregado, exceto se:

a) não tiver comprovado o exercício da atividade de Magistrado temporário na condição de empregado e sim como segurado obrigatório na categoria correspondente àquela em que estava vinculado antes da investidura no mandato, com amparo no art. 5º da Lei nº 9.528, de 1997, que prevê que deve ser mantida a referida vinculação previdenciária durante o exercício do mandato, de modo que é vedada a vinculação em categorias diferentes para o mesmo exercício do mandato; ou

b) aposentado por qualquer regime de Previdência Pública, situação na qual era enquadrado como segurado equiparado a autônomo, atual contribuinte individual;

IV – no período a partir de 7 de maio de 1999, data de publicação do RPS, o Magistrado temporário é vinculado ao RGPS, mantendo a mesma categoria de segurado obrigatório de antes da investidura do mandato, exceto se aposentado por qualquer regime de Previdência Pública, situação na qual será enquadrado como contribuinte individual, observado o § 1º.

§ 3º Para o cômputo do período de atividade de Magistrado temporário, quando o requerente for filiado a RPPS, observado o § 2º, será obrigatória a apresentação de CTC, nos termos da Lei da contagem recíproca.

SUBSEÇÃO V – DO DIRIGENTE SINDICAL

Art. 151. O período de exercício de mandato de dirigente sindical nos sindicatos e nas associações sindicais de qualquer grau rege-se pelo Decreto-Lei nº 1.402, de 5 de julho de 1939, e para os efeitos de comprovação junto ao INSS, deve ser observado o disposto nesta Subseção e, no que couber, as disposições previstas nesta Instrução Normativa quanto às comprovações relativas à categoria de segurado à qual estava vinculado antes do exercício do mandato sindical.

Art. 152. A partir da substituição da GFIP pelo eSocial, observado o disposto nas Seções IV e X deste Capítulo, as informações relativas ao mandato de dirigente sindical, conforme disposto no Manual de orientação do eSocial, serão disponibilizadas no CNIS, observado que, no eSocial:

I – quando se tratar de empregado ou servidor público, afastado ou não da empresa/órgão público de origem para exercer o mandato de dirigente sindical, deve ser informado pela entidade sindical o vínculo do empregado na empresa/órgão público de origem, mesmo que ele não receba remuneração pelo exercício do mandato;

II – quando o empregado for afastado para o exercício de mandato sindical, o empregador/contribuinte/órgão público informará o CNPJ do sindicato no qual o trabalhador exercerá o mandato e o responsável pelo pagamento de sua remuneração; e

III – no caso de afastamento por exercício de mandato sindical cujo ônus do pagamento da remuneração seja exclusivamente do empregador/órgão público ou compartilhado entre ele e o cessionário, a informação do evento de afastamento no eSocial é facultativa.

Parágrafo único. Nos casos em que o dirigente sindical identificar que não consta remuneração no CNIS ou que este apresenta remuneração informada pela entidade sindical e/ou ao empregador/órgão público com dados divergente da situação fática, a comprovação da efetiva remuneração junto ao INSS, para fins de atualização do CNIS, deverá ser observar o disposto nos §§ 1º e 2º do art. 50.

Art. 153. O período de exercício de mandato de dirigente sindical, para fins de atualização do CNIS, observado o disposto no art. 152, deve ser comprovado por meio da ata da assembleia geral do órgão de classe referente à respectiva posse, registrada em cartório, bem como por meio dos comprovantes de remunerações e de outros documentos comprobatórios, conforme o caso, observada a categoria de segurado à qual estava vinculado antes do exercício do mandato sindical.

Art. 154. Quando houver exercício de mandato de dirigente sindical em período de vinculação ao RGPS, para cômputo do período com vistas ao reconhecimento de direitos a benefícios deste mesmo regime, deve ser observado que:

I – no período de 24 de março de 1997, data da publicação da Orientação Normativa MPAS/SPS nº 8, de 21 de março de 1997, a 10 de novembro de 1997, véspera da publicação da Medida Provisória nº 1.596-14, o dirigente sindical manteve, durante o seu mandato:

a) a mesma vinculação ao RGPS de antes da investidura, se não remunerado pelo sindicato; ou

b) a vinculação na condição de equiparado a autônomo, atualmente denominado contribuinte individual, se remunerado somente pelo sindicato;

II – a partir de 11 de novembro de 1997, data da publicação da Medida Provisória nº 1.596-14, convertida na Lei nº 9.528, de 1997, o dirigente sindical mantém durante o seu mandato a mesma vinculação ao RGPS de antes da investidura.

SUBSEÇÃO VI – DO MARÍTIMO

Art. 155. Será computado como tempo de contribuição o tempo de serviço marítimo exercido nos moldes desta Subseção, até 15 de dezembro de 1998, véspera da publicação da Emenda Constitucional nº 20, em navios mercantes nacionais, independentemente do momento em que o segurado venha a implementar os demais requisitos para a concessão de aposentadoria no RGPS.

§ 1º O termo navio aplica-se a toda construção náutica destinada à navegação de longo curso, de grande ou pequena cabotagem, apropriada ao transporte marítimo ou fluvial de carga ou passageiro.

§ 2º O período de marítimo embarcado exercido nos moldes desta Subseção será convertido na razão de 255 (duzentos e cinquenta e cinco) dias de embarque para 360 (trezentos e sessenta) dias de atividade comum, contados da data do embarque à de desembarque em navios mercantes nacionais.

Art. 156. O marítimo embarcado terá que comprovar a data do embarque e desembarque, não tendo ligação com a atividade exercida, mas com o tipo de embarcação e o local de trabalho, observando que:

I – o tempo de serviço em terra será computado como tempo comum; e

II – o período compreendido entre um desembarque e outro somente será considerado se este tiver ocorrido por uma das causas abaixo:

a) acidente no trabalho ou moléstia adquirida em serviço;

b) moléstia não adquirida no serviço;

c) alteração nas condições de viagem contratada;

d) desarmamento da embarcação;

e) transferência para outra embarcação do mesmo armador;

f) disponibilidade remunerada ou férias; ou

g) emprego em terra com o mesmo armador.

Art. 157. Não se aplica a conversão para período de atividade exercida em navegação de travessia, assim entendida a realizada como ligação entre dois portos de margem de rios, lagos, baias, angras, lagoas e enseadas ou ligação entre ilhas e essas margens.

Art. 158. A conversão do marítimo embarcado nos moldes desta Subseção não está atrelada aos Anexos dos Decretos nº 53.831, de 25 de março de 1964, e nº 83.080, de 1979, não sendo exigido o preenchimento do Perfil Profissiográfico Previdenciário (PPP).

SUBSEÇÃO VII – DO ATLETA PROFISSIONAL DE FUTEBOL

Art. 159. A atividade do atleta profissional é normatizada pela Lei nº 9.615, de 1998, devendo ser observado para fins do disposto nesta Subseção, no que couber, os arts. 28 a 46 da referida Lei.

Art. 160. A comprovação junto ao INSS da atividade do atleta profissional de futebol, quando empregado, para fins de atualização do CNIS, deverá observar o disposto na Subseção I da Seção X deste Capítulo, em especial no que se refere à forma de comprovação a partir do eSocial.

§ 1º Além da forma de comprovação prevista no *caput*, esta poderá ser feita por meio da carteira do atleta, CTPS do atleta profissional de futebol ou contrato especial de trabalho desportivo.

§ 2º Os documentos previstos no § 1º deverão conter:

I – identificação e qualificação do atleta;

II – denominação da associação empregadora e respectiva federação;

III – datas de início e término do contrato de trabalho;

IV – descrição das remunerações e respectivas alterações; e

V – o registro no Conselho Nacional de Desportos (CND), Conselho Superior de Desportos (CSD), Conselho Regional de Desportos (CRD), Conselho Nacional de Esporte (CNE), Federação Estadual ou Confederação Brasileira de Futebol.

§ 3º Para o vínculo empregatício com data de admissão e demissão anteriores a data da instituição da Carteira de Trabalho Digital, na impossibilidade de apresentação dos documentos previstos neste artigo, a Certidão emitida pela Federação Estadual ou pela Confederação Brasileira de Futebol poderá ser aceita, desde que contenha os dados citados no § 2º e a informação de que foram extraídos de registros efetivamente existentes e acessíveis à confirmação pelo INSS, tendo em vista o disposto pelo § 4º do art. 19-B do RPS.

§ 4º Ato do Diretor de Benefícios poderá estabelecer outros rol de documentos para fins de reconhecimento de vínculo e remuneração, na forma definida pelos órgãos competentes.

Art. 161. A comprovação da atividade do atleta profissional de futebol, quando atleta autônomo, na forma do art. 28-A da Lei nº 9.615, de 1998, será realizada, no que couber, conforme disposto na Subseção I da Seção XIII deste Capítulo.

SUBSEÇÃO VIII – DO ANISTIADO – ART. 8º DO ATO DAS DISPOSIÇÕES CONSTITUCIONAIS TRANSITÓRIAS – ADCT

Art. 162. A partir de 1º de junho de 2001, o segurado anistiado pelo art. 8º do Ato das Disposições Constitucionais Transitórias, regulamentada pela Lei nº 10.559, de 13 de novembro de 2002, terá direito à contagem de tempo do período de anistia, reconhecido pela Comissão de Anistia do Ministério da Justiça, no âmbito do RGPS, vedada a adoção de requisitos diferenciados para a concessão de benefícios.

§ 1º A comprovação da condição de anistiado e do período de anistia, em que esteve compelido ao afastamento de suas atividades profissionais, em virtude de punição ou de fundamentada ameaça de punição, por razões exclusivamente políticas, será por meio da apresentação da portaria do Ministério da Justiça e Segurança Pública, publicada no Diário Oficial da União.

§ 2º O período de anistia, comprovado na forma do § 1º, poderá ser utilizado para fins de contagem recíproca, desde que devidamente indenizado pelo trabalhador anistiado político, na forma do art. 100 e do inciso II do art. 101, conforme disposto nos §§ 13 e 14 do art. 216 do RPS.

SUBSEÇÃO IX – DO ANISTIADO – LEI Nº 8.632, DE 4 DE MARÇO DE 1993 E LEI Nº 11.282, DE 23 DE FEVEREIRO DE 2006

Art. 163. Aos dirigentes ou representantes sindicais anistiados pela Lei nº 8.632, de 1993, que no período compreendido entre 5 de outubro de 1988 e 5 de março de 1993, data de publicação da referida Lei, sofreram punições em virtude de motivação política, de participação em movimento reivindicatório ou outra modalidade de exercício do mandato ou representação sindical, é assegurada a contagem do tempo de contribuição referente ao período em que estiveram afastados por suspensão disciplinar ou demissão.

Art. 164. Aos trabalhadores da Empresa Brasileira de Correios e Telégrafos – ECT anistiados pela Lei nº 11.282, de 2006, que no período compreendido entre 4 de março de 1997 e 23 de março de 1998, sofreram punições, dispensas e alterações unilaterais contratuais em razão da participação em movimento reivindicatório, é assegurada a contagem do tempo de contribuição referente ao período em que estiveram afastados por dispensas ou suspensões contratuais.

Art. 165. Observado o disposto nas Seções IV e X deste Capítulo, a comprovação da anistia e das remunerações do período anistiado a que se referem os arts. 163 e 164 far-se-á por:

I – declaração da empresa a qual se vincula o anistiado informando os dados de identificação do trabalhador, as datas de início, de demissão/suspensão e de reintegração no vínculo e a lei a que se refere a reintegração;

II – relação das remunerações do período de afastamento, autenticada pela empresa; e

III – cópia da portaria de anistia publicada no Diário Oficial da União, emitida pelo Ministério competente.

SUBSEÇÃO X – DO GARIMPEIRO

Art. 166. A comprovação do exercício de atividade de garimpeiro far-se-á por:

I – Certificado de matrícula expedido pela Receita Federal para períodos anteriores a fevereiro de 1990;

II – Certificado de matrícula expedido pelos órgãos estaduais competentes para os períodos posteriores ao referido no inciso I; e

III – Certificado de permissão de lavra garimpeira, emitido pela Agência Nacional de Mineração (ANM) ou declaração emitida pelo sindicato que represente a categoria, para o período de 1º de fevereiro de 1990 a 31 de março de 1993, véspera da publicação do Decreto nº 789, de 31 de março de 1993.

Parágrafo único. Para efeito do disposto no *caput*, observar-se-á que, a partir de 8 de janeiro de 1992, data da publicação da Lei nº 8.398, de 7 de janeiro de 1992, o garimpeiro passou à categoria de equiparado a autônomo, atual

INSTRUÇÃO NORMATIVA PRES/INSS Nº 128, DE 28 DE MARÇO DE 2022

contribuinte individual, com ou sem auxílio de empregados.

SUBSEÇÃO XI – DO MINISTRO DE CONFISSÃO RELIGIOSA E DO MEMBRO DE INSTITUTO DE VIDA CONSAGRADA, DE CONGREGAÇÃO OU DE ORDEM RELIGIOSA

Art. 167. Em relação à filiação do ministro de confissão religiosa e do membro de instituto de vida consagrada, de congregação ou de ordem religiosa, deve ser observado que:

I – até 8 de outubro de 1979, véspera da publicação da Lei nº 6.696, os ministros de confissão religiosa, membros de instituto de vida consagrada, congregação ou ordem religiosa, em qualquer situação, podiam filiar-se facultativamente;

II – no período de 9 de outubro de 1979, vigência da Lei nº 6.696, de 1979, a 28 de novembro de 1999, véspera da publicação da Lei nº 9.876, que alterou a Lei nº 8.213, de 1991, o ministro de confissão religiosa e o membro de instituto de vida consagrada e de congregação ou de ordem religiosa, este quando por ela mantido, eram equiparados aos trabalhadores autônomos, salvo se filiados obrigatoriamente à Previdência Social em razão de outra atividade ou filiados obrigatoriamente a outro regime oficial de Previdência Social, militar ou civil, ainda que na condição de inativo;

III – no período de 29 de novembro de 1999, vigência da Lei nº 9.876, a 8 de janeiro de 2002, véspera da publicação da Lei nº 10.403, o ministro de confissão religiosa e o membro de instituto de vida consagrada, de congregação ou de ordem religiosa, quando mantidos pela entidade a que pertenciam, eram enquadrados na categoria de contribuinte individual, salvo se filiados obrigatoriamente à Previdência Social em razão de outra atividade ou a outro regime previdenciário, militar ou civil, ainda que na condição de inativos; e

IV – a partir de 9 de janeiro de 2002, vigência da Lei nº 10.403, de 2002, o ministro de confissão religiosa e o membro de instituto de vida consagrada, de congregação ou de ordem religiosa passam a ser enquadrados como contribuintes individuais, independentemente de outra filiação ao RGPS ou a outro regime previdenciário.

§ 1º O disposto no inciso II não se aplica aos ministros de confissão religiosa e membros de institutos de vida consagrada, congregação ou ordem religiosa com mais de 60 (sessenta) anos de idade na data do início da vigência da Lei nº 6.696, de 1979, salvo se já filiados, facultativamente, antes de completar essa idade.

§ 2º Os ministros de confissão religiosa e os membros de institutos de vida consagrada, congregação ou ordem religiosa com mais de 60 (sessenta) anos de idade na data do início da vigência da Lei nº 6.696, de 1979, e que não estavam inscritos anteriormente como segurados do antigo Instituto Nacional de Previdência Social – INPS, em qualquer categoria, não sendo equiparados a trabalhador autônomo, puderam filiar-se na condição de facultativo.

§ 3º Os ministros de confissão religiosa e membros de institutos de vida consagrada, congregação ou ordem religiosa que já vinham contribuindo na condição de segurado facultativo antes da publicação da Lei nº 6.696, de 1979, e que se encontravam filiados obrigatoriamente à Previdência Social em razão de outra atividade ou filiados obrigatoriamente a outro regime oficial de Previdência Social, militar ou civil, ainda que na condição de inativo, puderam, independentemente da idade, permanecer naquela qualidade ou optar pela equiparação a trabalhador autônomo.

SUBSEÇÃO XII – DOS TITULARES DE SERVENTIAS EXTRAJUDICIAIS E DOS SEUS PREPOSTOS

Art. 168. Os delegatários dos serviços notariais e de registro, titulares de serventias extrajudiciais, nomeados a partir de 21 de novembro de 1994, data de publicação da Lei nº 8.935, são vinculados obrigatoriamente ao RGPS, tendo passado a integrar a categoria de trabalhador autônomo, cuja denominação foi alterada para contribuinte individual com a publicação da Lei nº 9.876, de 26 de novembro de 1999.

Art. 169. São também filiados ao RGPS na categoria de contribuinte individual os delegatários dos serviços notariais e de registro e os titulares de serventias extrajudiciais que tenham sido nomeados até 20 de novembro de 1994, devendo ser observado que:

I – até 15 de dezembro de 1998, desde que não fossem amparados por RPPS, em razão da remuneração pelo exercício da atividade notarial e registral; e

II – a partir de 16 de dezembro de 1998, ainda que amparados por RPPS na data da nomeação, tendo em vista que, por força da Emenda Constitucional nº 20, de 1998, a participação em RPPS passou a ser exclusiva de servidores titulares de cargo efetivo.

Parágrafo único. Atendidas as condições dispostas neste artigo, o delegatário de serviços notariais e de registro, titular de serventia extrajudicial, filiado ao RGPS, teve os seguintes enquadramentos:

I – até 24 de julho de 1991, era considerado segurado obrigatório do RGPS na categoria de empregador; e

II – a partir de 25 de julho de 1991, data da publicação da Lei nº 8.213, passou a integrar a categoria de trabalhador autônomo, cuja denominação foi alterada para contribuinte individual com a publicação da Lei nº 9.876, de 1999.

Art. 170. Na hipótese de ausência de delegação do serviço notarial e de registro pelo Poder Público, somente ocorrerá a filiação ao RGPS quando a pessoa designada interinamente para responder pelas serventias extrajudiciais não estiver sujeita à filiação obrigatória no RPPS, observando que, para o período até 15 de dezembro de 1998, independentemente do tipo de investidura, somente quando não amparado por este regime.

Art. 171. O escrevente e o auxiliar, contratados por titular de serviços notariais e de registro, são filiados ao RGPS na categoria de empregado, observadas as seguintes condições:

I – até 20 de novembro de 1994, desde que não estivessem vinculados a RPPS em razão dessa atividade; e

II – a partir de 21 de novembro de 1994, quando contratados a partir desta data, bem como aqueles que, anteriormente admitidos sob o regime estatutário ou especial, optaram pelo regime da legislação trabalhista, nos termos do art. 48 da Lei nº 8.935, de 18 de novembro de 1994.

Parágrafo único. O escrevente e o auxiliar admitidos até 20 de novembro de 1994 sob o regime estatutário ou especial, que não tenham feito a opção pelo regime celetista referida no inciso II continuaram vinculados ao RPPS do respectivo ente federativo.

SEÇÃO XIX – DA RECLAMATÓRIA TRABALHISTA

Art. 172. A reclamatória trabalhista transitada em julgado restringe-se à garantia dos direitos trabalhistas e, por si só, não produz efeitos para fins previdenciários, sendo que para a contagem do tempo de contribuição e o reconhecimento de direitos para os fins previstos no RGPS, considerando o disposto na Seção XVII deste Capítulo, a análise do processo pelo INSS deverá observar:

I – a existência de início de prova material, observado o disposto no art. 571;

II – o início de prova referido no inciso I deve constituir-se de documentos contemporâneos juntados ao processo judicial trabalhista ou no requerimento administrativo e que possibilitem a comprovação dos fatos alegados;

III – observado o disposto no inciso I, os valores de remunerações constantes da reclamatória trabalhista transitada em julgado, salvo o disposto no § 4º deste artigo, serão computados, independentemente de início de prova material, ainda que não tenha havido o recolhimento das contribuições devidas à Previdência Social, respeitados os limites máximo e mínimo de contribuição; e

IV – tratando-se de reclamatória trabalhista transitada em julgado envolvendo apenas a complementação de remuneração de vínculo empregatício devidamente comprovado, não será exigido início de prova material, independentemente de existência de recolhimentos correspondentes.

§ 1º A apresentação pelo filiado da decisão judicial em inteiro teor, com informação do trânsito em julgado e a planilha de cálculos dos valores devidos homologada pelo Juízo que levaram a Justiça do Trabalho a reconhecer o tempo de contribuição ou homologar o acordo realizado, na forma do inciso I, não exime o INSS de confrontar tais informações com aquelas existentes nos sistemas corporativos disponíveis na Previdência Social para fins de validação do tempo de contribuição.

§ 2º O cálculo de recolhimento de contribuições devidas por empregador doméstico em razão de determinação judicial em reclamatória trabalhista, bem como as contribuições efetuadas por Guia da Previdência Social – GPS, no código "1708 – Recolhimento de Reclamatória Trabalhista – NIT/PIS/PASEP/NIS", não dispensam a obrigatoriedade de solicitação ao INSS, pelo empregado doméstico, de inclusão de vínculo com vistas à atualização de informações no CNIS até setembro de 2015, já que as informações a partir de 1º de outubro de 2015 devem ser oriundas do sistema eSocial, mediante registros de eventos eletrônicos determinados pela Justiça Trabalhista ao empregador doméstico.

§ 3º Os recolhimentos efetuados indevidamente pelos empregadores, salvo os empregadores domésticos, por GPS, no código "1708 – Recolhimento de Reclamatória Trabalhista – NIT/PIS/PASEP/NIS", não são considerados pelo INSS, tendo em vista que os empregadores estão obrigados às informações de GFIP, com código e característica específica relativa à reclamatória trabalhista, conforme previsto no Manual da GFIP, sendo que os recolhimentos previdenciários são efetuados por GPS no código "2909 – Reclamatória Trabalhista – CNPJ" ou "2801 – Reclamatória Trabalhista – CEI".

§ 4º O disposto nos incisos III e IV não se aplica ao contribuinte individual, para período até a competência março de 2003 e, a partir da competência abril de 2003, nos casos de prestação de serviço o contratante fica desobrigado de efetuar o desconto da contribuição, nem ao empregado doméstico, para competências anteriores a junho de 2015.

§ 5º O período de remuneração anterior a junho de 2015 relativo ao vínculo de empregado doméstico será considerado no CNIS somente quando existir efetivo recolhimento da contribuição por meio de GPS no código "1708 – Recolhimento de Reclamatória Trabalhista – NIT/PIS/PASEP/NIS", conforme § 2º e observado o § 3º, motivo pelo qual não há possibilidade de inserção de remuneração pelo INSS no CNIS nessa situação.

Art. 173. Tratando-se de reclamatória trabalhista que determine a reintegração do empregado, para a contagem do tempo de contribuição e o reconhecimento de direitos para os fins previstos no RGPS, considerando o disposto na Seção XVII deste Capítulo, deverá ser observado:

I – apresentação de cópia do processo de reintegração com trânsito em julgado ou certidão de inteiro teor emitida pelo órgão onde tramitou o processo judicial; e

II – não será exigido início de prova material, caso comprovada a existência do vínculo anteriormente.

Parágrafo único. Sem prejuízo do disposto neste artigo, a partir do eSocial as informações relativas à reintegração deverão ser efetuadas pelos empregadores nesse sistema.

Art. 174. Se com base no início de prova material restar comprovado o exercício da atividade do trabalhador, o reenquadramento em outra categoria de filiação, por força de reclamatória trabalhista transitada em julgado, deverá ser acatado pelo INSS, mesmo que os documentos evidenciem categoria diferente.

Art. 175. Nas situações previstas nos arts. 172 a 174, em caso de dúvida fundamentada, o processo deverá ser enviado à Procuradoria Federal Especializada junto ao INSS – PFE-INSS local, após o servidor emitir relatório fundamentado, com ciência da chefia imediata e trânsito pelo Serviço/Seção de Administração de Informações do Segurado – SAIS, ficando pendente a decisão em relação ao cômputo do período.

Art. 176. Quando se tratar de ofício da Justiça do Trabalho determinando a inclusão, exclusão, alteração ou ratificação de vínculos e remunerações e a averbação de tempo de contribuição ou outra determinação decorrente de reclamatória trabalhista, o documento deverá ser encaminhado à PFE-INSS local para conhecimento e adoção das medidas cabíveis.

SEÇÃO XX – DAS INFORMAÇÕES DE REGISTROS CIVIS

Art. 177. O Titular do Cartório de Registro Civil de Pessoas Naturais remeterá ao INSS, em até 1 (um) dia útil, pelo Sistema Nacional de Informações de Registro Civil – SIRC ou por outro meio que venha substituí-lo, as informações constantes dos registros de nascimento, natimorto, casamento e óbito, bem como as averbações, anotações e retificações registradas na serventia.

§ 1º Para os Municípios que não dispõem de provedor de conexão à internet ou de qualquer meio de acesso à internet, fica autorizada a remessa das informações relacionadas no *caput* em até 5 (cinco) dias úteis pelo SIRC ou por outro meio que venha substituí-lo.

§ 2º A comprovação da condição prevista no § 1º deverá ser feita pela serventia por meio de documentação encaminhada ao INSS.

§ 3º Para os registros de nascimento constarão das informações, obrigatoriamente, o nome, a inscrição no CPF, o sexo, a data e o local de nascimento do registrado, bem como o nome completo, o sexo, a data e o local de nascimento e a inscrição no CPF da filiação.

§ 4º Para os registros de natimorto, constarão as informações:

I – obrigatória para filiação: nome completo, sexo, data e local de nascimento e a inscrição no CPF;

II – quando disponíveis para o registrado: nome completo, sexo, data e local de nascimento.

§ 5º Para os registros de casamento e de óbito, constarão das informações, obrigatoriamente, nome, inscrição no CPF, sexo, data e local de nascimento dos registrados, bem como, acaso disponíveis, os seguintes dados:

I – PIS ou PASEP;

II – NIT;

III – número de benefício previdenciário ou assistencial, se a pessoa falecida for titular de qualquer benefício pago pelo INSS;

IV – número de registro da Carteira de Identidade e respectivo órgão emissor;
V – número do título de eleitor;
VI – número e série da Carteira de Trabalho e Previdência Social – CTPS.
§ 6º Para efeito do disposto no *caput*, devem ser informadas as averbações, anotações e retificações ao SIRC, independente da data da lavratura do registro.
§ 7º As averbações enviadas ao SIRC pelos Cartórios de Registro Civil de Pessoas Naturais deverão ser relativas a atos que modifiquem a vida civil, sendo assim elencados:
I – quanto a nascimento:
a) reconhecimento de filiação;
b) alteração de nome ou sobrenome do registrado;
c) alteração de nome ou sobrenome paterno ou materno;
d) cancelamento do registro;
e) filiação socioafetiva;
f) anotação de CPF;
g) destituição e suspensão do poder familiar ou exclusão da maternidade ou paternidade;
h) concessão de guarda e tutela; e
i) adoção, a qual será informada como averbação de cancelamento apenas para indicar a invalidade da certidão, mas sem mencionar qualquer termo relativo à adoção, por esta ser sigilosa;
II – quanto ao casamento:
a) divórcio e separação;
b) anulação, nulidade ou cancelamento;
c) conversão de separação em divórcio;
d) alteração de regime de bens;
e) restabelecimento de sociedade conjugal; e
f) anotação de CPF;
III – quanto ao óbito e natimorto:
a) cancelamento do registro; e
b) anotação de CPF.
§ 8º Nos casos de averbações sigilosas, não se tratando de adoção, o Titular do Cartório de Registro Civil de Pessoas Naturais ou o responsável interino designado deverá selecionar a opção "Outros" para o campo "Motivo", no SIRC, e, no campo "Complemento", informar que se trata de conteúdo sigiloso.
§ 9º As anotações são realizadas em registros subsequentes como forma de atualização da vida civil do cidadão, devendo ser enviado ao SIRC o registro em que foi anotado o óbito ou o casamento.
§ 10. Retificação é o ato de corrigir erro presente no registro, como os de grafia ou de fácil evidência e comprovação, devendo ser informada a correção ao SIRC, bem como alterado o campo que foi objeto da retificação.
§ 11. No caso de não haver sido registrado nenhum nascimento, natimorto, casamento, óbito ou averbações, anotações e retificações

no mês, deverá o Titular do Cartório de Registro Civil de Pessoas Naturais encaminhar, por meio do SIRC ou por outro meio que venha substituí-lo, a Declaração de Inexistência de Informações de Registro até o 5º (quinto) dia útil do mês subsequente.
§ 12. Havendo calamidade pública declarada para o Município onde está localizada a serventia, o prazo previsto no *caput* poderá ser prorrogado.
§ 13. Para efeito do disposto no *caput*, considera-se dia não útil sábados, domingos e feriados nacionais, estaduais e municipais.
§ 14. São de responsabilidade do Titular do Cartório de Registro Civil de Pessoas Naturais as informações prestadas ao INSS.
§ 15. O novo Titular do Cartório de Registro Civil de Pessoas Naturais ou o responsável interino designado pela Corregedoria-Geral de Justiça do Tribunal dos Estados ou do Distrito Federal, caso necessário, promoverá a retificação, a complementação ou o envio do dado faltante, incorreto ou omisso, ainda que relativo a período anterior à sua designação como responsável pela serventia.
§ 16. O descumprimento de qualquer obrigação imposta neste artigo, bem como o envio de informações inexatas, sujeitará o Titular do Cartório de Registro Civil, além de outras penalidades, à multa prevista no art. 92 da Lei nº 8.212, de 1991, e a ação regressiva proposta pelo INSS, em razão dos danos sofridos.
§ 17. As disposições acerca dos procedimentos relativos à aplicação da multa serão estabelecidas pelo INSS em ato normativo próprio.
§ 18. Nos casos em que a data de óbito for desconhecida pelo Cartório de Registro Civil de Pessoas Naturais, o SIRC encaminhará a data de lavratura da certidão de óbito ao Sistema Único de Benefícios – SUB.
Art. 177-A Na hipótese de apresentação de certidão de nascimento e/ou óbito com dados incompletos quando do requerimento de benefícios deverá ser adotado o seguinte procedimento: *(Acrescido pela IN PRES/INSS 141/2022)*
I – no caso de certidão de nascimento em que conste, pelo menos, o ano de nascimento do filiado, considera-se para fins de registro administrativo a data de nascimento como sendo o último dia do ano e, caso contenha o mês e o ano, mas não o dia, considera-se para fins de registro administrativo o último dia daquele mês;
II – no caso de certidão de óbito em que não conste a data do evento, considerar-se-á como data do óbito a data da lavratura da Certidão; e
III – aplica-se o disposto no inciso I para o caso de certidão de óbito em que a data do evento esteja incompleta.

TÍTULO II - DOS DEPENDENTES

Art. 178. São beneficiários do RGPS na condição de dependentes do segurado:

I - o cônjuge, a companheira, o companheiro e o filho não emancipado, de qualquer condição, menor de 21 (vinte e um) anos ou inválido ou que tenha deficiência intelectual ou mental ou deficiência grave;

II - os pais; ou

III - o irmão não emancipado, de qualquer condição, menor de 21 (vinte e um) anos ou inválido ou que tenha deficiência intelectual ou mental ou deficiência grave.

§ 1º A dependência econômica das pessoas de que trata o inciso I do *caput* é presumida e a das demais deve ser comprovada.

§ 2º A dependência econômica pode ser parcial ou total, devendo, no entanto, ser permanente.

§ 3º Considera-se por companheira ou companheiro a pessoa que mantém união estável com o segurado ou a segurada, sendo esta configurada na convivência pública, contínua e duradoura entre duas pessoas, estabelecida com intenção de constituição de família, devendo ser comprovado o vínculo, observado o disposto no art. 179.

§ 4º A certidão de casamento comprova a qualidade de dependente do respectivo cônjuge para todos os fins previdenciários, inclusive quando registra o matrimônio de pessoas do mesmo sexo, desde que não haja separação de fato. *(Redação dada pela IN PRES/INSS 141/2022)*

§ 5º Será reconhecida, para fins previdenciários, a união estável entre um segurado indígena e mais de um(a) companheiro(a), em regime de poligamia ou poliandria devidamente comprovado junto à Fundação Nacional do Índio (FUNAI).

§ 6º Filhos de qualquer condição são aqueles havidos ou não da relação de casamento, ou adotados, que possuem os mesmos direitos e qualificações dos demais, proibidas quaisquer designações discriminatórias relativas à filiação, nos termos do § 6º do art. 227 da Constituição Federal.

§ 7º Equiparam-se a filho o enteado e o menor tutelado, exclusivamente, desde que comprovada a dependência econômica e apresentadas a declaração de não emancipação e a declaração escrita do segurado falecido ou qualquer outro meio de prova que possibilite a conclusão de que havia a intenção de equiparação, esta última apenas no caso de pensão por morte. *(Redação dada pela IN PRES/INSS 141/2022)*

§ 8º O dependente inválido ou com deficiência intelectual, mental ou grave, para fins previdenciários, terá sua condição de invalidez comprovada mediante exame médico pericial a cargo da Perícia Médica Federal, e a condição de deficiência comprovada por meio de avaliação biopsicossocial realizada por equipe multiprofissional e interdisciplinar, observada a revisão periódica na forma do art. 330, no que couber.

§ 9º Na hipótese do § 8º, a qualidade de dependente será reconhecida quando a invalidez ou deficiência tiver início em data anterior à eventual perda da qualidade de dependente e perdurar até a data do óbito do segurado instituidor.

Art. 179. Não constitui união estável a relação entre:

I - os ascendentes com os descendentes, seja o parentesco natural ou civil;

II - os afins em linha reta;

III - o adotante com quem foi cônjuge do adotado e o adotado com quem o foi do adotante;

IV - os irmãos, unilaterais ou bilaterais, e demais colaterais, até o terceiro grau inclusive;

V - o adotado com o filho do adotante;

VI - as pessoas casadas; e

VII - o cônjuge sobrevivente com o condenado por homicídio ou tentativa de homicídio contra o seu consorte.

§ 1º Não se aplica a incidência do inciso VI do *caput* no caso de a pessoa casada se achar separada de fato, judicial ou extrajudicialmente.

§ 2º Não é possível o reconhecimento da união estável, bem como dos efeitos previdenciários correspondentes, quando um ou ambos os pretensos companheiros forem menores de 16 (dezesseis) anos.

Art. 180. Para comprovação de união estável e de dependência econômica são exigidas duas provas materiais contemporâneas dos fatos, sendo que pelo menos uma delas deve ter sido produzida em período não superior a 24 (vinte e quatro) meses anterior ao fato gerador, não sendo admitida a prova exclusivamente testemunhal, exceto na ocorrência de motivo de força maior ou caso fortuito.

Parágrafo único. Caso o dependente só possua um documento emitido em período não superior a 24 (vinte e quatro) meses anteriores à data do fato gerador, a comprovação de vínculo ou de dependência econômica para esse período poderá ser suprida mediante justificação administrativa.

Art. 181. A perda da qualidade de dependente ocorrerá:

I – para os dependentes em geral, pelo falecimento;

II – para o cônjuge, pela separação, seja extrajudicial, judicial ou de fato, pelo divórcio, pela anulação do casamento ou por sentença judicial transitada em julgado, observado o § 2º;

III – para o (a) companheiro (a), pela cessação da união estável com o segurado ou segurada, desde que não receba pensão alimentícia, observado o § 2º;

IV – para o filho, o enteado, o menor tutelado, ou o irmão, de qualquer condição, ao completarem 21 (vinte e um) anos de idade, observado os §§ 3º e 4º;

V – pela adoção, para o filho adotado que receba pensão por morte dos pais biológicos, observando que a adoção produz efeitos a partir do trânsito em julgado da sentença que a concede; e

VI – pela cessação da invalidez ou pelo afastamento da deficiência, exceto para os dependentes cônjuge, companheiro ou companheira e pais.

§ 1º Para fins de aplicação do inciso VI, deve ser observado que o exercício de atividade remunerada a partir de 3 de janeiro de 2016, data da entrada em vigência desta regra da Lei nº 13.146, de 6 de julho de 2015, inclusive na condição de microempreendedor, não impede a concessão ou manutenção da parte individual da pensão do dependente com deficiência intelectual ou mental ou com deficiência grave.

§ 2º O disposto nos inciso II e III não se aplicam ao cônjuge ou companheiro (a) que esteja recebendo pensão alimentícia, ou que comprove o recebimento de ajuda financeira, sob qualquer forma, após a separação ou divórcio.

§ 3º O dependente elencado no inciso IV, maior de 16 (dezesseis) anos, perde a qualidade de dependente antes de completar 21 (vinte e um) anos de idade, caso tenha ocorrido:
a) casamento;
b) início do exercício de emprego público efetivo;
c) concessão de emancipação, pelos pais, ou de um deles na falta do outro, mediante instrumento público, independentemente de homologação judicial, ou por sentença do juiz, ouvido o tutor, se o menor tiver 16 (dezesseis) anos completos.

§ 4º O disposto no inciso IV não se aplica se o dependente for inválido ou tiver deficiência intelectual ou mental ou deficiência grave, desde que a invalidez ou a deficiência tenha ocorrido antes de completar 21 (vinte e um) anos de idade ou antes da ocorrência das hipóteses constantes no § 3º.

§ 5º Não se aplica o disposto no inciso V quando o cônjuge ou companheiro adota o filho do outro.

§ 6º O disposto no inciso V se aplica a nova adoção, para o filho adotado que receba pensão por morte dos pais adotivos.

§ 7º Será excluído definitivamente da condição de dependente aquele que tiver sido condenado criminalmente por sentença com trânsito em julgado, como autor, coautor ou partícipe de homicídio doloso, ou de tentativa desse crime, cometido contra a pessoa do segurado, ressalvados os absolutamente incapazes e os inimputáveis.

§ 8º É assegurada a qualidade de dependente perante a Previdência Social para o menor de 21 (vinte e um) anos, durante o período de serviço militar, obrigatório ou voluntário.

§ 9º Considerando ausência expressa na legislação de definição quanto a economia própria, resta prejudicada a aplicação de perda de qualidade ao dependente filho ou enteado ou tutelado, ou ao irmão, menor de 21 (vinte e um) anos de idade, que constitua estabelecimento civil ou comercial ou possua relação de emprego que não seja público efetivo.

Art. 182. O fato superveniente à concessão de benefício que importe em exclusão ou inclusão de dependente deve ser comunicado ao INSS, com a apresentação das provas que demonstrem a situação alegada.

TÍTULO III – DA MANUTENÇÃO E DA PERDA DA QUALIDADE DE SEGURADO

Art. 183. Qualidade de segurado é a condição atribuída a todo indivíduo filiado ao RGPS que possua inscrição e que esteja contribuindo para esse Regime.

Art. 184. Período de manutenção da qualidade de segurado, ou período de graça, é aquele em que o segurado mantém sua condição, independentemente de contribuição, correspondendo ao seguinte lapso temporal:

I – sem limite de prazo para quem estiver em gozo de benefício, exceto na hipótese de recebimento de auxílio-acidente e auxílio-suplementar;

II – até 12 (doze) meses após a cessação de benefícios por incapacidade, salário-maternidade ou após a cessação das contribuições, para o segurado que deixar de exercer atividade remunerada abrangida pela Previdência Social, observado que o salário-maternidade deve ser considerado como período de contribuição;

III – até 12 (doze) meses após cessar a segregação, para o segurado acometido de doença de segregação compulsória;

IV – até 12 (doze) meses após o livramento, para o segurado detido ou recluso;

V – até 3 (três) meses após o licenciamento, para o segurado incorporado às Forças Armadas para prestar serviço militar; e

VI – até 6 (seis) meses após a cessação das contribuições, para o segurado facultativo, observado o disposto no § 7º deste artigo.

§ 1º O prazo de manutenção da qualidade de segurado, ou período de graça, será contado a partir do primeiro dia do mês seguinte ao das ocorrências previstas nos incisos de II a VI do *caput*.

§ 2º O prazo do inciso II e VI inicia-se a contar do primeiro dia do mês subsequente ao da última competência cujo salário de contribuição seja igual ou superior ao limite mínimo de salário de contribuição.

§ 3º Mantém a qualidade de segurado aquele que receber remuneração inferior ao salário mínimo, na competência, desde que haja o ajuste das contribuições por meio da complementação, da utilização de excedente ou do agrupamento

§ 4º O prazo do inciso II do *caput* será acrescido de 12 (doze) meses se o segurado já tiver pago mais de 120 (cento e vinte) contribuições mensais sem interrupção que acarrete a perda da qualidade de segurado, observando que, na hipótese desta ocorrência, a prorrogação somente será devida em outra oportunidade quando o segurado completar 120 (cento e vinte) novas contribuições mensais sem perda da qualidade de segurado.

§ 5º O prazo do inciso II do *caput* ou do § 4º será acrescido de 12 (doze) meses para o segurado desempregado, desde que comprovada essa situação pelo registro no Sistema Nacional de Emprego (SINE) ou pelo recebimento de seguro-desemprego dentro do período de manutenção da qualidade de segurado, inexistindo outras informações que venham a descaracterizar essa condição.

§ 6º Aplica-se o disposto no inciso II do *caput* e no § 4º ao segurado que se desvincular de RPPS e se vincular ao RGPS.

§ 7º O segurado obrigatório que, durante o período de manutenção de qualidade de segurado, incluindo as prorrogações previstas nos §§ 4º e 5º, se filiar ao RGPS na categoria de facultativo, ao deixar de contribuir nesta última, terá direito de usufruir o período de graça de sua condição anterior, se mais vantajoso.

§ 8º A prorrogação do prazo de 12 (doze) meses, previsto no § 5º deste artigo, em razão da situação de desemprego, dependerá da inexistência de outras informações que venham a descaracterizar tal condição, ou seja, exercício de atividade remunerada, recebimento de benefícios por incapacidade e salário-maternidade, dentro do período de manutenção de qualidade de segurado.

§ 9º Para o segurado especial, que esteja contribuindo facultativamente ou não, observam-se as condições de perda e manutenção de qualidade de segurado a que se referem os incisos I a V do *caput*.

§ 10. O segurado contribuinte individual faz jus à prorrogação prevista no § 5º.

Art. 185. Para os segurados relacionados no § 1º, as contribuições efetuadas em atraso poderão ser computadas para efeito de manutenção de qualidade de segurado, desde que o seu recolhimento seja anterior à data do fato gerador do benefício pleiteado.

§ 1º O disposto no *caput* se aplica aos segurados na categoria de contribuinte individual, inclusive o Microempreendedor Individual de que tratam os artigos 18-A e 18-C da Lei Complementar nº 123, de 2006, de facultativo e de segurado especial que esteja contribuindo facultativamente.

§ 2º Aplica-se o disposto no *caput* ainda que o recolhimento em atraso tenha sido efetuado após a perda da qualidade de segurado, para os segurados mencionados no §1º, exceto o segurado facultativo.

§ 3º Para fins do disposto no *caput*, presume-se regular o recolhimento em atraso constante no CNIS sem indicador de pendências, na forma do art. 19 do RPS.

§ 4º Os recolhimentos efetuados a título de complementação não devem ser considerados para fins de reconhecimento do atraso nas contribuições.

§ 5º Não se aplica o disposto no *caput* ao contribuinte individual prestador de serviço em relação aos períodos de atividade comprovada a partir da competência abril de 2003, por força da Medida Provisória nº 83, de 12 de dezembro de 2002, convertida na Lei nº 10.666, de 2003.

§ 6º A análise da perda da qualidade de segurado observará a data do recolhimento, não sendo verificada a competência.

§ 7º Deve ser considerada, para efeito de manutenção da qualidade de segurado, o recolhimento referente a competência do fato gerador, desde que efetuado dentro do seu vencimento.

§ 8º O disposto no *caput* se aplica a todos os requerimentos de benefícios pendentes de análise, independentemente da data do recolhimento.

Art. 186. A perda da qualidade de segurado importa em caducidade dos direitos inerentes a essa qualidade.

§ 1º A perda da qualidade de segurado não prejudica o direito à aposentadoria para cuja concessão tenham sido preenchidos todos os demais requisitos, segundo a legislação em vigor à época em que estes requisitos foram atendidos.

§ 2º A perda da qualidade de segurado não prejudica o direito à pensão por morte para os dependentes do falecido que tenha preenchido todos os requisitos para uma aposentadoria antes de seu falecimento.

§ 3º A perda da qualidade de segurado ocorrerá no dia seguinte ao do término do prazo fixado para recolhimento da contribuição referente ao mês imediatamente posterior ao do final dos prazos fixados.

§ 4º Se o fato gerador ocorrer durante os prazos fixados para a manutenção da qualidade de segurado e todos os demais requisitos estiverem atendidos, o benefício poderá ser concedido mesmo que o requerimento tenha sido realizado após a perda da qualidade de segurado.

Art. 187. No caso de fuga do recolhido à prisão, será descontado do prazo de manutenção da qualidade de segurado, a partir da data da fuga, o período de graça já usufruído antes da reclusão.

Art. 188. Para benefícios requeridos a partir de 25 de julho de 1991, data da publicação da Lei nº 8.213, de 1991, o exercício de atividade rural entre atividades urbanas, ou vice-versa, assegura a manutenção da qualidade de segurado, quando, entre uma atividade e outra, não tenha ocorrido interrupção que acarrete a perda dessa qualidade.

LIVRO II – DOS BENEFÍCIOS E SERVIÇOS

TÍTULO I – DAS DISPOSIÇÕES GERAIS RELATIVAS AOS BENEFÍCIOS

CAPÍTULO I – DA CARÊNCIA

SEÇÃO I – DISPOSIÇÕES GERAIS

Art. 189. Período de carência é o tempo correspondente ao número mínimo de contribuições indispensáveis para que o requerente faça jus ao benefício, consideradas as competências cuja contribuição seja igual ou superior à contribuição mínima mensal, observado o § 7º.

§ 1º Considera-se presumido o recolhimento das contribuições do segurado empregado, do trabalhador avulso e, relativamente ao contribuinte individual prestador de serviço, a partir da competência abril de 2003, por força da Medida Provisória nº 83, de 2002, convertida na Lei nº 10.666, de 2003, as contribuições dele descontadas pela empresa.

§ 2º Considera-se presumido o recolhimento das contribuições do segurado empregado doméstico, a partir da competência junho de 2015, por força da Lei Complementar nº 150, de 1º de junho de 2015, dele descontadas pelo empregador doméstico.

§ 3º A carência exigida para a concessão dos benefícios devidos pelo RGPS será sempre aquela prevista na legislação vigente na data do fato gerador, sendo, no caso das aposentadorias programáveis, representada pela data em que o interessado tenha implementado todos os demais requisitos para a concessão.

§ 4º Para fins de cômputo da carência, deverão ser consideradas as contribuições efetuadas até a data do fato gerador, devendo ser desconsideradas para este fim aquelas recolhidas após esta data, ainda que referentes a competências anteriores a esta, observado o § 5º.

§ 5º Deve ser considerado para o cômputo da carência o recolhimento referente à competência do fato gerador, desde que efetuado dentro do seu vencimento.

§ 6º As contribuições efetuadas em época própria constantes do CNIS serão reconhecidas automaticamente, sendo dispensada a comprovação do exercício da atividade.

§ 7º A partir de 14 de novembro de 2019 será observada a contribuição mínima mensal, assegurado o direito aos ajustes previstos do § 1º do art.19-E, do RPS.

§ 8º Para o segurado empregado, empregado doméstico e trabalhador avulso, as contribuições relativas às competências até novembro de 2019 serão consideradas para fins de carência, ainda que estejam abaixo do mínimo legal, desde que o início da atividade a que elas se referem tenha sido anterior a 14 de novembro de 2019.

§ 9º Para o contribuinte individual, o segurado facultativo e o segurado especial que recolha

INSTRUÇÃO NORMATIVA PRES/INSS Nº 128, DE 28 DE MARÇO DE 2022

facultativamente sobre o salário de contribuição, somente serão considerados para fins de período de carência os recolhimentos sobre salário de contribuição que atinjam o salário mínimo, mesmo que se tratem de competências anteriores a novembro de 2019.

Art. 190. A carência é contada de acordo com a filiação, a inscrição ou o recolhimento efetuado pelo segurado do RGPS, observados os seguintes critérios:

FORMA DE FILIAÇÃO	A PARTIR DE	DATA-LIMITE	INÍCIO DO CÁLCULO
EMPREGADO	Indefinida	Sem limite	Data da filiação
AVULSO	Indefinida	Sem limite	Data da filiação
EMPRESÁRIO	Indefinida	24/07/1991	Data da filiação
	25/07/1991	28/11/1999	Data da 1ª contribuição sem atraso
DOMÉSTICO	08/04/1973	24/07/1991	Data da filiação
	25/07/1991	31/05/2015	Data da 1ª contribuição sem atraso
	01/06/2015	Sem limite	Data da filiação
FACULTATIVO	25/07/1991	Sem limite	Data da 1ª contribuição sem atraso
EQUIPARADO A AUTÔNOMO	05/09/1960	09/09/1973	Data da 1ª contribuição
	10/09/1973	01/02/1976	Data da inscrição
	02/02/1976	23/01/1979	Data da 1ª contribuição sem atraso
	24/01/1979	23/01/1984	Data da inscrição
	24/01/1984	28/11/1999	Data da 1ª contribuição sem atraso
EMPREGADOR RURAL	01/01/1976	24/07/1991	Data da 1ª contribuição sem atraso
CONTRIBUINTE EM DOBRO	01/09/1960	24/07/1991	Data da filiação
SEGURADO ESPECIAL QUE NÃO OPTOU CONTRIBUIR FACULTATIVAMENTE (ART. 200, §2º, DO RPS)	Indefinida	Sem limite	Data da filiação
SEGURADO ESPECIAL QUE OPTOU CONTRIBUIR FACULTATIVAMENTE (ART. 200, §2º, DO RPS)	11/1991	Sem limite	Data da 1ª contribuição sem atraso
AUTÔNOMO	05/09/1960	09/09/1973	Data do 1º pagamento
	10/09/1973	01/02/1976	Data da inscrição
	02/02/1976	23/01/1979	Data da 1ª contribuição sem atraso
	24/01/1979	23/01/1984	Data da inscrição
	24/01/1984	28/11/1999	Data da 1ª contribuição sem atraso
CONTRIBUINTE INDIVIDUAL	29/11/1999	Sem limite	Data da 1ª contribuição sem atraso
CONTRIBUINTE INDIVIDUAL (PRESTADOR DE SERVIÇOS)	01/04/2003	Sem limite	Data da filiação

‣ Redação dada pela IN PRES/INSS 141/2022

§ 1º Para os períodos de filiação comprovada como empregado doméstico sem a comprovação do recolhimento ou sem a comprovação da primeira contribuição sem atraso, será reconhecido o direito, independentemente da categoria do segurado na data do requerimento, observado, quanto ao cálculo, o disposto no inciso I do § 2º do art. 223.

§ 2º As contribuições previdenciárias vertidas pelos contribuintes individuais, contribuintes em dobro, facultativos, equiparados a autônomos, empresários e empregados domésticos, relativas ao período de abril de 1973 a fevereiro de 1994, cujas datas de pagamento não constam no CNIS, devem ser consideradas como recolhidas sem atraso.

§ 3º Para os optantes pelo recolhimento trimestral, o período de carência é contado a partir do mês da inscrição do segurado, desde que efetuado o recolhimento da primeira contribuição trimestral dentro do prazo regulamentar, observado o trimestre civil, sendo que a inscrição no segundo ou terceiro mês deste não prejudica a opção pelo recolhimento trimestral.

Art. 191. O período de carência para o contribuinte individual, inclusive o Microempreendedor Individual de que tratam os artigos 18-A e 18-C da Lei Complementar nº 123, de 2006, para o facultativo, e para o segurado especial que esteja contribuindo facultativamente, inicia-se a partir do efetivo recolhimento da primeira contribuição em dia, não sendo consideradas para esse fim as contribuições recolhidas com atraso referentes a competências anteriores, ainda que o pagamento tenha ocorrido dentro do período de manutenção da qualidade de segurado decorrente de outra atividade.

Parágrafo único. O disposto no *caput* não se aplica ao contribuinte individual prestador de serviço a partir de 1º de abril de 2003, por força da Medida Provisória nº 83, de 2002, convertida na Lei nº 10.666, de 2003, em relação às contribuições dele descontadas pela empresa.

Art. 192. Para os segurados relacionados no art. 191 o cômputo da carência, após a perda da qualidade de segurado, reinicia-se a partir do efetivo recolhimento de nova contribuição sem atraso.

§ 1º O disposto no *caput* não se aplica ao contribuinte individual prestador de serviço a partir de 1º de abril de 2003, por força da Medida Provisória nº 83, de 2002, convertida na Lei nº 10.666, de 2003, em relação às contribuições dele descontadas pela empresa.

§ 2º Os recolhimentos efetuados a título de complementação não devem ser considerados para fins de reconhecimento do atraso nas contribuições.

§ 3º A análise da perda da qualidade de segurado observará a data do recolhimento, não sendo verificada a competência.

Art. 193. Considera-se para efeito de carência, observadas as especificações relativas aos trabalhadores rurais:

I – o período em que o segurado recebeu salário-maternidade, exceto o do segurado especial que não contribui facultativamente;

II – o período como contribuinte individual prestador de serviço a pessoa jurídica, na forma da Lei nº 10.666, de 2003, ainda que sem contribuição, desde que devidamente comprovados e referentes a competências posteriores a abril de 2003;

III – as contribuições vertidas para o RPPS certificadas na forma da contagem recíproca, desde que o segurado não tenha utilizado o período naquele regime, esteja filiado ao RGPS e desvinculado do regime de origem;

IV – o tempo de contribuição para o Plano de Seguridade Social do Servidor Público anterior à Lei nº 8.647, de 1993, efetuado pelo servidor público ocupante de cargo em comissão sem vínculo efetivo com a União, Autarquias, ainda que em regime especial, e Fundações Públicas Federais;

V – o período relativo ao prazo de espera de 15 (quinze) dias do afastamento do trabalho de responsabilidade do empregador, desde que anterior à data de início da incapacidade do benefício requerido; e

VI – anistia prevista em lei, desde que seja expressamente previsto o cômputo do período de afastamento para contagem da carência.

§ 1º Por força da decisão judicial proferida na Ação Civil Pública nº 2009.71.00.004103-4 (novo nº 0004103-29.2009.4.04.7100) é devido o cômputo, para fins de carência, do período em gozo de benefício por incapacidade, inclusive os decorrentes de acidente do trabalho, desde que intercalado com períodos de contribuição ou atividade, para os benefícios requeridos a partir de 19 de setembro de 2011, observado o seguinte:

a) no período compreendido entre 19 de setembro de 2011 a 3 de novembro de 2014 a decisão judicial teve abrangência nacional; e

b) para os residentes nos Estados do Rio Grande do Sul, Santa Catarina e Paraná, a determinação permanece vigente, observada a decisão proferida pelo Superior Tribunal de Justiça (STJ) no Recurso Especial (REsp) nº 1.414.439-RS, e alcança os benefícios requeridos a partir de 29 de janeiro de 2009.

§ 2º Para os benefícios requeridos até 18 de setembro de 2011, somente contarão para carência os períodos de auxílio por incapacidade temporária ou aposentadoria por incapacidade permanente recebidos no período de 1º de junho de 1973 a 30 de junho de 1975.

Art. 194. Não será computado como período de carência:

I – o tempo de serviço militar, obrigatório ou voluntário, observado o § 1º;

II – o tempo de serviço do segurado que exerceu atividade rural anterior à competência novembro de 1991, exceto para os benefícios garantidos ao segurado especial, na forma do inciso I do art. 39 e *caput* e § 2º do art. 48, ambos da Lei nº 8.213, de 1991;

III – o período de retroação da DIC;

IV – a contribuição recolhida em atraso pelo contribuinte individual, facultativo ou segurado especial, que contribua facultativamente fora do período de manutenção da qualidade de segurado, observado o art. 192; *(Redação dada pela IN PRES/INSS 141/2022)*

V – o período indenizado de segurado especial posterior a novembro de 1991, exceto para os benefícios de aposentadoria por idade ou por incapacidade permanente, de auxílio por incapacidade temporária, de auxílio-reclusão ou de pensão, no valor de 1 (um) salário mínimo, e de auxílio-acidente, desde que mantida a condição ou a qualidade de segurado especial na DER, ou na data em que implementar os requisitos para concessão dos benefícios;

VI – o período em que o segurado está ou esteve em gozo de auxílio-acidente ou auxílio-suplementar;

VII – o período de aviso prévio indenizado; e

VIII – a competência com recolhimento abaixo do valor mínimo mensal, resguardado o direito aos ajustes de complementação, utilização de excedente e agrupamento, observados os §§ 8º e 9º do art. 189.

§ 1º O tempo de serviço militar obrigatório exercido posteriormente a 13 de novembro de 2019, data da publicação da Emenda Constitucional nº 103, devidamente certificado pelo respectivo ente federativo na forma da contagem recíproca por meio de Certidão de Tempo de Contribuição, será considerado para fins de carência.

§ 2º O disposto no inciso VIII não se aplica ao segurado empregado, inclusive doméstico, ou trabalhador avulso para competências anteriores a 13 de novembro de 2019.

SEÇÃO II – DOS PERÍODOS DE CARÊNCIA E DAS ISENÇÕES

Art. 195. Independe de carência a concessão das seguintes prestações no RGPS:

I – auxílio-acidente;

II – salário-família;

III – pensão por morte;

IV – reabilitação profissional; e

V – serviço social.

Parágrafo único. Aplica-se o disposto no caput aos benefícios de salário-maternidade, auxílio por incapacidade temporária e aposentadoria por incapacidade permanente, para as exceções previstas nesta Seção.

Art. 196. Para fins do direito aos benefícios de auxílio por incapacidade temporária e aposentadoria por incapacidade permanente, deverá ser observado o que segue:

I – como regra, exige-se carência mínima de 12 (doze) contribuições mensais; e

II – não se exige carência nos casos de acidente de qualquer natureza, inclusive decorrente do trabalho, de doença profissional ou do trabalho, ou ainda quando, após filiar-se ao RGPS, o segurado for acometido de alguma das doenças ou afecções descritas no art. 30, §2º, do RPS.

Art. 197. Na análise do direito ao salário-maternidade, deverá ser observada a categoria do requerente na data do fato gerador, verificando-se a carência da seguinte forma:

I – 10 (dez) contribuições mensais para os segurados contribuinte individual, facultativo e especial, assim como para os que estiverem em período de manutenção da qualidade de segurado decorrente dessas categorias, observado o disposto no art. 201, no caso do segurado especial; e

II – isenção de carência para os segurados empregado, empregado doméstico e trabalhador avulso, assim como para os que estiverem em prazo de manutenção de qualidade de segurado decorrente dessas categorias.

§ 1º Em caso de parto antecipado, o período de carência a que se refere o inciso I do caput será reduzido em número de contribuições equivalentes ao número de meses em que o parto for antecipado.

§ 2º Para os segurados que exercem atividades concomitantes, não sendo considerados para este fim aqueles em prazo de manutenção da qualidade de segurado decorrente de uma das atividades, a exigência ou não de carência deverá observar cada categoria de forma independente.

§ 3º Caso o segurado esteja no período de graça em decorrência de vínculo como empregado, empregado doméstico ou trabalhador avulso na data do fato gerador, mas tenha contribuições ou vínculos posteriores que o enquadrem no inciso I do caput, sem cumprir o período de carência exigido para este, fará jus ao salário-maternidade independentemente de carência.

Art. 198. Para o auxílio-reclusão, deverá ser observado o que segue:

I – para fatos geradores ocorridos até 17 de janeiro de 2019, véspera da vigência da Medida Provisória nº 871, o benefício é isento de carência; e

II – para fatos geradores ocorridos a partir de 18 de janeiro de 2019, exigem-se 24 (vinte e quatro) contribuições mensais como carência.

Art. 199. Para fins de concessão das aposentadorias programáveis, a carência a ser considerada deverá observar:

I – se segurado inscrito até 24 de julho de 1991, véspera da publicação da Lei nº 8.213, de 1991, inclusive no caso de reingresso, a constante da tabela progressiva do art. 142 do mesmo dispositivo legal; e

II – se segurado inscrito a partir de 25 de julho de 1991, data de vigência da Lei nº 8.213, de 1991, 180 (cento e oitenta) contribuições mensais.

§ 1º Em se tratando de aposentadoria por idade, inclusive do trabalhador rural, para fins de atendimento do disposto no inciso I, o número de meses de contribuição da tabela progressiva a ser exigido para efeito de carência será o do ano em que for preenchido o requisito etário, ainda que a carência seja cumprida em ano posterior ao que completou a idade.

§ 2º O exercício de atividade rural anterior a novembro de 1991 será considerado para a utilização da tabela progressiva do art. 142 da Lei nº 8.213, de 1991.

Art. 200. Para os benefícios requeridos a partir de 25 de julho de 1991, data da publicação da Lei nº 8.213, de 1991, observado o § 1º, quando ocorrer a perda da qualidade de segurado, qualquer que seja a época da inscrição ou da filiação do segurado no RGPS, as contribuições anteriores a essa data só poderão ser computadas para efeito de carência, observado o fato gerador, depois que o segurado contar, a partir da nova filiação ao RGPS, com, no mínimo:

FATO GERADOR E NORMA APLICÁVEL	AUXÍLIO POR INCAPACIDADE TEMPORÁRIA E APOSENTADORIA POR INCAPACIDADE PERMANENTE	SALÁRIO-MATERNIDADE	AUXÍLIO-RECLUSÃO
de 25/07/1991 a 07/07/2016 Lei nº 8.213 de 1991 (redação original)	4 (quatro) contribuições (1/3 da carência)	3 (três) contribuições (1/3 da carência)	Isento
de 08/07/2016 a 04/11/2016 Lei nº 8.213 de 1991 (redação Medida Provisória nº 739 de 2016)	12 (doze) contribuições (total da carência)	10 (dez) contribuições (total da carência)	Isento
de 05/11/2016 a 05/01/2017 Lei nº 8.213 de 1991 (redação original)	4 (quatro) contribuições (1/3 da carência)	3 (três) contribuições (1/3 da carência)	Isento
de 06/01/2017 a 26/06/2017 Lei nº 8.213 de 1991 (redação Medida Provisória nº 767 de 2017)	12 (doze) contribuições (total da carência)	10 (dez) contribuições (total da carência)	Isento
de 27/06/2017 a 17/01/2019 Lei nº 8.213 de 1991 (redação Lei nº 13.457 de 2017)	6 (seis) contribuições (1/2 da carência)	5 (cinco) contribuições (1/2 da carência)	Isento
de 18/01/2019 a 17/06/2019 Lei nº 8.213 de 1991 (redação Medida Provisória nº 871 de 2019)	12 (doze) contribuições (total da carência)	10 (dez) contribuições (total da carência)	24 (vinte e quatro) contribuições (total da carência)
de 18/06/2019 em diante Lei nº 8.213 de 1991 (redação Lei nº 13.846 de 2019)	6 (seis) contribuições (1/2 da carência)	5 (cinco) contribuições (1/2 da carência)	12 (doze) contribuições (1/2 da carência)

§ 1º Para as aposentadorias programáveis, a regra de que trata o *caput* incide sobre a carência de 180 (cento e oitenta) contribuições mensais, com a aplicabilidade prejudicada para requerimentos protocolados a partir de 13 de dezembro de 2002, data da publicação da Medida Provisória nº 83, de 2002.

§ 2º O disposto no *caput* não se aplica aos trabalhadores rurais sem contribuição.

§ 3º Aplica-se o disposto neste artigo ao segurado oriundo de RPPS que se filiar ao RGPS após os prazos previstos para manutenção da qualidade de segurado, conforme a categoria.

SEÇÃO III – DISPOSIÇÕES ESPECÍFICAS APLICADAS AO SEGURADO ESPECIAL E DEMAIS TRABALHADORES RURAIS

Art. 201. Para o segurado especial que não contribui facultativamente, o período de carência é contado a partir do início do efetivo exercício da atividade rural, mediante comprovação.

§ 1º Considera-se como período de carência o tempo de efetivo exercício de atividade rural, ainda que de forma descontínua, correspondente ao número de meses necessários à concessão do benefício requerido.

§ 2º Para fins de concessão da aposentadoria por idade do trabalhador rural, o período de carência do segurado especial poderá ser contabilizado com os períodos do trabalhador rural, observado o art. 247.

Art. 202. Para o segurado especial que contribui facultativamente, o período de carência é contabilizado para fins de concessão de qualquer benefício previdenciário, observados os critérios e a forma de cálculo estabelecidos, podendo, inclusive, ser somado a períodos urbanos.

Parágrafo único. Caso o segurado especificado no *caput* venha a requerer aposentadoria por idade com redução para o trabalhador rural, ou seja, com 60 (sessenta) anos de idade, se homem, ou 55 (cinquenta e cinco) anos de idade, se mulher, as contribuições para fins de carência serão computadas, exclusivamente, em razão do exercício da atividade rural.

Art. 203. Tratando-se de aposentadoria por idade do trabalhador rural na condição de segurado empregado rural, serão contados para efeito de carência os períodos de atividade efetivamente comprovados.

Parágrafo único. Em se tratando de benefício em valor equivalente ao salário mínimo, para as atividades comprovadas até 31 de dezembro de 2020, deverá ser observado:

I – até 31 de dezembro de 2010, o período de atividade comprovado, ainda que de forma descontínua, considerando o disposto no art. 183 do RPS;

II – de janeiro de 2011 a dezembro de 2015, cada mês comprovado de emprego, multiplicado por 3 (três), limitado a 12 (doze) meses dentro do respectivo ano civil; e

III – de janeiro de 2016 a dezembro de 2020, cada mês comprovado de emprego, multiplicado por 2 (dois), limitado a 12 (doze) meses dentro do respectivo ano civil.

Art. 204. Tratando-se de aposentadoria por idade do trabalhador rural na condição de segurado contribuinte individual, que tenha prestado serviço de natureza rural, em caráter eventual, a uma ou mais empresas, sem relação de emprego, serão contados para efeito de carência os períodos de atividade efetivamente comprovados.

§ 1º Em se tratando de benefício em valor equivalente ao salário mínimo, serão contados para efeito de carência os períodos comprovados de atividades até 31 de dezembro de 2010, ainda que de forma descontínua, considerando o disposto no art. 183-A do RPS.

§ 2º Para atividades exercidas a partir de 1º de janeiro de 2011, considera-se presumido o recolhimento das contribuições do contribuinte individual prestador de serviço a uma pessoa jurídica, na forma do § 1º do art. 189, devendo ser computadas apenas as competências em que foram comprovadas as atividades.

Art. 205. Tratando-se de aposentadoria por idade do trabalhador rural, na condição de segurado garimpeiro, que trabalhe, comprovadamente, em regime de economia familiar, serão contados para efeito de carência os períodos efetivamente contribuídos, observado o disposto deste capítulo quanto aos recolhimentos efetuados pelos contribuintes individuais.

CAPÍTULO II – DO TEMPO DE CONTRIBUIÇÃO

SEÇÃO I – DISPOSIÇÕES GERAIS

Art. 206. Considera-se tempo de contribuição aquele correspondente ao número de contribuições compreendido entre o primeiro recolhimento ao RGPS, igual ou superior ao limite mínimo estabelecido, até o fato gerador do benefício pleiteado.

§ 1º Para períodos anteriores a 13 de novembro de 2019, data da publicação da Emenda Constitucional nº 103, considera-se como tempo de contribuição o tempo contado de data a data, desde o início até a data do desligamento de atividade abrangida pela Previdência Social ou até a data do fato gerador do benefício pleiteado, descontados os períodos legalmente estabelecidos.

§ 2º A partir de 13 de novembro de 2019, incluindo a competência de novembro, o tempo de contribuição deve ser considerado em sua forma integral, independentemente do número de dias trabalhados, ressalvada as competências com salário de contribuição abaixo do limite mínimo estabelecido.

§ 3º Os períodos até 13 de novembro de 2019, exercidos em condições especiais que sejam considerados prejudiciais à saúde ou à integridade física, comprovados na forma desta Instrução Normativa, terão tempo superior àquele contado de data a data, considerando previsão legal de conversão de atividade especial em comum.

§ 4º A partir de 14 de novembro de 2019, data posterior à publicação da Emenda Constitucional nº 103, não se aplica a conversão de tempo de atividade sob condições especiais em tempo de atividade comum.

§ 5º Em se tratando de períodos em que o exercício de atividade exija filiação obrigatória ao RGPS, serão reconhecidos como tempo de contribuição apenas os períodos efetivamente contribuídos, observado o disposto no § 6º.

§ 6º Considera-se presumido o recolhimento das contribuições do segurado empregado, do doméstico a partir de 1º de junho de 2015, data posterior à publicação da Lei Complementar nº 150, de 2015, do trabalhador avulso e, relativamente ao contribuinte individual prestador de serviço, a partir de 1º de abril de 2003, por força da Medida Provisória nº 83, de 2002, convertida na Lei nº 10.666, de 2003, desde que comprovado o exercício da atividade.

Art. 207. Os recolhimentos efetuados em época própria constantes do CNIS serão reconhecidos automaticamente, observada a contribuição mínima mensal e o disposto no artigo 19-E do RPS, sendo dispensada a comprovação do exercício da atividade.

Parágrafo único. A contagem do tempo de contribuição no RGPS observará o mês de 30 (trinta) dias e o ano de 365 (trezentos e sessenta e cinco) dias, composto pelos 12 (doze) meses.

Art. 208. A contribuição recolhida em atraso poderá ser computada para tempo de contribuição, desde que o recolhimento seja anterior à data do fato gerador do benefício pleiteado.

§ 1º O disposto no *caput* se aplica aos segurados na categoria de contribuinte individual, inclusive o Microempreendedor Individual, de que tratam os artigos 18-A e 18-C da Lei Complementar nº 123, de 2006, de facultativo e de segurado especial que esteja contribuindo facultativamente.

§ 2º Para fins de disposto no *caput*, presume-se regular o recolhimento em atraso constante no CNIS sem indicador de pendências, na forma do art. 19 do RPS.

§ 3º Aplica-se o disposto no *caput* ainda que o recolhimento em atraso tenha sido efetuado após a perda da qualidade de segurado, para os segurados mencionados no §1º, exceto o segurado facultativo.

§ 4º Os recolhimentos efetuados a título de complementação não devem ser considerados para fins de reconhecimento do atraso nas contribuições.

§ 5º Não se aplica o disposto no *caput* ao contribuinte individual prestador de serviço a pessoa jurídica, em relação aos períodos de atividade comprovada a partir da competência abril de 2003, por força da Medida Provisória nº 83, de 2002, convertida na Lei nº 10.666, de 2003.

§ 6º Deve ser considerado para fins de tempo de contribuição o recolhimento referente à competência do fato gerador, desde que efetuado dentro do seu vencimento.

SEÇÃO II – DAS CONTRIBUIÇÕES ABAIXO DO MÍNIMO

Art. 209. A partir de 14 de novembro de 2019, data posterior à publicação da Emenda Constitucional nº 103, de 2019, somente serão consideradas como tempo de contribuição as competências cujo salário de contribuição seja igual ou superior ao limite mínimo do salário de contribuição, para todos os segurados.

§ 1º Para efeito do disposto no *caput*, ao segurado que, no somatório de remunerações auferidas no período de um mês, receber remuneração inferior ao limite mínimo mensal do salário de contribuição, será assegurado a complementação, agrupamento e utilização de excedente, na forma do disposto nos art. 124 a 132.

§ 2º Para o segurado empregado, empregado doméstico e trabalhador avulso até 13 de novembro de 2019, serão considerados como tempo de contribuição os salários de contribuição com valor nominal abaixo de um salário mínimo sem a necessidade de ajustes de complementação, utilização de excedente ou agrupamento, previstos no § 1º do art. 19-E do RPS.

Art. 210. Para períodos anteriores a 14 de novembro de 2019, em se tratando de segurado contribuinte individual, segurado facultativo e segurado especial que contribui facultativamente sobre o salário de contribuição, somente serão consideradas como tempo de contribuição as competências cujo salário de contribuição seja igual ou superior ao limite mínimo do salário de contribuição.

Parágrafo único. As competências cujo salário de contribuição seja inferior ao limite mínimo do salário de contribuição poderão ser computadas caso sejam complementadas, na forma do disposto nos arts. 124 a 132.

SEÇÃO III – DOS PERÍODOS COMPUTÁVEIS

Art. 211. Considera-se tempo de contribuição o tempo correspondente aos períodos para os quais tenha havido contribuição obrigatória ou facultativa ao RGPS, dentre outros, os seguintes:

I – o de atividade anterior à filiação obrigatória, desde que devidamente comprovada e indenizado;

II – o período da retroação de DIC, previamente autorizada pelo INSS, em que o exercício de atividade exigia filiação obrigatória ao RGPS como segurado contribuinte individual, mediante recolhimento;

III – o período como contribuinte individual prestador de serviço, ainda que sem contribuição, desde que devidamente comprovados e referentes a competências posteriores a abril de 2003, observado o disposto no § 27 do art. 216 do RPS;

IV – a contribuição efetivada por segurado facultativo, após o pagamento da primeira contribuição em época própria, desde que não tenha transcorrido o prazo previsto para a perda da qualidade de segurado;

V – o período em que o segurado esteve recebendo salário-maternidade, observada a exceção constante na alínea "b" do inciso V do art. 216;

VI – o período em que o segurado esteve recebendo:

a) benefício por incapacidade previdenciário, desde que intercalado com períodos de atividade ou contribuição; ou

b) benefício por incapacidade acidentário:

1. até 30 de junho de 2020, ainda que não seja intercalado com períodos de atividade ou contribuição; ou

2. a partir de 1º de julho de 2020, data da publicação do Decreto nº 10.410, de 2020, somente se intercalado com períodos de atividade ou de contribuição.

VII – o de atividade como ministro de confissão religiosa, membro de instituto de vida consagrada, de congregação ou de ordem religiosa, mediante os correspondentes recolhimentos;

VIII – o de atividade do médico residente, observado § 1º;

IX – o tempo de serviço dos titulares de serviços notariais e de registros, ou seja, a dos tabeliães ou notários e oficiais de registros ou registradores sem RPPS, desde que haja o recolhimento das contribuições ou indenizações, observado o § 2º;

X – anistia prevista em lei, desde de que seja expressamente previsto o cômputo do período de afastamento para contagem de tempo de contribuição;

XI – o tempo de exercício de mandato classista junto a órgão de deliberação coletiva em que, nessa qualidade, tenha havido contribuição para a Previdência Social;

XII – o de atividade dos auxiliares locais de nacionalidade brasileira no exterior, anteriormente a 1º de janeiro de 1994, desde que sua situação previdenciária esteja regularizada junto ao INSS, na forma do §2º do art. 134;

XIII – o período em que o segurado tenha sido colocado pela empresa em disponibilidade remunerada, desde que tenha havido desconto de contribuições;

XIV – o tempo de contribuição ao RGPS que constar da CTC na forma da contagem recíproca, mas que não tenha sido, comprovadamente, utilizado/aproveitado para aposentadoria ou vantagens no RPPS, mesmo que de forma concomitante com o de contribuição para RPPS, independentemente de existir ou não aposentadoria no RPPS; e

XV – o período de licença remunerada, desde que tenha havido desconto de contribuições.

§ 1º Em relação ao médico residente, previsto no inciso VIII, deverá ser observado:

I – para atividade anterior a 8 de julho de 1981, véspera da publicação da Lei nº 6.932, de 1981, deverá ser indenizado o período; e

II – para atividade a partir de 9 de julho de 1981, deverá ser comprovada a contribuição como autônomo ou contribuinte individual.

§ 2º Em relação ao inciso IX, para fins de recolhimento das contribuições ou indenizações, deverão os titulares de serviços notariais ser reconhecidos:

I – como segurados empregadores, até 24 de julho de 1991, véspera da publicação da Lei nº 8.213, de 1991; e

II – como segurado autônomo ou contribuinte individual, a partir de 25 de julho de 1991.

§ 3º Na situação descrita no inciso XIV, o tempo só poderá ser utilizado para fins de benefício junto ao INSS após processamento de revisão da CTC ou do seu cancelamento, independentemente de existir ou não aposentadoria já concedida no RPPS.

§ 4º Deve ser considerado como tempo de contribuição a atividade do bolsista e o do estagiário que prestam serviços à empresa em desacordo com a Lei nº 11.788, de 2008.

§ 5º Tratando-se de débito que foi objeto de parcelamento, o período correspondente a este somente será computado para fins de concessão de benefício no RGPS e de emissão de CTC para fins de contagem recíproca após a comprovação da quitação de todos os valores devidos.

§ 6º As contribuições citadas nos incisos I, II e IV, quando efetuadas após o prazo regulamentar, somente serão computadas como tempo de contribuição se o recolhimento for anterior ao fato gerador do benefício pleiteado.

SUBSEÇÃO I – DO SERVIDOR OU EMPREGADO PÚBLICO

Art. 212. Em relação aos períodos decorrentes de atividade no serviço público, até que lei específica discipline a matéria, são contados como tempo de contribuição:

I – o período em que o exercício da atividade teve filiação a RPPS, devidamente certificado pelo respectivo ente federativo, na forma da contagem recíproca, observando que o tempo a ser considerado é o tempo líquido de efetivo exercício da atividade;

II – o de serviço público federal exercido anteriormente à opção pelo regime da CLT, salvo se aproveitado no RPPS ou certificado através de CTC pelo RGPS;

III – o de exercício de mandato classista da Justiça do Trabalho e o magistrado da Justiça Eleitoral junto a órgão de deliberação coletiva, desde que vinculado ao RGPS antes da investidura do mandato;

IV – o de tempo de serviço prestado à Justiça dos Estados, às serventias extrajudiciais e às escrivanias judiciais, desde que não tenha havido remuneração pelos cofres públicos e que a atividade não estivesse, à época, vinculada a RPPS, estando abrangidos:

a) os servidores de Justiça dos Estados, não remunerados pelos cofres públicos, que não estavam filiados a RPPS;

b) aqueles contratados pelos titulares das Serventias de Justiça, sob o regime da CLT, para funções de natureza técnica ou especializada, ou ainda, qualquer pessoa que preste serviço sob a dependência dos titulares, mediante salário e sem qualquer relação de emprego com o Estado; e

c) os servidores que na data da vigência da Lei nº 3.807, de 1960, já estivessem filiados ao RGPS, por força da legislação anterior, tendo assegurado o direito de continuarem a ele filiados;

V – o tempo de serviço público Federal, Estadual, do Distrito Federal ou Municipal, prestado a Autarquia ou a Sociedade de Economia Mista ou Fundação instituída pelo Poder Público, desde que tenha sido certificada e requerida na entidade a que o serviço foi prestado até 30 de setembro de 1975, véspera do início da vigência da Lei nº 6.226, de 1975;

VI – as contribuições vertidas na qualidade de segurado facultativo por servidor público civil ou militar da União, do Estado, do Distrito Federal ou do Município, bem como o das respectivas Autarquias e Fundações, sujeito a RPPS, no período de 25 de julho de 1991 a 5 de março de 1997;

VII – as contribuições vertidas na qualidade de segurado facultativo por servidor público que acompanhou cônjuge em prestação de serviço no exterior, civil ou militar da União, do Estado, do Distrito Federal ou do Município, bem como o das respectivas Autarquias e Fundações, sujeito a RPPS, no período de 6 de março de 1997 a 15 de dezembro de 1998;

VIII – a partir de 16 de dezembro de 1998, as contribuições vertidas na qualidade de segurado facultativo para o servidor público do Estado, do Distrito Federal ou do Município durante o afastamento sem vencimentos, desde que não permitida, nesta condição, contribuição ao respectivo regime próprio; e

IX – as contribuições vertidas na qualidade de segurado facultativo para o servidor público civil da União, inclusive de suas respectivas Autarquias ou Fundações, participante de RPPS, desde que afastado sem vencimentos, no período de 16 de dezembro de 1998 a 15 de maio de 2003.

X – o em que o servidor ou empregado de Fundação, Empresa Pública, Sociedade de Economia Mista e suas respectivas subsidiárias, filiado ao RGPS, tenha sido colocado à disposição da Presidência da República;

XI – o de detentor de mandato eletivo Federal, Estadual, Distrital ou Municipal, de 1º de fevereiro de 1998 a 18 de setembro de 2004, desde que observadas as disposições constantes da Subseção do Mandato Eletivo e não vinculado a qualquer RPPS, por força da Lei nº 9.506, de 30 de outubro de 1997, ainda que aposentado;

XII – o tempo de exercício de mandato eletivo Federal, Estadual, Distrital ou Municipal, desde que tenha havido contribuição em época própria e não tenha sido contado para efeito de aposentadoria por outro regime de Previdência Social;

XIII – as contribuições recolhidas em época própria pelo detentor de mandato eletivo como contribuinte em dobro ou facultativo:

a) se mandato Estadual, Municipal ou Distrital, até janeiro de 1998;

b) se mandato Federal, até janeiro de 1999; e

c) na ausência de recolhimentos como contribuinte em dobro ou facultativo em épocas próprias para os períodos citados nas alíneas "a" e "b" deste inciso, as contribuições poderão ser efetuadas na forma de indenização.

§ 1º Em relação ao período do inciso I do *caput*, o segurado terá direito de computar, para fins de concessão dos benefícios do RGPS, o tempo de contribuição na Administração Pública Federal Direta, Autárquica e Fundacional dos Estados, do Distrito Federal e dos Municípios, desde que estes assegurem aos seus servidores, mediante legislação própria, a contagem de tempo de contribuição em atividade vinculada ao RGPS, observando:

I – não será contado por um regime o tempo de contribuição utilizado para concessão de aposentadoria por outro regime;

II – o tempo certificado por meio de CTC não será considerado para aplicação da tabela progressiva prevista no art. 142, da Lei nº 8.213, de 1991, ainda que o ingresso no RPPS tenha sido anterior a 25 de julho de 1991;

III – para fins de cômputo dos períodos constantes em CTC, o tempo a ser considerado é o tempo líquido de efetivo exercício da atividade, observado o inciso IV deste parágrafo; e

IV – para fins de cômputo dos períodos constantes em CTC, deverá ser observado se foi incluído período fictício anterior a 15 de dezembro de 1998, data da publicação da Emenda Constitucional nº 20, ou período decorrente de conversão não prevista em lei, caso em que deverá ser efetuado o devido desconto no tempo líquido.

§ 2º Será vedado o cômputo de contribuições vertidas na categoria de facultativo a partir de 16 de maio de 2003, ainda que em licença sem remuneração, do servidor público civil da União, inclusive de suas respectivas Autarquias ou Fundações, observado o disposto no inciso IX do *caput*.

§ 3º A filiação na categoria de facultativo dependerá de inscrição formalizada perante o RGPS, tendo efeito a partir do primeiro recolhimento sem atraso, sendo vedado o cômputo de contribuições anteriores ao início da opção para essa categoria.

§ 4º Aplicam-se as disposições deste artigo para o servidor público efetivo sujeito à alteração de RPPS.

Art. 213. A CTC oriunda de outros regimes de previdência, emitida a partir de 16 de maio de 2008, data da publicação da Portaria MPS nº 154, de 2008, somente poderá ser aceita para fins de contagem recíproca no RGPS, se for emitida na forma do modelo de "Certidão de Tempo de Contribuição", constante no Anexo XV.

§ 1º A CTC somente poderá ser emitida por RPPS para ex-servidor.

§ 2º A CTC relativa ao militar integrante das Forças Armadas não se submete às normas definidas na Portaria MPS nº 154, de 2008, observado o disposto no § 4º.

§ 3º O disposto no § 2º não se aplica ao militar dos Estados e do Distrito Federal, para o qual deverá ser observado o *caput*.

§ 4º A CTC relativa ao militar integrante das Forças Armadas, deverá conter, obrigatoriamente:

I – órgão expedidor;

II – nome do militar, número de matrícula, CPF ou RG, sexo, data de nascimento, filiação, cargo e lotação;

III – período de contribuição, de data a data, compreendido na certidão;

IV – discriminação da frequência durante o período abrangido pela certidão, indicadas as várias alterações, tais como faltas, licenças, suspensões e outras ocorrências;

V – soma do tempo líquido;

VI – declaração expressa do servidor responsável pela certidão, indicando o tempo líquido em dias, ou anos, meses e dias; e

VII – assinatura do responsável pelo RPPS.

SUBSEÇÃO II – DO PROFESSOR

Art. 214. Considera-se como tempo de contribuição para aposentadoria de professor os seguintes períodos:

I – os períodos desempenhados em entidade educacional de ensino básico em função de magistério:

a) como docentes, a qualquer título;

b) em funções de direção de unidade escolar, de coordenação e assessoramento pedagógico, desde que exercidos por professores admitidos ou contratados para esta função, excluídos os especialistas em educação; ou

c) em atividades de administração, planejamento, supervisão, inspeção e orientação educacional, desde que exercidos por professores admitidos ou contratados para esta função, excluídos os especialistas em educação; *(Redação dada pela IN PRES/INSS 141/2022)*

II – de afastamento em decorrência de percepção de benefício por incapacidade, entre períodos de atividade de magistério, desde que à data do afastamento o segurado estivesse exercendo as atividades indicadas nas alíneas "a", "b" e "c" do inciso I;

III – de afastamento em decorrência de percepção de benefício por incapacidade decorrente de acidente do trabalho: *(Redação dada pela IN PRES/INSS 141/2022)*

a) até 30 de junho de 2020, ainda que não seja intercalado com períodos de atividade de magistério, desde que à data do afastamento, o segurado estivesse exercendo as atividades indicadas nas alíneas "a", "b" e "c" do inciso I; e *(Acrescida pela IN PRES/INSS 141/2022)*

b) a partir de 1º de julho de 2020, data da publicação do Decreto nº 10.410, de 2020, somente se intercalado com períodos de atividade indicadas, nas alíneas "a", "b" e "c" do inciso I; *(Acrescida pela IN PRES/INSS 141/2022)*

IV – de licença-prêmio no vínculo de professor;

V – os períodos de descanso determinados pela legislação trabalhista, inclusive férias e salário-maternidade; e

VI – de professor auxiliar que exerce atividade docente, nas mesmas condições do titular.

§ 1º Função de magistério é a exercida por professores em estabelecimento de educação básica em seus diversos níveis e modalidades, bem como em cursos de formação autorizados e reconhecidos pelos Órgãos competentes do Poder Executivo Federal, Estadual, do Distrito Federal ou Municipal, nos termos da Lei de Diretrizes e Bases – LDB, Lei nº 9.394, de 1996.

§ 2º A educação básica é formada pela educação infantil, ensino fundamental e ensino médio nas modalidades presencial e a distância.

SUBSEÇÃO III – DO RURAL

Art. 215. Em relação aos períodos decorrentes de atividade rural, até que lei específica discipline a matéria, serão contados como tempo de contribuição:

I – o tempo de serviço do segurado que exercia atividade rural anterior à competência novembro de 1991;

II – o tempo de serviço de segurado especial, posterior à competência de novembro de 1991, desde que tenha havido contribuição; e

III – o período de atividade na condição de empregador rural, desde que comprovado o recolhimento de contribuições na forma da Lei nº 6.260, de 1975, com indenização do período anterior.

§ 1º O tempo de serviço dos segurados que exerceram atividade rural em período posterior a novembro de 1991 deverá seguir as regras da categoria de segurado correspondente.

§ 2º Para fins de concessão do benefício previsto no art. 257, o tempo de serviço do segurado especial, posterior à competência novembro de 1991, é contado como tempo de contribuição, ainda que não tenha havido recolhimento da contribuição.

SEÇÃO IV – DOS PERÍODOS NÃO COMPUTÁVEIS

Art. 216. Não serão computados como tempo de contribuição, para fins de benefícios no RGPS, os períodos:

I – correspondentes ao emprego ou a atividade não vinculada ao RGPS;

II – de parcelamento de contribuições em atraso ou de retroação de DIC do contribuinte individual até que haja liquidação declarada pela RFB;

III – o período recolhido em atraso do segurado regularmente inscrito na categoria de contribuinte individual, facultativo ou segurado especial que esteja contribuindo facultativamente, cujo recolhimento tenha sido efetuado após o fato gerador do benefício, observado o art. 208;

IV – os períodos em que o segurado esteve recebendo benefício por incapacidade, e não houve retorno à atividade, ainda que em outra categoria de segurado;

V – para efeito de concessão de aposentadoria por tempo de contribuição e contagem recíproca:

a) o período em que o segurado contribuinte individual e facultativo tiver contribuído com base na alíquota reduzida de 5% (cinco por cento) ou 11% (onze por cento), salvo se efetuar a complementação das contribuições para o percentual de 20% (vinte por cento); e

b) de recebimento do salário-maternidade do contribuinte individual, facultativo ou em prazo de manutenção da qualidade de segurado dessas categorias, concedido em decorrência das contribuições efetuadas com base na alíquota reduzida de 5% (cinco por cento) ou 11% (onze por cento), salvo se efetuar a complementação das contribuições para o percentual de 20% (vinte por cento);

VI – em que o segurado era amparado por RPPS, exceto aquele certificado regularmente por CTC;

VII – que tenham sido considerados para a concessão de aposentadoria pelo RGPS ou qualquer outro regime de previdência social, independente de emissão de CTC;

VIII – de contagem em dobro das licenças prêmio não gozadas do servidor público optante pelo regime da CLT e os de servidor de instituição federal de ensino, na forma prevista no Decreto nº 94.664, de 23 de julho de 1987;

IX – exercidos com idade inferior à prevista na Constituição Federal, salvo as exceções previstas em lei e observado o art. 5º;

X – os períodos de aprendizado profissional realizados a partir de 16 de dezembro de 1998, data da publicação da Emenda Constitucional nº 20, de 1998, na condição de aluno aprendiz nas escolas técnicas;

XI – do bolsista e do estagiário que prestam serviços à empresa, de acordo com a Lei nº 11.788, de 2008, exceto se houver recolhimento à época na condição de facultativo; e

XII – exercidos a título de colaboração por monitores ou alfabetizadores recrutados pelas comissões municipais da Fundação Movimento Brasileiro de Alfabetização (MOBRAL), para desempenho de atividade de caráter não econômico e eventual, por não acarretar qualquer ônus de natureza trabalhista ou previdenciária, conforme estabelecido no Decreto nº 74.562, de 16 de setembro de 1974, ainda que objeto de CTC.

§ 1º O período em que o segurado contribuinte individual e facultativo tiverem contribuído com base na alíquota reduzida de 5% (cinco por cento) ou 11% (onze por cento) será considerado para fins de concessão da aposentadoria programada de que trata o art. 249, bem como da aposentadoria por idade disposta no art. 317.

§ 2º Caso seja efetuada a complementação das contribuições para o percentual de 20% (vinte por cento), o período em que o segurado contribuinte individual ou facultativo, inclusive aquele com deficiência, tiverem contribuído com base na alíquota reduzida de 5% (cinco por cento) ou 11% (onze por cento) poderá ser considerado para fins de concessão da contagem recíproca e da aposentadoria por tempo de contribuição.

SEÇÃO V – DAS DISPOSIÇÕES FINAIS

Art. 217. Até 13 de novembro de 2019, data da publicação da Emenda Constitucional nº 103, podem ser contados como tempo de contribuição, entre outros:

I – o de serviço militar obrigatório, voluntário e o alternativo, que serão certificados na forma da lei, por autoridade competente; e

II – o período majorado decorrente da conversão de tempo de atividade sob condições especiais em tempo de atividade comum.

Parágrafo único. O período de que trata o inciso I do *caput*, inferior a 18 (dezoito) meses, comprovado por meio do certificado de reservista, será contado de data a data.

Art. 218. A partir de 14 de novembro de 2019, data posterior à publicação da Emenda Constitucional nº 103, considera-se tempo de contribuição, dentre outros, os seguintes períodos:

I – o período de licença, afastamento ou inatividade sem remuneração do segurado empregado, inclusive o doméstico e o intermitente, desde que tenha havido contribuições como segurado facultativo e desde que o segurado não exerça outra atividade que o vincule ao RGPS ou a regime próprio;

II – o de serviço militar obrigatório, voluntário e o alternativo, desde que devidamente certificado pelo respectivo ente federativo, na forma da contagem recíproca, por meio de Certidão de Tempo de Contribuição.

CAPÍTULO III – DO CÁLCULO DO VALOR DO BENEFÍCIO

SEÇÃO I – DISPOSIÇÕES GERAIS

Art. 219. Para fins de cálculo do valor de benefício, deverá ser identificado o período básico de cálculo – PBC, o salário do benefício – SB e a renda mensal inicial – RMI.

§ 1º O PBC e o SB não são aplicados aos benefícios de pensão por morte, auxílio-reclusão, salário-maternidade, salário-família, bem como aos demais benefícios de legislação especial, sendo calculado apenas a RMI desses benefícios.

§ 2º O PBC é constituído de todo o período contributivo utilizado para base do SB.

§ 3º O SB é o valor básico utilizado para cálculo da RMI, considerando o PBC apurado.

§ 4º Com exceção dos benefícios citados no § 1º, o cálculo da RMI representará um coeficiente a ser aplicado ao salário de benefício.

SEÇÃO II – DO PERÍODO BASE DE CÁLCULO

Art. 220. Considera-se período contributivo:

I – para o empregado, empregado doméstico, contribuinte individual prestador de serviços à pessoa jurídica a partir da competência abril de 2003 e trabalhador avulso: o conjunto de competências em que houve ou deveria ter havido contribuição em razão do exercício de atividade remunerada sujeita à filiação obrigatória ao regime de que trata o RPS; ou

II – para os demais segurados, inclusive o facultativo: o conjunto de meses de efetiva contribuição ao RGPS.

§ 1º Para fins de cômputo de competência ou contribuição, deverá ser observado o disposto no art. 19-E e no § 22-A do art. 32, ambos do RPS.

§ 2º Para fins de concessão da aposentadoria híbrida, prevista no art. 257, o período de exercício de atividade como segurado especial, ainda que não recolha facultativamente, é considerado contributivo.

Art. 221. Considera-se Período Básico de Cálculo:

I – para os filiados ao RGPS a partir de 29 de novembro de 1999, data da publicação da Lei nº 9.876, de 1999, todo o período contributivo;

II – para os filiados ao RGPS até 28 de novembro de 1999, véspera da publicação da Lei nº 9.876, de 1999:

a) todas as contribuições a partir de julho de 1994 ou desde o início da contribuição, se posterior àquela competência, caso tenham implementado as condições para a concessão do benefício após 28 de novembro de 1999;

b) os últimos 36 (trinta e seis) salários de contribuição, apurados em período não superior a 48 (quarenta e oito) meses imediatamente anteriores àquela data, caso tenham implementado todas as condições para a concessão do benefício até 28 de novembro de 1999.

Art. 222. Para fins de fixação do PBC, deverá ser observado, conforme o caso:

I – data de entrada do requerimento – DER;

II – data do afastamento da atividade ou do trabalho – DAT;

III – data do início da incapacidade – DII;

IV – data do acidente; ou

V – data do direito adquirido, em se tratando de aposentadorias programáveis, que poderá ocorrer na:

a) data da publicação da Emenda Constitucional nº 103, de 2019;

b) data da publicação da Lei nº 9.876, de 1999 – DPL;

c) data da publicação da Emenda Constitucional nº 20, de 1998 – DPE; ou

d) data de implementação das condições necessárias à concessão do benefício – DICB, na situação prevista no art. 234.

§ 1º O término do PBC será fixado no mês imediatamente anterior ao da ocorrência de uma das situações previstas nos incisos I ao V do caput.

§ 2º O disposto no inciso V não altera a fixação da Data de Início do Benefício – DIB, que deverá ser na DER.

§ 3º Na hipótese de ser identificado o direito a mais de uma forma de cálculo de aposentadoria, fica resguardada a opção pelo cálculo mais vantajoso, observada a reafirmação da data de entrada do requerimento administrativo a critério do segurado, se for o caso, na forma do art. 577.

§ 4º Em se tratando de benefício por incapacidade, o PBC deverá ser fixado na DII, ressalvado nos casos de segurado empregado em que a DII é anterior à DAT, quando deverá ser fixado na DAT, observados os critérios estabelecidos para estes benefícios.

§ 5º Em se tratando de auxílio-acidente não precedido de auxílio por incapacidade temporária, a fixação do PBC deverá corresponder à data do acidente.

§ 6º Em caso de pedido de reabertura de CAT, com afastamento inicial até 15 (quinze) dias consecutivos, o PBC será fixado em função da data do novo afastamento.

Art. 223. Na formação do PBC, serão utilizados:

I – as remunerações ou as contribuições constantes no CNIS; e

II – para o segurado oriundo de outro regime de previdência, após a sua filiação ao RGPS, serão considerados os salários de contribuição relacionados na CTC emitida pelo ente, observado o § 1º.

§ 1º Se o período em que o segurado exerceu atividade para o RGPS for concomitante com o tempo de serviço prestado à Administração Pública, não serão consideradas no PBC as contribuições vertidas no período para o outro regime de previdência, conforme as disposições estabelecidas no art. 96 da Lei nº 8.213, de 1991.

§ 2º Não constando no CNIS as informações sobre contribuições ou remunerações, ao ser formado o PBC, deverá ser observado:

I – para o segurado empregado, inclusive o doméstico e o trabalhador avulso nos meses correspondentes ao PBC em que existir vínculo e não existir remuneração, será considerado o valor do salário mínimo, nos termos do art. 19-E do RPS, devendo esta renda ser recalculada quando da apresentação de prova dos salários de contribuição, observado o prazo decadencial; e

II – para os demais segurados, os salários de contribuição referentes aos meses de contribuições efetivamente recolhidas, observado o disposto no art. 19-E do RPS.

§ 3º Na hipótese de jornada de trabalho parcial ou intermitente, a aplicação do inciso I do § 2º fica condicionada à apresentação do contrato de trabalho onde conste a remuneração contratada ou demonstração das remunerações auferidas que possibilite a verificação do valor do salário de contribuição.

§ 4º Para fins de concessão de benefício de aposentadoria híbrida, deve ser considerado como salário de contribuição mensal do período como segurado especial o limite mínimo do salário de contribuição da Previdência Social.

§ 5º Para o período de filiação comprovado como empregado doméstico sem a comprovação do recolhimento ou sem a comprovação da primeira contribuição sem atraso, será reconhecido o direito ao benefício, na forma do inciso I do § 2º, independentemente da categoria do segurado na data do requerimento.

§ 6º Para os segurados nas categorias de contribuinte individual, inclusive o Microempreendedor Individual, de que tratam os artigos 18-A e 18-C da Lei Complementar nº 123, de 2006, de facultativo, ou de segurado especial que recolhe facultativamente, não deverão ser consideradas, para fins de formação do PBC, as contribuições efetuadas em atraso após o fato gerador, independentemente de referirem-se a competências anteriores, não se aplicando tal vedação a recolhimentos efetuados a título de complementação.

Art. 224. Havendo recebimento de benefícios por incapacidade no período contributivo, inclusive na modalidade acidentária, os períodos de recebimento deste benefício são considerados como salários de contribuição para fins de formação do PBC, desde que intercalado entre atividades.

§ 1º O período de recebimento de benefício disposto no *caput* deverá observar o salário de benefício que serviu de base para o cálculo da renda mensal, reajustado nas mesmas épocas e nas mesmas bases dos benefícios em geral, não podendo ser inferior ao salário mínimo nem superior ao limite máximo do salário de contribuição.

§ 2º Se após a cessação de benefício por incapacidade não houver retorno à atividade ou contribuição, e havendo novo requerimento de benefício, o salário de benefício daquele não poderá compor o período básico de cálculo deste.

§ 3º Quando do início ou do término do período em benefício, o segurado tiver recebido benefício e remuneração concomitantemente, será considerada, na fixação do salário de contribuição do mês em que ocorreu esse fato, a soma dos valores do salário de benefício e do salário de contribuição, respectivamente, proporcionais aos dias de benefício e aos dias trabalhados, respeitado o limite máximo do salário de contribuição.

§ 4º Aplica-se o disposto no *caput* ao período em gozo de mensalidade de recuperação de que trata o art. 47 da Lei nº 8.213, de 1991.

§ 5º O valor mensal do auxílio-acidente integrará o PBC para fins de apuração do salário de benefício de qualquer aposentadoria, nos termos do art. 31 da Lei nº 8.213 de 1991, o qual será somado ao salário de contribuição existente no PBC, observado o disposto nos §§ 6º e 7º.

§ 6º Inexistindo período de atividade ou gozo de benefício por incapacidade dentro do PBC, o valor do auxílio-acidente não supre a falta do salário de contribuição.

§ 7º Nas hipóteses em que houver permissão de acumulação do benefício de auxílio-acidente com aposentadoria, o valor mensal do auxílio-acidente não integrará o PBC da aposentadoria.

Art. 225. O salário de benefício do segurado que contribui em razão de atividades concomitantes será calculado com base na soma dos salários de contribuição das atividades exercidas no período básico de cálculo.

§ 1º Em se tratando de DIB, ou, no caso dos benefícios por incapacidade, de DII, anterior a 18 de junho de 2019, data da publicação da Lei nº 13.846, deverá ser observada a múltipla atividade.

§ 2º Para efeito do disposto no § 1º, será considerada múltipla atividade quando o segurado exercer atividades concomitantes dentro do PBC e não cumprir as condições exigidas ao benefício requerido em relação a cada atividade.

Art. 226. O índice de correção dos salários de contribuição utilizados no cálculo do salário de benefício é a variação integral do Índice Nacional de Preço ao Consumidor – INPC, referente ao período decorrido, a partir da primeira competência do salário de contribuição que compõe o PBC, até o mês anterior ao do início do benefício, de modo a preservar o seu valor real, conforme definido no art. 29-B da Lei nº 8.213, de 1991.

SEÇÃO III – DO SALÁRIO DE BENEFÍCIO

Art. 227. O salário de benefício é o valor básico utilizado para cálculo da renda mensal dos benefícios de prestação continuada, inclusive os regidos por normas especiais, exceto o salário-família, a pensão por morte, o salário-maternidade, o auxílio-acidente, o auxílio-reclusão e os demais benefícios de legislação especial.

§ 1º Os benefícios do RGPS serão calculados com base no salário de benefício.

§ 2º Para fins de apuração do salário de benefício, deve ser estabelecido o período básico de cálculo.

Art. 228. Para fins de cálculo do salário de benefício, será utilizada a média aritmética simples de 100% (cem por cento) dos salários de contribuição e das remunerações constantes no PBC.

§ 1º Para fins do cálculo das aposentadorias programadas, para as quais seja exigido tempo mínimo de contribuição, poderão ser excluídas da média as contribuições que resultem em redução do valor do benefício, desde que mantido o tempo mínimo de contribuição exigido, vedada a utilização do tempo excluído para qualquer finalidade, inclusive para os acréscimos previstos no do art. 233, para a averbação em outro regime previdenciário ou para a obtenção dos proventos de inatividade das atividades de que tratam os arts. 42 e 142 da Constituição Federal.

§ 2º Para fins da exclusão a que se refere o § 1º, devem ser consideradas as aposentadorias programadas, especial e por idade do trabalhador rural, bem como as aposentadorias transitórias por idade e por tempo de contribuição, para as quais se exige tempo mínimo de contribuição.

§ 3º Para o segurado especial, o salário de benefício consiste no valor equivalente ao salário mínimo, ressalvado o disposto no inciso II do § 2º do art. 39 do RPS.

§ 4º Para aposentadorias com fato gerador a partir de 5 de maio de 2022, após a publicação da Lei nº 14.331, de 4 de maio de 2022, exceto a aposentadoria por incapacidade permanente, no cálculo do salário de benefício, o divisor mínimo considerado no cálculo da média dos salários de contribuição não poderá ser inferior a 108 (cento e oito) meses para o segurado filiado à Previdência Social até julho de 1994. *(Acrescido pela IN PRES/INSS 141/2022)*

Art. 229. Para os filiados até 13 de novembro de 2019, data da publicação da Emenda Constitucional nº 103, que tenham implementado todas as condições para a concessão do benefício até essa data, o cálculo do salário de benefício será composto pela média aritmética simples de 80% (oitenta por cento) dos maiores salários de contribuição constantes no PBC.

§ 1º Em se tratando de aposentadoria por idade e por tempo de contribuição, inclusive a do professor, o salário de benefício deverá ser multiplicado pelo fator previdenciário.

§ 2º Fica assegurada a não aplicação do fator previdenciário previsto no § 1º, resguardada a opção pelo cálculo mais vantajoso, ao segurado com direito a:

I – aposentadoria por idade;

II – aposentadorias previstas na Lei Complementar nº 142, de 2013; e

III – aposentadoria por tempo de contribuição, quando o total resultante da soma entre a idade e o tempo de contribuição atender ao disposto do Art. 29-C da Lei nº 8.213, de 1991.

§ 3º O fator previdenciário a que se referem os §§ 1º e 2º será calculado considerando-se a idade, a expectativa de sobrevida e o tempo de contribuição do segurado na data da publicação da Emenda Constitucional nº 103, de 2019.

Art. 230. Para os filiados até 28 de novembro de 1999 que vierem a cumprir os requisitos necessários à concessão de aposentadoria especial, por idade ou por tempo de contribuição até 13 de novembro de 2019,, deverá ser observado que o divisor a ser considerado na média não poderá ser inferior a 60% (sessenta por cento) do período decorrido de julho de 1994 até a DIB.

§ 1º Na hipótese do *caput*, caso o segurado contar com 60% (sessenta por cento) a 80% (oitenta por cento) de contribuições no período decorrido de julho de 1994 até a DIB, aplicar-se-á a média aritmética simples.

§ 2º A regra prevista no *caput* não se aplica às aposentadorias com direito adquirido a partir na Emenda Constitucional nº 103, de 2019, para as quais deve ser observado o art. 228.

SEÇÃO IV – DA RENDA MENSAL INICIAL

SUBSEÇÃO I – DAS DISPOSIÇÕES GERAIS

Art. 231. Considera-se RMI do benefício a renda fixada na DIB que substitui o salário de contribuição ou o rendimento do trabalho do segurado, sendo o seu cálculo baseado na aplicação de um percentual sobre o salário de benefício, respeitados os limites mínimos e máximos aplicados ao salário de contribuição.

§ 1º Não se aplica o limite máximo disposto no *caput* aos benefícios de salário-maternidade pagos à trabalhadora avulsa e empregada, exceto a doméstica e nas hipóteses de majoração de 25% (vinte e cinco por cento) dos aposentados por incapacidade permanente que fizerem jus a esse acréscimo.

§ 2º Na hipótese de o segurado exercer mais de uma atividade abrangida pelo RGPS, o auxílio incapacidade temporário será concedido em relação à atividade para a qual ele estiver incapacitado, podendo o valor do benefício ser inferior ao salário mínimo, desde que, somado às demais remunerações resultar em valor igual ou superior a este.

Art. 232. Para os benefícios que não possuam salário de contribuição no PBC, ressalvado o salário-família e o auxílio-acidente, o valor da RMI deverá ser fixado no salário mínimo.

SUBSEÇÃO II – DA RENDA MENSAL INICIAL DOS BENEFÍCIOS, EXCETO PENSÃO POR MORTE, AUXÍLIO-RECLUSÃO E SALÁRIO-MATERNIDADE

Art. 233. A RMI do benefício será calculada aplicando-se sobre o salário de benefício os seguintes percentuais:

I – auxílio incapacidade temporária:

a) 91% (noventa e um por cento) do salário de benefício; e

b) para fato gerador a partir de 1º de março de 2015, o valor apurado na forma da alínea "a" não poderá ultrapassar a média aritmética simples dos 12 (doze) últimos salários de contribuição existentes a partir de julho de 1994, ou, se não alcançado o número de 12 (doze), a média aritmética simples dos salários de contribuição existentes, assegurado o valor do salário mínimo;

II – aposentadoria por incapacidade permanente:

a) para fato gerador até 13 de novembro de 2019, data da publicação da Emenda Constitucional nº 103: 100% (cem por cento) do salário de benefício;

b) para fato gerador a partir de 14 de novembro de 2019: 60% (sessenta por cento) do salário de benefício, com acréscimo de 2% (dois por cento) para cada ano de contribuição que exceder 15 (quinze) anos de contribuição, no caso da mulher, e 20 (vinte) anos de contribuição, no caso do homem, ressalvado o disposto no § 8º; e

c) para fato gerador a partir de 14 de novembro de 2019, quando decorrer de acidente do trabalho, de doença profissional e de doença do trabalho: 100% (cem por cento) do salário de benefício.

III – aposentadoria por idade:

a) para direito adquirido até 13 de novembro de 2019, data da publicação da Emenda Constitucional nº 103: 70% (setenta por cento) do salário de benefício, mais 1% (um por cento) deste, por grupo de 12 (doze) contribuições, limitado a 100% (cem por cento) do salário de benefício; e

b) para direito adquirido a partir de 14 de novembro de 2019: 60% (sessenta por cento) do salário de benefício, com acréscimo de 2% (dois por cento) para cada ano de contribuição que exceder 15 (quinze) anos de contribuição, no caso da mulher, e 20 (vinte) anos de contribuição, no caso do homem;

IV – aposentadoria por tempo de contribuição:

a) para direito adquirido até 13 de novembro de 2019, data da publicação da Emenda Constitucional nº 103, com tempo integral, inclusive do professor: 100% (cem por cento) do salário de benefício, multiplicado pelo fator previdenciário, observando o disposto no art. 229;

b) para direito adquirido até 13 de novembro de 2019, data da publicação da Emenda Constitucional nº 103, com tempo proporcional: 70% (setenta por cento) do salário de benefício acrescido de 5% (cinco por cento) por grupo de 12 (doze) contribuições que ultrapassar o período adicional exigido, limitado a 100% (cem por cento) do salário de benefício, multiplicado pelo fator previdenciário;

c) para direito adquirido a partir de 14 de novembro de 2019, com implementação do acesso pelas regras de transição com pontuação ou idade mínima, inclusive do professor, previstas nos artigos 252, 253, 321 e 322: 60% (sessenta por cento) do salário de benefício, com acréscimo de 2% (dois por cento) para cada ano de contribuição que exceder 15 (quinze) anos de contribuição, no caso da mulher, e 20 (vinte) anos de contribuição, no caso do homem;

d) para direito adquirido a partir de 14 de novembro de 2019, com implementação do acesso pela regra de transição com período adicional de 50% (cinquenta por cento), prevista no artigo 323: 100% (cem por cento) do salário de benefício, multiplicado pelo fator previdenciário; e

e) para direito adquirido a partir de 14 de novembro de 2019, com implementação do acesso pela regra de transição com idade mínima e período adicional de 100% (cem por cento), inclusive a do professor, prevista nos artigos 254 e 324: 100% (cem por cento) do salário de benefício;

V – aposentadoria especial:

a) para direito adquirido até 13 de novembro de 2019, data da publicação da Emenda Constitucional nº 103: 100% (cem por cento) do salário de benefício; e

b) para direito adquirido a partir de 14 de novembro de 2019: 60% (sessenta por cento) do salário de benefício, com acréscimo de 2 (dois) pontos percentuais para cada ano de contribuição que exceder 15 (quinze) anos de contribuição, no caso da mulher, e 20 (vinte) anos de contribuição, no caso do homem, exceto na hipótese em que se exige 15 (quinze) anos de contribuição, cujo acréscimo será aplicado para cada ano que exceder esse tempo, inclusive para o homem;

VI – aposentadoria programada: 60% (sessenta por cento) do salário de benefício, com acréscimo de 2 (dois) pontos percentuais para cada ano de contribuição que exceder o tempo de 15 (quinze) anos de contribuição, se mulher, e 20 (vinte) anos de contribuição, se homem.

VII – aposentadoria por idade do trabalhador rural:

a) para os segurados especiais que não contribuem facultativamente, a RMI será de um salário mínimo; e

b) para os trabalhadores rurais referidos nos incisos I a IV do art. 247, bem como para o segurado especial que contribui facultativamente: 70% (setenta por cento) do salário de benefício, com acréscimo de 1% (um por cento) para cada ano de contribuição;

VIII – aposentadoria por tempo de contribuição ao segurado com deficiência, de que trata a LC nº 142, de 2013: 100% (cem por cento) do salário de benefício;

IX – aposentadoria por idade ao segurado com deficiência, de que trata a LC nº 142, de 2013: 70% (setenta por cento) do salário de benefício, mais 1% (um por cento) deste, por grupo de 12 (doze) contribuições, limitado a 100% (cem por cento) do salário de benefício; e

X – auxílio-acidente: 50% (cinquenta por cento) do salário de benefício que serviu de base para o cálculo da renda mensal do auxílio incapacidade temporária, reajustado pelos mesmos índices de correção dos benefícios em geral.

§ 1º O valor da renda mensal da aposentadoria por incapacidade permanente concedida por transformação de auxílio incapacidade temporária deverá corresponder a:

I – para fato gerador até 13 de novembro de 2019, data da publicação da Emenda Constitucional nº 103: 100% (cem por cento) do salário de benefício que serviu de base para o cálculo da renda mensal do auxílio por incapacidade temporária, reajustado pelos mesmos índices de correção dos benefícios em geral;

II – a partir de 14 de novembro de 2019: 60% (sessenta por cento) do salário de benefício, com acréscimo de 2% (dois por cento) para cada ano de contribuição que exceder o tempo de 15 (quinze) anos de contribuição se mulher, e 20 (vinte) anos de contribuição, se homem, ressalvado o disposto no § 8º; e

III – a partir de 14 de novembro de 2019: 100% (cem por cento) do salário de benefício quando decorrer de acidente do trabalho, doença profissional ou doença do trabalho.

§ 2º Na situação prevista no inciso I do § 1º, caso o segurado esteja recebendo auxílio-acidente de origem diversa do auxílio por incapacidade temporária precedido, o valor do auxílio-acidente vigente deverá ser somado à renda mensal da aposentadoria por incapacidade permanente, observadas as regras de acumulação de benefícios. *(Redação dada pela IN PRES/INSS 141/2022)*

§ 3º O valor da renda mensal do auxílio-acidente não precedido de auxílio por incapacidade temporária deverá corresponder a 50% (cinquenta por cento) do salário de benefício daquele a que teria direito se fosse reconhecido o auxílio por incapacidade temporária.

§ 4º Para efeito do disposto da alínea "a" do inciso IV, considera-se como tempo integral, 30 (trinta) anos de contribuição, se mulher ou 35 (trinta e cinco) anos de contribuição, se homem.

§ 5º Para efeito do disposto da alínea "b" do inciso IV, considera-se como tempo proporcional, 25 (vinte e cinco) anos de contribuição, se mulher, ou 30 (trinta) anos de contribuição, se homem, acrescidos de período adicional de contribuição equivalente a 40% (quarenta por cento) do tempo que faltava em 16 de dezembro de 1998.

§ 6º O tempo de contribuição do § 4º deverá ser reduzido em 5 (cinco) anos para os professores do ensino infantil, fundamental e médio.

§ 7º Após a cessação do auxílio por incapacidade temporária decorrente de acidente de qualquer natureza ou causa, tendo o segurado retornado ou não ao trabalho, se houver agravamento ou sequela decorrente do mesmo acidente que resulte na reabertura do benefício, a renda mensal será igual a 91% (noventa e um por cento) do salário de benefício do auxílio por incapacidade temporária cessado, corrigido até o mês anterior ao da reabertura do benefício, pelos mesmos índices de correção dos benefícios em geral.

§ 8º Para os segurados especiais, deverá ser observado:

I – em se tratando de segurados que não contribuem de forma facultativa, o valor da RMI deverá ser fixado no salário mínimo; e

II – para os segurados que contribuem de forma facultativa, deverão ser observados os critérios e a forma de cálculo estabelecidos nesta Instrução Normativa.

§ 9º A limitação da renda mensal inicial prevista na alínea "b" do inciso I, do *caput*, refletirá somente no benefício de auxílio incapacidade temporário requerido, não sendo considerada para nenhum fim em benefício futuro ou derivado.

§ 10. A renda mensal inicial das aposentadorias dos segurados que tenham contribuído exclusivamente na forma § 2º do art. 21 da Lei nº 8.212, de 1991, corresponderá ao salário mínimo.

Art. 234. Em se tratando de segurado que, a partir de 28 de junho de 1997, optou por permanecer em atividade após o cumprimento das condições legalmente previstas para a obtenção do benefício de aposentadoria por tempo de contribuição, inclusive após a publicação a da Emenda Constitucional nº 103, de 13 de novembro de 2019, fica resguardada a opção pelo cálculo na legislação vigente, observadas as seguintes disposições:

I – o valor da renda mensal do benefício será calculado considerando-se como PBC os meses de contribuição imediatamente anteriores ao mês em que o segurado completou o tempo de contribuição, nos termos do § 2º, ressalvado o § 3º; e

II – a renda mensal apurada deverá ser reajustada, nos mesmos meses e índices oficiais de reajustamento utilizados para os benefícios em manutenção, até a DIB.

§ 1º Para a situação prevista neste artigo, considera-se como DIB a DER ou a DAT, nos termos do art. 54 da Lei nº 8.213, de 1991, não sendo devido nenhum pagamento relativamente ao período anterior a essa data.

§ 2º A data a ser considerada para fins de fixação do PBC deverá corresponder àquela em que o segurado tenha completado 35 (trinta e cinco) anos de tempo de contribuição, se homem, ou 30 (trinta) anos, se mulher, observado os demais requisitos de direito aplicados aos direitos adquiridos após a Emenda Constitucional nº 103, de 2019.

§ 3º Aplica-se o disposto neste artigo às situações em que for verificado o direito adquirido até a data da publicação da Emenda Constitucional nº 103, de 2019, até a data da publicação da Emenda Constitucional nº 20, de 1998 – DPE e/ou até a data da publicação da Lei nº 9.876, de 1999 – DPL, resguardada a opção pelo benefício mais vantajoso, observado o § 4º.

§ 4º Para fins de aplicação do disposto no § 3º, a data a ser considerada para fins de fixação do PBC deverá corresponder à data da publicação das respectivas legislações correlatas.

§ 5º Na concessão, serão considerados a RMI apurada conforme inciso I do *caput* e os salários de contribuição referentes ao PBC anteriores à DAT, à DER ou às datas definidas nos §§ 2º e 3º, para definição da renda mais vantajosa.

SUBSEÇÃO III – DA RENDA MENSAL INICIAL DA PENSÃO POR MORTE E DO AUXÍLIO-RECLUSÃO

Art. 235. A renda mensal inicial da pensão por morte será constituída pela soma da cota familiar e da(s) cota(s) individual(is), observado o §§ 3º e 4º, e será rateada em partes iguais aos dependentes habilitados.

§ 1º Considera-se cota familiar o valor de 50% (cinquenta por cento) do salário base da pensão por morte e cota individual o valor de 10% (dez por cento) do salário base da pensão por morte.

§ 2º Considera-se como salário base da pensão por morte o valor da aposentadoria recebida pelo segurado ou daquela a que teria direito se fosse aposentado por incapacidade permanente na data do óbito.

§ 3º Na hipótese de existir dependente inválido ou com deficiência intelectual, mental ou grave, a renda mensal inicial da pensão por morte corresponderá a 100% (cem por cento) do salário base da pensão por morte, em substituição ao disposto no *caput*.

§ 4º A quantidade de cotas individuais será equivalente à quantidade de dependentes habilitados, limitada a 5 (cinco) cotas.

§ 5º As cotas individuais serão recalculadas sempre que houver alteração da quantidade ou da condição dos dependentes habilitados, não havendo previsão de reversibilidade aos dependentes remanescentes na hipótese de perda de qualidade de um deles.

§ 6º Quando não houver mais dependente inválido ou com deficiência intelectual, mental ou grave, a renda mensal inicial da pensão por morte será recalculada na forma do disposto no *caput*.

§ 7º A renda mensal inicial da pensão por morte não poderá ser inferior ao valor de 1 (um) salário mínimo.

Art. 236. A renda mensal inicial do auxílio-reclusão será calculada na forma daquela aplicável à pensão por morte, limitado ao valor de 1 (um) salário mínimo para fatos geradores a partir de 14 de novembro de 2019, e será rateada em partes iguais aos dependentes habilitados.

Art. 237. Não será incorporado à renda mensal da pensão por morte:

I – o acréscimo de 25% (vinte e cinco por cento) recebido pelo segurado aposentado por incapacidade permanente que necessita da assistência permanente de outra pessoa;

II – o valor do auxílio-acidente recebido pelo segurado aposentado, se na data do óbito o segurado estiver recebendo, cumulativamente, aposentadoria e auxílio-acidente; e

III – o valor recebido pelo segurado a título de complementação da Rede Ferroviária Federal S/A e da Empresa Brasileira de Correios e Telégrafos.

Art. 238. Para os dependentes do segurado especial, inclusive os com deficiência, é garantida a concessão de pensão por morte com renda mensal inicial no valor de um salário mínimo.

Art. 239. Para fato gerador ocorrido até 13 de novembro de 2019, data da publicação da Emenda Constitucional nº 103, a renda mensal inicial da pensão por morte será de 100% (cem por cento) do valor da aposentadoria que o segurado recebia ou daquela a que teria direito se estivesse aposentado por incapacidade permanente na data do óbito ou da reclusão, conforme o caso.

Parágrafo único. Para fins de cálculo do disposto no *caput*, caso o falecido seja instituidor de auxílio-reclusão, e este esteja sendo recebido pelos dependentes até a data do óbito, deverá ser oportunizado o cálculo da pensão por morte pelo valor do auxílio-reclusão recebido.

SUBSEÇÃO IV – DA RENDA MENSAL INICIAL DO SALÁRIO-MATERNIDADE

Art. 240. A renda mensal do salário-maternidade será calculada, observado o disposto no art. 19-E do RPS, da seguinte forma:

I – para a segurada empregada, consiste numa renda mensal igual à sua remuneração integral, ou em caso de salário total ou parcialmente variável, na média aritmética simples dos seus 6 (seis) últimos salários;

II – para a segurada trabalhadora avulsa, corresponde ao valor de sua última remuneração integral equivalente a um mês de trabalho, observado o disposto no inciso I em caso de salário variável;

III – para a segurada doméstica, corresponde ao valor do seu último salário de contribuição, ou em caso de salário total ou parcialmente variável, na média aritmética simples dos seus 6 (seis) últimos salários de contribuição;

IV – para as seguradas contribuinte individual, facultativo, para a segurada especial que esteja contribuindo facultativamente e para os que mantenham qualidade de segurado corresponde a 1/12 (um doze avos) da soma dos doze últimos salários de contribuição, apurados em período não superior a quinze meses anteriores ao fato gerador;

V – para a segurada especial que não esteja contribuindo facultativamente, corresponde ao valor de um salário mínimo;

VI – para a segurada empregada intermitente, corresponderá à média aritmética simples das remunerações apuradas no período referente aos doze meses anteriores ao fato gerador; e

VII – para a segurada empregada com jornada parcial, cujo salário de contribuição seja inferior ao seu limite mínimo mensal, o valor será de um salário mínimo, observado o disposto no art. 124.

§ 1º Para efeito de cálculo, devem ser observados os limites mínimo e máximo do salário de contribuição, ressalvado nos casos de segurada empregada e trabalhadora avulsa.

§ 2º Não se entende como salário variável, previsto no inciso I e III, a modificação do valor exclusivamente por aumento de salário por iniciativa do empregador, reajuste, dissídio ou acordo coletivo.

§ 3º O benefício de salário-maternidade devido aos segurados trabalhador avulso e empregado, exceto o doméstico, terá a renda mensal sujeita ao teto do subsídio em espécie dos Ministros do Supremo Tribunal Federal (STF), em observância ao art. 248 da Constituição Federal.

§ 4º Aplicam-se as regras de cálculo previstas neste artigo ao benefício de salário-maternidade devido ao segurado sobrevivente de que trata o art. 360, de acordo com sua última categoria de filiação no fato gerador.

§ 5º Aplica-se o disposto neste artigo às situações em que o segurado estiver em gozo de auxílio por incapacidade temporária e requerer o salário-maternidade, observando quanto ao inciso I que, havendo reajuste salarial da categoria no período de gozo do auxílio por incapacidade temporária, caberá ao segurado comprovar o novo valor da parcela fixa.

§ 6º Na hipótese de o segurado ter feito o recolhimento complementar ou ter ocorrido agrupamento ou utilização de excedente, na forma do art. 19-E e no § 27-A do art. 216 do RPS, a base de cálculo da contribuição será somada à remuneração do correspondente mês.

§ 7º Na hipótese de empregos intermitentes concomitantes, a média aritmética a que se refere o inciso VI será calculada em relação a todos os empregos e será pago somente um salário-maternidade.

§ 8º Nos casos dos incisos IV e VI, caso a segurada não possua salário de contribuição no período indicado, o valor da RMI deverá ser fixado no salário mínimo.

Art. 241. Para a segurada com vínculos concomitantes ou atividades simultâneas, conforme o art. 361, serão observadas as seguintes situações:

I – na hipótese de uma ou mais atividades ter remuneração ou salário de contribuição inferior ao salário mínimo mensal, o benefício somente será devido se o somatório dos valores auferidos em todas as atividades for igual ou superior a um salário mínimo mensal, observando que:

a) o salário-maternidade relativo a uma ou mais atividades poderá ser inferior ao salário mínimo mensal; e

b) o valor global do salário-maternidade, consideradas todas as atividades, não poderá ser inferior ao salário mínimo mensal;

II – inexistindo contribuição na atividade concomitante, em respeito ao limite máximo do salário de contribuição como segurada empregada, o benefício será devido apenas nesta condição, no valor correspondente à remuneração integral dela; e

III – o valor global do salário-maternidade, consideradas todas as atividades, não poderá ultrapassar limite máximo do salário de contribuição mensal, observando que:

a) sendo uma das atividades como trabalhadora avulsa ou empregada, exceto doméstica, o valor do salário-maternidade decorrente destas atividades poderá ser superior ao limite máximo do salário de contribuição mensal, observado o teto disposto no § 3º do art. 240; e

b) na hipótese prevista na alínea "a" do inciso III do caput, sendo a remuneração da atividade de trabalhadora avulsa ou empregada, exceto doméstica, superior ao limite máximo do salário de contribuição mensal, não será devido o pagamento na condição de contribuinte individual ou doméstica concomitante.

Parágrafo único. Na hipótese de empregos intermitentes concomitantes, a média aritmética a que se refere o art. 240 será calculada em relação a todos os empregos, pagando-se um único salário-maternidade.

Art. 242. A segurada de que trata o § 3º do art. 197 terá o cálculo do salário-maternidade realizado com base nos últimos salários de contribuição apurados quando estava exercendo atividade de empregada, empregada doméstica ou avulsa, excluídas as contribuições vertidas posteriormente na qualidade de facultativa, contribuinte individual ou segurado especial, observada a orientação contida no inciso IV do art. 240.

Parágrafo único. Aplica-se o disposto no caput somente quando o requerente não satisfizer a carência exigida na condição de facultativo, contribuinte individual ou segurado especial, sendo vedada a exclusão de contribuições quando preenchido o direito ao salário-maternidade nestas categorias.

SEÇÃO V – DO REAJUSTAMENTO DO VALOR DO BENEFÍCIO

Art. 243. Os valores dos benefícios em manutenção serão reajustados na mesma data de reajuste do salário mínimo, pro rata, de acordo com suas respectivas datas de início ou do seu último reajustamento, com base na variação anual do INPC, apurado pela Fundação IBGE, conforme definido no art. 41-A da Lei nº 8.213, de 1991, exceto para o ano de 2010, no qual foi atribuído reajuste excepcional específico pela Lei nº 12.254, de 15 de junho de 2010.

§ 1º No caso de benefício precedido, para fins de reajuste, deverá ser considerada a DIB anterior.

§ 2º Nenhum benefício previdenciário ou assistencial reajustado poderá ter valor de mensalidade superior ao limite máximo do salário de contribuição, respeitado o direito adquirido e o acréscimo de 25% (vinte e cinco por cento) das aposentadorias por incapacidade permanente, nem inferior ao valor de um salário mínimo, exceto para os benefícios de auxílio-acidente, auxílio-suplementar, abono de permanência em serviço, salário-família, benefícios desdobrados, e a parcela a cargo do RGPS dos benefícios por totalização, concedidos com base em acordos internacionais do INSS.

§ 3º O valor mensal dos benefícios de auxílio-acidente e auxílio-suplementar, decorrente de reajustamento, não poderá ser inferior ao respectivo percentual de benefício aplicado sobre o salário mínimo vigente.

§ 4º Os benefícios de legislação especial pagos pela Previdência Social à conta do Tesouro Nacional e de ex-combatentes serão reajustados com base nos mesmos índices aplicáveis aos benefícios de prestação continuada da Previdência Social, salvo disposição específica em contrário.

§ 5º A partir de 1º de junho de 1997, para os benefícios que tenham sofrido majoração devido à elevação do salário mínimo, o referido aumento deverá incidir sobre o valor da renda mensal do benefício, anterior ao reajustamento do salário mínimo.

TÍTULO II – DOS BENEFÍCIOS PROGRAMÁVEIS

CAPÍTULO I – DAS DISPOSIÇÕES GERAIS

Art. 244. Consideram-se benefícios programáveis as aposentadorias, em suas diversas modalidades, ressalvada a aposentadoria por incapacidade permanente.

Art. 245. As aposentadorias programáveis serão devidas, na forma disciplinada neste Capítulo, aos segurados da Previdência Social que comprovem a idade, a carência, o tempo de contribuição e o somatório da idade e do tempo de contribuição exigidos, conforme o caso.

§ 1º Os benefícios previstos no *caput* independem da manutenção da qualidade de segurado, exceto a aposentadoria por idade do trabalhador rural do segurado especial que não contribui facultativamente, devendo o segurado estar no exercício da atividade ou em prazo de qualidade de segurado nesta categoria no momento do preenchimento dos requisitos necessários ao benefício pleiteado, ressalvado o direito adquirido.

§ 2º A análise das aposentadorias programáveis deverá observar a regra vigente na data do requerimento, ressalvadas as hipóteses de direito adquirido disciplinadas nesta Instrução Normativa, se mais vantajosa.

§ 3º A data de início do benefício será fixada:
I – para o segurado empregado, inclusive o doméstico:
a) a partir da data do desligamento do emprego, quando requerida em até 90 (noventa) dias depois dela; ou
b) a partir da DER, quando não houver desligamento do emprego ou quando for requerida após o prazo da alínea anterior;
II – para os demais segurados, a partir da DER.

§ 4º Na hipótese de reconhecimento do direito a mais de uma forma de cálculo prevista neste Título, o benefício requerido será concedido considerando o cálculo mais vantajoso. *(Redação dada pela IN PRES/INSS 141/2022)*

Art. 246. A aposentadoria com DER a partir de 14 de novembro de 2019, concedida com a utilização de tempo de contribuição decorrente de cargo, emprego ou função pública, acarretará o rompimento do vínculo que gerou o referido tempo de contribuição.

§ 1º O disposto no *caput* aplica-se a cargo, emprego ou função pública vinculado ao RGPS.

§ 2º Para fins do disposto no *caput*, após a consolidação da aposentadoria nos termos do disposto no art. 181-B do RPS, o INSS disponibilizará aos empregadores, mediante cadastro prévio específico, as seguintes informações sobre o benefício: *(Redação dada pela IN PRES/INSS 141/2022)*

I – data de entrada do requerimento – DER; *(Acrescido pela IN PRES/INSS 141/2022)*
II – data de despacho da concessão – DDB; *(Acrescido pela IN PRES/INSS 141/2022)*
III – data de início do benefício – DIB; e *(Acrescido pela IN PRES/INSS 141/2022)*
IV – data de cessação do benefício – DCB, se houver. *(Acrescido pela IN PRES/INSS 141/2022)*

Art. 247. Para fins de concessão de aposentadoria, são considerados como trabalhadores rurais:
I – empregados rurais;
II – contribuintes individuais que prestam serviço de natureza rural a empresa(s), a outro contribuinte individual equiparado a empresa ou a produtor rural pessoa física;
III – contribuintes individuais garimpeiros, que trabalhem, comprovadamente, em regime de economia familiar, na forma do § 1º do art. 109;
IV – trabalhadores avulsos que prestam serviço de natureza rural; e
V – segurado especial.

Parágrafo único. Não são considerados trabalhadores rurais, para fins de concessão de aposentadoria:
I – empregados domésticos;
II – produtores rurais, proprietários ou não;
III – pescador profissional; e
IV – contribuintes individuais garimpeiros que não comprovem atividade em regime de economia familiar.

Art. 248. Os incisos II e III do parágrafo único do art. 247 não se aplicam aos produtores rurais e aos pescadores que sejam considerados segurados especiais, nos termos, respectivamente, dos arts. 110 e 111.

CAPÍTULO II – DA APOSENTADORIA PROGRAMADA

Art. 249. Ao segurado filiado ao RGPS a partir de 14 de novembro de 2019, dia seguinte ao da publicação da Emenda Constitucional nº 103, de 2019, será concedida a aposentadoria de que trata este Capítulo, cumprida a carência, quando preencher, cumulativamente, os seguintes requisitos:
I – 62 (sessenta e dois) anos de idade, se mulher, 65 (sessenta e cinco) anos de idade, se homem; e
II – 15 (quinze) anos de tempo de contribuição, se mulher, e 20 (vinte) anos de tempo de contribuição, se homem.

§ 1º Para os segurados filiados ao RGPS até 13 de novembro de 2019, data da publicação da Emenda Constitucional nº 103, de 2019, aplicam-se as regras do *caput*, se mais vantajosas.

§ 2º A aposentadoria de que trata o *caput* será calculada na forma prevista do inciso VI do art. 233.

CAPÍTULO III – DA APOSENTADORIA PROGRAMADA DO PROFESSOR

SEÇÃO I – DO REQUISITO DE ACESSO

Art. 250. Para o professor filiado ao RGPS a partir de 14 de novembro de 2019, dia posterior à publicação da Emenda Constitucional nº 103, de 2019, que comprove, exclusivamente, tempo de efetivo exercício em função de magistério na educação básica, desde que cumprida a carência exigida, será concedida aposentadoria de que trata esta seção quando implementados, cumulativamente, os seguintes requisitos:

I – cinquenta e sete anos de idade, se mulher, e sessenta anos de idade, se homem; e

II – vinte e cinco anos de contribuição, para ambos os sexos, exclusivamente em efetivo exercício das funções de magistério na educação infantil, no ensino fundamental ou no ensino médio.

Parágrafo único. A aposentadoria de que trata o *caput* será calculada na forma prevista no inciso VI do art. 233.

SEÇÃO II – DAS DISPOSIÇÕES TRANSITÓRIAS REFERENTES AO REQUISITO DE ACESSO

Art. 251. Fica assegurada a concessão da aposentadoria por tempo de contribuição de professor ao segurado que comprovar exclusivamente, até 13 de novembro de 2019, data da publicação da Emenda Constitucional nº 103, de 2019, 25 (vinte e cinco) anos, se mulher, e 30 (trinta) anos, se homem, de tempo de atividade exercida em funções de magistério no ensino básico, independentemente de idade mínima, desde que cumprida a carência exigida até aquela data.

§ 1º O professor, inclusive o universitário, que não implementou as condições para aposentadoria por tempo de serviço de professor até 16 de dezembro de 1998, vigência da Emenda Constitucional nº 20, de 1998, poderá ter contado o tempo de atividade de magistério exercido até esta data, com acréscimo de 17% (dezessete por cento) para o homem, e de 20% (vinte por cento) para a mulher, se optar por aposentadoria por tempo de contribuição, independentemente de idade e do período adicional, desde que cumpridos 35 (trinta e cinco) anos de contribuição para o homem, e 30 (trinta) anos para a mulher, exclusivamente em funções de magistério, respeitada a data limite a que se refere o *caput*.

§ 2º A aposentadoria de que trata o *caput* será calculada na forma prevista na alínea "a" do inciso IV do art. 233.

Art. 252. Ao professor filiado ao RGPS até 13 de novembro de 2019, data da publicação da Emenda Constitucional nº 103, fica assegurado o direito à aposentadoria por tempo de contribuição, cumprida a carência exigida, quando forem preenchidos, cumulativamente, os seguintes requisitos:

I – comprovar exclusivamente 25 (vinte e cinco) anos de contribuição, se mulher, e 30 (trinta) anos de contribuição, se homem, em efetivo exercício das funções de magistério na educação infantil, no ensino fundamental ou no ensino médio; e

II – o somatório da idade e do tempo de contribuição, incluídas as frações, será equivalente a 81 (oitenta e um) pontos, se mulher, e 91 (noventa e um) pontos, se homem.

§ 1º A partir de 1º de janeiro de 2020, a pontuação a que se refere o inciso II do *caput* será acrescida a cada ano de 1 (um) ponto, até atingir o limite de 92 (noventa e dois) pontos, se mulher, e de 100 (cem) pontos, se homem.

§ 2º A idade e o tempo de contribuição serão apurados em dias para o cálculo do somatório de pontos a que se referem o inciso II do *caput* e o § 1º.

§ 3º A aposentadoria de que trata o *caput* será calculada na forma prevista do inciso IV, alínea "c" do art. 233.

Art. 253. Ao professor filiado ao RGPS até 13 de novembro de 2019, data da publicação da Emenda Constitucional nº 103, de 2019, fica assegurado o direito à aposentadoria por tempo de contribuição, cumprida a carência exigida, quando forem preenchidos, cumulativamente, os seguintes requisitos:

I – comprovar exclusivamente 25 (vinte e cinco) anos de contribuição, se mulher, e 30 (trinta) anos de contribuição, se homem, em efetivo exercício das funções de magistério na educação infantil, no ensino fundamental ou no ensino médio; e

II – idade de 51 (cinquenta e um) anos, se mulher, e 56 (cinquenta e seis) anos, se homem.

§ 1º A partir de 1º de janeiro de 2020, a idade a que se refere o inciso II do *caput* será acrescida de 6 (seis) meses a cada ano, até atingir 57 (cinquenta e sete) anos de idade, se mulher, e 60 (sessenta) anos de idade, se homem.

§ 2º A aposentadoria de que trata o *caput* será calculada na forma prevista do inciso IV, alínea "c" do art. 233.

Art. 254. Ao professor filiado ao RGPS até 13 de novembro de 2019, data da publicação da Emenda Constitucional nº 103, de 2019, fica assegurado o direito à aposentadoria por tempo de contribuição, cumprida a carência exigida, quando forem preenchidos, cumulativamente, os seguintes requisitos:

I – 52 (cinquenta e dois) anos de idade, se mulher, e 55 (cinquenta e cinco) anos de idade, se homem;

II – comprovar exclusivamente 25 (vinte e cinco) anos de contribuição, se mulher, e 30 (trinta) anos de contribuição, se homem, em efetivo exercício das funções de magistério na educação infantil, no ensino fundamental ou no ensino médio; e

III – período adicional correspondente a 100% (cem por cento) do tempo que, na data de entrada em vigor da Emenda Constitucional, faltaria para atingir o tempo mínimo de contribuição referido no inciso II.

Parágrafo único. A aposentadoria de que trata este artigo será calculada na forma prevista na alínea "e" do inciso IV do art. 233.

SEÇÃO III – DA ATIVIDADE DE PROFESSOR

Art. 255. O tempo de contribuição para a aposentadoria a que se refere essa Seção será considerado na forma do art. 214.

§ 1º O tempo de contribuição exercido em atividade diversa de magistério na educação infantil, no ensino fundamental ou no ensino médio não será contabilizado para fins da totalização na aposentadoria do professor, entretanto, deverá ser considerado na formação do PBC.

§ 2º É vedada a conversão de tempo de serviço de magistério na educação infantil, no ensino fundamental ou no ensino médio, exercido em qualquer época, em tempo de serviço comum.

CAPÍTULO IV – DA APOSENTADORIA POR IDADE DO TRABALHADOR RURAL

Art. 256. A aposentadoria por idade dos trabalhadores rurais definidos no art. 247, desde que cumprida a carência exigida, será devida ao segurado que completar 55 (cinquenta e cinco) anos de idade, se mulher, e 60 (sessenta) anos de idade, se homem.

§ 1º A carência exigida deverá observar o disposto nos arts. 201 a 205.

§ 2º A aposentadoria de que trata o *caput* será calculada na forma prevista do inciso VII do art. 233.

§ 3º O segurado especial que contribui facultativamente somente fará jus à aposentadoria com valor apurado na forma da alínea "b" do inciso VII do art. 233 após o cumprimento do período de carência exigido, hipótese em que não será considerado como período de carência o tempo de atividade rural não contributivo.

SEÇÃO I – DA APOSENTADORIA HÍBRIDA

Art. 257. Os trabalhadores rurais que não atendam às condições do art.256, mas que satisfaçam a carência e o tempo de contribuição exigidos computando-se os períodos de contribuição sob outras categorias, inclusive urbanas, farão jus ao benefício desde que preenchidos, cumulativamente os seguintes requisitos: *(Redação dada pela IN PRES/INSS 141/2022)*

I – 62 (sessenta e dois) anos de idade, se mulher, e 65 (sessenta e cinco) anos de idade, se homem; e *(Acrescido pela IN PRES/INSS 141/2022)*

II – 15 (quinze) anos de tempo de contribuição, se mulher, e 20 (vinte) anos de tempo de contribuição, se homem. *(Acrescido pela IN PRES/INSS 141/2022)*

§ 1º O disposto no *caput* aplica-se exclusivamente aos segurados que, na data da implementação dos requisitos, comprovem a condição de trabalhador rural, ainda que na DER o segurado não mais se enquadre como trabalhador rural, conforme dispõe o § 2º do art. 57 do RPS.

§ 2º A aposentadoria de que trata o *caput* será calculada na forma prevista no inciso VI do *caput* do art. 233. *(Redação dada pela IN PRES/INSS 151/2023)*

§ 3º Ao segurado que requerer a aposentadoria prevista neste artigo se aplicam as regras de transição previstas nos arts. 316 e 317.

Art. 257-A. Por força de decisão judicial transitada em julgado, proferida nos autos da ACP nº 5038261-15.2015.4.04.7100/RS, para requerimentos com DER a partir de 5 de janeiro de 2018, fica assegurado o direito à aposentadoria por idade na modalidade híbrida, independentemente: *(Acrescido pela IN PRES/INSS 151/2023)*

I – de qual tenha sido a última atividade profissional desenvolvida (rural ou urbana) ao tempo do requerimento administrativo ou do implemento dos requisitos; e

II – da efetivação de contribuições relativas ao tempo de atividade comprovada como trabalhador rural.

§ 1º Para fazer jus à aposentadoria por idade prevista no *caput*, o beneficiário deverá comprovar sua condição de segurado do RGPS na DER ou na data da implementação dos requisitos, cabendo o reconhecimento a esse benefício, inclusive quando a qualidade de segurado for em razão de percepção de benefício concedido em decorrência de qualidade de segurado resultante do exercício de atividade de natureza urbana.

§ 2º Na concessão da aposentadoria por idade prevista no *caput*, os períodos de atividade rural anteriores a 1º de novembro de 1991 são computados como carência, não se aplicando as previsões dos incisos II e V do art. 194.

§ 3º A aposentadoria de que trata o *caput* será calculada na forma prevista do inciso VI do art. 233.

§ 4º O disposto nos arts. 316 e 317 também são aplicáveis ao benefício de que trata este artigo, no que couber.

SEÇÃO II – DAS DISPOSIÇÕES GERAIS

Art. 258. Para fins de concessão de aposentadoria por idade dos trabalhadores rurais, o segurado deve estar exercendo a atividade rural ou em período de graça na DER ou na data em que implementou todas as condições exigidas para o benefício.

§ 1º A atividade rural exercida até 31 de dezembro de 2010, pelos trabalhadores rurais de que trata o *caput* enquadrados como empregado e contribuinte individual, para fins de aposentadoria por idade no valor de um salário mínimo, observará as regras de comprovação relativas ao segurado especial, mesmo que a implementação das condições para o benefício seja posterior à respectiva data.

§ 2º Na hipótese do *caput*, será devido o benefício ao segurado empregado, contribuinte individual e segurado especial, ainda que a atividade exercida na DER seja de natureza urbana, desde que o segurado tenha preenchido todos os requisitos para a concessão do benefício rural até a expiração do prazo de manutenção da qualidade na condição de segurado rural.

Art. 259. Para as aposentadorias por idade dos trabalhadores rurais, não será considerada a perda da qualidade de segurado nos intervalos entre as atividades rurícolas.

CAPÍTULO V – DA APOSENTADORIA ESPECIAL

SEÇÃO I – DO REQUISITO DE ACESSO

Art. 260. Ao segurado filiado ao RGPS a partir de 14 de novembro de 2019, após a data de entrada em vigor da Emenda Constitucional nº 103, que comprove o exercício de atividades com efetiva exposição a agentes químicos, físicos e biológicos prejudiciais à saúde, ou associação desses agentes, vedada a caracterização por categoria profissional ou ocupação, será concedida a aposentadoria especial, cumprida a carência, quando atingidos:

I – 55 (cinquenta e cinco) anos de idade, quando se tratar de atividade especial de 15 (quinze) anos de contribuição;

II – 58 (cinquenta e oito) anos de idade, quando se tratar de atividade especial de 20 (vinte) anos de contribuição; ou

III – 60 (sessenta) anos de idade, quando se tratar de atividade especial de 25 (vinte e cinco) anos de contribuição.

Parágrafo único. A aposentadoria de que trata o *caput* será calculada na forma prevista no inciso V do art. 233.

SEÇÃO II – DAS DISPOSIÇÕES TRANSITÓRIAS REFERENTES AO REQUISITO DE ACESSO

Art. 261. Fica assegurada a concessão da aposentadoria especial ao segurado que até 13 de novembro de 2019, data da publicação da Emenda Constitucional nº 103, de 2019, tenha cumprido a carência exigida e tenha caracterizado o exercício de atividade em condições especiais que prejudiquem a saúde ou a integridade física, durante o período de 15 (quinze), 20 (vinte) ou 25 (vinte e cinco) anos, conforme o caso, independentemente de idade mínima, podendo haver enquadramento nesta condição:

I – por categoria profissional até 28 de abril de 1995, véspera da publicação da Lei nº 9.032, de 1995; e

II – por exposição a agentes químicos, físicos, biológicos ou a associação de agentes prejudiciais à saúde ou à integridade física, em qualquer época.

Parágrafo único. A aposentadoria de que trata o *caput* será calculada na forma prevista na alínea "a" do inciso V do art. 233.

Art. 262. Ao segurado filiado ao RGPS até 13 de novembro de 2019, data da publicação da Emenda Constitucional nº 103, que comprove o exercício de atividades com efetiva exposição a agentes químicos, físicos e biológicos prejudiciais à saúde, ou associação desses agentes e por categoria profissional até 28 de abril de 1995, véspera da publicação da Lei nº 9.032, de 1995, será concedida a aposentadoria especial, cumprida a carência, quando forem preenchidos, cumulativamente, o somatório da idade e do tempo de contribuição, incluídas as frações, for equivalente a:

I – 66 (sessenta e seis) pontos e comprovar 15 (quinze) anos de efetiva exposição;

II – 76 (setenta e seis) pontos e comprovar 20 (vinte) anos de efetiva exposição; e

III – 86 (oitenta e seis) pontos e comprovar 25 (vinte e cinco) anos de efetiva exposição.

§ 1º A idade e o tempo de contribuição serão apurados em dias para o cálculo do somatório de pontos a que se refere os incisos I a III do *caput*.

§ 2º A aposentadoria de que trata o *caput* será calculada na forma prevista na alínea "b" do inciso V do art. 233.

SEÇÃO III – DAS DISPOSIÇÕES GERAIS

Art. 263. A aposentadoria especial será devida somente aos segurados:

I – empregado;

II – trabalhador avulso;

III – contribuinte individual por categoria profissional até 28 de abril de 1995; e

IV – contribuinte individual cooperado filiado à cooperativa de trabalho ou de produção, para períodos trabalhados a partir de 13 de dezembro de 2002, data da publicação da Medida Provisória nº 83, por exposição a agentes prejudiciais à saúde.

Art. 264. Para fins de concessão de aposentadoria especial somente serão considerados os períodos de atividade especial, sendo vedada a conversão de tempo comum em especial.

Art. 265. O exercício de atividade em mais de um vínculo, com tempo de trabalho concomitante, não prejudica o direito à aposentadoria especial, desde que comprovada a nocividade do agente e a permanência em pelo menos um dos vínculos.

Parágrafo único. Na hipótese de atividades concomitantes sob condições especiais, no mesmo ou em outro vínculo, será considerada aquela que exigir menor tempo para a aposentadoria especial, desde que atingido o tempo mínimo para concessão da aposentadoria especial, sendo que para os casos de conversão deverá ser observado o disposto no art. 266.

Art. 266. Quando houver exercício sucessivo em mais de uma atividade sujeita a condições especiais prejudiciais à saúde, sem completar em qualquer delas o prazo mínimo exigido para aposentadoria especial, os respectivos períodos serão somados, devendo ser considerada a atividade preponderante para efeito de verificação de enquadramento.

Parágrafo único. Será considerada atividade preponderante aquela em que o segurado cumprir maior tempo de contribuição antes da conversão, e servirá como parâmetro para definir o tempo mínimo necessário para a aposentadoria especial e para a conversão.

Art. 267. A partir de 29 de abril de 1995, data da publicação da Lei nº 9.032, não é permitido ao segurado que possuir aposentadoria especial permanecer ou retornar ao exercício de atividade ou operações que o sujeitem aos agentes prejudiciais à saúde constantes do Anexo IV do RPS, na mesma ou em outra empresa, no mesmo ou em outro vínculo, qualquer que seja a forma de prestação do serviço ou categoria de segurado.

§ 1º A cessação do benefício de que trata o *caput* ocorrerá:

I – em 3 de dezembro de 1998, data da publicação da Medida Provisória nº 1.729, convertida na Lei nº 9.732, de 11 de dezembro de 1998, para as aposentadorias concedidas no período anterior à edição do referido diploma legal; e

II – na data do efetivo retorno ou da permanência, para as aposentadorias concedidas a partir de 3 de dezembro de 1998, data da publicação da Medida Provisória nº 1.729.

§ 2º A cessação do benefício observará os procedimentos que garantam ao segurado o direito ao contraditório e à ampla defesa.

§ 3º Não serão considerados como permanência ou retorno à atividade os períodos:

I – entre a data do requerimento e a data da ciência da concessão do benefício; e

II - de cumprimento de aviso prévio consequente do pedido de demissão do segurado após a ciência da concessão do benefício.

§ 4º Os valores indevidamente recebidos deverão ser devolvidos ao INSS.

SEÇÃO IV - DA CARACTERIZAÇÃO DE ATIVIDADE EXERCIDA EM CONDIÇÕES ESPECIAIS

Art. 268. Para fins de concessão de aposentadoria especial, será exigida a comprovação do exercício da atividade de forma permanente, entendendo-se como permanente o trabalho não ocasional nem intermitente, no qual a efetiva exposição do trabalhador ao agente prejudicial à saúde é indissociável da produção do bem ou da prestação de serviço, exercida em condições especiais que prejudiquem a saúde, durante o período de 15 (quinze), 20 (vinte) ou 25 (vinte e cinco) anos.

§ 1º A relação dos agentes nocivos químicos, físicos, biológicos ou associação de agentes prejudiciais à saúde, considerados para fins de concessão de aposentadoria especial, consta no Anexo IV do RPS.

§ 2º Para períodos trabalhados até 28 de abril de 1995, véspera da publicação da Lei nº 9.032, de 28 de abril de 1995, que alterou o art. 57 da Lei nº 8.213, de 1991, não será exigido o requisito de permanência indicado no *caput* para os trabalhos exercidos em condições especiais que prejudiquem a saúde, bem como no enquadramento por categoria profissional.

Art. 269. Considerando o disposto nos arts. 260 a 262, as atividades exercidas serão analisadas conforme quadro constante no Anexo XVI, "Enquadramento de Atividade Especial".

§ 1º Fica assegurada a caracterização por categoria profissional, até 28 de abril de 1995, véspera da publicação da Lei nº 9.032.

§ 2º A conversão de tempo de atividade sob condições especiais em tempo de atividade comum aplica-se somente ao trabalho prestado até 13 de novembro de 2019.

§ 3º As modificações trazidas pelo Decreto nº 4.882, de 18 de novembro de 2003, não geram efeitos retroativos em relação às alterações conceituais por ele introduzidas.

§ 4º A análise administrativa de atividade especial por categoria profissional deverá constar em despacho específico, conforme Anexo XXVIII. *(Acrescido pela IN PRES/INSS 141/2022)*

Art. 270. Havendo novo requerimento de benefício, serão mantidas as análises de atividade especial realizadas nos benefícios anteriores, respeitadas as orientações vigentes à época, devendo ser submetidos a análise períodos com agentes prejudiciais à saúde ainda não analisados.

§ 1º Caberá reanálise em caso de apresentação de novos elementos, sendo considerados como tal nova documentação com informações diferentes, ocorrência de ulterior decisão recursal ou judicial e alterações de entendimento e legislativas.

§ 2º O disposto no *caput* não impede a revisão, por iniciativa do INSS ou a pedido do segurado, dos períodos já analisados, observada nesse caso a legislação aplicada à revisão e a necessidade de clara fundamentação em caso de modificação da decisão anteriormente proferida.

Art. 271. Não descaracterizam o exercício em condições especiais os períodos de descanso determinados pela legislação trabalhista, inclusive férias, bem como os de percepção de salário-maternidade, desde que, à data do afastamento o segurado esteja exposto aos agentes prejudiciais à saúde de que trata o art. 268.

§ 1º A redução de jornada de trabalho por acordo, convenção coletiva de trabalho ou sentença normativa não descaracteriza a atividade especial.

§ 2º A partir de 1º de julho de 2020, data da publicação do Decreto nº 10.410, de 30 de junho de 2020, os períodos de afastamento decorrentes de gozo de benefício por incapacidade, inclusive o acidentário, não serão considerados como sendo de atividade especial.

Art. 272. São considerados formulários de reconhecimento de períodos laborados em atividades especiais, legalmente previstos:

I - os antigos formulários de reconhecimento de períodos laborados em condições especiais emitidos até 31 de dezembro de 2003; e

II - o Perfil Profissiográfico Previdenciário - PPP - emitido a partir de 1º de janeiro de 2004.

§ 1º Na hipótese do inciso I do *caput* poderá ser exigida a apresentação do Laudo Técnico de Condições Ambientais do Trabalho - LTCAT, na forma do art. 276.

§ 2º Em relação ao Perfil Profissiográfico Previdenciário - PPP, será válida a apresentação de documento eletrônico previsto no eSocial para esta finalidade.

Art. 273. Os formulários indicados no art. 272 serão aceitos quando emitidos:

I – pela empresa, no caso de segurado empregado;

II – pela cooperativa de trabalho ou de produção, no caso de cooperado filiado;

III – pelo órgão gestor de mão de obra – OGMO – ou pelo sindicato da categoria no caso de trabalhador avulso portuário a ele vinculado que exerça suas atividades na área dos portos organizados;

IV – pelo sindicato da categoria no caso de trabalhador avulso portuário a ele vinculado que exerça suas atividades na área dos terminais de uso privado; e

V – pelo sindicato da categoria no caso de trabalhador avulso não portuário a ele vinculado.

Parágrafo único. Quando houver prestação de serviço mediante cessão ou empreitada de mão de obra de cooperativa de trabalho ou empresa contratada, os formulários mencionados no art. 272 emitidos por elas, terão como base os laudos técnicos de condições ambientais de trabalho emitidos pela empresa contratante, quando o serviço for prestado em estabelecimento da contratante.

Art. 274. Para caracterizar o exercício de atividade em condições especiais que prejudiquem a saúde, o segurado empregado ou o trabalhador avulso deverão apresentar os seguintes documentos:

I – para períodos laborados até 28 de abril de 1995, véspera da publicação da Lei nº 9.032:

a) para períodos enquadráveis por categoria profissional:

1. Carteira Profissional – CP – ou Carteira de Trabalho e Previdência Social – CTPS, ficha ou livro de registro de empregado, no caso do segurado empregado, e certificado do OGMO ou sindicato da categoria acompanhado de documento contemporâneo que comprove o exercício de atividade, no caso do trabalhador avulso; ou

2. formulários de reconhecimento de períodos laborados em condições especiais, dispostos no art. 272;

b) para períodos enquadráveis por agentes prejudiciais à saúde:

1. os antigos formulários de reconhecimento de períodos laborados em condições especiais emitidos até 31 de dezembro de 2003, e quando se tratar de exposição ao agente físico ruído, será obrigatória a apresentação, também, do Laudo Técnico que embasou o preenchimento do formulário; ou

2. Perfil Profissiográfico Previdenciário – PPP – emitido a partir de 1º de janeiro de 2004;

II – para períodos laborados entre 29 de abril de 1995, data da publicação da Lei nº 9.032, a 13 de outubro de 1996, véspera da publicação da Medida Provisória nº 1.523:

a) os antigos formulários de reconhecimento de períodos laborados em condições especiais emitidos até 31 de dezembro de 2003, e quando se tratar de exposição ao agente físico ruído, será obrigatória a apresentação, também, do Laudo Técnico que embasou o preenchimento do formulário; ou

b) Perfil Profissiográfico Previdenciário – PPP emitido a partir de 1 de janeiro de 2004;

III – para períodos laborados entre 14 de outubro de 1996, data da publicação da Medida Provisória nº 1.523, e 31 de dezembro de 2003, data estabelecida pelo INSS em conformidade com o determinado pelo § 3º do art. 68 do RPS:

a) os antigos formulários de comprovação de períodos laborados em atividades especiais emitidos até 31 de dezembro de 2003 e LTCAT para exposição a qualquer agente prejudicial à saúde ou demais demonstrações ambientais arroladas no inciso V do *caput* do art. 277; ou

b) Perfil Profissiográfico Previdenciário – PPP – emitido a partir de 1º de janeiro de 2004;

IV – para períodos laborados a partir de 1º de janeiro de 2004, o documento a ser apresentado deverá ser o PPP, conforme estabelecido por meio da Instrução Normativa INSS/DC nº 99, de 2003, em cumprimento ao § 3º do art. 68 do RPS.

§ 1º Para períodos laborados até 28 de abril de 1995, não será exigida a apresentação dos formulários indicados nas alíneas "a" e "b" do inciso I do *caput*, quando o enquadramento ocorrer por categoria profissional, nos casos em que não for necessária nenhuma outra informação sobre a atividade exercida, além da constante na CTPS para realização do enquadramento.

§ 2º *(Revogado pela IN PRES/INSS 141/2022)*

Art. 275. Para fins de caracterização de atividade especial exercida como segurado contribuinte individual em condições especiais, a comprovação da efetiva exposição aos agentes prejudiciais à saúde será realizada mediante a apresentação dos seguintes documentos, observado o disposto no art. 263:

I – por categoria profissional: documentos que comprovem, ano a ano, a habitualidade na atividade arrolada para enquadramento, estando dispensado de apresentar o formulário legalmente previsto no art. 272 para reconhecimento de períodos alegados como especiais; ou

II – por efetiva exposição a agentes prejudiciais à saúde: somente ao contribuinte individual cooperado filiado à cooperativa de trabalho ou de produção, mediante apresentação dos formulários de comprovação de atividade especiais, emitidos pela cooperativa, observado quanto aos formulários o disposto nos incisos III e IV do *caput* do art. 274.

SUBSEÇÃO I – DO LTCAT

Art. 276. Quando da apresentação de LTCAT, serão observados os seguintes elementos informativos básicos constitutivos:

I – se individual ou coletivo;

II – identificação da empresa;

III – identificação do setor e da função;

IV – descrição da atividade;

V – identificação do agente prejudicial à saúde, arrolado na Legislação Previdenciária;

VI – localização das possíveis fontes geradoras;

VII – via e periodicidade de exposição ao agente prejudicial à saúde;

VIII – metodologia e procedimentos de avaliação do agente prejudicial à saúde;

IX – descrição das medidas de controle existentes;

X – conclusão do LTCAT;

XI – assinatura e identificação do médico do trabalho ou engenheiro de segurança do trabalho; e

XII – data da realização da avaliação ambiental.

Art. 277. Para complementar ou substituir o LTCAT, quando for o caso, serão aceitos, desde que informem os elementos básicos relacionados no art. 276, os seguintes documentos:

I – laudos técnico-periciais realizados na mesma empresa, emitidos por determinação da Justiça do Trabalho, em ações trabalhistas, individuais ou coletivas, acordos ou dissídios coletivos, ainda que o segurado não seja o reclamante, desde que relativas ao mesmo setor, atividades, condições e local de trabalho;

II – laudos emitidos pela Fundação Jorge Duprat Figueiredo de Segurança e Medicina do Trabalho – FUNDACENTRO;

III – laudos emitidos por órgãos da Secretaria de Trabalho do Ministério do Trabalho e Previdência – MTP;

IV – laudos individuais acompanhados de:

a) autorização escrita da empresa para efetuar o levantamento, quando o responsável técnico não for seu empregado;

b) nome e identificação do acompanhante da empresa, quando o responsável técnico não for seu empregado; e

c) data e local da realização da perícia.

V – demonstrações ambientais:

a) Programa de Prevenção de Riscos Ambientais – PPRA, previsto na NR 9, até 02 de janeiro de 2022;

b) Programa de Gerenciamento de Riscos – PGR, previsto na NR 1, a partir de 3 de janeiro de 2022;

c) Programa de Gerenciamento de Riscos – PGR, na mineração, previsto na NR 22;

d) Programa de Condições e Meio Ambiente de Trabalho na Indústria da Construção – PCMAT, previsto na NR 18;

e) Programa de Controle Médico de Saúde Ocupacional – PCMSO, previsto na NR 7; e

f) Programa de Gerenciamento de Riscos no Trabalho Rural – PGRTR, previsto na NR 31.

Parágrafo único. Não serão aceitos os seguintes laudos:

I – elaborado por solicitação do próprio segurado, sem o atendimento das condições previstas no inciso IV do *caput*;

II – relativo à atividade diversa, salvo quando efetuada no mesmo setor;

III – relativo a equipamento ou setor similar;

IV – realizado em localidade diversa daquela em que houve o exercício da atividade; e

V – de empresa diversa.

Art. 278. As demonstrações ambientais referidas no inciso V do *caput* do art. 277 devem ser atualizadas conforme periodicidade prevista na legislação trabalhista, ou sempre que ocorrer qualquer alteração no ambiente de trabalho ou em sua organização, observado o parágrafo único do art. 279.

Art. 279. Serão aceitos o LTCAT e os laudos mencionados nos incisos I a IV do *caput* do art. 277 emitidos em data anterior ou posterior ao período de exercício da atividade do segurado, desde que a empresa informe expressamente que não houve alteração no ambiente de trabalho ou em sua organização ao longo do tempo.

Parágrafo único. Para efeito do disposto no *caput* serão considerados como alteração do ambiente de trabalho ou em sua organização, entre outras, aquelas decorrentes de:

I – mudança de leiaute;

II – substituição de máquinas ou de equipamentos;

III – adoção ou alteração de tecnologia de proteção coletiva; e

IV – alcance dos níveis de ação estabelecidos na legislação trabalhista, se aplicável.

Art. 280. O LTCAT e as demonstrações ambientais deverão embasar o preenchimento da GFIP, eSocial ou de outro sistema que venha a substituí-la, e dos formulários de comprovação de períodos laborados em atividade especial.

Parágrafo único. O INSS poderá solicitar o LTCAT ou as demais demonstrações ambientais, ainda que não exigidos inicialmente, toda vez que concluir pela necessidade da análise deles para subsidiar a decisão do enquadramento da atividade especial, estando a empresa obrigada a prestar as informações na forma do inciso III do art. 225 do RPS.

SUBSEÇÃO II – DO PPP

Art. 281. O PPP constitui-se em um documento histórico laboral do trabalhador, segundo modelo instituído pelo INSS, conforme formulário do Anexo XVII, que deve conter as seguintes informações básicas:

I – dados administrativos da empresa e do trabalhador;

II – registros ambientais; e

III – responsáveis pelas informações.

§ 1º O PPP deverá ser assinado pelo representante legal da empresa ou seu preposto, que assumirá a responsabilidade sobre a fidedignidade das informações prestadas quanto à:

I – fiel transcrição dos registros administrativos; e

II – veracidade das demonstrações ambientais e dos programas médicos de responsabilidade da empresa.

§ 2º Deverá constar no PPP o nome e o CPF do responsável pela assinatura do documento.

§ 3º A prestação de informações falsas no PPP constitui crime de falsidade ideológica, nos termos do art. 299 do Código Penal, bem como crime de falsificação de documento público, nos termos do art. 297 do Código Penal.

§ 4º O PPP dispensa a apresentação de laudo técnico ambiental para fins de comprovação de condição especial de trabalho, desde que todas as informações estejam adequadamente preenchidas e amparadas em laudo técnico.

§ 5º Sempre que julgar necessário, o INSS poderá solicitar documentos para confirmar ou complementar as informações contidas no PPP, de acordo com § 7º do art. 68 e inciso III do art. 225, ambos do RPS.

§ 6º O trabalhador ou seu preposto terá acesso às informações prestadas pela empresa sobre o seu perfil profissiográfico previdenciário, podendo inclusive solicitar a retificação de informações quando em desacordo com a realidade do ambiente de trabalho, conforme orientação a ser estabelecida em ato do Ministro de Estado do Trabalho e Previdência.

§ 7º Quando da implantação do PPP em meio digital, o layout do formulário previsto no Anexo XVII poderá ser alterado para melhor visualização em formato eletrônico, desde que mantido inalterado o conteúdo do documento.

Art. 282. Além da comprovação do exercício em atividade especial, o PPP tem como finalidade:

I – comprovar as condições para obtenção do direito a benefícios e serviços previdenciários;

II – fornecer ao trabalhador meios de prova produzidos pelo empregador perante a Previdência Social, a outros órgãos públicos e aos sindicatos, de forma a garantir todo direito decorrente da relação de trabalho, seja ele individual ou difuso e coletivo;

III – fornecer à empresa meios de prova produzidos em tempo real, de modo a organizar e a individualizar as informações contidas em seus diversos setores ao longo dos anos, possibilitando que a empresa evite ações judiciais indevidas relativas a seus trabalhadores; e

IV – possibilitar aos administradores públicos e privados acessos a bases de informações fidedignas, como fonte primária de informação estatística, para desenvolvimento de vigilância sanitária e epidemiológica, bem como definição de políticas em saúde coletiva.

Art. 283. As informações constantes no PPP são de caráter privativo do trabalhador, constituindo crime nos termos da Lei nº 9.029, de 1995, práticas discriminatórias decorrentes de sua exigibilidade por outrem, bem como de sua divulgação para terceiros, ressalvado quando exigida pelos órgãos públicos competentes.

Art. 284. A partir de 1º de janeiro de 2004, conforme estabelecido pela Instrução Normativa INSS/DC nº 99, de 2003, a empresa ou equiparada à empresa deverá preencher o formulário PPP de forma individualizada para seus empregados, trabalhadores avulsos e contribuintes individuais cooperados, que trabalhem expostos a agentes prejudiciais à saúde, ainda que não presentes os requisitos para fins de enquadramento de atividade especial, seja pela eficácia dos equipamentos de proteção, coletivos ou individuais, seja por não se caracterizar a permanência.

§ 1º A partir da implantação em meio digital do PPP ou de documento que venha a substituí-lo, esse formulário deverá ser preenchido para todos os segurados empregados, avulsos e cooperados vinculados a cooperativas de trabalho ou de produção, independentemente do ramo de atividade da empresa, da exposição a agentes prejudiciais à saúde.

§ 2º A implantação do PPP em meio digital, ou de documento que venha substituí-lo nesse formato, será gradativa e haverá período de adaptação conforme critérios definidos pela Previdência Social.

§ 3º A declaração de inexistência de exposição a riscos físicos, químicos e biológicos ou associação desses agentes no PPP poderá ser feita:

I – para a Microempresa – ME e a Empresa de Pequeno Porte – EPP embasada na declaração eletrônica de ausência de riscos físicos, químicos e biológicos prevista no item 1.8.4 da NR 1, com redação dada pela Redação dada pela Portaria SEPRT nº 6.730, de 9 de março de 2020;

II – para o Micro Empreendedor Individual – MEI sempre que nas fichas com orientações sobre as medidas de prevenção a serem adotadas de acordo com a atividade econômica de desenvolvida, nos termos do item 1.8.2 da NR 1, com redação dada pela Redação dada pela Portaria SEPRT nº 6.730, de 9 de março de 2020, não existir a indicação de exposição a agentes físicos, químicos ou biológicos; e

III – para todas as empresas quando no inventário de riscos do Programa de Gerenciamento de Riscos (PGR) de que trata o item 1.5.7 da NR 1 do Ministério do Trabalho e Previdência for constatada a inexistência de riscos físicos, químicos e biológicos previstos no anexo IV do Regulamento da Previdência Social.

§ 4º O PPP deverá ser atualizado sempre que houver alteração que implique mudança das informações contidas nas suas seções.

§ 5º A empresa ou equiparada à empresa deve elaborar e manter atualizado o PPP para os segurados referidos no *caput*, bem como fornecê-lo nas seguintes situações:

I – por ocasião da rescisão do contrato de trabalho ou da desfiliação da cooperativa, sindicato ou órgão gestor de mão de obra, com fornecimento de uma das vias para o trabalhador, mediante recibo;

II – sempre que solicitado pelo trabalhador, para fins de requerimento de reconhecimento de períodos laborados em condições especiais;

III – para fins de análise de benefícios e serviços previdenciários e quando solicitado pelo INSS;

IV – para simples conferência por parte do trabalhador, quando da revisão do Programa de Gerenciamento de Riscos – PGR; e

V – quando solicitado pelas autoridades competentes.

§ 6º A partir da implantação do PPP em meio digital, as informações disponibilizadas, pela empresa através do eSocial, serão disponibilizadas ao segurado pelo INSS, ficando a empresa ou equiparado responsável pela disponibilização ao trabalhador das informações referentes ao período anterior a tal implantação.

§ 7º A exigência da informação no PPP, em relação aos agentes nocivos químicos e físicos, para os quais haja limite de tolerância estabelecido na legislação trabalhista e aplicável no âmbito da legislação previdenciária, fica condicionada ao alcance dos níveis de ação e, aos demais agentes nocivos, à efetiva exposição no ambiente de trabalho.

§ 8º A comprovação da entrega do PPP disposta no inciso I do § 5º poderá ser feita no próprio instrumento de rescisão ou de desfiliação, bem como em recibo à parte.

§ 9º O PPP e a comprovação de entrega ao trabalhador disposta no inciso I do § 4º deverão ser mantidos na empresa por 20 (vinte) anos.

Art. 285. Quando apresentado o PPP, deverão ser observadas quanto ao preenchimento, para fins de comprovação de efetiva exposição do segurado a agentes prejudiciais à saúde, as seguintes situações:

I – para atividade exercida até 13 de outubro de 1996, véspera da publicação da Medida Provisória nº 1.523:

a) quando não se tratar de ruído, fica dispensado o preenchimento do campo referente ao responsável pelos Registros Ambientais; e

b) fica dispensado o preenchimento dos campos referentes às informações de Equipamentos de Proteção Coletiva – EPC eficaz.

II – para atividade exercida até 3 de dezembro de 1998, data da publicação da Medida Provisória nº 1.729, convertida na Lei nº 9.732, de 11 de dezembro de 1998, fica dispensado o preenchimento dos campos referentes às informações de Equipamento de Proteção Individual – EPI eficaz; e

III – para atividade exercida até 31 de dezembro de 1998, fica dispensado o preenchimento do campo código de ocorrência GFIP.

SEÇÃO V – DAS DISPOSIÇÕES RELATIVAS AO ENQUADRAMENTO POR EXPOSIÇÃO A AGENTES PREJUDICIAIS À SAÚDE

SUBSEÇÃO I – DAS DISPOSIÇÕES GERAIS

Art. 286. O enquadramento de períodos de atividade especial dependerá de comprovação, perante o INSS, da efetiva exposição do segurado a agentes prejudiciais à saúde durante determinado tempo de trabalho permanente.

§ 1º Considera-se tempo de trabalho permanente aquele que é exercido de forma não ocasional nem intermitente, no qual a exposição do empregado, do trabalhador avulso ou do cooperado ao agente prejudicial à saúde seja indissociável da produção do bem ou da prestação do serviço.

§ 2º Para períodos trabalhados até 28 de abril de 1995, véspera da publicação da Lei nº 9.032, de 1995, não será exigido o requisito de permanência indicado no *caput*.

Art. 287. São consideradas atividades especiais, conforme definido no Anexo IV do RPS, a exposição a agentes prejudiciais à saúde, em concentração, intensidade e tempo de exposição que ultrapassem os limites de tolerância estabelecidos segundo critérios quantitativos, ou que, dependendo do agente, torne a efetiva exposição em condição especial prejudicial à saúde, segundo critérios de avaliação qualitativa.

§ 1º A análise da atividade especial de que trata o *caput* será feita pela Perícia Médica Federal.

§ 2º Para requerimentos a partir de 17 de outubro de 2013, data da publicação do Decreto nº 8.123, de 16 de outubro de 2013, poderão ser considerados os agentes prejudiciais à saúde reconhecidamente cancerígenos em humanos, aqueles listados pelo Ministério do Trabalho e Previdência, desde que constem no Anexo IV do RPS.

§ 3º Os agentes prejudiciais à saúde não arrolados no Anexo IV do RPS não serão considerados para fins de caracterização de período exercido em condições especiais, mesmo que constem na lista referida no parágrafo anterior.

§ 4º Sem prejuízo do disposto no § 3º, as atividades constantes no Anexo IV do RPS são exaustivas, ressalvadas as exclusivamente relacionadas aos agentes nocivos químicos, que são exemplificativas, observado, nesse caso, a obrigatória relação com os agentes prejudiciais no Anexo IV do RPS.

§ 5º O exercício de funções de chefe, gerente, supervisor ou outra atividade equivalente e servente, desde que observada a exposição a agentes prejudiciais à saúde químicos, físicos, biológicos ou associação de agentes, não impede o reconhecimento de enquadramento do tempo de serviço exercido em condições especiais.

§ 6º Para períodos trabalhados anteriores ao Anexo IV do RPS, ou seja, 5 de março de 1997, data da publicação do Decreto nº 2.172, são válidos os enquadramentos realizados com fundamento nos Quadros Anexos aos Decretos nº 53.831, de 1964 e Decreto nº 83.080, de 1979, no que couber.

SUBSEÇÃO II – DA METODOLOGIA E PROCEDIMENTOS DE AVALIAÇÃO AMBIENTAL

Art. 288. Os procedimentos técnicos de avaliação ambiental, ressalvadas as disposições em contrário, deverão considerar:

I – a metodologia e os procedimentos de avaliação dos agentes prejudiciais à saúde estabelecidos pelas Normas de Higiene Ocupacional – NHO da FUNDACENTRO; e

II – os limites de tolerância estabelecidos no Anexo IV do Decreto nº 3.048, de 1999 ou na sua ausência, na NR-15, do MTP.

§ 1º Para o agente químico benzeno, também deverão ser observados a metodologia e os procedimentos de avaliação ambiental dispostos nas Instruções Normativas MTE/SSST nº 1 e 2, de 20 de dezembro de 1995.

§ 2º O Ministério do Trabalho e Previdência definirá as instituições que deverão estabelecer as metodologias e procedimentos de avaliação ambiental não contempladas pelas NHO da FUNDACENTRO.

Art. 289. Deverão ser consideradas as normas referenciadas nesta seção vigentes à época da avaliação ambiental.

Parágrafo único. As metodologias e os procedimentos de avaliação contidos nesta Instrução Normativa somente serão exigidos para as avaliações realizadas a partir de 1º de janeiro de 2004, sendo facultado à empresa a sua utilização antes desta data.

SUBSEÇÃO III – DOS EQUIPAMENTOS DE PROTEÇÃO

Art. 290. Será considerada a adoção de Equipamento de Proteção Coletiva – EPC que elimine ou neutralize a nocividade, desde que asseguradas as condições de funcionamento do EPC ao longo do tempo, conforme especificação técnica do fabricante e respectivo plano de manutenção, estando essas devidamente registradas pela empresa.

Parágrafo único. Nos casos de exposição do segurado ao agente nocivo ruído, acima dos limites legais de tolerância, a declaração do empregador o âmbito o Perfil Profissiográfico Previdenciário (PPP), sobre a eficácia do Equipamento de Proteção Individual (EPI), não descaracteriza o enquadramento como atividade especial para fins de aposentadoria.

Art. 291. Somente será considerada a adoção de Equipamento de Proteção Individual – EPI em demonstrações ambientais emitidas a partir de 3 de dezembro de 1998, data da publicação da Medida Provisória nº 1.729, convertida na Lei nº 9.732, de 11 de dezembro de 1998, e desde que comprovadamente elimine ou neutralize a nocividade e seja respeitado o disposto na NR-06 do MTE, havendo ainda necessidade de que seja assegurada e devidamente registrada pela empresa, no PPP, a observância:

I – da hierarquia estabelecida na legislação trabalhista, ou seja, medidas de proteção coletiva, medidas de caráter administrativo ou de organização do trabalho e utilização de EPI, nesta ordem, admitindo-se a utilização de EPI somente em situações de inviabilidade técnica, insuficiência ou provisoriamente até a implementação do EPC ou, ainda, em caráter complementar ou emergencial;

II – das condições de funcionamento e do uso ininterrupto do EPI ao longo do tempo, conforme especificação técnica do fabricante, ajustada às condições de campo;

III – do prazo de validade, conforme Certificado de Aprovação do Ministério do Trabalho e Previdência ou do órgão que venha sucedê-la;

IV – da periodicidade de troca definida pelos programas ambientais, comprovada mediante recibo assinado pelo usuário em época própria; e

V – da higienização.

Parágrafo único. Entende-se como prova incontestável de eliminação ou neutralização dos riscos pelo uso de EPI, citado no Parecer CONJUR/MPS/Nº 616/2010, de 23 de dezembro de 2010, o cumprimento do disposto neste artigo.

SUBSEÇÃO IV – DO AGENTE PREJUDICIAL À SAÚDE RUÍDO

Art. 292. A exposição ocupacional a ruído dará ensejo à caracterização de atividade especial quando os níveis de pressão sonora estiverem acima de 80 (oitenta) dB (A), 90 (noventa) dB (A) ou 85 (oitenta e cinco) dB (A), conforme o caso, observado o seguinte:

I – até 5 de março de 1997, véspera da publicação do Decreto nº 2.172, de 1997, será efetuado o enquadramento de atividade especial quando a exposição for superior a 80 (oitenta) dB (A), devendo ser informados os valores medidos;

II – de 6 de março de 1997, data da publicação do Decreto nº 2.172, de 1997, até 10 de outubro de 2001, véspera da publicação da Instrução Normativa INSS/DC nº 57, de 10 de outubro de 2001, será efetuado o enquadramento quando a exposição for superior a 90 (noventa) dB (A);

III – de 11 de outubro de 2001, data da publicação da Instrução Normativa nº 57, de 2001, até 18 de novembro de 2003, véspera da publicação do Decreto nº 4.882, de 18 de novembro de 2003, será efetuado o enquadramento de atividade especial quando a exposição for superior a 90 (noventa) dB (A), devendo ser anexado o histograma ou memória de cálculos; e

IV – a partir de 1º de janeiro de 2004, será efetuado o enquadramento quando o Nível de Exposição Normalizado – NEN se situar acima de 85 (oitenta e cinco) dB (A), conforme NHO 1 da FUNDACENTRO, sendo facultado à empresa a sua utilização a partir de 19 de novembro de 2003, data da publicação do Decreto nº 4.882, de 2003, aplicando:

a) os limites de tolerância definidos no Quadro do Anexo I da NR-15 do MTE; e

b) as metodologias e os procedimentos de avaliação ambiental definidos nas NHO-01 da FUNDACENTRO.

SUBSEÇÃO V – DO AGENTE PREJUDICIAL À SAÚDE TEMPERATURAS ANORMAIS

Art. 293. A exposição ocupacional ao calor dará ensejo à caracterização de atividade especial quando: *(Redação dada pela IN PRES/INSS 141/2022)*

I – em ambientes com fonte artificial de calor: *(Redação dada pela IN PRES/INSS 141/2022)*

a) até 5 de março de 1997, véspera da publicação do Decreto nº 2.172, de 1997, cumprida alternativamente as condições abaixo, aplicando-se o enquadramento mais favorável ao segurado, quando: *(Acrescida pela IN PRES/INSS 141/2022)*

1. estiver acima de 28°C (vinte e oito) graus Celsius, conforme previsto no quadro Anexo ao Decreto nº 53.831, de 1964, não sendo exigida a medição em Índice de Bulbo Úmido Termômetro de Globo – IBUTG; ou

2. nas atividades previstas no Anexo II do Decreto nº 83.080, de 1979;

b) de 6 de março de 1997, data da publicação do Decreto nº 2.172, de 1997, até 18 de novembro de 2003, véspera da publicação do Decreto nº 4.882, de 2003, estiver em conformidade com o Anexo 3 da NR-15 do MTE, Quadros 1, 2 e 3, atentando para as taxas de metabolismo por tipo de atividade e os limites de tolerância com descanso no próprio local de trabalho ou em ambiente mais ameno; e *(Acrescida pela IN PRES/INSS 141/2022)*

c) de 1º de janeiro de 2004 a 10 de dezembro de 2019, véspera da publicação da Portaria SEPT/ME nº 1.359, para o agente físico calor, forem ultrapassados os limites de tolerância definidos no Anexo 3 da NR-15 do MTE anteriores à edição da Portaria SEPT/ME nº 1.359, de 9 de dezembro de 2019, com avaliação segundo as metodologias e os procedimentos adotados pelas NHO-06 da Fundacentro, sendo facultado à empresa a sua utilização a partir de 19 de novembro de 2003, data da publicação do Decreto nº 4.882, de 2003; *(Acrescida pela IN PRES/INSS 141/2022)*

II – em ambientes fechados ou ambientes com fonte artificial de calor, a partir de 11 de dezembro de 2019, data da publicação da Portaria SEPT/ME nº 1.359, quando forem ultrapassados os limites de tolerância definidos no Anexo 3 da NR-15 do MTE com a redação dada pela Portaria ME nº 1.359, de 11 de outubro de 2019, com avaliação segundo as metodologias e os procedimentos adotados pelas NHO-06 da Fundacentro. *(Redação dada pela IN PRES/INSS 141/2022)*

III – *(Revogado pela IN PRES/INSS 141/2022)*

Parágrafo único. Considerando o disposto no item 2 da parte que trata dos Limites de Tolerância para Exposição ao Calor, em Regime de Trabalho Intermitente com Períodos de Descanso no Próprio Local de Prestação de Serviço, do Anexo 3 da NR-15 do MTP e no art. 253 da CLT, os períodos de descanso são considerados tempo de serviço para todos os efeitos legais. *(Redação dada pela IN PRES/INSS 141/2022)*

SUBSEÇÃO VI – DO AGENTE PREJUDICIAL À SAÚDE RADIAÇÃO IONIZANTE

Art. 294. A exposição ocupacional a radiações ionizantes dará ensejo à caracterização da atividade especial quando:

I – até 5 de março de 1997, véspera da publicação do Decreto nº 2.172, de 1997, de forma qualitativa em conformidade com o código 1.0.0 do Quadro Anexo ao Decreto nº 53.831, de 1964, ou Código 1.0.0 do Anexo I do Decreto nº 83.080, de 1979, por presunção de exposição; e

II – a partir de 6 de março de 1997, quando forem ultrapassados os limites de tolerância estabelecidos no Anexo 5 da NR-15 do MTE.

Art. 295. Quando se tratar de exposição ao raio-X em serviços de radiologia, deverá ser obedecida a metodologia e os procedimentos de avaliação ambiental constantes na NHO-05 da FUNDACENTRO. Para os demais casos, aqueles constantes na Resolução CNENNE-3.01.

SUBSEÇÃO VII – DO AGENTE PREJUDICIAL À SAÚDE VIBRAÇÃO/TREPIDAÇÃO

Art. 296. A exposição ocupacional a vibrações, localizadas ou no corpo inteiro, dará ensejo à caracterização de atividade especial quando:

I – até 5 de março de 1997, véspera da publicação do Decreto nº 2.172, de 1997, poderá ser qualitativa, nas atividades descritas com o código 1.1.4 no Anexo I do Decreto nº 83.080, de 1979, ou quantitativa, quando a vibração for medida em golpes por minuto (limite de tolerância de 120/min), de acordo com o código 1.1.5 do Quadro Anexo do Decreto nº 53.831, de 1964;

II – a partir de 6 de março de 1997, quando forem ultrapassados os limites de tolerância definidos pela Organização Internacional para Normalização – ISO, em suas Normas ISO nº 2.631 e ISO/DIS nº 5.349, respeitando-se as metodologias e os procedimentos de avaliação que elas autorizam; e

III – a partir de 13 de agosto de 2014, quando forem ultrapassados os limites de tolerância definidos no Anexo 8 da NR-15 do MTE, com avaliação segundo as metodologias e os procedimentos adotados pelas NHO-09 e NHO-10 da FUNDACENTRO, sendo facultado à empresa a sua utilização a partir de 10 de setembro de 2012, data da publicação das referidas normas.

SUBSEÇÃO VIII – DO AGENTE PREJUDICIAL À SAÚDE QUÍMICO

Art. 297. Para caracterização da atividade especial por exposição ocupacional a agentes químicos e a poeiras minerais constantes do Anexo IV do RPS, a análise deverá ser realizada:

I – até 5 de março de 1997, véspera da publicação do Decreto nº 2.172, de 1997, de forma qualitativa em conformidade com o código 1.0.0 do Quadro Anexo ao Decreto nº 53.831, de 1964 ou Código 1.0.0 do Anexo I do Decreto nº 83.080, de 1979, por presunção de exposição;

II – a partir de 6 de março de 1997, em conformidade com o Anexo IV do RBPS, aprovado pelo Decreto nº 2.172, de 1997, ou do RPS, aprovado pelo Decreto nº 3.048, de 1999, dependendo do período, devendo ser avaliados conformes os Anexos 11, 12, 13 e 13-A da NR15 do MTE; e

III – a partir de 1º de janeiro de 2004 segundo as metodologias e os procedimentos adotados pelas NHO-02, NHO-03, NHO-04 e NHO-07 da FUNDACENTRO, sendo facultado à empresa a sua utilização a partir de 19 de novembro de 2003, data da publicação do Decreto nº 4.882, de 2003.

SUBSEÇÃO IX – DO AGENTE PREJUDICIAL À SAÚDE CANCERÍGENO

Art. 298. Para caracterização da atividade especial por exposição aos agentes prejudiciais à saúde reconhecidamente cancerígenos em humanos, listados na Portaria Interministerial nº 9, de 7 de outubro de 2014, deverá ser observado o seguinte:

I – serão considerados agentes reconhecidamente cancerígenos os constantes do Grupo 1 da lista da LINACH que possuam o Chemical Abstracts Service – CAS e que constem no Anexo IV do RPS;

II – a avaliação da exposição aos agentes prejudiciais à saúde reconhecidamente cancerígenos será apurada na forma qualitativa, conforme § 2º e 3º do art. 68 do RPS; e

III – a avaliação da exposição aos agentes prejudiciais à saúde reconhecidamente cancerígenos deverá considerar a possibilidade de eliminação da nocividade e descaracterização da efetiva exposição, pela adoção de medidas de controle previstas na legislação trabalhista, conforme § 4º do art. 68 do RPS.

§ 1º O disposto nos incisos I e II deverá ser aplicado para períodos laborados a partir de 8 de outubro de 2014, data da publicação da Portaria Interministerial nº 9.

§ 2º O disposto no inciso III se aplica para períodos laborados a partir de 1º de julho de 2020, data da publicação do Decreto nº 10.410, de 30 de junho de 2020.

SUBSEÇÃO X – DO AGENTE PREJUDICIAL À SAÚDE INFECTOCONTAGIOSO

Art. 299. A exposição ocupacional a agentes prejudiciais à saúde de natureza biológica infectocontagiosa dará ensejo à caracterização de atividade especial, para a qual se destaca:

I – até 5 de março de 1997, véspera da publicação do Decreto nº 2.172, de 1997, no caso do enquadramento dos trabalhadores expostos ao contato com doentes ou materiais infecto-contagiantes, de assistência médica, odontológica, hospitalar ou outras atividades afins, este poderá ser caracterizado, independentemente da atividade ter sido exercida em estabelecimentos de saúde e de acordo com o código 1.0.0 do Quadro Anexo ao Decreto nº 53.831, de 1964 e do Anexo I do Decreto nº 83.080, de 1979, considerando as atividades profissionais exemplificadas; e

II – a partir de 6 de março de 1997, data da publicação do Decreto nº 2.172, de 1997, no que se refere aos estabelecimentos de saúde, citados no Anexo IV do RBPS e RPS, somente serão enquadradas nestes casos as atividades exercidas em contato com pacientes acometidos por doenças infectocontagiosas ou com manuseio de materiais contaminados, considerando unicamente as atividades relacionadas no Anexo IV do RBPS e RPS, aprovados pelos Decretos nº 2.172, de 1997 e nº 3.048, de 1999, respectivamente.

SUBSEÇÃO XI – DO AGENTE PREJUDICIAL À SAÚDE PRESSÃO ATMOSFÉRICA

Art. 300. A exposição ocupacional à pressão atmosférica anormal dará ensejo à caracterização de atividade especial para períodos trabalhados:

I – até 5 de março de 1997, véspera da publicação do Decreto nº 2.172, de 1997, através do código 1.1.7 do Anexo III do Decreto nº 53.831, de 1964 ou do código 1.1.6 do Anexo I do Decreto nº 83.080, de 1979, conforme o caso; e

II – a partir de 6 de março de 1997, data da publicação do Decreto nº 2.172, de 1997, enquadramento nas atividades descritas conforme determinado no código 2.0.5 do Anexo IV do RPS.

SUBSEÇÃO XII – DOS AGENTES PREJUDICIAIS À SAÚDE FRIO, ELETRICIDADE, RADIAÇÃO NÃO IONIZANTE E UMIDADE

Art. 301. Para as atividades com exposição aos agentes prejudiciais à saúde frio, eletricidade, radiações não ionizantes e umidade, o enquadramento somente será possível até 5 de março de 1997.

SUBSEÇÃO XIII – DA ASSOCIAÇÃO DE AGENTES PREJUDICIAIS À SAÚDE

Art. 302. A exposição ocupacional à associação de agentes dará ensejo ao enquadramento exclusivamente nas atividades especificadas no código 4.0.0. do Anexo IV do RPS.

CAPÍTULO VI – DA APOSENTADORIA DA PESSOA COM DEFICIÊNCIA

SEÇÃO I – DAS DISPOSIÇÕES GERAIS

SUBSEÇÃO I – DOS BENEFICIÁRIOS

Art. 303. Para o reconhecimento do direito às aposentadorias de que trata a Lei Complementar nº 142, de 8 de maio de 2013, previstas neste Capítulo, considera-se pessoa com deficiência aquela que tem impedimentos de longo prazo, de natureza física, mental, intelectual ou sensorial, os quais, em interação com diversas barreiras, podem obstruir sua participação plena e efetiva na sociedade em igualdade de condições com as demais pessoas.

§ 1º *(Revogado pela IN PRES/INSS 141/2022)*

Art. 304. A avaliação da pessoa com deficiência será realizada para fazer prova dessa condição exclusivamente para fins previdenciários.

SUBSEÇÃO II – DA AVALIAÇÃO DA DEFICIÊNCIA

Art. 305. Compete à Perícia Médica Federal e ao Serviço Social do INSS, para efeito de concessão da aposentadoria da pessoa com deficiência, reconhecer o grau de deficiência, que pode ser leve, moderado ou grave, bem como fixar a data provável do início da deficiência e identificar a ocorrência de variação no grau de deficiência.

§ 1º Na hipótese de ocorrência de variação no grau de deficiência, compete à Perícia Médica Federal a indicação dos respectivos períodos em cada grau.

§ 2º A avaliação será efetuada por meio de instrumento desenvolvido especificamente para esse fim, que poderá ser objeto de revalidação periódica.

§ 3º A comprovação da deficiência somente se dará depois de finalizadas as avaliações médica e do serviço social, sendo seu grau definido pela somatória das duas avaliações e sua temporalidade subsidiada pela data do impedimento e alterações fixadas pela perícia médica.

§ 4º Com a finalidade de embasar a fixação da data da deficiência e suas possíveis alterações ao longo do tempo, caberá à Perícia Médica Federal estabelecer a data de início do impedimento e as datas de suas alterações, caso existam, por ocasião da primeira avaliação.

§ 5º A comprovação da deficiência, bem como das datas de início do impedimento e suas alterações serão instruídas por meio de documentos, sendo vedada a prova exclusivamente testemunhal.

§ 6º Serão considerados documentos válidos para embasamento das datas citadas no § 4º todo e qualquer elemento técnico disponível que permita à perícia médica formar sua convicção.

Art. 306. O segurado aposentado de acordo com as regras da LC nº 142, de 2013, poderá permanecer na mesma atividade que exerce na condição de pessoa com deficiência ou desempenhar qualquer outra.

Art. 307. Para a revisão da avaliação médica e funcional, a pedido do segurado ou por iniciativa do INSS, aplica-se o prazo decadencial a contar do dia primeiro do mês seguinte ao do recebimento da primeira prestação do benefício, observado o disposto nos arts. 592 e 593.

Art. 308. Aplica-se ao segurado com deficiência as demais normas relativas aos benefícios do RGPS, quando compatíveis.

SUBSEÇÃO III – DOS AJUSTES DOS GRAUS DE DEFICIÊNCIA E DA CONVERSÃO

Art. 309. Para o segurado que, após a filiação ao RGPS, tornar-se pessoa com deficiência, ou tiver seu grau alterado, os parâmetros mencionados no art. 305 serão proporcionalmente ajustados e os respectivos períodos serão somados após conversão, conforme "Tabela de Conversão", constante no Anexo XVIII, considerando o grau de deficiência preponderante, observado o disposto no § 1º.

§ 1º O grau de deficiência preponderante será definido como sendo aquele no qual o segurado cumpriu maior tempo de contribuição, antes da conversão, e servirá como parâmetro para definir o tempo mínimo necessário para a aposentadoria por tempo de contribuição da pessoa com deficiência, bem como para conversão.

§ 2º Quando o segurado tiver contribuído alternadamente na condição de pessoa sem deficiência e com deficiência, os respectivos períodos poderão ser somados, após aplicação da conversão de que trata o *caput*.

§ 3º Quando não houver alternância entre período de trabalho na condição de pessoa com e sem deficiência, ou entre graus diferentes de deficiência, não haverá hipótese de conversão.

§ 4º Quando o segurado não comprovar a condição de pessoa com deficiência na DER ou na data da implementação dos requisitos para o benefício, poderá ser concedida a aposentadoria por idade ou por tempo de contribuição, prevista nos art. 48 e 52 da Lei nº 8.213, de 1991, podendo utilizar a conversão dos períodos de tempo de contribuição como pessoa com deficiência.

Art. 310. A redução do tempo de contribuição da pessoa com deficiência não poderá ser acumulada, no mesmo período contributivo, com a redução aplicada aos períodos de contribuição relativos a atividades exercidas sob condições especiais que prejudiquem a saúde ou a integridade física.

§ 1º Para os períodos trabalhados até 13 de novembro de 2019, é garantida a conversão do tempo de contribuição cumprido em condições especiais que prejudiquem a saúde ou a integridade física do segurado com deficiência para tempo comum, para fins de concessão das aposentadorias previstas neste Capítulo, se resultar mais favorável ao segurado, conforme "Tabela de Conversão de Atividade Especial", constante no Anexo XIX.

§ 2º É vedada a conversão do tempo de contribuição do segurado com deficiência para fins de concessão da aposentadoria especial de que trata o Capítulo V deste Livro.

SEÇÃO II – DOS REQUISITOS DE ACESSO

SUBSEÇÃO I – DA APOSENTADORIA POR IDADE DA PESSOA COM DEFICIÊNCIA

Art. 311. A aposentadoria por idade da pessoa com deficiência, cumprida a carência exigida, será devida ao segurado que preencher, cumulativamente, os seguintes requisitos:

I – 55 (cinquenta e cinco) anos de idade, se mulher, e 60 (sessenta) anos de idade, se homem;

II – 15 (quinze) anos de tempo de contribuição cumpridos na condição de pessoa com deficiência, independentemente de seu grau; e

III – condição de segurado com deficiência na DER ou na data da implementação dos requisitos.

§ 1º A carência de que trata o *caput* não exige concomitância com a condição de pessoa com deficiência.

§ 2º O disposto no *caput* se aplica ao trabalhador rural com deficiência, desde que também comprovada a condição de trabalhador rural na DER ou na data do preenchimento dos requisitos.

§ 3º Para fins do disposto no § 2º, considera-se trabalhador rural aquele definido no art. 247.

§ 4º Na hipótese do § 2º, para fins de atendimento ao inciso II do *caput*, poderão ser computados os períodos de contribuição sob outras categorias, inclusive urbanas.

Art. 312. Para fins da aposentadoria por idade da pessoa com deficiência, é assegurada a conversão do período de exercício de atividade até 13 de novembro de 2019, data da publicação da Emenda Constitucional nº 103, sujeita a condições especiais que prejudiquem a saúde ou a integridade física, cumprido na condição de pessoa com deficiência, exclusivamente para efeito de cálculo do valor da renda mensal, sendo vedadas:

I – a conversão de tempo sujeito a condições especiais, bem como o exercido na condição de pessoa com deficiência, para fins de carência exigida para a concessão da aposentadoria por idade; e

II – a conversão do tempo na condição de pessoa com deficiência para fins de acréscimo no tempo de contribuição.

Art. 313. A aposentadoria de que trata esta Subseção será calculada na forma prevista no inciso IX do art. 233.

SUBSEÇÃO II – DA APOSENTADORIA POR TEMPO DE CONTRIBUIÇÃO DA PESSOA COM DEFICIÊNCIA

Art. 314. A aposentadoria por tempo de contribuição do segurado com deficiência, cumprida a carência exigida, será devida ao segurado do RGPS que preencher os seguintes requisitos:

I – aos 20 (vinte) anos, se mulher, e 25 (vinte e cinco) anos, se homem, de tempo de contribuição na condição de pessoa com deficiência no caso de segurado com deficiência grave;

II – aos 24 (vinte e quatro) anos, se mulher, e 29 (vinte e nove) anos, se homem, de tempo de contribuição na condição de pessoa com deficiência no caso de segurado com deficiência moderada; e

III – aos 28 (vinte e oito) anos, se mulher, e 33 (trinta e três) anos, se homem, de tempo de contribuição na condição de pessoa com deficiência no caso de segurado com deficiência leve.

§ 1º A aposentadoria de que trata o *caput* será devida aos segurados especiais que contribuam facultativamente, sem prejuízo do cômputo do período de atividade na condição de segurado especial exercido antes da competência novembro de 1991, para o qual não será exigido o recolhimento de contribuições, salvo na hipótese de contagem recíproca nos termos do art. 123 do RPS, na redação dada pelo Decreto nº 10.410, de 2020.

§ 2º A aposentadoria de que trata o *caput* está condicionada à comprovação da condição de pessoa com deficiência na DER ou na data da implementação dos requisitos para o benefício.

§ 3º A carência de que trata o *caput* não exige concomitância com a condição de pessoa com deficiência.

Art. 315. A aposentadoria de que trata esta Subseção será calculada na forma prevista no inciso VIII do art. 233.

CAPÍTULO VII – DAS DISPOSIÇÕES TRANSITÓRIAS

SEÇÃO I – DA APOSENTADORIA POR IDADE

SUBSEÇÃO I – DOS REQUISITOS DE ACESSO

Art. 316. Fica assegurada a concessão da aposentadoria por idade ao segurado que, até 13 de novembro de 2019, data da publicação da Emenda Constitucional nº 103, tenha cumprido a carência exigida e completado 60 (sessenta) anos, se mulher, e 65 (sessenta e cinco) anos de idade, se homem.

§ 1º Os trabalhadores que não atendam aos requisitos, para aposentadoria por idade do trabalhador rural, dispostos no art. 256, mas que satisfaçam a carência exigida computando-se os períodos de contribuição sob outras categorias, urbanas ou rurais, farão jus à aposentadoria disposta no *caput* ao completarem 60 (sessenta) anos, se mulher, e 65 (sessenta e cinco) anos, se homem. *(Redação dada pela IN PRES/INSS 151/2023)*

§ 2º O disposto no § 1º aplica-se exclusivamente aos segurados que tenham implementado todos os requisitos até 13 de novembro de 2019, e que, na data da implementação destes, comprovem a condição de trabalhador rural ou urbano, cabendo observar as disposições dos arts. 257 e 257-A. *(Redação dada pela IN PRES/INSS 151/2023)*

§ 3º A aposentadoria de que trata o *caput* será calculada na forma prevista no inciso III do art. 233.

Art. 317. Ao segurado filiado ao RGPS até 13 de novembro de 2019, data da publicação da Emenda Constitucional nº 103, de 2019, será devida a aposentadoria por idade, cumprida a carência exigida, quando preencher cumulativamente, os seguintes requisitos:

I – 60 (sessenta) anos de idade, se mulher, e 65 (sessenta e cinco) anos de idade, se homem; e

II – 15 (quinze) anos de tempo de contribuição, para ambos os sexos.

§ 1º A partir de 1º de janeiro de 2020, a idade de 60 (sessenta) anos da mulher, prevista no inciso I do *caput*, será acrescida em 6 (seis) meses a cada ano, até atingir 62 (sessenta e dois) anos de idade.

§ 2º O disposto neste artigo aplica-se aos trabalhadores que não atendam os requisitos para a aposentadoria por idade do trabalhador rural, dispostos no art. 256, mas que satisfaçam a carência exigida computando-se os períodos de contribuição sob outras categorias, inclusive urbanas. *(Redação dada pela IN PRES/INSS 151/2023)*

§ 3º O disposto no § 2º aplica-se exclusivamente aos segurados que, na data da implementação dos requisitos, comprovem a condição de trabalhador rural ou urbano, cabendo observar as disposições dos arts. 257 e 257-A. *(Redação dada pela IN PRES/INSS 151/2023)*

§ 4º A conversão de tempo de atividade sob condições especiais em tempo de atividade comum aplica-se somente ao trabalho prestado até 13 de novembro de 2019, observando-se as disposições contidas no Capítulo V – Aposentadoria Especial deste Título.

§ 5º A aposentadoria de que trata o *caput* será calculada na forma prevista do inciso VI do art. 233.

SUBSEÇÃO II – DAS DISPOSIÇÕES GERAIS

Art. 318. Para fins de concessão da aposentadoria por idade, a carência a ser considerada deverá observar:

I – se segurado inscrito até 24 de julho de 1991, véspera da publicação da Lei nº 8.213, de 1991, inclusive no caso de reingresso, a constante da tabela progressiva do art. 142 do mesmo dispositivo legal, sendo exigida a do ano em que for preenchido o requisito etário, ainda que a carência seja cumprida em ano posterior ao que completou a idade; e

II – se segurado inscrito a partir de 25 de julho de 1991, 180 (cento e oitenta) contribuições mensais.

SEÇÃO II – DA APOSENTADORIA POR TEMPO DE CONTRIBUIÇÃO

Art. 319. Fica assegurado o direito à aposentadoria por tempo de contribuição ao segurado filiado ao RGPS até o dia 16 de dezembro de 1998, data da vigência da Emenda Constitucional nº 20, de 1998, que preencher cumulativamente até 13 de novembro de 2019, data da publicação da Emenda Constitucional nº 103, e desde que cumprida a carência exigida até essa data, os seguintes requisitos:

I – idade: 48 (quarenta e oito) anos para a mulher, e 53 (cinquenta e três) anos para o homem;

II – tempo de contribuição: 25 (vinte e cinco) anos para a mulher, e 30 (trinta) anos para o homem; e

III – um período adicional de contribuição equivalente a 40% (quarenta por cento) do tempo que em 16 de dezembro de 1998, vigência da Emenda Constitucional nº 20, de 1998, faltava para atingir o tempo de contribuição estabelecido no inciso II do *caput*.

§ 1º Aplica-se o disposto no *caput* aos segurados oriundos de outro regime de previdência social que ingressaram no RGPS até 16 de dezembro de 1998, independentemente da data de reingresso.

§ 2º Constatado o direito somente à aposentadoria prevista no *caput*, sua concessão estará condicionada à concordância expressa do segurado ou de seu representante legal.

§ 3º Se a anuência pela concessão não ocorrer dentro do prazo para cumprimento de exigências, o requerimento deverá ser indeferido por não concordância com a aposentadoria proporcional.

§ 4º A conversão de tempo de atividade sob condições especiais em tempo de atividade comum obedecerá ao disposto no Capítulo V deste Livro.

§ 5º A aposentadoria de que trata o *caput* será calculada na forma prevista na alínea "b" do inciso IV do art. 233.

Art. 320. Fica assegurada a concessão da aposentadoria por tempo de contribuição ao segurado que até 13 de novembro de 2019, data da publicação da Emenda Constitucional nº 103, tenha cumprido a carência exigida e completado 30 (trinta) anos de contribuição, se mulher, e 35 (trinta e cinco) anos, se homem.

§ 1º A conversão de tempo de atividade sob condições especiais em tempo de atividade comum obedecerá ao disposto no Capítulo V deste Livro.

§ 2º A aposentadoria de que trata o *caput* será calculada na forma prevista na alínea "a" do inciso IV do art. 233.

Art. 321. Ao segurado filiado ao RGPS até 13 de novembro de 2019, data da publicação da Emenda Constitucional nº 103, fica assegurado o direito à aposentadoria por tempo de contribuição, cumprida a carência exigida, quando forem preenchidos, cumulativamente, os seguintes requisitos:

I – 30 (trinta) anos de contribuição, se mulher, e 35 (trinta e cinco) anos de contribuição, se homem; e

II – somatório da idade e do tempo de contribuição, incluídas as frações, equivalente a 86 (oitenta e seis) pontos, se mulher, e 96 (noventa e seis) pontos, se homem, observado o disposto no § 1º.

§ 1º A partir de 1º de janeiro de 2020, a pontuação a que se refere o inciso II do *caput* será acrescida a cada ano de 1 (um) ponto, até atingir o limite de 100 (cem) pontos, se mulher, e de 105 (cento e cinco) pontos, se homem.

§ 2º A idade e o tempo de contribuição serão apurados em dias para o cálculo do somatório de pontos a que se refere o inciso II do *caput* e o § 1º.

§ 3º A conversão de tempo de atividade sob condições especiais em tempo de atividade comum se aplica somente ao trabalho prestado até 13 de novembro de 2019, observando-se as disposições contidas no Capítulo V deste Livro.

§ 4º A aposentadoria de que trata o *caput* será calculada na forma prevista na alínea "c" do inciso IV do art. 233.

Art. 322. Ao segurado filiado ao RGPS até 13 de novembro de 2019, data da publicação da Emenda Constitucional nº 103, fica assegurado o direito à aposentadoria por tempo de contribuição, cumprida a carência exigida, quando forem preenchidos, cumulativamente, os seguintes requisitos:

I – 30 (trinta) anos de contribuição, se mulher, e 35 (trinta e cinco) anos de contribuição, se homem; e

II – idade de 56 (cinquenta e seis) anos, se mulher, e 61 (sessenta e um) anos, se homem.

§ 1º A partir de 1º de janeiro de 2020, a idade a que se refere o inciso II do *caput* será acrescida de 6 (seis) meses a cada ano, até atingir 62 (sessenta e dois) anos de idade, se mulher, e 65 (sessenta e cinco) anos de idade, se homem.

§ 2º A conversão de tempo de atividade sob condições especiais em tempo de atividade comum aplica-se somente ao trabalho prestado até 13 de novembro de 2019, observando as disposições contidas no Capítulo V deste Livro.

§ 3º A aposentadoria de que trata o *caput* será calculada na forma prevista na alínea "c" do inciso IV do art. 233.

Art. 323. Ao segurado filiado ao RGPS até 13 de novembro de 2019, data da publicação da Emenda Constitucional nº 103, e que na referida data contar com mais de 28 (vinte e oito) anos de contribuição, se mulher, e 33 (trinta e três) anos de contribuição, se homem, cumprida a carência, fica assegurado o direito à aposentadoria por tempo de contribuição quando forem preenchidos, cumulativamente, os seguintes requisitos:

I – 30 (trinta) anos de contribuição, se mulher, e 35 (trinta e cinco) anos de contribuição, se homem; e

II – cumprimento de período adicional correspondente a 50% (cinquenta por cento) do tempo que, em 13 de novembro de 2019, data de entrada em vigor da Emenda Constitucional nº 103, de 2019, faltaria para atingir 30 (trinta) anos de contribuição, se mulher, e 35 (trinta e cinco) anos de contribuição, se homem.

§ 1º A conversão de tempo de atividade sob condições especiais em tempo de atividade comum se aplica somente ao trabalho prestado até 13 de novembro de 2019, observando-se as disposições contidas no Capítulo V deste Livro.

§ 2º A aposentadoria de que trata o *caput* será calculada na forma prevista na alínea "d" do inciso IV do art. 233.

Art. 324. Ao segurado filiado ao RGPS até 13 de novembro de 2019, data da publicação da Emenda Constitucional nº 103, de 2019, fica assegurado o direito à aposentadoria por tempo de contribuição, cumprida a carência exigida, quando forem preenchidos, cumulativamente, os seguintes requisitos:

I – 57 (cinquenta e sete) anos de idade, se mulher, e 60 (sessenta) anos de idade, se homem;

II – 30 (trinta) anos de contribuição, se mulher, e 35 (trinta e cinco) anos de contribuição, se homem; e

III – período adicional correspondente a 100% (cem por cento) do tempo que, na data de entrada em vigor da Emenda Constitucional nº 103, de 2019, faltaria para atingir o tempo mínimo de contribuição referido no inciso II.

§ 1º A conversão de tempo de atividade sob condições especiais em tempo de atividade comum se aplica somente ao trabalho prestado até 13 de novembro de 2019, observando-se as disposições contidas no Capítulo V deste Livro.

§ 2º A aposentadoria de que trata o *caput* será calculada na forma prevista na alínea "e" do inciso IV do art. 233.

TÍTULO III – DOS BENEFÍCIOS NÃO PROGRAMÁVEIS

CAPÍTULO I – DISPOSIÇÕES GERAIS

Art. 325. Consideram-se benefícios não programáveis:

I – aposentadoria por incapacidade permanente;

II – auxílio por incapacidade temporária;

III – auxílio-acidente;

IV – salário-maternidade;

V – salário-família;

VI – pensão por morte; e

VII – auxílio-reclusão.

CAPÍTULO II – DA APOSENTADORIA POR INCAPACIDADE PERMANENTE

SEÇÃO I – DAS DISPOSIÇÕES GERAIS

Art. 326 A aposentadoria por incapacidade permanente é o benefício devido ao segurado incapaz de exercer qualquer atividade laborativa e que não possa ser reabilitado em outra profissão, depois de cumprida a carência exigida, quando for o caso, sendo devido enquanto permanecer nesta condição.

§ 1º A concessão de aposentadoria por incapacidade permanente dependerá da verificação da condição de incapacidade por meio de exame médico-pericial a cargo da Perícia Médica Federal.

§ 2º O benefício é devido ao segurado estando ou não em gozo de auxílio por incapacidade temporária, inclusive decorrente de acidente do trabalho.

§ 3º Para a realização do exame de que trata o *caput*, o segurado poderá estar acompanhado de médico de sua confiança às suas expensas.

§ 4º A doença ou lesão anterior à filiação do requerente ao RGPS não lhe conferirá direito à aposentadoria por incapacidade permanente, salvo quando a incapacidade sobrevier por motivo de progressão ou agravamento dessa doença ou lesão.

§ 5º A análise da aposentadoria por incapacidade permanente deverá observar a data do início da incapacidade exigida para o referido benefício, para fins de atendimento dos demais requisitos de acesso.

§ 6º A data de início do benefício será fixada:
I – para benefícios precedidos de auxílio por incapacidade temporária: na data da perícia que definiu a incapacidade permanente; e
II – para os benefícios não precedidos de auxílio por incapacidade temporária, deverá ser observado o art. 327.

§ 7º A renda mensal inicial da aposentadoria por incapacidade permanente será calculada na forma do inciso II do art. 233.

Art. 327. Concluindo a perícia médica inicial pela existência de incapacidade total e definitiva para o trabalho, a aposentadoria por incapacidade permanente será devida:
I – ao segurado empregado, a contar do 16º (décimo sexto) dia do afastamento da atividade ou a partir da DER, se entre o afastamento e a entrada do requerimento decorrerem mais de 30 (trinta) dias; e
II – ao segurado empregado doméstico, trabalhador avulso, contribuinte individual, especial e facultativo, a contar da DII ou a partir da DER, se entre a incapacidade e a entrada do requerimento decorrerem mais de 30 (trinta) dias.

§ 1º Durante os primeiros 15 (quinze) dias de afastamento da atividade por motivo de incapacidade permanente, caberá à empresa pagar ao segurado empregado o salário.

§ 2º A aposentadoria por incapacidade permanente, inclusive decorrente da transformação de auxílio por incapacidade temporária concedido a segurado com mais de uma atividade, está condicionada ao afastamento por incapacidade de todas as atividades, devendo a DIB ser fixada levando em consideração a data do último afastamento.

§ 3º Na hipótese de a DII ser fixada posteriormente à DER, a aposentadoria por incapacidade permanente será devida a contar da DII.

Art. 328. O aposentado por incapacidade permanente que necessitar da assistência permanente de outra pessoa terá direito ao acréscimo de 25% (vinte e cinco por cento) sobre o valor da renda mensal de seu benefício, ainda que a soma ultrapasse o limite máximo do salário de contribuição, independentemente da data do início da aposentadoria e sendo devido a partir:
I – da data do início do benefício, quando comprovada a situação na perícia que sugeriu a aposentadoria por incapacidade permanente; ou
II – da data do pedido do acréscimo, quando comprovado que a situação se iniciou após a concessão da aposentadoria por incapacidade permanente, ainda que a aposentadoria tenha sido concedida em cumprimento de ordem judicial.

Parágrafo único. O acréscimo de que trata o *caput* cessará com a morte do aposentado, não sendo incorporado ao valor da pensão por morte.

Art. 329. É vedada a transformação de aposentadoria por incapacidade permanente ou auxílio por incapacidade temporária em aposentadoria por idade ou aposentadoria programada para requerimentos efetivados a partir de 31 de dezembro de 2008, data da publicação do Decreto nº 6.722, de 2008, haja vista a revogação do art. 55 do RPS.

SEÇÃO II – DA MANUTENÇÃO DO BENEFÍCIO

Art. 330. A Perícia Médica Federal deverá rever o benefício de aposentadoria por incapacidade permanente, inclusive o decorrente de acidente do trabalho, a cada 2 (dois) anos, contados da data de seu início, para avaliar a persistência, atenuação ou o agravamento da incapacidade para o trabalho.

§ 1º Constatada a capacidade para o trabalho, o segurado ou seu representante legal deverá ser notificado e o benefício cessado, independentemente da existência de interdição judicial.

§ 2º A aposentadoria por incapacidade permanente, concedida ou restabelecida por decisão judicial, inclusive decorrente de acidente do trabalho, em manutenção, deverá também ser revista a cada 2 (dois) anos, na forma e condições fixadas em ato conjunto com a Procuradoria Federal Especializada junto ao INSS.

§ 3º Estão dispensados da avaliação prevista no *caput* os aposentados:
I – com HIV/AIDS;

II – após completarem 60 (sessenta) anos de idade; e

III – após completarem 55 (cinquenta e cinco) anos ou mais de idade, tendo decorridos 15 (quinze) anos da data da concessão da aposentadoria por incapacidade permanente ou auxílio por incapacidade temporária que a precedeu.

§ 4º A dispensa da avaliação de que trata o § 3º não se aplica:

I – quando tiver havido retorno à atividade laboral remunerada;

II – quando for requerida a assistência permanente de outra pessoa para a concessão do acréscimo de 25% (vinte e cinco por cento) sobre o valor do benefício do aposentado;

III – quando for necessária a verificação da recuperação da capacidade de trabalho, mediante solicitação do aposentado que se julgar apto ao retorno à atividade laboral; e

IV – quando for preciso subsidiar a autoridade judiciária na concessão de curatela.

SEÇÃO III – DA SUSPENSÃO DO BENEFÍCIO

Art. 331. O benefício de aposentadoria por incapacidade permanente será suspenso quando:

I – o segurado não comparecer à convocação para realização de exame médico pericial pela Perícia Médica Federal com objetivo de avaliar as condições que ensejaram sua concessão ou manutenção; e

II – o segurado recusar ou abandonar tratamentos ou processo de reabilitação profissional proporcionados pelo RGPS, exceto o tratamento cirúrgico e a transfusão de sangue, devendo ser restabelecido a partir do momento em que deixar de existir o motivo que ocasionou a suspensão, desde que persista a incapacidade.

§ 1º A convocação disposta no inciso I pode ocorrer a qualquer tempo, observadas as dispensas previstas no § 3º do art. 330.

§ 2º O aposentado por incapacidade permanente que não tenha retornado à atividade estará isento dos exames de que trata este artigo nas hipóteses previstas no § 3º do art. 330.

§ 3º A isenção de que trata o § 2º não se aplica quando o exame tem as seguintes finalidades:

I – verificar a necessidade de assistência permanente de outra pessoa para a concessão do acréscimo de 25% (vinte e cinco por cento) sobre o valor do benefício, conforme dispõe o art. 328;

II – verificar a recuperação da capacidade de trabalho, mediante solicitação do aposentado que se julgar apto;

III – subsidiar autoridade judiciária na concessão de curatela, conforme dispõe o § 4º do art. 162 do RPS; e

IV – reavaliar a incapacidade em caso de indício de fraude.

SEÇÃO IV – DA CESSAÇÃO DO BENEFÍCIO

SUBSEÇÃO I – ALTA A PEDIDO

Art. 332. O aposentado por incapacidade permanente que se julgar apto a retornar à atividade deverá solicitar a realização de nova avaliação médico pericial, e concluindo pela recuperação da capacidade laborativa, a aposentadoria será cessada, observado o art. 333.

Parágrafo único. Caso o aposentado por incapacidade permanente retorne voluntariamente à atividade sem observar o procedimento descrito no *caput*, o benefício passa a ter sua manutenção indevida e será cessado administrativamente na data do retorno, sendo assegurados a ampla defesa e o contraditório.

SUBSEÇÃO II – RECUPERAÇÃO DA CAPACIDADE

Art. 333. Verificada a recuperação da capacidade de trabalho do aposentado por incapacidade permanente, deverá ser observado o disposto no art. 49 do RPS quanto ao período de mensalidade de recuperação.

§ 1º Não se aplica o disposto no *caput* aos casos de retorno voluntário na forma do parágrafo único do art. 332.

§ 2º Considera-se mensalidade de recuperação o período em que o segurado, apto ao retorno ao trabalho, receberá benefício do INSS por até 18 (dezoito) meses, com redução gradual do valor.

§ 3º Quando a recuperação for total e ocorrer no prazo de 5 (cinco) anos, contados da data de início da aposentadoria por incapacidade permanente ou do auxílio por incapacidade temporária que a antecedeu sem interrupção, o benefício cessará:

I – de imediato, para o segurado empregado que tiver direito a retornar à função que desempenhava na empresa ao se aposentar, na forma da legislação trabalhista; ou

II – após tantos meses quantos forem os anos de duração do auxílio por incapacidade temporária e da aposentadoria por incapacidade permanente, para os demais segurados.

§ 4º Durante o período de que trata o § 2º, será permitido ao segurado o retorno ao trabalho sem prejuízo do pagamento da aposentadoria.

§ 5º A mensalidade de recuperação será considerada como tempo de contribuição, observado o inciso II do art. 55 da Lei nº 8.213, de 1991, inclusive o período com redução da renda previsto no *caput*.

Art. 334. Caso haja requerimento de novo benefício, durante o período a que se refere o art. 333, caberá ao segurado optar por um dos benefícios, sempre assegurada a opção pelo mais vantajoso.

Parágrafo único. No caso de opção pelo recebimento do novo benefício a que se refere o *caput*, cuja duração encerre antes da cessação do benefício decorrente do *caput*, seu pagamento poderá ser restabelecido pelo período remanescente, respeitando-se as reduções correspondentes.

CAPÍTULO III – AUXÍLIO POR INCAPACIDADE TEMPORÁRIA

SEÇÃO I – DAS DISPOSIÇÕES GERAIS

Art. 335. O auxílio por incapacidade temporária é o benefício devido ao segurado que ficar incapacitado temporariamente para o seu trabalho ou para a sua atividade habitual por mais de 15 (quinze) dias consecutivos, de acordo com a avaliação do Perito Médico Federal, depois de cumprida a carência, quando for o caso.

§ 1º Não será devido o auxílio por incapacidade temporária ao segurado que se filiar ao RGPS com doença ou lesão invocada como causa para a concessão do benefício, exceto quando a incapacidade sobrevier por motivo de progressão ou agravamento dessa doença ou lesão.

§ 2º A análise do auxílio por incapacidade temporária deverá observar a data do início da incapacidade, para fins de atendimento dos requisitos de acesso ao benefício.

§ 3º A renda mensal inicial do auxílio por incapacidade temporária será calculada na forma do inciso I do art. 233.

§ 4º Para fazer jus ao benefício de auxílio por incapacidade temporária é obrigatório, ao segurado de todas as categorias, que a incapacidade para o seu trabalho ou para sua atividade habitual seja superior a 15 (quinze) dias.

Art. 336. A DIB será fixada:

I – para o segurado empregado, exceto doméstico:

a) no 16º (décimo sexto) dia do afastamento da atividade, quando requerido até o 30º (trigésimo) dia da DAT, observado que, caso a DII seja posterior ao 16º (décimo sexto) dia do afastamento, deverá ser na DII; ou

b) na DER, quando o benefício for requerido após 30 (trinta) dias da DAT, observado que, caso a DII seja posterior à DER, deverá ser na DII;

II – para os demais segurados:

a) na DII, quando o benefício for requerido até 30 (trinta) dias da DAT ou da cessação das contribuições; ou

b) na DER, quando o benefício for requerido após 30 (trinta) dias da DAT ou da cessação das contribuições, observado que, caso a DII seja posterior à DER, deverá ser na DII.

§ 1º Em se tratando de acidente, quando o acidentado empregado, excetuado o doméstico, não se afastar do trabalho no dia do acidente, os 15 (quinze) dias de responsabilidade da empresa serão contados a partir da data que ocorrer o afastamento.

§ 2º No caso de a DII do segurado ser fixada quando este estiver em gozo de férias ou licença-prêmio ou qualquer outro tipo de licença remunerada, o prazo de 15 (quinze) dias de responsabilidade da empresa será contado a partir do dia seguinte ao término das férias ou da licença.

§ 3º Na hipótese da alínea "a" do inciso I, se o segurado empregado, por motivo de incapacidade, afastar-se do trabalho durante o período de 15 (quinze) dias, retornar à atividade no 16º (décimo sexto) dia, e voltar a se afastar no prazo de 60 (sessenta) dias contado da data do seu retorno, em decorrência do mesmo motivo que gerou a incapacidade, este fará jus ao auxílio por incapacidade temporária a partir da data do novo afastamento.

§ 4º Na hipótese do § 3º, se o retorno à atividade tiver ocorrido antes de 15 (quinze) dias do afastamento, o segurado fará jus ao auxílio por incapacidade temporária a partir do dia seguinte ao que completar os 15 (quinze) dias de afastamento, somados os períodos de afastamento intercalados.

Art. 337. Ao segurado que exercer mais de uma atividade abrangida pelo RGPS, e estando incapacitado para uma ou mais atividades, inclusive em decorrência de acidente do trabalho, será concedido um único benefício.

§ 1º No caso de incapacidade apenas para o exercício de uma das atividades, o direito ao benefício deverá ser analisado com relação somente a essa atividade, devendo a perícia médica ser conhecedora de todas as atividades que o segurado estiver exercendo.

§ 2º Se, por ocasião do requerimento, o segurado estiver incapaz para todas as atividades que exercer, a DIB e a DIP, serão fixadas em função do último afastamento se o trabalhador estiver empregado, ou, em função do afastamento como empregado, se exercer a atividade de empregado concomitantemente com outra de contribuinte individual ou de empregado doméstico.

§ 3º O segurado em gozo de auxílio por incapacidade temporária, inclusive decorrente de acidente do trabalho, que ficar incapacitado para qualquer outra atividade que exerça, cumulativamente ou não, deverá ter o seu benefício revisto para inclusão dos salários de contribuição das demais atividades.

SUBSEÇÃO ÚNICA – DO SEGURADO RECLUSO

Art. 338. Não será devido o auxílio por incapacidade temporária para o segurado recluso em regime fechado com fato gerador a partir de 18 de janeiro de 2019, vigência da Medida Provisória nº 871, convertida na Lei nº 13.846, de 18 de junho de 2019.

§ 1º O segurado em gozo de auxílio por incapacidade temporária na data do recolhimento à prisão terá o benefício suspenso.

§ 2º A suspensão prevista no § 1º será de até 60 (sessenta) dias, contados da data do recolhimento à prisão, cessado o benefício após o referido prazo.

§ 3º Na hipótese de o segurado ser colocado em liberdade antes do prazo previsto no § 2º, o benefício será restabelecido a partir da data da soltura.

§ 4º Em caso de prisão declarada ilegal, o segurado terá direito à percepção do benefício por todo o período devido, efetuando-se o encontro de contas na hipótese de ter havido pagamento de auxílio-reclusão com valor inferior ao do auxílio por incapacidade temporária no mesmo período.

§ 5º O segurado recluso em cumprimento de pena em regime aberto ou semiaberto terá direito ao auxílio por incapacidade temporária.

§ 6º Não terá direito ao recebimento do auxílio por incapacidade temporária o segurado em regime fechado ou semiaberto, durante a percepção de auxílio-reclusão pelos dependentes, cujo fato gerador seja anterior a 18 de janeiro de 2019, data da vigência da MP nº 871, de 2019, permitida a opção pelo benefício mais vantajoso. *(Redação dada pela IN PRES/INSS 141/2022)*

SEÇÃO II – DOS REQUISITOS DE ACESSO

Art. 339. O Perito Médico Federal estabelecerá a existência ou não de incapacidade para o trabalho e, conforme o caso, o prazo suficiente para o restabelecimento dessa capacidade.

§ 1º Na impossibilidade de realização do exame médico pericial inicial antes do término do período de recuperação indicado pelo médico assistente em documentação, é autorizado o retorno do empregado ao trabalho no dia seguinte à data indicada pelo médico assistente, mantida a necessidade de comparecimento do segurado à perícia na data agendada.

§ 2º Na análise médico-pericial serão fixadas a DID e a DII.

§ 3º Caso o prazo fixado para a recuperação da capacidade para o trabalho ou para a atividade habitual se revele insuficiente, o segurado poderá, nos 15 (quinze) dias que antecedem a Data de Cessação do Benefício – DCB, solicitar a prorrogação do benefício.

§ 4º Identificada a impossibilidade de desempenho da atividade que exerce, porém permita o desempenho de outra atividade, o Perito Médico Federal poderá encaminhar o segurado ao processo de reabilitação profissional.

SEÇÃO III – DA PRORROGAÇÃO DO BENEFÍCIO

Art. 340. Constatada incapacidade decorrente de doença diversa da geradora do benefício objeto de pedido de prorrogação, com alteração do CID devidamente justificado, o pedido será transformado em requerimento de novo benefício, independente da data de fixação da DII, observando-se o cumprimento do requisito carência, se for o caso.

Parágrafo único. A DIB e a DIP serão fixadas:

I – no dia seguinte à DCB do primeiro auxílio por incapacidade temporária, se a DII for menor ou igual à data da cessação do benefício anterior; e

II – na DII, se a DII for maior que a data da cessação do benefício anterior.

SEÇÃO IV – DA MANUTENÇÃO DO BENEFÍCIO

Art. 341. O segurado ou a segurada em gozo de auxílio por incapacidade temporária, inclusive decorrente de acidente do trabalho, que vier a requerer salário-maternidade, terá o benefício suspenso administrativamente no dia anterior ao da DIB do salário-maternidade.

Parágrafo único. Se após o período do salário-maternidade, o requerente mantiver a incapacidade laborativa, deverá ser submetido à nova perícia médica.

Art. 342. O segurado que durante o recebimento de auxílio por incapacidade temporária retornar à atividade geradora do benefício e permanecer trabalhando terá o benefício cancelado a partir da data do retorno, devendo ser adotados os procedimentos para ressarcimento ao erário dos valores recebidos indevidamente.

Parágrafo único. Se durante o gozo do auxílio por incapacidade temporária o segurado iniciar nova atividade de filiação obrigatória vinculada ao RGPS diversa daquela que gerou o benefício, a perícia médica deverá verificar a incapacidade para cada uma das atividades exercidas.

SEÇÃO V – DA SUSPENSÃO DO BENEFÍCIO

Art. 343. O benefício de auxílio por incapacidade temporária será suspenso quando:

I – não comparecer o segurado em gozo de auxílio por incapacidade temporária, concedido judicial ou administrativamente, convocado, a qualquer momento, para avaliação das condições que ensejaram sua concessão ou manutenção; e

II – o segurado recusar ou abandonar tratamentos ou processo de reabilitação profissional proporcionados pelo RGPS, exceto o tratamento cirúrgico e a transfusão de sangue, devendo ser restabelecido a partir do momento em que deixar de existir o motivo que ocasionou a suspensão, desde que persista a incapacidade.

SEÇÃO VI – DA CESSAÇÃO DO BENEFÍCIO

Art. 344. Os benefícios de auxílio por incapacidade temporária sem prazo estimado de duração, concedidos ou restabelecidos por decisão judicial, deverão ser cessados em 120 (cento e vinte dias) contados da data de concessão ou de reativação do auxílio por incapacidade temporária, exceto se o segurado requerer a sua prorrogação perante o INSS.

Parágrafo único. O disposto no *caput* deve ser aplicado aos benefícios cujo fato gerador tenha ocorrido no período de 8 de julho de 2016 a 4 de novembro de 2016, vigência da Medida Provisória nº 739, de 7 de julho de 2016, e para todos aqueles posteriores a 6 de janeiro de 2017, data de publicação da Medida Provisória nº 767, convertida na Lei nº 13.457, de 26 de junho de 2017.

SEÇÃO VII – DA REABERTURA DO BENEFÍCIO

Art. 345. Os pedidos de reabertura de auxílio por incapacidade temporária decorrente de acidente do trabalho deverão ser formulados quando houver reinício do tratamento ou afastamento por agravamento de lesão do acidente ou doença ocupacional, e serão processados nos mesmos moldes do auxílio por incapacidade temporária previdenciário, cadastrando-se a CAT de reabertura, quando apresentada.

Art. 346. Somente poderá ser realizado novo requerimento de benefício por incapacidade após 30 (trinta) dias, contados da Data de Realização do Exame – DRE, ou da DCB, ou da Data de Cessação Administrativa – DCA, conforme o caso.

Art. 347. No caso de novo requerimento, se a perícia médica concluir que se trata de direito à mesma espécie de benefício, decorrente da mesma causa de incapacidade e sendo fixada a DIB até 60 (sessenta) dias contados da DCB do benefício anterior, será indeferido o novo pedido, restabelecido o benefício anterior e descontados os dias trabalhados, quando for o caso.

Parágrafo único. Na situação prevista no *caput*, a DIP será fixada no dia imediatamente seguinte ao da cessação do benefício anterior, ficando a empresa, no caso de empregado, desobrigada do pagamento relativo aos 15 (quinze) primeiros dias do novo afastamento.

SEÇÃO VIII – DAS DISPOSIÇÕES RELATIVAS AO ACIDENTE DO TRABALHO

Art. 348. Quando o exercício da atividade a serviço da empresa, do empregador doméstico ou o exercício do trabalho do segurado especial provocar lesão corporal ou perturbação funcional que cause morte, perda ou redução, permanente ou temporária, da capacidade para o trabalho, restará configurado o acidente do trabalho.

§ 1º O acidente do trabalho será caracterizado quando verificado pelo Perito Médico Federal o nexo técnico entre o trabalho e o agravo.

§ 2º Em se tratando de segurado empregado, o acidente do trabalho será devido desde que a previsão de afastamento seja superior a 15 (quinze) dias consecutivos, observando-se que nos casos de acidente do trabalho que não geram afastamento superior a esse período, o registro da CAT servirá como prova documental do acidente.

§ 3º O empregado intermitente, o segurado especial, o trabalhador avulso e o empregado doméstico, este a contar de 2 de junho de 2015, data da publicação da Lei Complementar nº 150, de 2015, que sofrerem acidente de trabalho com incapacidade para sua atividade habitual, serão encaminhados à perícia médica para avaliação do grau de incapacidade e o estabelecimento do nexo técnico, logo após o acidente, sem necessidade de aguardar os 15 (quinze) dias consecutivos de afastamento, observado o §4º do art. 335.

Art. 349. Se do acidente do trabalho decorrer:

I – incapacidade temporária, preenchidos os demais requisitos, o acidentado fará jus ao benefício de auxílio por incapacidade temporária em sua modalidade acidentária;

II – incapacidade permanente, preenchidos os demais requisitos, o acidentado fará jus ao benefício de aposentadoria por incapacidade permanente em sua modalidade acidentária; e

III – morte, preenchidos os demais requisitos, os dependentes do acidentado farão jus ao benefício de pensão por morte em sua modalidade acidentária.

Parágrafo único. Na hipótese do inciso I, preenchido os demais requisitos, o acidentado fará jus ao benefício de auxílio – acidente decorrente do trabalho após a cessação do auxílio por incapacidade temporária correspondente.

SEÇÃO IX – DA COMUNICAÇÃO DE ACIDENTE DO TRABALHO – CAT

Art. 350. O acidente do trabalho ocorrido deverá ser comunicado ao INSS por meio de CAT.

§ 1º O emitente deverá entregar cópia da CAT ao acidentado, ao sindicato da categoria e à empresa.

§ 2º Nos casos de óbito, a CAT também deverá ser entregue aos dependentes e à autoridade competente.

§ 3º Na CAT de reabertura de acidente do trabalho, deverão constar as mesmas informações da época do acidente, exceto quanto ao afastamento, último dia trabalhado, atestado médico e data da emissão, que serão relativos à data da reabertura.

§ 4º Não serão consideradas CAT de reabertura para as situações de simples assistência médica ou de afastamento com menos de quinze dias consecutivos.

§ 5º O óbito decorrente de acidente ou de doença profissional ou do trabalho, ocorrido após a emissão da CAT inicial ou de reabertura, será comunicado ao INSS, por CAT de comunicação de óbito, constando a data do óbito e os dados relativos ao acidente inicial.

Art. 351. São responsáveis pelo preenchimento e encaminhamento da CAT:

I – no caso de segurado empregado, a empresa empregadora;

II – para o segurado especial, o próprio acidentado, seus dependentes, a entidade sindical da categoria, o médico assistente ou qualquer autoridade pública;

III – no caso do trabalhador avulso, a empresa tomadora de serviço e, na falta dela, o sindicato da categoria ou o órgão gestor de mão de obra;

IV – no caso de segurado desempregado, nas situações em que a doença profissional ou do trabalho manifestou-se ou foi diagnosticada após a demissão, as autoridades dos §§ 4º e 5º; e

V – tratando-se de empregado doméstico, o empregador doméstico, para acidente ocorrido a partir de 2 de junho de 2015, data da publicação da Lei Complementar nº 150, de 2015.

§ 1º No caso do segurado empregado, trabalhador avulso e empregado doméstico exercerem atividades concomitantes e vierem a sofrer acidente de trajeto entre um local de trabalho e outro, será obrigatória a emissão da CAT pelos dois empregadores.

§ 2º É considerado como agravamento do acidente aquele sofrido pelo acidentado quando estiver sob a responsabilidade da reabilitação profissional, neste caso, caberá ao profissional de referência comunicar à perícia médica o ocorrido.

§ 3º O prazo para comunicação do acidente do trabalho pela empresa ou empregador doméstico será até o primeiro dia útil seguinte ao da ocorrência e, em caso de morte, de imediato, à autoridade competente, sob pena de multa aplicada na forma do art. 286 do RPS.

§ 4º Na falta de comunicação por parte da empresa, podem formalizá-la o próprio acidentado, seus dependentes, a entidade sindical competente, o médico que o assistiu ou qualquer autoridade pública, não prevalecendo nestes casos o prazo previsto no § 3º.

§ 5º Para efeito do disposto no § 4º, consideram-se autoridades públicas reconhecidas para tal finalidade os magistrados em geral, os membros do Ministério Público e dos Serviços Jurídicos da União, dos Estados e dos Municípios, os comandantes de unidades militares do Exército, da Marinha, da Aeronáutica e das Forças Auxiliares (Corpo de Bombeiros e Polícia Militar), prefeitos, delegados de polícia, diretores de hospitais e de asilos oficiais e servidores da Administração Direta e Indireta Federal, Estadual, Distrital ou Municipal, quando investidos de função. *(Redação dada pela IN PRES/INSS 141/2022)*

§ 6º A CAT entregue fora do prazo estabelecido no § 3º e anteriormente ao início de qualquer procedimento administrativo ou de medida de fiscalização, exclui a multa prevista no mesmo dispositivo.

§ 7º A CAT formalizada nos termos do § 4º, não exclui a multa prevista no § 3º.

§ 8º Não caberá aplicação de multa, por não emissão de CAT, quando o enquadramento decorrer de aplicação do Nexo Técnico Epidemiológico Previdenciário – NTEP.

CAPÍTULO IV – DO AUXÍLIO-ACIDENTE

SEÇÃO I – DAS DISPOSIÇÕES GERAIS

Art. 352. O auxílio-acidente é um benefício de caráter indenizatório devido ao segurado empregado, inclusive o doméstico, ao trabalhador avulso e ao segurado especial que sofrerem acidente de qualquer natureza, quando a consolidação das lesões decorrentes do acidente resultar em sequela que implique redução definitiva da capacidade de trabalho que habitualmente exerce.

§ 1º O auxílio-acidente será devido pela sequela decorrente de acidente de qualquer natureza, a partir de 29 de abril de 1995, data da publicação da Lei nº 9.032, de 1995, independentemente da DIB do auxílio por incapacidade temporária que o precedeu, se atendidas todas as condições para sua concessão, devendo ser observado que, anteriormente a esta data, o auxílio-acidente era devido por acidente do trabalho.

§ 2º O direito à concessão do benefício de auxílio-acidente não precedido de auxílio por incapacidade temporária é devido para requerimentos efetivados a partir de 29 de maio de 2013, data da publicação da Portaria Ministerial/MPS nº 264, de 2013, independentemente da data do acidente, desde que observado o disposto no § 1º. *(Redação dada pela IN PRES/INSS 141/2022)*

§ 3º O médico residente fará jus ao benefício de que trata este artigo, quando o acidente tiver ocorrido até 26 de novembro de 2001, data da publicação do Decreto nº 4.032, de 2001.

§ 4º A concessão de auxílio-acidente ao segurado empregado doméstico é devida para fatos geradores ocorridos a partir de 2 de junho de 2015, data da publicação da Lei Complementar nº 150, de 2015.

§ 5º Ao empregado, inclusive o doméstico, caberá a concessão do auxílio-acidente mesmo na hipótese de demissão durante o período em que estava recebendo auxílio por incapacidade temporária decorrente de acidente de qualquer natureza, desde que preenchidos os demais requisitos.

§ 6º A data do início do benefício deverá ser fixada:

I – na data da entrada do requerimento, quando não precedida de auxílio por incapacidade temporária; ou

II – no dia seguinte à data da cessação do benefício de auxílio por incapacidade temporária, quando precedido deste.

§ 7º A Renda Mensal Inicial do auxílio-acidente será calculada na forma do inciso X do art. 233.

§ 8º Para fins do disposto no *caput* será considerada a atividade exercida na data do acidente.

§ 9º Não é devido o auxílio-acidente ao segurado contribuinte individual e ao segurado facultativo.

§ 10. Aplica-se o inciso I do § 6º aos casos em que houver ocorrido a decadência decenal entre a cessação do benefício precedido e a DER do auxílio-acidente.

Art. 353. É devido o auxílio-acidente ao segurado empregado, inclusive o doméstico, ao trabalhador avulso e ao segurado especial, para acidentes de qualquer natureza ocorridos durante o período de manutenção da qualidade de segurado, nessa condição, a partir de

31 de dezembro de 2008, data de vigência do Decreto nº 6.722, de 2008.

§ 1º Para fins do disposto no *caput* será considerada a última atividade exercida.

§ 2º A concessão de auxílio-acidente ao segurado empregado doméstico, na forma do *caput*, é devido para fatos geradores ocorridos a partir de 2 de junho de 2015, observados os § 4º e 5º do art. 352.

SEÇÃO II – DO REQUISITO DE ACESSO

Art. 354. O Perito Médico Federal estabelecerá a existência ou não de redução da capacidade de trabalho quando a consolidação das lesões decorrentes de acidente de qualquer natureza resultar em sequela definitiva para o segurado.

§ 1º As sequelas a que se refere o *caput* constarão em lista, a exemplo das constantes no Anexo III do RPS, elaborada e atualizada a cada três anos pelo Ministério do Trabalho e Previdência – MTP, de acordo com critérios técnicos e científicos.

§ 2º Não caberá a concessão de auxílio-acidente de qualquer natureza ao segurado:

I – que apresente danos funcionais ou redução da capacidade funcional sem repercussão na capacidade laborativa; e

II – quando ocorrer mudança de função, mediante readaptação profissional promovida pela empresa, como medida preventiva, em decorrência de inadequação do local de trabalho.

SEÇÃO III – DA MANUTENÇÃO DO BENEFÍCIO

Art. 355. O auxílio-acidente será devido até a véspera do início de qualquer aposentadoria, até a data da emissão da CTC ou até a data do óbito do segurado, observadas as hipóteses de acumulação permitida.

§ 1º O auxílio-acidente cessado para fins de concessão de aposentadoria poderá ser restabelecido, observadas as orientações a seguir:

I – em se tratando de aposentadoria por incapacidade permanente, a partir do dia seguinte da DCB da aposentadoria;

II – em se tratando de desistência de aposentadoria na forma do art. 181-B do RPS, a partir do dia seguinte da DCB do auxílio-acidente; ou

III – em se tratando de benefício cessado na DIB por apuração de irregularidade, a partir do dia seguinte da DCB do auxílio-acidente.

§ 2º O auxílio-acidente cessado para fins de emissão de CTC poderá ser restabelecido na hipótese de cancelamento da CTC emitida e não utilizada para nenhum fim no RPPS, sendo que a reativação será a partir do dia seguinte da DCB do auxílio-acidente.

§ 3º Caso haja novo fato gerador de auxílio-acidente, o segurado poderá optar pelo mais vantajoso, vedada a acumulação de dois ou mais auxílios-acidentes.

SEÇÃO IV – DA SUSPENSÃO DO BENEFÍCIO

Art. 356. O auxílio-acidente será suspenso quando da concessão ou da reabertura do auxílio por incapacidade temporária, em razão do mesmo acidente ou de doença que lhe tenha dado origem.

§ 1º O auxílio-acidente suspenso será restabelecido após a cessação do auxílio por incapacidade temporária concedido ou reaberto.

§ 2º O auxílio-acidente suspenso, na forma do *caput*, será cessado se concedida aposentadoria, salvo nos casos em que é permitida a acumulação.

CAPÍTULO V – DO SALÁRIO- -MATERNIDADE

Art. 357. O salário-maternidade é o benefício devido aos segurados do RGPS, inclusive os em prazo de manutenção de qualidade, na forma do art. 184, que cumprirem a carência, quando exigida, por motivo de parto, aborto não criminoso, adoção ou guarda judicial para fins de adoção.

§ 1º O benefício na situação de adoção ou guarda judicial para fins de adoção passou a ser devido ao segurado do sexo masculino, a partir de 25 de outubro de 2013, data da publicação da Lei nº 12.873, de 2013.

§ 2º O recebimento do salário-maternidade está condicionado ao afastamento das atividades laborais, sob pena de suspensão de benefício.

§ 3º No caso de gravidez múltipla será devido um único benefício.

§ 4º Não será devido o benefício a mais de uma segurada ou segurado, decorrente do mesmo fato gerador, seja ele parto ou adoção, ressalvado o disposto no art. 360 e no art. 359.

§ 5º O salário-maternidade poderá ser requerido no prazo de 5 (cinco) anos, a contar da data do fato gerador, exceto na situação prevista no § 5º do art. 360, que trata do cônjuge ou companheiro (a) sobrevivente.

§ 6º A análise do salário-maternidade deverá observar o fato gerador correspondente, para fins de atendimento dos requisitos de acesso ao benefício, que poderá ser a data do afastamento, o parto, o aborto não criminoso ou a adoção ou guarda judicial para fins de adoção, conforme o caso.

§ 7º A renda mensal inicial do salário-maternidade será calculada na forma do art. 240.

§ 8º Será devido pagamento do salário-maternidade ao aposentado que permanecer ou retornar à atividade e que esteja filiado como segurado obrigatório.

Art. 358. O salário-maternidade é devido durante 120 (cento e vinte) dias, a contar das seguintes ocorrências, consideradas para fixação da data de início do benefício:

I – parto, inclusive natimorto, podendo o início do benefício ser fixado na DAT caso o(a) segurado(a) tenha se afastado até 28 (vinte e oito) dias antes do nascimento da criança, exceto para os(as) segurados (as) em período de manutenção da qualidade de segurado para as quais o benefício será devido a partir do nascimento da criança; ou

II – adoção do menor até 12 (doze) anos, a contar da data do trânsito em julgado da decisão judicial, ou havendo guarda judicial para fins de adoção, a contar da data do termo de guarda ou da data do deferimento da medida liminar nos autos de adoção.

§ 1º Em caso de aborto não criminoso, comprovado mediante atestado médico, a segurada terá direito ao salário-maternidade correspondente a 2 (duas) semanas, a partir da data do aborto.

§ 2º Na hipótese de parto, o benefício poderá, em casos excepcionais, ter suas datas de início e fim estendidas em até 2 (duas) semanas, mediante atestado médico específico submetido à avaliação médico-pericial.

§ 3º Para os segurados em período de graça, a prorrogação tratada no § 2º caberá apenas para repouso posterior ao fim do benefício.

§ 4º Aplica-se o disposto no § 2º e § 3º ao cônjuge sobrevivente de que trata o art. 360, quando houver risco de vida da criança.

Art. 359. Na hipótese de adoção ou guarda judicial para fins de adoção, o salário-maternidade é devido ao segurado independentemente de os pais biológicos terem recebido o mesmo benefício quando do nascimento da criança.

§ 1º Quando houver adoção ou guarda judicial para fins de adoção simultânea de mais de uma criança, é devido um único salário-maternidade, observado o disposto no art. 241.

§ 2º Na ocorrência de adoção ou guarda judicial para fins de adoção, o benefício de salário-maternidade não poderá ser concedido a mais de um segurado, em decorrência do mesmo processo de adoção ou guarda, inclusive na hipótese de um dos adotantes ser vinculado a RPPS.

Art. 360. No caso de falecimento do segurado que fazia jus ao benefício de salário-maternidade, será devido o pagamento do respectivo benefício ao cônjuge ou companheiro (a) sobrevivente, desde que possua qualidade de segurado e carência, na data do fato gerador.

§ 1º O pagamento ao cônjuge ou companheiro (a) sobrevivente é devido para fatos geradores a partir de 23 de janeiro de 2014, data do início da vigência do art. 71-B da Lei nº 8.213, de 1991, e se aplica ao cônjuge ou companheiro(a) sobrevivente que adotar ou obtiver guarda judicial para fins de adoção.

§ 2º O disposto no *caput* não se aplica ao aborto não criminoso.

§ 3º O disposto no *caput* não se aplica no caso de falecimento do filho ou seu abandono, ou nas hipóteses de perda ou destituição do poder familiar, decorrente de decisão judicial.

§ 4º O benefício devido no *caput* será pago pelo tempo restante a que teria direito o segurado falecido(a), que poderá ser total.

§ 5º O pagamento do benefício de que trata o *caput* deverá ser requerido até o último dia do prazo previsto para o término do salário-maternidade originário.

Art. 361. No caso de vínculos concomitantes ou de atividade simultânea, o segurado fará jus ao salário-maternidade relativo a cada emprego ou atividade, não sendo considerado para este fim os vínculos ou atividades em prazo de manutenção da qualidade de segurado decorrente de uma das atividades.

§ 1º O disposto no *caput* não se aplica a atividades simultâneas de contribuinte individual ou de empregos intermitentes concomitantes.

§ 2º Quando o segurado se desligar de apenas uma das atividades, o benefício será devido somente pela atividade que continuar exercendo.

§ 3º O cálculo dos salários-maternidade disposto no *caput* deverá observar o art. 241.

CAPÍTULO VI – DO SALÁRIO-FAMÍLIA

Art. 362. Salário-família é o benefício pago mensalmente na proporção do respectivo número de filhos, enteados ou os menores tutelados, até a idade de 14 (quatorze) anos, ou inválidos de qualquer idade, independente de carência e observado que:

I – será devido somente ao segurado empregado, ao trabalhador avulso e, relativamente ao empregado doméstico, para requerimentos a partir de 2 de junho de 2015, data da publicação da Lei Complementar nº 150, de 2015; e

II – o salário de contribuição do segurado deverá ser inferior ou igual ao limite máximo previsto em Portaria Ministerial;

III – o limite máximo do salário de contribuição será atualizado pelos mesmos índices aplicados aos benefícios do RGPS, fixados nos termos de Portaria Interministerial que dispõe ainda do valor mensal da cota do benefício.

§ 1º O enteado e o menor tutelado devem ter sua dependência econômica comprovada, nos termos do art. 180.

§ 2º Observado o disposto no *caput*, também terá direito ao salário-família o segurado em gozo de:

I – auxílio por incapacidade temporária;

II – aposentadoria por incapacidade permanente;

III – aposentadoria por idade rural; e

IV – demais aposentadorias, desde que contem com 65 (sessenta e cinco) anos ou mais de idade, se homem, ou 60 (sessenta) anos ou mais de idade, se mulher.

§ 3º Quando o pai e a mãe são segurados empregados, inclusive os domésticos, ou trabalhadores avulsos, ambos têm direito ao salário-família.

§ 4º O valor da cota do salário-família por dependente deve corresponder àquele estabelecido pela Portaria Ministerial vigente no mês do pagamento/fato gerador.

§ 5º Quando do reconhecimento do direito ao salário-família, tomar-se-á como parâmetro o salário de contribuição da competência em que o benefício será pago.

§ 6º As cotas do salário-família não serão incorporadas, para qualquer efeito, ao benefício.

§ 7º Só caberá o pagamento da cota de salário-família, referente ao menor sob guarda, ao segurado empregado ou trabalhador avulso detentor da guarda, exclusivamente para os termos de guarda e contratos de trabalho em vigor em 13 de outubro de 1996, data da vigência da Medida Provisória nº 1.523, de 1996, convertida na Lei nº 9.528, de 10 de dezembro de 1997.

§ 8º O salário-família devido à segurada empregada e trabalhadora avulsa em gozo de salário-maternidade será pago pela empresa, condicionada a apresentação pela segurada da documentação relacionada no art. 361.

Art. 363. O salário-família será devido a partir do mês em que for apresentada ao INSS a documentação abaixo:

I – CP ou CTPS;

II – certidão de nascimento do filho;

III – caderneta de vacinação obrigatória ou equivalente, quando o dependente conte com até 6 (seis) anos de idade;

IV – comprovação da incapacidade, a cargo Perícia Médica Federal, quando dependente maior de 14 (quatorze) anos;

V – comprovante de frequência à escola, para os dependentes:

a) a partir de 4 anos, em se tratando de requerimentos posteriores a 1º de julho de 2020, data da publicação do Decreto nº 10.410, de 2020; e

b) a partir de 7 anos para requerimentos até 30 de junho de 2020, dia imediatamente anterior à data da publicação do Decreto nº 10.410 de 2020;

VI – termo de tutela expedido pelo juízo competente, em caso de menor tutelado;

VII – documentos que comprovem a condição de enteado;

VIII – comprovação de dependência econômica na forma do art. 180, em caso de enteados ou menores tutelados; e

IX – termo de responsabilidade, no qual o segurado se comprometerá a comunicar ao INSS qualquer fato ou circunstância que determine a perda do direito ao benefício, ficando sujeito, em caso de descumprimento, às sanções penais e trabalhistas.

§ 1º Tendo havido divórcio ou separação judicial de fato dos pais, ou em caso de abandono legalmente caracterizado ou perda do poder familiar, o salário-família passará a ser pago diretamente àquele a cujo cargo ficar o sustento do menor, ou a outra pessoa, se houver determinação judicial nesse sentido.

§ 2º Para efeito de concessão e manutenção do salário-família, o segurado deve firmar termo de responsabilidade, no qual se comprometa a comunicar à empresa ou empregador doméstico ou ao INSS qualquer fato ou circunstância que determine a perda do direito ao benefício, ficando sujeito, em caso do não cumprimento, às sanções penais e trabalhistas.

§ 3º Para recebimento do salário-família, o empregado doméstico apresentará ao seu empregador e/ou INSS, além do termo de responsabilidade, conforme § 2º, apenas a certidão de nascimento do filho ou a documentação relativa ao enteado e ao menor tutelado, desde que comprovada a dependência econômica dos dois últimos.

§ 4º A manutenção do salário-família está condicionada, exceto para o segurado empregado doméstico, sob pena de suspensão do pagamento, à apresentação:

I – anual, no mês de novembro, de caderneta de vacinação obrigatória dos filhos, enteados ou os menores tutelados, até os 6 (seis) anos de idade;

II – semestral, nos meses de maio e novembro, de frequência escolar para os filhos, enteados ou os menores tutelados, com mais de 4 (quatro) anos de idade, no caso de requerimentos posteriores a 1º de julho de 2020, data da publicação do Decreto nº 10.410, de 30 de junho de 2020; e

III – semestral, para os filhos, enteados ou os menores tutelados, com mais de 7 (sete) anos de idade, para requerimentos efetuados até 30 de junho de 2020, dia imediatamente anterior à data da publicação do Decreto nº 10.410, de 30 de junho de 2020.

§ 5º A comprovação semestral de frequência escolar será feita mediante apresentação de documento emitido pela escola, na forma estabelecida em legislação específica, em nome do aluno, onde conste o registro de frequência regular ou de atestado do estabelecimento de ensino, comprovando a regularidade da matrícula e frequência escolar do aluno.

§ 6º Não é devido salário-família no período entre a suspensão da quota motivada pela falta de comprovação da frequência escolar e a sua reativação, salvo se provada a frequência escolar regular no período.

§ 7º Se após a suspensão do pagamento do salário-família, o segurado comprovar a vacinação do filho, ainda que fora de prazo, caberá o pagamento das cotas relativas ao período suspenso.

§ 8º O salário-família correspondente ao mês de afastamento do trabalho será pago integralmente pela empresa, pelo sindicato ou órgão gestor de mão-de-obra, e pelo empregador doméstico, conforme o caso, e o do mês de cessação de benefício pelo INSS, independentemente do número de dias trabalhados ou em benefício.

§ 9º Quando o salário-família for pago pelo INSS, no caso de empregado, não é obrigatória a apresentação da certidão de nascimento do filho ou documentação relativa ao equiparado, no ato do requerimento do benefício, uma vez que esta informação é de responsabilidade da empresa, órgão gestor de mão de obra ou sindicato de trabalhadores avulsos, devendo constar no atestado de afastamento.

§ 10. Caso a informação citada no § 9º não conste no atestado de afastamento, as cotas de salário-família deverão ser incluídas no ato da habilitação, sempre que o segurado apresentar os documentos necessários.

Art. 364. O direito ao salário-família cessa automaticamente:

I – por morte do filho, do enteado ou menor tutelado, a contar do mês seguinte ao do óbito;

II – quando o filho, o enteado ou menor tutelado completar 14 (quatorze anos) de idade, salvo se inválido, a contar do mês seguinte ao da data do aniversário;

III – pela recuperação da capacidade do filho, do enteado ou menor tutelado inválido, a contar do mês seguinte ao da cessação da incapacidade; ou

IV – pelo desemprego do segurado.

Parágrafo único. A falta de comunicação oportuna de fato que implique cessação do salário-família, bem como a prática, pelo empregado, inclusive o doméstico, de fraude de qualquer natureza para o seu recebimento, autoriza o INSS a descontar dos pagamentos de cotas devidas com relação a outros filhos ou, na falta delas, da renda mensal do seu benefício, o valor das cotas indevidamente recebidas, sem prejuízo das sanções penais cabíveis.

CAPÍTULO VII – DA PENSÃO POR MORTE

SEÇÃO I – DISPOSIÇÕES GERAIS

Art. 365. A pensão por morte será devida ao conjunto dos dependentes do segurado do RGPS que falecer, aposentado ou não, atendidos os critérios discriminados nesta Seção.

§ 1º A legislação aplicada à concessão do benefício de pensão por morte é aquela em vigor na data do óbito do segurado, independentemente da data do requerimento.

§ 2º A concessão do benefício está vinculada à comprovação da qualidade de segurado do instituidor e da qualidade de dependente na data do óbito, observado o disposto no art. 368.

§ 3º A data do início do benefício deverá ser fixada na data do óbito, devendo ser observado em relação aos efeitos financeiros as disposições contidas no art. 369.

§ 4º A renda mensal inicial da pensão por morte será calculada na forma definida no art. 235.

Art. 366. Não cabe a concessão de mais de uma pensão por morte para um mesmo dependente decorrente do mesmo instituidor.

Parágrafo único. Excepcionalmente, no caso de óbito anterior a 29 de abril de 1995, data da publicação da Lei nº 9.032, de 1995, para o segurado que recebia cumulativamente duas ou mais aposentadorias concedidas por ex--institutos, observado o previsto no art. 124 da Lei nº 8.213, de 1991, será devida a concessão de tantas pensões quantos forem os benefícios que as precederam.

Art. 367. A concessão da pensão por morte não será protelada pela falta de habilitação de outro possível dependente, e qualquer habilitação posterior que importe em exclusão ou inclusão de dependente somente produzirá efeito a contar da data da habilitação.

SUBSEÇÃO I – DA QUALIDADE DE SEGURADO DO INSTITUIDOR

Art. 368. Caberá a concessão de pensão aos dependentes mesmo que o óbito tenha ocorrido após a perda da qualidade de segurado, desde que:
I – o instituidor do benefício tenha implementado todos os requisitos para obtenção de uma aposentadoria até a data do óbito; ou
II – fique reconhecido o direito, dentro do período de graça, à aposentadoria por incapacidade permanente, o qual deverá ser verificado pela Perícia Médica Federal, que confirmem a existência de incapacidade permanente até a data do óbito.

SUBSEÇÃO II – DOS EFEITOS FINANCEIROS

Art. 369. Havendo o reconhecimento do direito à pensão por morte, a DIP será fixada:
I – na data do óbito:
a) para o dependente menor de 16 (dezesseis) anos, quando requerida em até 180 (cento e oitenta) dias da data do óbito; e
b) para os demais dependentes, quando requerida em até 90 (noventa) dias da data do óbito;
II – na data do requerimento, quando solicitada após os prazos previstos no inciso I do *caput*;
III – na decisão judicial, no caso de morte presumida.
§ 1º Para efeito do disposto neste artigo, os dependentes inválidos ou que tenham deficiência intelectual ou mental ou deficiência grave devem ser equiparados aos maiores de 16 (dezesseis) anos de idade.

§ 2º O disposto no *caput* se aplica a óbitos ocorridos desde 18 de janeiro de 2019, data da publicação da Medida Provisória nº 871, convertida na Lei nº 13.846, de 2019.

Art. 370. Caso haja habilitação de dependente posterior à concessão da pensão pela morte do instituidor, as regras em relação aos efeitos financeiros, observada a prescrição quinquenal, devem respeitar este artigo.
§ 1º Se não cessada a pensão precedente, a DIP será fixada na DER, qualquer que seja o dependente e qualquer que seja a data do óbito.
§ 2º Se já cessada a pensão precedente, a DIP será fixada:
I – no dia seguinte à DCB, desde que requerido até 90 (noventa) dia do óbito do instituidor, ressalvado o direito dos menores de 16 (dezesseis) anos, cujo prazo é de 180 (cento e oitenta) dias; ou
II – na DER, se requerido após os prazos do item anterior.
§ 3º O disposto no § 2º se aplica a óbitos ocorridos desde 18 de janeiro de 2019, data da publicação da Medida Provisória nº 871, convertida na Lei nº 13.846, de 2019.

SUBSEÇÃO III – DO RATEIO ENTRE DEPENDENTES

Art. 371. A pensão por morte, havendo mais de um pensionista, será rateada entre todos os dependentes, em partes iguais, observando--se:
I – para os óbitos ocorridos a partir de 14 de novembro de 2019, data posterior à publicação da Emenda Constitucional nº 103, de 2019, as cotas individuais cessadas não serão revertidas aos demais dependentes; e
II – para os óbitos ocorridos até 13 de novembro de 2019, data da publicação da Emenda Constitucional nº 103, de 2019, as cotas cessadas serão revertidas aos demais dependentes.
§ 1º Para requerimento a partir de 24 de fevereiro de 2016, será permitido o rateio de pensão por morte entre companheiras de segurado indígena poligâmico ou companheiros de segurada indígena poliândrica, desde que as/os dependentes também sejam indígenas e apresentem declaração emitida pelo órgão local da FUNAI, atestando que o instituidor do benefício vivia em comunidade com cultura poligâmica/poliândrica, além dos demais documentos exigidos.
§ 2º Com a extinção da cota do último pensionista, a pensão por morte será encerrada.

SEÇÃO II – DA PENSÃO POR MORTE PARA O CÔNJUGE OU COMPANHEIRO(A)

Art. 372. Para o reconhecimento do direito à pensão por morte ao cônjuge, companheiro ou companheira, é necessária a comprovação da qualidade de dependente nesta categoria, preenchidos os demais requisitos.

Parágrafo único. Não é devida a concessão de pensão por morte para mais de um dependente na qualidade de cônjuge e/ou companheiro, exceto:

I – se o ex-cônjuge ou ex-companheiro se enquadrar na hipótese do art. 373; e

II – para situação prevista no § 1º do art. 371.

Art. 373. O ex-companheiro e o cônjuge separado judicialmente, extrajudicialmente, de fato ou divorciado terão direito à pensão por morte, desde que recebedores de pensão alimentícia, ainda que a pensão por morte tenha sido requerida e concedida à companheiro (a) ou novo cônjuge. *(Redação dada pela IN PRES/INSS 141/2022)*

§ 1º Equipara-se à percepção de pensão alimentícia o recebimento de ajuda econômica ou financeira sob qualquer forma.

§ 2º Na hipótese de o segurado falecido estar, na data do óbito, obrigado, por determinação judicial ou acordo extrajudicial, a pagar alimentos temporários a ex-cônjuge ou ex-companheiro (a), o benefício será devido pelo prazo remanescente constante na decisão judicial para fatos geradores a partir de 18 de janeiro de 2019, data da publicação da Medida Provisória nº 871, de 2019, observado que o prazo de duração da cota do benefício poderá ser reduzido se antes ocorrer uma das causas de cessação previstas nos arts. 378 a 380. *(Redação dada pela IN PRES/INSS 141/2022)*

Art. 374. No caso de requerimento de pensão por morte em que for verificada a separação de fato em processo administrativo de benefício assistencial ou previdenciário anterior, será devido o benefício de pensão por morte, desde que comprovado o restabelecimento do vínculo conjugal mediante apresentação dos mesmos documentos hábeis à comprovação de união estável ou dependência econômica.

§ 1º A certidão de casamento não poderá ser utilizada como um dos documentos para a comprovação do restabelecimento do vínculo conjugal, bem como não poderá ser comprovado esse restabelecimento exclusivamente por meio de prova testemunhal.

§ 2º Os documentos apresentados para comprovação do restabelecimento da união estável deverão ter data de emissão posterior à declaração de separação de fato.

§ 3º Na hipótese prevista no *caput* ficando evidenciado o restabelecimento do vínculo conjugal antes do óbito e, se em razão deste, restarem superadas as condições que resultaram na concessão do benefício assistencial, os valores recebidos indevidamente deverão ser devolvidos, observados os procedimentos do monitoramento operacional de benefício.

Art. 375. Para óbito ocorrido a partir de 1º de março de 2015, após a vigência da Medida Provisória nº 664, de 2014, revista pela Lei nº 13.135, de 18 de junho de 2015, o prazo de duração da cota ou do benefício de pensão por morte do dependente na qualidade de cônjuge, companheiro ou companheira será:

I – de 4 (quatro) meses, se o óbito ocorrer sem que o segurado tenha vertido, a qualquer tempo, 18 (dezoito) contribuições mensais ou comprovado menos de 2 (dois) anos de casamento ou união estável com o instituidor anterior ao fato gerador, observado o disposto no § 2º;

II – de 3 (três) anos, 6 (seis) anos, 10 (dez) anos, 15 (quinze) anos, 20 (vinte) anos ou vitalícia, de acordo com a idade do dependente no momento do óbito do segurado, conforme § 8º, se comprovar casamento ou união estável iniciado há, pelo menos, 2 (dois) anos antes do óbito e o instituidor tenha vertido, a qualquer tempo, no mínimo, 18 (dezoito) contribuições mensais;

III – até a superação da invalidez, se dependente inválido, respeitado o maior período previsto para recebimento: quatro meses, ou a idade do dependente na data do fato gerador, ou a superação da condição de inválido; e

IV – até a superação da deficiência, se dependente for pessoa com deficiência (qualquer grau), respeitado o maior período previsto para recebimento: quatro meses, ou a idade do dependente na data do fato gerador, ou a superação da condição de pessoa com deficiência.

§ 1º Aplica-se o disposto no *caput* ao ex-cônjuge ou ex-companheiro (a) recebedor de alimentos decorrente de decisão judicial ou de acordo extrajudicial ou ajuda financeira sob qualquer forma, observando que a comprovação do casamento ou a união estável com o instituidor do benefício deverá ser imediatamente anterior à separação conjugal.

§ 2º Não se aplicará a regra de duração de 4 (quatro) meses para a cota e/ou benefício do cônjuge ou companheiro(a), quando o óbito do segurado for decorrente de acidente de qualquer natureza ou doença profissional ou do trabalho, independentemente do recolhimento de 18 (dezoito) contribuições mensais ou da comprovação de 2 (dois) anos de casamento ou união estável.

§ 3º No caso de instituidor em gozo de aposentadoria, exceto por incapacidade permanente, não será necessária a apuração de 18 (dezoito) contribuições, considerando que na aposentadoria já houve a comprovação, de, no mínimo, 60 (sessenta) contribuições.

§ 4º O tempo de contribuição para regime próprio de previdência social, certificado por meio de contagem recíproca, será considerado na contagem das 18 (dezoito) contribuições mensais de que tratam os incisos I e II do *caput*.

§ 5º O cônjuge ou companheiro (a) com deficiência intelectual ou mental ou deficiência grave, na condição de pessoa com deficiência, terá direito à prorrogação de sua cota, na forma prevista no inciso IV do *caput*, se a data prevista para cessação de sua cota ocorrer a partir de 3 de janeiro de 2016, data do início da vigência da Lei nº 13.146, de 2015.

§ 6º O início da contagem do tempo de duração da cota do cônjuge ou companheiro(a) será a partir da data do óbito do instituidor.

§ 7º O cônjuge ou o companheiro (a) que requerer o benefício depois do prazo final de duração de sua cota, considerando que a DIB será fixada na data do fato gerador e que a DIP será fixada na DER, terá seu pedido de benefício indeferido, conforme inciso II do art. 74 da Lei nº 8.213, de 1991.

§ 8º Para fins do disposto no inciso II do *caput*, a idade do dependente na data do óbito do segurado, parâmetro para definição do tempo de duração da cota ou do benefício, pode ser atualizada após o transcurso de pelo menos três anos após a última atualização, em conformidade com o § 6º do art. 114 do RPS. Nos termos da Portaria ME nº 424, de 29 de dezembro de 2020, para óbitos a partir de 1º de janeiro de 2021, o prazo de duração da cota ou do benefício será:

a) 3 (três) anos para dependente com menos de 22 (vinte e dois anos) de idade;

b) 6 (seis) anos para dependente com idade entre 22 (vinte e dois) e 27 (vinte e sete) anos;

c) 10 (dez) anos para dependente com idade entre 28 (vinte e oito) e 30 (trinta) anos;

d) 15 (quinze) anos para dependente com idade entre 31 (trinta e um) e 41 (quarenta e um) anos;

e) 20 (vinte) anos para dependente com idade entre 42 (quarenta e dois) e 44 (quarenta e quatro) anos; e

f) vitalícia para dependente com 45 (quarenta e cinco) anos de idade ou mais.

SEÇÃO III – DA HABILITAÇÃO PROVISÓRIA

Art. 376. Ajuizada ação para reconhecimento da condição de dependente, poderá ser requerida a habilitação provisória ao benefício de pensão por morte, exclusivamente para fins de rateio dos valores com outros dependentes, vedado o pagamento da respectiva cota até o trânsito em julgado da decisão judicial que reconhecer a qualidade de dependente do autor da ação, ressalvada a existência de decisão judicial em contrário.

§ 1º O disposto no *caput* se aplica a requerimentos efetuados a partir de 18 de maio de 2019, 120 (cento e vinte dias) após a data de publicação da Medida Provisória nº 871, de 2019, convertida na Lei nº 13.846, de 2019.

§ 2º Nas ações em que o INSS for parte, este poderá proceder de ofício à habilitação excepcional do benefício de pensão por morte objeto da ação judicial apenas para efeitos de rateio, descontados os valores referentes à habilitação das demais cotas, vedado o pagamento da respectiva cota até o trânsito em julgado da ação, ressalvada a existência de decisão judicial que disponha em sentido contrário.

§ 3º Julgada improcedente a ação prevista neste artigo, o valor retido será corrigido pelos índices legais de reajustamento e será pago de forma proporcional aos demais dependentes, de acordo com as suas cotas e o tempo de duração de seus benefícios.

§ 4º Fica assegurada ao INSS a cobrança dos valores indevidamente pagos em decorrência da habilitação a que se refere este artigo.

Art. 377. Caberá a concessão da pensão, em caráter provisório, por morte presumida em razão do desaparecimento do segurado por motivo de catástrofe, acidente ou desastre, nos termos do inciso II do art. 112 do RPS.

Parágrafo único. Verificado o reaparecimento do segurado, o pagamento da pensão cessa imediatamente, ficando os dependentes desobrigados da reposição dos valores recebidos, salvo má-fé.

SEÇÃO IV – DA EXTINÇÃO DA COTA OU DA PENSÃO POR MORTE

Art. 378. São causas de extinção da cota e/ou da pensão por morte:

I – o óbito do dependente;

II – para o filho, o enteado, o menor tutelado ou o irmão, de qualquer condição, o alcance de 21 (vinte e um) anos de idade, exceto se for inválido ou tiver deficiência intelectual, mental ou grave;

III – a cessação da invalidez ou o afastamento da deficiência intelectual, mental ou grave para o filho, o enteado, o menor tutelado ou o irmão, de qualquer condição, maiores de 21 (vinte e um) anos;

IV – a adoção para o filho adotado que receba pensão por morte dos pais biológicos, observado o disposto no § 5º do art. 181;

V – o decurso do prazo de duração da cota prevista no § 8º do art. 375, para cônjuge, companheiro ou companheira;

VI – a cessação da invalidez ou o afastamento da deficiência intelectual, mental ou grave para cônjuge, companheiro ou companheira, respeitados os prazos previstos no § 8º do art. 375;

VII – o alcance da data-limite fixada na concessão da pensão alimentícia para o divorciado, separado de fato ou separado judicialmente, conforme o disposto no §2º do art. 373.

§ 1º A adoção produz efeitos a partir do trânsito em julgado da sentença que a concede, data em que deverá ser cessado o benefício de pensão ou a cota que o filho adotado recebe no âmbito do INSS em virtude da morte dos pais biológicos, observado o disposto no § 5º do art. 181.

§ 2º A pensão por morte concedida para filho adotado em razão da morte dos pais biológicos, e mantida mesmo após a alteração do RPS, deverá ser cessada a partir de 23 de setembro de 2005, data de publicação do Decreto nº 5.545, de 22 de setembro de 2005, observando que não é devida a pensão por morte requerida por filho adotado em razão da morte dos pais biológicos após a alteração do respectivo decreto, independente da data da adoção.

§ 3º O exercício de atividade remunerada, inclusive na condição de MEI, não impede a concessão ou a manutenção da parte individual da pensão do dependente com deficiência intelectual, mental ou grave.

§ 4º O dependente que recebe pensão por morte na condição de menor, que se invalidar antes de completar 21 (vinte e um) anos de idade ou de eventual causa de emancipação, exceto por colação de grau em ensino superior, deverá ser submetido a exame médico pericial, não se extinguindo a respectiva cota se confirmada a invalidez, independentemente desta ter ocorrido antes ou após o óbito do segurado.

§ 5º Aplica-se o disposto no § 4º, ao filho e ao irmão maior de 21 (vinte e um) anos de idade com deficiência intelectual ou mental ou deficiência grave, desde que a data prevista para a cessação da sua cota ocorra a partir de 3 de janeiro de 2016, data do início da vigência da Lei nº 13.146, de 2015.

Art. 379. Havendo comprovação em processo judicial, a qualquer tempo, de simulação ou fraude no casamento ou na união estável, ou de formalização com o fim exclusivo de constituir benefício previdenciário, o cônjuge ou companheiro(a) perderá o direito à pensão por morte, cabendo a cobrança dos valores recebidos indevidamente.

Art. 380. Perderá o direito à pensão por morte o condenado criminalmente por sentença transitada em julgado pela prática de crime:

I – como autor, coautor ou partícipe de homicídio doloso, ou de tentativa desse crime, cometido contra a pessoa do segurado, ressalvados os absolutamente incapazes e os inimputáveis, para fato gerador a partir de 18 de junho de 2019, data de publicação da Lei nº 13.846, de 2019; ou

II – de que tenha dolosamente resultado a morte do segurado, para fatos geradores até 17 de junho de 2019, véspera da publicação da Lei nº 13.846, de 2019.

Parágrafo único. Se houver fundamentados indícios de autoria, coautoria ou participação de dependente, ressalvados os absolutamente incapazes e os inimputáveis, em homicídio, ou em tentativa desse crime, cometido contra a pessoa do segurado, será possível a suspensão provisória de sua parte no benefício de pensão por morte, mediante processo administrativo próprio, respeitados a ampla defesa e o contraditório, e serão devidas, em caso de absolvição, todas as parcelas corrigidas desde a data da suspensão, bem como a reativação imediata do benefício, nos termos do §7º do art. 77 da Lei nº 8.213, de 1991.

CAPÍTULO VIII – DO AUXÍLIO--RECLUSÃO

SEÇÃO I – DISPOSIÇÕES GERAIS

Art. 381. O auxílio-reclusão é o benefício devido aos dependentes na hipótese de reclusão de segurado do RGPS, nas mesmas condições da pensão por morte, observadas as especificidades discriminadas neste Capítulo.

§ 1º A análise do benefício deverá observar a data da reclusão, para fins de atendimento dos requisitos de acesso ao benefício, independentemente da data do requerimento, ressalvado o § 2º.

§ 2º No caso de fuga do recluso ou regresso de regime, a análise de novo benefício deverá observar a data da nova captura ou regressão de regime.

§ 3º A data do direito ao benefício deverá ser fixada na data da reclusão, devendo ser observado em relação aos efeitos financeiros as disposições contidas nos arts. 369, 388 e 389.

§ 4º O valor do auxílio-reclusão será apurado na forma do art. 236.

Art. 382. Considera-se pena privativa de liberdade, para fins de reconhecimento do direito ao benefício de auxílio-reclusão, aquela cumprida em:

I – regime fechado, definido em legislação penal especial; e

II – prisão provisória, preventiva ou temporária.

§ 1º Equipara-se à condição de recolhido à prisão, a situação do maior de 16 (dezesseis) e menor de 18 (dezoito) anos de idade que se encontre internado em estabelecimento educacional ou congênere, sob custódia do Juizado da Infância e da Juventude.

§ 2º Não cabe a concessão de auxílio-reclusão aos dependentes do segurado que esteja em livramento condicional ou que cumpra a pena em regime semiaberto e aberto.

§ 3º O cumprimento de pena em prisão domiciliar ou o monitoramento eletrônico do instituidor do benefício de auxílio-reclusão não afasta o recebimento do benefício de auxílio-reclusão pelo dependente, se o regime de cumprimento for o fechado.

Art. 383. Para fins de reconhecimento do direito ao auxílio-reclusão será exigida a comprovação das qualidades de segurado e de dependente, observando ainda:

I – o regime de reclusão deverá ser fechado;

II – o recluso deverá ser segurado de baixa renda; e

III – carência de 24 (vinte e quatro) meses de contribuição do instituidor.

§ 1º O disposto no *caput* aplica-se a fatos geradores ocorridos a partir de 18 de janeiro de 2019, data da publicação de Medida Provisória nº 871, de 2019, convertida na Lei nº 13.846, de 2019.

§ 2º Considera-se baixa renda para fins do disposto no inciso II do *caput*, aquele que na aferição da renda mensal bruta, pela média dos salários de contribuição apurados no período de 12 (doze) meses anteriores ao mês do recolhimento à prisão, não supere o valor fixado na Portaria Ministerial vigente na data do recolhimento à prisão, observado o disposto no § 7º. *(Redação dada pela IN PRES/INSS 141/2022)*

§ 3º Não haverá direito ao benefício de auxílio-reclusão durante o período de percepção pelo segurado de remuneração da empresa, observado o disposto no art. 391.

§ 4º O benefício de auxílio-reclusão concedido para fatos geradores ocorridos antes de 18 de janeiro de 2019 deverá ser mantido nos casos de cumprimento de pena no regime semiaberto, ainda que a progressão do regime fechado para o semiaberto ocorra na vigência da Medida Provisória nº 871, de 2019.

§ 5º Quando não houver salário de contribuição no período de 12 (doze) meses anteriores à prisão, o segurado será considerado de baixa renda.

§ 6º Quando não houver 12 (doze) salários de contribuição no período de 12 (doze) meses anteriores à prisão, será considerada a média aritmética simples dos salários de contribuição existentes.

§ 7º A competência cujo salário de contribuição não atingir o limite mínimo mensal não será computada na apuração da renda mensal bruta, para fins de verificação da condição de segurado baixa renda, conforme definição do § 2º. *(Acrescido pela IN PRES/INSS 141/2022)*

Art. 384. Não fará jus ao auxílio por incapacidade temporária o segurado recluso em regime fechado.

Parágrafo único. Para fatos geradores ocorridos antes de 18 de janeiro de 2019, data da publicação da Medida Provisória nº 871, convertida na Lei nº 13.846, de 2019, era permitida a opção entre os benefícios de auxílio-reclusão e auxílio por incapacidade temporária.

Art. 385. É vedado o recebimento de auxílio-reclusão durante o recebimento pelo instituidor de salário-maternidade.

Parágrafo único. O disposto no *caput* aplica-se a fato gerador ocorrido a partir de 18 de janeiro de 2019, data da publicação da Medida Provisória nº 871, convertida na Lei nº 13.846, de 2019.

Art. 386. Não haverá direito ao auxílio-reclusão no caso de percepção pelo segurado de abono de permanência em serviço ou aposentadoria.

Art. 387. Para fatos geradores ocorridos a partir de 18 de janeiro de 2019, data da publicação da Medida Provisória nº 871, convertida na Lei nº 13.846, de 2019, não haverá direito ao auxílio-reclusão, no caso de percepção pelo segurado de pensão por morte.

SEÇÃO II – DAS ESPECIFICIDADES EM RELAÇÃO AOS DEPENDENTES

Art. 388. O filho nascido durante o recolhimento do segurado à prisão terá direito ao benefício de auxílio-reclusão a partir da data do seu nascimento, observado o art. 369, no que tange aos efeitos financeiros.

Art. 389. Se a realização do casamento ou constituição de união estável ocorrer após o recolhimento do segurado à prisão, o auxílio-reclusão não será devido, considerando que a condição de dependente foi estabelecida após o fato gerador.
Parágrafo único. Caso seja comprovada a existência de união estável antes da reclusão, será devido o benefício, ainda que o casamento seja posterior ao fato gerador.

SEÇÃO III – DA MANUTENÇÃO DO BENEFÍCIO

Art. 390. Para a manutenção do benefício, até que ocorra o acesso à base de dados por meio eletrônico, a ser disponibilizado pelo Conselho Nacional de Justiça, é obrigatória a apresentação de prova de permanência carcerária, para tanto deverá ser apresentado atestado ou declaração do estabelecimento prisional, ou ainda a certidão judicial a cada 90 (noventa) dias.

SEÇÃO IV – DAS CAUSAS DE SUSPENSÃO E EXTINÇÃO DO AUXÍLIO-RECLUSÃO

Art. 391. O auxílio-reclusão será suspenso:
I – se o dependente deixar de apresentar atestado trimestral, firmado pela autoridade competente, para prova de que o segurado permanece recolhido à prisão em regime fechado;
II – se o segurado recluso possuir vínculo empregatício de trabalho empregado, inclusive de doméstico, avulso ou contribuição como contribuinte individual, ressalvada a hipótese disposta no § 2º;
III – na hipótese de opção pelo recebimento de salário-maternidade; ou
IV – na hipótese de opção pelo auxílio por incapacidade temporária, para fatos geradores anteriores a 18 de janeiro de 2019, data da publicação da Medida Provisória nº 871, convertida na Lei nº 13.846, de 2019.
§ 1º Nas hipóteses dos incisos II, III e IV do *caput*, o benefício será restabelecido, respectivamente, no dia posterior ao encerramento do vínculo empregatício, no dia posterior à cessação do salário-maternidade ou no dia posterior à cessação do auxílio por incapacidade temporária.
§ 2º O exercício de atividade remunerada do segurado recluso que contribuir na condição de segurado facultativo, em cumprimento de pena em regime fechado, não acarreta a perda do direito ao recebimento do auxílio-reclusão para seus dependentes.
§ 3º Aplica-se o disposto no inciso I do *caput* também aos casos de regime semiaberto para benefício de auxílio-reclusão concedido em função de fato gerador ocorrido antes de 18 de janeiro de 2019, data da publicação da Medida Provisória nº 871, convertida na Lei nº 13.846, de 2019.

Art. 392. O auxílio-reclusão cessa:
I – pela progressão do regime de cumprimento de pena, observado o fato gerador:
a) para benefícios concedidos com fato gerador a partir de 18 de janeiro de 2019, quando o segurado progredir para semiaberto ou aberto; ou
b) para benefícios concedidos com fato gerador anterior a 18 de janeiro de 2019, quando o segurado progredir para regime aberto;
II – na data da soltura ou livramento condicional;
III – pela fuga do recluso;
IV – se o segurado, ainda que privado de sua liberdade ou recluso, passar a receber aposentadoria;
V – pela adoção, para o filho adotado que receba auxílio-reclusão dos pais biológicos, exceto quando o cônjuge ou o (a) companheiro (a) adota o filho do outro;
VI – com a extinção da última cota individual;
VII – pelo óbito do segurado instituidor ou do beneficiário; ou
VIII – pelas causas dispostas nos incisos II, III, V, VI e VII do art. 378.
§ 1º Nas hipóteses do inciso I, II e III do *caput*, o benefício não poderá ser reativado, caracterizando-se a nova captura ou regres-

são de regime como novo fato gerador para requerimento de benefício.

§ 2º Excepcionalmente, caso seja identificada informação histórica de fuga em benefício que permaneceu mantido e com emissão de pagamentos, deverão ser observados os seguintes procedimentos:

I – observar se estão mantidas as condições para a manutenção do benefício, a saber:

a) não consta vínculo empregatício no CNIS nem contribuições previdenciárias no período da fuga; e

b) o instituidor do benefício manteve a qualidade de segurado;

II – uma vez mantidas as condições para a manutenção do benefício, o servidor deverá renovar a declaração carcerária, mantendo-se o benefício ativo e proceder à consignação dos valores recebidos no período de fuga, observando-se a prescrição quinquenal e a correção monetária; e

III – quando houver períodos alcançados pela prescrição quinquenal, a situação deverá ser encaminhada ao Monitoramento Operacional de Benefícios, indicando a inconsistência encontrada, a fim de apurar possível cobrança administrativa.

§ 3º Se houver exercício de atividade dentro do período de fuga, livramento condicional, cumprimento de pena em regime aberto ou semiaberto, este será considerado para verificação de manutenção da qualidade de segurado.

§ 4º É vedada a concessão do auxílio-reclusão cuja DER seja após a soltura do segurado. *(Redação dada pela IN PRES/INSS 141/2022)*

TÍTULO IV – DOS ACORDOS INTERNACIONAIS

CAPÍTULO I – DAS INFORMAÇÕES GERAIS

Art. 393. Os Acordos internacionais em matéria de Previdência Social têm como objetivo a coordenação das legislações nacionais de países signatários do Acordo para a aplicação da norma internacional, garantindo o direito aos benefícios previstos no campo material de cada Acordo Internacional, com previsão de deslocamento temporário de trabalhadores.

§ 1º O Ministério responsável pela aplicação da legislação previdenciária no Brasil é o competente para a realização da negociação do Acordo Internacional.

§ 2º O INSS é responsável pela implementação do Acordo Internacional e sua operacionalização no âmbito do RGPS.

§ 3º No Brasil, os Acordos Internacionais são aprovados pelo Congresso Nacional, por meio da publicação de Decreto Legislativo, e promulgados por ato do Presidente da República, quando passam a ter validade jurídica interna para serem executados.

§ 4º A ratificação do Acordo Internacional de Previdência Social ocorre com a troca de notas entre os países signatários pela via diplomática de cada país.

§ 5º Conforme art. 85-A da Lei nº 8.212, de 1991, o Acordo Internacional de Previdência Social será interpretado como lei especial.

§ 6º Os Acordos Internacionais de Previdência Social não modificam a legislação vigente em cada país, devendo, na análise dos pedidos, ser considerada a legislação própria aplicável e as regras estabelecidas no Acordo Internacional.

Art. 394. Para fins de aplicação dos Acordos de Previdência Social no Brasil, os seguintes conceitos devem ser considerados:

I – autoridade competente: o Ministério responsável pela aplicação da legislação de previdência social;

II – instituições competentes: INSS, em relação ao RGPS e as entidades gestoras em relação aos RPPS; e

III – Organismos de Ligação: Unidades designadas pelo Presidente do Instituto Nacional do Seguro Social em ato próprio, com objetivo de promover o intercâmbio de comunicação entre os países, visando a aplicação dos Acordos Internacionais de Previdência Social.

Art. 395. Os Acordos Internacionais de Previdência Social, os Ajustes Administrativos e os formulários para aplicação dos Acordos podem ser encontrados no sítio oficial do INSS.

CAPÍTULO II – DAS REGRAS DOS ACORDOS INTERNACIONAIS

Art. 396. Os Acordos Internacionais de Previdência Social estabelecem conceitos, princípios gerais e regras para a sua operacionalização.

Art. 397. No campo da aplicação material, o Acordo Internacional estabelece os benefícios que serão operacionalizados pelos países signatários e suas exceções, caso existam.

Art. 398. As pessoas que estão ou estiveram filiadas aos regimes previdenciários dos países acordantes, bem como seus dependentes, estão amparadas pelos Acordos Internacionais de Previdência Social, cujo campo de aplicação material contenha cláusula convencional que alcance a legislação dos RPPS da União, dos Estados, do Distrito Federal e dos Municípios.
Parágrafo único. Os servidores públicos sujeitos a regimes próprios e seus dependentes, estão amparados pelos Acordos Internacionais de Previdência Social, desde que haja previsão expressa nesses instrumentos.

Art. 399. Documentos, certificados e formulários, quando tramitados diretamente entre as Instituições Competentes e Organismos de Ligação, em conformidade com a previsão expressa no próprio Acordo, serão dispensados de legalização ou de qualquer outra formalidade similar para fins de aplicação do Acordo Internacional.

Art. 400. A utilização dos formulários previamente definidos com os países signatários do Acordo é obrigatória.

Art. 401. Não há compensação previdenciária entre países no âmbito dos Acordos Internacionais.

Art. 402. As regras para a operacionalização do Acordo Internacional estão estabelecidas no Ajuste Administrativo e em instrumentos similares, conforme cada Acordo.

SEÇÃO I – DA TOTALIZAÇÃO DOS BENEFÍCIOS

Art. 403. Os Acordos Internacionais de Previdência Social preveem o cômputo do tempo de contribuição ou seguro cumprido em países signatários para aquisição de direito a benefícios, aplicando-se a regra da totalização.

Art. 404. A regra da totalização prevê o cômputo dos tempos de contribuição ou seguro dos países acordantes para fins da elegibilidade do benefício, com pagamento proporcional ao tempo de contribuição vertido para cada país, se alcançados todos os requisitos necessários ao reconhecimento do direito.
§ 1º Com a aplicação da regra da proporcionalidade, o valor do benefício poderá ser inferior ao salário mínimo, salvo regra expressa do Acordo dispondo em sentido contrário.
§ 2º O valor da prestação teórica não poderá ser inferior ao salário mínimo.

Art. 405. Para o reconhecimento de direito, será levado em consideração a validação do tempo de contribuição ou seguro do país acordante, o qual será computado ao tempo de contribuição da legislação brasileira, para fins de aquisição da carência, tempo de contribuição e manutenção da qualidade de segurado.
Parágrafo único. A totalização dos períodos de cobertura não considera os valores das contribuições do país acordante para o cálculo do benefício.

SEÇÃO II – DOS BENEFÍCIOS POR INCAPACIDADE

Art. 406. A realização de perícia médica de residentes no Brasil para fins de concessão de benefício por incapacidade no âmbito dos Acordos Internacionais será realizada pelo Perito Médico Federal.

Art. 407. Para residentes no exterior, a análise processual para avaliação médica, necessária para o reconhecimento de direito de benefícios por incapacidade, ocorrerá por meio da análise do Relatório Médico e das evidências médicas que o segurado possuir, a ser realizada pelo Perito Médico Federal.

SEÇÃO III – DO PAGAMENTO DE BENEFÍCIOS

Art. 408. É facultado ao beneficiário residente no exterior receber o pagamento de benefício no país de residência, desde que haja mecanismo de remessa para esse país no contrato firmado entre o INSS e a Instituição financeira contratada para este fim.

Art. 409. O pagamento de benefício para o exterior previsto no art. 408 será realizado até o 2º (segundo) dia útil do mês subsequente à competência do crédito.

Art. 410. Os créditos relativos ao pagamento de benefício brasileiro no exterior são gerados na moeda brasileira e serão convertidos na moeda estrangeira no dia da remessa para o exterior.

SEÇÃO IV – DO DESLOCAMENTO TEMPORÁRIO

Art. 411. O serviço de deslocamento temporário de trabalhadores previstos nos Acordos Internacionais resulta na permanência do vínculo previdenciário do trabalhador apenas no país de origem.

Art. 412. O período de duração do deslocamento temporário está estabelecido em cada Acordo Internacional.

Art. 413. O Certificado de Deslocamento Temporário deve ser requerido pela empresa do trabalhador ao Organismo de Ligação brasileiro competente, quando se tratar de trabalhador em deslocamento para o país acordante e pelo Organismo de Ligação do país acordante, quando se tratar de trabalhador em deslocamento para o Brasil.
§ 1º A regra prevista no *caput* estende-se ao trabalhador por conta própria, desde que previsto expressamente no Acordo de Previdência Social.
§ 2º A solicitação do Certificado de Deslocamento Temporário no Brasil poderá ser realizada nos canais remotos de atendimento do INSS, "Central 135" ou Portal "Meu INSS", sendo necessário que o requerimento seja realizado antes da efetiva saída do trabalhador do país de origem.
§ 3º A emissão do Certificado de Deslocamento Temporário é de responsabilidade do Organismo de Ligação brasileiro competente ou do Organismo de Ligação do país acordante de acordo com a vinculação do trabalhador.

CAPÍTULO III – DA SAÚDE

Art. 414. A prestação de assistência médica aos segurados filiados do RGPS e seus dependentes está prevista nos Acordos de Previdência Social firmados entre o Brasil e os países de Cabo Verde, Itália e Portugal.
§ 1º Para os países signatários do Acordo Multilateral de Seguridade Social do MERCOSUL, a assistência médica está prevista para o trabalhador empregado que estiver em deslocamento temporário.
§ 2º A responsabilidade pela emissão do Certificado de Direito à Assistência Médica – CDAM, que garante o atendimento no país de destino, é do Ministério da Saúde, por meio do Sistema Único de Saúde – SUS.
§ 3º Informações complementares são obtidas no sítio oficial do Ministério da Saúde.

TÍTULO V – DA HABILITAÇÃO E REABILITAÇÃO PROFISSIONAL

Art. 415. A Habilitação e Reabilitação Profissional visa proporcionar aos beneficiários, incapacitados parcial ou totalmente para o trabalho, em caráter obrigatório, independentemente de carência, e às pessoas com deficiência, os meios indicados para proporcionar o reingresso no mercado de trabalho e no contexto em que vivem.

Art. 416. Poderão ser encaminhados para o Programa de Reabilitação Profissional:
I – o segurado em gozo de auxílio por incapacidade temporária, acidentário ou previdenciário;
II – o segurado sem carência para benefício por incapacidade temporária, incapaz para as atividades laborais habituais;
III – o segurado em gozo de aposentadoria por incapacidade permanente;
IV – o pensionista inválido;

V – o segurado em gozo de aposentadoria programada, especial ou por idade do trabalhador rural, que voltar a exercer atividade abrangida pelo Regime Geral de Previdência Social, tenha reduzido a sua capacidade funcional em decorrência de doença ou acidente de qualquer natureza ou causa;

VI – o segurado em atividade laboral mas que necessite da concessão, reparo ou substituição de Órteses, Próteses e meios auxiliares de locomoção (OPM);

VII – o dependente do segurado; e

VIII – as Pessoas com Deficiência – PcD.

Art. 417. É obrigatório o atendimento pela Reabilitação Profissional aos beneficiários descritos nos incisos I a V do art. 416.

§ 1º Fica condicionado às possibilidades administrativas, técnicas, financeiras e às características locais o atendimento aos beneficiários relacionados aos incisos VI e VII do art. 416.

§ 2º Na hipótese do inciso VIII do art. 416, o atendimento depende de celebração prévia de Acordos de Cooperação Técnica firmado entre o INSS e instituições e associações de assistência às PcD.

Art. 418. O atendimento aos beneficiários, seus dependentes e às PcD passíveis de reabilitação profissional será descentralizado e funcionará nas Agências da Previdência Social – APSs, conduzido por equipes multiprofissionais especializadas, com atribuições de execução das funções básicas e demais funções afins ao processo de reabilitação profissional:

I – avaliação do potencial laborativo;

II – orientação e acompanhamento do Programa de Reabilitação Profissional;

III – articulação com a comunidade, inclusive mediante celebração de convênio para reabilitação física, restrita às pessoas que cumpriram os pressupostos de elegibilidade ao Programa de Reabilitação Profissional, com vistas ao reingresso no mercado de trabalho;

IV – acompanhamento e pesquisa de fixação no mercado de trabalho; e

V – certificar ou homologar o processo de Habilitação e Reabilitação Profissional.

Parágrafo único. A avaliação da elegibilidade do segurado para encaminhamento à reabilitação profissional, a reavaliação da incapacidade de segurados em Programa de Reabilitação Profissional e a prescrição de órteses, próteses e meios auxiliares de locomoção e acessórios serão realizadas pela Perícia Médica Federal.

Art. 419. Quando indispensáveis ao desenvolvimento do Programa de Reabilitação Profissional, o INSS fornecerá aos beneficiários, inclusive aposentados, os seguintes recursos materiais:

I – órteses, próteses, meios auxiliares de locomoção e acessórios: tecnologia assistiva para correção ou complementação de funcionalidade, para substituição de membros ou parte destes, sem necessidade de intervenção cirúrgica para implantação ou introdução no corpo humano; aparelhos ou dispositivos que auxiliam a locomoção do indivíduo com dificuldades ou impedimentos para a marcha independente;

II – outras tecnologias assistivas: produtos, recursos, metodologias, estratégias, práticas e serviços que objetivam promover a funcionalidade, relacionada à atividade e participação, de pessoas com deficiência, incapacidades ou mobilidade reduzida, visando sua autonomia, independência, qualidade de vida e inclusão social;

III – cursos de formação profissional: cursos voltados à qualificação do beneficiário com vistas ao reingresso no mercado de trabalho;

IV – pagamento de taxas e documentos de habilitação: poderão ser prescritas e custeadas pelo INSS, quando indispensáveis ao cumprimento do PRP. Para efeitos deste inciso, considera-se:

a) taxas: inscrição em processo seletivo prévio, emissão de certificado, taxa para renovação de Carteira Nacional de Habilitação; e

b) documentos de habilitação: documentos necessários para o exercício de algumas profissões regulamentadas, como atestados de capacitação profissional e registro em conselhos de classes. Somente podem ser custeadas, quando houver a necessidade imediata, devidamente comprovada e justificada, sendo indispensável para o desfecho do PRP. As demais anuidades decorrentes dessa inscrição não mais poderão ser custeadas pelo INSS;

V – auxílio-transporte urbano, intermunicipal e interestadual: consiste no pagamento de despesas com o deslocamento do beneficiário de seu domicílio para atendimento na APS e para avaliações, melhoria da escolaridade, cursos e/ou treinamentos em empresas e/ou instituições na comunidade;

VI – auxílio-alimentação: consiste no pagamento de despesas referentes aos gastos com alimentação aos beneficiários em programa profissional com duração diária igual ou superior a 6 (seis) horas;

VII – diárias: valores pagos para cobrir despesas com alimentação e/ou estadia, quando há necessidade de o beneficiário se deslocar para realizar atividades inerentes ao cumprimento do programa de reabilitação profissional em localidade diversa de sua residência; e

VIII – implemento profissional: recursos materiais necessários para o desenvolvimento da formação ou do treinamento profissional, compreendendo material didático, uniforme, instrumentos e equipamentos técnicos, inclusive os EPIs.

§ 1º São considerados como equipamentos necessários à habilitação e à reabilitação Profissional, previstos no § 2º do art. 137 do RPS, desde que constatada a sua necessidade pela equipe de reabilitação, os implementos profissionais.

§ 2º Os recursos materiais prescritos para deslocamento de beneficiário em reabilitação profissional devem ser norteados pela verificação da menor distância de localidade de domicílio e reduzidos ao estritamente necessário.

§ 3º O direito à concessão dos recursos materiais de que trata este artigo, mediante os encaminhamentos decorrentes da celebração de convênios de cooperação técnico-financeira, será garantido conforme descrito em instrumento próprio.

§ 4º O INSS não ressarcirá as despesas realizadas com aquisição de recursos materiais que não foram prescritos ou autorizados pela Equipe de Reabilitação Profissional, conforme disposto no art. 137, § 4º, do RPS.

Art. 420. Nos casos de encaminhamento de segurado que já tenha se submetido ao Programa de Reabilitação Profissional, o Profissional de Referência da Reabilitação Profissional deverá rever o processo anteriormente desenvolvido, antes de iniciar novo Programa de Reabilitação Profissional.

Art. 421. Para o atendimento de beneficiários da Previdência Social e das PcD em Programa de Reabilitação Profissional, poderão ser firmados convênios de cooperação técnico-financeira, contratos, acordos e parcerias, no âmbito da Reabilitação Profissional, com entidades públicas ou privadas de comprovada idoneidade financeira e técnica, nas seguintes modalidades:

I – atendimentos especializados (nas áreas de Fisioterapia, Terapia Ocupacional, Fonoaudiologia, Psicologia e outras áreas da saúde);

II – avaliação e elevação do nível de escolaridade;

III – avaliação e treinamento profissional;

IV – promoção de cursos profissionalizantes;

V – estágios curriculares e extracurriculares para alunos graduados;

VI – homologação do processo de habilitação ou reabilitação de PcD; e

VII – homologação de readaptação profissional.

Parágrafo único. Todas as modalidades previstas neste artigo deverão ser desenvolvidas com acompanhamento e supervisão das equipes de Reabilitação Profissional.

Art. 422. Para fins de subsidiar o processo de reabilitação profissional, a equipe multiprofissional poderá solicitar a descrição das funções à empresa, além de realizar pesquisa externa para verificar a compatibilidade das funções.

Art. 423. No caso de o beneficiário deixar de comparecer ou dar continuidade ao processo de reabilitação profissional proporcionado pela Previdência Social, terá seu benefício suspenso e posteriormente cessado, conforme disciplinado em ato próprio.

TÍTULO VI – DOS BENEFÍCIOS DE LEGISLAÇÃO ESPECIAL E EXTINTOS

CAPÍTULO I – DOS BENEFÍCIOS EXTINTOS

SEÇÃO I – DAS DISPOSIÇÕES GERAIS

Art. 424. Ressalvado o direito adquirido, foram extintas as seguintes aposentadorias de legislação especial:

I – dos ex-combatentes, de que tratam as Lei nº 4.297, de 23 de dezembro de 1963, e nº 1.756, de 5 de dezembro de 1952, desde 1º de setembro de 1971, data da publicação da Lei nº 5.698, de 31 de agosto de 1971;

II – do Jornalista profissional, de que tratava a Lei nº 3.529, de 13 de janeiro de 1959, desde 14 de outubro de 1996, data da publicação da Medida Provisória nº 1.523, de 11 de outubro de 1996, convertida na Lei nº 9.528, de 10 de dezembro de 1997;

III – do Atleta Profissional, de que tratava a Lei nº 5.939, de 19 de novembro de 1973, desde 14 de outubro de 1996, data da publicação da Medida Provisória nº 1.523, de 1996, convertida na Lei nº 9.528, de 1997; e

IV – do Aeronauta, de que trata a Lei nº 3.501, de 21 de dezembro de 1958, desde de 16 de dezembro de 1998, data da publicação da Emenda Constitucional nº 20, de 1998, conforme disposto na Portaria MPAS nº 4.883, de 16 de dezembro de 1998.

Art. 425. A partir da publicação da Lei nº 8.870, de 15 de abril de 1994, foi extinto o pecúlio devido ao segurado aposentado no RGPS, resguardado o direito adquirido.

SEÇÃO II – DO AERONAUTA

Art. 426. A aposentadoria especial do aeronauta, instituída pela Lei nº 3.501, de 1958, ressalvado o direito adquirido, foi extinta em 16 de dezembro de 1998, data da publicação da Emenda Constitucional nº 20, de 1998, conforme disposto na Portaria MPAS nº 4.883, de 1998.

Art. 427. Será considerado aeronauta o comandante, o mecânico de voo, o rádio operador e o comissário, assim como aquele que, habilitado pelo Ministério da Aeronáutica, exerça função remunerada a bordo de aeronave civil nacional.

Art. 428. A comprovação da condição de aeronauta será feita para o segurado empregado pela CP ou CTPS e para o contribuinte individual, por documento hábil que comprove o exercício de função remunerada a bordo de aeronave civil nacional, observando que as condições para a concessão do benefício serão comprovadas na forma das normas em vigor para os demais segurados, respeitada a idade mínima de 45 (quarenta e cinco) anos e o tempo de serviço de 25 (vinte e cinco) anos.

Art. 429. Serão computados como tempo de serviço os períodos de:

I – efetivo exercício em atividade de voo prestados contínua ou descontinuamente;

II – percepção de auxílio por incapacidade temporária ou aposentadoria por incapacidade permanente, desde que concedidos como consequência da atividade de aeronauta intercalados entre períodos de atividade, sem que tenha havido perda da qualidade de segurado; e

III – percepção de auxílio por incapacidade temporária por acidente do trabalho ou moléstia profissional, decorrentes da atividade de aeronauta.

Art. 430. Não serão computados na contagem do tempo de serviço, para efeito da aposentadoria especial do aeronauta, os períodos de:

I – atividades estranhas ao serviço de voo, mesmo aquelas consideradas prejudiciais à saúde e à integridade física;

II – contribuição em dobro ou facultativa, por não se tratar de prestação de efetivo trabalho em atividade a bordo de aeronave; e

III – atividade militar, uma vez que, para a aposentadoria especial de aeronauta, só deverá ser considerado o período de atividade profissional específica, conforme o disposto no art. 165 do RPS, aprovado pelo Decreto nº 83.080, de 1979.

Art. 431. O número de horas de voo será comprovado por Certidão da Diretoria de Aviação Civil ou órgão que por ventura o sucedeu, que discrimine, ano a ano, as horas de voo, até 12 de fevereiro de 1967.

Art. 432. A data do início da aposentadoria será fixada da mesma forma prevista para a aposentadoria por tempo de contribuição.

Art. 433. A renda mensal corresponderá a 1/30 (um trinta avos) do salário de benefício por ano de serviço, não podendo exceder a 95% (noventa e cinco por cento) desse salário, conforme o disposto no art. 168 do Decreto nº 83.080, de 1979.

Art. 434. O reajustamento dos benefícios de aeronauta obedecerá aos índices da política salarial dos demais benefícios do RGPS.

Art. 435. Perderá o direito à aposentadoria especial de que trata este Capítulo o aeronauta que, voluntariamente, afastar-se do voo, por período superior a 2 (dois) anos consecutivos.

Art. 436. As pensões devidas aos dependentes de aeronautas, aposentados ou não, serão concedidas e mantidas com base no RGPS.

SEÇÃO III – DO ATLETA PROFISSIONAL DE FUTEBOL

Art. 437. A aposentadoria por tempo de serviço do atleta profissional de futebol, instituída pela Lei nº 5.939, de 1973, será devida àquele que tenha praticado essa modalidade de esporte, com vínculo empregatício e remuneração, em associação desportiva integrada ao sistema desportivo nacional, desde que preenchido os seus requisitos até 13 de outubro de 1996, véspera da publicação da Medida Provisória nº 1.523, que extinguiu o benefício.

Art. 438. O benefício previdenciário do atleta profissional de futebol deve ser concedido de acordo com as normas em vigor para os demais segurados, ressalvado quanto ao cálculo da renda mensal, observando o disposto a seguir:
I – o cálculo dos benefícios de prestação continuada, requeridos a contar de 23 de fevereiro de 1976, data da publicação do Decreto nº 77.210, de 20 de fevereiro de 1976, obedecerá às normas estabelecidas para os segurados em geral, salvo nos casos que, em virtude do desempenho posterior de outra atividade de menor remuneração, resultar salário de benefício desvantajoso em relação ao período de atividade de jogador profissional de futebol; e
II – na hipótese de ocorrer o disposto no inciso I do *caput*, o salário de benefício, para cálculo da renda mensal, será obtido mediante as seguintes operações:
a) média aritmética dos salários de contribuição relativos ao período em que tenha exercido atividade de jogador profissional de futebol, após sua competente correção, com base nos fatores de correção dos salários de contribuição do segurado empregado que exerceu essa atividade e nos do segurado beneficiado pelos acordos internacionais, observando-se a DIB;
b) média aritmética dos salários de contribuição no PBC do benefício pleiteado, segundo regra geral aplicada aos demais benefícios do RGPS;
c) média ponderada entre os montantes apurados nas alíneas "a" e "b" do inciso II do *caput*, utilizando-se, como pesos, respectivamente, o número de meses de exercício da atividade de atleta profissional de futebol e o número de meses que constituir o PBC do benefício pleiteado; e
d) ao salário de benefício obtido na forma da alínea "c" do inciso II do *caput*, será aplicado o percentual de cálculo, percentagem básica somada à percentagem de acréscimo, para apuração da renda mensal, conforme o disposto no RGPS.

SEÇÃO IV – DO JORNALISTA PROFISSIONAL

Art. 439. A aposentadoria por tempo de serviço do Jornalista profissional foi instituída pela Lei nº 3.529, de 1959, e será devida desde que preenchidos, até 13 de outubro de 1996, os seguintes requisitos:
I – o mínimo de 30 (trinta anos) de serviço em empresas jornalísticas, inclusive na condição de contribuinte individual, ex-autônomo, observado o disposto no art. 443; e
II – o mínimo de 24 (vinte e quatro) contribuições mensais, sem interrupção que determine a perda da qualidade de segurado.

Art. 440. Será considerado jornalista profissional aquele que, devidamente registrado no órgão regional do Ministério do Trabalho e Previdência – MTP ou órgão equivalente que lhe houver sucedido, exerça função habitual e remunerada, em qualquer das seguintes atividades:
I – redação, condensação, titulação, interpretação, correção ou coordenação de matéria a ser divulgada, contenha ou não comentário;
II – comentário ou crônica, por meio de quaisquer veículos de comunicação;
III – entrevista, inquérito ou reportagem escrita ou falada;
IV – planejamento, organização, direção e eventual execução de serviços técnicos de jornalismo, como os de arquivo, ilustração ou distribuição gráfica de matéria a ser divulgada;
V – planejamento, organização e administração técnica de que trata o inciso I do *caput*;
VI – ensino de técnicas de jornalismo;
VII – coleta de notícias ou informações e respectivos preparos para divulgação;

VIII – revisão de originais de matéria jornalística, com vistas à correção redacional e à adequação da linguagem;

IX – organização e conservação de arquivo jornalístico e pesquisa dos respectivos dados para a elaboração de notícias;

X – execução de distribuição gráfica de texto, fotografia ou ilustração de cunho jornalístico, para fins de divulgação; e

XI – execução de desenhos artísticos ou técnicos de cunho jornalístico, para fins de divulgação.

Parágrafo único. Aos profissionais registrados exclusivamente para o exercício das funções relacionadas nos incisos VIII a XI do *caput*, é vedado o exercício das funções constantes dos incisos I a VII deste artigo do *caput*.

Art. 441. As funções desempenhadas pelos Jornalistas profissionais como empregados são assim classificadas:

I – redator: aquele que, além das comuns incumbências de redação, tem o encargo de redigir editoriais, crônicas ou comentários;

II – noticiarista: aquele que tem o encargo de redigir matérias de cunho informativo, desprovidas de apreciação ou comentários, preparando-as ou redigindo-as para divulgação;

III – repórter: aquele que cumpre a determinação de colher notícias ou informações, preparando ou redigindo matéria, para divulgação;

IV – repórter de setor: aquele que tem o encargo de colher notícias ou informações sobre assuntos predeterminados, preparando-as para divulgação;

V – rádio repórter: aquele a quem cabe a difusão oral de acontecimentos ou entrevista pelo rádio ou pela televisão, no instante ou no local em que ocorram, assim como o comentário ou crônica, pelos mesmos veículos;

VI – arquivista-pesquisador: aquele que tem a incumbência de organizar e conservar, cultural e tecnicamente, o arquivo redatorial, procedendo à pesquisa dos respectivos dados para a elaboração de notícias;

VII – revisor: aquele que tem o encargo de rever as provas gráficas de matéria jornalística;

VIII – ilustrador: aquele que tem a seu cargo criar ou executar desenhos artísticos ou técnicos de cunho jornalístico;

IX – repórter fotográfico: aquele a quem cabe registrar, fotograficamente, quaisquer fatos ou assuntos de interesse jornalístico;

X – repórter cinematográfico: aquele a quem cabe registrar, cinematograficamente, quaisquer fatos ou assuntos de interesse jornalístico; e

XI – diagramador: aquele a quem compete planejar e executar a distribuição gráfica de matérias, fotografias ou ilustrações de cunho jornalístico, para fins de publicação.

Parágrafo único. As atividades de editor, secretário, subsecretário, chefe de reportagem e chefe de revisão, descritas no art. 440, também são privativas de jornalista.

Art. 442. Considera-se empresa jornalística aquela que tenha como atividade a edição de jornal ou revista ou a distribuição de noticiário, com funcionamento efetivo, idoneidade financeira e registro legal.

Parágrafo único. Equipara-se à empresa jornalística a seção ou o serviço de empresa de radiodifusão, televisão ou divulgação cinematográfica ou de agências de publicidade ou de notícias, em que sejam exercidas as atividades previstas no art. 440.

Art. 443. Não serão computados como tempo de serviço os períodos:

I – de atividades que não se enquadrem nas condições previstas no art. 440;

II – em que o segurado tenha contribuído em dobro ou facultativamente, por não se tratar de prestação de efetivo trabalho nas condições específicas exigidas;

III – de serviço militar, uma vez que, para a aposentadoria de jornalista profissional, só devem ser considerados os períodos em que foi exercida a atividade profissional específica; e

IV – os períodos em que o segurado não exerceu a atividade devido ao trancamento de seu registro profissional no órgão regional do MTP ou órgão equivalente que lhe houver sucedido.

Art. 444. O tempo de serviço de Jornalista será comprovado pelos registros constantes da CP, ou da CTPS, ou outros documentos que consignem os períodos de atividade em empresas jornalísticas, nas funções descritas nos arts. 440 e 441, observado o registro no órgão próprio do MTP ou órgão equivalente que lhe houver sucedido.

Art. 445. O cálculo do salário de benefício obedecerá às mesmas regras estabelecidas para a aposentadoria por tempo de contribuição e a RMI corresponderá a 95% (noventa e cinco por cento) do salário de benefício.

SEÇÃO V – DO EX-COMBATENTE

Art. 446. São considerados ex-combatentes os segurados enquadrados nas seguintes situações:

I – no Exército:

a) os que tenham integrado a Força Expedicionária Brasileira – FEB, servindo no teatro de operações de guerra da Itália, entre 1944 e 1945; e

b) os que tenham participado efetivamente de missões de vigilância e segurança do litoral, como integrantes da guarnição de ilhas oceânicas ou de unidades que se deslocaram de suas sedes para o cumprimento daquelas missões;

II – na Aeronáutica:

a) os que tenham integrado a Força Aérea Brasileira – FAB, em serviço de comboios e patrulhamento durante a guerra no período de 1942 a 1945;

b) os que tenham sido tripulantes de aeronaves engajadas em missões de patrulha; e

c) os pilotos civis que, no período compreendido entre 22 de março de 1941 a 8 de maio de 1945, tenham comprovadamente participado, por solicitação de autoridade militar, de patrulhamento, busca, vigilância, localização de navios torpedeados e assistência aos náufragos;

III – na Marinha:

a) os que tenham participado de comboio de transporte de tropas ou de abastecimento ou de missões de patrulhamento;

b) os que tenham participado efetivamente de missões de vigilância e segurança do litoral, como integrantes de guarnições de ilhas oceânicas;

c) os que tenham sido tripulantes de navios de guerra ou de mercantes atacados por inimigos ou destruídos por acidente; e

d) os que, como integrantes da Marinha Mercante Nacional, tenham participado pelo menos de duas viagens em zona de ataques submarinos, no período compreendido entre 22 de março de 1941 a 8 de maio de 1945;

IV – em qualquer Ministério Militar, aqueles que integraram tropas transportadas em navios escoltados por navios de guerra.

Parágrafo único. Não é considerado ex-combatente, para efeito do amparo da Lei Especial de que trata esta Seção, o brasileiro que tenha prestado serviço militar nas Forças Armadas Britânicas, durante a Segunda Guerra Mundial.

Art. 447. A prova da condição de ex-combatente será feita por Certidão fornecida pelos então Ministérios Militares, pelo Ministério da Defesa ou pelos Comandos das Forças Armadas, na qual, além de afirmada a condição de Ex-Combatente do requerente, seja indicado o período em que serviu e a situação em que se enquadra, entre as referidas no art. 446.

§ 1º No caso de segurados que tenham servido ao Exército, é imprescindível que a expedição da Certidão tenha obedecido ao disposto na Portaria nº 19-GB, do Ministério do Exército, de 12 de janeiro de 1968, publicada no Diário Oficial da União – DOU de 26 de janeiro de 1968.

§ 2º As certidões expedidas pelas Organizações Militares do Ministério do Exército anteriormente a 15 de setembro de 1967, data da publicação da Lei nº 5.315, de 12 de setembro de 1967, poderão, entretanto, serem aceitas para fins de benefícios de ex-combatentes, desde que consignem os elementos necessários à caracterização do segurado como Ex-Combatente, nas condições do inciso I do art. 446.

§ 3º A prova da condição referida na alínea "d" do inciso III do art. 446 será feita por Certidão do Estado Maior da Armada, da Diretoria de Portos e Costas, em que conste haver o interessado realizado, no mínimo, duas viagens em zona de ataques submarinos, indicando os períodos de embarque e desembarque e as respectivas embarcações.

§ 4º As informações constantes na Certidão serão confrontadas com os registros das cadernetas de matrícula.

§ 5º A Certidão fundamentada apenas em declaração feita em Justificação Judicial não produz, na Previdência Social, efeitos probatórios do direito alegado.

Art. 448. A aposentadoria por tempo de contribuição é devida ao segurado ex-combatente que contar com 25 (vinte e cinco anos) de serviço efetivo, sendo a RMI igual a 100% (cem por cento) do salário de benefício.

Parágrafo único. Os benefícios de ex-combatentes podem ser acumulados com a pensão especial instituída pela Lei nº 8.059, de 14 de julho de 1990, na forma disposta no Parecer nº 175/CONJUR, de 18 de setembro de 2003, do Ministério da Defesa e na Nota CJ/MPS nº 483, de 18 de abril de 2007.

Art. 449. Não será computado em dobro o período de serviço militar que tenha garantido ao segurado a condição de Ex-Combatente, exceto o período de embarque em zona de risco agravado, conforme o Decreto-Lei nº 4.350, de 30 de maio de 1942, desde que certificado pelo Ministério da Defesa ou órgão equivalente.

Art. 450. O cálculo do salário de benefício do auxílio por incapacidade temporária, das aposentadorias por incapacidade permanente, por idade ou por tempo de contribuição do ex-combatente, observará as mesmas regras estabelecidas para o cálculo dos benefícios em geral, inclusive quanto à limitação que trata o art. 33 da Lei nº 8.213, de 1991.

§ 1º O valor da RMI dos benefícios de que trata o *caput* será igual a 100% (cem por cento) do salário de benefício.

§ 2º Conforme definido no Parecer CJ/MPS nº 3.052, de 30 de abril de 2003, o termo "aposentadoria com proventos integrais", incluído no inciso V do art. 53 dos Atos das Disposições Constitucionais Transitórias da Constituição Federal de 1988, não assegura ao Ex-Combatente aposentadoria com valor equivalente à remuneração que este percebia na atividade, devendo ser aplicado a regra definida no *caput*.

Art. 451. No caso de pensão por morte do segurado ex-combatente, a habilitação dos dependentes, bem como o cálculo, o rateio e a extinção de cotas, serão regidos pelas normas em vigor para os demais benefícios de pensão do RGPS.

Art. 452. Os benefícios de ex-combatentes, aposentadoria e pensão por morte, concedidos com base nas Leis revogadas nº 1.756, de 1952, e nº 4.297, de 1963, a partir de 1º de setembro de 1971, passaram a ser reajustados pelos mesmos índices de reajustes aplicáveis aos benefícios de prestação continuada da Previdência Social.

Parágrafo único. Para os benefícios concedidos até 31 de agosto de 1971, com base nas leis revogadas a que se refere o *caput*, a partir de 16 de dezembro 1998, o pagamento mensal não poderá ser superior à remuneração do cargo de Ministro de Estado e, a contar de 31 de dezembro de 2003, à remuneração de Ministro do Supremo Tribunal Federal – STF.

SEÇÃO VI – DO PECÚLIO

Art. 453. O pecúlio, pagamento em cota única, será devido ao segurado aposentado pelo RGPS, ou aos seus dependentes, que permaneceu exercendo atividade abrangida pelo regime ou que voltou a exercê-la, quando se afastar definitivamente da atividade que exercia até 15 de abril de 1994, véspera da vigência da Lei nº 8.870, de 1994, ainda que anteriormente a essa data tenha se desligado e retornado à atividade, sendo limitada a devolução até a mencionada data.

§ 1º Permitem a concessão de pecúlio as seguintes espécies de aposentadoria:

I – Aposentadoria por Idade do Trabalhador Rural, espécie 07;

II – Aposentadoria por Idade do Empregador Rural, espécie 08;

III – Aposentadoria por Idade, espécie 41;

IV – Aposentadoria por Tempo de Contribuição, espécie 42;

V – Aposentadoria de ex-combatente, espécie 43;

VI – Aposentadoria Especial de Aeronauta, espécie 44;

VII – Aposentadoria de Jornalista, espécie 45;

VIII – Aposentadoria Especial, espécie 46;

IX – Aposentadoria Ordinária, espécie 49;

X – Aposentadoria por Tempo de Contribuição de Professor, espécie 57;

XI – Aposentadoria Excepcional de Anistiado, espécie 58; e

XII – Aposentadoria por Tempo de Serviço de ex-combatente marítimo, espécie 72.

§ 2º Está contemplado para o cálculo de pecúlio o período compreendido entre 22 de novembro de 1966, vigência do Decreto-Lei nº 66, de 21 de novembro de 1966, a 15 de abril de 1994, véspera da publicação da Lei nº 8.870, de 1994.

§ 3º Para a concessão de pecúlio a segurado em gozo de aposentadoria por idade rural, serão consideradas as contribuições vertidas após novembro de 1991, na condição de empregado ou de contribuinte individual, até 15 de abril de 1994.

§ 4º Na hipótese do exercício de mais de uma atividade ou de um emprego, somente após o afastamento de todas as atividades ou empregos poderá o segurado aposentado requerer o pecúlio, excluindo as atividades e os empregos iniciados a partir de 16 de abril de 1994.

Art. 454. O pecúlio também será devido ao segurado ou aos seus dependentes em caso de incapacidade permanente ou morte decorrente de acidente do trabalho respectivamente, na seguinte ordem:

I – ao aposentado por incapacidade permanente, cuja data do início da aposentadoria tenha ocorrido até 20 de novembro de 1995, véspera da publicação da Lei nº 9.129, de 20 de novembro de 1995, o pecúlio corresponderá a um pagamento único de 75% (setenta e cinco por cento) do limite máximo do salário de contribuição vigente na data do pagamento; e

II – aos dependentes do segurado falecido, cujo óbito tenha ocorrido até 20 de novembro de 1995, véspera da publicação da Lei nº 9.129, de 1995, o pecúlio corresponderá a 150% (cento e cinquenta por cento) do limite máximo do salário de contribuição vigente na data do pagamento.

Art. 455. O direito ao recebimento do valor do pecúlio prescreverá em 5 (cinco) anos, a contar da data em que deveria ter sido pago, nas seguintes condições:

I – para os segurados, a contar da data do afastamento definitivo da atividade que exerciam em 15 de abril de 1994; ou

II – para os dependentes e sucessores, a contar da DAT ou da data do óbito, conforme o caso.

Parágrafo único. Não prescreve o direito ao recebimento do pecúlio para os absolutamente incapazes, na forma do Código Civil.

Art. 456. Na análise do requerimento de pecúlio, as informações constantes no CNIS são prova plena, e, subsidiariamente, deverão ser observadas as seguintes diretrizes:

I – a condição de aposentado será confirmada nos bancos de dados do INSS;

II – o afastamento da atividade do segurado será verificada:

a) pela anotação da saída feita pelo empregador na CP, na CTPS ou em documento equivalente, no caso de empregado, inclusive o doméstico;

b) pela baixa da inscrição no INSS ou qualquer documento que comprove a cessação da atividade, tais como alteração do contrato social, extinção da empresa, carta de demissão do cargo, ou ata de assembleia, conforme o caso, quando tratar-se de contribuinte individual; e

c) por declaração firmada pelo respectivo sindicato de classe ou pelo OGMO, no caso de trabalhador avulso;

III – as contribuições serão verificadas por:

a) Relação dos Salários de Contribuição – RSC ou pelos impressos elaborados por meio de sistema informatizado, desde que constem todas as informações necessárias, preenchidas e assinadas pela empresa, nos casos de segurado empregado e de trabalhador avulso; e

b) Carnês de contribuição ou Guias de Recolhimento, quando tratar-se de segurado contribuinte individual e do empregado doméstico.

§ 1º Para efeito do disposto no inciso III, os salários de contribuição deverão ser informados em valores históricos da moeda, conforme a "Tabela de Referência Monetária para Fins de Pecúlio", constante no Anexo XX.

§ 2º No caso de divergência dos valores entre a RSC e o CNIS, o pecúlio será concedido considerando o valor contido na RSC.

§ 3º Deverá ser providenciada a confirmação dos dados junto à empresa ou outras fontes através de Pesquisa Externa, quando as informações contidas na RSC não constarem no CNIS.

Art. 457. Havendo período de contribuinte individual, o pecúlio somente será liberado mediante a comprovação dos respectivos recolhimentos.

§ 1º O benefício será processado com as competências comprovadamente recolhidas, observado que, na existência de período em débito não decadente deverá, obrigatoriamente, ser apurado o valor correspondente ao custeio da Seguridade Social, conforme o disposto no § 3º do art. 11 da Lei nº 8.213, de 1991.

§ 2º Quando da emissão do pagamento do pecúlio, deverá ser procedida a compensação entre o valor devido ao segurado e o valor do débito apurado na forma do § 1º.

Art. 458. As contribuições decorrentes de empregos ou de atividades vinculadas ao RGPS, exercidas até 15 de abril de 1994, véspera da publicação da Lei nº 8.870, de 1994, na condição de aposentado, não produzirão outro efeito que não seja o pecúlio.

Art. 459. O servidor público federal abrangido pelo Regime Jurídico Único – RJU, instituído pela Lei nº 8.112, de 1990, aposentado pelo RGPS em função de outra atividade em data anterior a 1º de janeiro de 1991 não terá direito ao pecúlio, se o período de atividade prestado na condição de celetista foi transformado, automaticamente, em período prestado ao serviço público.

Art. 460. Serão publicados mensalmente os índices de correção das contribuições para o cálculo do pecúlio, mediante Portaria Ministerial, observada, para as contribuições anteriores a 25 de julho de 1991, a legislação vigente à época do respectivo recolhimento.

Art. 461. O valor total do pecúlio será corrigido monetariamente desde o momento em que restou devido, ainda que pago em atraso, independentemente de ocorrência de mora e de quem lhe deu causa, apurado no período compreendido entre o mês que deveria ter sido pago e o mês do efetivo pagamento.

Art. 462. O segurado inscrito com mais de 60 (sessenta) anos que não recebeu o pecúlio relativo ao período anterior a 24 de julho de 1991 terá direito aos benefícios previstos na Lei nº 8.213, de 1991, uma vez cumpridos os requisitos para a concessão da espécie requerida.

CAPÍTULO II – DAS SITUAÇÕES ESPECIAIS

SEÇÃO I – DOS FERROVIÁRIOS SERVIDORES PÚBLICOS E AUTÁRQUICOS CEDIDOS PELA UNIÃO À REDE FERROVIÁRIA FEDERAL S/A

Art. 463. Para efeito de concessão dos benefícios de ex-ferroviários admitidos até 21 de maio de 1991 pela Rede Ferroviária Federal S/A – RFFSA, serão considerados:

I – ferroviários optantes: os servidores do extinto Departamento Nacional de Estradas de Ferro que, mediante opção, foram integrados nos quadros de pessoal da RFFSA, sob submissão da CLT, mantida a filiação à Previdência Social Urbana; e

II – ferroviários não optantes:

a) os servidores públicos ou autárquicos, aposentados, que não puderam se valer do direito de opção;

b) os servidores públicos ou autárquicos, em atividade, que não optaram pelo regime da CLT; e

c) os servidores públicos ou autárquicos, que se encontram em disponibilidade.

Parágrafo único. O disposto no *caput* se aplica aos benefícios requeridos a partir de 13 de dezembro de 1974, data da publicação da Lei nº 6.184, de 11 de dezembro de 1974, que dispôs sobre a integração de funcionários públicos nos quadros de sociedades de economia mista e empresas públicas, mediante opção pelo regime da CLT.

Art. 464. A concessão de benefícios aos ferroviários optantes, bem como aos seus dependentes, será regida pelas normas estabelecidas para os segurados em geral.

§ 1º É devida a complementação, na forma da Lei nº 8.186, de 21 de maio de 1991, às aposentadorias dos ferroviários e respectivos dependentes, admitidos até 31 de outubro de 1969 na RFFSA ou nas respectivas estradas de ferro, nas unidades operacionais ou nas subsidiárias a ela pertencentes, que detinham a condição de ferroviário na data imediatamente anterior à data do início da aposentadoria.

§ 2º Por força da Lei nº 10.478, de 28 de junho de 2002, foi estendido a partir de 1º de abril de 2002, o direito à complementação de aposentadoria, na forma da Lei nº 8.186, de 1991, aos ferroviários admitidos até 21 de maio de 1991 pela RFFSA.

§ 3º A complementação da aposentadoria devida pela União é constituída pela diferença entre o valor da aposentadoria paga pelo INSS e o da remuneração do cargo correspondente ao do pessoal em atividade na RFFSA e suas subsidiárias, com a respectiva gratificação adicional por tempo de serviço.

§ 4º O valor da complementação da pensão por morte paga a dependente do ferroviário será apurado observando-se o mesmo coeficiente de cálculo utilizado na apuração da renda mensal da pensão.

§ 5º Em nenhuma hipótese o benefício previdenciário complementado poderá ser pago cumulativamente com as pensões especiais previstas nas Leis nº 3.738, de 4 de abril de 1960, e nº 6.782, de 19 de maio de 1980, ou quaisquer outros benefícios pagos pelo Tesouro Nacional, nos termos do parágrafo único do art. 5º da Lei nº 8.186, de 1991.

Art. 465. Será devida pensão por morte aos dependentes dos ferroviários não optantes aposentados, observadas as seguintes situações:

I – quando o instituidor for aposentado pela Previdência Social Urbana que recebe complementação por conta do Tesouro Nacional:

a) ao valor mensal da complementação paga ao aposentado, excluído o salário-família, será aplicado o mesmo coeficiente de cálculo utilizado na apuração da renda mensal da pensão; e

b) a parcela obtida de acordo com a alínea "a", será paga aos dependentes como complementação à conta da União;

II – quando o instituidor for aposentado pela Previdência Social Urbana e pelo Tesouro Nacional:

a) será calculada a pensão previdenciária pelas normas estabelecidas para os segurados em geral, tendo por base a aposentadoria previdenciária;

b) em seguida ao disposto na alínea "a", será calculada a pensão estatutária, que corresponderá a 50% (cinquenta por cento) do valor da aposentadoria estatutária, excluído o salário-família, qualquer que seja o número de dependentes, sendo que o valor da aposentadoria estatutária será obtido por meio de informação contida no último contracheque do segurado ou de outro documento que comprove o valor dos proventos na data do óbito;

c) obtido o valor mensal da pensão estatutária, se ele for maior que o da previdenciária, a diferença será paga como complementação à conta da União; e

d) se o valor da pensão estatutária for igual ou inferior ao da previdenciária, prevalecerá esse último;

III – quando o instituidor for aposentado apenas pelo Tesouro Nacional, também denominado como antigo regime especial:

a) será considerado como salário de contribuição para cálculo da Aposentadoria Base o valor mensal da aposentadoria estatutária paga pelo Tesouro Nacional nos 36 (trinta e seis) últimos meses imediatamente anteriores ao óbito do segurado, observados os tetos em vigor; e

b) obtido o valor da Aposentadoria Base, o cálculo da pensão previdenciária obedecerá ao disposto nas normas para os demais benefícios;

IV – para o casos em que for aposentado apenas pela Previdência Social Urbana, o cálculo da pensão obedecerá ao disposto nas normas em vigor à época do evento.

Parágrafo único. Os ferroviários aposentados até de 12 de dezembro de 1974, véspera da publicação da Lei nº 6.184, de 1974, ou até 14 de julho de 1975, véspera da publicação da Lei nº 6.226, de 1975, sem se valerem do direito de opção, conservarão a situação anterior a essa última data perante o RGPS.

Art. 466. Os ferroviários não optantes que estavam em atividade ou em disponibilidade farão jus aos benefícios previdenciários até que sejam redistribuídos para outros órgãos da Administração Pública ou que retornem à repartição de origem, desde que atendidos os demais requisitos regulamentares.

Parágrafo único. Para fins de instrução dos pedidos de benefícios, além dos documentos habitualmente exigidos, deverá o segurado apresentar declaração da RFFSA atestando não ter sido redistribuído para outro órgão da Administração Pública e que não retornou à repartição de origem, sem o que não será processado o pedido.

Art. 467. Os segurados que ao se desvincularem da RFFSA reingressarem no RGPS como empregado de outra empresa, contribuinte individual ou facultativo, entre outros, têm direito à complementação da Lei nº 8.186, de 1991, ou da Lei nº 10.478, de 2002, desde que tenham implementado todas as condições exigidas à concessão do benefício na data do desligamento da RFFSA, conforme o disposto na Súmula do STF nº 359, de 13 de dezembro de 1963.

Parágrafo único. Em caso de pedido de revisão com base no *caput* e se comprovadas as condições na forma da legislação previdenciária, a revisão deve ser processada desconsiderando-se as contribuições posteriores, com a devida alteração do Ramo de Atividade – RA/Forma de Filiação – FF no sistema, informando sobre a revisão, por meio de ofício, ao órgão responsável para as providências a seu cargo.

Art. 468. Os ferroviários servidores públicos ou autárquicos que se aposentaram até de 14 de julho de 1975, véspera da publicação da Lei nº 6.226, de 1975, e seus dependentes, terão direito ao salário-família estatutário, não fazendo jus ao salário-família previdenciário.

§ 1º A concessão do salário-família estatutário compete à RFFSA, cabendo ao INSS o seu pagamento, à conta da União, à vista dos elementos fornecidos pelas ferrovias.

§ 2º Quando o ferroviário aposentado falecer recebendo salário-família no Tesouro Nacional, o pagamento pelo INSS, à conta da União, dependerá de comunicação do Ministério da Economia, por meio de suas delegacias regionais, ou órgão que vier a substituí-lo.

Art. 469. Aos ferroviários, servidores públicos ou autárquicos será permitida a percepção cumulativa de aposentadoria devida pela Previdência Social com os proventos de aposentadoria da União, na forma da Lei nº 2.752, de 10 de abril de 1956.

§ 1º Terão direito à dupla aposentadoria os servidores que pertenceram às seguintes Estradas de Ferro da União:

I – Estrada de Ferro Bahia – Minas;

II – Estrada de Ferro Bragança;

III – Estrada de Ferro Central do Piauí;

IV – Estrada de Ferro Sampaio Corrêa;

V – Estrada de Ferro D. Teresa Cristina;

VI – Estrada de Ferro Goiás;

VII – Estrada de Ferro S. Luiz – Teresina;

VIII – Estrada de Ferro Rede de Viação Cearense;

IX – Viação Férrea Federal Leste Brasileiro;

X – Estrada de Ferro Madeira – Mamoré;

XI – Estrada de Ferro Tocantins;

XII – Estrada de Ferro Mossoró – Souza;

XIII – Estrada de Ferro Central do Brasil, para aqueles que foram admitidos até 24 de maio de 1941, data do Decreto-Lei nº 3.306, de 1941, que transformou essa Ferrovia em Autarquia; e

XIV – Estrada de Ferro Noroeste do Brasil até o Decreto-Lei nº 4.176, de 13 de março de 1942.

§ 2º A concessão da aposentadoria obedecerá ao disposto no RGPS.

SEÇÃO II – DO AUXÍLIO ESPECIAL MENSAL AOS JOGADORES TITULARES E RESERVAS DAS SELEÇÕES BRASILEIRAS CAMPEÃS DAS COPAS MUNDIAIS – LEI Nº 12.663, DE 5 DE JUNHO DE 2012

Art. 470. O auxílio especial mensal para jogador, previsto no art. 37, inciso II, da Lei nº 12.663, de 2012, é devido a partir de 1º de janeiro de 2013, aos jogadores titulares e reservas das seleções brasileiras campeãs das copas mundiais masculinas da Fédération Internationale de Football – FIFA, nos anos de 1958, 1962 e 1970, desde que comprovem estar sem recursos ou com recursos limitados.

Art. 471. No caso de falecimento do jogador, o auxílio especial mensal será pago à esposa ou companheira (o) e aos filhos menores de 21 (vinte um) anos de idade ou inválidos, desde que a invalidez, reconhecida por perícia médica, seja anterior à data em que completaram 21 (vinte um) anos.

Art. 472. Na comprovação do vínculo com o jogador, na condição de esposa, companheira (o) e filhos, será observado, no que couber, as mesmas regras aplicáveis para a caracterização dos dependentes nos demais benefícios do RGPS.

Art. 473. A renda mensal inicial do benefício corresponde à diferença apurada entre a renda mensal do beneficiário e o valor máximo do salário de benefício do RGPS, vigente na data da entrada do requerimento, podendo ter valor mensal inferior ao de um salário mínimo.

§ 1º Para fins do disposto no *caput*, considera-se renda mensal 1/12 (um doze avos) do valor total de rendimentos tributáveis, sujeitos à tributação exclusiva ou definitiva, não tributáveis e isentos, informados na respectiva Declaração de Ajuste Anual do Imposto sobre a Renda da Pessoa Física – DIRPF.

§ 2º A DIRPF de que trata o § 1º, corresponde a do exercício anterior ao ano do requerimento do auxílio especial mensal, exceto nos casos em que a data de entrada do requerimento do auxílio especial mensal ocorrer após o término do prazo para envio da DIRPF à RFB, hipótese na qual o interessado deverá apresentar a DIRPF relativa ao exercício do ano do requerimento.

§ 3º Caso o jogador não esteja obrigado a apresentar a DIRPF, a renda mensal de que trata o § 1º deste artigo corresponderá ao valor de 1/12 (um doze avos) do rendimento anual decorrente de trabalho, ainda que informal, e/ou de benefício recebido do RGPS ou de RPPS, informações de rendimentos constantes no CNIS, bem como de qualquer renda auferida, comprovada conforme "Declaração do Jogador de Futebol", constante no Anexo XXI.

Art. 474. Havendo mais de um beneficiário na condição de esposa ou companheira (o) e filhos, o valor do auxílio especial mensal corresponderá a 100% (cem por cento) da diferença apurada entre a renda do núcleo familiar e o valor máximo do salário de benefício do RGPS e será rateado em cotas iguais entre todos os beneficiários.

§ 1º Para fins do disposto no *caput*, considera-se:

I – membros do núcleo familiar: todos os dependentes citados no art. 471, independentemente de sua renda individual ou de coabitação no mesmo lar; e

II – renda do núcleo familiar: 1/12 (um doze avos) da soma dos rendimentos de todos os membros do núcleo familiar.

§ 2º Não será revertida aos demais a cota do dependente cujo direito ao auxílio cessar, inclusive por renúncia do beneficiário.

§ 3º O auxílio de que trata este artigo somente será recalculado quando houver habilitação posterior que implique inclusão de beneficiário (s) e produzirá efeitos a partir da data do requerimento, considerando-se a renda do novo beneficiário incluído.

§ 4º O requerimento do auxílio especial mensal será indeferido caso a soma da renda dos beneficiários que se habilitarem ao benefício na condição de esposa, companheira (o) e filhos, seja igual ou superior ao limite máximo do salário de benefício do RGPS, sem prejuízo da apresentação de novo requerimento na hipótese de mudança nas condições que importem no enquadramento da renda do núcleo familiar aos critérios para sua concessão.

Art. 475. O requerimento do auxílio especial mensal será solicitado diretamente em qualquer APS, a partir de 1º de janeiro de 2013.

Art. 476. Atendidos os requisitos, o pagamento do auxílio especial mensal será devido a partir da data de entrada do requerimento do interessado no INSS, qualquer que seja a idade do requerente.

Art. 477. A concessão do auxílio especial mensal não será protelada pela falta de habilitação de outros possíveis dependentes.

Art. 478. O auxílio especial mensal estará sujeito à incidência de Imposto sobre a Renda, nos termos da legislação específica, mas não ao desconto de contribuição previdenciária.

Parágrafo único. O auxílio especial mensal não estará sujeito a consignações derivadas de empréstimos, financiamentos e operações de arrendamento mercantil contratados junto às instituições financeiras e sociedades de arrendamento mercantil, na forma da Lei nº 10.820, de 17 de dezembro de 2003.

Art. 479. Não será devida ao beneficiário do auxílio especial o pagamento do abono anual.

Art. 480. O auxílio especial mensal não poderá ser acumulado com o benefício de prestação continuada, nos termos do § 4º do art. 20 da Lei nº 8.742, de 1993, ressalvado o direito de opção pelo mais vantajoso.

§ 1º Se o jogador receber outros benefícios de caráter assistencial ou indenizatório, deverá ser verificada a legislação de cada benefício quanto à possibilidade ou não de acumulação com o benefício de que trata esta Seção.

§ 2º Para apuração do valor do auxílio especial mensal, na hipótese prevista no *caput*, não será considerado o rendimento decorrente do benefício cessado.

Art. 481. As despesas deste auxílio especial correrão à conta do Tesouro Nacional.

CAPÍTULO III – DAS PENSÕES ESPECIAIS DEVIDAS PELA UNIÃO

SEÇÃO I – DA PENSÃO ESPECIAL DEVIDA ÀS PESSOAS COM DEFICIÊNCIA PORTADORAS DA SÍNDROME DA TALIDOMIDA – LEI Nº 7.070, DE 20 DE DEZEMBRO DE 1982

Art. 482. É garantido o direito à Pensão Especial (Espécie 56) a pessoa com Síndrome da Talidomida nascidos a partir de 1º de março de 1958, data do início da comercialização da droga no Brasil, denominada "Talidomida" (Amida Nftálica do Ácido Glutâmico), inicialmente comercializada com os nomes comerciais de Sedin, Sedalis e Slip, de acordo com a Lei nº 7.070, de 1982.

§ 1º O benefício será devido sempre que ficar constatado que a deformidade física for consequência do uso da Talidomida, independentemente da época de sua utilização.

§ 2º A data do início da pensão especial será fixada na data da entrada do requerimento.

Art. 483. A RMI será calculada mediante a multiplicação do número total de pontos indicadores da natureza e do grau de dependência resultante da deformidade física, constante do processo de concessão, pelo valor fixado em Portaria Ministerial que trata dos reajustamentos dos benefícios pagos pela Previdência Social.

§ 1º O reajustamento do benefício ocorrerá com a multiplicação do valor constante em Portaria Ministerial, pelo número total de pontos de cada benefício, obtendo-se a Renda Mensal Atual – RMA.

§ 2º O beneficiário da Pensão Especial Vitalícia da Síndrome da Talidomida, maior de 35 (trinta e cinco anos), que necessite de assistência permanente de outra pessoa e que tenha recebido a pontuação superior ou igual a seis pontos, fará jus a um adicional de 25% (vinte e cinco por cento) sobre o valor desse benefício, conforme disposto no art. 13 da Medida Provisória nº 2.129-10, de 22 de junho de 2001.

§ 3º O beneficiário da Pensão Especial Vitalícia da Síndrome da Talidomida terá direito a mais um adicional de 35% (trinta e cinco por cento) sobre o valor do benefício, desde que, alternativamente, comprove:

I – vinte e cinco anos, se homem, e vinte anos, se mulher, de contribuição para qualquer regime de previdência; ou

II – cinquenta e cinco anos de idade, se homem, ou cinquenta anos de idade, se mulher, e contar com pelo menos quinze anos de contribuição para qualquer regime de previdência.

§ 4º Na decisão proferida nos autos da ACP nº 97.0060590-6 da 7ª Vara Federal de São Paulo/SP, a União, por meio do Ministério da Saúde, foi condenada ao pagamento mensal de valor igual ao do que trata a Lei nº 7.070, de 1982, a título de indenização, aos já beneficiados pela pensão especial, nascidos entre 1º de janeiro de 1966 a 31 de dezembro de 1998, considerados de segunda geração de vítimas da droga.

§ 5º A partir de março de 2005, o INSS acolheu recomendação do Ministério Público Federal, e assumiu o pagamento da indenização devida aos beneficiários deste Instituto, que anteriormente era efetuado pelo Ministério da Saúde.

§ 6º Nas novas concessões, os beneficiários com direito ao pagamento da indenização a que se refere o § 4º serão processadas de forma automática.

§ 7º A opção pelo pagamento da indenização de que trata a Lei nº 12.190, de 13 de janeiro de 2010, importa em renúncia e extinção da indenização de que trata o § 4º, na forma do art. 7º do Decreto nº 7.235, de 19 de julho de 2010.

Art. 484. O benefício é vitalício e intransferível, não gerando pensão a qualquer eventual dependente ou resíduo de pagamento a seus familiares.

Art. 485. É vedada a acumulação da Pensão Especial da Talidomida com qualquer rendimento ou indenização por danos físicos, inclusive a Renda Mensal Vitalícia que, a qualquer título, venha a ser pago pela União, ressalvado o direito de opção.

§ 1º A Pensão Especial da Talidomida é acumulável com qualquer benefício do RGPS ou ao qual, no futuro, a pessoa com Síndrome possa vir a filiar-se, ainda que a pontuação referente ao quesito trabalho seja igual a dois pontos totais.

§ 2º O benefício de que trata esta Seção é de natureza indenizatória, não prejudicando eventuais benefícios de natureza previdenciária, não podendo ser reduzido em razão de eventual aquisição de capacidade laborativa ou de redução de incapacidade para o trabalho, ocorridas após a sua concessão.

§ 3º A partir de 7 de julho de 2011, data de publicação da Lei nº 12.435, foi permitida a acumulação de Pensão Especial para Vítimas da Síndrome de Talidomida com Benefício Assistencial ao Portador de Deficiência ou Benefício Assistencial ao Idoso.

Art. 486. Para a formalização do processo, deverão ser apresentados pelo pleiteante, no ato do requerimento, os seguintes documentos:

I – fotografias, preferencialmente em fundo escuro, tamanho 12x9 cm, em traje de banho, com os braços separados e afastados do corpo, sendo uma de frente, uma de costas e outra (s) detalhando o (s) membro (s) afetado (s);

II – certidão de nascimento ou casamento;

III – prova de identidade do pleiteante ou de seu representante legal; e

IV – quando possível, eventuais outros subsídios que comprovem o uso da Talidomida pela mãe do pleiteante, tais como:

a) receituários relacionados com o medicamento;

b) relatório médico; e

c) atestado médico de entidades relacionadas à doença.

Parágrafo único. O processo original, com todas as peças, após a formalização, será encaminhado para realização do exame pericial, na forma definida pela SPMF.

SEÇÃO II – DA PENSÃO MENSAL VITALÍCIA DO SERINGUEIRO E SEUS DEPENDENTES – DECRETO-LEI Nº 9.882, DE 16 DE SETEMBRO DE 1946

Art. 487. Para fazer jus à pensão mensal vitalícia, o requerente deverá comprovar que:

I – não aufere rendimento, sob qualquer forma, igual ou superior a 2 (dois) salários mínimos;

II – não recebe qualquer espécie de benefício pago pelo RGPS ou RPPS; e

III – encontra-se em uma das seguintes situações:

a) trabalhou como seringueiro recrutado nos termos do Decreto-Lei nº 5.813, de 14 de setembro de 1943, durante a Segunda Guerra Mundial, nos seringais da região amazônica, e foi amparado pelo Decreto-Lei nº 9.882, de 1946; ou

b) trabalhou como seringueiro na região amazônica atendendo ao apelo do governo brasileiro, contribuindo para o esforço de guerra na produção da borracha, durante a Segunda Guerra Mundial.

Art. 488. A residência do requerente em casa de outrem, parente ou não, ou sua internação ou recolhimento em instituição de caridade não será óbice ao direito à pensão mensal vitalícia do seringueiro.

Art. 489. É vedada a percepção cumulativa da pensão mensal vitalícia com qualquer outro benefício de prestação continuada mantido pelo RGPS ou RPPS, ressalvada a possibilidade de opção pelo benefício mais vantajoso.

Parágrafo único. A prova de que não recebe qualquer espécie de benefício ou rendimentos será feita pelo próprio requerente, mediante termo de responsabilidade firmado quando da assinatura do requerimento.

Art. 490. Para comprovação da efetiva prestação de serviços, serão aceitos como prova plena:

I – os documentos emitidos pela Comissão Administrativa de Encaminhamento de Trabalhadores para a Amazônia – CAETA, em que conste ter sido o interessado recrutado nos termos do Decreto-Lei nº 5.813, de 1943, para prestar serviços na região amazônica, em conformidade com o acordo celebrado entre a Comissão de Controle dos Acordos de Washington e a Rubber Development Corporation;

II – contrato de encaminhamento emitido pela CAETA;

III – caderneta do seringueiro, em que conste anotação de contrato de trabalho;

IV – contrato de trabalho para extração de borracha, em que conste o número da matrícula ou o do contrato de trabalho do seringueiro;

V – ficha de anotações do Serviço Especializado da Mobilização de Trabalhadores para a Amazônia – SEMTA ou da Superintendência de Abastecimento do Vale Amazônico – SAVA, em que conste o número da matrícula do seringueiro, bem como anotações de respectivas contas; e

VI – documento emitido pelo ex-departamento de Imigração do Ministério do Trabalho, Indústria e Comércio ou pela Comissão de Controle dos Acordos de Washington, do então Ministério da Fazenda, que comprove ter sido o requerente amparado pelo programa de assistência imediata aos trabalhadores encaminhados para o Vale Amazônico, durante o período de intensificação da produção de borracha para o esforço de guerra.

Parágrafo único. Para fins do disposto neste artigo, será admitida a JA ou a Justificação Judicial – JJ, como um dos meios para provar que o seringueiro atendeu ao chamamento do governo brasileiro para trabalhar na região amazônica, desde que acompanhada de razoável início de prova material, conforme alterações introduzidas pela Lei nº 9.711, de 20 de novembro de 1998.

Art. 491. O início da pensão mensal vitalícia do seringueiro será fixado na DER e o valor mensal corresponderá a 2 (dois) salários mínimos vigentes no País.

Art. 492. A pensão mensal vitalícia continuará sendo paga ao dependente do beneficiário, por morte deste último, no valor integral do benefício recebido, desde que comprove o estado de carência, na forma dos incisos I e II do art. 487, e não seja mantido por pessoa de quem dependa obrigatoriamente.

SEÇÃO III – DA PENSÃO ESPECIAL DAS VÍTIMAS DE HEMODIÁLISE DE CARUARU – PE – LEI Nº 9.422, DE 24 DE DEZEMBRO DE 1996

Art. 493. É garantido o direito à Pensão Especial Mensal ao cônjuge, companheiro ou companheira, descendentes, ascendentes e colaterais até segundo grau, das vítimas fatais de hepatite tóxica por contaminação em processo de hemodiálise realizada no Instituto de Doenças Renais, com sede na cidade de Caruaru, no Estado de Pernambuco, no período de 1º de fevereiro de 1996 a 31 de março de 1996, mediante evidências clínico-epidemiológicas determinadas pela autoridade competente, conforme o disposto na Lei nº 9.422, de 1996.

Art. 494. Consideram-se beneficiários da Pensão Especial Mensal:

I – o cônjuge, o companheiro ou companheira e o filho não emancipado, de qualquer condição, menor de 21 (vinte e um) anos de idade ou inválido;

II – os pais;

III – o irmão não emancipado de qualquer condição, menor de 21 (vinte e um) anos de idade ou inválido; e

IV – os avós e o neto não emancipado de qualquer condição, menor de 21 (vinte e um) anos de idade ou inválido.

§ 1º Havendo mais de um pensionista habilitado ao recebimento da Pensão Especial Mensal, o valor do benefício será rateado entre todos em partes iguais, sendo revertida em favor dos demais a parte daquele cujo direito à pensão cessar.

§ 2º A existência de dependentes de uma mesma classe exclui os dependentes das classes seguintes, quanto ao direito às prestações.

Art. 495. A concessão da Pensão Especial Mensal dependerá do atestado de óbito da vítima, indicativo de causa mortis relacionada com os incidentes mencionados no art. 493, comprovados com o respectivo prontuário médico, e da qualificação definida no citado artigo, justificado judicialmente, quando inexistir documento oficial que o declare.

Art. 496. Para fins de comprovação da causa mortis, deverá ser apresentado:

I – certidão de óbito com o indicativo da causa mortis; e

II – prontuário médico em que fique evidenciado que a contaminação, em processo de hemodiálise no Instituto de Doenças Renais de Caruaru/PE, ocorreu no período de 1º de fevereiro a 31 de março de 1996, independentemente da data do óbito ter ocorrido após este período.

Art. 497. A data de início da Pensão Especial Mensal será fixada na data do óbito e o valor corresponderá a um salário mínimo vigente no país, observada a prescrição quinquenal.

§ 1º Aos beneficiários da Pensão Especial Mensal não será devido o pagamento do abono anual.

§ 2º A Pensão Especial Mensal não se transmitirá aos sucessores e se extinguirá com a morte do último beneficiário.

Art. 498. É permitida a acumulação da Pensão Especial Mensal com qualquer outro benefício do RGPS ou de RPPS, inclusive o Benefício Assistencial de que trata a Lei nº 8.742, de 1993.

Art. 499. O pagamento da Pensão Especial Mensal será suspenso no caso de verificação de pagamento da indenização aos dependentes das vítimas pelos proprietários do Instituto de Doenças Renais de Caruaru/PE.

SEÇÃO IV – DA PENSÃO ESPECIAL HANSENÍASE – LEI Nº 11.520, 18 DE SETEMBRO DE 2007

Art. 500. A pensão especial hanseníase, espécie 96, prevista na Medida Provisória nº 373, de 24 de maio de 2007, convertida na Lei nº 11.520, de 2007, e regulamentada pelo Decreto nº 6.168, de 24 de julho de 2007, é devida às pessoas atingidas pela hanseníase e que foram submetidas a isolamento e internação compulsórios em hospitais-colônia até 31 de dezembro de 1986.

§ 1º A pensão especial de que trata o *caput* é mensal, vitalícia e personalíssima, não sendo transmissível a dependentes e herdeiros e é devida a partir 25 de maio de 2007, data da publicação da Medida Provisória nº 373.

§ 2º O valor da pensão especial hanseníase é definido pela mesma portaria anual que reajusta os benefícios, pisos e tetos do RGPS.

Art. 501. Desde 25 de maio de 2007, data da publicação da Medida Provisória nº 373, os requerimentos da pensão especial hanseníase não são protocolados nas APS, devendo ser endereçados ao Ministério da Mulher, da Família e dos Direitos Humanos ou quem lhe suceder, na forma prevista no Decreto nº 6.168, de 2007.

§ 1º O requerimento é feito mediante o preenchimento do formulário anexo ao Decreto nº 6.168, de 2007, e encaminhamento para o

Ministério da Mulher, da Família e dos Direitos Humanos ou órgão sucessor.

§ 2º Conjuntamente com o requerimento, devem ser apresentados os documentos pessoais de identificação, o CPF e todos os documentos e informações comprobatórios da internação compulsória.

§ 3º Os requerimentos apresentados na forma deste artigo são submetidos à Comissão Interministerial de Avaliação, instituída pelo art. 2º da Medida Provisória nº 373, de 2007, responsável pela análise de todos os requerimentos.

§ 4º Compete ao INSS prestar apoio administrativo, bem como os meios necessários à execução dos trabalhos da Comissão Interministerial de Avaliação, nos termos do inciso II do art. 5º do Decreto nº 6.168, de 2007, e § 3º do art. 2º da Lei nº 11.520, de 2007.

§ 5º Após análise e conclusão do processo de requerimento pela Comissão Interministerial de Avaliação, é publicada, no DOU, portaria do Ministério da Mulher, da Família e dos Direitos Humanos ou órgão que lhe suceda, referente à concessão ou indeferimento da pensão.

§ 6º Da decisão do Ministério da Mulher, da Família e dos Direitos Humanos, ou sucessor, cabe um único pedido de revisão, desde que acompanhado de novos elementos de convicção.

Art. 502. Para implantação, manutenção e pagamento da pensão especial hanseníase, após publicação da respectiva portaria de concessão, a Secretaria de Direitos Humanos da Presidência da República, ou órgão que lhe suceder, encaminhará ao INSS cópia integral do respectivo processo administrativo.

Art. 503. Observado o disposto na alínea "c" do inciso II do art. 35 do Anexo ao Decreto nº 9.580, de 22 de novembro de 2018, são isentos de tributação os rendimentos decorrentes da pensão especial hanseníase.

Art. 504. A indenização será paga diretamente ao beneficiário, salvo em caso de justo motivo, quando poderá ser constituído procurador especialmente para este fim, observadas as orientações sobre procuração definidas nesta Instrução Normativa.

Art. 505. A pensão especial hanseníase não gera direito ao abono anual.

Art. 506. Se no procedimento de implantação da pensão especial for constatado o óbito do beneficiário, a implantação deve ser realizada e os créditos relativos ao período de 25 de maio de 2007 até a data do óbito devem ser bloqueados, podendo ser emitidos posteriormente para pagamento aos sucessores do titular, mediante apresentação de alvará judicial ou escritura pública de inventário.

Art. 507. As despesas decorrentes do pagamento da pensão especial hanseníase, espécie 96, correm à conta do Tesouro Nacional e devem constar de programação orçamentária específica no orçamento do Ministério da Economia.

SEÇÃO V – DA PENSÃO ESPECIAL DESTINADA A CRIANÇAS COM SÍNDROME CONGÊNITA DO ZIKA VÍRUS – LEI Nº 13.985, DE 7 DE ABRIL DE 2020

Art. 508. É assegurado o direito à pensão especial destinada a crianças com Síndrome Congênita do Zika Vírus, nascidas entre 1º de janeiro de 2015 e 31 de dezembro de 2019, beneficiárias do Benefício de Prestação Continuada (BPC) de que trata o art. 20 da Lei nº 8.742, de 1993, conforme disposto na Medida Provisória nº 894, de 4 de setembro de 2019, convertida na Lei nº 13.985, de 2020.

§ 1º A pensão especial de que trata o *caput* será mensal, vitalícia e intransferível.

§ 2º A RMI da pensão especial destinada a crianças com Síndrome Congênita do Zika Vírus será no valor de um salário mínimo.

§ 3º A pensão especial não poderá ser acumulada com indenizações pagas pela União em razão de decisão judicial sobre os mesmos fatos ou com o BPC, de que trata o art. 20 da Lei nº 8.742, de 1993.

§ 4º A pensão especial será devida a partir do dia posterior à cessação do BPC ou dos benefícios referidos no § 3º deste artigo, que não poderão ser acumulados com a pensão.

§ 5º A pensão especial destinada a crianças com Síndrome Congênita do Zika Vírus não gera direito ao abono anual previsto no art. 40 da Lei nº 8.213, de 1991, e no art. 120 do RPS.

§ 6º O benefício é vitalício e intransferível, não gerando pensão a qualquer eventual dependente ou resíduo de pagamento a seus familiares.

§ 7º O reconhecimento da pensão especial ficará condicionado à desistência de ação judicial que tenha por objeto pedido idêntico sobre o qual versa o processo administrativo.

Art. 509. A constatação da relação entre a síndrome congênita adquirida e a contaminação pelo Zika Vírus será feita em exame médico pericial realizado por perito médico federal.

Art. 510. No caso de mães de crianças nascidas até 31 de dezembro de 2019, acometidas por sequelas neurológicas decorrentes da Síndrome Congênita do Zika Vírus, o salário-maternidade de que trata o art. 358 será devido por 180 (cento e oitenta) dias.

LIVRO III – DA CONTAGEM RECÍPROCA

TÍTULO I – DA EMISSÃO DE CERTIDÃO DE TEMPO DE CONTRIBUIÇÃO

CAPÍTULO I – DAS DISPOSIÇÕES GERAIS

Art. 511. A Certidão de Tempo de Contribuição – CTC emitida pelo INSS é o instrumento que permite que o tempo de contribuição vertido para o RGPS seja aproveitado por Regimes Próprios de Previdência Social – RPPSs ou Regimes de Previdência Militar, para fins de contagem recíproca.

§ 1º A CTC deverá ser única, devendo nela constar os: *(Redação dada pela IN PRES/INSS 141/2022)*

I – períodos de efetiva contribuição ao RGPS, de forma integral; *(Acrescido pela IN PRES/INSS 141/2022)*

II – períodos aproveitados, na forma dos §§ 10 e 11 do art. 130 do RPS; e *(Redação dada pela IN PRES/INSS 151/2023)*

III – respectivos salários de contribuição a partir de 1º de julho de 1994. *(Acrescido pela IN PRES/INSS 141/2022)*

§ 2º Para a expedição da CTC, não será exigido que o segurado se desvincule de suas atividades abrangidas pelo RGPS.

§ 3º Para efeito do disposto no *caput*, a pedido do interessado, a CTC poderá ser emitida para períodos fracionados, o qual deverá indicar os períodos que deseja aproveitar no órgão de vinculação.

§ 4º Ao requerente que exercer cargos constitucionalmente acumuláveis, no mesmo ou em outro ente federativo, é permitida a emissão de CTC única com destinação do tempo de contribuição para, no máximo, RPPS de dois entes federativos ou o RPPS de um mesmo ente federativo para averbação nos dois cargos acumulados.

§ 5º Se o requerente estiver em gozo de abono de permanência em serviço, auxílio-acidente ou auxílio-suplementar, a CTC poderá ser emitida, sendo o benefício cessado na data da emissão.

§ 6º A contagem do tempo de contribuição para certificação em CTC observará o mês de 30 (trinta) dias e o ano de 365 (trezentos e sessenta cinco) dias.

§ 7º Em caso de falecimento do segurado, a CTC poderá ser requerida pelos seus dependentes ou herdeiros.

§ 8º Se o requerente estiver em gozo de auxílio por incapacidade temporária, a CTC poderá ser emitida, desde que, antes de sua emissão, seja cessado o benefício a pedido do requerente. *(Acrescido pela IN PRES/INSS 141/2022)*

CAPÍTULO II – DA EMISSÃO DA CTC

Art. 512. A CTC só poderá ser emitida para períodos de contribuição vinculados ao RGPS.

§ 1º Para CTC emitida a partir de 18 de janeiro de 2019, início da vigência da Medida Provisória nº 871, de 2019, deverão ser certificados os períodos de emprego público celetista, com filiação ao Regime Geral de Previdência Social, inclusive nas situações de averbação automática. *(Redação dada pela IN PRES/INSS 141/2022)*

§ 2º Para fins de aplicação do § 1º, o período averbado automaticamente, bem como o tempo de contribuição ao RGPS concomitante a este período, deverá ter a sua destinação expressa na CTC, vinculada ao órgão público que efetuou a averbação, exceto se a averbação automática não tiver gerado qualquer direito ou vantagem, situação em que a CTC poderá ter destinação diversa.

§ 3º Considera-se averbação automática o tempo de contribuição vinculado ao RGPS prestado pelo servidor público, que teve a apresentação da CTC dispensada pelo INSS para fins de realização da compensação financeira, nas seguintes hipóteses:

I – período averbado no próprio ente em que foi prestado o serviço, decorrente da criação do Regime Jurídico Único, em obediência ao disposto no art. 39 da Constituição Federal de 1988; e

II – no caso dos servidores estaduais, municipais ou distritais, período averbado no próprio ente em que foi prestado o serviço quando da transformação do Regime de Previdência em RPPS.

§ 4º Não devem ser considerados como averbação automática os períodos averbados a partir de 18 de janeiro de 2019.

§ 5º *(Revogado pela IN PRES/INSS 141/2022)*

Art. 513. É vedada emissão de CTC para fins de contagem de recíproca:

I – com conversão de tempo de contribuição exercido em atividade sujeita a condições especiais;

II – com conversão do tempo de contribuição do segurado na condição de pessoa com deficiência;

III – com contagem de qualquer tempo de serviço fictício;

IV – para período em que não se comprove a efetiva contribuição, observado os §§ 2º, 3º e 4º;

V – com o tempo de atividade ao RGPS exercido de forma concomitante ao período de emprego público celetista, com filiação à Previdência Social Urbana, objeto de averbação perante o RJU quando de sua criação, exceto se houver o desligamento de servidor do RPPS Federal, Estadual, Municipal ou Distrital;

VI – para o período de trabalho exercido sob o Regime Especial de RPPS de que trata o parágrafo único do art. 3º da Lei nº 3.807, de 26 de agosto de 1960;

VII – para períodos pendentes de indenização; e

VIII – com competências que tenham salário de contribuição inferior ao salário mínimo.

§ 1º Não será admitida a contagem em dobro ou em outras condições especiais.

§ 2º O disposto no inciso III e IV do *caput* não se aplica ao tempo de serviço anterior à edição da Emenda Constitucional nº 20, de 1998, que tenha sido equiparado por lei a tempo de contribuição.

§ 3º O disposto no inciso IV do *caput*, considerando a presunção de contribuição, não se aplica ao:

I – empregado;

II – trabalhador avulso;

III – doméstico, a partir de 2 de junho de 2015; e

IV – contribuinte individual prestador de serviço a pessoa jurídica, a partir de 1º de abril de 2003.

§ 4º Para períodos de exercício de atividade de empregado, de empregado doméstico a partir de 2 de junho de 2015 e de trabalhador avulso, sem remuneração no CNIS e não sendo possível a apresentação da documentação comprobatória da remuneração auferida pelo segurado, deverá ser informado o valor de um salário mínimo nas referidas competências.

§ 5º Para período de exercício comprovado de atividade de empregado doméstico até 1º de junho de 2015, na falta de comprovação de efetiva contribuição, deverá ser inserido o valor de um salário mínimo.

§ 6º Para período de exercício de atividade de contribuinte individual prestador de serviço a pessoa jurídica até 31 de março de 2003, nos termos do art. 4º da Lei nº 10.666, de 2003, é obrigatória a comprovação da efetiva contribuição.

§ 7º Na hipótese do inciso VIII do *caput*, serão consideradas as contribuições, desde que realizada a complementação nos termos do art.19-E do RPS.

§ 8º *(Revogado pela IN PRES/INSS 141/2022)*

§ 9º O disposto no inciso IV do *caput* também não se aplica ao empregado doméstico antes de 2 de junho de 2015, ainda que não haja presunção de contribuição até essa data. *(Acrescido pela IN PRES/INSS 141/2022)*

Art. 514. É permitida emissão de CTC para fins de contagem recíproca:

I – para o período em que o segurado contribuinte individual e o facultativo tiverem contribuído com base na alíquota reduzida de 5% (cinco por cento) ou 11% (onze por cento), ou recebido salário-maternidade nestas condições, desde que complementadas as contribuições para o percentual de 20% (vinte por cento);

II – para o tempo de serviço anterior ou posterior à obrigatoriedade de filiação à Previdência Social, desde que haja o efetivo recolhimento, inclusive de períodos alcançados pela decadência;

III – para o tempo de contribuição do segurado trabalhador rural anterior à competência novembro de 1991, desde que indenizado o período respectivo;

IV – para o período de atividade rural comprovado como segurado especial, desde que indenizado;

V – para o período de aluno-aprendiz devidamente comprovado até 15 de dezembro de 1998, data da publicação da Emenda Constitucional nº 20, desde que à época o ente federativo não mantivesse RPPS; e

VI – para o período em que o segurado esteve recebendo:

a) benefício por incapacidade previdenciário, desde que intercalado com períodos de atividade ou contribuição; ou

b) benefício por incapacidade acidentário:
1. até 30 de junho de 2020, ainda que não seja intercalado com períodos de atividade ou contribuição; ou
2. a partir de 1º de julho de 2020, data da publicação do Decreto nº 10.410, somente se intercalado com períodos de atividade ou de contribuição.

§ 1º Caso o requerente seja aposentado pelo RGPS, é permitida a emissão de CTC para períodos de contribuição posteriores à data do início do benefício, desde que as respectivas contribuições não tenham sido restituídas ao segurado em forma de pecúlio. Para períodos de contribuição anteriores à data de início da aposentadoria, somente será permitida a emissão de CTC na hipótese em que o período de contribuição tiver sido descartado da aposentadoria em razão de averbação automática em outro regime de previdência realizado até 17 de janeiro de 2019, data da vigência da Medida Provisória nº 871.

§ 2º A indenização de que trata o inciso II do *caput* deverá ser acrescida de juros moratórios de 0,5% (zero vírgula cinco por cento) ao mês, capitalizados anualmente, e multa de 10% (dez por cento) para fatos geradores ocorridos a partir de 14 de outubro de 1996.

Art. 515. Quando for solicitada CTC com identificação do tempo de serviço prestado em condições perigosas ou insalubres, será realizada a análise de mérito da atividade cujo reconhecimento é pretendido como atividade especial.

Parágrafo único. Os períodos reconhecidos pelo INSS como de tempo de atividade exercida em condições especiais deverão ser incluídos na CTC e discriminados de data a data, sem conversão em tempo comum.

Art. 516. Quando for solicitada CTC por requerente com deficiência, ele será submetido à avaliação médica e social para fins da avaliação da deficiência e seu grau.

Parágrafo único. A CTC deverá conter a indicação dos períodos de tempo de contribuição ao RGPS na condição de segurado com deficiência e os respectivos graus, não sendo admitida a conversão do tempo de contribuição exercido pelo segurado com deficiência em tempo de contribuição comum.

CAPÍTULO III – DA REVISÃO DA CTC

Art. 517. A CTC pode ser revista a qualquer tempo, a pedido do interessado ou de seus dependentes, desde que não seja alterada a destinação dos períodos já averbados e utilizados para obtenção de aposentadoria ou vantagem no RPPS.

§ 1º Os períodos de trabalho constantes na CTC serão analisados de acordo com as regras vigentes na data do pedido, para alteração, manutenção ou exclusão, e consequente cobrança das contribuições devidas, se for o caso, ressalvado o disposto no § 2º.

§ 2º O disposto no § 1º não se aplica na ocorrência de erro material por parte do INSS, independentemente da origem do pedido, para resguardar os direitos do interessado, devendo ser seguida a legislação da época da emissão da CTC original, e o documento revisto deve manter a numeração original.

§ 3º Todos os períodos de atividade rural constantes em CTC emitida a partir de 14 de outubro de 1996 devem ter sido objeto de recolhimento de contribuições ou de indenização correspondente, devendo ser revistas as respectivas certidões emitidas em desacordo com o disposto neste parágrafo.

§ 4º Não serão objeto de revisão as certidões emitidas no período de 14 de maio de 1992 a 26 de março de 1997, com conversão de período de atividade especial, continuando válidas.

§ 5º Nos casos em que o tempo certificado já tenha sido utilizado para fins de vantagens no RPPS, a certidão poderá ser revista para inclusão de períodos de trabalho anteriores ou posteriores ao período certificado, observado o disposto no *caput*. *(Redação dada pela IN PRES/INSS 141/2022)*

§ 6º As CTCs emitidas até 17 de janeiro de 2019 poderão ser revistas para inclusão de períodos objetos de averbação automática, incluindo os períodos concomitantes a este. *(Acrescido pela IN PRES/INSS 141/2022)*

Art. 518. Caberá revisão da CTC de ofício, observado o prazo decadencial, desde que tal revisão não importe em dar à certidão destinação diversa da que lhe foi dada originariamente.

Parágrafo único. Em se tratando de apuração de irregularidade com indício de dolo ou fraude, a CTC poderá ser revista a qualquer tempo.

Art. 519. É permitido o cancelamento da CTC a pedido do requerente, nos moldes do art. 517, no que couber.

TÍTULO II – DA COMPENSAÇÃO PREVIDENCIÁRIA

Art. 520. A Compensação Previdenciária é o ressarcimento financeiro entre o RGPS e os RPPSs dos servidores da União, dos Estados, do Distrito Federal e Municípios, referente ao tempo de contribuição utilizado na concessão de benefícios nos termos da contagem recíproca.

Art. 521. Para fins da compensação previdenciária considera-se:

I – Regime de Origem: o regime previdenciário ao qual o segurado ou o servidor público esteve vinculado, e que não tenha ensejado o recebimento de aposentadoria ou pensão aos seus dependentes; e

II – Regime Instituidor: o regime previdenciário responsável pela concessão e pelo pagamento de benefício de aposentadoria ou pensão, dela decorrente, a segurado, servidor público ou aos seus dependentes, com cômputo de tempo de contribuição devidamente certificado pelo Regime de Origem, com base na contagem recíproca.

Art. 522. A Compensação Previdenciária será realizada conforme as disposições contidas na Lei nº 9.796, de 5 de maio de 1999, no Decreto nº 10.188, de 20 de dezembro de 2019, e na Portaria MPAS nº 6.209, de 1999.

LIVRO IV – DO PROCESSO ADMINISTRATIVO PREVIDENCIÁRIO

TÍTULO I – DAS DISPOSIÇÕES GERAIS

Art. 523. Considera-se Processo Administrativo Previdenciário – PAP o conjunto de atos praticados pelo administrado ou pelo INSS nos Canais de Atendimento da Previdência Social, iniciado em razão de requerimento formulado pelo interessado, de ofício pela Administração ou por terceiro legitimado e concluído com a decisão definitiva no âmbito administrativo. *(Redação dada pela IN PRES/INSS 141/2022)*

§ 1º Os processos administrativos previdenciários, em virtude dos dados pessoais e sigilosos neles contidos, são de acesso restrito aos interessados e a quem os represente, salvo determinação judicial ou solicitação do Ministério Público, esta devidamente justificada, para fins de instrução de processo administrativo de sua competência.

§ 2º O processo administrativo previdenciário contemplará as fases principais – inicial, instrutória e decisória – e as fases recursal e revisional de todos os serviços do INSS vinculados ao benefício previdenciário, incluindo administração de informações do segurado, reconhecimento de direitos, manutenção de direitos e apuração de irregularidades.

§ 3º O processo administrativo previdenciário deverá observar as regras dispostas na Lei nº 9.784, de 29 de janeiro de 1999, que rege o processo administrativo no âmbito da Administração Federal direta e indireta.

CAPÍTULO I – DOS INTERESSADOS E SEUS REPRESENTANTES

SEÇÃO I – DOS INTERESSADOS

SUBSEÇÃO I – DOS REQUERIMENTOS DE BENEFÍCIOS E DE SERVIÇOS

Art. 524. São considerados interessados legitimados para realizar o requerimento de benefício ou de serviço:

I – o próprio segurado;

II – o beneficiário;

III – o dependente; ou

IV – a pessoa jurídica para requerer: *(Redação dada pela IN PRES/INSS 141/2022)*

a) benefício de auxílio por incapacidade em favor de segurado que lhe presta serviço; ou *(Acrescida pela IN PRES/INSS 141/2022)*

b) contestação de nexo técnico previdenciário em requerimento de benefício por incapacidade, observado o disposto no § 2º. *(Acrescida pela IN PRES/INSS 141/2022)*

§ 1º Os interessados relacionados nos incisos I, II e III do *caput* devem ser titulares dos direitos e interesses individuais objeto do requerimento.

§ 2º O requerimento do serviço indicado na alínea "b" do inciso IV do *caput*, está vinculado à contestação em benefício de incapacidade dos segurados que lhe prestam ou prestaram serviço. *(Redação dada pela IN PRES/INSS 141/2022)*

§ 3º Na hipótese do § 2º, o segurado titular deverá ser relacionado no processo, de forma que lhe seja garantido o direito de defesa e contraditório.

§ 4º O requerimento disposto no *caput* poderá ser realizado por representante devidamente qualificado, na forma do art. 527.

§ 5º Na hipótese do inciso IV do *caput*, o requerimento será realizado por pessoa física que representa a pessoa jurídica, devendo para tanto ocorrer a comprovação da referida representação legal. *(Redação dada pela IN PRES/INSS 141/2022)*

§ 6º No caso de falecimento do requerente do benefício, os dependentes ou herdeiros poderão manifestar interesse no processamento do requerimento já protocolado, hipótese em que, obrigatoriamente, deverá ser comprovado o óbito do requerente e, se for o caso, anexado o comprovante do agendamento eletrônico, sendo mantida a DER na data do requerimento inicial. *(Redação dada pela IN PRES/INSS 141/2022)*

§ 7º Os beneficiários da pensão por morte ou herdeiros têm legitimidade para dar início ao processo de revisão do benefício originário de titularidade do instituidor, respeitado o prazo decadencial do benefício originário. *(Redação dada pela IN PRES/INSS 141/2022)*

§ 8º Após a revisão prevista no § 7º, a diferença não prescrita de renda devida ao instituidor será paga ao pensionista, na forma de resíduos. *(Redação dada pela IN PRES/INSS 141/2022)*

§ 9º Nos casos de revisão que implicar em redução de renda, deverão ser adotados os procedimentos previstos no art. 588. *(Redação dada pela IN PRES/INSS 141/2022)*

§ 10. A legitimidade reconhecida aos beneficiários de que trata o § 7º se restringe aos pedidos revisionais que tenha como objeto tão somente ajustes no valor da prestação do benefício previdenciário originário, sendo vedada nas hipóteses em que o pedido revisional envolva direito personalíssimo do instituidor. *(Acrescido pela IN PRES/INSS 141/2022)*

§ 11. Empresas, sindicatos e entidades fechadas de previdência complementar poderão, mediante celebração de acordo de cooperação técnica com o INSS, encarregar-se, relativamente a seus empregados, associados ou beneficiários, de requerer benefícios previdenciários por meio eletrônico, preparando-os e instruindo-os para análise do Instituto. *(Acrescido pela IN PRES/INSS 141/2022)*

Art. 525. A identificação do interessado deverá ser realizada em qualquer atendimento ou requerimento podendo se dar por meio da apresentação de pelo menos um documento com foto dotado de fé pública, que permita a identificação do cidadão. *(Redação dada pela IN PRES/INSS 141/2022)*

Parágrafo único. Nos requerimentos realizados de forma eletrônica, a autenticação por meio de login e senha ou a confirmação dos dados através da Central 135, constitui a assinatura eletrônica do usuário, formalizando o requerimento eletrônico e a manifestação de vontade, sendo dispensada a juntada de outros formulários e a apresentação de documento de identificação, salvo quando necessário realizar a alteração dos dados cadastrais no CNIS.

SUBSEÇÃO II – DA REVISÃO DE OFÍCIO

Art. 526. São considerados interessados nos processos de revisão de ofício:

I – o próprio INSS; *(Redação dada pela IN PRES/INSS 141/2022)*

II – a Subsecretaria da Perícia Médica Federal, nos casos dos benefícios em que a atuação da Perícia Médica Federal é indispensável no processo de reconhecimento do direito; e

III – os órgãos de controle interno ou externo.

Parágrafo único. O titular do benefício objeto da revisão disposta no *caput* deverá ser relacionado no processo, de forma que lhe seja garantido o direito de defesa e contraditório.

SEÇÃO II – DOS REPRESENTANTES

Art. 527. São legitimados como representantes para realizar o requerimento do benefício ou serviço:

I – em se tratando de interessado civilmente incapaz:

a) o representante legal, assim entendido o tutor nato, tutor, curador, detentor da guarda, ou administrador provisório do interessado, quando for o caso; ou

b) o dirigente de entidade de atendimento de que trata o art. 92, § 1º, do Estatuto da Criança e do Adolescente – ECA;

II – em se tratando de interessado civilmente capaz:

a) o procurador legalmente constituído; ou

b) as entidades conveniadas.

§ 1º Os apoiadores, de que trata o art. 1.783-A da Lei nº 10.406, de 2002, eleitos por pessoa com deficiência para lhe apoiar na tomada de decisão sobre atos da vida civil, não são legitimados para receber benefício ou requerer serviço ou benefício, mas poderão ter acesso aos dados pessoais e processos da pessoa apoiada. *(Redação dada pela IN PRES/INSS 141/2022)*

§ 2º Não caberá ao INSS fazer exigência de interdição do interessado, seja ela total ou parcial.

§ 3º A tutela, a curatela e a guarda legal, ainda que provisórias, serão sempre declaradas por decisão judicial, servindo como prova de nomeação do representante legal, além dos respectivos termos, o ofício encaminhado pelo Poder Judiciário à unidade do INSS. *(Redação dada pela IN PRES/INSS 141/2022)*

§ 4º Aquele que apresentar termo de guarda, tutela ou curatela, ainda que provisórios ou com prazo determinado expresso no documento, deverá ser considerado definitivo, observado o § 6º.

§ 5º Caso o requerimento de cadastramento do representante legal de que trata o § 4º seja feito após o término de seu prazo expresso, deverá ser solicitado novo documento de representação. *(Redação dada pela IN PRES/INSS 141/2022)*

§ 6º Na ausência de tutela, curatela ou guarda legal para os interessados civilmente incapazes, o requerimento deverá ser efetuado por administrador provisório, devendo este ser um os herdeiros necessários, representado pelos descendentes (filho, neto, bisneto), ascendentes (pais, avós) e cônjuge, na forma do art. 1.845 do Código Civil, observado o § 7º.

§ 7º O administrador provisório poderá requerer benefício, sendo-lhe autorizado o recebimento do valor mensal do benefício, exceto o previsto no art. 529, durante o prazo de validade de seu mandato, que será de 6 (seis) meses a contar da assinatura do termo de compromisso, constante no Anexo XXIX, firmado no ato de seu cadastramento. *(Redação dada pela IN PRES/INSS 141/2022)*

§ 8º A prorrogação, especificamente para fins de pagamento ao administrador provisório, além do prazo de 6 (seis) meses, dependerá da comprovação do andamento do respectivo processo judicial de representação civil.

§ 9º O dirigente de entidade que desenvolve programa de acolhimento institucional de crianças e adolescentes, de que trata o §1º do art. 92 do ECA, para fins de renovação da representação legal, deverá apresentar os documentos de comprovação atualizados a cada 6 (seis) meses, limitado o período de sua representação ao total de 18 (dezoito) meses. *(Redação dada pela IN PRES/INSS 141/2022)*

§ 10. O dirigente de entidade de acolhimento a que se refere o § 9º é equiparado ao guardião, para todos os efeitos de direito e, durante o período de exercício da guarda, não poderá haver limitação pelo INSS aos poderes de representação de menores por dirigente de entidade, enquanto equiparado por lei à figura do guardião estatutário, no que diz respeito à percepção de benefícios atrasados. *(Redação dada pela IN PRES/INSS 141/2022)*

§ 11. O dirigente a que se refere a alínea "b" do inciso I do *caput* tem o dever de informar ao INSS, ao final do período de 18 (dezoito) meses referido no art. 19, § 2º, do ECA, se houve o retorno do menor à família ou a recolocação em família substituta ou, ainda, a prorrogação do período, mediante apresentação da decisão judicial que a autorizou.

§ 12. O detentor da guarda, o curador e o tutor, devidamente designados por ordem judicial, poderão outorgar mandato a terceiro, observadas as regras gerais de outorga de procuração, salvo previsão expressa em contrário no termo judicial.

§ 13. Para os casos tratados no § 12, o instrumento de mandato deverá ser apresentado na forma pública, com exceção do tutor nato, que poderá outorgar mandato por intermédio de instrumento público ou particular. *(Redação dada pela IN PRES/INSS 141/2022)*

§ 14. O representante legal deverá firmar termo de responsabilidade junto ao INSS, comprometendo-se a informar ao Instituto qualquer evento de anulação da representação, principalmente o óbito do representado, observando-se que:

I – o termo de responsabilidade poderá ser firmado através de apresentação de documento físico digitalizado junto ao processo ou por meio eletrônico;

II – para o caso de digitalização de documento físico, este deverá ser confrontado com as informações constantes nos sistemas corporativos, especialmente com o CNIS, como meio auxiliar na formação de convicção quanto à sua autenticidade ou integridade; e

III – em se tratando de termo de responsabilidade eletrônico, este deverá estar assinado eletronicamente pelo representante legal, observados, a partir de 1º de julho de 2021, os padrões de assinatura eletrônica definidos no Decreto nº 10.543, de 13 de novembro de 2020.

Art. 528. O pagamento de benefícios ao administrador provisório será realizado enquanto encontrar-se vigente o mandato, conforme § 8º do art. 527, excetuando-se os créditos de valores atrasados de qualquer natureza (concessão, revisão, reativação do benefício), salvo decisão judicial em contrário.

Art. 529. O pagamento de atrasados de qualquer natureza (concessão, revisão ou reativação de benefício) somente poderá ser realizado quando o requerente apresentar o termo de guarda, tutela ou curatela, ainda que provisórios ou com prazo determinado, expedido pelo juízo responsável pelo processo.

Parágrafo único. Aplica-se o disposto neste artigo aos casos de guarda legal de menor incapaz, concedidas no interesse destes.

Art. 530. No caso de tutor nato civilmente incapaz, este será substituído em suas atribuições, para com o beneficiário menor incapaz, por seu representante legal, até o momento em que for adquirida ou recuperada sua capacidade civil, dispensando-se, neste caso, nomeação judicial. *(Redação dada pela IN PRES/INSS 141/2022)*

Art. 531. Não poderá ser representante legal o dependente:

I – que for excluído definitivamente dessa condição por ter sido condenado criminalmente por sentença transitada em julgado, como autor, coautor ou partícipe de homicídio doloso, ou de tentativa desse crime, cometido contra a pessoa do segurado, ressalvados os absolutamente incapazes e os inimputáveis;

II – que tiver sua parte no benefício de pensão por morte suspensa provisoriamente, por meio de processo administrativo próprio, respeitados os direitos à ampla defesa e ao contraditório, na hipótese de haver fundados indícios de sua autoria, coautoria ou participação em homicídio, ou em tentativa desse crime, cometido contra a pessoa do segurado, ressalvados os absolutamente incapazes e os inimputáveis; e

III – cônjuge, companheiro ou companheira, se comprovada, a qualquer tempo, simulação ou fraude no casamento ou na união estável, ou a formalização desses com o fim exclusivo de constituir benefício previdenciário, apurada em processo judicial, assegurados os direitos ao contraditório e à ampla defesa.

SEÇÃO III – DA PROCURAÇÃO

SUBSEÇÃO I – DAS REGRAS GERAIS

Art. 532. Todas as pessoas capazes, no gozo dos direitos civis, são aptas para outorgar ou receber mandato, excetuando-se:

I – o menor entre 16 (dezesseis) e 18 (dezoito) anos não emancipado, que poderá ser apenas o outorgado; e

II – os servidores públicos civis e militares em atividade que somente poderão representar o cônjuge, o companheiro e/ou parentes até o segundo grau, observado que, em relação aos de primeiro grau, será permitida a representação múltipla.

§ 1º São parentes em primeiro grau os pais e os filhos e, em segundo grau, os netos, os avós e os irmãos.

§ 2º Para fins exclusivos de representação, são companheiros aqueles assim declarados no próprio instrumento de mandato.

§ 3º Em se tratando de pensão por morte, todos os dependentes capazes, no gozo de direitos civis, são aptos para outorgar ou receber mandato para os demais dependentes, excetuando-se aqueles que se enquadrarem nas previsões dos incisos I a III do art. 531.

Art. 533. É permitido o substabelecimento da procuração sempre que constar poderes para tal no instrumento originário.

Art. 534. Para recebimento do benefício, o interessado poderá ser representado por procurador que apresente mandato com poderes específicos nos casos de:

I – ausência;

II – moléstia contagiosa; ou

III – impossibilidade de locomoção.

§ 1º Para o cadastramento da procuração deverá ser observado que:

I – a comprovação da ausência será feita mediante declaração escrita do outorgante, com o preenchimento do campo específico do modelo de "Procuração" constante no Anexo XXII, a fim de indicar o período de ausência e se a viagem é dentro do país ou no exterior, sendo necessário, nos casos em que o titular já estiver no exterior, apresentar o atestado de vida, cujo prazo de validade é de 90 (noventa) dias a partir da data de sua expedição, legalizado pela autoridade brasileira competente; *(Redação dada pela IN PRES/INSS 141/2022)*

II – a procuração outorgada por motivo de moléstia contagiosa será acompanhada de atestado médico que comprove tal situação; e

III – a procuração outorgada por motivo de impossibilidade de locomoção será acompanhada de:

a) atestado médico que comprove tal situação;

b) atestado de recolhimento à prisão, emitido por autoridade competente, nos casos de privação de liberdade; ou

c) declaração de internação em casa de recuperação de dependentes químicos, quando for o caso.

§ 2º Os documentos que acompanham a procuração, previstos no inciso III do § 1º deverão ser emitidos há, no máximo, trinta dias da data de solicitação de inclusão do procurador.

§ 3º Para benefícios pagos através de conta de depósitos, o cadastramento de procurador somente terá efeito para a realização de atos junto ao INSS.

Art. 535. Os efeitos da procuração cadastrada para recebimento de benefícios vigoram por até doze meses, podendo ser renovados dentro do prazo estabelecido, mediante requerimento, assinatura de novo termo de compromisso e, conforme o caso, apresentação do atestado médico ou dos demais documentos elencados nas alíneas do inciso III do § 1º do art. 534, observadas as disposições acerca da cessação do mandato previstas nos arts. 541 e 544, dispensando a apresentação de um novo mandato.

§ 1º Para os casos de ausência por motivo de viagem dentro do país ou no exterior o período de validade da procuração cadastrado nos sistemas de benefícios deverá corresponder ao período da ausência declarada, limitado a doze meses.

§ 2º Quando se tratar de renovação de procuração outorgada por motivo de viagem ao exterior, será exigida apresentação de atestado de vida (prazo de validade de noventa dias a partir da data de sua expedição) legalizado pela autoridade brasileira competente, alterando-se os parâmetros de Imposto de Renda do benefício, somente quando ultrapassar o período de doze meses.

Art. 536. O titular de benefício residente em país para o qual o Brasil não remeta pagamentos de benefícios, ou que optar pelo recebimento no Brasil, deverá nomear procurador, de forma que o recebimento dos valores ficará vinculado à apresentação da procuração.

Art. 537. Quando houver dúvida fundamentada quanto à autenticidade ou integridade do atestado médico, atestado de recolhimento à prisão ou declaração de internação em casa de recuperação de dependentes químicos, o servidor deverá adotar medidas administrativas definidas em ato específico da Diretoria de Benefícios para verificar a conformidade do documento.

Art. 538. Para recebimento de benefício somente será aceita a constituição de procurador com mais de uma procuração ou procurações coletivas nos casos de representantes credenciados de leprosários, sanatórios, asilos e outros estabelecimentos congêneres, ou nos casos de parentes de até primeiro grau.

Art. 539. O procurador, para fins de recebimento de benefício, deverá firmar termo de responsabilidade, na forma do § 14 do art. 527, em cumprimento ao parágrafo único do art. 156 do RPS. *(Redação dada pela IN PRES/INSS 141/2022)*

Art. 540. Aplicam-se aos procuradores os impedimentos citados nos incisos I a III do art. 531.

SUBSEÇÃO II – DO INSTRUMENTO

Art. 541. O instrumento de mandato poderá ser público ou particular, exigindo-se a forma pública na hipótese de outorgante ou outorgado não alfabetizado.

§ 1º Em se tratando de outorgante não alfabetizado, poderá ser dispensada a forma pública para fins de requerimentos quando o outorgado for advogado do outorgante. *(Redação dada pela IN PRES/INSS 141/2022)*

I e II – *(Revogados pela IN PRES/INSS 141/2022)*

§ 2º Para fins de inclusão de procurador para recebimento de benefícios, será sempre exigida a forma pública quando o outorgante for tutor ou curador de titular de benefício. *(Redação dada pela IN PRES/INSS 141/2022)*

I e II – *(Revogados pela IN PRES/INSS 141/2022)*

§ 3º A dispensa prevista no § 1º também é aplicável ao Termo de Representação e Autorização de Acesso às Informações Previdenciárias quando este documento for apresentado em substituição à procuração nos casos de representações decorrentes de acordos de cooperação técnica mantidos pela OAB com o INSS, para fins de requerimento de benefícios e serviços. *(Acrescido pela IN PRES/INSS 141/2022)*

Art. 542. Nos instrumentos de mandato público ou particular deverão constar os seguintes dados do outorgante e do outorgado:

I – identificação e qualificação; *(Redação dada pela IN PRES/INSS 141/2022)*

II – endereço completo;

III – objetivo da outorga;

IV – designação e a extensão dos poderes;

V – data e indicação da localidade de sua emissão;

VI – informação de viagem ao exterior, quando for o caso; e

VII – indicação do período de ausência, quando inferior a 12 (doze) meses, que servirá como prazo de validade da procuração.

§ 1º A procuração outorgada no exterior, para produzir efeito junto ao INSS, deverá ser legalizada na Repartição Consular Brasileira no país onde o documento foi emitido, salvo a França, caso em que será dispensada a legalização ou qualquer formalidade análoga, conforme o disposto no art. 23 do Decreto nº 3.598, de 2000.

§ 2º A procuração emitida em idioma estrangeiro, particular ou pública, será acompanhada da respectiva tradução por tradutor público juramentado.

§ 3º Salvo previsão legal expressa, o reconhecimento de firma somente poderá ser exigido quando houver dúvida fundamentada sobre a autenticidade do instrumento.

Art. 543. A procuração deverá ser anexada ao requerimento eletrônico, acompanhada de cópia do documento de identificação do procurador.

Parágrafo único. Será exigida a apresentação do documento de identificação do outorgante quando:

I – a procuração for particular; ou

II – houver divergência de dados cadastrais entre o CNIS e a procuração.

SUBSEÇÃO III – DA CESSAÇÃO DO MANDATO

Art. 544. Cessa o mandato:

I – pela revogação ou renúncia;

II – pela morte ou interdição de uma das partes;

III – pela mudança de estado que inabilite o mandante a conferir os poderes, ou o mandatário para os exercer;

IV – pelo término do prazo de validade ou conclusão do feito para o qual fora designado o procurador; ou

V – pela emissão de nova procuração com os mesmos poderes.

Parágrafo único. Presume-se válida a procuração perante o INSS enquanto não houver ciência a respeito das ocorrências previstas neste artigo, independentemente da data de emissão.

CAPÍTULO II – DOS IMPEDIMENTOS E DA SUSPEIÇÃO

Art. 545. É impedido de atuar no processo administrativo o servidor:

I – que tenha interesse direto ou indireto na matéria;

II – que tenha participado ou venha a participar como interessado, perito, testemunha ou representante, ou se tais situações ocorrerem quanto ao cônjuge, companheiro ou parente e afins até o terceiro grau;

III – que esteja litigando judicial ou administrativamente com o interessado ou respectivo cônjuge ou companheiro; e

IV – cujo cônjuge, companheiro ou parente e afins até o terceiro grau tenha atuado como intermediário.

Parágrafo único. A omissão do dever de comunicar o impedimento será apurada em sede disciplinar.

Art. 546. Pode ser arguida perante a chefia imediata a suspeição de servidor que tenha amizade íntima ou inimizade notória com algum dos interessados ou com os respectivos cônjuges, companheiros, parentes e afins até o terceiro grau.

Parágrafo único. É de 10 (dez) dias o prazo para recurso contra a decisão que não acolher a alegação de suspeição suscitada pelo interessado, cabendo a apreciação e julgamento à chefia da Unidade de Atendimento.

CAPÍTULO III – DA COMUNICAÇÃO DOS ATOS

Art. 547. O servidor ou unidade responsável pela tramitação do processo administrativo deverá notificar os interessados sobre as exigências a cargo destes, bem como sobre as decisões e seus fundamentos, mediante comunicação formal.

Art. 548. A comunicação deverá ser feita preferencialmente por meio eletrônico ou por meio de correspondência enviada ao endereço informado pelo interessado, e, excepcionalmente, pessoalmente.

§ 1º Cabe ao interessado manter seu meio de comunicação eletrônico e endereço atualizados, comunicando ao INSS eventual alteração por meio de requerimento do serviço de atualização de dados cadastrais.

§ 2º A base de dados de Pessoa Física do CNIS poderá ser utilizada como fonte na obtenção do endereço para a comunicação postal.

§ 3º As notificações que representem intimações para comparecimento deverão ocorrer com antecedência mínima de 3 (três) dias úteis.

§ 4º As notificações podem ser efetuadas por ciência no processo, por via postal com aviso de recebimento, ou outro meio que assegure a certeza da ciência do interessado.

§ 5º A notificação por via postal considera-se válida a partir da data de recebimento constante do aviso de recebimento.

§ 6º São consideradas válidas as notificações realizadas pela rede bancária que comunicam os atos do processo de revisão de autotutela.

§ 7º As notificações serão consideradas ineficazes quando feitas sem observância das prescrições legais, mas o comparecimento do interessado ou de seu representante legal supre sua falta ou irregularidade, observado o § 8º.

§ 8º A consulta do interessado ou de seu representante ao processo eletrônico, devidamente identificados, quando do acesso ao seu conteúdo no ambiente de acesso destinado aos usuários do sistema, tornam válidas as notificações efetuadas no processo.

Art. 549. Quando o requerente optar por acompanhar o processo pelos Canais Remotos ou quando seu endereço eletrônico for informado no ato do requerimento e estiver corretamente cadastrado no Portal de Atendimento, a notificação será presumida após 5 (cinco) dias, contados da data de sua disponibilização. *(Redação dada pela IN PRES/INSS 141/2022)*

CAPÍTULO IV – DA FASE INICIAL

SEÇÃO I – DAS DISPOSIÇÕES GERAIS

Art. 550. A fase inicial do processo administrativo previdenciário compreende o requerimento do interessado ou a identificação, pelo INSS, de ato ou fato que tenha reflexos sobre a área de benefícios e serviços.

§ 1º O requerimento só será efetivado após a identificação do cidadão por qualquer documento ou meio válido para esse fim, na forma do art. 525.

§ 2º Qualquer que seja o canal para requerimento disponibilizado pelo INSS, será considerada como DER a data de solicitação do correspondente benefício ou serviço.

Art. 551. O requerimento de benefícios e serviços deverá ser solicitado pelos canais de atendimento do INSS previstos na Carta de Serviços ao Usuário do INSS.

Parágrafo único. O requerimento formulado será processado de forma eletrônica em todas as fases do processo administrativo, ressalvados os atos que exijam a presença do requerente.

Art. 552. A apresentação de documentação incompleta não constitui motivo para recusa do requerimento do benefício ou serviço, ainda que, preliminarmente, se constate que o interessado não faz jus ao benefício ou serviço, sendo obrigatória a protocolização de todos os pedidos administrativos. *(Redação dada pela IN PRES/INSS 141/2022)*

§ 1º Na hipótese de que trata o *caput*, deverá o INSS proferir decisão administrativa, com ou sem análise do mérito, em todos os pedidos administrativos formulados, cabendo ao servidor observar o disposto no art. 566. *(Redação dada pela IN PRES/INSS 141/2022)*

§ 2º Caso o requerimento apresentado não seja o formalmente adequado para a finalidade pretendida pelo requerente, deve-se observar a possibilidade de aproveitamento do ato com outro serviço compatível, desde que observados os requisitos do ato adequado.

SEÇÃO II – DA FORMALIZAÇÃO DO PROCESSO ELETRÔNICO

Art. 553. A formalização do requerimento eletrônico ocorre com a manifestação de vontade do usuário pelos canais remotos, mediante o uso de login e senha ou confirmação de dados pessoais, sendo dispensada a apresentação de requerimento assinado em meio físico.

Parágrafo único. A formalização do requerimento eletrônico se dará mediante tarefa registrada no Portal de Atendimento.

Art. 554. O servidor responsável pela análise dos pedidos dos benefícios motivará suas decisões e responderá pessoalmente apenas na hipótese de dolo ou erro grosseiro. *(Redação dada pela IN PRES/INSS 141/2022)*

Parágrafo único. Entende-se como:

I – dolo: a conduta motivada pela vontade livre e consciente na prática de conduta contrária às normas vigentes em benefício próprio ou de outrem; e

II – erro grosseiro: após avaliação do caso concreto, a conduta culposa do agente previdenciário que, de maneira negligente, imprudente ou imperita, gravemente deixou de observar o ato com zelo mínimo.

Art. 555. A formalização do processo eletrônico oriundo de reconhecimento automático será o resultado das integrações, consultas, despachos e comunicados gerados pelos sistemas responsáveis pelos respectivos processos.
Parágrafo único. Os requerimentos posteriores, que tenham por motivação a decisão dos processos automatizados, seguirão seus fluxos específicos, não sendo obrigatório seu atendimento por processo automatizado.

CAPÍTULO V – DA FASE INSTRUTÓRIA

Art. 556. A fase instrutória do processo administrativo previdenciário constitui-se pela reunião dos elementos necessários ao reconhecimento do direito ou serviço pleiteado, cabendo solicitação de documentação adicional apenas quando as informações não estiverem disponíveis em base de dados próprias ou de outros órgãos públicos.
Parágrafo único. Quando os documentos apresentados não forem suficientes e, esgotadas as possibilidades de obtenção pelo requerente, o INSS, respeitadas as especificidades de cada procedimento, poderá:
I – emitir ofício a empresas ou órgãos;
II – processar JA; e
III – realizar pesquisa externa.

SEÇÃO I – DOS DOCUMENTOS EM MEIO FÍSICO

Art. 557. Aplicam-se as orientações desta Seção aos documentos em meio físico apresentados ao INSS, entendendo-se por:
I – documento: unidade de registro de informações, independentemente do formato, do suporte ou da natureza;
II – conferência: ato de verificar no que concordam e no que divergem dois objetos confrontados;
III – autenticação de documento: declaração de que a cópia de um determinado documento reproduz fielmente o original;
IV – cópia autenticada administrativamente: produzida a partir da confrontação com o documento original, realizada pelos próprios servidores do INSS, bem como por outros servidores ou profissionais cuja autorização para autenticação decorra de lei;
V – cópia simples não autenticada: resultado da reprodução de um documento, que não foi objeto de autenticação;
VI – validade: condição do documento que tem valor legal e cumpre todas as exigências determinadas pela lei;
VII – valor probante: característica do documento que tem valor de prova;
VIII – autenticidade de documento: certeza de que o documento emana do autor nele mencionado e que se apresenta ileso, sendo exatamente aquele que foi produzido, sem ter sido alterado, corrompido ou adulterado em seu conteúdo, após a sua criação;
IX – integridade de documento: estado do documento que se encontra completo e que não sofreu nenhum tipo de corrupção ou alteração não autorizada nem documentada, sendo capaz de transmitir exatamente a mensagem que levou à sua produção, de maneira a atingir seus objetivos; e
X – contemporaneidade documental: atributo dos documentos aptos a comprovar fatos ocorridos à época de sua emissão.
§ 1º Quando se tratar de documento em meio físico que originalmente seja constituído de partes indissociáveis, na hipótese de apresentação de cópia autenticada, em cartório ou administrativamente, ou de cópia simples, a contemporaneidade somente poderá ser analisada se a cópia contiver as partes essenciais que garantam a verificação da ordem cronológica dos registros e anotações, bem como a data de emissão.
§ 2º O teor e a integridade dos documentos apresentados ao INSS em cópia simples são de responsabilidade do segurado, podendo o INSS exigir, a qualquer tempo, os documentos originais para fins de apuração de irregularidades ou erros materiais, caso existam indícios a esse respeito, ficando o segurado sujeito às sanções administrativas, civis e penais aplicáveis.

SEÇÃO II – DOS DOCUMENTOS EM MEIO ELETRÔNICO

Art. 558. Aplicam-se as orientações desta Seção, bem como o disposto no art. 557, no que couber, aos documentos em meio eletrônico apresentados ao INSS, entendendo-se por: *(Redação dada pela IN PRES/INSS 141/2022)*
I – documento em meio eletrônico: unidade de registro de informações, acessível e interpretável por um equipamento eletrônico, podendo ser registrado e codificado em forma analógica ou em dígitos binários;
II – documento digital: espécie de documento em meio eletrônico, consistindo em

informação registrada e codificada em dígitos binários, acessível e interpretável por meio de sistema computacional, podendo ser:

a) documento nato-digital: criado originariamente em meio eletrônico; ou

b) documento digitalizado: obtido a partir da conversão de um documento não digital, gerando uma fiel representação em código digital;

III – assinatura digital: representação digital única que associa signatário a documento eletrônico, garante integridade e autoria, sendo provida por processo criptográfico, baseado em certificação digital;

IV – certificado digital: conjunto de dados de computador, gerados por uma Autoridade Certificadora, devidamente credenciada na forma da legislação em vigor, que se destina a registrar, de forma única, exclusiva e intransferível, a relação existente entre uma chave de criptografia e uma pessoa física, jurídica, máquina ou aplicação;

V – carimbo do tempo: documento eletrônico emitido por uma parte confiável, a Autoridade de Carimbo do Tempo – ACT, que serve como evidência de que uma informação digital existia numa determinada data e hora. Ao ser aplicado a uma assinatura digital ou a um documento, prova que este já existia na data incluída no carimbo do tempo;

VI – ACT: entidade que tem a responsabilidade geral pelo fornecimento do carimbo do tempo, credenciada de acordo com a política, os critérios e as normas técnicas do Comitê Gestor da Infraestrutura de Chaves Públicas Brasileiras – ICP-Brasil, nos termos do Decreto nº 6.605, de 14 de outubro de 2008;

VII – assinatura digital da ICP-Brasil é aquela que:

a) esteja associada inequivocamente a um par de chaves criptográficas que permita identificar o signatário;

b) seja produzida por dispositivo seguro de criação de assinatura;

c) esteja vinculada ao documento eletrônico a que diz respeito, de tal modo que qualquer alteração subsequente neste seja plenamente detectável; e

d) esteja baseada em um certificado ICP-Brasil, válido à época da sua aposição.

Art. 559. A juntada de documento digitalizado pelo INSS, em processo eletrônico, deverá ser acompanhada da conferência da integridade deste documento, conforme estabelecido pelo Decreto nº 8.539, de 8 de outubro de 2015.

§ 1º A conferência prevista no *caput* contemplará o registro em campo específico do sistema informatizado do INSS, que indicará se o documento apresentado se trata de original, cópia autenticada em cartório, cópia autenticada administrativamente ou cópia simples não autenticada.

§ 2º O documento digitalizado pelo INSS a partir de:

I – original: deverá ser autenticado no sistema informatizado, por servidor deste Instituto, cabendo o registro, em campo específico desse sistema, da informação de que foi apresentado documento original;

II – cópia autenticada, em cartório ou administrativamente: não deverá ser autenticado no sistema informatizado, cabendo o registro, em campo específico desse sistema, da informação de que foi apresentada cópia autenticada, em cartório ou administrativamente, conforme o caso; e

III – cópia simples: não deverá ser autenticado no sistema informatizado, cabendo o registro, em campo específico desse sistema, da informação de que foi apresentada cópia simples.

§ 3º Os documentos resultantes da digitalização de cópia autenticada em cartório e de cópia autenticada administrativamente, possuem efeito legal de cópia simples, mas geram valor probante para a comprovação de tempo de serviço ou contribuição, sendo devida a apresentação do seu original nas seguintes hipóteses:

I – a qualquer tempo, quando constatada, por órgão competente, a ocorrência de falsificação, ocasião em que o documento digital será desconsiderado na análise;

II – quando houver impugnação formulada por algum interessado, terceiro ou ente da Administração Pública, de forma motivada e fundamentada quanto à falsificação; e

III – a critério da administração, conforme ato normativo da área técnica, desde que a solicitação ocorra dentro do prazo legal.

§ 4º Os documentos resultantes da digitalização de cópia simples pelo INSS possuem efeito legal de cópia simples e, em relação ao seu valor probante, deve ser aplicado o disposto no art. 563 e, no que couber, o disposto no art. 30.

§ 5º Os documentos digitalizados pelo segurado, a partir de original, cópia autenticada em cartório ou administrativamente ou cópia simples, possuem efeito legal de cópia simples, e em relação ao seu valor probante, deve ser aplicado o disposto no art. 563 e, no que couber, o disposto no art. 30.

Art. 560. O documento produzido em meio eletrônico, apresentado ao INSS em seu formato original, mediante utilização de sistema informatizado definido e disponibilizado por este Instituto, somente será considerado como autenticado quando assinado por meio de certificado digital proveniente da ICP-Brasil, que lhe garanta autenticidade e integridade, conforme § 1º do art. 10 da Medida Provisória nº 2.200-2, de 24 de agosto de 2001, e com carimbo do tempo, que possibilitará a conferência da sua contemporaneidade.

§ 1º Para fins de prova perante o INSS, o documento eletrônico mencionado no *caput* é aquele exclusivamente digital, contendo informação registrada e codificada em dígitos binários, sendo emitido e armazenado eletronicamente, que enquanto em suporte digital permite a rastreabilidade, sendo possível identificar quem o assinou e quando foi assinado, e se o conteúdo foi ou não adulterado.

§ 2º O carimbo de tempo oferece a informação de data e hora em que o documento foi submetido à entidade emissora do carimbo, e não a data e hora da criação desse documento.

§ 3º O documento impresso ou gerado em formato de arquivo a partir de um conteúdo digital de documento eletrônico, não poderá ser utilizado como elemento de prova perante o INSS, por não ser possível atestar a sua autenticidade e integridade, observado o § 4º.

§ 4º Nas situações em que for apresentado documento impresso ou arquivo proveniente de conteúdo em meio digital, os dados nele contidos somente poderão ser utilizados como elemento de prova perante o INSS se o documento ou arquivo permitir a verificação da autenticidade e do conteúdo mediante informação do endereço eletrônico e do código ou chave de autenticação, o que não afasta a necessidade de avaliação da contemporaneidade, conforme o caso.

SEÇÃO III – DOS DOCUMENTOS MICROFILMADOS

Art. 561. Conforme o art. 1º do Decreto nº 1.799, de 30 de janeiro de 1996, a microfilmagem, em todo território nacional, autorizada pela Lei nº 5.433, de 8 de maio de 1968, abrange os documentos oficiais ou públicos, de qualquer espécie e em qualquer suporte, produzidos e recebidos pelos órgãos dos Poderes Executivo, Judiciário e Legislativo, inclusive da Administração indireta da União, dos Estados, do Distrito Federal e dos Municípios, e os documentos particulares ou privados, de pessoas físicas ou jurídicas.

Parágrafo único. Entende-se por microfilme o resultado do processo de reprodução, em filme, de documentos, dados e imagens, por meios fotográficos ou eletrônicos, em diferentes graus de redução.

Art. 562. Os documentos microfilmados por empresas ou cartórios, ambos registrados por órgão do Ministério da Justiça e Segurança Pública, apresentados em cópia perfeitamente legível e devidamente autenticada, fazem a mesma prova dos originais e deverão ser aceitos pelo INSS, sem a necessidade de diligência junto à empresa para verificar o filme e comprovar sua autenticidade.

§ 1º A cópia de documento privado microfilmado deverá estar autenticada, com carimbo aposto em todas as folhas, pelo cartório responsável pelo registro da autenticidade do microfilme e que satisfaça os requisitos especificados no Decreto nº 1.799, de 1996.

§ 2º A confirmação do registro das empresas e cartórios poderá ser feita por meio de consulta ao órgão do Ministério da Justiça e Segurança Pública responsável pelo registro.

§ 3º O documento não autenticado na forma do § 1º não poderá ser aceito para a instrução de processos previdenciários, podendo, na impossibilidade de apresentação do documento original, ser confirmado por meio de Pesquisa Externa.

SEÇÃO IV – DA AUTENTICIDADE E DO VALOR PROBANTE DOS DOCUMENTOS

Art. 563. Dispensa-se a autenticação dos documentos apresentados, ainda que em cópias simples, seja por meio físico ou eletrônico, para a análise de requerimento de benefícios e serviços, salvo expressa previsão legal ou existência de dúvida fundamentada quanto à autenticidade ou integridade do documento, ficando o responsável pela apresentação das cópias sujeito às sanções administrativas, civis e penais aplicáveis.

§ 1º Entende-se como dúvida fundamentada aquela firmada com base em motivos fortes e seguros, que foge ao senso comum e, por si, não levam ao convencimento acerca da veracidade das informações apresentadas.

§ 2º Somente serão exigidos certidões ou documentos expedidos por órgãos públicos quando não for possível a sua obtenção diretamente do órgão ou da entidade responsável pela base de dados oficial.

§ 3º O INSS poderá exigir a qualquer tempo os documentos originais das cópias apresentadas no processo, para fins de instrução de programa permanente de revisão da concessão e da manutenção dos benefícios por ele administrados.

Art. 564. As Certidões de Nascimento, Casamento e Óbito são válidas a qualquer tempo, dotadas de fé pública e o seu conteúdo não poderá ser questionado, nos termos do Código Civil.

§ 1º Existindo indício de erro ou falsidade do documento, caberá ao INSS adotar as medidas necessárias para apurar o fato.

§ 2º Para produzirem efeitos perante o INSS, as certidões civis de nascimento, casamento e óbito emitidas no exterior, no caso de: *(Redação dada pela IN PRES/INSS 141/2022)*

I – brasileiros, deverão ser registradas no 1º Ofício de Registro Civil de Pessoas Naturais do domicílio do registrado ou no 1º Ofício do Distrito Federal, os quais farão o traslado das certidões emitidas por autoridade consular brasileira ou por autoridade estrangeira competente; e *(Acrescido pela IN PRES/INSS 141/2022)*

II – estrangeiros, deverão ser registradas no Cartório de Registro de Títulos e Documentos, acompanhadas: *(Acrescido pela IN PRES/INSS 141/2022)*

a) da respectiva tradução juramentada, quando não estiver redigida em língua portuguesa, e do apostilamento realizado pela autoridade do país emissor, caso sejam emitidas por países signatários da Convenção sobre a eliminação da exigência de legalização de documentos estrangeiros, aprovada pelo Decreto Legislativo nº 148, de 12 de junho de 2015, e promulgada pelo Decreto nº 8.660, de 29 de janeiro de 2016; ou

b) da legalização realizada junto às Repartições Consulares do Brasil no exterior.

§ 3º *(Revogado pela IN PRES/INSS 141/2022)*

§ 4º A apresentação de Certidão de Casamento realizada no exterior sem os requisitos de validade previstos no § 2º não impede que a análise da condição de dependente prossiga, com vistas ao reconhecimento de união estável.

Art. 565. Conforme Acordo de Cooperação em Matéria Civil firmado entre o Governo da República Federativa do Brasil e o Governo da República Francesa, em 28 de maio de 1996, promulgado pelo Decreto nº 3.598, de 2000, os seguintes documentos estão dispensados de legalização no Consulado, quando emitidos na França, para ter efeito no Brasil:

I – os documentos que emanem de um tribunal, do Ministério Público, de um escrivão ou de um Oficial de Justiça;

II – as certidões de estado civil;

III – os atos notariais; e

IV – os atestados oficiais, tais como transcrições de registro, vistos com data definida e reconhecimentos de firmas apostas num documento particular.

§ 1º As certidões de nascimento, casamento e óbito, ainda que oriundas da França, para produzirem efeitos no Brasil, devem ser registradas no Brasil, observando-se os procedimentos descritos no § 2º do art. 564; *(Redação dada pela IN PRES/INSS 141/2022)*

§ 2º Enquadra-se no rol de documentos do *caput* os seguintes:
a) Atestado de Vida;
b) Procuração Pública emitida por Tabelião;
c) Procuração Particular com reconhecimento de firma;
d) Termos de Guarda, Tutela ou Curatela; e
e) Certidões de Nascimento e Casamento.

SEÇÃO V – DA CARTA DE EXIGÊNCIA

Art. 566. Constatada a ausência de elemento necessário ao reconhecimento do direito ou serviço pleiteado, o servidor deverá emitir carta de exigências elencando providências e documentos necessários, com prazo mínimo de 30 (trinta) dias para cumprimento, contados da data da ciência.

§ 1º Para fins de acompanhamento do prazo, deverá ser observado o disposto nos arts. 548 e 549.

§ 2º O prazo previsto no *caput* poderá ser prorrogado por igual período, mediante pedido justificado do interessado.

§ 3º Apresentada a documentação solicitada ou caso o requerente declare formalmente, a qualquer tempo, não os possuir, o requerimento deverá ser decidido de imediato, com análise de mérito, seja pelo deferimento ou indeferimento.

§ 4º Esgotado o prazo para o cumprimento da exigência sem que os documentos tenham sido apresentados, o processo deverá ser encerrado com ou sem análise de mérito, conforme disposto no § 4º do art. 574.

§ 5º Caso haja manifestação formal do segurado no sentido de não dispor de outras informações ou documentos úteis, diversos daqueles apresentados ou à disposição do INSS, será proferida a decisão administrativa com análise do mérito do requerimento.

§ 6º Constitui obrigação do interessado ou representante juntar ao seu requerimento toda a documentação útil à comprovação de seu direito, principalmente em relação aos fatos que não constam na base cadastral da Previdência Social.

§ 7º Na hipótese de apresentação extemporânea da documentação disposta no § 6º, os efeitos financeiros serão fixados na data da apresentação desta documentação.

§ 8º Para efeito do disposto no § 7º, considera-se apresentação extemporânea aquela efetuada após a decisão do INSS, em sede de requerimento de revisão ou recurso.

SEÇÃO VI – DOS MEIOS DE PROVA SUBSIDIÁRIOS

SUBSEÇÃO I – DA JUSTIFICAÇÃO ADMINISTRATIVA

Art. 567. A JA constitui meio utilizado para suprir a falta ou insuficiência de documento ou para produzir prova de fato ou circunstância de interesse dos beneficiários, perante o INSS, por meio da oitiva de testemunhas.
Parágrafo único. Quando o processamento da JA for necessário para corroborar início de prova material, deve ser verificada a razoabilidade da relação entre o documento apresentado e aquilo que se pretende comprovar.

Art. 568. Somente será processada JA para fins de comprovação de tempo de serviço, dependência econômica, união estável, atividade especial, exclusão de dependentes ou outra relação não passível de comprovação em registro público, se estiver baseada em início de prova material contemporânea aos fatos. *(Redação dada pela IN PRES/INSS 141/2022)*
§ 1º Não será admitida a JA quando:
I – a prova for exclusivamente testemunhal; *(Redação dada pela IN PRES/INSS 141/2022)*
II – o fato a comprovar exigir registro público de casamento, de idade ou de óbito, ou de qualquer ato jurídico para o qual a lei prescreve forma especial.
§ 2º Dispensa-se o início de prova material quando houver ocorrência de motivo de força maior ou caso fortuito.
§ 3º A comprovação dos motivos referidos no § 2º será realizada com a apresentação do registro no órgão competente, feito em época própria, ou mediante elementos de convicção contemporâneos aos fatos.
§ 4º A prova material apresentada terá validade apenas para a pessoa referida no documento, sendo vedada sua utilização por terceiros.

Art. 569. As provas de união estável e de dependência econômica exigem início de prova material contemporânea dos fatos, produzido em período não superior a 24 (vinte e quatro) meses anterior à data do óbito ou do recolhimento à prisão do segurado, não admitida a prova exclusivamente testemunhal, exceto na ocorrência de motivo de força maior ou caso fortuito, conforme disposto no regulamento.

Art. 570. Para o processamento de JA, o interessado deverá apresentar, além do início de prova material, requerimento expondo os fatos que pretende comprovar, elencando testemunhas idôneas em número não inferior a 2 (dois) e nem superior a 6 (seis), cujos depoimentos possam levar à convicção dos fatos alegados.
Parágrafo único. Não podem ser testemunhas os menores de 16 (dezesseis) anos e o cônjuge, o companheiro ou a companheira, os ascendentes, os descendentes e os colaterais, até o terceiro grau, por consanguinidade ou afinidade.

Art. 571. O início de prova material para fins de atualização do CNIS deve ser contemporâneo aos fatos alegados, observadas as seguintes disposições:
I – o filiado deverá apresentar documento com a identificação da empresa ou equiparado, cooperativa, empregador doméstico ou OGMO/sindicato, referente ao exercício do trabalho que pretende provar, na condição de segurado empregado, contribuinte individual, empregado doméstico ou trabalhador avulso, respectivamente;
II – o empregado, o contribuinte individual e o trabalhador avulso, que exerça atividade de natureza rural, deverá apresentar, também, documento consignando a atividade exercida ou qualquer outro elemento que identifique a natureza rural da atividade;
III – deverá ser apresentado um documento como marco inicial e outro como marco final e, na existência de indícios que tragam dúvidas sobre a continuidade do exercício de atividade no período compreendido entre o marco inicial e final, poderão ser exigidos documentos intermediários; e
IV – a aceitação de um único documento está restrita à prova do ano a que ele se referir, ressalvado os casos em que se exige uma única prova para cada metade do período de carência.
§ 1º Para a comprovação de tempo de serviço por processamento de JA, o interessado deverá juntar prova oficial da existência da empresa no período requerido, salvo na possibilidade de verificação por meio de sistemas corporativos disponíveis ao INSS.
§ 2º Para efeito do § 1º, servem como provas de existência da empresa, dentre outras, as certidões expedidas por órgãos do Município, Secretaria de Fazenda, Junta Comercial,

Cartório de Registro Especial ou Cartório de Registro Civil, nas quais constem nome, endereço e razão social do empregador e data de encerramento, de transferência ou de falência da empresa.

§ 3º Poderá ser aceito laudo de exame documentoscópico com parecer grafotécnico como início de prova material, desde que realizado por perito especializado.

Art. 572. A Justificação Judicial – JJ constitui meio utilizado para suprir a falta ou insuficiência de documento ou produzir prova de fato ou circunstância de interesse dos beneficiários, perante juízo, por meio da oitiva de testemunhas.

§ 1º A homologação da JJ pelo INSS dispensa o processamento de JA para a mesma finalidade.

§ 2º Para fins de homologação, deverá ser observado se a Justificação foi realizada com base em início de prova material contemporânea dos fatos a provar, podendo a sua falta ser suprida no processo administrativo.

SUBSEÇÃO II – DA PESQUISA EXTERNA

Art. 573. Entende-se por Pesquisa Externa as atividades realizadas junto a beneficiários, empresas, órgãos públicos, entidades representativas de classe, cartórios e demais entidades e profissionais credenciados, necessárias para a atualização do CNIS, o reconhecimento, manutenção e revisão de direitos, bem como para o desempenho das atividades de serviço social, habilitação e reabilitação profissional, além do acompanhamento da execução dos contratos com as instituições financeiras pagadoras de benefícios.

§ 1º Caberá solicitação de Pesquisa Externa apenas nas situações expressamente previstas em ato normativo editado pelo Presidente do INSS.

§ 2º A Pesquisa Externa será realizada por servidor do INSS previamente designado por meio de Portaria.

§ 3º Quando da realização de Pesquisa Externa, a empresa, o equiparado à empresa e o empregador doméstico colocarão à disposição de servidor designado por dirigente do INSS as informações ou registros de que dispuser, inclusive relativos aos registros eletrônicos no eSocial, referentes a segurado a seu serviço e previamente identificado, para fins de instrução ou revisão de processo de reconhecimento de direitos e outorga de benefícios do RGPS, bem como para inclusão, alteração, ratificação ou exclusão das informações constantes do CNIS, independentemente de requerimento de benefício.

§ 4º No caso de órgão público, poderá ser dispensada a Pesquisa Externa quando, por meio de ofício, restar esclarecido o que se pretende comprovar.

CAPÍTULO VI – DA FASE DECISÓRIA

Art. 574. A decisão administrativa, em qualquer hipótese, deverá conter despacho sucinto do objeto do requerimento administrativo, fundamentação com análise das provas constantes nos autos, bem como conclusão deferindo ou indeferindo o pedido formulado, sendo insuficiente a mera justificativa do indeferimento constante no sistema corporativo do INSS.

§ 1º A motivação deve ser clara e coerente, indicando quais requisitos legais foram ou não atendidos, podendo fundamentar-se em decisões anteriores, bem como em notas técnicas e pareceres do órgão consultivo competente, os quais serão parte do processo se não estiverem disponíveis ao público e não forem de circulação restrita aos servidores do INSS.

§ 2º Todos os requisitos legais necessários à análise do requerimento devem ser apreciados no momento da decisão, registrando-se no processo administrativo a avaliação individualizada de cada requisito legal.

§ 3º Em se tratando de requerimento de atualização de CNIS, ainda que no âmbito de requerimento de benefício, o INSS deverá analisar todos os pedidos relativos à inclusão, alteração, ratificação ou exclusão das informações divergentes, extemporâneas ou insuficientes, do CNIS.

§ 4º Esgotado o prazo para o cumprimento da exigência sem que os documentos tenham sido apresentados, na forma do § 4º do art. 566, o processo será:

I – decidido, no mérito, quando suficientes as informações nele constantes e nos sistemas informatizados do INSS para a habilitação do pedido; ou

II – encerrado, sem análise do mérito, por desistência do pedido, após decorridos 75 (setenta e cinco) dias da ciência da referida exigência, quando:

a) não for sanado vício de representação; ou

b) não houver elementos suficientes para a habilitação do pedido.

Art. 575. O interessado será comunicado da decisão administrativa com a exposição dos motivos, a fundamentação legal e o prazo para protocolo de processo administrativo de recurso, quando houver.

Parágrafo único. Sempre que a decisão gerar efeitos em relação a terceiros, o INSS deverá também comunicá-los e oferecer prazo para recurso.

Art. 576. Conclui-se o processo administrativo com a decisão administrativa, ressalvado o direito de o requerente solicitar recurso ou revisão nos prazos previstos nas normas vigentes.

Parágrafo único. Constatado erro na decisão administrativa, deverá ser revisto de ofício o processo administrativo já concluído, para que se proceda ao deferimento do pedido devidamente fundamentado, observando-se a decadência e a prescrição, conforme o caso. *(Redação dada pela IN PRES/INSS 141/2022)*

Art. 577. Por ocasião da decisão, em se tratando de requerimento de benefício, deverá o INSS:

I – oferecer ao segurado o direito de opção ao benefício mais vantajoso quando for identificado que estão satisfeitos os requisitos para mais de um tipo de benefício, mediante a apresentação dos demonstrativos financeiros de cada um deles; e *(Redação dada pela IN PRES/INSS 141/2022)*

II – quando não satisfeitos os requisitos para o reconhecimento do direito na data de entrada do requerimento do benefício, verificar se esses foram implementados em momento posterior, antes da decisão do INSS, caso em que o requerimento poderá ser reafirmado para a data em que satisfizer os requisitos, exigindo-se, para tanto, a concordância formal do interessado, admitida a sua manifestação de vontade por meio eletrônico. *(Redação dada pela IN PRES/INSS 141/2022)*

TÍTULO II – DA FASE RECURSAL

Art. 578. Das decisões proferidas pelo INSS poderão os interessados interpor recurso ordinário às Juntas de Recursos do Conselho de Recursos da Previdência Social – CRPS.

§ 1º É vedado ao INSS recusar o recebimento do recurso ou sustar-lhe o andamento, ressalvadas as hipóteses disciplinadas neste ato normativo ou em ato conjunto do INSS e CRPS.

§ 2º Não cabe recurso ao CRPS da decisão que promova o arquivamento do requerimento sem avaliação de mérito, decorrente da não apresentação de documentação indispensável à análise do requerimento.

§ 3º O arquivamento do processo de que trata o § 2º não prejudica a apresentação de novo requerimento pelo interessado, que terá efeitos a partir da data da nova solicitação.

Art. 579. Das decisões proferidas no julgamento do recurso ordinário, ressalvadas as matérias de alçada, na forma do Regimento Interno do CRPS, poderão os interessados interpor recurso especial às Câmaras de Julgamento do CRPS.

Art. 580. O prazo para interposição dos recursos ordinário e especial, bem como para o oferecimento de contrarrazões, é de 30 (trinta) dias a partir da data da intimação da decisão ou da ciência da interposição de recurso pela parte contrária, respectivamente.

§ 1º O prazo para o INSS começa a contar a partir da data da entrada do processo na unidade competente para apresentação das razões recursais.

§ 2º Em se tratando de recurso ordinário, as razões do indeferimento e demais elementos que compõem o processo administrativo previdenciário substituirão as contrarrazões do INSS.

Art. 581. É vedado ao INSS escusar-se de cumprir diligências solicitadas pelo CRPS, bem como deixar de dar efetivo cumprimento às decisões definitivas daquele colegiado, reduzir ou ampliar o seu alcance ou executá-las de maneira que contrarie ou prejudique o seu evidente sentido.

§ 1º Em se tratando de diligência, a utilização pelo INSS de procedimento administrativo alternativo àquele solicitado pelo CRPS, desde que tenha como objetivo o esclarecimento da questão objeto da diligência, não deve ser considerado como descumprimento de diligências solicitadas pelo CRPS.

§ 2º As demandas do CRPS relacionadas a ações a cargo da Perícia Médica Federal deverão ser direcionadas diretamente à Subsecretaria da Perícia Médica Federal pelo CRPS, ressalvado as demandas relacionadas a perícias presenciais, observado o § 3º.

§ 3º É vedada a solicitação pelo CRPS de perícias médicas presenciais sem a prévia análise pelo Perito Médico Federal.

§ 4º A decisão da instância recursal, excepcionalmente, poderá deixar de ser cumprida se, após o julgamento:

I – for demonstrado pelo INSS ao interessado que foi deferido outro benefício mais vantajoso, desde que haja opção expressa do interessado; ou

II – for identificada ação judicial com decisão transitada em julgado do mesmo objeto do processo administrativo.

§ 5º Aplica-se o disposto no inciso I do § 4º caso o beneficiário não compareça ou não manifeste expressamente sua opção após ter sido devidamente cientificado.

Art. 582. No caso de recurso de decisão do INSS com apresentação de novos elementos extemporâneos à decisão administrativa proferida pelo Instituto, os efeitos financeiros devem ser fixados na data de apresentação dos novos elementos.

Parágrafo único. Deve ser considerado como novos elementos o disposto no art. 587.

TÍTULO III – DA FASE REVISIONAL

CAPÍTULO I – DAS DISPOSIÇÕES GERAIS

Art. 583. A revisão é o procedimento administrativo utilizado para reavaliação dos atos praticados pelo INSS, podendo ser iniciada de ofício, mediante controle interno, a pedido do titular ou seu representante, por determinação judicial ou recursal, ou por determinação de órgãos de controle externo, observadas as disposições relativas à prescrição e decadência.

§ 1º No caso de pedido de revisão de ato de indeferimento com a apresentação de novos elementos, o pedido será recepcionado como novo requerimento de benefício.

§ 2º Pedido de revisão de decisão indeferitória confirmada pela última instância do CRPS ou por decisão judicial transitada em julgado não será apreciado, exceto se apresentados novos elementos, devendo ser observado o disposto no § 1º.

Art. 584. Em se tratando de revisões a pedido do titular ou seu representante, quando do processamento da primeira revisão, deverá ser analisado o objeto do pedido, bem como os demais critérios que embasaram a concessão.

Parágrafo único. Nas revisões a pedido subsequentes, a análise deve se ater ao objeto do pedido.

Art. 585. Para fins de análise da revisão, deverá ser observada a Data do Pedido da Revisão – DPR.

§ 1º Nas revisões a pedido do interessado, a DPR deverá ser fixada na data do requerimento da revisão.

§ 2º Nas revisões de ofício em sede de processo administrativo de apuração de irregularidade, a DPR deverá ser fixada na data do pedido de instauração do processo administrativo.

§ 3º Nas revisões de ofício decorrentes de procedimentos internos, tais como auditagem de pagamento ou Compensação Previdenciária, a DPR deverá ser fixada na data do parecer técnico que determinou a revisão.

Art. 586. Os efeitos financeiros do processamento de revisão com novos elementos serão fixados na DPR.

§ 1º Nas revisões a pedido do interessado ou de ofício, ressalvado o disposto no § 2º, não sendo identificado novo elemento, os efeitos financeiros serão fixados na DIP, observada a prescrição.

§ 2º Nas revisões de ofício em sede de processo administrativo de apuração de irregularidade, caso seja identificado fraude ou má-fé, os efeitos financeiros serão fixados na DIP.

Art. 587. São novos elementos aqueles que provem:

I – fato do qual o INSS não tinha ciência ou declarado inexistente pelo requerente até a decisão que motivou o pedido de revisão; e

II – fato não comprovado pelo requerente após oportunizado prazo para tal pelo INSS.

Art. 588. A revisão que acarretar prejuízo ao beneficiário somente produzirá efeitos após a conclusão dos procedimentos que garantam o contraditório e a ampla defesa.

Art. 589. É vedada a transformação de aposentadoria por idade, tempo de contribuição e especial, em outra espécie, após o recebimento do primeiro pagamento do benefício ou do saque do respectivo FGTS ou do PIS.

§ 1º Na hipótese de o segurado ter implementado todas as condições para mais de uma espécie de aposentadoria na data da entrada do requerimento e em não tendo sido lhe oferecido o direito de opção pelo melhor benefício, poderá solicitar revisão e alteração para espécie que lhe é mais vantajosa.

§ 2º Na hipótese de pedido de revisão de benefício de aposentadoria por tempo de contribuição, ainda que com apresentação de novos elementos, restarem reconhecidos períodos de atividade do segurado como especial e, preenchido o direito à aposentadoria especial, caberá a alteração de espécie do benefício para especial.

§ 3º No caso do § 2º, os efeitos financeiros serão fixados da DPR.

Art. 590. Quando se verificarem indícios de irregularidade na área de benefícios e serviços, devem ser observados os procedimentos de monitoramento e controle, estabelecidos em ato próprio, exigindo-se, para tanto, a indicação da inconformidade legal ou regulamentar, que possam resultar na restrição ou perda do direito.

Parágrafo único. Os procedimentos descritos no *caput* deverão observar as regras previstas para a formalização do processo administrativo previdenciário, dispostos nesta Instrução Normativa.

TÍTULO IV – DAS DISPOSIÇÕES DIVERSAS RELATIVAS AO PROCESSO

CAPÍTULO I – DA PRESCRIÇÃO E DA DECADÊNCIA

Art. 591. Do decurso do tempo e da inércia das partes decorrem:

I – a prescrição, que extingue a pretensão de obtenção de prestações; e

II – a decadência, que extingue o direito constitutivo.

§ 1º Não correm os prazos de prescrição e de decadência contra os menores de 16 (dezesseis) anos, observado o § 2º.

§ 2º Na hipótese do § 1º, a data do início da prescrição e decadência ocorrerá no dia seguinte àquele em que tenha completado 16 (dezesseis) anos.

§ 3º Para os requerentes considerados absolutamente incapazes até 2 de janeiro de 2016, observado o § 1º, os prazos de prescrição e decadência passam a correr a partir de 3 de janeiro de 2016, início da vigência da Lei nº 13.146, de 2015, que alterou o Código Civil.

Art. 592. É de 10 (dez) anos o prazo de decadência de todo e qualquer direito ou ação do segurado ou beneficiário para a revisão do ato de concessão de benefício, a contar do dia primeiro do mês seguinte ao do recebimento da primeira prestação ou, quando for o caso, do dia em que tomar conhecimento da decisão indeferitória definitiva.

Parágrafo único. Em se tratando de revisão de decisão indeferitória definitiva, deverão ser observados os §§ 1º e 2º do art. 583.

Art. 593. O direito da Previdência Social de rever os atos administrativos de ofício decai em 10 (dez) anos, devendo ser observado que:

I – para os requerimentos de benefícios com Data de Despacho do Benefício – DDB até 31 de janeiro de 1999, o início do prazo decadencial começa a correr a partir de 1º de fevereiro de 1999; e

II – para os requerimentos de benefícios com efeitos patrimoniais contínuos, concedidos a partir de 1º de fevereiro de 1999, o prazo decadencial será contado a partir da data do primeiro pagamento.

§ 1º Operada a decadência de que trata o *caput*, haverá a consolidação do ato administrativo e a preservação das relações jurídicas dele decorrentes, observado o § 3º.

§ 2º Não estão sujeitos à consolidação do ato administrativo disposta no § 2º:

I – ocorrência de má-fé do beneficiário; e

II – os benefícios os quais, a qualquer momento, podem ter sua hipótese legal de direito ao benefício alterada.

Art. 594. Não se aplica o prazo decadencial disposto no art. 593: *(Redação dada pela IN PRES/INSS 141/2022)*

I – quando se tratar de revisão de reajustamento;

II – nos casos em que a manutenção do benefício encontra-se irregular por falta de cessação do benefício ou cota parte; e

III – comprovada má-fé.

Art. 595. Prescreve em 5 (cinco) anos, a contar da data em que deveria ter sido paga, toda e qualquer ação para recebimento de prestações vencidas, diferenças devidas, ou quaisquer restituições, seja pelo INSS ou pelo beneficiário.

§ 1º Sempre que houver emissão de crédito, sua primeira data de início de validade será considerada como a data em que a prestação deveria ter sido paga e, consequentemente, como termo para início da contagem do prazo prescricional, mesmo que tenha sido emitido por mais de uma vez.

§ 2º Não havendo emissão do crédito, o termo inicial da prescrição corresponderá à data em que a prestação deveria ter sido paga se o benefício estivesse ativo, observado o cronograma anual de pagamento de benefícios.

§ 3º Na restituição de valores pagos indevidamente em benefícios, não será observado o prazo prescricional quando comprovada má-fé.

Art. 596. Em caso de solicitação de resíduo de benefício em decorrência de óbito, o prazo prescricional deverá ser suspenso na data do protocolo do procedimento de alvará, inventário judicial ou inventário extrajudicial.

§ 1º Encerrada a ação constante no *caput*, o prazo prescricional será reiniciado.

§ 2º Se a ação tiver tempo de duração superior a 12 (doze) meses, caberá ao INSS verificar se o atraso na tramitação deveu-se à inércia do (s) herdeiro (s), ocasião na qual deverá a Administração solicitar ao interessado a apresentação da cópia do processo/procedimento ou outro documento que esclareça a sua responsabilidade no atraso.

§ 3º Na situação descrita no § 1º, quando restar comprovado que o atraso na tramitação deveu-se à inércia do (s) herdeiro (s), o prazo prescricional não estará sujeito à suspensão, conforme disposto no art. 5º do Decreto nº 20.910, de 6 de janeiro de 1932.

CAPÍTULO II – DA CONTAGEM DE PRAZOS

Art. 597. Todos os prazos previstos em relação aos pedidos de interesse dos segurados junto ao INSS são contados em dias corridos, a partir da data da cientificação, excluindo-se da contagem o dia do começo e incluindo-se o do vencimento.

Parágrafo único. Será considerado prorrogado o prazo até o primeiro dia útil seguinte se o vencimento cair em dia em que não houver expediente ou este for encerrado antes da hora normal.

Art. 598. Os atos processuais eletrônicos praticados por usuários externos consideram-se realizados na data e horário do seu envio ao sistema, de acordo com o horário de Brasília.

Art. 599. As notificações ou intimações eletrônicas são realizadas quando do acesso ao seu conteúdo pelo interessado ou pelo seu representante.

§ 1º Transcorrido o prazo de 5 (cinco) dias da data da disponibilização da notificação ou intimação no ambiente de acesso destinado aos usuários do sistema, presume-se válida a notificação.

§ 2º Quando o ato for praticado por meio eletrônico para atender prazo processual, serão considerados tempestivos os transmitidos integralmente até as 23hs59 (vinte e três horas e cinquenta e nove minutos) horas de seu último dia.

CAPÍTULO III – DA DESISTÊNCIA DO PROCESSO

Art. 600. O interessado poderá, mediante manifestação e enquanto não proferida a decisão, desistir do pedido formulado.

Parágrafo único. Considera-se desistência a falta de manifestação pelo cumprimento de exigência após 75 (setenta e cinco) dias de sua ciência, nos termos do inciso II do § 4º do art. 574.

Art. 601. O encerramento do processo sem análise do mérito, por desistência do pedido, não prejudica a apresentação de novo requerimento pelo interessado, que terá efeitos a partir da data da nova solicitação.

Parágrafo único. Não caberá recurso nos casos em que restar caracterizada a desistência do requerimento sem análise do mérito de que tratam o inciso II do § 4º do art. 574 e o art. 577.

CAPÍTULO IV – DAS VISTAS, CÓPIA E RETIRADA DE PROCESSO

Art. 602. É assegurado o direito de vistas, cópia e retirada do processo administrativo físico mediante solicitação do interessado ou seu representante, munido do devido instrumento de outorga, através de agendamento do serviço de cópia de processo. *(Redação dada pela IN PRES/INSS 141/2022)*

§ 1º A cópia do processo administrativo eletrônico deverá ser fornecida por meio digital, salvo nos casos em que o requerente declara a impossibilidade de utilização dos Canais Remotos.

§ 2º O processo administrativo previdenciário, por sua natureza, contém informações pessoais do cidadão e sua cópia ou vistas só podem ser fornecidas a advogado com procuração.

§ 3º O disposto no § 2º também se aplica ao estagiário inscrito na OAB que não apresente o substabelecimento ou procuração outorgada pelo advogado responsável.

§ 4º Na solicitação de cópia de processo com laudo social, realizada por procurador ou por entidade conveniada, será obrigatória a apresentação de procuração com consentimento expresso do interessado ou seu tutor nato, tutor, curador, detentor de guarda legal ou administrador provisório para acesso ao Laudo Social, nos termos do inciso II do § 1º do art. 31 da Lei nº 12.527, de 18 de novembro de 2011. *(Acrescido pela IN PRES/INSS 151/2023)*

LIVRO V – DA MANUTENÇÃO DOS BENEFÍCIOS

CAPÍTULO I – DO PAGAMENTO DE BENEFÍCIO

Art. 603. O pagamento de benefício será efetuado diretamente ao titular ou, no seu impedimento previsto em lei, ao procurador ou representante legal especificamente designado, salvo nos casos de benefícios vinculados a empresas acordantes.

Parágrafo único. O titular do benefício, após 16 (dezesseis anos) de idade, poderá receber o pagamento independentemente da presença dos pais ou tutor.

Art. 604. Os pagamentos dos benefícios de prestação continuada não poderão ser antecipados.

§ 1º Excepcionalmente, nos casos de estado de calamidade pública decorrente de desastres naturais, reconhecidos por ato do Poder Executivo Federal, o INSS poderá, nos termos de ato Ministerial, antecipar aos beneficiários domiciliados nos respectivos municípios:

I – o cronograma de pagamento dos benefícios de prestação continuada previdenciária e assistencial, enquanto perdurar o estado de calamidade; e

II – o valor correspondente a uma renda mensal do benefício devido, excetuados os temporários, mediante opção dos beneficiários.

§ 2º O valor antecipado de que trata o inciso II do § 1º será ressarcido de forma parcelada, mediante desconto da renda do benefício, para esse fim equiparado ao crédito de que trata o inciso II do *caput* do art. 154 do RPS, nos termos do ato a que se refere o § 1º.

Art. 605. A transferência do benefício entre órgãos mantenedores é um procedimento interno do INSS, sendo sempre consequência de:

I – readequações na rede de atendimento;

II – reorganização dos órgãos pagadores de benefícios; ou

III – atualizações de benefícios, nos termos firmados em ato da Diretoria do INSS.

Art. 606. A transferência de órgão mantenedor ocasiona o bloqueio automático, por 60 (sessenta) dias, para inclusão de consignações de operações financeiras no benefício, podendo ser desbloqueado mediante solicitação única e exclusivamente do titular ou de seu representante legal.

§ 1º O desbloqueio de que trata o *caput* somente poderá ser realizado 90 (noventa) dias após a DDB.

§ 2º Não haverá o bloqueio citado no *caput* quando a transferência for realizada em bloco, Transferência de Benefício em Bloco – TBB, ou pelas Agências de Atendimento de Demandas Judiciais.

Art. 607. Os valores devidos a título de salário-família serão efetuados de acordo com os arts. 362 a 364.

Art. 608. O pagamento dos benefícios obedecerá aos seguintes critérios:

I - com renda mensal superior a um salário mínimo, do primeiro ao quinto dia útil do mês subsequente ao de sua competência, observada a distribuição proporcional do número de beneficiários por dia de pagamento; e

II - com renda mensal no valor de até um salário mínimo, serão pagos no período compreendido entre o quinto dia útil que anteceder o final do mês de sua competência e o quinto dia útil do mês subsequente, observada a distribuição proporcional dos beneficiários por dia de pagamento.

§ 1º Para os efeitos deste artigo, considera-se dia útil aquele de expediente bancário com horário normal de atendimento.

§ 2º Independentemente da modalidade de pagamento, será obrigatória a inclusão do número do CPF do titular, do representante legal e do procurador no Sistema Informatizado de Benefícios.

§ 3º O titular de benefício de aposentadoria, independentemente de sua espécie, ou de pensão por morte concedida pelo RGPS, poderá autorizar, de forma irrevogável e irretratável, que a instituição financeira na qual receba o seu benefício retenha valores referentes ao pagamento mensal de empréstimos e operações de cartões por ela concedidos, quando previstos em contrato, para fins de amortização, observadas as normas editadas pelo INSS.

Art. 609. Os benefícios poderão ser pagos por meio de cartão magnético, conta de depósitos (conta corrente ou poupança) em nome do titular do benefício, ou através de provisionamento no Órgão Pagador – OP da empresa acordante, previamente cadastrado no momento da celebração do acordo.

§ 1º O pagamento através de cartão magnético será um procedimento usual, não sendo permitida ao beneficiário, neste caso, a opção pelo banco de recebimento.

§ 2º No momento da inclusão do benefício na base de dados do sistema informatizado, o crédito do beneficiário será direcionado à rede bancária de acordo com as regras definidas em contrato firmado entre o INSS e as instituições financeiras.

§ 3º Para receber o pagamento de um benefício em conta de depósitos, o banco destinatário do crédito deverá ter participado do lote do pregão da folha ou do estoque de pagamentos que contemplou esse benefício.

§ 4º Em caso de benefício sem representante legal, o titular deverá indicar conta de depósitos individual.

§ 5º No caso de benefício com representante legal, a conta de depósitos deverá ser conjunta, em nome do titular do benefício e de seu representante legal, podendo o titular do benefício ser o primeiro ou segundo titular da conta.

§ 6º A alteração do meio de pagamento para conta de depósitos é de inteira responsabilidade da instituição financeira que a efetuou, devendo a mesma manter os registros da operação para fiscalização pelo INSS.

Art. 610. O primeiro pagamento de benefício após a concessão será sempre realizado por meio de cartão magnético ou, eventualmente, de crédito especial, salvo nos casos de benefícios vinculados a empresas acordantes.

Art. 611. A alteração do local e/ou forma de pagamento poderá implicar a transferência do benefício para a APS de vinculação do novo órgão pagador.

Art. 612. O beneficiário vinculado à empresa acordante poderá solicitar a transferência de seu benefício para qualquer modalidade de pagamento ou localidade, devendo a empresa envolvida ser comunicada imediatamente por meio eletrônico.

Parágrafo único. Nos pagamentos realizados através de empresa acordante, o valor referente a cada beneficiário vinculado à respectiva empresa recebe a denominação de provisionamento, sendo este direcionado para o OP da mesma e, nessa modalidade, a empresa é responsável pelo repasse dos valores aos beneficiários.

Art. 613. Os créditos disponibilizados à rede bancária para fins de pagamento de benefícios e não recebidos pelos beneficiários serão restituídos ao INSS pelas instituições financeiras, em sua integralidade, observando-se que:

I - para os créditos gerados no processamento mensal da folha de pagamentos e disponibilizados através dos meios de pagamento cartão magnético ou conta de depósitos, quando não forem sacados ou creditados em conta até o final da segunda competência subsequente à sua data de validação.;

II - para os créditos emitidos por meio alternativo (Pagamento Alternativo de Benefícios – PAB ou complemento positivo), quando não forem sacados até o final da segunda competência subsequente à sua data de validação.

§ 1º Os casos de ausência de saque que se enquadrarem especificamente nos incisos I e II do *caput* poderão ensejar a suspensão cautelar do pagamento do benefício e, após 6 (seis) meses, sua cessação, cabendo a solicitação de seu restabelecimento pelo titular, procurador ou representante legal, de forma justificada.

§ 2º Na situação elencada no § 1º, a análise para restabelecimento do benefício restringe-se à identificação do beneficiário e ao motivo da ausência de saque, observando que:

I – caso seja identificado procedimento de apuração de irregularidade já iniciado, o qual se encontre em fase de recurso ou com relatório conclusivo de irregularidade, o benefício não deverá ser restabelecido, salvo decisão recursal ou judicial em contrário; e

II – caso seja identificado indício de irregularidade durante a análise do pedido de reativação, o servidor deverá reativar o benefício com geração de créditos a contar da DCB, observada a prescrição quinquenal, e encaminhar para apuração, com a inclusão de despacho devidamente fundamentado, contendo a informação dos indícios identificados.

CAPÍTULO II – DA COMPROVAÇÃO DE VIDA

Art. 614. A comprovação de vida de que trata o § 8º do art. 69 da Lei nº 8.212, de 24 de julho de 1991, será realizada apenas quando não for possível o INSS confirmar que o titular do benefício realizou algum ato registrado em bases de dados dos órgãos, entidades ou instituições, mantidos ou administrados pelos órgãos públicos federais, estaduais, municipais e privados, na forma prevista nos Acordos de Cooperação, quando for o caso.

Art. 615. Serão considerados válidos como prova de vida realizada, dentre outros, os seguintes atos, meios, informações ou base de dados:

I – acesso ao aplicativo Meu INSS com o selo ouro ou outros aplicativos e sistemas dos órgãos e entidades públicas que possuam certificação e controle de acesso, no Brasil ou no exterior;

II – realização de empréstimo consignado, efetuado por reconhecimento biométrico;

III – atendimento:

a) presencial nas Agências do INSS ou por reconhecimento biométrico nas entidades ou instituições parceiras;

b) de perícia médica, por telemedicina ou presencial; e

c) no sistema público de saúde ou na rede conveniada.

IV – vacinação;

V – cadastro ou recadastramento nos órgãos de trânsito ou segurança pública;

VI – atualizações no CADÚNICO, somente quando for efetuada pelo responsável pelo Grupo;

VII – votação nas eleições;

VIII – emissão/renovação de:

a) Passaporte;

b) Carteira de Motorista;

c) Carteira de Trabalho;

d) Alistamento Militar;

e) Carteira de Identidade; ou

f) outros documentos oficiais que necessitem da presença física do usuário ou reconhecimento biométrico;

IX – recebimento do pagamento de benefício com reconhecimento biométrico; e

X – declaração de Imposto de Renda, como titular ou dependente.

Art. 616. O INSS notificará o beneficiário quando não for possível a comprovação de vida pelos meios citados no art. 615, comunicando que deverá realizá-la, preferencialmente, por atendimento eletrônico com uso de biometria ou utilizando-se dos meios citados no art. 615.

Art. 617. Nas situações em que o beneficiário não for identificado em nenhuma das bases elencadas no art. 615, o INSS promoverá meios para realização da prova de vida sem deslocamentos dos beneficiários de suas residências.

Art. 618. Compete à Diretoria de Benefícios a emissão de atos complementares para operacionalização das determinações contidas nesta seção.

CAPÍTULO III – DO ABONO ANUAL

Art. 619. O abono anual, conhecido como 13º (décimo terceiro) salário ou gratificação natalina, corresponde ao valor da renda mensal do benefício no mês de dezembro ou no mês da alta ou da cessação do benefício, para o beneficiário que recebeu auxílio por incapacidade temporária, auxílio-acidente, aposentadoria, salário-maternidade, pensão por morte ou auxílio-reclusão, na forma do que dispõe o art. 120 do RPS.

§ 1º O período igual ou superior a 15 (quinze) dias, dentro do mês, será considerado como mês integral para efeito de cálculo do abono anual.

§ 2º O pagamento de benefício por período inferior a 12 (doze) meses, dentro do mesmo ano, determina o cálculo do abono anual de forma proporcional.

§ 3º Para fins de prescrição, observar-se-á o contido no art. 595.

§ 4º O valor do abono anual correspondente ao período de duração do salário-maternidade será pago, em cada exercício, juntamente com a última parcela do benefício.

§ 5º O abono anual incidirá sobre a parcela de acréscimo de 25% (vinte e cinco por cento), referente ao auxílio-acompanhante, observado o disposto no art. 120 do RPS.

§ 6º O pagamento do abono anual será efetuado em duas parcelas, a partir de 1º janeiro de 2021, sendo que:

I – a primeira corresponderá a até 50% (cinquenta por cento) do valor do benefício devido no mês de agosto, pago juntamente com essa competência; e

II – a segunda parcela corresponderá à diferença entre o valor total do abono anual e o valor da primeira parcela, devendo ser paga juntamente com a competência de novembro.

CAPÍTULO IV – DA CORREÇÃO MONETÁRIA

Art. 620. Para processos despachados, revistos ou reativados a partir de 31 de dezembro de 2008, data da publicação do Decreto nº 6.722, de 2008, deve-se observar que:

I – o pagamento de parcelas relativas a benefícios efetuado com atraso, independentemente de ocorrência de mora e de quem lhe deu causa, deve ser corrigido monetariamente desde o momento em que restou devido, pelo mesmo índice utilizado para os reajustamentos dos benefícios do RGPS, apurado no período compreendido entre o mês que deveria ter sido pago e o mês do efetivo pagamento, observada a prescrição;

II – nos casos de revisão de benefício concedido sem apresentação de novos elementos, os efeitos financeiros ocorrerão desde a DIP do benefício, observada a prescrição, ocasião em que a correção monetária incidirá sobre as diferenças não prescritas, pelos mesmos índices do inciso I do *caput*, observado o parágrafo único;

III – em se tratando de revisão ou de recurso de benefício concedido com apresentação de novos elementos, os efeitos financeiros serão fixados na data do pedido de revisão ou do recurso, portanto a correção monetária incidirá sobre as diferenças apuradas a partir das datas dos pedidos citadas, pelos mesmos índices do inciso I do *caput*, observado o parágrafo único;

IV – para os casos de reativação, incidirá atualização monetária, competência por competência, levando em consideração a data em que o crédito deveria ter sido pago, pelos mesmos índices do inciso I do *caput*; e

V – para os casos em que houver emissão de pagamento de competências não recebidas no prazo de validade, o pagamento deverá ser emitido com atualização monetária, a qual incidirá a partir da data em que o crédito deveria ter sido pago, pelos mesmos índices do inciso I do *caput*.

Parágrafo único. O disposto nos incisos II e III do *caput* não se aplica aos benefícios indeferidos.

CAPÍTULO V – DA AUTORIZAÇÃO DE VALORES EM ATRASO

Art. 621. A validação de pagamento é o procedimento pelo qual as unidades do INSS, autorizadas para tal, analisam e atestam o direito à percepção do crédito e a correta informação de seus valores e de sua forma de lançamento, para autorização pela autoridade competente.

Art. 622. O pagamento mensal de benefícios de valor superior a vinte vezes o limite máximo de salário de contribuição deverá ser autorizado expressamente pelo Gerente Executivo, observada a análise da Divisão/Serviço de Benefícios, por meio da Central Especializada de Suporte – CES de sua abrangência.

Art. 623. Os créditos de benefícios de valor inferior ao limite estipulado no art. 622, quando do reconhecimento do direito da concessão, revisão e manutenção de benefícios, serão supervisionados pelas APSs e Divisões ou Serviços de Benefícios, sob critérios preestabelecidos pela Diretoria de Benefícios.

CAPÍTULO VI – DO RESÍDUO

Art. 624. O valor devido até a data do óbito e não recebido em vida pelo segurado será pago aos seus dependentes habilitados à pensão por morte, independentemente de inventário ou de arrolamento.

§ 1º Inexistindo dependentes habilitados à pensão por morte, na forma do *caput*, o pagamento será realizado mediante autorização judicial ou pela apresentação de escritura pública, se todos forem capazes e concordantes, observado contido na Lei nº 13.105, de 16 de março de 2015.

§ 2º Havendo mais de um herdeiro, o pagamento deverá ser efetuado:

I – ao inventariante, designado judicialmente ou em partilha por escritura pública; ou

II – a cada um dos herdeiros, em partes iguais ou conforme fixado no documento, mediante requerimento individual.

§ 3º Os valores referentes a pagamento de períodos até a data do óbito do titular já creditados, ainda que o crédito tenha sido efetivado após o óbito do mesmo, deverão ser requeridos junto à instituição financeira.

CAPÍTULO VII – DOS DESCONTOS EM BENEFÍCIOS

Art. 625. O INSS pode descontar da renda mensal do benefício:

I – as contribuições devidas pelo segurado à Previdência Social, desde que não tenha havido decadência ou prescrição tributárias;

II – pagamento administrativo ou judicial de benefício previdenciário ou assistencial indevido ou além do devido, inclusive na hipótese de cessação do benefício pela revogação de decisão judicial, devendo cada parcela corresponder, no máximo, a 30% (trinta por cento) do valor da renda mensal do benefício, podendo o percentual ser reduzido por ato normativo específico, e ser descontado em número de meses necessários à liquidação do débito;

III – o Imposto de Renda Retido na Fonte – IRRF, observando-se que:

a) para cálculo do desconto, em todas as situações, inclusive nos pagamentos acumulados e atrasados, aplicam-se a tabela e as disposições vigentes nas normas estabelecidas pela Secretaria Especial da Receita Federal do Brasil;

b) na forma da Lei nº 9.250, de 26 de dezembro de 1995, são isentos de desconto do IRRF os valores a serem pagos aos beneficiários que estão em gozo de:

1. auxílio por incapacidade temporária, auxílio-acidente, aposentadoria por incapacidade permanente decorrente de acidente em serviço; e

2. benefícios concedidos a portadores de moléstia profissional, tuberculose ativa, alienação mental, esclerose múltipla, neoplasia maligna, cegueira, hanseníase, paralisia irreversível e incapacitante, cardiopatia grave, doença de Parkinson, espondiloartrose anquilosante, nefropatia grave, estados avançados da doença de Paget (osteíte deformante), contaminação por radiação, Síndrome da Imunodeficiência Adquirida, Fibrose cística (mucoviscidose), hepatopatia grave e Síndrome de Talidomida;

c) a isenção dos beneficiários portadores das doenças citadas no item 2 da alínea "b" do inciso III do *caput* deverá ser comprovada mediante laudo pericial emitido por serviço médico oficial da União, dos Estados, do Distrito Federal e dos Municípios;

d) conforme Parecer SEI nº 20/2018/CRJ/PGACET/PGFN-MF, emitido pela Procuradoria-Geral da Fazenda Nacional, nas situações em que o laudo médico oficial apresentar a fixação de validade, requisito imposto pela lei no caso de moléstias passíveis de controle (art. 30, § 1º, da Lei nº 9.250, de 1995), transcorrido o prazo de validade porventura existente no laudo pericial, o benefício da isenção será mantido, não cabendo à Fonte Pagadora qualquer ação de controle de limite sobre a isenção reconhecida;

e) de acordo com o disposto no § 1º do art. 1º do Decreto nº 4.897, de 25 de novembro de 2003, também estão isentas as aposentadorias e pensões de anistiados;

f) o desconto do IRRF não incidirá sobre as importâncias pagas, como o pecúlio, de que trata o art. 453;

g) os benefícios mantidos no âmbito dos Acordos de Previdência Social estão sujeitos a regras do IRRF, por ocasião do efetivo crédito, obedecendo às instruções expedidas pela Secretaria Especial da Receita Federal do Brasil e aos Acordos Internacionais existentes com cada país, para evitar a bitributação e evasão fiscal; e

h) nos casos de benefícios pagos por intermédio de empresas acordantes, o recolhimento de Imposto de Renda e a emissão do comprovante de rendimentos serão efetuados pela acordante, excetuando-se previsão expressa em contrário no Termo de Acordo;

IV – os alimentos decorrentes de sentença judicial, conforme Seção II deste Capítulo;

V – pagamento de empréstimos e cartões de crédito a instituições financeiras ou equiparadas ou entidades fechadas ou abertas de previdência complementar, públicas e privadas, quando expressamente autorizado pelo beneficiário, até o limite de 35% (trinta e cinco por cento) do valor do benefício, dos quais 5% (cinco por cento) serão destinados exclusivamente para:

a) amortização de despesas contraídas por meio de cartão de crédito; e

b) utilização com a finalidade de saque por meio de cartão de crédito;

VI – as mensalidades de associações e de demais entidades de aposentados legalmente reconhecidas, constituídas e em funcionamento, desde que autorizadas por seus filiados, observado o disposto nos §§ 1º ao 1º-I do art. 154 do RPS.

§ 1º O beneficiário deverá ser cientificado, preferencialmente por meio digital, dos descontos efetuados com base nos incisos I e II do *caput*, devendo constar da comunicação a origem e o valor do débito.

§ 2º Deverão ser compensados no crédito especial ou na renda mensal de benefício concedido regularmente e em vigor, ainda que na forma de resíduo, os valores pagos indevidamente pelo INSS, desde que o recebimento indevido tenha sido pelo mesmo beneficiário titular do benefício objeto da compensação, devendo ser observado os prazos de decadência e de prescrição, referidos nos arts. 593 e 595, respectivamente, quando se tratar de erro administrativo.

§ 3º Também é possível descontar do benefício previdenciário a pensão de alimentos, que será implantada, na forma do art. 630.

SEÇÃO I – DA CONSIGNAÇÃO

Art. 626. Consignação é uma forma especial ou indireta de pagamento, meio pelo qual o devedor, titular de benefício, possui para extinguir uma obrigação de pagamento junto ao INSS e/ou a terceiros, comandada por meio de desconto em seu benefício.

§ 1º As consignações classificam-se em descontos obrigatórios, eletivos e por determinação judicial.

§ 2º São considerados descontos obrigatórios aqueles determinados por lei:

I – as contribuições à Previdência Social;

II – o pagamento administrativo ou judicial de benefício previdenciário ou assistencial indevido ou além do devido, inclusive na hipótese de cessação do benefício pela revogação de decisão judicial;

III – o IRRF; e

IV – a pensão de alimentos.

§ 3º São considerados descontos eletivos aqueles que dependem de expressa vontade do titular do benefício, entre outros:

I – consignação em aposentadoria ou pensão por morte, para pagamento de operações financeiras contratadas pelo titular do benefício em favor de instituição financeira, conforme estipulado em normativos específicos; e

II – mensalidades de associações e de demais entidades de aposentados legalmente reconhecidas, desde que autorizadas por seus filiados, que deve ser revalidada a cada 3 (três) anos, a partir de 31 de dezembro de 2022, podendo esse prazo ser prorrogado por mais 1 (um) ano, por meio de ato do Presidente do INSS.

§ 4º O acréscimo do valor de consignação, decorrente do aumento da margem do benefício, somente ocorrerá mediante anuência expressa do beneficiário.

Art. 627. Os descontos oriundos de determinação judicial deverão ser processados pelo INSS, nos termos definidos judicialmente, observada a margem consignável disponível no benefício.

Parágrafo único. Não sendo possível a implantação de consignação judicial em decorrência da ausência ou insuficiência de margem consignável, deverá ser comunicado o fato através de ofício ao respectivo juízo ou solicitante.

Art. 628. O limite para consignação de débitos junto ao benefício, obrigatórios, eletivos ou por determinação judicial, quando acumulados, é de 100% (cem por cento) do valor da renda mensal do benefício, devendo ser observados, para os casos de consignações decorrentes de empréstimos bancários e de valores recebidos indevidamente, os limites estabelecidos pelos normativos vigentes.

Parágrafo único. Os pagamentos retroativos, por não versarem obrigações mensais de valor fixo insuscetíveis de cobrança confiscatória, não se sujeitam a qualquer limite percentual no tocante à quitação de débitos do beneficiário para com o INSS, podendo ser, para tanto, retidos em sua integralidade.

Art. 629. As consignações de caráter obrigatório prevalecem sobre as de caráter eletivo, sendo que, entre as obrigatórias, observar-se-á a cronologia da implantação, salvo disposição em contrário.

SEÇÃO II – DA PENSÃO ALIMENTÍCIA

Art. 630. A pensão alimentícia é uma consignação obrigatória, implantada no benefício do instituidor, conforme parâmetros predeterminados, nas seguintes situações:

I – em cumprimento de decisão judicial em ação de alimentos;

II – nos termos constantes da escritura, mediante ofício ou apresentação da escritura pública; ou

III – nos termos dos acordos extrajudiciais referendados pelas Defensorias Públicas e Ministério Público, através de ofício do órgão, acompanhado do instrumento de acordo.

§ 1º Para fins de implantação ou de alteração do parâmetro, a DIP será a determinada pelo juízo ou a constante da escritura pública ou acordo extrajudicial e o seu cumprimento será imediato por parte do INSS, a partir da data do recebimento do ofício ou da apresentação da escritura pública ou acordo extrajudicial.

§ 2º Na hipótese do § 1º, havendo ausência de fixação expressa da DIP, a mesma será fixada na data do recebimento da demanda.

§ 3º Na impossibilidade de cumprimento imediato, por ausência de dados para implantação da pensão alimentícia ou por insuficiência de percentual de renda disponível no benefício, o (a) interessado (a) e o juízo deverão ser comunicados.

§ 4º Salvo quando expressamente consignado em decisão judicial, os descontos de pensão alimentícia somente incidirão sobre a mensalidade reajustada do benefício.

Art. 631. A pensão alimentícia cessa:

I – na data do óbito do titular da pensão alimentícia;

II – na data de cessação do benefício de origem;

III – na data expressa na determinação judicial ou escritura pública ou acordo extrajudicial; ou

IV – na ausência da data citada no inciso III, na data de recebimento do ofício pelo INSS ou da apresentação da escritura pública ou do acordo extrajudicial, que determinem a cessação.

Art. 632. A pensão alimentícia não se caracteriza como benefício, tratando-se tão somente de repasse de valores e, portanto, os descontos são devidos se e enquanto perdurar o pagamento do benefício e serão mantidos até o limite do crédito objeto da transação.

§ 1º O pagamento de pensão alimentícia será realizado, preferencialmente, através de conta de depósito indicada pelo juízo ou requerente, utilizando-se, para repasse financeiro, do Protocolo de Pagamento de Benefícios em Meio Magnético.

§ 2º Em caso de impossibilidade de crédito na conta de depósito indicada pelo Juízo ou requerente, o crédito deverá ser realizado na modalidade cartão magnético e o fato comunicado ao interessado.

SEÇÃO III – DAS OPERAÇÕES FINANCEIRAS AUTORIZADAS PELO BENEFICIÁRIO

Art. 633. O titular do benefício de aposentadoria ou pensão por morte poderá autorizar a consignação em benefício para pagamento de operações financeiras, conforme o estipulado em normativos específicos e obedecendo aos seguintes critérios:

I – a consignação poderá ser efetivada, desde que:

a) o desconto, seu valor e o respectivo número de prestações a consignar sejam expressamente autorizados pelo titular do benefício ou por seu representante legal, na qualidade de curador, guardião ou tutor (nato ou judicial); (Redação dada pela IN INSS 136/2022)

b) a operação financeira tenha sido realizada por instituição financeira ou pela sociedade de arrendamento mercantil a ela vinculada;

c) a instituição financeira tenha celebrado acordo de cooperação técnica com o INSS para esse fim; e

d) o valor do desconto não exceda, no momento da contratação, o limite percentual estabelecido em ato específico em relação ao valor disponível do benefício, excluindo Complemento Positivo – CP, PAB, e 13º (décimo terceiro) salário, correspondente à última competência emitida, constante do histórico de créditos;

II – entende-se por valor disponível do benefício, aquele apurado após as deduções das seguintes consignações:

a) pagamento de benefício além do devido;

b) IRRF;

c) pensão alimentícia;

d) mensalidades de associações e demais entidades de aposentados legalmente reconhecidas; e

e) oriundas de decisão judicial;

III – as consignações de que tratam o *caput* não se aplicam aos benefícios:

a) concedidos nas regras de Acordos de Previdência Social, para os segurados residentes no exterior;

b) pagos a título de pensão alimentícia;

c) (Revogada pela IN INSS 136/2022)

d) recebidos por meio de representante legal, na qualidade de administrador provisório ou representante de entidade de que trata o art. 92, do Estatuto da Criança e do Adolescente; (Redação dada pela IN INSS 136/2022)
e) (Revogada pela IN INSS 136/2022)
f) pagos por intermédio da empresa acordante; e
g) pagos por intermédio de cooperativas de créditos que não possuam contratos para pagamento e arrecadação de benefícios.

§ 1º O empréstimo poderá ser concedido por qualquer instituição consignatária, independentemente de ser ou não responsável pelo pagamento de benefícios.

§ 2º No caso de operações realizadas pelo representante legal, caberá à instituição financeira verificar se o tutor ou curador estão autorizados judicialmente para tal, sob pena de nulidade do contrato.

§ 3º O procurador não poderá autorizar os descontos previstos no *caput*.

CAPÍTULO VIII – DAS DISPOSIÇÕES FINAIS

Art. 634. O procurador que representar mais de um beneficiário, quando do comparecimento para tratar de assuntos a eles pertinentes, deverá se adequar às regras de atendimento estabelecidas pelas APS, para o bom andamento dos serviços.

Art. 635. Ressalvado o disposto no art. 577, são irreversíveis e irrenunciáveis as aposentadorias programáveis, após o recebimento do primeiro pagamento do benefício ou do saque do PIS/PASEP e/ou FGTS, prevalecendo o que ocorrer primeiro.

§ 1º O segurado poderá desistir do seu pedido de aposentadoria desde que manifeste essa intenção e requeira o arquivamento definitivo do pedido antes da ocorrência do primeiro pagamento do benefício ou do saque do PIS/PASEP e/ou FGTS.

§ 2º Uma vez solicitado o cancelamento do benefício e adotados todos os procedimentos pelo INSS para conclusão do pedido, o benefício não poderá ser restabelecido.

Art. 636. Deve-se proceder à cessação da aposentadoria voluntária, com DCB fixada na data do pedido de cessação, quando houver solicitação de cessação apresentada pelo beneficiário em decorrência exclusivamente de inacumulabilidade com outro benefício no âmbito do RGPS ou RPPS, tendo em vista que a regra constante no § 3º do artigo 181-B do RPS, incluída pelo Decreto nº 10.410, de 2020, não se trata de uma hipótese de renúncia de aposentadoria, mas sim de cessação de aposentadoria por inacumulabilidade legal.

Parágrafo único. A situação de inacumulabilidade legal citada no *caput* é declaratória, devendo ser aplicada também a fatos geradores anteriores a 1º de julho de 2020 e prevalecer o pedido do beneficiário de cessação do benefício que para ele é menos vantajoso.

Art. 637. Para cobrança dos valores recebidos indevidamente, por ocasião da acumulação indevida, deve-se verificar primeiramente onde houve violação do dispositivo legal.

§ 1º Caso a acumulação indevida ocorra entre a aposentadoria do RGPS com benefício do RPPS ou regime militar, por força da aplicação de lei própria no RPPS, não decorrente da Lei nº 8.213, de 1991, não cabe a cobrança administrativa no âmbito do INSS do período recebido indevidamente, devendo ser avaliada pelo RPPS ou regime de previdência militar eventual cobrança de pagamento indevido durante o período em que não deveria ter havido acumulação.

§ 2º No caso de violação de regra que vede internamente a acumulação de benefícios no RGPS, cabe ao INSS a cobrança dos valores pagos indevidamente ao beneficiário.

Art. 638. Considerando o direito adquirido à aposentadoria voluntária no RGPS, uma vez extinto o benefício ou renda de cofre público inacumulável com a aposentadoria voluntária do RGPS, o segurado pode solicitar a reativação do benefício, com efeitos financeiros a contar da data do pedido administrativo de reativação.

LIVRO VI – DAS DISPOSIÇÕES DIVERSAS E FINAIS

TÍTULO I – DAS DISPOSIÇÕES DIVERSAS RELATIVAS AOS BENEFÍCIOS E SERVIÇO

CAPÍTULO I – DA ACUMULAÇÃO DE BENEFÍCIOS

SEÇÃO I – DAS ACUMULAÇÕES INDEVIDAS

Art. 639. Exceto na hipótese de direito adquirido, não é permitido o recebimento conjunto dos seguintes benefícios do RGPS, inclusive quando decorrentes de acidente do trabalho:

I – aposentadoria com auxílio por incapacidade temporária;

II – mais de uma aposentadoria, exceto com DIB anterior a janeiro de 1967, de acordo com o Decreto-Lei nº 72, de 21 de novembro de 1966;

III – aposentadoria com abono de permanência em serviço;

IV – salário-maternidade com auxílio por incapacidade temporária ou aposentadoria por incapacidade permanente;

V – mais de um auxílio-acidente;

VI – auxílio-acidente com qualquer aposentadoria, quando a consolidação das lesões decorrentes de acidentes de qualquer natureza ou o início da aposentadoria sejam posteriores às alterações inseridas no § 2º do art. 86 da Lei nº 8.213, de 1991, pela Medida Provisória no 1.596-14, de 1997, convertida na Lei nº 9.528, de 1997;

VII – auxílio-acidente com auxílio por incapacidade temporária, do mesmo acidente ou da mesma doença que o gerou;

VIII – mais de uma pensão deixada por cônjuge;

IX – mais de uma pensão deixada por companheiro ou companheira;

X – mais de uma pensão deixada por cônjuge e companheiro ou companheira;

XI – renda mensal vitalícia com qualquer benefício de qualquer regime, exceto se o beneficiário tiver ingressado no regime do extinto INPS após completar 60 (sessenta) anos, quando será possível também receber o pecúlio de que trata o § 3º do art. 5º da Lei nº 3.807, de 1960;

XII – pensão mensal vitalícia de seringueiro (soldado da borracha), com qualquer outro Benefício de Prestação Continuada de natureza assistencial operacionalizado pela Previdência Social;

XIII – mais de um auxílio por incapacidade temporária, inclusive acidentário;

XIV – benefício de prestação continuada da Lei nº 8.742, de 1993 ou indenizações pagas pela União em razão de decisão judicial pelos mesmos fatos com pensão especial destinada à crianças com Síndrome Congênita do Zika Vírus;

XV – pensão por morte deixada por cônjuge ou companheiro com auxílio-reclusão de cônjuge ou companheiro, para evento ocorrido a partir de 29 de abril de 1995, data da publicação da Lei nº 9.032, de 1995, facultado o direito de opção pelo mais vantajoso;

XVI – mais de um auxílio-reclusão de instituidor cônjuge ou companheiro, para evento ocorrido a partir de 29 de abril de 1995, data da publicação da Lei nº 9.032, de 1995, facultado o direito de opção pelo mais vantajoso;

XVII – auxílio-reclusão pago aos dependentes, com auxílio por incapacidade temporária, aposentadoria ou abono de permanência em serviço ou salário-maternidade do segurado recluso, observado o disposto no art. 384;

XVIII – benefício assistencial com benefício da Previdência Social ou de qualquer outro regime previdenciário, ressalvadas as exceções previstas no § 1º; e

XIX – auxílio-suplementar com aposentadoria ou auxílio por incapacidade temporária, observado, quanto ao auxílio por incapacidade temporária, a exceção prevista no art. 644.

§ 1º Nos casos de benefício assistencial concedido a partir de 7 de julho de 2011, data de publicação da Lei nº 12.435, de 6 de julho de 2011, será admitida sua acumulação com as seguintes prestações de natureza indenizatória:

I – espécie 54 – Pensão Indenizatória a Cargo da União;

II – espécie 56 – Pensão Especial aos Deficientes Físicos Portadores da Síndrome da Talidomida – Lei nº 7.070, de 1982;

III – espécie 60 – Benefício Indenizatório a Cargo da União;

IV – espécie 89 – Pensão Especial aos Dependentes das Vítimas da Hemodiálise – Caruaru – PE – Lei nº 9.422, de 1996; e

V – espécie 96 – Pensão Especial (Hanseníase) – Lei nº 11.520, de 2007.

§ 2º Nas hipóteses de que tratam os incisos VIII, IX e X do *caput*, fica facultado ao dependente optar pela pensão mais vantajosa, observado o disposto no art. 642, exceto para óbitos ocorridos até 28 de abril de 1995, véspera da publicação da Lei nº 9.032, de 1995, situação na qual será permitida a acumulação.

§ 3º É vedado o recebimento conjunto do seguro-desemprego com qualquer benefício de prestação continuada previdenciário ou assistencial, exceto pensão por morte, auxílio-reclusão, auxílio-acidente, auxílio-suplementar ou abono de permanência em serviço.

§ 4º A partir de 13 de dezembro de 2002, data da publicação da Medida Provisória nº 83, convertida pela Lei nº 10.666, de 2003, o segurado recluso, que contribuir na forma do § 6º do art. 116 do RPS, não faz jus aos benefícios de auxílio por incapacidade temporária e de aposentadoria durante a percepção pelos dependentes do auxílio-reclusão, sendo permitida a opção, desde que manifestada também pelos dependentes, pelo benefício mais vantajoso.

§ 5º O segurado recluso em regime fechado a partir de 18 de janeiro de 2019, data da publicação da Medida Provisória nº 871, não terá o direito aos benefícios de salário-maternidade e de aposentadoria reconhecido durante a percepção, pelos dependentes, do benefício de auxílio-reclusão, exceto se manifestada a opção pelo benefício mais vantajoso também pelos dependentes.

§ 6º O pagamento do auxílio-suplementar ou auxílio-acidente será interrompido até a cessação do auxílio por incapacidade temporária acidentário concedido em razão do mesmo acidente ou doença, devendo ser restabelecido após a cessação do novo benefício ou cessado, se concedida aposentadoria.

§ 7º Quando o segurado em gozo de auxílio-acidente fizer jus a um novo auxílio-acidente, em decorrência de outro acidente ou de doença, serão comparadas as rendas mensais dos dois benefícios e mantido o benefício mais vantajoso.

Art. 640. Comprovada a acumulação indevida, deverá ser mantido o benefício concedido de forma regular e cessados ou suspensos os benefícios irregulares, adotando-se as providências necessárias quanto à regularização e à cobrança dos valores recebidos indevidamente, observada a prescrição quinquenal.

Parágrafo único. As importâncias recebidas indevidamente, nos casos de fraude ou erro da Previdência Social, deverão ser restituídas, observado o disposto nos §§ 2º e 3º do art. 154 do RPS e o § 3º do art. 595.

SEÇÃO II – DAS ACUMULAÇÕES DEVIDAS COM REDUÇÃO

Art. 641. Será admitida a acumulação, desde que acompanhada da redução de um dos benefícios, nas seguintes hipóteses:

I – de pensão por morte deixada por cônjuge ou companheiro do RGPS com pensão por morte concedida por outro regime de previdência social ou com pensões decorrentes das atividades militares de que tratam o art. 42 e o art. 142 da Constituição Federal;

II – de pensão por morte deixada por cônjuge ou companheiro do RGPS com aposentadoria do mesmo regime e de regime próprio de previdência social ou com proventos de inatividade decorrentes das atividades militares de que tratam o art. 42 e o art. 142 da Constituição Federal; ou

III – de aposentadoria concedida no âmbito do RGPS com pensão deixada por cônjuge ou companheiro de regime próprio de previdência social ou com proventos de inatividade decorrentes das atividades militares de que tratam o art. 42 e o art. 142 da Constituição Federal.

§ 1º Nas hipóteses de acumulação previstas no *caput*, fica assegurada a percepção do valor integral do benefício mais vantajoso e de uma parte de cada um dos demais benefícios, apurada cumulativamente de acordo com as seguintes faixas:

I – 60% (sessenta por cento) do valor que exceder um salário mínimo, até o limite de dois salários mínimos;

II – 40% (quarenta por cento) do valor que exceder dois salários mínimos, até o limite de três salários mínimos;

III – 20% (vinte por cento) do valor que exceder três salários mínimos, até o limite de quatro salários mínimos; e

IV – 10% (dez por cento) do valor que exceder quatro salários mínimos.

§ 2º A aplicação do disposto no § 1º poderá ser revista a qualquer tempo, a pedido do interessado, em razão de alteração de algum dos benefícios.

§ 3º Na hipótese de recebimento de pensão desdobrada, para fins de aplicação do disposto no § 1º, em relação a esse benefício, será considerado o valor correspondente ao somatório da cota individual e da parcela da cota familiar, devido ao pensionista, que será revisto em razão do fim do desdobramento ou da alteração do número de dependentes.

§ 4º As restrições previstas neste artigo não se aplicam caso o direito a ambos os benefícios tenha sido adquirido até 13 de novembro de 2019, data de publicação da Emenda Constitucional nº 103.

§ 5º Para fins do disposto neste artigo, no ato de habilitação ou concessão de benefício sujeito a acumulação, o INSS deverá:

I – verificar a filiação do segurado ao RGPS ou a regime próprio de previdência social;

II – solicitar ao segurado que manifeste expressamente a sua opção pelo benefício que lhe seja mais vantajoso; e

III – quando for o caso, verificar a condição do segurado ou pensionista, de modo a considerar, dentre outras, as informações constantes do CNIS.

§ 6º Até que seja implementado o sistema de cadastro dos segurados do RGPS e dos servidores vinculados a regimes próprios de previdência social de que trata o § 6º do art. 167-A do RPS, a comprovação de que o aposentado ou o pensionista cônjuge ou companheira ou companheiro do RGPS não recebe aposentadoria ou pensão de outro regime próprio de previdência social ou regime de proteção militar será feita por meio de autodeclaração, a qual o sujeitará às sanções administrativas, civis e penais aplicáveis, caso seja constatada a emissão de declaração falsa.

§ 7º Caberá ao aposentado ou pensionista do RGPS informar ao INSS a obtenção de aposentadoria ou pensão de cônjuge ou companheira ou companheiro de outro regime, sob pena de suspensão do benefício.

SEÇÃO III – DAS DISPOSIÇÕES DIVERSAS RELATIVAS À ACUMULAÇÃO

Art. 642. É permitida a acumulação dos benefícios previstos no Regulamento da Previdência Social, concedidos a partir de 11 de dezembro de 1997, data de publicação da Lei nº 9.528, de 1997, com a Pensão Especial aos Portadores da Síndrome da Talidomida, que não poderá ser reduzida em razão de eventual aquisição de capacidade laborativa ou de redução de incapacidade para o trabalho ocorrida após a sua concessão.

Art. 643. Salvo nos casos de aposentadoria por incapacidade permanente ou especial, observado quanto à última, o disposto no parágrafo único do art. 69 do RPS, o retorno do aposentado à atividade não prejudica o recebimento de sua aposentadoria, que será mantida no seu valor integral.

Art. 644. Se em razão de qualquer outro acidente ou doença, o segurado fizer jus a auxílio por incapacidade temporária, o auxílio-suplementar ou auxílio-acidente será mantido, concomitantemente com o auxílio por incapacidade temporária e, quando da cessação deste será:

I – mantido, se não for concedido novo benefício; ou

II – cessado, se concedido auxílio-acidente ou aposentadoria.

Art. 645. Será permitida ao menor sob guarda a acumulação de recebimento de pensão por morte em decorrência do falecimento dos pais biológicos com pensão por morte de um dos seus guardiões, somente quando esta última ocorrer por determinação judicial.

Art. 646. Pelo entendimento exarado no Parecer nº 175/CONJUR-2003, de 2003, do Ministério da Defesa, ratificado pela Nota CJ/MPS nº 483, de 2007, os benefícios de ex-combatente podem ser acumulados com a pensão especial instituída pela Lei nº 8.059, de 1990.

Parágrafo único. As pensões especiais de ex-combatentes concedidas com base no art. 53 do ADCT e na Lei nº 8.059, de 1990, são acumuláveis com os benefícios previdenciários. *(Acrescido pela IN PRES/INSS 141/2022)*

Art. 647. Os benefícios de auxílio-acidente com DIB anterior ou igual a 10 de novembro de 1997, acumulados com aposentadoria com DER e DDB entre 14 de setembro de 2009 até 6 de dezembro de 2012, deverão ser mantidos, independentemente da decadência.

Art. 648. É admitida a acumulação de benefício por incapacidade temporária, de auxílio-acidente ou de auxílio-suplementar, desde que originário de outro acidente ou de outra doença, com pensão por morte e/ou com abono de permanência em serviço.

Art. 649. O recebimento da pensão especial hanseníase não impede o recebimento de qualquer benefício previdenciário, podendo ser acumulada inclusive com a complementação paga nas aposentadorias concedidas e mantidas aos ferroviários admitidos até 31 de outubro de 1969, na Rede Ferroviária Federal S/A, bem como com os seguintes benefícios:

I – amparo previdenciário por invalidez – trabalhador rural (espécie 11), amparo previdenciário por idade – trabalhador rural (espécie 12), renda mensal vitalícia por incapacidade (espécie 30) e renda mensal vitalícia por idade (espécie 40), instituídas pela Lei nº 6.179, de 11 de dezembro de 1974, dada a natureza mista, assistencial e previdenciária desses benefícios;

II – pensão especial devida aos portadores da síndrome de talidomida (espécie 56); e

III – amparo social à pessoa portadora de deficiência (espécie 87) e amparo social ao idoso (espécie 88) – benefícios assistenciais previstos na Lei Orgânica da Assistência Social.

Art. 650. O titular de Benefício de Prestação Continuada e de renda mensal vitalícia que requerer benefício previdenciário deverá optar expressamente por um dos dois benefícios, cabendo ao servidor do INSS prestar as informações necessárias para subsidiar a decisão do beneficiário sobre qual o benefício mais vantajoso.

§ 1º A DIP do benefício previdenciário será fixada na DER estabelecida de acordo com as regras vigentes para fixação da DER do INSS e o benefício incompatível deverá ser cessado no dia imediatamente anterior, observada a necessidade de realizar o encontro de contas do período de recebimento concomitante.

§ 2º Tratando-se de opção pelo recebimento de pensão por morte, em razão do disposto nos arts. 74 e 103, todos da Lei nº 8.213, de 1991, deverá ser observado o seguinte:

I – ocorrendo a manifestação dentro do prazo de 90 (noventa) dias da data do óbito, a pensão será devida desde a data do óbito, devendo ocorrer a devolução dos valores recebidos no benefício assistencial; e

II – para o menor, antes de completar 16 (dezesseis) anos, com requerimento realizado até 180 (cento e oitenta) dias da data do óbito, o pagamento da pensão será devido desde a data do óbito, devendo ocorrer a devolução dos valores recebidos no benefício assistencial, observado o disposto no art. 370.

Art. 651. Ao titular de benefício previdenciário que se enquadrar no direito ao recebimento de benefício assistencial será facultado o direito de renúncia e de opção pelo mais vantajoso, exceto nos casos de aposentadorias programáveis, haja vista o contido no art. 181-B do RPS.

Parágrafo único. A opção prevista no *caput* produzirá efeitos financeiros a partir da DER e o benefício previdenciário deverá ser cessado no dia anterior à DER do novo benefício, observada a necessidade de realizar o encontro de contas do período de recebimento concomitante.

Art. 652. O direito de opção de que tratam os arts. 650 e 651 poderá ser exercido uma única vez.

CAPÍTULO II – DOS ACORDOS DE COOPERAÇÃO TÉCNICA

Art. 653. A Previdência Social poderá firmar Acordos de Cooperação Técnica – ACT para processamento de requerimento e/ou pagamento de benefícios previdenciários, acidentários e salário-maternidade em casos de adoção, para processamento de requerimento de CTC, para pagamento de salário-família a trabalhador avulso ativo, para inscrição de beneficiários, para Reabilitação Profissional, para descontos de mensalidades de entidades de classe e acesso às informações dos sistemas informatizados, com:

I – empresas;

II – sindicatos e Órgãos de Gestão de Mão de Obra – OGMO;

III – entidades de aposentados; e

IV – órgãos da Administração Pública Direta, Indireta, Autárquica e Fundacional do Distrito Federal, dos Estados e dos Municípios.

§ 1º As entidades de previdência complementar fechada e patrocinadoras devidamente registradas, mantidas por empresa(s) ou grupo de empresas, poderão participar dos acordos de suas mantenedoras como intervenientes executoras, podendo amparar os empregados e respectivos dependentes dos mesmos.

§ 2º Considera-se empresa, para os fins previstos neste Capítulo, de acordo com o art. 14 da Lei nº 8.213, de 1991, a firma individual ou a sociedade que assume o risco de atividade econômica, urbana ou rural, com fins lucrativos ou não, bem como os órgãos e as entidades da Administração Pública Direta, Indireta ou Fundacional.

§ 3º Equipara-se à empresa, para os efeitos da Lei nº 8.213, de 1991, o contribuinte individual em relação a segurado que lhe presta serviço, bem como à cooperativa, à associação ou entidade de qualquer natureza ou finalidade, à missão diplomática e à repartição consular de carreira estrangeira.

§ 4º Considera-se sindicato a associação de pessoas físicas ou jurídicas que têm atividades econômicas ou profissionais, visando à defesa dos interesses coletivos e individuais de seus membros ou da categoria.

§ 5º Considera-se associação uma entidade de direito privado, dotada de personalidade jurídica e caracterizada pela união de pessoas para realização e consecução de objetivos comuns, sem finalidade lucrativa.

§ 6º Considera-se Órgão de Gestão de Mão de Obra – OGMO a entidade civil de utilidade pública, sem fins lucrativos, cuja atribuição exclusiva é a gestão do trabalho portuário, em conformidade com a Lei nº 12.815, de 2013, tendo por finalidade administrar o fornecimento de mão de obra do trabalhador portuário e trabalhador portuário avulso.

§ 7º Somente poderão celebrar acordos os interessados que tenham organização administrativa, com disponibilidade de pessoal para a execução dos serviços que forem acordados em todas as localidades abrangidas, independente do número de empregados ou de associados, e que apresentem:

I – ofício com a solicitação do acordo proposto;

II – cópia autenticada da Assembleia Geral que elegeu a atual diretoria, se for o caso;

III – cópia do RG e do CPF da pessoa competente para assinar o acordo, conforme o Estatuto Social;

IV – certidões de regularidade fornecidas pela Secretaria da Receita Federal do Brasil – SRFB, pela Procuradoria-Geral da Fazenda Nacional – PGFN, do Ministério da Fazenda, e pelos correspondentes órgãos estaduais e municipais;

V – comprovantes de inexistência de débito junto ao Instituto Nacional de Seguro Social – INSS, referentes aos três meses anteriores, ou Certidão Negativa de Débito – CND atualizada, e, se for o caso, também a regularidade quanto ao pagamento das parcelas mensais relativas aos débitos renegociados;

VI – apresentação de Certificado de Regularidade do Fundo de Garantia por Tempo de Serviço – FGTS, fornecido pela Caixa Econômica Federal – CEF, nos termos da Lei nº 8.036, de 11 de maio de 1990;

VII – certidão de Regularidade Trabalhista;

VIII – comprovação de não estar inscrito como inadimplente no Sistema Integrado de Administração Financeira do Governo Federal – SIAFI – SICAFI;

IX – declaração expressa do proponente, sob as penas do art. 299 do Código Penal, de que não se encontra em mora e nem em débito junto a qualquer órgão ou entidade da Administração Pública Federal Direta ou Indireta;

X – ato constitutivo e últimas alterações;

XI – registro do CNPJ; e

XII – ata de Assembleia Geral que definiu o percentual de desconto.

§ 8º Os documentos exigidos para a celebração dos acordos sem encargos de pagamentos são os constantes nos incisos I a VII e X a XII, todos do § 7º.

§ 9º Para a celebração dos acordos com encargo de pagamento caberá a apresentação de todos os documentos elencados.

§ 10. A empresa ou o grupo de empresas que possuir ampla capilaridade poderá celebrar acordo com o INSS para a criação de unidade Prisma-Empresa via web, de processamento de requerimento de aposentadoria e pensão previdenciária e acidentária, desde que todas as condições para a celebração sejam atendidas e, que a empresa ou o grupo disponha de equipamentos e de recursos humanos para a implantação do empreendimento, resguardando-se à conveniência administrativa para a pretensa celebração.

§ 11. O pagamento das cotas de salário-família ao trabalhador portuário avulso somente poderá ser efetivado mediante a celebração de acordo com os OGMO e sindicatos.

§ 12. Havendo mais de uma unidade da empresa participante da execução do acordo, a comprovação da regularidade fiscal, nos casos de acordo com encargo de pagamento, deverá ser exigida da(s) unidade(s) que receberá(ão) o reembolso dos benefícios, sem prejuízo da que assinar o acordo, caso sejam diferentes.

§ 13. A realização de perícia médica nos acordos a serem celebrados será de competência do INSS para requerimento de benefícios por incapacidade e requerimentos de benefícios que necessitem de realização deste procedimento.

§ 14. A celebração de acordos previstos na Lei nº 8.213, de 1991 e no RPS, e alterações posteriores, ficará na dependência da conveniência administrativa do INSS.

§ 15. A celebração de acordos com o encargo de pagamento somente deverá ocorrer com empresas que pagam complementação dos valores dos benefícios e se houver conveniência administrativa por parte da Gerência-Executiva celebrante, que ficará responsável pela celebração, execução, monitoramento dos pagamentos efetuados e cobrança/análise da prestação de contas parcial e final de cada acordante.

Art. 654. Para fins de desconto de valores referentes ao pagamento de mensalidades associativas, considera-se:

I – autorização por meio eletrônico: rotina que permite confirmar a operação realizada nas associações, confederações ou entidades de aposentados e/ou pensionistas, garantindo a integridade da informação, a titularidade e o não repúdio, a partir de ferramentas eletrônicas;

II – beneficiário: titular de aposentadoria ou de pensão por morte; e

III – desconto de mensalidade associativa: consignação efetuada pelas associações, confederações ou entidades de aposentados e/ou pensionistas nas aposentadorias e pensões previdenciárias, decorrente de autorização expressa do beneficiário.

§ 1º Equipara-se à aposentadoria previdenciária, para fins deste Capítulo, as pensões especiais vitalícias pagas pelo INSS.

§ 2º Considera-se confederação a entidade que congrega outras entidades de aposentados e/ou pensionistas.

Art. 655. Os descontos dos valores referentes ao pagamento de mensalidades associativas nos benefícios de aposentadoria e pensão por morte previdenciários serão autorizados, desde que:

I – sejam realizados com associações, confederações ou entidades de aposentados e/ou pensionistas que tenham celebrado Acordo de Cooperação Técnica com o INSS para esse fim;

II – o benefício previdenciário esteja desbloqueado para inclusão do desconto de mensalidade associativa; e

III – seja apresentada, pelas associações, confederações e entidades de aposentados e/ou pensionistas acordantes, a seguinte documentação:

a) termo de filiação à associação ou entidade de aposentado e/ou pensionista devidamente assinado pelo beneficiário;

b) termo de autorização de desconto de mensalidade associativa em benefício previdenciário devidamente assinado pelo beneficiário, constando o número do CPF; e

c) documento de identificação civil oficial e válido com foto.

§ 1º Os documentos de que tratam as alíneas:

I – "a" e "b" do inciso III do *caput* poderão ser formalizados em meio eletrônico, desde que contemplem requisitos de segurança que permitam garantir sua integridade e não repúdio, podendo ser auditado pelo INSS, a qualquer tempo; e

II – "a" a "c" do inciso III do *caput*, quando formalizados em meio físico, devem ser digitalizados e disponibilizados ao INSS.

§ 2º O desconto de mensalidade associativa em benefício previdenciário constitui uma faculdade do beneficiário, não eximindo a associação, confederação ou entidade de aposentados e/ou pensionistas de disponibilizar outros meios para o pagamento da mensalidade associativa.

§ 3º Somente mediante decisão judicial será permitida autorização de desconto firmada por representante legal do beneficiário (procurador, tutor ou curador).

Art. 656. O prazo de validade da autorização de desconto de mensalidade associativa não poderá ser superior a 3 (três) anos, contados a partir da data de emissão da autorização, após o qual, caso não ocorra a formalização de termo de revalidação pelo beneficiário, a exclusão do desconto será automática.

§ 1º A revalidação da autorização de desconto de mensalidade associativa poderá ser formalizada em meio físico ou eletrônico, desde que observadas as estabelecidas nos arts. 655 e 657, e somente terá validade se realizada antes de expirada a vigência do termo de autorização formalizado anteriormente.

§ 2º A ausência de revalidação válida importará em exclusão automática do desconto de mensalidade associativa em benefícios previdenciários.

§ 3º As autorizações de desconto de mensalidade que completarem o prazo de 3 (três) anos de validade até 31 de janeiro de 2021 poderão ser revalidadas até esta data, período em que estarão isentas da penalidade do § 2º.

Art. 657. A revalidação da autorização de desconto de mensalidade associativa, assim como a solicitação de cancelamento da autorização poderá ser feita:

I – diretamente na associação, confederação ou entidade de aposentados e/ou pensionista, com a utilização de:

a) meio físico, mediante o preenchimento de formulário específico, conforme modelo estabelecido no Anexo XXVI, em duas vias, das quais uma via deverá ser digitalizada e disponibilizada ao INSS por meio de link de acesso via Internet, com autenticação por login e senha, e será entregue a segunda via ao beneficiário solicitante; e

b) meio eletrônico próprio, disponibilizado pelas associações, confederações ou entidades de aposentados e/ou pensionistas, que contemple requisitos de segurança que permitam garantir sua integridade e não repúdio, podendo ser auditado pelo INSS, a qualquer tempo, por meio de link de acesso via Internet, com autenticação por login e senha, mediante fornecimento de protocolo ao beneficiário solicitante;

II – por intermédio dos canais remotos do INSS, sem a necessidade de atuação de servidores do Instituto para sua concretização, mediante fornecimento de protocolo ao beneficiário solicitante.

§ 1º O estabelecimento de fluxo e operacionalização de exclusão do referido desconto será determinado pela Diretoria de Benefícios.

§ 2º A associação, confederação ou entidade de aposentados e/ou pensionistas que receberem solicitações para cancelamento do desconto de mensalidade associativa deverão procedê-los imediatamente, devendo enviar o comando de exclusão ao INSS tão logo seja recebida, na primeira remessa disponível pela Empresa de Tecnologia e Informações da Previdência – Dataprev, a contar da data da solicitação.

Art. 658. A Previdência Social poderá firmar acordos de cooperação técnica para consignação de empréstimos em benefícios previdenciários, em favor das instituições financeiras e desconto de mensalidades associativas de entidades de classe nos termos desta Instrução Normativa.

Parágrafo único. Os Acordos de Cooperação Técnica devem ser firmados entre o MTP/INSS e outros órgãos ou entidades da Administração Pública ou com entidades privadas para realização de atividades de interesse comum dos partícipes, que não envolvam repasses de dinheiro público.

Art. 659. O INSS poderá celebrar convênios, acordos de cooperação técnica e termos de execução descentralizada que visem à disponibilização de dados constantes de cadastros geridos pelo INSS com os órgãos da Administração Pública Direta, Indireta, Autárquica e Fundacional do Distrito Federal, dos Estados e dos Municípios, bem como os órgãos do Poder Judiciário e entidade privada, consoante Portaria Conjunta MPS/INSS/PREVIC nº 64, de 19 de fevereiro de 2014.

Art. 660. A prestação de serviços aos beneficiários vinculados a entidades acordantes poderá abranger a totalidade ou parte dos seguintes encargos:

I – processamento de requerimento de benefícios previdenciários e acidentários devidos a empregados e associados, processamento de requerimento de pensão por morte e de auxílio-reclusão devidos aos dependentes dos empregados e dos associados da acordante;

II – pagamento de benefícios devidos aos empregados e a associados da acordante;

III – pagamento de pensão por morte e de auxílio-reclusão devidos aos dependentes dos empregados e dos associados da acordante;

IV – Reabilitação Profissional dos empregados e dos associados da acordante;

V – pedido de revisão dos benefícios requeridos pelos empregados e pelos associados da acordante;

VI – interposição de recursos a serem requeridos pelos empregados e pelos associados da acordante;

VII – inscrição de segurados no RGPS;

VIII – pagamento de cotas de salário-família a trabalhador avulso ativo, sindicalizado ou não;

IX – formalização de processo de pedido de CTC, para fins de contagem recíproca em favor dos empregados da acordante;

X – processamento de requerimento/pagamento de salário-maternidade em caso de adoção;

XI – agendamento do atendimento em sistema específico, a associados, no caso dos sindicatos ou entidade, ou empregados, na hipótese das empresas; e

XII – pagamento de resíduo gerado pelo óbito do titular do benefício, obedecendo aos mesmos procedimentos elencados no art. 624.

§ 1º O INSS poderá, em conjunto com o MTP, firmar acordos com órgãos federais, estaduais ou do Distrito Federal e dos Municípios, bem como com entidades de classe, com a finalidade de manter/implementar programa de cadastramento dos segurados especiais.

§ 2º O acordo de que trata o § 1º deste artigo será celebrado no âmbito da Direção Central do INSS.

Art. 661. As entidades de que trata o art. 659, denominadas acordantes, deverão celebrar acordo em cada Superintendência/Gerência Executiva onde ele será executado, sendo que uma Gerência poderá atender à demanda de outras localidades, desde que tais procedimentos sejam previamente acordados entre as Superintendências/Gerências Executivas envolvidas.

Parágrafo único. Havendo conveniência administrativa, a Diretoria de Benefícios e as Superintendências Regionais poderão celebrar acordos de abrangência nacional ou regional com empresas, sindicatos ou entidade de aposentados devidamente legalizada, que possuam unidades representativas em diversos estados ou mesmo na abrangência das Superintendências Regionais, desde que o número de empregados/associados a serem atendidos pelo acordo justifique.

Art. 662. Os acordos com ou sem encargo de pagamento de benefícios terão validade máxima de cinco anos, a contar da data de sua publicação no DOU, salvo disposição em contrário.

§ 1º Os ajustes firmados por período inicial inferior a cinco anos poderão ser prorrogados de acordo com o interesse das partes envolvidas, observado o limite máximo previsto no *caput*.

§ 2º Em caráter excepcional, devidamente justificado e mediante autorização da autoridade superior, o prazo de vigência previsto no *caput* poderá ser prorrogado por até doze meses.

§ 3º É vedada a celebração de acordos com prazo de vigência indeterminado.

Art. 663. As cotas de salário-família correspondentes ao mês do afastamento do trabalho serão pagas integralmente através dos sindicatos e OGMO acordantes. As do mês de cessação do benefício serão pagas, integralmente, pelo INSS, não importando o dia em que recaiam as referidas ocorrências.

Art. 664. A acordante não receberá nenhuma remuneração do INSS nem dos beneficiários pela execução dos serviços objeto do acordo, considerando-se o serviço prestado ser de relevante colaboração com o esforço do INSS para a melhoria do atendimento.

Art. 665. A execução das atividades previstas no acordo por representantes da acordante não cria vínculo empregatício entre estes e o INSS.

Art. 666. No prazo mínimo de 120 (cento e vinte) dias, antes da expiração do Acordo de Cooperação Técnica, a Divisão de Convênios, as Superintendências Regionais ou Gerências Executivas, conforme o caso, deverão formalizar consulta às acordantes, objetivando a manifestação de interesse na renovação do acordo.

Art. 667. Independentemente do prazo do acordo, a qualquer momento o INSS e a acordante poderão propor a resilição/rescisão do referido acordo, desde que haja denúncia expressa ou descumprimento de cláusulas pactuadas, com antecedência mínima de sessenta dias, visto que o encerramento da execução de acordo dar-se-á a partir da data da publicação da resilição/rescisão no Diário Oficial da União – DOU.

Art. 668. É facultado aos segurados vinculados à empresa acordante o requerimento de benefícios nas Agências da Previdência Social.

TÍTULO II – DAS DISPOSIÇÕES FINAIS

Art. 669. Para atendimento à previsão inscrita no art. 12 da Emenda Constitucional nº 103, de 2019, até a criação de sistema integrado de dados relativos às remunerações, proventos e pensões dos segurados dos regimes de previdência geral e próprio, a comprovação do recebimento de benefício em regime de previdência diverso, bem como de seu valor, se fará por meio de declaração firmada pelo requerente do benefício no RGPS, conforme Anexo XXIV.

Parágrafo único. A declaração poderá ser emitida pelos dependentes do requerente, ou instituidor, quando estes estiverem habilitados para o recebimento de pensão por morte ou, não havendo dependentes habilitados ao recebimento da pensão por morte, pela pessoa designada em alvará judicial.

Art. 670. Para requerimento de Benefício de Prestação Continuada de que trata a Lei nº 8.742, de 1993, até publicação de ato normativo específico, aplicar-se-á, no que couber, subsidiariamente, o disciplinado nesta Instrução Normativa.

Art. 671. Os Anexos desta Instrução Normativa serão disponibilizados no Portal do INSS e suas atualizações ou alterações serão objeto de despacho decisório de competência do(s) Diretor(es) da(s) área(s) afeta(s).

Art. 672. Ficam revogados os seguintes atos:
I – Resolução nº 325 CD/DNPS, de 24 de julho de 1969, publicada no BS nº 143 de 30 de julho de 1969;

II – Ordem de Serviço nº 341/DSS/INSS, de 17 de novembro de 1993;

III – Memorando-Circular/DIRBEN/CGBENEF nº 11, de 25 de janeiro de 2001;

IV – Memorando-Circular/CGBENEF nº 33, de 18 de julho de 2001;

V – Orientação Interna nº 79 /DIRBEN/INSS, de 7 de janeiro de 2003, publicado no BS nº 10 de 7 de janeiro de 2003;

VI – Memorando-Circular Conjunto nº 38 CGARREC/CGBENEF, de 28 de setembro de 2004;

VII – Memorando-Circular nº 98 DIRBEN/INSS, de 27 de dezembro de 2006;

VIII – Memorando-Circular nº 51 DIRBEN/INSS, de 8 de setembro de 2006;

IX – Memorando-Circular nº 10 DIRBEN/CGBENEF, de 3 de abril de 2007;

INSTRUÇÃO NORMATIVA PRES/INSS Nº 128, DE 28 DE MARÇO DE 2022

X – Memorando-Circular nº 14 DIRBEN/CGBENEF, de 20 de abril de 2007;

XI – Memorando-Circular nº 28 DIRBEN/INSS, de 30 de abril de 2007;

XII – Memorando-Circular Conjunto nº 5 DIRBEN/PFE-INSS, de 6 de junho de 2007;

XIII – Memorando-Circular nº 57 DIRBEN/INSS, de 5 de setembro de 2007;

XIV – Memorando-Circular Conjunto nº 17 / DIRBEN/DIRAT/INSS, de 12 de dezembro de 2007;

XV – Memorando-Circular nº 7 DIRBEN/INSS, de 23 de janeiro de 2008;

XVI – Memorando-Circular nº 49 DIRBEN/INSS, de 24 de julho de 2008;

XVII – Memorando-Circular Conjunto nº 18 DIRBEN/DIRAT, de 23 de setembro de 2008;

XVIII – Portaria Conjunta RFB/INSS nº 273, de 19 de janeiro de 2009, publicado no BS nº 4 de 23 de janeiro de 2009;

> A IN PRES/INSS 151/2023 tornou sem efeito o presente inciso.

XIX – Memorando-Circular Conjunto nº 3 DIRBEN/DIRAT, de 23 de janeiro de 2009, publicado no BS nº 4 de 23 de janeiro de 2009;

XX – Memorando-Circular nº 12/DIRBEN/INSS, de 26 de fevereiro de 2009;

XXI – Memorando-Circular nº 13 DIRBEN/INSS, de 4 de março de 2009;

XXII – Memorando-Circular nº 17 DIRBEN/INSS, de 8 de abril de 2009;

XXIII – Memorando Circular Conjunto nº 10 DIRBEN/DIROFL, de 7 de maio de 2009;

XXIV – Memorando-Circular nº 19 DIRBEN/INSS, de 7 de maio de 2009;

XXV – Memorando-Circular nº 23/DIRBEN/INSS, de 21 de maio de 2009;

XXVI – Memorando-Circular nº 5 DIRBEN/CGRDPB, de 14 de setembro de 2009;

XXVII – Memorando-Circular nº 7 DIRBEN/CGRDPB, de 28 de setembro de 2009;

XXVIII – Memorando-Circular Conjunto nº 31 DIRBEN/INSS/DIRAT, de 3 de dezembro de 2009;

XXIX – Memorando-Circular nº 1/DIRBEN/CGAIS, de 18 de janeiro de 2010;

XXX – Memorando-Circular nº 7/DIRBEN/CGRDPB, de 2 de março de 2010;

XXXI – Memorando-Circular nº 2/DIRBEN/INSS, de 3 de março de 2010;

XXXII – Memorando-Circular nº 7/DIRBEN/INSS, de 15 de abril de 2010;

XXXIII – Memorando-Circular nº 37 /DIRBEN/CGRDPB, de 20 de agosto de 2010;

XXXIV – Memorando-Circular nº 24 /DIRBEN/INSS, de 31 de agosto de 2010;

XXXV – Memorando-Circular nº 46/DIRBEN/CGRDPB, de 19 de outubro de 2010;

XXXVI – Memorando-Circular Conjunto nº 26 / DIRBEN/DIRAT/INSS, de 6 de setembro de 2011;

XXXVII – Memorando-Circular nº 23/DIRBEN/INSS de 18 de novembro de 2011;

XXXVIII – Portaria Conjunta nº 3.768, de 15 de dezembro de 2011, publicada no DOU nº 241, de 16 de dezembro de 2011, Seção 1, págs. 55-56;

XXXIX – Memorando-Circular Conjunto nº 3/ CGAIS/CGRD/DIRBEN/INSS, de 19 de dezembro de 2011;

XL – Memorando-Circular Conjunto nº 3/DIRBEN/DIRSAT/INSS, de 9 de janeiro de 2012;

XLI – Memorando-Circular Conjunto nº 2 / CGRD/CGGPB/DIRBEN, de 13 janeiro de 2012;

XLII – Memorando-Circular /DIRBEN/INSS nº 11, de 31 de maio de 2012;

XLIII – Memorando-Circular Conjunto nº 43/ DIRBEN/DIRSAT/INSS, de 19 de outubro de 2012;

XLIV – Memorando-Circular Conjunto nº 50 /DIRBEN/DIRAT/INSS, de 21 de dezembro de 2012;

XLV – Memorando-Circular nº 5/DIRBEN/INSS, de 28 de março de 2013;

XLVI – Memorando-Circular nº 23 /CGAIS/ DIRBEN/INSS, de 29 de agosto de 2013;

XLVII – Memorando-Circular nº 32/DIRBEN/INSS, de 8 de outubro de 2013;

XLVIII – Memorando-Circular nº 41 DIRBEN/INSS, de 10 de dezembro de 2013;

XLIX – Memorando-Circular nº 13 /DIRBEN/INSS, de 8 de maio de 2014;

L – Memorando-Circular nº 24 /DIRBEN/INSS, de 28 de julho de 2014;

LI – Memorando-Circular nº 32 /DIRBEN/INSS, de 25 de setembro de 2014;

LII – Memorando-Circular Conjunto nº 1 DIRBEN/PFE/DIRAT/INSS, de 9 de janeiro de 2015;

LIII – Memorando-Circular Conjunto nº 2 DIRBEN/DIRAT/PFE/DIRSAT/INSS, de 13 de janeiro de 2015;

LIV – Instrução Normativa nº 77/PRES/INSS, de 21 de janeiro de 2015, publicada no Diário Oficial da União – DOU nº 15, de 22 de janeiro de 2015, Seção 1, pág. 32;

LV – Memorando-Circular Conjunto nº 5/DIRBEN/DIRAT/PFE/DIRSAT/INSS, de 30 de janeiro de 2015;

LVI – Memorando-Circular Conjunto nº 12/DIRBEN/DIRAT/PFE/INSS, de 20 de março de 2015;

LVII – Despacho Decisório nº 1/DIRBEN/INSS, de 22 de abril de 2015, publicado no BS nº 86 de 8 de maio de 2015;

LVIII – Memorando-Circular nº 10/PRES/INSS, de 30 de abril de 2015;

LIX – Memorando-Circular Conjunto nº 33/ DIRBEN/PFE/INSS, de 10 de julho de 2015;

LX – Memorando-Circular nº 25/DIRBEN/INSS, de 20 de junho de 2015;

LXI – Memorando-Circular nº 27/DIRBEN/INSS, de 24 de julho de 2015;

LXII – Memorando-Circular nº 45/DIRBEN/DIRAT/DIRSAT/PFE/INSS, de 4 de setembro de 2015;

LXIII – Memorando-Circular Conjunto nº 52/DIRBEN/DIRSAT/DIRAT/INSS, de 26 de outubro de 2015;

LXIV – Memorando-Circular nº 36/DIRBEN/INSS, de 26 de outubro de 2015;

LXV – Memorando-Circular Conjunto nº 39/DIRBEN/INSS, de 6 de novembro de 2015;

LXVI – Memorando-Circular Conjunto nº 54/DIRBEN/DIRAT/DIRSAT/PFE/INSS, de 6 de novembro de 2015;

LXVII – Memorando-Circular nº 44 /DIRBEN/INSS, de 14 de dezembro de 2015;

LXVIII – Memorando-Circular Conjunto nº 1 /DIRBEN/DIRSAT/INSS, de 5 de janeiro de 2016;

LXIX – Memorando-Circular nº 7 /DIRBEN/INSS, de 24 de fevereiro de 2016;

LXX – Memorando-Circular Conjunto nº 16/DIRBEN/PFE/INSS, de 24 de fevereiro de 2016;

LXXI – Instrução Normativa nº 86/PRES/INSS, de 25 de abril de 2016, publicada no Diário Oficial da União – DOU nº 78, em 26 de abril de 2016, Seção 1, pág. 59;

LXXII – Memorando-circular nº 23/DIRBEN/INSS, de 17 de maio de 2016;

LXXIII – Memorando-Circular nº 25/DIRBEN/INSS, de 31 de maio de 2016;

LXXIV – Memorando-Circular Conjunto nº 40 /DIRBEN/PFE/INSS, de 21 de julho de 2016;

LXXV – Memorando-circular conjunto nº 42/DIRBEN/DIRSAT/PFE/INSS, de 26 de julho de 2016;

LXXVI – Memorando-Circular Conjunto nº 51 /DIRBEN/DIRSAT/INSS, de 14 de setembro de 2016;

LXXVII – Memorando-Circular nº 46/DIRBEN/INSS, de 5 de outubro de 2016;

LXXVIII – Memorando-Circular Conjunto nº 66/DIRBEN/PFE/INSS, de 19 de dezembro de 2016;

LXXIX – Memorando-Circular nº 54 /DIRBEN/INSS, de 24 de novembro de 2016;

LXXX – Memorando-Circular Conjunto nº 2/DIRBEN/DIRSAT/PFE/INSS, de 10 de janeiro de 2017;

LXXXI – Memorando-Circular nº 15/DIRBEN/INSS, de 24 de abril de 2017;

LXXXII – Instrução Normativa nº 88/PRES/INSS, de 12 de junho de 2017, publicada no Diário Oficial da União – DOU nº 112, de 13 de junho de 2017, Seção 1, pág. 38;

LXXXIII – Memorando-Circular nº 22/DIRBEN/INSS, de 20 de junho de 2017;

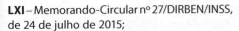

LXXXIV – Memorando-Circular Conjunto nº 24/DIRBEN/DIRSAT/INSS, de 25 de julho de 2017;

LXXXV – Memorando-Circular nº 31 /DIRBEN/INSS, de 19 de setembro de 2017;

LXXXVI – Memorando-Circular Conjunto nº 32/DIRBEN/DIRSAT/PFE/INSS, de 19 de setembro de 2017;

LXXXVII – Memorando-Circular nº 37/DIRBEN/INSS, de 17 de outubro de 2017;

LXXXVIII – Instrução Normativa nº 90/PRES/INSS, de 17 de novembro de 2017, publicada no Diário Oficial da União – DOU nº 221, de 20 de novembro de 2017, Seção 1, pág. 102;

LXXXIX – Memorando-Circular Conjunto nº 47/DIRBEN/DIRSAT/PFE/INSS, de 11 de dezembro de 2017;

XC – Memorando-Circular Conjunto nº 8 / DIRBEN/DIRAT/INSS, de 22 de março de 2018,;

XCI – Resolução nº 640/PRES/INSS, de 3 de abril de 2018, publicado no Diário Oficial da União – DOU nº 64, de 4 de abril de 2018, Seção 1, pág. 133;

XCII – Portaria Conjunta nº 1 /DIRBEN/DIRAT/INSS, de 7 de maio de 2018, publicado no BS nº 86 de 7 de maio de 2018;

XCIII – Portaria nº 20/DIRBEN/INSS, de 17 de maio de 2018, publicado no BS nº 94 de 17 de maio de 2018;

XCIV – Memorando-Circular nº 18/DIRBEN/INSS, de 29 de maio de 2018;

XCV – Memorando-Circular Conjunto nº 35 /DIRBEN/CGCAR-DIRAT/INSS, de 25 de julho de 2018;

XCVI – Memorando-Circular nº 32/DIRBEN/INSS, de 29 de agosto de 2018;

XCVII – Memorando-Circular Conjunto nº 53/DIRBEN/PFE/INSS, de 30 de outubro de 2018;

XCVIII – Memorando-Circular Conjunto nº 2/DIRBEN/PFE/DIRAT/INSS, de 28 de janeiro de 2019;

XCIX – Memorando-Circular Conjunto nº 6 /DIRBEN/PFE/DIRAT/INSS, de 6 de fevereiro de 2019;

C – Ofício-Circular nº 10 /DIRBEN/INSS, de 28 de fevereiro de 2019;

CI – Portaria Conjunta SEPRT/SAFC/INSS nº 2, de 15 de março de 2019, publicada no Diário Oficial da União – DOU nº 53-A, de 19 de março de 2019, Seção 1, pág. 1;

CII – Ofício-Circular Conjunto nº 18/DIRBEN/DIRAT/INSS, de 28 de março de 2019;

CIII – Resolução Nº 678/PRES/INSS, de 23 de abril de 2019, publicada no Diário Oficial da União – DOU nº 78, de 24 de abril de 2019, Seção 1, pág. 31;

CIV – Ofício-Circular nº 31/DIRBEN/INSS, de 4 de junho de 2019;

CV – Ofício-Circular nº 41 /DIRBEN/INSS, de 14 de agosto de 2019;

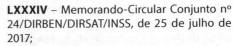

INSTRUÇÃO NORMATIVA PRES/INSS Nº 128, DE 28 DE MARÇO DE 2022

CVI – Instrução Normativa nº 102/PRES/INSS, de 14 de agosto de 2019, publicada no Diário Oficial da União – DOU nº 157, de 15 de agosto de 2019, Seção 1, pág. 61;

CVII – Resolução nº 699/PRES/INSS, de 30 de agosto de 2019, publicado no Diário Oficial da União – DOU nº 170, de 3 de setembro de 2019, Seção 1, págs 20/21;

CVIII – Resolução nº 707/PRES/INSS, de 31 de outubro de 2019, publicada no Diário Oficial da União – DOU nº 213, de 4 de novembro de 2019, Seção 2, pág. 134;

CIX – Ofício-Circular Conjunto nº 11/DIRAT/DIRBEN/INSS, de 1º de novembro de 2019;

CX – Ofício-Circular nº 64 /DIRBEN/INSS, de 30 de dezembro de 2019;

CXI – Ofício-Circular nº 2 /DIRBEN/INSS, de 30 de janeiro de 2020;

CXII – Portaria nº 231/DIRBEN/INSS, de 23 de março de 2020, publicada no Diário Oficial da União – DOU nº 61, de 30 de março de 2020, Seção 1;

CXIII – Portaria nº 450/PRES/INSS, de 3 de abril de 2020, publicada no Diário Oficial da União – DOU nº 66, de 6 de abril de 2020, Seção 1, pág. 52;

CXIV – Portaria nº 528/PRES/INSS, de 22 de abril de 2020, publicada no Diário Oficial da União – DOU nº 78, de 24 de abril de 2020, Seção 1, pág 176;

CXV – Portaria nº 339/DIRBEN/INSS, de 24 de abril de 2020, publicada no Diário Oficial da União – DOU nº 79, de 27 de abril de 2020, Seção 1, pág 26;

CXVI – Portaria nº 1.062/PRES/INSS, de 15 de outubro de 2020, publicada no Diário Oficial da União – DOU nº 200, de 19 de outubro de 2020;

CXVII – Instrução Normativa nº 110/PRES/INSS, de 3 de dezembro de 2020, publicada no Diário Oficial da União – DOU nº 232, de 4 de dezembro de 2020, Seção 1, pág. 97;

CXVIII – Portaria nº 855/DIRBEN/INSS, de 21 de dezembro de 2020, publicada no BS nº 243 de 21 de dezembro de 2020;

CXIX – Portaria DIRBEN/INSS nº 882, de 8 de fevereiro de 2021, publicado no BS nº 26 de 8 de fevereiro de 2021;

CXX – Portaria PRES/INSS nº 1.411, de 3 de fevereiro de 2022, publicado no Diário Oficial da União – DOU nº 25, de 4 de fevereiro de 2022, Seção 1, pág. 76;

CXXI – Memorando Circular conjunto nº 5/DIRBEN/INSS, de 6 de março de 2012;

CXXII – Instrução Normativa nº 85/PRES/INSS, de 18 de fevereiro de 2016, publicada no Diário Oficial da União – DOU nº 33, de 19 de fevereiro de 2016, Seção 1, pág. 199-200; e

CXXIII – Portaria PRES/INSS nº 1.267, de 12 de janeiro de 2021, publicada no Diário Oficial da União – DOU nº 9, de 14 de janeiro de 2021, Seção 1, pág. 246.

Art. 673. Ficam revogados parcialmente os seguintes atos:

I – Memorando-Circular nº 78/DIRBEN/CGBENEF, de 08 de agosto de 2000, no que tange aos itens 1 a 8;

II – Instrução Normativa nº 101/PRES/INSS, de 9 de abril de 2019, publicada no Diário Oficial da União – DOU nº 69, de 10/04/2019, Seção 1, pág. 117, no que tange aos artigos 1º a 18.

Art. 674. Esta Instrução Normativa entra em vigor na data de sua publicação, devendo ser aplicada a todos os processos pendentes de análise e decisão.

JOSÉ CARLOS OLIVEIRA

ANEXO I – INSTRUÇÃO NORMATIVA PRES/INSS Nº 128, DE 28 DE MARÇO DE 2022
(REDAÇÃO DADA PELA IN PRES/INSS 141/2022)

REQUERIMENTO DE ATUALIZAÇÃO DO CNIS – RAC

1. INFORMAÇÕES BÁSICAS
Nome civil:
CPF nº:
Nº de Inscrição (NIT/PIS/Pasep/NIS):
Data de nascimento:
Nome da mãe:
2. TIPO DE ATUALIZAÇÃO
2.1. ACERTO DE DADOS CADASTRAIS
2.1.1. INCLUIR
1. Nome social:
2. Nome civil:
3. Nome da mãe:
4. Nome do pai:
5. Data de nascimento:
6. Sexo:
7. Estado civil:
8. Grau de instrução:
9. Cor/Raça:
10. Nacionalidade:
11. Município de nascimento/UF:
12. País de origem:
13. Chegada ao País (para o estrangeiro):
14. Endereço principal:
15. Endereço secundário:
16. Telefones: Fixo: (DDD: _____) nº _____
Celular: (DDD: _____) nº _____
Principal: (DDD: _____) nº _____
Secundário: (DDD: _____) nº _____
E-mail: _____
17. Nº CPF:
18. Nº CTPS: _____ nº Série: _____ Data de Emissão: _____/_____/_____
19. Nº Carteira de Identidade (RG):
20. Nº Título de eleitor:
21. Nº Termo Certidão de nascimento:
22. Nº Termo Certidão de casamento:
23. Nº Carteira de marítimo:
24. Nº CNH: _____ Data de Emissão: _____/_____/_____
25. Nº Passaporte: _____ Data de Emissão: _____/_____/_____
26. Nº Documento estrangeiro:
2.1.2 EXCLUIR
1. Nome social:
2. Nome civil:
3. Nome da mãe:
4. Nome do pai:
5. Data de nascimento:
6. Sexo:
7. Estado civil:
8. Grau de instrução:
9. Cor/Raça:
10. Nacionalidade:
11. Município de nascimento/UF:
12. País de origem:
13. Chegada ao País (para o estrangeiro):
14. Endereço principal:
15. Endereço secundário:

16. Telefones: Fixo: (DDD: _____) Nº _____
Celular: (DDD: _____) Nº _____
Principal: (DDD: _____) Nº _____
Secundário: (DDD: _____) Nº _____
E-mail: _____
17. Nº CPF:
18. Nº CTPS: _____ nº Série: _____ Data de Emissão: ___/___/___
19. Nº Carteira de Identidade (RG):
20. Nº Título de eleitor:
21. Nº Termo Certidão de nascimento:
22. Nº Termo Certidão de casamento:
23. Nº Carteira de marítimo:
24. Nº CNH: _____ Data de Emissão: ___/___/___
25. Nº Passaporte: _____ Data de Emissão: ___/___/___
26. Nº Documento estrangeiro:

2.1.3 ALTERAR

DE:

1. Nome social:
2. Nome civil:
3. Nome da mãe:
4. Nome do pai:
5. Data de nascimento:
6. Sexo:
7. Estado civil:
8. Grau de instrução:
9. Cor/Raça:
10. Nacionalidade:
11. Município de nascimento/UF:
12. País de origem
13. Chegada ao País (para o estrangeiro):
14. Endereço principal:
15. Endereço secundário:
16. Telefones: Fixo: (DDD: _____) nº _____
Celular: (DDD: _____) nº _____
Principal: (DDD: _____) nº _____
Secundário: (DDD: _____) nº _____
E-mail: _____
17. Nº CPF:
18. Nº CTPS: _____ nº Série: _____ Data de Emissão: ___/___/___
19. Nº Carteira de Identidade (RG):
20. Nº Título de eleitor:
21. Nº Termo Certidão de nascimento:
22. Nº Termo Certidão de casamento:
23. Nº Carteira de marítimo:
24. Nº CNH: _____ Data de Emissão: ___/___/___
25. Nº Passaporte: _____ Data de Emissão: ___/___/___
26. Nº Documento estrangeiro:

PARA:

1. Nome social:
2. Nome civil:
3. Nome da mãe:
4. Nome do pai:
5. Data de nascimento:
6. Sexo:
7. Estado civil:
8. Grau de instrução:
9. Cor/Raça:
10. Nacionalidade:
11. Município de nascimento/UF:
12. País de origem:

13. Chegada ao País (para o estrangeiro):
14. Endereço principal:
15. Endereço secundário:
16. Telefones: Fixo: (DDD: _____) nº_____
Celular: (DDD: _____) nº_____
Principal: (DDD: _____) nº_____
Secundário: (DDD: _____) nº_____
E-mail: _____
17. Nº CPF:
18. Nº CTPS: _____ Nº Série: _____ Data de Emissão: ___/___/___
19. Nº Carteira de Identidade (RG):
20. Nº Título de eleitor:
21. Nº Termo Certidão de nascimento:
22. Nº Termo Certidão de casamento:
23. Nº Carteira de marítimo:
24. Nº CNH: _____ Data de Emissão: ___/___/___
25. Nº Passaporte: _____ Data de Emissão: ___/___/___
26. Nº Documento estrangeiro:

2.2 ACERTO DE VÍNCULOS E REMUNERAÇÕES
2.2.1 INCLUIR
VÍNCULO DE TRABALHO NA CONDIÇÃO DE:
Empregado ( ) Empregado doméstico ( )
Nº CTPS: _____ nº Série: _____ Data de Emissão: ___/___/___

Razão Social do Empregador	Nº CNPJ/CEI/CPF do Empregador	Data de Admissão	Data de Desligamento

Observação:

Ano: _____	Remunerações	Ano: _____	Remunerações
Mês	Valor (R$)	Mês	Valor (R$)
Janeiro		Julho	
Fevereiro		Agosto	
Março		Setembro	
Abril		Outubro	
Maio		Novembro	
Junho		Dezembro	

2.2.2. EXCLUIR
VÍNCULO DE TRABALHO NA CONDIÇÃO DE:
Empregado ( )   Empregado doméstico ( )
Nº CTPS: _____ nº Série: _____ Data de Emissão: ___/___/___

Razão Social do Empregador	Nº CNPJ/CEI/CPF do Empregador	Data de Admissão	Data de Desligamento

Observação:

INSTRUÇÃO NORMATIVA PRES/INSS Nº 128, DE 28 DE MARÇO DE 2022

Ano: _____	Remunerações	Ano: _____	Remunerações
Mês	Valor (R$)	Mês	Valor (R$)
Janeiro		Julho	
Fevereiro		Agosto	
Março		Setembro	
Abril		Outubro	
Maio		Novembro	
Junho		Dezembro	

2.2.3 ALTERAR

DE:

VÍNCULO DE TRABALHO NA CONDIÇÃO DE:

Empregado ( ) Empregado doméstico ( )

Nº CTPS: _____ nº Série: _____ Data de Emissão: _____/_____/_____

Razão Social do Empregador	Nº CNPJ/CEI/CPF do Empregador	Data de Admissão	Data de Desligamento

Observação:

Ano: _____	Remunerações	Ano: _____	Remunerações
Mês	Valor (R$)	Mês	Valor (R$)
Janeiro		Julho	
Fevereiro		Agosto	
Março		Setembro	
Abril		Outubro	
Maio		Novembro	
Junho		Dezembro	

PARA:

VÍNCULO DE TRABALHO NA CONDIÇÃO DE:

Empregado ( ) Empregado doméstico ( )

Nº CTPS: _____ nº Série: _____ Data de Emissão: _____/_____/_____

Razão Social do Empregador	Nº CNPJ/CEI/CPF do Empregador	Data de Admissão	Data de Desligamento

Observação:

Ano: _____	Remunerações	Ano: _____	Remunerações
Mês	Valor (R$)	Mês	Valor (R$)
Janeiro		Julho	
Fevereiro		Agosto	
Março		Setembro	
Abril		Outubro	
Maio		Novembro	
Junho		Dezembro	

2.2.4 TRANSFERÊNCIA DE VÍNCULOS E REMUNERAÇÕES CONSTANTES NO CADASTRO DE TERCEIRO PARA O CADASTRO DO REQUERENTE

Do NIT/PIS/Pasep/NIS nº: _____
Para o NIT/PIS/Pasep/NIS nº: _____
VÍNCULO DE TRABALHO NA CONDIÇÃO DE:
Empregado ( ) Empregado doméstico ( ) Trabalhador Avulso ( )
Empregador:
Identificador CNPJ/CEI/CPF nº:
Nº CTPS: _____ nº Série: _____ Data de Emissão: _____/_____/_____
Data de início: _____/_____/_____ Data-fim: _____/_____/_____
Observação:

Mês	Remunerações Valor (R$)	Ano: _____ Mês	Remunerações Valor (R$)
Janeiro		Julho	
Fevereiro		Agosto	
Março		Setembro	
Abril		Outubro	
Maio		Novembro	
Junho		Dezembro	

2.3 ATUALIZAÇÃO DE ATIVIDADE

2.3.1 INCLUIR ATIVIDADE

1. NIT nº: _____
2. Tipo de filiado: _____
3. Ocupação: _____ (no formulário dinâmico, inserir a lista CBO)
Data de início: _____/_____/_____ Data-fim: _____/_____/_____
Observação: _____

Declaro, para os devidos fins, que exerço/exerci atividade de filiação obrigatória, referente às contribuições constantes no Cadastro Nacional de Informações Sociais - CNIS, vinculadas ao NIT acima referenciado, na atividade e período acima relacionados.

Declaro, ainda, serem completas e verdadeiras as informações acima expostas, estando ciente das penalidades do artigo 299 do Código Penal Brasileiro, conforme descrito abaixo.

"Art. 299. Omitir, em documento público ou particular, declaração que devia constar, ou nele inserir, ou fazer inserir declaração falsa ou diversa da que devia ser escrita, com o fim de prejudicar direito, criar, obrigação ou alterar a verdade sobre fato juridicamente relevante."

Local e Data: _____, _____/_____/_____

_____
Assinatura do Filiado/ Solicitante

2.3.2. EXCLUIR ATIVIDADE

1. NIT nº: _____
2. Tipo de filiado: _____
3. Ocupação: _____ (no formulário dinâmico, inserir a lista CBO)
Data de início: _____/_____/_____ Data-fim: _____/_____/_____
Observação: _____

Declaro, para os devidos fins, que não exerço/não exerci atividade de filiação obrigatória, referente às contribuições constantes no Cadastro Nacional de Informações Sociais - CNIS, vinculadas ao NIT acima referenciado, na atividade e período acima relacionados.

Declaro, ainda, serem completas e verdadeiras as informações acima expostas, estando ciente das penalidades do artigo 299 do Código Penal Brasileiro, conforme descrito abaixo.

"Art. 299. Omitir, em documento público ou particular, declaração que devia constar, ou nele inserir, ou fazer inserir declaração falsa ou diversa da que devia ser escrita, com o fim de prejudicar direito, criar, obrigação ou alterar a verdade sobre fato juridicamente relevante."

Local e Data: _____, _____/_____/_____

_____
Assinatura do Filiado/ Solicitante

2.3.3 ATUALIZAR ATIVIDADE

DE:
1. NIT nº: _____
2. Tipo de filiado: _____
3. Ocupação: _____ (no formulário dinâmico, inserir a lista CBO)
Data de início: _____/_____/_____ Data-fim: _____/_____/_____
Observação: _____
PARA:

INSTRUÇÃO NORMATIVA PRES/INSS Nº 128, DE 28 DE MARÇO DE 2022

1. NIT nº: _____
2. Tipo de filiado: _____
3. Ocupação: _____ (no formulário dinâmico, inserir a lista CBO)
Data de início: ____/____/_____ Data-fim: ____/____/_____
Observação: _____

Declaro, para os devidos fins, que exerço/exerci atividade de filiação obrigatória, referente às contribuições constantes no Cadastro Nacional de Informações Sociais - CNIS, vinculadas ao NIT conforme acima referenciado, na atividade e período conforme acima relacionados.

Declaro, ainda, serem completas e verdadeiras as informações acima expostas, estando ciente das penalidades do artigo 299 do Código Penal Brasileiro, conforme descrito abaixo.

"Art. 299. Omitir, em documento público ou particular, declaração que devia constar, ou nele inserir, ou fazer inserir declaração falsa ou diversa da que devia ser escrita, com o fim de prejudicar direito, criar, obrigação ou alterar a verdade sobre fato juridicamente relevante."

Local e Data: _____, ____/____/_____

_____
Assinatura do Filiado/ Solicitante

2.4 ACERTO DE CONTRIBUIÇÕES
Informe os dados para atualização

2.4.1 INCLUIR (exceto de GPS/DARF*)
* a partir da competência em que os sistemas da RFB e INSS estiverem integrados

Contribuição
Ano:

Competência	NIT/PIS/Pasep/NIS	Código	Valor (R$) autenticado	Valor da contribuição	Valor dos acréscimos legais	Data de Pagamento
Janeiro						
Fevereiro						
Março						
Abril						
Maio						
Junho						
Julho						
Agosto						
Setembro						
Outubro						
Novembro						
Dezembro						

Observação:

2.4.2 EXCLUIR (transferir para Área de Inválidos - ADA)
Contribuição
Ano:

Competência	NIT/PIS/Pasep/NIS	Código	Valor (R$) autenticado	Valor da contribuição	Valor dos acréscimos legais	Data de Pagamento
Janeiro						
Fevereiro						
Março						
Abril						
Maio						
Junho						
Julho						
Agosto						
Setembro						
Outubro						
Novembro						
Dezembro						

Observação:

2.4.3 DESMEMBRAR
Distribuir valores recolhidos de forma consolidada em uma só competência, para as demais competências incluídas no recolhimento.
Contribuição
Ano:

Competência	NIT/PIS/Pasep/NIS	Código	Valor (R$) autenticado	Valor da contribuição	Valor dos acréscimos legais	Data de Pagamento
Janeiro						
Fevereiro						
Março						
Abril						
Maio						
Junho						
Julho						
Agosto						
Setembro						
Outubro						
Novembro						
Dezembro						

Observação:

2.4.4 TRANSFERÊNCIA DE CONTRIBUIÇÕES

Do NIT/PIS/Pasep/NIS nº: _____
Para o NIT/PIS/Pasep/NIS nº: _____
Contribuição
Ano:

Competência	NIT/PIS/Pasep/NIS	Código	Valor (R$) autenticado	Valor da contribuição	Valor dos acréscimos legais	Data de Pagamento
Janeiro						
Fevereiro						
Março						
Abril						
Maio						
Junho						
Julho						
Agosto						
Setembro						
Outubro						
Novembro						
Dezembro						

Observação:

2.5 TRATAMENTO DE EXTEMPORANEIDADE
2.5.1 EXTEMPORANEIDADE DE VÍNCULO

VÍNCULO DE TRABALHO NA CONDIÇÃO DE:
Empregado ( ) Empregado doméstico ( )
Nº CTPS: _____ nº Série: _____ Data de Emissão: _____/_____/_____

Razão Social do Empregador	Nº CNPJ/CEI/CPF do Empregador	Data de Admissão	Data de Desligamento

Observação:

2.5.2 EXTEMPORANEIDADE DE REMUNERAÇÃO DE CONTRIBUINTE INDIVIDUAL PRESTADOR DE SERVIÇOS À EMPRESA

Competência MM/AAAA	Razão Social do Contratante/Cooperativa	Nº CNPJ/CEI do Contratante/Cooperativa	Valor da Remuneração

Observação:

Local: _____ Assinatura:
Data: ___/___/___   _____

ANEXO II – INSTRUÇÃO NORMATIVA PRES/INSS Nº 128, DE 28 DE MARÇO DE 2022

DECLARAÇÃO DE CONFIRMAÇÃO DO ENVIO DE DADOS TRABALHISTAS E PREVIDENCIÁRIOS PELO eSOCIAL E INFORMAÇÃO DOS NÚMEROS DOS RECIBOS ELETRÔNICOS

IDENTIFICAÇÃO DO EMPREGADOR, EMPREGADOR DOMÉSTICO OU EMPRESA CONTRATANTE/ COOPERATIVA:

NOME/RAZÃO SOCIAL:
CNPJ/CEI(CAEPF/CNO)/CPF:

IDENTIFICAÇÃO DO EMPREGADO, EMPREGADO DOMÉSTICO OU CONTRIBUINTE INDIVIDUAL QUE PRESTA SERVIÇOS A EMPRESA/COOPERATIVA:

NOME:	CPF:
DOCUMENTO DE IDENTIFICAÇÃO/ORGÃO EXPEDIDOR:	NIT/PIS/Pasep/NIS:
PAI: MÃE:	DATA DE NASCIMENTO:

INFORMAÇÕES TRABALHISTAS:

TIPO DE CONTRATO	
( ) EMPREGADO URBANO	( ) Contrato de trabalho: _____ ( ) Contrato de trabalho intermitente
( ) EMPREGADO RURAL	Informar o tipo de atividade exercida: _____ Informar a identificação e endereço completo do imóvel onde os serviços foram prestados: _____ Informar a que título detinha a posse do imóvel:
( ) EMPREGADO DOMÉSTICO	OBSERVAÇÕES:
( ) CONTRIBUINTE INDIVIDUAL QUE PRESTA SERVIÇOS A EMPRESA CONTRATANTE/ COOPERATIVA	OBSERVAÇÕES:
ADMISSÃO:	Nº DO RECIBO ELETRÔNICO DO eSOCIAL:

EMPREGADO COM CONTRATO DE TRABALHO INTERMITENTE: INFORMAR O(S) PERÍODO(S) EFETIVAMENTE TRABALHADO(S)

	DATA INÍCIO	DATA FIM	Nº DO RECIBO ELETRÔNICO EMITIDO PELO eSOCIAL
1	__/__/____	__/__/____	
2	__/__/____	__/__/____	
3	__/__/____	__/__/____	
4	__/__/____	__/__/____	
5	__/__/____	__/__/____	
6	__/__/____	__/__/____	
7	__/__/____	__/__/____	
8	__/__/____	__/__/____	
9	__/__/____	__/__/____	
10	__/__/____	__/__/____	
11	__/__/____	__/__/____	
12	__/__/____	__/__/____	

VALOR DAS REMUNERAÇÕES PAGAS E NÚMERO DOS RESPECTIVOS RECIBOS DO eSOCIAL RELATIVOS AOS REGISTROS DE EVENTOS DE REMUNERAÇÕES S-1200:

ANO: _____	VALOR DA REMUNERAÇÃO	NÚMERO DO RECIBO DO EVENTO DE REMUNERAÇÃO (S-1200)

COMPETÊNCIA			
JANEIRO			
FEVEREIRO			
MARÇO			
ABRIL			
MAIO			
JUNHO			
JULHO			
AGOSTO			
SETEMBRO			
OUTUBRO			
NOVEMBRO			
DEZEMBRO			
OBSERVAÇÕES			

ASSINATURA E RESPONSABILIDADE PELAS INFORMAÇÕES:

Lavrei a presente Declaração, que não contém emendas e nem rasuras
Declaro que as informações nela constantes correspondem à verdade.
Local/UF: _____ Data de emissão: ____/____/____
Dados do declarante:
Nome por extenso: _____
CPF: _____
Cargo que exerce: _____

Assinatura do declarante
(empregador/empregador doméstico/responsável pelo órgão gestor de mão de obra/sindicato/empresa contratante/cooperativa)

ORIENTAÇÕES PARA PREENCHIMENTO:
1. Esta declaração somente poderá ser utilizada para os fins especificados na Instrução Normativa PRES/INSS nº 128, de 28 de março de 2022
2. Não deverá constar nesta Declaração dados e registros de períodos anteriores ao eSocial;
3. Nos casos de contratos de trabalho intermitente, deverão ser informados os períodos efetivamente trabalhados;
4. Para cada competência deverá ser informado o número do recibo eletrônico referente ao registro da remuneração no eSocial;
5. O declarante deverá preencher nesse formulário de declaração somente os itens que o empregado/empregado doméstico/contribuinte individual que presta serviços a empresa contratante ou cooperativa necessitar para fins de verificação e providências pelo INSS quanto à disponibilização das informações correspondentes no CNIS; e
6. Este Anexo não deve ser utilizado como declaração de confirmação do envio de dados trabalhistas e previdenciários pelo eSocial e informações dos números dos recibos eletrônicos referentes ao trabalhador avulso.

ANEXO III - INSTRUÇÃO NORMATIVA PRES/INSS Nº 128, DE 28 DE MARÇO DE 2022

DECLARAÇÃO DE CONFIRMAÇÃO DO ENVIO DE DADOS TRABALHISTAS E PREVIDENCIÁRIOS DO TRABALHADOR AVULSO PELO eSOCIAL E INFORMAÇÃO DOS NÚMEROS DOS RECIBOS ELETRÔNICOS
IDENTIFICAÇÃO DO INTERMEDIADOR DE MÃO DE OBRA (ÓRGÃO GESTOR DE MÃO DE OBRA OU SINDICATO):

CNPJ:	OGMO ( ) SINDICATO ( )		
NOME OU RAZÃO SOCIAL:			
ENDEREÇO:			
MUNICÍPIO:	BAIRRO:		UF:
CEP:	COMPLEMENTO:	DDD/TEL.:	

IDENTIFICAÇÃO DO TRABALHADOR AVULSO:

CPF:	PORTUÁRIO ( ) NÃO PORTUÁRIO ( )		
NOME:			
NIT/PIS/PASEP/NIS:			
Nº CBO:	NOME DA OCUPAÇÃO:		
ENDEREÇO:			
MUNICÍPIO:	BAIRRO:		UF:
CEP:	COMPLEMENTO:	DDD/TEL.:	

IDENTIFICAÇÃO DO TOMADOR:

INSTRUÇÃO NORMATIVA PRES/INSS Nº 128, DE 28 DE MARÇO DE 2022

NOME OU RAZÃO SOCIAL:		
CNPJ:		
ENDEREÇO:		
MUNICÍPIO:	BAIRRO:	UF:
CEP:	COMPLEMENTO:	DDD/TEL.:

VALOR DAS REMUNERAÇÕES PAGAS E NÚMERO DOS RESPECTIVOS RECIBOS DO eSOCIAL RELATIVOS AOS REGISTROS DE EVENTOS DE REMUNERAÇÕES:

ANO: _____	REMUNERAÇÃO BASE DE CÁLCULO PARA A PREVIDÊNCIA SOCIAL	NÚMERO DO RECIBO DO EVENTO DE REMUNERAÇÃO DO eSOCIAL
COMPETÊNCIA		
JANEIRO		
FEVEREIRO		
MARÇO		
ABRIL		
MAIO		
JUNHO		
JULHO		
AGOSTO		
SETEMBRO		
OUTUBRO		
NOVEMBRO		
DEZEMBRO		
OBSERVAÇÕES		

ASSINATURA E RESPONSABILIDADE PELAS INFORMAÇÕES

Lavrei a presente Declaração, que não contém emendas e nem rasuras
Declaro que as informações nela constantes correspondem à verdade.
Local/UF: _____ Data de emissão: ____/____/____
Dados do declarante:
Nome por extenso:_____
CPF: _____
Cargo que exerce:_____

_____
Assinatura do declarante
(empregador/empregador doméstico/responsável pelo órgão gestor de mão de obra/sindicato/empresa contratante/cooperativa)

ORIENTAÇÕES PARA PREENCHIMENTO:
1. Esta declaração somente poderá ser utilizada para os fins especificados na Instrução Normativa PRES/INSS nº 128, de 28 de março de 2022.
2. Não deverá constar nesta Declaração dados e registros de períodos anteriores ao eSocial;
3. Para cada competência deverá ser informado o número do recibo eletrônico referente ao registro da remuneração no eSocial;
4. O declarante deverá preencher nesse formulário de declaração somente os itens que o trabalhador avulso necessitar para fins de verificação e providências pelo INSS quanto à disponibilização das informações correspondentes no CNIS.
5. Este Anexo não deve ser utilizado como declaração de confirmação do envio de dados trabalhistas e previdenciários pelo eSocial e informações dos números dos recibos eletrônicos referentes ao empregado, empregado doméstico e contribuinte individual que presta a empresa/cooperativa.

ANEXO IV – INSTRUÇÃO NORMATIVA PRES/INSS Nº 128, DE 28 DE MARÇO DE 2022

(TIMBRE DO ÓRGÃO OU ENTIDADE EMITENTE)
DECLARAÇÃO DE TEMPO DE CONTRIBUIÇÃO AO RGPS – DTC
(Nº/ANO) _____ /_____

ÓRGÃO EMITENTE:	CNPJ:

DADOS PESSOAIS

NOME DO SERVIDOR/AGENTE PÚBLICO:		MATRÍCULA:
DOCUMENTO DE IDENTIFICAÇÃO/ ÓRGÃO EXPEDIDOR:	CPF:	PIS/PASEP:
NOME DO PAI:		
NOME DA MÃE:		DATA DE NASCIMENTO:

DADOS FUNCIONAIS

DATA DE ADMISSÃO NO VÍNCULO 1:			Nº DA PORTARIA DE NOMEAÇÃO:	DATA DE PUBLICAÇÃO:
DATA DE DESLIGAMENTO NO VÍNCULO 1:			Nº DA PORTARIA DE EXONERAÇÃO/DEMISSÃO:	DATA DE PUBLICAÇÃO:

PERÍODO(S) DE TEMPO DE CONTRIBUIÇÃO

SEQ.	DATA INÍCIO DD/MM/AAAA	DATA FIM DD/MM/AAAA	CARGO/FUNÇÃO	CATEGORIA FUNCIONAL
1	__/__/____	__/__/____		( ) Efetivo/Estável ( ) Comissionado/Mandato Eletivo ( ) Contratado
2	__/__/____	__/__/____		( ) Efetivo/Estável ( ) Comissionado/Mandato Eletivo ( ) Contratado
3	__/__/____	ATÉ A PRESENTE DATA		( ) Efetivo/Estável ( ) Comissionado/Mandato Eletivo ( ) Contratado

INFORMAÇÕES ADICIONAIS/OCORRÊNCIAS

LICENÇAS/ AFASTAMENTO	No(s) período(s) acima discriminado(s), houve licença não-remunerada ou afastamento, que acarretasse na suspensão do contrato de trabalho? ( ) NÃO. ( ) SIM. No(s) período(s) de ___/___/____ a ___/___/____; de ___/___/____ a ___/___/____; e de ___/___/____ a ___/___/____. (Obs: descrever que tipo de licença/afastamento e a qual vínculo/período se referem as informações).
DOCUMENTAÇÃO E FONTE DAS INFORMAÇÕES	Os seguintes documentos serviram de base à presente declaração foram: ( ) Atos de nomeação e exoneração. ( ) Contrato de Trabalho, registros em CTPS ou ficha funcional contemporâneos. ( ) Folhas de pagamento ou ficha financeira. ( ) Registros de frequência. ( ) Outros: _____
OBSERVAÇÕES	

ASSINATURA E RESPONSABILIDADE PELAS INFORMAÇÕES

Declaro que os documentos que serviram de base para a emissão desta Declaração encontram-se à disposição do INSS para eventual consulta.

Lavrei a presente Declaração, que não contém emendas nem rasuras. Local e data: _____, ____/____/____	Visto do Dirigente do Órgão competente.
_____ Assinatura do servidor que lavrou a Declaração Nome/Cargo/Matrícula	_____ Assinatura do Dirigente do Órgão competente Nome/Cargo/Matrícula

ORIENTAÇÕES DE PREENCHIMENTO:

1. Orientações Gerais:

1.1 Não deverá constar nesta Declaração período de contribuição ao Regime Próprio de Previdência Social – RPPS, observado que, até 15/12/1998, data anterior à da publicação da Emenda Constitucional nº 20/1998, o servidor público ocupante, exclusivamente, de cargo em comissão, de cargo temporário, de emprego público ou mandato eletivo poderia estar vinculado a RPPS;

1.2 Somente deverá constar nesta Declaração período em que o servidor/agente público foi remunerado e enquadrado na categoria de empregado, não sendo o documento hábil para certificar períodos de serviços prestados como contribuinte individual/autônomo, ainda que a períodos a partir de abril/2003;

1.3 Esta Declaração também poderá ser utilizada para período a partir de 1º de março de 2000, do ocupante de cargo de Ministro de Estado, de Secretário Estadual, Distrital ou Municipal, desde que não amparado por RPPS pelo exercício de cargo efetivo do qual tenha se afastado para assumir essa função;

1.4 O período de exercente de mandato eletivo somente poderá ser declarado a partir de 19/09/2004.

2. Na tabela "DADOS FUNCIONAIS":

2.1 Nesta tabela deverão ser preenchidos os dados do(s) vínculo(s) existente(s) e o(s) período(s) de Regime Geral de Previdência Social – RGPS correspondentes ao(s) vínculo(s). Poderão ser incluídas tantas tabelas quantas forem necessárias, nas situações de existência de vários vínculos ligados ao ente federativo;

2.2 Na hipótese de alternância do regime de previdência, com período de RPPS intercalado, no campo "OBSERVAÇÕES", deverá informar o período de vinculação ao RPPS.

3. Na tabela "INFORMAÇÕES ADICIONAIS/OCORRÊNCIAS":

3.1 Deverá responder à pergunta acerca da existência de licença não-remunerada ou afastamento, que acarrete na suspensão do contrato de trabalho (a exemplo de período em gozo de auxílio-doença/aposentadoria por invalidez, suspensão disciplinar, etc.). Em caso de resposta positiva, deverá discriminar os períodos;

3.2 Deverá marcar ou especificar a documentação que serviu de base para emissão da declaração;
3.3 No campo "OBSERVAÇÕES", além de mudança de regime de previdência, poderá ser registrado eventos como ação trabalhista, cessão de servidor, etc.
4. ASSINATURA E RESPONSABILIDADE PELAS INFORMAÇÕES:
4.1 Observando a competência de cada órgão e a necessária identificação dos responsáveis pela emissão, a Declaração deverá ser confirmada com a assinatura, cargo e matrícula do Dirigente do Órgão Competente.

ANEXO V – INSTRUÇÃO NORMATIVA PRES/INSS Nº 128, DE 28 DE MARÇO DE 2022

(TIMBRE DO ÓRGÃO OU ENTIDADE EMITENTE)
RELAÇÃO DAS REMUNERAÇÕES QUE INCIDEM CONTRIBUIÇÕES PREVIDENCIÁRIAS REFERENTE À DECLARAÇÃO DE TEMPO DE CONTRIBUIÇÃO AO RGPS – DTC
(Nº / ANO) _____ / _____

ÓRGÃO EMITENTE:	CNPJ:

DADOS PESSOAIS

NOME DO SERVIDOR/AGENTE PÚBLICO:		MATRÍCULA:
DOCUMENTO DE IDENTIFICAÇÃO/ ÓRGÃO EXPEDIDOR:	CPF:	PIS/PASEP:
NOME DO PAI:		
NOME DA MÃE:		DATA DE NASCIMENTO:
DATA DE ADMISSÃO:	DATA DA EXONERAÇÃO:	PIS/PASEP:	CPF:

DADOS DE REMUNERAÇÕES

Mês	Ano:	Ano:	Ano:	Ano:	Ano:
	Valor ($)	Valor ($)	Valor ($)	Valor ($)	Valor ($)
JANEIRO					
FEVEREIRO					
MARÇO					
ABRIL					
MAIO					
JUNHO					
JULHO					
AGOSTO					
SETEMBRO					
OUTUBRO					
NOVEMBRO					
DEZEMBRO					

ASSINATURA E RESPONSABILIDADE PELAS INFORMAÇÕES

Declaro que os documentos que serviram de base para a emissão desta Declaração encontram-se à disposição do INSS para eventual consulta.

Lavrei a presente Declaração, que não contém emendas nem rasuras. Local e data: _____ ___/___/____	Visto do Dirigente do Órgão competente.
Assinatura do servidor que lavrou a Declaração Nome/Cargo/Matrícula	Assinatura do Dirigente do Órgão competente Nome/Cargo/Matrícula

ORIENTAÇÕES DE PREENCHIMENTO:
1. Orientações Gerais:
1.1 Este anexo "RELAÇÃO DAS REMUNERAÇÕES QUE INCIDEM CONTRIBUIÇÕES PREVIDENCIÁRIAS" quando for utilizado deverá acompanhar o respectivo anexo "DECLARAÇÃO DE TEMPO DE CONTRIBUIÇÃO AO RGPS – DTC (Nº / ANO) _____ / _____";
1.2 Deverão ser informadas as remunerações para as quais incidem obrigatoriamente contribuições previdenciárias;
1.3 O campo "Valor ($)" deverá ser preenchido com a remuneração em moeda da época.

ANEXO VI – INSTRUÇÃO NORMATIVA PRES/INSS Nº 128, DE 28 DE MARÇO DE 2022

(TIMBRE DO ÓRGÃO OU ENTIDADE EMITENTE)
CERTIFICADO DE TEMPO DE CONTRIBUIÇÃO DO TRABALHADOR AVULSO
IDENTIFICAÇÃO DO TRABALHADOR AVULSO:

INSTRUÇÃO NORMATIVA PRES/INSS Nº 128, DE 28 DE MARÇO DE 2022

CPF:
( ) PORTUÁRIO
( ) NÃO PORTUÁRIO
NOME:
NIT/PIS/PASEP/NIS:
Nº CBO: NOME DA OCUPAÇÃO:
ENDEREÇO:
MUNICÍPIO: BAIRRO: UF:
CEP: COMPLEMENTO: DDD/TEL.:

IDENTIFICAÇÃO DO INTERMEDIADOR DE MÃO DE OBRA (ÓRGÃO GESTOR DE MÃO DE OBRA OU SINDICATO):

CNPJ:
( ) OGMO
( ) SINDICATO
NOME OU RAZÃO SOCIAL:
ENDEREÇO:
MUNICÍPIO: BAIRRO: UF:
CEP: COMPLEMENTO: DDD/TEL.:

IDENTIFICAÇÃO DO TOMADOR:

NOME OU RAZÃO SOCIAL:
CNPJ:
ENDEREÇO:
MUNICÍPIO: BAIRRO: UF:
CEP: COMPLEMENTO: DDD/TEL.:

REMUNERAÇÕES

Competência	Remuneração Base de Cálculo para a Previdência Social	Competência	Remuneração Base de Cálculo para a Previdência Social
JANEIRO		JANEIRO	
FEVEREIRO		FEVEREIRO	
MARÇO		MARÇO	
ABRIL		ABRIL	
MAIO		MAIO	
JUNHO		JUNHO	
JULHO		JULHO	
AGOSTO		AGOSTO	
SETEMBRO		SETEMBRO	
OUTUBRO		OUTUBRO	
NOVEMBRO		NOVEMBRO	
DEZEMBRO		DEZEMBRO	
OBSERVAÇÕES			

DADOS DO RESPONSÁVEL PELA EMISSÃO DO CERTIFICADO

NOME:
CARGO: CPF:
Certifico que as informações constantes neste certificado correspondem à verdade e foram extraídas de registros da entidade intermediadora de mão de obra e se encontram à disposição do INSS para consulta.
Lavrei o presente Certificado, que não contém emendas e nem rasuras.
Local/UF: _____ Data de emissão: _____/_____/_____

_____
Assinatura do declarante
(responsável pelo órgão gestor de mão de obra/sindicato)

ANEXO VII – INSTRUÇÃO NORMATIVA PRES/INSS Nº 128, DE 28 DE MARÇO DE 2022

REQUERIMENTO PARA CÁLCULO DE CONTRIBUIÇÃO EM ATRASO

INFORMAÇÕES BÁSICAS
Nome civil:
CPF:
Número de Inscrição (NIT/PIS/Pasep/NIS):
Data de nascimento:
Nome da mãe:
Nome do pai:

FINALIDADE DO CÁLCULO
( ) CONTAGEM NO RGPS (Indenização/ Retroação da data do início das contribuições – DIC)
( ) CONTAGEM RECÍPROCA (emissão de Certidão de Tempo de Contribuição – CTC)

COMPETÊNCIAS PARA CÁLCULO/TIPO DE FILIADO/OCUPAÇÃO
1. NIT: _____
2. Tipo de filiado: _____
3. Ocupação: _____ (no formulário dinâmico inserir a lista CBO)
4. Data de início: _____/_____/_____ 5. Data fim: _____/_____/_____
Observação: _____

DOCUMENTOS APRESENTADOS
( ) Cédula de Identidade ou Registro Geral – RG;
( ) Carteira Nacional de Habilitação – CNH;
( ) Carteira de Trabalho e Previdência Social – CTPS em meio físico;
( ) Carteira expedida por órgão ou entidade de classe;
( ) Passaporte;
( ) Documento Nacional de Identificação – DNI; ou
( ) Outro documento legal com foto dotado de fé pública que permita a identificação da pessoa física. Especificar: _____

( ) Declaração fornecida pela empresa, devidamente assinada e identificada por seu responsável, acompanhada de original ou cópia autenticada da Ficha de Registro de Empregados ou do Livro de Registros de Empregados, onde conste o referido registro do trabalhador
( ) Contracheque ou recibo de pagamento contemporâneos aos fatos que se pretende comprovar
( ) Certificado de sindicato ou órgão gestor de mão-de-obra que agrupa trabalhadores avulsos
( ) Contrato Social e alterações / Registro de Firma Individual
( ) Guias de recolhimentos de contribuição de contribuinte individual
( ) Comprovante de inscrição de contribuinte individual.
( ) Documentos comprobatórios de atividade rural. Especificar: _____

( ) Outros documentos Especificar: _____

O requerente fica ciente que:
1. Estará sujeito ao pagamento das diferenças e acréscimos legais devidos, caso a Previdência Social constate, a qualquer momento, que o recolhimento foi efetuado em desacordo com a finalidade descrita, com os procedimentos do sistema ou legislação aplicável ao cálculo de contribuições em atraso.
2. Qualquer declaração falsa ou diversa da escrita sujeitará o declarante à pena prevista no art. 299 do Código Penal.

Declaro, para os devidos fins, que exerço/exerci atividade de filiação obrigatória, referente às contribuições constantes no Cadastro Nacional de Informações Sociais – CNIS, vinculadas ao NIT acima referenciado, na atividade e períodos acima relacionados.

Declaro, ainda, serem completas e verdadeiras as informações acima expostas, estando ciente das penalidades do Artigo 299 do Código Penal Brasileiro, conforme descrito abaixo.

Art. 299 – Omitir, em documento público ou particular, declaração que devia constar, ou nele inserir, ou fazer inserir declaração falsa ou diversa da que devia ser escrita, com o fim de prejudicar direito, criar, obrigação ou alterar a verdade sobre fato juridicamente relevante.

Local e Data: _____, _____/_____/_____

Assinatura do Filiado/ Representante Legal

ANEXO VIII – INSTRUÇÃO NORMATIVA PRES/INSS Nº 128, DE 28 DE MARÇO DE 2022

AUTODECLARAÇÃO DO SEGURADO ESPECIAL – RURAL
TODAS AS INFORMAÇÕES SERÃO CHECADAS NOS SISTEMAS OFICIAIS
1. Dados do Segurado:
NOME:_____APELIDO:_____
DATA DE NASCIMENTO:__/__/_____LOCAL DE NASCIMENTO: _____
ENDEREÇO RESIDENCIAL:_____
MUNICÍPIO:_____UF: _____
CPF:_____ RG: _____DATA/LOCAL DE EXPEDIÇÃO:__/__/__/____
2. Período(s) de atividade rural (dia/mês/ano):

PERÍODO (xx/xx/xxxx a xx/xx/xxxx)	CONDIÇÃO EM RELAÇÃO AO IMÓVEL*	SITUAÇÃO
		( ) Individualmente ( ) Regime de economia familiar
		( ) Individualmente ( ) Regime de economia familiar
		( ) Individualmente ( ) Regime de economia familiar
		( ) Individualmente ( ) Regime de economia familiar
		( ) Individualmente ( ) Regime de economia familiar

*Proprietário/ Possuidor/ Comodatário/ Arrendatário/ Parceiro/ Meeiro/ Usufrutuário/ Condômino/ Posseiro/ Assentado/ Acampado

2.1 No caso de exercício de atividade em regime de economia familiar, informe sua condição no grupo na data do requerimento:
() Titular
() Componente

2.2 Grupo Familiar, se exerceu ou exerce a atividade em regime de economia familiar, informe os componentes do grupo familiar:
NOME: _____
DN:___/___/___
CPF (NÚMERO): _____
ESTADO CIVIL:_____PARENTESCO: _____
NOME: _____
DN:___/___/___
CPF (NÚMERO): _____
ESTADO CIVIL:_____PARENTESCO: _____
NOME: _____
DN:___/___/___
CPF (NÚMERO): _____
ESTADO CIVIL:_____PARENTESCO: _____
NOME: _____
DN:___/___/___
CPF (NÚMERO): _____
ESTADO CIVIL:_____PARENTESCO: _____

3. Se o segurado for proprietário, posseiro/possuidor, assentado, usufrutuário e houve cessão da terra, informar:

FORMA DE CESSÃO*	PERÍODO (xx/xx/xxxx a xx/xx/xxxx)	ÁREA CEDIDA em hectare – ha

*Exemplos: Arrendamento, parceria, meação, comodato, etc.
3.1 Informe os dados da(s) terra(s), onde exerceu ou exerce a atividade rural (conforme item 2): * se exploração em condomínio, informar no campo "área total do imóvel" a área pertencente ao condômino.
Registro ITR, se possuir: _____
Nome da propriedade:_____ Município/UF: _____
Área total do imóvel (ha): _____
Área explorada pelo requerente (ha): _____

INSTRUÇÃO NORMATIVA PRES/INSS Nº 128, DE 28 DE MARÇO DE 2022

Nome do proprietário:_____ CPF do Proprietário:_____
Registro ITR, se possuir: _____
Nome da propriedade:_____ Município/UF: _____
Área total do imóvel (ha): _____
Área explorada pelo requerente (ha): _____
Nome do proprietário:_____ CPF do Proprietário:_____
Registro ITR, se possuir: _____
Nome da propriedade:_____ Município/UF: _____
Área total do imóvel (ha): _____
Área explorada pelo requerente (ha): _____
Nome do proprietário:_____ CPF do Proprietário:_____
Registro ITR, se possuir: _____
Nome da propriedade:_____ Município/UF: _____
Área total do imóvel (ha): _____
Área explorada pelo requerente (ha): _____
Nome do proprietário:_____ CPF do Proprietário:_____

3.2 Informe o que explora na atividade rural e destinação (milho, feijão, porcos, etc.)

ATIVIDADE	SUBSISTÊNCIA/VENDA

3.3 Informe se houve recolhimento de Imposto Sobre Produtos Industrializados – IPI sobre a venda da produção:
SIM ( ) NÃO ( )

PERÍODO (xx/xx/xxxx a xx/xx/xxxx)

3.4 Possui empregado(s) ou prestador(es) de serviço: SIM ( ) NÃO ( ) Especificar.

NOME	CPF, se possuir	PERÍODO (xx/xx/xxxx a xx/xx/xxxx)

4. Informe se exerce ou exerceu outra atividade e/ou recebe/recebeu outra renda:
SIM ( ) NÃO ( ) Especificar.

ATIVIDADE/RENDA*	LOCAL	PERÍODO (xx/xx/xxxx a xx/xx/xxxx)

*Pedreiro, carpinteiro, pintor, servidor público, empregado rural, entre outros.

4.1 Informe se recebe/recebeu outra renda nas seguintes atividades: atividade turística, artística, artesanal, dirigente sindical ou de cooperativa, mandato de vereador:
SIM ( ) NÃO ( )

ATIVIDADE	PERÍODO (xx/xx/xxxx a xx/xx/xxxx)	RENDA (R$)	OUTRAS INFORMAÇÕES*

* Para atividade artesanal, informar a origem da matéria prima.
Para mandato de vereador, informar o Município.
Para exploração de atividade turística na propriedade, indicar os dias de hospedagem por exercício.

4.2. Informe se participa de cooperativa: SIM ( ) NÃO ( )

ENTIDADE	CNPJ	INFORMAR SE É AGROPECUÁRIA OU DE CRÉDITO RURAL

Declaro sob as penas previstas na legislação, que as informações prestadas nesta declaração são verdadeiras, estando ciente das penalidades do Art. 299 do Código Penal Brasileiro.

Local:_____ Data:____/____/_____

Assinatura do segurado/requerente
POLEGAR DIREITO
Art. 299 do Código Penal: Omitir, em documento público ou particular, declaração que dele devia constar ou nele inserir ou fazer inserir declaração falsa ou diversa da que devia ser escrita, com o fim de prejudicar direito, criar obrigação ou alterar a verdade sobre fato juridicamente relevante.
Pena – reclusão, de um a cinco anos, e multa, se o documento é público, e reclusão de um a três anos, e multa, se o documento é particular.

ANEXO IX – INSTRUÇÃO NORMATIVA PRES/INSS Nº 128, DE 28 DE MARÇO DE 2022

AUTODECLARAÇÃO DO SEGURADO ESPECIAL – PESCADOR
(TODAS AS INFORMAÇÕES SERÃO CHECADAS NOS SISTEMAS OFICIAIS)
1. Dados do Segurado:
NOME:_____ APELIDO:_____
DATA DE NASCIMENTO:___/___/___ LOCAL DE NASCIMENTO:_____
ENDEREÇO RESIDENCIAL:_____
MUNICÍPIO:_____ UF:_____
CPF:_____ RG:_____ DATA/LOCAL DE EXPEDIÇÃO:__/__/__/____
*RGP:_____ MATRÍCULA CEI/CAEPF:_____
2. Período(s) de atividade pesca (dia/mês/ano):

PERÍODO (xx/xx/xxxx a xx/xx/xxxx)	LOCAL ONDE EXERCE A ATIVIDADE*	SITUAÇÃO
		( ) Individualmente ( ) Regime de economia familiar
		( ) Individualmente ( ) Regime de economia familiar
		( ) Individualmente ( ) Regime de economia familiar

*Mar/ Rio/ Estuário/ Lagoa/ Açude/ Represa
2.1 No caso de exercício de atividade em regime de economia familiar, informe sua condição no grupo:
( ) Titular
( ) Componente
2.2 Grupo Familiar, se exerceu ou exerce a atividade em regime de economia familiar, informe os componentes do grupo familiar:
NOME:_____ DN:_____
CPF (NÚMERO):_____
ESTADO CIVIL:_____ PARENTESCO:_____
NOME:_____ DN:_____
CPF (NÚMERO):_____
ESTADO CIVIL:_____ PARENTESCO:_____
NOME:_____ DN:_____
CPF (NÚMERO):_____
ESTADO CIVIL:_____ PARENTESCO:_____
NOME:_____ DN:_____
CPF (NÚMERO):_____
ESTADO CIVIL:_____ PARENTESCO:_____
3. Informe a condição de pescador em relação à embarcação onde exerce/exerceu a atividade:

PERÍODO (xx/xx/xxxx a xx/xx/xxxx)	CONDIÇÃO EM RELAÇÃO A EMBARCAÇÃO*	ARQUEAÇÃO BRUTA DA EMBARCAÇÃO (AB)

*Arrendatário/ Comodatário/ Meeiro/ Parceiro/ Proprietário/ Pescador Artesanal ou mariscador sem embarcação
3.1 Se o segurado for proprietário e houve arrendamento da embarcação, informar:

PERÍODO (xx/xx/xxxx a xx/xx/xxxx)

INSTRUÇÃO NORMATIVA PRES/INSS Nº 128, DE 28 DE MARÇO DE 2022

3.2 Qual o nome e CPF do(s) titular(es) da embarcação:

NOME	CPF	PERÍODO (xx/xx/xxxx a xx/xx/xxxx)

3.3 Informe a atividade pesqueira (pescador de tambaqui, pescador de ostra etc.):

ATIVIDADE	SUBSISTÊNCIA/VENDA

3.4 Informe se houve recolhimento de Imposto Sobre Produtos Industrializados – IPI sobre a venda da produção: SIM ( ) NÃO ( )

PERÍODO (xx/xx/xxxx a xx/xx/xxxx)

3.5 Possui empregado(s) ou prestador(es) de serviço: SIM ( ) NÃO ( ) Especificar.

NOME	CPF, se possuir	PERÍODO (xx/xx/xxxx a xx/xx/xxxx)

4. Informe se exerce ou exerceu outra atividade e/ou recebe/recebeu outra renda:

ATIVIDADE*	LOCAL	PERÍODO (xx/xx/xxxx a xx/xx/xxxx)

* Pedreiro, carpinteiro, pintor, servidor público, entre outros.

4.1 Informe se recebe/recebeu outra renda nas seguintes atividades: atividade turística, artística, artesanal, dirigente sindical ou de cooperativa, mandato de vereador:
SIM ( ) NÃO ( )

ATIVIDADE	PERÍODO (xx/xx/xxxx a xx/xx/xxxx)	RENDA (R$)	OUTRAS INFORMAÇÕES*

* Para atividade artesanal, informar a origem da matéria prima.
Para mandato de vereador, informar o Município.
Para exploração de atividade turística na propriedade, indicar os dias de hospedagem por exercício.
4.2 Informe se participa de cooperativa: SIM ( ) NÃO ( )

ENTIDADE	CNPJ	INFORMAR SE É AGROPECUÁRIA OU DE CRÉDITO RURAL

Declaro sob as penas previstas na legislação, que as informações prestadas nesta declaração são verdadeiras, estando ciente das penalidades do Art. 299 do Código Penal Brasileiro.
Local:_____ Data: _____
_____
Assinatura do segurado/requerente
POLEGAR DIREITO
Art. 299 do Código Penal: Omitir, em documento público ou particular, declaração que dele devia constar ou nele inserir ou fazer inserir declaração falsa ou diversa da que devia ser escrita, com o fim de prejudicar direito, criar obrigação ou alterar a verdade sobre fato juridicamente relevante.
Pena – reclusão, de um a cinco anos, e multa, se o documento é público, e reclusão de um a três anos, e multa, se o documento é particular.

ANEXO X – INSTRUÇÃO NORMATIVA PRES/INSS Nº 128, DE 28 DE MARÇO DE 2022

AUTODECLARAÇÃO DO SEGURADO ESPECIAL – SERINGUEIRO E EXTRATIVISTA VEGETAL
TODAS AS INFORMAÇÕES SERÃO CHECADAS NOS SISTEMAS OFICIAIS

1. Dados do Segurado:
NOME:_____ APELIDO: _____
DATA DE NASCIMENTO:___/___/___ LOCAL DE NASCIMENTO:_____
ENDEREÇO RESIDENCIAL:_____
MUNICÍPIO:_____ UF:_____
CPF:_____ RG:_____ DATA/LOCAL DE EXPEDIÇÃO:__/__/__/____

2. O requerente é/foi seringueiro ou extrativista vegetal que explorou os recursos naturais renováveis de modo sustentável (assegurando a diversidade biológica e dos ecossistemas), sendo esta atividade seu principal meio de vida.
( ) SIM
( ) NÃO

3. Período(s) de atividade extrativista (dia/mês/ano):

PERÍODO (xx/xx/xxxx a xx/xx/xxxx)	LOCAL ONDE EXERCE A ATIVIDADE	SITUAÇÃO
		( ) Individualmente ( ) Regime de economia familiar
		( ) Individualmente ( ) Regime de economia familiar
		( ) Individualmente ( ) Regime de economia familiar

3.1 No caso de exercício de atividade em regime de economia familiar, informe sua condição no grupo:
( ) Titular
( ) Componente

3.2 Grupo Familiar, se exerceu ou exerce a atividade em regime de economia familiar, informe os componentes do grupo familiar:
NOME:_____
DN:_____
CPF (NÚMERO):_____
ESTADO CIVIL:_____ PARENTESCO:_____
NOME:_____
DN:_____
CPF (NÚMERO):_____
ESTADO CIVIL:_____ PARENTESCO:_____
NOME:_____
DN:_____
CPF (NÚMERO):_____
ESTADO CIVIL:_____ PARENTESCO:_____
NOME:_____
DN:_____
CPF (NÚMERO):_____
ESTADO CIVIL:_____ PARENTESCO:_____

4. Informe os dados da(s) terra(s):
Registro ITR, se possuir: _____
Nome da propriedade:_____ Município/UF:_____
Registro ITR, se possuir: _____
Nome da propriedade:_____ Município/UF:_____

4.1 Informe a atividade extrativista principal (seringueiro, castanheiro, etc.):

ATIVIDADE	SUBSISTÊNCIA/VENDA

4.2 Informe se há/houve processo de beneficiamento/industrialização artesanal com incidência de Imposto Sobre Produtos Industrializados – IPI (farinha, processamento de borracha, etc.): SIM ( ) NÃO ( )

PERÍODO (xx/xx/xxxx a xx/xx/xxxx)

INSTRUÇÃO NORMATIVA PRES/INSS Nº 128, DE 28 DE MARÇO DE 2022

4.3 Possui empregado(s) ou prestador(es) de serviço: SIM ( ) NÃO ( ) Especificar.

NOME	CPF, se possuir	PERÍODO (xx/xx/xxxx a xx/xx/xxxx)

5.0 Informe se exerce ou exerceu outra atividade e/ou recebe/recebeu outra renda: SIM ( ) NÃO ( ) Especificar.

ATIVIDADE*	LOCAL	PERÍODO (xx/xx/xxxx a xx/xx/xxxx)

*Pedreiro, carpinteiro, pintor, servidor público, entre outros.

5.1 Informe se recebe/recebeu outra renda nas seguintes atividades: atividade turística, artística, artesanal, dirigente sindical ou de cooperativa, mandato de vereador: SIM ( ) NÃO ( )

ATIVIDADE	PERÍODO (xx/xx/xxxx a xx/xx/xxxx)	RENDA (R$)	OUTRAS INFORMAÇÕES*

* Para atividade artesanal, informar a origem da matéria prima.
Para mandato de vereador, informar o Município.
Para exploração de atividade turística na propriedade, indicar os dias de hospedagem por exercício.

5.2 Informe se participa de cooperativa: SIM ( ) NÃO ( )

ENTIDADE	CNPJ	INFORMAR SE É AGROPECUÁRIA OU DE CRÉDITO RURAL

Declaro sob as penas previstas na legislação, que as informações prestadas nesta declaração são verdadeiras, estando ciente das penalidades do Art. 299 do Código Penal Brasileiro.

Local:_____ Data: _____

_____
Assinatura do segurado/requerente
POLEGAR DIREITO

Art. 299 do Código Penal: Omitir, em documento público ou particular, declaração que dele devia constar ou nele inserir ou fazer inserir declaração falsa ou diversa da que devia ser escrita, com o fim de prejudicar direito, criar obrigação ou alterar a verdade sobre fato juridicamente relevante.
Pena – reclusão, de um a cinco anos, e multa, se o documento é público, e reclusão de um a três anos, e multa, se o documento é particular.

ANEXO XI – INSTRUÇÃO NORMATIVA PRES/INSS Nº 128, DE 28 DE MARÇO DE 2022

(TIMBRE DO ÓRGÃO OU ENTIDADE EMITENTE)
DECLARAÇÃO DE TEMPO DE CONTRIBUIÇÃO REFERENTE AO AUXILIAR LOCAL

ÓRGÃO EMITENTE:	CNPJ:

DADOS PESSOAIS

NOME DO SERVIDOR/AGENTE PÚBLICO:		MATRÍCULA:
DOCUMENTO DE IDENTIFICAÇÃO/ ÓRGÃO EXPEDIDOR:	CPF:	PIS/PASEP:
NOME DO PAI: NOME DA MÃE:		DATA DE NASCIMENTO: ____/____/____

DADOS FUNCIONAIS

EMPREGO E ATIVIDADE EXERCIDOS:	DATA DE ADMISSÃO: ____/____/____
DATA DE INÍCIO DAS CONTRIBUIÇÕES: (Preencher se diferente da data de admissão) ____/____/____	DATA DE DESLIGAMENTO: ____/____/____

OBSERVAÇÕES/OCORRÊNCIAS:
ASSINATURA E RESPONSABILIDADE PELAS INFORMAÇÕES

Declaro que os documentos que serviram de base para a emissão desta Declaração encontram-se à disposição do INSS para eventual consulta.

Lavrei a presente Declaração, que não contém emendas nem rasuras. Visto do Dirigente do Órgão competente.
NOME: NOME:
MATRÍCULA: MATRÍCULA:
CARGO: CARGO:

Local e data: _____, ___/___/___

_____   _____ Assinatura do Dirigen-
Assinatura do servidor que lavrou a Declaração   te do órgão competente

ANEXO XII – INSTRUÇÃO NORMATIVA PRES/INSS Nº 128, DE 28 DE MARÇO DE 2022

TERMO DE OPÇÃO PELA FILIAÇÃO AO RGPS NA QUALIDADE DE SEGURADO FACULTATIVO – EXERCENTE DE MANDATO ELETIVO – TOF – EME

INFORMAÇÕES BÁSICAS			
1. NOME:			
2. FUNÇÃO:	3. NIT/PIS/Pasep/NIS:		4. CPF:
5. ENDEREÇO:			
6. BAIRRO/DISTRITO:	7. MUNICÍPIO:		8. UF:
9. CEP:	10. E-MAIL:		11. TELEFONE:

12. TERMO DE OPÇÃO:

Solicito filiação na qualidade de segurado:

( ) facultativo;

( ) contribuinte individual; ou

( ) empregado.

Considerando o acima exposto, faço a seguinte opção:

a) ( ) manter como contribuição somente o valor retido, considerando-se como salário-de-contribuição no mês o valor recolhido dividido por 0,2 (dois décimos); ou

b) ( ) considerar o salário-de-contribuição pela totalidade dos valores percebidos do ente federativo, complementando os valores devidos à alíquota de 20% (vinte por cento), com acréscimo de juros e multa de mora.

INFORMAÇÕES COMPLEMENTARES

Declaro, sob as penas da Lei, serem verdadeiras as informações acima e os documentos apresentados e que não foram pleiteadas por via judicial e nem compensadas OU RESTITUÍDAS as importâncias objeto da opção ora requerida.

13. LOCAL e DATA: _____,___/___/___	14. ASSINATURA DO EXERCENTE DE MANDATO ELETIVO OU DE SEU REPRESENTANTE LEGAL:
15. NOME, RG e CPF:	

INSTRUÇÕES PARA PREENCHIMENTO
INFORMAÇÕES BÁSICAS:
Campo 01 a 11: informar os dados cadastrais do exercente de mandato eletivo; e
Campo 12: assinalar a qualidade de segurado e, a seguir, a opção "a" ou "b".
INFORMAÇÕES COMPLEMENTARES:
Campo 13: local e data do termo de opção;
Campo 14: assinatura do exercente de mandato eletivo ou de seu representante legal; e
Campo 15: nome, em letra de forma, do assinante do termo de opção, o número do seu Registro Geral – RG e do seu Cadastro de Pessoas Físicas – CPF.

ANEXO XIII – INSTRUÇÃO NORMATIVA PRES/INSS Nº 128, DE 28 DE MARÇO DE 2022

DECLARAÇÃO DO EXERCENTE DE MANDATO ELETIVO

Dados do Ente Federativo
Ente Federativo:
CNPJ:
Endereço:
Dados do Exercente de Mandato Eletivo
Nome:
Função:

NIT/PIS/Pasep/NIS:
CPF:
RG:
Endereço residencial (completo):
Telefone:
Período: ____/____/____ a ____/____/____
Para fins de opção pela filiação na qualidade de segurado:
( ) facultativo;
( ) contribuinte individual; ou
( ) empregado;

Declaro, sob as penas da Lei, que para o período acima citado e relativamente às competências contidas no "Discriminativo das Remunerações e dos Valores Recolhidos Relativos ao Exercente de Mandato Eletivo – Anexo XIV", não solicitei a restituição dos valores descontados pelo ente federativo e não exerci outra atividade determinante de filiação obrigatória ao Regime Geral de Previdência Social – RGPS ou ao Regime Próprio de Previdência Social – RPPS.

Local: _____ Data: ____ de _____ de _____

_____
Assinatura do Exercente de Mandato Eletivo

ANEXO XIV – INSTRUÇÃO NORMATIVA PRES/INSS Nº 128, DE 28 DE MARÇO DE 2022

DISCRIMINATIVO DAS REMUNERAÇÕES E DOS VALORES RECOLHIDOS RELATIVOS AO EXERCENTE DE MANDATO ELETIVO

IDENTIFICAÇÃO DO EXERCENTE DE MANDATO ELETIVO

1. NOME:	2. CPF:

IDENTIFICAÇÃO DO ENTE FEDERATIVO

3. NOME DO ENTE FEDERATIVO:	4. CNPJ:

5. RELAÇÃO DOS VALORES DESCONTADOS DO EXERCENTE DE MANDATO ELETIVO E RECOLHIDO À PREVIDÊNCIA

Competência	Remuneração	Valor Recebido	Competência	Remuneração	Valor Recebido
fev/98			jun/01		
mar/98			jul/01		
abr/98			ago/01		
mai/98			set/01		
jun/98			out/01		
jul/98			nov/01		
ago/98			dez/01		
set/98			13º/01		
out/98			jan/02		
nov/98			fev/02		
dez/98			mar/02		
13º/98			abr/02		
jan/99			mai/02		
fev/99			jun/02		
mar/99			jul/02		
abr/99			ago/02		
mai/99			set/02		
jun/99			out/02		
jul/99			nov/02		
ago/99			dez/02		
set/99			13º/02		
out/99			jan/03		
nov/99			fev/03		
dez/99			mar/03		
13º/99			abr/03		
jan/00			mai/03		
fev/00			jun/03		
mar/00			jul/03		
abr/00			ago/03		
mai/00			set/03		
jun/00			out/03		
jul/00			nov/03		
ago/00			dez/03		

set/00	13º/03
out/00	jan/04
nov/00	fev/04
dez/00	mar/04
13º/00	abr/04
jan/01	mai/04
fev/01	jun/04
mar/01	jul/04
abr/01	ago/04
mai/01	set/04

INFORMAÇÕES COMPLEMENTARES:
Declaro, sob as penas da Lei, serem verdadeiras as informações prestadas neste anexo e os documentos apresentados e que não foram pleiteadas por via judicial e nem compensadas ou restituídas as importâncias ora requeridas.

6. LOCAL e DATA: _____, _____ de _____ de _____

7. ASSINATURA DO EXERCENTE DE MANDATO ELETIVO OU DE SEU REPRESENTANTE LEGAL	8. ASSINATURA DO DIRIGENTE DO ENTE FEDERATIVO
9. NOME e RG:	10. NOME, CARGO, MATRÍCULA e RG:

ANEXO XV – INSTRUÇÃO NORMATIVA PRES/INSS Nº 128, DE 28 DE MARÇO DE 2022

(TIMBRE DO ÓRGÃO OU ENTIDADE EMITENTE)
CERTIDÃO DE TEMPO DE CONTRIBUIÇÃO

Nº	CNPJ:		
ÓRGÃO EXPEDIDOR:			
NOME DO SERVIDOR:		SEXO:	MATRÍCULA:
RG/ÓRGÃO EXPEDIDOR:	CPF:	PIS/PASEP:	
FILIAÇÃO:		DATA DE NASCIMENTO:	
CARGO EFETIVO:			
ÓRGÃO DE LOTAÇÃO:	DATA DE ADMISSÃO: ___/___/_____	DATA DE EXONERAÇÃO/DEMISSÃO: ___/___/_____	

PERÍODO DE CONTRIBUIÇÃO COMPREENDIDO NESTA CERTIDÃO:
DE _____/_____/_____ A _____/_____/_____

DESTINAÇÃO DO TEMPO DE CONTRIBUIÇÃO:
PERÍODO DE_____/_____/_____ A _____/_____/_____ PARA APROVEITAMENTO NO_____
(ÓRGÃO A QUE SE DESTINA)_____
PERÍODO DE_____/_____/_____ A _____/_____/_____ PARA APROVEITAMENTO NO_____
(ÓRGÃO A QUE SE DESTINA)_____

FREQUÊNCIA

ANO	TEMPO BRUTO	DEDUÇÕES					TEMPO LÍQUIDO
		FALTAS (*)	LICENÇAS (*)	LICENÇA SEM VENCIMENTOS (*)	SUSPENSÕES (*)	DISPONIBI--LIDADE (*)	
TOTAL (em dias)							

(*) Vide períodos discriminados no verso

CERTIFICO, em face do apurado, que o interessado conta, de efetivo exercício prestado neste Órgão, o tempo de contribuição de _____ dias, correspondente a _____ anos, _____ meses e _____ dias.

CERTIFICO que a Lei nº _____, de ___/___/___, assegura aos Servidores do Estado/ Município de _____ aposentadorias voluntárias, por invalidez e compulsória, e pensão por morte, com aproveitamento de tempo de contribuição para o Regime Geral de Previdência Social ou para outro Regime Próprio de Previdência Social, na forma da contagem recíproca, conforme Lei Federal nº 6.226, de 14/07/1975, com alteração dada pela Lei Federal nº 6.864, de 01/12/1980.

Lavrei a Certidão, que não contém emendas nem rasuras. Local e data: _____	Visto do Dirigente do Órgão Data: ___/___/___
Assinatura do servidor Nome/Cargo/Matrícula	Assinatura Nome/Cargo/Matrícula

INSTRUÇÃO NORMATIVA PRES/INSS Nº 128, DE 28 DE MARÇO DE 2022

UNIDADE GESTORA DO RPPS

HOMOLOGO a presente Certidão de Tempo de Contribuição e declaro que as informações nela constantes correspondem à verdade.
Local e data: _____ _____
Assinatura e carimbo do Dirigente da UG

Endereço eletrônico para confirmação desta Certidão:_____

[Verso da Certidão de Tempo de Contribuição nº _____]

FREQUÊNCIA – DISCRIMINAÇÃO DAS DEDUÇÕES DO TEMPO BRUTO

Períodos	Tempo em dias	Identificação da ocorrência
DE ___/___/___ A ___/___/___		
DE ___/___/___ A ___/___/___		
DE ___/___/___ A ___/___/___		
DE ___/___/___ A ___/___/___		
DE ___/___/___ A ___/___/___		
DE ___/___/___ A ___/___/___		
DE ___/___/___ A ___/___/___		
DE ___/___/___ A ___/___/___		

TEMPO ESPECIAL INCLUÍDO, SEM CONVERSÃO, COMPREENDIDO NESTA CERTIDÃO (Parágrafo único do Art. 5º da Portaria MPS nº 154/2008):

	Período	Tempo em dias
I – Exercido na condição de pessoa com deficiência:		
a) grave	DE ___/___/___ A ___/___/___	
b) moderada	DE ___/___/___ A ___/___/___	
c) leve	DE ___/___/___ A ___/___/___	
II – Exercido em atividades de risco:	DE ___/___/___ A ___/___/___	
III – Exercido em atividades sob condições especiais que prejudiquem a saúde ou a integridade física:	DE ___/___/___ A ___/___/___	

OBSERVAÇÕES:

_____
Assinatura do servidor que lavrou a certidão
Nome/Cargo/Matrícula

_____
Assinatura do Dirigente do Órgão
Nome/Cargo/Matrícula

ANEXO XVI – INSTRUÇÃO NORMATIVA PRES/INSS Nº 128, DE 28 DE MARÇO DE 2022

ENQUADRAMENTO DE ATIVIDADE ESPECIAL

PERÍODO TRABALHADO	ENQUADRAMENTO
Até 28/04/1995	Quadro Anexo ao Decreto nº 53.831, de 1964. Anexos I e II do RBPS, aprovado pelo Decreto nº 83.080, de 1979. Formulário; CP/CTPS; LTCAT, obrigatoriamente para o agente físico ruído.
De 29/04/1995 a 13/10/1996	Código 1.0.0 do Quadro Anexo ao Decreto nº 53.831, de 1964. Anexo I do RBPS, aprovado pelo Decreto nº 83.080, de 1979. Formulário; LTCAT ou demais Demonstrações Ambientais, obrigatoriamente para o agente físico ruído.
De 14/10/1996 a 05/03/1997	Código 1.0.0 do Quadro Anexo ao Decreto nº 53.831, de 1964. Anexo I do RBPS, aprovado pelo Decreto nº 83.080, de 1979. Formulário; LTCAT ou demais Demonstrações Ambientais, para todos os agentes nocivos.
De 06/03/1997 a 31/12/1998	Anexo IV do RBPS, aprovado pelo Decreto nº 2.172, de 1997. Formulário; LTCAT ou demais Demonstrações Ambientais, para todos os agentes nocivos.
De 1º/01/1999 a 6/5/1999	Anexo IV do RBPS, aprovado pelo Decreto nº 2.172, de 1997. Formulário; LTCAT ou demais Demonstrações Ambientais, para todos os agentes nocivos, que deverão ser confrontados com as informações relativas ao CNIS para homologação da contagem do tempo de serviço especial, nos termos do art. 19 e do § 2º do art. 68 do RPS.
De 07/05/1999 a 31/12/2003	Anexo IV do RPS, aprovado pelo Decreto nº 3.048, de 1999. Formulário; LTCAT ou demais Demonstrações Ambientais, para todos os agentes nocivos, que deverão ser confrontados com as informações relativas ao CNIS para homologação da contagem do tempo de serviço especial, nos termos do art. 19 e § do 2º do art. 68 do RPS.
A partir de 1º/1/2004	Anexo IV do RPS, aprovado pelo Decreto nº 3.048, de 1999. Formulário Perfil Profissiográfico Previdenciário, que deverá ser confrontado com as informações relativas ao CNIS para homologação da contagem do tempo de serviço especial, nos termos do art. 19 e do § 2º do art. 68 do RPS.

ANEXO XVII – INSTRUÇÃO NORMATIVA PRES/INSS Nº 128, DE 28 DE MARÇO DE 2022
(REDAÇÃO DADA PELA IN PRES/INSS 141/2022)

PERFIL PROFISSIOGRÁFICO PREVIDENCIÁRIO – PPP

DADOS ADMINISTRATIVOS

1 - Nº CNPJ do Domicílio Tributário/CEI/CAEPF/CNO	2 - Nome Empresarial		3 - CNAE
4 - Nome do Trabalhador		5 - BR/PDH	6 - CPF nº
7 - Data de Nascimento	8 - Sexo (F/M)	9 - Matrícula do Trabalhador no eSocial	10 - Data de Admissão	11 - Regime Revezamento

12 - CAT REGISTRADA

12.1 - Data do Registro	12.2 - Número da CAT

13 - LOTAÇÃO E ATRIBUIÇÃO

13.1 - Período	13.2 - Nº CNPJ/CEI/CAEPF/CNO	13.3 - Setor	13.4 - Cargo	13.5 - Função	13.6 - CBO	13.7 - Código GFIP/eSocial
___/___/___ a ___/___/___						
___/___/___ a ___/___/___						
___/___/___ a ___/___/___						
___/___/___ a ___/___/___						

14 - PROFISSIOGRAFIA

14.1 - Período	14.2 - Descrição das Atividades
___/___/___ a ___/___/___	
___/___/___ a ___/___/___	
___/___/___ a ___/___/___	
___/___/___ a ___/___/___	

REGISTROS AMBIENTAIS

15 - EXPOSIÇÃO A FATORES DE RISCOS

15.1 - Período	15.2 - Tipo	15.3 - Fator de Risco	15.4 - Intensidade/Concentração	15.5 - Técnica Utilizada	15.6 - EPC Eficaz (S/N)	15.7 - EPI Eficaz (S/N)	15.8 - CA EPI	15.9 - Atendimento aos requisitos das NR-06 e NR-01 do MTP pelos EPIs informados (*)				
								Medida de Proteção	Condição de Funcionamento do EPI	Prazo de Validade do EPI	Periodicidade da Troca do EPI	Higienização do EPI
___/___/___ a ___/___/___												
___/___/___ a ___/___/___												
___/___/___ a ___/___/___												
___/___/___ a ___/___/___												

INSTRUÇÃO NORMATIVA PRES/INSS Nº 128, DE 28 DE MARÇO DE 2022

*Legenda do item 15.9:

Medida de Proteção: Foi tentada a implementação de medidas de proteção coletiva, de caráter administrativo ou de organização do trabalho, optando-se pelo Equipamento de Proteção Individual - EPI por inviabilidade técnica, insuficiência ou interinidade, ou ainda em caráter complementar ou emergencial?

Condição de Funcionamento do EPI: Foram observadas as condições de funcionamento e do uso ininterrupto do EPI ao longo do tempo, conforme especificação técnica do fabricante, ajustada às condições?

Prazo de Validade do EPI: Foi observado o prazo de validade, conforme Certificado de Aprovação - CA do MTP?

Periodicidade da Troca do EPI: Foi observada a periodicidade de troca definida pelos programas ambientais, comprovada mediante recibo assinado pelo usuário em época própria?

Higienização do EPI: Foi observada a higienização?

16. RESPONSÁVEL PELOS REGISTROS AMBIENTAIS

16.1 - Período	16.2 - CPF nº	16.3 Registro Conselho de Classe	16.4 Nome do profissional legalmente habilitado
___/___/_____ a ___/___/_____			
___/___/_____ a ___/___/_____			
___/___/_____ a ___/___/_____			
___/___/_____ a ___/___/_____			

RESPONSÁVEIS PELAS INFORMAÇÕES

Declaramos, para todos os fins de direito, que as informações prestadas neste documento são verídicas e foram transcritas fielmente dos registros administrativos, das demonstrações ambientais e dos programas médicos de responsabilidade da empresa. É de nosso conhecimento que a prestação de informações falsas neste documento constitui crime de falsificação de documento público, nos termos do art. 297 do Código Penal e, também, que tais informações são de caráter privativo do trabalhador, constituindo crime, nos termos da Lei nº 9.029, de 13 de abril de 1995, práticas discriminatórias decorrentes de sua exigibilidade por outrem, bem como de sua divulgação para terceiros, ressalvado quando exigida pelos órgãos públicos competentes.

17 - Data da Emissão do PPP	18 - Representante Legal da Empresa	
___/___/_____	18.1 - Nº CPF do Representante Legal	18.2 - Nome do Representante Legal
	(Assinatura física ou eletrônica)	

OBSERVAÇÕES

ANEXO XVIII - INSTRUÇÃO NORMATIVA PRES/INSS Nº 128, DE 28 DE MARÇO DE 2022

TABELA DE CONVERSÃO – LEI COMPLEMENTAR Nº 142, DE 2013

Tempo a converter	MULHER			
	Multiplicadores			
	Para 20	Para 24	Para 28	Para 30
De 20 anos	1,00	1,20	1,40	1,50
De 24 anos	0,83	1,00	1,17	1,25
De 28 anos	0,71	0,86	1,00	1,07
De 30 anos	0,67	0,80	0,93	1,00

Tempo a converter	HOMEM			
	Multiplicadores			
	Para 25	Para 29	Para 33	Para 35
De 25 anos	1,00	1,16	1,32	1,40
De 29anos	0,86	1,00	1,14	1,21
De 33 anos	0,76	0,88	1,00	1,06
De 35 anos	0,71	0,83	0,94	1,00

ANEXO XIX - INSTRUÇÃO NORMATIVA PRES/INSS Nº 128, DE 28 DE MARÇO DE 2022

Lei Complementar nº 142, de 2013

TABELA DE CONVERSÃO – ATIVIDADE ESPECIAL

Tempo a converter	MULHER				
	MULTIPLICADORES				
	Para 15	Para 20	Para 24	Para 25	Para 28

De 15 anos	1,00	1,33	1,60		1,67	1,87
De 20 anos	0,75	1,00	1,20		1,25	1,40
De 24 anos	0,63	0,83	1,00		1,04	1,17
De 25 anos	0,60	0,80	0,96		1,00	1,12
De 28 anos	0,54	0,71	0,86		0,89	1,00

Tempo a converter			HOMEM MULTIPLICADORES		
	Para 15	Para 20	Para 25	Para 29	Para 33
De 15 anos	1,00	1,33	1,67	1,93	2,20
De 20 anos	0,75	1,00	1,25	1,45	1,65
De 25 anos	0,60	0,80	1,00	1,16	1,32
De 29 anos	0,52	0,69	0,86	1,00	1,14
De 33 anos	0,45	0,61	0,76	0,88	1,00

ANEXO XX – INSTRUÇÃO NORMATIVA PRES/INSS Nº 128, DE 28 DE MARÇO DE 2022

TABELA DE REFERÊNCIA MONETÁRIA PARA FINS DE PECÚLIO

PERÍODO	MOEDA
De fevereiro de 1967 a maio de 1970	CRUZEIRO NOVO – NCr$
De junho de 1970 a fevereiro de 1986	CRUZEIRO – Cr$
De março de 1986 a janeiro de 1989	CRUZADO – Cz$
De fevereiro de 1989 a fevereiro de 1990	CRUZADO NOVO – NCz$
De março de 1990 a julho de 1993	CRUZEIRO – Cr$
De agosto de 1993 a junho de 1994	CRUZEIRO REAL – CR$
De julho de 1994 em diante	REAL – R$

ANEXO XXI – INSTRUÇÃO NORMATIVA PRES/INSS Nº 128, DE 28 DE MARÇO DE 2022

DECLARAÇÃO DO JOGADOR DE FUTEBOL

DECLARAÇÃO DO RENDIMENTO ANUAL, ANO: _____
Eu,_____(nome do(a) requerente), nascido(a) em ____ /____ /_____, titular do CPF nº_____, declaro para fins do disposto no § 3º do art. 1º da Portaria Interministerial MPS/ME nº 598, de 20 de dezembro de 2012, que, estou desobrigado(a) da apresentação da Declaração de Ajuste Anual do Imposto sobre a Renda da Pessoa Física.
Dessa forma, DECLARO a seguir o valor relativo ao meu rendimento anual decorrente de:
– Benefício de _____recebido do Regime Geral de Previdência Social – RGPS, no valor anual de R$ _____;
– Benefício de _____ recebido do Regime Próprio de Previdência Social – RPPS, em razão do vínculo com o órgão:_____, no valor anual de R$_____;
– Qualquer outra renda auferida – valor anual de R$ _____;
Declaro, sob as penas do art. 299 do Código Penal, serem verdadeiras as informações acima prestadas.
Local e Data: _____
_____
Assinatura e identificação do (a) requerente ou representante legal
Esta declaração deverá ser preenchida para cada beneficiário do Auxílio Especial Mensal aos Jogadores Titulares e Reservas das Seleções Brasileiras Campeãs das Copas Mundiais – Lei nº 12.663, de 5 de junho de 2012 acompanhada dos documentos comprobatórios do que nela for declarado.

ANEXO XXII – INSTRUÇÃO NORMATIVA PRES/INSS Nº 128, DE 28 DE MARÇO DE 2022
(REDAÇÃO DADA PELA IN PRES/INSS 141/2022)

PROCURAÇÃO

Dados do outorgante (segurado/dependente)
Nome:_____
Nacionalidade: _____ Estado Civil: _____
Identidade:_____ CPF nº:_____ Profissão:_____
Endereço: _____ nº: _____
Complemento: _____ Bairro: _____ Cidade/Estado: _____ CEP: _____

Dados do outorgado (procurador)
Nome: _____
Nacionalidade: _____ Estado Civil: _____
Identidade: _____ CPF nº: _____ Profissão: _____
Endereço: _____ nº: _____
Complemento: _____ Bairro: _____ Cidade/Estado: _____ CEP: _____

O(A) outorgante nomeia e constitui o(a) outorgado(a) seu bastante procurador a quem confere poderes especiais para representá-lo perante o INSS,
bem como usar de todos os meios legais para o fiel cumprimento do presente mandato com os fins específicos de:
I - ( ) cadastro de senha para informações previdenciárias pela internet.
II - ( ) comprovação de vida junto à rede bancária.
III - ( ) receber mensalidades de benefícios, receber quantias atrasadas e firmar os respectivos recibos, devido à:
a) ( ) incapacidade do outorgante em se locomover ou ser portador de moléstia contagiosa.
b) ( ) ausência devido à viagem dentro do país pelo período de: _____.
c) ( ) ausência devido à viagem ao exterior pelo período de: _____.
d) ( ) residência no exterior (qual país? _____).
IV - ( ) requerer benefícios, revisão e interpor recursos.
V - ( ) requerer: _____.
Local: _____ Data: _____/_____/_____

_____
(Assinatura do outorgante)

TERMO DE RESPONSABILIDADE

Pelo presente Termo de Responsabilidade, comprometo-me a comunicar ao INSS qualquer evento que possa anular a presente procuração, no prazo de 30 (trinta) dias, a contar da data em que o evento ocorra. Os eventos a comunicar são: óbito do titular/dependente do benefício ou cessação da representação legal.

Estou ciente de que o descumprimento do compromisso ora assumido, além da obrigação à devolução de importâncias recebidas indevidamente, quando for o caso, estarei sujeito às penalidades previstas nos artigos 171 e 299 do Código Penal.

Art. 171 - Obter, para si ou para outrem, vantagem ilícita, em prejuízo alheio, induzindo ou mantendo alguém em erro, mediante artifício, ardil, ou qualquer outro meio fraudulento.

Art. 299 - Omitir, em documento público ou particular, declaração que devia constar, ou nele inserir ou fazer inserir declaração falsa ou diversa da que devia ser escrita, com o fim de prejudicar direito, criar, obrigação ou alterar a verdade sobre fato juridicamente relevante.

Pena - reclusão, de um a cinco anos, e multa, se o documento é público, e reclusão de um a três anos, e multa, se o documento é particular.

Local: _____ Data: _____/_____/_____

_____
(Assinatura do procurador)

ANEXO XXIII - INSTRUÇÃO NORMATIVA PRES/INSS Nº 128, DE 28 DE MARÇO DE 2022

RELAÇÃO DAS REMUNERAÇÕES DE CONTRIBUIÇÕES
REFERENTE À CERTIDÃO DE TEMPO DE CONTRIBUIÇÃO Nº_____,DE ___/___/___

ÓRGÃO EXPEDIDOR:				CNPJ:		
NOME DO SERVIDOR:				MATRÍCULA:		
NOME DA MÃE:				DATA DE NASCIMENTO:		
DATA DE INÍCIO DA CONTRIBUIÇÃO/ADMISSÃO: ___/___/___		DATA DA EXONERAÇÃO: ___/___/___		PIS/PASEP:		CPF:
Mês	Ano:	Ano:	Ano:	Ano:	Ano:	
	Valor	Valor	Valor	Valor	Valor	
JANEIRO						
FEVEREIRO						
MARÇO						
ABRIL						
MAIO						
JUNHO						
JULHO						
AGOSTO						
SETEMBRO						
OUTUBRO						
NOVEMBRO						
DEZEMBRO						

LOCAL/DATA
_____, ___/___/___

CARIMBO, MATRÍCULA E ASSINATURA DO SERVIDOR RESPONSÁVEL:

UNIDADE GESTORA DO RPPS

HOMOLOGO o presente documento e declaro as informações nele constantes correspondem à verdade.
Local e Data: _____, ___/___/___
_____
Carimbo e assinatura do dirigente da unidade gestora de Regime Próprio de Previdência Social.

ESTE DOCUMENTO NÃO CONTÉM EMENDAS NEM RASURAS

ANEXO XXIV – INSTRUÇÃO NORMATIVA PRES/INSS Nº 128, DE 28 DE MARÇO DE 2022

DECLARAÇÃO DE RECEBIMENTO DE PENSÃO OU APOSENTADORIA EM OUTRO REGIME DE PREVIDÊNCIA

Eu,_____(nome do requerente), portador do CPF nº_____ e RG nº_____, declaro, sob as penas do art. 299 do Código Penal, que:
( ) não recebo aposentadoria/pensão de outro regime e previdência.
( ) recebo aposentadoria/pensão de outro regime de previdência.
Caso receba aposentadoria ou pensão de outro regime de previdência, deverá declarar:
Tipo do benefício: ( ) Pensão* ( ) Aposentadoria
*Caso opção seja Pensão, informar se a relação com o instituidor era como cônjuge ou companheiro(a) – S/N (....)
– Ente de origem: ( ) Estadual ( ) Municipal ( ) Federal
– Tipo de servidor: ( ) Civil ( ) Militar
Data de início do benefício no outro regime: _____/_____/_____
Nome do órgão da pensão/aposentadoria:
Última remuneração bruta*: R$_____ Mês/ano: _____/_____
*última remuneração bruta sem considerar valores de 13º salário (abono anual).
Na Emenda Constitucional nº 103, de 12 de novembro de 2019, art. 24, § 1º, a acumulação de pensão por morte com outro benefício, sujeita à redução do valor daquele menos vantajoso, é admitida nas seguintes situações:
I – pensão por morte deixada por cônjuge ou companheiro (a) do RGPS com pensão por morte concedida por outro regime de previdência social, inclusive as decorrentes das atividades militares, exceto regime de previdência complementar; e
II – pensão por morte deixada por cônjuge ou companheiro (a) de qualquer regime de previdência social, inclusive as decorrentes das atividades militares, com aposentadoria concedida por qualquer regime de previdência social ou com proventos de inatividade decorrentes das atividades militares, exceto regime de previdência complementar.
A declaração falsa ou diversa de fato ou situação real ocorrida, além de obrigar à devolução de eventuais importâncias recebidas indevidamente, quando for o caso, sujeitar-me-á às penalidades previstas nos arts. 171 e 299 do Código Penal.
Local: _____Data: _____ /_____/_____
_____
Assinatura e identificação do (a) requerente ou representante legal

ANEXO XXV – INSTRUÇÃO NORMATIVA PRES/INSS Nº 128, DE 28 DE MARÇO DE 2022

CERTIDÃO DE EXERCÍCIO DE ATIVIDADE RURAL – INDÍGENA

CERTIDÃO DE EXERCÍCIO DE ATIVIDADE RURAL Nº _____/_____ (ANO)			
I – DADOS DO SEGURADO			
1 – Nome:		2 – Nome Indígena ou Apelido:	
3 – Estado Civil:	4 – Nome do cônjuge:		
5 – Etnia:			
6 – Endereço de residência:			
7 – Município:			8 – UF:
9 – Pontos de referência:			
10. Data de nascimento:	11 – Naturalidade:	12 – Nacionalidade:	
13 – Filiação: Pai:		Mãe:	
14 – Identidade:	15 – Órgão Emissor:	16 – Data de expedição:	17 – CPF:
II – DADOS RELACIONADOS AO EXERCÍCIO DE ATIVIDADE			
18 – O indígena acima identificado exerce ou exerceu atividade rural, produzindo:			
em regime de economia familiar		individualmente	
19 – Nome da aldeia ou local de trabalho:	20 – Período:	21 – Terra Indígena:	

III – INFORMAÇÕES SOBRE A ATIVIDADE EXERCIDA
22 – Informar a(s) atividade(s) desenvolvida(s) pelo índio e descrever clara e objetivamente a forma em que esta atividade é ou foi exercida, discriminando os períodos e se foi exercida em parte ou em toda a safra:
23 – Forma como as atividades são ou foram desempenhadas:
24 – Produtos cultivados ou capturados pelo trabalhador e o fim a que se destinam (subsistência; comercialização; industrialização; artesanato; quantificar e informar qual cultura foi explorada):
25 – Registros que atestam que o índio exerceu ou exerce atividade rural:
IV – OUTRAS INFORMAÇÕES RELACIONADAS AO TRABALHADOR
26 –
V – DADOS DO REPRESENTANTE DA FUNAI (Funcionário da FUNAI, Chefe do Posto Indígena, Administrador, Pajé ou Cacique)
27 – Eu, _____
28 – Cargo/função administrativa: _____
29 – Matrícula: _____ 30 – Portaria/nº _____
31 – Cargo/Função do Representante na Organização da Tribo (Pajé; Cacique): _____
32 – CPF: _____ 33 – RG: _____
34 – Órgão Emissor: _____ 35 – Data de expedição: _____
36 – Endereço: _____
37 – Cidade: _____ 38 – UF: _____
Certifico que as informações contidas neste documento são verdadeiras e estou ciente de que qualquer declaração falsa implica nas penalidades previstas no art. 299 do Código Penal.
39 – Data: _____ 40 – Assinatura: _____

INSTRUÇÕES DE PREENCHIMENTO
I – DADOS DO SEGURADO
1 – Nome – informar o nome completo do trabalhador.
2 – Nome Indígena ou Apelido – nome como é conhecido costumeiramente ou como é chamado ou atende o trabalhador.
3 – Estado Civil – solteiro, casado, divorciado, viúvo ou vive em união estável (companheiro).
4 – Nome do cônjuge – informar o nome do cônjuge ou companheiro (a).
5 – Etnia – informar a qual tribo ou etnia pertence o trabalhador.
6 – Endereço de residência – Endereço onde reside o segurado.
7 – Município – Município de residência do segurado.
8 – UF – UF de residência do segurado.
9 – Pontos de referência – neste campo, prestar informações esclarecedoras relacionadas ao endereço e localização do trabalhador
10 – Data do nascimento – informar a data de nascimento do trabalhador (dia, mês e ano).
11 – Naturalidade – informar o nome da cidade em que nasceu o trabalhador.
12 – Nacionalidade – se o trabalhador é brasileiro ou estrangeiro (país de origem).
13 – Filiação – informar o nome completo do pai e da mãe do trabalhador.
14 – Identidade – informar o número completo do documento de identidade do trabalhador.
15 – Órgão Emissor – informar qual o órgão emissor do documento de identidade.
16 – Data de expedição – informar qual a data em que foi expedido o documento de identidade.
17 – CPF – informar o número do Cadastro de Pessoa Física do trabalhador.
II – DADOS RELACIONADOS AO EXERCÍCIO DE ATIVIDADE
18 – Informar com um "X" se o trabalhador exerce ou exerceu suas atividades individualmente (sozinho) ou em regime de economia familiar (com a família).
19 – Nome da aldeia ou local de trabalho – informar o endereço onde o trabalhador exerce ou exerceu suas atividades.
20 – Período – informar o período trabalhado (dia, mês e ano), (mês e ano) ou (ano).
21 – Terra indígena – informar o nome da terra indígena onde o segurado exerce ou exerceu suas atividades.
III – INFORMAÇÕES SOBRE A ATIVIDADE EXERCIDA

22 – Atividade desenvolvida pelo trabalhador – informar neste campo quais os tipos de atividades ou trabalhos (serviços) são executados pelo trabalhador (se envolve a pesca, o extrativismo, a agricultura, a pecuária, etc.). Em relação às terras trabalhadas pelo índio: se eram em área da aldeia, se eram de sua propriedade; estavam sob sua posse, ou foi-lhe permitido o usufruto; ou se pertenciam a um terceiro, a mesma foi explorada pelo trabalhador por meio de contratos de: arrendamento, parceria, comodato, meação (informar quando esse evento ocorreu, ou seja, o contrato de arrendamento, de parceria).

Mesma situação no caso de pescadores. Em relação às tarefas: se foram desempenhadas junto ou por meio de empregado (s), em regime de economia familiar, individualmente, como bóia-fria, temporário, safrista, etc.).

23 – Forma como as atividades foram desempenhadas – se individual, em regime de economia familiar, com contratação de mão de obra, etc.

24 – Produtos cultivados, extraídos ou capturados pelo trabalhador e o fim a que se destina – informar neste campo quais tipos de produtos são colhidos ou produzidos pelo trabalho desenvolvido e se os referidos produtos são comercializados ou destinam-se ao consumo próprio.

25 – Registros que atestam que o trabalhador exerceu ou exerce atividade rural – informar neste campo se existe algum documento em nome do trabalhador onde conste sua profissão ou se existe junto ao Órgão da FUNAI algum tipo de registro de controle sobre os trabalhos desenvolvidos pelo indígena ou comercialização dos produtos, contratação da mão de obra do mesmo por terceiros.

IV – OUTRAS INFORMAÇÕES RELACIONADAS AO TRABALHADOR

26 – Informar neste campo qualquer outro tipo de informação referente ao trabalhador, julgada necessária e não contemplada nos demais campos (exemplo: se o trabalhador exerceu em algum período, outro tipo de atividade – ex: urbana – e para qual empresa – de natureza jurídica ou pessoa física; se o trabalhador esteve vinculado ou trabalhou em outras aldeias, glebas, cidades, estados, etc.).

V – DADOS DO REPRESENTANTE DA FUNAI

27 – EU – informar neste campo o nome completo do responsável designado para prestar as informações contidas nesta certidão.

28 – Cargo/Função Administrativa – no caso de tratar-se de servidor/funcionário lotado no Órgão da FUNAI, informar a função ou o cargo.

29 – Matrícula – informar o número de identificação funcional.

30 – Portaria/nº – informar neste campo o número da portaria emitida pelo Órgão da FUNAI que designou ou autorizou o declarante a representar e prestar as informações.

31 – Cargo/Função do Representante na Organização da Tribo (Pajé/Cacique) – informar neste campo o cargo do responsável pelas informações quando tratar-se de representante indígena devidamente autorizado para esse fim.

32 – CPF – informar o número do CPF do responsável pelas informações contidas na certidão.

33 – RG – informar o número da identificação do responsável pelas informações contidas na Certidão.

34 – Órgão Emissor – informar o órgão emissor do documento de identificação.

35 – Data de expedição – informar a data da emissão do documento de identificação.

36 – Endereço – informar o endereço completo do responsável (para correspondência), contendo indicações da rua, avenida, aldeia, gleba, etc.

37 – Cidade – informar o nome da cidade onde reside o responsável.

38 – UF – informar o estado onde reside o responsável.

39 – Data – informar a data de emissão da certidão.

40 – Assinatura – constar a assinatura do responsável.

NOTA: no caso do espaço contido nos campos ser insuficiente para dispor as informações necessárias, poderá ser anexado complemento ao Formulário.

ANEXO XXVI – INSTRUÇÃO NORMATIVA PRES/INSS Nº 128, DE 28 DE MARÇO DE 2022

REVALIDAÇÃO DA AUTORIZAÇÃO DE DESCONTO DE MENSALIDADE ASSOCIATIVA

Entidade:_____CNPJ nº: _____

Endereço:_____

Bairro:_____ Município: _____ UF: _____

CEP:_____Telefone: ()_____E-mail:_____

REVALIDAÇÃO DA AUTORIZAÇÃO

EU _____ brasileiro (a), nascido (a) na data de _____/_____/_____, Sexo: () Masculino () Feminino, portador (a) do CPF nº ____._____.____-___, beneficiário (a) do Regime Geral de Previdência Social, residente e domiciliado (a) à _____ Município_____UF_____CEP_____, portador (a) do benefício nº_____ Espécie nº_____, sócio do (a)_____ Sob o nº _____, AUTORIZO o (a) mesmo (a) a promover perante o Instituto Nacional do Seguro Social – INSS a REVALIDAÇÃO do desconto da mensalidade de sócio firmada em oportunidade anterior, com respaldo no disposto no § 6º do art. 115 da Lei nº 8.213 de 24 de julho de 1991.

Declaro que estou:

I – ciente e de acordo com as informações contidas nesta autorização, bem como que a próxima revalidação deverá ocorrer na competência: _____/_____.

II – recebendo, nesta oportunidade, uma via deste Termo de Revalidação da Autorização.

Local e Data _____, _____/_____/_____

_____

Assinatura ou impressão digital do titular do benefício previdenciário

ANEXO XXVII – INSTRUÇÃO NORMATIVA PRES/INSS Nº 128, DE 28 DE MARÇO DE 2022

TERMO DE RESPONSABILIDADE

Eu, _____, inscrito no Cadastro de Pessoas Físicas (CPF) sob nº _____, pelo presente Termo de Responsabilidade, exercendo a representação indicada abaixo, comprometo-me a comunicar ao INSS qualquer evento que possa anular a representação do(s) beneficiário(s) relacionado(s) a seguir, no prazo de 30 (trinta) dias, a contar da data em que o evento ocorra. Os eventos a comunicar são: óbito do titular/dependente do benefício ou cessação da representação legal.

Estou ciente de que o descumprimento do compromisso ora assumido, além da obrigação à devolução de importâncias recebidas indevidamente, quando for o caso, estarei sujeito às penalidades previstas nos artigos 171 e 299 do Código Penal.

Art. 171 – Obter, para si ou para outrem, vantagem ilícita, em prejuízo alheio, induzindo ou mantendo alguém em erro, mediante artifício, ardil, ou qualquer outro meio fraudulento.

Art. 299 – Omitir, em documento público ou particular, declaração que devia constar, ou nele inserir ou fazer inserir declaração falsa ou diversa da que devia ser escrita, com o fim de prejudicar direito, criar, obrigação ou alterar a verdade sobre fato juridicamente relevante.

Pena – reclusão, de um a cinco anos, e multa, se o documento é público, e reclusão de um a três anos, e multa, se o documento é particular.

Beneficiários:
Nome:_____ CPF: _____
Nome:_____ CPF: _____
Nome:_____ CPF: _____
Qualidade da representação:
( ) Tutor Nato ( ) Tutor Legal
( ) Curador ( ) Responsável Termo de Guarda
( ) Administrador Provisório ( ) Procurador
Local: _____ Data: _____/_____/_____
Assinatura: _____

ANEXO XXVIII – INSTRUÇÃO NORMATIVA PRES/INSS Nº 128, DE 28 DE MARÇO DE 2022
(ACRESCIDO PELA IN PRES/INSS 141/2022)

DESPACHO E ANÁLISE ADMINISTRATIVA DA ATIVIDADE ESPECIAL POR CATEGORIA PROFISSIONAL

1 - Nome do Segurado:				
2 - Protocolo da tarefa:				
3 - Períodos enquadrados por Categoria Profissional [1]				
3.1 - Empresa	3.2 - Período	3.3 - Atividade	3.4 - Anexo	3.5 - Código

4 - Períodos não enquadrados por Categoria Profissional[1]		
4.1 - Empresa	4.2 - Período	4.3 - Atividade

5 - Justificativas Administrativas / Fundamentação Legal:

6 - Para efeitos de caracterização administrativa de atividade exercida em condições especiais por categoria profissional foram apresentados:
I - ( ) formulário(s) antigo(s) (IS nº SSS - 501.19, de 1971; SSS-132; SB40; DISES BE 5235; DSS 8030 ou DIRBEN 8030) emitido(s) até 31/12/2003;
II - ( ) Perfil Profissiográfico Previdenciário - PPP emitido(s) a partir de 1º/01/2004;
III - ( ) CTPS/CP e outros, conforme art. 274, I, "a", 1 , da Instrução Normativa PRES/INSS nº 128, de 2022;
IV - ( ) documentos que fundamentam a análise de atividade especial do contribuinte individual, conforme 275, I, da Instrução Normativa PRES/INSS nº 128, de 2022.
7 - Indicar se há disfunções no(s) documento(s) indicado(s) no item 6:
( ) SIM ( ) NÃO
Em caso positivo, informar qual (quais):
8 - Quando houver resposta positiva para as situações mencionadas no item 7, informar a(s) providência(s) adotada(s), bem como se foi obtido êxito no saneamento das divergências, disfunções ou falta de documentos:
9 - Após a análise indicada nos campos 3 e 4:
I - ( ) não há necessidade de análise de atividade especial por agentes prejudiciais à saúde, pois todos os períodos foram enquadrados por categoria profissional;
II - ( ) não cabe envio à Perícia Médica Federal - PMF para análise de atividade especial, pois os formulários não apresentam informações sobre exposição a agentes prejudiciais à saúde;
III - ( ) cabe envio à Perícia Médica Federal - PMF para análise de atividade especial, pois há períodos que não foram enquadrados por categoria profissional e contêm indicação de exposição a agentes prejudiciais à saúde.
10 - Data da conclusão da análise

[1] Na realização da análise deve ser verificado se a atividade desenvolvida pode ser enquadrada administrativamente por categoria profissional (código 2.0.0) conforme Anexo III do Decreto nº 53.831, de 25 de março de 1964, Anexo II do Decreto nº 83.080, de 24 de janeiro de 1979, ou Anexo IV da Ordem de Serviço INSS/DSS nº 578, 14 de agosto de 1997 - CANSB (Decisões em Processos do MTE, somente a partir do código 2.0.0).

ANEXO XXIX – INSTRUÇÃO NORMATIVA PRES/INSS Nº 128, DE 28 DE MARÇO DE 2022
(ACRESCIDO PELA IN PRES/INSS 141/2022)

TERMO DE COMPROMISSO

Eu, _____, inscrito no Cadastro de Pessoas Físicas - CPF sob nº _____, declaro para fins de recebimento de benefícios que:
I - represento o(a) beneficiário(a) _____ e que este não está sob responsabilidade dos pais (tutores natos), tutor, curador ou guardião; e
II - estou ciente de que, no prazo de 6 (seis) meses a contar desta data, deverei apresentar:
a) documento para comprovação de representação legal do beneficiário; ou
b) comprovante do requerimento/andamento judicial de representação legal.
Na hipótese da apresentação do comprovante do requerimento ou do andamento de processo judicial de representação legal, a cada 6 (seis) meses essa comprovação será necessária até que seja expedido o documento judicial que conceda a representação.
Concordo em assumir o compromisso deste termo.

Local e Data: _____, _____/_____/_____
Assinatura: _____

Portaria DIRBEN/INSS Nº 990

PORTARIA DIRBEN/INSS Nº 990, DE 28 DE MARÇO DE 2022

Aprova as Normas Procedimentais em Matéria de Benefícios

O DIRETOR DE BENEFÍCIOS DO INSTITUTO NACIONAL DO SEGURO SOCIAL – INSS, no uso das atribuições que lhe confere o Decreto nº 9.746, de 8 de abril de 2019, bem como, o que consta no processo administrativo SEI no 35014.341866/2020-55, resolve:

Art. 1º Fica aprovado Livro I das Normas Procedimentais em Matéria de Benefícios, disciplinando os procedimentos e rotinas que versam sobre cadastro, administração e retificação de Informações dos Segurados e Beneficiários no âmbito do INSS, complementares às regras contidas na Instrução Normativa PRES/INSS nº 128, de 28 de março de 2022.

Art. 2º Esta Portaria entra em vigor na data de sua publicação, devendo ser aplicada a todos os processos pendentes de análise e decisão.
Parágrafo único. Esta Portaria contém os Anexos de I a V. *(Redação dada pela Portaria Dirben/INSS 1.121/2023)*

SEBASTIÃO FAUSTINO DE PAULA

ANEXO

LIVRO I – DA ADMINISTRAÇÃO DAS INFORMAÇÕES DOS SEGURADOS DO REGIME GERAL DE PREVIDÊNCIA SOCIAL – RGPS

TÍTULO I – DOS SEGURADOS, DA FILIAÇÃO E INSCRIÇÃO, DA VALIDADE, COMPROVAÇÃO E ACERTO DE DADOS DO CNIS

CAPÍTULO I – DA FILIAÇÃO E INSCRIÇÃO

SEÇÃO I – DA FILIAÇÃO E INSCRIÇÃO JUNTO AO INSS

Art. 1º Filiação é o vínculo que se estabelece entre a Previdência Social e as pessoas que para ela contribuem, do qual resultam direitos e obrigações.
§ 1º A filiação à Previdência Social decorre automaticamente do exercício de atividade remunerada para os segurados obrigatórios, observado o disposto no § 2º, e da inscrição formalizada com o pagamento da primeira contribuição em dia para o segurado facultativo.
§ 2º A filiação do trabalhador rural contratado por produtor rural pessoa física por prazo de até dois meses no período de um ano, para o exercício de atividades de natureza temporária, decorre automaticamente de sua inclusão em declaração prevista em ato do Secretário Especial da Receita Federal do Brasil do Ministério da Economia por meio de identificação específica.
§ 3º O exercício de atividade prestada de forma gratuita e o serviço voluntário, nos termos do disposto na Lei nº 9.608, de 18 de fevereiro de 1998, não geram filiação obrigatória ao RGPS.

Art. 2º Considera-se inscrição, para os efeitos da Previdência Social, o ato pelo qual a pessoa física é cadastrada no RGPS, mediante comprovação dos dados pessoais, da seguinte forma, observada a Seção III do Capítulo I da Instrução Normativa PRES/INSS nº 128, de 2022: *(Redação dada pela Portaria Dirben/INSS 1.079/2022)*

I – empregado: pelo empregador, mediante formalização do contrato de trabalho e, a partir da obrigatoriedade do Sistema de Escrituração Digital das Obrigações Fiscais, Previdenciárias e Trabalhistas – eSocial, instituído pelo Decreto nº 8.373, de 11 de dezembro de 2014, ou de sistema que venha a substituí-lo, por meio de registro contratual eletrônico nesse Sistema;

II – trabalhador avulso: pelo cadastramento e registro no órgão gestor de mão de obra – OGMO, no caso dos portuários, ou no sindicato, em se tratando de não-portuário, e a partir da obrigatoriedade do eSocial, instituído pelo Decreto nº 8.373, de 2014, ou de sistema que venha a substituí-lo, por meio de cadastramento e registro eletrônico nesse Sistema;

III – empregado doméstico: pelo empregador, por meio de registro contratual eletrônico no eSocial, observados os §§ 1º, 7º e 8º deste artigo e o art. 39 da Instrução Normativa PRES/INSS nº 128, de 2022;

IV – contribuinte individual:

a) por ato próprio, mediante cadastramento de informações para identificação e reconhecimento da atividade, sendo que o INSS poderá solicitar a comprovação desta condição, a se realizar por meio da apresentação de documento que caracterize o exercício de atividade;

b) pela cooperativa de trabalho ou pessoa jurídica a quem preste serviço, no caso de cooperados ou contratados, respectivamente, se ainda não inscrito no RGPS; e

c) pelo Microempreendedor individual – MEI, por meio do sítio eletrônico do Portal do Empreendedor.

V – segurado especial: preferencialmente, pelo titular do grupo familiar, que detiver uma das condições descritas no art. 109 da Instrução Normativa PRES/INSS nº 128, de 2022 sendo que o INSS poderá solicitar a comprovação desta condição, por meio da apresentação de documento que caracterize o exercício da atividade declarada, observadas as disposições contidas no art. 9º do mesmo ato normativo; e

VI – facultativo: por ato próprio, mediante cadastramento de informações para sua identificação, desde que não exerça atividade que o enquadre na categoria de segurado obrigatório.

§ 1º Para o empregado doméstico, contribuinte individual, segurado especial e facultativo, a inscrição será realizada no Cadastro Nacional de Informações Sociais – CNIS, sendo-lhe atribuído Número de Identificação do Trabalhador – NIT, que será único, pessoal e intransferível, conforme art. 18 do Regulamento da Previdência Social – RPS, aprovado pelo Decreto nº 3.048, de 6 de maio de 1999.

§ 2º Além das informações pessoais, a inscrição do segurado especial deverá conter:

I – a forma do exercício da atividade, se individual ou em regime de economia familiar, neste caso com vinculação ao seu respectivo grupo familiar;

II – a sua condição no grupo familiar, se titular ou componente;

III – o grupo e o tipo de atividade do titular de acordo com tabela do Código Brasileiro de Ocupações – CBO;

IV – a forma de ocupação do titular vinculando-o à propriedade, ao local ou à embarcação em que trabalhe;

V – a identificação da propriedade, local ou embarcação em que desenvolve a atividade;

VI – o local ou Município onde reside, de forma a identificar se é mesmo Município ou Município contíguo, ou aglomerado rural; e

VII – a identificação e inscrição da pessoa responsável pelo grupo familiar, quando for o caso.

§ 3º O Segurado especial integrante de grupo familiar que não seja proprietário do imóvel rural ou embarcação em que desenvolve sua atividade deve informar, no ato da inscrição e na autodeclaração, conforme o caso, o nome e o número no Cadastro de Pessoas Físicas – CPF do parceiro ou meeiro outorgante, arrendador, comodante ou assemelhado.

§ 4º Nos casos de impossibilidade de emissão de NIT para indígenas por falta de apresentação de registro civil, o INSS deverá comunicar o fato à Fundação Nacional do Índio – FUNAI, que orientará e ajudará o indígena, sem registro civil, a obter o documento.

§ 5º A ausência da certidão citada no § 4º não poderá ser suprida, para fins de concessão de benefícios previdenciários e assistenciais, pelos registros administrativos de nascimento e óbito escriturados pelos Postos Indígenas ou Administrações Executivas da FUNAI.

§ 6º O número de inscrição da pessoa física no CNIS poderá ser oriundo das seguintes fontes:

I – Número de Identificação do Trabalhador – NIT, atribuído pelo INSS;

II – Programa de Integração Social – PIS, organizado e administrado pela Caixa Econômica Federal, com base nas informações fornecidas pelas empresas, no caso de empregado, e pelo OGMO ou sindicato, no caso de Trabalhador avulso, conforme § 1º do art. 7º da Lei Complementar nº 7, de 7 de setembro de 1970;

III – Programa de Formação do Patrimônio do Servidor Público – Pasep, organizado e administrado pelo Banco do Brasil, conforme § 6º do art. 5º da Lei Complementar nº 8, de 3 de dezembro de 1970; ou

IV – Número de Identificação Social – NIS, previsto no parágrafo único do art. 3º do Decreto nº 6.135, de 26 de junho de 2007, atribuído e validado pela Caixa Econômica Federal quando a pessoa física é inscrita no Cadastro Único para Programas Sociais – CadÚnico.

§ 7º Não caberá atribuição de novo número de inscrição se o segurado já possuir NIT/PIS/Pasep/NIS, ainda que seja efetuada alteração de categoria profissional.

§ 8º O número no Cadastro de Pessoas Físicas – CPF é suficiente e substitutivo para a apresentação do NIT/PIS/Pasep/NIS, desde que a inscrição existente no CNIS contenha o número do CPF validado com a base da Secretaria Especial da Receita Federal do Brasil – RFB.

§ 9º Presentes os pressupostos da filiação, admite-se a inscrição post mortem do segurado especial, obedecidas as regras vigentes para sua caracterização.

§ 10. Na hipótese do § 9º, caso não seja comprovada a condição de segurado especial, poderá ser atribuído NIT apenas para fins de formalização do requerimento do benefício previdenciário.

§ 11. Não será admitida a inscrição após o óbito do segurado contribuinte individual autônomo e do segurado facultativo.

§ 12. A inscrição pode ocorrer na condição de filiado e de não filiado, observados respectivamente, o § 1º do art. 2º e o *caput* do art. 7º, da Instrução Normativa PRES/INSS nº 128, de 2022. *(Redação dada pela Portaria Dirben/INSS 1.079/2022)*

§ 13. A comprovação dos dados pessoais e de outros elementos necessários e úteis à caracterização do segurado poderá ser exigida pelo INSS, a qualquer tempo, para atualização de cadastro, inclusive quando da concessão de benefício.

§ 14. A inscrição formalizada por segurado em categoria diferente daquela em que deveria ocorrer deve ser alterada para a categoria correta mediante apresentação de documentos comprobatórios e análise da pertinência pelo INSS.

§ 15. No caso de alteração da categoria de segurado obrigatório para facultativo será solicitada declaração do requerente de que não exerce atividade de filiação obrigatória vinculada ao RGPS ou RPPS, para análise em conjunto com as informações constantes nos sistemas corporativos à disposição do INSS. *(Redação dada pela Portaria Dirben/INSS 1.079/2022)*

Art. 3º Caso o segurado possua número de inscrição oriundo de outra fonte, como Número de Identificação do Trabalhador – NIT, Programa de Integração Social – PIS, Programa de Formação do Patrimônio do Servidor Público – Pasep ou Número de Identificação Social – NIS, este número será utilizado perante o INSS, não cabendo novo cadastramento.

Art. 4º O cadastro do não filiado será efetuado junto ao INSS no momento do requerimento de benefício ou serviço, caso ainda não possua número de inscrição.

Art. 5º A inscrição do empregado doméstico, contribuinte individual, segurado especial e facultativo poderão ser efetuadas por meio dos canais de atendimento do INSS, previstos na Carta de Serviços ao Usuário do INSS de que trata o art. 11 do Decreto nº 9.094, de 17 de julho de 2017, observados os incisos III, IV, V e VI do art. 2º desta Portaria. *(Redação dada pela Portaria Dirben/INSS 1.079/2022)*

Art. 6º A inscrição do estrangeiro residente no Brasil como segurado do Regime Geral de Previdência Social – RGPS, poderá ser efetuada, sendo reservado ao INSS o direito de solicitar, a qualquer tempo, a comprovação dessa condição mediante apresentação de documentos que a caracterizam, bem como a exibição de documento que comprove a sua estada legal no território nacional, de acordo com as disposições da Lei nº 13.445, de 24 de maio de 2017.

CAPÍTULO II – DO CNIS

SEÇÃO I – DO CADASTRO NACIONAL DE INFORMAÇÕES SOCIAIS – CNIS

Art. 7º O Cadastro Nacional de Informações Sociais – CNIS corresponde a um conjunto de banco de informações que, desde a sua criação legal, vem sendo alimentado por diversas bases de dados de órgãos e entidades da Administração Pública federal e, por isso, as informações, em especial as que tratam de fatos geradores trabalhistas e previdenciários, são provenientes dessas bases.

Parágrafo único. Cabe aos órgãos e entidades da Administração Pública federal assegurar que as informações constantes de suas bases de dados estejam corretas e atualizadas, conforme previsto pelo § 4º do art. 3º do Decreto nº 10.047, de 9 de outubro de 2019.

Art. 8º A camada Extrato CNIS é o processo responsável por consolidar e disponibilizar as informações laborais e previdenciárias do trabalhador, já constantes do CNIS, de forma parametrizável, mediante aplicação de regras de prevalência e organização.

§ 1º O resultado do tratamento realizado pela camada Extrato CNIS gera indicadores para identificação das informações constantes do CNIS, em relação às quais poderá ser necessária a adoção de procedimentos para a sua comprovação ou validação.

§ 2º Existem 3 (três) tipos de indicadores no Portal CNIS: *(Redação dada pela Portaria Dirben/INSS 1.121/2023)*

I – Indicador de Pendência (CsPendencia): identifica a informação que possui alguma pendência, sendo necessária a atualização dessa informação no Portal CNIS para que ocorra a sua liberação e utilização pelos sistemas de benefícios. Geralmente informado com "P" na primeira letra da sigla do indicador; *(Redação dada pela Portaria Dirben/INSS 1.121/2023)*

II – Indicador de Alerta (CsIndicador): identifica a informação com a aplicação de um alerta, podendo ou não ser demandada uma ação pelo INSS, a exemplo do indicador Exposição Agentes Nocivos – IEAN que, aplicado a um período de vínculo empregatício, norteia um possível enquadramento do período como especial, para fins de cômputo em benefício, de forma que o período será computado como comum caso não seja efetuado o seu enquadramento como especial. Geralmente é informado com "I" na primeira letra da sigla do indicador; e *(Redação dada pela Portaria Dirben/INSS 1.121/2023)*

III – Indicador de Acerto já efetuado (CsAcerto): apenas indica que um acerto foi efetuado anteriormente em determinado vínculo, remuneração, contribuição ou período de atividade, para que seja observada, quando necessária nova alteração, a existência do acerto anterior e as possíveis implicações que isso trará. Geralmente é informado com "A" na primeira letra da sigla do indicador. *(Redação dada pela Portaria Dirben/INSS 1.121/2023)*

§ 3º No CNIS são disponibilizadas as informações observando e aplicando o conceito de cada indicador. *(Acrescido pela Portaria Dirben/INSS 1.121/2023)*

§ 4º No caso de indicadores de pendências, o INSS exige na maioria dos casos, a validação do dado pelo segurado, mediante apresentação da documentação comprobatória contemporânea aos fatos a comprovar. *(Acrescido pela Portaria Dirben/INSS 1.121/2023)*

§ 5º As situações de inconsistências não necessariamente decorrem de erros ou ausência de informações da fonte de dados, algumas decorrem de disposições de atos normativos, como é o caso da aplicação do "indicador de extemporaneidade" no CNIS quando a empresa transmite a informação de um vínculo após o prazo legalmente estabelecido. Por ser uma obrigação acessória, o INSS aplica o indicador de extemporaneidade, o qual deverá ser tratado, em virtude do disposto no art. 29-A da Lei nº 8.213, de 1991 e do art. 19-B do Decreto nº 3.048, de 1999 (RPS). *(Acrescido pela Portaria Dirben/INSS 1.121/2023)*

§ 6º No que tange às inconsistências detectadas, os indicadores levam em consideração as diversas fontes de dados que alimentam o CNIS e não apenas uma determinada fonte. *(Acrescido pela Portaria Dirben/INSS 1.121/2023)*

Art. 8º-A O Anexo V apresenta a relação dos indicadores atualmente disponibilizados no CNIS. *(Acrescido pela Portaria Dirben/INSS 1.121/2023)*

§ 1º A coluna "TIPO" informa o tipo de indicador, ou seja, se de Acerto, Alerta ou Pendência.

§ 2º A coluna "GRUPO" visa facilitar a identificação da matéria correlata, ou seja, se o indicador está voltado a temas relacionados à segurado especial, contribuições, vínculos e remunerações, ajustes da Emenda Constitucional nº 103, de 2019, ou se relativo a dados/situação do NIT.

§ 3º Quanto à coluna "SIGLA", esta corresponde à sigla do indicador que é apresentado no CNIS.

§ 4º A coluna "DESCRIÇÃO" apresenta a descrição do indicador.

§ 5º A coluna "ESCLARECIMENTOS" traz esclarecimentos complementares acerca da aplicação do indicador e, quando for o caso, informações quanto à necessidade de tratamento para a validação do dado pelo segurado.

§ 6º Alguns indicadores de pendências apresentam a mesma sigla, porém descrições diferentes, razão pela qual deve ser observada a coluna "DESCRIÇÃO" para identificar o tipo de inconsistência detectada.

Art. 9º O Portal CNIS permite a consulta e o tratamento das informações relativas aos dados cadastrais, atividades, vínculos, remunerações, contribuições, entre outros, com a presença de indicadores que atendam às necessidades de controle quando da identificação de inconsistências que possam impactar no reconhecimento de direitos previdenciários.

Art. 10. As informações constantes no CNIS, caso estejam inconsistentes ou pendentes, antes de serem utilizadas pelos sistemas de benefícios do INSS, devem ser tratadas pelo servidor do Instituto, mediante comprovação dos dados pelo segurado.

SEÇÃO II – DO ACESSO ÀS INFORMAÇÕES E SERVIÇOS PREVIDENCIÁRIOS

Art. 11. O filiado terá acesso ao extrato do CNIS por meio dos canais de atendimento do INSS previstos na Carta de Serviços ao Usuário de que trata o art. 11 do Decreto nº 9.094, de 2017.

Art. 12. O número de inscrição no Cadastro de Pessoas Físicas – CPF é suficiente para acesso do cidadão às informações e serviços oferecidos pelo INSS, substituindo o NIT/PIS/Pasep/NIS, na forma estabelecida pelo Decreto nº 9.094, de 2017, desde que conste no CNIS e esteja válido na base da Secretaria Especial da Receita Federal do Brasil – RFB.

Art. 13. A apresentação do CPF em substituição ao número de inscrição não afasta a necessidade de identificação da pessoa física mediante apresentação de documento legal de identidade com foto, que permita o seu reconhecimento.

SEÇÃO III – DAS INCONSISTÊNCIAS NOS DADOS DE PESSOA FÍSICA DO CNIS

SUBSEÇÃO I – INCONSISTÊNCIAS NO CADASTRO DE PESSOAS FÍSICAS – CPF

Art. 14. Na atualização de dados cadastrais do CNIS é importante que o cidadão forneça o maior número de informações possíveis para tornar o seu cadastro mais consistente.

Art. 15. O número de inscrição no CPF, composto por 11 (onze) dígitos, corresponde a um dos dados capturados para a formação do cadastro da pessoa física no CNIS, sendo utilizado, no âmbito da Administração Pública federal, como elemento chave de identificação.

§ 1º O número disposto no *caput* deste artigo passa a integrar o conjunto de informações relevantes do CNIS após a sua validação com a base de dados da RFB, responsável por sua gestão, sendo que a utilização desse número é obrigatória no âmbito dos processos administrativos previdenciários do INSS.

§ 2º O número de inscrição no CPF será utilizado pelo INSS se possuir a situação regular junto à RFB, ou seja, sem qualquer pendência no cadastro da pessoa física, sendo que não poderá ser utilizado pelo INSS se estiver em uma das seguintes situações perante a RFB:

I – *(Revogado pela Portaria Dirben/INSS 1.079/2022)*

II – suspenso: o cadastro do contribuinte está incorreto ou incompleto;

III – cancelado: por multiplicidade, em virtude de decisão administrativa ou judicial;

IV – titular falecido: incluída a data de óbito; ou

V – nulo: constatada fraude na inscrição e, por isso, o CPF foi considerado nulo.

Art. 16. O serviço de atualização e regularização de dados cadastrais no CPF está disponível no sítio eletrônico da RFB, órgão gestor da base de dados desse documento, pela Internet ou de forma presencial, com documentos de identificação e de comprovação da situação, necessários à atualização/regularização, de acordo com as orientações da RFB.

SUBSEÇÃO II – INCONSISTÊNCIAS DO NÚMERO DE IDENTIFICAÇÃO DO TRABALHADOR – NIT

Art. 17. As possíveis inconsistências no CNIS referentes ao cadastramento de Número de Identificação do Trabalhador – NIT, que demandam ação do INSS a partir da solicitação do interessado, mediante comprovação da titularidade desse número, são as seguintes:

I – NIT inexistente: quando não consta na base de dados do CNIS;

II – NIT indeterminado: quando não é possível determinar a sua titularidade pelo fato de não possuir nenhum dado cadastral ou não apresentar ao menos o nome do cidadão e/ou a data de nascimento;

III – NIT com dados cadastrais divergentes: quando os dados cadastrais são divergentes ou possui valor não aceito pelo sistema; e

IV – NIT pertencente à faixa crítica: atribuído indevidamente para mais de uma pessoa na ocasião do cadastramento e atribuição da inscrição.

SUBSEÇÃO III – PREMISSA BÁSICA PARA A CORREÇÃO DAS INCONSISTÊNCIAS DO NÚMERO DE IDENTIFICAÇÃO DO TRABALHADOR – NIT

Art. 18. Para fins de validação e atualização do NIT que se encontra inconsistente no CNIS faz-se necessário que o trabalhador apresente ao INSS o respectivo comprovante de inscrição ou documento que comprove a titularidade desse número.

Parágrafo único. No caso de número do cadastro perante o Programa de Integração Social – PIS ou o Programa de Formação do Patrimônio do Servidor Público – Pasep, o trabalhador deverá apresentar o documento comprobatório de titularidade fornecido pelo respectivo administrador, Caixa Econômica Federal ou Banco do Brasil.

SEÇÃO IV – FORMAÇÃO DE ELOS DE INSCRIÇÕES DA PESSOA FÍSICA

Art. 19. Para os efeitos desta seção entende-se por elo de inscrições a associação de duas ou mais inscrições da pessoa física no CNIS.

Art. 20. A formação de elos de inscrições geradas pelo INSS é realizada automaticamente no CNIS, conforme critérios de similaridade, resultado da comparação de dados de identificação do filiado, sendo que a sua formação requer, no mínimo, a combinação de nome e documentos ou nome, data de nascimento, nome da mãe e pelo menos um documento.

Art. 21. Caso o filiado possua mais de uma inscrição e todas elas forem PIS ou Pasep, a formação do elo automático compete aos administradores dessas inscrições, Caixa Econômica Federal e Banco do Brasil, respectivamente.

Art. 22. Nas situações em que for identificada a formação de elo indevido, o desfazimento do elo será realizado pelo administrador do programa, observado o disposto no art. 164.
§ 1º O INSS realizará o desfazimento de elos indevidos nas situações que envolvam NIT gerado pelo Instituto.
§ 2º Em se tratando de PIS, este desfazimento caberá à Caixa Econômica Federal, e no caso de Pasep, ao Banco do Brasil.

SEÇÃO V – REGISTRO DE INFORMAÇÕES EM NIT/PIS/PASEP/NIS PERTENCENTE A OUTRO FILIADO: VÍNCULO, REMUNERAÇÃO E CONTRIBUIÇÃO EM NIT DE TERCEIRO

Art. 23. Para os efeitos desta Seção, entende-se por vínculo e/ou remuneração em NIT de terceiro, a situação em que o empregador/contratante/cooperativa/órgão gestor de mão de obra – OGMO/sindicato informa para o seu empregado/contribuinte individual/trabalhador avulso o NIT pertencente a outro filiado na Relação Anual de Informações Sociais – RAIS ou na Guia de Recolhimento do FGTS – GRE, conforme o caso, ou, desde 1999, na Guia de Recolhimento do Fundo de Garantia do Tempo de Serviço e Informações à Previdência Social – GFIP e, como consequência desse erro, o vínculo e/ou remuneração pertencente ao filiado deixa de constar em seu NIT no CNIS e passa a constar indevidamente em NIT de terceiro.
§ 1º Na situação prevista no *caput* deste artigo, a pessoa física que identificar a existência de vínculo e/ou remuneração em seu NIT/PIS/Pasep/NIS que não lhe pertença, deverá providenciar junto ao INSS a solicitação de exclusão desses dados indevidos, associados ao seu número de inscrição, mediante apresentação de documentos comprobatórios e declaração expressa, conforme previsto na Seção IV do Capítulo I da Instrução Normativa PRES/INSS nº 128, de 2022, podendo ser utilizado o modelo "Requerimento de Atualização do CNIS – RAC", constante no Anexo I da Instrução Normativa PRES/INSS nº 128, de 2022.
§ 2º Aplica-se o disposto neste artigo ao filiado contribuinte individual que presta serviço à empresa ou cooperativa, pessoa jurídica, a partir da competência abril de 2003, haja vista a responsabilidade das informações em GFIP e do recolhimento previdenciário ser da empresa ou cooperativa, conforme preceitua o inciso I do art. 216 e o inciso IV do art. 225, ambos do Regulamento da Previdência Social – RPS, aprovado pelo Decreto nº 3.048, de 1999.

Art. 24. Entende-se por contribuição previdenciária em NIT de terceiro a situação em que o segurado contribuinte individual por conta própria, o segurado facultativo e o segurado empregado doméstico, este até a competência setembro de 2015 em virtude da instituição do Simples Doméstico com registros eletrônicos no eSocial a partir de outubro de 2015, realiza o recolhimento da contribuição previdenciária utilizando NIT pertencente a outra pessoa física, mediante erro no preenchimento da Guia de Recolhimento (GR, GR1 e GR2), do Carnê para Recolhimento de Contribuições, da Guia de Recolhimento de Contribuinte Individual (GRCI), da Guia de Recolhimento da Previdência Social (GRPS 3) ou da Guia da Previdência Social (GPS).

§ 1º Na situação prevista no *caput* deste artigo, o filiado deverá apresentar o comprovante de recolhimento da contribuição previdenciária a fim de que se confirme que efetivamente houve erro no preenchimento da guia e solicitar o acerto, podendo ser utilizado o modelo "Requerimento de Atualização do CNIS – RAC", constante no Anexo I da Instrução Normativa PRES/INSS nº 128, de 2022.

§ 2º A pessoa física que constatar em seu NIT a existência de contribuição previdenciária que não lhe pertence, deverá solicitar a exclusão da contribuição do seu NIT, podendo apresentar o "Requerimento de Atualização do CNIS – RAC", constante no Anexo I da Instrução Normativa PRES/INSS nº 128, de 2022, devidamente preenchido para fins de acerto.

SEÇÃO VI – COMPROVAÇÃO E ACERTO DE DADOS DO CNIS

SUBSEÇÃO I – DA VALIDADE DOS DADOS DO CNIS

Art. 25. O filiado poderá solicitar, a qualquer momento, a inclusão, alteração, ratificação ou exclusão das informações divergentes, extemporâneas ou insuficientes, do CNIS, com a apresentação de documentos comprobatórios, conforme critérios estabelecidos, observadas as formas de filiação, independentemente de requerimento de benefício.

§ 1º Para efetuar as solicitações previstas no *caput*, o filiado deverá apresentar requerimento, dispensado nas situações de atualização que não demandem a sua manifestação escrita, vinculadas ao requerimento de benefícios, podendo utilizar o modelo "Requerimento de Atualização do CNIS – RAC", constante no Anexo I da Instrução Normativa PRES/INSS nº 128, de 2022.

§ 2º A exclusão de informações de atividade, vínculos e remunerações incorretas no CNIS deverá ser efetivada mediante declaração expressa do filiado, podendo para tanto ser utilizado o modelo previsto no § 1º, após pesquisas realizadas pelo INSS nos sistemas corporativos da Previdência Social ou da RFB.

Art. 26. Para a prova do tempo de serviço ou contribuição, além da documentação comprobatória disposta nesta Portaria, observada a forma de filiação, poderão ser aceitos, no que couber, os seguintes documentos:

I – a carteira de férias;
II – a carteira sanitária;
III – a caderneta de matrícula;
IV – a caderneta de contribuições dos extintos institutos de aposentadoria e pensões;
V – a caderneta de inscrição pessoal visada pela Capitania dos Portos, pela Superintendência do Desenvolvimento da Pesca ou pelo Departamento Nacional de Obras Contra as Secas;
VI – as declarações da RFB; e
VII – a certidão de inscrição em órgão de fiscalização profissional, acompanhada do documento que prove o exercício da atividade.

Art. 27. Os documentos comprobatórios de exercício de atividade, remunerações e contribuições, observadas as peculiaridades de cada tipo de filiado, devem ser contemporâneos dos fatos a comprovar e mencionar datas de início, término e outras informações relativas ao vínculo e período de atividade e, quando se tratar de trabalhador avulso, a duração do trabalho e a condição em que foi prestado.

Art. 28. As anotações em Carteira Profissional – CP e/ou Carteira de Trabalho e Previdência Social – CTPS em meio físico, relativas a férias, alterações de salários e outras, que demonstrem a sequência do exercício da atividade, podem suprir possível falha de registro de admissão ou dispensa.

§ 1º No caso de omissão, emenda ou rasura em registro quanto ao início ou ao fim do período de trabalho, as anotações contemporâneas serão consideradas para o reconhecimento da data a que se referir, servindo como parâmetro, os registros de admissão e de saída nos empregos anteriores ou posteriores.

§ 2º Para os casos em que a data da emissão da CP ou da CTPS em meio físico, for anterior à data fim do contrato de trabalho, o vínculo relativo a este período poderá ser computado, sem necessidade de quaisquer providências, salvo existência de dúvida fundada.

§ 3º Considera-se extemporânea a anotação em CTPS feita voluntariamente pelo empregador após o término do contrato de trabalho, exigindo-se para fins de reconhecimento no âmbito do RGPS a apresentação de outros elementos materiais probatórios.

§ 4º No caso de contrato de trabalho, cuja data fim seja anterior à data da emissão da CP ou da CTPS em meio físico, deverá ser exigida prévia comprovação da relação de trabalho, por ficha de registro de empregado, registros contábeis da empresa, admitindo-se outros documentos que levem à convicção do fato a comprovar.

Art. 29. Respeitadas as definições sobre a procedência e origem das informações, e, considerando o disposto no art. 19 do RPS, alterado pelo Decreto nº 10.410 de 30 de junho de 2020, considera-se extemporânea a inserção de dados no CNIS:

I – para o empregado e empregado doméstico relativos à data de início do vínculo:

a) decorrente de Guia de Recolhimento do Fundo de Garantia do Tempo de Serviço e Informações à Previdência Social – GFIP ou de instrumento de prestação das informações que venha substituí-la, na forma do § 3º do art. 2º do Decreto nº 8.373, de 2014, e do art. 16 da Lei nº 13.874, de 20 de setembro de 2019, apresentado após o último dia do 5º (quinto) mês subsequente ao mês da data de admissão do segurado, consoante alteração do RPS pelo Decreto nº 10.410, de 2020;

b) decorrente de outro documento que não seja a GFIP ou o instrumento de prestação das informações que venha substituí-la, considerando o disposto no § 3º do art. 225 do RPS, e no § 3º do art. 2º do Decreto nº 8.373, de 2014, e do art. 16 da Lei nº 13.874, de 2019.

II – para o trabalhador avulso relativos à remuneração:

a) decorrente de GFIP ou de instrumento de prestação das informações que venha substituí-la, na forma do § 3º do art. 2º do Decreto nº 8.373, de 2014, e do art. 16 da Lei nº 13.874, de 2019, apresentado após o último dia do 5º (quinto) mês subsequente ao mês da data de prestação de serviço pelo segurado, consoante alteração do RPS pelo Decreto nº 10.410, de 2020;

b) decorrente de outro documento que não seja a GFIP ou o instrumento de prestação das informações que venha substituí-la, considerando o disposto no § 3º do art. 225 do RPS, e no § 3º do art. 2º do Decreto nº 8.373, de 2014, e do art. 16 da Lei nº 13.874, de 2019.

III – para o contribuinte individual que presta serviço à empresa ou equiparado, relativos à remuneração, decorrente de GFIP ou de instrumento de prestação das informações que venha substituí-la, na forma do § 3º do art. 2º do Decreto nº 8.373, de 2014, e do art. 16 da Lei nº 13.874, de 2019, apresentado após o último dia do 5º (quinto) mês subsequente ao mês da data de prestação de serviço pelo segurado, consoante alteração do RPS pelo Decreto nº 10.410, de 2020; e

IV – relativos à contribuição, sempre que o recolhimento tiver sido feito sem observância do estabelecido em lei.

§ 1º O prazo previsto neste artigo poderá ser reduzido ou ampliado por ato normativo da Secretaria Especial de Previdência e Trabalho.

§ 2º A extemporaneidade de que trata este artigo poderá ser relevada após um ano da data de inserção das informações relativas a vínculos e remunerações, de forma automática ou manual, conforme critérios definidos pelo INSS.

SUBSEÇÃO II – DA ATUALIZAÇÃO DO CNIS

Art. 30. Aplicam-se as orientações desta Subseção e do art. 557 da Instrução Normativa PRES/INSS nº 128, de 2022, aos documentos em meio físico apresentados ao INSS para fins de atualização do CNIS, em conformidade com este Capítulo relacionadas à comprovação da atividade dos filiados.

Parágrafo único. O disposto no *caput* também se aplica aos documentos em meio eletrônico apresentados ao INSS para fins de atualização do CNIS, relativos a períodos anteriores ao eSocial.

Art. 31. Na impossibilidade de apresentação dos originais ou de cópias autenticadas, em cartório ou administrativamente, os documentos em meio físico que se fizerem necessários à atualização do CNIS, observado o contido no art. 19-B do RPS, bem como o art. 557 Instrução Normativa PRES/INSS nº 128, de 2022, poderão ser apresentados ao INSS:

I – em cópia simples entregue em meio papel, dispensada a autenticação administrativa para a atualização a que se destinam, salvo na existência de dúvida fundada quanto à sua autenticidade, integridade e contemporaneidade, observado o § 2º do art. 557 Instrução Normativa PRES/INSS nº 128, de 2022; ou

II – digitalizados pelo segurado, a partir dos documentos originais, na forma e padrão definidos pelo INSS, que terão efeito legal de cópia simples, observado o disposto na alínea "b" do inciso II do *caput* do art. 558 e no art. 559 da Instrução Normativa PRES/INSS nº 128, de 2022, dispensada a autenticação administrativa para a atualização a que se destinam, salvo na existência de dúvida fundada quanto à sua autenticidade, integridade e contemporaneidade.

Parágrafo único. Quando se tratar de documento em meio físico que originalmente seja constituído de partes indissociáveis, a contemporaneidade somente poderá ser analisada se a cópia contiver as partes essenciais que garantam a verificação da ordem cronológica dos registros e anotações, bem como a data de emissão, conforme § 1º do art. 557 Instrução Normativa PRES/INSS nº 128, de 2022.

Art. 32. Aplicam-se as orientações dispostas no art. 560 Instrução Normativa PRES/INSS nº 128, de 2022 aos documentos produzidos em meio eletrônico e apresentados ao INSS para fins de atualização do CNIS.

§ 1º Embora o documento eletrônico assinado por meio de certificado digital proveniente da Infraestrutura de Chaves Públicas Brasileira – ICP-Brasil tenha garantia de autenticidade e integridade, com ou sem o carimbo do tempo, este se faz necessário para a verificação da sua contemporaneidade e, por consequência, para a comprovação de vínculo, atividade, remuneração ou contribuição.

§ 2º O documento eletrônico que tenha sido assinado por certificação no padrão ICP-Brasil, sem carimbo do tempo, ou por certificação não disponibilizada pela ICP-Brasil, deve ser complementado por outra prova material contemporânea prevista nesta Instrução Normativa, para fins de comprovação de vínculo, atividade, remuneração ou contribuição.

§ 3º Para fins de comprovação de vínculo, atividade, e contribuição, o documento impresso ou gerado em formato de arquivo a partir de um conteúdo digital de documento eletrônico não poderá ser utilizado como elemento de prova perante o INSS, por não ser possível atestar a sua autenticidade, integridade e contemporaneidade, exceto na situação disposta no § 4º.

§ 4º Nas situações em que for apresentado documento impresso ou arquivo proveniente de conteúdo em meio digital, os dados nele contidos somente poderão ser utilizados como elemento de prova perante o INSS se o documento ou arquivo permitir a verificação da autenticidade e do conteúdo mediante informação do endereço eletrônico e do código ou chave de autenticação, o que não afasta a necessidade de avaliação da contemporaneidade, conforme o caso.

SUBSEÇÃO III – DA PESSOA FÍSICA

Art. 33. Para atualização da inscrição no CNIS é necessária a identificação da pessoa física por meio de documento legal de identificação com foto, que permita o seu reconhecimento, podendo ser um dos seguintes documentos:

I – Cédula de Identidade ou Registro Geral – RG;

II – Carteira Nacional de Habilitação – CNH;

III – Carteira de Trabalho e Previdência Social – CTPS em meio físico;

IV – carteira expedida por órgão ou entidade de classe;

V – passaporte;

VI – Documento Nacional de Identificação – DNI; ou

VII – outro documento legal com foto, dotado de fé pública, que permita a identificação da pessoa física.

§ 1º O documento previsto no inciso III somente será aceito pelo INSS como documento de identificação se tiver sido emitido até a data da instituição da Carteira de Trabalho Digital, conforme art. 40 da Instrução Normativa PRES/INSS nº 128, de 2022.

§ 2º Para alteração, inclusão ou exclusão dos dados da inscrição devem ser apresentados os seguintes documentos, conforme o caso:

I – dados pessoais:

a) CPF;

b) documento legal de identificação, com foto, que permita o reconhecimento da pessoa;

c) outros documentos que contenham a informação a ser atualizada, tais como Certidão Civil de Nascimento/Casamento/Óbito, Título de Eleitor ou Carteira de Trabalho.

II – titularidade da inscrição e data de cadastramento quando inexistente na base do CNIS: o comprovante de inscrição do NIT/PIS/PASEP/NIS; e

III – dados de endereço: por ato declaratório do segurado.

SUBSEÇÃO IV – DAS PROVIDÊNCIAS E DA COMPROVAÇÃO RELATIVAS A VÍNCULO E REMUNERAÇÃO DO EMPREGADO

Art. 34. Observado o disposto nas Seções IV e X do Capítulo I da Instrução Normativa PRES/INSS nº 128, de 2022, e da Subseção I do Capítulo II desta Portaria, para fins de inclusão, alteração ou tratamento de extemporaneidade, no CNIS, do vínculo empregatício urbano ou rural, com admissão e demissão anteriores à data da instituição da Carteira de Trabalho Digital, a comprovação junto ao INSS far-se-á por um dos seguintes documentos em meio físico, contemporâneos ao exercício da atividade remunerada:

I – Carteira Profissional – CP ou Carteira de Trabalho e Previdência Social – CTPS;

II – original ou cópia autenticada da Ficha de Registro de Empregados ou do Livro de Registro de Empregados, onde conste o referido registro do trabalhador acompanhada de declaração fornecida pela empresa, devidamente assinada e identificada por seu responsável;

III – contrato individual de trabalho;

IV – acordo coletivo de trabalho, desde que caracterize o trabalhador como signatário e comprove seu registro na respectiva Delegacia Regional do Trabalho – DRT;

V – termo de rescisão contratual ou comprovante de recebimento do Fundo de Garantia do Tempo de Serviço – FGTS;

VI – extrato analítico de conta vinculada do FGTS, carimbado e assinado por empregado da Caixa Econômica Federal – CEF, desde que constem dados do empregador, data de admissão, data de rescisão, datas dos depósitos e atualizações monetárias do saldo, ou seja, dados que remetam ao período objeto de comprovação;

VII – recibos de pagamento contemporâneos ao fato alegado, com a necessária identificação do empregador e do empregado;

VIII – cópia autenticada do cartão, livro ou folha de ponto, acompanhada de declaração fornecida pela empresa, devidamente assinada e identificada por seu responsável; e

IX – outros documentos em meio físico contemporâneos que possam comprovar o exercício de atividade junto à empresa.

§ 1º No caso de contrato de trabalho intermitente, para cumprimento do previsto neste artigo, o documento apresentado deverá conter ou ser complementado por outro que comprove ao INSS os períodos efetivamente trabalhados durante a vigência do vínculo empregatício.

§ 2º Além dos documentos e procedimentos previstos neste artigo, a comprovação da atividade rural do segurado empregado exercida até 31 de dezembro de 2010, para fins de aposentadoria por idade de que trata o art. 143 da Lei nº 8.213, de 24 de julho de 1991, poderá ser feita por meio de Justificação Administrativa – JA, desde que baseada em início de prova material e observado o disposto no art. 571 da Instrução Normativa PRES/INSS nº 128, de 2022.

§ 3º A comprovação de atividade rural do segurado empregado para fins de cômputo em benefício urbano ou certidão de contagem recíproca será feita na forma deste artigo.

§ 4º Nas hipóteses de contrato de trabalho vinculado ao RGPS ser considerado nulo, o período de efetivo labor prestado pelo segurado será reconhecido no âmbito do RGPS, salvo hipótese de simulação ou fraude na investidura ou na manutenção da contratação, observado que:

I – a simulação ou fraude na investidura fica caracterizada quando existe a prestação de serviço apenas em seu aspecto formal, porém sem a comprovação do efetivo labor pelo segurado, ou seja, sequer houve a atividade laboral que ensejaria a proteção previdenciária, de modo que o contrato de trabalho considerado nulo não produzirá efeitos previdenciários;

II – a situação de fraude na manutenção da contratação ocorre nas hipóteses em que existe ação judicial específica demonstrando a antinormatividade da contratação e, ainda que exista decisão judicial concreta, em sede de controle difuso, determinando a desvinculação, persiste a atuação irregular da administração pública e do segurado, em evidente afronta à Constituição e ao Poder Judiciário;

III – na hipótese de fraude na manutenção da contratação, o contrato de trabalho considerado nulo produzirá efeitos previdenciários até a data da decretação da sua nulidade, ou até o seu término, se anterior a essa decretação, e desde que tenha havido a prestação efetiva de trabalho remunerado, visto que a filiação à Previdência Social está ligada ao efetivo exercício da atividade, na forma do art. 20 do Regulamento da Previdência Social – RPS;

IV – para os casos de dúvidas quanto à configuração das hipóteses de simulação ou fraude na investidura ou na manutenção da contratação, o processo poderá ser encaminhado à Procuradoria Federal local para fins de esclarecimentos quanto à motivação da nulidade contratual, bem como indicação do período a ser considerado junto ao RGPS.

§ 5º Na impossibilidade de apresentação de um dos documentos de comprovação previstos nesta portaria, poderão ser aceitos declaração do empregador ou seu preposto, atestado de empresa ainda existente ou certificado ou certidão de órgão público, com a devida assinatura e identificação do responsável pelas informações, bem como afirmação expressa de que os dados foram extraídos de registros existentes e acessíveis à verificação pelo INSS.

§ 6º A declaração prevista no § 5º deverá conter a identificação do empregado, menção às datas de início e término da prestação de serviços, as respectivas remunerações, se também forem objeto de comprovação e, quando se tratar de vínculo de empregado com:

I – contrato de trabalho intermitente, a especificação dos períodos efetivamente trabalhados;

II – contrato de trabalho rural, o tipo de atividade exercida, a qualificação do declarante com os respectivos números do Cadastro de Pessoa Física – CPF, do Cadastro Específico do INSS – CEI, do Cadastro de Atividade Econômica da Pessoa Física – CAEPF ou, quando for o caso, do Cadastro Nacional de Pessoa Jurídica – CNPJ, bem como a identificação e o endereço completo do imóvel onde os serviços foram prestados, e a que título detinha a posse do imóvel.

§ 7º Havendo a comprovação nos moldes previstos pelo § 6º, deverá ser emitida Pesquisa Externa, observado o art. 573 da Instrução Normativa PRES/INSS nº 128, de 2022, com a finalidade de confirmar as informações prestadas, salvo se fornecidas por órgão público, situação em que a Pesquisa somente poderá ser realizada se, oficiado o referido órgão, não for possível formar convicção em relação ao que se pretende comprovar.

Art. 35. Observado o disposto nas Seções IV e X do Capítulo I da Instrução Normativa PRES/INSS nº 128, de 2022, e da Subseção I do Capítulo II desta Portaria, para fins de inclusão, alteração ou tratamento de extemporaneidade, no CNIS, do vínculo empregatício urbano ou rural, com admissão anterior à data da instituição da Carteira de Trabalho Digital, e que permaneceu ativo a partir desta data, estando encerrado ou não na data da análise, a comprovação junto ao INSS far-se-á da seguinte forma:

I – para o período do vínculo até o dia anterior à instituição da Carteira de Trabalho Digital, o exercício de atividade poderá ser comprovado por um dos documentos em meio físico, contemporâneos, previstos no art. 34;

II – para o período do vínculo a partir da data da instituição da Carteira de Trabalho Digital, inclusive para os eventos de alteração contratual e rescisão, na comprovação do exercício de atividade deverá ser aplicado, no que couber, o contido no art. 36.

§ 1º Na situação prevista no inciso I do *caput*, no caso de contrato de trabalho intermitente, o documento apresentado deverá conter ou ser complementado por outro que comprove ao INSS os períodos efetivamente trabalhados durante a vigência do vínculo empregatício.

§ 2º Na situação prevista no inciso II do *caput*, no caso de contrato de trabalho intermitente, aplica-se o contido no art. 37.

§ 3º No caso de o empregado cumprir somente o previsto no inciso I do *caput*, o INSS reconhecerá o período de exercício de atividade até, no máximo, a data anterior à instituição da Carteira de Trabalho Digital.

Art. 36. Observado o disposto nas Seções IV e X do Capítulo I da Instrução Normativa PRES/INSS nº 128, de 2022, e da Subseção I do Capítulo II desta Portaria, para fins de comprovação junto ao INSS do vínculo empregatício urbano ou rural, com admissão a partir da data de instituição da Carteira de Trabalho Digital:

I – quando inexistir o vínculo no CNIS ou constar com pendências ou divergências de dados mas não for extemporâneo, o empregado poderá apresentar: *(Redação dada pela Portaria Dirben/INSS 1.079/2022)*

a) comprovante contendo o número do recibo eletrônico emitido pelo eSocial acompanhado de declaração com a devida assinatura e identificação do responsável pelas informações, podendo ser utilizado o modelo "Declaração de Confirmação do Envio de Dados Trabalhistas e Previdenciários pelo eSocial e Informação dos Números dos Recibos Eletrônicos"

constante do Anexo II da Instrução Normativa PRES/INSS nº 128, de 28 de março de 2022, para fins de solicitação junto ao INSS para que tome providências quanto à disponibilização das informações correspondentes, provenientes do e-Social no CNIS; *(Redação dada pela Portaria Dirben/INSS 1.079/2022)*

b) documento expedido pelo Ministério do Trabalho e Previdência, que comprove a relação de emprego; ou

c) rol de documentos previstos no art. 19-B do RPS.

II – quando o vínculo for extemporâneo, o empregado poderá apresentar:

a) declaração única do empregador e empregado, sob as penas da Lei, que deverá conter informação quanto ao exercício de atividade, indicando os períodos efetivamente trabalhados até o momento da declaração, inclusive para o intermitente, acompanhada de documentação que serviu de base para comprovar o que está sendo declarado; ou

b) rol de documentos previstos no art. 19-B do RPS.

Parágrafo único. Os documentos elencados na alínea "c" do inciso I e alínea "b" do inciso II devem formar convicção quanto a data de início e fim do período que se pretende comprovar, bem como serem contemporâneos aos fatos a serem comprovados.

Art. 37. No caso de contrato de trabalho intermitente, aplicam-se as mesmas regras do art. 36, sendo que a documentação deverá possibilitar ao INSS a identificação dos períodos efetivamente trabalhados.

Art. 38. Observado o disposto nas Seções IV e X do Capítulo I da Instrução Normativa PRES/INSS nº 128, de 2022, e da Subseção I do Capítulo II desta Portaria, a comprovação junto ao INSS, para fins de atualização do CNIS, da remuneração relativa ao vínculo do empregado, urbano ou rural, inclusive aquele com contrato de trabalho intermitente, anterior à substituição da GFIP pelo eSocial, conforme cronograma de implantação previsto em ato específico, far-se-á por um dos seguintes documentos em meio físico:

I – contracheque ou recibo de pagamento, contemporâneo ao período que se pretende comprovar, que deverá conter, além dos dados relativos às parcelas de remunerações: *(Redação dada pela Portaria Dirben/INSS 1.079/2022)*

a) identificação do empregador e do empregado; *(Acrescida pela Portaria Dirben/INSS 1.079/2022)*

b) competência ou período a que se refere o documento; *(Acrescida pela Portaria Dirben/INSS 1.079/2022)*

II – ficha financeira; *(Redação dada pela Portaria Dirben/INSS 1.079/2022)*

III – anotações contemporâneas acerca das alterações de remuneração constantes da CP ou da CTPS, realizadas até a data da instituição da Carteira de Trabalho Digital, que poderão ser utilizadas apenas com anuência do filiado; ou *(Redação dada pela Portaria Dirben/INSS 1.079/2022)*

IV – original ou cópia autenticada da folha do Livro de Registro de Empregados ou da Ficha de Registro de Empregados em meio físico, contendo anotações do nome do filiado e das remunerações, acompanhada de declaração fornecida pela empresa, devidamente assinada e identificada por seu responsável, sendo que as remunerações poderão ser utilizadas apenas com anuência do filiado. *(Acrescido pela Portaria Dirben/INSS 1.079/2022)*

Art. 39. A partir da substituição da GFIP pelo eSocial, conforme cronograma de implantação previsto em ato específico, será considerada pelo INSS a remuneração de empregado, urbano ou rural, inclusive aquele com contrato de trabalho intermitente, informada pelo empregador mediante registro de evento eletrônico no eSocial.

§ 1º Observado o disposto nas Seções IV e X do Capítulo I da Instrução Normativa PRES/INSS nº 128, de 2022, e da Subseção I do Capítulo II desta Portaria, nos casos em que o empregado identificar que não consta remuneração no CNIS ou que este apresenta remuneração informada pelo empregador com dado divergente da situação fática, a comprovação da efetiva remuneração junto ao INSS, para fins de atualização do CNIS, far-se-á por:

I – contracheque ou recibo de pagamento emitido pelo eSocial, contemporâneo ao período que se pretende comprovar, que deverá conter, além dos dados relativos às parcelas de remunerações:

a) identificação do empregador e do empregado;

b) competência ou período a que se refere o documento; e

c) número do recibo eletrônico emitido pelo eSocial.

II – rol de documentos disposto no art.19-B do RPS.

§ 2º Os documentos elencados no inciso II devem formar convicção quanto à competência ou período que se pretende comprovar, remuneração auferida, bem como serem contemporâneos aos fatos a serem comprovados.

§ 3º A partir da substituição da GFIP pelo eSocial, as anotações contratuais salariais em CTPS em meio físico, ou aquelas constantes em Carteira de Trabalho Digital, não são hábeis a comprovar a remuneração inexistente ou divergente no CNIS, com base no previsto neste artigo e no art. 176.

§ 4º Caso não conste o número do recibo eletrônico emitido pelo eSocial no contracheque ou recibo de pagamento, conforme previsto na alínea "c" do inciso I do § 1º, o empregado deverá apresentar, juntamente com o documento, comprovante contendo o número do recibo eletrônico emitido pelo eSocial, acompanhado de declaração, com a devida assinatura e identificação do responsável pelas informações, podendo ser utilizado, para tanto, o modelo "Declaração de Confirmação do Envio de Dados Trabalhistas e Previdenciários pelo eSocial e Informação dos Números dos Recibos Eletrônicos" constante do Anexo II da Instrução Normativa PRES/INSS nº 128, de 28 de março de 2022, para fins de solicitação junto ao INSS para que tome providências quanto à disponibilização das informações correspondentes, provenientes do eSocial no CNIS. *(Acrescido pela Portaria Dirben/INSS 1.079/2022)*

Art. 40. O INSS, com base nos procedimentos e disposições previstas nesta Subseção, poderá efetuar a atualização do CNIS.

SUBSEÇÃO V – DAS PARTICULARIDADES E DA COMPROVAÇÃO DO TEMPO DE CONTRIBUIÇÃO NO SERVIÇO PÚBLICO

Art. 41. A comprovação junto ao INSS do tempo de contribuição do agente público de qualquer dos entes federativos, inclusive suas Autarquias e Fundações de direito público, em cujo período foi vinculado ao RGPS, na categoria de empregado, dar-se-á mediante a apresentação de documento comprobatório do vínculo funcional, tais como ato de nomeação e exoneração, dentre outros, acompanhado da Declaração de Tempo de Contribuição ao RGPS – DTC, fornecida pelo órgão público ou entidade oficial, na forma do modelo constante no Anexo IV da Instrução Normativa PRES/INSS nº 128, de 2022.

§ 1º Será dispensada a apresentação de documento comprobatório do vínculo funcional, desde que a Declaração prevista no *caput* contenha a discriminação dos documentos que serviram de base para a sua emissão e a afirmação expressa de que essa documentação encontra-se à disposição do INSS para eventual consulta, considerando que os órgãos públicos possuem fé pública, gozando de presunção relativa de veracidade quanto às informações contidas na Declaração, sendo que a Pesquisa Externa somente poderá ser realizada se não restar esclarecido o que se pretende comprovar por meio de ofício ao órgão público ou entidade oficial.

§ 2º A Declaração referida no *caput* deverá estar acompanhada da Relação das Remunerações que incidem Contribuições Previdenciárias, a ser emitida pelo órgão público ou entidade oficial, na forma do modelo constante no Anexo V da Instrução Normativa PRES/INSS nº 128, de 2022, quando as remunerações forem objeto da comprovação.

Art. 42. Observado o art. 130 do RPS, o aproveitamento no RGPS do tempo de contribuição durante o qual o agente público federal, estadual, distrital ou municipal, foi vinculado a RPPS, na forma de contagem recíproca de que trata a Lei nº 6.226, de 14 de julho de 1975, será feito mediante a apresentação da Certidão de Tempo de Contribuição – CTC, e, caso compreenda período posterior à competência junho de 1994, deverá ser apresentada "Relação das Remunerações de Contribuições por competências" conforme Anexos XV e XXIII da Instrução Normativa PRES/INSS nº 128, de 2022, sendo que, para fins de emissão desses documentos, o ente federativo deverá observar os requisitos e adotar os padrões previstos pela Portaria MPS nº 154, de 15 de maio de 2008.

SUBSEÇÃO VI – DAS PROVIDÊNCIAS E DA COMPROVAÇÃO RELATIVAS A VÍNCULO E REMUNERAÇÃO DO EMPREGADO DOMÉSTICO

Art. 43. Observado o disposto nas Seções IV e X do Capítulo I da Instrução Normativa PRES/INSS nº 128, de 2022, e da Subseção I do Capítulo II desta Portaria, para fins de inclusão, alteração ou tratamento de extemporaneidade, no CNIS, do vínculo de empregado doméstico, com admissão e demissão anteriores a 1º de outubro de 2015, a comprovação junto ao INSS far-se-á por um dos seguintes documentos em meio físico, contemporâneos ao exercício da atividade remunerada:

I – Carteira Profissional – CP ou Carteira de Trabalho e Previdência Social – CTPS;

II – contrato de trabalho registrado em época própria;

III – recibos de pagamento relativos ao período de exercício de atividade, com a necessária identificação do empregador e do empregado doméstico; e

IV – outros documentos em meio físico contemporâneos que possam vir a comprovar o exercício de atividade remunerada como empregado doméstico, que o vincule.

§ 1º Na inexistência dos documentos previstos no *caput*, as informações de recolhimentos efetuados em época própria constantes no CNIS, quando for possível identificar a categoria de empregado doméstico por meio do código de recolhimento da guia ou por meio de microfichas, poderão ser utilizadas como comprovação do período de vínculo, desde que acompanhadas da declaração do empregador.

§ 2º Quando o empregado doméstico apresentar apenas a CP ou CTPS, em meio físico, devidamente assinada, sem o comprovante dos recolhimentos, o vínculo apenas será considerado se o registro apresentar características de contemporaneidade, observada a Seção IV Capítulo I da Instrução Normativa PRES/INSS nº 128, de 2022, e da Subseção I do Capítulo II desta Portaria.

§ 3º Na inexistência de registro na CP ou na CTPS, em meio físico, e se os documentos apresentados forem insuficientes para comprovar o vínculo do segurado empregado doméstico no período pretendido, porém constituírem início de prova material, será oportunizada a Justificação Administrativa – JA, observados os art. 567 a 571 da Instrução Normativa PRES/INSS nº 128, de 2022.

§ 4º Havendo dúvidas quanto à regularidade do contrato de trabalho de empregado doméstico, poderá ser tomada declaração do empregador doméstico, além de outras medidas pertinentes.

§ 5º São exemplos de dúvidas quanto à regularidade do contrato de trabalho doméstico as seguintes situações:

I – contrato onde se perceba que a intenção foi apenas para garantir a qualidade de segurado, inclusive para percepção de salário-maternidade;

II – contrato em que não se pode atestar a contemporaneidade das datas de admissão ou demissão; e

III – contrato de trabalho doméstico em que o valor correspondente ao seu último salário de contribuição tenha sido discrepante em relação aos meses imediatamente anteriores, de forma que se perceba que a intenção foi garantir à segurada o recebimento de valores elevados durante a percepção do salário-maternidade.

§ 6º Na situação em que o INSS tenha incluído no CNIS vínculo com admissão anterior a 1º de outubro de 2015, sem rescisão ou com data de desligamento incorreta, caso tenha ocorrido a cessação do contrato de trabalho antes de 1º de outubro de 2015, o empregado doméstico ou seu empregador deverá solicitar o encerramento ou a retificação da data de rescisão do vínculo no CNIS, junto ao INSS, mediante apresentação da CP ou CTPS, com o registro do encerramento do contrato.

§ 7º Para períodos até outubro de 1991, quando não restar comprovado o vínculo de empregado doméstico na forma disposta nesta Instrução Normativa, e existir atividade cadastrada no CNIS com recolhimentos efetuados em época própria, a pedido do filiado, poderá ser excluída a atividade, sendo que as contribuições recolhidas poderão ser aproveitadas automaticamente pelo INSS, observado o disposto no art. 108 da Instrução Normativa PRES/INSS nº 128, de 2022.

Art. 44. Observado o disposto nas Seções IV e X do Capítulo I da Instrução Normativa PRES/INSS nº 128, de 2022, e da Subseção I do Capítulo II desta Portaria, para fins de comprovação junto ao INSS do vínculo empregatício doméstico, com admissão a partir de 1º de outubro de 2015 e demissão anterior a data da instituição da Carteira de Trabalho Digital:

I – quando inexistir o vínculo no CNIS, ou constar com pendências ou divergências de dados, caberá ao empregado doméstico, cumulativamente: *(Redação dada pela Portaria Dirben/INSS 1.079/2022)*

a) apresentar um dos documentos em meio físico previstos no art. 43; e *(Redação dada pela Portaria Dirben/INSS 1.079/2022)*

b) comprovante contendo o número do recibo eletrônico emitido pelo eSocial, acompanhado de declaração, com a devida assinatura e identificação do responsável pelas informações, podendo ser utilizado, para tanto, o modelo "Declaração de Confirmação do Envio de Dados Trabalhistas e Previdenciários pelo eSocial e Informação dos Números dos Recibos Eletrônicos" constante do Anexo II da Instrução Normativa PRES/INSS nº 128, de 28 de março de 2022, para fins de solicitação junto ao INSS para que tome providências quanto à disponibilização das informações correspondentes, provenientes do eSocial no CNIS. *(Redação dada pela Portaria Dirben/INSS 1.079/2022)*

c) (Revogada pela Portaria Dirben/INSS 1.079/2022)

II – quando o vínculo estiver extemporâneo no CNIS, caberá ao empregado doméstico apresentar um dos documentos em meio físico previstos no art. 43 para o tratamento da extemporaneidade, desde que os dados existentes no documento não sejam conflitantes com as informações do CNIS.

Parágrafo único. Na hipótese do inciso II, caso os dados existentes no documento em meio físico sejam conflitantes com as informações no CNIS, deverão ser apresentados outros documentos para o tratamento da extemporaneidade, sendo possível, ao empregado doméstico, solicitar ao seu empregador que efetue as correções necessárias, mediante:

I – regularização dos registros dos eventos eletrônicos no eSocial que estejam incorretos; ou

II – retificação das informações incorretas constantes no documento em meio físico e, na impossibilidade de retificação do documento, que apresente declaração conjunta, sob as penas da lei, que deverá conter informação quanto ao exercício de atividade, com a indicação dos períodos efetivamente trabalhados, acompanhado de documentação que serviu de base para comprovar o que está sendo declarado.

Art. 45. Observado o disposto nas Seções IV e X do Capítulo I da Instrução Normativa PRES/INSS nº 128, de 2022, e da Subseção I do Capítulo II desta Portaria, para fins de comprovação junto ao INSS do vínculo de empregado doméstico, com admissão a partir da data da instituição da Carteira de Trabalho Digital: *(Redação dada pela Portaria Dirben/INSS 1.079/2022)*

I – quando inexistir o vínculo no CNIS, ou constar com pendências ou divergências de dados, mas não for extemporâneo, o empregado doméstico poderá apresentar: *(Redação dada pela Portaria Dirben/INSS 1.079/2022)*

a) comprovante contendo o número do recibo eletrônico emitido pelo eSocial, acompanhado de declaração, com a devida assinatura e identificação do responsável pelas informações, podendo ser utilizado, para tanto, o modelo "Declaração de Confirmação do Envio de Dados Trabalhistas e Previdenciários pelo eSocial e Informação dos Números dos Recibos Eletrônicos" constante do Anexo II da Instrução Normativa PRES/INSS nº 128, de 28 de março de 2022, para fins de solicitação junto ao INSS para que tome providências quanto à disponibilização das informações correspondentes, provenientes do eSocial no CNIS; *(Redação dada pela Portaria Dirben/INSS 1.079/2022)*

b) documento expedido pelo Ministério do Trabalho e Previdência, que comprove a relação de emprego e remunerações auferidas; ou

c) rol de documentos previstos no art. 19-B do RPS.

II – quando o vínculo for extemporâneo o empregado doméstico poderá apresentar:

a) declaração única do empregador e empregado domésticos, sob as penas da Lei, que deverá conter informação quanto ao exercício de atividade, indicando os períodos efetivamente trabalhados até o momento da declaração, acompanhado de documentação que serviu de base para comprovar o que está sendo declarado; ou

b) rol de documentos previstos no art. 19-B do RPS.

Parágrafo único. Os documentos elencados na alínea "c" do incisos I e alínea "b" do inciso II devem formar convicção quanto a data de início e fim do período que se pretende comprovar, bem como serem contemporâneos aos fatos a serem comprovados.

Art. 46. Observado o disposto nas Seções IV e X do Capítulo I da Instrução Normativa PRES/INSS nº 128, de 2022, e da Subseção I do Capítulo II desta Portaria, para fins de inclusão, alteração ou tratamento de extemporaneidade, no CNIS, do vínculo de empregado doméstico, com admissão anterior a 1º de outubro de 2015 e que permaneceu ativo a partir desta data, podendo estar encerrado ou não antes da data da instituição da Carteira de Trabalho Digital, a comprovação junto ao INSS far-se-á da seguinte forma:

I – para o período do vínculo até 30 de setembro de 2015, por um dos documentos em meio físico, contemporâneos, previstos no art. 43;

II – para o período do vínculo de 1º de outubro de 2015 até o dia anterior à data da instituição da Carteira de Trabalho Digital, nos moldes previstos no art. 44; e

III – para o período do vínculo da data da instituição da Carteira de Trabalho Digital em diante, deverá ser aplicado, no que couber, o contido no art. 45.

Parágrafo único. O INSS reconhecerá somente os períodos de exercício de atividade efetivamente comprovados na forma dos incisos do *caput*, para fins de atualização do CNIS.

Art. 47. A partir de 1º de outubro de 2015, caso o empregador venha a óbito, o vínculo do empregado doméstico será encerrado na data da ocorrência desse fato pelo espólio, que deverá providenciar no eSocial o respectivo registro de encerramento do vínculo.

§ 1º Na hipótese de continuidade do vínculo, em que outro membro familiar assuma a responsabilidade após o óbito do empregador original, deve ser providenciado no eSocial, pelo empregador doméstico substituto, o envio de eventos previstos em leiaute publicado no sítio eletrônico do eSocial, para fins da correta disponibilização dos dados no CNIS e na Carteira de Trabalho Digital.

§ 2º A anotação registrada em CTPS em meio físico relativa à transferência de titularidade do empregador doméstico por motivo de óbito do empregador anterior, ocorrido até o dia anterior à data da instituição da Carteira de Trabalho Digital, será confrontada pelo INSS com as informações constantes do Sistema de Informações de Registro Civil – Sirc, para fins de comprovação do óbito e da substituição do empregador.

§ 3º Na situação prevista no § 2º, caso não sejam localizados no Sirc os dados de óbito do empregador doméstico anterior, a atualização do CNIS somente será realizada após a informação do óbito ser disponibilizada ao INSS.

Art. 48. A partir de 1º de outubro de 2015, na hipótese em que o responsável legal pelo contrato de trabalho doméstico se afastar do âmbito familiar, permanecendo a relação de emprego com outro membro da família, deve ser providenciado no eSocial, pelo empregador doméstico substituto, o envio de eventos previstos em leiaute publicado no sítio eletrônico do eSocial, para fins da correta disponibilização dos dados no CNIS e na Carteira de Trabalho Digital.

§ 1º A anotação relativa à transferência de titularidade do empregador na situação prevista no *caput*, registrada em CTPS em meio físico, será admitida perante o INSS para fins de comprovação da substituição do empregador ocorrida até o dia anterior à data da instituição da Carteira de Trabalho Digital, o que não afasta a necessidade de registro dos respectivos eventos no eSocial para vínculos em que essa substituição tenha ocorrido a contar de 1º de outubro de 2015.

§ 2º Para atendimento ao previsto nos arts. 47 e 48, a funcionalidade do eSocial que permite formalizar a transferência de titularidade do empregador doméstico somente foi disponibilizada em abril de 2020, sendo que até essa data o empregador doméstico substituto devia registrar o contrato de trabalho do empregado doméstico em seu CPF utilizando a mesma data de admissão informada no contrato firmado com o empregador anterior, registrando os eventos no eSocial a partir de então.

Art. 49. Observado o disposto nas Seções IV e X do Capítulo I da Instrução Normativa PRES/INSS nº 128, de 2022, e da Subseção I do Capítulo II desta Portaria, para o período anterior à competência junho de 2015, a comprovação da contribuição do empregado doméstico, junto ao INSS, para fins de atualização do CNIS, far-se-á somente por comprovante ou guia de recolhimento.

Parágrafo único. Não será permitido incluir remuneração no CNIS para o período previsto no *caput* por não ser presumido o recolhimento da contribuição.

Art. 50. Observado o disposto nas Seções IV e X do Capítulo I da Instrução Normativa PRES/INSS nº 128, de 2022, e da Subseção I do Capítulo II desta Portaria, para o período entre a publicação da Lei Complementar nº 150, de 2015, e a implantação do eSocial para o empregador doméstico, que compreende as competências junho a setembro de 2015, a comprovação da remuneração junto ao INSS, para fins de atualização do CNIS, far-se-á por GPS ou por contracheque ou recibo de pagamento contemporâneo.

Art. 51. A partir de 1º de outubro de 2015, data em que as informações trabalhistas, previdenciárias e fiscais, relativas ao vínculo empregatício doméstico, passaram a ser realizadas mediante registros eletrônicos no eSocial, devido à instituição do Simples Doméstico pela Lei Complementar nº 150, de 2015, somente será considerada pelo INSS a remuneração do empregado doméstico informada pelo empregador mediante registro de evento eletrônico no eSocial.

§ 1º A partir da data prevista no *caput*, o recolhimento das contribuições previdenciárias de obrigação do empregador doméstico, apuradas com base na folha de pagamento registrada eletronicamente no eSocial, passou a ser realizado exclusivamente pelo Documento de Arrecadação do eSocial – DAE, sendo que não serão mais aceitos os recolhimentos efetuados por meio de Guia da Previdência Social – GPS.

§ 2º Observado o disposto nas Seções IV e X do Capítulo I da Instrução Normativa PRES/INSS nº 128, de 2022, e da Subseção I do Capítulo II desta Portaria, nos casos em que o empregado doméstico identificar que não consta remuneração no CNIS ou que este apresenta remuneração informada pelo empregador com dado divergente da situação fática, a comprovação da efetiva remuneração junto ao INSS, para fins de atualização do CNIS, far-se-á pela apresentação dos documentos relacionados no inciso I ou no inciso II seguintes:

I – contracheque ou recibo de pagamento emitido pelo eSocial, contemporâneo ao período que se pretende comprovar, que deverá conter, além dos dados relativos às parcelas de remunerações:

a) identificação do empregador e do empregado;

b) competência ou período a que se refere o documento; e

c) número do recibo eletrônico emitido pelo eSocial.

II – rol de documentos disposto no art.19-B do RPS.

§ 3º Os documentos elencados no inciso II devem formar convicção quanto à competência ou período que se pretende comprovar, remuneração auferida, bem como serem contemporâneos aos fatos a serem comprovados.

§ 4º Caso não conste o número do recibo eletrônico emitido pelo eSocial no contracheque ou recibo de pagamento, conforme previsto na alínea "c" do inciso I do § 2º, o empregado doméstico deverá apresentar, juntamente com o documento, comprovante contendo o número do recibo eletrônico emitido pelo eSocial, acompanhado de declaração, com a devida assinatura e identificação do responsável pelas informações, podendo ser utilizado, para tanto, o modelo "Declaração de Confirmação do Envio de Dados Trabalhistas e Previdenciários pelo eSocial e Informação dos Números dos Recibos Eletrônicos" constante do Anexo II da Instrução Normativa PRES/INSS nº 128, de 28 de março de 2022, para fins de solicitação junto ao INSS para que tome providências quanto à disponibilização das informações correspondentes, provenientes do eSocial no CNIS. *(Acrescido pela Portaria Dirben/INSS 1.079/2022)*

Art. 52. O INSS, com base nos documentos previstos nesta Subseção, poderá efetuar a atualização do CNIS.

SUBSEÇÃO VII – DAS PROVIDÊNCIAS E DA COMPROVAÇÃO DO PERÍODO DE ATIVIDADE E REMUNERAÇÃO DO TRABALHADOR AVULSO

Art. 53. O período de atividade remunerada do trabalhador avulso, portuário ou não portuário, somente será reconhecido desde que preste serviço de natureza urbana ou rural a diversas empresas, sem vínculo empregatício, com a intermediação obrigatória do OGMO ou do sindicato da categoria, respectivamente.

Parágrafo único. Verificada a prestação de serviço alegada como de trabalhador avulso, portuário ou não portuário, sem a intermediação do OGMO ou do sindicato da categoria, deverá ser analisado o caso e enquadrado na categoria de empregado ou na de contribuinte individual, visto que a referida intermediação é imprescindível para configuração do enquadramento na categoria, observado o disposto no art. 84 da Instrução Normativa PRES/INSS nº 128, de 2022.

Art. 54. Para fins de cômputo do tempo de contribuição do trabalhador avulso deverá ser comprovado junto ao INSS o exercício de atividade e a remuneração auferida.

Art. 55. Observado o disposto nas Seções IV e X do Capítulo I da Instrução Normativa PRES/INSS nº 128, de 2022, e da Subseção I do Capítulo II desta Portaria, a comprovação da remuneração do trabalhador avulso junto ao INSS, para fins de atualização do CNIS, que seja anterior à substituição da GFIP pelo eSocial, conforme cronograma de implantação previsto em ato específico, far-se-á por um dos seguintes documentos em meio físico:

I – documento contemporâneo que comprove o exercício de atividade e a remuneração, que contenha a identificação do trabalhador avulso, do intermediador de mão de obra, do tomador de serviço, bem como a remuneração e a competência a que se refere;

II – certificado do OGMO ou do sindicato da categoria, conforme o caso, desde que contenha no mínimo:

a) a identificação do trabalhador avulso, com a indicação do respectivo CPF, e se portuário ou não portuário;

b) a identificação do intermediador de mão de obra;

c) a identificação do(s) tomador(es) de serviços e as respectivas remunerações por tomador de serviços, com a indicação da competência a que se referem;

d) a duração do trabalho e a condição em que foi prestado, referentes ao período certificado; e

e) afirmação expressa de que as informações foram prestadas com base em documentação constante nos registros daquela entidade, e que se encontram à disposição do INSS para consulta.

§ 1º O OGMO ou o sindicato da categoria poderá utilizar o modelo "Certificado de Tempo de Contribuição do Trabalhador Avulso", constante no Anexo VI da Instrução Normativa PRES/INSS nº 128, de 2022.

§ 2º O período a ser certificado deverá ser aquele em que, efetivamente, o segurado trabalhador avulso portuário e não portuário tenha exercido atividade, computando-se como mês integral aquele que constar da documentação apresentada, excluídos aqueles em que, embora o segurado estivesse à disposição do OGMO ou do sindicato da categoria, não tenha havido exercício de atividade.

Art. 56. Observado o disposto nas Seções IV e X do Capítulo I da Instrução Normativa PRES/INSS nº 128, de 2022, e da Subseção I do Capítulo II desta Portaria, a partir da substituição da GFIP pelo eSocial, conforme cronograma de implantação previsto em ato específico, serão considerados pelo INSS o registro e a remuneração do trabalhador avulso, portuário ou não portuário, informados pelo OGMO ou sindicato, respectivamente, mediante evento eletrônico no eSocial.

§ 1º Nos casos em que o trabalhador avulso identificar que não consta remuneração no CNIS ou que este apresenta remuneração informada pelo OGMO ou sindicato com dado divergente da situação fática, desde que não tenha ultrapassado o prazo limite para a aplicação da extemporaneidade, que corresponde ao último dia do 5º (quinto) mês subsequente ao mês da data de prestação de serviço pelo segurado, em conformidade com o art. 19 do RPS, o trabalhador avulso poderá apresentar:

I – contracheque ou recibo de pagamento emitido pelo eSocial, contemporâneo ao período que se pretende comprovar, que deverá conter, além dos dados relativos às parcelas de remunerações:

a) identificação do empregador e do empregado;

b) competência ou período a que se refere o documento; e

c) número do recibo eletrônico emitido pelo eSocial.

II – documento expedido pelos órgãos competentes, que demonstre o exercício de atividade e as remunerações auferidas; ou

III – rol de documentos disposto no art.19-B do RPS.

§ 2º Na hipótese do trabalhador avulso identificar que a remuneração encontra-se extemporânea, o trabalhador avulso poderá apresentar:

I – declaração do OGMO ou Sindicato, sob as penas da Lei, que comprove o exercício de atividade e a remuneração auferida, acompanhada de documentação que possa comprovar o que está sendo declarado; ou

II – rol de documentos disposto no art.19-B do RPS.

§ 3º Os documentos elencados no inciso III do § 1º e no inciso II do § 2º devem formar convicção quanto à competência ou período que se pretende comprovar, remuneração auferida, bem como serem contemporâneos aos fatos a serem comprovados.

§ 4º Caso não conste o número do recibo eletrônico emitido pelo eSocial no contracheque ou recibo de pagamento, conforme previsto na alínea "c" do inciso I do § 1º, o trabalhador avulso deverá apresentar, juntamente com o documento, comprovante contendo o número do recibo eletrônico emitido pelo eSocial, acompanhado de declaração, com a devida assinatura e identificação do responsável pelas informações, podendo ser utilizado, para tanto, o modelo "Declaração de Confirmação do Envio de Dados Trabalhistas e Previdenciários do Trabalhador Avulso pelo esocial e Informação dos Números dos Recibos Eletrônicos" constante do Anexo III da Instrução Normativa PRES/INSS nº 128, de 28 de março de 2022, para fins de solicitação junto ao INSS para que tome providências quanto à disponibilização das informações correspondentes, provenientes do eSocial, no CNIS. *(Acrescido pela Portaria Dirben/INSS 1.079/2022)*

Art. 57. O INSS, com base nos documentos previstos nesta Subseção, poderá efetuar a atualização do CNIS.

SUBSEÇÃO VIII – DAS PROVIDÊNCIAS E DA COMPROVAÇÃO DO PERÍODO DE ATIVIDADE E REMUNERAÇÃO DO CONTRIBUINTE INDIVIDUAL

Art. 58. Para a comprovação de que trata esta Subseção deve ser observado o disposto nas Seções IV e X do Capítulo I da Instrução Normativa PRES/INSS nº 128, de 2022, e da Subseção I do Capítulo II desta Portaria.

Art. 59. Para fins de validação das contribuições existentes no CNIS, reconhecimento de filiação e autorização de cálculo de contribuições em atraso, em se tratando de segurado contribuinte individual que exerça atividade por conta própria, o período de atividade será considerado comprovado quando:

I – existir atividade cadastrada no CNIS, nessa condição, sem evidência de interrupção ou encerramento; e

II – inexistir atividade cadastrada no CNIS e houver contribuição recolhida em qualquer inscrição que o identifique, sendo considerada como data de início o primeiro dia da competência da primeira contribuição recolhida sem atraso na condição de contribuinte individual.

§ 1º Para período a partir de 29 de novembro de 1999, data de publicação da Lei nº 9.876, de 1999, não se aplica o disposto neste artigo ao empresário, que somente será segurado obrigatório, em relação a essa atividade, no mês em que receber remuneração da empresa, sendo que, para período anterior a essa data, para aquele que exerça atividade na empresa, a continuidade do exercício dessa atividade ficará condicionada à verificação da existência ou funcionamento da empresa, observada a alínea "a" do inciso V do art. 61.

§ 2º Para fins de aplicação do disposto no inciso II do *caput*, tratando-se de recolhimento trimestral, previsto no § 15 do art. 216 do RPS, o início da atividade corresponderá ao primeiro dia da primeira competência do trimestre civil abrangida pelo recolhimento.

§ 3º Aplica-se o regramento previsto neste artigo ao segurado anteriormente denominado trabalhador autônomo e equiparado a trabalhador autônomo, observando quanto ao empresário o disposto no § 1º.

§ 4º Havendo encerramento ou interrupção da atividade, o reinício deverá ser comprovado com documentos, na forma do art. 61, caso não seja possível o reconhecimento do reinício da atividade a partir das informações existentes nos sistemas corporativos à disposição do INSS.

§ 5º A existência de vínculo empregatício concomitante não é óbice ao exercício de atividade do contribuinte individual e à comprovação dessa condição na forma deste artigo.

§ 6º Para fins de inclusão e atualização da atividade na forma deste artigo, o segurado prestará as informações referentes à ocupação e ao (s) período (s) da (s) atividade (s) exercida (s) no formulário de "Requerimento de Atualização do CNIS – RAC", constante no Anexo I da Instrução Normativa PRES/INSS nº 128, de 2022.

Art. 60. Cessado o exercício da atividade, o segurado contribuinte individual e aquele segurado anteriormente denominado empresário, trabalhador autônomo e equiparado a trabalhador autônomo, deverá solicitar o encerramento da atividade no CNIS, e será exigido para esse fim:

I – do segurado contribuinte individual e do segurado anteriormente denominado trabalhador autônomo e equiparado a trabalhador autônomo: declaração de exercício de atividade assinada pelo próprio filiado ou por seu procurador ou representante legal, constando a data fim da atividade que, conforme o caso, poderá ser retroativa à última contribuição ou remuneração constante do CNIS. Para esse fim poderá ser utilizado o formulário de "Requerimento de Atualização do CNIS – RAC", constante no Anexo I da Instrução Normativa PRES/INSS nº 128, de 2022;

II – do empresário: observado o inciso V do art. 61, não sendo possível a confirmação do encerramento da atividade mediante consulta aos sistemas corporativos, documento que comprove o seu desligamento da sociedade ou a baixa da empresa, registrado ou emitido pelos órgãos competentes, tais como:

a) o distrato social;

b) a alteração contratual ou documento equivalente emitido por Junta Comercial, Secretaria Municipal, Estadual ou Federal da Fazenda ou por outros órgãos oficiais, cuja data de encerramento da atividade corresponderá à data constante no documento apresentado;

c) a certidão de breve relato do órgão competente no qual ocorreu o arquivamento dos documentos constitutivos da empresa; e

d) Certidão Negativa de Débito com a finalidade de baixa da empresa emitida pela RFB;

III – do Microempreendedor Individual – MEI: a Declaração Anual do Simples Nacional do MEI (DASN-SIMEI) de extinção.

§ 1º Observado o inciso V do art. 61, na hipótese do inciso II do *caput*, quando o segurado não possuir documento comprobatório ou não puder ser verificada nos sistemas corporativos à disposição do INSS a data do efetivo encerramento da atividade do empresário na empresa, aplicar-se-á o disposto no inciso I do *caput*.

§ 2º Em se tratando de contribuinte individual que exerça atividade por conta própria, enquanto não ocorrer o procedimento previsto no inciso I do *caput*, presumir-se-á a continuidade do exercício da sua atividade, sendo considerado em débito o período sem contribuição.

§ 3º Caso o contribuinte individual não regularize os períodos em débito, somente serão computados os períodos de atividade exercida com contribuições constantes no CNIS, em conformidade com o inciso III do art. 34 da Lei nº 8.213, de 1991, e com o § 1º do art. 36 do RPS.

Art. 61. Na impossibilidade de reconhecer período de atividade a partir das informações existentes nos sistemas corporativos à disposição do INSS, a comprovação do exercício de atividade do segurado contribuinte individual e do segurado anteriormente denominado empresário, trabalhador autônomo e o equiparado a trabalhador autônomo far-se-á:

I – para os profissionais liberais sujeitos à inscrição em Conselho de Classe, pela respectiva inscrição e por documentos contemporâneos que comprovem o efetivo exercício da atividade;

II – para o condutor autônomo de veículo, inclusive o auxiliar, mediante carteira de habilitação acompanhada de certificado de propriedade ou copropriedade do veículo, certificado de promitente comprador, contrato de arrendamento ou cessão do automóvel, certidão do Departamento de Trânsito – DETRAN ou quaisquer documentos contemporâneos que comprovem o exercício da atividade remunerada;

III – para o ministro de confissão religiosa ou de membro de instituto de vida consagrada, por ato equivalente de emissão de votos temporários ou perpétuos ou compromissos equivalentes que habilitem ao exercício estável da atividade religiosa e ainda, documentação comprobatória da dispensa dos votos ou dos compromissos equivalentes, caso já tenha cessado o exercício da atividade religiosa;

IV – para o médico-residente, pelo contrato de residência médica, certificado emitido pelo Programa de Residência Médica, contracheques ou informe de rendimentos referentes ao pagamento da bolsa médico-residente, observando que, a partir da competência abril de 2003, tendo em vista o disposto no art. 4º da Lei nº 10.666, de 2003, a responsabilidade pelo recolhimento da sua contribuição passou a ser da empresa;

V – para o contribuinte individual empresário, assim considerados aqueles discriminados no inciso XVIII do art. 90 da Instrução Normativa PRES/INSS nº 128, de 2022:

a) a partir de 5 de setembro de 1960, data de publicação da Lei nº 3.807, de 26 de agosto de 1960 (Lei Orgânica da Previdência Social – LOPS), a 28 de novembro de 1999, véspera da publicação da Lei nº 9.876, de 1999, em relação aos que atuam nas atividades de gestão, direção ou com retirada de pró-labore, mediante atos de constituição, alteração e baixa da empresa; e

b) para período a partir de 29 de novembro de 1999, data da publicação da Lei nº 9.876, de 1999, em qualquer caso, com a apresentação de documentos contemporâneos que comprovem o recebimento de remuneração na empresa, observando que, a partir da competência abril de 2003, conforme disposto no art. 4º da Lei nº 10.666, de 2003, a responsabilidade pelo recolhimento da sua contribuição passou a ser da empresa.

VI – para o contribuinte individual prestador de serviços à empresa ou equiparado e o associado à cooperativa:

a) para período até a competência março de 2003, por meio de contrato de prestação de serviços, recibo de pagamento autônomo – RPA ou outros documentos contemporâneos que comprovem a prestação de serviços; e

b) para período compreendido entre a competência abril de 2003 até a competência anterior à substituição da GFIP pelo eSocial, conforme cronograma de implantação previsto em ato específico, tendo em vista o disposto no art. 4º da Lei nº 10.666, de 2003, por documento contemporâneo que comprove o pagamento pelos serviços prestados, no qual conste a razão ou denominação social, o CNPJ da empresa contratante, o valor da remuneração percebida, o valor retido e a identificação do filiado.

VII – para o Microempreendedor Individual – MEI, por meio do Certificado da Condição de Microempreendedor Individual, que é o documento comprobatório do registro do Empreendedor Individual, ou do Documento de Arrecadação do Simples Nacional do MEI – DAS-MEI, através do qual são realizadas suas contribuições;

VIII – para período compreendido entre a competência abril de 2003 até a competência anterior à substituição da GFIP pelo eSocial, conforme cronograma de implantação previsto em ato específico, para o associado eleito para cargo de direção em cooperativa, associação ou entidade de qualquer natureza ou finalidade, bem como para o síndico ou administrador eleito para exercer atividade de direção condominial, desde que recebam remuneração, mediante apresentação de estatuto e ata de eleição ou nomeação no período de vigência dos cargos da diretoria, registrada em cartório de títulos e documentos;

IX – para o contribuinte individual que presta serviços a outro contribuinte individual equiparado a empresa, a produtor rural pessoa física, a missão diplomática ou a repartição consular de carreira estrangeira ou para o brasileiro civil que trabalha no exterior para organismo oficial internacional do qual o Brasil é membro efetivo, inclusive para período a partir da competência abril de 2003, em virtude da desobrigação do desconto da contribuição, nos termos do § 3º do art. 4º da Lei nº 10.666, de 2003, por meio de contrato de prestação de serviços, recibo de pagamento autônomo – RPA ou outros documentos contemporâneos que comprovem a prestação de serviços;

X – para o segurado anteriormente denominado empregador rural e atualmente contribuinte individual, por meio da antiga carteira de empregador rural, ficha de inscrição de empregador rural e dependente – FIERD, declaração de produção – DP, declaração anual para cadastro de imóvel rural, rendimentos da atividade rural constantes na declaração de imposto de renda (cédula "G" da Declaração do Imposto de Renda Pessoa Física – IRPF), livro de registro de empregados, cadastro de imóvel rural ou outros documentos contemporâneos relacionados à atividade rural;

XI – para aquele que exerce atividade por conta própria, com inscrição no órgão fazendário estadual, distrital ou municipal, recibo de pagamento do Imposto Sobre Serviço – ISS, declaração de imposto de renda, nota fiscal de compra de insumos, de venda de produtos ou de serviços prestados, dentre outros.

§ 1º Exceto no caso do brasileiro civil que trabalha no exterior para organismo oficial internacional do qual o Brasil é membro efetivo, os demais contribuintes individuais citados no inciso IX do *caput* poderão deduzir da sua contribuição mensal, 45% (quarenta e cinco por cento) da contribuição patronal do contratante, efetivamente recolhida ou declarada, incidente sobre a remuneração que este lhe tenha pagado ou creditado, no respectivo mês, limitada a 9% (nove por cento) do respectivo salário de contribuição.

§ 2º Aplica-se o disposto no inciso VI do *caput* ao associado eleito para cargo de direção em cooperativa, associação ou entidade de qualquer natureza ou finalidade, bem como ao síndico ou administrador eleito para exercer atividade de direção condominial, desde que recebam remuneração.

§ 3º Para fins de comprovação do período de atividade do contribuinte individual, enquanto titular de firma coletiva ou individual deve ser observada a data em que foi lavrado o contrato de constituição da empresa ou documento equivalente, ou a data de início de atividade prevista em cláusulas contratuais, observado o previsto no art. 36 da Lei nº 8.934, de 18 de novembro de 1994.

§ 4º Aplica-se o disposto no inciso IX do *caput* aos trabalhadores rurais denominados volantes, eventuais ou temporários, caracterizados como contribuintes individuais, quando prestarem serviços a produtor rural pessoa física, e o disposto no inciso VI, quando o contratante for pessoa jurídica, observado que:

I – para fins de aposentadoria por idade, com o benefício da redução da idade previsto no § 1º do art. 48, da Lei nº 8.213, de 1991, para período até 31 de dezembro de 2010, ainda que existam as contribuições recolhidas a partir da competência novembro de 1991, em face do disposto no art. 143 da Lei nº 8.213, de 1991, deverá ser comprovado o efetivo exercício da atividade rural, podendo para isso o segurado:

a) apresentar contrato de prestação de serviços, recibo de pagamento ou outros documentos contemporâneos que comprovem a prestação de serviço rural;

b) na falta de documentos contemporâneos que comprovem a prestação de serviço rural, apresentar declaração do contratante do serviço, prevista no § 4º do art. 19-B do RPS, na qual constem as datas de início e término do serviço prestado, a identificação do contratante do serviço rural com os respectivos números do Cadastro de Pessoa Física – CPF, do Cadastro Específico do INSS – CEI, do Cadastro de Atividade Econômica da Pessoa Física – CAEPF ou, quando for o caso, do Cadastro Nacional de Pessoa Jurídica – CNPJ, bem como a identificação e o endereço completo do imóvel onde os serviços foram prestados, e a que título o contratante detinha a posse do imóvel, desde que extraídos de registros existentes, que serão confirmados pelo INSS; e

c) na impossibilidade de apresentar declaração do contratante do serviço rural, o interessado poderá solicitar o processamento de Justificação Administrativa – JA, a qual será autorizada pelo INSS se houver a apresentação de início de prova material da prestação do serviço rural no período declarado pelo segurado, observado o art. 571 da Instrução Normativa PRES/INSS nº 128, de 2022.

II – para fins de aposentadoria por idade, com o benefício da redução da idade previsto no § 1º do art. 48 da Lei nº 8.213, de 1991, bem como para os demais benefícios do RGPS:

a) para período a partir de 1º de janeiro de 2011 até a competência anterior à substituição da GFIP pelo eSocial, conforme cronograma de implantação previsto em ato específico, quando houver prestação de serviços de natureza rural a contratante |desobrigada de efetuar o desconto e o recolhimento tratados na Lei nº 10.666, de 2003, além da contribuição recolhida em código de pagamento próprio do contribuinte individual rural, deverá apresentar contrato de prestação de serviços, recibo de pagamento ou outros documentos contemporâneos, que comprovem a prestação de serviços de natureza rural;

b) para período a partir de 1º de janeiro de 2011 até a competência anterior à substituição da GFIP pelo eSocial, conforme cronograma de implantação previsto em ato específico, quando a prestação de serviços se der à pessoa jurídica, deverá apresentar contrato de prestação de serviços, recibo de pagamento ou outros documentos contemporâneos que comprovem a prestação de serviço de natureza rural, observado que o recolhimento da contribuição é presumido; e

c) para período a partir da implantação do eSocial, quando houver prestação de serviços de natureza rural a contratante pessoa jurídica ou pessoa física equiparada, observado o § 2º do art. 20 do RPS e os incisos III e IV e o § 9º, todos do *caput* do art. 225 do RPS, a comprovação deverá ser feita de acordo com o art. 64, devendo o comprovante conter também a natureza da atividade rural no eSocial.

§ 5º Em face do disposto no art. 143 da Lei nº 8.213, de 1991, para fins de aposentadoria por idade, com o benefício da redução da idade previsto no § 1º do art. 48, da Lei nº 8.213, de 1991, faz-se necessária a comprovação do efetivo exercício da atividade rural do contribuinte individual rural em qualquer período.

§ 6º O período de atividade comprovado na forma do inciso X do *caput* somente será computado, mediante o recolhimento das contribuições, observando que:

I – até 31 de dezembro de 1975, véspera da vigência da Lei nº 6.260, de 1975, desde que indenizado na forma do art. 122 do RPS;

II – de 1º de janeiro de 1976, data da vigência da Lei nº 6.260, de 1975, até 31 de outubro de 1991, por comprovante do recolhimento da contribuição anual ou, na sua ausência, desde que indenizado; e

III – a partir de 1º de novembro de 1991, em decorrência da Lei nº 8.212, de 1991, para o produtor rural não constituído como pessoa jurídica, deverá apresentar comprovante de recolhimento da contribuição mensal, ou, na sua ausência em período abrangido pela decadência, desde que indenizado.

§ 7º Até a competência anterior à substituição da GFIP pelo eSocial, conforme cronograma de implantação previsto em ato específico, na hipótese da alínea "b" do inciso VI do *caput*, caso o contribuinte individual não possua ou não possa apresentar o documento contemporâneo que demonstre o recebimento da remuneração pelos serviços prestados à empresa ou equiparado, a comprovação poderá ser feita por meio de documento de prova dos respectivos rendimentos declarados contemporaneamente à Secretaria Especial da Receita Federal do Brasil – RFB para fins de apuração do imposto de renda ou de comprovante do depósito ou da transferência bancária referentes aos valores pagos ou creditados, desde que acompanhados de declaração fornecida pela empresa, devidamente assinada por seu responsável, devendo constar:

I – a identificação completa do contratante (razão social, nº do CNPJ e endereço);

II – a identificação do contribuinte individual prestador de serviços (nome completo e nº do CPF);

III – a discriminação mensal da remuneração paga ou creditada;

IV – os valores referentes à base de cálculo e ao desconto da contribuição previdenciária; e

V – afirmação expressa de que os dados foram extraídos de registros existentes e acessíveis à verificação pelo INSS.

§ 8º Nas situações tratadas neste artigo, deverá ser emitida Pesquisa Externa com a finalidade de confirmar as informações prestadas, observado os arts. 22 e 573 da Instrução Normativa PRES/INSS nº 128, de 2022:

I – no caso de apresentação da declaração prevista na alínea "b" do inciso I do § 4º; e *(Redação dada pela Portaria Dirben/INSS 1.079/2022)*

II – na hipótese do § 7º, caso somente seja apresentada a declaração do contratante desacompanhada de documentos comprobatórios contemporâneos.

§ 9º O segurado contribuinte individual, por conta própria ou o que presta serviços à empresa, inclusive como empresário, no mês em que não for paga nem creditada remuneração, ou não houver retribuição financeira pela prestação de serviços, poderá, por ato volitivo, contribuir como segurado facultativo para a Previdência Social, observado o disposto nesta Subseção e no art. 11 do RPS.

Art. 62. Para fins de comprovação da remuneração do contribuinte individual prestador de serviços à empresa contratante ou à cooperativa, a partir de abril de 2003 até a competência anterior à substituição da GFIP pelo eSocial, conforme cronograma de implantação previsto em ato específico, poderão ser considerados, entre outros, os seguintes documentos:

I – comprovante de retirada de pró-labore, que demonstre a remuneração decorrente do seu trabalho, nas situações de empresário;

II – comprovante de pagamento do serviço prestado, onde conste a identificação completa da empresa, inclusive com o número do CNPJ, o valor da remuneração paga, o desconto da contribuição efetuado, o número de inscrição do segurado no RGPS e/ou o CPF;

III – Declaração de Imposto Sobre a Renda da Pessoa Física – DIRPF e respectivo recibo de entrega à Secretaria da Receita Federal, relativa ao ano-base objeto da comprovação, que possam formar convicção das remunerações auferidas;

IV – declaração fornecida pela empresa, devidamente assinada e identificada por seu responsável, com afirmação expressa de que as informações foram prestadas com base em documentação constante nos registros efetivamente existentes e acessíveis para confirmação pelo INSS, onde conste a identificação completa da mesma, inclusive com o número do CNPJ/CEI, o valor da remuneração paga, o desconto da contribuição efetuado, o número de inscrição do segurado no RGPS e/ou o CPF.

§ 1º No caso de apresentação da declaração prevista no inciso IV do *caput*, deverá ser emitida Pesquisa Externa com a finalidade de confirmar as informações prestadas, observado os arts. 22 e 573 da Instrução Normativa PRES/INSS nº 128, de 2022.

§ 2º A empresa e o equiparado, sem prejuízo do cumprimento de outras obrigações acessórias previstas na legislação previdenciária, estão obrigados a fornecer ao contribuinte individual, comprovante do pagamento de remuneração pelos serviços prestados, consignando a identificação completa da empresa, inclusive com a razão ou denominação social, o CNPJ, a identificação do filiado, o valor da remuneração percebida e o desconto da contribuição efetuada quando couber.

Art. 63. Ressalvados os casos de recolhimento presumido e de comprovação da atividade rural de que trata o inciso I do § 4º do art. 61, os períodos de atividade do contribuinte individual comprovados na forma desta Subseção somente serão computados para fins de reconhecimento de direitos, mediante o recolhimento das respectivas contribuições devidas ou o recolhimento dos valores apurados no cálculo de indenização.

Parágrafo único. Para o período de atividade do trabalhador rural anterior à competência de novembro de 1991, somente será exigida a indenização para fins de contagem recíproca, conforme disposto no art. 123 do RPS.

Art. 64. Observado o disposto na Seção IV deste Capítulo, a partir da substituição da GFIP pelo eSocial, conforme cronograma de implantação previsto em ato específico, será considerado pelo INSS o registro referente a serviços prestados e respectiva remuneração auferida pelo contribuinte individual prestador de serviços de que trata o § 26 do art. 216 do RPS, informados pela empresa ou cooperativa contratante, mediante evento eletrônico no eSocial.

§ 1º Nos casos em que o contribuinte individual referido no *caput* identificar que não consta remuneração no CNIS ou que a remuneração informada pela empresa ou cooperativa contratante seja divergente daquela de fato auferida, o contribuinte individual prestador de serviços poderá apresentar:

I – comprovante contendo o número do recibo eletrônico emitido pelo eSocial, acompanhado de declaração, com a devida assinatura e identificação dos responsáveis pelas informações, podendo ser utilizado, para tanto, o modelo "Declaração de Confirmação do Envio de Dados Trabalhistas e Previdenciários pelo eSocial e Informação dos Números dos Recibos Eletrônicos" constante do Anexo II da Instrução Normativa PRES/INSS nº 128, de 28 de março de 2022, para fins de solicitação junto ao INSS para que tome providências quanto à disponibilização das informações correspondentes, provenientes do eSocial, no CNIS; *(Redação dada pela Portaria Dirben/INSS 1.079/2022)*

II – documento expedido pelos órgãos competentes, que demonstre a prestação de serviços e remunerações auferidas; ou

III – rol de documentos disposto no art. 19-B do RPS.

§ 2º Na hipótese do contribuinte individual referido no *caput* identificar que a remuneração encontra-se extemporânea, o contribuinte individual prestador de serviços poderá apresentar:

I – declaração da empresa contratante ou cooperativa, sob as penas da Lei, que comprove a prestação do serviço e a remuneração auferida, acompanhada de documentação que possa comprovar o que está sendo declarado; ou

II – rol de documentos disposto no art. 19-B do RPS.

§ 3º Os documentos elencados no inciso III do § 1º e no inciso II do § 2º devem formar convicção quanto à competência ou período que se pretende comprovar, remuneração auferida, bem como serem contemporâneos aos fatos a serem comprovados.

SUBSEÇÃO IX – DO RECONHECIMENTO DO TEMPO DE FILIAÇÃO E DA RETROAÇÃO DA DATA DO INÍCIO DAS CONTRIBUIÇÕES – DIC

Art. 65. Entende-se por reconhecimento de filiação, o direito do segurado de ter reconhecido, em qualquer época, o período em que exerceu atividade não abrangida pela Previdência Social, mas que, posteriormente, se tornou de filiação obrigatória, bem como o período não contribuído, anterior ou posterior à inscrição, em que exerceu atividade remunerada sujeita à filiação obrigatória.

§ 1º Caberá ao INSS, mediante requerimento do segurado, promover o reconhecimento de filiação e proceder ao cálculo para apuração das contribuições devidas, desde que o exercício da respectiva atividade seja comprovado, de forma presumida quando possível ou mediante apresentação de documentos previstos nesta portaria.

§ 2º O reconhecimento de período em que a atividade exercida não era de filiação obrigatória ou de período de débito alcançado pela decadência referente ao exercício de atividade como contribuinte individual, somente será computado, para fins de reconhecimento de direitos, mediante o pagamento da indenização correspondente.

§ 3º Em se tratando de período de filiação obrigatória a partir da competência abril de 2003, não se aplica o disposto no § 2º quando houver reconhecimento da filiação na condição de contribuinte individual prestador serviços à empresa contratante ou à cooperativa obrigado ao desconto previsto no art. 4º da Lei 10.666, de 2003, tendo em vista que o recolhimento da contribuição é presumido, ressalvados os casos de prestação de serviços a contratante desobrigado de efetuar o desconto da contribuição, conforme § 3º do art. 4º da Lei 10.666, de 2003.

Art. 66. A retroação da data do início da contribuição – DIC, que consiste na manifestação de interesse do contribuinte individual em recolher contribuição relativa a período anterior a sua inscrição, será admitida quando restar comprovado o exercício de atividade remunerada no período, sendo o cálculo da contribuição na forma de indenização prevista no art. 45-A da Lei nº 8.212, de 1991 quando se tratar de período decadente, ou na forma de cálculo de regência previsto no art. 35 da Lei nº 8.212, de 1991 quando se tratar de período não alcançado pela decadência.

§ 1º A retroação da DIC origina-se, também, de lançamento de débito de ofício pela Secretaria Especial da Receita Federal do Brasil – RFB, em razão da constatação de exercício de atividade remunerada do contribuinte individual, em período anterior à sua inscrição, e da ausência de recolhimento das contribuições sob sua responsabilidade, sendo que neste caso o INSS fará a atualização cadastral desde que o segurado manifeste formalmente interesse.

§ 2º A partir da competência abril de 2003, o contribuinte individual prestador de serviços à empresa contratante ou à cooperativa obrigado ao desconto previsto no art. 4º da Lei nº 10.666, de 2003, informado em GFIP, eSocial ou sistema que venha substituí-lo, poderá ter deferido o pedido de reconhecimento da filiação mediante comprovação do exercício da atividade remunerada, independente do efetivo recolhimento das contribuições.

§ 3º Havendo encerramento ou interrupção da atividade e quando identificadas contribuições em atraso após essa ocorrência, o reinício deverá ser comprovado com documentos, na forma do art. 61, caso não seja possível o reconhecimento do reinício da atividade a partir das informações existentes nos sistemas corporativos à disposição do INSS.

§ 4º Para fins de reconhecimento de direitos, observadas as regras pertinentes, no período em que o contribuinte individual por conta própria estiver em débito, observado o previsto no § 2º do art. 60, caso ocorra reinício de contribuições, a competência inicial para cômputo do período relativo ao reinício de pagamento deverá recair na primeira competência recolhida em dia ou na recolhida em atraso desde que esta tenha sido paga dentro do período de graça, enquanto não regularizado todo o período de interrupção de contribuições em débito.

SUBSEÇÃO X – DO CÁLCULO DE INDENIZAÇÃO E DO CÁLCULO DO DÉBITO PELA LEGISLAÇÃO DE REGÊNCIA

Art. 67. Será objeto do cálculo de indenização o período de:

I – exercício de atividade remunerada não abrangida pela Previdência Social, mas que, posteriormente, tenha se tornado de filiação obrigatória em decorrência do disposto no art. 122 do RPS;

II – exercício de atividade remunerada na condição de contribuinte individual, desde que alcançado pela decadência, nos termos do art. 45-A da Lei nº 8.212, de 1991; e

III – exercício de atividade do trabalhador rural anterior à competência novembro de 1991, para fins de contagem recíproca, nos termos do art. 123 do RPS, e a partir dessa data, o período de atividade do segurado especial, que não tenha contribuído facultativamente, para fins de cômputo em aposentadoria por tempo de contribuição ou para contagem recíproca.

Art. 68. Na apuração do valor da indenização, será considerada como base de cálculo:

I – a média aritmética simples dos maiores salários de contribuição correspondentes a 80% (oitenta por cento) de todo o período contributivo, decorrido desde a competência julho de 1994, corrigidos mês a mês pelos mesmos índices utilizados para a obtenção do salário de benefício, respeitados os limites mínimo e máximo do salário de contribuição, caso o período indenizado for para fins de obtenção de benefício do RGPS; e

II – a remuneração vigente na data do requerimento do cálculo sobre a qual incidem as contribuições para o RPPS a que estiver filiado o interessado, observado o limite máximo do salário de contribuição, quando o período indenizado for para fins de aproveitamento em RPPS.

§ 1º O valor mensal da indenização será resultado da aplicação da alíquota de 20% (vinte por cento) sobre a base de cálculo encontrada nos incisos I e II do *caput*, conforme a finalidade do cálculo, acrescido de juros moratórios de 0,5% (zero vírgula cinco por cento) ao mês, capitalizados anualmente, limitados ao percentual máximo de 50% (cinquenta por cento), e multa de 10% (dez por cento).

§ 2º A incidência de juros moratórios e multa de que trata o § 1º será estabelecida para fatos geradores ocorridos a partir de 14 de outubro de 1996, por força do disposto no 8º-A do art. 239 do RPS.

Art. 69. No ato do requerimento da indenização, deverá ser informado para qual fim se destina o tempo de contribuição a ser indenizado, se para contagem no RGPS ou para fins de contagem recíproca.

§ 1º Caso o tempo de contribuição, indenizado para fins de contagem no RGPS, seja indicado para aproveitamento em RPPS, será devida a retificação do cálculo de indenização para apurar eventuais diferenças de valores em relação à base de cálculo própria para fins de contagem recíproca, salvo quando:

I – a data de ingresso no RPPS de destinação do tempo de contribuição for posterior à data do requerimento para cálculo da indenização;

II – o valor da base de cálculo for igual para ambas as finalidades; ou

III – o requerimento do cálculo de indenização for anterior a 04 de dezembro de 2009, data em que se tornou obrigatória a consignação da finalidade do cálculo e consequente necessidade de regularização do procedimento indevido, caso o recolhimento tenha sido efetuado em desacordo com a finalidade inicialmente declarada.

§ 2º Será também devida a retificação do cálculo, quando este tiver sido realizado em desacordo com a legislação aplicável ou com os procedimentos disciplinados para apuração dos valores devidos.

§ 3º Nas hipóteses previstas no § 1º e no § 2º, deverão ser observadas as disposições do art. 45-A da Lei nº 8.212, de 1991, na apuração de eventuais diferenças de contribuições devidas.

Art. 70. Não se submetem ao cálculo de indenização, devendo ser calculadas de acordo com a legislação de regência:

I – as contribuições em atraso do segurado contribuinte individual não alcançadas pela decadência, inclusive quando o período objeto do cálculo for para fins de contagem recíproca, conforme o disposto no § 3º do art. 45-A da Lei nº 8.212, de 1991;

II – as contribuições em atraso do segurado facultativo, observada a exigência de qualidade de segurado nessa categoria para a admissibilidade do pagamento em atraso, nos termos do § 4º do art. 11 do RPS;

III – as contribuições em atraso do segurado empregado doméstico, inclusive eventuais diferenças de contribuições recolhidas abaixo do valor devido, a partir de 8 de abril de 1973, data de vigência do Decreto nº 71.885, de 1973;

IV – a diferença de contribuição recolhida a menor pelo segurado contribuinte individual, facultativo e segurado especial que contribui facultativamente, exclusivamente para alcançar o limite mínimo do salário-de-contribuição;

V – a complementação de contribuição recolhida no Plano Simplificado de Previdência Social, para fins de cômputo em aposentadoria por tempo de contribuição ou contagem recíproca ou ainda, no caso do segurado facultativo de que trata o inciso XIV do §2º do art. 107 da Instrução Normativa PRES/INSS nº 128, de 2022, para aproveitamento das contribuições invalidadas; e

VI – a partir da competência novembro de 2019, a complementação da contribuição para alcançar o limite mínimo do salário de contribuição, quando as remunerações auferidas no mês pelo segurado não atingirem o referido limite, observadas as possibilidades de utilização e agrupamento, conforme disciplinado na Seção VI do Título IV.

§ 1º Período de contrato de trabalho de empregado doméstico quando anterior a 8 de abril de 1973, data de vigência do Decreto nº 71.885, de 1973, será objeto de indenização, por ser anterior à filiação obrigatória.

§ 2º Observado o disposto na Subseção I da Seção X e na Seção XV ambas do Capítulo I da Instrução Normativa PRES/INSS nº 128, de 2022, a comprovação para fins de realização do cálculo do débito ou conferência deste, ou ainda, para fins de ajustes dos comprovantes ou guias de recolhimento do período compreendido do vínculo do empregado doméstico anterior a 1º de outubro de 2015, poderá ser feita, no que couber, por meio dos seguintes documentos, dentre outros:

I – contracheque ou recibo de pagamento contemporâneos ao período que se pretende comprovar;

II – anotações constantes da Carteira de Trabalho e Previdência Social em meio físico, com anuência do filiado; e

III – Guias de Recolhimento (GR, GR1 e GR2), Carnês de Contribuição, Guias de Recolhimento de Contribuinte Individual (GRCI), Guias de Recolhimento da Previdência Social (GRPS 3), Guia da Previdência Social (GPS) ou microfichas.

§ 3º Na hipótese do inciso IV do *caput*, na apuração de diferenças de contribuições do contribuinte individual e do segurado especial que contribui facultativamente, deverá ser observado se o pagamento original estaria sujeito ao cálculo de indenização.

Art. 71. As contribuições devidas pelo segurado contribuinte individual e o valor apurado no cálculo de indenização poderão ser objeto de parcelamento, a ser requerido perante a RFB, sendo que o período correspondente somente poderá ser utilizado para concessão de benefício e emissão de CTC após a comprovação da liquidação de todos os valores incluídos em parcelamento.

Art. 72. Caberá ao INSS promover o reconhecimento de filiação e proceder ao cálculo na forma de indenização quando se tratar de período decadente ou na forma de cálculo de regência quando se tratar de débito de período não alcançado pela decadência, mediante requerimento do interessado conforme o modelo de "Requerimento para Cálculo de Contribuição em Atraso", constante no Anexo VII, inclusive nas situações em que o INSS identificar a procedência da solicitação na análise de requerimento de benefício.

Parágrafo único. No caso de cálculo de débito de período não atingido pela decadência e desde que seja de competência posterior ao início da atividade cadastrada ou à primeira contribuição recolhida sem atraso na respectiva categoria, é dispensada a protocolização do requerimento referido no *caput*.

Art. 73. Não serão válidos para fins de reconhecimento de direitos os recolhimentos de períodos de débitos do contribuinte individual ou de períodos sem contribuições do facultativo, efetuados após o óbito do segurado.

§ 1º Também não produzirão efeitos os recolhimentos, efetuados após o óbito do segurado, relativos a diferenças de contribuições ou remunerações para majorar ou atingir o valor mínimo do salário de contribuição.

§ 2º O disposto no § 1º não se aplica:

I – para período a partir da competência novembro de 2019, no caso do segurado empregado, trabalhador avulso, empregado doméstico e contribuinte individual de que trata o art. 199 e os §§ 20, 21 e 26 do art. 216, todos do RPS, quando passou a ser facultado aos dependentes complementar a contribuição para alcançar o limite mínimo do salário de contribuição, das remunerações auferidas no mês pelo segurado não atingirem o referido limite, nos termos do § 7º do art. 19-E do RPS e, observadas as disposições previstas na Seção VI do Título IV; e

II – quando as diferenças de contribuições efetuadas pelo segurado contribuinte individual ou facultativo forem decorrentes da inobservância do reajuste do salário-mínimo.

SUBSEÇÃO XI – DOS ACERTOS DA CONDIÇÃO E DA CONTRIBUIÇÃO DO SEGURADO FACULTATIVO NO CNIS

Art. 74. A filiação na qualidade de segurado facultativo gera efeito somente a partir da inscrição e do primeiro recolhimento sem atraso, não podendo retroagir e não permitindo o pagamento de contribuições relativas a competências anteriores à data da inscrição.

§ 1º Após a inscrição, o segurado facultativo somente poderá recolher contribuições em atraso quando não tiver ocorrido perda da qualidade de segurado, conforme o disposto no inciso VI do art. 13 do RPS.

§ 2º Podem filiar-se facultativamente, entre outros:

I – a pessoa que se dedique exclusivamente ao trabalho doméstico no âmbito de sua residência;

II – o síndico de condomínio, desde que não remunerado;

III – o estudante;

IV – o brasileiro que acompanha cônjuge que presta serviço no exterior;

V – aquele que deixou de ser segurado obrigatório da Previdência Social;

VI – o membro de conselho tutelar de que trata o art. 132 da Lei nº 8.069, de 1990, quando não remunerado e desde que não esteja vinculado a qualquer regime de previdência social;

VII – o estagiário que presta serviços a empresa de acordo com a Lei nº 11.788, de 2008;

VIII – o bolsista que se dedica em tempo integral à pesquisa, curso de especialização, pós-graduação, mestrado ou doutorado, no Brasil ou no exterior, desde que não esteja vinculado a qualquer regime de previdência social;

IX – o presidiário que não exerce atividade remunerada nem esteja vinculado a qualquer regime de previdência social;

X – o brasileiro residente ou domiciliado no exterior;

XI – o segurado recolhido à prisão sob regime fechado ou semiaberto, que, nesta condição, preste serviço, dentro ou fora da unidade penal, a uma ou mais empresas, com ou sem intermediação da organização carcerária ou entidade afim, ou que exerce atividade artesanal por conta própria;

XII – o beneficiário de auxílio-acidente ou de auxílio suplementar, desde que simultaneamente não esteja exercendo atividade que o filie obrigatoriamente ao RGPS;

XIII – o atleta beneficiário do Bolsa-Atleta que não seja filiado a regime próprio de previdência social ou que não esteja enquadrado em uma das hipóteses do art. 9º do RPS; e

XIV – o segurado sem renda própria de que trata a alínea "b" do inciso II do § 2º do art. 21 da Lei nº 8.212, de 1991, que se dedique exclusivamente ao trabalho doméstico no âmbito de sua residência, desde que pertencente a família de baixa renda, com pagamento de contribuição na alíquota de 5% (cinco por cento), observado que:

a) para fins específicos de enquadramento nesta condição e recolhimento na alíquota de 5% (cinco por cento), não será considerada como renda aquela, exclusivamente, proveniente de auxílios assistenciais de natureza eventual e temporária e de valores oriundos de programas sociais de transferência de renda;

b) conforme disposto no § 4º do art. 21 da Lei nº 8.212, de 1991, considera-se de baixa renda a família inscrita no Cadastro Único para Programas Sociais do Governo Federal – CadÚnico, cuja renda mensal seja de até 2 (dois) salários-mínimos;

c) o conceito de renda própria deve ser interpretado de forma a abranger quaisquer rendas auferidas pela pessoa que exerce trabalho doméstico no âmbito de sua residência e não apenas as rendas provenientes de trabalho; e

d) as informações do CadÚnico devem ser atualizadas sempre que houver mudança na situação da família ou, no máximo, a cada 2 (dois) anos.

§ 3º O exercente de mandato eletivo, no período de 1º de fevereiro de 1998 a 18 de setembro de 2004, poderá optar pela filiação na qualidade de segurado facultativo, desde que não tenha exercido outra atividade que o filiasse ao RGPS ou ao RPPS, observado o disposto na Subseção III da Seção XVIII deste Capítulo.

§ 4º O segurado em percepção de abono de permanência em serviço que deixar de exercer atividade abrangida, obrigatoriamente, pelo RGPS, poderá filiar-se na condição de facultativo.

§ 5º É vedada a filiação ao RGPS, na qualidade de segurado facultativo:

I – dentro do mesmo mês em que iniciar ou cessar o exercício da atividade sujeita à filiação obrigatória, tanto no RGPS como no RPPS, ou pagamento de benefício previdenciário, ressalvadas as hipóteses de benefícios de pensão por morte e auxílio reclusão;

II – para o servidor público aposentado, qualquer que seja o regime de previdência social a que esteja vinculado; e

III – para os participantes do RPPS, não podendo ser consideradas, para qualquer efeito, as contribuições vertidas para o RGPS do:

a) servidor público civil ou militar da União, do Estado, do Distrito Federal ou do Município, bem como o das respectivas autarquias e fundações, sujeito a regime próprio de previdência social, inclusive aquele que sofreu alteração de regime jurídico, no período de 6 de março de 1997, data da publicação do RBPS, aprovado pelo Decreto nº 2.172, de 1997, até 15 de dezembro de 1998, véspera da vigência da Emenda Constitucional nº 20, de 15 de dezembro de 1998, exceto o que acompanha cônjuge que presta serviço no exterior;

b) servidor público civil da União, do Estado, do Distrito Federal ou do Município, bem como o das respectivas autarquias e fundações, salvo na hipótese de afastamento sem vencimento e desde que não permitida, nesta condição, contribuição ao respectivo regime próprio, a partir de 16 de dezembro de 1998, data da publicação da Emenda Constitucional nº 20, de 1998; e

c) servidor público efetivo civil da União, de suas respectivas Autarquias ou Fundações, participante de RPPS, inclusive na hipótese de afastamento sem vencimentos, a partir de 15 de maio de 2003, data da publicação da Lei nº 10.667, de 14 de maio de 2003.

§ 6º O segurado poderá contribuir, facultativamente, durante os períodos de licença, afastamento ou de inatividade, desde que não receba remuneração nesses períodos e não exerça outra atividade que o vincule ao RGPS ou a regime próprio de previdência social.

§ 7º Para o cômputo das contribuições realizadas na condição de segurado facultativo, inclusive a de que trata o § 6º deverão ser observadas as disposições dos §§ 3º e 4º do art. 11 do RPS.

§ 8º Os períodos de contribuição do facultativo serão comprovados com a inscrição acompanhada das respectivas contribuições, estas recolhidas no prazo legal, observadas as situações impeditivas ou incompatíveis com a sua condição.

CAPÍTULO III – SEGURADO ESPECIAL

SEÇÃO I – DO ENQUADRAMENTO

Art. 75. São enquadráveis na categoria de segurado especial aqueles que exercem atividade rural na condição de produtor rural e o pescador artesanal e seus assemelhados, desde que exerçam a atividade rural individualmente ou em regime de economia familiar, ainda que com o auxílio eventual de terceiros.

§ 1º Poderão ser enquadrados como segurado especial, o cônjuge ou companheiro(a), o companheiro(a) homoafetivo e os filhos solteiros maiores de dezesseis anos de idade ou equiparado que participem de forma ativa das atividades desenvolvidas de forma a garantir o desenvolvimento socioeconômico do grupo familiar, na forma do §1º do Art. 109 da Instrução Normativa PRES/INSS nº 128, de 2022.

§ 2º Auxílio eventual de terceiros é aquele exercido ocasionalmente, em condições de mútua colaboração, não existindo subordinação nem remuneração, observada a exceção prevista no inciso VIII do art. 112 da Instrução Normativa PRES/INSS nº 128, de 2022. *(Redação dada pela Portaria Dirben/INSS 1.079/2022)*

§ 3º É irrelevante a nomenclatura dada ao segurado especial nas diferentes regiões do país, como lavrador, agricultor, e outros de mesma natureza, cabendo a efetiva comprovação da atividade rural exercida, seja individualmente ou em regime de economia familiar.

Art. 76. Para fins do enquadramento na categoria de segurado especial, além do proprietário, considera-se produtor rural:

I – condômino: aquele que explora imóvel rural, com delimitação de área ou não, sendo a propriedade um bem comum, pertencente a várias pessoas;

II – usufrutuário: aquele que, não sendo proprietário de imóvel rural, tem direito à posse, ao uso, à administração ou à percepção dos frutos, podendo usufruir o bem em pessoa ou mediante contrato de arrendamento, comodato, parceria ou meação;

III – posseiro/possuidor: aquele que exerce sobre o imóvel rural algum dos poderes inerentes à propriedade, utilizando e usufruindo da terra como se proprietário fosse;

IV – assentado: aquele que, como beneficiário das ações de reforma agrária, desenvolve atividades agrícolas, pastoris ou hortifrutigranjeiras nas áreas de assentamento;

V – parceiro: aquele que tem acordo de parceria com o proprietário da terra ou detentor da posse e desenvolve atividade agrícola, pastoril ou hortifrutigranjeira, partilhando lucros ou prejuízos;

VI – meeiro: aquele que tem acordo com o proprietário da terra ou detentor da posse e, da mesma forma, exerce atividade agrícola, pastoril ou hortifrutigranjeira, partilhando rendimentos ou custos;

VII – comodatário: aquele que, por meio de acordo, explora a terra pertencente a outra pessoa, por empréstimo gratuito, por tempo determinado ou não, para desenvolver atividade agrícola, pastoril ou hortifrutigranjeira;

VIII – arrendatário: aquele que utiliza a terra para desenvolver atividade agrícola, pastoril ou hortifrutigranjeira, mediante pagamento de aluguel, em espécie ou in natura, ao proprietário do imóvel rural;

IX – quilombola: afrodescendentes remanescentes de quilombos que integra grupos étnicos compostos de descendentes de escravos;

X – seringueiro ou extrativista vegetal: aquele que explora atividade de coleta e extração de recursos naturais renováveis, de modo sustentável, e faz dessas atividades o principal meio de vida;

XI – foreiro: aquele que adquire direitos sobre um terreno através de um contrato, mas não é o dono do local; e

XII – indígena, inclusive o artesão que utilize matéria-prima proveniente de extrativismo vegetal, independentemente do local onde resida ou exerça suas atividades, sendo irrelevante a definição de indígena aldeado, não-aldeado, em vias de integração, isolado ou integrado, desde que exerça a atividade rural individualmente ou em regime de economia familiar, cujo exercício de atividade tenha sido certificado pela Fundação Nacional do Índio – FUNAI.

§ 1º Uma vez que o acampado deixou de ser considerado como segurado especial a partir de 16 de janeiro de 2020, data de vigência da decisão da Ação Civil Pública – ACP nº 000380795.2011.4.05.8300, a relação com a terra nesta condição deverá respeitar os seguintes procedimentos:

I – permanecem válidos para todos os fins, os períodos de segurado especial com forma de ocupação acampado reconhecidos até a data citada neste parágrafo;

II – o reconhecimento do período até 16 de janeiro de 2020, realizado em data posterior à citada, somente será válido se vinculado a requerimento com Data de Entrada do Requerimento – DER anterior;

III – caso o segurado apresente novos elementos que permitam o enquadramento em outra forma de ocupação de segurado especial, o período indeferido deverá ser revisto; e

IV – deverão ser observadas as regras para indenização previstas na legislação previdenciária.

Art. 77. São considerados pescadores artesanais aqueles que exercem atividade de pesca, captura e observação de cardumes, os mariscadores, caranguejeiros, catadores de algas, entre outros, independente da denominação empregada e, assemelhados ao pescador artesanal, os que exerçam as atividades de apoio à pesca artesanal, de confecção e reparos de artes e petrechos de pesca, de reparos em embarcações de pequeno porte ou atuando no processamento do produto da pesca artesanal, nos termos do inciso XI do art. 2º da Lei nº 11.959, de 29 de junho de 2009, desde que comprovem todos os requisitos necessários para o reconhecimento na categoria de segurado especial.

Art. 78. Caso o segurado especial não resida na propriedade onde desenvolva as suas atividades, deverá ser verificado se o mesmo reside em aglomerado urbano ou rural próximo, assim entendido o mesmo município, o município limítrofe ou área rural contígua àquela em que desenvolve a atividade rural.

Art. 79. Para enquadramento do segurado especial deverão ser observadas as regras de caracterização/descaracterização previstas nos art. 112 a 114 da Instrução Normativa PRES/INSS nº 128, de 2022.

SEÇÃO II – DA INSCRIÇÃO DO SEGURADO ESPECIAL

Art. 80. O Ministério da Economia manterá sistema de cadastro dos segurados especiais no CNIS, observado o disposto no inciso V do *caput* e nos §§ 2º a 5º e 9º, todos do art. 8º da Instrução Normativa PRES/INSS nº 128, de 2022, e poderá firmar acordo de cooperação com o Ministério da Agricultura, Pecuária e Abastecimento e com outros órgãos da administração pública federal, estadual, distrital e municipal para a manutenção e a gestão do sistema de cadastro.

§ 1º O sistema de que trata o *caput* preverá a manutenção e a atualização anual do cadastro e conterá as informações necessárias à caracterização da condição de segurado especial.

§ 2º A manutenção e a atualização de que trata o § 1º dar-se-á mediante apresentação, pelo segurado especial, de declaração anual ou documento equivalente definido em ato do Secretário Especial de Previdência e Trabalho.

§ 3º Da aplicação do disposto neste artigo não poderá resultar nenhum ônus para os segurados, sem prejuízo do disposto no § 5º.

§ 4º O INSS, no ato de habilitação ou de concessão de benefício, deverá verificar a condição de segurado especial e, se for o caso, o pagamento da contribuição previdenciária, nos termos da Lei nº 8.212, de 1991, considerando, dentre outros, o que consta do CNIS de que trata o art. 19 do RPS.

§ 5º A atualização anual de que trata o § 1º será feita pelo segurado especial até 30 de junho do ano subsequente.

§ 6º É vedada a atualização anual de que trata o § 1º após o prazo de cinco anos, contado da data estabelecida no § 5º.

§ 7º Decorrido o prazo de cinco anos de que trata o § 6º, o segurado especial só poderá computar o período de trabalho rural se efetuados em época própria a comercialização da produção e o recolhimento da contribuição prevista no art. 25 da Lei nº 8.212, de 1991.

§ 8º O INSS utilizará as informações constantes do cadastro de que trata o *caput* para fins de comprovação do exercício da atividade e da condição de segurado especial e do respectivo grupo familiar.

§ 9º As informações obtidas e acolhidas pelo INSS, diretamente de bancos de dados disponibilizados por órgãos e entidades públicas, serão utilizadas para validar ou invalidar informação para o cadastramento do segurado especial, bem como, quando for o caso, para deixar de reconhecer essa condição.

Art. 81. A inscrição do filiado segurado especial será realizada, preferencialmente, pelo titular do grupo familiar, que detiver uma das condições descritas no art. 75, sendo que o INSS poderá solicitar a comprovação desta condição, por meio de documento que caracterize o exercício da atividade declarada, observadas as disposições contidas no art. 80.

Parágrafo único. A inscrição de que trata o *caput* deste artigo poderá ser realizada através da internet, Central de Teleatendimento 135, Entidades Conveniadas e, caso o segurado não possua cadastro, quando realizar a Declaração Anual que dispõe o § 2º do art. 80.

Art. 82. A inscrição do segurado especial além das informações pessoais, conterá as seguintes informações:

I – a forma do exercício da atividade, se individual ou em regime de economia familiar, neste caso com vinculação ao seu respectivo grupo familiar;

II – a sua condição no grupo familiar, se titular, outro titular ou componente;

III – o grupo e o tipo de atividade do titular de acordo com tabela do Código Brasileiro de Ocupações – CBO;

IV – a forma de ocupação do titular vinculando-o à propriedade, ao local ou à embarcação em que trabalhe;

V – a identificação da propriedade, local ou embarcação em que desenvolve a atividade;

VI – o local ou município onde reside, de forma a identificar se é mesmo município ou município contíguo, ou aglomerado rural; e

VII – a identificação e inscrição da pessoa responsável pelo grupo familiar, quando for o caso.

§ 1º Para fins do previsto no inciso II do *caput* deste artigo, considera-se:

I – titular: cônjuge, companheiro ou filho solteiro que se inscrever primeiro na Previdência Social, sendo que os NIT's dos demais componentes do grupo familiar ficarão relacionados a esse titular;

II – componente: membro do grupo familiar cujo NIT esteja relacionado aos titulares; e

III – outro titular: cônjuge ou companheiro que se inscrever na Previdência Social na condição de segurado especial e já exista um titular inscrito e a documentação que comprova o exercício da atividade estiver nos nomes dos dois.

§ 2º A inscrição post mortem será solicitada por meio de requerimento pelo dependente ou representante legal.

§ 3º Na hipótese do § 2º, caso não seja comprovada a condição de segurado especial, poderá ser atribuído NIT apenas para fins de formalização do requerimento do benefício previdenciário.

Art. 83. Nos casos de impossibilidade de emissão de NIT para indígenas por falta de apresentação de registro civil, o INSS deverá comunicar o fato à FUNAI.

§ 1º O INSS deverá, no prazo de 7 (sete) dias a contar da data da ocorrência, informar o fato à FUNAI com o maior número de dados possíveis, inclusive informando nome do indígena, a respectiva aldeia, o endereço, caso possua, além da denominação e endereço completo da Agência da Previdência Social, na qual o indígena compareceu para solicitar o benefício.

§ 2º A comunicação deverá ser encaminhada para o endereço eletrônico de responsabilidade da FUNAI, que a partir do conhecimento do caso, orientará e ajudará o indígena sem registro civil a obter o documento, a fim de requerer o benefício previdenciário.

SEÇÃO III – DA TEMPORALIDADE

Art. 84. Para o período anterior a 1º de janeiro de 2023, a comprovação do exercício da atividade e da condição do segurado especial e do respectivo grupo familiar será realizada por meio de autodeclaração ratificada por entidades públicas executoras do Programa Nacional de Assistência Técnica e Extensão Rural na Agricultura Familiar e na Reforma Agrária – PRONATER credenciadas nos termos do art. 13 da Lei nº 12.188, de 11 de janeiro de 2010, ou por outros órgãos públicos.

Art. 85. Para requerimentos com Data da Entrada do Requerimento – DER a partir de 18 de janeiro de 2019, data de publicação da Medida Provisória – MP nº 871, de 18 de janeiro de 2019, em decorrência da revogação do inciso III do art. 106 da Lei nº 8.213, de 1991, a declaração sindical, emitida por sindicato rural, deixou de ser considerada para fins da comprovação da atividade rural.

Art. 86. Em atendimento ao disposto no art. 37 da Lei nº 13.846, de 18 de junho de 2019, para requerimentos com Data da Entrada do Requerimento – DER entre 18 de janeiro de 2019 e 18 de março de 2019, a autodeclaração do segurado deve ser aceita pelo INSS sem a necessidade de ratificação, devendo ser solicitados os documentos referidos no art. 116 da Instrução Normativa PRES/INSS nº 128, de 2022, bem como realizadas as demais consultas a fim de caracterizar ou descaracterizar a condição de segurado especial, na forma do art. 92.

Art. 87. A partir de 19 de março de 2019, no caso de impossibilidade de ratificação do período constante na autodeclaração com as informações obtidas a partir de bases governamentais, os documentos referidos no art. 93, servirão para ratificar a autodeclaração, na forma do art. 94.

Art. 88. Para requerimentos protocolados até 17 de janeiro de 2019, permanecem inalterados os procedimentos previstos na legislação previdenciária em vigor à época, incluindo o que se refere à homologação do tempo de serviço rural através de declaração sindical, sendo que somente será permitida emissão posterior a esta data quando se tratar de retificação de documento existente no processo.

Art. 89. Desde 07 de agosto de 2017, data da Publicação da Portaria Conjunta nº 1/DIRBEN/DIRAT/INSS, não é mais realizada a comprovação da atividade de segurado especial por meio de entrevista rural, assim como não devem ser tomados depoimentos com parceiros, confrontantes, colaboradores, vizinhos ou outros.

SEÇÃO IV – AUTODECLARAÇÃO

Art. 90. A autodeclaração dar-se-á por meio do preenchimento dos formulários "Autodeclaração do Segurado Especial – Rural", "Autodeclaração do Segurado Especial – Pescador Artesanal" ou "Autodeclaração do Segurado Especial – Seringueiro ou Extrativista Vegetal", constantes dos Anexos VIII, IX e X da Instrução Normativa PRES/INSS nº 128, de 2022, disponíveis no sítio eletrônico do INSS.

§ 1º A autodeclaração de que trata este artigo deve ser assinada, observado o § 2º:

I – pelo segurado;

II – pelo procurador legalmente constituído;

III – pelo representante legal;

IV – pelo dependente, no caso de requerimento de pensão por morte ou auxílio reclusão; ou

V – pelo familiar, no caso de benefícios por incapacidade, havendo impossibilidade de comunicação do titular, comprovada mediante atestado médico.

§ 2º Ao requerente analfabeto ou impossibilitado de assinar será permitida respectivamente:

I – a aposição da impressão digital na presença de servidor do INSS, que o identificará; e

II – a assinatura a rogo na presença de duas pessoas, preferencialmente servidores, as quais deverão assinar com um terceiro que assinará em nome do interessado.

§ 3º Para períodos anteriores a 1º de janeiro de 2023, o interessado irá preencher a autodeclaração e a ratificação será realizada de forma automática por meio de integração da base de dados do INSS, do Ministério da Agricultura, Pecuária e Abastecimento e outras bases.

§ 4º No caso de impossibilidade de ratificação automática do período constante na autodeclaração, a ratificação será realizada manualmente através de consulta às bases governamentais a que o INSS tiver acesso, podendo ser solicitados os documentos do art. 93.

§ 5º O acesso à base de dados da Secretaria de Agricultura Familiar e Cooperativismo do Ministério da Agricultura, Pecuária e Abastecimento, estará disponível aos servidores do INSS por intermédio da ferramenta denominada "InfoDAP", disponível no Painel Cidadão do Portal CNIS.

§ 6º Não havendo êxito na consulta ao InfoDAP, as demais bases, relacionadas abaixo, deverão ser consultadas:

I – Cadastro de Imóveis Rurais – CAFIR;

II – Registro Geral da Pesca – RGP;

III – Seguro-desemprego do Pescador Artesanal – SDPA;

IV – Divisão de Negócios de Controle Financeiro – DICFN;

V – Sistema Nacional de Cadastro Rural – SNCR;

VI – Sistema de Informações de Projetos de Reforma Agrária – SIPRA; e

VII – Microempreendedor Individual – MEI.

VIII – Sistema de Escrituração Digital das Obrigações Fiscais, Previdenciárias e Trabalhistas – eSocial. *(Acrescido pela Portaria Dirben/INSS 1.079/2022)*

§ 7º Quando as informações obtidas por meio de consultas às bases governamentais forem suficientes para a análise conclusiva do processo, não será necessária a solicitação de documentos complementares.

§ 8º As informações acolhidas pelo INSS do Cadastro de Imóveis Rurais – CAFIR e do Registro Geral da Pesca – RGP possibilitam a identificação do trabalhador rural na categoria de segurado especial, formando períodos no CNIS deste trabalhador, com as seguintes identificações:

I – período positivo: se proprietário de um ou mais imóveis rurais com área total de até 4 (quatro) módulos fiscais e para o pescador, se artesanal não embarcado;

II – períodos pendentes: se proprietário de um ou mais imóveis rurais com área total acima de 4 (quatro) módulos fiscais, ainda que a data do registro seja até 22 de junho de 2008, véspera da publicação da Lei nº 11.718, de 20 de junho de 2008, e para o pescador artesanal, se embarcado;

III – períodos negativos: se proprietário de um ou mais imóveis rurais com área superior a 4 (quatro) módulos fiscais e data do registro a partir de 23 de junho de 2008, data da publicação da Lei nº 11.718, de 20 de junho de 2008, e para o pescador, se industrial.

§ 9º A consulta à Divisão de Negócios de Controle Financeiro – DICFN e ao Sistema de Escrituração Digital das Obrigações Fiscais, Previdenciárias e Trabalhistas – eSocial tem por finalidade verificar a existência da contribuição previdenciária devida pelo segurado especial, nos termos do art. 25 da Lei nº 8.212, de 1991. Relativamente ao eSocial, a utilização passou a ser obrigatória pelo segurado especial a partir da competência outubro de 2021 nos termos da Portaria Interministerial MTP/ME nº 3, de 15 de outubro de 2021. *(Redação dada pela Portaria Dirben/INSS 1.079/2022)*

§ 10. O Sistema Nacional de Cadastro Rural – SNCR tem a finalidade de identificar tanto os imóveis rurais quanto aqueles que com estes tem relação de arrendamento e parceria, tendo sido instituído pela Lei nº 5.868, de 12 de dezembro de 1972 e regulamentado pelo Decreto nº 72.106, de 18 de abril de 1973, sendo que todos os proprietários, titulares de domínio útil ou possuidores a qualquer título ficam obrigados a declarar o imóvel rural no SNCR que possa ser utilizado para fins de exploração agrícola, pecuária, extrativa vegetal ou agroindustrial.

§ 11. A consulta do Microempreendedor Individual – MEI Rural tem a finalidade de verificar se a atividade cadastrada enquadra-se nas atividades que não descaracterizam a condição de segurado especial, nos termos da Lei Complementar nº 155, de 27 de outubro de 2016, que alterou a Lei Complementar nº 123 de 14 de dezembro de 2006.

§ 12. Com as alterações introduzidas pela Lei nº 13.846, de 2019, as informações obtidas nas consultas citadas nos §§ 5º ao 11º deste artigo figuram no conjunto de instrumentos ratificadores que devem ser utilizados para ratificar período autodeclarado de qualquer membro do grupo familiar, devendo, entretanto, serem observados os demais critérios contidos nos §§ 8º, 9º, 10º e 11º do art. 12 da Lei nº 8.212, de 1991.

§ 13. Até que seja disponibilizada a ferramenta de ratificação automática, o servidor deve consultar os sistemas disponíveis para efetuar a ratificação.

SUBSEÇÃO I – DECLARAÇÃO DE APTIDÃO NO PROGRAMA NACIONAL DE FORTALECIMENTO DA AGRICULTURA FAMILIAR – DAP

Art. 91. O PRONATER, conforme disposto no art. 7º da Lei nº 12.188, de 2010, é o Programa Nacional de Assistência Técnica e Extensão Rural na Agricultura Familiar e na Reforma Agrária e tem por objeto a organização e a execução dos serviços de Assistência Técnica e Extensão Rural – ATER aos beneficiários da Política Nacional de Assistência Técnica e Extensão Rural para a Agricultura Familiar e Reforma Agrária – PNATER.

§ 1º Nos termos do art. 5º da Lei nº 12.188, de 2010, os beneficiários da PNATER são:

I – os assentados da reforma agrária, os povos indígenas, os remanescentes de quilombos e os demais povos e comunidades tradicionais; e

II – nos termos da Lei nº 11.326, de 24 de junho de 2006, os agricultores familiares ou empreendimentos familiares rurais, os silvicultores, aquicultores, extrativistas e pescadores, bem como os beneficiários de programas de colonização e irrigação enquadrados nos limites daquela Lei.

§ 2º De acordo com o parágrafo único do art. 5º da Lei nº 12.188, de 2010, para comprovação da qualidade de beneficiário da PNATER, exigir-se-á ser detentor da Declaração de Aptidão no Programa Nacional de Fortalecimento da Agricultura Familiar – DAP ou constar da relação de beneficiário no Sistema de Informação do Programa de Reforma Agrária – SIPRA.

§ 3º A DAP é o documento que identifica e qualifica os beneficiários do Programa Nacional de Fortalecimento da Agricultura Familiar – PRONAF, sendo instituída pela Portaria MDA nº 154, de 2 de agosto de 2002, e atualmente regulada pela Portaria MAPA nº 1, de 29 de janeiro de 2019.

§ 4º A DAP possui os seguintes períodos de validade:

I – 6 (seis) anos para a DAP emitida até 30 de março de 2013;

II – 3 (três) anos para a DAP emitida entre 30 de março de 2013 e 3 de abril de 2017;

III – 2 (dois) anos para DAP emitida entre 4 de abril de 2017 e 23 de agosto de 2018;

IV – 1 (um) ano para DAP emitida entre 24 de agosto de 2018 e 28 de janeiro de 2019; e

V – 2 (dois) anos para a DAP emitida a partir de 29 de janeiro de 2019.

§ 5º A DAP produz efeito durante o seu período de validade, ainda que este já tenha se expirado na data da consulta, independentemente do que constar preenchido nos campos "DAP válida", "DAP Expirada", "Enquadramento", "Categoria" e "Condição e posse de uso da terra".

§ 6º A DAP somente será considerada se no campo "Status" constar "DAP Ativa" ou "DAP Expirada", sendo que se no campo "Status" constar "DAP Cancelada" ou "DAP Suspensa", ela deverá ser desconsiderada.

SUBSEÇÃO II – OUTRAS BASES GOVERNAMENTAIS

Art. 92. Serão consideradas para ratificação da autodeclaração, além da DAP, as informações obtidas a partir das bases governamentais indicadas no § 6º do art. 90 e de outras bases a que o INSS vier a ter acesso, com fundamento no artigo 19-D do RPS.

§ 1º As consultas às bases deverão ser feitas de forma progressiva até que sejam encontrados os elementos necessários para a análise conclusiva da autodeclaração, dispensando-se, conforme o caso, a consulta às demais bases.

§ 2º A autodeclaração poderá ser ratificada, observando os critérios dos §§ 1º e 2º do art. 90, quando houver DAP ou bases governamentais intercaladas dentro do período informado, desde que não existam os critérios que descaracterizam a condição de segurado especial no art. 11 da Lei nº 8.213, de 1991.

§ 3º Havendo ratificação parcial do período que consta na autodeclaração, a comprovação poderá ser complementada através de prova documental contemporânea ao período alegado do exercício de atividade rural, sendo que as divergências relativas ao período autodeclarado poderão ser sanadas mediante apresentação de prova documental, com base nos demais documentos previstos no art. 93.

§ 4º Os períodos de recebimento do Seguro--Desemprego do Pescador Artesanal – SDPA, bem como, os períodos comprovados de atividade pesqueira ininterrupta, devem ser considerados instrumentos ratificadores da autodeclaração, sendo, neste caso, dispensada a apresentação de documentos, devendo ser observado que:

I – o período de atividade pesqueira ininterrupta a ser considerado refere-se àquele entre defesos ou aos últimos 12 (doze) meses imediatamente anteriores ao defeso atual, o que for menor, devendo o início do período recair 12 (doze) meses antes do primeiro SDPA recebido;

II – só serão considerados como plenos para a comprovação da atividade de Segurado Especial os SDPA referentes a períodos de defeso iniciados a partir de 1º de abril de 2015, conforme art. 12 do Decreto nº 8.424, de 31 de março de 2015;

III – os SDPA não deferidos (notificados no sistema) e, consequentemente, não pagos, não devem ser considerados; e

IV – não existam os critérios que descaracterizam a condição de segurado especial no art. 11 da Lei nº 8.213, de 1991.

SUBSEÇÃO III – DAS PROVAS DOCUMENTAIS

Art. 93. Complementarmente à autodeclaração de que trata o *caput* do art. 90, ao cadastro de que trata o art. 80 e às bases governamentais de que tratam os §§ 5º e 6º do art. 90, a comprovação do exercício de atividade do segurado especial será feita por meio dos seguintes documentos, dentre outros, observado o contido no § 1º: *(Redação dada pela Portaria Dirben/INSS 1.079/2022)*

I – contrato de arrendamento, parceria, meação ou comodato rural, cujo período da atividade será considerado somente a partir da data do registro ou do reconhecimento de firma do documento em cartório;

II – Declaração de Aptidão ao Programa Nacional de Fortalecimento da Agricultura Familiar, de que trata o inciso II do *caput* do art. 2º da Lei nº 12.188, de 2010, ou por documento que a substitua;

III – bloco de notas do produtor rural;

IV – notas fiscais de entrada de mercadorias, de que trata o § 7º do art. 30 da Lei nº 8.212, de 1991, emitidas pela empresa adquirente da produção, com indicação do nome do segurado como vendedor;

V – documentos fiscais relativos à entrega de produção rural à cooperativa agrícola, entreposto de pescado ou outros, com indicação do segurado como vendedor ou consignante;

VI – comprovantes de recolhimento de contribuição à Previdência Social decorrentes da comercialização da produção;

VII – cópia da declaração de imposto de renda, com indicação de renda proveniente da comercialização de produção rural;

VIII – licença de ocupação ou permissão outorgada pelo Instituto Nacional de Colonização e Reforma Agrária – INCRA ou qualquer outro documento emitido por esse órgão que indique ser o beneficiário assentado do programa de reforma agrária;

IX – comprovante de pagamento do Imposto sobre a Propriedade Territorial Rural – ITR, Documento de Informação e Atualização Cadastral do Imposto sobre a Propriedade Territorial Rural – DIAC e/ou Documento de Informação e Apuração do Imposto sobre a Propriedade

Territorial Rural – DIAT, com comprovante de envio à RFB, ou outros que a RFB vier a instituir;

X – certidão fornecida pela FUNAI, certificando a condição do índio como trabalhador rural, observado o contido no § 5º do art. 96; *(Redação dada pela Portaria Dirben/INSS 1.079/2022)*

XI – certidão de casamento civil ou religioso ou certidão de união estável;

XII – certidão de nascimento ou de batismo dos filhos;

XIII – certidão de tutela ou de curatela;

XIV – procuração;

XV – título de eleitor, ficha de cadastro eleitoral ou certidão eleitoral;

XVI – certificado de alistamento ou de quitação com o serviço militar;

XVII – comprovante de matrícula ou ficha de inscrição em escola, ata ou boletim escolar do trabalhador ou dos filhos;

XVIII – ficha de associado em cooperativa;

XIX – comprovante de participação como beneficiário, em programas governamentais para a área rural nos Estados, no Distrito Federal ou nos Municípios;

XX – comprovante de recebimento de assistência ou de acompanhamento de empresa de assistência técnica e extensão rural;

XXI – escritura pública de imóvel;

XXII – recibo de pagamento de contribuição federativa ou confederativa;

XXIII – registro em processos administrativos ou judiciais, inclusive inquéritos, como testemunha, autor ou réu;

XXIV – ficha ou registro em livros de casas de saúde, hospitais, postos de saúde ou do programa dos agentes comunitários de saúde;

XXV – carteira de vacinação e cartão da gestante;

XXVI – título de propriedade de imóvel rural;

XXVII – recibo de compra de implementos ou de insumos agrícolas;

XXVIII – comprovante de empréstimo bancário para fins de atividade rural;

XXIX – ficha de inscrição ou registro sindical ou associativo junto ao sindicato de trabalhadores rurais, colônia ou associação de pescadores, produtores ou outras entidades congêneres;

XXX – contribuição social ao sindicato de trabalhadores rurais, à colônia ou à associação de pescadores, produtores rurais ou a outras entidades congêneres;

XXXI – publicação na imprensa ou em informativos de circulação pública;

XXXII – registro em livros de entidades religiosas, quando da participação em batismo, crisma, casamento ou em outros sacramentos;

XXXIII – registro em documentos de associações de produtores rurais, comunitárias, recreativas, desportivas ou religiosas;

XXXIV – título de aforamento; ou

XXXV – ficha de atendimento médico ou odontológico.

§ 1º Os documentos elencados nos incisos XI a XXXV do *caput* poderão ser utilizados desde que neles conste a profissão ou qualquer outro elemento que demonstre o exercício da atividade na categoria de segurado especial.

§ 2º A análise da contemporaneidade deverá ser realizada com base nos seguintes critérios:

I – a contemporaneidade é verificada considerando a data de emissão/registro/homologação do cadastro ou documento;

II – no caso de aposentadoria do trabalhador rural, o documento anterior ao período de carência será considerado se contemporâneo ao fato nele declarado, devendo ser complementado por instrumento ratificador contemporâneo ao período de carência e qualidade de segurado, não havendo elemento posterior que descaracterize a continuidade da atividade rural;

III – os documentos de caráter permanente, como documentos de propriedade, posse, um dos tipos de outorga, dentre outros, são válidos até sua desconstituição, até mesmo para caracterizar todo o período de carência;

IV – caso o titular do instrumento ratificador não possua condição de segurado especial na data da emissão/registro/homologação do documento, este não será considerado, sem prejuízo da análise de outros elementos constantes no processo; e

V – na hipótese de períodos intercalados de exercício de atividade rural e urbana superior a 120 (cento e vinte) dias no ano civil, deverá ser apresentado instrumento ratificador (base governamental ou documento) a cada retorno à atividade rural.

§ 3º Quanto à extensão do instrumento ratificador em relação ao grupo familiar:

I – considerando o contido no § 2º, todo e qualquer instrumento ratificador vale para qualquer membro do grupo familiar, devendo o titular do documento possuir condição de segurado especial no período pretendido, caso contrário a pessoa interessada deverá apresentar documento em nome próprio;

II – se o titular do instrumento ratificador for segurado especial na data de emissão/registro/homologação do cadastro ou documento e, posteriormente, perder a condição de segurado especial, poderá ser realizada a ratificação parcial do período em que o titular do instrumento ratificador manteve a qualidade de segurado especial, observado o limite temporal da metade da carência da aposentadoria por idade conforme inciso I do art. 94; e *(Redação dada pela Portaria Dirben/INSS 1.079/2022)*

III – a situação de estar o cônjuge ou companheiro(a) em lugar incerto e não sabido, decorrente de abandono do lar, não prejudica a condição do cônjuge ou companheiro(a) remanescente.

§ 4º Para fins do disposto nesta Subseção, considera-se instrumento ratificador as bases governamentais a que o INSS tiver acesso e os documentos constantes neste artigo .

SUBSEÇÃO IV – DA RATIFICAÇÃO DA AUTODECLARAÇÃO

Art. 94. Para fins de ratificação do período autodeclarado, serão observados os seguintes critérios:

I – na análise de benefícios de aposentadoria por idade, para fins de cômputo de carência, deverá constar, no mínimo, um instrumento ratificador (base governamental ou documento) contemporâneo para cada metade da carência exigida no benefício e, caso o segurado declare período superior à carência, o mesmo poderá ser reconhecido, desde que haja instrumento ratificador que abranja o período adicional;

II – na análise de benefícios de aposentadoria por idade híbrida, Certidão de Tempo de Contribuição – CTC ou aposentadoria por tempo de contribuição, deverá constar, no mínimo, um instrumento ratificador (base governamental ou documento) contemporâneo para cada período a ser analisado, observado o limite temporal do inciso I deste artigo, sendo que quando o instrumento ratificador for insuficiente para reconhecer todo o período autodeclarado, deverá ser computado o período mais antigo em relação ao instrumento de ratificação, dentro do limite temporal constante no inciso I deste artigo;

III – para os demais benefícios deverá constar pelo menos um instrumento ratificador (base governamental ou documento) anterior ao fato gerador, devendo ser observado o limite temporal do inciso I deste artigo e que:

a) se o período autodeclarado tiver data de início anterior ao instrumento ratificador, a inclusão, no portal CNIS, deve se limitar ao período compreendido entre o instrumento ratificador mais antigo e a DER;

b) se o período autodeclarado tiver data de início posterior ao instrumento ratificador, a inclusão, no portal CNIS, deve se limitar ao período autodeclarado e a DER.

c) especificamente para o benefício de salário-maternidade, é necessário apresentar ao menos um instrumento ratificador anterior à data presumida do início da gravidez, à guarda para fins de adoção ou ao documento que comprove a adoção. *(Acrescida pela Portaria Dirben/INSS 1.079/2022)*

§ 1º Para o disposto nas alíneas "a" e "b" do inciso III deste artigo, o instrumento ratificador deve abranger ao menos parte do período autodeclarado, observado o limite temporal do inciso I deste artigo.

§ 2º Nos casos de aposentadoria por tempo de contribuição ou emissão de CTC, deverão ser observadas as regras de indenização previstas na legislação previdenciária.

§ 3º Devem ser observados os critérios de caracterização/descaracterização da condição de segurado especial dispostos nos §§ 8º, 9º, 10º e 11º do art. 12 da Lei nº 8.212, de 1991.

§ 4º A verificação da ocorrência de descumprimento dos limites dispostos de 120 (cento e vinte) pessoas/dia no ano civil na exploração da atividade, de 120 (cento e vinte) dias de atividade remunerada no ano civil e dos 120 (cento e vinte) dias de hospedagem no ano, devem ser realizadas pelo servidor do INSS por meio de ferramenta disponível ou que venha a ser disponibilizada para tal finalidade.

§ 5º Na utilização dos documentos descritos no inciso III do art.93, assim como, para outros instrumentos ratificadores, a existência de apenas um instrumento poderá ratificar todo o período autodeclarado. Para tanto, a validade deste instrumento deverá recair, ainda que parcialmente, em ambas as metades da carência da aposentadoria por idade, conforme inciso I deste artigo. *(Acrescido pela Portaria Dirben/INSS 1.079/2022)*

SEÇÃO V – DO SEGURADO ESPECIAL INDÍGENA

Art. 95. Para os efeitos desta Portaria, entende-se por indígena como todo indivíduo de origem e ascendência pré-colombiana que se identifica e é identificado como pertencente a um grupo étnico cujas características culturais o distinguem da sociedade nacional, observada a Lei nº 6.001, de 19 de dezembro de 1973, e a Convenção nº 169 da Organização Internacional do Trabalho – OIT, aprovada pelo Decreto nº 5.051, de 19 de abril de 2004, e consolidada por meio do Anexo LXII do Decreto nº 10.088, de 5 de novembro de 2019.

Parágrafo único. O INSS não contestará a condição de indígena do requerente, cuja atividade rural tenha sido certificada pela FUNAI, observado o contido no § 1º do art. 96.

Art. 96. Tratando-se de comprovação de segurado especial na condição de indígena será realizada pela Fundação Nacional do Índio, por Certidão de Exercício de Atividade Rural – Indígena, na forma do Anexo XXV da Instrução Normativa PRES/INSS nº 128, de 2022, em meio físico ou emitida via Sistema Eletrônico de Informações – SEI pela FUNAI, sendo que a homologação a que se refere o § 6º do art. 116, da Instrução Normativa PRES/INSS nº 128, de 2022, será realizada somente quanto à forma e se restringirá às informações relativas à atividade rural, em especial o atendimento dos seguintes critérios:

I – deverá conter identificação do órgão e do emitente da declaração;

II – deverá conter a identificação, a qualificação pessoal do beneficiário e a categoria de produtor a que pertença;

III – deverá consignar os documentos e informações que serviram de base para a sua emissão, bem como, se for o caso, a origem dos dados extraídos de registros existentes na própria entidade declarante ou em outro órgão, entidade ou empresa, desde que idôneos e acessíveis à previdência social; e

IV – deverá consignar dados relativos ao período e forma de exercício da atividade rural na forma estabelecida pelo INSS.

§ 1º Para subsidiar a instrução do processo do indígena, pode-se emitir ofício à FUNAI, para fins de apuração da veracidade das informações prestadas, quando:

I – ocorrer dúvida fundada, em razão de divergências entre a documentação apresentada, emitida pela FUNAI e as informações constantes no CNIS ou em outras bases de dados a que o INSS tenha acesso;

II – houver indícios de irregularidades na documentação apresentada; ou

III – houver a necessidade de maiores esclarecimentos no que se refere à documentação apresentada ou à condição de indígena, bem como a categoria de trabalhador rural do requerente ou membro do grupo familiar, declarada pela FUNAI, por meio da "Certidão de Exercício de Atividade Rural – Indígena", em meio físico ou emitida via SEI, conforme Anexo XXVI da Instrução Normativa PRES/INSS nº 128, de 2022.

§ 2º A FUNAI deverá manter sob sua guarda e responsabilidade os documentos que serviram de base para a inscrição e certificação dos períodos de exercício da atividade, podendo o INSS solicitá-los a qualquer momento.

§ 3º Para o indígena certificado pela FUNAI fica dispensado o preenchimento da autodeclaração citada no art. 90.

§ 4º Os dados da FUNAI são obtidos por meio de inscrição e certificação dos períodos de exercício de atividade do indígena na condição de segurado especial, que são realizadas por servidores públicos desta Fundação, mediante sistema informatizado disponibilizado no sítio da Previdência Social, nos termos do Acordo de Cooperação Técnica celebrado entre o Ministério da Economia, Ministério da Justiça, INSS e FUNAI.

§ 5º É indevido o cadastro de exigência para fins de reconhecimento de firma da Certidão de Exercício de Atividade Rural – Indígena, emitida pela FUNAI.

SEÇÃO VI – DAS DISPOSIÇÕES GERAIS

Art. 97. Os períodos reconhecidos pelo INSS, tanto no CNIS, quanto nos sistemas de benefícios, devem ser considerados válidos para todos os fins.

Parágrafo único. Em relação aos períodos indeferidos, caso o segurado apresente nova documentação, esta deverá ser analisada com base nas novas regras vigentes.

Art. 98. As orientações estabelecidas no art. 94 cumprem o disposto no art. 29-A da Lei nº 8.213, de 1991, e no art. 19 do RPS, os quais atribuem ao INSS a competência para disciplinamento dos critérios de inclusão, alteração, modificação ou exclusão das informações, contidas no CNIS.

Art. 99. Constando registro de óbito no sistema informatizado de óbitos, os períodos de segurado especial formados no CNIS serão encerrados no dia anterior à data desta ocorrência.

Art. 100. Os períodos migrados de bases governamentais poderão ser excluídos do CNIS mediante solicitação expressa do interessado, por meio de ciência formal no "Termo de Comunicação de Exclusão", conforme Anexo II, independentemente de apresentação de documentos comprobatórios. *(Redação dada pela Portaria Dirben/INSS 1.079/2022)*

Art. 101. Para períodos a partir de 1º de janeiro de 2023, a comprovação da condição e do exercício da atividade rural do segurado especial ocorrerá, exclusivamente, pelas informações constantes do cadastro a que se refere o art. 80.

§ 1º O prazo a que se refere o *caput* será prorrogado até que, 50% (cinquenta por cento) dos segurados especiais, apurado conforme quantitativo da Pesquisa Nacional por Amostra de Domicílios Contínua (Pnad), esteja inserido no sistema de cadastro dos segurados especiais.

§ 2º O fim da prorrogação a que se refere o § 1º será definido em Ato do Ministro do Trabalho e Previdência.

Art. 102. O segurado especial que contribui facultativamente na forma do art. 199 do RPS, terá as contribuições reconhecidas até que o cadastro previsto no art. 80 esteja disponível, após ratificação do período autodeclarado conforme disposto no art. 94.

CAPÍTULO IV – DAS FORMAS DE PAGAMENTO DAS CONTRIBUIÇÕES PREVIDENCIÁRIAS E AJUSTE DE GUIAS DE RECOLHIMENTO

SEÇÃO I – DA CONTRIBUIÇÃO DOS SEGURADOS EMPREGADO, EMPREGADO DOMÉSTICO E TRABALHADOR AVULSO

Art. 103. As contribuições devidas pelo segurado empregado, inclusive o doméstico, e pelo trabalhador avulso, serão calculadas mediante aplicação de alíquotas de forma progressiva sobre o salário de contribuição, incidindo cada alíquota sobre a faixa de valores compreendida nos respectivos limites.

§ 1º Em consonância com o art. 28 da Emenda Constitucional nº 103, de 2019, a partir de 1º de março de 2020, a contribuição dos segurados empregado, empregado doméstico e trabalhador avulso, relativamente aos fatos geradores que ocorrerem a partir da competência março de 2020, será calculada mediante a aplicação da correspondente alíquota sobre o salário de contribuição mensal, distribuída por faixa salarial, observado o § 2º, de forma progressiva, conforme a seguir:

I – alíquota de 7,5% (sete inteiros e cinco décimos por cento) para salários de contribuição na primeira faixa salarial;

II – alíquota de 9% (nove por cento) para salários de contribuição na segunda faixa salarial;

III – alíquota de 12% (doze por cento) para salários de contribuição na terceira faixa salarial;

IV – alíquota de 14% (quatorze por cento), para salários de contribuição na quarta faixa salarial.

§ 2º Para fins de aplicação do § 1º, deverão ser observadas as faixas de salário de contribuição vigentes, atualizadas através de Portaria do Ministério do Trabalho e Previdência.

§ 3º As faixas salariais a que se referem o § 1º deste artigo, vigentes a partir de 1º de janeiro de 2022, de acordo com a Portaria MTP/ME nº 12, de 17 de janeiro de 2022, são as seguintes:

I – primeira faixa: para salário de contribuição até R$ 1.212,00 (um mil e duzentos e doze reais);

II – segunda faixa: para salário de contribuição de R$ 1.212,01 (um mil e duzentos e doze reais e um centavo) até R$ 2.427,35 (dois mil quatrocentos e vinte e sete reais e trinta e cinco centavos);

III – terceira faixa: para salário de contribuição de R$ 2.427,36 (dois mil quatrocentos e vinte e sete reais e trinta e seis centavos) até R$ 3.641,03 (três mil seiscentos e quarenta e um reais e três centavos);

IV – quarta faixa: para salário de contribuição de R$ 3.641,04 ((três mil seiscentos e quarenta e um reais e quatro centavos) até 7.087,22 (sete mil e oitenta e sete reais e vinte e dois centavos).

§ 4º Os valores previstos nos incisos de I a IV do § 3º deste artigo serão reajustados na mesma data e com o mesmo índice em que se der o reajuste dos benefícios do Regime Geral de Previdência Social, ressalvados aqueles vinculados ao salário-mínimo, aos quais se aplica a legislação específica.

§ 5º A arrecadação das contribuições do segurado empregado é de responsabilidade da empresa e do trabalhador avulso é de responsabilidade do OGMO ou do sindicato, conforme o caso, que se obrigam a recolher, até o dia vinte do mês seguinte àquele a que se refere a contribuição, antecipando-se para o primeiro dia útil em caso de não haver expediente bancário.

§ 6º No caso do segurado empregado doméstico, é do empregador doméstico a responsabilidade de arrecadar e recolher até o dia sete do mês seguinte, a contribuição do segurado empregado doméstico a seu serviço, antecipando-se para o primeiro dia útil em caso de não haver expediente bancário.

SEÇÃO II – DA CONTRIBUIÇÃO DOS SEGURADOS CONTRIBUINTE INDIVIDUAL E FACULTATIVO

Art. 104. Em regra, a alíquota de contribuição do segurado contribuinte individual que trabalhe por conta própria e do segurado facultativo é de 20% (vinte por cento) aplicada sobre o respectivo salário de contribuição, observado o limite mínimo e máximo.

Art. 105. De acordo com a Portaria MTP/ME nº 12, de 17 de janeiro de 2022, a partir de 1º de janeiro de 2022, o salário de contribuição não poderá ser inferior a R$ 1.212,00 (um mil e duzentos e doze reais) nem superior a R$7.087,22 (sete mil e oitenta e sete reais e vinte e dois centavos), observado o disposto no § 4º do art. 103.

Art. 106. No caso de opção pela exclusão do direito ao benefício de aposentadoria por tempo de contribuição ou para fins de contagem recíproca de tempo de contribuição, a alíquota de contribuição incidente sobre o limite mínimo mensal do salário de contribuição será de:

I – 11% (onze por cento), no caso do segurado contribuinte individual, ressalvado o disposto no inciso II deste artigo, que trabalhe por conta própria, sem relação de trabalho com empresa ou equiparado e do segurado facultativo, observado o disposto na alínea b do inciso II deste artigo;

II – 5% (cinco por cento), no caso do:

a) microempreendedor individual, de que trata o art. 18-A da Lei Complementar nº 123, de 14 de dezembro de 2006; e

b) segurado facultativo sem renda própria que se dedique exclusivamente ao trabalho doméstico no âmbito de sua residência, desde que pertencente a família de baixa renda.

§ 1º Considera-se de baixa renda, para os fins do disposto na alínea "b" do inciso II deste artigo, a família inscrita no Cadastro Único para Programas Sociais do Governo Federal – CadÚnico cuja renda mensal familiar seja de até 2 (dois) salários mínimos.

§ 2º O segurado que tenha contribuído na forma dos incisos I e II deste artigo e pretenda contar o tempo de contribuição correspondente para fins de obtenção da aposentadoria por tempo de contribuição ou da contagem recíproca do tempo de contribuição a que se refere o art. 94 da Lei nº 8.213, de 1991, deverá complementar a contribuição mensal mediante o recolhimento sobre o valor correspondente ao limite mínimo mensal do salário de contribuição em vigor na competência a ser complementada da diferença entre o percentual pago e o de 20% (vinte por cento), acrescido dos devidos acréscimos legais.

Art. 107. Para o segurado contribuinte individual que presta serviço à empresa, de que trata o § 26 do art. 216 do RPS, a alíquota de contribuição a ser descontada pela empresa da remuneração paga, devida ou creditada a esse segurado, observado o limite máximo do salário de contribuição, é de 11% (onze por cento) no caso das empresas em geral e de 20% (vinte por cento) quando se tratar de entidade beneficente de assistência social isenta das contribuições sociais patronais, sendo que a partir da competência abril de 2003, tendo em vista o disposto no art. 4º da Lei nº 10.666, de 2003, a responsabilidade pelo recolhimento da sua contribuição passou a ser da empresa.

SEÇÃO III – DA CONTRIBUIÇÃO DO SEGURADO ESPECIAL

Art. 108. A contribuição do segurado especial referido no inciso VII do art. 12 da Lei nº 8.212, de 1991, destinada à Seguridade Social, prevista no art. 25 da Lei nº 8.212, de 1991, é de:

I – 1,2% (um inteiro e dois décimos por cento) da receita bruta proveniente da comercialização da sua produção; e

II – 0,1% (um décimo por cento) da receita bruta proveniente da comercialização da sua produção para financiamento das prestações por acidente de trabalho.

§ 1º Conforme dispõe o inciso X do art. 30 da Lei nº 8.212, de 1991, o prazo para recolhimento pelo segurado especial, da contribuição de que trata o *caput* deste artigo, é até o dia 20 (vinte) do mês subsequente ao da operação de venda ou consignação da produção, independentemente de essas operações terem sido realizadas diretamente com o produtor ou com intermediário pessoa física.

§ 2º Observado o disposto no inciso IV do art. 30 da Lei nº 8.212, de 1991, a empresa adquirente, consumidora ou consignatária ou a cooperativa ficam sub-rogadas na obrigação do segurado especial pelo cumprimento da obrigação de realizar a contribuição destinada à Seguridade Social de que trata o *caput* deste artigo, independentemente das operações de venda ou consignação terem sido realizadas diretamente com o produtor ou com intermediário pessoa física, exceto no caso em que o segurado especial comercialize a sua produção:

a) no exterior;

b) diretamente, no varejo, ao consumidor pessoa física;

c) ao contribuinte individual de que trata a alínea "a" do inciso V do art. 12 da Lei nº 8.212, de 1991; e

d) ao segurado especial.

§ 3º Além da contribuição obrigatória referida no *caput* deste artigo, o segurado especial poderá contribuir, facultativamente, na forma do art. 21 da Lei nº 8.212, de 1991, ou seja, aplicando-se a alíquota de 20% (vinte por cento) sobre o respectivo salário de contribuição, respeitados os limites mínimo e máximo do salário de contribuição.

§ 4º Para fins de reconhecimento do direito aos benefícios do RGPS na condição de segurado especial, as contribuições vertidas como segurado especial, na forma dos Incisos I e II e § 3º deste artigo, não dispensará a análise da caracterização da condição de segurado especial, conforme critérios dispostos na Seção XV, Capítulo I da Instrução Normativa nº 128, de

PORTARIA DIRBEN/INSS Nº 990, DE 28 DE MARÇO DE 2022

2022 e no Capítulo III desta Portaria. *(Redação dada pela Portaria Dirben/INSS 1.079/2022)*

§ 5º Conforme Parágrafo único do art. 2º da Portaria Interministerial MTP/ME nº 3, de 15 de outubro de 2021, as contribuições de que trata esse artigo, deverão ser informadas através do Sistema de Escrituração Digital das Obrigações Fiscais, Previdenciárias e Trabalhistas – eSocial. *(Acrescido pela Portaria Dirben/INSS 1.079/2022)*

SEÇÃO IV – DA FORMA E DOS CÓDIGOS DE RECOLHIMENTO DA CONTRIBUIÇÃO PREVIDENCIÁRIA E DE SUA COMPLEMENTAÇÃO PELOS SEGURADOS CONTRIBUINTE INDIVIDUAL, ESPECIAL E FACULTATIVO

Art. 109. No caso do segurado contribuinte individual que trabalhe por conta própria, do segurado especial que contribui facultativamente e do segurado facultativo, o recolhimento das contribuições previdenciárias é de sua própria responsabilidade, devendo o pagamento ser efetuado por meio da Guia da Previdência Social – GPS, com vencimento até o dia quinze do mês seguinte àquele a que se refere a contribuição, prorrogando-se o vencimento para o dia útil subsequente quando não houver expediente bancário naquele dia, e após essa data com os acréscimos legais previstos no art. 35 da Lei nº 8.212, de 1991.

§ 1º A GPS pode ser gerada acessando os sítios do INSS ou da RFB na internet ou, para pagamento exclusivamente em dia, a GPS pode ser preenchida manualmente, observado o preenchimento dos seguintes campos:

I – campo 1 – nome do contribuinte, telefone e endereço;

II – campo 2 – data de vencimento;

III – campo 3 – código de pagamento;

IV – campo 4 – competência (mês/ano de referência do recolhimento no formato numérico MM/AAAA);

V – campo 5 – identificador: número do NIT/PIS/Pasep/NIS do contribuinte;

VI – campo 6 – valor devido ao INSS pelo contribuinte; e

VII – campo 11 – total: valor total a ser recolhido ao INSS.

§ 2º Para identificação do código de pagamento de que trata o inciso III do § 1º deste artigo, inclusive do código de pagamento da complementação prevista no § 2º do art. 54, a ser informado na GPS, bem como a alíquota correspondente, devem ser observadas as "Tabelas de Códigos de Pagamento de Contribuição Previdenciária", constante no Anexo I.

Art. 110. O recolhimento da contribuição previdenciária do Microempreendedor Individual – MEI de que trata o art. 18-A da Lei Complementar nº 123, de 2006, é de sua própria responsabilidade, devendo ser realizado por meio do Documento de Arrecadação do Simples Nacional, o DAS-MEI, gerado no Portal do Empreendedor, com vencimento até o dia 20 (vinte) do mês seguinte àquele a que se refere a contribuição, antecipando-se para o primeiro dia útil em caso de não haver expediente bancário, observado o disposto na alínea "a" do inciso II do art. 56 da Instrução Normativa PRES/INSS nº 128, de 2022.

SEÇÃO V – DO AJUSTE DE GUIA DE RECOLHIMENTO DO CONTRIBUINTE INDIVIDUAL, EMPREGADO DOMÉSTICO, SEGURADO FACULTATIVO E SEGURADO ESPECIAL QUE CONTRIBUI FACULTATIVAMENTE

Art. 111. Entende-se por ajuste de Guia, as operações de inclusão, alteração, exclusão, transferência ou desmembramento de recolhimentos a serem realizadas em sistema próprio, a fim de corrigir no CNIS as informações divergentes dos comprovantes de recolhimentos apresentados pelo contribuinte individual, empregado doméstico, facultativo e segurado especial que contribui facultativamente, sendo que:

I – inclusão é a operação a ser realizada para inserir contribuições que não existem no extrato de contribuições do segurado e nem na Área Disponível para Acerto – ADA, mas que são comprovadas por documentos próprios de arrecadação, sendo permitida a inserção de contribuições efetivadas em Guias de Recolhimento (GR, GR1 e GR2), Carnês de Contribuição, Guias de Recolhimento de Contribuinte Individual (GRCI), Guias de Recolhimento da Previdência Social (GRPS 3) ou constante em microficha;

II – alteração é a operação a ser realizada para o mesmo NIT, a fim de corrigir as informações constantes no extrato de contribuições do segurado, que estão divergentes das comprovadas em documento próprio de arrecadação, ou decorrentes de erro de preenchimento do mesmo, sendo permitido, nessa situação, alterar competência, data de pagamento, valor autenticado, valor de contribuição e código de pagamento, desde que obedecidos os critérios definidos;

III – exclusão é a operação a ser realizada para excluir contribuições quando estas forem incluídas indevidamente por fraude ou erro administrativo e não for possível desfazer a operação de inclusão;

IV – transferência é a operação a ser realizada:
a) de um NIT para outro, em razão de recolhimento em:
1. NIT de terceiro;
2. NIT indeterminado; ou
3. NIT pertencente à faixa crítica.
b) de um NIT para a ADA, a pedido do contribuinte, quando algum recolhimento constar indevidamente em seu extrato de contribuições ou a pedido dos órgãos de controle;
c) de um NIT para o CNPJ ou o CEI, em razão de recolhimento efetuado indevidamente no NIT; e
d) da ADA para o NIT ou CNPJ/CEI em razão de recolhimento constante no "banco de inválidos".

V – desmembramento é a operação a ser realizada para distribuição de valores recolhidos de forma consolidada em uma só competência ou nos recolhimentos trimestrais, que não foram desmembrados automaticamente para as demais competências incluídas no recolhimento, sendo que:
a) os recolhimentos devem ser comprovados em documento próprio de arrecadação; e
b) o desmembramento é permitido para contribuições efetivadas em Guias de Recolhimento (GR, GR1 e GR2), Carnês de Contribuição, Guias de Recolhimento de Contribuinte Individual (GRCI), Guias de Recolhimento da Previdência Social (GRPS 3) e Guia da Previdência Social (GPS).

§ 1º O código de pagamento deverá ser alterado sempre que houver alteração da filiação e inscrição, observadas as condições previstas nesta Portaria.

§ 2º Nos recolhimentos efetuados pelo filiado de forma indevida ou quando não comprovada a atividade como segurado obrigatório, caberá a convalidação desses para o código de segurado facultativo, observada a tempestividade dos recolhimentos e a concordância expressa do segurado, observado o disposto no § 5º do art. 107, da Instrução Normativa PRES/INSS nº 128, de 2022.

§ 3º Considerando que os dados constantes do CNIS relativos a contribuições valem como tempo de contribuição e prova de filiação à Previdência Social, os recolhimentos constantes em microfichas, a partir de abril de 1973 para os empregados domésticos e, a partir de setembro de 1973 para os autônomos, equiparados a autônomo e empresário, poderão ser incluídos a pedido do filiado, observando-se a titularidade do NIT, bem como os procedimentos definidos em manuais.

Art. 112. Observado o disposto no art. 111, os acertos de recolhimento de contribuinte individual, empregado doméstico, facultativo e segurado especial que contribui facultativamente, identificados no requerimento de benefício ou de atualização de dados do CNIS, são de responsabilidade do INSS, conforme estabelece a Portaria Conjunta RFB/INSS nº 273, de 19 de janeiro de 2009. *(Redação dada pela Portaria Dirben/INSS 1.079/2022)*

§ 1º Conforme § 7º do art. 19-B do RPS, serão realizadas exclusivamente pela SRFB os acertos de: *(Acrescido pela Portaria Dirben/INSS 1.079/2022)*

I – inclusão do recolhimento e alteração de valor autenticado ou data de pagamento da Guia da Previdência Social – GPS ou documento que vier substituí-la;

II – transferência de contribuição com identificador de pessoa jurídica ou equiparada (CNPJ/CEI) para o identificador de pessoa física (NIT) no CNIS; e

III – inclusão no CNIS das contribuições referentes a parcelamento liquidado, que será realizada por meio eletrônico com integração entre os sistemas da Receita Federal do Brasil e Instituto Nacional do Seguro Social.

§ 2º Até que ocorra a integração sistêmica de que trata o inciso III do parágrafo 1º, as informações deverão ser inseridas no Portal CNIS quando se tratar de contribuições incluídas em parcelamento liquidado até 31/12/1999 ou diretamente nos Sistemas de Benefício quando a liquidação ocorrer a partir de 01 de janeiro de 2000. *(Acrescido pela Portaria Dirben/INSS 1.079/2022)*

Art. 113. O tratamento dos ajustes de GPS e de demais guias de recolhimento previdenciário que a antecederam, de contribuinte individual, empregado doméstico, facultativo e segurado especial que contribui facultativamente, bem como o tratamento dos registros em duplicidade, quando solicitado pelo agente arrecadador, em qualquer situação, serão de responsabilidade da RFB, conforme Portaria Conjunta RFB/INSS nº 273, de 19 de janeiro de 2009.

Art. 114. Na hipótese de não localização, pelo INSS, do registro de recolhimento efetuado por meio de GPS, depois de esgotadas todas as formas de pesquisa nos sistemas, deverá ser encaminhada cópia legível da GPS para o Serviço/Seção de Orçamento, Finanças e Contabilidade – OFC da Gerência-Executiva de vinculação da Agência da Previdência Social.

Art. 115. Observado o art. 114, o OFC que receber cópia da guia, cujo registro de recolhimento não foi localizado, após a análise, deverá notificar o agente arrecadador, para que este proceda à regularização da situação junto à SRFB ou se pronuncie sobre a autenticidade da guia em questão.

SEÇÃO VI – DA COMPLEMENTAÇÃO, UTILIZAÇÃO E AGRUPAMENTO PARA FINS DO ALCANCE DO LIMITE MÍNIMO DO SALÁRIO DE CONTRIBUIÇÃO

Art. 116. A partir de 13 de novembro de 2019, data da publicação da Emenda Constitucional nº 103, de 2019, o segurado que, no somatório de remunerações auferidas no período de 1 (um) mês, receber remuneração inferior ao limite mínimo mensal do salário de contribuição, poderá solicitar o ajuste das competências pertencentes ao mesmo ano civil, optando por:

I – complementar a contribuição das competências, de forma a alcançar o limite mínimo do salário de contribuição exigido, por meio de Documento de Arrecadação de Receitas Federais – Darf ou de documento de arrecadação que venha substituí-lo para essa finalidade;

II – utilizar o valor do salário de contribuição que exceder ao limite mínimo, de uma ou mais competências, para completar o salário de contribuição, de uma ou mais competências, mesmo que em categoria de segurado distinta, até alcançar o limite mínimo; ou

III – agrupar os salários de contribuição inferiores ao limite mínimo, de diferentes competências, para aproveitamento em uma ou mais competências, até que alcancem o limite mínimo, de forma que o resultado do agrupamento não ultrapasse o valor mínimo do salário de contribuição.

§ 1º Os ajustes previstos nos incisos I, II e III do *caput* poderão ser efetivados, por iniciativa do segurado, a qualquer tempo, desde que utilizadas as competências do mesmo ano civil, exceto o 13º (décimo terceiro) salário, tornando-se irreversíveis e irrenunciáveis após processados.

§ 2º Para os efeitos desta Seção, considera-se:

I – ano civil: o período de 12 (doze) meses contados de 1º de janeiro a 31 de dezembro do respectivo ano;

II – limite mínimo do salário de contribuição: o salário-mínimo nacional vigente na competência; e

III – ajustes processados: aqueles que foram efetivados na forma dos incisos I, II e III do *caput* e do § 1º. (Redação dada pela Portaria DIRBEN/INSS 1.005/2022)

§ 3º Para o ano civil 2019, em decorrência do início da vigência da Emenda Constitucional nº 103, de 2019, são permitidos os ajustes previstos nos incisos I, II e III do *caput* apenas para as competências novembro e dezembro.

§ 4º Compete ao segurado solicitar os ajustes previstos nos incisos I, II e III do *caput*, com a respectiva indicação do ajuste pretendido e das competências compreendidas, relativas ao mesmo ano civil, ou autorizar que os ajustes sejam feitos automaticamente para que o limite mínimo mensal do salário de contribuição seja alcançado e, no caso de seu falecimento, essa solicitação ou autorização caberá aos seus dependentes, no ato do requerimento do benefício, observado o art. 119.

§ 5º Os ajustes previstos nos incisos I, II e III do *caput* não se aplicam às competências para as quais não existam remunerações pela ausência de fato gerador de contribuição decorrente do exercício de atividade remunerada.

§§ 6º e 7º (Revogados pela Port. DIRBEN/INSS 1.005/2022).

§ 8º Os valores do salário-maternidade concedido ao segurado empregado, empregado doméstico, trabalhador avulso e contribuinte individual de que trata o art. 199 e os §§ 20, 21 e 26 do art. 216, todos do RPS, deverão integrar o somatório de remunerações a que se refere o *caput*, desde que haja o desconto da contribuição previdenciária do segurado durante a sua percepção.

§ 9º Para os segurados empregado, empregado doméstico e trabalhador avulso os valores correspondentes à fração dos meses de início e fim do salário-maternidade deverão integrar o somatório a que se refere o *caput*, desde que haja o desconto da contribuição previdenciária do segurado, proporcional aos dias do mês em que houve a sua percepção.

§ 10. Para o contribuinte individual de que trata o art. 199 e os §§ 20, 21 e 26 do art. 216, todos do RPS, os valores correspondentes à fração dos meses de início e fim do salário-maternidade não deverão integrar o somatório a que se refere o *caput*, por não haver desconto da contribuição previdenciária relativa à fração dos meses de início e fim de sua percepção.

§ 11. Os valores do salário-maternidade concedidos nos termos do parágrafo único do art. 97 do RPS não deverão integrar o somatório de remunerações a que se refere o *caput*, uma vez que não há previsão legal para aplicação dos ajustes de que trata o art. 29 da Emenda Constitucional nº 103, de 2019, ao segurado empregado, empregado doméstico, trabalhador avulso e contribuinte individual de que trata o art. 199 e os §§ 20, 21 e 26 do art. 216, todos do RPS, em período de manutenção da qualidade de segurado.

§ 12. Os valores do benefício por incapacidade e da aposentadoria por incapacidade permanente não deverão integrar o somatório de remunerações a que se refere o *caput* uma vez que, nos termos da alínea "a" do § 9º do art. 28 da Lei 8.212, de 1991, e do inciso I do § 9º do art. 214 do RPS, não são considerados salários de contribuição.

§ 13. Quando se tratar dos meses de início e fim dos benefícios de que trata o § 12, somente deverão integrar o somatório de remunerações a que se refere o *caput* os valores proporcionais aos dias de efetivo exercício de atividade com a incidência de contribuição previdenciária.

§ 14. Os ajustes a que se referem os incisos I, II e III do *caput* não se aplicam ao segurado facultativo, segurado especial e contribuinte individual de que trata o inciso I do *caput* e o inciso I do § 1º, ambos do art. 199-A do RPS.

§ 15. O requerimento de ajustes de complementação, utilização e agrupamento previstos nos incisos I, II e III do *caput* deve ser realizado pelo segurado no Meu INSS (https://meu.inss.gov.br/), por meio do serviço denominado "Ajustes para Alcance do Salário Mínimo – Emenda Constitucional 103/2019 – Atendimento à distância", de acordo com as orientações contidas no Anexo III desta Portaria que será publicado exclusivamente no sítio eletrônico do INSS. (Acrescido pela Portaria DIRBEN/INSS 1.005/2022)

§ 16. Os ajustes de utilização e agrupamento previstos nos incisos II e III do *caput* serão realizados automaticamente e estarão disponíveis no Extrato do Cadastro Nacional de Informações Sociais – CNIS disponível no Meu INSS (https://meu.inss.gov.br/), a partir da aceitação do segurado. (Acrescido pela Portaria DIRBEN/INSS 1.005/2022)

§ 17. Até que os sistemas do INSS estejam adaptados o segurado deverá apresentar ao INSS o comprovante do recolhimento do Darf referente à complementação prevista no inciso I do *caput* para fins de reconhecimento de direitos. (Acrescido pela Portaria DIRBEN/INSS 1.005/2022)

§ 18. Os ajustes de complementação, utilização e agrupamento previstos nos incisos I, II e III do *caput* serão exibidos no Extrato do CNIS com seus respectivos indicadores, conforme ANEXO IV: (Acrescido pela Portaria DIRBEN/INSS 1.005/2022)

§ 19. O Extrato de Ano Civil, que apresenta o somatório dos salários de contribuição, por competência, a partir de novembro de 2019, encontra-se disponível nos canais de atendimento do INSS previstos na Carta de Serviços ao Usuário de que trata o art. 11 do Decreto nº 9.094, de 2017. (Acrescido pela Portaria DIRBEN/INSS 1.005/2022)

Art. 117. A complementação de que trata o inciso I do *caput* do art. 116 deverá ser feita por meio de Darf, a ser efetuada até o dia quinze do mês seguinte ao da competência de referência e, após essa data, com os acréscimos legais previstos no art. 35 da Lei nº 8.212, de 24 de julho de 1991. (Redação dada pela Portaria DIRBEN/INSS 1.005/2022)

§ 1º O pagamento da complementação deverá ser antecipado para o dia útil imediatamente anterior quando a data de validade do Darf recair em dia que não houver expediente bancário. (Acrescido pela Portaria DIRBEN/INSS 1.005/2022)

§ 2º O Darf de que trata o *caput* deverá ser emitido com o código de receita estabelecido no Ato Declaratório Executivo CODAC nº 5, de 6 de fevereiro de 2020, publicado no DOU de 7 de fevereiro de 2020. (Acrescido pela Portaria DIRBEN/INSS 1.005/2022)

§ 3º. O Darf de que trata este artigo não se aplica às situações abaixo relacionadas para as quais deverá ser utilizada a Guia da Previdência Social (GPS): (Acrescido pela Portaria DIRBEN/INSS 1.005/2022)

I – complementação da contribuição do Plano Simplificado de Previdência Social previsto no art. 199-A do RPS;

II – contribuição do Segurado Facultativo e do Segurado Especial; e

III – diferença de contribuição para valor superior ao salário-mínimo do segurado que exercer exclusivamente atividade de contribuinte individual, decorrente de remuneração comprovada superior ao valor anteriormente pago.

Art. 118. A efetivação do agrupamento previsto no inciso III do *caput* do art. 116 não impede o recolhimento da complementação referente à competência que teve o salário de contribuição transferido, em todo ou em parte, para agrupamento com outra competência a fim de alcançar o limite mínimo do salário de contribuição, observado o disposto no art. 117.

Parágrafo único. Não será permitido novo agrupamento em competências já agrupadas.

Art. 119. Na hipótese de falecimento do segurado, os ajustes previstos nos incisos I, II e III do *caput* do art. 116 poderão ser solicitados pelos seus dependentes para fins de reconhecimento de direito a benefício a eles devido até o dia 15 (quinze) do mês de janeiro subsequente ao do ano civil correspondente, observado o disposto no inciso I do § 2º do art. 106 e nos §§ 1º e 14 do art. 124 da Instrução Normativa PRES/INSS nº 128, de 2022.

Parágrafo único. O Darf da complementação prevista no inciso I do *caput* do art. 116 deverá ser liquidado com acréscimos legais previstos no art. 35 da Lei nº 8.212, de 1991, quando envolver competência vencida. (Acrescido pela Portaria DIRBEN/INSS 1.005/2022)

Art. 120. Será considerada abaixo do mínimo a competência que não alcançar o limite mínimo do salário de contribuição estabelecido para a competência, após consolidados os salários de contribuição apurados por categoria de segurado.

Art. 121. A complementação disposta no inciso I do *caput* do art. 116, a ser recolhida na forma do art. 117, dar-se-á mediante aplicação da alíquota de contribuição prevista para a categoria de segurado existente na competência em que foi percebida remuneração inferior ao limite mínimo mensal do salário de contribuição, observando-se que:

I – para o empregado, empregado doméstico e trabalhador avulso, devem ser aplicadas as alíquotas de: 8% (oito por cento) para as competências de novembro de 2019 a fevereiro de 2020 e 7,5% (sete inteiros e cinco décimos por cento) para as competências a partir de março de 2020; e

II – para o contribuinte individual de que trata o art. 199, e os §§ 20, 21 e 26 do art. 216, todos do RPS, que contribua exclusivamente nessa condição, a complementação será efetuada por meio da aplicação da alíquota de 20% (vinte por cento), observado o disposto no § 14 do art. 116. (Redação dada pela Portaria DIRBEN/INSS 1.005/2022)

§ 1º A complementação corresponderá ao valor resultante da diferença entre o salário-mínimo nacional vigente no mês e a remuneração consolidada inferior ao limite mínimo do salário de contribuição da competência, multiplicado pela alíquota correspondente à categoria de segurado, conforme percentuais previstos nos incisos I e II do *caput*.

§ 2º Na competência em que ocorrer a concomitância de filiação de empregado, empregado doméstico e trabalhador avulso com contribuinte individual de que trata o inciso II, deverá ser aplicada a alíquota de contribuição prevista no inciso I.

Art. 122. É permitido o processamento dos ajustes previstos nos incisos I, II e III do *caput* do art. 116 de forma acumulada na mesma competência, respeitadas as restrições dispostas nesta Seção.

§ 1º Utilizado o valor excedente, na forma prevista no inciso II do art. 116, caso o salário de contribuição da competência favorecida ainda permaneça inferior ao limite mínimo, esse valor poderá ser complementado nos termos do inciso I do *caput* do art. 116.

§ 2º Realizado o agrupamento, na forma prevista no inciso III do *caput* do art. 116, caso o resultado seja inferior ao limite mínimo do salário de contribuição, o segurado poderá complementar na forma do inciso I do *caput* do art. 116 ou utilizar de valores excedentes na forma do inciso II do *caput* do art. 116.

Art. 123. Caso ocorram eventos posteriores que gerem inconsistências no cálculo da contribuição na competência envolvida pela complementação, utilização ou agrupamento, essa competência ficará pendente de regularização.

Art. 124. Conforme § 36 do art. 216 do RPS, a RFB disponibilizará ao INSS as informações e registros das remunerações dos empregados, trabalhadores avulsos e domésticos, das contribuições dos demais segurados e das complementações previstas no § 27-A do art. 216 do RPS para fins de aplicação do disposto no § 9º do art. 19 do RPS sobre a contagem de tempo de contribuição, inclusive para instrução e revisão de direitos e concessão de benefícios.

SEÇÃO VII – DAS CONTRIBUIÇÕES NÃO RECOLHIDAS ATÉ O VENCIMENTO

Art. 125. As contribuições sociais previdenciárias não recolhidas até a data de seu vencimento ficam sujeitas a juros e multa de mora determinados de acordo com a legislação de regência, incidentes sobre o valor atualizado, se for o caso, conforme normas emitidas pela RFB, considerando as atribuições contidas no artigo 2º da Lei 11.457/2007.

§ 1º Sobre as contribuições devidas e apuradas com fundamento no inciso IV do *caput* do art. 127 e no § 1º do art. 348 do Regulamento da Previdência Social – RPS incidirão juros moratórios de cinco décimos por cento ao mês, capitalizados anualmente, limitados ao percentual máximo de cinquenta por cento, e multa de dez por cento.

§ 2º A incidência de juros moratórios e multa de que trata o § 1º será estabelecida para fatos geradores ocorridos a partir de 14 de outubro de 1996.

CAPÍTULO V – DAS ATIVIDADES ESPECÍFICAS

SEÇÃO I – DO AUXILIAR LOCAL

Art. 126. A comprovação do exercício de atividade na condição de auxiliar local, observadas as Seções IV e X do Capítulo I, da Instrução Normativa PRES/INSS nº 128, de 2022, far-se-á por meio de declaração emitida pelo órgão contratante, conforme modelo "Declaração de Tempo de Contribuição Referente ao Auxiliar Local", constante no Anexo XI, da Instrução Normativa PRES/INSS nº 128, de 2022.

Art. 127. As Missões Diplomáticas e as Repartições Consulares do Ministério das Relações Exteriores, as Representações da Aeronáutica, as Representações da Marinha e as Representações do Exército no exterior, deverão regularizar junto ao INSS a situação previdenciária dos auxiliares locais de nacionalidade brasileira que, em razão de proibição da legislação local, não possam ser filiados ao sistema previdenciário do país de domicílio.

§ 1º Salvo o disposto no *caput*, as relações previdenciárias relativas aos auxiliares locais contratados a partir de 10 de dezembro de 1993, em conformidade com a Lei nº 8.745, de 1993, serão regidas pela legislação vigente nos países em que estiverem sediados os postos das Missões Diplomáticas e as Repartições Consulares do Ministério das Relações Exteriores, ou as Representações da Aeronáutica, Marinha ou Exército.

§ 2º A regularização da situação dos Auxiliares locais de que trata o *caput* será efetivada mediante o recolhimento de contribuições relativas ao empregado e ao empregador, em conformidade com as Leis nº 8.212, de 1991, nº 8.745, de 1993, e nº 9.528, de 1997, e com o disposto a seguir:

I – as importâncias relativas a competências até 31 de dezembro de 1993, por força da Lei nº 8.745, de 1993, serão tratadas como indenização, consideradas a partir da data de assinatura do contrato de trabalho ou da efetiva data de entrada em exercício, quando estas não coincidirem, sendo descontadas eventuais contribuições decorrentes de recolhimento prévio efetuado por iniciativa própria;

II – para apuração dos valores a serem indenizados, serão adotadas as alíquotas a que se referem os arts. 20 e 22 da Lei nº 8.212, de 1991, e o salário de contribuição vigente no mês da regularização, observadas as disposições do art. 28 do mesmo diploma legal; e

III – as importâncias devidas a partir da competência janeiro de 1994, vencidas ou vincendas, obedecerão aos critérios da Lei nº 8.212, de 1991, e alterações posteriores.

§ 3º O pedido de regularização de que trata o *caput*, referente ao registro/atualização no CNIS dos dados cadastrais, vínculos e remunerações do Auxiliar local será feito pelas Missões Diplomáticas e Repartições Consulares do Ministério das Relações Exteriores, pelas Representações da Aeronáutica, da Marinha e do Exército no exterior, junto à Gerência-Executiva Distrito Federal que fornecerá ou atualizará os dados da inscrição.

§ 4º Para fins de atualização do CNIS, as Missões Diplomáticas e Repartições Consulares do Ministério das Relações Exteriores, as Representações da Aeronáutica, da Marinha e do Exército no exterior, deverão providenciar a regularização do CNPJ junto à RFB, no que diz respeito ao preenchimento da data do primeiro vínculo, em consonância com o disposto no § 2º do art. 33, da Instrução Normativa PRES/INSS nº 128, de 2022.

§ 5º Encerrado o contrato de trabalho com as Missões Diplomáticas e as Repartições Consulares do Ministério das Relações Exteriores no exterior, com as Representações da Aeronáutica, com a Organização da Marinha Contratante e com as Representações do Exército Brasileiro no exterior, o relacionamento do Auxiliar Local ou de seus dependentes com o INSS dar-se-á diretamente ou por intermédio de procurador constituído no Brasil.

§ 6º Na hipótese do Auxiliar local não constituir procurador no Brasil, o seu relacionamento com a Previdência Social brasileira far-se-á por intermédio do órgão local responsável pela execução do Acordo Internacional de Previdência Social porventura existente ou na forma estabelecida pelo INSS.

§ 7º Os Auxiliares Locais e seus dependentes, desde que regularizadas as situações previstas nesta Instrução Normativa, terão direito a todos os benefícios do RGPS, conforme o disposto no art. 18 da Lei nº 8.213, de 1991.

§ 8º Quando o benefício decorrer de acidente do trabalho será necessário o preenchimento e encaminhamento da Comunicação de Acidente do Trabalho – CAT, conforme o disposto no art. 336 do RPS.

§ 9º O disposto nesta Portaria aplica-se também aos auxiliares locais de nacionalidade brasileira, cujos contratos de trabalho se encontram rescindidos no que se refere ao seu período de vigência, excluídos aqueles que tiveram auxílio financeiro para ingresso em Previdência Privada local ou compensação pecuniária no ato do encerramento do seu contrato de trabalho.

§ 10. O Auxiliar local que tenha, comprovadamente, recebido algumas das importâncias a que se refere o § 9º, ainda que em atividade, somente terá regularizado o período para o qual não ocorreu o referido pagamento.

SEÇÃO II – DO ALUNO APRENDIZ

Art. 128. A comprovação do período de frequência em curso do aluno aprendiz a que se refere o art. 135, da Instrução Normativa PRES/INSS nº 128, de 2022, far-se-á:

I – por meio de Certidão emitida pela empresa quando se tratar de aprendizes matriculados em escolas profissionais mantidas por empresas ferroviárias;

II – por Certidão escolar nos casos de frequência em escolas industriais ou técnicas a que se refere o inciso II do art. 135, da Instrução Normativa PRES/INSS nº 128, de 2022, na qual deverá constar que:

a) o estabelecimento era reconhecido e mantido por empresa de iniciativa privada;

b) o curso foi efetivado sob seu patrocínio; ou

c) o curso de aprendizagem nos estabelecimentos oficiais ou congêneres foi ministrado mediante entendimentos com as entidades interessadas.

III – por meio de Certidão de Tempo de Contribuição – CTC, na forma da Lei nº 6.226, de 1975, e do Decreto nº 85.850, de 30 de março de 1981, quando se tratar de frequência em escolas industriais ou técnicas da rede federal, bem como em escolas equiparadas ou reconhecidas citadas nas alíneas "b" e "c" do inciso III do art. 135, da Instrução Normativa PRES/INSS nº 128, de 2022, nos casos de entes federativos estaduais, distritais e municipais, desde que à época, o Ente Federativo mantivesse RPPS;

IV – por meio de Certidão escolar emitida pela instituição onde o ensino foi ministrado, nos casos de frequência em escolas industriais ou técnicas a que se refere o inciso III do *caput*, desde que à época, o ente federativo não mantivesse RPPS, devendo constar as seguintes informações:

a) a norma que autorizou o funcionamento da instituição;

b) o curso frequentado;

c) o dia, o mês e o ano do início e do fim do vínculo de aluno aprendiz; e

d) a forma de remuneração, ainda que indireta.

Parágrafo único. Para efeito do disposto na alínea "a" do inciso IV do *caput*, deverá restar comprovado que o funcionamento da instituição foi autorizado pelo Governo Federal, conforme art. 60 do Decreto-Lei nº 4.073, de 1942."

Art. 129. Considerando o disposto no art. 128, para emissão de CTC na forma da Lei nº 6.226, de 1975, e do Decreto nº 85.850, de 30 de março de 1981, deve-se observar que:

I – de 31 de janeiro de 1942 a 16 de fevereiro de 1959, tanto o INSS como o órgão público detentor de RPPS poderão emitir a CTC para o período de aluno aprendiz, nos moldes da recíproca, cabendo ao INSS a emissão da CTC quando:

a) for reconhecido o período de aprendizagem profissional na condição de empregado, mediante comprovação do vínculo empregatício na forma do inciso I do art. 136, da Instrução Normativa PRES/INSS nº 128, de 2022; e

b) quando se tratar de vínculo de emprego junto a órgão público, não detentor de RPPS à época, mediante apresentação de certidão escolar acompanhada da declaração prevista no art. 41.

II – de 17 de fevereiro de 1959 a 11 de dezembro de 1990, o INSS somente emitirá CTC se for comprovado que o período de aprendizagem profissional deu-se na condição de empregado, nos moldes do inciso II do art. 136, da Instrução Normativa PRES/INSS nº 128, de 2022, podendo o órgão público detentor de RPPS, caso entenda cabível, considerar o período de aluno aprendiz na condição de estudante com base em certidão escolar apresentada ou outro documento que venha a definir, para fins de cômputo no RPPS;

III – a partir de 12 de dezembro de 1990, tanto o RGPS como o RPPS poderão emitir a CTC, conforme o caso, sendo que o INSS somente emitirá a CTC se for comprovado que o período de aprendizagem profissional deu-se na condição de empregado, nos moldes do inciso II do art. 136, da Instrução Normativa PRES/INSS nº 128, de 2022, e o órgão público detentor de RPPS poderá emitir a CTC também se comprovada a condição de empregado, já que não é mais possível o cômputo do período de aluno aprendiz na condição de estudante, tendo em vista a perda de eficácia do art. 268 da Lei nº 1.711, de 28 de outubro de 1952, que foi revogada pela Lei nº 8.112, de 11 de dezembro de 1990.

Parágrafo único. Em se tratando de órgão público detentor de RPPS, quando o curso de aprendizagem profissional for realizado por escolas industriais ou técnicas da rede federal, bem como por escolas equiparadas ou reconhecidas, nos casos de órgãos públicos estaduais, distritais e municipais, a comprovação deverá ser feita por meio de CTC emitida pelo RPPS na forma da Lei nº 6.226, de 1975, e do Decreto nº 85.850, de 1981.

SEÇÃO III – DO MANDATO ELETIVO

Art. 130. Aquele que exerceu mandato eletivo no período de 1º de fevereiro de 1998 a 18 de setembro de 2004, poderá optar pela manutenção da filiação na qualidade de segurado facultativo, nos termos da Portaria MPS nº 133, de 2 de maio de 2006, e Portaria Conjunta RFB/INSS nº 2.517, de 22 de dezembro de 2008, em razão da declaração de inconstitucionalidade da alínea "h" do inciso I do art. 12 da Lei nº 8.212, de 1991.

§ 1º É vedada a opção pela filiação na qualidade de segurado facultativo ao exercente de mandato eletivo que exerça, durante o período previsto no *caput*, outra atividade que o filiasse ao RGPS ou a RPPS.

§ 2º Obedecidas as disposições contidas no § 1º, o exercente de mandato eletivo poderá optar por:

I – manter como contribuição somente o valor retido, considerando como salário de contribuição no mês o valor recolhido dividido por 0,2 (zero vírgula dois); ou

II – considerar o salário de contribuição pela totalidade dos valores recebidos do ente federativo, complementando os valores devidos à alíquota de 20% (vinte por cento).

§ 3º Em qualquer das hipóteses previstas nos incisos I e II do § 2º, deverão ser observados os limites mínimo e máximo do salário de contribuição.

§ 4º No caso do exercente de mandato eletivo optar por manter como contribuição somente o valor retido e recolhido e o cálculo do salário de contribuição efetuado na forma estabelecida no inciso I do § 2º resultar em valor inferior ao limite mínimo de contribuição, o requerente terá de complementar o recolhimento à alíquota de vinte por cento até que atinja o referido limite.

§ 5º Os recolhimentos complementares referidos no inciso II do § 2º e § 4º serão:

I – acrescidos de juros e multa de mora; e

II – efetuados por meio de GPS ou documento que venha substituí-la.

Art. 131. Para instrução e análise do direito à opção pela filiação ao RGPS na qualidade de segurado facultativo, o INSS encaminhará o pedido à RFB, com solicitação de informações relativas:

I – à existência ou não de compensação ou de restituição da parte retida;

II – ao recolhimento ou parcelamento dos valores descontados pelo ente federativo;

III – ao valor do salário de contribuição convertido com base no valor retido;

IV – ao valor do salário de contribuição a complementar e ao respectivo valor da contribuição, se for o caso; e

V – à retificação de GFIP.

Art. 132. O pedido de opção de que trata o art. 130, será recepcionado pelo INSS e deverá ser instruído com os seguintes documentos:

I – "Termo de Opção pela Filiação ao RGPS na Qualidade de Segurado Facultativo – Exercente de Mandato Eletivo – TOF – EME", constante no Anexo XII, da Instrução Normativa PRES/INSS nº 128, de 2022, em duas vias, assinadas pelo requerente e protocolizado na Agência da Previdência Social;

II – procuração por instrumento particular, ou público, com poderes específicos para representar o requerente, se for o caso;

III – original e cópia do documento de identidade e do comprovante de inscrição no CPF do requerente e do procurador, se for o caso;

IV – original e cópia do ato de diplomação do exercente de mandato eletivo, referente ao período objeto da opção;

V – declaração do requerente, de que não requereu a restituição dos valores descontados pelo ente federativo e de que não exerceu outra atividade determinante de filiação obrigatória ao RGPS nem ao RPPS, conforme modelo "Declaração do Exercente de Mandato eletivo", constante no Anexo XIII, da Instrução Normativa PRES/INSS nº 128, de 2022; e

VI – "Discriminativo das Remunerações e dos Valores Recolhidos Relativos ao Exercente de Mandato Eletivo", constante no Anexo XIV, da Instrução Normativa PRES/INSS nº 128, de 2022, relacionando as remunerações e os valores descontados nas competências a que se refere a opção.

Parágrafo único. O INSS poderá exigir do requerente outros documentos que se façam necessários à instrução e análise do requerimento de opção, desde que os dados não estejam disponíveis nos sistemas informatizados da Previdência Social.

Art. 133. Compete ao INSS decidir sobre o requerimento de opção pela filiação na qualidade de segurado facultativo, a que se refere o art. 130.

Art. 134. Após retorno do processo da RFB, em caso de deferimento total ou parcial do requerimento de opção, o INSS, obrigatoriamente, providenciará a alteração na categoria do filiado, efetuando o cadastramento na qualidade de segurado facultativo nos sistemas informatizados do INSS.

Art. 135. O INSS cientificará o requerente sobre o deferimento ou indeferimento do pedido e dos valores das contribuições a serem complementadas, se for o caso.

Art. 136. Deverá ser indeferida a opção pela filiação a que se refere o art. 130, quando:
I – não restar comprovado o recolhimento ou o parcelamento dos valores retidos por parte do ente federativo;
II – o ente federativo já tiver compensado ou solicitado a restituição da parte descontada; e
III – o exercente de mandato eletivo exercer atividade que o filiar ao RGPS ou RPPS.

Art. 137. O INSS deverá rever os benefícios em manutenção para cuja aquisição do direito tenha sido considerado o período de exercício de mandato eletivo, bem como as CTC emitidas com a inclusão do referido período, quando não verificada a opção de que trata o art. 130 e a complementação prevista no inciso II do § 2º do mesmo artigo .
§ 1º Para os casos de revisão de benefício e de emissão de CTC, aplica-se o disposto no § 2º do art. 130, quando feita a opção pela manutenção da filiação na qualidade de segurado facultativo.
§ 2º Não havendo a opção de que trata o art. 130, o período de 1º de fevereiro de 1998 a 18 de setembro de 2004, em que o segurado tenha atuado na condição de exercente de mandato eletivo, será excluído nos casos de revisão de benefício e de emissão de CTC.

Art. 138. O exercente de mandato eletivo que obtiver a restituição dos valores referidos junto à RFB ou que os tiver restituído pelo ente federativo, somente poderá ter incluído o respectivo período no seu tempo de contribuição mediante indenização das contribuições, exclusivamente, na forma estabelecida no art. 122 do RPS.

Art. 139. Da decisão de indeferimento ou deferimento parcial do requerimento de opção pela filiação ao RGPS, na qualidade de segurado facultativo, caberá recurso no prazo de trinta dias contados da data da ciência da decisão.

Art. 140. No caso de inexistência de recurso, no prazo previsto, o processo deverá ser arquivado com parecer conclusivo.

SEÇÃO IV – DO DIRIGENTE SINDICAL

Art. 141. O período de exercício de mandato de dirigente sindical, observado o disposto no art. 142, para fins de atualização do CNIS, deve ser comprovado por meio da ata da assembleia geral do órgão de classe referente à respectiva posse, registrada em cartório, bem como por meio dos comprovantes de remunerações e de outros documentos comprobatórios, conforme o caso, observada a categoria de segurado à qual estava vinculado antes do exercício do mandato sindical.

Art. 142. A partir da substituição da GFIP pelo eSocial, observado o disposto nas Seções IV e X do Capítulo I da Instrução Normativa PRES/INSS nº 128, de 2022, e da Subseção I do Capítulo II desta Portaria, as informações relativas ao mandato de dirigente sindical, conforme disposto no Manual de Orientação do eSocial, serão disponibilizadas no CNIS, observado que no eSocial:
I – quando se tratar de empregado ou servidor público, afastado ou não da empresa/órgão público de origem para exercer o mandato de dirigente sindical, deve ser informado pela entidade sindical o vínculo do empregado na empresa/órgão público de origem, mesmo que ele não receba remuneração pelo exercício do mandato;
II – quando o empregado for afastado para o exercício de mandato sindical, o empregador/contribuinte/órgão público informará o CNPJ do sindicato no qual o trabalhador exercerá o mandato e o responsável pelo pagamento de sua remuneração; e

III - no caso de afastamento por exercício de mandato sindical cujo ônus do pagamento da remuneração seja exclusivamente do empregador/órgão público ou compartilhado entre ele e o cessionário, a informação do evento de afastamento no eSocial é facultativa.

Parágrafo único. Na falta da prestação de informação no eSocial pela entidade sindical e/ou do empregador/órgão público, e consequente ausência de informação no CNIS, a sua regularização poderá ser efetuada conforme sua categoria.

SEÇÃO V – DO ANISTIADO – ART. 8º DO ATO DAS DISPOSIÇÕES CONSTITUCIONAIS TRANSITÓRIAS – ADCT

Art. 143. A comprovação da condição de anistiado e do período de anistia, em que esteve compelido ao afastamento de suas atividades profissionais, em virtude de punição ou de fundada ameaça de punição, por razões exclusivamente políticas, será por meio da apresentação da portaria do Ministério da Justiça e Segurança Pública, publicada no Diário Oficial da União.

SEÇÃO VI – DO ANISTIADO – LEI Nº 8.632, DE 4 DE MARÇO DE 1993 E LEI Nº 11.282, DE 23 DE FEVEREIRO DE 2006

Art. 144. Observado o disposto nas Seções IV e X do Capítulo I da Instrução Normativa PRES/INSS nº 128, de 2022, e da Subseção I do Capítulo II desta Portaria, a comprovação da anistia e das remunerações do período anistiado a que se referem os arts. 163 e 164 da Instrução Normativa PRES/INSS nº 128, de 2022 far-se-á por:

I – declaração da empresa a qual se vincula o anistiado informando os dados de identificação do trabalhador, as datas de início, de demissão/suspensão e de reintegração no vínculo e a lei a que se refere a reintegração;

II – relação das remunerações do período de afastamento, autenticada pela empresa; e

III – cópia da portaria de anistia publicada no Diário Oficial da União, emitida pelo Ministério competente.

SEÇÃO VII – DO GARIMPEIRO

Art. 145. A comprovação do exercício de atividade de garimpeiro far-se-á por:

I – Certificado de Matrícula expedido pela Receita Federal para períodos anteriores a fevereiro de 1990;

II – Certificado de Matrícula expedido pelos órgãos estaduais competentes para os períodos posteriores ao referido no inciso I; e

III – Certificado de Permissão de Lavra Garimpeira, emitido pela Agência Nacional de Mineração – ANM ou declaração emitida pelo sindicato que represente a categoria, para o período de 1º de fevereiro de 1990 a 31 de março de 1993, véspera da publicação do Decreto nº 789, de 31 de março de 1993.

Parágrafo único. Para efeito do disposto no *caput*, observar-se-á que a partir de 8 de janeiro de 1992, data da publicação da Lei nº 8.398, de 7 de janeiro de 1992, o garimpeiro passou à categoria de equiparado a autônomo, atual contribuinte individual, com ou sem auxílio de empregados.

CAPÍTULO VI – DA RECLAMATÓRIA TRABALHISTA

SEÇÃO ÚNICA – DISPOSIÇÕES GERAIS

Art. 146. A reclamatória trabalhista transitada em julgado restringe-se à garantia dos direitos trabalhistas e, por si só, não produz efeitos para fins previdenciários, sendo que para a contagem do tempo de contribuição e o reconhecimento de direitos para os fins previstos no RGPS, considerando o disposto no Capítulo V, a análise do processo pelo INSS deverá observar:

I – a existência de início de prova material, observado o disposto no art. 571, da Instrução Normativa PRES/INSS nº 128, de 2022;

II – o início de prova referido no inciso I deve constituir-se de documentos contemporâneos juntados ao processo judicial trabalhista ou no requerimento administrativo e que possibilitem a comprovação dos fatos alegados;

III – observado o disposto no inciso I, os valores de remunerações constantes da reclamatória trabalhista transitada em julgado, salvo o disposto no § 4º deste artigo, serão computados, independentemente de início de prova material, ainda que não tenha havido o recolhimento das contribuições devidas à Previdência Social, respeitados os limites máximo e mínimo de contribuição; e

IV – tratando-se de reclamatória trabalhista transitada em julgado envolvendo apenas a complementação de remuneração de vínculo empregatício devidamente comprovado, não será exigido início de prova material, independentemente de existência de recolhimentos correspondentes.

§ 1º A apresentação pelo filiado da decisão judicial em inteiro teor, com informação do trânsito em julgado e a planilha de cálculos dos valores devidos homologada pelo Juízo que levaram a Justiça do Trabalho a reconhecer o tempo de contribuição ou homologar o acordo realizado, na forma do inciso I, não exime o INSS de confrontar tais informações com aquelas existentes nos sistemas corporativos disponíveis na Previdência Social para fins de validação do tempo de contribuição.

§ 2º O cálculo de recolhimento de contribuições devidas por empregador doméstico em razão de determinação judicial em reclamatória trabalhista, bem como as contribuições efetuadas por Guia da Previdência Social – GPS, no código "1708 – Recolhimento de Reclamatória Trabalhista – NIT/PIS/PASEP/NIS", não dispensam a obrigatoriedade de solicitação ao INSS, pelo empregado doméstico, de inclusão de vínculo com vistas à atualização de informações no CNIS até setembro de 2015, já que as informações a partir de 1º de outubro de 2015 devem ser oriundas do sistema e-Social, mediante registros de eventos eletrônicos determinados pela Justiça Trabalhista ao empregador doméstico.

§ 3º Os recolhimentos efetuados indevidamente pelos empregadores, salvo os empregadores domésticos, por GPS, no código "1708 – Recolhimento de Reclamatória Trabalhista – NIT/PIS/PASEP/NIS", não são considerados pelo INSS, tendo em vista que os empregadores estão obrigados às informações de GFIP, com código e característica específica relativa à reclamatória trabalhista, conforme previsto no Manual da GFIP, sendo que os recolhimentos previdenciários são efetuados por GPS no código "2909 – Reclamatória Trabalhista – CNPJ" ou "2801 – Reclamatória Trabalhista – CEI".

§ 4º O disposto nos incisos III e IV não se aplica ao contribuinte individual, para período até a competência março de 2003 e, a partir da competência abril de 2003, nos casos de prestação de serviço o contratante fica desobrigado de efetuar o desconto da contribuição, nem ao empregado doméstico, para competências anteriores a junho de 2015.

§ 5º O período de remuneração anterior a junho de 2015 relativo ao vínculo de empregado doméstico será considerado no CNIS somente quando existir efetivo recolhimento da contribuição por meio de GPS no código "1708 – Recolhimento de Reclamatória Trabalhista – NIT/PIS/PASEP/NIS", conforme § 2º e observado o § 3º, motivo pelo qual não há possibilidade de inserção de remuneração pelo INSS no CNIS nessa situação.

Art. 147. Tratando-se de reclamatória trabalhista que determine a reintegração do empregado, para a contagem do tempo de contribuição e o reconhecimento de direitos para os fins previstos no RGPS, considerando o disposto no Capítulo V, deverá ser observado:

I – apresentação de cópia do processo de reintegração com trânsito em julgado ou certidão de inteiro teor emitida pelo órgão onde tramitou o processo judicial; e

II – não será exigido início de prova material, caso comprovada a existência do vínculo anteriormente.

Parágrafo único. Sem prejuízo do disposto neste artigo, a partir do e-Social as informações relativas à reintegração deverão ser efetuadas pelos empregadores nesse sistema.

Art. 148. Se com base no início de prova material restar comprovado o exercício da atividade do trabalhador, o reenquadramento em outra categoria de filiação, por força de reclamatória trabalhista transitada em julgado, deverá ser acatado pelo INSS, mesmo que os documentos evidenciem categoria diferente.

Art. 149. Nas situações previstas nos arts. 146 a 148, em caso de dúvida fundamentada, o processo deverá ser enviado à Procuradoria Federal Especializada junto ao INSS – PFE-INSS local, após o servidor emitir relatório fundamentado, com ciência da chefia imediata e trânsito pelo Serviço/Seção de Administração de Informações do Segurado, ficando pendente a decisão em relação ao cômputo do período.

Art. 150. Quando se tratar de ofício da Justiça do Trabalho determinando a inclusão, exclusão, alteração ou ratificação de vínculos e remunerações e a averbação de tempo de contribuição ou outra determinação decorrente de reclamatória trabalhista, o documento deverá ser encaminhado à PFE-INSS local para conhecimento e adoção das medidas cabíveis.

CAPÍTULO VII – O ESOCIAL OU SISTEMA QUE VENHA SUBSTITUÍ-LO COMO FONTE DO CNIS

SEÇÃO I – DISPOSIÇÕES GERAIS

Art. 151. Instituído pelo Decreto nº 8.373, de 2014, o Sistema de Escrituração Digital das Obrigações Fiscais, Previdenciárias e Trabalhistas – eSocial consiste em instrumento de unificação da prestação das informações relativas à escrituração das obrigações fiscais, previdenciárias e trabalhistas e tem por objetivo padronizar sua transmissão, validação, armazenamento e distribuição, constituindo ambiente nacional composto por escrituração digital, aplicação para preenchimento, geração, transmissão, recepção, validação e distribuição da escrituração e repositório nacional, contendo o armazenamento da escrituração.

§ 1º As informações trabalhistas, previdenciárias, fiscais e tributárias coletadas são compartilhadas em ambiente nacional do eSocial, sendo que os órgãos ou entidades partícipes devem utilizá-las no limite de suas respectivas competências e atribuições, não podendo transferi-las a terceiros ou divulgá-las, salvo previsão legal.

§ 2º A Caixa Econômica Federal, na qualidade de agente operador do Fundo de Garantia do Tempo de Serviço, a Secretaria Especial da Receita Federal do Brasil – RFB, o Ministério do Trabalho e Previdência Social e o Instituto Nacional do Seguro Social – INSS no âmbito de suas competências, regulamentarão a aplicação do Decreto nº 8.373, de 2014, que instituiu o eSocial.

§ 3º A partir da vigência da Portaria nº 300, de 13 de junho de 2019, publicada no DOU de 14 de junho de 2019, compete ao Ministério do Trabalho e Previdência e à Secretaria Especial da Receita Federal do Brasil a gestão do eSocial, com as atribuições previstas na referida Portaria, sendo que o Comitê Gestor do eSocial passou a ser composto pela Secretaria Especial de Previdência e Trabalho, Secretaria Especial da Receita Federal do Brasil, Secretaria Especial de Produtividade, Emprego e Competitividade, Secretaria Especial de Desburocratização, Gestão e Governo Digital e pelo Instituto Nacional do Seguro Social.

§ 4º As informações de natureza tributária e do FGTS observam as regras de sigilo fiscal e bancário, respectivamente.

Art. 152. Sob o enfoque previdenciário, estão sujeitos à prestação das informações ao eSocial o empregador, inclusive o doméstico, a empresa e os que forem a ela equiparados em lei, o segurado especial, inclusive em relação a trabalhadores que lhe prestem serviços e as pessoas jurídicas de direito público da União, dos Estados, do Distrito Federal e dos Municípios, observado o cronograma de implantação previsto em ato específico.

Parágrafo único. As informações coletadas e compartilhadas em ambiente nacional do eSocial são recepcionadas e processadas pela Empresa de Tecnologia e Informações da Previdência – Dataprev, a serviço do INSS, assim como são realizadas as adequações do CNIS, sob o comando deste Instituto, para tratar, apropriar e disponibilizar as informações da fonte eSocial no CNIS.

Art. 153. A obrigatoriedade do eSocial vem sendo implementada gradativamente, e o cronograma de sua implantação pode ser consultado no sítio eletrônico deste sistema, onde também é possível encontrar os Manuais, informações específicas, perguntas e respostas, dentre outros materiais de consulta.

Art. 154. A prestação das informações ao eSocial tem por finalidade substituir, gradativamente, a obrigação de entrega das informações trabalhistas, previdenciárias, fiscais e tributárias, em outros formulários e declarações, passando a ser executadas de forma unificada:

I – Guia de Recolhimento do FGTS e de Informações à Previdência Social – GFIP;

II – Cadastro Geral de Empregados e Desempregados para controlar as admissões e demissões de empregados sob o regime da CLT – CAGED;

III – Relação Anual de Informações Sociais – RAIS;

IV – Livro de Registro de Empregados – LRE;

V – Comunicação de Acidente de Trabalho – CAT;

VI – Comunicação de Dispensa – CD;

VII – Carteira de Trabalho e Previdência Social – CTPS;

VIII – Perfil Profissiográfico Previdenciário – PPP;

IX – Declaração do Imposto de Renda Retido na Fonte – DIRF;

X – Declaração de Débitos e Créditos Tributários Federais – DCTF;

XI – Quadro de Horário de Trabalho – QHT;

XII – Manual Normativo de Arquivos Digitais – MANAD;

XIII – Folha de pagamento;

XIV – Guia de Recolhimento do FGTS – GRF; e

XV – Guia da Previdência Social – GPS.

Art. 155. As informações oriundas do eSocial e disponibilizadas ao CNIS são imprescindíveis para a formação da vida laboral do trabalhador e, consequentemente, para o reconhecimento do direito a benefícios previdenciários.

Art. 156. Os dados cadastrais do trabalhador informados pelo empregador/empregador doméstico/OGMO/sindicato são confrontados com a base do eSocial, sendo validados na base do CPF, pelo nome, data de nascimento e CPF, e na base do CNIS, pela data de nascimento, CPF e NIS.

Parágrafo único. Qualquer divergência relacionada aos dados cadastrais do trabalhador impede o envio das informações trabalhistas, previdenciárias e tributárias.

SEÇÃO II – IDENTIFICAÇÃO DO EMPREGADOR/CONTRIBUINTE/ÓRGÃO PÚBLICO PESSOA JURÍDICA NO ESOCIAL

Art. 157. Com o eSocial, o empregador/contribuinte pessoa jurídica passa a ser identificado pela raiz do Cadastro Nacional da Pessoa Jurídica – CNPJ, exceto órgão público que continuará sendo identificado com CNPJ Completo.

§ 1º Antes do eSocial, os registros de vínculos eram feitos com o CNPJ do estabelecimento da empresa – filial, ou seja, a identificação do empregador era feita com o CNPJ completo, com 14 (quatorze) posições.

§ 2º A partir do eSocial, o vínculo passa a ser com a empresa, identificada pelo CNPJ-Raiz/Base de 8 (oito) posições, exceto se a natureza jurídica do empregador for pública (órgão público), situação em que o campo deve ser preenchido com o CNPJ completo com 14 (quatorze) posições.

§ 3º Em se tratando de obra de construção civil, a matrícula no Cadastro Específico do INSS – CEI de obra de pessoa jurídica (CEI/7) deixa de existir, com a sua substituição pelo Cadastro Nacional de Obras – CNO, que tem o mesmo formato do CEI, sendo que a identificação do empregador se dará pela raiz do CNPJ, sendo o CNO considerado como estabelecimento/local de trabalho, por meio da vinculação do CNO ao CNPJ.

§ 4º Para se identificar em qual estabelecimento ou obra um determinado trabalhador está exercendo suas atividades faz-se necessário detalhar as parcelas de remunerações no CNIS, pois estas são informadas atreladas ao local de trabalho do segurado.

SEÇÃO III – IDENTIFICAÇÃO DO EMPREGADOR/CONTRIBUINTE PESSOA FÍSICA NO ESOCIAL

Art. 158. A partir do eSocial, o empregador/contribuinte pessoa física equiparado a pessoa jurídica passa a ser identificado apenas pelo CPF.

§ 1º Antes do eSocial, os vínculos com empregadores pessoas físicas equiparados a pessoas jurídicas eram identificados por uma matrícula CEI, com dígito verificador /0 ou /8, e a obra de pessoa física por matrícula CEI com dígito verificador /6.

§ 2º Com o eSocial, o empregador/contribuinte pessoa física equiparado a pessoa jurídica passa a ser obrigado a um novo cadastro, em substituição à matrícula CEI, denominado Cadastro de Atividade Econômica da Pessoa Física – CAEPF, já o empregador doméstico, até então, é identificado somente pelo CPF, não sendo necessário cadastramento no CAEPF.

§ 3º O empregador/contribuinte pessoa física equiparado a pessoa jurídica deve providenciar o registro no CAEPF, de acordo com normatização específica da RFB.

§ 4º O CAEPF tem a seguinte configuração:

a) as nove primeiras posições são os nove primeiros dígitos do CPF;

b) as três posições seguintes são sequenciais numéricos que identificam a atividade; e

c) as duas últimas posições compõem o dígito verificador – DV, calculado utilizando-se a mesma fórmula usada para o cálculo do DV do CPF, consideradas, para isto, as doze posições anteriores.

§ 5º É possível que um empregador/contribuinte pessoa física equiparado a pessoa jurídica possua vários CAEPF, dependendo das atividades que desenvolva.

§ 6º Com o eSocial, a matrícula CEI de obra de pessoa física deixa de existir, com a sua substituição pelo CNO, que estará vinculado a um CPF.

SEÇÃO IV – IDENTIFICAÇÃO DO TRABALHADOR NO ESOCIAL

Art. 159. Com a simplificação do eSocial, o CPF passa a ser o único identificador do trabalhador nesse sistema.

Parágrafo único. Apesar do CPF ser o único identificador do trabalhador para o eSocial, é necessário que o NIT/PIS/Pasep/NIS do trabalhador contenha o CPF preenchido em campo próprio e esteja validado com os dados da RFB, para que sejam devidamente disponibilizadas as informações no CNIS.

Art. 160. A atualização cadastral do trabalhador no CNIS, conforme disposto no parágrafo único do art. 33 com a informação correta do seu número de inscrição no CPF, é de fundamental importância para garantir a apropriação pela camada Extrato CNIS das informações relativas a vínculos e remunerações, registradas por meio do eSocial.

§ 1º Quando existir no CNIS mais de um NIT/PIS/Pasep/NIS cadastrado para o mesmo trabalhador, com o mesmo CPF, porém estas inscrições não estiverem interligadas, na forma prevista na Seção V deste Capítulo, as informações de vínculos e remunerações serão disponibilizadas em todas as inscrições que possuam o CPF cadastrado.

§ 2º Na hipótese do § 1º deste artigo, faz-se necessário que se proceda à atualização cadastral no CNIS em todas as inscrições NIT para que o elo seja criado. Quando as inscrições forem somente PIS e/ou Pasep, a atualização e formação de elo dependerá do administrador desses Programas, respectivamente Caixa Econômica Federal ou Banco do Brasil, devendo ser observada a Seção V deste Capítulo.

§ 3º A falta de validação do CPF no NIT/PIS/Pasep/NIS pode acarretar problemas na disponibilização dos dados de vínculos e remunerações de fonte eSocial no CNIS, e, portanto, é importante que o cadastro de pessoa física do CNIS esteja atualizado.

§ 4º Na hipótese do § 3º deste artigo, para saneamento dos problemas ocasionados pela informação indevida do CPF no cadastro, conforme o caso, caberá:

I – a exclusão do CPF que constar indevidamente no NIT/PIS/Pasep/NIS de outra pessoa;

II – a atualização do NIT/PIS/Pasep/NIS do titular para inclusão/alteração do CPF no cadastro.

SEÇÃO V – CONSULTA QUALIFICAÇÃO CADASTRAL – CQC

Art. 161. Com a versão simplificada do eSocial, o NIT/PIS/Pasep/NIS não será mais informado, portanto, possíveis inconsistências no que diz respeito à inscrição não serão impeditivas para o envio dos eventos de admissão e cadastramento inicial, de forma que somente inconsistências cadastrais na base do CPF serão impeditivas.

Art. 162. A Consulta Qualificação Cadastral – CQC oferece aos empregadores um aplicativo para identificar possíveis divergências entre os cadastros internos das empresas, o CPF e o NIT/PIS/Pasep/NIS, a fim de propiciar que os dados informados no eSocial serão apropriados corretamente na base do CNIS, garantindo o reconhecimento do direito aos benefícios previdenciários e trabalhistas.

§ 1º A empresa pode fazer consulta aos dados de até dez trabalhadores por vez, utilizando módulo on-line ou consulta em lote, sendo que essas duas ferramentas de consulta à qualificação cadastral estão disponíveis no sítio eletrônico do eSocial.

§ 2º Quando o trabalhador possuir NIT/PIS/Pasep/NIS, a qualificação cadastral deverá ser realizada com a informação desse número.

§ 3º Na existência de algum procedimento a ser adotado para ajuste das divergências encontradas, o aplicativo de qualificação cadastral acusará de maneira automática, emitindo orientação ao usuário para a correção do problema.

Art. 163. Quando a mensagem emitida pelo aplicativo de qualificação cadastral for "Atualizar NIS no INSS – Ligar 135 para agendar atendimento", existem duas alternativas para se atualizar a informação:

I – se for ausência de CPF ou de data de nascimento, a atualização poderá ser realizada via Central de Atendimento 135, sendo que nessa situação o atendente do 135 fará algumas perguntas para confirmar a titularidade do NIT e efetuará a inclusão da informação; e

II – caso seja encontrada divergência nos dados constantes na base, a atualização deverá ser realizada de forma presencial pelo próprio trabalhador ou procurador em uma Unidade de Atendimento do INSS, após agendamento para o atendimento.

Art. 164. O CNIS é alimentado pelas fontes de origem Caixa Econômica Federal e Banco do Brasil em relação às informações do PIS e do Pasep, respectivamente, por meio de rotina sistêmica diária.

§ 1º Para que a pessoa física realize a manutenção da sua inscrição PIS ou Pasep, é necessário verificar o vínculo empregatício atual, de forma que, sendo vinculada à iniciativa privada, a atualização cadastral deverá ser solicitada junto a Caixa Econômica Federal, e se vinculada a órgão público, deverá ser solicitada ao Banco do Brasil, independentemente da origem e atribuição da inscrição.

§ 2º Observado o disposto no parágrafo anterior, o INSS sugere ao trabalhador que efetue pesquisa às normas e orientações da Caixa Econômica Federal e do Banco do Brasil, disponibilizadas em seus sítios eletrônicos, relativas aos procedimentos que deverão ser adotados para a atualização de dados cadastrais do PIS/Pasep, de forma a evitar o deslocamento desnecessário a uma agência bancária para esse fim.

SEÇÃO VI – FORMAS DE UTILIZAÇÃO DO ESOCIAL

Art. 165. O eSocial possui duas formas de envio de informações pelos obrigados à sua utilização, empregadores/contribuintes/órgãos públicos: uma utilizando o programa de gestão dos dados dos próprios obrigados com envio dos dados via web service e outra via portal web, diretamente nos módulos disponíveis para cada tipo de obrigado, de acordo com seu perfil.

§ 1º O Web Service trata-se de um ambiente de processamento que permite que as aplicações enviem e recebam dados por meio de arquivos XML, de forma que o empregador/contribuinte/órgão público precisa adquirir e/ou desenvolver programa para transferir os arquivos de eventos ao ambiente nacional do eSocial, contendo as informações previstas nos leiautes disponibilizados;

§ 2º O Portal Web comporta os módulos disponíveis conforme cada tipo e perfil do obrigado ao eSocial, a saber:

I – Web Geral-Contingência (para Pessoa Física ou Jurídica): esse módulo foi desenvolvido especialmente para funcionar como um sistema de contingência, para o empregador/contribuinte/órgão público prestar informações quando seu sistema próprio (software) estiver indisponível ou para consultar eventos enviados via Web Service, de forma que o obrigado acessa o Portal do eSocial e lança todas as informações a serem enviadas, não havendo preenchimento automático de campos e de valores;

II – Simplificado Pessoa Física (Doméstico e/ou Segurado Especial): módulo com facilidades e automatizações para o empregador/contribuinte gerenciar informações de seus trabalhadores domésticos (dados cadastrais e contratuais, remunerações, afastamentos, férias e desligamentos) ou acessar os dados como segurado especial (trabalhadores rurais que produzem em regime de economia familiar), informando comercialização de produção, pagamento de contribuintes individuais ou de seus trabalhadores rurais, sendo que o módulo disponibiliza tabelas padrão de rubricas e cargos, automatiza as tabelas de estabelecimentos e horários, bem como o cálculo de lançamento de férias e desligamentos, e proporciona a integração da folha de pagamento aos demais eventos registrados neste módulo;

III – Simplificado MEI (Microempreendedor Individual): módulo para o empregador/contribuinte prestar informações da relação de trabalho tais como dados cadastrais e contratuais, remunerações, afastamentos, férias e desligamentos, sendo disponibilizadas tabelas padrão de rubricas e cargos, a automatização das tabelas de estabelecimentos e horários, bem como do cálculo de lançamento de férias e desligamentos, e a integração da folha de pagamento aos demais eventos registrados neste módulo.

§ 3º As opções dos módulos estarão disponíveis de acordo com o perfil do obrigado ao eSocial e caso este não possua perfil para utilizar um módulo simplificado, essa opção não será disponibilizada ao usuário.

Art. 166. Os eventos que compõem o eSocial devem ser transmitidos mediante autenticação e assinatura digital utilizando-se certificado digital válido no âmbito da Infraestrutura de Chaves Públicas Brasileira – ICP-Brasil.

Parágrafo único. Os empregadores/contribuintes não obrigados à utilização do certificado digital podem gerar Código de Acesso ao Portal eSocial, como alternativa ao certificado digital.

Art. 167. Ao verificar a integridade formal do arquivo eletrônico transmitido para o ambiente nacional, o eSocial emite o protocolo de envio e o encaminha ao empregador/contribuinte/órgão público.

SEÇÃO VII – EVENTOS DO ESOCIAL

Art. 168. Para o eSocial, os eventos correspondem a um conjunto de ações que ocorrem na vida laboral do trabalhador ou no cotidiano do empregador/contribuinte/órgão público no tocante às suas relações trabalhistas, previdenciárias e tributárias, informados sob a forma de arquivos, estes preparados conforme o leiaute estabelecido para cada um, que faz referência às regras de negócio estabelecidas.

PORTARIA DIRBEN/INSS Nº 990, DE 28 DE MARÇO DE 2022

Art. 169. Os eventos do eSocial estão subdivididos em quatro grandes grupos:

I – eventos iniciais e de tabelas: utilizados para identificação do empregador/contribuinte/órgão público e seus estabelecimentos, bem como para o registro de suas tabelas internas, que serão utilizadas para validação de eventos trabalhistas, de folhas e, inclusive, de outros eventos de tabela;

II – eventos não periódicos: registram desde a admissão até o desligamento do trabalhador e são utilizados para informar todos os fatos jurídicos relacionados à vida laboral do trabalhador, no momento em que ocorrem, não tendo uma data pré-fixada para ocorrer, podendo ser subdivididos em subgrupos:
a) eventos contratuais;
b) eventos de saúde e segurança do trabalho – SST; e
c) eventos de trabalhadores sem vínculo de emprego/estatutário – TSVE.

III – eventos periódicos: são aqueles cuja ocorrência tem periodicidade previamente definida e são compostos por informações de folha de pagamento, de apuração de outros fatos geradores de contribuições previdenciárias, como os incidentes sobre pagamentos efetuados às pessoas físicas quando da aquisição da sua produção rural, e do imposto sobre a renda retido na fonte sobre pagamentos realizados a pessoa física; e

IV – eventos totalizadores: têm a finalidade de fazer a consolidação das informações referentes às bases de cálculo dos créditos tributários, sendo eventos de retorno, gerados automaticamente pelo eSocial, com base nas informações prestadas pelo empregador/contribuinte/órgão público.

§ 1º Além dos eventos que compõem esses quatro grandes grupos, existe também o evento S-3000, que é um evento de exclusão, que torna sem efeito jurídico o evento excluído, e que não pode ser utilizado para exclusão dos eventos de tabelas e totalizadores.

§ 2º Para maiores informações a respeito dos eventos utilizados pelo eSocial, o INSS sugere consulta ao Manual disponibilizado em sítio eletrônico do eSocial.

Art. 170. Ao transmitir as informações relativas ao eSocial, o empregador/contribuinte/órgão público deve observar a ordem lógica descrita para o envio, tendo em vista que as informações constantes dos primeiros arquivos podem ser necessárias para o processamento das informações contidas nos arquivos a serem transmitidos posteriormente.

§ 1º As validações no eSocial observam a coerência de encadeamento de eventos, o que impede possíveis inconsistências.

§ 2º As informações relativas à identificação do empregador/contribuinte/órgão público, que fazem parte dos eventos iniciais, devem ser enviadas previamente à transmissão de todas as demais informações.

§ 3º As informações integrantes dos eventos de tabelas precisam ser enviadas logo após a transmissão das informações relativas à identificação do empregador/contribuinte/órgão público, tendo em vista que são utilizadas nos demais eventos iniciais e, também, nos eventos não periódicos e eventos periódicos.

§ 4º Ao serem transmitidos ao eSocial, os eventos não periódicos são submetidos às regras de validação e são aceitos se estiverem consistentes com o Registro de Eventos Trabalhistas – RET, que também é utilizado para a validação da folha de pagamento, composta pelos eventos de remuneração e pagamento dos trabalhadores, que compõem os eventos periódicos.

§ 5º Utilizando-se do regime de competência, o eSocial recepciona e registra os fatos geradores relativos aos eventos periódicos, sendo que o evento periódico "S-1210 – Pagamentos de Rendimentos do Trabalho" submete-se ao regime de Caixa.

§ 6º Somente com a informação da remuneração de todos os empregados/servidores relacionados no RET como ativos, com exceção dos trabalhadores que estejam afastados sem remuneração devida, é que o fechamento dos eventos periódicos será aceito.

§ 7º A ausência de remuneração para os trabalhadores informados no evento "S-2300 – Trabalhador Sem Vínculo de Emprego/Estatutário – Início" sem informação do evento S-2300 – Fim, não impede o fechamento da folha por meio do evento S-1299, gera apenas mensagem de alerta com o objetivo de o empregador observar se não foi hipótese de esquecimento.

Art. 171. A folha de pagamento no eSocial corresponde a um conjunto de informações que reflete a remuneração de todos os trabalhadores que estiveram a serviço do empregador / contribuinte / órgão público numa competência.

§ 1º A retificação da remuneração de um trabalhador não afeta as informações dos demais, já que cada trabalhador é tratado individualmente.

§ 2º A Folha de Pagamento, com eventos por trabalhador, deve ser enviada compondo um movimento, havendo prazo para transmissão e fechamento.

§ 3º A elaboração da folha de pagamento deve ser mensal, de forma coletiva, por estabelecimento do empregador/contribuinte/órgão público, por obra de construção civil e por tomador de serviços, com a correspondente totalização.

Art. 172. O evento não periódico extemporâneo só será recepcionado após validação com os eventos não periódicos anteriores e com o primeiro evento posterior de cada tipo e, ocorrendo essa validação, serão recepcionados apenas os eventos não periódicos extemporâneos que, por incluir trabalhador, ampliar ou reduzir no RET o seu período de contrato ativo, atenderem às regras de validação do fechamento das folhas de todo o período afetado, cujo movimento esteja fechado.

Parágrafo único. Para que a empresa consiga enviar um evento extemporâneo será necessário excluir os eventos enviados em data posterior que possam prejudicar a integridade e consistência do conjunto das informações prestadas pelo eSocial.

Art. 173. Em se tratando de trabalhadores com múltiplos vínculos, para que haja a correta apuração da contribuição previdenciária a ser descontada do trabalhador, no caso deste possuir outras relações de trabalho, regidas pelo RGPS, na mesma competência, devem ser informados o CNPJ/CPF dos outros contratantes e as correspondentes remunerações.

Parágrafo único. O segurado que presta serviços a mais de um empregador/contribuinte/órgão público, deve comunicar a todos eles os valores das remunerações recebidas e das contribuições descontadas, de modo a possibilitar a aplicação da alíquota correta, incidente de forma progressiva sobre a remuneração recebida pelo segurado na competência, respeitada a faixa de valores compreendida nos respectivos limites, em todas as fontes pagadoras, na forma da legislação, observado o limite máximo do salário de contribuição.

Art. 174. Para as contribuições previdenciárias e contribuições para terceiros e, posteriormente, para o imposto de renda referente à remuneração do trabalhador, o empregador / contribuinte / órgão público utiliza as ferramentas de constituição de crédito e emissão de guias de recolhimento no sítio eletrônico da RFB e, para o FGTS, as constantes no sítio eletrônico da Caixa Econômica Federal.

SEÇÃO VIII – PARTICIPAÇÃO DO SEGURADO COMO PEÇA-CHAVE PARA FORTALECER A ATUAÇÃO GOVERNAMENTAL NA FISCALIZAÇÃO DO CUMPRIMENTO DAS OBRIGAÇÕES TRABALHISTAS E PREVIDENCIÁRIAS

Art. 175. O segurado na condição de empregado, empregado doméstico, trabalhador avulso ou contribuinte individual que presta serviços a empresa contratante ou cooperativa, pode desempenhar papel fundamental no controle do cumprimento das obrigações trabalhistas e previdenciárias pelo empregador, empregador doméstico, órgão gestor de mão de obra – OGMO/sindicato ou empresa contratante/cooperativa, no que diz respeito ao registro adequado dos eventos eletrônicos no eSocial.

§ 1º O segurado referido no *caput* deste artigo pode efetuar o acompanhamento do cumprimento das obrigações trabalhistas e previdenciárias a ele relacionadas mediante consulta ao CNIS e, a depender da sua categoria, à sua Carteira de Trabalho Digital e, caso verifique que não foram efetuados os registros adequados dos eventos eletrônicos no eSocial, no prazo estipulado pela legislação específica, poderá solicitar ao empregador, empregador doméstico, OGMO/sindicato ou empresa contratante/cooperativa que efetue os registros dos eventos eletrônicos no eSocial.

§ 2º Na hipótese das obrigações trabalhistas e previdenciárias já terem sido cumpridas, o segurado previsto no *caput* deste artigo poderá solicitar ao empregador, empregador doméstico, OGMO/sindicato ou empresa contratante/cooperativa que lhe apresente os comprovantes contendo os números dos recibos eletrônicos emitidos pelo eSocial, quando da recepção e validação dos eventos, acompanhado de declaração, com a devida assinatura e identificação do responsável pelas informações, podendo ser utilizado, para tanto, o modelo "Declaração de Confirmação do Envio de Dados Trabalhistas e Previdenciários pelo eSocial e Informação dos Números dos Recibos Eletrônicos", constante no Anexo II e o modelo "Declaração de Confirmação do Envio de Dados Trabalhistas e Previdenciários do Trabalhador Avulso pelo eSocial e Informação dos Números dos Recibos Eletrônicos", constante no Anexo III, ambos da Instrução Normativa PRES/INSS nº 128, de 2022, para fins de solicitação junto ao INSS para que tome providências quanto à disponibilização das informações correspondentes no CNIS.

§ 3º Na hipótese de negativa do empregador, empregador doméstico, OGMO/sindicato em cumprir com a obrigação relativa ao registro adequado dos eventos eletrônicos no eSocial, o segurado empregado, empregado doméstico ou trabalhador avulso poderá dirigir-se a uma Unidade de Atendimento da Secretaria do Trabalho para solicitar a adoção das providências pertinentes, tendo em vista o disposto nos artigos 36 e 37 da Consolidação das Leis do Trabalho – CLT, aprovada pelo Decreto-lei nº 5.452, de 1º de maio de 1943.

§ 4º Na hipótese de negativa da empresa contratante/cooperativa em cumprir com a obrigação trabalhista, relativa ao registro adequado dos eventos eletrônicos do eSocial, o segurado contribuinte individual que lhe presta serviços poderá dirigir-se a uma Unidade de Atendimento da Secretaria Especial da Receita Federal do Brasil – RFB para solicitar a adoção das providências pertinentes à regularização das obrigações previstas nos artigos 32 e 32-A da Lei nº 8.212, de 1991, combinados com o art. 4º da Lei nº 10.666, de 2003, e com base nas atribuições conferidas à RFB no art. 2º da Lei nº 11.457, de 16 de março de 2007.

SEÇÃO IX – DA CARTEIRA DE TRABALHO DIGITAL COMPOSTA DE REGISTROS ORIUNDOS DO ESOCIAL

Art. 176. Instituída pela Lei nº 13.874, de 2019, a Carteira de Trabalho Digital compreende períodos provenientes dos eventos eletrônicos gerados pelo eSocial e, dessa forma, não é documento hábil para a comprovação de períodos oriundos do eSocial que estejam com indicador de extemporaneidade ou outro indicador de pendência.

§ 1º A carteira prevista no *caput* deste artigo também poderá apresentar vínculos anteriores à sua instituição, provenientes de dados já existentes no CNIS e, nessa situação, a comprovação de períodos com pendências ou marcação de extemporaneidade deverá ser realizada, perante o INSS, para fins de acertos no CNIS, mediante apresentação de documentos originais em meio físico, observados os procedimentos dispostos na Instrução Normativa PRES/INSS nº 128, de 2022.

§ 2º A instituição da Carteira de Trabalho Digital ocorre:

I – no dia 24 de setembro de 2019, data de publicação da Portaria SEPRT nº 1.065, de 23 de setembro de 2019, para os obrigados pertencentes aos grupos 1, 2 e 3 do eSocial, a saber: empresas, microempresas – ME, empresas de pequeno porte – EPP, entidade sem fins lucrativos e pessoa física; e

II – no dia do início da obrigatoriedade do envio dos eventos periódicos pelos obrigados pertencentes ao grupo 4 do eSocial, a saber: pessoas jurídicas de direito público da administração direta, autárquica e fundacional, que adotem o regime jurídico previsto na Consolidação das Leis de Trabalho – CLT, aprovado pelo Decreto-Lei nº 5.452, de 1943.

§ 3º As informações que compõem a Carteira de Trabalho Digital, correspondem àquelas constantes no CNIS, portanto, se tais informações estiverem pendentes ou com marcação de extemporaneidade, devem ser comprovadas de acordo com os procedimentos dispostos nesta portaria.

§ 4º A CTPS em meio físico continua sendo documento hábil para a comprovação de períodos de vínculos e remunerações até 23 de setembro de 2019, véspera da data de publicação da Portaria SEPRT nº 1.065, de 2019, cabendo a conservação do documento original em meio físico para fins de apresentação junto ao INSS caso necessário, observado o § 5º.

§ 5º O disposto no § 4º não se aplica aos vínculos e remunerações relacionados a pessoas jurídicas de direito público da administração direta, autárquica e fundacional, que adotem o regime jurídico previsto no Decreto-Lei nº 5.452, de 1943 – CLT, caso em que a CTPS física continua sendo documento hábil a sua comprovação, enquanto não concluído o seu cronograma de implantação do eSocial.

Art. 177. O empregador é obrigado a efetuar o registro dos respectivos empregados, podendo adotar livros, fichas ou sistema eletrônico, conforme previsto no art. 41 da CLT.

§ 1º Na hipótese de o empregador optar pela utilização de sistema de registro eletrônico de empregados fica obrigatório o uso do eSocial, conforme disposto no art. 16 da Portaria MTP nº 671, de 8 de novembro de 2021, vedados outros meios de registro.

§ 2º Os livros ou fichas de registros de empregados em meio físico serão aceitos como documentos hábeis à comprovação de vínculos perante o INSS a partir de 31 de outubro de 2020, data limite estabelecida pela Portaria SEPRT/ME nº 1.195, de 30 de outubro de 2019, da Secretaria Especial de Previdência e Trabalho do Ministério da Economia, se contiverem todas as informações que compõe o registro dos empregadores, conforme disposto no art. 14 da Portaria MTP nº 671, de 8 de novembro de 2021.

TÍTULO II – DAS INFORMAÇÕES DE REGISTROS CIVIS ENCAMINHADAS AO INSS

CAPÍTULO I – DA RECEPÇÃO DAS INFORMAÇÕES DE REGISTROS CIVIS

SEÇÃO I – DA RECEPÇÃO DOS DADOS DE ÓBITOS ANTERIORES A 10 DE DEZEMBRO DE 2015

Art. 178. O Sistema Informatizado de Controle de Óbitos – SISOBI, instituído pela Portaria do Ministério da Previdência e Assistência Social – MPAS nº 847, de 19 de março de 2001, ora revogada, responsável por recepcionar as informações de óbitos encaminhadas pelos Cartórios de Registros Civis de Pessoas Naturais, foi substituído pelo Sistema Nacional de Informações de Registro Civil – SIRC, instituído pelo Decreto nº 8.270, de 26 de junho de 2014, revogado pelo Decreto nº 9.929, de 22 de julho de 2019, que atualmente o regulamenta.

Art. 179. A data limite para exclusão dos acessos ao SISOBI dos Titulares dos Cartórios de Registros Civis ou responsáveis interinos designados pela Corregedoria de Justiça dos estados e do Distrito Federal ocorreu em 11 de março de 2016.
Parágrafo único. Os acessos aos Titulares ou responsáveis pelos Cartórios ao SISOBI eram concedidos e excluídos pelo Serviço/Seção de Administração de Informações do Segurado – SAIS da Gerência-Executiva do INSS.

Art. 180. Os dados de óbitos foram encaminhados pelos Cartórios de Registros Civis de forma eletrônica ao SISOBI no período de maio de 2001 até a implantação do SIRC ocorrida no dia 10 de dezembro de 2015.
§ 1º As informações de óbitos anteriores ao ano de 2001 eram encaminhadas pelas serventias por meio de formulários em papel e inseridas por servidores do INSS em máquinas locais para cessação dos benefícios previdenciários.
§ 2º Após a implantação do SISOBI, as informações de óbitos das máquinas locais foram migradas para o referido sistema com marcação do símbolo "@" na identificação dos campos de livro e folha do registro, uma vez que não existiam tais informações no formulário anterior.

Art. 181. Nos casos em que a data de óbito era desconhecida, o cartório utilizava a data de lavratura da certidão de óbito para preenchimento no SISOBI.

Art. 182. Todas as informações de óbito dos registros constantes do SISOBI foram migradas para o SIRC em 07 de janeiro de 2021.
§ 1º Qualquer alteração a ser realizada nas informações oriundas do SISOBI deve ser feita através da funcionalidade específica do SIRC.
§ 2º Quando a necessidade de alteração no registro de óbito for identificada por servidor do INSS, o servidor da Central Especializada de Suporte – Administração de Informações do Segurado – CES-AIS deverá encaminhar cópia da documentação que evidencie o erro ao Cartório de Registro Civil de Pessoas Naturais, solicitando a correção dos dados inseridos no registro, embasado no art. 110 da Lei nº 6.015 de 31 de dezembro de 73, tendo em vista a responsabilidade do cartório por realizar a retificação no SIRC e no livro de registros.
§ 3º Nos casos de recusa do responsável pelo cartório em retificar as informações no livro de registros e no SIRC, o servidor do INSS designado à Central Especializada de Suporte – Administração de Informações do Segurado CES/AIS, conforme normativo vigente à época das notificações/análise: *(Redação dada pela Portaria Dirben/INSS 1.079/2022)*

I – poderá orientar o prejudicado sobre a possibilidade de efetuar a solicitação diretamente ao cartório ou requerer a retificação junto ao Ministério Público ou Poder Judiciário;

II – caso não haja contato com o interessado, deverá notificar a Corregedoria de Justiça estadual ou do Distrito Federal sobre a referida recusa em corrigir o erro evidente para as devidas providências junto ao Cartório.

Art. 183. A exclusão de registro no SISOBI também será realizada na funcionalidade específica do SIRC, exclusivamente, pelo responsável do cartório.
Parágrafo único. A exclusão de registros no SISOBI era realizada por servidor do INSS antes da migração ao SIRC.

Art. 184. O servidor INSS não está autorizado a alterar ou excluir informações de registros oriundos do SISOBI ou SIRC, salvo em casos de exceção avaliados pela Divisão de Integração dos Cadastros – DICAD.

Art. 185. Os registros migrados do SISOBI para o SIRC com o símbolo de "@" também deverão ser corrigidos pela serventia, cabendo ao INSS, se necessário, proceder com a devida vinculação ao Código Nacional da Serventia – CNS.

SEÇÃO II – DA RECEPÇÃO DAS INFORMAÇÕES DE REGISTROS CIVIS POSTERIORES A 10 DE DEZEMBRO DE 2015

Art. 186. O Sistema Nacional de Informações de Registro Civil – SIRC recepciona os dados de registros de nascimentos, casamentos, óbitos e natimortos, incluindo as respectivas anotações, averbações e retificações, registrados pelos Cartórios de Registro Civil de Pessoas Naturais, sendo gerido pelo Comitê Gestor composto por órgãos e entidades do Poder Público.
Parágrafo único. O INSS é membro do Comitê Gestor do SIRC e um dos órgãos do Poder Público que utilizam seus dados.

Art. 187. O Titular do Cartório de Registro Civil iniciou a utilização do SIRC para encaminhar as informações de registros civis em 10 de dezembro de 2015, conforme dispõe a Resolução CGSirc nº 2, de 8 de outubro de 2015.

Art. 188. O prazo de envio das informações de registros civis ao INSS pelos cartórios de registros civis são distintos, conforme o período:
I – para os registros de nascimento, casamento, óbito e natimorto lavrados até 17 de junho de 2019, o prazo para inserção das informações no SIRC era até o décimo dia do mês subsequente; e
II – para os registros de nascimento, casamento, óbito e natimorto bem como das averbações, anotações e retificações lavrados a partir de 18 de junho de 2019, o prazo para inserção das informações no SIRC é de até 1 (um) dia útil ou, para as serventias enquadradas na condição descrita no § 1º do art. 96, até 5 (cinco) dias úteis, conforme dispõe o art. 68 da Lei nº 8.212, de 1991.

Art. 189. Para os municípios que não dispõem de provedor de conexão à internet ou de qualquer meio de acesso à internet, fica autorizada a remessa das informações de registros civis em até 5 (cinco) dias úteis pelo SIRC ou por outro meio que venha substituí-lo.
§ 1º Para efeito de enquadramento na condição descrita no *caput* será considerada a falta de provedor ou conexão no âmbito de todo o município, não sendo suficiente a alegação de indisponibilidade, inoperância, instabilidade ou interrupção temporárias de conexão individual à Internet.
§ 2º O Titular do Cartório de Registro Civil de Pessoas Naturais ou responsável designado pela Corregedoria de Justiça Estadual ou do Distrito Federal, que se enquadre na condição do envio das informações de registro civil em até 5 (cinco) dias úteis, deve encaminhar a documentação comprovando a ausência de conexão ou provedor de Internet, no prazo máximo de cinco dias úteis do fato gerador, para análise do servidor do INSS designado à Central Especializada de Suporte – Administração de Informações do Segurado CES/AIS da Gerência-Executiva do INSS de sua abrangência. *(Redação dada pela Portaria Dirben/INSS 1.079/2022)*
§ 3º O envio da documentação constante do § 2º deve ser de forma eletrônica, devendo o Titular do Cartório de Registros Civil entrar em contato com o servidor designado à Central Especializada de Suporte – Administração de Informações do Segurado CES/AIS da Gerência-Executiva do INSS de sua abrangência para verificar o endereço eletrônico para envio da documentação. *(Redação dada pela Portaria Dirben/INSS 1.079/2022)*
§ 4º A comprovação da condição disposta no *caput* deste artigo dependerá de documentação formal, tais como declaração emitida pelo município ou por órgão competente, devendo indicar a data de início e, se for o caso, a data de término da referida condição.

Art. 190. Considera-se dia não útil os sábados, domingos e feriados nacionais, estaduais e municipais.
Parágrafo único. As informações dos feriados estaduais e municipais publicados em normativo local devem ser encaminhadas pelo Titular do Cartório de Registros Civis ou responsável interino designado pela Corregedoria do Tribunal de Justiça dos Estados ou do Distrito Federal à Gerência-Executiva do INSS

de sua abrangência para cadastro anual pelo servidor designado à Central Especializada de Suporte – Administração de Informações do Segurado CES/AIS no sistema, devendo qualquer alteração ser comunicada. *(Redação dada pela Portaria Dirben/INSS 1.079/2022)*

Art. 191. Nos casos de vacância, licença, afastamento ou suspensão do Titular do Cartório de Registro Civil de Pessoas Naturais, as obrigações constantes do artigo 68 da Lei n° 8.212, de 1991 aplicam-se ao responsável interino designado pela Corregedoria do Tribunal de Justiça dos Estados ou do Distrito Federal, conforme § 1° do artigo 36 da Lei n° 8.935, de 18 de novembro de 1994, e o Provimento n° 77, de 07 de novembro de 2018, do Conselho Nacional de Justiça – CNJ.

Art. 192. O novo Titular do Cartório de Registro Civil de Pessoas Naturais ou o responsável interino designado pela Corregedoria do Tribunal de Justiça dos Estados ou do Distrito Federal, caso necessário, promoverá a retificação, complementação ou envio do dado incorreto ou omisso, ainda que relativo a período anterior à sua designação como responsável pela serventia.

Art. 193. As inserções, alterações e exclusões de informações dos registros civis, a justificativa de ausência do termo e envio das declarações de inexistência de movimento no SIRC serão realizados pelo Titular da Serventia de Registro Civil de Pessoas Naturais ou pelo responsável interino designado pela Corregedoria Geral do Tribunal de Justiça dos Estados ou do Distrito Federal bem como pelas pessoas devidamente autorizadas pelos mesmos no sistema de acesso ao SIRC.

Parágrafo único. A permissão de envio das informações de registros civis por funcionários do cartório não exime a responsabilidade pessoal do Titular do Cartório de Registro Civil de Pessoas Naturais ou responsável interino designado pelas Corregedorias de Justiça estaduais ou do Distrito Federal.

Art. 194. Em caso de identificação, por servidor do INSS, de necessidade de retificações em informações de registros civis inseridos no SIRC, deverá ser cadastrada demanda à Central Especializada de Suporte – Administração de Informações do Segurado de sua abrangência para que esta notifique o Cartório acerca do erro e da necessidade de sua correção, tanto no SIRC quanto no livro de registro do Cartório.

Parágrafo Único. Nos casos de recusa do cartório em retificar os dados, proceder conforme os incisos I e II do § 3° do art. 182.

Art. 195. Nos casos em que o Cartório de Registro Civil de Pessoas Naturais identificar erro em informações de registros inseridos no SIRC, deverá proceder às correções ou exclusões nos livros de registro e no SIRC, não havendo necessidade de comunicação à Gerência-Executiva do INSS de sua abrangência.

Art. 196. As informações de registros civis deverão ser encaminhadas pelos Titulares dos Cartório de Registros Civis ou pelo responsável interino designado pela Corregedoria Geral de Justiça dos Estados e do Distrito Federal mediante um dos seguintes módulos do Sirc:

I – SIRC WEB:

a) utilizado para incluir, alterar e excluir dados de registros civis, averbações, anotações, retificações, justificar a ausência de termos e declarar inexistência de movimento de forma individualizada por meio da internet; e

b) utilizado para carregar arquivo gerado por meio de sistema próprio utilizado pelas serventias.

II – SIRC CARGA: utilizado para transmissão de arquivos de dados de registros civis, averbações, anotações, retificações e declaração de inexistência por meio da utilização direta do sistema próprio da serventia pelo serviço de webservice;

III – CENTRAL DE ENVIO DE REGISTRO CIVIL: utilizado para recepcionar os dados de registros civis das serventias integradas às "Centrais de Registros Civis", previamente autorizada pelo Comitê Gestor do SIRC.

§ 1° O uso de qualquer outro meio de envio para encaminhar informações ao SIRC não descrito no *caput* deste artigo será de responsabilidade exclusiva do Titular do Cartório de Registros Civil ou responsável interino designado pela Corregedoria de Justiça dos estados e do Distrito Federal.

§ 2° As especificações técnicas para envio dos dados de que trata as alíneas "a", inciso II, "b" e "c" do *caput* deste artigo, tal como dicionário de dados, devem observar o contido no "Manual de Recomendações Técnicas" disponível no site do SIRC (www.sirc.gov.br).

§ 3º O Titular do Cartório de Registro Civil de Pessoas Naturais ou o responsável interino designado que optar pelo envio das informações por uma Central de Envio de Registros – CER, previamente autorizada e cadastrada deverá habilitar no SIRC as operações que a CER está autorizada a realizar, quais sejam: alteração, exclusão e inserção das informações de registros civis.

§ 4º O Titular do Registro Civil de Pessoas Naturais ou o responsável interino designado responde pessoalmente pelo envio correto, completo e contemporâneo das informações dos registros lavrados em sua serventia ainda que opte pela utilização das Centrais de Envio de Registros – CER, inclusive com relação a alterações e exclusões realizadas pelas mesmas no período em que estiverem autorizadas conforme parágrafo anterior.

Art. 197. Os campos obrigatórios a serem informados pelos Titulares dos Cartórios de Registros Civis ou o responsável designado pelas Corregedorias Gerais de Justiça Estaduais ou do Distrito Federal ao SIRC para cumprimento da obrigação perante ao INSS contido no art. 68 da Lei nº 8.212, de 1991, a partir de 18 de junho de 2019, são:

I – para os registros de nascimento constarão, obrigatoriamente, as seguintes informações:
a) nome;
b) inscrição no Cadastro de Pessoas Físicas – CPF do registrado;
c) sexo;
d) data de nascimento do registrado;
e) local de nascimento do registrado;
f) nome completo da filiação;
g) sexo da filiação;
h) data e o local de nascimento da filiação; e
i) inscrição no CPF da filiação.

II – para os registros de natimorto, constarão as informações:
a) obrigatória para filiação: nome completo, sexo, data e local de nascimento e a inscrição no CPF;
b) quando disponíveis para o registrado: nome completo, sexo, data e local de nascimento.

III – para os registros de casamento e de óbito constarão das informações, obrigatoriamente, o nome, a inscrição no CPF, o sexo, a data e o local de nascimento do registrado, bem como, acaso disponíveis, os seguintes dados:
a) número do cadastro perante o Programa de Integração Social – PIS ou o Programa de Formação do Patrimônio do Servidor Público – Pasep;
b) Número de Identificação do Trabalhador – NIT;
c) número de benefício previdenciário ou assistencial, se a pessoa falecida for titular de qualquer benefício pago pelo INSS;
d) número de registro da Carteira de Identidade e respectivo órgão emissor;
e) número do título de eleitor, e;
f) número e série da Carteira de Trabalho e Previdência Social – CTPS.

§ 1º No caso de desconhecimento do dado, o campo não deverá ser preenchido.

§ 2º Nos casos de desconhecimento dos campos obrigatórios descritos nos incisos deste artigo, o titular do Cartório de Registro Civil de Pessoas Naturais ou o responsável interino designado deverá informar, para cada registro, justificativa para a ausência desse dado obrigatório, no mesmo prazo para o envio do referido registro, qual seja, em até um dia útil da lavratura.

§ 3º É de responsabilidade do titular do Cartório de Registro Civil de Pessoas Naturais ou do responsável interino designado pela Corregedoria Geral de Justiça preencher todos os campos disponíveis do SIRC com os dados captados no livro de registros civis.

§ 4º O SIRC permite que as informações desconhecidas sejam ignoradas, optando pelo não preenchimento e confirmando que não possui o referido dado, sendo que este procedimento só deverá ser adotado caso a informação não esteja no livro de registros.

§ 5º O SIRC solicita outras informações relativas aos registros civis, não descritas nesse artigo, com o objetivo de subsidiar a elaboração e o planejamento de políticas públicas, bem como para auxiliar a coibir fraudes contra órgãos do Poder Público, e se de conhecimento do cartório devem ser encaminhadas.

§ 6º Os dados obrigatórios bem como a inclusão da justificativa no registro serão consideradas enviadas após o prazo legal a partir de 01 de agosto de 2020, considerando a implementação do SIRC para o recebimento das informações e a adequação sistêmica dos cartórios.

Art. 198. As informações das averbações, anotações e retificações dos registros civis devem ser encaminhadas ao INSS, por meio do SIRC ou por outro meio que venha substituí-lo, no mesmo prazo indicado no inciso II do art. 188, contado a partir da data da averbação, anotação e retificação.

§ 1º As averbações, anotações e retificações devem ser encaminhadas ao SIRC independente da data de lavratura do registro.

§ 2º As averbações, anotações e retificações serão consideradas enviadas após o prazo legal a partir de 01 de agosto de 2020, considerando a implementação do SIRC para o recebimento das informações e o prazo concedido para a adequação sistêmica dos cartórios.

Art. 199. As averbações enviadas ao SIRC pelos Cartórios de Registro Civil de Pessoas Naturais deverão ser relativas a atos que modifiquem a vida civil, sendo assim elencados:

I – quanto a nascimento:

a) reconhecimento de filiação;
b) alteração de nome ou sobrenome do registrado;
c) alteração de nome ou sobrenome paterno ou materno;
d) cancelamento do registro;
e) filiação socioafetiva;
f) anotação de CPF;
g) destituição e suspensão do poder familiar ou exclusão da maternidade ou paternidade;
h) concessão de guarda e tutela; e
i) adoção, a qual será informada como averbação de cancelamento apenas para indicar a invalidade da certidão, mas sem mencionar qualquer termo relativo à adoção, por esta ser sigilosa.

II – quanto ao casamento:

a) divórcio e separação;
b) anulação, nulidade ou cancelamento;
c) conversão de separação em divórcio;
d) alteração de regime de bens;
e) restabelecimento de sociedade conjugal; e
f) Anotação de CPF.

III – quanto ao óbito e natimorto:

a) cancelamento do registro; e
b) Anotação de CPF.

Art. 200. As anotações são realizadas em registros subsequentes como forma de atualização da vida civil do cidadão, devendo ser enviado ao SIRC o registro em que foi anotado o óbito ou o casamento.

Art. 201. Retificação é o ato de corrigir erro presente no registro, como os de grafia ou de fácil evidência e comprovação, devendo ser informada a correção ao SIRC, bem como alterado o campo que foi objeto da retificação.

§ 1º Todas as retificações de informações referente aos dados contidos no SIRC devem ser informadas pelo cartório de registros civil.

§ 2º Casos mais complexos, cuja classificação como erro seja difícil de comprovar, exigem um mandado judicial para serem retificados nos termos do art. 109 da Lei nº 6.015, de 1973, para serem retificados.

§ 3º Casos de erro de digitação no SIRC não devem ser inseridos no referido sistema como retificação, bastando apenas alterar o campo a ser corrigido.

Art. 202. Nos casos de averbações sigilosas, não se tratando de adoção, o Titular do Cartório de Registro Civil de Pessoas Naturais ou o responsável interino designado deverá selecionar a opção "outros" para o campo "Motivo", no SIRC, e, no campo "Complemento", informar que se trata de conteúdo sigiloso.

Parágrafo único. Caso haja alteração no conteúdo de campos do registro em relação a averbação disposta no *caput* deste artigo, as informações desses campos devem ser alteradas no SIRC.

Art. 203. A averbação de cancelamento registrada para o nascimento e óbito, assim como a averbação de nulidade e anulação do registro de casamento, implica na inserção dos registros com as respectivas averbações no SIRC.

Parágrafo único. Concluída a inserção das informações do registro referidas no *caput*, o SIRC excluirá e justificará a ausência do termo de forma automática.

Art. 204. A funcionalidade de "Justificativa de Ausência de Termos" no SIRC permite ao cartório de registros civis justificar a ausência de um termo do livro de registros que, por qualquer motivo, não foi utilizado para efetivo registro civil.

§ 1º A funcionalidade de "Justificativa de Ausência de Termos" no SIRC justificará a falta do termo utilizado para outro fim e manterá a sequencialidade nos moldes do art. 7º da Lei nº 6.015, de 1973.

§ 2º Nos casos de inutilização do número para fins de registro civil, a funcionalidade de Justificativa de Ausência de Termos não necessita de inserção de matrícula de registro civil.

§ 3º Somente o cartório poderá justificar a ausência de de termos no SIRC.

§ 4º Caso tenha sido justificado a ausência de um termo indevidamente no SIRC, o cartório deverá encaminhar solicitação ao servidor designado à Central Especializada de Suporte – Administração de Informações do Segurado CES/AIS da Gerência-Executiva do INSS de sua abrangência solicitando a reversão da justificativa de ausência de termo. *(Redação dada pela Portaria Dirben/INSS 1.079/2022)*

Art. 205. O número da matrícula inserida com erro não é passível de alteração no SIRC, devendo o registro ser excluído e, novamente, incluído, observando o prazo de um dia útil da lavratura ou cinco dias úteis, caso a serventia encontrar-se situada em município sem provedor de internet.

Art. 206. Os dados cadastrais do Cartório de Registro Civil de pessoas Naturais e do respectivo Titular, bem como do substituto, são recepcionados no SIRC do Conselho Nacional de Justiça – CNJ.

§ 1º Os dados cadastrais referentes ao Titular do Cartório de Registro Civil de Pessoas Naturais ou do seu substituto, se houver, devem ser mantidos atualizados no CNJ pelo titular do Cartório de Registro Civil de Pessoas Naturais ou responsável designado na Corregedoria Geral de Justiça estadual ou do Distrito Federal.

§ 2º Caso o responsável que foi designado pela Corregedoria de Justiça dos estados ou do Distrito Federal para fins de intervenção ou vacância, por exemplo, não conste no cadastro do Sistema Justiça Aberta das Serventias Extrajudiciais do CNJ, este deverá encaminhar a documentação ao INSS para cadastro de acesso ao SIRC, por via de exceção.

§ 3º Aplica-se o disposto no parágrafo § 2º nos casos da serventia com status de Inativa perante o CNJ, para o envio das averbações, anotações e retificações realizadas na CNS anterior.

Art. 207. A concessão de acesso, gestão e senha ao SIRC para o titular de Cartório de Registro Civil de Pessoas Naturais e seu substituto ou para o responsável designado pelas Corregedorias Gerais do Tribunal de Justiça dos estados ou do Distrito Federal será realizada por servidor do INSS designado à Central Especializada de Suporte – Administração de Informações do Segurado CES/AIS mediante solicitação, preferencialmente por meio eletrônico. *(Redação dada pela Portaria Dirben/INSS 1.079/2022)*

§ 1º O servidor do INSS designado à Central Especializada de Suporte – Administração de Informações do Segurado CES/AIS deverá também ampliar a validade do acesso e da gestão do SIRC ao titular e substituto da Serventia de Registro Civil de Pessoas Naturais ou ao responsável interino designado pela Corregedoria Geral de Justiça do Tribunal dos estados ou do Distrito Federal antes do término do prazo de validade concedido anteriormente. *(Redação dada pela Portaria Dirben/INSS 1.079/2022)*

§ 2º Após a ampliação da validade dos acessos e das gestões, o servidor do INSS designado à Central Especializada de Suporte – Administração de Informações do Segurado CES/AIS deverá informar ao Titular do Cartório de Registro Civil de Pessoas Naturais ou ao responsável interino sobre a necessidade e a forma de ampliação dos acessos aos usuários por eles cadastrados. *(Redação dada pela Portaria Dirben/INSS 1.079/2022)*

§ 3º Cabe ao titular ou substituto do Cartório de Registro Civil de Pessoas Naturais ou responsável interino designado, o cadastramento e a atribuição de acesso e papéis aos demais funcionários de sua Serventia.

Art. 208. A Declaração de Inexistência de Movimento será efetuada no SIRC pelo cartório até o 5º dia útil do mês subsequente por tipo de registro, sendo nascimento, casamento, óbito e natimorto sempre que não houver lavratura no mês.

§ 1º Existindo averbação, anotação ou retificação informados no SIRC, será dispensado o envio de Declaração de Inexistência de Movimento para aquele tipo de registro no mês de ocorrência.

§ 2º A Declaração de Inexistência de Movimento para o registro do natimorto passou a ser exigida a partir de 18 de junho de 2019 e deve ser inserida no SIRC a partir da competência 07/2019.

§ 3º Para efeito do § 2º, será considerada enviada após o prazo legal apenas da Declaração de Inexistência de Movimento do tipo de registro natimorto a partir da competência 12/2019, quando o SIRC foi adequado para o recebimento dessa informação.

§ 4º A Declaração de Inexistência de Movimento é dispensada para os Registros Transladados do Exterior lavrados no Livro 7.

§ 5º As informações de registros civis de pessoas naturais transladados do exterior e lavrados no livro 7 devem ser inseridas no SIRC, ainda que dispensada a Declaração de Inexistência de Movimento.

§ 6º Para efeitos de informações a serem enviadas ao SIRC, os registros civis lavrados no livro 7, no Cartório de Registro Civil de Pessoas Naturais, se referem a brasileiros nascidos, casados ou falecidos no exterior.

Art. 209. A falta de remessa das informações de registros civis em época própria, bem como o envio de informações inexatas, sujeitará o Titular da Serventia de Registro Civil de Pessoas Naturais ou o responsável interino designado pela Corregedoria Geral do Tribunal de Justiça dos Estados ou do Distrito Federal, além de outras penalidades, à multa prevista no art. 92 da Lei nº 8.212, de 1991, e à ação regressiva proposta pelo INSS, em razão dos danos sofridos.

§ 1º Considera-se também como falta de remessa a não sequencialidade do número dos termos de registros informados conforme o art. 7º da Lei nº 6.015, de 1973, salvo os casos devidamente justificados, seja por erro no livro de registros ou por anuência da Corregedoria Geral de Justiça do Tribunal dos estados ou do Distrito Federal.

§ 2º Considera-se informação inexata aquela que não condiz com o que consta no livro de registros da serventia, seja por informar dado incompleto, omisso ou divergente.

§ 3º Constituem atos que ensejam a penalidade de multa prevista no art. 92 da Lei nº 8.212, de 1991, as seguintes condutas:

I – não remeter as informações de registro de nascimento, natimorto, casamento, óbito ou averbações, anotações e retificações;

II – remeter as informações de registro de nascimento, natimorto, casamento, óbito ou averbações, anotações e retificações após o prazo legal;

III – não comunicar a inexistência de registro de nascimento, natimorto, casamento, óbito ou averbações, anotações e retificações no mês até o 5º (quinto) dia útil do mês subsequente;

IV – não comunicar a informação obrigatória ou a justificativa de sua ausência ou fornecer informação inexata ou equivocada de registro de nascimento, natimorto, casamento, óbito ou averbações, anotações e retificações;

V – não promover a retificação, a complementação ou o envio de dado omisso de registro de nascimento, natimorto, casamento, óbito ou averbações, anotações e retificações nos casos de substituição da titularidade do Cartório de Registro Civil de Pessoas Naturais ou de designação de responsável pela Corregedoria Geral de Justiça do Tribunal dos estados ou do Distrito Federal.

CAPÍTULO II – DO COMPARTILHAMENTO DAS INFORMAÇÕES DE REGISTROS CIVIS

SEÇÃO ÚNICA – COMPARTILHAMENTO DOS DADOS DE REGISTROS CIVIS COM ENTIDADES E ÓRGÃOS PÚBLICOS

Art. 210. A Resolução CGSirc nº 3, de 1º de julho de 2016, perdeu a aplicabilidade com a revogação da Portaria Conjunta MPS/INSS/PREVIC nº 64/2014 pela Portaria Interministerial ME/INSS/PREVIC nº 206, de 03 de maio de 2019.

Art. 211. A Resolução CGSirc nº 4, de 28 de maio de 2019, revogou a Resolução CGSirc nº 3, de 1º de julho de 2016, e definiu novas regras para compartilhamento de informações do SIRC.

§ 1º A Resolução mencionada no *caput* deste artigo definiu os procedimentos necessários para que o INSS autorize a contratação da Dataprev para o compartilhamento de dados do SIRC com o órgão ou entidade pública.

§ 2º O INSS deverá analisar o pedido de compartilhamento de dados e se for o caso, conceder a autorização para que o órgão ou entidade pública contrate os serviços tecnológicos de compartilhamento com a Dataprev nos moldes da Resolução mencionada no *caput* deste artigo.

§ 3º Os entes públicos que possuem acordos de cooperação técnica com o INSS, nos quais esteja previsto o acesso aos dados do SISOBI, poderão ter acesso aos arquivos com esses dados até o mês de janeiro de 2022.

§ 4º A autorização para compartilhamento dos dados do SIRC, concedida por análise do INSS, se restringe aos órgãos e entidades públicas, ou conforme regulamentação do Comitê Gestor do SIRC.

ANEXO I – PORTARIA DIRBEN/INSS Nº 990, DE 28 DE MARÇO DE 2022
TABELAS DE CÓDIGOS DE PAGAMENTO DE CONTRIBUIÇÃO PREVIDENCIÁRIA

1. TABELA DE ALÍQUOTAS E CÓDIGO DE PAGAMENTO:

Categoria			Código de Pagamento	Alíquotas	Vencimento
Empregado Doméstico	Mensal		1600	8, 9 ou 11%	
	Trimestral		1651	+	
	Reclamatória Trabalhista		1708	12% do empregador	
	Empregador (Patronal/Afast. Sal.Maternidade)	Mensal	1619	12%	
		Trimestral	1678		
Contribuinte Individual	Plano Normal	Mensal	1007	20%	
		Trimestral	1104		
	Plano Simplificado	Mensal	1163	11%	Dia 15 do mês subsequente
		Trimestral	1180		
	Com dedução de 45%	Mensal	1120	11%	
		Trimestral	1147		
Contribuinte Individual Rural	Com dedução de 45%	Mensal	1805	11%	
		Trimestral	1813		
Contribuinte Individual Rural	Plano Normal	Mensal	1287	20%	
		Trimestral	1228		
	Plano Simplificado	Mensal	1236	11%	
		Trimestral	1252		
Segurado Especial	Que contribui facultativamente	Mensal	1503	20%	
		Trimestral	1554		
Facultativo	Plano Normal	Mensal	1406	20%	
		Trimestral	1457		
	Plano Simplificado	Mensal	1473	11%	
		Trimestral	1490		
	Baixa Renda	Mensal	1929	5%	
		Trimestral	1937		

2. TABELA DE CÓDIGO DE PAGAMENTO PARA COMPLEMENTAÇÃO:

Categoria			Código de Pagamento	Percentual
Contribuinte Individual	Plano Simplificado	Mensal	1295	
		Trimestral	1198	9% do
Facultativo	Plano Simplificado	Mensal	1686	Salário Mínimo
		Trimestral	1694	
	Exercente de Mandato Eletivo		1821	9%
	Complementação para o Plano Simplificado	Mensal	1830	6% do
Facultativo		Trimestral	1848	Salário Mínimo
Baixa Renda	Complementação para o Plano Normal	Mensal	1945	15% do
		Trimestral	1953	Salário Mínimo
Contribuinte Individual Rural	Complementação para Plano Normal	Mensal	1244	9% do
		Trimestral	1260	Salário Mínimo

ANEXO II – PORTARIA DIRBEN/INSS Nº 990, DE 28 DE MARÇO DE 2022

TERMO DE COMUNICAÇÃO DE EXCLUSÃO

Local e data: _____, _____/_____/_____.
Filiado: _____
NIT: _____

Comunicamos que, conforme solicitação, foram excluídas do Cadastro Nacional de Informações Social – CNIS as informações do(s) período(s) abaixo, provenientes das bases governamentais.

Requerimento: _____ Protocolo: _____
Tipo: Períodos das Bases de CAFIR e SEAP Ação: Excluir
Período(s) Excluído(s):

Data de Início: _____/_____/_____ Data Fim: _____/_____/_____
Base Governamental: _____ (CAFIR ou SEAP)
NIRF (quando CAFIR) ou RGP (quando SEAP): _____
Situação: _____ (Positivo, Pendente ou Negativo)
Motivo: _____

Data de Início: _____/_____/_____ Data Fim: _____/_____/_____
Base Governamental: _____ (CAFIR ou SEAP)
NIRF (quando CAFIR) ou RGP (quando SEAP): _____
Situação: _____ (Positivo, Pendente ou Negativo)
Motivo: _____

Data de Início: _____/_____/_____ Data Fim: _____/_____/_____
Base Governamental: _____ (CAFIR ou SEAP)
NIRF (quando CAFIR) ou RGP (quando SEAP): _____
Situação: _____ (Positivo, Pendente ou Negativo)
Motivo: _____

Data de Início: _____/_____/_____ Data Fim: _____/_____/_____
Base Governamental: _____ (CAFIR ou SEAP)
NIRF (quando CAFIR) ou RGP (quando SEAP): _____
Situação: _____ (Positivo, Pendente ou Negativo)
Motivo: _____

Data de Início: _____/_____/_____ Data Fim: _____/_____/_____
Base Governamental: _____ (CAFIR ou SEAP)
NIRF (quando CAFIR) ou RGP (quando SEAP): _____
Situação: _____ (Positivo, Pendente ou Negativo)
Motivo: _____

Estou ciente de que as informações acima referenciadas foram ratificadas mediante a minha confirmação na condição de segurado especial. Declaro, ainda, serem completas e verdadeiras as informações acima expostas, estando ciente das penalidades do art. 299 do Código Penal Brasileiro.

Ciente em _____/_____/_____

_____
Assinatura do Filiado

ANEXO III – PORTARIA DIRBEN/INSS Nº 990, DE 28 DE MARÇO DE 2022
(ACRESCIDO PELA PORTARIA DIRBEN/INSS 1.005/2022)

ORIENTAÇÕES SOBRE O REQUERIMENTO DE AJUSTES DE COMPLEMENTAÇÃO, UTILIZAÇÃO E AGRUPAMENTO PARA FINS DO ALCANCE DO LIMITE MÍNIMO DO SALÁRIO DE CONTRIBUIÇÃO, INSTITUÍDOS PELO ART. 29 DA EMENDA CONSTITUCIONAL Nº 103/2019

1. DO REQUERIMENTO DE AJUSTES PARA ALCANCE DO SALÁRIO MÍNIMO – EMENDA CONSTITUCIONAL 103/2019

1.1. O segurado pode efetuar os ajustes de complementação, utilização e agrupamento previstos no art. 29 da Emenda Constitucional nº 103, de 12 de novembro de 2019 mediante acesso ao Meu INSS no endereço eletrônico https://meu.inss.gov.br/, via requerimento do serviço AJUSTES PARA ALCANCE DO SALÁRIO MÍNIMO – EMENDA CONSTITUCIONAL 103/2019.

1.2. Trata-se de serviço realizado e concluído exclusivamente de forma remota, por meio do Meu INSS, não havendo agendamento ou necessidade de comparecimento nas Unidades de Atendimento do INSS.

1.3. Para acessar esse serviço é necessário ter senha de acesso ao Meu INSS. Caso o segurado não possua senha de acesso deverá criá-la conforme orientações contidas no endereço eletrônico: http://faq-login-unico.servicos.gov.br/en/latest/_perguntasdafaq/contaacesso.html

1.4. Com a senha de acesso, o segurado deverá efetuar **login** no Meu INSS.

1.5. Após **login** no Meu INSS, escolher a opção "**Novo Pedido**":

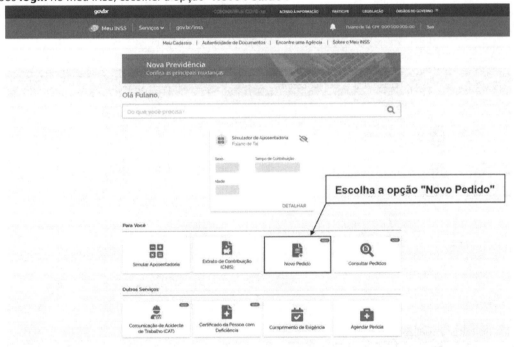

1.6. O segurado poderá fazer a busca do serviço respondendo à pergunta "Que atendimento você deseja?", digitando AJUSTES PARA ALCANCE DO SALÁRIO MÍNIMO – EMENDA CONSTITUCIONAL 103/2019:

1.7. Clique na opção AJUSTES PARA ALCANCE DO SALÁRIO MÍNIMO – EMENDA CONSTITUCIONAL 103/2019:

1.8. O segurado poderá também optar pela busca do serviço de AJUSTES PARA ALCANCE DO SALÁRIO MÍNIMO - EMENDA CONSTITUCIONAL 103/2019 clicando no menu CNIS:

1.9. Clique no botão Atualizar:

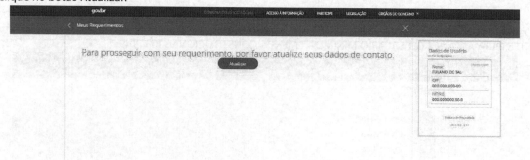

1.10. Caso seja necessário atualizar algum dado cadastral preencha os campos com os dados e clique no botão "Atualizar", caso não seja necessário atualização clique no botão "Avançar":

1.11. Leia com atenção o texto de "Informações do Serviço" acessando o link "Clique aqui":

Texto de Informações do Serviço:
"AJUSTES PARA ALCANCE DO SALÁRIO MÍNIMO - EMENDA CONSTITUCIONAL 103/2019 -
Atendimento à distância
ATENÇÃO! LEIA O TEXTO A SEGUIR ANTES DE PROSSEGUIR COM OS AJUSTES DA EC 103/2019:
O atendimento deste serviço será realizado à distância, não sendo necessário o comparecimento presencial nas unidades do INSS, a não ser quando solicitado para eventual comprovação.
Esse serviço permite efetuar os ajustes necessários para o alcance do salário mínimo nacional vigente na(s) competência(s) a partir de 11/2019, que estejam abaixo do salário mínimo, dentro de um mesmo ano civil (período de doze meses contados de 1º de janeiro a 31 de dezembro do respectivo ano), exceto o décimo terceiro salário, conforme disposto pelo artigo 29 da Emenda Constitucional nº 103, de 12 de novembro de 2019.
Os segurados empregado, empregado doméstico, trabalhador avulso e contribuinte individual, inclusive aqueles que exerçam atividades concomitantes, que no somatório de remunerações auferidas na competência, receber remuneração inferior ao limite mínimo mensal do salário de contribuição, poderão efetuar os seguintes ajustes:
1º - complementação da contribuição das competências por Documento de Arrecadação de Receitas Federais - Darf;
2º - utilização do valor do salário de contribuição que exceder ao limite mínimo, de uma ou mais competências, para completar o salário de contribuição de uma ou mais competências;
3º - agrupamento dos salários de contribuição inferiores ao limite mínimo, de diferentes competências, para aproveitamento em uma ou mais competências, de forma que o resultado do agrupamento não ultrapasse o valor mínimo do salário de contribuição.
Cabe ao segurado solicitar a qualquer tempo os ajustes de complementação, utilização e agrupamento, que serão irreversíveis e irrenunciáveis após processados.
A complementação corresponderá ao valor resultante da diferença entre o salário mínimo nacional vigente no mês e a remuneração consolidada inferior ao limite mínimo do salário de contribuição da competência, multiplicado pela alíquota correspondente à categoria de segurado.

A complementação por meio de Darf prevista neste serviço não poderá ser realizada nas situações abaixo relacionadas, devendo, neste caso, ser utilizada a Guia da Previdência Social GPS obtida nas Unidades de Atendimento do INSS: complementação da contribuição do Plano Simplificado da Previdência, do contribuinte individual que exerça exclusivamente atividade por conta própria na alíquota de 11% (GPS cód. 1163) e MEI (DASMEI), para o plano normal na alíquota de 20%; qualquer contribuição de Facultativo (GPS cód. 1406, 1473 e 1929) ou de Segurado Especial (GPS cód. 1503); e diferença de contribuição na alíquota de 20% (GPS cód. 1007) para valor superior ao salário-mínimo do segurado que exercer exclusivamente atividade de contribuinte individual, decorrente de remuneração comprovada superior ao valor anteriormente pago."

1.12. Clicando no botão "Avançar" da tela anterior é apresentada a tela a seguir. Caso não tenha atualizado os dados de contato conforme subitem 1.10, preencha pelo menos um dos campos "Celular" ou "Telefone fixo", informe se aceita acompanhar o andamento do processo pelo Meu INSS, Central 135 ou e-mail, selecione o ano civil para realização dos ajustes e clique em "Avançar":

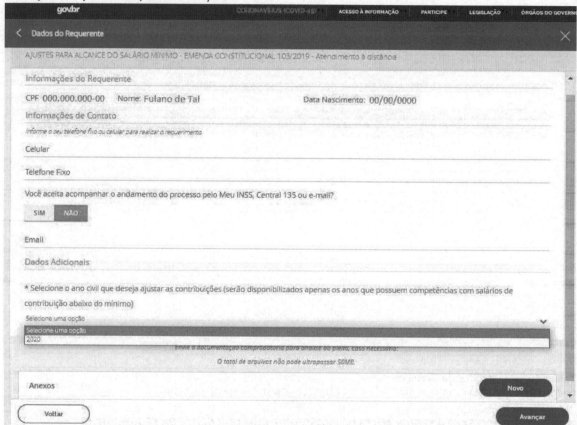

1.13. Selecionado o ano civil desejado, o sistema apresenta, na tela seguinte, os quadros **"Situação Atual"**, **"Sugestão de Ajustes de Utilização, Agrupamento e Complementação"** e **"Sugestão de Complementação sem os Ajustes de Utilização e Agrupamento"**.

1.13.1. Clicando no botão "Detalhar" de qualquer um dos quadros o segurado poderá visualizar as informações específicas de cada um.

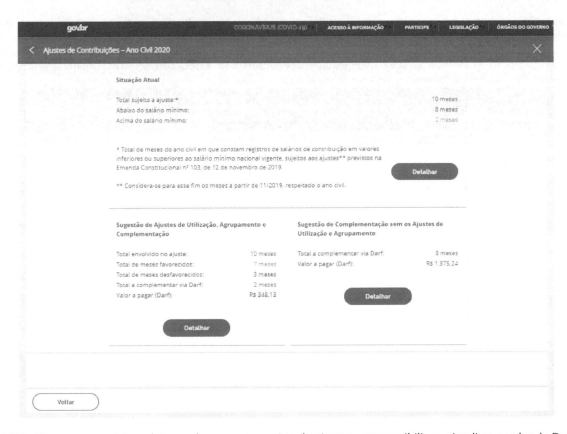

1.13.2. Observe que existem dois quadros com sugestões de ajustes, que possibilitam visualizar o valor de Darf resultante da operação a ser escolhida. Veja que no exemplo abaixo, o quadro de "**Sugestão de Ajustes de Utilização, Agrupamento e Complementação**" apresentou um valor consolidado de Darf de R$ 348,13, enquanto que o quadro de "**Sugestão de Complementação sem os Ajustes de Utilização e Agrupamento**" apresentou um valor consolidado de Darf de R$ 1.375,24. O segurado poderá optar pela sugestão que mais se adequar à sua necessidade e intenção. Detalhando os quadros o segurado pode observar com mais precisão as sugestões disponibilizadas:

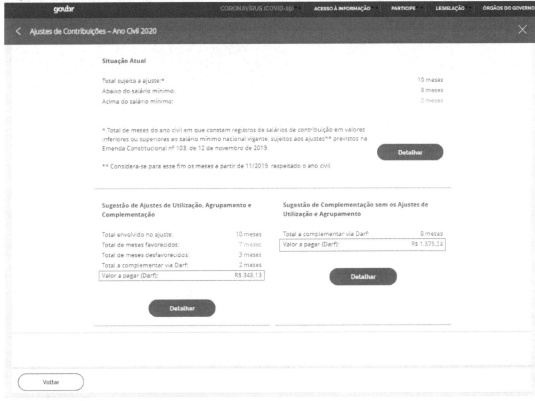

1.13.3. O **Quadro "Situação Atual"** indica a quantidade de meses do Ano Civil selecionado para os quais podem ser feitos os ajustes de utilização, agrupamento e complementação. Ao clicar no botão detalhar serão disponibilizadas as informações conforme exemplo a seguir. Visualize na coluna "Salário de Contribuição Consolidado" as remunerações que alcançaram ou superaram o salário mínimo nacional vigente (em cor verde), bem como as remunerações abaixo do valor mínimo (em cor vermelha). Vejamos a tela abaixo:

Situação Atual - Salários de contribuição - Ano Civil 2020

Mês/Ano	Remuneração Apurada	Remuneração Bloqueada	Salário de Contribuição Consolidado	Salário Mínimo vigente
JAN/2020	R$ 77,74	-	R$ 77,74	R$ 1.039,00
FEV/2020	R$ 480,28	-	R$ 480,28	R$ 1.045,00
MAR/2020	R$ 562,58	-	R$ 562,58	R$ 1.045,00
ABR/2020	-	-	-	-
MAI/2020	R$ 71,65	-	R$ 71,65	R$ 1.045,00
JUN/2020	R$ 509,19	-	R$ 509,19	R$ 1.045,00
JUL/2020	R$ 523,19	-	R$ 523,19	R$ 1.045,00
AGO/2020	R$ 49,39	-	R$ 49,39	R$ 1.045,00
SET/2020	-	-	-	-
OUT/2020	R$ 704,91	-	R$ 704,91	R$ 1.045,00
NOV/2020	R$ 3.317,32	-	R$ 3.317,32	R$ 1.045,00
DEZ/2020	R$ 2.777,94	-	R$ 2.777,94	R$ 1.045,00

Remuneração Apurada - corresponde à soma dos salários de todas as atividades laborais da competência que não estejam bloqueadas.

Remuneração Bloqueada - corresponde à soma dos salários de todas as atividades laborais da competência que não foram consideradas na Remuneração Apurada por apresentarem alguma pendência, o que pode ser identificado no Extrato de Contribuições do MEU INSS.

Valores pagos com códigos 1066, 1163, 1180, 1236 e 1252 constantes na coluna "bloqueados", deverão ser complementados, por meio de GPS, para aproveitamento nos ajustes da EC nº 103/2019.

Salário de Contribuição Consolidado - corresponde à soma dos salários, limitado ao teto previdenciário, de todas as atividades laborais das competências que não estejam bloqueadas.

1.13.4. O Quadro **"Sugestão de Ajustes de Utilização, Agrupamento e Complementação"** indica os ajustes de utilização e agrupamento sugeridos, automaticamente, de forma que o valor a complementar por meio de Documento de Arrecadação de Receitas Federais - Darf, caso exista, seja o menor possível. Ao clicar no botão detalhar serão disponibilizadas as informações conforme exemplo a seguir:

Sugestão de Ajustes de Utilização, Agrupamento e Complementação de Contribuições - Ano Civil 2020

Mês/Ano	Salário de Contribuição Consolidado	Sugestão de Utilização e Agrupamento	Sugestão de Complementação	Previsão de Salário Ajustado
JAN/2020	R$ 77,74	+ R$ 961,26	-	R$ 1.039,00
FEV/2020	R$ 480,28	+ R$ 564,72	-	R$ 1.045,00
MAR/2020	R$ 562,58	+ R$ 482,42	-	R$ 1.045,00
ABR/2020	-			-
MAI/2020	R$ 71,65	+ R$ 973,35	-	R$ 1.045,00
JUN/2020	R$ 509,19	+ R$ 535,81	-	R$ 1.045,00
JUL/2020	R$ 523,19	+ R$ 521,81	-	R$ 1.045,00
AGO/2020	R$ 49,39	+ R$ 670,80	R$ 82,70	R$ 1.045,00
SET/2020	-			-
OUT/2020	R$ 704,91	− R$ 704,91	R$ 265,43	R$ 1.045,00
NOV/2020	R$ 3.317,32	− R$ 2.272,32	-	R$ 1.045,00
DEZ/2020	R$ 2.777,94	− R$ 1.732,94	-	R$ 1.045,00

Atenção: Após clicar no botão "Aceitar", você poderá, na tela de conclusão do requerimento, gerar todos o(s) Darf(s) de complementação ou somente o(s) que deseja pagar, podendo realizar novo requerimento caso deseje pagar os demais Darf(s) com validade vencida.

1.13.5. O Quadro **"Sugestão de Complementação sem os Ajustes de Utilização e Agrupamento"** indica a possibilidade de complementar por meio de Darf todas as competências em que o somatório dos salários de contribuição estiver menor que o salário mínimo, sem aplicação de ajustes de utilização e agrupamento. Ao clicar no botão detalhar serão disponibilizadas as informações conforme exemplo a seguir.

Por padrão, todas as competências em que existem sugestões de complementação são selecionadas para geração do Darf, mas o segurado poderá desmarcar as que não deseja pagar a complementação. Após definir as competências para as quais deseja gerar Darf, clicar no botão "Aceitar".

	Mês/Ano	Salário de Contribuição Consolidado	Diferença Salário de Contribuição	Alíquota	Contribuição	Juros	Multa	Total a Pagar
☑	JAN/2020	R$ 77,74	R$ 961,26	20.0%	R$ 192,26	R$ 17,09	R$ 38,45	R$ 247,80
☑	FEV/2020	R$ 480,28	R$ 564,72	20.0%	R$ 112,95	R$ 9,65	R$ 22,59	R$ 145,19
☑	MAR/2020	R$ 562,58	R$ 482,42	20.0%	R$ 96,49	R$ 7,97	R$ 19,29	R$ 123,75
☐	ABR/2020	-	-	-	-	-	-	-
☑	MAI/2020	R$ 71,65	R$ 973,35	20.0%	R$ 194,67	R$ 15,22	R$ 38,93	R$ 248,82
☑	JUN/2020	R$ 509,19	R$ 535,81	20.0%	R$ 107,17	R$ 8,17	R$ 21,43	R$ 136,77
☑	JUL/2020	R$ 523,19	R$ 521,81	20.0%	R$ 104,37	R$ 7,79	R$ 20,87	R$ 133,03
☑	AGO/2020	R$ 49,39	R$ 995,61	20.0%	R$ 199,13	R$ 14,55	R$ 39,82	R$ 253,50
☐	SET/2020	-	-	-	-	-	-	-
☑	OUT/2020	R$ 704,91	R$ 340,09	20.0%	R$ 68,02	R$ 4,76	R$ 13,60	R$ 86,38
☐	NOV/2020	R$ 3.317,32	-	-	-	-	-	-
☐	DEZ/2020	R$ 2.777,94	-	-	-	-	-	-

1.14. Ao clicar no botão "Aceitar" para quaisquer das escolhas, seja a proposta do Quadro previsto no subitem 1.13.4 ou a proposta do Quadro previsto no subitem 1.13.5, embora o requerimento seja realizado e concluído exclusivamente de forma remota, o sistema, por padrão, na próxima tela, exige que seja escolhida uma localidade de atendimento, informando o CEP, o Município ou a sua Localização para consultar uma unidade de relacionamento do segurado. Após preencher o CEP, o Município ou a sua Localização, o segurado deve selecionar a Unidade de Atendimento à distância e clicar em "Avançar". Caso o sistema não encontre nenhuma Unidade disponível e dê a mensagem "Nenhuma unidade disponível para este tipo de atendimento", tente outro CEP ou Município para encontrar.

Importante: Lembre-se que essa informação não significa nenhum tipo de agendamento, pois esse serviço é automático e concluído no ato do requerimento. Como informado no início deste Anexo, trata-se de serviço realizado e concluído exclusivamente de forma remota, por meio do Meu INSS, não havendo agendamento ou necessidade de comparecimento nas Unidades de Atendimento do INSS.

Vejamos o exemplo das telas de informação dos dados de atendimento à distância:

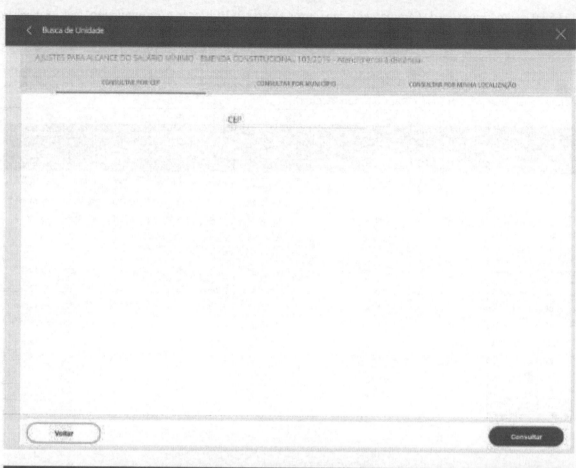
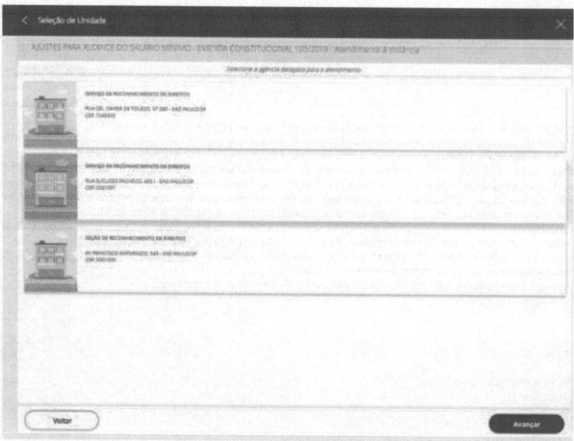

1.15. Na próxima tela, o segurado será informado dos dados básicos do requerimento e das Informações Adicionais, devendo clicar em "Declaro que li e concordo com as informações acima" e em seguida no botão "Avançar", para concluir o requerimento e o sistema efetuar o(s) ajuste(s) solicitado(s):

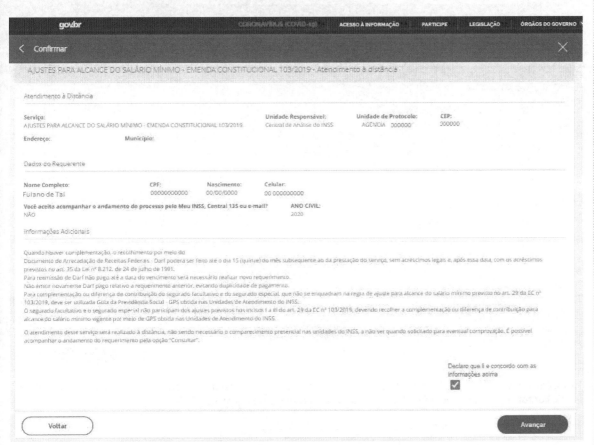

1.16. Conforme visto nas telas acima, o segurado pode escolher entre a proposta do **Quadro "Sugestão de Ajustes de Utilização, Agrupamento e Complementação"** previsto no subitem 1.13.4 ou do **Quadro "Sugestão de Complementação sem os Ajustes de Utilização e Agrupamento"** previsto no subitem 1.13.5 para os ajustes do ano civil escolhido. Sendo quaisquer das duas opções aceitas, o Requerimento do ano civil será concluído e apresentada a mensagem "Requerimento realizado com sucesso" na parte superior da tela. Nesta mesma tela serão apresentados os botões:

• "**Gerar todos os Darfs**" caso, após os ajustes efetuados, existam competências para pagamento;
• "**Gerar comprovante**" do Requerimento Concluído;
• "**Solicitações**" para ser direcionado para a tela onde constam os requerimentos existentes no Meu INSS.
Vejamos o exemplo da tela:

PORTARIA DIRBEN/INSS Nº 990, DE 28 DE MARÇO DE 2022

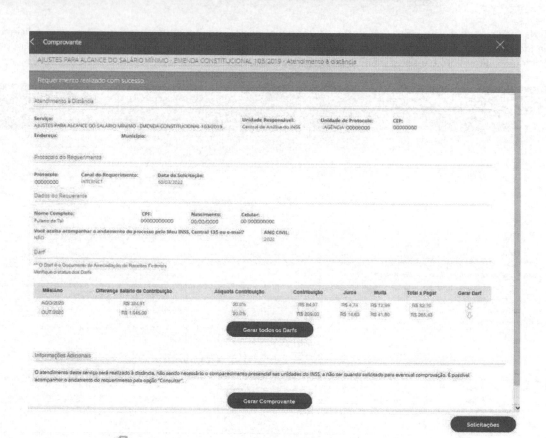

1.16.1. Clicando no ícone ⬇ ou no botão "Gerar todos os Darfs", o segurado poderá gerar o(s) Darf(s) que deseja pagar, conforme exemplo abaixo relativo ao Darf da competência agosto de 2020:

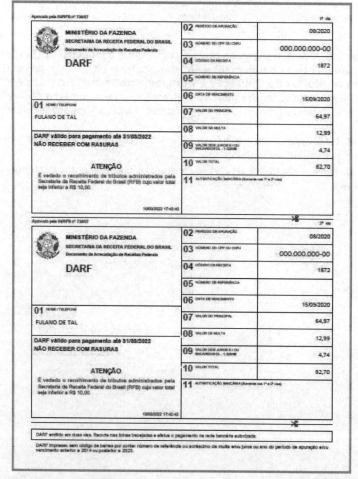

1.16.2. O Comprovante do Requerimento gerado será equivalente ao seguinte modelo:

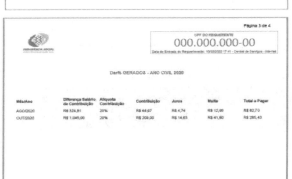

1.17. Ao finalizar o requerimento o segurado poderá consultá-lo clicando no botão "Solicitações" da tela do subitem 1.16. Ou poderá consultar seus requerimentos acessando "Consulta Pedidos" conforme tela a seguir:

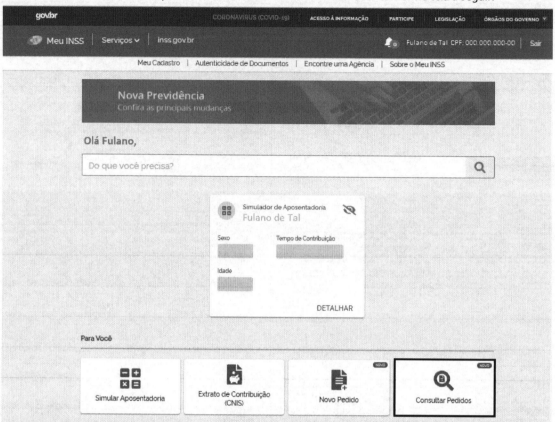

1.18. Na "Consulta a pedidos" os requerimentos são apresentados conforme tela a seguir:

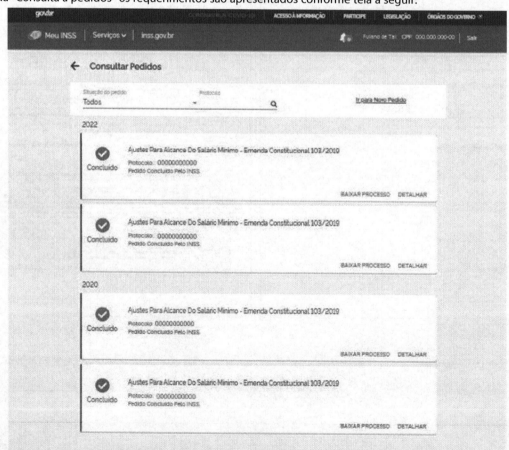

1.18.1. Clicando na opção "BAIXAR PROCESSO" no requerimento que deseja consultar, o segurado pode gerar o processo completo e concluído, em PDF, conforme exemplo a seguir:

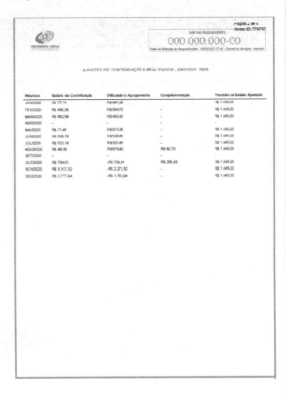
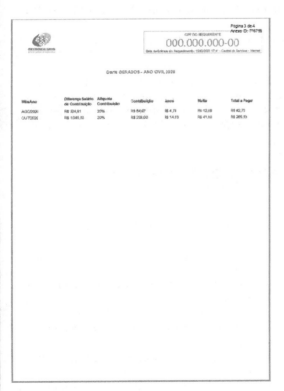

1.18.2. Clicando na opção "DETALHAR" no requerimento que deseja consultar, é disponibilizada a tela a seguir, na qual o segurado pode realizar as seguintes ações: gerar todos os Darfs, gerar comprovante e baixar processo:

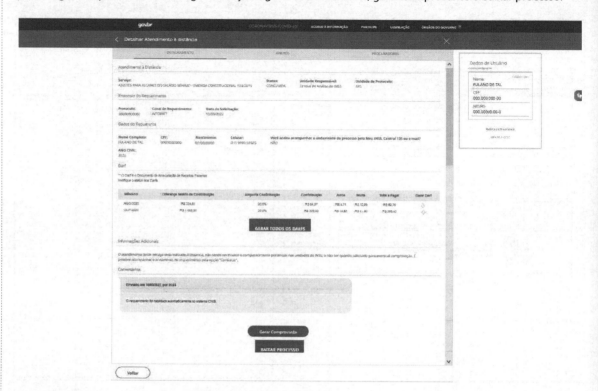

2. CONSULTA AOS AJUSTES REALIZADOS PARA ALCANCE DO SALÁRIO MÍNIMO - EMENDA CONSTITUCIONAL 103/2019 NO EXTRATO DE CONTRIBUIÇÕES DO MEU INSS

2.1. É importante saber que a partir da aceitação do segurado os ajustes de utilização e agrupamento serão realizados automaticamente e o requerimento concluído. Dessa forma, os dados do Ano Civil ajustado estarão disponíveis no Extrato do CNIS no Meu INSS (https://meu.inss.gov.br/), bem como os respectivos indicadores.

2.2 Os sistemas do INSS estão em fase de adequação para exibir automaticamente no Extrato do CNIS o salário de contribuição relativo ao Darf liquidado, sendo que todos os recolhimentos efetuados antes e depois da adequação serão apropriados no CNIS. Até que referida adequação sistêmica seja concluída o segurado poderá apresentar ao INSS o comprovante do recolhimento do Darf referente à complementação para fins de reconhecimento de direitos.

ANEXO IV – PORTARIA DIRBEN/INSS Nº 990, DE 28 DE MARÇO DE 2022
(Acrescido pela Portaria DIRBEN/INSS 1.005/2022)

INDICADORES DOS AJUSTES DE COMPLEMENTAÇÃO, UTILIZAÇÃO E AGRUPAMENTO
Indicadores de Complementação:

1. ICOMPL-VR-SM-EC103: Indicador que sinaliza se a competência possui recolhimento de complementação Darf para o valor mínimo.

2. IVLR-DARF-LIMITADO: Indicador que sinaliza que um valor de Darf foi limitado de forma que o valor total da competência não ultrapasse o valor do Salário Mínimo na competência.

Indicadores de Agrupamento:

1. IAGRUP-ZER-EC103: Indicador aplicado na competência que possui valor abaixo de Salário Mínimo e que cede para outra competência e restando a cedente zerada (desfavorecida);

2. IAGRUP-VR-EC103: Indicador aplicado na competência que possui valor abaixo de Salário Mínimo e que cede para outra competência e restando a cedente com resíduo (desfavorecida);

3. IAGRUP-SM-EC103: Indicador aplicado na competência que recebe de outra competência, que possui valor abaixo de Salário Mínimo e ficando a favorecida igual ao Salário Mínimo (favorecida);

4. IAGRUP-MN-SM-EC103: Indicador aplicado na competência que recebe de outra competência, que possui valor abaixo de Salário Mínimo e permanecendo a favorecida abaixo do Salário Mínimo (favorecida).

Indicadores de Utilização:

1. IUTILIZ-EXC-EC103: Indicador aplicado na competência que receber valor de competências que possuam valores excedentes ao Salário Mínimo e ficando a favorecida igual ao Salário Mínimo (favorecida).

2. IUTILIZ-EXC-MN-SM-EC103: Indicador aplicado na competência que receber valor de competências que possuam valores excedentes ao Salário Mínimo e permanecendo a favorecida abaixo do Salário Mínimo (favorecida).
3. ICED-VR-EXC-EC103: Indicador aplicado na competência com que possui valor excedente ao Salário Mínimo e que cede valor para outra competência (desfavorecida).

Outros indicadores:
1. IREL-PREV-POSSUI-COMP-AJUST: Indicador aplicado na Relação Previdenciária para sinalizar que esta possui alguma competência que foi ajustada (favorecida/desfavorecida).
2. IREM-INDPEND: Indicador aplicado na Relação Previdenciária, exceto no tipo Período Contribuição Consolidado, para sinalizar que esta possui remunerações que contém indicadores e/ou pendencias diferentes dos indicadores EC103.

ANEXO V – PORTARIA DIRBEN/INSS Nº 990, DE 28 DE MARÇO DE 2022
(ACRESCIDO PELA PORTARIA INSS/DIRBEN 1.121/2023)

RELAÇÃO DOS INDICADORES DISPONIBILIZADOS NO CNIS

I – INDICADORES DE PENDÊNCIA (CsPendencia):

TIPO	GRUPO	SIGLA	DESCRIÇÃO	ESCLARECIMENTOS
CsPendencia	AJUSTES EC103 - OUTROS INDICADORES	PDESFAZ-AJ-EC103	Pendência por desfazimento de agrupamento ou utilização	Trata-se de um indicador de pendência por desfazimento de agrupamento ou utilização. Indica que não poderão ocorrer operações de utilização de excedente, agrupamento e complementação num ano civil que possua qualquer competência que apresente a pendência: PDESFAZ-AJ- EC103.
CsPendencia	AJUSTES EC103 - OUTROS INDICADORES	PMOV-INCONSIST	Pendência de registro inconsistente de movimentação entre competências	Trata-se de um indicador de pendência que verifica a consistência dos dados de créditos e débitos, ocorridos entre competências, no processo de elaboração dos ajustes de agrupamento, utilização e complementação de valores entre competências de um mesmo ano civil. O indicador somente será aplicado quando detectada a inconsistência.
CsPendencia	AJUSTES EC103 – OUTROS INDICADORES	PREM-BLOQ-EC103	Pendência de bloqueio de remuneração/contribuição para ajuste entre competências	Pendência para sinalização de bloqueio, aplicada quando a remuneração/contribuição possui algum tipo de pendência que não permite sua participação em ajuste entre competências. Aplicada na remuneração/contribuição bloqueada. A competência do ano civil poderá possuir esta pendência caso todos os recolhimentos envolvidos na competência estejam bloqueados. Esse indicador de pendência é exibido quando existir: A. vínculo extemporâneo; B. remuneração extemporânea de CI prestador de serviço; C. contribuição pelo Plano Simplificado (inclusive o MEI), quando essa contribuição for concomitante com vínculo de empregado e empregado doméstico/período de trabalhador avulso, sem complementação para 20%; D. inconsistências no cadastro de Pessoa Jurídica; E. período de vínculo ou remuneração fora do período de atividade da empresa.

TIPO	GRUPO	SIGLA	DESCRIÇÃO	ESCLARECIMENTOS
CsPendencia	AJUSTES EC103 - OUTROS INDICADORES	PSC-MEN-SM-EC103	Pendência que sinaliza que a competência possui salário de contribuição menor do que o mínimo. Competência não tratada, passível de complementação, utilização ou agrupamento	Pendência na competência em que o somatório dos salários de contribuição é menor que o mínimo. Competência pode ser passível de complementação, utilização ou agrupamento, de acordo com a Emenda Constitucional - EC nº 103, de 2019. Esta pendência é mutuamente exclusiva em relação a pendência PREM- BLOQ-EC103, ou seja, caso exista PREM-BLOQ- EC103, PSCMEN-SM-EC103 não será verificada. A partir da competência novembro de 2019, esse indicador substitui o indicador PREC-MENOR- MIN quando se tratar de situações alcançadas pelo art. 29 da EC 103, de 2019. É em "Detalhamento da Relação Previdenciária por Competência" onde pode ser observada a aplicação do novo indicador PSC-MEN-SM-EC103 envolvendo competências que se encontram abaixo do valor mínimo permitido, sendo necessários os Ajustes do art. 29 da EC 103, de 2019, a serem requeridos pelo segurado via canal de atendimento remoto do Meu INSS. Após a realização de Ajustes de complementação, utilização e agrupamento, bem como o processamento do Documento de Arrecadação de Receitas Federais – Darf liquidado, já não é mais apresentado o indicador PSC-MEN-SM-EC103 nas competências ajustadas.
CsPendencia	CONTRIBUIÇÕES	IREC-FBR-IND	Recolhimento facultativo baixa renda indeferido/inválido	Indica que o período de contribuição efetuado como facultativo de baixa renda da Lei nº 12.470, de 2011, já foi analisado e indeferido/invalidado.
CsPendencia	CONTRIBUIÇÕES	PREC- CDCONC	Recolhimento ou periodo atividade de contribuinte em dobro concomitante com outro TFV (Tipo de Filiado no Vínculo)	Indicador de pendência para guias de contribuição ou período atividade de contribuinte em dobro concomitante com outro Tipo de Filiado no Vínculo - TFV. Para a retirada da pendência, deverá ser analisada a situação do CNIS em relação aos recolhimentos/vínculos apresentados, a fim de identificar qual o tratamento a ser dispensado para o caso concreto, se devido. Poderá ser identificado que não há tratamento a ser aplicado em razão da contribuição ter sido realizada indevidamente e já ter sido ultrapassado o prazo para solicitar restituição à Secretaria Especial da Receita Federal do Brasil – RFB.
CsPendencia	CONTRIBUIÇÕES	PREC- COD1821	Recolhimento com código de pagamento 1821 - Mandato Eletivo	O indicador PREC- COD1821 sinaliza pendência no recolhimento de complementação dos valores devidos à alíquota de 20%, aplicada para o interstício entre 01/02/1998 e 18/09/2004, em que o exercente de mandato eletivo optou pela filiação como segurado facultativo, para fins de validação e cômputo do período.
CsPendencia	CONTRIBUIÇÕES	PREC-CSE	Recolhimento de segurado especial pendente de comprovação da atividade	Guia diferente de Guia da Previdência Social - GPS, sem código de pagamento e com registro de Segurado Especial no banco de atividade do CNIS: apresenta pendência. GPS com código de pagamento 1503 (SE - Segurado Especial) com ou sem registro de segurado especial no banco de atividade do CNIS: apresenta pendência. Requerimento de SE no CNIS homologando a atividade corresponde ao período de contribuição da guia não GPS ou GPS: retira a pendência da contribuição.

TIPO	GRUPO	SIGLA	DESCRIÇÃO	ESCLARECIMENTOS
				Dessa forma, o indicador de pendência do recolhimento facultado ao segurado especial, em GPS ou por guia diferente de GPS sem código de pagamento (Carnê, Guia de Recolhimento Simplificada - GRS) deverá ser tratado para que o período recolhido seja considerado. Deve-se fazer a ratificação na categoria de segurado especial por meio de requerimento no Portal CNIS, conforme procedimentos previstos na legislação vigente. Se constatado que não se trata de segurado especial, pode ser realizado o reconhecimento de filiação em outra atividade obrigatória, demandando alteração do código de pagamento, ou ainda para a categoria de "facultativo", desde que atendidas as disposições legais.
CsPendencia	CONTRIBUIÇÕES	PREC- FACULTCONC	Recolhimento ou período de contribuinte facultativo concomitante com outros vínculos	Pendência em recolhimentos efetuados nos códigos relativos a facultativo, a partir da implantação da GPS, e/ou recolhimentos anteriores à implantação da GPS que tenham correspondente período declarado de atividade como facultativo concomitantes com outro Tipo de Filiado no Vínculo - TFV. Não há impacto no reconhecimento de direitos nos casos em que os vínculos do segurado estejam corretos e a concomitância com filiação obrigatória no RGPS seja confirmada, pois apesar da disponibilização dos recolhimentos indevidos aos sistemas de benefícios, esses recolhimentos estão marcados como pendentes e não serão considerados. Contudo, pode haver impacto no reconhecimento do direito nos casos em que a concomitância indevida decorrer de vínculos sem data de rescisão ou recolhimentos com códigos de pagamento equivocado, sendo necessário realizar os ajustes devidos no CNIS a fim de que o indicador seja retirado do recolhimento.
CsPendencia	CONTRIBUIÇÕES	PREC-FBR	Recolhimento facultativo baixa renda pendente de análise	Pendência atribuída aos períodos de contribuições de facultativo baixa renda - FBR para os quais não houve validação automática das contribuições ou foram validadas através do Sistema de Acertos de Recolhimentos de Contribuinte Individual - SARCI e, posteriormente, invalidadas em virtude da concomitância com contribuições em outras categorias, vínculos em aberto, benefícios ativos (espécies 31 e 91), períodos de Contribuinte Individual – CI Rural e Segurado Especial.
CsPendencia	CONTRIBUIÇÕES	PREC-FBR- ANT	Recolhimento de contribuinte facultativo baixa renda anterior a 09/2011 (inválido)	O PREC-FBR-ANT indica recolhimento de facultativo baixa renda - FBR anterior à competência 09/2011. Esta pendência é atribuída às contribuições recolhidas com código de pagamento de FBR em competências anteriores à publicação da Lei nº 12.470, de 2011, instituidora dessa modalidade de contribuição previdenciária. O filiado pode solicitar a alteração do recolhimento para o código correspondente ao Plano Simplificado - PS da Lei Complementar nº 123, de 2006 (11%) ou para o plano convencional (20%) e recolher a diferença, caso necessário.

PORTARIA DIRBEN/INSS Nº 990, DE 28 DE MARÇO DE 2022

TIPO	GRUPO	SIGLA	DESCRIÇÃO	ESCLARECIMENTOS
				Nos casos de recolhimentos em atraso fora das condições exigidas para o segurado facultativo, caberá a avaliação pelo servidor da validade do recolhimento e/ou possível orientação quanto ao direito de restituição.
CsPendencia	CONTRIBUIÇÕES	PREC-LC150-DOM	Pagamento de doméstica em GPS em período de remuneração de fonte INSS/eSocial	Toda contribuição de empregado doméstico efetuada em GPS para a competência 10/2015 em diante é indevida e receberá o indicador de pendência PREC-LC150-DOM, para que não seja utilizada pelos sistemas de benefícios. Caso identificado recolhimento indevido do empregado doméstico em GPS após 09/2015, poderá ser solicitada a restituição dos valores junto à RFB, observada a prescrição. Indicador de Pendência disponibilizado para as contribuições de segurado especial, facultativo e contribuinte individual, incluindo o prestador de serviço, efetuadas a partir de 07/1994, a fim de identificar as competências nas quais houve recolhimentos inferiores ao salário mínimo, e que não são qualificadas a compor os benefícios previdenciários, na forma do § 3º do artigo 214 do Decreto nº 3.048, de 1999 (RPS).
CsPendencia	CONTRIBUIÇÕES	PREC-MENOR-MIN	Recolhimento abaixo do valor mínimo	Há impacto no reconhecimento do direito. A não complementação da contribuição inferior ao limite mínimo impede o seu aproveitamento para fins de tempo de contribuição, carência e cálculo do valor dos benefícios. O valor da contribuição considerada para fins de exibição, ou não, do indicador PREC-MENOR-MIN, será apurado de acordo com a alíquota de contribuição correspondente ao Tipo de Filiado no Vínculo - TFV e espécie de filiação. Se ocorrer complementação da contribuição pendente, o indicador PREC-MENOR-MIN será automaticamente retirado. Observação: As contribuições do empregado doméstico em GPS não recebem marcação do indicador PREC-MENOR-MIN nos casos de contribuição abaixo do valor mínimo até 09/2015, considerando que a remuneração para esse tipo de filiado era proporcional ao tempo de trabalho efetivo durante o mês, conforme disposto no RPS, em seu art. 214, § 3º, inciso II. Salientamos que a partir da competência 10/2015, o recolhimento da contribuição de empregado doméstico passou a ser efetuado por Documento de Arrecadação do eSocial – DAE, sendo que para o CNIS são utilizadas as remunerações lançadas no evento S-1200 (folha de pagamento) no Sistema de Escrituração Digital das Obrigações Fiscais, Previdenciárias e Trabalhistas - eSocial e não os valores de remuneração referentes ao recolhimento do DAE.
CsPendencia	CONTRIBUIÇÕES	PREC-PMIG-DOM	Recolhimento de empregado doméstico sem comprovação de vínculo	Este indicador é normalmente aplicado às contribuições de empregado doméstico por falta do vínculo correspondente no Portal CNIS. A contribuição também fica com o indicador de pendência PREC-PMIG-DOM se não estiver associada a um vínculo contemporâneo. Ao tratar a extemporaneidade do vínculo, a pendência da contribuição desaparece, pois passa a estar associada a um vínculo contemporâneo.

TIPO	GRUPO	SIGLA	DESCRIÇÃO	ESCLARECIMENTOS
				Também é aplicado aos recolhimentos da parte do empregador referente à salário-maternidade do empregado doméstico e/ou recolhimentos anteriores à implantação da GPS que tenham correspondente período declarado de atividade como empregado doméstico. Procedimento: inclusão do vínculo de empregado doméstico no Portal CNIS – módulo VRE. Se constatado que não se trata de empregado doméstico poderá ser realizado reconhecimento de filiação em outra atividade obrigatória, demandando alteração do código de pagamento para a filiação obrigatória correspondente ou alteração do código para facultativo, a pedido do filiado e desde que atendidas as disposições legais. A partir da competência 10/2015, somente as remunerações que constarem no vínculo serão válidas. Eventuais contribuições recolhidas por meio de GPS a partir desta competência não serão consideradas e receberão o indicador de pendência PREC-LC150-DOM.
CsPendencia	CONTRIBUIÇÕES	PREM-EXT	Remuneração informada fora do prazo, passível de comprovação	O indicador é apresentado em vínculos de contribuinte individual prestador de serviço em que o contratante presta a informação extemporaneamente a partir da competência 04/2003. Dessa forma, o indicador só é apresentado na Extrato do CNIS, para o CI prestador de serviço a empresa, a partir da competência 04/2003, quando o contratante passou a ser responsável pelo recolhimento, conforme a Lei nº 10.666, de 2003. Na consulta aos dados da GFIP/eSocial, disponíveis no Portal CNIS, é apresentada a informação se a contribuição é extemporânea ou não. O não tratamento da remuneração impede o cômputo do período no reconhecimento de direitos. A pendência da remuneração do CI prestador de serviço pode ser retirada através de tratamento via requerimento específico no Portal CNIS, desde que apresentada documentação comprobatória dos dados divergentes na forma do art. 29-A da Lei nº 8.213, de 1991.
CsPendencia	CONTRIBUIÇÕES/VÍNCULOS E REMUNERAÇÕES	PDT-NASC-FIL-INV	Idade do filiado menor que a permitida pela legislação	Indica existência de vínculos ou contribuições em períodos em que o titular do NIT/PIS/PASEP não possuía a idade mínima permitida pela legislação previdenciária (12, 14 e 16 anos). Procedimento: confirmar se a data de nascimento está correta. Se verificada a necessidade de alteração, utilizar o módulo de Pessoa Física CNIS-PF. Se não houver alteração, não serão considerados pelos sistemas de benefícios os períodos e as remunerações anteriores à idade mínima permitida, salvo quando haja análise do caso pontual e o tratamento específico seja efetuado.
CsPendencia	CONTRIBUIÇÕES/VÍNCULOS E REMUNERAÇÕES	PDT-NASC-FIL-MENOR-INV	Idade do filiado menor aprendiz menor que a permitida pela legislação	Indica existência de vínculos ou contribuições em períodos em que o titular do NIT/PIS/PASEP não possuía a idade mínima permitida pela legislação previdenciária na condição de menor aprendiz (12 e 14 anos).

PORTARIA DIRBEN/INSS Nº 990, DE 28 DE MARÇO DE 2022

TIPO	GRUPO	SIGLA	DESCRIÇÃO	ESCLARECIMENTOS
				Procedimento: confirmar se a data de nascimento está correta. Se verificada a necessidade de alteração, utilizar o módulo de Pessoa Física CNIS-PF. Se não houver alteração, não serão considerados pelos sistemas de benefícios os períodos e as remunerações anteriores à idade mínima permitida, salvo quando haja análise do caso pontual e o tratamento específico seja efetuado.
CsPendencia	CONTRIBUIÇÕES/VÍNCULOS E REMUNERAÇÕES	PREM-NASC	Remuneração antes da data de nascimento do Filiado	Indicador aplicado na remuneração quando a competência for anterior à data de nascimento do filiado. Este indicador é aplicado para remunerações de todos os tipos de filiado, seja empregado, contribuinte individual, trabalhador avulso, empregado doméstico, etc. Deverá ser analisado se há erro na informação da competência de remuneração ou do dado cadastral do filiado. Sendo devida a retificação de alguma das informações existentes no CNIS, deverão ser seguidos os procedimentos previstos nos normativos.
CsPendencia	GERAIS DO NIT OU DE DADOS CADASTRAIS	PNIT-CRIT	NIT em faixa crítica	Trata-se de indicador que serve para informar a situação do Número de Identificação do Trabalhador - NIT no cadastro da Pessoa Física - PF, de forma que o campo "Situação" apresenta a informação [NIT Faixa Crítica], nos casos em que foi atribuído, indevidamente, o mesmo NIT para mais de uma pessoa na ocasião do cadastramento.
CsPendencia	GERAIS DO NIT OU DE DADOS CADASTRAIS	PNIT-IND	NIT Indeterminado	Trata-se de indicador que serve para informar a situação do NIT no cadastro da Pessoa Física - PF, de forma que o campo "Situação" apresenta a informação [NIT Indeterminado], no caso de registro sem nenhum dado cadastral ou, no qual não conste, na base de dados, o Nome do Trabalhador e/ou a Data de Nascimento. Havendo comprovação da titularidade do cadastro, nos termos da legislação previdenciária, caberá a complementação dos dados do cidadão no CNIS.
CsPendencia	GERAIS DO NIT OU DE DADOS CADASTRAIS	PNIT-O094	NIT invalidado pertencente à faixa crítica do tipo Ofício INSS 094	Trata-se de indicador que serve para informar a situação do NIT no cadastro da Pessoa Física - PF, de forma que o campo "Situação" apresenta a informação [NIT Ofício 094]. Não há tratamento para o NIT da Faixa 094, visto que eram 7 (sete) números fictícios de NIT, exclusivos para uso interno da Caixa Econômica Federal - CAIXA, para recepcionar Guia de Recolhimento do Fundo de Garantia do Tempo de Serviço e Informações à Previdência Social - GFIP que era entregue em papel, para trabalhadores sem NIT. Foram utilizados em testes quando da implantação da GFIP.
CsPendencia	GERAIS DO NIT OU DE DADOS CADASTRAIS	PNIT-SC	NIT não encontrado cadastrado/inexistente	Trata-se de indicador da situação do NIT no cadastro da Pessoa Física - PF, que ocorre quando não constam, na base de dados do CNIS, informações da pessoa física associadas ao NIT consultado. Havendo comprovação da titularidade do cadastro, nos termos da legislação previdenciária, caberá a inclusão dos dados do cidadão no CNIS.

TIPO	GRUPO	SIGLA	DESCRIÇÃO	ESCLARECIMENTOS
CsPendencia	GERAIS DO NIT OU DE DADOS CADASTRAIS	PNIT-SUP	NIT com indício de superposição de dados	Trata-se de indicador que serve para informar a situação do NIT no cadastro da Pessoa Física - PF, de modo que o campo "Situação" apresenta a informação [NIT com indício de Superposição de dados], considerando que é um NIT em que o aplicativo Cadastro da Pessoa Física - CADPF causou superposição de registros com gravação incorreta na base de PF no período de 08/04 a 01/05/2002. Deverá ser avaliado o caso concreto antes da adoção das providências devidas.
CsPendencia	SEGURADO ESPECIAL	PSE-NEG	Período Segurado Especial Negativo	Indica período migrado de base governamental CAFIR ou RGP de segurado especial negativo, ainda não ratificado. CAFIR: para proprietários de um ou mais imóveis rurais com área total superior a 4 módulos fiscais e data de registro à partir de 23/06/2008, data da publicação da Lei nº 11.718, de 2008. RGP: se pescador industrial. É um período pendente, pois necessita de tratamento no CNIS (exclusão ou ratificação). Procedimento: Ratificação ou exclusão do período, conforme declarado e solicitado pelo filiado através do Portal CNIS.
CsPendencia	SEGURADO ESPECIAL	PSE-PEN	Período Segurado Especial Pendente	Indica período migrado de base governamental CAFIR ou RGP de segurado especial pendente, ainda não ratificado. CAFIR: para proprietários de um ou mais imóveis rurais com área total superior a 4 módulos fiscais e data de registro anterior à 23/06/2008, data da publicação da Lei nº 11.718, de 2008. RGP: se pescador artesanal embarcado. É um período pendente, pois necessita de tratamento (exclusão). Procedimento: exclusão do período caso declarado e solicitado pelo filiado através do Portal CNIS. Até que o Módulo de Comprovação do Portal CNIS esteja em produção, caso o segurado comprove que exerceu atividade, o período poderá ser ratificado e incluído no Portal CNIS.
CsPendencia	SEGURADO ESPECIAL	PSE-POS	Período Segurado Especial Positivo	Indica período migrado de base governamental CAFIR ou RGP de segurado especial positivo, ainda não ratificado. CAFIR: para proprietários de um ou mais imóveis rurais com área total de até 4 módulos fiscais. RGP: se pescador artesanal não embarcado. Mesmo se tratando de um indicador "positivo", trata-se de um período pendente, pois necessita de tratamento no CNIS (exclusão ou ratificação). Procedimento: ratificação ou exclusão do período, conforme declarado e solicitado pelo filiado através do Portal CNIS.
CsPendencia	VÍNCULOS E REMUNERAÇÕES	PADM-EMPR	Data de admissão anterior ao início da atividade do empregador	Trata-se de indicador de pendência que indica que a data de admissão do vínculo é anterior à data de existência da empresa registrada no cadastro de Pessoas Jurídicas da RFB. Pode ocorrer pelo fato de o início da atividade da empresa ser anterior à data de sua formalização. A data de início de atividade do Empregador a ser considerada, para efeito de levantamento da pendência, será a data mais antiga entre às datas de início de atividade do Empregador existentes em cada vínculo agrupado. Esta regra não se aplica sobre vínculos de fonte INSS e eSocial.

TIPO	GRUPO	SIGLA	DESCRIÇÃO	ESCLARECIMENTOS
				Não há impacto no reconhecimento de direitos, uma vez que esse indicador não impede o cômputo do vínculo para todos os fins, desde que comprovado e feito o tratamento de validação do vínculo de acordo com a normatização vigente.
CsPendencia	VÍNCULOS E REMUNERAÇÕES	PADM-EMPR	Data de admissão posterior à data de encerramento da atividade do empregador	Trata-se de indicador de pendência que indica que a data de admissão do vínculo é posterior à data de encerramento da empresa registrada no cadastro de Pessoas Jurídicas da RFB. A data de encerramento da atividades do Empregador a ser considerada, para efeito de levantamento da pendência, será a data mais recente entre as datas de encerramento de atividade do Empregador existentes em cada vínculo agrupado. Esta regra não se aplica sobre vínculos de fonte INSS e eSocial. Não há impacto no reconhecimento de direitos, uma vez que esse indicador não impede o cômputo do vínculo para todos os fins, desde que comprovado e feito o tratamento de validação do vínculo de acordo com a normatização vigente.
CsPendencia	VÍNCULOS E REMUNERAÇÕES	PCEI-EQP-INV	Empregador com identificador inválido	Indicador aplicado na relação previdenciária quando o identificador do empregador for inválido. Essa situação ocorre nos casos em que a matrícula CEI (Cadastro Específico do INSS) do empregador tiver o dígito verificador diferente de /0 (pessoa física equiparada a empresa) e /8 (produtor rural equiparado a empresa). Vínculos com empregador CEI /6 e /7 são considerados válidos e não apresentam essa crítica.
CsPendencia	VÍNCULOS E REMUNERAÇÕES	PEMP-CAD	Faltam dados cadastrais do empregador (CNPJ ou CEI)	Trata-se de indicador de pendência exibido nos casos em que o identificador do empregador é válido, porém faltam dados cadastrais na base de Pessoas Jurídicas CNIS-PJ. Não há impacto no reconhecimento de direitos, uma vez que esse indicador não impede o cômputo do vínculo para todos os fins, desde que comprovado e feito o tratamento de validação do vínculo de acordo com a normatização vigente.
CsPendencia	VÍNCULOS E REMUNERAÇÕES	PEMP-IDINV	Empregador com identificador inválido	O indicador é aplicado em vínculo que possui identificador do empregador inválido. Existe vínculo no CNIS que possui identificador do empregador inválido, ou seja, não se determina se é CGC, CNPJ ou CEI, que eram os identificadores válidos à época. Geralmente, esses vínculos são das décadas de 1970 ou 1980. Essa situação ocorreu no período em que a RAIS ou o FGTS Informativo (fontes do CNIS) permitia que fosse informado o empregador com identificador CPF, INCRA, Entidade PASEP, CI Empregador e Ignorado, enquanto não possuía o CGC/CNPJ ou o CEI, o que não ocorre mais. Cabe reforçar que o CPF como identificador do empregador só era permitido para empregador doméstico, nas situações em que o servidor do INSS insere o vínculo no CNIS (fonte INSS) com base no documento comprobatório do vínculo. Posteriormente, passou a ser possível pela fonte eSocial, a partir de 10/2015, com o SIMPLES DOMÉSTICO, e recentemente passou a ser permitido também para o empregador pessoa física equiparada, de acordo com a implantação do eSocial, conforme cronograma.

TIPO	GRUPO	SIGLA	DESCRIÇÃO	ESCLARECIMENTOS
				Logo, quando falamos sobre identificador do empregador CPF como inválido, estamos falando de vínculos de empregado e referentes a períodos antigos, geralmente da década de 1970/1980. Os tipos de identificadores dos empregadores considerados inválidos estão registrados na base de dados com os seguintes domínios: 3 – CPF; 4 – INCRA; 6 – Entidade PASEP; 7 – CI Empregador; e 9 – Ignorado. Os tipos de identificadores dos empregadores considerados válidos são os seguintes: 1 – CNPJ; 2 – CEI; 3 – CPF (se de fonte INSS – válido para o vínculo de empregado doméstico, ou se for fonte eSocial - válido tanto para vínculo de empregado doméstico como para vínculo de empregado com empregador pessoa física equiparada); 5 – Indeterminado (se de fonte INSS); e 8 – CGC de 8 dígitos (se de fonte INSS).
CsPendencia	VÍNCULOS E REMUNERAÇÕES	PEXT	Vínculo com informação extemporânea, passível de comprovação	O indicador de pendência aponta que o vínculo empregatício, ou parte dele, foi inserido fora do prazo legal, nos termos do artigo 19, § 3º do RPS, aprovado pelo Decreto nº 3.048, de 1999. Para o tratamento da extemporaneidade é exigido que o segurado apresente documentos que comprovem a regularidade do vínculo, devendo para tanto ser utilizado o requerimento de vínculo extemporâneo no CNIS. Há impacto no reconhecimento do direito. Caso não seja comprovada a regularidade, o período (ou o vínculo integral) informado extemporaneamente não será considerado para fins de tempo de contribuição e para fins de cálculo da renda mensal inicial.
CsPendencia	VÍNCULOS E REMUNERAÇÕES	PREM-EMPR	Remunerações após a data de encerramento da atividade do empregador	Trata-se de indicador de pendência que indica que a remuneração de determinada competência é posterior à competência da data de encerramento da empresa registrada no cadastro de Pessoas Jurídicas da RFB. A data de encerramento da atividades do Empregador a ser considerada, para efeito de levantamento da pendência, será a data mais recente entre às datas de encerramento de atividade do Empregador existentes em cada vínculo agrupado. Há impacto no reconhecimento de direitos, uma vez que esse indicador impede o cômputo da competência nos sistemas de benefícios. Não há tratamento a ser aplicado para esse indicador no CNIS, devendo, se for o caso, ser retificada a data de encerramento da atividade do empregador na RFB.
CsPendencia	VÍNCULOS E REMUNERAÇÕES	PREM-EMPR	Remunerações antes da data de início de atividade do empregador	Trata-se de indicador de pendência que indica que a remuneração de determinada competência é anterior à competência da data de início de atividade da empresa registrada no cadastro de Pessoas Jurídicas da RFB. A data de início de atividade do Empregador a ser considerada, para efeito de levantamento da pendência, será a data mais antiga entre às datas de início de atividade do Empregador existentes em cada vínculo agrupado.

TIPO	GRUPO	SIGLA	DESCRIÇÃO	ESCLARECIMENTOS
				Há impacto no reconhecimento de direitos, uma vez que esse indicador impede o cômputo da competência nos sistemas de benefícios. Não há tratamento a ser aplicado para esse indicador no CNIS, devendo, se for o caso, ser retificada a data de início da atividade do empregador na RFB.
CsPendencia	VÍNCULOS E REMUNERAÇÕES	PREM-FORA-CONVOC	Remuneração de trabalho intermitente não coberta por Convocatória	Indicador aplicado na remuneração do vínculo com contrato de trabalho intermitente para demonstrar que a competência de remuneração não está coberta por convocatória.
CsPendencia	VÍNCULOS E REMUNERAÇÕES	PREM-FVIN	Remuneração após o fim do vínculo	Indicador de pendência que aponta as remunerações informadas posteriores ao encerramento do vínculo empregatício. O vínculo apresentará o indicador "IREM-INDPEND – Remunerações com indicadores/pendências" pelo fato de existir remunerações posteriores ao encerramento do vínculo. Ao detalharmos o vínculo, todas as remunerações posteriores à data de desligamento apresentarão indicador de pendência "PREM-FVIN – Remuneração após o fim do vínculo". As remunerações com esta pendência não são computadas para fins de reconhecimento de direitos por estarem fora do período do vínculo. Caberá ser verificado se há um possível erro na data de rescisão informada pelo empregador, que ensejaria a retificação da data fim e, em havendo, deverão ser seguidos os procedimentos previstos nos normativos aplicáveis.
CsPendencia	VÍNCULOS E REMUNERAÇÕES	PREM-IVIN	Remuneração antes do início do vínculo	Indicador de pendência que aponta as remunerações informadas anteriores ao início do vínculo empregatício. O vínculo apresentará o indicador "IREM-INDPEND - Remunerações com indicadores/pendências" pelo fato de existir remunerações anteriores ao início do vínculo. Ao detalharmos o vínculo todas as remunerações anteriores à data de admissão apresentarão indicador de pendência "PREM-IVIN - Remuneração antes do início do vínculo". As remunerações com esta pendência não são computadas para fins de reconhecimento de direitos por estarem fora do período do vínculo. Caberá ser verificado se há um possível erro na data de admissão informada pelo empregador, que ensejaria a retificação da data início e, em havendo, deverão ser seguidos os procedimentos previstos nos normativos aplicáveis.
CsPendencia	VÍNCULOS E REMUNERAÇÕES	PREM-OBITO	Remuneração após óbito	Indicador aplicado em competência com remuneração posterior à competência referente à data do óbito do filiado.
CsPendencia	VÍNCULOS E REMUNERAÇÕES	PREM-POSQRT	Remuneração posterior ao período de quarentena	Indicador de pendência que aponta as remunerações informadas posteriores ao fim do vínculo e ao período de quarentena (após a data limite de quarentena informada caso o vínculo seja de fonte eSocial).

TIPO	GRUPO	SIGLA	DESCRIÇÃO	ESCLARECIMENTOS
				O vínculo apresentará o indicador "IREM-INDPEND - Remunerações com indicadores/pendências" pelo fato de existir remunerações posteriores ao fim do vínculo e ao período de quarentena. Ao detalharmos o vínculo, todas as remunerações posteriores à data fim da quarentena apresentarão indicador de pendência "PREM-POSQRT", que sempre virá acompanhada da pendência "PREM-FVIN - Remuneração após o fim do vínculo". As remunerações com esta pendência não são computadas para fins de reconhecimento de direitos. Caberá ser verificado se há um possível erro na informação do período de quarentena após a data de rescisão informada pelo empregador, que ensejaria a retificação dos dados por meio do eSocial, tendo em vista que não há tratamento para este indicador pelo INSS.
CsPendencia	VÍNCULOS E REMUNERAÇÕES	PRES-EMPR	Data de rescisão posterior à data de encerramento da atividade do empregador	Trata-se de indicador de pendência que indica que a data de rescisão do vínculo é posterior à data de encerramento da empresa registrada no cadastro de Pessoas Jurídicas da RFB. A data de encerramento da atividades do Empregador a ser considerada, para efeito de levantamento da pendência, será a data mais recente entre às datas de encerramento de atividade do Empregador existentes em cada vínculo agrupado. Esta regra não se aplica sobre vínculos de fonte INSS e eSocial. Não há impacto no reconhecimento de direitos, uma vez que esse indicador não impede o cômputo do vínculo para todos os fins, desde que comprovado e feito o tratamento de validação do vínculo de acordo com a normatização vigente.
CsPendencia	VÍNCULOS E REMUNERAÇÕES	PRES-EMPR	Data de rescisão anterior à data de início da Atividade do Empregador	Trata-se de indicador de pendência que indica que a data de rescisão do vínculo é anterior à data de existência da empresa registrada no cadastro de Pessoas Jurídicas da RFB. Pode ocorrer pelo fato de o início da atividade da empresa ser anterior à data de sua formalização. A data de início de atividade do Empregador a ser considerada, para efeito de levantamento da pendência, será a data mais antiga entre às datas de início de atividade do Empregador existentes em cada vínculo agrupado. Esta regra não se aplica sobre vínculos de fonte INSS e eSocial. Não há impacto no reconhecimento de direitos, uma vez que esse indicador não impede o cômputo do vínculo para todos os fins, desde que comprovado e feito o tratamento de validação do vínculo de acordo com a normatização vigente.
CsPendencia	VÍNCULOS E REMUNERAÇÕES	PRPPS	Vínculo de empregado com informações de Regime Próprio (Servidor Público)	Indicador de pendência que sinaliza a existência de período de Regime Próprio de Previdência Social - RPPS em parte ou na totalidade do vínculo empregatício. O vínculo de agente público no CNIS pode conter um único ou vários períodos intercalados de regime(s) previdenciário(s) (RGPS/RPPS), a depender das mudanças de regimes efetuadas pelo ente federativo no decorrer do tempo.

PORTARIA DIRBEN/INSS Nº 990, DE 28 DE MARÇO DE 2022

TIPO	GRUPO	SIGLA	DESCRIÇÃO	ESCLARECIMENTOS
				Pode haver impacto no reconhecimento de direitos para os casos em que for necessário realizar ajuste(s) do(s) período(s) de regime(s) previdenciário(s) (RGPS ou RPPS) no vínculo, constante do CNIS, de acordo com a análise da documentação comprobatória apresentada. Esse indicador também é apresentado para vínculos de trabalhadores não vinculados ao Regime Geral de Previdência Social - RGPS, mas com direito ao Fundo de Garantia por Tempo de Serviço - FGTS, informados na Guia de Recolhimento do FGTS e de Informações à Previdência Social - GFIP com a categoria 03 – trabalhador não vinculado ao RGPS, mas com direito ao FGTS. Um exemplo dessa situação é o empregado estrangeiro que presta serviço no Brasil, vinculado ao regime previdenciário do país de origem, mas com direito ao FGTS.
CsPendencia	VÍNCULOS E REMUNE-RAÇÕES	PRPSE	Vínculo de empregado do Regime de Previdência no Exterior	Indicador de pendência aplicado em vínculo oriundo de evento S-2200, do eSocial, com informação de tipo de regime previdenciário "3 - Regime de Previdência Social no Exterior – RPSE". Nesse caso, o vínculo aparece na consulta com indicador de pendência "PRPSE - Vínculo de empregado do Regime de Previdência no Exterior" e não é disponibilizado para os sistemas de benefícios. Serve somente para visualização da existência desse tipo de vínculo, mas não possui nenhum reflexo de utilização pelo RGPS. Ao ser detalhado o vínculo, é possível verificar na tabela "Regimes Previdenciários" que consta na coluna "Descrição" o tipo "Regime de Previdência Social no Exterior". Cabe ressaltar que para esse tipo de vínculo não deve ser feito nenhum tipo de atualização via requerimento no CNIS, visto não ser possível qualquer ação cadastral relacionada a vínculos que possuam regime previdenciário RPSE. Ou seja, não há qualquer ação pelo INSS a ser feita de tratamento desse tipo de vínculo (que não é da previdência no Brasil). Caso seja constatado em um vínculo que o tipo de regime previdenciário está RPSE no CNIS, advindo do eSocial, e que na verdade houve equívoco por parte do empregador em informar o tipo de regime previdenciário do trabalhador, cabe ao próprio empregador corrigir a informação no eSocial.
CsPendencia	VÍNCULOS E REMUNE-RAÇÕES	PVIN-AGRUP-INC	Pendência que sinaliza inconsistência em Vínculo agrupador quando não foi possível encontrar todos os seus vínculos agrupados relacionados	Indicador de pendência apresentado quando, eventualmente, ocorrer de um dos vínculos participantes do agrupamento ter sido excluído pelo empregador, deixando o agrupamento "incompleto". Outra situação que pode deixar o agrupamento "incompleto" é quando ocorre um desfazimento automático de elos. Esse indicador impede a disponibilização do vínculo para os sistemas de benefícios, evitando a utilização de uma informação que foi excluída ou desmembrada. A forma de tratar a pendência é fazer um desagrupamento e um novo agrupamento, sem o vínculo excluído pela empresa ou pelo desfazimento de elos.

TIPO	GRUPO	SIGLA	DESCRIÇÃO	ESCLARECIMENTOS
CsPendencia	VÍNCULOS E REMUNERAÇÕES	PVIN-IRREG	Vínculo em situação de irregularidade	Indicador de pendência apresentado no vínculo de empregado ou na competência de remuneração de trabalhador avulso ou de contribuinte individual prestador de serviço a empresa, do CNIS, resultante de apuração de indício de fraude pelas áreas competentes. No caso de desmarcação da irregularidade, o indicador deixará de ser apresentado no CNIS, contudo as ações efetuadas, da marcação e desmarcação estarão disponíveis para consulta no detalhamento do vínculo de empregado ou na competência de remuneração de trabalhador avulso ou de contribuinte individual prestador de serviço a empresa.
CsPendencia	VÍNCULOS E REMUNERAÇÕES	PVIN-ME	Vínculo de mandato eletivo, passível de comprovação	Trata-se de indicador de pendência em vínculo de exercente de mandato eletivo oriundo de fonte GFIP, em razão da declaração de inconstitucionalidade da alínea "h", do inciso I, do artigo 12, da Lei nº 8.212, de 1991, cujo período do vínculo comporte o interstício entre 01/02/1998 a 18/09/2004, período para o qual o exercente de mandato eletivo poderá optar pela filiação como facultativo, conforme procedimento descrito na Instrução Normativa PRES/INSS nº 128, de 2022. Atualmente, não está sendo realizado tratamento do indicador no CNIS. Caso necessária a exclusão, no vínculo, do período reconhecido como facultativo, deverá ser alterado o vínculo por meio de requerimento no VRE.
CsPendencia	VÍNCULOS E REMUNERAÇÕES	PVIN-OBITO	Data de admissão posterior ao óbito	Indicador aplicado em vínculo com data de admissão posterior à data do óbito do filiado. Procedimento: confirmar se realmente existe o óbito e se a data foi informada corretamente no CNIS. Se verificada a necessidade de exclusão ou alteração da data de óbito, utilizar o módulo de Pessoa Física CNIS-PF. Verificar ainda se a data de admissão do vínculo está correta. Se não houver nenhuma alteração, só serão disponibilizadas para o reconhecimento de direitos os vínculos e as remunerações anteriores à data do óbito.
CsPendencia	VÍNCULOS E REMUNERAÇÕES	PVIN-RE	Causa de rescisão estimada por não ter sido informada pela fonte (RAIS/FGTS/GRE)	Indicador de pendência que sinaliza que a causa de rescisão no vínculo foi estimada por não ter sido informada pelas fontes RAIS ou FGTS/GRE. A aplicação desse indicador foi necessária à época em que houve a migração do banco de dados de vínculos da Plataforma Alta para a Plataforma Baixa, que hoje é o Portal CNIS, por conta de que o banco de dados não permitia o campo "causa de rescisão" sem preenchimento. No caso da fonte GFIP, essa pendência não ocorre. Para tratamento, se necessário, deverá ser realizado o acerto no vínculo, pelo módulo VRE do CNIS, ajustando a causa de rescisão para aquela comprovada pelo segurado.
CsPendencia	VÍNCULOS E REMUNERAÇÕES	PVIN-SUBSTIT-INC	Pendência que sinaliza inconsistência em Vínculo prevalente quando não foi possível encontrar todos os seus vínculos relacionados	Trata-se de indicador de pendência apresentado no vínculo substituto quando o vínculo substituído sofre alguma alteração que impossibilite a localização deste entre os vínculos relacionados do substituidor.

TIPO	GRUPO	SIGLA	DESCRIÇÃO	ESCLARECIMENTOS
CsPendencia	VÍNCULOS E REMUNERAÇÕES	PVIN-TRAB-INTERM	Pendência relacionada a Vínculo que possui informações de trabalho intermitente	Indicador de pendência aplicado no vínculo que demonstra que a relação previdenciária possui informações de contrato de trabalho intermitente. Esse indicador de pendência foi criado para atender solicitação da área de reconhecimento de direitos, com objetivo de não disponibilizar esses vínculos para os sistemas de benefícios, até que sejam definidas regras para sua utilização. Não há tratamento no CNIS das informações referentes ao período de atividade exercida no vínculo com contrato de trabalho intermitente. Dessa forma, se verificado eventual erro de informação para o referido vínculo e/ou remunerações, cabe ao empregador providenciar a retificação dos dados por meio do eSocial.
CsPendencia	VÍNCULOS E REMUNERAÇÕES	PVIN-CAGED	Vínculo Oriundo da fonte CAGED	Indicador utilizado em vínculos com fonte de origem Cadastro Geral de Empregados e Desempregados - CAGED. Esse indicador serve para que a Extrato CNIS não disponibilize vínculos oriundos exclusivamente de fonte CAGED. Para os casos em que houver mais fontes de informação do vínculo (RAIS, FGTS/GRE, GFIP) além do CAGED, o vínculo é consolidado e apresentado no CNIS. Neste caso, a fonte CAGED será apresentada, quando do detalhamento do vínculo, no quadro "Vínculos Previdenciários Relacionados", com o indicador PVIN-CAGED. Cabe ressaltar que o CAGED nunca foi uma fonte prevalente para fins previdenciários, em razão de conter muitas inconsistências/divergências quando confrontada às demais fontes de dados.

II- INDICADORES DE ALERTA (CsIndicador):

TIPO	GRUPO	SIGLA	DESCRIÇÃO	ESCLARECIMENTOS
CsIndicador	AJUSTES EC103 - AGRUPAMENTO	IAGRUP-MN-SM-EC103	Indicador de competência objeto de agrupamento que recebeu de outra competência mas permaneceu abaixo do mínimo (favorecida)	Indicador aplicado na competência, que possui valor abaixo do Salário Mínimo e que após ter recebido valores de outra competência, permaneceu abaixo do Salário Mínimo (favorecida). Por meio do botão "Extrato Ano Civil" da tela inicial do Extrato para SIBE o servidor pode consultar o Extrato de Ano Civil, onde é disponibilizada a consulta por Ano Civil. Após a realização de Ajustes de complementação, utilização e agrupamento, bem como o processamento do Darf liquidado, será possível ao servidor observar as competências ajustadas e seus respectivos indicadores ao se consultar o Ano Civil ou detalhando as remunerações da relação previdenciária.
CsIndicador	AJUSTES EC103 - AGRUPAMENTO	IAGRUP-SM-EC103	Indicador de competência objeto de agrupamento que resultou em salário de contribuição igual ao valor mínimo (favorecida)	Indicador aplicado na competência, que possui valor abaixo do Salário Mínimo e que após ter recebido valores de outra competência, ficou com valor igual ao do Salário Mínimo (favorecida). Por meio do botão "Extrato Ano Civil" da tela inicial do Extrato para SIBE o servidor pode consultar o Extrato de Ano Civil, onde é disponibilizada a consulta por Ano Civil. Após a realização de Ajustes de complementação, utilização e agrupamento, bem como o processamento do Darf liquidado, será possível ao servidor observar as competências ajustadas e seus respectivos indicadores ao se consultar o Ano Civil ou detalhando as remunerações da relação previdenciária.

TIPO	GRUPO	SIGLA	DESCRIÇÃO	ESCLARECIMENTOS
CsIndicador	AJUSTES EC103 - AGRUPAMENTO	IAGRUP-VR-EC103	Indicador de competência objeto de agrupamento onde restou valor residual (desfavorecida)	Indicador aplicado na competência que possui valor abaixo de Salário Mínimo e que cede valor para outra competência, restando a cedente com resíduo (desfavorecida). Por meio do botão "Extrato Ano Civil" da tela inicial do Extrato para SIBE o servidor pode consultar o Extrato de Ano Civil, onde é disponibilizada a consulta por Ano Civil. Após a realização de Ajustes de complementação, utilização e agrupamento, bem como o processamento do Darf liquidado, será possível ao servidor observar as competências ajustadas e seus respectivos indicadores ao se consultar o Ano Civil ou detalhando as remunerações da relação previdenciária.
CsIndicador	AJUSTES EC103 - AGRUPAMENTO	IAGRUP-ZER-EC103	Indicador de competência objeto de agrupamento que restou zerada (desfavorecida)	Indicador aplicado na competência que possui valor abaixo de Salário Mínimo e que cede para outra competência, restando a cedente zerada (desfavorecida). Por meio do botão "Extrato Ano Civil" da tela inicial do Extrato para SIBE o servidor pode consultar o Extrato de Ano Civil, onde é disponibilizada a consulta por Ano Civil. Após a realização de Ajustes de complementação, utilização e agrupamento, bem como o processamento do Darf liquidado, será possível ao servidor observar as competências ajustadas e seus respectivos indicadores ao se consultar o Ano Civil ou detalhando as remunerações da relação previdenciária.
CsIndicador	AJUSTES EC103 - COMPLEMENTAÇÃO	ICOMPL-VR-SM-EC103	Indicador de competência que possui recolhimento de complementação para o valor mínimo	Indicador que sinaliza se a competência possui recolhimento de complementação Darf para o valor mínimo. Por meio do botão "Extrato Ano Civil" da tela inicial do Extrato para SIBE o servidor pode consultar o Extrato de Ano Civil, onde é disponibilizada a consulta por Ano Civil. Após a realização de Ajustes de complementação, utilização e agrupamento, bem como o processamento do Darf liquidado, será possível ao servidor observar as competências ajustadas e seus respectivos indicadores ao se consultar o Ano Civil ou detalhando as remunerações da relação previdenciária.
CsIndicador	AJUSTES EC103 - COMPLEMENTAÇÃO	IVLR-DARF-LIMITADO	Valor de DARF foi limitado de forma que o valor total da competência não ultrapasse o valor do Salário Mínimo na competência	Indicador que sinaliza que um valor de Darf foi limitado, de forma que o valor total da competência não ultrapasse o valor do Salário Mínimo na competência. Por meio do botão "Extrato Ano Civil" da tela inicial do Extrato para SIBE o servidor pode consultar o Extrato de Ano Civil, onde é disponibilizada a consulta por Ano Civil. Após a realização de Ajustes de complementação, utilização e agrupamento, bem como o processamento do Darf liquidado, será possível ao servidor observar as competências ajustadas e seus respectivos indicadores ao se consultar o Ano Civil ou detalhando as remunerações da relação previdenciária. O indicador IVLR-DARF-LIMITADO é aplicado em conjunto com o indicador ICOMPL-VR-SM-EC103, de forma que o valor total da competência não ultrapasse o valor do Salário Mínimo na competência.

PORTARIA DIRBEN/INSS Nº 990, DE 28 DE MARÇO DE 2022

TIPO	GRUPO	SIGLA	DESCRIÇÃO	ESCLARECIMENTOS
CsIndicador	AJUSTES EC103 - OUTROS INDICADORES	IREL-PREV-POSSUI-COMP-AJUST	Relação Previdenciária possui alguma competência que foi ajustada (favorecida/desfavorecida)	Indicador aplicado na Relação Previdenciária para sinalizar que esta possui alguma competência que foi ajustada (favorecida/desfavorecida).
CsIndicador	AJUSTES EC103 - UTILIZAÇÃO	ICED-VR-EXC-EC103	Indicador de competência que cedeu valor excedente para outra competência	Indicador aplicado na competência que possui valor excedente ao Salário Mínimo e que cede valor para outra competência (desfavorecida). Por meio do botão "Extrato Ano Civil" da tela inicial do Extrato para SIBE o servidor pode consultar o Extrato de Ano Civil, onde é disponibilizada a consulta por Ano Civil. Após a realização de Ajustes de complementação, utilização e agrupamento, bem como o processamento do Darf liquidado, será possível ao servidor observar as competências ajustadas e seus respectivos indicadores ao se consultar o Ano Civil ou detalhando as remunerações da relação previdenciária.
CsIndicador	AJUSTES EC103 - UTILIZAÇÃO	IUTILIZ-EXC-EC103	Indicador de competência que foi favorecida por valor de remuneração(-ões) excedente(s) de outra(s) competência(s)	Indicador aplicado na competência que recebeu valor de competências que possuam valores excedentes ao Salário Mínimo, ficando a favorecida igual ao Salário Mínimo (favorecida). Por meio do botão "Extrato Ano Civil" da tela inicial do Extrato para SIBE o servidor pode consultar o Extrato de Ano Civil, onde é disponibilizada a consulta por Ano Civil. Após a realização de Ajustes de complementação, utilização e agrupamento, bem como o processamento do Darf liquidado, será possível ao servidor observar as competências ajustadas e seus respectivos indicadores ao se consultar o Ano Civil ou detalhando as remunerações da relação previdenciária.
CsIndicador	AJUSTES EC103 - UTILIZAÇÃO	IUTILIZ-EXC-MN-SM-EC103	Indicador de competência que foi favorecida por valor de remuneração(-ões) excedente(s) de outra(s) competência(s), mas permaneceu inferior ao mínimo	Indicador aplicado na competência que recebeu valor de competências que possuam valores excedentes ao Salário Mínimo, permanecendo a favorecida abaixo do Salário Mínimo (favorecida). Por meio do botão "Extrato Ano Civil" da tela inicial do Extrato para SIBE o servidor pode consultar o Extrato de Ano Civil, onde é disponibilizada a consulta por Ano Civil. Após a realização de Ajustes de complementação, utilização e agrupamento, bem como o processamento do Darf liquidado, será possível ao servidor observar as competências ajustadas e seus respectivos indicadores ao se consultar o Ano Civil ou detalhando as remunerações da relação previdenciária.
CsIndicador	CONTRIBUIÇÕES	GFIP	Indica que remuneração da competência foi declarada em GFIP	É apresentado na Extrato para PRISMA/SABI. Indica que a remuneração da competência foi declarada em GFIP, sendo aplicado ao Contribuinte Individual - CI prestador de serviço.
CsIndicador	CONTRIBUIÇÕES	IREC-DESINDEXA	Indica que a contribuição da competência foi desindexada	Alerta que houve a desindexação na competência que foi objeto de indenização, seja para fins de cômputo no Regime Geral da Previdência Social - RGPS ou de contagem recíproca. A desindexação consiste em apurar o salário de contribuição da época, na competência paga por meio de cálculo de indenização, de forma que, quando do requerimento do benefício ou emissão de Certidão de Tempo de Contribuição - CTC, o referido salário seja disponibilizado sem distorção do seu valor.

TIPO	GRUPO	SIGLA	DESCRIÇÃO	ESCLARECIMENTOS
				A desindexação visa evitar a utilização de um salário de contribuição superior ao devido, visto que para fins de concessão de benefícios, é aplicado o índice de correção sobre o salário de contribuição, sem levar em conta que já houve correção na data do cálculo da contribuição em atraso. Não é necessário ao servidor efetuar qualquer tratamento na competência que apresenta este indicador.
CsIndicador	CONTRIBUIÇÕES	IREC-FBR	Recolhimentos de Contribuinte Facultativo de Baixa Renda (L 12470/2011)	O IREC-FBR é o indicador de recolhimentos efetuados como contribuinte facultativo de baixa renda da Lei nº 12.470, de 2011, que já foram validados. Atualmente, quando o recolhimento está pendente de validação, após o processamento desta, poderá receber os indicadores IREC-FBR-DEF, para o deferido, e IREC-FBR-IND, para o indeferido.
CsIndicador	CONTRIBUIÇÕES	IREC-FBR-DEF	Recolhimento facultativo baixa renda deferido/válido	Indica que o período de contribuição efetuado como facultativo de baixa renda da Lei nº 12.470, de 2011, já foi analisado e deferido/validado.
CsIndicador	CONTRIBUIÇÕES	IREC-INDPEND	Recolhimentos com indicadores/pendências	Trata-se de indicador padrão sinalizando a existência de indicadores e/ou pendências em uma ou mais competências do período de contribuição e, portanto, deve ser detalhado. No detalhamento de cada salário de contribuição é que se verificará o indicador específico, o qual poderá ou não necessitar de tratamento.
CsIndicador	CONTRIBUIÇÕES	IREC-LC123	Recolhimento no Plano Simplificado de Previdência Social (LC 123/2006)	Indica que o recolhimento foi efetuado com código da Lei Complementar nº 123, de 2006 (Plano Simplificado com alíquotas reduzidas de 11% e 5%). É apresentado na Extrato para SIBE. Caso os sistemas de benefícios identifiquem na competência o indicador IREC-LC123, não será possível o cômputo desta em aposentadoria por tempo de contribuição ou CTC sem a devida complementação para a alíquota de 20%.
CsIndicador	CONTRIBUIÇÕES	IREC-LC123-SUP	Recolhimento no Plano Simplificado de Previdência Social (LC 123/2006) superior ao salário mínimo	Indica que o valor recolhido no plano simplificado da Lei Complementar nº 123, de 2006, superou o limite de contribuição para o salário mínimo vigente na competência. A aplicação desse indicador visa limitar o salário de contribuição da competência ao salário mínimo vigente. O segurado poderá solicitar junto à Secretaria Especial da Receita Federal do Brasil - RFB a restituição do excedente da contribuição, desde que não alcançado pela prescrição.
CsIndicador	CONTRIBUIÇÕES	IREC-LIM-SM	Indica que a contribuição da competência foi limitada ao salário mínimo	É apresentado na extrato para SIBE. Na extrato para PRISMA/SABI corresponde ao indicador ISALMIN. Indica que o recolhimento apropriado na competência foi superior ao limite mínimo estabelecido na Lei Complementar nº 123, de 2006. É exibido na competência o salário de contribuição corresponde ao limite mínimo. O segurado poderá solicitar junto à RFB a restituição do excedente da contribuição, desde que não alcançado pela prescrição.

PORTARIA DIRBEN/INSS Nº 990, DE 28 DE MARÇO DE 2022

TIPO	GRUPO	SIGLA	DESCRIÇÃO	ESCLARECIMENTOS
CsIndicador	CONTRIBUIÇÕES	IREC-MEI	Indica que a contribuição da competência foi recolhida com código MEI	Está sendo apresentado somente na Extrato SIBE. Demonstra que a contribuição da competência foi recolhida com código de Microempreendedor Individual - MEI. No Extrato para PRISMA/SABI é exibido o indicador IRECOL (IMEI), que corresponderia à mesma situação do IREC-MEI. O indicador IREC-MEI é apresentado em conjunto na Extrato para SIBE com o IREC-LC123. Já na Extrato para SABI só é apresentado o IRECOL (IMEI). Caso os sistemas de benefícios identifiquem na competência o presente indicador, não será possível o cômputo desta em aposentadoria por tempo de contribuição ou CTC sem a devida complementação para a alíquota de 20%.
CsIndicador	CONTRIBUIÇÕES	IRECOL	Indica que a contribuição da competência é recolhimento	É apresentado no Extrato para PRISMA/SABI. Indica que a contribuição da competência consiste em recolhimento realizado por meio de documento de arrecadação (Exemplo: GPS).
CsIndicador	CONTRIBUIÇÕES	IRECOL (ILEI123)	Indica que a contribuição da competência foi recolhida com código da Lei Complementar 123	Está sendo apresentado somente na Extrato PRISMA/SABI. Demonstra que a contribuição da competência foi recolhida com alíquota reduzida de 11%, conforme previsto na Lei Complementar nº 123, de 2006. Caso os sistemas de benefícios identifiquem na competência o indicador IRECOL (ILEI123), não será possível o cômputo desta em aposentadoria por tempo de contribuição ou CTC sem a devida complementação para a alíquota de 20%. No Extrato para SIBE é exibido o indicador IREC-LC123, que corresponderia à mesma situação do IRECOL (ILEI123).
CsIndicador	CONTRIBUIÇÕES	IRECOL (IMEI)	Indica que a contribuição da competência foi recolhida com código MEI	Está sendo apresentado somente na Extrato PRISMA/SABI. Demonstra que a contribuição da competência foi recolhida com código de Microempreendedor Individual - MEI. Já no Extrato para SIBE é exibido o indicador IREC-MEI que corresponderia à mesma situação do IRECOL (IMEI). Caso os sistemas de benefícios identifiquem na competência o presente indicador, não será possível o cômputo desta em aposentadoria por tempo de contribuição ou CTC sem a devida complementação para a alíquota de 20%.
CsIndicador	CONTRIBUIÇÕES	ISALMIN	Indica que a contribuição da competência foi limitada ao salário mínimo	É apresentado na Extrato para PRISMA/SABI. Na Extrato para SIBE corresponde ao indicador IREC-LIM-SM. Indica que o recolhimento apropriado na competência foi superior ao limite mínimo estabelecido na Lei Complementar nº 123, de 2006. É exibido na competência o salário de contribuição corresponde ao limite mínimo. O segurado poderá solicitar junto à RFB a restituição do excedente da contribuição, desde que não alcançado pela prescrição.
CsIndicador	GERAIS DO NIT OU DE DADOS CADASTRAIS	PCTC-NTR	Certidão de Tempo de Contribuição pendente de análise do INSS	Indicador no Extrato Previdenciário quando existe Certidão de Tempo de Contribuição - CTC cadastrada no banco de dados para o filiado consultado. Não é devida a adoção de nenhuma providência no Portal CNIS para tratar este indicador, que tem caráter apenas informativo para os sistemas de benefícios.

PORTARIA DIRBEN/INSS Nº 990, DE 28 DE MARÇO DE 2022

TIPO	GRUPO	SIGLA	DESCRIÇÃO	ESCLARECIMENTOS
CsIndicador	SEGURADO ESPECIAL	ISE-CVU	Período de segurado especial concomitante com outro período urbano	Indica a existência de período de segurado especial que possui concomitância com períodos em outra categoria de segurado (vínculos empregatícios urbanos ou rurais, contribuições) ou filiação a outro regime de previdência (RPPS). Tratar-se apenas de informação para que o período na condição de segurado especial não seja computado automaticamente no sistema de benefícios. Não há tratamento a ser efetuado no período referente a condição de segurado especial. Dessa forma, o tratamento no CNIS, caso devido, deverá ser realizado nos outros períodos.
CsIndicador	VÍNCULOS E REMUNERAÇÕES	ACNISVR	Acerto realizado pelo INSS	Demonstra que foi efetuado acerto do vínculo pelo INSS no sistema CNISVR, sistema este que foi descontinuado.
CsIndicador	VÍNCULOS E REMUNERAÇÕES	IDT	Indicador de Demanda de Natureza Trabalhista	O indicador IDT, atualmente, é disponibilizado no vínculo e nas parcelas de remunerações oriundas de GFIP 650 com tipo "MOVIMENTO", com características 0 e 3: Característica 0 - Indica que a GFIP 650 foi emitida em versão anterior à SEFIP 8.4 (10/2008), não sendo possível identificar o tipo de declaração a que se refere, se de reclamatória trabalhista, acordo, dissídio, convenção, etc. Característica 3 - É utilizada em GFIP 650 a partir da versão do SEFIP 8.4 (10/2008) para declaração à Previdência referente às verbas pagas em decorrência de Reclamatórias Trabalhistas, cujo objeto da ação, refere-se apenas a diferenças remuneratórias, ou seja, a ação não trata de reconhecimento de vínculo empregatício. Não há impacto no reconhecimento do direito, uma vez que as remunerações com esse indicador não dependem de comprovação e apesar de serem apresentadas em parcelas distintas da parcela salarial normal no CNIS, são disponibilizadas somadas para os sistemas de benefícios. Observações: 1) As remunerações informadas por GFIP 650 com as características 5 (Declaração à Previdência referente às verbas pagas em decorrência de Acordos Coletivos), 6 (Declaração à Previdência referente às verbas pagas em decorrência de Dissídios Coletivos), e 7 (Declaração à Previdência referente às verbas pagas em decorrência de Convenções Coletivas) passaram a ser apresentadas com indicador específico IREM-ACD (Remuneração possui parcela de Acordo, Convenção ou Dissídio Coletivo). 2) As informações constantes da GFIP 650 com características iguais a 1 (verbas pagas em decorrência de Leis de Anistia), 4 (verbas pagas em decorrência de Reclamatórias Trabalhistas, cujo objeto da ação, trata, também, de reconhecimento de vínculo empregatício) e 8 (às verbas pagas em decorrência de conciliação resultante da mediação pela Comissão de Conciliação Prévia ou pelo Núcleo Intersindical de Conciliação Trabalhista) são marcadas como GFIP INFORMATIVA e não são consideradas automaticamente, pois pressupõem reconhecimento de vínculo ou outro tipo de ação e comprovação por parte do INSS.

PORTARIA DIRBEN/INSS Nº 990, DE 28 DE MARÇO DE 2022

TIPO	GRUPO	SIGLA	DESCRIÇÃO	ESCLARECIMENTOS
CsIndicador	VÍNCULOS E REMUNERAÇÕES	IEAN	Exposição a agente nocivo informada pelo empregador, passível de comprovação	Indica um possível enquadramento para fins de aposentadoria especial, em razão da informação pelo empregador da contribuição a que se refere o art. 22, inciso II, da Lei nº 8.212, de 1991. O fato de exibir o indicador não implica em conversão automática, nem dispensa a análise administrativa e técnica da atividade especial.
CsIndicador	VÍNCULOS E REMUNERAÇÕES	IREM-TRAB-VERDE-AMARELO	Indicador remunerações pertencentes aos Vínculo que possua algum período de categoria relacionada a a carteira verde amarela	Indicador na remuneração que esteja contida em período de vínculo com Contrato de Trabalho Verde Amarelo. Observação: o Contrato de Trabalho Verde Amarelo foi instituído pela Medida Provisória nº 905, de 11 de novembro de 2019, que vigorou até 18 de agosto de 2020, de acordo com Ato Declaratório do Presidente da Mesa do Congresso Nacional nº 127, de 28 de setembro de 2020.
CsIndicador	VÍNCULOS E REMUNERAÇÕES	IREM-ACD	Remuneração possui parcela de Acordo, Convenção ou Dissídio Coletivo	Em consulta ao Painel do Cidadão verifica-se, na relação previdenciária, que será apresentado o indicador "IREM-INDPEND", sendo que ao clicar no ícone "Detalhar", e em sequencia na aba "Parcelas de Remunerações", é apresentado o indicador "IREM-ACD" na remuneração proveniente de Acordo, Convenção ou Dissídio Coletivo. Já na aba "Remunerações" do Painel do Cidadão, o valor da remuneração proveniente de Acordo, Convenção ou Dissídio Coletivo já aparece somado ao da remuneração normal, visto que as remunerações com o indicador "IREM-ACD" não dependem de comprovação para fins de disponibilização ao sistema de benefícios. Na consulta "Extrato para SIBE", da mesma forma, na relação previdenciária será apresentado o indicador "IREM-INDPEND" e clicando no ícone de "Remunerações" é possível observar as parcelas que compõem a remuneração, sendo que a parcela proveniente de Acordo, Convenção ou Dissídio Coletivo apresentará o indicador "IREM-ACD".
CsIndicador	VÍNCULOS E REMUNERAÇÕES	IREM-INDPEND	Remunerações com indicadores/pendência	Seria um indicador aplicado na Relação Previdenciária, exceto no tipo Período Contribuição Consolidado, que tem a finalidade de sinalizar que existe remuneração que contém indicador de alerta ou pendência diferente dos indicadores da Emenda constitucional nº 103, de 2019. A remuneração que contém indicador de alerta não necessita de tratamento e é disponibilizada automaticamente para os sistemas de benefícios. Para a remuneração que possui indicador de pendência será possível verificar, no detalhamento desta, o indicador correspondente à inconsistência detectada, cujo tratamento deverá observar a respectiva previsão normativa.
CsIndicador	VÍNCULOS E REMUNERAÇÕES	IREM-PARC-CEDIDO	Remuneração possui parcela de remuneração decorrente de Trabalhador Cedido	É um indicador aplicado na remuneração, para demonstrar que esta é oriunda de cessão/requisição de trabalhador, visualizado quando são detalhadas as remunerações atreladas ao vínculo de origem do trabalhador cedido. De forma semelhante ao que ocorre nos vínculos com admissão por transferência, no detalhamento do vínculo é possível visualizar os períodos em que o trabalhador esteve à serviço da empresa cedente ou da empresa cessionária.

TIPO	GRUPO	SIGLA	DESCRIÇÃO	ESCLARECIMENTOS
CsIndicador	VÍNCULOS E REMUNERAÇÕES	IREM-PARC-DIR-SIND	Remuneração possui parcela de remuneração decorrente de Dirigente Sindical	É um indicador aplicado na remuneração, para demonstrar que esta é oriunda de exercício de mandato sindical, visualizado quando detalhamos as remunerações atreladas ao vínculo de origem do trabalhador afastado. De forma semelhante ao que ocorre nos vínculos com admissão por transferência, no detalhamento do vínculo é possível visualizar os períodos em que o trabalhador esteve à serviço do sindicato.
CsIndicador	VÍNCULOS E REMUNERAÇÕES	IREM-PERQRT	Remuneração em período de quarentena	É um indicador aplicado na remuneração de uma relação trabalhista para demonstrar que se trata de competência de quarentena remunerada de trabalhador desligado.
CsIndicador	VÍNCULOS E REMUNERAÇÕES	IREM-RECL-TRAB	Remuneração possui parcela de reclamatória trabalhista	Indicador aplicado na remuneração para demonstrar que a parcela é oriunda de reclamatória trabalhista. Não há impacto no reconhecimento de direito, uma vez a reclamatória trabalhista que versa exclusivamente sobre verbas remuneratórias não necessita de documentos comprobatórios.
CsIndicador	VÍNCULOS E REMUNERAÇÕES	IREM-TRAB-INTERM	Remuneração relacionada a Trabalho Intermitente	Indicador aplicado na remuneração da relação trabalhista para demonstrar que a parcela se refere a trabalho intermitente.
CsIndicador	VÍNCULOS E REMUNERAÇÕES	IVIN-TRAB-VERDE-AMARELO	Indicador de Vínculo que possua algum período de categoria (eSocial ou GFIP) relacionada a carteira verde amarela	Indicador que o vínculo possui período com Contrato de Trabalho Verde Amarelo. Observação: o Contrato de Trabalho Verde Amarelo foi instituído pela Medida Provisória nº 905, de 11 de novembro de 2019, que vigorou até 18 de agosto de 2020, de acordo com Ato Declaratório do Presidente da Mesa do Congresso Nacional nº 127, de 28 de setembro de 2020.
CsIndicador	VÍNCULOS E REMUNERAÇÕES	IVIN-AGRUP-VINC	Indicador de Vínculo Trabalhista gerado pelo Serviço de agrupamento de vínculos	Indicador aplicado na relação trabalhista para demonstrar que o vínculo é resultado de agrupamento de vínculos efetuado pelo INSS por meio do SERVIÇO CNIS no GET.
CsIndicador	VÍNCULOS E REMUNERAÇÕES	IVIN-AGRUP-VINC-PART	Indicador que marca o vínculo que foi alvo do Serviço de agrupamento de vínculos	Este indicador é visualizado em vínculo que tenha participado de agrupamento ao detalhar o vínculo agrupador (resultante do agrupamento). O vínculo agrupador recebe o indicador IVIN-AGRUP-VINC.
CsIndicador	VÍNCULOS E REMUNERAÇÕES	IVIN-JORN-DIFERENCIADA	Vínculo possui regime de jornada diferenciada	O indicador é aplicado na relação previdenciária quando o vínculo possui jornada de trabalho menor que 44 (quarenta e quatro) horas semanais, conforme informação contratual do campo "qtdHrsSem" do evento S-2200 ou S-2206 enviado pelo empregador no eSocial. O indicador IVIN-JORN-DIFERENCIADA é somente um alerta no vínculo e não exige nenhum tratamento no CNIS.
CsIndicador	VÍNCULOS E REMUNERAÇÕES	IVIN-POSSUI-REG-PRELIM	Indicador que informa que a Relação Trabalhista possui um registro preliminar informado anteriormente em eSocial	Indicador aplicado na relação previdenciária para demonstrar que o vínculo existente no CNIS possuiu anteriormente um evento S-2190 do eSocial (Registro Preliminar de Trabalhador) e que agora possui evento S-2200 ou S-2300 informado para o vínculo. Esse indicador tem o objetivo de diferenciar os vínculos que tiveram o registro preliminar daqueles que somente tiveram o evento de registro normal (S-2200 ou S-2300). O indicador IVIN-POSSUI-REG-PRELIM é somente um alerta no vínculo e não exige nenhum tratamento no CNIS.

TIPO	GRUPO	SIGLA	DESCRIÇÃO	ESCLARECIMENTOS
CsIndicador	VÍNCULOS E REMUNERAÇÕES	IVIN-POSSUI-REM-TRAB-INTERM	Relação Trabalhista possui Remunerações de Trabalho Intermitente	Indicador de que a relação trabalhista possui remunerações de trabalho intermitente.
CsIndicador	VÍNCULOS E REMUNERAÇÕES	IVIN-POSSUI-REM-TRANS	Vínculo possui remuneração que foi transferida para este por Cessionário de Dirigente Sindical ou Trabalhador Cedido	Trata-se de indicador que demonstra a presença de remuneração informada por cessionário na composição do período remuneratório do vínculo de origem (cedente). Isso não altera em nada a composição das informações do vínculo e das remunerações, mas somente esclarece em qual estabelecimento/empresa/órgão a remuneração está sendo informada, com a vinculação da contribuição ao regime de origem do trabalhador.
CsIndicador	VÍNCULOS E REMUNERAÇÕES	IVIN-REG-PRELIM	Indicador que informa que a Relação Trabalhista é um registro preliminar de vínculo informado eSocial	Indicador aplicado na relação previdenciária para demonstrar que o vínculo existente no CNIS é oriundo de um registro trabalhista preliminar informado por meio do evento S-2190 do eSocial. Quando o empregador/contratante transmitir o evento S-2200 ou S-2300, a relação previdenciária no Extrato CNIS passará a apresentar o indicador IVIN-POSSUI-REG-PRELIM, que aponta que a relação trabalhista existente no CNIS já possuiu um evento S-2190 (Registro Preliminar de Trabalhador) anterior e agora a relação previdenciária possui evento S-2200 ou S-2300. Esse indicador tem o objetivo de diferenciar os vínculos que tiveram o registro preliminar daqueles que somente tiveram o evento de registro normal (S-2200 ou S-2300). É importante lembrar que enquanto o vínculo possuir somente o registro preliminar, ou seja, enquanto apresentar o indicador IVIN-REG-PRELIM no CNIS, o vínculo não conterá, por exemplo, informações de afastamento, o que impacta no reconhecimento de direitos a benefícios por incapacidade temporária. Portanto, neste caso, deve ser solicitado que o empregador regularize a situação, enviando o evento S-2200, bem como o evento S-2230 (Afastamento Temporário) referente ao afastamento do trabalhador. Dessa forma, o vínculo será atualizado com o indicador IVIN-POSSUI-REG-PRELIM e com a informação do afastamento no detalhe da Relação Previdenciária no CNIS. Por fim, cabe salientar que os indicadores IVIN-REG-PRELIM e IVIN-POSSUI-REG-PRELIM são somente informações de atenção no vínculo e não exigem nenhum tratamento no CNIS.
CsIndicador	VÍNCULOS E REMUNERAÇÕES	IVIN-REINTEG	Vínculo possui reintegração no último desligamento por 1- Reintegração por decisão judicial ou 3- Reversão de servidor público ou 4- Recondução de servidor público ou 5- Reinclusão de militar	Indicador aplicado para demonstrar que existe reintegração no último desligamento por: 1- Reintegração por decisão judicial ou 3- Reversão de servidor público ou 4- Recondução de servidor público ou 5- Reinclusão de militar. Ao ser detalhado o vínculo, na tabela "Períodos de Reintegração", são apresentadas informações da data de rescisão, motivo da rescisão, data da reintegração, motivo da reintegração e data do efetivo retorno da reintegração.

TIPO	GRUPO	SIGLA	DESCRIÇÃO	ESCLARECIMENTOS
				Ainda, na tabela "Detalhe do Vínculo", os campos "Data de Rescisão" e "Causa de Rescisão" somente deverão constar preenchidos, quando for informado pelo empregador uma nova data e o motivo de desligamento do referido trabalhador. Observação: os vínculos com o indicador IVIN-REINTEG não serão disponibilizados para os sistemas legados PRISMA e SABI, até que sejam realizados os ajustes necessários para que então sejam considerados somente os períodos devidos do vínculo.
CsIndicador	VÍNCULOS E REMUNERAÇÕES	IVIN-REINTEG-ANISTIA	Indicador de Reintegração por Anistia Legal	Indicador aplicado para demonstrar que existe reintegração por anistia legal no vínculo. Os períodos de Anistiados (Leis de Anistias) informados pelo eSocial, apesar de serem tratados como reintegração, possuem características próprias de acordo com cada tipo de Anistia a ser aplicada. Observação: os vínculos com o indicador IVIN-REINTEG- ANISTIA não serão disponibilizados para os sistemas legados PRISMA e SABI, até que sejam realizados os ajustes necessários para que então sejam considerados somente os períodos devidos do vínculo.
CsIndicador	VÍNCULOS E REMUNERAÇÕES	IVIN-REINTEG-PARC	Sentença trabalhista determinando reintegração do trabalhador e pagamento de remunerações de período parcial	Indicador aplicado na relação trabalhista quando a reintegração é parcial. Nesse caso a data do efeito da reintegração não será o dia imediatamente posterior à data do desligamento informado anteriormente, podendo corresponder até/inclusive à data do efetivo retorno do trabalhador.
CsIndicador	VÍNCULOS E REMUNERAÇÕES	IVIN-REINTEG-TOT	Sentença trabalhista determinando reintegração e pagamento de remunerações retroativas do período total	Indicador aplicado na relação trabalhista quando a reintegração é total. Nesse caso a data do efeito da reintegração será o dia imediatamente posterior à data do desligamento informado anteriormente.
CsIndicador	VÍNCULOS E REMUNERAÇÕES	IVIN-TRAB- INTERM	Indicador de Vínculo que possui informações de trabalho intermitente	Indicador aplicado à relação previdenciária para demonstrar que o vínculo possui informações de contrato de trabalho intermitente.

III - Indicadores de Acerto (CsAcerto):

TIPO	GRUPO	SIGLA	DESCRIÇÃO	ESCLARECIMENTOS
CsAcerto	SEGURADO ESPECIAL	ASE-DEF	Acerto Período Segurado Especial Deferido	Trata-se de indicador que demonstra o período de atividade de segurado especial autodeclarado, que foi ratificado e incluído no CNIS. Considerando o resultado da análise dos instrumentos ratificadores existentes, o período ratificado que foi cadastrado no CNIS pode não corresponder ao período total informado na autodeclaração.
CsAcerto	SEGURADO ESPECIAL	ASE-DEFJ	Acerto Período Segurado Especial Deferido Judicial	Trata de indicador que demonstra o período de atividade de segurado especial, que foi incluído no CNIS em cumprimento a uma determinação judicial.
CsAcerto	SEGURADO ESPECIAL	ASE-DEFR	Acerto Período Segurado Especial Deferido Recursal	Trata de indicador que demonstra o período de atividade de segurado especial, que foi incluído no CNIS em cumprimento a uma determinação emanada em Acórdão do Conselho de Recursos da Previdência Social – CRPS. O período cadastrado por decisão recursal pode ser diferente do objeto do recurso, uma vez que este poderá ser reconhecido parcialmente.

TIPO	GRUPO	SIGLA	DESCRIÇÃO	ESCLARECIMENTOS
CsAcerto	SEGURADO ESPECIAL	ASEF-DEF	Acerto Período Segurado Especial FUNAI Deferido	Trata-se de indicador que demonstra o período de atividade de segurado especial do indígena certificado pela Fundação Nacional do Índio - FUNAI, que foi incluído no CNIS através da funcionalidade CNIS-SEINTRENET.
CsAcerto	SEGURADO ESPECIAL	ASEF-DEFJ	Acerto Período Segurado Especial FUNAI Deferido Judicial	Trata-se de indicador que demonstra o período de atividade de segurado especial do indígena, que foi incluído no CNIS através da funcionalidade CNISSEINTRENET, em cumprimento de determinação judicial.
CsAcerto	SEGURADO ESPECIAL	ASE-IND	Acerto Período Segurado Especial Indeferido	Trata-se de indicador que demonstra o período de atividade de segurado especial autodeclarado e não ratificado, que foi incluído no CNIS. Este indicador também será apresentado para o período migrado de base governamental Cadastros de Imóveis Rurais - CAFIR ou Registro Geral da Atividade Pesqueira - RGP, que foi excluído em razão do segurado declarar não ser segurado especial. Em se tratando de período autodeclarado, o período não ratificado, que foi cadastrado no CNIS, pode não corresponder ao período total informado na autodeclaração.
CsAcerto	SEGURADO ESPECIAL	ASE-INDR	Acerto Período Segurado Especial Indeferido Recursal	Trata de indicador que demonstra o período de atividade de segurado especial autodeclarado e anteriormente não ratificado, que foi incluído no CNIS em cumprimento de determinação emanada em Acórdão do CRPS. O período cadastrado por decisão recursal pode ser diferente do objeto do recurso, uma vez que este poderá ser reconhecido parcialmente.
CsAcerto	SEGURADO ESPECIAL	ASE-NSE	Acerto Período Não Segurado Especial	Trata de indicador que demonstra o período migrado de base governamental CAFIR ou RGP, que foi excluído por meio de Requerimento no CNIS, após análise e conclusão quanto à descaracterização da condição de segurado especial. Períodos excluídos com esse motivo só poderão ser comprovados posteriormente, mediante decisão judicial ou recursal.
CsAcerto	SEGURADO ESPECIAL	ASE-RNEG	Acerto Período Segurado Especial Negativo Ratificado	Trata de indicador que demonstra o período migrado de base governamental CAFIR ou RGP negativo (descaracterizado como segurado especial), que teve essa condição confirmada pelo segurado, de modo que o acerto foi realizado pelo servidor do INSS via Requerimento no CNIS.
CsAcerto	SEGURADO ESPECIAL	ASE-RPOS	Acerto Período Segurado Especial Positivo Ratificado	Trata de indicador que demonstra o período migrado de base governamental CAFIR ou RGP positivo (caracterizado como segurado especial), que teve essa condição confirmada pelo segurado, de modo que o acerto foi realizado pelo servidor do INSS via Requerimento no CNIS.
CsAcerto	VÍNCULOS E REMUNERAÇÕES	AEXT-IND	Vínculo extemporâneo não confirmado pelo INSS	Demonstra que o requerimento de acerto de vínculo extemporâneo foi indeferido pelo INSS no Portal CNIS – Atualização VRCE/Requerimento/VRE.
CsAcerto	VÍNCULOS E REMUNERAÇÕES	AEXT-INDJ	Vínculo extemporâneo não confirmado por decisão judicial	Demonstra que o requerimento de acerto de vínculo extemporâneo foi indeferido por decisão judicial no Portal CNIS – Atualização VRCE/Requerimento/VRE.

TIPO	GRUPO	SIGLA	DESCRIÇÃO	ESCLARECIMENTOS
CsAcerto	VÍNCULOS E REMUNERAÇÕES	AEXT-INDR	Vínculo extemporâneo não confirmado por decisão recursal	Demonstra que o requerimento de acerto de vínculo extemporâneo foi indeferido por decisão recursal no Portal CNIS – Atualização VRCE/Requerimento/VRE.
CsAcerto	VÍNCULOS E REMUNERAÇÕES	AEXT-VP	Vínculo extemporâneo confirmado parcialmente pelo INSS	Demonstra que o requerimento de acerto de vínculo extemporâneo foi parcialmente deferido pelo INSS no Portal CNIS – Atualização VRCE/Requerimento/VRE.
CsAcerto	VÍNCULOS E REMUNERAÇÕES	AEXT-VPR	Vínculo extemporâneo confirmado parcialmente por decisão recursal	Demonstra que o requerimento de acerto de vínculo extemporâneo foi parcialmente deferido por decisão recursal no Portal CNIS – Atualização VRCE/Requerimento/VRE.
CsAcerto	VÍNCULOS E REMUNERAÇÕES	AEXT-VPT	Vínculo extemporâneo confirmado parcialmente por decisão judicial	Demonstra que o requerimento de acerto de vínculo extemporâneo foi parcialmente deferido por decisão judicial no Portal CNIS – Atualização VRCE/Requerimento/VRE.
CsAcerto	VÍNCULOS E REMUNERAÇÕES	AEXT-VT	Vínculo extemporâneo confirmado pelo INSS	Demonstra que o requerimento de acerto de vínculo extemporâneo foi totalmente deferido pelo INSS no Portal CNIS – Atualização VRCE/Requerimento/VRE.
CsAcerto	VÍNCULOS E REMUNERAÇÕES	AEXT-VTJ	Vínculo extemporâneo confirmado por decisão judicial	Demonstra que o requerimento de acerto de vínculo extemporâneo foi totalmente deferido por decisão judicial no Portal CNIS – Atualização VRCE/Requerimento/VRE.
CsAcerto	VÍNCULOS E REMUNERAÇÕES	AEXT-VTR	Vínculo extemporâneo confirmado por decisão recursal	Demonstra que o requerimento de acerto de vínculo extemporâneo foi totalmente deferido por decisão recursal no Portal CNIS – Atualização VRCE/Requerimento/VRE.
CsAcerto	VÍNCULOS E REMUNERAÇÕES	AVRC-AGPVINC	Acerto de Agrupamento de Vínculos	Demonstra que foi executado o agrupamento de vínculos por meio do CNIS Serviços na interface com o Gerenciador de Tarefas - GET.
CsAcerto	VÍNCULOS E REMUNERAÇÕES	AVRC-DEF	Acerto confirmado pelo INSS	Demonstra que o requerimento de acerto de vínculos foi deferido pelo INSS no Portal CNIS - Atualização VRCE/Requerimento/VRE.
CsAcerto	VÍNCULOS E REMUNERAÇÕES	AVRC-DEFJ	Acerto confirmado por decisão judicial	Demonstra que o requerimento de acerto de vínculos foi deferido por decisão judicial no Portal CNIS - Atualização VRCE/Requerimento/VRE.
CsAcerto	VÍNCULOS E REMUNERAÇÕES	AVRC-DEFR	Acerto confirmado por decisão recursal	Demonstra que o requerimento de acerto de vínculos foi deferido por decisão recursal no Portal CNIS - Atualização VRCE/Requerimento/VRE.
CsAcerto	VÍNCULOS E REMUNERAÇÕES	AVRC-DGPVINC	Acerto de Desagrupamento de Vínculos	Demonstra que foi desfeito, por meio do CNIS Serviços na interface com o GET, o agrupamento de vínculos anteriormente realizado.
CsAcerto	VÍNCULOS E REMUNERAÇÕES	AVRC-DGPVINC	Acerto negado pelo INSS	Demonstra que o requerimento de acerto de vínculos foi indeferido pelo INSS no Portal CNIS - Atualização VRCE/Requerimento/VRE.
CsAcerto	VÍNCULOS E REMUNERAÇÕES	AVRC-INDJ	Acerto negado por decisão judicial	Demonstra que o requerimento de acerto de vínculos foi indeferido por decisão judicial no Portal CNIS - Atualização VRCE/Requerimento/VRE.
CsAcerto	VÍNCULOS E REMUNERAÇÕES	AVRC-INDR	Acerto negado por decisão recursal	Demonstra que o requerimento de acerto de vínculos foi indeferido por decisão recursal no Portal CNIS - Atualização VRCE/Requerimento/VRE.

Portaria DIRBEN/INSS Nº 991

PORTARIA DIRBEN/INSS Nº 991, DE 28 DE MARÇO DE 2022

Aprova as Normas Procedimentais em Matéria de Benefícios

O DIRETOR DE BENEFÍCIOS DO INSTITUTO NACIONAL DO SEGURO SOCIAL – INSS, no uso das atribuições que lhe confere o Decreto nº 9.746, de 8 de abril de 2019, bem como, o que consta no processo administrativo SEI no 35014.341866/2020-55, resolve:

Art. 1º Fica aprovado o Livro II das Normas Procedimentais em Matéria de Benefícios, disciplinando procedimentos e rotinas de reconhecimento de benefícios do Regime Geral de Previdência Social – RGPS no âmbito do INSS, complementares às regras contidas na Instrução Normativa PRES/INSS nº 128, de 28 de março de 2022.

Art. 2º Esta Portaria entra em vigor na data de sua publicação, devendo ser aplicada a todos os processos pendentes de análise e decisão.
Parágrafo único. Esta Portaria contém os Anexos I a XI.

SEBASTIÃO FAUSTINO DE PAULA

ANEXO

LIVRO II – BENEFÍCIOS

TÍTULO I – DOS DEPENDENTES

CAPÍTULO I – DAS DISPOSIÇÕES GERAIS

Art. 1º São beneficiários do RGPS na condição de dependentes do segurado:
I – o cônjuge, a companheira, o companheiro, independente do sexo, e o filho não emancipado, de qualquer condição, menor de 21 (vinte e um) anos ou inválido ou que tenha deficiência intelectual ou mental ou deficiência grave;
II – os pais; ou
III – o irmão não emancipado, de qualquer condição, menor de 21 (vinte e um) anos ou inválido ou que tenha deficiência intelectual ou mental ou deficiência grave.
Parágrafo único: Deverá ser aplicada a legislação em vigor na data do fato gerador da pensão por morte e do auxílio-reclusão para a definição do rol de dependentes.

Art. 2º Os dependentes de uma mesma classe concorrem entre si em igualdade de condições, sendo que a comprovação da dependência, respeitada a sequência das classes, exclui definitivamente o direito dos dependentes das classes seguintes.
Parágrafo único. A dependência econômica dos dependentes de que trata o inciso I do art. 1º é presumida e a dos demais deve ser comprovada.

Art. 3º Uma vez concedido benefício para dependente preferencial e este vier a falecer, não caberá a concessão de novo benefício para dependente de classe posterior.

Art. 4º O dependente inválido ou com deficiência intelectual ou mental ou deficiência grave terá sua condição atestada por meio de perícia médica ou avaliação biopsicossocial realizada por equipe multiprofissional e interdisciplinar, respectivamente, observada revisão periódica na forma da legislação. *(Redação dada pela Portaria Dirben/INSS 1.080/2022)*
§ 1º *(Revogado pela Portaria Dirben/INSS 1.080/2022)*
§ 2º Ficam dispensados do exame médico pericial disposto no *caput* os dependentes que sejam titulares de benefício de aposentadoria por incapacidade permanente, observado o disposto no art. 21.
§ 3º Na hipótese do § 2º, em se tratando de filhos, enteados ou tutelados deverá ser verificada a data do início da invalidez fixada na

aposentadoria, para fins de observação do disposto no art. 22.

CAPÍTULO II – DA COMPROVAÇÃO DA QUALIDADE DE DEPENDENTE

Art. 5º A partir de 10 de janeiro de 2002, data da publicação do Decreto nº 4.079, de 9 de janeiro de 2002, a inscrição de dependente será promovida quando do requerimento do benefício a que tiver direito, mediante a apresentação dos seguintes documentos:

I – cônjuge: certidão de casamento, inclusive para cônjuges do mesmo sexo, desde que não conste averbação de divórcio ou de separação judicial, não sendo necessária solicitação de segunda via atualizada, salvo em casos de denúncia, dados ilegíveis ou dúvida fundada;

II – filhos: certidão de nascimento;

III – companheira ou companheiro, inclusive do mesmo sexo: documentos para comprovação da união estável, conforme art. 8º, bem como certidão de óbito ou certidão de casamento com averbação da separação judicial ou divórcio ou declaração de separação de fato, quando um dos companheiros ou ambos já tiverem sido casados, se for o caso;

IV – equiparado a filho: certidão judicial de tutela e, em se tratando de enteado, certidão de casamento do segurado e de nascimento do dependente, observadas as disposições do art. 22;

V – pais: certidão de nascimento do segurado;

VI – irmão: certidão de nascimento.

Parágrafo único. Em se tratando de certidões produzidas no exterior, deverá ser observado o disposto no art. 61 do Livro IV – Processo Administrativo Previdenciário, aprovado pela Portaria DIRBEN/INSS nº 993, de 28 de março de 2022.

Art. 6º Para a inscrição dos dependentes maiores de 16 (dezesseis) anos é necessária a apresentação de pelo menos um dos documentos oficiais de identificação com foto.

Art. 7º Para os pais e irmãos, deverá ser comprovada a dependência econômica e apresentada declaração de inexistência de dependentes preferenciais firmada perante o INSS.

Art. 8º A partir de 1º de julho de 2020, com a publicação do Decreto nº 10.410, para fins de comprovação da união estável e da dependência econômica, conforme o caso, deverão ser apresentados, no mínimo, 2 (dois) dos seguintes documentos, nos processos pendentes de análise:

I – certidão de nascimento de filho havido em comum;

II – certidão de casamento religioso;

III – declaração do imposto de renda do segurado, em que conste o interessado como seu dependente;

IV – disposições testamentárias;

V – declaração especial feita perante tabelião;

VI – prova de mesmo domicílio;

VII – prova de encargos domésticos evidentes e existência de sociedade ou comunhão nos atos da vida civil;

VIII – procuração ou fiança reciprocamente outorgada;

IX – conta bancária conjunta;

X – registro em associação de qualquer natureza, onde conste o interessado como dependente do segurado;

XI – anotação constante de ficha ou livro de registro de empregados;

XII – apólice de seguro da qual conste o segurado como instituidor do seguro e a pessoa interessada como sua beneficiária;

XIII – ficha de tratamento em instituição de assistência médica, da qual conste o segurado como responsável;

XIV – escritura de compra e venda de imóvel pelo segurado em nome de dependente;

XV – declaração de não emancipação do dependente menor de 21 (vinte e um) anos;

XVI – certidão de casamento emitida no exterior, na forma do art. 10;

XVII – sentença judicial proferida em ação declaratória de união estável, ainda que a decisão judicial seja posterior ao fato gerador, observado o disposto no §6º deste artigo e § 1º à § 3º do art. 9º; ou *(Redação dada pela Portaria Dirben/INSS 1.080/2022)*

XVIII – quaisquer outros que possam levar à convicção do fato a comprovar.

§ 1º A relação dos documentos dispostos no *caput* é exemplificativa, podendo ser complementada ou substituída por outros documentos que formem convicção quanto ao fato que se pretende comprovar.

§ 2º Os 2 (dois) documentos a serem apresentados conforme disposto no *caput*, podem ser do mesmo tipo ou diferentes, desde que demonstrem a existência de vínculo ou dependência econômica, conforme o caso, entre o segurado e o dependente.

§ 3º Para fato gerador a partir de 18 de junho de 2019, data da publicação da Lei nº 13.846, as provas de união estável e de dependência econômica exigem início de prova material contemporânea dos fatos em período não superior a 24 (vinte e quatro) meses anterior à data do óbito ou do recolhimento à prisão do segurado, não admitida a prova exclusivamente testemunhal, exceto na ocorrência de motivo de força maior ou caso fortuito, conforme disposto no regulamento.

§ 4º Para que o benefício de pensão por morte ou auxílio-reclusão seja concedido ao(à)companheiro(a) por período superior a 4(quatro) meses, é necessário que ao menos uma das provas de união estável tenha sido produzida em período superior a 24 (vinte e quatro) meses anteriores ao óbito, observado o disposto no § 3º do art. 493. *(Redação dada pela Portaria Dirben/INSS 1.080/2022)*

§ 5º Não é requisito obrigatório na comprovação de união estável a apresentação de provas de mesmo domicílio.

§ 6º Observando-se o disposto no inciso XVII do *caput* e no §3º, no caso da sentença judicial proferida em ação declaratória de união estável, o marco inicial da união fixado pelo juízo deverá ser observado pelo servidor para fins de verificação do período a que essa comprovação se refere: se a período inferior ou superior a 24 (vinte e quatro) meses anteriores ao fato gerador. *(Acrescido pela Portaria Dirben/ INSS 1.080/2022)*

Art. 9º Caso o dependente possua apenas um documento para comprovar união estável ou dependência econômica, emitido em período não superior a 24 (vinte e quatro) meses anteriores à data do óbito, deverá ser oportunizado o processamento de Justificação Administrativa – JA para comprovar a união estável apenas neste período.

§ 1º A sentença judicial em ação declaratória de união estável que não informe o marco inicial fixado em juízo não poderá ser utilizada como documento probatório para que se autorize a realização de JA. *(Acrescido pela Portaria Dirben/ INSS 1.080/2022)*

§ 2º Caso a sentença judicial de que trata o §1º esteja acompanhada de outro documento emitido/produzido em período inferior a 24 (vinte e quatro) meses anteriores ao fato gerador, ou seja, caso esses sejam os únicos documentos hábeis no processo, caberá a concessão do benefício pelo período de 4 (quatro) meses, independentemente de processamento de JA. *(Acrescido pela Portaria Dirben/INSS 1.080/2022)*

§ 3º Caso a sentença judicial de que trata o §1º esteja acompanhada de outro documento emitido/produzido em período superior a 24 (vinte e quatro) meses anteriores ao fato gerador, ou seja, caso esses sejam os únicos documentos apresentados no processo, não caberá o processamento de JA e o benefício deverá ser indeferido. *(Acrescido pela Portaria Dirben/INSS 1.080/2022)*

Art. 10. A apresentação de certidão de casamento realizada no exterior sem a devida legalização pela autoridade consular brasileira, traduzida por tradutor público juramentado no Brasil, quando não estiver redigida em língua portuguesa, e registrada em Cartório de Registro e Títulos e Documentos, sem prejuízo das disposições dos Acordos Internacionais de Previdência Social, não impede que a análise da condição de dependente prossiga com vistas ao reconhecimento de união estável, observado o disposto no art. 32, no caso de casamento de brasileiros em país estrangeiro, e art. 129, ambos da Lei nº 6.015, de 31 de dezembro de 1973.

Art. 11. O acordo judicial de alimentos não será suficiente à comprovação da união estável para efeito de pensão por morte, vez que não prova, por si só, a existência anterior de união estável nos moldes estabelecidos pelo art. 1.723 do Código Civil.

CAPÍTULO III – DISPOSIÇÕES RELATIVAS AOS FILHOS E IRMÃOS

Art. 12. Para os dependentes com idade entre 16 (dezesseis) e 21 (vinte e um) anos, será necessária, no ato do requerimento, a apresentação de declaração informando acerca da ocorrência das seguintes hipóteses desqualificadoras da condição de dependente:

I – casamento e exercício de emprego público; e

II – a não emancipação pelos pais, no caso do dependente com idade entre 16 (dezesseis) e 18 (dezoito) anos).

Art. 13. Equiparam-se aos filhos, mediante comprovação da dependência econômica, na forma do art. 8º, o enteado e o menor que esteja sob a tutela do segurado.

Parágrafo único. Deverá ser apresentada a certidão judicial de tutela do menor para caracterizar o vínculo do menor tutelado e, em se tratando de enteado, deverá ser apresentada a certidão de nascimento do dependente e a certidão de casamento do segurado ou comprovação da união estável entre o(a) segurado(a) e o pai ou a mãe do enteado.

Art. 14. Os nascidos dentro dos 300 (trezentos) dias subsequentes à dissolução da sociedade conjugal por morte são considerados filhos concebidos na constância do casamento, conforme inciso II do art. 1.597 do Código Civil.

Art. 15. Somente será exigida a certidão judicial de adoção quando esta for anterior a 14 de julho de 1990, data da vigência da Lei nº 8.069, de 13 de julho de 1990.

CAPÍTULO IV – DISPOSIÇÕES RELATIVAS AOS CÔNJUGES E COMPANHEIROS OU COMPANHEIRAS

Art. 16. Considera-se companheira ou companheiro a pessoa que mantém união estável com o segurado ou a segurada, sendo esta configurada na convivência pública, contínua e duradoura, estabelecida com intenção de constituição de família.

Art. 17. A união estável se diferencia do concubinato, que se caracteriza pelas relações não eventuais entre pessoas impedidas de casar, nos termos do art. 1.727 do Código Civil.
§ 1º A existência de um vínculo estável afasta a possibilidade de outra relação de companheirismo e, consequentemente, a qualidade de dependente do companheiro ou companheira desta segunda relação.
§ 2º Não configura união estável o posterior relacionamento com outro ou outra, sem a desvinculação com a primeira, com quem continuou a viver de modo concomitante.
§ 3º Cada caso concreto deve ser analisado, com o exame das provas apresentadas que não devem deixar dúvidas sobre a existência de união estável, inclusive ouvindo as partes interessadas e realizando diligências, quando estas forem necessárias, uma vez que não basta comprovar o relacionamento entre ambos, mas a união estável, a qual requer estabilidade e convivência duradoura com o fito de constituir família e vida comum assemelhada a de casados.

§ 4º O disposto nos §§ 1º e 2º não se aplica no caso de segurado indígena que conviva em regime de poligamia ou poliandria confirmado pela FUNAI.

Art. 18. Em se tratando de companheiro(a) maior de 16 (dezesseis) e menor de 18 (dezoito) anos, dada a incapacidade relativa, o reconhecimento da união estável está condicionado à apresentação de declaração expressa dos pais ou representantes legais, atestando que conheciam e autorizavam a convivência marital do menor.

Art. 19. O cônjuge ou o companheiro do sexo masculino passou a integrar o rol de dependentes para fatos geradores ocorridos a partir de 5 de abril de 1991, conforme o disposto no art. 145 da Lei nº 8.213, de 1991, revogado pela Medida Provisória nº 2.187-13, de 24 de agosto de 2001.

Art. 20. O companheiro e a companheira do mesmo sexo passaram a integrar o rol de dependentes para fatos geradores ocorridos a partir de 5 de abril de 1991, conforme Portaria MPS nº 513, de 9 de dezembro de 2010.
Parágrafo único. A certidão de casamento comprova a qualidade de dependente do respectivo cônjuge para todos os fins previdenciários, inclusive quando registra o matrimônio de pessoas do mesmo sexo.

CAPÍTULO V – DISPOSIÇÕES RELATIVAS À DEFICIÊNCIA OU INCAPACIDADE

Art. 21. Para comprovação da invalidez é necessário:
I – agendar perícia para avaliação da invalidez alegada, devendo a perícia médica informar, além da existência da invalidez, a data do seu início;
II – tratando-se de dependente aposentado por incapacidade permanente, será dispensada nova avaliação da perícia médica, devendo, porém, verificar a data do início da invalidez fixada na aposentadoria;
III – o laudo médico-pericial será digitado no benefício de pensão por morte/auxílio--reclusão e, para fins de análise de direito, a

conclusão médica deve ser favorável (tipo 4) e a data da invalidez menor ou igual à data da cessação da cota ou do benefício.

Parágrafo único. Considera-se inválido o dependente cônjuge, companheiro(a), filho(a), pais e irmão(ã) que for considerado incapaz e insuscetível de reabilitação para o exercício de atividade remunerada que lhe garanta subsistência, comprovado mediante exame médico-pericial a cargo do INSS, desde que a Data do Início da Invalidez tenha ocorrido até a data prevista para a cessação da cota (quatro meses ou conforme a idade).

Art. 22. O filho ou o irmão inválido maior de 21 (vinte e um) anos somente figurará como dependente do segurado se restar comprovado em exame médico-pericial, cumulativamente, que:

I – a incapacidade para o trabalho é total e permanente, ou seja, com diagnóstico de invalidez na data do fato gerador, e

II – a invalidez é anterior a eventual ocorrência de uma das hipóteses de perda da qualidade de dependente previstas no § 3º do art. 181 da Instrução Normativa PRES/INSS nº 128, de 2022, ou à data em que completou 21 (vinte e um) anos, observado o disposto no §1º.

§ 1º Conforme Ação Civil Pública-ACP nº 0059826 86.2010.4.01.3800/MG, comunicada através da Portaria Conjunta nº 4/DIRBEN/PFE/INSS, de 5 de março de 2020, foi determinado que o INSS reconheça, apenas para fins de concessão de pensão por morte, a dependência do filho inválido, exceto equiparado a filho, ou do irmão inválido, também quando a invalidez tenha se manifestado após a maioridade ou emancipação, mas mantida até a data do óbito do segurado, desde que atendidos os demais requisitos da lei exigidos para a concessão da pensão por morte, observado o parágrafo único do art. 2º.

§ 2º A determinação judicial a que se refere o § 1º produz efeitos para benefícios com Data de Entrada de Requerimento – DER a partir de 19 de agosto de 2009 e alcança todo o território nacional.

§ 3º O disposto no § 1º se aplica apenas aos requerimentos de pensão por morte, não se estendendo aos pedidos de auxílio-reclusão ou salário-família.

§ 4º Para os requerimentos indeferidos, cuja DER seja a partir de 19 de agosto de 2009, caberá reanálise mediante requerimento de revisão a pedido dos interessados.

Art. 23. A partir de 3 de janeiro de 2016, data da vigência da Lei nº 13.146, o dependente que tenha deficiência intelectual ou mental ou deficiência grave deverá comprová-la por meio de avaliação biopsicossocial realizada por equipe multiprofissional e interdisciplinar.

§ 1º *(Revogado pela Portaria Dirben/INSS 1.100/2023)*

§ 2º Na avaliação disposta no *caput* e §1º deverá também ser comprovada que a deficiência:

I – manteve-se de forma ininterrupta até o dia do óbito;

II – é anterior à eventual ocorrência de uma das hipóteses de perda da qualidade de dependente previstas no contidas no § 3º do art. 181 da Instrução Normativa PRES/INSS nº 128, de 2022.

Art. 24. Para fins de comprovação da condição de deficiência, deve ser observado que:

I – a inclusão do dependente com deficiência intelectual ou mental ou deficiência grave ocorreu a partir de 1º de setembro de 2011, data da publicação da Lei nº 12.470, desde que esta o tornasse absoluta ou relativamente incapaz, assim declarado judicialmente, devendo suas regras serem observadas a partir dessa data;

II – o exercício de atividade remunerada de 1º de setembro de 2011 até 17 de junho de 2015, véspera da publicação da Lei nº 13.135, inclusive na condição de microempreendedor, implicava redução da cota em 30% (trinta por cento), a qual deveria ser integralmente restabelecida quando da extinção da relação de trabalho ou da atividade empreendedora;

III – o exercício de atividade remunerada, inclusive na condição de microempreendedor, a partir de 18 de junho de 2015, data da vigência da Lei nº 13.135, quando foi revogado o § 4º do art. 77 da Lei nº 8.213, de 1991, não impede a concessão ou manutenção da parte individual da pensão do dependente com deficiência intelectual ou mental ou com deficiência grave;

IV – a partir de 3 de janeiro de 2016, data de início de vigência da Lei nº 13.146, de 6 de julho de 2015, foi retirada a exigência da declaração judicial referente à incapacidade da pessoa com deficiência.

Parágrafo único. Por força da decisão judicial proferida na ação civil pública nº 5093240-58.2014.4.04.7100/RS, é vedado o indeferimento, extinção e cobrança de benefícios pagos aos dependentes previdenciários com deficiência intelectual ou mental que os tornem absoluta ou relativamente incapazes, assim declarados judicialmente, em todo o território brasileiro, sob fundamento único do exercício de atividade remunerada anterior à vigência da Lei nº 12.470 em 1º de setembro de 2011, inclusive quando continuado o seu exercício após a lei. *(Redação dada pela Portaria Dirben/INSS 1.100/2023)*

CAPÍTULO VI – DISPOSIÇÕES RELATIVAS À PERDA DA QUALIDADE DE DEPENDENTE

Art. 25. A perda da qualidade de dependente ocorrerá:

I – para os dependentes em geral:

a) pelo falecimento; ou

b) pela condenação criminal por sentença contra a pessoa do segurado, ressalvados os absolutamente incapazes e os inimputáveis;

II – para o cônjuge, pela separação, seja extrajudicial, judicial ou de fato, pelo divórcio, pela anulação do casamento ou por sentença judicial transitada em julgado;

III – para a companheira ou o companheiro, pela cessação da união estável com o segurado ou segurada;

IV – para o filho, o enteado, o menor tutelado, ou o irmão, de qualquer condição, ao completarem 21 (vinte e um) anos de idade, observado os §§ 3º e 4º;

V – pela adoção, para o filho adotado que receba pensão por morte dos pais biológicos, observando que a adoção produz efeitos a partir do trânsito em julgado da sentença que a concede;

VI – pela alteração de paternidade reconhecida por decisão judicial;

VII – pela cessação da invalidez ou pelo afastamento da deficiência, exceto para os dependentes cônjuge, companheiro ou companheira e pais.

§ 1º O disposto nos incisos II e III não se aplica ao cônjuge ou companheiro(a) que esteja recebendo pensão alimentícia ou que comprove o recebimento de ajuda financeira, sob qualquer forma, após a separação ou divórcio.

§ 2º O dependente elencado no inciso IV, maior de 16 (dezesseis) anos, perde a qualidade de dependente antes de completar 21 (vinte e um) anos de idade, caso tenha ocorrido:

a) casamento;

b) início do exercício de emprego público efetivo;

c) concessão de emancipação pelos pais ou de um deles na falta do outro, mediante instrumento público, independentemente de homologação judicial, ou por sentença do juiz, ouvido o tutor, se o menor tiver 16 (dezesseis) anos completos;

§ 3º O disposto no inciso IV não se aplica se o dependente for inválido ou tiver deficiência intelectual ou mental ou deficiência grave, desde que a invalidez ou a deficiência tenha ocorrido antes de completar 21 (vinte e um) anos de idade ou antes da ocorrência das hipóteses constantes no § 2º.

§ 4º Não se aplica o disposto no inciso V quando o cônjuge ou companheiro adota o filho do outro.

§ 5º O disposto no inciso V se aplica à nova adoção, para o filho adotado que receba pensão por morte dos pais adotivos.

§ 6º Para fins de aplicação do inciso VII, deve ser observado que o exercício de atividade remunerada a partir de 3 de janeiro de 2016, data da entrada em vigência desta regra da Lei nº 13.146, de 6 de julho de 2015, inclusive na condição de microempreendedor, não impede a concessão ou manutenção da parte individual da pensão do dependente com deficiência intelectual ou mental ou com deficiência grave.

§ 7º Para comprovação do fato citado na alínea «b» do inciso I, deverá ser apresentado documento da Justiça contendo as seguintes informações:

I – trânsito em julgado;

II – se a condenação ocorreu em virtude de homicídio doloso ou de tentativa desse crime;

III – se o requerente foi condenado como autor, coautor ou partícipe; e

IV – se o requerente foi considerado absolutamente incapaz ou inimputável.

§ 8º A união estável do filho ou do irmão maior de 16 (dezesseis) anos de idade não constitui causa de perda de qualidade de dependente.

§ 9º É assegurada a qualidade de dependente perante a Previdência Social para o menor de 21 (vinte e um) anos, durante o período de serviço militar, obrigatório ou voluntário.

§ 10. Considerando ausência expressa na legislação de definição quanto à economia própria, resta prejudicada a aplicação de perda de qualidade ao dependente filho ou enteado ou tutelado ou ao irmão, menor de 21 (vinte e um) anos de idade, que constitua estabelecimento civil ou comercial ou possua relação de emprego que não seja público efetivo.

§ 11. O fato superveniente à concessão de benefício que importe em exclusão ou inclusão de dependente deve ser comunicado ao INSS, com a apresentação das provas que demonstrem a situação alegada.

CAPÍTULO VII – DISPOSIÇÕES HISTÓRICAS

Art. 26. O menor sob guarda integra a relação de dependentes apenas para fatos geradores ocorridos até 13 de outubro de 1996, data da publicação da Medida Provisória nº 1.523, reeditada e convertida na Lei nº 9.528, de 10 de dezembro de 1997.

§ 1º Para óbitos ocorridos entre 14 de outubro de 1996 e 13 de novembro de 2019, equipara-se a filho o menor sob guarda que comprove a dependência econômica, conforme determinado pelo STF no julgamento vinculante das ADI's 4878 e 5083. *(Acrescido pela Portaria Dirben/INSS 1.080/2022)*

§ 2º Para fins do disposto no §1º, a guarda consiste no direito definido em juízo de terceiro ficar com a responsabilidade de ter o menor em sua companhia. *(Acrescido pela Portaria Dirben/INSS 1.080/2022)*

§ 3º O menor sob guarda perde a qualidade de dependente ao completar 18 (dezoito) anos de idade, aplicando-se todas as demais causas de perda da qualidade de dependente previstas no art. 25. *(Acrescido pela Portaria Dirben/INSS 1.080/2022)*

§ 4º Aplica-se o disposto no §1º a todos os benefícios pendentes de decisão, inclusive em fase recursal. *(Acrescido pela Portaria Dirben/INSS 1.080/2022)*

Art. 27. A pessoa cuja designação como dependente do segurado tenha sido feita até 28 de abril de 1995, véspera da publicação da Lei nº 9.032, integra o rol de dependentes para fatos geradores ocorridos até essa mesma data.

Art. 28. Ao segurado era permitida a inscrição de seus dependentes até 8 de janeiro de 2002, data da publicação da Lei n.º 10.403.

Parágrafo único. Essa inscrição era meramente declaratória e tinha por finalidade resguardar direitos futuros, sem produzir qualquer efeito imediato.

Art. 29. Até 22 de novembro de 2000, era admitido o parecer socioeconômico com a finalidade de comprovar dependência econômica, disposição revogada pelo Decreto nº 3.668.

Art. 30. Para fatos geradores ocorridos no período de 1º de setembro de 2011, data da publicação da Lei nº 12.470, até 2 de janeiro de 2016, véspera da vigência do disposto na Lei nº 13.146, de 2015 (Lei Brasileira de Inclusão da Pessoa com Deficiência) são considerados dependentes o filho e o irmão que tenha deficiência intelectual ou mental que os torne absoluta ou relativamente incapazes, assim declarados judicialmente.

§ 1º O dependente mencionado no *caput* fica dispensado do encaminhamento à perícia médica, visto comprovar a incapacidade absoluta (total) ou relativa (parcial) por meio de termo de curatela ou cópia da sentença de interdição, desde que esta:

I – seja anterior à eventual ocorrência da emancipação ou à data em que completou 21 (vinte e um) anos de idade; e

II – mantenha-se inalterada até o preenchimento de todos os requisitos necessários para o reconhecimento do direito.

§ 2º Não sendo possível identificar no documento judicial a data do início da deficiência intelectual ou mental ou deficiência grave, para que seja verificado se ela ocorreu antes ou depois de eventual causa de emancipação, deverá o interessado ser encaminhado à perícia-médica para fixação da Data do Início da Incapacidade – DII.

§ 3º Para requerimento realizado por dependente deficiente a partir de 3 de janeiro de 2016, cujo fato gerador esteja no período indicado no *caput*, mas não tenha ocorrido a interdição judicial, o dependente deverá ser encaminhado para avaliação biopsicossocial, na forma do art. 23.

§ 4º Na hipótese do § 3º, não cabe a emissão de exigência para fins de apresentação da declaração judicial disposta no *caput*.

Art. 31. Até 30 de junho de 2020, véspera da publicação do Decreto nº 10.410, era exigida a apresentação de no mínimo 3 (três) documentos para fins de comprovação da união estável e da dependência econômica, conforme o caso.

Art. 32. Para fato gerador ocorrido até 17 de junho de 2019, véspera da publicação da Lei nº 13.846, não era exigido que ao menos um dos documentos comprobatórios de união estável e de dependência econômica tivesse sido produzido em período não superior a 24 (vinte e quatro) meses anterior à data do óbito ou do recolhimento à prisão do segurado.

Parágrafo único. Na hipótese prevista no *caput*, ao menos um dos documentos comprobatórios deveria estar próximo ao óbito.

Art. 33. Até 30 de junho de 2020, véspera da publicação do Decreto nº 10.410, a emancipação decorrente, unicamente, de colação de grau científico em curso de ensino superior constituía causa de perda da qualidade de dependente, exceto no caso de filho e irmão inválido maior de 21 (vinte e um) anos, assim como para o menor de 21 (vinte e um) anos, durante o período de serviço militar, obrigatório ou militar, para os quais é assegurada a qualidade de dependente.

TÍTULO II – DA MANUTENÇÃO E PERDA DE QUALIDADE DE SEGURADO

CAPÍTULO I – DA QUALIDADE DE SEGURADO

SEÇÃO I – DISPOSIÇÕES GERAIS

Art. 34. Qualidade de segurado é a condição atribuída a todo indivíduo filiado ao RGPS e que esteja contribuindo para esse regime, podendo ser mantida durante um lapso temporal após a cessação dessas contribuições, conforme art. 42.

SEÇÃO II – SITUAÇÕES ESPECIAIS

SUBSEÇÃO I – DAS CONTRIBUIÇÕES RECOLHIDAS EM ATRASO E APÓS O FATO GERADOR

Art. 35. O recolhimento realizado em atraso pelo contribuinte individual que exerce atividade por conta própria, pelo segurado especial que esteja contribuindo facultativamente, pelo microempreendedor individual, de que tratam os arts. 18-A e 18-C da Lei Complementar nº 123, de 14 de dezembro de 2006, ou pelo segurado facultativo poderá ser computado para efeito de manutenção de qualidade de segurado, desde que o recolhimento seja anterior à data do fato gerador do benefício pleiteado.
§ 1º Para fins do disposto no *caput*, presume-se regular o recolhimento em atraso constante no CNIS sem indicador de pendências, na forma do art. 19 do Regulamento da Previdência Social – RPS, aprovado pelo Decreto nº 3.048, de 6 de maio de 1999. *(Redação dada pela Portaria Dirben/INSS 1.080/2022)*
§ 2º Aplica-se o disposto no *caput* ainda que o recolhimento em atraso tenha sido efetuado após a perda da qualidade de segurado, para os segurados mencionados no *caput*, exceto o segurado facultativo.

Art. 36. Para fins de manutenção da qualidade de segurado, não deverão ser consideradas as contribuições efetuadas em atraso após o fato gerador, independentemente de se referirem a competências anteriores, para os segurados a que se refere o art. 35.
Parágrafo único. O recolhimento efetuado em atraso após o fato gerador não será computado para nenhum fim, ainda que dentro do prazo de manutenção da qualidade de segurado, observada a possibilidade de alteração da DER para os benefícios programáveis.

Art. 37. Deve ser considerado para todos os fins o recolhimento realizado dentro do prazo legal de vencimento, mesmo que realizado após o fato gerador, sendo vedado recolhimento pós-óbito.

Art. 38. Não se aplica o disposto nesta Subseção aos recolhimentos efetuados a título de complementação.

SUBSEÇÃO II – DO EMPREGADO DOMÉSTICO

Art. 39. Para os requerimentos de benefícios realizados a partir de 1º de julho de 2020, o período de filiação como empregado doméstico até maio de 2015, ainda que sem a comprovação do recolhimento ou sem a comprovação da primeira contribuição em dia, será reconhecido para todos os fins desde que devidamente comprovado o vínculo laboral.

SUBSEÇÃO III – DA ATIVIDADE RURAL

Art. 40. Em se tratando de benefícios rurais, exige-se do segurado filiação à categoria de natureza rural, seja na data da entrada de seu requerimento, ou durante o prazo da manutenção da qualidade de segurado ou, ainda, na data em que implementou os requisitos para obter acesso ao benefício desejado.
§ 1º Nas hipóteses de concessão dos benefícios para o segurado especial, de que trata o inciso I do § 2º do art. 39 do RPS, o segurado especial deve estar em atividade ou em prazo de manutenção desta qualidade na data da entrada do requerimento – DER ou na data em

que implementar todas as condições exigidas para o benefício requerido.

§ 2º Destaca-se que, para o segurado especial que esteja contribuindo facultativamente ou não, observam-se as condições de perda e manutenção de qualidade de segurado a que se referem os arts. 42 a 51.

§ 3º Será devido o benefício, ainda que a atividade exercida na DER seja de natureza urbana, desde que preenchidos todos os requisitos para a concessão do benefício requerido até a expiração do prazo para manutenção da qualidade de segurado na categoria de natureza rural, inclusive do segurado especial, e não tenha adquirido a carência necessária na atividade urbana.

Art. 41. O exercício de atividade rural ocorrido entre atividades urbanas, ou vice-versa, assegura a manutenção da qualidade de segurado, quando, entre uma atividade e outra, não ocorrer interrupção que acarrete a perda dessa qualidade.

CAPÍTULO II – DO PERÍODO DE MANUTENÇÃO DA QUALIDADE DE SEGURADO

Art. 42. Período de manutenção da qualidade de segurado, ou período de graça, é o lapso temporal em que o segurado mantém os seus direitos perante o RGPS independentemente de contribuição.

§ 1º O período de manutenção da qualidade de segurado inicia-se no primeiro dia do mês subsequente ao da última contribuição incidente sobre o salário de contribuição com valor igual ou superior ao salário mínimo.

§ 2º Mantém a qualidade de segurado aquele que receber remuneração inferior ao salário mínimo, na competência, desde que haja o ajuste das contribuições por meio da complementação, da utilização de excedente ou do agrupamento.

§ 3º Em caso de falecimento do segurado, o recolhimento complementar ou agrupamento de contribuições, disposto no § 2º, poderá ser efetuado pelos dependentes, que poderão solicitar os ajustes pertinentes às hipóteses de complementação, agrupamento e utilização de excedente e realizar o referido pagamento post mortem.

§ 4º O período de graça pode ter a duração ordinária de 3 (três), 6 (seis) ou 12 (doze) meses, conforme o caso, e, de forma extraordinária, ter duração de 24 (vinte e quatro) ou 36 (trinta e seis) meses, não tendo limite máximo na situação de segurado em gozo de benefício, exceto auxílio-acidente.

Art. 43. A análise da perda da qualidade de segurado observará a competência, desde que recolhida até o fato gerador.

Art. 44. Mantém a qualidade de segurado, sem limite de prazo, o segurado em gozo de benefício, exceto o auxílio-acidente e o auxílio-suplementar.

§ 1º O segurado em gozo de auxílio-acidente, com DIB até 17 de junho de 2019, véspera da publicação da Lei nº 13.846, mantém a qualidade de segurado por 12 (doze) meses, contados a partir da publicação da lei, para todos os fins, inclusive para gerar o reconhecimento de direitos de outros benefícios com DIB posterior a essa data, observadas as possibilidades de prorrogação da manutenção da qualidade de segurado previstas nos artigos 53 e 54. *(Redação dada pela Portaria Dirben/INSS 1.080/2022)*

§ 2º O disposto no *caput* se aplica ao segurado que se desvincular de RPPS, desde que se vincule ao RGPS.

§ 3º O período em que o segurado esteve ou estiver em gozo de benefício da legislação previdenciária do país acordante será considerado para fins específicos de manutenção da qualidade de segurado.

Art. 45. O segurado mantém essa qualidade por até 12 (doze) meses após:

I – cessação do benefício por incapacidade;

II – cessação do salário-maternidade; ou

III – cessação das contribuições.

§ 1º O disposto no inciso II não se aplica aos benefícios onde houve dispensa do desconto da contribuição.

§ 2º A hipótese do inciso III se aplica ao segurado que deixar de exercer atividade remunerada abrangida pela Previdência Social ou estiver suspenso ou licenciado sem remuneração.

§ 3º Para fins do disposto no inciso III, não podem ser consideradas as contribuições efetuadas abaixo do valor mínimo, sendo assegurado o recolhimento complementar ou agrupamento de contribuições.

§ 4º Para o empregado doméstico, o período de graça será determinado conforme os meses de atividade nesta categoria, ainda que não haja contribuições relativas ao período.

Art. 46. O segurado acometido de doença de segregação compulsória mantém a qualidade de segurado por até 12 (doze) meses após cessar a segregação.

§ 1º Doença de segregação compulsória é aquela que impede o convívio social e familiar do paciente.

§ 2º As doenças de segregação compulsória são as infecto-contagiosas especificadas pelo Ministério da Saúde.

Art. 47. O segurado recluso mantém a qualidade de segurado por até 12 (doze) meses após o livramento.

Parágrafo único: O segurado recluso mantém essa qualidade durante todo o período de sua reclusão, ainda que não seja instituidor do benefício de auxílio-reclusão, desde que comprovada a qualidade de segurado na data da sua reclusão.

Art. 48. No caso de fuga do segurado recluso, será descontado do prazo de manutenção da qualidade de segurado a que tinha direito antes da reclusão, o período já usufruído anteriormente à prisão, e todo o período que durar a fuga.

§ 1º Havendo livramento do segurado recluso, que tenha sido recapturado sem ter perdido a qualidade de segurado no período de fuga, permanece o direito ao prazo integral de 12 (doze) meses de manutenção da qualidade de segurado, contado a partir da soltura.

§ 2º Se houver exercício de atividade dentro do período de fuga, livramento condicional, cumprimento de pena em regime semiaberto ou aberto, este será considerado para verificação de manutenção da qualidade de segurado.

Art. 49. O segurado incorporado às Forças Armadas para prestar serviço militar mantém a qualidade de segurado até 3 (três) meses após o licenciamento.

Parágrafo único. No caso do segurado empregado que foi licenciado para prestação do serviço militar obrigatório, o seu contrato de trabalho estará suspenso e retornará à atividade quando da cessação da prestação de serviço militar, o que não interferirá no prazo da qualidade de segurado.

Art. 50. O segurado facultativo mantém a qualidade de segurado até 6 (seis) meses após a cessação das contribuições.

Parágrafo único. O segurado obrigatório que, durante o gozo de período de graça de 12 (doze), 24 (vinte e quatro) ou 36 (trinta e seis) meses, conforme o caso, filiar-se ao RGPS na categoria de facultativo, ao deixar de contribuir nesta última, terá direito de usufruir o período de graça de sua condição anterior, se mais vantajoso. *(Redação dada pela Portaria Dirben/INSS 1.080/2022)*

Art. 51. O início do prazo de manutenção da qualidade de segurado será contado a partir do mês seguinte ao das ocorrências previstas neste Capítulo.

CAPÍTULO III – DA PRORROGAÇÃO DA QUALIDADE DE SEGURADO

SEÇÃO I – DAS DISPOSIÇÕES GERAIS

Art. 52. O período de manutenção da qualidade de segurado, nas hipóteses previstas no art. 45, pode ser prorrogado para até 36 (trinta e seis) meses, considerando os acréscimos previstos nos arts. 53 e 54, preservando-se todos os direitos do segurado perante o RGPS.

SEÇÃO II – SEGURADO COM PERÍODO DE CONTRIBUIÇÃO ININTERRUPTA NO RGPS

Art. 53. O prazo previsto no art. 45 será acrescido de 12 (doze) meses quando o segurado tiver contribuído mais de 120 (cento e vinte) meses sem interrupção que acarrete a perda da qualidade de segurado.

§ 1º Aplica-se na apuração do direito à prorrogação a que se refere o *caput*, o disposto quanto ao período de recebimento de benefício a que se refere o *caput* e § 1º do art. 44.

§ 2º O disposto no *caput* se aplica ao segurado que se desvincular de RPPS, desde que se vincule ao RGPS.

SEÇÃO III – SEGURADO DESEMPREGADO DO RGPS

Art. 54. O prazo disposto no art. 45 será acrescido de 12 (doze) meses quando ficar comprovado o desemprego do segurado por meio de registro no órgão competente, inexistindo outras informações que venham a descaracterizá-lo, podendo comprovar tal condição das seguintes formas:

I – comprovação do recebimento do seguro-desemprego;

II – inscrição cadastral no Sistema Nacional de Emprego – SINE, órgão responsável pela política de emprego nos Estados da Federação, podendo ser considerados, os seguintes eventos constantes no CNIS:

a) buscar emprego com sucesso trabalhador – trabalhador busca emprego pela Web/APP com sucesso, encontrando vaga no perfil ou não;

b) cadastrar encaminhamento – trabalhador ao encontrar uma vaga, escolhe data e cadastra encaminhamento para participar da seleção;

c) buscar emprego sem resultado trabalhador – trabalhador pesquisou vaga de emprego no sistema Emprega Brasil, mas não localizou nenhuma no seu perfil profissional;

d) ativar trabalhador – trabalhador foi desativado do sistema Emprega Brasil e, em outro momento, pelo interesse em participar das ações de intermediação de mão de obra, compareceu a uma unidade de atendimento do SINE e teve seu cadastro reativado.

§ 1º Além da informação constante no CNIS indicada no inciso II, também é válida a apresentação de documento que comprove a situação de desemprego por registro no órgão próprio da Secretaria de Trabalho – ME.

§ 2º O início do recebimento de seguro-desemprego ou a inscrição no SINE, mediante registro de um dos eventos descritos nas alíneas "a" a "d" do inciso II, deverão ter ocorrido dentro do período de manutenção da qualidade de segurado relativo ao último vínculo do segurado. *(Redação dada pela Portaria Dirben/INSS 1.080/2022)*

§ 3º O evento «alterar trabalhador» não caracteriza a comprovação da situação de desemprego, uma vez que se trata apenas de pedido de alteração de dados cadastrais, não vinculado a um cadastro no programa de intermediação de mão de obra do SINE.

Art. 55. O acréscimo de 12 (doze) meses previsto no art. 54 dependerá da inexistência de outras informações dentro do período de manutenção de qualidade de segurado que venham a descaracterizar tal condição, como, por exemplo, o exercício de atividade remunerada cujo salário de contribuição seja igual ou superior ao limite mínimo mensal do salário de contribuição, recebimento de benefícios por incapacidade e salário-maternidade.

Art. 56. A existência de registro no órgão competente nas formas indicadas no art. 54, durante a manutenção de qualidade de segurado, posterior ao recebimento de benefício por incapacidade ou salário-maternidade não é óbice à prorrogação que trata essa Seção.

CAPÍTULO IV – DA PERDA DA QUALIDADE DE SEGURADO

SEÇÃO I – DAS DISPOSIÇÕES GERAIS

Art. 57. O reconhecimento da perda da qualidade de segurado no termo final dos prazos fixados nos arts. 45 a 51, observadas as prorrogações previstas nos arts. 53 e 54, ocorrerá no dia seguinte ao do vencimento da contribuição do contribuinte individual relativa ao mês imediatamente posterior ao término daqueles prazos, ou seja, no 16º (décimo sexto) dia do 14º (décimo quarto) mês, podendo ser prorrogado para o próximo dia útil caso o 16º (décimo sexto) dia caia em dia não útil.

§ 1º Para o segurado facultativo, a perda da qualidade de segurado no termo final do prazo fixado no art. 50, ocorrerá no dia seguinte ao do vencimento de sua contribuição relativa ao mês imediatamente posterior ao término daquele prazo, ou seja, no 16º (décimo sexto) dia do 8º (oitavo) mês, podendo ser prorrogado para o próximo dia útil caso o 16º (décimo sexto) dia caia em dia não útil.

§ 2º O prazo fixado para manutenção da qualidade de segurado se encerra no dia imediatamente anterior ao do reconhecimento da perda desta, sendo que a referida perda importa em extinção dos direitos inerentes à qualidade.

§ 3º Se, por força de lei, ocorrer alteração nas datas de vencimento de recolhimento, deverão ser obedecidos para manutenção ou perda da qualidade de segurado os prazos vigentes no dia do desligamento da atividade ou na data da última contribuição.

Art. 58. Se o fato gerador ocorrer durante os prazos fixados para a manutenção da qualidade de segurado e o requerimento do benefício for posterior a esses prazos, este será concedido sem prejuízo do direito, observados os demais requisitos exigidos.

Art. 59. Em caso de requerimento de salário-maternidade, o benefício será devido, atendidos os demais requisitos, se a perda da qualidade de segurado vier a ocorrer no período de 28 (vinte e oito) dias anteriores ao fato gerador parto.

SEÇÃO II – BENEFÍCIOS PARA OS QUAIS NÃO IMPORTA A PERDA DA QUALIDADE DE SEGURADO

Art. 60. Para os requerimentos protocolados a partir de 13 de dezembro de 2002, data da publicação da Medida Provisória nº 83, de 12 de dezembro de 2002, convalidada pela Lei nº 10.666, de 8 de maio de 2003, a perda da qualidade de segurado não será considerada para a concessão das aposentadorias, exceto para a aposentadoria por incapacidade permanente.

Art. 61. Aplica-se o disposto no art. 60 também ao trabalhador rural:

I – empregado e trabalhador avulso, referidos na alínea "a" do inciso I e inciso VI, ambos do art. 11 da Lei nº 8.213, de 1991, que comprovem a atividade a partir de novembro de 1991, independentemente da comprovação do recolhimento das contribuições; e

II – contribuinte individual e segurado especial, referidos na alínea "g" do inciso V e inciso VII, ambos do art. 11 da Lei nº 8.213, de 1991, desde que comprovem o recolhimento de contribuições após novembro de 1991.

Art. 62. Não se aplica o disposto no artigo 3º na Lei nº 10.666, de 2003, ao segurado especial que não contribua facultativamente, devendo o segurado estar no exercício da atividade ou em prazo de qualidade de segurado nestas categorias no momento do preenchimento dos requisitos necessários ao benefício pleiteado.

Art. 63. Caberá a concessão de pensão aos dependentes, ainda que o óbito tenha ocorrido após a perda da qualidade de segurado, desde que:

I – o instituidor do benefício tenha implementado todos os requisitos para obtenção de uma aposentadoria até a data do óbito; ou

II – fique reconhecido o direito, dentro do período de graça, à aposentadoria por incapacidade permanente, a qual deverá ser verificada por meio de parecer da Perícia Médica Federal, com base em atestados ou relatórios médicos, exames complementares, prontuários ou outros documentos equivalentes, referentes ao ex-segurado, que confirmem a existência de incapacidade permanente até a data do óbito.

§ 1º Por força da decisão judicial proferida na Ação Civil Pública nº 5012756-22.2015.4.04.7100/RS, de âmbito nacional, para os requerimentos efetuados a partir de 5 de março de 2015, aplica-se o disposto no *caput* aos casos em que ficar reconhecido o direito, dentro do período de graça, ao auxílio por incapacidade temporária, o qual será verificado na mesma forma do inciso II.

§ 2º Para a análise do direito da aposentadoria do instituidor, será observada a legislação da época em que o de cujus tenha implementado as condições necessárias, devendo os documentos do segurado instituidor serem avaliados dentro do processo de pensão por morte.

§ 3º O disposto no § 1º não gera qualquer efeito financeiro em decorrência de tal comprovação.

Art. 64. No caso de morte presumida, a apuração da qualidade de segurado do instituidor para fins de concessão de pensão por morte será verificada em relação à data do ajuizamento da ação declaratória da ausência.

§ 1º A sentença declaratória de óbito, em função do desaparecimento em situação de extrema probabilidade de morte como catástrofe ou acidente, produz efeito declaratório retroativo, devendo a apuração da qualidade de segurado do instituidor falecido ser fixada no momento da ocorrência do fato causador do óbito.

Art. 65. Para os trabalhadores rurais empregado, contribuinte individual e segurado especial que contribui facultativamente, cujas contribuições forem posteriores a novembro de 1991, não será considerada a perda da qualidade de segurado nos intervalos entre as atividades rurícolas para fins de concessão de aposentadoria por idade, desde que o segurado esteja exercendo atividade rural ou em período de manutenção da qualidade de segurado na DER ou na data da implementação dos requisitos exigidos para o benefício requerido.

CAPÍTULO V – DISPOSIÇÕES HISTÓRICAS

SEÇÃO I – HISTÓRICO REFERENTE À PERDA DA QUALIDADE DE SEGURADO

Art. 66. Para benefícios com início no período de 25 de julho de 1991, data da publicação da Lei nº 8.213, até 5 de março de 1997, véspera da publicação do Decreto nº 2.172, a perda da qualidade de segurado ocorria no 2º mês seguinte ao término dos prazos fixados para a manutenção da qualidade de segurado na forma prevista no art. 15 da Lei nº 8.213, de 1991, observados os prazos de recolhimento das contribuições relativas a cada categoria de trabalhador.

Art. 67. No período de 6 de março de 1997, data da publicação do Decreto nº 2.172, a 10 de outubro de 2001, véspera da publicação da Instrução Normativa INSS/DC nº 57, a perda da qualidade de segurado ocorria no dia seguinte ao do término do prazo fixado para recolhimento da contribuição do contribuinte individual relativa ao mês imediatamente posterior ao do final dos prazos fixados no art. 15 da Lei nº 8.213, de 1991, para qualquer categoria de trabalhador.

Art. 68. No período de 11 de outubro de 2001 até 11 de dezembro de 2008, período entre a publicação da Instrução Normativa INSS/DC nº 57 e a véspera da Nota Técnica PFE-INSS/ CGMBEN/DIVCONT/PFE nº 45, a perda da qualidade de segurado ocorria no dia 16 (dezesseis) do 2º mês seguinte ao término dos prazos fixados para a manutenção da qualidade de segurado na forma prevista no art. 13 do RPS, na hipótese de não haver retorno à atividade ou contribuição como facultativo no mês imediatamente anterior ao reconhecimento da perda.

SEÇÃO II – SEGURADO FACULTATIVO APÓS RECEBIMENTO DE BENEFÍCIO POR INCAPACIDADE

Art. 69. Até 20 de setembro de 2006, véspera da publicação da Instrução Normativa INSS/PRES nº 11, a hipótese de recebimento de benefício por incapacidade, depois da interrupção das contribuições na categoria de facultativo, o prazo de manutenção da qualidade de segurado era suspenso, reiniciando-se a contagem após a cessação do benefício, sendo permitido o recolhimento da contribuição relativa ao mês de cessação deste.

Art. 70. De 21 de setembro de 2006, data da publicação da Instrução Normativa INSS/PRES nº 11, até 5 de junho de 2008, véspera da publicação da Instrução Normativa INSS/PRES nº 29, na hipótese de recebimento de benefício por incapacidade, após a interrupção das contribuições na categoria de facultativo, era assegurado o período de manutenção da qualidade de segurado pelo prazo de 6 (seis) meses após a cessação do benefício.

Parágrafo único. A partir de 21 de setembro de 2006, foi vedado o recolhimento de contribuição na condição de facultativo relativo ao mês de cessação de benefício.

Art. 71. A partir de 6 de junho de 2008, data da publicação da Instrução Normativa INSS/PRES nº 29, na hipótese de recebimento de benefício por incapacidade, após a interrupção das contribuições na categoria de contribuinte facultativo, o prazo para a manutenção de qualidade de segurado passou a ser de 12 (doze) meses após a cessação do benefício.

SEÇÃO III – ANISTIA

Art. 72. O segurado manterá a qualidade de segurado no período compreendido entre 16 de março de 1990 a 30 de setembro de 1992, decurso de tempo em que a Lei nº 8.878, de 11 de maio de 1994, concedeu anistia aos servidores públicos civis e empregados da Administração Pública Federal direta, autárquica ou fundacional, bem como aos empregados de empresas públicas e sociedades de economia mista sob controle da União, que foram:

I – exonerados ou demitidos com violação de dispositivo constitucional ou legal;

II – despedidos ou dispensados dos seus empregos com violação de dispositivo constitucional, legal, regulamentar ou de cláusula constante de acordo, convenção ou sentença normativa; e

III – exonerados, demitidos ou dispensados por motivação política, devidamente caracterizada, ou por interrupção de atividade profissional em decorrência de movimento grevista.

Art. 73. Será mantida a qualidade de segurado no período de 4 de março de 1997 a 23 de março de 1998, conforme a Lei nº 11.282, de 23 de fevereiro de 2006, que concedeu anistia aos 23 trabalhadores da Empresa Brasileira de Correios e Telégrafos – ECT que sofreram punições, dispensas e alterações unilaterais contratuais em razão da participação em movimento reivindicatório.

TÍTULO III – DA CARÊNCIA

CAPÍTULO I – CONSIDERAÇÕES GERAIS

Art. 74. Período de carência é o tempo correspondente ao número mínimo de contribuições mensais indispensáveis à concessão dos benefícios previdenciários.
Parágrafo único. Para o segurado especial, considera-se como carência o tempo mínimo de efetivo exercício de atividade rural, ainda que de forma descontínua, para fins de concessão dos benefícios no valor de um salário mínimo, conforme disposto no inciso I do §2º do art. 39 do RPS. *(Redação dada pela Portaria Dirben/INSS 1.080/2022)*

Art. 75. A partir de 14 de novembro de 2019, para todos os segurados, será considerada para fins de carência apenas a contribuição recolhida no valor mínimo mensal, assegurada a complementação, agrupamento ou utilização de excedente conforme o disposto no art.19-E, do RPS.

Art. 76. A carência exigida à concessão dos benefícios devidos pela Previdência Social será aquela prevista na legislação vigente na data em que o interessado tenha implementado todos os requisitos para a concessão, ainda que após essa data venha a perder a qualidade de segurado.

Art. 77. As contribuições relativas a um mesmo mês serão consideradas como únicas, ainda que prestadas em decorrência de diversos empregos ou atividades.

Art. 78. O período de carência será considerado de acordo com a filiação, a inscrição ou o recolhimento efetuado pelo segurado da Previdência Social observados os critérios descritos na tabela abaixo:

FORMA DE FILIAÇÃO	A PARTIR DE	DATA-LIMITE	INÍCIO DO CÁLCULO
Empregado	Indefinida	Sem limite	Data da filiação
Avulso	Indefinida	Sem limite	Data da filiação
Empresário	Indefinida	24/07/1991	Data da filiação
	25/07/1991	28/11/1999	Data da 1ª contribuição sem atraso
Doméstico	08/04/1973	24/07/1991	Data da filiação
	25/07/1991	31/05/2015	Data da 1ª contribuição sem atraso
	01/06/2015	Sem limite	Data da filiação
Facultativo	25/07/1991	Sem limite	Data da 1ª contribuição sem atraso
Equiparado a autônomo	05/09/1960	09/09/1973	Data da 1ª contribuição
	10/09/1973	01/02/1976	Data da inscrição
	02/02/1976	23/01/1979	Data da 1ª contribuição sem atraso
	24/01/1979	23/01/1984	Data da inscrição
	24/01/1984	28/11/1999	Data da 1ª contribuição sem atraso
Empregado rural	01/01/1976	24/07/1991	Data da 1ª contribuição sem atraso
Contribuinte em dobro	01/09/1960	24/07/1991	Data da filiação
Segurado especial que não optou por contribuir facultativamente (art. 200, §2º, do RPS)	Indefinida	Sem limite	Data da filiação

PORTARIA DIRBEN/INSS Nº 991, DE 28 DE MARÇO DE 2022

Segurado especial que optou por contribuir facultativamente (art. 200, §2º, do RPS)	11/1991	Sem limite	Data da 1ª contribuição sem atraso
Autônomo	05/09/1960	09/09/1973	Data do 1º pagamento
	10/09/1973	01/02/1976	Data da inscrição
	02/02/1976	23/01/1979	Data da 1ª contribuição sem atraso
	24/01/1979	23/01/1984	Data da inscrição
	24/01/1984	28/11/1999	Data da 1ª contribuição sem atraso
Contribuinte individual	29/11/1999	Sem limite	Data da 1ª contribuição sem atraso
Contribuinte individual (prestador de serviços)	01/04/2003	Sem limite	Data da filiação

§ 1º O período de carência para o contribuinte individual, inclusive o Microempreendedor Individual de que tratam os artigos 18-A e 18-C da Lei Complementar nº 123, de 2006, para o facultativo e para o segurado especial que esteja contribuindo facultativamente, inicia-se a partir do efetivo recolhimento da primeira contribuição em dia, não sendo consideradas para esse fim as contribuições recolhidas com atraso referentes a competências anteriores, ainda que o pagamento tenha ocorrido dentro do período de manutenção da qualidade de segurado decorrente de outra atividade.

§ 2º Os segurados contribuintes individuais, facultativos e segurados especiais que recolhem facultativamente e que perderem a qualidade de segurado deverão realizar nova contribuição em dia para reinício da contagem do período de carência.

§ 3º Para os optantes pelo recolhimento trimestral, previsto no § 15 do art. 216 do RPS, o período de carência é contado a partir do mês da inscrição do segurado, desde que efetuado o recolhimento da primeira contribuição trimestral dentro do prazo regulamentar, observado o § 4º.

§ 4º O recolhimento trimestral observará o trimestre civil, sendo que a inscrição no segundo ou terceiro mês deste não prejudica a opção pelo recolhimento trimestral.

§ 5º O disposto nos §§ 1º e 2º não se aplica ao contribuinte individual prestador de serviço à pessoa jurídica a partir da competência abril de 2003, data em que passou a ter presunção de recolhimento das contribuições.

Art. 79. Para fatos geradores a partir de 18 de junho de 2019, data da publicação da Lei nº 13.846, em se tratando de requerimento de benefício de auxílio por incapacidade temporária, aposentadoria por incapacidade permanente, salário-maternidade ou auxílio-reclusão, se houver perda da qualidade de segurado, as contribuições anteriores a essa perda somente serão computadas para efeito de carência depois que o segurado contar, a partir da nova filiação ao Regime Geral de Previdência Social, com, no mínimo, metade do número de contribuições exigidas para o cumprimento da carência definida.

§ 1º Para o segurado especial que não contribui facultativamente, deve ser observado o disposto no parágrafo único do art. 74.

§ 2º Aplica-se o disposto no *caput* ao segurado oriundo de RPPS que se filiar ao RGPS após os prazos previstos para manutenção da qualidade de segurado, conforme a categoria.

§ 3º Considerando a legislação de regência, a quantidade de contribuição mínima exigida após a perda de qualidade segue a tabela abaixo:

FATO GERADOR E NORMA APLICÁVEL	AUXÍLIO POR INCAPACIDADE TEMPORÁRIA E APOSENTADORIA POR INCAPACIDADE PERMANENTE	SALÁRIO-MATERNIDADE	AUXÍLIO-RECLUSÃO
de 25/07/1991 a 07/07/2016 Lei nº 8.213 de 1991 (redação original)	4 (quatro) contribuições (1/3 da carência)	3 (três) contribuições (1/3 da carência)	Isento
de 08/07/2016 a 04/11/2016 Lei nº 8.213 de 1991 (redação Medida Provisória nº 739 de 2016)	12 (doze) contribuições (total da carência)	10 (dez) contribuições (total da carência)	Isento
de 05/11/2016 a 05/01/2017 Lei nº 8.213 de 1991 (redação original)	4 (quatro) contribuições (1/3 da carência)	3 (três) contribuições (1/3 da carência)	Isento
de 06/01/2017 a 26/06/2017 Lei nº 8.213 de 1991 (redação Medida Provisória nº 767 de 2017)	12 (doze) contribuições (total da carência)	10 (dez) contribuições (total da carência)	Isento

de 27/06/2017 a 17/01/2019 Lei nº 8.213 de 1991 (redação Lei nº 13.457 de 2017)	6 (seis) contribuições (1/2 da carência)	5 (cinco) contribuições (1/2 da carência)	Isento
de 18/01/2019 a 17/06/2019 Lei nº 8.213 de 1991 (redação Medida Provisória nº 871 de 2019)	12 (doze) contribuições (total da carência)	10 (dez) contribuições (total da carência)	24 (vinte e quatro) contribuições (total da carência)
de 18/06/2019 em diante Lei nº 8.213 de 1991 (redação Lei nº 13.846 de 2019)	6 (seis) contribuições (1/2 da carência)	5 (cinco) contribuições (1/2 da carência)	12 (doze) contribuições (1/2 da carência)

SEÇÃO I – DAS CONTRIBUIÇÕES RECOLHIDAS EM ATRASO E APÓS O FATO GERADOR

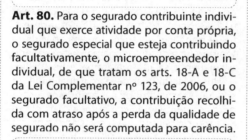

Art. 80. Para o segurado contribuinte individual que exerce atividade por conta própria, o segurado especial que esteja contribuindo facultativamente, o microempreendedor individual, de que tratam os arts. 18-A e 18-C da Lei Complementar nº 123, de 2006, ou o segurado facultativo, a contribuição recolhida com atraso após a perda da qualidade de segurado não será computada para carência.

Art. 81. A perda da qualidade de segurado de que trata o art. 80 será verificada pelo tempo transcorrido entre a última competência considerada para fins de carência e a data do recolhimento da competência em atraso, nos termos do art. 14 do RPS.

Art. 82. Observada a necessidade do primeiro recolhimento ser efetuado em dia, serão considerados para fins de carência os recolhimentos realizados em atraso, desde que o pagamento tenha ocorrido dentro do período de manutenção da qualidade de segurado e na mesma categoria de segurado.

Art. 83. O cômputo da carência após a perda da qualidade de segurado reinicia-se a partir do efetivo recolhimento de nova contribuição sem atraso.
Parágrafo único. O disposto no *caput* se aplica a todas as espécies de benefícios que exijam carência.

Art. 84. Quando se tratar de retroação da Data do Início das Contribuições – DIC, ainda que com início ocorrido dentro do período de manutenção da qualidade de segurado, após o exercício de atividade em categorias diferenciadas, a contribuição paga em atraso, independentemente da data em que foi recolhida, não será considerada para fins de carência.

Art. 85. Para fins de cômputo da carência, não deverão ser consideradas as contribuições efetuadas em atraso após o fato gerador, independentemente de se referirem a competências anteriores, para os segurados a que se refere o art. 80.
§ 1º Deve ser considerado para todos os fins o recolhimento realizado dentro do prazo legal de vencimento, mesmo que realizado após o fato gerador, sendo vedado o recolhimento pós-óbito.
§ 2º O recolhimento efetuado em atraso após o fato gerador não será computado para nenhum fim, ainda que dentro do prazo de manutenção da qualidade de segurado, observada a possibilidade de alteração da DER para os benefícios programáveis.

Art. 86. O disposto nesta Seção não se aplica aos recolhimentos efetuados a título de complementação.

Art. 87. O disposto nesta Seção aplica-se a todos os requerimentos de benefícios pendentes de análise, independentemente da data do recolhimento.

SEÇÃO II – DO EMPREGADO DOMÉSTICO

Art. 88. Para os requerimentos de benefícios realizados a partir de 1º de julho de 2020, o período de filiação como empregado doméstico até maio de 2015, ainda que sem a comprovação do recolhimento ou sem a comprovação da primeira contribuição em dia, será reconhecido para todos os fins desde que devidamente comprovado o vínculo laboral.

CAPÍTULO II – DOS PERÍODOS COMPUTÁVEIS

Art. 89. Considera-se para efeito de carência:

I – o tempo de contribuição para o Plano de Seguridade Social do Servidor Público anterior à Lei nº 8.647, de 13 de abril de 1993, efetuado pelo servidor público ocupante de cargo em comissão sem vínculo efetivo com a União, Autarquias, ainda que em regime especial, e Fundações Públicas Federais;

II – o período em que o segurado recebeu salário-maternidade, exceto o do segurado especial que não contribui facultativamente;

III – os recolhimentos realizados em atraso, desde que o pagamento tenha ocorrido dentro do período de manutenção da qualidade de segurado, na mesma categoria de segurado e antes do fato gerador;

IV – as contribuições vertidas para o RPPS certificadas na forma da contagem recíproca, desde que o segurado não tenha utilizado o período naquele regime, esteja filiado ao RGPS e desvinculado do regime de origem;

V – o período relativo ao prazo de espera de 15 (quinze) dias do afastamento do trabalho de responsabilidade do empregador, desde que anterior à DII do benefício requerido;

VI – o período na condição de anistia prevista em lei, desde de que seja expressamente previsto o cômputo do período de afastamento para contagem da carência;

VII – as contribuições na condição de Contribuinte Individual, Facultativo, Empregado Doméstico, empregador rural, Segurado Especial que contribui facultativamente, contribuinte em dobro, equiparado a autônomo e empresário, anteriores a Julho de 1994 e recolhidos à época com valores abaixo do limite mínimo legal, na forma do §3º do art. 28, da Lei nº 8.212, de 1991.

§ 1º Por força da decisão judicial proferida na Ação Civil Pública nº 2009.71.00.004103-4 (novo nº 0004103-29.2009.4.04.7100), é devido o cômputo, para fins de carência, do período em gozo de benefício por incapacidade, inclusive os decorrentes de acidente do trabalho, desde que intercalado com períodos de contribuição ou atividade, observadas as datas a seguir:

I – no período compreendido entre 19 de setembro de 2011 a 3 de novembro de 2014, a decisão judicial teve abrangência nacional; e

II – para os residentes nos Estados do Rio Grande do Sul, Santa Catarina e Paraná, a determinação permanece vigente, observada a decisão proferida pelo Superior Tribunal de Justiça no Recurso Especial nº 1.414.439-RS, e alcança os benefícios requeridos a partir de 29 de janeiro de 2009.

§ 2º Para benefícios requeridos até 18 de setembro de 2011, deve ser considerado para fins de carência os períodos de auxílio-doença ou aposentadoria por invalidez recebidos no período de 1º de junho de 1973 a 30 de junho de 1975.

CAPÍTULO III – DOS PERÍODOS NÃO COMPUTÁVEIS

Art. 90. Não será computado como período de carência:

I – o tempo de serviço militar, obrigatório ou voluntário até 13 de novembro de 2019, observadas as definições dispostas no inciso X do art. 152; *(Redação dada pela Portaria Dirben/INSS 1.080/2022)*

II – o tempo de serviço do segurado trabalhador rural anterior à competência novembro de 1991, exceto para os benefícios do inciso I do art. 39 e *caput* e § 2º do art. 48, ambos da Lei nº 8.213, de 1991;

III – o período de retroação da DIC e o referente à período indenizado;

IV – o período indenizado de segurado especial posterior a novembro de 1991, observado o § 1º;

V – o período em que o segurado está ou esteve em gozo de auxílio-acidente ou auxílio-suplementar;

VI – o período de aviso prévio indenizado;

VII – o período de aluno aprendiz, observado o § 3º;

VIII – o período majorado de atividade especial e marítimo embarcado;

IX – o período referente às contribuições na condição de contribuinte individual, facultativo, empregado doméstico, empregador rural, segurado especial que contribui facultativamente, contribuinte em dobro, equiparado a autônomo e empresário, a partir de julho de 1994, recolhidos à época com valores abaixo do limite mínimo legal, na forma do §3º do art. 28, da Lei nº 8.212, de 1991, ressalvada a possibilidade de complementação dos valores devidos.

§ 1º O disposto no inciso IV não se aplica aos benefícios concedidos ao segurado especial de aposentadoria por idade ou por incapacidade permanente, de auxílio por incapacidade temporária, de auxílio-reclusão, de pensão por morte ou de auxílio-acidente, desde que mantida a condição ou a qualidade de segurado especial na DER ou na data em que implementar os requisitos para concessão dos benefícios.

§ 2º O período exercido como aluno da Escola Superior de Administração Postal – ESAP não deverá ser contabilizado para fins de carência, na forma do Memorando-Circular nº 30, de 16 de setembro de 2014.

§ 3º O disposto no inciso VII não se aplica a períodos anteriores a 16 de dezembro de 1998, data da publicação da Emenda Constitucional nº 20.

CAPÍTULO IV – DO CÔMPUTO DA CARÊNCIA PARA AS DIFERENTES CATEGORIAS

SEÇÃO I – DO EMPREGADO, EMPREGADO DOMÉSTICO E TRABALHADOR AVULSO

Art. 91. Para efeito de carência, considera-se presumido o recolhimento das contribuições do segurado empregado e do trabalhador avulso, na forma do inciso I, alínea "a", do art. 216 do RPS.

Art. 92. O período de carência para o empregado doméstico filiado até 24 de julho de 1991 inicia-se a partir da data da filiação, independentemente da categoria do segurado na DER, sendo considerada para este fim:
I – a primeira contribuição em dia na categoria; ou
II – a apresentação de documentos que comprovem sua filiação.
Parágrafo único. O disposto no *caput* aplica-se também ao empregado doméstico filiado a partir de 2 de junho de 2015, data da publicação da Lei Complementar nº 150. *(Redação dada pela Portaria Dirben/INSS 1.080/2022)*

Art. 93. Para o segurado empregado doméstico, filiado ao RGPS nessa condição no período de 25 de julho de 1991 até 31 de maio de 2015, o período de carência será contado a partir da data do efetivo recolhimento da primeira contribuição sem atraso.

§ 1º Para os requerimentos de benefícios realizados a partir de 1º de julho de 2020, em se tratando de períodos de filiação como empregado doméstico sem a comprovação do recolhimento ou sem a comprovação da primeira contribuição sem atraso, será reconhecido para todos os fins, independentemente da categoria do segurado na data do requerimento, desde que devidamente comprovado o vínculo laboral.

§ 2º O benefício concedido com a validação de períodos nos termos do *caput* deverá ser calculado levando-se em conta a possibilidade de ser concedido com valor superior a um salário mínimo, independentemente da categoria do segurado na DER.

§ 3º O benefício calculado nos termos do § 1º poderá ser revisto quando da apresentação de prova do recolhimento.

Art. 94. A partir de 2 de junho de 2015, data da publicação da Lei Complementar nº 150, são presumidos os recolhimentos efetuados para o empregado doméstico. *(Redação dada pela Portaria Dirben/INSS 1.080/2022)*

Art. 95. Os recolhimentos do empregado doméstico, até a competência de setembro de 2015, efetuados em época própria, serão reconhecidos automaticamente, sendo dispensada a comprovação do exercício da atividade, independentemente da categoria do segurado na Data de Entrada do Requerimento – DER.

Art. 96. Excepcionalmente, para cômputo de carência, no período compreendido entre março de 1973 e dezembro de 1978, será exigida a comprovação da atividade de empregado doméstico nos casos em que houver informações sobre a quantidade de recolhimentos em microficha sem o correspondente registro dos meses e valores pagos.

SEÇÃO II – DO CONTRIBUINTE INDIVIDUAL

Art. 97. Para o contribuinte individual, inclusive o autônomo, empresário, equiparado a autônomo e empregador rural, o início do cálculo da carência será computado conforme o ilustrado do art. 78.

Art. 98. Não será considerado em débito o período sem contribuição a partir de 1º de abril de 2003, por força da Medida Provisória nº 83, de 2002, convertida na Lei nº 10.666, de 2003, para o contribuinte individual empresário, cooperado e o prestador de serviço, sendo presumido o recolhimento das contribuições dele descontadas e seu período considerado para efeito de carência.

Art. 99. O recolhimento efetuado em atraso, inclusive quando se tratar de retroação de DIC, não será considerado para fins de carência, se o período do recolhimento tiver início após a perda da qualidade de segurado ou se no prazo de manutenção da qualidade de segurado decorrente de filiação em outra categoria.

Parágrafo único. O período compreendido entre abril de 1973 e fevereiro de 1994, quitadas as contribuições até a data-limite de fevereiro de 1994, serão considerados em dia, dispensando-se a exigência da respectiva comprovação por parte do contribuinte quando estejam no CNIS e/ou em microficha.

SEÇÃO III – DO SEGURADO ESPECIAL

Art. 100. Para o segurado especial que não contribui facultativamente, o período de carência corresponde ao número de meses de efetivo exercício da atividade rural, ainda que de forma descontínua, correspondente à carência exigida para o benefício requerido contado a partir do início do efetivo exercício da atividade rural, observadas as regras de comprovação.

Art. 101. Para efeito de concessão de benefícios no valor do salário mínimo, o segurado deverá comprovar o efetivo exercício de atividade rural, ainda que de forma descontínua, correspondente ao número de meses necessários à concessão do benefício requerido, computadas as hipóteses que não descaracterizam a atividade de segurado especial, na forma do art. 112 da Instrução Normativa PRES/INSS nº 128, de 2022.

Art. 102. Para o segurado especial que contribui facultativamente, o período de carência será considerado a partir do primeiro recolhimento efetuado em época própria, observados os critérios e a forma de cálculo estabelecidos, para fins de concessão de qualquer benefício previdenciário, inclusive, podendo ser somado a períodos urbanos.

Parágrafo único. Caso o segurado especificado no *caput* venha a requerer aposentadoria por idade com redução para o trabalhador rural, ou seja, com 60 (sessenta) anos de idade, se homem, ou 55 (cinquenta e cinco) anos de idade, se mulher, as contribuições para fins de carência serão computadas, exclusivamente, em razão do exercício da atividade rural.

SEÇÃO IV – DO SEGURADO FACULTATIVO

Art. 103. Os períodos recolhidos em atraso na condição de facultativo não serão considerados para efeito de carência, exceto quando realizados em período de manutenção da qualidade de segurado nesta categoria, observado o disposto no §1º.

§ 1º O recolhimento em atraso do segurado facultativo será considerado desde que entre a data do recolhimento e a competência recolhida não tenha transcorrido o período de graça do segurado facultativo em relação a essa competência.

§ 2º O período compreendido entre abril de 1973 e fevereiro de 1994, quitadas as contribuições até a data-limite de fevereiro de 1994, será considerado em dia, dispensando-se a exigência da respectiva comprovação por parte do contribuinte quando constarem no CNIS ou em microficha.

CAPÍTULO V – DA CARÊNCIA APLICADA AOS BENEFÍCIOS PREVIDENCIÁRIOS

SEÇÃO I – AUXÍLIO POR INCAPACIDADE TEMPORÁRIA E APOSENTADORIA POR INCAPACIDADE PERMANENTE

Art. 104. Para fins de recebimento de benefício por incapacidade, em regra geral, a carência necessária é de 12 (doze) contribuições mensais.

§ 1º Se houver perda da qualidade de segurado, serão exigidas 6 (seis) contribuições mensais após o reingresso no RGPS para que o período anterior seja considerado para carência.

§ 2º O disposto no § 1º se aplica aos benefícios com fato gerador a partir de 18 de junho de 2019, data da publicação da Lei nº 13.846.

§ 3º Para os benefícios que não se enquadrarem no disposto do § 2º, deverá ser observado o § 3º do art. 79.

Art. 105. Para fins de verificação da carência, deverá ser observado o fato gerador do benefício.

Parágrafo único. Para fins de auxílio por incapacidade temporária e aposentadoria por incapacidade permanente, o fato gerador a ser considerado é a DII.

SEÇÃO II – DO SALÁRIO-MATERNIDADE

Art. 106. Na análise do direito ao salário-maternidade, deverá ser observada a categoria do requerente na data do fato gerador, verificando-se a carência da seguinte forma:

I – 10 (dez) contribuições mensais para os segurados contribuinte individual, facultativo e segurado especial, assim como para os que estiverem em período de manutenção da qualidade de segurado decorrente dessas categorias; e

II – não será exigida carência para concessão do salário-maternidade para os segurados empregado, empregado doméstico e trabalhador avulso, bem como para os que estiverem no prazo de manutenção da qualidade de segurado decorrente dessas categorias.

Parágrafo único. Tratando-se de parto antecipado, o período de carência exigido será reduzido em números de contribuições equivalentes ao número de meses em que o parto for antecipado.

Art. 107. Para os segurados que exercem atividades concomitantes, inclusive aqueles em prazo de manutenção da qualidade de segurado decorrente dessas atividades, a carência exigida observará cada categoria de forma independente.

Art. 108. Na hipótese em que o segurado estiver no período de graça, em decorrência de vínculo como empregado, empregado doméstico ou trabalhador avulso e passe a contribuir como facultativo ou contribuinte individual ou se vincule como segurado especial, o benefício de salário-maternidade será devido ainda que o segurado não cumpra o período de carência exigido na nova condição.

Parágrafo único: Aplica-se o disposto no *caput* para benefício requerido a partir de 22 de março de 2013, data do Parecer nº 117/2013/CONJUR-MPS/CGU/AGU, aprovado por Despacho do Ministro da Previdência Social, publicado no Diário Oficial da União em 22 de março de 2013, bem como ao pendente de análise, somente quando o requerente não satisfizer a carência exigida na condição de facultativo, contribuinte individual e segurado especial, sendo vedada a exclusão de contribuições quando preenchido o direito ao salário-maternidade nestas categorias.

Art. 109. Para fins de concessão do salário-maternidade, na hipótese de perda da qualidade de segurado, as contribuições anteriores somente serão computadas para efeito de carência depois que o segurado cumprir com metade do exigido, a partir da nova filiação.

Parágrafo único. Considerando as alterações ocorridas ao longo do tempo no texto da Lei nº 8.213, de 1991, o cômputo da carência após a perda da qualidade de segurado terá início conforme o disposto no § 3º do art. 79, observado o fato gerador.

SEÇÃO III – DA PENSÃO POR MORTE

Art. 110. A concessão do benefício de pensão por morte independe de carência, observados os demais requisitos quanto à qualidade de segurado do instituidor e qualidade de dependente do beneficiário.

SEÇÃO IV – DO AUXÍLIO-RECLUSÃO

Art. 111. Para fato gerador a partir de 18 de janeiro de 2019, data da publicação da Medida Provisória nº 871, convertida na Lei nº 13.846, de 18 de junho de 2019, o auxílio-reclusão passou a ser devido quando o segurado instituidor possuir, pelo menos, 24 (vinte e quatro) contribuições mensais para efeito de carência, anteriores à reclusão, observadas as demais regras de acesso.

Art. 112. Não deve ser exigida carência para concessão do auxílio-reclusão em requerimentos com fato gerador anterior a 18 de janeiro de 2019.
Parágrafo único. Para fins de auxílio-reclusão, o fato gerador a ser considerado é a data da reclusão.

Art. 113. Para fins de concessão do auxílio-reclusão, na hipótese de perda da qualidade de segurado, as contribuições anteriores somente serão computadas para efeito de carência depois que o segurado contar, a partir da nova filiação, com no mínimo metade do exigido.
Parágrafo único. Considerando as alterações ocorridas ao longo do tempo no texto da Lei nº 8.213, de 1991, o cômputo da carência após a perda da qualidade de segurado terá início conforme disposto no § 3º do art.79.

SEÇÃO V – DAS APOSENTADORIAS PROGRAMÁVEIS

Art. 114. Para o segurado inscrito na Previdência Social Urbana até 24 de julho de 1991, bem como para o trabalhador e o empregador rural cobertos pela Previdência Social Rural, a carência das aposentadorias programada e por idade, por tempo de contribuição, inclusive do professor, e especial obedecerá à seguinte tabela, levando-se em conta o ano em que o segurado implementou todas as condições necessárias à obtenção do benefício:

Ano de implementação das condições	Meses de contribuição exigidos
1991	60 meses
1992	60 meses
1993	66 meses
1994	72 meses
1995	78 meses
1996	90 meses
1997	96 meses
1998	102 meses
1999	108 meses
2000	114 meses
2001	120 meses
2002	126 meses
2003	132 meses
2004	138 meses
2005	144 meses
2006	150 meses
2007	156 meses
2008	162 meses
2009	168 meses
2010	174 meses
2011	180 meses

Parágrafo único. No caso de aposentadoria por idade deve ser observado que, a partir de 23 de dezembro de 2010, data da publicação do Parecer/CONJUR/MPS nº 616, o número de meses de contribuição da tabela acima, a ser exigido para efeito de carência, será o do ano em que for preenchido o requisito etário, não se obrigando que a carência exigida seja a da data do requerimento do benefício, ainda que o número de contribuições seja cumprido em ano posterior ao que completou a idade.

Art. 115. Para o segurado inscrito a partir de 25 de julho de 1991, data de vigência da Lei nº 8.213, de 1991, serão exigidas 180 (cento e oitenta) contribuições mensais para a concessão das aposentadorias programáveis.

SUBSEÇÃO ÚNICA – DA APOSENTADORIA POR IDADE RURAL

Art. 116. Para fins de concessão de aposentadoria por idade rural, deverão ser contabilizados para carência apenas os períodos exercidos em atividade rural.

Art. 117. Até 31 de dezembro de 2010, para os trabalhadores rurais empregado e contribuinte individual, enquadrados como segurados obrigatórios do RGPS na forma da alínea "a", inciso I ou da alínea "g", inciso V do art. 11 da Lei nº 8.213, de 1991, será considerado como carência para fins de aposentadoria por idade, no valor de um salário mínimo, o efetivo exercício de atividade rural, ainda que de forma descontínua, correspondente ao número de meses necessários para a carência do benefício requerido no período imediatamente anterior ao requerimento ou, conforme o caso, no mês em que cumprir o requisito etário, exclusivamente em atividade rural.

Art. 118. Tratando-se de aposentadoria por idade do trabalhador rural na condição de segurado empregado rural, serão contados para efeito de carência os períodos de atividade efetivamente comprovados.

Parágrafo único. Em se tratando de benefício em valor equivalente ao salário mínimo, para as atividades comprovadas até 31 de dezembro de 2020, deverá ser observado:

I – até 31 de dezembro de 2010, o período de atividade comprovado, ainda que de forma descontínua, considerando o disposto no art. 183 do RPS;

II – de janeiro de 2011 a dezembro de 2015, cada mês comprovado de emprego, multiplicado por 3 (três), limitado a 12 (doze) meses dentro do respectivo ano civil; e

III – de janeiro de 2016 a dezembro de 2020, cada mês comprovado de emprego, multiplicado por 2 (dois), limitado a 12 (doze) meses dentro do respectivo ano civil.

Art. 119. Tratando-se de aposentadoria por idade do trabalhador rural na condição de segurado contribuinte individual, que tenha prestado serviço de natureza rural, em caráter eventual, a uma ou mais empresas, sem relação de emprego, serão contados para efeito de carência os períodos de atividade efetivamente comprovados.

§ 1º Em se tratando de benefício em valor equivalente ao salário mínimo, serão contados para efeito de carência os períodos comprovados de atividades até 31 de dezembro de 2010, ainda que de forma descontínua, considerando o disposto no art. 183-A do RPS.

§ 2º Para atividades exercidas a partir de 1º de janeiro de 2011, considera-se presumido o recolhimento das contribuições do contribuinte individual prestador de serviço, devendo ser computadas apenas as competências em que foram comprovadas as atividades.

Art. 120. Tratando-se de aposentadoria por idade do trabalhador rural, na condição de segurado garimpeiro, que trabalhe, comprovadamente, em regime de economia familiar, serão contados para efeito de carência os períodos efetivamente contribuídos, observados os dispostos deste capítulo quanto aos recolhimentos efetuados pelos contribuintes individuais.

Art. 121. Aplica-se a tabela progressiva prevista no art. 114 para os trabalhadores rurais amparados pela antiga Previdência Social Rural.

Parágrafo único. O exercício de atividade rural anterior a novembro de 1991 será considerado para a utilização da tabela progressiva para segurados em atividade ou manutenção da qualidade de segurado rural ou urbano, resguardadas as regras de concessão da aposentadoria híbrida.

SEÇÃO VI – DOS BENEFÍCIOS ISENTOS DE CARÊNCIA

Art. 122. Não será exigida carência para concessão das seguintes prestações no RGPS:

I – auxílio-acidente;

II – salário-família;

III – pensão por morte;

IV – salário-maternidade ao segurado empregado, empregado doméstico e trabalhador avulso; e

V – auxílio por incapacidade temporária e aposentadoria por incapacidade permanente, nos casos de acidente de qualquer natureza, inclusive o decorrente de acidente de trabalho, bem como, quando após filiar-se ao RGPS, o segurado for acometido de alguma das doenças ou afecções descritas no § 2º do art. 30 do RPS;

Parágrafo único. Entende-se como acidente de qualquer natureza aquele de origem traumática e por exposição a agentes exógenos (físicos, químicos ou biológicos), que acarrete lesão corporal ou perturbação funcional que cause a morte, a perda ou a redução permanente ou temporária da capacidade laborativa.

CAPÍTULO VI – HISTÓRICOS

SEÇÃO I – SEGURADO INSCRITO ATÉ 24 DE JULHO DE 1991

SUBSEÇÃO I – BENEFÍCIOS REQUERIDOS ATÉ 28 DE ABRIL DE 1995

Art. 123. Para os benefícios requeridos até 28 de abril de 1995, véspera da publicação da Lei nº 9.032, para o segurado inscrito na Previdência Social Urbana até 24 de julho de 1991, bem como para os trabalhadores e empregadores rurais cobertos pela Previdência Social Rural, a carência das aposentadorias por idade, por tempo de contribuição e especial, obedecia à tabela disposta no art. 114, levando em conta o ano da entrada do requerimento.

SUBSEÇÃO II – SEGURADO EMPREGADO DOMÉSTICO

Art. 124. Para requerimentos efetuados até 30 de junho de 2020, o segurado empregado doméstico com filiação até 24 de julho de 1991 terá a carência contada a partir da data da filiação, para benefício com valor superior ao salário mínimo, não importando se as contribuições tenham sido efetivadas em atraso, devendo, obrigatoriamente, comprovar o registro contemporâneo do contrato de trabalho na CTPS realizado até essa data e os recolhimentos das respectivas contribuições, na forma a seguir:

I – no período de 1o de janeiro de 2002 a 30 de dezembro de 2008, os dados constantes do CNIS a partir de 1o de julho de 1994 foram validados para todos os efeitos como prova de filiação, relação de emprego, tempo de serviço ou de contribuição e salários de contribuição junto à Previdência Social;

II – a partir de 31 de dezembro de 2008, os dados constantes do CNIS, a qualquer tempo, relativos a vínculos, remunerações e contribuições foram validados, como prova de filiação, tempo de contribuição e salários de contribuição junto à Previdência Social.

Art. 125. Os requerimentos efetuados no período de 25 de julho de 1991 a 10 de agosto de 2010, o segurado empregado doméstico com filiação até 24 de julho de 1991, ou seja, com registro contemporâneo do contrato de trabalho na CTPS realizado até essa data, terá a carência contada para benefício com exigibilidade de valor de um salário mínimo, desde que comprovado o recolhimento das respectivas contribuições, ainda que em atraso, valendo a partir de 1o de janeiro de 2002 as informações relativas às contribuições constantes no CNIS, conforme os Decretos no 4.079, de 9 de janeiro de 2002, e no 6.722, de 30 de dezembro de 2008.

Art. 126. Os requerimentos efetuados no período de 11 de agosto de 2010 a 30 de junho de 2020, o segurado empregado doméstico com filiação até 24 de julho de 1991, terá a carência contada, para benefício com exigibilidade de valor de um salário mínimo, independente da existência de recolhimento no vínculo, valendo as informações constantes no CNIS conforme o Decreto no 6.722, de 30 de dezembro de 2008.

SUBSEÇÃO III – SITUAÇÕES ESPECIAIS

Art. 127. No período de 25 de julho de 1991 a 24 de julho de 1992 (prazo de um ano da vigência da Lei no 8.213, de 1991), aos trabalhadores rurais empregado, contribuinte individual, enquadrados como segurados obrigatórios do RGPS, foi permitido requerer auxílio-doença, aposentadoria por invalidez, auxílio-reclusão ou pensão por morte, no valor de um salário mínimo, durante um ano, contado a partir da respectiva data, desde que comprovado o exercício de atividade rural com relação aos meses imediatamente anteriores ao requerimento do benefício, mesmo que de forma descontínua, durante período igual ao da carência do benefício.

Art. 128. No período de 25 de julho de 1991 a 31 de agosto de 1994, para os trabalhadores rurais empregado, contribuinte individual e segurado especial, enquadrados como segurados obrigatórios do RGPS, para fins de aposentadoria por idade prevista no art. 143 da Lei no 8.213, de 1991, no valor de um salário mínimo, deveria restar comprovado o exercício de atividade rural nos últimos cinco anos anteriores à data do requerimento, mesmo que de forma descontínua, não se aplicando para o segurado especial, nesse período, o disposto no inciso I do art. 39 do mesmo diploma legal.

SEÇÃO II – SEGURADO INSCRITO A PARTIR DE 25 DE JULHO DE 1991

SUBSEÇÃO I – CONSIDERAÇÕES GERAIS

Art. 129. Os benefícios do RGPS, para segurados inscritos a partir de 25 de julho de 1991, dependerão dos períodos de carência conforme quadro abaixo:

BENEFÍCIO		CARÊNCIA EXIGIDA	
	Segurada contribuinte individual	10 contribuições	
	Segurada facultativa	10 contribuições	
	Segurada especial que recolhe facultativamente e, a partir de 14/06/2007, a que cessou as contribuições e esteve em prazo de manutenção da qualidade de segurada em decorrência do exercício dessas atividades	10 contribuições	
Salário-maternidade		até 28/11/1999: 12 meses de atividade rural	
		a partir de 29/11/1999: 10 meses de atividade rural	

	Segurada especial que não recolhe facultativamente	a partir de 14/06/2007, para aquela que cessou a atividade e esteve em prazo de manutenção da qualidade de segurada nessa atividade: 10 meses de atividade rural
Auxílio por incapacidade temporária e aposentadoria por incapacidade permanente	12 contribuições	
Aposentadoria por idade, por tempo de contribuição, inclusive do professor, e especial	180 contribuições mensais	

SUBSEÇÃO II – SEGURADO EMPREGADO DOMÉSTICO QUE NA DER POSSUÍA CATEGORIA DIFERENTE DE DOMÉSTICO

Art. 130. Para requerimentos realizados até 30 de junho de 2020, o período de trabalho exercido na condição de segurado empregado doméstico com filiação a partir 25 de julho de 1991, terá a carência contada, para benefícios com valor superior ao salário mínimo, a partir do recolhimento da primeira contribuição sem atraso, não sendo consideradas para esse fim as contribuições recolhidas com atraso referente a competências anteriores, valendo as informações relativas às contribuições constantes no CNIS, conforme Decretos n° 4.079, de 9 de janeiro de 2002 e n° 6.722, de 30 de dezembro de 2008.

SEÇÃO III – SEGURADOS OPTANTES PELO RECOLHIMENTO TRIMESTRAL

Art. 131. Ao segurado facultativo filiado até 9 de junho de 2003, a opção pelo recolhimento trimestral somente era permitida após o efetivo recolhimento da primeira contribuição (mensal) sem atraso.

Art. 132. Para o segurado empregado doméstico, cujo empregador seja optante pelo recolhimento trimestral na forma prevista nos §§ 15 e 16 do art. 216 do RPS, o período de carência será contado a partir do mês de inscrição, desde que efetuado o recolhimento da primeira contribuição no prazo regulamentar, ou seja, até o dia 15 do mês seguinte ao de cada trimestre civil.

SEÇÃO IV – CARÊNCIA PARA BENEFÍCIOS DE APOSENTADORIA POR TEMPO DE CONTRIBUIÇÃO, IDADE E ESPECIAL NA VIGÊNCIA DA MEDIDA PROVISÓRIA N° 83 DE 2002 E DA LEI N° 10.666 DE 2003

Art. 133. No período de 13 de dezembro de 2002 a 8 de maio de 2003, a carência exigida era de 240 contribuições, com ou sem perda da qualidade de segurado, para os benefícios de aposentadoria por idade, tempo de contribuição e especial.

Art. 134. Para requerimento de benefícios de aposentadoria por idade, tempo de contribuição e especial protocolizados a partir de 13 de dezembro de 2002, data da publicação da Medida Provisória n° 83, de 2002, as contribuições para efeito de carência serão apuradas independente da ocorrência da perda da qualidade de segurado entre os períodos de atividade.

Art. 135. As disposições estabelecidas por meio da Medida Provisória n° 83, de 2002, e da Lei n° 10.666, de 2003, foram aplicadas a partir de 11 de agosto de 2010, data da publicação da Instrução Normativa INSS/PRES n° 45, aos trabalhadores rurais empregado, avulso, contribuinte individual e segurado especial, desde que haja contribuições a partir de novembro de 1991, observadas as situações previstas na legislação quanto à presunção do recolhimento.

Art. 136. No período de 9 de maio de 2003 a 6 de janeiro de 2009, a carência mínima exigida no caso de direito assegurado pela Lei n° 10.666, de 2003, era de 132 meses de contribuição, haja vista entendimento de que o direito aos benefícios de aposentadoria por idade, especial e tempo de contribuição sem cumprimento dos requisitos de forma concomitante, somente passou a ser garantido com a vigência desta lei.

Parágrafo único. No período de 13 de dezembro de 2002 a 6 de janeiro de 2009, o entendimento era de que os benefícios cujas condições mínimas exigidas foram implementadas anteriormente à vigência da Medida Provisória nº 83, de 2002, e da Lei nº 10.666, de 2003, prevaleciam os critérios vigentes na data da implementação das condições ou da DER ou o que fosse mais vantajoso.

Art. 137. De 7 de janeiro de 2009 a 22 de dezembro de 2010 ficou definido que o tempo de contribuição a ser exigido para efeito de carência seria o do ano de aquisição das condições exigidas, conforme a tabela do art. 142 da Lei nº 8.213, de 1991, em respeito ao direito adquirido, independe de ter ocorrido antes da publicação da Medida Provisória nº 83, de 2002, ou da Lei nº 10.666, de 2003, não se obrigando, dessa forma, que a carência fosse o tempo exigido na data do requerimento do benefício, salvo se coincidisse com a data da implementação das condições.

Parágrafo único. Tratando-se de aposentadoria por idade, exigir-se-á a carência estabelecida na tabela do art. 142 da Lei nº 8.213, de 1991, relativa ao ano da implementação da idade, desde que até esta data tenham sido preenchidos todos os requisitos exigidos para o benefício, ainda que anterior à publicação da Medida Provisória nº 83, de 2002, ou da Lei nº 10.666, de 2003.

SEÇÃO V – DOS TEMPOS DE CONTRIBUIÇÃO COMPUTÁVEIS E NÃO COMPUTÁVEIS PARA EFEITO DE CARÊNCIA

SUBSEÇÃO I – DO TEMPO DE CONTRIBUIÇÃO COMPUTÁVEL

Art. 138. Foram considerados para efeito de carência, dentre outros, os seguintes períodos:

I – de 4 de março de 1997 a 23 de março de 1998, para os trabalhadores da Empresa Brasileira de Correios e Telégrafos – ECT, que tiveram concessão de anistia por terem sofrido punições, dispensas e alterações unilaterais contratuais em razão da participação em movimento reivindicatório, nos termos da Lei nº 11.282, de 23 de fevereiro de 2006; e

II – de atividade dos auxiliares locais de nacionalidade brasileira no exterior, amparados pela Lei nº 8.745, de 9 de dezembro de 1993, anteriormente a 1º de janeiro de 1994, desde que sua situação previdenciária estivesse regularizada junto ao INSS.

SUBSEÇÃO II – DO TEMPO DE CONTRIBUIÇÃO COMPUTÁVEL PARA CARÊNCIA CERTIFICADO POR MEIO DE CERTIDÃO DE TEMPO DE CONTRIBUIÇÃO

Art. 139. Os períodos de contribuição vertidos para o RPPS, certificados na forma da contagem recíproca, serão considerados para carência, desde que o segurado:

I – não tenha utilizado o período naquele regime;

II – esteja inscrito no RGPS; e

III – não continue filiado ao regime de origem, salvo no período de 11 de outubro de 2006 a 15 de maio de 2008.

Art. 140. Observar-se-á a legislação vigente na data da implementação das condições exigidas para o benefício, bem como, as situações constantes no quadro a seguir:

QUADRO RESUMO DO CÔMPUTO DAS CONTRIBUIÇÕES VERTIDAS PARA O RPPS, CERTIFICADAS NA FORMA DA CONTAGEM RECÍPROCA				
Período	Carência	Benefícios	Finalidade	Ente Federativo
15/07/1975 a 24/07/1991	60 contribuições após a filiação ao RGPS	Aposentadoria por invalidez, aposentadoria por tempo de contribuição integral (inclusive ex-combatente) e compulsória	Cômputo de tempo de serviço	Serviço Público Federal
01/03/1981 a 24/07/1991	60 contribuições após a filiação ao RGPS	Aposentadoria por invalidez e aposentadoria por tempo de contribuição integral (inclusive ex-combatente) e compulsória	Cômputo de tempo de serviço	Serviço Público Estadual e Municipal
25/07/1991 a 24/09/1999	36 contribuições após a filiação ao RGPS	Qualquer benefício do RGPS	Cômputo de tempo de serviço ou contribuição	Serviço Público Federal, Estadual e Municipal
A partir de 25/09/1999	Sem exigibilidade de carência	Qualquer benefício do RGPS	Cômputo para todos os fins, ou seja, tempo de contribuição, carência, manutenção da qualidade de segurado e salário de contribuição	Serviço Público Federal, Estadual e Municipal

SUBSEÇÃO III – DO TEMPO DE CONTRIBUIÇÃO COMPUTÁVEL PARA CARÊNCIA CERTIFICADO POR MEIO DE CERTIDÃO DE TEMPO DE CONTRIBUIÇÃO, SEM DESVINCULAÇÃO DO ENTE FEDERATIVO

Art. 141. No período de 11 de outubro de 2006, data da publicação do Memorando-Circular DIRBEN/INSS nº 60, a 15 de maio de 2008, véspera da publicação da Portaria MPS nº 154, foram consideradas, para efeito de carência, as contribuições vertidas para o RPPS certificadas na forma da contagem recíproca, independente de haver ou não a desvinculação do servidor no respectivo ente federativo.

SUBSEÇÃO IV – DO TEMPO DE CONTRIBUIÇÃO NÃO COMPUTÁVEL

Art. 142. Não será considerado para efeito de carência o período entre 16 de março de 1990 a 30 de setembro de 1992, decurso de tempo em que a Lei nº 8.878, de 11 de maio de 1994, concedeu anistia aos servidores públicos civis e aos empregados da administração pública direta, autárquica ou fundacional, bem como dos empregados de empresas públicas ou sociedades de economia mista sob controle da União que foram:

I – exonerados ou demitidos com violação de dispositivo constitucional ou legal;

II – despedidos ou dispensados dos seus empregos com violação de dispositivo constitucional, legal, regulamentar ou de cláusula constante de acordo, convenção ou sentença normativa;

III – exonerados, demitidos ou dispensados por motivação política, devidamente caracterizada, ou por interrupção de atividade profissional em decorrência de movimento grevista.

SEÇÃO VI – DA CONTAGEM DE 1/3 DE CARÊNCIA PARA BENEFÍCIO DE APOSENTADORIA POR IDADE, TEMPO DE CONTRIBUIÇÃO, INCLUSIVE DE PROFESSOR E ESPECIAL

Art. 143. Para cômputo de 1/3 de carência para benefícios de aposentadoria por idade, por tempo de contribuição, inclusive de professor e especial, com início até 12 de dezembro de 2002, o período de 1/3 da carência era calculado sobre 180 contribuições mensais e correspondia a:

I – 60 (sessenta) contribuições mensais para aquele que, tendo perdido a qualidade de segurado, vincular-se ao RGPS até 24 de julho de 1991, desde que, somadas às anteriores, fosse totalizada a carência exigida na tabela progressiva, conforme art. 142 da Lei nº 8.213, de 1991;

II – 60 (sessenta) contribuições mensais para aquele que, tendo perdido a qualidade de segurado, voltasse a se inscrever no RGPS a partir de 25 de julho de 1991, desde que, somadas às anteriores, fossem totalizadas 180 contribuições.

SEÇÃO VII – DO AUXÍLIO-RECLUSÃO

Art. 144. Para fatos geradores ocorridos no período de 1º de março de 2015 a 17 de junho de 2015, em decorrência da Medida Provisória nº 664, de 2014, exigiu-se a apuração de carência de 24 (vinte e quatro) contribuições mensais para a concessão de auxílio-reclusão.

Parágrafo único. A carência indicada no *caput* não foi acolhida pela Lei nº 13.135, de 17 de junho de 2015, retornando à regra anterior, na qual não se exigia carência mínima para fins de reconhecimento de direito, sendo determinada a revisão dos benefícios indeferidos por falta de carência, nos termos do Memorando-Circular Conjunto nº 54/DIRBEN/DIRSAT/PFE/DIRAT/INSS, de 6 de novembro de 2015.

TÍTULO IV – DO TEMPO DE CONTRIBUIÇÃO

CAPÍTULO I – CONSIDERAÇÕES GERAIS

Art. 145. Considera-se tempo de contribuição aquele correspondente ao número de contribuições compreendido entre a primeira contribuição ao RGPS, igual ou superior ao limite mínimo estabelecido, até a competência do requerimento pleiteado.

§ 1º Para períodos a partir de 13 de novembro de 2019, o tempo de contribuição deve ser considerado em sua forma integral, independentemente do número de dias trabalhados, desde que as competências do salário de contribuição mensal tenham sido igual ou superior ao limite mínimo, observado o disposto no §1º do art. 151.

§ 2º Para períodos anteriores a 13 de novembro de 2019, data da publicação da Emenda Constitucional nº 103, considera-se como tempo de contribuição, o tempo contado de data a data, desde o início até a data do desligamento de atividade abrangida pela Previdência Social ou até a data de requerimento de benefício, descontados os períodos legalmente estabelecidos.

Art. 146. Em se tratando de períodos em que o exercício de atividade exigia filiação obrigatória ao RGPS como segurado contribuinte individual, devem ser exigidos os respectivos recolhimentos para fins de reconhecimento do tempo de contribuição, observado que para o segurado contribuinte individual prestador de serviço a uma pessoa jurídica, seus recolhimentos são presumidos a partir de 1º de abril de 2003, por força da Medida Provisória nº 83, de 2002, convertida na Lei nº 10.666, de 2003.

Art. 147. Os recolhimentos efetuados em época própria constantes do CNIS serão reconhecidos automaticamente, observada a contribuição mínima mensal e o disposto nos §§ 1º ao 7º do artigo 19-E do RPS, sendo dispensada a comprovação do exercício da atividade.

Art. 148. Os períodos exercidos em condições especiais que sejam considerados prejudiciais à saúde ou à integridade física, conforme disposto neste ato normativo, terão tempo superior àquele contado de data a data, considerando previsão legal de conversão de atividade especial em comum até 13 de novembro de 2019.
Parágrafo único. A partir de 14 de novembro de 2019, data posterior à publicação da Emenda Constitucional nº 103, não se aplica a conversão de tempo de atividade sob condições especiais em tempo de atividade comum.

SEÇÃO ÚNICA – DAS CONTRIBUIÇÕES RECOLHIDAS EM ATRASO E APÓS O FATO GERADOR

Art. 149. O recolhimento realizado em atraso pelo contribuinte individual que exerce atividade por conta própria, pelo segurado especial que esteja contribuindo facultativamente ou pelo microempreendedor individual, de que tratam os arts. 18-A e 18-C da Lei Complementar nº 123, de 2006, ou pelo segurado facultativo, poderá ser computado para tempo de contribuição, desde que o recolhimento seja anterior à data do fato gerador do benefício pleiteado.
§ 1º Para fins do disposto no *caput*, presume-se regular o recolhimento em atraso constante no CNIS sem indicador de pendências, na forma do art. 19 do RPS.
§ 2º Aplica-se o disposto no *caput* ainda que o recolhimento em atraso tenha sido efetuado após a perda da qualidade de segurado, para os segurados mencionados no *caput*, exceto o segurado facultativo.
§ 3º Considera-se presumido o recolhimento das contribuições do contribuinte individual prestador de serviço a pessoa jurídica, a partir da competência abril de 2003, por força da Medida Provisória nº 83, de 2002, convertida na Lei nº 10.666, de 2003.
§ 4º Para cumprimento do disposto no *caput*, no que se refere ao recolhimento anterior à data do fato gerador, será oportunizada a alteração da data de entrada do requerimento – DER nos requerimentos de benefícios programáveis.
§ 5º Não se aplica o disposto no *caput* aos recolhimentos efetuados a título de complementação.

Art. 150. Para fins de cômputo do tempo de contribuição, não deverão ser consideradas as contribuições efetuadas em atraso após o fato gerador, independentemente de se referirem a competências anteriores, para os segurados a que se refere o art. 149.
§ 1º Deve ser considerado para todos os fins o recolhimento realizado dentro do prazo legal de vencimento, mesmo que realizado após o fato gerador, sendo vedado recolhimento pós óbito.
§ 2º O recolhimento efetuado em atraso após o fato gerador não será computado para nenhum fim, ainda que dentro do prazo de manutenção da qualidade de segurado, observada a possibilidade de alteração da DER para os benefícios programáveis.
§ 3º Não se aplica o disposto no *caput* e no § 1º aos recolhimentos efetuados a título de complementação.
§ 4º Para fins de análise a direito adquirido, somente poderão ser considerados os recolhimentos em atraso efetuados até a data da verificação do direito. Os recolhimentos com data de pagamento posterior à data da análise do direito não integrarão o cálculo de tempo de contribuição nessa regra, mesmo que se refiram a competências anteriores, inclusive na situação de pagamento de indenização previdenciária.
§ 5º Para fins de verificação do tempo de contribuição apurado até 13 de novembro de 2019, utilizado para verificação das regras de transição da aposentadoria por tempo de

contribuição com pedágio de 50% (cinquenta por cento) e de 100% (cem por cento), previstos nos arts. 17 e 20 da Emenda Constitucional nº 103, de 12 de novembro de 2019, os recolhimentos realizados em atraso em data posterior não serão considerados.

§ 6º Todos os recolhimentos em atraso realizados até a data de entrada do requerimento serão considerados, inclusive para cômputo no tempo total calculado para a verificação do direito às regras de transição aplicadas nas aposentadorias por idade, tempo de contribuição, do professor e especial, observado o disposto no § 5º.

CAPÍTULO II – DAS CONTRIBUIÇÕES ABAIXO DO MÍNIMO

Art. 151. A partir de 14 de novembro de 2019, data posterior à publicação da Emenda Constitucional nº 103, somente serão consideradas como tempo de contribuição as competências cujo salário de contribuição seja igual ou superior ao limite mínimo do salário de contribuição, desde o primeiro dia da primeira competência contribuída nos termos do disposto no art. 19-E do Decreto RPS, até o mês de requerimento do benefício.

§ 1º Para efeito do disposto no *caput*, ao segurado que, no somatório de remunerações auferidas no período de um mês, receber remuneração inferior ao limite mínimo mensal do salário de contribuição, será assegurado:

I – complementar a contribuição das competências quando as remunerações recebidas forem inferiores a este;

II – utilizar o excedente do salário de contribuição superior ao limite mínimo de uma competência para completar o salário de contribuição de outra competência até atingir o limite mínimo; ou

III – agrupar os salários de contribuição inferiores ao limite mínimo de diferentes competências, para aproveitamento em uma ou mais competências até que atinjam o limite mínimo.

§ 2º Os ajustes de complementação, compensação ou agrupamento previstos no § 1º poderão ser efetivados, a qualquer tempo, por iniciativa do segurado, tornando-se irreversíveis e irrenunciáveis após processados.

CAPÍTULO III – DOS PERÍODOS COMPUTÁVEIS

Art. 152. Considera-se tempo de contribuição o tempo correspondente aos períodos para os quais tenha havido contribuição obrigatória ou facultativa ao RGPS, dentre outros os seguintes:

I – o período exercido de atividade como segurado obrigatório, contados da sua filiação até seu desligamento, ou até a data da entrada do requerimento, observado o regramento específico no tocante ao segurado contribuinte individual exposto no art. 146;

II – os 15 (quinze) primeiros dias de afastamento do trabalho devidos pelo empregador antes do início do benefício concedido pelo Instituto Nacional do Seguro Social;

III – o de atividade anterior à filiação obrigatória, desde que devidamente comprovada e indenizado, respeitadas as regras de reconhecimento de período rural;

IV – o período de retroação da Data de Início das Contribuições – DIC, em que o exercício de atividade exigia filiação obrigatória ao RGPS como segurado contribuinte individual, mediante recolhimento, devendo a retroação da DIC ser previamente autorizada pelo INSS, mediante comprovação da respectiva atividade e a data do pagamento seja antes do fato gerador;

V – as contribuições efetivadas por segurado facultativo, após o pagamento da primeira contribuição em época própria, desde que não tenha transcorrido o prazo previsto para a perda da qualidade de segurado, na forma do inciso VI do art. 13 do RPS:

a) as contribuições vertidas na qualidade de segurado facultativo por servidor público civil ou militar da União, do Estado, do Distrito Federal ou do Município, bem como o das respectivas Autarquias e Fundações, sujeito a RPPS, no período de 25 de julho de 1991 a 5 de março de 1997;

b) as contribuições vertidas na qualidade de segurado facultativo por servidor público que acompanhou cônjuge em prestação de serviço no exterior, civil ou militar da União, do Estado, do Distrito Federal ou do Município, bem como o das respectivas Autarquias e Fundações, sujeito a RPPS, no período de 5 de março de 1997 a 15 de dezembro de 1998;

c) a partir de 16 de dezembro de 1998, as contribuições vertidas na qualidade de segurado facultativo para o servidor público do Estado, do Distrito Federal ou do Município durante o afastamento sem vencimentos, desde que não permitida, nesta condição, contribuição ao respectivo regime próprio; e

d) as contribuições vertidas na qualidade de segurado facultativo para o servidor público civil da União, inclusive de suas respectivas Autarquias ou Fundações, participante de RPPS, desde que afastado sem vencimentos, no período de 16 de dezembro de 1998 a 15 de maio de 2003.

VI – o período em que o segurado esteve recebendo salário-maternidade, observada a exceção prevista no art. 156, inciso XV, alínea "b";

VII – os períodos em que o segurado esteve recebendo:

a) benefício por incapacidade previdenciário: desde que intercalado com períodos de atividade ou contribuição, observado o disposto no § 13;

b) benefício por incapacidade acidentário:

1. períodos até 30 de junho de 2020, véspera da publicação do Decreto nº 10.410: serão considerados no PBC, nos termos do *caput*, ainda que não sejam intercalados com períodos de atividade;

2. períodos a partir de 1º de julho de 2020, data da publicação do Decreto nº 10.410: serão considerados no PBC, nos termos do *caput*, somente se intercalados com períodos de atividade ou de contribuição, observado o disposto no § 13.

VIII – o tempo de contribuição ao RGPS que constar da CTC emitida pelo INSS na forma da contagem recíproca, mas que não tenha sido, comprovadamente, utilizado/aproveitado para aposentadoria ou vantagens no RPPS, mesmo que de forma concomitante com o de contribuição para RPPS, independentemente de existir ou não aposentadoria no RPPS;

IX – o período em que o servidor ou empregado de fundação, empresa pública, sociedade de economia mista e suas respectivas subsidiárias, filiado ao RGPS, tenha sido colocado à disposição da Presidência da República, desde que tenha havido contribuição;

X – tempo de serviço militar, desde que devidamente certificado, na forma de certidão para fins de contagem recíproca, assim definido: *(Redação dada pela Portaria Dirben/INSS 1.080/2022)*

a) obrigatório: aquele prestado pelos incorporados em organizações da ativa das Forças Armadas ou matriculados em órgãos de formação de reserva;

b) alternativo (também obrigatório): aquele considerado como o exercício de atividade de caráter administrativo, assistencial, filantrópico ou mesmo produtivo, em substituição às atividades de caráter essencialmente militar, prestado em organizações militares da ativa ou em órgãos de formação de reserva das Forças Armadas ou em órgãos subordinados aos ministérios civis, mediante convênios entre tais ministérios e o Ministério da Defesa; e

c) voluntário: aquele prestado pelos incorporados voluntariamente e pelos militares, após o período inicial, em organizações da ativa das Forças Armadas ou matriculados em órgãos de formação de reserva, ou ainda, em academias/escolas de formação militar.

XI – as contribuições recolhidas em época própria pelo detentor de mandato eletivo como contribuinte em dobro ou facultativo:

a) se mandato estadual, municipal ou distrital, até janeiro de 1998;

b) se mandato federal, até janeiro de 1999; e

c) na ausência de recolhimentos como contribuinte em dobro ou facultativo em épocas próprias para os períodos citados nas alíneas "a" e "b" deste inciso, as contribuições poderão ser efetuadas na forma de indenização.

XII – o de detentor de mandato eletivo federal, estadual, distrital ou municipal, de 1º de fevereiro de 1998 a 18 de setembro de 2004, desde que observadas as disposições constantes nos arts. 139 a 149 da Instrução Normativa PRES/INSS nº 128, de 2022, e não vinculado a qualquer RPPS, por força da Lei nº 9.506, de 1997, ainda que aposentado;

XIII – o de atividade como ministro de confissão religiosa, membro de instituto de vida consagrada, de congregação ou de ordem religiosa, mediante os correspondentes recolhimentos;

XIV – o de atividade do médico residente, nas seguintes condições:

a) anterior a 8 de julho de 1981, véspera da publicação da Lei nº 6.932, de 1981, desde que indenizado; e

b) a partir de 9 de julho de 1981, desde que haja contribuição como autônomo ou contribuinte individual.

XV – o tempo de serviço dos titulares de serviços notariais e de registros, ou seja, a dos tabeliães ou notários e oficiais de registros ou registradores sem RPPS, desde que haja o recolhimento das contribuições ou indenizações, observando que:

a) até 24 de julho de 1991, véspera da publicação da Lei nº 8.213, de 1991, como segurado empregador; e

b) a partir de 25 de julho de 1991, como segurado autônomo ou contribuinte individual.

XVI – o tempo de serviço do segurado especial:

a) anterior à competência de novembro de 1991, independente de recolhimento, exceto quando se tratar de contagem recíproca;

b) posterior à competência de novembro de 1991, mediante contribuição.

XVII – o tempo comprovado na condição de aluno-aprendiz, referente ao período de aprendizado profissional realizado em escola técnica até 15 de dezembro de 1998, desde que comprovada a remuneração, mesmo que indireta, à conta do orçamento público e o vínculo empregatício;

XVIII – o tempo de atividade patronal ou autônoma, exercida anteriormente à vigência da Lei nº 3.807, de 26 de agosto de 1960, desde que indenizado;

XIX – o período de afastamento da atividade do segurado anistiado referente a anistia prevista em lei, desde de que seja expressamente previsto o cômputo do período de afastamento para contagem do tempo de contribuição.

XX - as contribuições recolhidas em época própria como contribuinte em dobro;

XXI - o período de licença remunerada, desde que tenha havido desconto de contribuições;

XXII - o período em que o segurado tenha sido colocado pela empresa em disponibilidade remunerada, desde que tenha havido desconto de contribuições;

XXIII - o período de atividade na condição de empregador rural, desde que comprovado o recolhimento de contribuições na forma da Lei nº 6.260, de 6 de novembro de 1975, com indenização do período anterior;

XXIV - o tempo de serviço dos escreventes e dos auxiliares contratados por titulares de serviços notariais e de registros, quando não sujeitos ao RPPS, desde que comprovado o exercício da atividade nesta condição, observando que:

a) para caracterização do regime será necessário apresentar declaração fornecida pelo titular do Cartório, informando o período de trabalho e o regime de previdência ao qual pertenciam os auxiliares; e

b) com base na declaração acima citada, o segurado deverá solicitar à Corregedoria-Geral de Justiça emissão de certidão definindo o regime de contratação, a qual deverá constar se houve assentamento naquele órgão; se não estava amparado por regime próprio; e se o estado não reconhece o tempo de serviço.

XXV - o tempo de serviço ou contribuição do servidor do Estado, Distrito Federal ou do Município, incluídas suas autarquias e fundações, ocupante, exclusivamente, de cargo em comissão declarado em lei de livre nomeação e exoneração, em decorrência da Emenda Constitucional nº 20, de 15 de dezembro de 1998, e o que, nessa condição, ainda que anteriormente a esta data, não esteja amparado por RPPS.

§ 1º Para períodos até 13 de novembro de 2019, data da publicação da Emenda Constitucional nº 103, pode ser contado como tempo de contribuição o de serviço militar obrigatório, voluntário e o alternativo, que serão certificados na forma da lei, por autoridade competente.

§ 2º A comprovação do disposto no § 1º será por meio de certificado de reservista, para período inferior a 18 (dezoito) meses, e mediante apresentação de Certidão de Tempo de Contribuição, na forma de contagem recíproca, para períodos a partir de 18 (dezoito) meses.

§ 3º Para períodos a partir de 14 de novembro de 2019, data posterior à publicação da Emenda Constitucional nº 103, pode ser contado como tempo de contribuição o de serviço militar obrigatório, voluntário e o alternativo, desde que devidamente certificado pelo respectivo ente federativo, na forma da contagem recíproca, por meio de Certidão de Tempo de Contribuição.

§ 4º A atividade do bolsista e o do estagiário que prestam serviços à empresa em desacordo com a Lei nº 11.788, de 25 de setembro de 2008 deve ser considerada como tempo de contribuição.

§ 5º Não se aplica o disposto no inciso XIX ao segurado demitido ou exonerado em razão de processos administrativos ou de aplicação de política de pessoal do governo, da empresa ou da entidade a que estavam vinculados, assim como ao segurado ex-dirigente ou ex-representante sindical que não comprove prévia existência do vínculo empregatício mantido com a empresa ou sindicato e o consequente afastamento da atividade remunerada em razão dos atos mencionados no referido inciso.

§ 6º Caberá a cada interessado alcançado pelas disposições do inciso XIX comprovar a condição de segurado obrigatório da previdência social, mediante apresentação dos documentos contemporâneos dos fatos ensejadores da demissão ou afastamento da atividade remunerada, assim como apresentar o ato declaratório da anistia, expedido pela autoridade competente, e a consequente comprovação da sua publicação oficial.

§ 7º Para o cômputo do período a que se refere o inciso XIX, o Instituto Nacional do Seguro Social deverá observar se, no ato declaratório da anistia, consta o fundamento legal no qual se fundou e o nome do órgão, da empresa ou da entidade a que estava vinculado o segurado à época dos atos que ensejaram a demissão ou o afastamento da atividade remunerada.

§ 8º É indispensável para o cômputo do período a que se refere o inciso XIX a prova da relação de causa entre a demissão ou afastamento da atividade remunerada e a motivação referida no citado inciso, bem como a previsão legal quanto ao seu cômputo.

§ 9º O período em que o segurado contribuinte individual e facultativo tiverem contribuído com base na alíquota reduzida de 5% ou 11% será considerado para fins de concessão da aposentadoria programada de que trata o art. 253, observada quanto à aposentadoria por tempo de contribuição e contagem recíproca a restrição contida no inciso XV do art. 156 e inciso I do art. 560.

§ 10. Na situação descrita no inciso VIII, o tempo só poderá ser utilizado para fins de benefício junto ao INSS após processamento de revisão da CTC, independentemente de existir ou não aposentadoria já concedida no RPPS, que deverá ser efetuado no requerimento do benefício.

§ 11. É vedado o cômputo de contribuições vertidas pelo servidor público civil da União, inclusive de suas respectivas Autarquias ou Fundações na categoria de facultativo a partir de 16 de maio de 2003, ainda que em licença sem remuneração, observado o disposto no inciso V deste artigo.

§ 12. A filiação na categoria de facultativo dependerá de inscrição formalizada perante o RGPS, tendo efeito a partir do primeiro recolhimento sem atraso, sendo vedado o cômputo de contribuições anteriores ao início da opção para essa categoria.

§ 13. Para fins do disposto no inciso VII deste artigo, considera-se período intercalado, ainda que em outra categoria de segurado, sendo que as contribuições como contribuinte em dobro, até outubro de 1991 ou como facultativo, a partir de novembro de 1991 suprem a volta ao trabalho para fins de caracterização.

Art. 153. O tempo de contribuição, inclusive o decorrente de conversão de atividade especial em comum, reconhecido em razão de decisão judicial transitada em julgado em que o INSS for parte, ou de decisão definitiva do Conselho de Recursos da Previdência Social – CRPS, será incluído no CNIS, devendo ser aceito independentemente de apresentação de novos documentos, salvo indício de fraude ou má-fé.

CAPÍTULO IV – DOS PERÍODOS DECORRENTES DE ATIVIDADE NO SERVIÇO PÚBLICO

Art. 154. Considera-se como tempo de contribuição os seguintes períodos decorrentes de atividade no serviço público:

I – o período em que o exercício da atividade teve filiação a RPPS devidamente certificado pelo respectivo ente federativo, na forma da contagem recíproca, observado que o tempo a ser considerado é o tempo líquido de efetivo exercício da atividade;

II – o de serviço público federal exercido anteriormente à opção pelo regime da CLT, salvo se aproveitado no RPPS ou certificado através de CTC pelo RGPS;

III – o de exercício de mandato classista da Justiça do Trabalho e o magistrado da Justiça Eleitoral junto a órgão de deliberação coletiva, desde que vinculado ao RGPS antes da investidura do mandato;

IV – o de tempo de serviço prestado à Justiça dos Estados, às serventias extrajudiciais e às escrivaninhas judiciais, desde que não tenha havido remuneração pelos cofres públicos e que a atividade não estivesse, à época, vinculada a RPPS, estando abrangidos:

a) os servidores de Justiça dos Estados, não remunerados pelos cofres públicos, que não estavam filiados a RPPS;

b) aqueles contratados pelos titulares das Serventias de Justiça, sob o regime da CLT, para funções de natureza técnica ou especializada, ou ainda, qualquer pessoa que preste serviço sob a dependência dos titulares, mediante salário e sem qualquer relação de emprego com o Estado; e

c) os servidores que na data da vigência da Lei nº 3.807, de 1960, já estivessem filiados ao RGPS, por força da legislação anterior, tendo assegurado o direito de continuarem a ele filiados.

V – o tempo de serviço público federal, estadual, do Distrito Federal ou municipal, prestado a autarquia ou a sociedade de economia mista ou fundação instituída pelo Poder Público, desde que tenha sido certificada e requerida na entidade a que o serviço foi prestado até 30 de setembro de 1975, véspera do início da vigência da Lei nº 6.226.

§ 1º Na hipótese de cassação de aposentadoria oriunda de RPPS, as contribuições vertidas para o aludido regime poderão ser utilizadas no RGPS mediante emissão de CTC.

§ 2º Em relação ao inciso I, o segurado terá direito de computar, para fins de concessão dos benefícios do RGPS, o tempo de contribuição na Administração Pública Federal Direta, Autárquica e Fundacional dos Estados, do Distrito Federal e dos Municípios, desde que estes assegurem aos seus servidores, mediante legislação própria, a contagem de tempo de contribuição em atividade vinculada ao RGPS, observando:

I – não será contado por um regime o tempo de contribuição utilizado para concessão de aposentadoria por outro regime;

II – o tempo certificado por meio de CTC não será considerado para aplicação da tabela progressiva prevista no art. 142, da Lei 8.213, de 1991, ainda que o ingresso no RPPS tenha sido anterior a 25 de julho de 1991;

III – para fins de cômputo dos períodos constantes em CTC, o tempo a ser considerado é o tempo líquido de efetivo exercício da atividade; e

IV – para fins de cômputo dos períodos constantes em CTC, deverá ser observado se foi incluído período fictício anterior a 16 de dezembro de 1998, data da publicação da Emenda Constitucional nº 20, ou período decorrente de conversão não prevista em lei, caso em que deverá ser efetuado o devido desconto no tempo líquido.

CAPÍTULO V – DOS PERÍODOS DECORRENTES DE ATIVIDADE DE PROFESSOR

Art. 155. Considera-se como tempo de contribuição para aposentadoria programada de professor os seguintes períodos:

I – os períodos desempenhados em entidade educacional de ensino básico em função de magistério:

a) como docentes, a qualquer título;

b) em funções de direção de unidade escolar, de coordenação e assessoramento pedagógico, desde que exercidas por professores admitidos ou contratados para esta função, excluídos os especialistas em educação; ou *(Redação dada pela Portaria Dirben/INSS 1.080/2022)*

c) em atividades de administração, planejamento, supervisão, inspeção e orientação educacional, desde que exercidas por professores admitidos ou contratados para esta função, excluídos os especialistas em educação; *(Redação dada pela Portaria Dirben/INSS 1.080/2022)*

II – de afastamento em decorrência de percepção de benefício por incapacidade, entre períodos de atividade de magistério, desde que à data do afastamento o segurado estivesse exercendo as atividades indicadas nas alíneas "a", "b" e "c" do inciso I; *(Redação dada pela Portaria Dirben/INSS 1.080/2022)*

III – de afastamento em decorrência de percepção de benefício por incapacidade decorrente de acidente do trabalho: *(Redação dada pela Portaria Dirben/INSS 1.080/2022)*

a) até 30 de junho de 2020, ainda que não seja intercalado com períodos de atividade de atividade de magistério, desde que, à data do afastamento, o segurado estivesse exercendo as atividades indicadas nas alíneas "a", "b" e "c" do inciso I; *(Acrescida pela Portaria Dirben/INSS 1.080/2022)*

b) a partir de 1º de julho de 2020, data da publicação do Decreto nº 10.410, de 2020, somente se intercalado com períodos de atividade indicadas nas alíneas "a", "b" e "c" do inciso I. *(Acrescida pela Portaria Dirben/INSS 1.080/2022)*

IV – de licença prêmio no vínculo de professor;

V – os períodos de descanso determinados pela legislação trabalhista, inclusive férias e salário-maternidade;

VI – de professor auxiliar que exerce atividade docente, nas mesmas condições do titular.

CAPÍTULO VI – DOS PERÍODOS NÃO COMPUTÁVEIS

Art. 156. Não serão computados como tempo de contribuição, para fins de benefícios no RGPS, os períodos:

I – correspondentes ao emprego ou a atividade não vinculada ao RGPS;

II – de parcelamento de contribuições em atraso do contribuinte individual, até que haja liquidação declarada pela RFB;

III – em que o segurado era amparado por RPPS, exceto quando certificado regularmente por CTC;

IV – que tenham sido considerados para a concessão de aposentadoria pelo RGPS ou qualquer outro regime de previdência social, independente de emissão de CTC;

V – de contagem em dobro das licenças prêmio não gozadas do servidor público optante pelo regime da CLT e os de servidor de instituição federal de ensino, na forma prevista no Decreto nº 94.664, de 23 de julho de 1987;

VI – exercidos com idade inferior a prevista na Constituição Federal, salvo as exceções previstos em lei e observada a Ação Civil Pública nº 5017267-34.2013.4.04.7100, para requerimentos a partir de 19 de outubro de 2018;

VII – os períodos de aprendizado profissional realizados a partir de 16 de dezembro de 1998, data da publicação da Emenda Constitucional nº 20, na condição de aluno aprendiz nas escolas técnicas;

VIII – do bolsista e do estagiário que prestam serviços à empresa, de acordo com a Lei nº 11.788, de 2008, exceto se houver recolhimento à época na condição de facultativo;

IX – exercidos a título de colaboração por monitores ou alfabetizadores recrutados pelas comissões municipais da Fundação Movimento Brasileiro de Alfabetização – MOBRAL, para desempenho de atividade de caráter não econômico e eventual, por não acarretar qualquer ônus de natureza trabalhista ou previdenciária, conforme estabelecido no Decreto nº 74.562, de 1974, ainda que objeto de CTC;

X – de aviso prévio indenizado;

XI – os períodos de atividade prestada de forma gratuita ou voluntária;

XII – o período oriundo de RPPS, ainda que certificado por certidão de tempo de contribuição, quando concomitante com atividade cuja vinculação seja obrigatória ao RGPS, observado o disposto no Art. 157; *(Redação dada pela Portaria Dirben/INSS 1.080/2022)*

XIII – período de recebimento de benefício por incapacidade, quando não houver retorno à atividade ou recolhimento de contribuição;

XIV – períodos com prova exclusivamente testemunhal, mesmo quando se referir a processo de justificação judicial, salvo na ocorrência de motivo de força maior ou caso fortuito previsto nos §§ 1º e 2º do art. 143 do RPS;

XV – para efeito de concessão de aposentadoria por tempo de contribuição e CTC:

a) o período em que o segurado contribuinte individual e facultativo tiver contribuído com base na alíquota reduzida de 5% (cinco por cento) ou 11% (onze por cento), salvo se efetuar a complementação das contribuições para o percentual de 20% (vinte por cento); e

b) de recebimento do salário-maternidade da contribuinte individual, facultativa e as em prazo de manutenção da qualidade de segurado dessas categorias, concedido em decorrência das contribuições efetuadas com base na alíquota reduzida de 5% (cinco por cento) ou 11% (onze por cento), salvo se efetuar a complementação das contribuições para o percentual de 20% (vinte por cento);

Art. 157. Havendo concomitância de período de RPPS com a atividade de vinculação obrigatória ao RGPS, poderá ser computado como tempo de contribuição o período de RPPS, desde que devidamente certificado, nas seguintes situações: *(Redação dada pela Portaria Dirben/INSS 1.100/2023)*

I – na aposentadoria por tempo de contribuição, quando houver períodos de recolhimentos efetuados por contribuinte individual, inclusive o MEI, na alíquota de 11% (onze por cento), sem a devida complementação; *(Acrescido pela Portaria Dirben/INSS 1.080/2022)*

II – em qualquer benefício: *(Acrescido pela Portaria Dirben/INSS 1.080/2022)*

a) quando houver período na categoria de segurado empregado, empregado doméstico e trabalhador avulso a partir de 14 de novembro de 2019, data posterior à publicação da Emenda Constitucional nº 103, de 2019, cujo salário de contribuição seja inferior ao limite mínimo do salário de contribuição; *(Acrescida pela Portaria Dirben/INSS 1.080/2022)*

b) quando houver período de recolhimento na categoria de contribuinte individual, inclusive o MEI, cujo recolhimento seja inferior ao limite mínimo do salário de contribuição ou cuja extemporaneidade não tenha sido validada. *(Acrescida pela Portaria Dirben/INSS 1.080/2022)*

Parágrafo único. O disposto nos incisos I e II do *caput* não se aplica se houver contribuição válida decorrente de atividade de filiação obrigatória ao RGPS em outra categoria de segurado. *(Acrescido pela Portaria Dirben/INSS 1.080/2022)*

CAPÍTULO VII – DA CERTIDÃO DE TEMPO DE CONTRIBUIÇÃO ORIUNDA DE OUTROS REGIMES DE PREVIDÊNCIA

Art. 158. A CTC oriunda de outros regimes de previdência, emitida a partir de 16 de maio de 2008, data da publicação da Portaria MPS nº 154, somente poderá ser aceita para fins de contagem recíproca no RGPS, desde que emitida na forma do Anexo XV da Instrução Normativa PRES/INSS nº 128, de 2022.

Art. 159. Para efeito do disposto no inciso I do art. 154, a CTC deverá ser emitida, sem rasuras, constando, obrigatoriamente:

I – órgão expedidor;

II – nome do servidor, número de matrícula, número do documento de identidade (RG), CPF, sexo, data de nascimento, filiação, número do PIS ou número do PASEP, cargo efetivo, lotação, data de admissão e data de exoneração ou demissão;

III – período de contribuição, de data a data, compreendido na certidão;

IV – fonte de informação;

V – discriminação da frequência durante o período abrangido pela certidão, indicadas as várias alterações, tais como faltas, licenças, suspensões e outras ocorrência;

VI – soma do tempo líquido, que corresponde ao tempo bruto de dias de vínculo ao RPPS de data a data, inclusive o dia adicional dos anos bissextos, descontados os períodos de faltas, suspensões, disponibilidade, licenças e outros afastamentos sem remuneração;

VII – declaração expressa do servidor responsável pela certidão, indicando o tempo líquido de efetiva contribuição em dias e o equivalente em anos, meses e dias, considerando-se o mês de 30 (trinta) e o ano de 365 (trezentos e sessenta e cinco) dias;

VIII – assinatura do responsável pela certidão e do dirigente do órgão expedidor e, no caso de ser emitida por outro setor da administração do ente federativo, homologação da unidade gestora do RPPS;

IX – indicação da lei que assegure, aos servidores do Estado, do Distrito Federal ou do Município, aposentadorias por invalidez, idade, tempo de contribuição e compulsória, e pensão por morte, com aproveitamento de tempo de contribuição prestado em atividade vinculada ao RGPS; e

X – relação das remunerações de contribuição por competência, a serem utilizadas no cálculo dos proventos da aposentadoria, apuradas em todo o período certificado desde a competência julho de 1994 ou desde a do início da contribuição, se posterior àquela competência, constante no Anexo XXIII da Instrução Normativa PRES/INSS nº 128, de 2022.

Parágrafo único. Não se aplica o contido no inciso VIII para as certidões emitidas com assinaturas eletrônicas.

Art. 160. A CTC relativa ao tempo de serviço militar obrigatório do integrante da Força Armada, para fins do disposto nos § 2º e §3º do art. 152, não se submete às normas definidas na Portaria MPS nº 154, de 15 de maio de 2008, no entanto deve conter obrigatoriamente: *(Redação dada pela Portaria Dirben/INSS 1.080/2022)*

I – órgão expedidor;

II – nome do militar, número de matrícula, CPF ou RG, sexo, data de nascimento, filiação, cargo e lotação;

III – período de contribuição, de data a data, compreendido na certidão;

IV – discriminação da frequência durante o período abrangido pela certidão, indicadas as várias alterações, tais como faltas, licenças, suspensões e outras ocorrências;

V – soma do tempo líquido;

VI – declaração expressa do servidor responsável pela certidão, indicando o tempo líquido em dias, ou anos, meses e dias; e

VII – assinatura do responsável pelo RPPS.

§ 1º A CTC relativa ao tempo de serviço militar dos Estados e do Distrito Federal deve observar as normas definidas na Portaria MPS nº 154, de 15 de maio de 2008, ou da norma que vier a substituí-la.

Art. 161. A CTC somente poderá ser emitida por regime próprio de previdência para ex-servidor, em consonância com o disposto no art. 12 da Portaria MPS nº 154, de 2008.

CAPÍTULO VIII – DO RECOLHIMENTO POST MORTEM

Art. 162. Não será permitido o recolhimento de contribuição previdenciária após o óbito do segurado.

Parágrafo único. O disposto no *caput* não se aplica aos ajustes previstos no art.19-E do RPS para fins de complementação de contribuição abaixo do mínimo, que poderão ser solicitados pelos seus dependentes, para fins de reconhecimento de direito para benefício a eles devidos, até o dia 15 (quinze) do mês de janeiro subsequente ao do ano civil correspondente.

TÍTULO V – DO CÁLCULO DO VALOR DO BENEFÍCIO

CAPÍTULO I – DO SALÁRIO DE BENEFÍCIO – SB

Art. 163. Salário de benefício é o valor básico utilizado para o cálculo da Renda Mensal Inicial – RMI dos benefícios do Regime Geral de Previdência Social – RGPS, inclusive os regidos por normas especiais, exceto o salário-família, a pensão por morte, o auxílio-reclusão, salário-maternidade e os demais benefícios de legislação especial.

§ 1º Para fins de apuração do salário de benefício, faz-se necessário estabelecer o Período Básico de Cálculo – PBC.

§ 2º O salário de benefício não poderá ser inferior ao valor de um salário mínimo e nem superior ao limite máximo de salário de contribuição na data de início do benefício, respeitado o direito adquirido vigente na data de início do benefício.

Art. 164. Observado o disposto no art. 31 do RPS, o valor dos seguintes benefícios de prestação continuada será calculado com base no salário de benefício:

I – aposentadorias;

II – auxílio por incapacidade temporária;

III – auxílio-acidente de qualquer natureza

Art. 165. Não será calculado com base no salário de benefício o valor dos seguintes benefícios de prestação continuada:

I – pensão por morte;

II – auxílio-reclusão;

III – salário-família;

IV – salário-maternidade;

Art. 166. Serão admitidos, para fins de cálculo do salário de benefício, os seguintes aumentos salariais:

I – os obtidos pela respectiva categoria, constantes de dissídios ou de acordos coletivos, bem como os decorrentes de disposição legal ou de atos das autoridades competentes; e

II – os voluntários, concedidos individualmente em decorrência do preenchimento de vaga ocorrida na estrutura de pessoal da empresa, seja por acesso, promoção, transferência ou designação para o exercício de função, seja em face de expansão da firma, com a criação de novos cargos, desde que o respectivo ato esteja de acordo com as normas gerais de pessoal, expressamente em vigor nas empresas e nas disposições relativas à legislação trabalhista.

SEÇÃO I – DO SALÁRIO DE BENEFÍCIO APLICADO AOS BENEFÍCIOS – FATO GERADOR POSTERIOR À PUBLICAÇÃO DA EMENDA CONSTITUCIONAL Nº 103, DE 2019

Art. 167. Para benefícios com fato gerador a partir de 14 de novembro de 2019, data da publicação da Emenda Constitucional nº 103, será utilizada a média aritmética simples dos salários de contribuição e das remunerações adotados como base para contribuições ao Regime Geral de Previdência Social, atualizados monetariamente, correspondentes a 100% (cem por cento) do período contributivo desde a competência julho de 1994 ou desde o início da contribuição, se posterior àquela competência.

§ 1º A média a que se refere o *caput* não poderá ser inferior ao valor de um salário mínimo e nem superior ao limite máximo de salário de contribuição do Regime Geral de Previdência Social. *(Acrescido pela Portaria Dirben/INSS 1.080/2022)*

§ 2º Para aposentadorias com fato gerador a partir de 05 de maio de 2022, data da publicação da Lei nº 14.331, de 2022, exceto a aposentadoria por incapacidade permanente, no cálculo do salário de benefício, o divisor mínimo considerado no cálculo da média dos salários de contribuição não poderá ser inferior a 108 (cento e oito) meses para o segurado filiado à Previdência Social até julho de 1994. *(Acrescido pela Portaria Dirben/INSS 1.080/2022)*

Art. 168. O salário de benefício do segurado que contribui em razão de atividades concomitantes, em benefícios requeridos a partir de 18 de junho de 2019, data da publicação da Lei nº 13.846, será calculado com base na soma dos salários de contribuição das atividades exercidas na data do requerimento ou do óbito, ou no período básico de cálculo.

SEÇÃO II – DO SALÁRIO DE BENEFÍCIO APLICADO AOS BENEFÍCIOS – FATO GERADOR OU DIREITO ADQUIRIDO ATÉ A VÉSPERA DA PUBLICAÇÃO DA EMENDA CONSTITUCIONAL Nº 103 DE 2019

SUBSEÇÃO I – APOSENTADORIA POR IDADE, POR TEMPO DE CONTRIBUIÇÃO E APOSENTADORIA ESPECIAL

Art. 169. Para os segurados inscritos na Previdência Social a partir de 29 de novembro de 1999, data da publicação da Lei nº 9.876, que vierem a cumprir os requisitos necessários à concessão de benefício a partir de 29 de novembro de 1999, o salário de benefício consiste:

I – para a aposentadoria por tempo de contribuição, inclusive de professor, na média aritmética simples dos maiores salários de contribuição correspondentes a 80% (oitenta por cento) de todo o período contributivo, corrigidos mês a mês, multiplicado pelo fator previdenciário, que será calculado de acordo com o art. 206, observado o art. 171;

II – para a aposentadoria por idade, na média aritmética simples dos maiores salários de contribuição correspondentes a 80% (oitenta por cento) de todo o período contributivo, corrigidos mês a mês, multiplicado pelo fator previdenciário, se mais vantajoso; e

III – para a aposentadoria especial, na média aritmética simples dos maiores salários de contribuição correspondentes a 80% (oitenta por cento) de todo o período contributivo, corrigidos mês a mês.

Art. 170. Para o segurado filiado à Previdência Social até 28 de novembro de 1999, véspera da publicação da Lei nº 9.876, inclusive o oriundo de RPPS, que vier a cumprir os requisitos necessários à concessão de benefício a partir de 29 de novembro de 1999, o salário de benefício consiste:

I – para as aposentadorias por idade e tempo de contribuição, inclusive de professor, na média aritmética simples dos maiores salários de contribuição, corrigidos mês a mês, correspondentes a no mínimo, 80% (oitenta por cento) de todo o período contributivo decorrido desde julho de 1994, multiplicado pelo fator previdenciário que será calculado de acordo com o art. 206, observado o parágrafo único deste artigo e o art. 171;

II – para aposentadoria especial na média aritmética simples dos maiores salários de contribuição, corrigidos mês a mês, correspondentes a, no mínimo, 80% (oitenta por cento) do período contributivo decorrido desde julho de 1994, observado o parágrafo único deste artigo.

Parágrafo único. Para apuração do valor do salário de benefício, deverá ser observado:

I – contando o segurado com menos de 60% (sessenta por cento) de contribuições no período decorrido de julho de 1994 até a data do início do benefício – DIB, o divisor a ser considerado no cálculo da média aritmética simples dos 80% (oitenta por cento) maiores salários de contribuição de todo o período contributivo desde julho de 1994, não poderá ser inferior a 60% (sessenta por cento) desse mesmo período; e

II – contando o segurado com 60% (sessenta por cento) a 80% (oitenta por cento) de contribuições no período decorrido de julho de 1994 até a DIB, aplicar-se-á a média aritmética simples.

Art. 171. Para aposentadoria por tempo de contribuição, inclusive de professor, com início a partir de 18 de junho de 2015, data da publicação da Medida Provisória nº 676, convertida na Lei nº 13.183, de 4 de novembro de 2015, o segurado poderá optar pela não incidência do fator previdenciário previsto no art. 206, no cálculo do benefício, quando o total resultante da soma de sua idade e do seu tempo de contribuição na data do requerimento da aposentadoria for:

I – igual ou superior a 95 (noventa e cinco) pontos, se homem, observando o tempo mínimo de 35 (trinta e cinco) anos de contribuição; ou

II – igual ou superior a 85 (oitenta e cinco) pontos, se mulher, observando o tempo mínimo de 30 (trinta) anos de contribuição.

Art. 172. A soma de idade e de tempo de contribuição previstas no art. 171 serão majoradas em um ponto em:

I – 31 de dezembro de 2018;
II – 31 de dezembro de 2020;
III – 31 de dezembro de 2022;
IV – 31 de dezembro de 2024; e
V – 31 de dezembro de 2026.

Art. 173. Para efeito de aplicação do disposto nos arts. 171, observado o art. 172, serão acrescidos cinco pontos à soma da idade com o tempo de contribuição do professor e da professora que comprovarem respectivamente 30 (trinta) e 25 (vinte e cinco) anos de contribuição exclusivamente de efetivo exercício de magistério na educação infantil, ensino fundamental ou médio.

Art. 174. Para os fins do disposto no art. 171 serão somadas as frações em meses completos de tempo de contribuição e idade.

Art. 175. Para obtenção do valor do salário de benefício, observar-se-á:

I – para benefícios com data de início a partir de 1º de dezembro de 2004, data da aplicabilidade do fator previdenciário integral, o salário de benefício consiste na seguinte fórmula:

$SB = f \cdot M$

II – para benefícios com data de início até 30 de novembro de 2004, data fim da aplicabilidade do fator previdenciário proporcional, devem ser somadas duas parcelas, conforme fórmula abaixo:

$SB = f \cdot \frac{X}{60} \cdot M + M \cdot \frac{(60 - X)}{60}$

Para as fórmulas, considere que:

SB = salário de benefício
f = fator previdenciário;
X = número equivalente às competências transcorridas a partir do mês de novembro de 1999;
M = média aritmética simples dos salários de contribuição corrigidos mês a mês.

§ 1º Para o cálculo do inciso II, as parcelas a serem consideradas são as seguintes:

I – primeira parcela: o fator previdenciário multiplicado pela fração que varia de 1/60 (um sessenta avos) a sessenta avos, equivalente ao número de competências transcorridas a partir do mês de novembro de 1999 e pela média aritmética simples dos maiores salários de contribuição, correspondente a 80% (oitenta por cento) de todo o período contributivo, desde a competência julho de 1994; e

II – segunda parcela: a média aritmética simples dos maiores salários de contribuição, correspondente a 80% (oitenta por cento) de todo o período contributivo, desde a competência julho de 1994, multiplicada por uma fração que varia de forma regressiva, cujo numerador equivale ao resultado da subtração de sessenta, menos o número de competências transcorridas a partir do mês de novembro de 1999.

§ 2º Para os benefícios com data de início nos meses de novembro e dezembro de 1999, a fração referida no inciso I do § 1º, será considerada igual a 1/60 (um sessenta avos).

Art. 176. A aposentadoria por idade do trabalhador rural com renda mensal superior ao valor do salário mínimo e com redução de idade, ou seja, 60 (sessenta) anos, se homem, 55 (cinquenta e cinco) anos, se mulher, dependerá da comprovação da idade mínima e da carência exigida na forma dos arts. 115 e 116, observando que para o cálculo da RMI serão utilizados os salários de contribuição vertidos ao RGPS.

SUBSEÇÃO II – AUXÍLIO-DOENÇA, APOSENTADORIA POR INVALIDEZ E AUXÍLIO-ACIDENTE

Art. 177. Para requerimentos efetuados a partir de 19 de agosto de 2009, data da entrada em vigor do Decreto nº 6.939, o cálculo do salário de benefício do auxílio-doença, aposentadoria por invalidez e auxílio-acidente será baseado na média aritmética simples dos maiores salários-de-contribuição correspondentes a 80% (oitenta por cento) de todo o período contributivo decorrido desde julho de 1994, corrigidos mês a mês.

CAPÍTULO II – DO PERÍODO BÁSICO DE CÁLCULO

SEÇÃO I – CONSIDERAÇÕES GERAIS

Art. 178. O PBC é fixado, conforme o caso, de acordo com a:
I – data de entrada do requerimento – DER;
II – data do afastamento da atividade ou do trabalho – DAT;
III – data do início da incapacidade – DII, quando anterior à DAT;
IV – data do acidente;
V – data da publicação da Emenda Constitucional nº 103, de 2019;
VI – data da publicação da Lei nº 9.876, de 1999 – DPL;
VII – data da publicação da Emenda Constitucional nº 20, de 1998 – DPE;
VIII – data de implementação das condições necessárias à concessão do benefício – DICB.
§ 1º O término do PBC será fixado no mês imediatamente anterior ao da ocorrência de uma das situações previstas no *caput*.
§ 2º Em se tratando de aposentadorias com direito adquirido, a fixação do PBC deverá observar as datas dispostas nos incisos V a VII, conforme o caso, sem prejuízo da fixação da DIB.

Art. 179. No PBC do auxílio por incapacidade temporária, inclusive o decorrente de acidente de qualquer natureza, para o cálculo de salário de benefício do segurado que exerça atividades concomitantes e se afastar em mais de uma, prevalecerá: *(Redação dada pela Portaria Dirben/INSS 1.080/2022)*
I – DAT de empregado, se empregado e contribuinte individual; e
II – a DAT do último afastamento como empregado, nos casos de possuir mais de um vínculo empregatício.

Art. 180. Em caso de pedido de reabertura de Comunicação de Acidente de Trabalho – CAT, com afastamento inicial até 15 (quinze) dias consecutivos, o PBC será fixado em função da data do novo afastamento.

Art. 181. No caso de auxílio por incapacidade temporária em que o segurado empregado possui mais de um afastamento dentro de 60 (sessenta) dias em decorrência da mesma doença, a fixação do PBC ocorrerá da seguinte forma: *(Redação dada pela Portaria Dirben/INSS 1.080/2022)*
I – em função do novo afastamento, quando tiver se afastado, inicialmente, 15 (quinze) dias consecutivos, retornando à atividade no 16º (décimo sexto) dia; e
II – no dia seguinte ao que completar o período de quinze dias de afastamento, quando tiver se afastado, inicialmente, por período inferior a 15 (quinze) dias.

Art. 182. Considera-se período básico de cálculo:
I – para os filiados ao RGPS até 28 de novembro de 1999:
a) que tenham implementado todas as condições para a concessão do benefício até essa data, os últimos 36 (trinta e seis) salários de contribuição, apurados em período não superior a 48 (quarenta e oito) meses imediatamente anteriores àquela data; e
b) que tenham implementado as condições para a concessão do benefício após essa data, todas as contribuições a partir de julho de 1994;
II – para os filiados ao RGPS a partir de 29 de novembro de 1999, todo o período contributivo.
Parágrafo único. Na hipótese do requerente implementar direito a mais de uma das condições previstas nos incisos I e II do *caput*, será assegurada a opção ao cálculo mais vantajoso.

Art. 183. Na formação do PBC, serão utilizados:

I – as remunerações ou as contribuições constantes no CNIS; e

II – para o segurado oriundo de outro regime de previdência, após a sua filiação ao RGPS, os salários de contribuição relacionados na CTC emitida pelo ente.

Parágrafo único. Se o período em que o segurado exerceu atividade para o RGPS for concomitante com o tempo de serviço prestado à Administração Pública não serão consideradas no PBC as contribuições vertidas no período para o outro regime de previdência, conforme as disposições estabelecidas no art. 96 da Lei nº 8.213, de 1991.

Art. 184. Não constando no CNIS as informações sobre contribuições ou remunerações, ao ser formado o PBC, deverá ser observado:

I – para o segurado empregado, trabalhador avulso e o empregado doméstico, nos meses correspondentes ao PBC em que existir vínculo e não existir remuneração, respeitado o exposto no inciso III, será considerado o valor do salário mínimo, podendo solicitar revisão do valor do benefício com a comprovação do valor das remunerações faltantes desde que obedecido o prazo decadencial; *(Redação dada pela Portaria Dirben/INSS 1.080/2022)*

II – Na hipótese de jornada de trabalho parcial ou intermitente, será necessária a apresentação do contrato de trabalho do qual conste a remuneração contratada ou a demonstração das remunerações auferidas que possibilite a verificação do valor do salário de contribuição para fins de aplicação do disposto no art. 19-E do RPS.

III – para os demais segurados, os salários de contribuição referentes aos meses de contribuições efetivamente recolhidas;

Parágrafo único. Para os períodos de empregado doméstico anteriores a 2 de junho de 2015, somente caberá a revisão do valor do benefício caso seja apresentada a prova do recolhimento.

Art. 185. Para fins de formação do Período Básico de Cálculo – PBC, não deverão ser consideradas as contribuições efetuadas em atraso após o fato gerador, independentemente de referirem-se a competências anteriores, efetuadas pelo contribuinte individual, inclusive o Microempreendedor Individual, de que tratam os artigos 18-A e 18-C da Lei Complementar nº 123, de 2006, pelo facultativo ou pelo segurado especial que esteja contribuindo facultativamente.

§ 1º Deve ser considerado para todos os fins o recolhimento realizado dentro do prazo legal de vencimento, mesmo que realizado após o fato gerador, sendo vedado recolhimento pós óbito, observado o § 3º deste artigo.

§ 2º O recolhimento efetuado em atraso após o fato gerador, não será computado para nenhum fim, ainda que dentro do prazo de manutenção da qualidade de segurado, observada a possibilidade de alteração da DER para os benefícios programáveis.

§ 3º Não se aplica o disposto no *caput* aos recolhimentos efetuados a título de complementação.

Art. 186. Para os requerimentos de benefícios realizados a partir de 1º de julho de 2020, o período de filiação como empregado doméstico até maio de 2015, ainda que sem a comprovação do recolhimento ou sem a comprovação da primeira contribuição em dia, será reconhecido para todos os fins desde que devidamente comprovado o vínculo laboral.

§ 1º Na hipótese de validação de períodos nos termos do *caput*, na ausência de comprovação do recolhimento, deverá ser informado o valor do salário mínimo no período básico de cálculo.

§ 2º O benefício concedido com a validação de períodos nos termos do *caput* deverá ser calculado levando-se em conta a possibilidade de ser concedido com valor superior a um salário mínimo, independentemente da categoria do segurado na DER.

§ 3º O benefício calculado nos termos do §2º poderá ser revisto quando da apresentação de prova do recolhimento.

Art. 187. A concessão de benefício no valor do salário mínimo para o empregado doméstico que não conseguir comprovar a carência em contribuições e que esteja em exercício desta atividade ou na qualidade desta na DER, aplica-se somente aos requerimentos realizados até o dia 30 de junho de 2020.

Art. 188. O tempo de contribuição exercido em atividade diversa da atividade de magistério não será contabilizado para fins da totalização na aposentadoria do professor, entretanto deverá ser considerado na formação do Período Básico de Cálculo – PBC. *(Redação dada pela Portaria Dirben/INSS 1.080/2022)*

Art. 189. Na transformação de auxílio-doença em aposentadoria por invalidez quando o segurado estiver recebendo auxílio-acidente de outra origem, o valor deste será somado à renda mensal da aposentadoria por invalidez, nos casos de aposentadoria com início até 13 de novembro de 2019, data da publicação da Emenda Constitucional nº 103, observadas as regras de acumulação de benefícios. *(Redação dada pela Portaria Dirben/INSS 1.080/2022)*

Parágrafo único. Aplica-se o disposto no *caput* quando do cálculo do benefício de pensão por morte de segurado que vier a óbito em gozo de auxílio-doença.

Art. 190. Se no PBC o segurado tiver recebido benefício por incapacidade, considerar-se-á como salário de contribuição, no período, o salário de benefício que serviu de base para o cálculo da renda mensal, reajustado nas mesmas épocas e nas mesmas bases dos benefícios em geral, não podendo ser inferior ao salário mínimo nem superior ao limite máximo do salário de contribuição, observando-se o seguinte:

I – benefícios por incapacidade previdenciários: somente serão computados no PBC, nos termos do *caput*, quando intercalados com períodos de atividade ou de contribuição;

II – benefícios por incapacidade acidentários:
a) períodos até 30 de junho de 2020, véspera da publicação do Decreto nº 10.410: serão considerados no PBC, nos termos do *caput*, ainda que não sejam intercalados com períodos de atividade;
b) períodos a partir de 1º de julho de 2020, data da publicação do Decreto nº 10.410: serão considerados no PBC, nos termos do *caput*, somente se intercalados com períodos de atividade ou de contribuição.

Parágrafo único. Aplica-se o disposto neste artigo, às situações de transformação de auxílio por incapacidade temporária em aposentadoria por incapacidade permanente com início da aposentadoria ocorrido a partir de 14 de novembro de 2019, vigência da Emenda Constitucional nº 103.

Art. 191. Se, após a cessação de benefício por incapacidade, não houver retorno à atividade ou contribuição e havendo novo requerimento de benefício, o salário de benefício daquele não poderá compor o período básico de cálculo deste.

Parágrafo único. O disposto no *caput* não se aplica aos benefícios por incapacidade acidentários gozados até 30 de junho de 2020, conforme alínea "a" do inciso II do art. 190.

Art. 192. Quando no início ou no término do período o segurado tiver percebido benefício por incapacidade e remuneração, será considerada, na fixação do salário de contribuição do mês em que ocorreu esse fato, a soma dos valores do salário de benefício e do salário de contribuição, respectivamente, proporcionais aos dias de benefício e aos dias trabalhados, respeitado o limite máximo do salário de contribuição.

§ 1º Havendo dúvida quanto ao salário de contribuição informado pela empresa, se no valor mensal ou proporcional aos dias trabalhados, deverão ser solicitados esclarecimentos à empresa.

§ 2º Para o contribuinte individual, observando a exceção do prestador de serviço à pessoa jurídica a partir de 1º de abril de 2003, a remuneração prevista no art. 166 somente será somada ao salário de benefício se houver o respectivo recolhimento, que será tomado em seu valor proporcional aos dias trabalhados.

Art. 193. Por ocasião do requerimento de outro benefício, se o período em gozo de mensalidade de recuperação integrar o PBC, será considerado como salário de contribuição o salário de benefício que serviu de base para o cálculo da aposentadoria por invalidez, reajustado nas mesmas épocas e bases dos benefícios em geral, não podendo ser inferior ao valor de um salário mínimo nem superior ao limite máximo do salário de contribuição.

Art. 194. Para a aposentadoria requerida ou para óbito ocorrido a partir de 11 de novembro de 1997, data da publicação da Medida Provisória nº 1.596-14, convertida na Lei nº 9.528, de 1997, bem como para quem possuir direito adquirido à aposentadoria até a citada data, o valor mensal do auxílio-acidente integrará o PBC para fins de apuração do salário de benefício, o qual será somado ao salário de contribuição existente no PBC, limitado ao teto de contribuição. *(Redação dada pela Portaria Dirben/INSS 1.080/2022)*

§ 1º Se, dentro do PBC, o segurado tiver recebido auxílio-doença ou auxílio por incapacidade temporária, inclusive decorrente de acidente de qualquer natureza, concomitantemente com auxílio-acidente de outra origem, a renda mensal desse será somada, mês a mês, ao salário de benefício daquele, observado o teto de contribuição, para fins de apuração do salário de benefício da aposentadoria. *(Redação dada pela Portaria Dirben/INSS 1.080/2022)*

§ 2º Inexistindo período de atividade ou gozo de benefício por incapacidade dentro do PBC, o valor do auxílio-acidente não supre a falta do salário de contribuição.

§ 3º Ocorrida a situação do § 2º, a aposentadoria e a pensão por morte serão no valor do salário mínimo.

§ 4º Tratando-se de segurado especial que não contribui facultativamente em gozo de auxílio-acidente, o valor mensal do benefício vigente na data do início da aposentadoria será somado ao valor desta, não sendo, neste caso, aplicada a limitação de um salário mínimo.

Art. 195. O salário de benefício do auxílio-acidente, cujas lesões tenham se consolidado até 10 de novembro de 1997, véspera da publicação da Medida Provisória nº 1.596-14, convertida na Lei nº 9.528, de 1997, não será considerado no cálculo das aposentadorias com DIB até a mesma data, observado o disposto do inciso VI do art. 639 da Instrução Normativa PRES/INSS nº 128, de 2022.

Art. 196. Os salários de contribuição referentes ao período de atividade exercida a partir de 14 de outubro de 1996, data da publicação da Medida Provisória nº 1.523, como juiz classista ou magistrado da Justiça Eleitoral, na forma do art. 150 da Instrução Normativa PRES/INSS nº 128, de 2022, serão considerados no PBC, limitados ao teto de contribuição.

Parágrafo único. Caso o segurado tenha exercido mandato de juiz classista e de magistrado da Justiça Eleitoral, exercida até 13 de outubro de 1996, véspera da publicação da Medida Provisória nº 1.523, e possua os requisitos para a concessão de aposentadoria anterior à investidura, o PBC será fixado levando-se em consideração as seguintes situações:

I – sem o cômputo do período de atividade de juiz classista e de magistrado da Justiça Eleitoral, o PBC será fixado em relação à data em que o segurado se licenciou para exercer o mandato e, em se tratando de contribuinte individual, essa data corresponderá ao dia anterior à investidura no mandato; e

II – com o cômputo do período de atividade de juiz classista e de magistrado da Justiça Eleitoral, esse período de atividade deverá ser apresentado por CTC, sendo o PBC fixado em relação à DAT ou de acordo com a DER, se não houver afastamento.

Art. 197. Fica garantido ao segurado que até o dia 28 de novembro de 1999, véspera da publicação da Lei nº 9.876, de 26 de novembro de 1999, tenha cumprido os requisitos necessários para a concessão do benefício, o cálculo do valor inicial segundo as regras até então vigentes, considerando como PBC os últimos 36 (trinta e seis) salários de contribuição, apurados em período não superior a 48 (quarenta e oito) meses imediatamente anteriores àquela data.

Art. 198. O índice de correção dos salários de contribuição que compõem o PBC e que são utilizados no cálculo do salário de benefício é a variação integral do Índice Nacional de Preço ao Consumidor – INPC, referente ao período decorrido, a partir da primeira competência do salário de contribuição que compõe o PBC, até o mês anterior ao do início do benefício, de modo a preservar o seu valor real, conforme definido no art. 29-B da Lei nº 8.213, de 1991.

SEÇÃO II – DA MÚLTIPLA ATIVIDADE

SUBSEÇÃO I – BENEFÍCIOS A PARTIR DE 18 DE JUNHO DE 2019

Art. 199. Em decorrência da revogação dos incisos do art. 32 da Lei nº 8.213, de 1991, não se aplica o cálculo de múltipla atividade para apuração do salário de benefício quando há salários de contribuição de atividades concomitantes no período básico de cálculo – PBC.

§ 1º Sempre que houver remunerações concomitantes no PBC, estas deverão ser somadas, observando o limite máximo do salário de contribuição vigente na competência.

§ 2º O cálculo do salário de benefício sem verificação de múltipla atividade, conforme disposto no *caput*, será aplicado a partir de 18 de junho de 2019, data da publicação da Lei nº 13.846, devendo ser observado:

I – para benefícios por incapacidade, a data do início da incapacidade – DII; e

II – para os demais benefícios, a data do início do benefício – DIB.

SUBSEÇÃO II – BENEFÍCIOS ANTERIORES A 18 DE JUNHO DE 2019

Art. 200. Para cálculo do salário de benefício com base nas regras previstas para múltiplas atividades será imprescindível a existência de remunerações ou contribuições concomitantes, provenientes de duas ou mais atividades, dentro do PBC.

Art. 201. Não será considerada múltipla atividade quando:

I – o segurado satisfizer todos os requisitos exigidos ao benefício em todas as atividades concomitantes;

II – nos meses em que o segurado contribuiu apenas por uma das atividades concomitantes, em obediência ao limite máximo do salário de contribuição;

III – nos meses em que o segurado tenha sofrido redução dos salários de contribuição das atividades concomitantes em respeito ao limite máximo desse salário;

IV – se tratar de mesmo grupo empresarial, ou seja, quando uma ou mais empresas tenham, cada uma delas, personalidade jurídica própria e estiverem sob a direção, controle ou administração de outra, constituindo grupo industrial, comercial ou de qualquer outra atividade econômica, sendo, para efeito da relação de emprego, solidariamente responsáveis a empresa principal e cada uma das subordinadas; e

V – se tratar de auxílio-doença ou aposentadoria por invalidez isentos de carência ou decorrentes de acidente de qualquer natureza, inclusive por acidente do trabalho.

Art. 202. Nas situações mencionadas no art. 201, o salário de benefício será calculado com base na soma dos salários de contribuição das atividades exercidas até a data do requerimento ou do afastamento da atividade, observado o disposto no art. 32 do RPS.

Art. 203. Será considerada múltipla atividade quando o segurado exercer atividades concomitantes dentro do PBC e não cumprir as condições exigidas ao benefício requerido em relação a cada atividade, devendo ser adotado os seguintes critérios para caracterização das atividades em principal e secundária:

I – será considerada atividade principal a que corresponder ao maior tempo de contribuição, apurado a qualquer tempo, ou seja, dentro ou fora do PBC, classificadas as demais como secundárias;

II – se a atividade principal cessar antes de terminar o PBC, esta será sucedida por uma ou mais atividades concomitantes, conforme o caso, observada, na ordem de sucessão a de início mais remoto ou, se iniciadas ao mesmo tempo, a de salário mais vantajoso; e

III – quando a atividade principal for complementada por uma ou mais concomitantes ou secundárias, elas serão desdobradas em duas partes: uma integrará a atividade principal e a outra constituirá a atividade secundária.

Art. 204. Ressalvado o disposto no art. 202, o salário de benefício do segurado que contribui em razão de atividades concomitantes será calculado com base na soma dos salários de contribuição das atividades exercidas até a data do requerimento ou do afastamento da atividade, adotando-se os seguintes procedimentos:

I – aposentadoria por idade:

a) apurar-se-á, em primeiro lugar, o salário de benefício parcial dos empregos ou da atividade em que tenha sido satisfeita a carência;

b) em seguida, apurar-se-á a média dos salários de contribuição de cada um dos demais empregos ou das demais atividades constantes no PBC em que não foi cumprida a carência, aplicando-se a cada média um percentual equivalente ao número de meses de contribuições concomitantes, apuradas a qualquer tempo, e o número de contribuições exigidas como carência, cujo resultado será o salário de benefício parcial de cada atividade;

II – aposentadoria por tempo de contribuição:

a) apurar-se-á, em primeiro lugar, o salário de benefício parcial dos empregos ou das atividades em que tenha sido preenchida a condição de tempo de contribuição; e

b) em seguida, apurar-se-á a média dos salários de contribuição de cada um dos demais empregos ou das demais atividades constantes do PBC em que não foi comprovado o tempo de contribuição mínimo necessário, aplicando-se a cada média um percentual equivalente aos anos completos de contribuição das atividades concomitantes, apuradas a qualquer tempo, e o número de anos completos de tempo de contribuição considerados para a concessão do benefício, cujo resultado será o salário de benefício parcial de cada atividade;

III – aposentadoria por tempo de contribuição de professor e aposentadoria especial:

a) apurar-se-á, em primeiro lugar, o salário de benefício parcial dos empregos ou das atividades em que tenham sido satisfeitas as condições exigidas para o benefício, na forma estabelecida, conforme o caso, nos arts. 169 ou 170; e *b)* em seguida, apurar-se-á a média dos salários de contribuição de cada um dos demais empregos ou das demais atividades constantes do PBC em que não foi comprovado o tempo de contribuição mínimo necessário, aplicando-se a cada média um percentual equivalente à relação que existir entre os anos completos de contribuição das atividades concomitantes, apuradas a qualquer tempo, e o tempo de contribuição mínimo necessário à concessão do benefício, cujo resultado será o salário de benefício parcial de cada atividade, observado, no caso de aposentadoria por tempo de contribuição de professor, o disposto no art. 164;

IV – auxílio-doença e aposentadoria por invalidez:

a) apurar-se-á, em primeiro lugar, o salário de benefício parcial dos empregos ou das atividades em que tenham sido satisfeitas as condições exigidas para o benefício, na forma estabelecida no art. 177; e

b) em seguida, apurar-se-á a média dos salários de contribuição de cada um dos demais empregos ou das demais atividades constantes no PBC em que não foi cumprida a carência, aplicando-se a cada média um percentual equivalente ao número de meses concomitantes, apurados a qualquer tempo, e o número estipulado como período de carência, cujo resultado será o salário de benefício parcial de cada atividade.

§ 1º O percentual referido nas alíneas «b» dos incisos I, II, III e IV do *caput*, corresponderá a uma fração ordinária em que:

I – o numerador será igual:

a) para aposentadoria por idade, auxílio-doença e aposentadoria por invalidez, ao total de contribuições mensais de todo o período concomitante, apuradas a qualquer tempo, ou seja, dentro ou fora do PBC; e

b) para as demais aposentadorias aos anos completos de contribuição de toda a atividade concomitante prestada pelo segurado, a qualquer tempo, ou seja, dentro ou fora do PBC;

II – o denominador será igual:

a) para aposentadoria por idade aos segurados inscritos até 24 de julho de 1991, véspera da publicação da Lei nº 8.213, de 1991, ao número estipulado como período de carência constante na tabela transitória e aos inscritos após esta data, a 180 (cento e oitenta) contribuições;

b) para auxílio-doença e aposentadoria por invalidez, ao número estabelecido como período de carência, ou seja, 12 (doze) contribuições;

c) para aposentadoria especial, ao número mínimo de anos completos de tempo de contribuição, ou seja, 15 (quinze), 20 (vinte) ou 25 (vinte e cinco);

d) para aposentadoria por tempo de contribuição de professor, ao número mínimo de anos completos de tempo necessário à concessão, ou seja, 25 (vinte e cinco), se mulher, e 30 (trinta), se homem; e

e) para aposentadoria por tempo de contribuição:

1 – no período de 25 de julho de 1991 a 16 de dezembro 1998, ao número mínimo de anos de serviço considerado para a concessão, ou seja, 25 (vinte e cinco) anos, se mulher e 30 (trinta) anos, se homem;

2 – a partir de 16 de dezembro de 1998, aos segurados que ingressaram no RGPS até a respectiva data, ao número de anos completos de tempo de contribuição considerados para a concessão do benefício; e

3 – a partir de 17 de dezembro de 1998, aos segurados que ingressaram no RGPS, inclusive aos oriundos de RPPS a partir da respectiva data, a 30 (trinta) anos, se mulher, e 35 (trinta e cinco), se homem.

§ 2º A soma dos salários de benefício parciais, apurados na forma das alíneas «a» e «b» dos incisos I, II, III e IV do *caput*, será o salário de benefício global para efeito de cálculo da RMI.

§ 3º Para os casos de direito adquirido até 28 de novembro de 1999, véspera da publicação da Lei nº 9.876, o salário de benefício deverá ser apurado de acordo com a legislação da época.

Art. 205. Constatada a incapacidade do segurado para cada uma das demais atividades concomitantes durante o recebimento do auxílio-doença concedido nos termos do inciso IV e §§ 1º e 2º do art. 204, o benefício deverá ser recalculado com base nos salários de contribuição da(s) atividade(s) a incluir, sendo que:

I – para o cálculo do salário de benefício correspondente a essa(s) atividade(s), será fixado novo PBC até o mês anterior:

a) ao último afastamento do trabalho, do segurado empregado ou avulso; e

b) ao pedido de inclusão das atividades concomitantes, no caso dos demais segurados.

II – o novo salário de benefício, será a soma das seguintes parcelas:

a) valor do salário de benefício do auxílio-doença em manutenção, reajustado na mesma época e na mesma base dos benefícios em geral; e

b) valor do salário de benefício parcial de cada uma das demais atividades não consideradas no cálculo do auxílio-doença, apurado na forma da alínea "b", inciso IV do art. 204.

Parágrafo único. Aplica-se o disposto no *caput* para o cálculo do valor da aposentadoria por invalidez, se no momento da inclusão da(s) atividade(s), ocorrer o reconhecimento da invalidez em todas elas.

CAPÍTULO III – DO FATOR PREVIDENCIÁRIO

Art. 206. O fator previdenciário consiste na aplicação de um coeficiente no salário de benefício das aposentadorias por idade e por tempo de contribuição, inclusive do professor, com direito adquirido até 13 de novembro de 2019, data da publicação da Emenda Constitucional nº 103, bem como na regra de transição da aposentadoria por tempo de contribuição, disposta nos art. 335.
§ 1º O disposto no *caput* se aplica às aposentadorias por idade e por tempo de contribuição devidas ao segurado com deficiência, se esta for mais vantajosa.
§ 2º Em se tratando de aposentadoria por idade, a aplicação do fator previdenciário é facultativa, de forma a assegurar a aplicação do cálculo mais vantajoso.
§ 3º Em se tratando de aposentadoria por tempo de contribuição, inclusive do professor, com direito adquirido até 13 de novembro de 2019, fica assegurada a não incidência do fator previdenciário no cálculo da aposentadoria se o total resultante da soma de sua idade e de seu tempo de contribuição, incluídas as frações, tiver atingido a pontuação disposta no § 8º do art. 188-E do RPS.

Art. 207. O fator previdenciário será calculado considerando-se a idade, a expectativa de sobrevida e o tempo de contribuição do segurado ao se aposentar, mediante a fórmula:

$$FP = \frac{Tc \times a}{Es} \times [1 + (Id + Tc \times a)]$$

Em que:
f = fator previdenciário;
Es = expectativa de sobrevida no momento da aposentadoria;
Tc = tempo de contribuição até o momento da aposentadoria;
Id = idade no momento da aposentadoria;
a = alíquota de contribuição correspondente a 0,31.

Art. 208. O fator previdenciário de que trata o art. 206 será aplicado para fins de cálculo da renda mensal inicial – RMI, observando que será adicionado ao tempo de contribuição do segurado:
I – 5 (cinco) anos, se mulher;
II – 5 (cinco) anos, se professor que exclusivamente comprove tempo de efetivo exercício das funções de magistério na educação infantil, no ensino fundamental ou médio; e
III – 10 (dez) anos, se professora que comprove exclusivamente tempo de efetivo exercício das funções de magistério na educação infantil, ensino fundamental ou médio.

CAPÍTULO IV – DA RENDA MENSAL INICIAL

SEÇÃO I – CONSIDERAÇÕES GERAIS

Art. 209. A renda mensal inicial – RMI do benefício de prestação continuada que substituir o salário de contribuição ou o rendimento do trabalho do segurado não terá valor inferior ao do salário mínimo, nem superior ao do limite máximo do salário de contribuição, observadas as exceções previstas nas normas vigentes.
Parágrafo único. Na hipótese de o segurado exercer mais de uma atividade abrangida pelo RGPS, o auxílio por incapacidade temporária será concedido em relação à atividade para a qual ele estiver incapacitado, podendo o valor do benefício ser inferior ao salário mínimo, desde que, somado às demais remunerações resultar em valor superior a este.

Art. 210. A RMI do benefício será calculada aplicando-se sobre o salário de benefício os seguintes percentuais:
I – auxílio por incapacidade temporária: 91% (noventa e um por cento) do salário de benefício;
II – aposentadoria por incapacidade permanente:
a) previdenciária: 60% (sessenta por cento) do salário de benefício, com acréscimo de 2 (dois) pontos percentuais para cada ano de contribuição que exceder o tempo de 20 (vinte) anos de contribuição, se homem, e o que exceder o tempo de 15 (quinze) anos de contribuição, se mulher;
b) acidentária: 100% (cem por cento) do salário de benefício, quando decorrer de acidente de trabalho, de doença profissional e de doença do trabalho;
III – aposentadoria por idade: 60% (sessenta por cento) do salário de benefício, com acréscimo de 2 (dois) pontos percentuais para cada ano de contribuição que exceder o tempo de 20 (vinte) anos de contribuição, se homem, e o que exceder o tempo de 15 (quinze) anos de contribuição, se mulher.
IV – aposentadoria por tempo de contribuição:

a) regra geral, inclusive professor: 60% (sessenta por cento) do salário de benefício, com acréscimo de 2 (dois) pontos percentuais para cada ano de contribuição que exceder o tempo de 20 (vinte) anos de contribuição, se homem, e o que exceder o tempo de 15 (quinze) anos de contribuição, se mulher.

b) para a regra de transição com período adicional de 50% (cinquenta por cento) prevista no art. 336: 100% (cem por cento) do salário de benefício, multiplicado pelo fator previdenciário.

c) para as regras de transição com idade mínima e período adicional de 100% (cem por cento) previstas nos art. 257, inciso III, e 337: 100% (cem por cento) do salário de benefício.

V – aposentadoria especial: 60% (sessenta por cento) do salário de benefício, com acréscimo de 2 (dois) pontos percentuais para cada ano de contribuição que exceder o tempo de 20 (vinte) anos de contribuição, se homem, e o que exceder o tempo de 15 (quinze) anos de contribuição, se mulher, observado o disposto no parágrafo único.

VI – aposentadoria programada: 60% (sessenta por cento) do salário de benefício, com acréscimo de 2 (dois) pontos percentuais para cada ano de contribuição que exceder o tempo de 20 (vinte) anos de contribuição, se homem, e o que exceder o tempo de 15 (quinze) anos de contribuição, se mulher.

VII – aposentadoria por idade do trabalhador rural:

a) para os segurados especiais que não contribuem facultativamente, a RMI será de um salário mínimo.

b) para os trabalhadores rurais referidos nos incisos I a IV do art. 246, bem como para o segurado especial que contribui facultativamente: 70% (setenta por cento) do salário de benefício, com acréscimo de 1% (um por cento) para cada ano de contribuição, até o limite máximo de 100% (cem por cento).

VIII – aposentadoria por tempo de contribuição ao segurado com deficiência: 100% (cem por cento) do salário de benefício.

IX – aposentadoria por idade ao segurado com deficiência: 70% (setenta por cento) do salário de benefício, mais 1% (um por cento) deste, por grupo de 12 (doze) contribuições, limitado a 100% (cem por cento) do salário de benefício;

X – auxílio-acidente: 50% (cinquenta por cento) do salário de benefício.

§ 1º Para fator gerador a partir de 1º de março de 2015, o valor apurado na forma do inciso I não poderá ultrapassar a média aritmética simples dos 12 (doze) últimos salários de contribuição existentes a partir de julho de 1994, ou, se não houver doze salários de contribuição, a média aritmética simples dos salários-de-contribuição existentes, assegurado o valor do salário mínimo.

§ 2º Para a aposentadoria prevista no inciso V, quando exigidos 15 (quinze) anos de contribuição, o acréscimo de 2 (dois) pontos percentuais será aplicado a cada ano que exceder esse tempo, inclusive para o homem.

Art. 211. Para benefícios requeridos até 13 de novembro de 2019, data da publicação da Emenda Constitucional nº 103, ou que possuam fato gerador até esta data, a RMI do benefício será calculada aplicando-se sobre o salário de benefício os seguintes percentuais: *(Redação dada pela Portaria Dirben/INSS 1.080/2022)*

I – auxílio-doença: 91% (noventa e um por cento) do salário de benefício, observado o disposto no §1º do art. 210;

II – aposentadoria por invalidez: 100% (cem por cento) do salário de benefício;

III – aposentadoria por idade: 70% (setenta por cento) do salário de benefício, mais 1% (um por cento) deste, por grupo de doze contribuições, não podendo ultrapassar 100% (cem por cento) do salário de benefício;

IV – aposentadoria por tempo de contribuição:

a) para a mulher: 100% (cem por cento) do salário de benefício aos trinta anos de contribuição;

b) para o homem: 100% (cem por cento) do salário de benefício aos 35 (trinta e cinco) anos de contribuição; e

c) para o professor e para a professora: 100% (cem por cento) do salário de benefício aos trinta anos de contribuição, se do sexo masculino, e aos 25 (vinte e cinco) anos de contribuição, se do sexo feminino, de efetivo exercício em função de magistério na educação infantil, no ensino fundamental ou no ensino médio;

V – aposentadoria especial: 100% (cem por cento) do salário de benefício; e

VI – auxílio-acidente: 50% (cinquenta por cento) do salário de benefício.

Art. 212. Exceto quanto ao salário-família e ao auxílio-acidente, quando não houver salário de contribuição no PBC, as prestações que independem de carência serão pagas pelo valor mínimo de benefício.

Art. 213. O valor da RMI do auxílio-acidente com início a partir de 29 de abril de 1995, data da publicação da Lei nº 9.032, será calculado, observando-se a DIB do auxílio-doença que o precedeu, conforme a seguir:

I – se a DIB do auxílio-doença for anterior a 5 de outubro de 1988, vigência da Constituição Federal, a RMI do auxílio-acidente será de 50% (cinquenta por cento) do salário de benefício do auxílio-doença, com a devida equivalência de salários mínimos até agosto de 1991 e reajustado, posteriormente, pelos índices de manutenção até a data do início do auxílio-acidente; e

II – se a DIB do auxílio-doença for a partir de 5 de outubro de 1988, vigência da Constituição Federal, a RMI do auxílio-acidente será de 50% (cinquenta por cento) do salário de benefício do auxílio-doença, reajustado pelos índices de manutenção até a DIB do auxílio-acidente.

Art. 214. O valor da renda mensal da aposentadoria proporcional prevista no art. 332 será equivalente a 70% (setenta por cento) do salário de benefício, acrescido de 5% (cinco por cento) por ano de contribuição que supere o período adicional constante no inciso III do mesmo artigo, até o limite de 100% (cem por cento).

Art. 215. Após a cessação do auxílio por incapacidade temporária decorrente de acidente de qualquer natureza ou causa, tendo o segurado retornado ou não ao trabalho, se houver agravamento ou sequela que resulte na reabertura do benefício, a renda mensal será igual a 91% (noventa e um por cento) do salário de benefício do auxílio por incapacidade temporária cessado, corrigido até o mês anterior ao da reabertura do benefício, pelos mesmos índices de correção dos benefícios em geral. *(Redação dada pela Portaria Dirben/INSS 1.080/2022)*

Art. 216. Para os segurados especiais, inclusive os com deficiência, é garantida a concessão, alternativamente:

I – de aposentadoria por idade, aposentadoria por incapacidade permanente, auxílio por incapacidade temporária, auxílio-reclusão e pensão por morte, no valor de um salário mínimo, observados os critérios de reconhecimento da atividade; ou *(Redação dada pela Portaria Dirben/INSS 1.080/2022)*

II – dos benefícios especificados nesta Portaria, observados os critérios e a forma de cálculo estabelecidos, desde que contribuam, facultativamente, de acordo com o disposto no § 2º do art. 201 do RPS.

SEÇÃO II – DA RMI APLICADA AOS BENEFÍCIOS PREVIDENCIÁRIOS NÃO SUJEITOS AO CÁLCULO DE SALÁRIO DE BENEFÍCIO

SUBSEÇÃO I – SALÁRIO-MATERNIDADE

Art. 217. A renda mensal do salário-maternidade será calculada, observado o disposto no art. 19-E do RPS, da seguinte forma:

I – para a segurada empregada: consiste numa renda mensal igual a sua remuneração no mês do seu afastamento, não sujeito ao limite máximo do salário de contribuição, ou, em caso de salário total ou parcialmente variável, na média aritmética simples dos seus seis últimos salários, apurada de acordo com o valor definido para a categoria profissional em lei ou dissídio coletivo, excetuando-se, para esse fim, o décimo terceiro salário, adiantamento de férias e as rubricas constantes do § 9º do art. 215 do RPS, observado, em qualquer caso, o § 1º deste artigo;

II – para a segurada trabalhadora avulsa: corresponde ao valor de sua última remuneração integral equivalente a um mês de trabalho, não sujeito ao limite máximo do salário de contribuição, observado o disposto no inciso I deste artigo em caso de salário variável;

III – para a segurada empregada doméstica: corresponde ao valor do seu último salário de contribuição sujeito aos limites mínimo e máximo de contribuição, ou em caso de salário total ou parcialmente variável, na média aritmética simples dos seus 6 (seis) últimos salários de contribuição;

IV – para as seguradas contribuinte individual, facultativa, segurada especial que esteja contribuindo facultativamente e para as seguradas em período de graça: corresponde a 1/12 (um doze avos) da soma dos doze últimos salários de contribuição, apurados em período não superior a quinze meses, anteriores ao fato gerador, sujeito aos limites mínimo e máximo do salário de contribuição.

V – para a segurada especial que não esteja contribuindo facultativamente: corresponde ao valor de um salário mínimo.

VI – para a segurada empregada intermitente corresponde na média aritmética simples das remunerações apuradas no período referente aos doze meses anteriores ao fato gerador.

VII – para a segurada empregada com jornada parcial, cujo salário de contribuição seja inferior ao seu limite mínimo mensal, o valor será de um salário mínimo, observado o disposto no inciso VII do art. 240 da Instrução Normativa PRES/INSS nº 128, de 2022.

§ 1º Entende-se por remuneração da segurada empregada:

I – fixa, é aquela constituída de valor fixo que varia em função dos reajustes salariais normais;

II – parcialmente variável, é aquela constituída de parcelas fixas e variáveis; e

III – totalmente variável, é aquela constituída somente de parcelas variáveis.

§ 2º Na hipótese de empregos intermitentes concomitantes, a média aritmética a que se refere o inciso VI será calculada em relação a todos os empregos e será pago somente um salário-maternidade.

§ 3º Na hipótese do inciso IV, se no período dos quinze meses inexistir salários de contribuição, a renda mensal do salário-maternidade será no valor de um salário mínimo.

§ 4º Para efeito de cálculo, devem ser observados os limites mínimo e máximo do salário de contribuição, ressalvado nos casos de segurada empregada e trabalhadora avulsa.

§ 5º O benefício de salário-maternidade devido aos segurados trabalhador avulso e empregado, exceto o doméstico, terá a renda mensal sujeita ao teto do subsídio em espécie dos Ministros do Supremo Tribunal Federal, em observância ao artigo 248 da Constituição Federal.

Art. 218. Para fato gerador ocorrido a partir de 1º de setembro de 2011, data da publicação da Lei 12.470, será devido salário-maternidade ao empregado do Microempreendedor Individual, no valor de 1 (um) salário mínimo ou equivalente ao piso salarial da categoria profissional, conforme caso.

Art. 219. Se após a extinção do vínculo empregatício o segurado ou a segurada tiver se filiado como contribuinte individual, facultativo, ou segurado especial que esteja contribuindo facultativamente e, nessas condições, ainda que cumprida a carência, não contar com as doze contribuições necessárias para o cálculo da RMI, serão consideradas para efeito do período de cálculo as contribuições como empregada, observado que:

I – a RMI consistirá em 1/12 (um doze avos) da soma dos doze últimos salários de contribuição, apurados em um período não superior a quinze meses, anterior ao fato gerador;

II – no cálculo, poderão ser incluídas as contribuições vertidas na condição de segurada empregada, limitado ao teto de contribuição, no extinto vínculo;

III – na hipótese da segurada contar com menos de doze contribuições, no período de quinze meses anteriores ao fato gerador, a soma dos salários de contribuição apurado será dividido por doze; e

IV – se o valor apurado for inferior ao salário mínimo, o benefício será concedido com o valor mínimo.

Art. 220. Na hipótese da segurada estar em período de graça decorrente de vínculo como empregada, empregada doméstica ou avulsa, e passar a contribuir como facultativa ou contribuinte individual ou se vincular ao RGPS como segurada especial, sem cumprir o período de carência exigido para a concessão do salário-maternidade nesta condição, o cálculo do salário-maternidade deve ser realizado, nos termos do inciso IV do art. 217, com base nos últimos salários de contribuição apurados quando a segurada estava exercendo atividade de empregada, empregada doméstica ou avulsa, excluídas as contribuições vertidas posteriormente na qualidade de facultativa ou contribuinte individual.

Art. 221. Nas situações em que a segurada estiver em gozo de auxílio por incapacidade temporária e requerer o salário-maternidade, o valor deste corresponderá: *(Redação dada pela Portaria Dirben/INSS 1.080/2022)*

I – para a segurada empregada, observado o limite fixado no art. 37, XI da Constituição Federal, nos termos do art. 248 do mesmo diploma legal:

a) com remuneração fixa, ao valor da remuneração que estaria recebendo, como se em atividade estivesse; e

b) com remuneração variável, à média aritmética simples das 6 (seis) últimas remunerações recebidas da empresa, anteriores ao auxílio por incapacidade temporária, devidamente corrigidas. *(Redação dada pela Portaria Dirben/INSS 1.080/2022)*

II – para a segurada trabalhadora avulsa, o valor da sua última remuneração integral equivalente a um mês de trabalho, observado o disposto no inciso I;

III – para a segurada empregada doméstica, ao valor do seu último salário de contribuição;

IV – para a segurada especial que não contribui facultativamente, ao valor do salário mínimo; e

V – para a segurada contribuinte individual, facultativa, segurada especial que esteja contribuindo facultativamente e para as que mantenham a qualidade de segurada, à média aritmética dos 12 (doze) últimos salários de contribuição apurados em período não superior a 15 (quinze) meses, incluído o valor do salário de benefício do auxílio por incapacidade temporária, quando intercalado entre períodos de atividade, reajustado nas mesmas épocas e bases dos benefícios pagos pela Previdência Social. *(Redação dada pela Portaria Dirben/INSS 1.080/2022)*

Art. 222. O benefício para o (a) segurado (a) sobrevivente, em caso de falecimento do segurado(a) que fez jus ao salário-maternidade e faleceu antes ou durante a percepção do benefício será calculado sobre a categoria do segurado sobrevivente sendo:

I – a remuneração integral, para o empregado e trabalhador avulso;

II – o último salário de contribuição para o empregado doméstico;

III – um 1/12 (um doze avos) da soma dos doze últimos salários de contribuição, apurados em um período não superior a quinze meses, para os segurados contribuinte individual, para a segurada especial que esteja contribuindo facultativamente, facultativo, e aqueles em prazo de manutenção da qualidade de segurado; e

IV – o valor do salário mínimo, para o segurado especial.

Parágrafo único. Aplica-se o disposto no *caput* ainda que tenha sido iniciado o pagamento do benefício ao titular originário, situação em que o benefício será recalculado.

Art. 223. Para efeito de salário-maternidade, nos casos de pagamento a cargo do INSS, os eventuais valores decorrentes de aumentos salariais, dissídios coletivos, entre outros, serão pagos da seguinte forma:

I – se o aumento ocorreu desde a DIB, por meio de revisão do benefício;

II – se o aumento ocorreu após a DIB por meio de:

a) atualização especial – AE, se o benefício estiver ativo; ou

b) pagamento alternativo de benefício – PAB, de resíduo, se o benefício estiver cessado, observando-se quanto à contribuição previdenciária, calculada automaticamente pelo sistema próprio, o limite máximo de contribuição.

SUBSEÇÃO II – PENSÃO POR MORTE E AUXÍLIO-RECLUSÃO – FATO GERADOR A PARTIR DE 14 DE NOVEMBRO DE 2019

Art. 224. A renda mensal inicial da pensão por morte será constituída pela soma da cota familiar e da(s) cota(s) individual(is) e será rateada em partes iguais aos dependentes habilitados, observado o art. 225.

Art. 225. Para fins de cálculo da pensão morte, devem ser considerados:

I – renda mensal inicial: soma da cota familiar com as cotas individuais, limitada a 100% do salário base da pensão por morte;

II – salário base da pensão por morte: valor correspondente da aposentadoria recebida pelo segurado ou daquela a que teria direito se fosse aposentado por incapacidade permanente na data do óbito;

III – cota familiar: cota comum aos dependentes, com valor fixado em 50% do salário base da pensão por morte;

IV – cota individual: cota disponível para cada dependente, com valor fixado em 10% do salário base da pensão por morte;

V – cota dos dependentes: soma das cotas individuais, limitada a 50% do salário base da pensão por morte;

VI – valor individual da pensão por morte: valor recebido por cada dependente.

§ 1º O valor individual da pensão por morte corresponderá à renda mensal inicial dividida em partes iguais aos dependentes habilitados na pensão por morte.

§ 2º As cotas individuais cessarão com a perda da qualidade do dependente e não serão reversíveis aos demais dependentes, devendo o valor da pensão ser recalculado na forma do disposto no *caput* para os dependentes remanescentes.

§ 3º Em se tratando de pensão por morte acidentária, não precedida de aposentadoria, o salário base será o valor correspondente à aposentadoria por incapacidade permanente na modalidade acidentária a que o segurado teria direito na data do óbito.

Art. 226. Na hipótese de existir dependente inválido ou com deficiência intelectual, mental ou grave, a renda mensal inicial será equivalente a 100% (cem por cento) do salário base da pensão por morte.

§ 1º Quando não houver mais dependente inválido ou com deficiência intelectual, mental ou grave, o valor da pensão será recalculado na forma do disposto no art. 224.

§ 2º A renda mensal inicial da pensão será recalculada na forma do disposto no *caput*, quando a invalidez ou deficiência intelectual, mental ou grave sobrevier à data do óbito, enquanto mantiver a qualidade de dependente.

Art. 227. A renda mensal inicial do auxílio-reclusão será calculada conforme disposto no art. 225, entretanto não poderá exceder o valor de 1 (um) salário mínimo, devendo ser rateada em partes iguais aos dependentes habilitados.

SUBSEÇÃO III – PENSÃO POR MORTE E AUXÍLIO-RECLUSÃO – FATO GERADOR ATÉ 13 DE NOVEMBRO DE 2019

Art. 228. Para fato gerador ocorrido após a vigência da Lei nº 9.032, de 1995, e até 13 de novembro de 2019, o valor mensal da pensão por morte e do auxílio-reclusão será de 100% (cem por cento) do valor da aposentadoria que o segurado recebia ou daquela a que teria direito se estivesse aposentado por invalidez na data do óbito ou da reclusão, conforme o caso.

Art. 229. O exercício de atividade remunerada de 1º de setembro de 2011 até 17 de junho de 2015, data da publicação da Lei nº 13.135, inclusive na condição de microempreendedor, pelo dependente com deficiência intelectual ou mental que o torne absoluta ou relativamente incapaz, assim declarado judicialmente, implicava redução da cota em 30% (trinta por cento), a qual deveria ser integralmente restabelecida quando da extinção da relação de trabalho ou da atividade empreendedora.

SUBSEÇÃO IV – PENSÃO POR MORTE E AUXÍLIO-RECLUSÃO – DISPOSIÇÕES COMUNS

Art. 230. Não será incorporado à renda mensal da pensão por morte ou do auxílio-reclusão:
I – o acréscimo de 25% (vinte e cinco por cento) recebido pelo segurado aposentado por invalidez que necessita da assistência permanente de outra pessoa;
II – o valor do auxílio-acidente recebido pelo segurado aposentado, se na data do óbito o segurado estiver recebendo, cumulativamente, aposentadoria e auxílio-acidente; e
III – o valor recebido pelo segurado a título de complementação da Rede Ferroviária Federal S/A e da Empresa Brasileira de Correios e Telégrafos.

§ 1º Nos casos de concessão de pensão por morte decorrente de benefício precedido que possua complementação da renda mensal – Rede Ferroviária Federal S/A – RFFSA e Empresa Brasileira de Correios e Telégrafos – ECT – deverá ser considerado no cálculo somente o valor da parte previdenciária do benefício.
§ 2º O valor da complementação da pensão por morte paga a dependente do ferroviário, será apurado observando-se o mesmo coeficiente de cálculo utilizado na apuração da renda mensal da pensão.

Art. 231. A renda mensal inicial da pensão por morte, cujo falecido seja instituidor de auxílio-reclusão, e este esteja sendo recebido pelos dependentes até a data do óbito, poderá ser equivalente ao valor do auxílio-reclusão, em substituição ao disposto no art. 225 e observado o disposto no art. 227, conforme o caso, sendo a escolha pelo cálculo uma faculdade dos dependentes, manifestada por escrito.
§ 1º Na hipótese do *caput*, havendo opção pelo cálculo no valor do auxílio-reclusão recebido, deverão ser consideradas na renda mensal inicial da pensão por morte as contribuições recolhidas pelo segurado enquanto recluso.
§ 2º Para fins de atendimento do § 1º, deverão ser consideradas apenas as contribuições recolhidas a partir de 13 de dezembro de 2002, data da publicação da Medida Provisória nº 83, convalidada pela Lei nº 10.666, de 2003.

SUBSEÇÃO V – PENSÃO ESPECIAL DA PESSOA COM SÍNDROME DA TALIDOMIDA

Art. 232. A renda mensal da Pensão Especial da pessoa com síndrome da Talidomida será calculada mediante a multiplicação do número total de pontos indicadores da natureza e do grau de dependência resultante da deformidade física, constante do processo de concessão, pelo valor fixado em Portaria Ministerial que trata dos reajustamentos dos benefícios pagos pela Previdência Social.

Art. 233. Sempre que houver reajustamento, o Sistema Único de Benefícios – SUB, multiplicará o valor constante em Portaria Ministerial, pelo número total de pontos de cada benefício, obtendo-se a renda mensal atualizada.

SUBSEÇÃO VI – SALÁRIO-FAMÍLIA

Art. 234. A RMI do salário-família será fixada nos termos de Portaria Interministerial, de publicação anual, que disporá sobre o valor mensal da cota do benefício.

SEÇÃO III – DA UTILIZAÇÃO DA RMI MAIS VANTAJOSA

Art. 235. Para fins do cálculo das aposentadorias programáveis para as quais seja exigido tempo mínimo de contribuição, poderão ser excluídas da média as contribuições que resultem em redução do valor do benefício, desde que mantidos o tempo mínimo de contribuição exigido e a quantidade de contribuições equivalentes ao período de carência, vedada a utilização do tempo excluído para qualquer finalidade, inclusive para os acréscimos previstos no art. 210, para a averbação em outro regime previdenciário ou para a obtenção dos proventos de inatividade das atividades de que tratam os arts. 42 e 142 da Constituição Federal.

CAPÍTULO IV – DO REAJUSTAMENTO

> Mantivemos a numeração como constou da publicação oficial, no entanto, entendemos que o correto seria Capítulo V.

Art. 236. Os valores dos benefícios em manutenção serão reajustados na mesma data de reajuste do salário mínimo, pro rata, de acordo com suas respectivas datas de início ou do seu último reajustamento, com base na variação anual do INPC, apurado pela Fundação IBGE, conforme definido no art. 41-A da Lei nº 8.213, de 1991, exceto para o ano de 2010, no qual foi atribuído reajuste excepcional específico pela Lei nº 12.254, de 15 de junho de 2010.

Art. 237. No caso de benefício precedido, para fins de reajuste, deverá ser considerada a DIB anterior.

Art. 238. Nenhum benefício previdenciário ou assistencial reajustado poderá ter valor de mensalidade superior ao limite máximo do salário de contribuição, respeitado o direito adquirido, salvo as exceções previstas expressamente em lei.

Art. 239. O valor mensal dos benefícios de auxílio-acidente e auxílio-suplementar, decorrente de reajustamento, não poderá ser inferior ao respectivo percentual de benefício aplicado sobre o salário mínimo vigente.

Art. 240. Os benefícios de legislação especial pagos pela Previdência Social à conta do Tesouro Nacional, serão reajustados com base nos mesmos índices aplicáveis aos benefícios de prestação continuada da Previdência Social, salvo disposição específica em contrário.

Art. 241. Os benefícios de ex-combatentes, aposentadoria e pensão por morte, concedidos com base nas Leis revogadas nº 1.756, de 5 de dezembro de 1952, e nº 4.297, de 23 de dezembro de 1963, a partir de 1º de setembro de 1971, passaram a ser reajustados pelos mesmos índices de reajustes aplicáveis aos benefícios de prestação continuada da Previdência Social.

Art. 242. O reajustamento dos benefícios de aeronauta obedecerá aos índices da política salarial dos demais benefícios do RGPS.

Art. 243. A partir de 1º de junho de 1997, para os benefícios que tenham sofrido majoração devido à elevação do salário mínimo, o referido aumento deverá incidir sobre o valor da renda mensal do benefício, anterior ao reajustamento do salário mínimo.

TÍTULO VI – DOS BENEFÍCIOS PROGRAMÁVEIS

CAPÍTULO I – DAS DISPOSIÇÕES GERAIS

Art. 244. Consideram-se benefícios programáveis as aposentadorias, em suas diversas modalidades, com exceção da aposentadoria por incapacidade permanente.

Art. 245. Considera-se benefício de natureza rural aquele concedido ao segurado especial, na forma do § 2º do art. 39 do RPS, bem como a aposentadoria por idade do trabalhador rural.

Art. 246. Para fins de concessão de aposentadoria, são considerados como trabalhadores rurais:

I – empregados rurais;

II – contribuintes individuais que prestam serviço de natureza rural a empresa(s), a outro contribuinte individual equiparado à empresa ou a produtor rural pessoa física;

III – contribuintes individuais garimpeiros, que trabalhem, comprovadamente, em regime de economia familiar;

IV – trabalhadores avulsos que prestam serviço de natureza rural; e

V – segurado especial.

§ 1º Não são considerados trabalhadores rurais, para fins de concessão de aposentadoria:

I – empregados domésticos;

II – produtores rurais, proprietários ou não;

III – pescador profissional; e

IV – contribuintes individuais garimpeiros, que não comprovem atividade em regime de economia familiar.

§ 2º Os incisos II e III do § 1º não se aplicam aos produtores rurais e aos pescadores que sejam considerados segurados especiais.

Art. 247. Para fins de concessão das aposentadorias deste Título, deverá ser solicitado ao segurado declaração quanto ao recebimento de benefício em outro regime de previdência, conforme Anexo XXIV – "Declaração de Recebimento do Benefício em outro Regime de Previdência", da Instrução Normativa PRES/INSS nº 128, de 2022.

Art. 248. É vedada a transformação de aposentadoria por incapacidade permanente ou auxílio por incapacidade temporária em aposentadoria por idade para requerimentos efetivados a partir de 31 de dezembro de 2008, data da publicação do Decreto nº 6.722, haja vista a revogação do art. 55 do RPS. *(Redação dada pela Portaria Dirben/INSS 1.080/2022)*

Parágrafo único. Somente caberá transformação nas hipóteses previstas expressamente na Instrução Normativa PRES/INSS nº 128, de 2022, ou nesta Portaria.

SEÇÃO I – DA DATA DE INÍCIO DE BENEFÍCIO – DIB

Art. 249. A DIB será fixada conforme abaixo:

I – ao segurado empregado, inclusive o doméstico, a partir:

a) da data do desligamento do emprego, quando requerida em até 90 (noventa) dias depois dela; ou

b) da data do requerimento, quando não houver desligamento do emprego ou quando for requerida após o prazo previsto na alínea "a".

II – para os demais segurados, da data da entrada do requerimento.

SEÇÃO II – DA CESSAÇÃO DO BENEFÍCIO

Art. 250. A cessação do benefício programável se dá com o óbito do titular, ou, no caso de constatação de irregularidade na concessão ou manutenção, após os procedimentos descritos no artigo 179 do RPS.

Art. 251. As aposentadorias programáveis são irreversíveis e irrenunciáveis.

Art. 252. O segurado pode desistir do seu pedido de aposentadoria desde que manifeste esta intenção e requeira o arquivamento definitivo do pedido antes da ocorrência do primeiro de um dos seguintes atos:

I – recebimento do primeiro pagamento do benefício; ou

II – saque do respectivo Fundo de Garantia do Tempo de Serviço ou do Programa de Integração Social.

Parágrafo único. O crédito do primeiro pagamento em conta não é impedimento para a desistência da aposentadoria, se o segurado realizar a devolução dos valores, conforme procedimentos previstos no Livro da Manutenção de Benefícios.

CAPÍTULO II – DA APOSENTADORIA PROGRAMADA

SEÇÃO I – DAS DISPOSIÇÕES GERAIS

Art. 253. Ao segurado filiado ao RGPS a partir de 14 de novembro de 2019, vigência da Emenda Constitucional nº 103, será concedida a aposentadoria programada, cumprida a carência, quando preencher, cumulativamente, os seguintes requisitos:

I – aos 62 (sessenta e dois) anos de idade, se mulher, e aos 65 (sessenta e cinco) anos de idade, se homem; e

II – 15 (quinze) anos de tempo de contribuição, se mulher, e 20 (vinte) anos de tempo de contribuição, se homem.

§ 1º A aposentadoria de que trata o *caput* será calculada na forma prevista no inciso VI do art. 210.

§ 2º O disposto no *caput* se aplica aos requerimentos efetuados a partir da publicação da Emenda Constitucional nº 103, de 13 de novembro de 2019, ainda que a filiação tenha ocorrido até esta data, caso seja mais vantajosa.

SEÇÃO II – DA ANÁLISE DO BENEFÍCIO

Art. 254. Para efeito de concessão da aposentadoria programada, o tempo de contribuição a ser considerado a partir de 14 de novembro de 2019 corresponde ao número de contribuições recolhidas em valor igual ou superior ao limite mínimo do RGPS, até a DER, observadas as disposições referentes à carência.

§ 1º Para análise do tempo de contribuição, deverá ser observado o disposto nos art. 145 a 162.

§ 2º O tempo de contribuição até 13 de novembro de 2019, data da publicação da Emenda Constitucional nº 103, será computado de acordo com a legislação vigente na época.

§ 3º Para fins de comprovação do tempo de contribuição, deverá ser observado o disposto no Capítulo I – Dos segurados, da filiação e inscrição, da validade, comprovação e acerto de dados do CNIS da Instrução Normativa PRES/INSS nº 128, de 2022.

CAPÍTULO III – DA APOSENTADORIA PROGRAMADA DO PROFESSOR

SEÇÃO I – DAS DISPOSIÇÕES GERAIS

Art. 255. A aposentadoria programada do professor é devida ao profissional que comprove, exclusivamente, tempo de efetivo exercício em função de magistério em estabelecimento de educação básica, uma vez cumprida a carência, após completar 25 (vinte e cinco) anos de contribuição, 57 (cinquenta e sete) anos de idade, se mulher, e 60 (sessenta) anos de idade, se homem. *(Redação dada pela Portaria Dirben/INSS 1.080/2022)*

§ 1º O disposto no *caput* aplica-se aos segurados filiados ao RGPS a partir de 14 de novembro de 2019, observado o disposto nos art. 259 e 260. *(Redação dada pela Portaria Dirben/INSS 1.080/2022)*

§ 2º Para o disposto no *caput*, não se exige que a carência seja cumprida em atividade de magistério.

§ 3º Para fins de aposentadoria do professor, o tempo de contribuição em atividades diversas deverá ser considerado na formação do Período Básico de Cálculo – PBC.

Art. 256. Ao professor que completar os requisitos até o dia 13 de novembro de 2019, será devida a aposentadoria após completar 25 (vinte e cinco) anos, se mulher, e 30 (trinta) anos, se homem, de efetivo exercício em função de magistério em estabelecimento de educação básica, independentemente da idade e desde que cumprida a carência exigida para o benefício.

Parágrafo único. Para fins de aposentadoria do professor, serão consideradas apenas as atividades de magistério exercidas na categoria de empregado e, se houver tempo de contribuição em atividades diversas, elas deverão ser consideradas somente na formação do Período Básico de Cálculo – PBC.

Art. 257. Aos professores filiados ao Regime Geral da Previdência Social antes da Emenda Constitucional nº 103, de 2019, será devida a aposentadoria nas seguintes condições, observado o disposto no art. 256:

I – para o professor que comprovar exclusivamente 25 (vinte e cinco) anos de contribuição, se mulher, e 30 (trinta) anos de contribuição, se homem, em efetivo exercício das funções de magistério na educação básica, observando que:

a) o somatório da idade e do tempo de contribuição, incluídas as frações, deverá ser equivalente a 81 (oitenta e um) pontos, se mulher, e 91 (noventa e um) pontos, se homem;

b) às pontuações da alínea "a" serão acrescidos, a partir de 1º de janeiro de 2020, 1 (um) ponto a cada ano para o homem e para a mulher, até atingir o limite de 92 (noventa e dois) pontos, se mulher, e 100 (cem) pontos, se homem;

c) a pontuação em vigor no ano do implemento das condições do direito encontra-se disposta no Anexo VI – "Regra de Transição Pontos Professor art. 15".

II – para o professor que comprovar exclusivamente 25 (vinte e cinco) anos de contribuição, se mulher, e 30 (trinta) anos de contribuição, se homem, em efetivo exercício das funções de magistério na educação básica, observando que:

a) deve possuir 51 (cinquenta e um) anos de idade, se mulher e 56 (cinquenta e seis) anos, se homem;

b) a partir de 1º de janeiro de 2020, deverão ser acrescidos 6 (seis) meses a cada ano, às idades dispostas na alínea "a", até atingirem 57 (cinquenta e sete) anos, se mulher, e 60 (sessenta) anos, se homem;

c) a idade em vigor no ano do implemento das condições do direito encontra-se disposta no Anexo VIII – "Regras de Transição de Idade da Aposentadoria por Tempo de Contribuição Professor art. 16".

III – aos 52 (cinquenta e dois) anos de idade, se mulher, e 55 (cinquenta e cinco) anos, se homem, para o professor que comprovar 25 (vinte e cinco) anos de contribuição, se mulher, e 30 (trinta) anos de contribuição, se homem, exclusivamente de efetivo exercício das funções de magistério na educação básica, mais um período adicional de contribuição correspondente a 100% do tempo que, na data de entrada em vigor da Emenda Constitucional nº 103 de 2019, faltaria para atingir o tempo de contribuição mínimo citado neste inciso, conforme Anexo X – "Regra de Transição com Adicional de 100% da Aposentadoria por Tempo de Contribuição do Professor art. 20".

Parágrafo único. Para obtenção da pontuação será considerado todo o tempo de contribuição, inclusive aquele não exercido em atividades de magistério.

Art. 258. A aposentadoria de que trata este Capítulo será calculada na forma prevista no inciso IV do art. 210, exceto para o benefício com direito adquirido previsto no art. 256, que será calculado na forma prevista no inciso IV do art. 211, observada a possibilidade de opção pela forma mais vantajosa.

SEÇÃO II – DA ANÁLISE DO BENEFÍCIO

SUBSEÇÃO I – DA ATIVIDADE DE MAGISTÉRIO E DA EDUCAÇÃO BÁSICA

Art. 259. Considera-se função de magistério as seguintes atividades exercidas por professor em estabelecimento de educação básica, em seus diversos níveis e modalidades:

I – de docência, a qualquer título;

II – direção de unidade escolar, coordenação e assessoramento pedagógico, excluídos os especialistas em educação; ou *(Redação dada pela Portaria Dirben/INSS 1.080/2022)*

III – administração, planejamento, supervisão, inspeção e orientação educacional, excluídos os especialistas em educação; *(Redação dada pela Portaria Dirben/INSS 1.080/2022)*

IV – *(Revogado pela Portaria Dirben/INSS 1.080/2022)*

Art. 260. Entende-se por educação básica aquela formada pela educação infantil, ensino fundamental e ensino médio, nas modalidades presencial e a distância.

Parágrafo único. São considerados como estabelecimentos de educação básica os cursos de formação autorizados e reconhecidos pelos Órgãos competentes do Poder Executivo Federal, Estadual, do Distrito Federal ou Municipal, nos termos da Lei de Diretrizes e Bases – LDB, Lei nº 9.394, de 20 de dezembro de 1996 e alterações posteriores.

Art. 261. O professor universitário deixou de ser contemplado com a aposentadoria por tempo de contribuição de professor com a publicação da Emenda Constitucional nº 20, de 1998, porém, se cumpridos todos os requisitos exigidos para a espécie até 16 de dezembro de 1998, terá direito de requerer a aposentadoria, a qualquer tempo, observada a legislação vigente na data da implementação das condições.

Art. 262. O professor, inclusive o universitário, que não implementou as condições para aposentadoria por tempo de serviço de professor até 16 de dezembro de 1998, vigência da Emenda Constitucional nº 20, poderá ter contado o tempo de atividade de magistério exercido até esta data, com acréscimo de 17% (dezessete por cento) para o homem, e de 20% (vinte por cento) para a mulher, se optar por aposentadoria por tempo de contribuição integral exclusivamente em funções de magistério, desde que implementados os requisitos até o dia anterior à data de entrada em vigor da Emenda Constitucional nº 103, de 2019.

SUBSEÇÃO II – DOS DOCUMENTOS PARA COMPROVAÇÃO DA ATIVIDADE DE PROFESSOR

Art. 263. A comprovação do período de atividade de professor far-se-á:
I – mediante a apresentação da CP ou CTPS, complementada, quando for o caso, por declaração do estabelecimento de ensino onde foi exercida a atividade, sempre que necessária essa informação, para efeito de sua caracterização;
II – informações constantes no CNIS; ou
III – CTC nos termos da Contagem Recíproca para o período em que esteve vinculado a RPPS.

Art. 264. A comprovação do exercício da atividade de magistério é suficiente para o reconhecimento do período trabalhado para fins de concessão de aposentadoria de professor, presumindo-se a existência de habilitação.

Art. 265. Considerando o contido no art. 127, II do RPS, o período exercido na atividade de magistério oriundo de RPPS, devidamente certificado, não será considerado para fins deste benefício, quando concomitante com atividade privada que não seja caracterizada como de magistério.

CAPÍTULO IV – DA APOSENTADORIA POR IDADE DO TRABALHADOR RURAL

SEÇÃO I – DAS DISPOSIÇÕES GERAIS

SUBSEÇÃO I – APOSENTADORIA RURAL COM RMI IGUAL A 1 (UM) SALÁRIO MÍNIMO

Art. 266. A aposentadoria dos trabalhadores rurais referidos no art. 246, desde que cumprida a carência exigida em atividade exclusivamente rural, será devida ao homem quando completar 60 (sessenta) anos de idade e à mulher quando completar 55 (cinquenta e cinco) anos de idade, inclusive após 13 de novembro de 2019.

Art. 267. Para a aposentadoria por idade do trabalhador rural não será considerada a perda da qualidade de segurado nos intervalos entre as atividades rurícolas, devendo, entretanto, estar o segurado exercendo a atividade rural ou em período de graça decorrente de atividade rural na DER ou na data em que implementou todas as condições exigidas para o benefício, observado o disposto no art. 269.

Art. 268. O trabalhador enquadrado como segurado especial poderá requerer a aposentadoria por idade sem observância à data limite prevista no art. 143 da Lei nº 8.213, de 1991, de 31 de dezembro de 2010, em razão do disposto no inciso I do art. 39 da Lei nº 8.213, de 1991.

Art. 269. A aposentadoria do trabalhador rural, mencionada no art. 244, será devida ao segurado empregado, ao contribuinte individual, ao trabalhador avulso e ao segurado especial, ainda que a atividade exercida na DER seja de natureza urbana, desde que o segurado tenha preenchido todos os requisitos para a concessão do benefício rural até a expiração do prazo de manutenção da qualidade na condição de segurado rural.
Parágrafo único. Será concedido o benefício de natureza urbana se o segurado exercer atividade urbana na DER e preencher os requisitos à concessão de benefício nessa condição, quando esta for mais vantajosa.

SUBSEÇÃO II – APOSENTADORIA RURAL COM RMI SUPERIOR A 1 (UM) SALÁRIO MÍNIMO

Art. 270. Para a aposentadoria por idade do trabalhador rural com renda mensal superior ao valor do salário mínimo e com redução de idade, ou seja, 60 (sessenta) anos se homem, e 55 (cinquenta e cinco) anos, se mulher, as contribuições para fins de carência serão computadas, exclusivamente, em razão do exercício da atividade rural, observando a exigência de 180 (cento e oitenta) contribuições.

Art. 271. Para a aposentadoria de que trata esta Seção deve-se observar que para o cálculo da RMI serão utilizados os salários de contribuição vertidos ao RGPS.

Art. 272. O segurado especial que contribui facultativamente somente fará jus à aposentadoria com valor apurado na forma da alínea "b" do inciso VII do art. 210, após o cumprimento da carência exigida, não sendo considerado como período de carência o tempo de atividade rural não contributivo.

SUBSEÇÃO III – APOSENTADORIA HÍBRIDA

Art. 273. Os trabalhadores rurais que não atendam ao disposto no Capítulo IV, referente à aposentadoria por idade do trabalhador rural, mas que satisfaçam a carência e o tempo de contribuição exigidos computando-se os períodos de contribuição sob outras categorias, inclusive urbanas, farão jus à aposentadoria na modalidade híbrida, desde que cumpram os requisitos dos incisos I e II do art. 253. *(Redação dada pela Portaria Dirben/INSS 1.080/2022)*
§ 1º O disposto no *caput* aplica-se exclusivamente aos segurados que, na data da implementação dos requisitos, comprovem a condição de trabalhador rural, ainda que na DER estejam em outra categoria.
§ 2º A Ação Civil Pública – ACP nº 5038261-15.2015.4.04.7100/RS, recepcionada pelo Memorando-Circular Conjunto nº 1/DIRBEN/PFE/INSS, de 4 de janeiro de 2018, ampliou o efeito do disposto no *caput* para os trabalhadores urbanos em qualidade de segurado na DER ou na data da implementação dos requisitos.
§ 3º A qualidade de segurado da qual trata o § 2º poderá ocorrer, inclusive, em razão de recolhimento na categoria de segurado facultativo, pela natureza urbana dessa.
§ 4º Aplicam-se as regras de transição previstas nos art. 326 e art. 327 ao segurado que requerer a aposentadoria prevista neste artigo. *(Acrescido pela Portaria Dirben/INSS 1.080/2022)*

SEÇÃO II – DA ANÁLISE DO BENEFÍCIO

Art. 274. Para fins de análise da aposentadoria por idade do trabalhador rural, deverá ser contabilizada a carência exclusivamente em razão da atividade rural, conforme disposto nos arts. 116 a 121, observadas as demais disposições aplicáveis à carência.
Parágrafo único. Na hipótese de concessão da aposentadoria híbrida, disposta no art. 273, à carência contabilizada na forma do *caput*, deverão ser somados os períodos de contribuição sob outras categorias.

Art. 275. Para fins de enquadramento do segurado na tabela progressiva de carência que trata o art. 142 da Lei nº 8.213, de 1991, haverá direito à aposentadoria por idade do trabalhador rural quando o interessado implementar os seguintes requisitos, cumulativamente:
I – esteve vinculado ao Regime de Previdência Rural – RPR – ou RGPS, anteriormente a 24 de julho de 1991, véspera da publicação da Lei nº 8.213, de 1991;
II – exerceu atividade rural após aquela data; e
III – completou a carência necessária a partir de novembro de 1991.

Art. 276. A apresentação da declaração quanto ao recebimento de benefício em outro regime de previdência, conforme art. 247, não se aplica ao segurado especial que declarar não possuir renda proveniente de pensão por morte ou aposentadoria preexistente em campo específico da autodeclaração.
Parágrafo único. Na hipótese em que o segurado especial declarar o recebimento de renda proveniente de pensão por morte ou aposentadoria preexistente, deverá ser exigida a declaração constante no *caput*.

CAPÍTULO V – APOSENTADORIA ESPECIAL

SEÇÃO I – DAS DISPOSIÇÕES GERAIS

Art. 277. A aposentadoria especial, uma vez cumprido os requisitos exigidos, será devida ao segurado empregado, trabalhador avulso e contribuinte individual, este último somente quando cooperado filiado a cooperativa de trabalho ou de produção, que comprove o exercício de atividades com efetiva exposição a agentes químicos, físicos e biológicos prejudiciais à saúde, ou a associação desses agentes, de forma permanente, não ocasional nem intermitente, durante o período de 15 (quinze), 20 (vinte) ou 25 (vinte e cinco) anos, conforme o caso.
§ 1º A aposentadoria especial será devida ao contribuinte individual cooperado filiado à cooperativa de trabalho ou de produção, somente para períodos trabalhados a partir de 13 de dezembro de 2002, data da publicação da Medida Provisória nº 83, de 2002, por exposição a agentes prejudiciais à saúde.
§ 2º Para fins de aposentadoria especial, serão considerados apenas os períodos de atividade especial, e, se houver tempo de contribuição em atividade comum, eles deverão ser considerados na formação do Período Básico de Cálculo – PBC.

§ 3º Para fins de aposentadoria especial, não se exige que a carência seja cumprida em atividade especial.

Art. 278. A comprovação do exercício da atividade especial poderá ser por categoria profissional até 28 de abril de 1995, véspera da publicação da Lei nº 9.032, de 1995.

Art. 279. Para os filiados a partir de 14 de novembro de 2019, após a data de entrada em vigor da Emenda Constitucional nº 103, observado o período de carência de 180 contribuições mensais, a aposentadoria especial será devida ao segurado que completar:

I – 55 (cinquenta e cinco) anos de idade, quando se tratar de atividade especial de 15 (quinze) anos de contribuição;

II – 58 (cinquenta e oito) anos de idade, quando se tratar de atividade especial de 20 (vinte) anos de contribuição;

III – 60 (sessenta anos) de idade, quando se tratar de atividade especial de 25 (vinte e cinco) anos de contribuição.

Art. 280. Ao segurado, independentemente do sexo, filiado ao RGPS até 13 de novembro de 2019, data da publicação da Emenda Constitucional nº 103, mas que implementar os requisitos a partir de 14 de novembro de 2019, será concedida a aposentadoria especial, cumprida a carência, quando forem preenchidos, cumulativamente, os seguintes requisitos:

I – o somatório da idade e do tempo de contribuição, incluídas as frações, for equivalente a 66 (sessenta e seis) pontos e comprovar 15 (quinze) anos de efetiva exposição;

II – o somatório da idade e do tempo de contribuição, incluídas as frações, for equivalente a 76 (setenta e seis) pontos e comprovar 20 (vinte) anos de efetiva exposição; e

III – o somatório da idade e do tempo de contribuição, incluídas as frações, for equivalente a 86 (oitenta e seis) pontos e comprovar 25 (vinte e cinco) anos de efetiva exposição.

Parágrafo único. Para obtenção da pontuação será considerado todo o tempo de contribuição, inclusive aquele não exercido em efetiva exposição a agentes nocivos.

Art. 281. Para os filiados até 13 de novembro de 2019, véspera da vigência da Emenda Constitucional 103, que tenham implementado todas as condições para concessão do benefício até essa data, a aposentadoria especial será devida independentemente da idade do requerente ou pontuação adquirida.

Parágrafo único. Para fins de aposentadoria especial, serão considerados apenas os períodos de atividade especial, e, se houver tempo de contribuição em atividade comum, eles deverão ser considerados somente na formação do Período Básico de Cálculo – PBC.

SEÇÃO II – DA ATIVIDADE EXERCIDA EM CONDIÇÕES ESPECIAIS

Art. 282. São consideradas condições especiais que prejudicam a saúde ou a integridade física, conforme definido no Anexo IV do RPS, a exposição a agentes nocivos químicos, físicos, biológicos ou a associação de agentes, em concentração ou intensidade e tempo de exposição que ultrapassem os limites de tolerância ou que, dependendo do agente, torne a efetiva exposição em condição especial prejudicial à saúde.

Art. 283. Os períodos exercidos em condições especiais podem ser enquadrados por:

I – categoria profissional até 28 de abril de 1995, véspera da publicação da Lei nº 9.032, de 28 de abril de 1995, conforme critérios disciplinados nos arts. 298 a 302; e/ou;

II – por exposição a agentes prejudiciais à saúde químicos, físicos, biológicos ou a associação de agentes prejudiciais à saúde ou à integridade física, em qualquer época, conforme critérios disciplinados nos arts. 296 e 297.

Art. 284. Para fins de concessão de aposentadoria especial somente serão considerados os períodos de atividade especial, sendo vedada a conversão de tempo comum em especial.

Art. 285. A concessão da aposentadoria especial observará a atividade desempenhada pelo requerente, sendo exigida a comprovação mínima de:

I – 15 (quinze) anos: trabalhos em mineração subterrânea, em frentes de produção, com exposição à associação de agentes físicos, químicos ou biológicos; ou

II – 20 (vinte) anos em:

a) trabalhos com exposição ao agente químico asbestos (amianto); ou

b) trabalhos em mineração subterrânea, afastados das frentes de produção, com exposição à associação de agentes físicos, químicos ou biológicos; ou

III – 25 (vinte e cinco) anos: para as demais situações.

Art. 286. Quando o segurado exercer atividade especial em mais de um vínculo concomitante, será devida a aposentadoria especial quando pelo menos uma das atividades for considerada especial, observados os demais critérios.

Parágrafo único. Na hipótese de atividades concomitantes sob condições especiais, no mesmo ou em outro vínculo empregatício, será considerada aquela que exigir menor tempo para a aposentadoria especial, desde que atingido o tempo mínimo para concessão da aposentadoria especial, sendo que para os casos de conversão deverá ser observado o disposto no art. 287.

Art. 287. Quando houver exercício sucessivo em mais de uma atividade sujeita a condições especiais prejudiciais à saúde ou à integridade física, sem completar em qualquer delas o prazo mínimo exigido para aposentadoria especial, os respectivos períodos serão somados, salvo as atividades exercidas na forma do art. 286, devendo ser considerada a atividade preponderante para efeito de conversão.

§ 1º Na hipótese do *caput* serão somados os respectivos períodos, após a conversão do tempo relativo às atividades não preponderantes.

§ 2º O disposto no § 1º se aplica apenas aos períodos sujeitos a condições especiais prejudiciais à saúde ou à integridade física, não cabendo conversão de períodos comuns na aposentadoria especial.

Art. 288. Não descaracteriza o exercício em condições especiais:

I – os períodos de descanso determinados pela legislação trabalhista, inclusive férias;

II – os períodos de recebimento de salário-maternidade; e

III – os períodos de afastamento decorrentes de gozo de benefícios de auxílio por incapacidade temporária ou de aposentadoria por incapacidade permanente acidentários, gozados até 30 de junho de 2020, véspera da publicação do Decreto nº 10.410. *(Redação dada pela Portaria Dirben/INSS 1.080/2022)*

§ 1º Para fins do disposto do *caput*, o segurado deverá estar exercendo atividade considerada especial na data do afastamento constante nos incisos I e II.

§ 2º Os períodos de afastamento decorrentes de recebimento de benefícios de auxílio por incapacidade temporária ou de aposentadoria por incapacidade permanente acidentários, gozados a partir 1º de julho de 2020, data da publicação do Decreto nº 10.410, de 2020, não serão considerados como especiais. *(Redação dada pela Portaria Dirben/INSS 1.080/2022)*

§ 3º O período em que o empregado esteve licenciado da atividade para exercer cargo de administração ou de representação sindical, exercido até 28 de abril de 1995, véspera da publicação da Lei nº 9.032, de 1995, será computado como tempo de serviço especial, desde que, à data do afastamento, o segurado estivesse exercendo atividade considerada especial.

§ 4º A redução de jornada de trabalho por acordo, convenção coletiva de trabalho ou sentença normativa não descaracteriza a atividade exercida em condições especiais.

§ 5º Os períodos de afastamento decorrentes de gozo de benefício por incapacidade de espécie não acidentária não serão considerados como sendo de trabalho sob condições especiais.

SUBSEÇÃO I – DA CARACTERIZAÇÃO DE ATIVIDADE EXERCIDA EM CONDIÇÕES ESPECIAIS

Art. 289. A caracterização e a comprovação do tempo de atividade sob condições especiais obedecerá ao disposto na legislação em vigor na época da prestação do serviço.

Art. 290. A caracterização do exercício de atividade em condições especiais, será realizada mediante apresentação de:

I – documentação comprobatória do exercício da função ou atividade, nos termos dos arts. 299, 301 e 302 para períodos enquadráveis por categoria profissional, até 28 de abril de 1995; ou

II – formulários de reconhecimento de períodos laborados em condições especiais, legalmente previstos, para períodos enquadráveis por agentes prejudiciais à saúde.

Art. 291. Os formulários para reconhecimento de período laborados em condições especiais serão aceitos desde que emitidos:

I – pela empresa, no caso de segurado empregado;

II – pela cooperativa de trabalho ou de produção, no caso de cooperado filiado;

III – pelo órgão gestor de mão de obra ou pelo sindicato da categoria no caso de trabalhador avulso portuário a ele vinculado que exerça suas atividades na área dos portos organizados;

IV – pelo sindicato da categoria no caso de trabalhador avulso portuário a ele vinculado que exerça suas atividades na área dos terminais de uso privado; e

V – pelo sindicato da categoria no caso de trabalhador avulso não portuário a ele vinculado.

§ 1º Consideram-se formulários para reconhecimento de períodos alegados como especiais para fins de aposentadoria, os antigos formulários em suas diversas denominações, conforme Anexo II – «Tabela de Temporalidade e Formulários Correspondentes», sendo que, a partir de 1º de janeiro de 2004, o formulário a que se refere o § 1º do art. 58 da Lei no 8.213, de 1991, passou a ser o Perfil Profissiográfico Previdenciário – PPP, podendo inclusive ser utilizado para comprovar períodos laborados antes de 1º de janeiro de 2004, desde que a emissão seja a partir da data do início de sua vigência.

§ 2º Serão aceitos os antigos formulários independentemente da data de regência de cada um, para atividades exercidas até 31 de dezembro de 2003, desde que emitidos até essa data e observada a necessidade de se tratarem de formulários já previstos na legislação na data de sua emissão.

§ 3º Quando apresentados os antigos formulários mencionados no §1º, será obrigatória a apresentação, também:

I – para o agente prejudicial à saúde ruído:

a) Laudo Técnico de Condições Ambientais do Trabalho – LTCAT, para períodos laborados até 28 de abril de 1995, véspera da publicação da Lei nº 9.032, de 1995; ou

b) as seguintes Demonstrações Ambientais, para períodos laborados entre 29 de abril de 1995, data da publicação da Lei nº 9.032 a 13 de outubro de 1996, véspera da publicação da Medida Provisória nº 1.523:

1 – Programa de Prevenção de Riscos Ambientais – PPRA;

2 – Programa de Gerenciamento de Riscos – PGR;

3 – Programa de Condições e Meio Ambiente de Trabalho na Indústria da Construção – PCMAT; e

4 – Programa de Controle Médico de Saúde Ocupacional – PCMSO.

II – para qualquer agente prejudicial à saúde, incluindo o agente prejudicial à saúde ruído:

a) LTCAT ou as Demonstrações Ambientais arroladas na alínea "b" do inciso I, para períodos laborados entre 14 de outubro de 1996, data da publicação da Medida Provisória nº 1.523, a 31 de dezembro de 2003, data estabelecida pelo INSS em conformidade com o determinado pelo § 3º do art. 68 do RPS.

Art. 292. Quando da apresentação de LTCAT, serão observados os seguintes elementos informativos básicos constitutivos:

I – se individual ou coletivo;

II – identificação da empresa;

III – identificação do setor e da função;

IV – descrição da atividade;

V – identificação de agente prejudicial à saúde capaz de causar dano à saúde e integridade física, arrolado na Legislação Previdenciária;

VI – localização das possíveis fontes geradoras;

VII – via e periodicidade de exposição ao agente prejudicial à saúde;

VIII – metodologia e procedimentos de avaliação do agente prejudicial à saúde;

IX – descrição das medidas de controle existentes;

X – conclusão do LTCAT;

XI – assinatura e identificação do médico do trabalho ou engenheiro de segurança; e

XII – data da realização da avaliação ambiental.

Parágrafo único. Caberá emissão de exigência para saneamento do LTCAT antes do encaminhamento do processo à análise técnica, caso seja identificada ausência dos elementos constantes nos incisos I a IV, X, XI e XII.

Art. 293. O PPP constitui-se em um documento histórico laboral do trabalhador, segundo modelo instituído pelo INSS, conforme formulário do Anexo XVII da Instrução Normativa PRES/INSS nº 128, de 2022 que deve conter as seguintes informações básicas:

I – dados administrativos da empresa e do trabalhador;

II – registros ambientais;

III – responsáveis pelas informações.

§ 1º Deverá constar no PPP o nome e CPF do responsável pela assinatura do documento, bem como a data da emissão do PPP. *(Redação dada pela Portaria Dirben/INSS 1.080/2022)*

§ 2º Sempre que julgar necessário, o INSS poderá solicitar documentos para confirmar ou complementar as informações contidas no

PPP, de acordo com o § 7º do art. 68 e inciso III do art. 225, ambos do RPS.

§ 3º Quando o PPP for emitido para comprovar enquadramento por categoria profissional, deverão ser preenchidos todos os campos pertinentes.

Art. 293-A. Para períodos trabalhados a partir de 1º de janeiro de 2023, o PPP será emitido exclusivamente em meio eletrônico a partir das informações constantes nos eventos de Segurança e Saúde no Trabalho – SST no Sistema Simplificado de Escrituração Digital das Obrigações Previdenciárias, Trabalhistas e Fiscais – eSocial. *(Acrescido pela Portaria Dirben/INSS 1.100/2023)*

§ 1º O PPP em meio eletrônico é disponibilizado pelo INSS por meio da consolidação das informações enviadas no eSocial:

I – pela empresa, no caso de segurado empregado;

II – pela cooperativa de trabalho ou de produção, no caso de cooperado filiado; e

III – pelo órgão gestor de mão de obra ou pelo sindicato da categoria, no caso de trabalhador avulso.

§ 2º O PPP em meio eletrônico substitui o PPP em meio físico para comprovação de direitos junto ao INSS, não se admitindo o PPP físico para períodos trabalhados a contar de 1º de janeiro de 2023.

§ 3º Para as relações trabalhistas ativas em 1º de janeiro de 2023 e iniciadas antes dessa data, será admitido:

I – PPP em meio físico para o período trabalhado até 31 de dezembro de 2022; e

II – PPP em meio eletrônico para o período trabalhado a partir de 1º de janeiro de 2023.

Art. 294. Constatada divergência de informações entre a CP ou CTPS e os formulários legalmente previstos para reconhecimento de períodos alegados como especiais, ela deverá ser esclarecida por meio de ofício à empresa ou exigência ao segurado.

Parágrafo único. Constatada divergência entre o formulário legalmente previsto para reconhecimento de períodos alegados como especiais e o CNIS, ou entre eles e outros documentos ou evidências, o INSS deverá analisar a questão no processo administrativo, com adoção das medidas necessárias.

SUBSEÇÃO II – DA UTILIZAÇÃO DA ATIVIDADE ESPECIAL – EM OUTROS BENEFÍCIOS

Art. 295. Os períodos laborados em condições especiais até 13 de novembro de 2019, data da publicação da Emenda Constitucional nº 103, seja por categoria profissional ou exposição a agentes prejudiciais à saúde, serão convertidos e somados ao tempo comum, em qualquer benefício, aplicando a "Tabela de Conversão de Atividade Especial", constante no Anexo I.

§ 1º Independentemente do momento da análise do enquadramento da atividade como especial, será respeitada a legislação vigente à época da prestação da atividade.

§ 2º As alterações trazidas pelo Decreto nº 4.882, de 2003, não geram efeitos retroativos em relação às alterações conceituais por ele introduzidas.

SEÇÃO III – DAS DISPOSIÇÕES RELATIVAS AO ENQUADRAMENTO POR EXPOSIÇÃO A AGENTES PREJUDICIAIS À SAÚDE

Art. 296. O enquadramento de períodos exercidos em condições especiais por exposição a agentes prejudiciais à saúde dependerá de comprovação, perante o INSS, de efetiva exposição do segurado a agentes nocivos químicos, físicos, biológicos ou associação de agentes durante tempo de trabalho permanente, entendendo-se como permanente o trabalho não ocasional nem intermitente, na qual a exposição do trabalhador ao agente prejudicial à saúde é indissociável da produção do bem ou da prestação de serviço.

Parágrafo único. Para períodos trabalhados até 28 de abril de 1995, véspera da publicação da Lei nº 9.032, de 1995, não será exigido o requisito de permanência indicado no *caput*.

Art. 297. São consideradas condições especiais que prejudicam a saúde ou a integridade física, conforme definido no Anexo IV do RPS, a exposição a agentes prejudiciais à saúde químicos, físicos, biológicos ou à associação de agentes, em concentração ou intensidade e tempo de exposição que ultrapassem os limites de tolerância estabelecidos segundo critérios quantitativos, ou que, dependendo do agente, torne a efetiva exposição em condição especial prejudicial à saúde, segundo critérios de avaliação qualitativa.

§ 1º A análise da atividade especial de que trata o *caput* será feita pela área técnica competente.

§ 2º Para requerimentos a partir de 17 de outubro de 2013, data da publicação do Decreto nº 8.123, de 16 de outubro de 2013, poderão ser considerados os agentes prejudiciais à saúde reconhecidamente cancerígenos em humanos, listados pela Secretaria Especial de Previdência e Trabalho do Ministério do Trabalho e Previdência Social.

§ 3º Os agentes prejudiciais à saúde não arrolados no Anexo IV do RPS não serão considerados para fins de caracterização de período exercido em condições especiais.

§ 4º As atividades constantes no Anexo IV do RPS são exemplificativas, ressalvadas as disposições contrárias, sendo que, para enquadramento como período especial, as atividades que não estão mencionadas no Anexo IV devem ter relação com os agentes prejudiciais do mesmo anexo.

§ 5º O exercício de funções de chefe, gerente, supervisor ou outra atividade equivalente e servente, desde que observada a exposição a agentes prejudiciais à saúde químicos, físicos, biológicos ou a associação de agentes, não impede o reconhecimento de enquadramento do tempo de serviço exercido em condições especiais.

§ 6º Para períodos trabalhados anteriores ao Anexo IV do RPS, ou seja, 5 de março de 1997, data da publicação do Decreto 2.172, são válidos os enquadramentos realizados com fundamento nos quadros anexos aos Decretos nº 53.831, de 1964 e Decreto nº 83.080, de 1979, no que couber.

SEÇÃO IV – DAS DISPOSIÇÕES RELATIVAS AO ENQUADRAMENTO POR CATEGORIA PROFISSIONAL

SUBSEÇÃO I – DAS DISPOSIÇÕES GERAIS

Art. 298. Até 28 de abril de 1995, véspera da publicação da Lei nº 9.032, de 1995, poderão ser reconhecidas como especiais as atividades previstas no "Quadro das Atividades Passíveis de Enquadramento por Categoria Profissional até 28 de abril de 1995", constante no Anexo III, com fundamento nos seguintes dispositivos legais:

I – Quadro anexo ao Decreto nº 53.831, de 1964, a partir do código 2.0.0 (Ocupações); e

II – Anexo II do Decreto nº 83.080, de 1979.

§ 1º Para o enquadramento previsto no *caput* não será exigido o requisito de trabalho permanente, entendendo-se como permanente o trabalho não ocasional nem intermitente, na qual a exposição do trabalhador ao agente prejudicial à saúde é indissociável da produção do bem ou da prestação de serviço, visto tal definição ter sido inserida para enquadramentos após 28 de abril de 1995, com a publicação da Lei nº 9.302.

§ 2º Serão consideradas as atividades arroladas em outros atos administrativos, decretos ou leis previdenciárias que determinem o enquadramento por atividade para fins de caracterização de atividades exercidas em condições especiais.

§ 3º Não será admitido enquadramento por categoria profissional por analogia, ou seja, a função ou atividade profissional deve estar expressamente contida no «Quadro das atividades passíveis de enquadramento por categoria profissional até 28 de abril de 1995», constante no Anexo III.

§ 4º O enquadramento por categoria profissional previsto no *caput* é de responsabilidade do servidor do INSS.

Art. 299. Para o segurado empregado, a comprovação da função, ou atividade profissional será realizada com a apresentação:

I – da Carteira Profissional ou Carteira de Trabalho e Previdência Social, quando constar a função ou cargo, expresso e literal, idêntica às atividades arroladas nos incisos I e II do art. 298, devendo ser observadas, nas anotações profissionais, as alterações de função ou cargo em todo o período a ser enquadrado;

II – ficha ou Livro de Registo do Empregado, onde conste o referido registro do trabalhador e a informação do cargo e suas alterações, conforme o caso; ou

III – formulários de reconhecimento de períodos laborados em condições especiais ou PPP

§ 1º O disposto no *caput* não se aplica a atividade de auxiliar, disposta no art. 303, caso em que o requerente deverá apresentar os formulários de reconhecimento de períodos laborados em condições especiais legalmente previstas.

§ 2º Nas hipóteses em que as anotações da CP ou CTPS ou ficha ou Livro de Registro do Empregado forem insuficientes para enquadramento por categoria profissional para períodos trabalhados até 28 de abril de 1995, o requerente deverá apresentar os formulários de reconhecimento de períodos laborados em condições especiais legalmente previstas.

§ 3º Nas hipóteses dos § 1º e 2º, quando não for possível a apresentação do formulário de reconhecimento de períodos laborados em condições especiais ou PPP pelo requerente por se tratar de empresa legalmente extinta, a ausência do formulário poderá ser suprida pelo processamento de Justificação Administrativa – JA, considerando presentes os pressupostos para sua autorização.

§ 4º Para fins do disposto do § 3º, entende-se por empresa legalmente extinta, aquela que tiver seu CNPJ baixado, cancelado, inapto ou extinto no respectivo órgão de registro.

§ 5º A comprovação da extinção da empresa se dará por documentos que demonstrem as situações descritas no § 4º.

Art. 300. Para fins de enquadramento mediante anotações regulares em CTPS, faz-se necessário analisar os seguintes itens:

I – quanto à descrição da atividade:

a) o enquadramento só é possível até 28 de abril de 1995 para as atividades/ocupações descritas no quadro anexo ao Decreto 53.831, de 1964, a partir do código 2.0.0 (ocupações) e do Anexo II do Decreto 83.080, de 1979, que se encontram no "Quadro das Atividades Passíveis de Enquadramento por Categoria Profissional até 28 de abril de 1995", constante no Anexo III, observado o disposto no § 2º do art. 298;

b) além da função constante no contrato de trabalho é importante verificar se não houve alteração de função nas anotações posteriores da CTPS, especialmente aumento de salário em razão de data-base ou anotações de férias;

c) em razão das alterações dos códigos CBO e da própria limitação cadastral para períodos até 28 de abril de 1995, não é cabível o enquadramento por atividade somente com as informações constantes no CNIS.

II – quanto à atividade da empresa:

a) o enquadramento por função/ ocupação exige também a análise da área de atuação do empregador;

b) é necessário verificar a atividade da empresa conforme CNAE, mediante a descrição vinculada ao seu CNPJ no CNIS, de modo a constatar se a função do requerente está vinculada à atividade do empregador;

c) no caso de transferência do funcionário ou alteração (fusão, cisão, desmembramento, alteração) do empregador, é necessário verificar também se o ramo de atividade da nova empresa ainda se enquadra na área de atuação para enquadramento administrativo;

d) se a CTPS não contiver o CNPJ da empresa e nem se possa consegui-lo pelos sistemas e pesquisas disponíveis aos servidores do INSS, é necessário solicitar o PPP (para empresa ainda ativa), declaração ou qualquer outro documento que possa complementar as informações faltantes.

III – quanto à correspondência entre a função/ocupação descrita na CTPS e aquela descrita nos anexos dos Decretos:

a) a função deverá estar exatamente igual àquela definida nos anexos descritos;

b) não é cabível o enquadramento por analogia, assemelhação, aproximação ou identificação fática de atribuições;

c) a ausência de eficácia de equipamentos de proteção coletivos (EPC) ou individuais (EPI) não interfere no enquadramento da atividade;

d) não é exigível a comprovação de atividade não ocasional nem intermitente durante a jornada de trabalho, por se tratar de exigência que surgiu a partir da Lei 9.032, de 1995;

e) não é possível o enquadramento de vigilante, em razão da exigência de comprovação de uso de arma de fogo – exceto se estiver expresso na CTPS a função de vigilante armado.

IV – quanto à condição da CTPS:

a) as exigências de contemporaneidade, fidedignidade e relevância para a CTPS são também válidas para o enquadramento;

b) não é cabível o enquadramento por CTPS se a atividade ou anotações forem extemporâneas – ainda que advindas de decisão judicial;

c) verificar indicativos de contemporaneidade, como o modelo da CTPS, as moedas usadas na época, a existência da empresa na época alegada, sinais de divergência entre o desgaste de partes do documento, etc;

d) verificar se houve rasuras ou adulterações no documento.

Art. 301. Para o segurado trabalhador avulso, a comprovação da função, ou atividade profissional será realizada com a apresentação:

I – do certificado de sindicato ou órgão gestor de mão de obra que agrupa trabalhadores avulsos, acompanhado de documentos contemporâneos; ou

II – do formulário de reconhecimento de períodos laborados em condições especiais.

Art. 302. A comprovação da atividade especial do segurado contribuinte individual, até 28 de abril de 1995, véspera da Lei nº 9.032, será realizada com a apresentação de documentos que comprovem, ano a ano, a habitualidade do exercício da atividade.

§ 1º Para a comprovação da atividade nos termos do *caput*, não cabe a apresentação dos formulários de reconhecimento de períodos laborados em condições especiais.

§ 2º Quando a atividade exigir, o contribuinte individual deverá apresentar documento que comprove habilitação acadêmica e registro no respectivo conselho de classe.

SUBSEÇÃO II – DO AUXILIAR

Art. 303. O segurado que exerceu atividade de auxiliar ou ajudante até 28 de abril de 1995, véspera da publicação da Lei nº 9.032, de qualquer das atividades constantes no "das Atividades Passíveis de Enquadramento por Categoria Profissional até 28 de abril de 1995", constante no Anexo III, terá sua atividade reconhecida como especial, desde que comprovado o exercício da atividade nas mesmas condições e no mesmo ambiente de trabalho do profissional abrangido, observado o disposto no § 1º. *(Redação dada pela Portaria Dirben/INSS 1.080/2022)*

§ 1º As atividades que envolvem o exercício de enfermagem serão reconhecidas como especial observando-se que: *(Redação dada pela Portaria Dirben/INSS 1.080/2022)*

I – o auxiliar e o técnico de enfermagem estão dispensados da comprovação do exercício da atividade nas mesmas condições e no mesmo ambiente de trabalho do enfermeiro; e *(Acrescido pela Portaria Dirben/INSS 1.080/2022)*

II – o atendente e o ajudante de enfermagem devem comprovar o exercício da atividade nas mesmas condições e no mesmo ambiente de trabalho do enfermeiro. *(Acrescido pela Portaria Dirben/INSS 1.080/2022)*

§ 2º Não será admitido enquadramento para o segurado que exercer atividade de auxiliar ou ajudante, nos moldes do *caput*, quando a atividade exigir formação específica para o seu desempenho.

SUBSEÇÃO III – DA(O) TELEFONISTA

Art. 304. A atividade de telefonista exercida em qualquer tipo de estabelecimento poderá ser enquadrada como especial por categoria profissional até 28 de abril de 1995, véspera da Lei nº 9.032, de 1995, no código 2.4.5 do quadro anexo ao Decreto nº 53.831, de 1964, desde que exercida de maneira não ocasional nem intermitente.

Parágrafo único. Comprovados 25 (vinte e cinco) anos exclusivamente na atividade de telefonista, até 13 de outubro de 1996, véspera da publicação da Medida Provisória nº 1.523, poderá ser concedida aposentadoria especial.

SUBSEÇÃO IV – DO GUARDA

Art. 305. A atividade de guarda, vigia ou vigilante poderá ser considerada como especial, por categoria profissional, até 28 de abril de 1995, véspera da Lei nº 9.032, no código 2.5.7 do quadro anexo ao Decreto nº 53.831, de 1964, desde que comprovado o exercício da atividade de maneira não ocasional e nem intermitente.

Parágrafo único. No caso de não constar na CP ou CTPS a informação de que o segurado trabalhava armado, deve-se fazer exigência para que o segurado apresente o PPP ou outro formulário definido pelo INSS.

Art. 306. Entende-se por guarda, vigia ou vigilante o empregado:

I – que tenha sido contratado para garantir a segurança patrimonial, com uso de arma de fogo, impedindo ou inibindo a ação criminosa em patrimônio das instituições financeiras e de outros estabelecimentos públicos ou privados, comerciais, industriais ou entidades sem fins lucrativos;

II – contratado por empresa especializada em prestação de serviços de segurança, vigilância e transporte de valores, para prestar serviço relativo à atividade de segurança privada à pessoa e a residências.

Parágrafo único. Na hipótese do inciso II, deverá constar no formulário para reconhecimento de períodos alegados como especiais os locais e empresas onde o segurado desempenhava a atividade, além das outras informações necessárias à caracterização da atividade.

Art. 307. Não será considerada como especial a atividade de guarda, vigia ou vigilante exercida como contribuinte individual.

SUBSEÇÃO V – DO TRABALHADOR RURAL

Art. 308. A atividade de trabalhador rural desempenhada na agropecuária, amparada pelo RGPS, poderá ser enquadrada como especial no código 2.2.1 do quadro anexo do Decreto nº 53.831, de 1964, até 28 de abril de 1995, véspera da Lei nº 9.032, de 1995.

Art. 309. O período de atividade rural do trabalhador amparado pela Lei Complementar nº 11, de 25 de maio de 1971 (FUNRURAL), exercido até 24 de julho de 1991, não será considerado como especial, por inexistência de recolhimentos previdenciários e consequente fonte de custeio. *(Redação dada pela Portaria Dirben/INSS 1.080/2022)*

Parágrafo único. O enquadramento do trabalhador rural será permitido para o período de 25 de julho de 1991 a 28 de abril de 1995.

SUBSEÇÃO VI – DO PROFESSOR

Art. 310. A partir da Emenda Constitucional nº 18, de 30 de junho de 1981, não é permitida a conversão do tempo de exercício de magistério para qualquer espécie de benefício, exceto se o segurado implementou todas as condições até 29 de junho de 1981, considerando que a Emenda Constitucional retirou esta categoria profissional do quadro anexo ao Decreto nº 53.831, de 1964, para incluí-la em legislação especial e específica, que passou a ser regida por legislação própria;

SEÇÃO IV – DA ANÁLISE DO BENEFÍCIO

▸ Mantivemos a numeração como constou da publicação oficial, no entanto, entendemos que o correto seria Seção V.

Art. 311. Caberá ao servidor administrativo a análise do requerimento de benefício para efeito de caracterização de atividade exercida em condições especiais, com observação dos procedimentos a seguir:

I – quando da apresentação de formulário legalmente previsto para reconhecimento de período alegado como especial, verificar seu correto preenchimento, confrontando com os documentos contemporâneos apresentados e os dados constantes do CNIS, inclusive quanto à indicação sobre

a exposição do segurado a agentes nocivos, para período de trabalho a partir de janeiro de 1999;

II – verificar a ocorrência das seguintes falhas ou falta de informações no formulário e no LTCAT, quando exigido:

a) a inexistência de identificação da empresa, dados do segurado e sua profissiografia, data da emissão, dados do responsável pelas informações no formulário para reconhecimento de atividade especial e respectiva assinatura;

b) falta de apresentação de LTCAT ou documento substitutivo, quando exigido, conforme disposto no § 3º do art. 291; e

c) na hipótese de apresentação de LTCAT ou documentos substitutivos, ausência de identificação da empresa, data da emissão e assinatura do médico do trabalho ou engenheiro de segurança e respectivo registro profissional;

IV – analisar se a atividade informada permite enquadramento por categoria profissional até 28 de abril de 1995, conforme Seção IV deste Capítulo, promovendo o enquadramento, ainda que para o período analisado, conste também exposição à agente nocivo;

V – quando do não enquadramento por categoria profissional registrar o motivo e a fundamentação legal de forma clara e objetiva no processo e encaminhar para análise técnica da Perícia Médica Federal, somente quando houver agentes nocivos citados nos formulários para reconhecimento de períodos alegados como especiais;

§ 1º Na hipótese do inciso II, o servidor deverá emitir exigência ao segurado ou à empresa, conforme o caso, visando a regularização da documentação.

§ 2º Na hipótese de não haver cumprimento da exigência prevista no § 1º, dentro do prazo de trinta dias, o processo deverá ser encaminhado para a análise técnica, com o respectivo relato das pendências não atendidas.

Art. 312. O enquadramento por categoria profissional realizado pelo servidor do INSS prevalece sobre o enquadramento por exposição a agentes prejudiciais à saúde, quando referente ao mesmo período, exceto quando:

I – houver atividades que exijam análise da atividade preponderante; ou

II – o agente prejudicial à saúde descrito implique em menor tempo de contribuição.

Art. 313. Serão mantidas as análises de atividade especial realizadas nos benefícios anteriores, respeitadas as orientações vigentes à época, devendo ser submetidos à análise períodos com agentes prejudiciais à saúde ainda não analisados.

§ 1º Caberá a reanálise em caso de apresentação de novos elementos, sendo considerados como tais nova documentação com informações diferentes, ocorrência de ulterior decisão recursal ou judicial e alterações de entendimento e legislativas.

§ 2º O disposto no *caput* não impede a revisão dos períodos já analisados, observada nesse caso a legislação aplicada à revisão, quando, dentre outras hipóteses:

I – o segurado solicitar expressamente a reanálise do período;

II – o perito médico federal considerar necessária a revisão; e

III – o servidor identificar (evidente) erro material na análise do período.

§ 3º Os períodos já reconhecidos como de atividade especial em decisão judicial, desde que devidamente averbados pelo INSS, e em acórdão recursal, ainda que parcial, transitado em julgado administrativamente, observadas as regras previstas no Livro de Recursos, deverão ser mantidos como especiais.

SEÇÃO V – DO SEGURADO QUE CONTINUAR OU RETORNAR À ATIVIDADE

▶ Mantivemos a numeração como constou da publicação oficial, no entanto, entendemos que o correto seria Seção VI.

Art. 314. A aposentadoria especial requerida e concedida a partir de 29 de abril de 1995, data da publicação da Lei 9.032, será cessada pelo INSS, se o beneficiário permanecer ou retornar à atividade sujeita a condições especiais que prejudiquem a saúde ou integridade física, na mesma ou em outra empresa, qualquer que seja a forma de prestação de serviço ou categoria de segurado.

Parágrafo único. A cessação do benefício deverá ser precedida de procedimento que garanta o contraditório e a ampla defesa do segurado.

Art. 315. A cessação do benefício de aposentadoria especial ocorrerá da seguinte forma:

I – em 3 de dezembro de 1998, data da publicação da Medida Provisória nº 1.729, convertida na Lei nº 9.732, de 11 de dezembro de 1998, para as aposentadorias concedidas no período anterior à edição do referido diploma legal; e

II – a partir da data do efetivo retorno ou da permanência, para as aposentadorias concedidas a partir de 3 de dezembro de 1998, data da publicação da Medida Provisória nº 1.729.

Art. 316. Não serão considerados como permanência ou retorno à atividade os períodos entre a data do requerimento e a data da ciência da concessão do benefício e o cumprimento de aviso prévio consequente do pedido de demissão do segurado após a ciência da concessão do benefício.

Art. 317. Os valores indevidamente recebidos deverão ser devolvidos ao INSS, na forma dos arts. 154 e 365 do RPS.

CAPÍTULO VI – DA APOSENTADORIA DA PESSOA COM DEFICIÊNCIA

SEÇÃO I – DAS DISPOSIÇÕES GERAIS

Art. 318. A aposentadoria por idade da pessoa com deficiência, cumprida a carência, é devida ao segurado aos 60 (sessenta) anos de idade, se homem, e 55 (cinquenta e cinco) anos de idade, se mulher.

§ 1º Para efeitos de concessão da aposentadoria de que trata o *caput*, o segurado deve contar com no mínimo 15 (quinze) anos de tempo de contribuição, cumpridos na condição de pessoa com deficiência, independentemente do grau.

§ 2º Aplica-se ao trabalhador rural com deficiência o disposto nas regras de concessão da aposentadoria por idade rural, sendo vedada a acumulação da redução da idade.

Art. 319. A aposentadoria por tempo de contribuição do segurado com deficiência, cumprida a carência, é devida ao segurado empregado, inclusive o doméstico, segurado especial que contribui facultativamente, trabalhador avulso, contribuinte individual e facultativo, observado os seguintes requisitos:

I – aos 25 (vinte e cinco) anos de tempo de contribuição na condição de pessoa com deficiência, se homem, e 20 (vinte) anos, se mulher, no caso de segurado com deficiência grave;

II – aos 29 (vinte e nove) anos de tempo de contribuição na condição de pessoa com deficiência, se homem, e 24 (vinte e quatro) anos, se mulher, no caso de segurado com deficiência moderada; e

III – aos 33 (trinta e três) anos de tempo de contribuição na condição de pessoa com deficiência, se homem, e 28 (vinte e oito) anos, se mulher, no caso de segurado com deficiência leve.

Art. 320. As informações do segurado relativas aos períodos com deficiência leve, moderada e grave, fixadas em decorrência da avaliação médica e funcional, constarão no CNIS, após as necessárias adequações do sistema.

Art. 321. Observada a vigência da Lei Complementar nº 142, de 2013, as aposentadorias por idade e por tempo de contribuição concedidas até 9 de novembro de 2013 de acordo com as regras da Lei nº 8.213, de 1991, não poderão ser revistas para enquadramento nos critérios da Lei Complementar nº 142, de 2013, ressalvada a hipótese de desistência prevista no §2º do art. 181-B do RPS.

SEÇÃO II – DA ANÁLISE DO BENEFÍCIO

Art. 322. A concessão da aposentadoria por idade ou por tempo de contribuição ao segurado com deficiência está condicionada ao reconhecimento em avaliação biopsicossocial realizada por equipe multiprofissional e interdisciplinar, do grau de deficiência leve, moderado ou grave.

Parágrafo único. A comprovação da deficiência será embasada em documentos que subsidiem a avaliação médica e funcional, vedada a prova exclusivamente testemunhal.

Art. 323. O tempo de contribuição a ser considerado na análise do direito à aposentadoria por idade ou por tempo de contribuição ao segurado com deficiência corresponde ao número de contribuições recolhidas em valor igual ou superior ao limite mínimo, ao RGPS ou RPPS, até a DER.

§ 1º Para análise do tempo de contribuição, deverá ser observado o disposto nos arts. 145 a 162.

§ 2º O tempo de contribuição anterior a 14 de novembro de 2019, data posterior à publicação da Emenda Constitucional nº 103, será computado de acordo com a legislação vigente na época.

Art. 324. O segurado com deficiência poderá solicitar avaliação médica e funcional, a ser realizada pela Perícia Médica Federal, para o reconhecimento do direito às aposentadorias por tempo de contribuição ou por idade nos termos da Lei Complementar nº 142, de 2013.

§ 1º Para fins de revisão do pedido que trata o *caput*, aplica-se o prazo decadencial, a contar do dia primeiro do mês seguinte ao do recebimento da primeira prestação do benefício.

§ 2º Até 8 de novembro de 2015, dois anos após a vigência da Lei Complementar nº 142, de 2013, o agendamento da avaliação de que trata o *caput* somente era realizado para o segurado que requeresse o benefício de aposentadoria e contasse com os seguintes requisitos:

I – no mínimo 20 (vinte) anos de contribuição, se mulher, e 25 (vinte e cinco), se homem; ou

II – no mínimo 15 (quinze) anos de contribuição e 55 (cinquenta e cinco) anos de idade, se mulher, e 60 (sessenta), se homem.

CAPÍTULO VII – DAS DISPOSIÇÕES TRANSITÓRIAS

SEÇÃO I – DA APOSENTADORIA POR IDADE

SUBSEÇÃO I – DAS DISPOSIÇÕES GERAIS

Art. 325. Até 13 de novembro de 2019, data da publicação da Emenda Constitucional nº 103, fica assegurada a concessão da aposentadoria por idade urbana ao segurado que tenha cumprido a carência exigida e completado 60 (sessenta) anos, se mulher, e 65 (sessenta e cinco) anos de idade, se homem.

Art. 326. Os trabalhadores rurais que não atendam o disposto no art. 266, mas que satisfaçam a carência exigida computando-se os períodos de contribuição sob outras categorias, inclusive urbanas, farão jus à aposentadoria por idade ao completarem 65 (sessenta e cinco) anos de idade, se homem, e 60 (sessenta) anos, se mulher, na data da implementação dos requisitos, comprovem a condição de trabalhador rural ou que estejam em manutenção da qualidade de segurado decorrente de atividade rural, ainda que na DER estejam em outra categoria.

Art. 327. Os filiados até 13 de novembro de 2019, data da publicação da Emenda Constitucional nº 103, que não tenham cumprido todos os requisitos exigidos no art. 326 até esta data, deverão cumprir, além da carência exigida, 60 (sessenta) anos, se mulher, e 65 (sessenta e cinco) anos de idade, se homem, e 15 (quinze) anos de tempo de contribuição, para ambos os sexos, observado o art. 328.

Art. 328. A partir de 2020, deverá ser acrescido seis meses à idade exigida para mulher, até completar a idade de 62 (sessenta e dois) anos, conforme "Tabela das Regras de Transição Aposentadoria por Idade para a Mulher", constante no Anexo IV.

Art. 329. A conversão de tempo de atividade sob condições especiais em tempo de atividade comum aplica-se somente ao trabalho prestado até 13 de novembro de 2019, observando-se as disposições contidas no Capítulo V – Da Aposentadoria Especial.

SUBSEÇÃO II – DA ANÁLISE DO BENEFÍCIO

Art. 330. Para fins de análise da aposentadoria por idade desta Seção, deverá ser contabilizada a carência conforme disposto nos arts. 114 ou 115, observadas as demais disposições aplicáveis à carência relacionadas no Título III.

SEÇÃO II – DA APOSENTADORIA POR TEMPO DE CONTRIBUIÇÃO

SUBSEÇÃO I – DAS DISPOSIÇÕES GERAIS

Art. 331. A aposentadoria por tempo de contribuição, denominada, até 16 de dezembro de 1998, data da publicação da Emenda Constitucional nº 20, de 1998, aposentadoria por tempo de serviço, é o benefício pago aos segurados da Previdência Social que, independentemente da qualidade de segurado, comprovem o tempo de contribuição e a carência exigida pela legislação, podendo ser proporcional ou integral.

Art. 332. Ao segurado filiado ao RGPS até o dia 16 de dezembro de 1998, vigência da Emenda Constitucional nº 20, fica assegurado o direito à aposentadoria, quando preencher, até a data da publicação da Emenda Constitucional nº 103, de 2019, cumulativamente, os seguintes requisitos:

I – idade: 48 (quarenta e oito) anos para a mulher, e 53 (cinquenta e três) anos para o homem;

II – tempo de contribuição: 25 (vinte e cinco) anos para a mulher, e 30 (trinta) anos para o homem; e

III – um período adicional de contribuição equivalente a 40% (quarenta por cento) do tempo que em 16 de dezembro de 1998, vigência da Emenda Constitucional nº 20, faltava para atingir o tempo de contribuição estabelecido no art. 333.

§ 1º Aplica-se o disposto no *caput* aos segurados oriundos de outro regime de previdência social que ingressaram no RGPS até 16 de dezembro de 1998 ou que tenham reingressado no RGPS até a data da publicação da Emenda Constitucional nº 103, de 2019.

§ 2º A aposentadoria de que trata o *caput* será calculada na forma prevista no art. 214.

Art. 333. Até 13 de novembro de 2019, data da publicação da Emenda Constitucional nº 103, fica assegurada a concessão de aposentadoria por tempo de contribuição ao segurado que tenha cumprido a carência exigida e completado 30 (trinta) anos de contribuição, se mulher, e 35 (trinta e cinco) anos, se homem, até esta data.

Parágrafo único. A aposentadoria de que trata o *caput* será calculada na forma prevista no inciso IV do art. 211.

Art. 334. Ao segurado filiado ao RGPS até 13 de novembro de 2019, data da publicação da Emenda Constitucional nº 103 e que não tenha cumprido todos os requisitos até a data em referência, é assegurada a aposentadoria por tempo de contribuição, cumprida a carência exigida, quando forem preenchidos, cumulativamente, os seguintes requisitos:

I – 30 (trinta) anos de contribuição, se mulher, e 35 (trinta e cinco) anos de contribuição, se homem; e

II – somatório da idade e do tempo de contribuição, incluídas as frações, equivalente a 86 (oitenta e seis) pontos, se mulher, e 96 (noventa e seis) pontos, se homem.

§ 1º A partir de 1º de janeiro de 2020, a pontuação a que se refere o inciso anterior será acrescida a cada ano de 1 (um) ponto, até atingir o limite de 100 (cem) pontos, se mulher, e de 105 (cento e cinco) pontos, se homem, conforme «Regra de Transição Aposentadoria por Tempo de Contribuição Pontos Art. 15», constante no Anexo V.

§ 2º A idade e o tempo de contribuição serão apurados em dias para o cálculo do somatório de pontos a que se refere o inciso II do *caput*.

§ 3º A aposentadoria de que trata o *caput* será calculada na forma prevista no inciso IV do art. 210.

Art. 335. Ao segurado filiado ao RGPS até 13 de novembro de 2019, data da publicação da Emenda Constitucional nº 103 e que não tenha cumprido todos os requisitos até tal data, fica assegurado o direito à aposentadoria por tempo de contribuição, cumprida a carência exigida, quando forem preenchidos, cumulativamente, os seguintes requisitos:

I – 30 (trinta) anos de contribuição, se mulher, e 35 (trinta e cinco) anos de contribuição, se homem; e

II – idade de 56 (cinquenta e seis) anos, se mulher, e 61 (sessenta e um) anos, se homem.

III – a partir de 1º de janeiro de 2020, a idade a que se refere o inciso II do *caput* será acrescida de 6 (seis) meses a cada ano, até atingir 62 (sessenta e dois) anos de idade, se mulher, e 65 (sessenta e cinco) anos de idade, se homem, conforme "Regra de Transição Aposentadoria por Tempo de Contribuição Art.16", constante no Anexo VII.

Parágrafo único. A aposentadoria de que trata o *caput* será calculada na forma prevista no inciso IV do art. 210.

Art. 336. Ao segurado filiado ao RGPS até 13 de novembro de 2019, data publicação da Emenda Constitucional nº 103, e que na referida data contar com mais de 28 (vinte e oito) anos de contribuição, se mulher, e 33 (trinta e três) anos de contribuição, se homem, cumprida a carência, fica assegurado o direito à aposentadoria por tempo de contribuição quando forem preenchidos, cumulativamente, os seguintes requisitos:

I – 30 (trinta) anos de contribuição, se mulher, e 35 (trinta e cinco) anos de contribuição, se homem; e

II – cumprimento de período adicional correspondente a 50% (cinquenta por cento) do tempo que, na data de entrada em vigor da Emenda Constitucional, faltaria para atingir 30 (trinta) anos de contribuição, se mulher, e 35 (trinta e cinco) anos de contribuição, se homem, conforme "Regra de Transição com Adicional de 50% (cinquenta por cento) da Aposentadoria por Tempo de Contribuição Art. 17", constante no Anexo IX.

Parágrafo único. A aposentadoria de que trata o *caput* será calculada na forma prevista no inciso IV do art. 210.

Art. 337. Ao segurado filiado ao RGPS até 13 de novembro de 2019, data da publicação da Emenda Constitucional nº 103, e que não tenha cumprido todos os requisitos até tal data, fica assegurado o direito à aposentadoria por tempo de contribuição, cumprida a carência exigida, quando forem preenchidos, cumulativamente, os seguintes requisitos:

I – 57 (cinquenta e sete) anos de idade, se mulher, e 60 (sessenta) anos de idade, se homem;

II – 30 (trinta) anos de contribuição, se mulher, e 35 (trinta e cinco) anos de contribuição, se homem;

III – período adicional de contribuição correspondente a 100% (cem por cento) do tempo que, na data de entrada em vigor da Emenda Constitucional nº 103, de 2019, faltaria para atingir o tempo mínimo de contribuição referido no inciso II, conforme "Regra de Transição com Adicional de 100% da Aposentadoria por Tempo de Contribuição Art. 20", constante no Anexo X.

Parágrafo único. A aposentadoria de que trata o *caput* será calculada na forma prevista no IV do art. 210.

SUBSEÇÃO II – DA ANÁLISE DO BENEFÍCIO

Art. 338. Para fins de análise da aposentadoria por tempo de contribuição desta seção, observadas as disposições referentes à carência, deverá ser contabilizado, a partir de 14 de novembro de 2019, o tempo de contribuição, considerando como aquele correspondente ao número de contribuições compreendido entre a primeira contribuição ao RGPS, igual ou superior ao limite mínimo estabelecido, até a competência do requerimento pleiteado.

§ 1º Para atendimento do *caput*, deverá ser observado o disposto nos art. 145 a 162, que trata do tempo de contribuição.

§ 2º Para fins de comprovação do tempo de contribuição, deverá ser observado o disposto no Capítulo I – Dos segurados, da filiação e inscrição, da validade, comprovação e acerto de dados do CNIS da Instrução Normativa PRES/INSS nº 128, de 2022.

SUBSEÇÃO III – DA CONVERSÃO DO TEMPO ESPECIAL EM COMUM

Art. 339. Para os benefícios tratados nesta Seção, a conversão de tempo de atividade sob condições especiais em tempo de atividade comum aplica-se somente ao trabalho prestado até 13 de novembro de 2019.

Parágrafo único. Fica assegurada a caracterização da atividade especial por categoria profissional até 28 de abril de 1995, véspera da publicação da Lei nº 9.032.

Art. 340. O tempo de trabalho exercido sob condições especiais prejudiciais à saúde ou à integridade física do trabalhador até 13 de novembro de 2019, conforme a legislação vigente à época da prestação do serviço, será somado, após a respectiva conversão, ao tempo de trabalho exercido em atividade comum, aplicando-se a seguinte tabela:

TEMPO A CONVERTER	MULTIPLICADORES	
	Para 30 (mulher)	Para 35 (homem)
15 anos	2,00	2,33
20 anos	1,50	1,75
25 anos	1,20	1,40

CAPÍTULO VIII – EFEITOS DA EXTINÇÃO DO RPPS

Art. 341. Ainda que o servidor tenha implementado os requisitos necessários à concessão de aposentadoria proporcional pelo RPPS até a data da lei de extinção do regime, caso permaneça em atividade, vincula-se obrigatoriamente ao RGPS, sendo-lhe assegurado o direito aos benefícios programáveis do Regime Geral da Previdência Social:

I – nos termos dos arts. 331 e 332, para os casos em que o ingresso ao RGPS ocorreu até 16 de dezembro de 1998, véspera da vigência da Emenda Constitucional nº 20;

II – nos termos dos arts. 333 a 337, para os casos de ingresso no RGPS a partir de 17 de dezembro de 1998, vigência da Emenda Constitucional nº 20, até 13 de novembro de 2019, data da publicação da Emenda Constitucional nº 103; e

III – nos termos do art. 253, para os casos de ingresso no RGPS a partir de 14 de novembro de 2019, vigência da Emenda Constitucional nº 103.

Art. 342. Para a concessão de aposentadorias, deverá ser observada a ocorrência do fato gerador:

I – se anterior à mudança do regime, o benefício será concedido e mantido pelo regime a que pertencia; e

II – se posterior, pelo RGPS.

TÍTULO VII – DOS BENEFÍCIOS NÃO PROGRAMÁVEIS

CAPÍTULO I – APOSENTADORIA POR INCAPACIDADE PERMANENTE

SEÇÃO I – CONSIDERAÇÕES GERAIS

Art. 343. Será devida ao segurado que, cumprida a carência, quando for o caso, for considerado incapaz para o trabalho e insuscetível de reabilitação para o exercício de atividade que lhe garanta subsistência, devendo ser observado os itens deste Capítulo.

SUBSEÇÃO I – DA DATA DO INÍCIO DO BENEFÍCIO – DIB

Art. 344. Ao segurado empregado, a DIB será fixada no 16º (décimo sexto) dia do afastamento da atividade ou a partir da entrada do requerimento, se entre o afastamento e a entrada do requerimento decorrerem mais de 30 (trinta) dias.

Parágrafo único. Durante os primeiros 15 (quinze) dias de afastamento da atividade por motivo de invalidez, caberá à empresa pagar ao segurado empregado o salário.

Art. 345. Ao segurado empregado doméstico, trabalhador avulso, contribuinte individual, especial e facultativo será fixada:

I – na Data do Início da Incapacidade – DII, se entre esta data e a Data da Entrada do Requerimento – DER transcorrer até 30 (trinta) dias;

II – na DER, se entre esta data e a DII transcorrer mais de 30 (trinta) dias.

Art. 346. Tratando-se de aposentadoria por incapacidade permanente decorrente de transformação do auxílio por incapacidade temporária, a DIB será fixada no dia imediato ao da cessação deste.

SUBSEÇÃO II – DA RENDA MENSAL

Art. 347. A renda mensal da aposentadoria por incapacidade permanente será calculada na forma prevista no inciso II do art. 210.

Parágrafo único. Para benefícios com fato gerador até 13 de novembro de 2019, o cálculo será devido na forma do inciso II do art. 211.

Art. 348. A partir de 5 de abril de 1991, o aposentado por incapacidade permanente que necessitar da assistência permanente de outra pessoa, terá direito ao acréscimo de 25% (vinte e cinco por cento) sobre o valor da renda mensal de seu benefício, conforme art. 328 da Instrução Normativa PRES/INSS nº 128, de 2022.

SUBSEÇÃO III – DA CONSTATAÇÃO DA INCAPACIDADE PERMANENTE

Art. 349. A condição de incapacidade deverá ser constatada mediante exame médico-pericial a cargo da Previdência Social, podendo o segurado, às suas expensas, fazer-se acompanhar de médico de sua confiança.

Parágrafo único. A doença ou lesão que o segurado possuía ao se filiar ao RGPS não lhe conferirá direito à aposentadoria por incapacidade permanente, salvo quando a incapacidade sobrevier por motivo de progressão ou agravamento dessa doença ou lesão.

Art. 350. Deverá ser solicitado ao segurado declaração quanto ao recebimento de benefício em outro regime de previdência, conforme Anexo XXIV – "Declaração de Recebimento do Benefício em outro Regime de Previdência", da Instrução Normativa PRES/INSS nº 128, de 2022.

SUBSEÇÃO IV – DA MÚLTIPLA ATIVIDADE

Art. 351. A concessão do benefício a segurado com mais de uma atividade está condicionada ao afastamento por incapacidade de todas as atividades, devendo a DIB ser fixada levando em consideração a data do último afastamento.

SEÇÃO II – DAS REVISÕES DAS CONDIÇÕES QUE ENSEJARAM A CONCESSÃO DO BENEFÍCIO

Art. 352. O segurado aposentado por incapacidade permanente poderá ser convocado a qualquer momento para avaliação das condições que ensejaram o afastamento ou a aposentadoria, concedida judicial ou administrativamente, observado o disposto no art. 101 da Lei nº 8.213, de 1991.

Parágrafo único. O aposentado por incapacidade permanente estará isento desta convocação quando:

I – portador de HIV/aids;

II – completar 55 (cinquenta e cinco) anos ou mais de idade, se decorridos 15 (quinze) anos da data da concessão da aposentadoria por incapacidade permanente ou do auxílio por incapacidade temporária que a precedeu; ou *(Redação dada pela Portaria Dirben/INSS 1.080/2022)*

III – completar 60 (sessenta) anos de idade. *(Redação dada pela Portaria Dirben/INSS 1.080/2022)*

Art. 353. Constatada a capacidade para o trabalho, o segurado ou seu representante legal deverá ser notificado e o benefício cessado, independentemente da existência de interdição judicial.

Art. 354. É vedada a transformação de aposentadoria por incapacidade permanente em aposentadoria por idade para requerimentos efetivados a partir de 31 de dezembro de 2008, data da publicação do Decreto nº 6.722, haja vista a revogação do art. 55 do RPS.

CAPÍTULO II – AUXÍLIO POR INCAPACIDADE TEMPORÁRIA

SEÇÃO I – DAS DISPOSIÇÕES GERAIS

Art. 355. O auxílio por incapacidade temporária será devido ao segurado que, após cumprida a carência exigida, quando for o caso, ficar incapacitado para o seu trabalho ou para a sua atividade habitual por mais de quinze dias consecutivos.

Art. 356. Não será devido auxílio por incapacidade temporária ao segurado que se filiar ao RGPS com doença ou lesão invocada como causa para a concessão do benefício, exceto quando a incapacidade sobrevier por motivo de progressão ou agravamento dessa doença ou lesão.

Art. 357. Não será devido o auxílio por incapacidade temporária para o segurado recluso em regime fechado com fato gerador a partir de 18 de janeiro de 2019, conforme Medida Provisória nº 871, convertida na Lei nº 13.846, de 2019.

Parágrafo único. O segurado recluso em cumprimento de pena em regime aberto ou semiaberto terá direito ao auxílio por incapacidade temporária.

Art. 358. A DIB será fixada:

I – no 16º (décimo sexto) dia do afastamento da atividade para o segurado empregado, exceto o doméstico quando requerido até o 30º (trigésimo) dia da DAT;

II – na DII, para os demais segurados, quando requerido até o 30º (trigésimo) dia da DII; ou

III – na DER, para todos os segurados, quando requerido após o 30º (trigésimo) dia da data do afastamento do trabalho/atividade ou da cessação das contribuições.

Art. 359. No caso da DII do segurado ser fixada quando este estiver em gozo de férias ou licença-prêmio ou qualquer outro tipo de licença remunerada, o prazo de 15 (quinze) dias de responsabilidade da empresa, será contado a partir do dia seguinte ao término das férias ou da licença.

Parágrafo único. Caso a DII recaia sobre período de suspensão ou licença não remunerada do contrato de trabalho, o prazo de 15 (quinze) dias de responsabilidade da empresa, será contado a partir da DII, se posterior ao último dia efetivo de trabalho.

Art. 360. Quando o acidentado empregado não se afastar do trabalho no dia do acidente, os 15 (quinze) dias de responsabilidade da empresa serão contados a partir da data que ocorrer o afastamento.

Art. 361. Caso o acidente ocorra em período de aviso prévio, haverá interrupção, sendo o restante do aviso prévio cumprido quando o segurado retornar à atividade.

Art. 362. Se o segurado empregado, por motivo de doença, afastar-se do trabalho durante 15 (quinze) dias, retornando à atividade no 16º (décimo sexto) dia, e se dela voltar a se afastar dentro de 60 (sessenta) dias desse retorno, em decorrência da mesma doença, fará jus ao auxílio por incapacidade temporária a partir da data do novo afastamento.

Art. 363. Na hipótese do art. 362, se o retorno à atividade tiver ocorrido antes de 15 (quinze) dias do afastamento, o segurado fará jus ao auxílio por incapacidade temporária a partir do dia seguinte ao que completar os 15 (quinze) dias de afastamento, somados os períodos de afastamento intercalados.

Art. 364. Ao segurado que exercer mais de uma atividade abrangida pelo RGPS, e estando incapacitado para uma ou mais atividades, inclusive em decorrência de acidente do trabalho, será concedido um único benefício, observado o disposto no art. 371.

SEÇÃO II – DA ANÁLISE DO BENEFÍCIO

SUBSEÇÃO I – DAS DISPOSIÇÕES GERAIS

Art. 365. A Perícia Médica Federal estabelecerá a existência ou não de incapacidade para o trabalho e, conforme o caso, o prazo suficiente para o restabelecimento dessa capacidade.

Art. 366. Na análise médico-pericial, serão fixadas a DID e a DII, devendo a decisão ser fundamentada a partir de dados clínicos objetivos, exames complementares, comprovante de internação hospitalar, atestados de tratamento ambulatorial, entre outros elementos, conforme o caso, sendo que os critérios utilizados para fixação dessas datas deverão ficar consignados no relatório de conclusão do exame.

Art. 367. Identificada a impossibilidade de desempenho da atividade que exerce, porém, caso permita o desempenho de outra, o Perito Médico Federal poderá encaminhar o segurado ao processo de reabilitação profissional.

Art. 368. O direito ao benefício de auxílio por incapacidade temporária, inclusive o decorrente de acidente do trabalho, deverá ser analisado com base na DII fixada para todas as categorias de segurado.

Art. 369. Para fins de concessão de benefício por incapacidade, a partir de 1º de janeiro de 2004, o Perito Médico Federal poderá solicitar o PPP à empresa, com vistas à fundamentação do reconhecimento do nexo técnico previdenciário e para avaliação de potencial laborativo, inclusive objetivando processo de reabilitação profissional.

Art. 370. No caso de incapacidade apenas para o exercício de uma das atividades, o direito ao benefício deverá ser analisado com relação somente a essa atividade, devendo a perícia médica ser conhecedora de todas as atividades que o segurado estiver exercendo.
Parágrafo único. Na situação do disposto no *caput*, o segurado deverá informar se o afastamento se deu para uma todas as atividades. Caso haja afastamento somente de um, o vínculo da atividade que não houve afastamento deve ser excluído do PBC diretamente no sistema de benefícios.

Art. 371. Se, por ocasião do requerimento, o segurado estiver incapaz para todas as atividades que exercer, a DIB e a DIP serão fixadas em função do último afastamento se o trabalhador estiver empregado, ou serão fixadas em função do afastamento como empregado, se exercer a atividade de empregado concomitantemente com outra de contribuinte individual ou de empregado doméstico.

Art. 372. A análise do direito ao auxílio por incapacidade temporária, após parecer médico-pericial, deverá levar em consideração:
I – se a DII for fixada anteriormente à 1ª (primeira) contribuição, não caberá a concessão do benefício;
II – se a DII for fixada posteriormente à 12ª (décima segunda) contribuição, será devida a concessão do benefício, independentemente da data de fixação da DID, desde que atendidas as demais condições; e
III – se a DID for fixada anteriormente à 1ª (primeira) contribuição e a DII for fixada anteriormente à 12ª (décima segunda) contribuição, não caberá a concessão do benefício.

Art. 373. O auxílio por incapacidade temporária poderá ser processado de ofício pela Previdência Social, conforme previsto no art. 76 do RPS, nas situações em que o INSS tiver ciência da incapacidade do segurado por meio de documentos que comprovem essa situação e desde que a incapacidade seja confirmada pela perícia médica.

Art. 374. Nas situações em que a ciência do INSS ocorrer depois de transcorridos trinta dias do afastamento da atividade, aplica-se o disposto no inciso III do art. 358.

Art. 375. É vedada a transformação de auxílio por incapacidade temporária em aposentadoria por idade para requerimentos efetivados a partir de 31 de dezembro de 2008, data da publicação do Decreto nº 6.722, de 30 de dezembro de 2008, haja vista a revogação do art. 55 do RPS.

SUBSEÇÃO II – DA ISENÇÃO DE CARÊNCIA

Art. 376. Por ocasião da análise do pedido de auxílio por incapacidade temporária, quando o segurado não contar com a carência mínima exigida para a concessão do benefício, deverá ser observado se a situação é isenta de carência.
§ 1º Na situação prevista no *caput*, a DID e a DII devem recair a partir do segundo dia da data da filiação para que o requerente tenha direito ao benefício.
§ 2º O disposto no §1º se aplica ainda que tenha ocorrido a perda da qualidade de segurado entre a DID e a DII.
§ 3º Quando se tratar de acidente de trabalho típico ou de trajeto haverá direito à isenção de carência, ainda que a DII venha a recair no primeiro dia do primeiro mês da filiação.

SUBSEÇÃO III – DO SEGURADO RECLUSO

Art. 377. Não será devido o auxílio por incapacidade temporária para o segurado recluso em regime fechado, observados os §1º e §2º. *(Redação dada pela Portaria Dirben/INSS 1.080/2022)*
I e II – *(Revogados pela Portaria Dirben/INSS 1.080/2022)*

§ 1º O segurado recluso em regime fechado terá direito ao benefício caso a DII e o recolhimento à prisão tenham ocorrido até 17 de janeiro de 2019, véspera da publicação da Medida Provisória nº 871. *(Redação dada pela Portaria Dirben/INSS 1.080/2022)*

I e II – *(Revogados pela Portaria Dirben/INSS 1.080/2022)*

§ 2º O segurado deverá ser submetido à avaliação médico-pericial independentemente da data do requerimento do benefício por incapacidade. *(Redação dada pela Portaria Dirben/INSS 1.080/2022)*

Art. 378. Quando o segurado já estiver em gozo do auxílio por incapacidade temporária na data do recolhimento à prisão, em regime fechado, terá o benefício suspenso por até 60 (sessenta) dias a contar da data da prisão.

§ 1º Caso o segurado seja colocado em liberdade antes do prazo previsto no *caput*, o benefício será restabelecido a partir da data da soltura ou alteração do regime de reclusão.

§ 2º Se o segurado estiver recluso, em regime fechado, por período superior a 60 (sessenta) dias, o benefício deverá ser cessado ao término deste prazo.

§ 3º Aplica-se o disposto neste artigo à reclusão em regime fechado ocorrida a partir de 18 de janeiro de 2019, data da publicação da Medida Provisória nº 871, convertida Lei nº 13.846, de 2019.

§ 4º O benefício de auxílio por incapacidade temporária concedido com DII fixada até 17 de janeiro de 2019 deverá ser mantido, ainda que o segurado esteja recolhido à prisão em regime fechado e desde que a prisão tenha ocorrido até 17 de janeiro de 2019. *(Redação dada pela Portaria Dirben/INSS 1.080/2022)*

Art. 379. Em caso de prisão declarada ilegal, o segurado terá direito à percepção do benefício por todo o período devido para fatos geradores a partir de 18 de junho de 2019, data de publicação da Lei nº 13.846.

Art. 380. O segurado recluso em cumprimento de pena em regime aberto ou semiaberto terá direito ao auxílio por incapacidade temporária, observado o § 1º do art. 525. *(Redação dada pela Portaria Dirben/INSS 1.080/2022)*

SEÇÃO III – DA MANUTENÇÃO DO BENEFÍCIO

Art. 381. O segurado em gozo de auxílio por incapacidade temporária, inclusive decorrente de acidente do trabalho, que ficar incapacitado para qualquer outra atividade que exerça, cumulativamente ou não, deverá ter o seu benefício revisto para inclusão dos salários de contribuição das demais atividades.

Art. 382. Quando o segurado que exercer mais de uma atividade se incapacitar definitivamente para uma delas, deverá o auxílio por incapacidade temporária ser mantido indefinidamente, não cabendo sua transformação em aposentadoria por invalidez, enquanto essa incapacidade não se estender às demais atividades.

Art. 383. O segurado que durante o recebimento de auxílio por incapacidade temporária retornar à atividade geradora do benefício e permanecer trabalhando terá o benefício cancelado a partir da data do retorno, devendo ser adotados os procedimentos para ressarcimento ao erário dos valores recebidos indevidamente.

Art. 384. Se durante o gozo do auxílio por incapacidade temporária o segurado iniciar nova atividade de filiação obrigatória vinculada ao RGPS diversa daquela que gerou o benefício, a perícia médica deverá verificar a incapacidade para cada uma das atividades exercidas.

Art. 385. Os benefícios de auxílio por incapacidade temporária, concedidos ou restabelecidos por decisão judicial no período de 8 de julho de 2016 a 4 de novembro de 2016, vigência da Medida Provisória nº 739, e partir de 6 de janeiro de 2017, data de publicação da Medida Provisória nº 767, convertida na Lei nº 13.457, de 26 de junho de 2017, inclusive os decorrentes de acidente do trabalho, sem prazo estimado de duração cessarão em 120 (cento e vinte dias), salvo se a decisão judicial fixar prazo distinto, contados da data de concessão ou de reativação do auxílio por incapacidade temporária, exceto se o segurado requerer a sua prorrogação perante o INSS.

SEÇÃO IV – DA PRORROGAÇÃO DO BENEFÍCIO

Art. 386. Caso o prazo fixado para a recuperação da capacidade para o trabalho ou para a atividade habitual se revele insuficiente, o segurado poderá, nos 15 (quinze) dias que antecedem a Data da Cessação do Benefício – DCB, solicitar a prorrogação do benefício.

Art. 387. Estando a agenda médica com prazo superior a 30 (trinta) dias para os serviços de perícia, a prorrogação do benefício será automática pelo prazo de 30 (trinta) dias contados da DCB, gerando um requerimento de Prorrogação de Manutenção – PMAN, até o limite de 2 (dois) requerimentos, sem a necessidade de realização de perícia médica.

Art. 388. Após as duas prorrogações automáticas, ou caso o prazo da agenda médica esteja com prazo inferior a 30 (trinta) dias, o segurado terá direito ainda a 2 (dois) pedidos de prorrogação que são o Pedido de Perícia Médica Conclusiva – PPMC e o Pedido de Perícia Médica Resolutiva – PPMRES, os quais passarão por perícia médica para delimitação da incapacidade e fixação do prazo de duração.

Art. 389. Nos casos de marcação de perícias de prorrogação, o segurado terá direito ao recebimento dos pagamentos até a Data de Realização do Exame pericial – DRE, em conformidade com a ACP nº 2005.33.00.020219-8 vigente, independente do seu comparecimento, gerando como motivo de cessação a Data de Cessação Administrativa – DCA.

Parágrafo único. Caso haja remarcação da perícia, o pagamento só ocorrerá se o INSS der causa à remarcação.

Art. 390. Constatada incapacidade decorrente de doença diversa da geradora do benefício objeto de pedido de prorrogação, com alteração do Código Internacional de Doenças – CID devidamente justificado, o pedido será transformado em requerimento de novo benefício, independentemente da data de fixação da DII, observando-se o cumprimento do requisito carência, se for o caso.

Parágrafo único. Na hipótese disposta no *caput*, a DIB e a DIP serão fixadas:

I – no dia seguinte à DCA ou DCB, se a DII for menor ou igual à data da cessação do benefício anterior; e *(Redação dada pela Portaria Dirben/INSS 1.080/2022)*

II – na DII, se esta for maior que a data da cessação do benefício anterior.

SEÇÃO V – DO RESTABELECIMENTO DE BENEFÍCIO ANTERIOR

Art. 391. No requerimento de auxílio por incapacidade temporária previdenciário ou acidentário, quando houver, respectivamente, a mesma espécie de benefício anterior já cessado, a verificação do direito ao novo benefício ou ao restabelecimento do benefício anterior, será de acordo com a DER e a conclusão da perícia médica, conforme definições a seguir:

I – se a DER e a DIB ocorrerem até 60 (sessenta) dias da DCB anterior:

a) tratando-se de mesmo subgrupo de doença, de acordo com o CID, e a DII menor, igual ou maior que a DCB anterior, será restabelecido o benefício anterior; e

b) tratando-se de subgrupo de doença, de acordo com o CID, diferente e DII menor, igual ou maior à DCB anterior, será concedido novo benefício;

II – se a DER ocorrer após o prazo de sessenta dias da DCB anterior:

a) tratando-se do mesmo subgrupo de doença, de acordo com o CID, e a DII menor ou igual à DCB anterior, deverá ser concedido novo benefício;

b) tratando-se de mesmo subgrupo de doença, de acordo com o CID, e DII maior que a DCB anterior:

1. se a DER for até trinta dias da DII e a DIB até sessenta dias da DCB, restabelecimento, visto o disposto no § 3º do art. 75 do RPS;

2. se a DER e a DIB forem superiores a sessenta dias da DCB, deverá ser concedido novo benefício, considerando não se tratar da situação prevista no § 3º do art. 75 do RPS; e

c) tratando-se de doença diferente, independentemente da DII, deverá ser concedido novo benefício.

Art. 392. Se ultrapassado o prazo para o restabelecimento ou tratando-se de outra doença, poderá ser concedido novo benefício desde que, na referida data, seja comprovada a qualidade de segurado.

§ 1º Os pedidos de reabertura de auxílio por incapacidade temporária decorrente de acidente de trabalho deverão ser formulados quando houver reinício do tratamento ou afastamento por agravamento de lesão do acidente ou doença ocupacional, e serão processados nos mesmos moldes do auxílio por incapacidade temporária previdenciário, cadastrando-se a CAT de reabertura, quando apresentada.

§ 2º Se concedida reabertura de auxílio por incapacidade temporária acidentário, em razão de agravamento de sequela decorrente de acidente do trabalho ou doença profissional ou do trabalho, com fixação da DIB dentro de sessenta dias da cessação do benefício anterior, o novo pedido será indeferido prorrogando o benefício anterior, descontando-se os dias trabalhados, quando for o caso.

§ 3º Na situação prevista no § 2º, a DIB e a DIP serão fixadas observando o disposto no art. 391.

§ 4º Se ultrapassado o prazo estabelecido para o restabelecimento, poderá ser concedido novo benefício, desde que na referida data comprove a qualidade de segurado, devendo ser cadastrada a CAT de reabertura quando apresentada.

§ 5º Ao servidor de órgão público que tenha sido excluído do RGPS em razão da transformação do regime de previdência social, com averbação automática, ou que tenha averbado período de vinculação ao RGPS por CTC, não caberá reabertura do acidente ocorrido quando contribuinte do RGPS.

SEÇÃO VI – ALTA A PEDIDO

Art. 393. Caso o segurado sinta-se apto antes de findar o prazo estipulado na concessão ou na prorrogação do auxílio por incapacidade temporária, poderá formalizar o pedido de cessação do benefício mediante apresentação de atestado fornecido por médico assistente e realização de exame médico pericial.

SEÇÃO VII – SUSPENSÃO OU CESSAÇÃO DO BENEFÍCIO

Art. 394. O benefício de auxílio por incapacidade temporária será suspenso quando:

I – não comparecer o segurado em gozo de auxílio por incapacidade temporária, concedido judicial ou administrativamente, convocado, a qualquer momento, para avaliação das condições que ensejaram sua concessão ou manutenção;

II – o segurado recusar ou abandonar tratamentos ou processo de reabilitação profissional proporcionados pelo RGPS, ou tratamento dispensado gratuitamente, exceto a tratamento cirúrgico e a transfusão de sangue, devendo ser restabelecido a partir do momento em que deixar de existir o motivo que ocasionou a suspensão, desde que persista a incapacidade; ou

III – o segurado for recolhido à prisão em regime fechado a partir de 18 de janeiro de 2019.

§ 1º A suspensão prevista no item III será de até 60 (sessenta) dias, contados da data do recolhimento à prisão, cessado o benefício após o referido prazo.

§ 2º Na hipótese de o segurado ser colocado em liberdade antes do prazo previsto no § 1º, o benefício será restabelecido a partir da data da soltura.

Art. 395. Em caso de prisão declarada ilegal, o segurado terá direito à percepção do benefício por todo o período devido.

Art. 396. O segurado ou a segurada em gozo de auxílio por incapacidade temporária, inclusive decorrente de acidente do trabalho, terá o benefício suspenso administrativamente no dia anterior ao da DIB do salário-maternidade.

Parágrafo único. Se após o período do salário-maternidade, o requerente mantiver a incapacidade laborativa, deverá ser reativado administrativamente sem necessidade de perícia médica, mantendo-se a mesma DCB fixada no exame médico pericial.

CAPÍTULO III – DO ACIDENTE DE TRABALHO

SEÇÃO I – CONSIDERAÇÕES GERAIS

Art. 397. Quando o exercício da atividade a serviço da empresa, do empregador doméstico ou pelo exercício do trabalho do segurado especial provocar lesão corporal ou perturbação funcional que cause morte, perda ou redução, permanente ou temporária, da capacidade para o trabalho, restará configurado o acidente de trabalho.

Art. 398. O acidente de trabalho poderá ainda ser caracterizado, para o empregado, se verificado o nexo técnico entre o trabalho e o agravo pela perícia médica se a previsão de afastamento for superior a 15 (quinze) dias consecutivos, observando-se que nos casos de acidente de trabalho que não geram afastamento superior a esse período, o registro da CAT servirá como prova documental do acidente.

Art. 399. O segurado especial, o trabalhador avulso, e o empregado doméstico, este a contar de 2 de junho de 2015, data da publicação da Lei Complementar nº 150, que sofrerem acidente de trabalho com incapacidade para sua atividade habitual, serão encaminhados à perícia médica para avaliação do grau de incapacidade e o estabelecimento do nexo técnico, logo após o acidente, sem necessidade de aguardar os 15 (quinze) dias consecutivos de afastamento.

Art. 400. Para o segurado especial, quando da comprovação da atividade rural, deverá ser observado o disposto no que couber o art. 116 da Instrução Normativa PRES/INSS nº 128, de 2022, e adotados os mesmos procedimentos dos demais benefícios previdenciários.

Art. 401. Consideram-se acidente do trabalho:
I – doença profissional, produzida ou desencadeada pelo exercício do trabalho peculiar a determinada atividade, conforme relação constante no Anexo II do RPS; e
II – doença do trabalho, adquirida ou desencadeada em função de condições especiais em que o trabalho é realizado e com ele se relacione diretamente, constante da relação que trata o Anexo II do RPS.
Parágrafo único. Não são consideradas como doença do trabalho:
I – a doença degenerativa;
II – a inerente a grupo etário;
III – a que não produza incapacidade laborativa; e
IV – a doença endêmica adquirida por segurado habitante de região em que ela se desenvolva, salvo comprovação de que é resultante de exposição ou contato direto determinado pela natureza do trabalho.

Art. 402. Em caso excepcional, constatando-se que a doença não foi incluída na relação prevista no Anexo II do RPS resultou das condições especiais em que o trabalho é executado e com ele se relaciona diretamente, o INSS deverá considerá-la acidente do trabalho.

Art. 403. Equiparam-se também ao acidente do trabalho:
I – o acidente ligado ao trabalho que, embora não tenha sido a causa única, haja contribuído diretamente para a morte do segurado, para redução ou perda da sua capacidade para o trabalho, ou produzido lesão que exija atenção médica para a sua recuperação;
II – o acidente sofrido pelo segurado no local e no horário do trabalho, em consequência de:
a) ato de agressão, sabotagem ou terrorismo praticado por terceiro ou companheiro de trabalho;
b) ofensa física intencional, inclusive de terceiro, por motivo de disputa relacionada ao trabalho;
c) ato de imprudência, de negligência ou de imperícia de terceiro ou de companheiro de trabalho;
d) ato de pessoa privada do uso da razão; e
e) desabamento, inundação, incêndio e outros casos fortuitos ou decorrentes de força maior;
III – a doença proveniente de contaminação acidental do empregado no exercício de sua atividade; e
IV – o acidente sofrido pelo segurado ainda que fora do local e horário de trabalho:
a) na execução de ordem ou na realização de serviço sob a autoridade da empresa ou do empregador doméstico;
b) na prestação espontânea de qualquer serviço a empresa ou ao empregador doméstico, para lhe evitar prejuízo ou proporcionar proveito;
c) em viagem a serviço da empresa ou do empregador doméstico, inclusive para estudo, quando financiada por esta(e), dentro de seus planos para melhor capacitação da mão de obra, independentemente do meio de locomoção utilizado, inclusive veículo de propriedade do segurado; e
d) no percurso da residência para o local de trabalho ou deste para aquela, qualquer que seja o meio de locomoção, inclusive veículo de propriedade do segurado.
§ 1º Nos períodos destinados a refeição ou descanso, ou por ocasião da satisfação de outras necessidades fisiológicas no local do trabalho ou durante este, o empregado, inclusive o doméstico é considerado no exercício do trabalho.

§ 2º Considera-se como o dia do acidente, no caso de doença profissional ou doença do trabalho, a data do início da incapacidade para o exercício da atividade ou o dia em que for realizado o diagnóstico, valendo para esse efeito o que ocorrer primeiro.

§ 3º Se o acidente do trabalhador avulso ocorrer no trajeto do órgão gestor de mão de obra ou sindicato para a residência, é indispensável para caracterização do acidente o registro de comparecimento ao órgão gestor de mão de obra ou ao sindicato.

§ 4º Não se caracteriza como acidente de trabalho o acidente de trajeto sofrido pelo segurado que, por interesse pessoal, tiver interrompido ou alterado o percurso habitual.

§ 5º Quando houver registro policial da ocorrência do acidente, será exigida a apresentação do respectivo boletim.

Art. 404. Não é considerada agravamento ou complicação de acidente do trabalho a lesão que, resultante de acidente de outra origem, se associe ou se superponha às consequências do anterior.

SEÇÃO II – DA ANÁLISE DO BENEFÍCIO

SUBSEÇÃO I – DAS DISPOSIÇÕES GERAIS

Art. 405. A perícia médica considerará caracterizada a natureza acidentária da incapacidade quando constatar ocorrência de nexo técnico epidemiológico entre o trabalho e o agravo, decorrente da relação entre a atividade da empresa ou do empregado doméstico e a entidade mórbida motivadora da incapacidade elencada no CID, em conformidade com o disposto na lista C do Anexo II do RPS.

§ 1º A Perícia Médica Federal deixará de aplicar o disposto no *caput* quando demonstrada a inexistência do nexo de que trata o *caput*.

§ 2º A empresa ou o empregador doméstico poderá requerer a não aplicação do nexo técnico epidemiológico, de cuja decisão caberá recurso ordinário com efeito suspensivo, da empresa, do empregador doméstico ou do segurado.

Art. 406. Preenchidos os requisitos para a concessão do benefício, o acidentado fará jus ao auxílio por incapacidade temporária ou à aposentadoria por incapacidade permanente em sua modalidade acidentária, se do acidente de trabalho decorrer, respectivamente:

I – incapacidade temporária; ou

II – incapacidade permanente.

Parágrafo único. Os dependentes do acidentado farão jus ao benefício de pensão por morte em sua modalidade acidentária, se o óbito do segurado decorrer do acidente de trabalho, observados os demais requisitos para a concessão desse benefício.

SUBSEÇÃO II – DA IDENTIFICAÇÃO DO NEXO ENTRE O TRABALHO E O AGRAVO

Art. 407. Quando do acidente resultar a morte imediata do segurado, o reconhecimento técnico do nexo entre a causa mortis e o acidente ou doença deverá ser realizado através de análise documental pela perícia médica, devendo ser apresentado:

I – o boletim de registro policial da ocorrência ou cópia do inquérito policial;

II – o laudo de exame cadavérico ou documento equivalente;

III – Comunicado de Acidente de Trabalho – CAT;

IV – a certidão de óbito; ou

V – a declaração de óbito.

Art. 408. Para identificação do nexo entre o trabalho e o agravo que caracteriza o acidente do trabalho, o Perito Médico Federal, se necessário, poderá ouvir testemunhas, ou realizar vistoria do local de trabalho ou solicitar o PPP diretamente ao empregador para o esclarecimento dos fatos.

Art. 409. Caberá à Previdência Social cooperar na integração interinstitucional, avaliando os dados estatísticos e repassando informações aos outros setores envolvidos na atenção à saúde do trabalhador, como subsídios à Superintendência Regional do Trabalho e Emprego – SRTE ou à Vigilância Sanitária do Sistema Único de Saúde – SUS.

Parágrafo único. Nos casos em que entender necessário, a perícia médica acionará os órgãos citados no *caput* para que determinem a adoção por parte da empresa de medidas de proteção à saúde do segurado.

SUBSEÇÃO III – DO REQUERIMENTO DE TRANSFORMAÇÃO DE ESPÉCIE

Art. 410. O requerimento para transformação do benefício previdenciário em acidentário é um ato revisional que pode ser interposto pelo segurado, no prazo de 10 (dez) anos, a contar do dia primeiro do mês seguinte ao do recebimento da primeira prestação, de acordo com art. 103 da Lei nº 8.213, de 1991.

§ 1º O requerente deverá expressar suas alegações e acrescentará documentação probatória, se houver.

§ 2º O processo será encaminhado para análise da perícia médica que registrará seu parecer no relatório conclusivo de análise da revisão.

§ 3º O registro no sistema informatizado do INSS deverá ser realizado pela ferramenta de Revisão Médica quando o perito concluir pela alteração da espécie do benefício.

Art. 411. Não há impedimento para a realização da análise pelo mesmo profissional que realizou o exame pericial inicial.

Art. 412. Para transformação de espécie da pensão por morte previdenciária em pensão por morte acidentária deverá ser observado o disposto no art. 407.

Art. 413. Após análise da transformação de espécie pela perícia médica, o servidor administrativo comunicará a decisão às partes, abrindo-se prazo de 30 (trinta) dias para recurso por parte da empresa ou do segurado, conforme o caso, seguindo os trâmites previstos na legislação.

SEÇÃO III – COMUNICAÇÃO DE ACIDENTE DE TRABALHO

Art. 414. O acidente de trabalho ocorrido deverá ser comunicado ao INSS por meio de CAT.

§ 1º O emitente deverá entregar cópia da CAT ao acidentado, ao sindicato da categoria e à empresa.

§ 2º Nos casos de óbito, a CAT também deverá ser entregue aos dependentes e à autoridade competente.

§ 3º Compete ao emitente da CAT a responsabilidade pela entrega dessa comunicação às pessoas e às entidades indicadas nos §§ 1 e 2º.

Art. 415. Na CAT de reabertura de acidente do trabalho, deverão constar as mesmas informações da época do acidente, exceto quanto ao afastamento, último dia trabalhado, atestado médico e data da emissão, que serão relativos à data da reabertura.

§ 1º Não serão consideradas CAT de reabertura para as situações de simples assistência médica ou de afastamento com até de 15 (quinze) dias consecutivos.

§ 2º O óbito decorrente de acidente ou de doença profissional ou do trabalho, ocorrido após a emissão da CAT inicial ou de reabertura, será comunicado ao INSS, por CAT de comunicação de óbito, constando a data do óbito e os dados relativos ao acidente inicial.

Art. 416. A CAT pode ser assim classificada:

I – CAT inicial: acidente do trabalho típico, trajeto, doença profissional, do trabalho ou óbito imediato;

II – CAT de reabertura: afastamento por agravamento de lesão de acidente do trabalho ou de doença profissional ou do trabalho; ou

III – CAT de comunicação de óbito: falecimento decorrente de acidente ou doença profissional ou do trabalho, após o registro da CAT inicial.

Art. 417. São responsáveis pelo preenchimento e encaminhamento da CAT:

I – no caso de segurado empregado, a empresa empregadora;

II – para o segurado especial, o próprio acidentado, seus dependentes, a entidade sindical da categoria, o médico assistente ou qualquer autoridade pública;

III – no caso do trabalhador avulso, a empresa tomadora de serviço e, na falta dela, o sindicato da categoria ou o órgão gestor de mão de obra;

IV – no caso de segurado desempregado, nas situações em que a doença profissional ou do trabalho manifestou-se ou foi diagnosticada após a demissão, as autoridades do § 4º;

V – tratando-se de empregado doméstico, o empregador doméstico, para acidente ocorrido a partir de 2 de junho de 2015, data da publicação da Lei Complementar nº 150, de 2015.

§ 1º No caso do segurado empregado, trabalhador avulso e empregado doméstico exercerem atividades concomitantes e vierem a sofrer acidente de trajeto entre um local de trabalho e outro, será obrigatória a emissão da CAT pelos dois empregadores.

§ 2º É considerado como agravamento do acidente aquele sofrido pelo acidentado quando estiver sob a responsabilidade da reabilitação profissional, neste caso, caberá ao técnico da reabilitação profissional comunicar à perícia médica o ocorrido.

§ 3º O prazo para comunicação do acidente de trabalho pela empresa ou empregador doméstico será até o primeiro dia útil seguinte ao da ocorrência e, em caso de morte, de imediato, à autoridade competente, sob pena de multa aplicada na forma do art. 286 do RPS.

§ 4º Na falta de comunicação por parte da empresa, podem formalizá-la o próprio acidentado, seus dependentes, a entidade sindical competente, o médico que o assistiu ou qualquer autoridade pública, não prevalecendo nestes casos o prazo previsto no § 3º.

§ 5º Para efeito do disposto no § 4º, consideram-se autoridades públicas reconhecidas para tal finalidade os magistrados em geral, os membros do Ministério Público e dos Serviços Jurídicos da União, dos Estados e dos Municípios, os comandantes de unidades militares do Exército, da Marinha, da Aeronáutica e das Forças Auxiliares (Corpo de Bombeiros e Polícia Militar), prefeitos, delegados de polícia, diretores de hospitais e de asilos oficiais e servidores da Administração Direta e Indireta Federal, Estadual, do Distrito Federal ou Municipal, quando investidos de função. *(Redação dada pela Portaria Dirben/INSS 1.100/2023)*

§ 6º A CAT entregue fora do prazo estabelecido no § 3º e anteriormente ao início de qualquer procedimento administrativo ou de medida de fiscalização, exclui a multa prevista no mesmo dispositivo.

§ 7º A CAT formalizada nos termos do § 4º, não exclui a multa prevista no § 3º.

§ 8º Não caberá aplicação de multa, por não emissão de CAT, quando o enquadramento decorrer de aplicação do NTEP.

Art. 418. A CAT relativa ao acidente do trabalho ou à doença do trabalho ou à doença profissional ocorrido com o aposentado que permaneceu na atividade de empregado, trabalhador avulso ou empregado doméstico, ou a ela retornou, deverá ser registrada, não produzindo, porém, qualquer efeito no que tange à concessão de benefícios, diante da vedação de acumulação constante no artigo 124 da Lei 8.213/91.

Parágrafo único. O segurado aposentado deverá ser cientificado do encerramento da CAT e orientado quanto ao direito à Reabilitação Profissional, desde que atendidos os requisitos legais.

CAPÍTULO IV – DO SALÁRIO--MATERNIDADE

SEÇÃO I – CONSIDERAÇÕES GERAIS

Art. 419. O salário-maternidade é o benefício pago aos segurados da Previdência Social por ocasião do parto, inclusive de natimorto, aborto não criminoso, adoção ou guarda judicial para fins de adoção, observada a ocorrência do fato gerador dentro do prazo de manutenção da qualidade de segurado e o período de carência, quando cabível.

§ 1º Se a perda da qualidade de segurado vier a ocorrer no período de 28 (vinte e oito) dias anteriores ao parto, será devido o salário--maternidade.

§ 2º É devido o salário-maternidade para o segurado em gozo de benefício de auxílio por incapacidade temporária, observado em relação ao benefício por incapacidade o disposto no art. 396.

§ 3º Quando houver parto, aborto, adoção ou guarda judicial para adoção de mais de uma criança, é devido um único salário-maternidade, observando que no caso de empregos concomitantes, o segurado ou a segurada fará jus ao salário-maternidade relativo a cada emprego.

Art. 420. O benefício será devido pelo prazo de 120 (cento e vinte) dias, podendo seu início ser fixado em até 28 (vinte e oito) dias antes do parto até a data da ocorrência deste, exceto para as seguradas em período de manutenção da qualidade de segurado, para as quais o benefício será devido a partir do fato gerador.

§ 1º A partir de 23 de janeiro de 2014, no caso de falecimento da segurada ou segurado que fazia jus ao benefício, é devido o recebimento do salário-maternidade para o(a) cônjuge ou companheiro(a) sobrevivente, desde que atendidos os requisitos para a concessão.

§ 2º A partir de 25 de outubro de 2013, data da publicação da Lei nº 12.873, o salário-maternidade passou a ser devido ao segurado do sexo masculino, inclusive em período de manutenção da qualidade de segurado que adotar ou obtiver guarda judicial para fins de adoção de criança.

§ 3º Não poderá ser concedido o benefício a mais de um segurado, decorrente do mesmo fato gerador, seja ele parto ou adoção, ressalvado o disposto no § 1º e no art. 434.

Art. 421. O salário-maternidade é devido a contar de um dos seguintes fatos geradores:

I – parto: evento ocorrido a partir da 23ª (vigésima terceira) semana, que equivale ao 6º (sexto) mês de gestação, inclusive em caso de natimorto, podendo o início do benefício ser antecipado em até 28 (vinte e oito) dias para os segurados em atividade;

II – adoção, do menor com 12 (doze) anos incompletos, a contar da data do registro da certidão de nascimento ou da data do trânsito em julgado da decisão judicial;

III – guarda judicial para fins de adoção, a contar da data do termo de guarda ou da data do deferimento da medida liminar nos autos de adoção; ou

IV – aborto não criminoso.

§ 1º Será devido o salário-maternidade no caso de aborto não criminoso, correspondente a 2 (duas) semanas, nos termos dos arts. 431 e 432.

§ 2º Na hipótese de ocorrência dos incisos II e III, deverá ser considerado para fins de reconhecimento do direito o fato gerador em que houve o afastamento da atividade.

Art. 422. A concessão do salário-maternidade e seu respectivo recebimento está condicionada ao afastamento das atividades laborais, observado o disposto no art. 460.

Art. 423. O documento comprobatório relativo ao fato gerador para requerimento de salário-maternidade será:

I – a certidão de nascimento da criança;

II – atestado médico específico quando a DAT for anterior ao nascimento da criança;

III – o atestado médico específico, tratando-se de aborto não criminoso;

IV – o termo, na hipótese de adoção ou guarda judicial para fins de adoção;

V – certidão de natimorto, no caso de natimorto.

VI – sentença judicial nos autos de adoção.

Parágrafo único. Na hipótese do inciso II, deverá constar no atestado médico a indicação de que o afastamento ocorreu dentro do período de 28 dias da data prevista para o parto.

Art. 424. A partir de 14 de junho de 2007, data da publicação do Decreto nº 6.122, o salário-maternidade passou a ser devido ao segurado que estiver no período de qualidade de segurado.

Parágrafo único. O segurado em manutenção da qualidade de segurado no RGPS, ainda que vinculado a RPPS, permanece enquadrado nos termos do *caput*.

Art. 424-A. Será devido o pagamento do salário-maternidade ao titular menor de 16 (dezesseis) anos, desde que preenchidos os demais requisitos, por força da Ação Civil Pública nº5017267-34.2013.4.04.7100, em conformidade com o disposto no inciso VI do art. 156. *(Acrescido pela Portaria Dirben/INSS 1.132/2023)*

Art. 424-B. É devido o pagamento de salário-maternidade para mulheres indígenas da etnia Macuxi, mesmo que a requerente tenha idade inferior a 16 (dezesseis) anos na data do fato gerador, desde que preenchidos os demais requisitos para reconhecimento do direito ao benefício, observando-se que: *(Acrescido pela Portaria Dirben/INSS 1.132/2023)*

I – a comprovação da condição de segurada especial da requerente será feita na forma estabelecida no § 5º, do art. 116, da Instrução Normativa nº 128, de 2022; e

II – a concessão do benefício de que trata o *caput* é devida para requerimentos com DER a partir de 16 de julho de 2009, por força de decisão judicial transitada em julgado proferida nos autos na Ação Civil Pública nº 0003582-62.2014.4.01.4200/RR.

SUBSEÇÃO I – DA DATA DE INÍCIO DO BENEFÍCIO

Art. 425. Para o segurado em atividade, inclusive o facultativo, o salário-maternidade terá início no período entre 28 (vinte e oito) dias antes do parto até a data de ocorrência deste.

Parágrafo único. A DIB do benefício será fixada:

I – na data constante do atestado médico original específico apresentado pela segurada, se a DAT for anterior ao nascimento da criança, observado o prazo do *caput*, ainda que o requerimento seja realizado após o parto;

II – na data do nascimento da criança, para a gestante que não se afastar da atividade antes do parto e para aquela em prazo de manutenção da qualidade de segurada;

III – na data do óbito, em caso de natimorto;

IV – na data constante no atestado médico específico, tratando-se de aborto não criminoso;

V – na data do registro da certidão de nascimento ou na data da decisão judicial que determinou a adoção, nos casos de adoção;

VI – na data do deferimento da medida liminar nos autos de adoção ou na data do deferimento da guarda judicial para adoção, nos casos de guarda.

SUBSEÇÃO II – DA RESPONSABILIDADE PELO PAGAMENTO

Art. 426. O pagamento do salário-maternidade ocorrerá por meio da empresa para a segurada empregada nos casos de requerimentos realizados a partir de 1º de setembro de 2003, data da publicação da Lei nº 10.701, independentemente da data do afastamento ou do parto.

Parágrafo único. O disposto no *caput* não se aplica aos casos de pagamento ao cônjuge sobrevivente ou aos empregados constantes no inciso VI do art. 427.

Art. 427. O pagamento do salário-maternidade ocorrerá diretamente pelo INSS para os segurados, nos seguintes casos:

I – trabalhador avulso;

II – empregado doméstico;

III – contribuinte individual;

IV – facultativo;

V – segurado especial;

VI – empregados, desde que se enquadrem nas seguintes situações:

a) adoção, guarda judicial para fins de adoção, observado o disposto no § 2º;

b) empregada intermitente;

c) empregada do Microempreendedor Individual;

d) empregada com jornada parcial cujo salário de contribuição seja inferior ao seu limite mínimo mensal.

VII – os em prazo de manutenção da qualidade de segurado; e

VIII – cônjuge sobrevivente, independentemente de sua filiação.

§ 1º Na hipótese de segurada empregada com jornada parcial com empregos parciais concomitantes, se o somatório dos rendimentos auferidos em todos os empregos for igual ou superior ao limite mínimo mensal do salário de contribuição, o salário-maternidade será pago pelas empresas.

§ 2º Na hipótese do inciso VI, «a», a segurada empregada que adotar ou obtiver guarda judicial para fins de adoção poderá requerer e receber o salário-maternidade por intermédio da empresa se esta possuir convênio com tal finalidade, observado, a partir de 25 de outubro de 2013, o mesmo direito ao segurado do sexo masculino.

§ 3º Na hipótese do inciso VII, em se tratando de segurados em prazo de manutenção de qualidade de segurado decorrente da atividade de empregado de MEI, o benefício será pago diretamente pela Previdência Social, independente da causa de extinção do vínculo empregatício, para fatos geradores a partir de 1º de setembro de 2011.

SEÇÃO II – DA ANÁLISE DO BENEFÍCIO

SUBSEÇÃO I – CONSIDERAÇÕES GERAIS

Art. 428. Observadas as situações e condições previstas na legislação, o salário-maternidade será devido:

I – independente de carência, ao:

a) empregado, inclusive de Microempreendedor Individual;

b) trabalhador avulso;

c) empregado doméstico; e

d) aos que estiverem em prazo de manutenção de qualidade de segurado decorrente dessas categorias.

II – quando cumprida carência de 10 (dez) contribuições mensais, ao:

a) contribuinte individual;

b) facultativo;

c) segurado especial; e

d) aos que estiverem em prazo de manutenção de qualidade de segurado decorrente dessas categorias.

Art. 429. O salário-maternidade poderá ser requerido no prazo de 5 (cinco) anos, a contar da data do fato gerador.

Parágrafo único. A Medida Provisória nº 871, de 2019, criou prazo de 180 (cento e oitenta) dias para requerer o benefício de salário-maternidade e obter direito ao recebimento dos valores, sob pena de decair este direito após decorrido este período. No entanto, em razão da não conversão em lei, a Medida Provisória nº 871, de 2019, não gerou quaisquer efeitos, aplicando-se o prazo do *caput* a todos os requerimentos, inclusive com fato gerador durante o período de sua vigência.

SUBSEÇÃO II – DO PARTO ANTECIPADO

Art. 430. Em caso de parto antecipado, o período de carência será reduzido em número de contribuições equivalentes ao número de meses em que o parto for antecipado.

§ 1º Para análise do benefício nas situações descritas no *caput* não é necessária avaliação da Perícia Médica Federal.

§ 2º Para comprovação do parto antecipado, deverá ser apresentado o atestado médico indicando em quantos meses foi antecipado o parto em conjunto com a certidão de nascimento ou de óbito, no caso de natimorto.

SUBSEÇÃO III – DO ABORTO NÃO CRIMINOSO

Art. 431. Será devido o pagamento do salário-maternidade, por período correspondente a 2 (duas) semanas, ou seja, 14 (quatorze) dias, nos casos de aborto não criminoso.

Art. 432. A comprovação do aborto será realizada mediante apresentação de atestado médico com informação de CID específico, não sendo necessária a avaliação do atestado pela Perícia Médica Federal.

§ 1º Deverá constar no atestado médico:

I – nome da segurada;

II – indicação em um dos seguintes códigos da Classificação Internacional de Doenças – CID, O02, O03, O04, O05 e O06, incluindo suas ramificações.

III – data do aborto.

§ 2º Na concessão do benefício não é exigido pelo sistema o registro da matrícula do médico do quadro, visto a dispensa de encaminhamento à Perícia Médica Federal.

SUBSEÇÃO IV – DA ADOÇÃO E DA GUARDA JUDICIAL – PARA FINS DE ADOÇÃO

Art. 433. Observados demais critérios, é devido o salário-maternidade ao segurado ou segurada da Previdência Social que adotar ou obtiver guarda judicial para fins de adoção, de criança de até 12 (doze) anos incompletos, pelo prazo de 120 (cento e vinte) dias, desde que haja o afastamento da atividade.

Art. 434. O benefício será devido ao segurado independentemente de os pais biológicos terem recebido o mesmo benefício quando do nascimento da criança.

Art. 435. Para a concessão do salário-maternidade é indispensável constar na nova certidão de nascimento da criança ou do termo de guarda, o nome da(o) segurada(o) adotante ou guardiã(o).

Art. 436. Na ocorrência de adoção ou guarda judicial para fins de adoção, o benefício de salário-maternidade não poderá ser concedido a mais de um segurado em decorrência do mesmo processo de adoção ou guarda.

§ 1º Aplica-se o disposto no *caput* ainda que um dos adotantes seja vinculado ao Regime Próprio de Previdência Social.

§ 2º Para fins de atendimento do *caput*, deverá ser verificado nos sistemas corporativos a ocorrência do recebimento do benefício, observado o § 3º.

§ 3º Na hipótese do § 1º, o requerente deverá apresentar declaração de que o outro adotante não recebeu o salário-maternidade no Regime Próprio de Previdência Social.

Art. 437. O salário-maternidade não será devido quando no termo de guarda não constar a observação de que é para fins de adoção ou somente contiver o nome do(a) cônjuge ou companheiro(a).

Parágrafo único. Na hipótese de constar no termo de guarda e responsabilidade que esse foi extraído de autos de adoção, subentende-se que a guarda judicial será para tal fim, sendo desnecessário constar expressamente no termo que a guarda provisória concedida é para fins de adoção.

SUBSEÇÃO V – DA CONCESSÃO AO SEGURADO SOBREVIVENTE

Art. 438. A partir de 23 de janeiro de 2014, data do início da vigência do art. 71-B da Lei nº 8.213, de 1991, no caso de falecimento da segurada ou segurado que fazia jus ao benefício de salário-maternidade, nos casos de parto, adoção ou guarda para fins de adoção, será devido o pagamento do respectivo benefício ao cônjuge ou companheiro(a) sobrevivente, desde que este também possua qualidade de segurado e carência, se for o caso, na data do fato gerador do benefício originário.

Art. 439. O(a) segurado(a) sobrevivente terá direito ao pagamento do salário-maternidade, em complemento ao benefício pago ao titular originário, se o requerimento for realizado até o dia previsto para encerramento do salário-maternidade originário, hipótese em que será devido pelo período compreendido entre a data do óbito e a data de cessação do salário-maternidade originário.

Art. 440. Na hipótese de não ter sido concedido benefício para o titular originário do direito, o salário-maternidade será devido integralmente ao sobrevivente, desde que o benefício seja requerido no prazo de 120 (cento e vinte) dias a contar da data do fato gerador do benefício originário.
Parágrafo único. Não sendo respeitado o prazo contido no *caput* o requerimento será indeferido.

Art. 441. O segurado sobrevivente pode receber de forma concomitante o salário-maternidade complementar e a pensão por morte como dependente do titular originário, não se configurando a hipótese em acumulação indevida de benefícios.

Art. 442. O benefício não será devido ao sobrevivente no caso de falecimento do filho, seu abandono, ou nas hipóteses de perda ou destituição do poder familiar, decorrentes de decisão judicial, sendo necessário o preenchimento da declaração até que a informação seja incorporada ao sistema de benefício.

Art. 443. A concessão do salário-maternidade na forma desta subseção observará, ainda, as seguintes orientações:
I – será devido para requerimento com fato gerador (nascimento, adoção e guarda para fins de adoção) ocorrido a partir de 23 de janeiro de 2014;
II – o pagamento do benefício em substituição ao originário sempre será efetuado diretamente pela Previdência Social, independentemente do tipo de filiação do(a) titular substituto(a);
III – o direito ao benefício pressupõe a comprovação do vínculo de cônjuge ou de companheiro(a) com o(a) segurado(a) falecido(a) ao tempo do óbito, sob pena de indeferimento do benefício;
IV – o direito ao benefício pressupõe vínculo de filiação do(a) substituto(a) com a criança, de forma que se for comprovado vínculo com o(a) segurado(a) falecido(a) ao tempo do óbito, mas a criança nascida/adotada não for filho(a) do requerente, o requerimento de benefício deverá ser indeferido;
V – também será devido o pagamento quando o(a) titular originário(a) do benefício e o titular substituto(a) forem segurados(as) do mesmo sexo;
VI – o valor do desconto a ser aplicado ao benefício, a título de contribuição previdenciária, observará a categoria do titular substituto;
VII – será obrigatória a informação do NIT do titular do salário-maternidade originário (mesmo nos casos em que não tenha ocorrido concessão do benefício);
VIII – passará a ser obrigatória a atribuição de NIT a todos os dependentes, cujo nascimento/adoção ou guarda, tenha gerado a concessão de benefício de salário-maternidade;
Parágrafo único. A comprovação do vínculo de cônjuge ou companheiro(a) será realizada de acordo com o disposto nos arts. 5º, inciso I, 8º e 18 a 20.

SUBSEÇÃO VI – DEMISSÃO

Art. 444. É de responsabilidade do INSS o pagamento do salário-maternidade devido ao segurado no período de graça, desde que preenchidos os demais requisitos, independentemente do motivo da extinção do contrato de trabalho, observado o disposto no art. 460 e 461.

Art. 445. É vedado o recebimento pela(o) segurada(o) de salário-maternidade quando o pagamento tiver ocorrido em ação trabalhista.
Parágrafo único. É de responsabilidade da(o) segurada(o) a declaração sobre a existência ou não do recebimento a que se refere o *caput*.

Art. 446. Para a segurada empregada por contrato temporário ou por prazo determinado, quando já iniciado o pagamento do benefício pela empresa, será devido o pagamento pela Previdência Social das parcelas restantes, sendo o benefício calculado na forma do pagamento efetuado para as seguradas em prazo de manutenção de qualidade, conforme inciso IV do art. 217.

SUBSEÇÃO VII – DAS ATIVIDADES CONCOMITANTES

Art. 447. Na hipótese de emprego concomitante ou de atividade simultânea, na condição de segurado empregado com contribuinte individual ou doméstico, a segurada terá direito ao salário-maternidade relativo a cada emprego ou atividade.
§ 1º Não se considera atividade simultânea quando a segurada estiver em período de graça em relação a uma das atividades.
§ 2º Quando o segurado se desligar de apenas uma das atividades, o benefício será devido somente pela atividade que continuar exercendo, ainda que em prazo de manutenção da qualidade de segurado na atividade encerrada.
§ 3º A soma dos benefícios concedidos não pode ultrapassar o limite máximo do Salário de Contribuição, observado o disposto no § 5º do art. 217.
§ 4º Na hipótese de uma ou mais atividades com rendimento auferido ou salário de contribuição inferior ao salário mínimo, os benefícios somente serão devidos se o somatório dos rendimentos auferidos em todas as atividades for igual ou superior a um salário mínimo, situação em que, para essas atividades, o salário-maternidade poderá ser inferior ao salário mínimo.
§ 5º A observância quanto ao somatório dos rendimentos auferidos em todas as atividades ser igual ou superior a um salário mínimo, prevista no § 4º, aplica-se somente a salários de contribuição posteriores a 13 de novembro de 2019 para o segurado empregado, empregado doméstico e trabalhador avulso.

Art. 448. Quando o segurado se desligar de todos os empregos ou atividades concomitantes e estiver em prazo de manutenção da qualidade de segurado, será devido o salário-maternidade somente em relação à última atividade exercida.

SEÇÃO III – DA PRORROGAÇÃO DO PRAZO DO BENEFÍCIO

Art. 449. Tratando-se de parto, o salário-maternidade poderá em casos excepcionais, ter seu período de início e fim estendidos em até 2 (duas) semanas, ou seja, 14 (quatorze) dias, mediante apresentação de atestado médico original e específico.
Parágrafo único. O pedido de prorrogação deverá ser realizado durante a manutenção do benefício.

Art. 450. A prorrogação disposta nesta seção será devida nas situações em que houver risco para vida do feto, da criança ou da mãe, devendo, nas hipóteses em que o pagamento é feito diretamente pela Previdência Social, o atestado médico ser apreciado pelo Perito Médico Federal.

Art. 451. Para o segurado em prazo de manutenção da qualidade de segurado é assegurado o direito à prorrogação apenas para repouso posterior ao fim do benefício.

Art. 452. Não será devida a prorrogação anterior ao parto, quando do afastamento das atividades 28 (vinte e oito) dias antes do parto.

Art. 453. Aplica-se o disposto nesta seção também ao cônjuge sobrevivente, de que trata o artigo 438, nas hipóteses de risco para a vida da criança.

SEÇÃO IV – DA MANUTENÇÃO DO BENEFÍCIO

SUBSEÇÃO I – DA CONTRIBUIÇÃO PREVIDENCIÁRIA DURANTE O RECEBIMENTO DE SALÁRIO-MATERNIDADE

Art. 454. Durante o período de recebimento de salário-maternidade, será devida a contribuição previdenciária na forma estabelecida nos arts. 198 e 199 do RPS.

Art. 455. A contribuição previdenciária sobre o salário-maternidade será descontada:

I – pela empresa, nos casos de empregado, sobre a remuneração relativa aos dias trabalhados, aplicando-se a alíquota correspondente à remuneração mensal integral, respeitado o limite máximo do Salário de Contribuição;

II – pelo INSS quando do pagamento do benefício.

Art. 456. O valor da contribuição previdenciária observará a categoria do segurado:

I – empregado: desconto pelo empregador, referente à parcela da contribuição a seu cargo, e referente à parcela devida pelo segurado, observadas as alíquotas previstas no art. 198 do RPS;

II – empregado doméstico: desconto pelo empregador referente a parcela da contribuição a seu cargo, sendo que a parcela devida pela empregada doméstica será descontada pelo INSS no benefício, observadas as alíquotas previstas no art. 198 do RPS;

III – contribuinte individual e facultativo: o desconto da contribuição previdenciária será realizado no benefício, no valor de 20%, 11% ou 5%, conforme a última contribuição;

IV – para a segurada em prazo de manutenção da qualidade de segurado, a contribuição devida será aquela correspondente à sua última categoria.

SUBSEÇÃO II – DO NÃO AFASTAMENTO DA ATIVIDADE

Art. 457. Identificado, durante o período devido do benefício, a permanência ou retorno à mesma ou a outra atividade sujeita a filiação obrigatória, serão observados:

I – o benefício somente será devido em relação aos períodos em que não houver exercício de atividade remunerada, mesmo que o afastamento não ocorra imediatamente após o fato gerador, observado o prazo de percepção previsto para o benefício, conforme art. 420.

II – se após a concessão do salário-maternidade houver retorno à atividade, o pagamento deverá ser suspenso.

III – as contribuições recolhidas equivocadamente na categoria de facultativo durante o período de recebimento do salário-maternidade não serão impedimento para o pagamento do benefício.

IV – o indeferimento do benefício pelo motivo 172 (não afastamento do trabalho ou da atividade desempenhada) somente poderá ser utilizado quando não houver afastamento da atividade por todo o período compreendido entre a data do início e a da cessação do salário-maternidade.

V – as orientações contidas neste artigo aplicam-se a todos os benefícios despachados a partir de 25 de outubro de 2013, data da publicação da Lei nº 12.873, que incluiu o art. 71-C na Lei nº 8.213, de 1991.

§ 1º As orientações contidas neste artigo foram publicadas através do Memorando-Circular nº 25 /DIRBEN/INSS de 20 de julho de 2015, assim, para atender o disposto no inciso V, os benefícios em desacordo com estas orientações que venham a ser identificados deverão ser revistos.

§ 2º Caso seja identificado o exercício de atividade concomitante durante todo o período do salário-maternidade, caberá a devolução dos valores recebidos no benefício.

§ 3º Na hipótese do inciso II, ocorrendo novo afastamento, o pagamento deverá ser restabelecido a partir do novo afastamento, não cabendo o pagamento do período suspenso, observado o prazo máximo de duração previsto.

SEÇÃO V – DO CANCELAMENTO DO BENEFÍCIO

Art. 458. O pagamento do salário-maternidade não pode ser cancelado, salvo se após a concessão forem detectadas fraude ou erro administrativo.

Art. 459. Na hipótese de revogação ou cassação da guarda para fins de adoção, o pagamento do benefício de salário-maternidade deve ser cessado na data da decisão judicial.

SEÇÃO VI – DAS DISPOSIÇÕES HISTÓRICAS

Art. 460. Às seguradas que ficaram desempregadas no curso da gravidez até 5 (cinco) meses após o parto fica garantida a concessão do benefício de salário-maternidade pago diretamente pela Previdência Social, nos casos de extinção do contrato por prazo indeterminado:

I – para requerimentos a partir de 1º de julho de 2020, data da publicação do Decreto nº 10.410, independente do motivo da extinção do contrato de trabalho;

II – para requerimentos efetuados de 27 de setembro de 2017 a 30 de junho de 2020, por força da Ação Civil Pública nº 5041315-27.2017.4.04.7000, Curitiba/PR, independente do motivo da extinção do contrato de trabalho e data do fato gerador;

III – para requerimentos efetuados de 14 de junho de 2007 a 26 de setembro de 2017, apenas se a demissão tivesse ocorrido a pedido ou por justa causa, observado o disposto no §3º.

§ 1º O disposto no *caput* não se aplica a fatos geradores anteriores a 14 de junho de 2007, data da publicação do Decreto nº 6.122, considerando a ausência de previsão de reconhecimento de direito ao salário-maternidade à segurada desempregada que estivesse em período de graça.

§ 2º Para fatos geradores até 30 de junho de 2020, a concessão do salário-maternidade era devida apenas se a demissão tivesse ocorrido a pedido ou por justa causa, observando o disposto no inciso II.

§ 3º No período de 17 de agosto de 2007, com a publicação do Memorando-Circular nº 47 DIRBEN/INSS, até 28 de agosto de 2007, véspera da publicação do Memorando-Circular nº 51 DIRBEN/INSS, vigorou o entendimento que a segurada desempregada (empregada, trabalhadora avulsa e doméstica) teria direito ao benefício, independente da forma de dispensa, se o fato gerador ocorresse dentro do período de manutenção da qualidade de segurado, desde que a ocorrência do fato gerador fosse igual ou superior a 14 de junho de 2007, data da publicação do Decreto nº 6.122.

Art. 461. Às seguradas que ficaram desempregadas no curso da gravidez até 5 (cinco) meses após o parto, nos casos de extinção do contrato a prazo determinado, fica garantida a concessão do benefício de salário-maternidade, diretamente pela Previdência Social, sendo que:

I – para requerimentos a partir de 1º de julho de 2020, data da publicação do Decreto nº 10.410, de 2020, independente do motivo da demissão;

II – para requerimentos efetuados de 27 de setembro de 2017 a 30 de junho de 2020, por força da Ação Civil Pública nº 5041315-27.2017.4.04.7000, Curitiba/PR, independente do motivo da extinção do contrato de trabalho e data do fato gerador;

III – para requerimentos efetuados até 26 de setembro de 2017 e despachados a partir de 29 de maio de 2013, data da publicação da Portaria Ministerial nº 264, de 28 de maio de 2013, que aprovou o Parecer nº 675/2012/CONJUR-MPS/CGU/AGU, apenas se a demissão tivesse ocorrido a pedido ou por justa causa;

IV – para requerimentos efetuados de 14 de junho de 2007 a 28 de maio de 2013 e despachados até essa data, independente do motivo da demissão, desde que na data do fato gerador a segurada estivesse desempregada.

§ 1º O disposto no *caput* não se aplica a fatos geradores anteriores a 14 de junho de 2007, data da publicação do Decreto nº 6.122, de 2007, considerando ausência de previsão de reconhecimento de direito ao salário-maternidade à segurada desempregada que estivesse em período de graça.

§ 2º Para os benefícios despachados no período de 22 de janeiro de 2015 até 26 de setembro de 2017, a responsabilidade de pagamento era do empregador, se a empregada estivesse grávida na data da rescisão para os casos de encerramento do contrato pelo decurso do prazo pré-estipulado entre as partes, ou no caso de demissão sem justa causa.

§ 3º A partir de 29 de maio de 2013, data da publicação da Portaria Ministerial nº 264, de 28 de maio de 2013, que aprovou o Parecer nº 675/2012/CONJUR-MPS/CGU/AGU, até 26/09/2017 passou a ser devido o pagamento complementar, diretamente pela Previdência Social, do benefício de salário-maternidade à segurada empregada, cujo fato gerador (parto, atestado, aborto) tenha ocorrido durante a vigência de contrato por prazo determinado, nos casos em que a extinção tenha ocorrido a pedido ou por justa causa.

Art. 462. A partir de 25 de outubro de 2013, data da publicação da Lei nº 12.873, será devido o benefício de salário-maternidade ao segurado ou segurada da Previdência Social que adotar ou obtiver guarda judicial para fins de adoção, de criança de até doze anos incompletos, pelo prazo de 120 (cento e vinte) dias, desde que haja o afastamento da atividade.

§ 1º Para a segurada adotante, aplica-se o disposto no *caput*, observando ainda:

I – no período de 16 de abril de 2002, data da publicação da Lei nº 10.421, a 7 de maio de 2012, véspera da data da intimação da decisão proferida na ACP nº 5019632-23.2011.404.7200/SC, com efeito nacional, o salário-maternidade para a segurada adotante foi devido, de acordo com a idade da criança, conforme segue:

a) até 1 (um) ano completo, por 120 (cento e vinte) dias;

b) a partir de 1 (um) ano até 4 (quatro) anos completos, por 60 (sessenta) dias; e

c) a partir de 4 (quatro) anos até completar 8 (oito) anos, por 30 (trinta) dias;

II – no período de 8 de maio de 2012, data da intimação da decisão proferida na ACP nº 5019632-23.2011.404.7200/SC, até 7 de junho de 2013, data da publicação da Medida Provisória nº 619, posteriormente convertida na Lei nº 12.873, de 24 de outubro de 2013, o salário-maternidade foi devido somente à segurada adotante, pelo prazo de 120 (cento e vinte) dias, quando da adoção de criança de até 12 (doze) anos de idade incompletos.

Art. 463. O direito ao salário-maternidade para a segurada especial foi outorgado pela Lei nº 8.861, de 25 de março de 1994, sendo devido o benefício a partir de 28 de março de 1994, conforme segue:

I – até 28 de novembro de 1999, véspera da Lei nº 9.876, para fazer jus ao benefício era obrigatória a comprovação de atividade rural, ainda que de forma descontínua, nos 12 (doze) meses anteriores ao parto; e

II – a partir de 29 de novembro de 1999, data da publicação da Lei nº 9.876, o período de carência a ser comprovado pela segurada especial foi reduzido de 12 (doze) meses para 10 (dez) meses anteriores à data do parto, mesmo que de forma descontínua.

Art. 464. As seguradas contribuinte individual e facultativa passaram a fazer jus ao salário-maternidade em 29 de novembro de 1999, data da publicação da Lei nº 9.876, sendo que para aquelas seguradas que já tenham cumprido a carência exigida e cujo parto tenha ocorrido até o dia 28 de novembro de 1999, véspera da publicação da lei, é assegurado o salário-maternidade proporcionalmente aos dias que faltarem para completar 120 (cento e vinte) dias de afastamento após 29 de novembro de 1999.

Art. 465. Quando se tratar de requerente de salário-maternidade ocupante, exclusivamente, de cargo em comissão declarado em lei de livre nomeação e exoneração deverão ser observadas as seguintes orientações:

I – para os benefícios despachados a partir de 20 de junho de 2015, data da publicação do Memorando-Circular nº 25 /DIRBEN/INSS, caso o vínculo tenha se encerrado após o início da gravidez, independente da causa da dispensa, o pagamento do salário-maternidade será de responsabilidade do INSS;

II – para os benefícios despachados até 19 de junho de 2015, caso o vínculo tenha se encerrado após o início da gravidez, o pagamento do salário-maternidade será de responsabilidade do INSS nos casos de demissão por justa causa ou a pedido.

Parágrafo único. Para os benefícios despachados até 19 de junho de 2015 era necessário o preenchimento de declaração específica com a finalidade de identificar a causa da extinção do vínculo.

CAPÍTULO V – SALÁRIO-FAMÍLIA

SEÇÃO I – DAS DISPOSIÇÕES GERAIS

Art. 466. Salário-família é o benefício pago na proporção do respectivo número de filhos ou de enteado e de menor tutelado, desde que comprovada a dependência econômica dos dois últimos, até a idade de 14 (quatorze) anos ou inválido de qualquer idade, independentemente de carência e observado que:

I – será devido somente ao segurado empregado, ao trabalhador avulso e, relativamente ao empregado doméstico, para requerimentos a partir de 2 de junho de 2015, data da publicação da Lei Complementar nº 150; e

II – o salário de contribuição deverá ser inferior ou igual aos limites estabelecidos por Portaria Interministerial, que estabelecerá ainda sobre a atualização pelos mesmos índices aplicados aos benefícios do RGPS e valor mensal da cota do benefício.

Art. 467. Observado o disposto no art. 466, também terá direito ao salário-família o segurado empregado, o trabalhador avulso e o empregado doméstico, este último a partir de 2 de junho de 2015, em gozo de:

I – auxílio por incapacidade temporária;

II – aposentadoria por incapacidade permanente;

III – aposentadoria por idade rural; e

IV – demais aposentadorias, desde que contem com 65 (sessenta e cinco) anos ou mais de idade, se homem, ou 60 (sessenta) anos ou mais de idade, se mulher.

SEÇÃO II – DAS DISPOSIÇÕES ESPECÍFICAS

Art. 468. Quando do reconhecimento do direito ao salário-família, tomar-se-á como parâmetro o salário de contribuição da competência em que o benefício será pago.

Art. 469. Quando o pai e a mãe forem segurados empregados, inclusive domésticos, e trabalhadores avulsos, ambos terão direito ao salário-família.

Art. 470. Somente caberá o pagamento da cota de salário-família, referente ao menor sob guarda, ao segurado empregado, trabalhador avulso, ou empregado doméstico detentor da guarda, exclusivamente para os termos de guarda e contratos de trabalho em vigor em 13 de outubro de 1996, data da vigência da Medida Provisória nº 1.523, de 1996, convertida na Lei nº 9.528, de 1997, observado, em relação ao empregado doméstico, o disposto no inciso I do art. 466.

SEÇÃO III – DA ANÁLISE DO BENEFÍCIO

Art. 471. O salário-família será devido a partir do mês em que for apresentada ao empregador, ao órgão gestor de mão de obra, ao sindicato dos trabalhadores avulsos, ou ao INSS a documentação abaixo:

I – certidão de nascimento do filho;

II – caderneta de vacinação ou equivalente, quando o dependente conte com até 6 (seis) anos de idade;

III – comprovação de invalidez, a cargo da Perícia Médica Federal, quando dependente maior de 14 (quatorze) anos; e

IV – comprovante de frequência à escola, quando dependente:

a) a partir de 4 (quatro) anos, em se tratando de requerimentos desde 1º de julho de 2020, data da publicação do Decreto nº 10.410; e

b) a partir de 7 (sete) anos para requerimentos até 30 de junho de 2020, dia imediatamente anterior à data da publicação do Decreto nº 10.410.

§ 1º O empregado doméstico deve apresentar apenas o documento citado no inciso I, e, caso necessário, a exigência do inciso III, não estando sujeito ao disposto nos incisos II e IV.

§ 2º A documentação relativa ao enteado e ao menor tutelado observará o disposto no art. 13.

Art. 472. Quando o salário-família for pago pelo INSS, no caso do segurado empregado, não é obrigatória a apresentação da certidão de nascimento do filho ou documentação relativa ao equiparado, no ato do requerimento do benefício, uma vez que esta informação é de responsabilidade do empregador, órgão gestor de mão-de-obra ou sindicato de trabalhadores avulsos, devendo constar no atestado de afastamento.

Art. 473. Caso a informação citada no art. 472 não conste no atestado de afastamento, caberá à Unidade de Atendimento do INSS, no ato da habilitação, incluir as cotas de salário-família sempre que o segurado apresentar os documentos necessários.

Art. 474. A comprovação de frequência escolar será feita mediante apresentação de documento emitido pela escola, na forma de legislação própria, em nome do aluno, onde conste o registro de frequência regular ou de atestado do estabelecimento de ensino, comprovando a regularidade da matrícula e frequência escolar do aluno.

Parágrafo único. A manutenção do salário-família está condicionada, exceto para o segurado empregado doméstico, sob pena de suspensão do pagamento, à apresentação:

I – anual, no mês de novembro, de caderneta de vacinação obrigatória dos filhos, enteados ou os menores tutelados, até os 6 (seis) anos de idade; e

II – semestral, nos meses de maio e novembro, de frequência escolar para os filhos, enteados ou os menores tutelados, com mais de 4 (quatro) anos de idade, no caso de requerimentos posteriores a 1º de julho de 2020, data da publicação do Decreto 10.410; e

III – semestral, para os filhos, enteados ou os menores tutelados, com mais de 7 (sete) anos de idade, para requerimentos efetuados até 30 de junho de 2020, dia imediatamente anterior à data da publicação do Decreto 10.410.

Art. 475. Para efeito de concessão e manutenção do salário-família, o segurado deve firmar termo de responsabilidade, no qual se comprometa a comunicar à empresa ou empregador doméstico ou ao INSS qualquer fato ou circunstância que determine a perda do direito ao benefício, ficando sujeito, em caso do não cumprimento, às sanções penais e trabalhistas.

SEÇÃO IV – DO PAGAMENTO

Art. 476. O salário-família será pago mensalmente:

I – ao empregado, inclusive o doméstico, pela empresa ou empregador doméstico, com o respectivo salário, e ao trabalhador avulso, pelo sindicato ou órgão gestor de mão-de-obra, mediante convênio;

II – aos segurados empregado, inclusive o doméstico, e trabalhadores avulsos aposentados por incapacidade permanente ou em gozo de auxílio por incapacidade temporária, pelo INSS, juntamente com o benefício;

III – ao empregado e trabalhador avulso em gozo de salário-maternidade, pela empresa, e relativamente ao empregado doméstico para requerimento a partir de 2 de junho de 2015, pelo empregador doméstico, condicionado à apresentação pelo segurado da documentação relacionada no art. 471.

Art. 477. O salário-família do trabalhador avulso independe do número de dias trabalhados no mês, devendo o seu pagamento corresponder ao valor integral da cota.

Art. 478. O salário-família correspondente ao mês de afastamento do trabalho será pago integralmente pela empresa, empregador doméstico, sindicato ou órgão gestor de mão de obra, conforme o caso, e o do mês da cessação de benefício pelo INSS, independentemente do número de dias trabalhados ou em benefício.

Art. 479. As cotas do salário-família pagas pela empresa ou empregador doméstico deverão ser deduzidas quando do recolhimento das contribuições sobre a folha de salário.

Art. 480. As cotas do salário-família não serão incorporadas, para qualquer efeito, à remuneração ou ao benefício.

Art. 481. Tendo havido divórcio, separação judicial ou de fato dos pais, ou em caso de abandono legalmente caracterizado ou perda do poder familiar, o salário-família passará a ser pago diretamente àquele a cujo cargo ficar o sustento do menor, ou a outra pessoa, se houver determinação judicial nesse sentido.

Art. 482. O empregado deve dar quitação à empresa, ao empregador doméstico, sindicato, ou órgão gestor de mão-de-obra, de cada recebimento mensal do salário-família, na própria folha de pagamento ou por outra forma admitida, de modo que a quitação fique plena e claramente caracterizada.

Art. 483. A empresa ou empregador doméstico deverá guardar todos os documentos referentes à concessão, manutenção e pagamento das cotas do salário-família, pelo período de 10 (dez) anos, para fins de fiscalização.

Art. 484. O pagamento pelo INSS é devido a partir da data da solicitação formalizada pelo segurado, não sendo devido o pagamento de valores prescritos na data do requerimento, observado o art. 471.

§ 1º O valor da cota do salário-família será fixado por Portaria Ministerial.

§ 2º Deverá ser observada a prescrição quinquenal no pagamento das parcelas relativas às cotas de salário-família.

§ 3º O valor do salário-família no mês de cessação do benefício será pago pelo INSS de forma integral, independentemente do número de dias em benefício.

SEÇÃO V – DA SUSPENSÃO DO BENEFÍCIO

Art. 485. A empresa, o órgão gestor de mão-de-obra, o sindicato de trabalhadores avulsos ou o INSS suspenderá o pagamento do salário-família se o segurado empregado ou trabalhador avulso não apresentar o atestado de vacinação obrigatória e a comprovação de frequência escolar do filho ou do enteado e do menor tutelado, nas datas definidas no art. 474 até que a documentação seja apresentada, observando que:

I – não é devido salário-família no período entre a suspensão do benefício motivada pela falta de comprovação da frequência escolar e o seu reativamento, salvo se provada a frequência escolar regular no período;

II – se após a suspensão do pagamento do salário-família, o segurado comprovar a vacinação do filho, ainda que fora de prazo, caberá o pagamento das cotas relativas ao período suspenso;

Art. 486. A falta de comunicação oportuna de fato que implique cessação do salário-família, bem como a prática, pelo empregado, inclusive o doméstico, de fraude de qualquer natureza para o seu recebimento, autoriza a empresa, o empregador doméstico, o INSS, o sindicato, ou órgão gestor de mão de obra, conforme o caso, a descontar dos pagamentos de cotas devidas com relação a outros filhos ou, na falta delas, do próprio salário do empregado, inclusive o doméstico, ou da renda mensal do seu benefício, o valor das cotas indevidamente recebidas, sem prejuízo das sanções penais cabíveis, observado o disposto no § 2º do art. 154 do RPS.

SEÇÃO VI – DA CESSAÇÃO DO BENEFÍCIO

Art. 487. O direito ao salário-família cessa automaticamente:

I – por morte do filho ou equiparado, a contar do mês seguinte ao do óbito;

II – quando o filho ou equiparado completar 14 (quatorze anos) de idade, salvo se inválido, a contar do mês seguinte ao da data do aniversário;

III – pela recuperação da capacidade do filho ou equiparado inválido, a contar do mês seguinte ao da cessação da incapacidade; ou

IV – pelo desemprego do segurado.

CAPÍTULO VI – DA PENSÃO POR MORTE

SEÇÃO I – DAS DISPOSIÇÕES GERAIS

Art. 488. A pensão por morte será devida ao conjunto dos dependentes do segurado do RGPS que falecer, aposentado ou não, atendidos os critérios discriminados neste Capítulo.

Art. 489. Havendo habilitação de mais de um pensionista, a pensão por morte será rateada entre os dependentes em parte iguais.

Art. 490. A renda mensal inicial da pensão por morte será calculada na forma definida no art. 224 a 229.

SUBSEÇÃO I – DOS EFEITOS FINANCEIROS

Art. 491. O benefício de pensão por morte será devido:

I – para óbito ocorrido a partir de 18 de janeiro de 2019, data da publicação da Medida Provisória nº 871, convertida na Lei 13.846, de 18 de junho de 2019, a contar:

a) da data do óbito:

1. ao dependente menor de 16 (dezesseis) anos, quando requerida em até 180 (cento e oitenta) dias da data do óbito; e

2. aos demais dependentes, quando requerida em até 90 (noventa) dias da data do óbito;

b) da data do requerimento, quando solicitada após os prazos previstos na alínea "a" e "d";

c) da decisão judicial, no caso de morte presumida; e

d) da data da ocorrência, no caso de catástrofe, acidente ou desastre: *(Redação dada pela Portaria Dirben/INSS 1.080/2022)*

1. ao dependente menor de 16 (dezesseis) anos, quando requerida em até 180 (cento e oitenta) dias da data da catástrofe, do acidente ou do desastre; e *(Acrescido pela Portaria Dirben/INSS 1.080/2022)*

2. aos demais dependentes, quando requerida em até 90 (noventa) dias da data da catástrofe, do acidente ou do desastre. *(Acrescido pela Portaria Dirben/INSS 1.080/2022)*

II – para óbito ocorrido no período de 5 de novembro de 2015, data da publicação da Lei nº 13.183, de 2015, até 17 de janeiro de 2019, véspera da publicação da MP 871, de 2019, a contar da data:

a) do óbito, quando requerida:

1. pelo dependente menor de 16 (dezesseis) anos de idade, até 90 (noventa) dias após completar esta idade, devendo ser verificado se houve a ocorrência da emancipação; e

2. pelo dependente maior de 16 (dezesseis) anos de idade, até 90 (noventa) dias da data do óbito.

b) do requerimento do benefício, quando protocolado após os prazos previstos na alínea "a" e alínea "d";

c) da decisão judicial, no caso de morte presumida; e

d) da data da ocorrência, no caso de catástrofe, acidente ou desastre, se requerida até 90 (noventa) dias desta.

III – para óbito ocorrido no período de 11 de novembro de 1997, data da publicação da Medida Provisória nº 1596-14, de 1997, convertida na Lei nº 9.528, de 1997, até 4 de novembro de 2015, a DIP será fixada:

a) na data do óbito, quando requerida:

1. pelo dependente menor de 16 (dezesseis) anos de idade, até 30 (trinta) dias após completar essa idade; e

2. pelo dependente maior de 16 (dezesseis) anos de idade, até 30 (trinta) dias da data do óbito;

b) no requerimento do benefício, quando solicitada após os prazos da alínea "a" e "d" deste inciso.

c) na decisão judicial, no caso de morte presumida; e

d) na data da ocorrência, no caso de catástrofe, acidente ou desastre, se requerida até 30 (trinta) dias desta.

IV – para óbitos ocorridos até o dia 10 de novembro de 1997, véspera da publicação da Medida Provisória nº 1596-14, de 1997, convertida na Lei nº 9.528, de 1997, a DIP será fixada:

a) na data do óbito, para todos os dependentes, observada a prescrição quinquenal de parcelas vencidas ou devidas;

b) na decisão judicial, no caso de morte presumida; e

c) na data da ocorrência, no caso de morte presumida em decorrência de catástrofe, acidente ou desastre;

§ 1º Para fins de aplicação do inciso IV, deverá ser resguardado o pagamento integral das parcelas vencidas ou devidas aos dependentes menores de 16 (dezesseis) anos e aos inválidos incapazes, observada a orientação firmada no Parecer MPAS/CJ nº 2.630, publicado em 17 de dezembro de 2001, observado o § 2º em relação aos incapazes.

§ 2º Para os requerimentos efetuados a partir de 3 de janeiro de 2016, considerando início da vigência da Lei nº 13.146, de 2015, que alterou o art. 3º da Lei nº 10.406, de 2002, são considerados incapazes para os atos da vida civil apenas os menores de 16 (dezesseis) anos, observado o § 4º.

§ 3º Os dependentes declarados judicialmente incapazes para exercer pessoalmente os atos da vida civil devem ser equiparados aos menores de 16 (dezesseis) anos de idade até 2 de janeiro de 2016, contando-se o termo inicial dos prazos dispostos no *caput*, no que se aplica, a partir de 3 de janeiro de 2016. *(Redação dada pela Portaria Dirben/INSS 1.080/2022)*

§ 4º Até 17 de janeiro de 2019, tendo em vista o disposto no parágrafo único do art. 103 da Lei nº 8.213, de 1991, combinado com o inciso I do art. 198 do Código Civil Brasileiro, para o menor absolutamente incapaz, o termo inicial da prescrição, previsto nos incisos I e II do art. 74 da Lei nº 8.213, de 1991, é o dia seguinte àquele em que tenha alcançado dezesseis anos de idade ou àquele em que tenha se emancipado, o que ocorrer primeiro, somente se consumando a prescrição após o transcurso do prazo legalmente previsto.

SUBSEÇÃO II – DOS EFEITOS FINANCEIROS NA HABILITAÇÃO DE DEPENDENTE POSTERIOR

Art. 492. Caso haja habilitação de dependente posterior à concessão da pensão pela morte do instituidor, aplicam-se as seguintes regras quanto à fixação da DIP, observada a prescrição quinquenal:

I – Se já houver pensão por morte concedida e cessada:

a) para óbito ocorrido a partir de 17 de janeiro de 2019, data da publicação da MP 871, a DIP será fixada:

1. no dia seguinte à DCB da pensão precedente, desde que requerido até 90 (noventa) dias do óbito do instituidor, ressalvado o direito dos menores de 16 (dezesseis) anos cujo prazo é de 180 (cento e oitenta) dias;

2. na DER, se requerido após os prazos do item anterior.

b) para óbito ocorrido no período de 5 de novembro de 2015, data da publicação da Lei 13.183, até 17 de janeiro de 2019, a DIP será fixada:

1. no dia seguinte à DCB da pensão precedente, desde que requerido até 90 (noventa) dias do óbito do instituidor, ressalvado o direito dos menores de 16 (dezesseis) anos cujo prazo será de até 90 (noventa) dias após completar esta idade e o direito do ausente ou do incapaz até 2 de janeiro de 2016, véspera da entrada em vigor da Lei 13.146, de 2015, em que a DIP será no dia seguinte à DCB de pensão;

2. na DER, se requerido após o prazo do item anterior,

c) para óbito ocorrido no período de 11 de novembro de 1997, data da publicação da Medida Provisória nº 1596-14, convertida na Lei nº 9.528, de 1997, até 4 de novembro de 2015:

1. a DIP será fixada no dia seguinte à DCB da pensão precedente, desde que requerido até 30 (trinta) dias do óbito do instituidor, ressalvado o direito dos menores de 16 (dezesseis) anos cujo prazo será de até 30 (trinta) dias após completar esta idade e o direito do incapaz ou do ausente, em que a DIP será no dia seguinte à DCB da pensão precedente, relativamente à sua cota parte, observada a prescrição quinquenal;

2. se requerido após 30 (trinta) dias do óbito, a DIP será fixada na DER.

d) para óbitos ocorridos até 10 de novembro de 1997, véspera da publicação da Medida Provisória nº 1596-14, de 1997, convertida na Lei nº 9.528, de 1997, a DIP deverá ser fixada no dia seguinte à DCB da pensão precedente, qualquer que seja o dependente.

II – Se não cessada a pensão precedente, a DIP será fixada na DER, qualquer que seja o dependente e qualquer que seja a data do óbito.

SUBSEÇÃO III – DO PRAZO DE DURAÇÃO

Art. 493. O prazo de duração da cota ou do benefício de pensão por morte do dependente na qualidade de cônjuge, companheiro ou companheira será vitalícia para fatos geradores até 13 de janeiro de 2015, e, após esta data, conforme disposto na Medida Provisória nº 664, de 2014, convertida na Lei nº 13.135, de 2015, observará as seguintes regras:

I – para óbito ocorrido a partir de 1º de janeiro de 2021, data do início da vigência da Portaria ME nº 424, de 29 de dezembro de 2020, será:

a) de 4 (quatro) meses, se o óbito ocorrer sem que o segurado tenha vertido, a qualquer tempo, 18 (dezoito) contribuições mensais ou sem que tenha sido comprovado pelo menos de 2 (dois) anos de casamento ou união estável com o instituidor em período anterior ao fato gerador;

b) de acordo com a idade do dependente no momento do óbito do segurado, conforme tabela a seguir, se comprovado casamento ou união estável iniciado há pelo menos 2 (dois) anos antes do óbito e o instituidor tenha vertido, a qualquer tempo, no mínimo, 18 (dezoito) contribuições mensais:

DURAÇÃO DO BENEFÍCIO	
Idade do dependente na data do óbito	Quantidade de anos
Menos de 22	3 (três)
Entre 22 a 27	6 (seis)
Entre 28 a 30	10 (dez)
Entre 31 a 41	15 (quinze)
Entre 42 a 44	20 (vinte)
Mais de 45	vitalícia

c) até a superação da invalidez, caso se trate de dependente inválido, respeitado o maior período previsto para recebimento: quatro meses, ou a idade do dependente na data do fato gerador, ou a superação da condição de inválido; e

d) até a superação da deficiência, se dependente deficiente (qualquer grau), respeitado o maior período previsto para recebimento: quatro meses, ou a idade do dependente na data do fato gerador, ou a superação da condição de deficiente.

II – para óbito ocorrido a partir de 3 de janeiro de 2016, data do início da vigência da Lei nº 13.146, de 2015, até 31 de dezembro de 2020, será:

a) de 4 (quatro) meses, se o óbito ocorrer sem que o segurado tenha vertido, a qualquer tempo, 18 (dezoito) contribuições mensais ou sem que tenha sido comprovado pelo menos de 2 (dois) anos de casamento ou união estável com o instituidor em período anterior ao fato gerador;

b) de acordo com a idade do dependente no momento do óbito do segurado, conforme tabela que vigorou para óbitos até 31/12/2020, se comprovado casamento ou união estável iniciado há pelo menos 2 (dois) anos antes do óbito e o instituidor tiver vertido, a qualquer tempo, no mínimo, 18 (dezoito) contribuições mensais; e

c) até a superação da invalidez, caso se trate de dependente inválido, respeitado o maior período previsto para recebimento: 4 (quatro) meses, ou a idade do dependente na data do fato gerador, ou a superação da condição de inválido; e

d) até a superação da deficiência, se dependente deficiente (qualquer grau), respeitado o maior período previsto para recebimento: quatro meses, ou a idade do dependente na data do fato gerador, ou a superação da condição de deficiente.

III – para óbito ocorrido no período de 1º de março de 2015 a 2 de janeiro de 2016, será:

a) de 4 (quatro) meses, se o óbito ocorrer sem que o segurado tenha vertido, a qualquer tempo, 18 (dezoito) contribuições mensais ou sem que tenha sido comprovado pelo menos de 2 (dois) anos de casamento ou união estável com o instituidor em período anterior ao fato gerador;

b) de acordo com a idade do dependente no momento do óbito do segurado, conforme tabela que vigorou para óbitos até 31/12/2020, se comprovado casamento ou união estável iniciado há pelo menos 2 (dois) anos antes do óbito e o instituidor tiver vertido, a qualquer tempo, no mínimo, 18 (dezoito) contribuições mensais; e

c) até a superação da invalidez, em se tratando de dependente inválido, respeitado o maior período previsto para recebimento: quatro meses, ou a idade do dependente na data do fato gerador, ou a superação da condição de inválido.

IV – para óbito ocorrido no período de 14 de janeiro de 2015 a 28 de fevereiro de 2015, será:

a) de 4 (quatro) meses, se comprovado período inferior a 2 (dois) anos de casamento ou união estável com o instituidor antes do óbito;

b) até a superação da invalidez, em se tratando de dependente inválido, respeitado o maior período previsto para recebimento da cota: 4 (quatro meses), ou a idade do dependente na data do fato gerador, ou a superação da condição de inválido; e

c) vitalícia, se comprovado, no mínimo, 2 (dois) anos de casamento ou união estável com o instituidor, anteriores ao óbito.

§ 1º O início da contagem do tempo de duração da cota do cônjuge ou companheiro(a) será a partir da data do óbito do instituidor.

§ 2º O cônjuge ou companheiro(a) na condição de pessoa com deficiência terá direito à prorrogação da cota, na forma das alíneas «d» dos incisos I e II, se a data prevista de cessação da cota ocorrer a partir de 3 de janeiro de 2016, data do início da vigência da Lei nº 13.146, de 2015.

§ 3º Se o óbito do segurado decorrer de acidente de qualquer natureza ou acidente do trabalho, independentemente do recolhimento de 18 (dezoito) contribuições mensais ou da comprovação de 2 (dois) anos de casamento ou de união estável, serão aplicados, conforme o caso, as regras referentes à idade, invalidez ou deficiência.

§ 4º Para a comprovação do acidente de qualquer natureza a que se refere o §3º, deve ser apresentada declaração de óbito, emitida pela autoridade médica competente, com marcação do campo 48 informando que o óbito ocorreu devido a acidente (tipo 1 ou Acidente do Trabalho).

§ 5º Quando se tratar de pensão por morte por acidente do trabalho (espécie 93), restando comprovado o acidente do trabalho ou doença profissional ou do trabalho, na forma disposta nos arts. 407 e 408, não se faz necessária a apresentação da declaração de óbito.

§ 6º No caso de instituidor em gozo de aposentadoria, exceto por incapacidade permanente, não será necessária a apuração de 18 (dezoito) contribuições, considerando que na aposentadoria já houve a comprovação, de, no mínimo, sessenta contribuições.

§ 7º Para fins de aplicação do disposto no *caput* ao ex-cônjuge ou ex-companheiro(a) recebedor de alimentos decorrente de decisão judicial ou de acordo extrajudicial ou ajuda financeira sob qualquer forma, a comprovação de 2 (dois) anos de casamento ou de união estável com o instituidor do benefício deverá ser imediatamente anterior à separação conjugal.

Art. 494. Serão considerados para fins de apuração das 18 (dezoito) contribuições mensais a que se refere o art. 493, os seguintes períodos:

I – como empregado doméstico, com ou sem contribuições, observadas as regras relativas ao reconhecimento do tempo de filiação;

II – de atividade rural, independente da condição do instituidor (segurado urbano ou rural) na data do fato gerador;

III – de vinculação ao Regime Próprio de Previdência Social – RPPS, desde que apresentada a Certidão de Tempo de Contribuição – CTC e desde que tal período não tenha sido considerado para fins de benefício no RPPS;

IV – em gozo de auxílio por incapacidade temporária ou aposentadoria por incapacidade permanente, mesmo que não se trate de período intercalado entre atividades/períodos de contribuição; *(Redação dada pela Portaria Dirben/INSS 1.080/2022)*

V – como contribuinte individual ou empregado doméstico, independente da primeira contribuição paga em dia, observadas as regras relativas ao reconhecimento do tempo de filiação.

Parágrafo único. Na análise das 18 (dezoito) contribuições deverão ser consideradas as seguintes regras:

I – não será observada a perda de qualidade de segurado entre os períodos;

II – será considerado como 1 (uma) contribuição, independentemente da quantidade de dias trabalhados dentro do mês, desprezadas as concomitâncias, devendo ser observada a regra do artigo 19-E do RPS;

III – será dispensada a apuração das 18 (dezoito) contribuições caso, no momento do óbito, o instituidor esteja em gozo de aposentadoria, exceto por incapacidade permanente, considerando que para esses benefícios a carência mínima exigida supera 18 (dezoito) contribuições/meses;

IV – não serão considerados, para fins da pensão por morte, os recolhimentos efetuados pelos dependentes após o óbito do instituidor;

V – em se tratando de requerimento de auxílio-reclusão, o recolhimento de período de débito relativo a competências anteriores ao fato gerador será considerado, observadas as regras relativas ao reconhecimento do tempo de filiação.

Art. 495. Na apuração da invalidez do cônjuge/companheiro deve ser aplicado o tempo de duração da cota/benefício para óbito/reclusão a partir de 14 de janeiro de 2015.

SEÇÃO II – DA ANÁLISE DO BENEFÍCIO

Art. 496. Para fins de reconhecimento do direito à pensão por morte, deverá ser comprovada a qualidade do segurado instituidor e do dependente na data do óbito, bem como verificados os efeitos financeiros aplicáveis na data do requerimento.

Parágrafo único. Em sendo verificado o reconhecimento do direito à pensão por morte, mas não havendo efeito financeiro disponível na data do requerimento, o requerimento deverá ser indeferido.

Art. 497. A concessão da pensão por morte não será protelada pela falta de habilitação de outro possível dependente, e qualquer habilitação posterior que importe em exclusão ou inclusão de dependente somente produzirá efeito a contar da data da habilitação.

Art. 498. Não serão consideradas as contribuições vertidas após o óbito para todos os fins.
Parágrafo único. Não incorre nesta hipótese a complementação da contribuição efetuada abaixo do salário mínimo, na forma do disposto no art. 19-E do RPS.

Art. 499. Caberá a concessão de pensão aos dependentes mesmo que o óbito tenha ocorrido após a perda da qualidade de segurado, desde que:
I – o instituidor do benefício tenha implementado todos os requisitos para obtenção de uma aposentadoria até a data do óbito; ou
II – fique reconhecido o direito, dentro do período de graça, à aposentadoria por incapacidade permanente, a qual deverá ser verificada por meio de parecer da Perícia Médica Federal com base em atestados ou relatórios médicos, exames complementares, prontuários ou outros documentos equivalentes, referentes ao ex-segurado, que confirmem a existência de incapacidade permanente até a data do óbito.
§ 1º Para efeito do disposto no *caput*, os documentos do segurado instituidor serão avaliados dentro do processo de pensão por morte, sem resultar qualquer efeito financeiro em decorrência de tal comprovação.
§ 2º Para fins do disposto no inciso I, será observada a legislação da época em que o instituidor tenha implementado as condições necessárias para a aposentadoria.

Art. 500. Em se tratando de benefício requerido por filho adotado, deverá ser apresentada a decisão judicial que concede a adoção para que seja cessado, na data do trânsito em julgado, eventual benefício de pensão por morte que o adotado receba em virtude da morte dos pais biológicos, ou para que seja cessada sua respectiva cota.

Art. 501. Deverá ser solicitado ao segurado declaração quanto ao recebimento de benefício em outro regime de previdência, conforme Anexo XXIV – "Declaração de Recebimento do Benefício em outro Regime de Previdência", da Instrução Normativa PRES/INSS nº 128, de 2022.
§ 1º O disposto no *caput* não se aplica ao segurado especial que declarar não possuir renda proveniente de pensão por morte ou aposentadoria preexistente em campo específico da autodeclaração.
§ 2º Na hipótese em que o segurado especial declarar o recebimento de renda proveniente de pensão por morte ou aposentadoria preexistente, deverá ser exigida a declaração constante no *caput*.

SUBSEÇÃO ÚNICA – DA PENSÃO POR MORTE PARA CÔNJUGE OU COMPANHEIRO(A)

Art. 502. Para o reconhecimento do direito à pensão por morte ao cônjuge, companheiro ou companheira, a qualidade de dependente deve ser comprovada na data do óbito, preenchidos os demais requisitos.

Art. 503. Na hipótese de cônjuge e companheiro habilitados como dependentes no benefício de pensão por morte do mesmo instituidor, o cônjuge deverá apresentar declaração específica contendo informação sobre a existência de separação de fato, observado que, diante da negativa da separação de fato, o cônjuge terá direito à pensão por morte mediante a apresentação:
I – da certidão de casamento atualizada na qual não conste averbação de divórcio ou de separação judicial; e
II – de pelo menos um documento evidenciando o convívio com o instituidor dentro de 24 (vinte e quatro) meses anteriores à data do óbito.
§ 1º Em havendo declaração do cônjuge de que estava separado de fato, este terá direito à pensão por morte se apresentar, no mínimo, um documento que comprove o recebimento de ajuda financeira sob qualquer forma ou recebimento de pensão alimentícia.
§ 2º No caso de o cônjuge apresentar declaração de negativa da separação de fato, bem como os documentos elencados nos incisos I e II, estará afastado o direito do companheiro,

ainda que haja a apresentação de dois documentos, na forma do § 3º do art. 22 do RPS.

§ 3º Na situação prevista no § 1º, será devido o benefício de pensão por morte desdobrada para o cônjuge e para o companheiro que comprovar a união estável ao tempo do óbito.

Art. 504. No caso de requerimento de pensão por morte com declaração de separação de fato em benefício assistencial ou previdenciário anterior, será devido o benefício de pensão por morte, desde que comprovado o restabelecimento do vínculo conjugal.

§ 1º A certidão de casamento não poderá ser utilizada como um dos documentos para a comprovação do restabelecimento do vínculo conjugal, bem como não poderá ser comprovado esse restabelecimento exclusivamente por meio de prova testemunhal.

§ 2º Apresentado início de prova material que possa levar à convicção do restabelecimento do vínculo conjugal, produzida dentro do prazo de 24 (vinte e quatro) meses até a data do óbito, deverá ser oportunizado o processamento de Justificação Administrativa.

§ 3º Na hipótese prevista no *caput*, evidenciado o restabelecimento do vínculo conjugal antes do óbito, e se em razão deste restarem superadas as condições que resultaram na concessão do benefício assistencial, o processo deverá ser encaminhado ao Monitoramento Operacional de Benefícios – MOB.

§ 4º Na hipótese do § 3º, caso seja reconhecido o direito à pensão por morte, o benefício deverá ser concedido independentemente do processo de apuração de irregularidade do benefício assistencial.

§ 5º Os documentos apresentados devem comprovar o restabelecimento conjugal em data posterior à da separação de fato, não devendo ser aceitos documentos anteriores à declaração para nenhum fim.

SEÇÃO III – DA ANÁLISE DO BENEFÍCIO DA PENSÃO PROVISÓRIA

SUBSEÇÃO I – DA MORTE PRESUMIDA

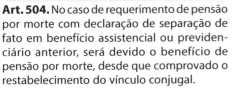

Art. 505. A pensão poderá ser concedida por morte presumida do segurado:

I – mediante sentença declaratória de ausência expedida por autoridade judiciária; ou *(Redação dada pela Portaria Dirben/INSS 1.080/2022)*

II – em caso de desaparecimento do segurado por motivo de catástrofe, acidente ou desastre, mediante prova hábil. *(Redação dada pela Portaria Dirben/INSS 1.080/2022)*

Art. 506. Servirão como prova hábil do desaparecimento, entre outras:

I – boletim do registro de ocorrência feito junto à autoridade policial;

II – prova documental de sua presença no local da ocorrência; ou

III – noticiário nos meios de comunicação.

Parágrafo único. Os documentos apresentados para fins de comprovação do desaparecimento devem conter informações que possibilitem a identificação do segurado.

Art. 507. Se existir relação entre o trabalho do segurado e a catástrofe, o acidente ou o desastre que motivaram seu desaparecimento, além dos documentos relacionados no art. 506 e dos documentos dos dependentes, caberá a apresentação da CAT, sendo indispensável o parecer médico pericial para caracterização do nexo técnico.

Art. 508. Nas situações de morte presumida relacionadas no art. 112 do RPS, a cada 6 (seis) meses o recebedor do benefício deverá apresentar documento da autoridade competente, contendo informações acerca do andamento do processo, relativamente à declaração de morte presumida, até que seja apresentada a certidão de óbito.

Art. 509. Verificado o reaparecimento do segurado, o pagamento da pensão cessa imediatamente, ficando os dependentes desobrigados da reposição dos valores recebidos, salvo comprovada má-fé.

§ 1º A má-fé deverá ser comprovada mediante a apuração dos fatos, oportunizados o contraditório e a ampla defesa, seja no momento de revisão de benefício ou pelo Monitoramento Operacional de Benefícios (MOB).

§ 2º A comprovação poderá ocorrer através da formação de convicção, que se dará de forma direta, por meio de provas materiais específicas, ou indireta, com a verificação de fatos irrefutáveis à prática.

SUBSEÇÃO II – DAS DEMAIS HIPÓTESES DE PENSÃO PROVISÓRIA

Art. 510. Além do disposto na subseção anterior, caso seja ajuizada ação judicial para reconhecimento da condição de dependente, este poderá requerer a sua habilitação provisória ao benefício de pensão por morte, exclusivamente para fins de rateio dos valores com outros dependentes, vedado o pagamento da respectiva cota até o trânsito em julgado da respectiva ação, ressalvada a existência de decisão judicial em contrário.

§ 1º Esta previsão é válida para fatos geradores a partir de 18 de maio de 2019, 120 (cento e vinte dias) após a data da publicação da Medida Provisória nº 871, de 18 de janeiro de 2019.

§ 2º Nas ações em que o INSS for parte, este poderá proceder de ofício à habilitação excepcional da referida pensão, apenas para efeitos de rateio, descontando-se os valores referentes a esta habilitação das demais cotas, vedado o pagamento da respectiva cota até o trânsito em julgado da respectiva ação, ressalvada a existência de decisão judicial em contrário.

§ 3º Julgada improcedente a ação prevista no *caput* e no § 2º, o valor retido será corrigido pelos índices legais de reajustamento e será pago de forma proporcional aos demais dependentes, de acordo com as suas cotas e o tempo de duração de seus benefícios.

SEÇÃO IV – DA CESSAÇÃO DO BENEFÍCIO

Art. 511. O pagamento da cota individual da pensão por morte cessa:

I – pelo óbito do dependente;

II – ao completar 21 (vinte e um) anos de idade o filho, o enteado, o menor tutelado ou o irmão, de qualquer condição, exceto se for inválido ou tiver deficiência intelectual, mental ou grave;

III – pelo afastamento da deficiência intelectual, mental ou grave ou pela cessação da invalidez do filho, do enteado, do menor tutelado ou do irmão, de qualquer condição, maiores de 21 (vinte e um) anos;

IV – pela a adoção para o filho adotado que receba pensão por morte dos pais biológicos, observado o disposto no parágrafo único;

V – pelo decurso do prazo de duração da cota prevista no art. 493, para cônjuge, companheiro ou companheira;

VI – pelo afastamento da deficiência intelectual, mental ou grave ou pela cessação da invalidez para cônjuge, companheiro ou companheira, respeitados os prazos previstos no art. 493;

VII – pelo alcance da data-limite fixada na concessão da pensão alimentícia para o divorciado, separado de fato ou separado judicialmente,

conforme o disposto no §2º do art. 373 da Instrução Normativa PRES/INSS nº 128, de 2022.

Parágrafo único. Não se aplica o disposto no inciso IV quando o cônjuge ou companheiro(a) adota o filho do outro.

Art. 512. O pensionista menor de 21 (vinte e um) anos de idade, que se invalidar antes de completar essa idade ou de eventual causa de emancipação, exceto por colação de grau em ensino superior, deverá ser submetido a exame médico pericial, não se extinguindo a respectiva cota se confirmada a invalidez, independentemente de a invalidez ter ocorrido antes ou após o óbito do segurado.

Art. 513. Aplica-se o disposto no art. 512, ao filho e ao irmão maior de 21 (vinte e um) anos de idade com deficiência intelectual ou mental ou deficiência grave, desde que a data prevista para a cessação da sua cota ocorra a partir de 3 de janeiro de 2016, data do início da vigência da Lei nº 13.146, de 2015.

Art. 514. Perderá o direito à pensão por morte o condenado criminalmente por sentença transitada em julgado pela prática de crime:

I – de que tenha dolosamente resultado a morte do segurado, para fatos geradores até 17 de junho de 2019, véspera da publicação da Lei nº 13.846, de 2019; ou

II – como autor, coautor ou partícipe de homicídio doloso, ou de tentativa desse crime, cometido contra a pessoa do segurado, ressalvados os absolutamente incapazes e os inimputáveis, para fato gerador a partir de 18 de junho de 2019, data de publicação da Lei nº 13.846, de 2019.

§ 1º A informação de que o condenado é absolutamente incapaz ou inimputável terá que constar na sentença judicial.

§ 2º No período de 30 de dezembro de 2014, data da publicação da Medida Provisória nº 664, até 17 de junho de 2015, véspera da publicação da Lei nº 13.135, não se exigia o trânsito em julgado da ação judicial, no entanto, em decorrência do art. 5º da Lei nº 13.135, de 2015, foram revistos ou restabelecidos os benefícios cessados somente com a condenação em primeira instância. *(Redação dada pela Portaria Dirben/INSS 1.080/2022)*

Art. 515. Havendo, no ato da habilitação da pensão por morte, fundados indícios da situação prevista no art. 514, ressalvados os absolutamente incapazes e os inimputáveis, o benefício será concedido e encaminhado para o Monitoramento Operacional de Benefícios, para aplicação do disposto no §7° do art. 77 da Lei n° 8.213, de 1991.

Art. 516. Perde o direito à pensão por morte o cônjuge, o companheiro ou a companheira se comprovada em processo judicial, a qualquer tempo, simulação ou fraude no casamento ou na união estável, ou a formalização desses com o fim exclusivo de constituir benefício previdenciário.

Art. 517. Os dependentes que se enquadrem no disposto no art. 514 não podem receber mandato para representação de outro dependente para fins de recebimento e percepção do benefício de pensão por morte.

Art. 518. Com a extinção da cota do último pensionista, a pensão por morte será encerrada.

SEÇÃO V – DAS DISPOSIÇÕES HISTÓRICAS

Art. 519. A pensão por morte concedida para filho adotado em razão da morte dos pais biológicos, e mantida mesmo após 23 de setembro de 2005, data de publicação do Decreto n° 5.545, deverá ser cessada nesta data, observando que não é devida a pensão por morte requerida por filho adotado em razão da morte dos pais biológicos após a alteração do respectivo decreto, independentemente da data da adoção.

Art. 520. A pensão por morte concedida na vigência da Lei n° 8.213, de 1991, com base no art. 240 do Regulamento dos Benefícios da Previdência Social – RBPS, aprovado pelo Decreto n° 611, de 1992, sem que tenha sido observada a qualidade de segurado, não está sujeita à revisão específica para a verificação desse requisito, sendo indispensável a sua observância, para os benefícios despachados a partir de 21 de dezembro 1995, data da publicação da ON/INSS/SSBE n° 13, de 20 de dezembro de 1995.

Parágrafo único. Poderá ser concedida, a qualquer tempo, outra pensão com o mesmo instituidor em decorrência de desdobramento com a anteriormente concedida, e ainda ativa, na forma do *caput*, para inclusão de novos dependentes, sendo devidas as parcelas somente a partir da data da entrada do requerimento.

CAPÍTULO VII – DO AUXÍLIO-RECLUSÃO

Art. 521. Para fins de reconhecimento do direito ao auxílio-reclusão será exigida a comprovação das qualidades de segurado e de dependente, observando ainda:

I – para reclusão a partir de 18 de janeiro de 2019, data da publicação de Medida Provisória n° 871, convertida na Lei n° 13.846, de 2019:

a) o regime de reclusão deverá ser fechado; *(Redação dada pela Portaria Dirben/INSS 1.080/2022)*

b) o recluso deverá ser segurado de baixa renda; e *(Redação dada pela Portaria Dirben/INSS 1.080/2022)*

c) o instituidor deve possuir 24 (vinte e quatro) meses de carência; *(Redação dada pela Portaria Dirben/INSS 1.080/2022)*

II – para reclusão ocorrida entre 10 de outubro de 2001, data da publicação da Instrução Normativa INSS/DC N° 057, a 17 de janeiro de 2019:

a) o regime de reclusão deverá ser fechado ou semiaberto;

b) o recluso deverá ser segurado de baixa renda; e *(Redação dada pela Portaria Dirben/INSS 1.080/2022)*

c) o benefício é isento de carência; *(Redação dada pela Portaria Dirben/INSS 1.080/2022)*

III – para reclusão ocorrida entre 16 de dezembro de 1998, data da vigência da Emenda Constitucional n° 20, a 9 de outubro de 2001:

a) o regime de reclusão deverá ser fechado;

b) o recluso deverá ser segurado de baixa renda;

c) o benefício é isento de carência; *(Redação dada pela Portaria Dirben/INSS 1.080/2022)*

IV – se a data da reclusão recair até 15 de dezembro de 1998, véspera da vigência da Emenda Constitucional n° 20, aplicar-se-á a legislação vigente à época, não se aplicando o disposto neste artigo.

§ 1° Considera-se baixa renda para fins do disposto na alínea "b", inciso I do *caput*, aquele que na aferição da renda mensal bruta, pela média dos salários de contribuição apurados no período de 12 (doze) meses anteriores ao mês do recolhimento à prisão, não supere o valor fixado na Portaria Ministerial vigente na data do recolhimento à prisão, e quando houver: *(Redação dada pela Portaria Dirben/INSS 1.080/2022)*

I – exercício de atividade com vinculação a Regime Próprio de Previdência Social, a remuneração deverá compor a média apurada;

II – recebimento de auxílio-acidente, a renda mensal do benefício deverá integrar o cálculo da renda mensal bruta;

III – recebimento de benefícios por incapacidade, para os requerimentos de benefício realizados até 17 de junho de 2019, o valor do benefício deverá integrar o cálculo da renda mensal; ou

IV – recebimento de benefícios por incapacidade, para os requerimentos de benefício realizados a partir de 18 de junho de 2019, será considerado como salário de contribuição no período o salário de benefício que serviu de base para o cálculo da renda mensal, reajustado na mesma época e com a mesma base dos benefícios em geral, não podendo ser inferior ao valor de 1 (um) salário mínimo.

§ 1º-A. Para fins do disposto no §1º, serão consideradas todas as competências cujo salário de contribuição atingir o limite mínimo mensal, inclusive do segurado facultativo, para verificação da condição de segurado baixa renda, sendo desconsideradas as competências a partir de 14 de novembro de 2019, data posterior à publicação da Emenda Constitucional nº 103, cujo salário de contribuição não atingir o referido limite. *(Acrescido pela Portaria Dirben/INSS 1.080/2022)*

§ 2º Quando não houver salário de contribuição no período de 12 (doze) meses anteriores à prisão, será considerado segurado de baixa renda.

§ 3º Considera-se baixa renda para fins do disposto na alínea "b", dos incisos II e III do *caput*, o último salário de contribuição do segurado, tomado no seu valor mensal, que deverá ser igual ou inferior ao valor fixado na Portaria Ministerial vigente na data da contribuição utilizada como referência: *(Redação dada pela Portaria Dirben/INSS 1.080/2022)*

I – quando não houver salário de contribuição na data do efetivo recolhimento à prisão, será devido o auxílio-reclusão, desde que:

a) não tenha havido perda da qualidade de segurado; e

b) o último salário de contribuição, tomado em seu valor mensal, na data da cessação das contribuições ou do afastamento do trabalho seja igual ou inferior aos valores fixados por Portaria Interministerial, atualizada anualmente.

II – no caso do segurado que recebe por comissão, sem remuneração fixa, será considerado como salário de contribuição mensal o valor auferido no mês do efetivo recolhimento à prisão, observado o disposto no inciso I.

III – é devido o auxílio-reclusão, ainda que o resultado da RMI do benefício seja superior ao teto constante no §2º.

§ 4º O benefício de auxílio-reclusão concedido para fato gerador anterior a 18 de janeiro de 2019 deverá ser mantido nos casos de cumprimento de pena no regime semiaberto, ainda que a progressão do regime fechado para o semiaberto ocorra na vigência da Medida Provisória nº 871, de 2019. *(Redação dada pela Portaria Dirben/INSS 1.080/2022)*

§ 5º Ao término da prisão provisória o auxílio-reclusão pago aos dependentes deverá ser cessado e, caso nova prisão ocorra, ainda que em razão do mesmo evento causador da primeira privação de liberdade, proceder-se-á à nova análise de dependência, qualidade de segurado e renda, em novo requerimento de auxílio-reclusão.

§ 6º O monitoramento eletrônico do instituidor do benefício de auxílio-reclusão não interfere no direito do dependente ao recebimento do benefício, uma vez que tem a função de fiscalizar o preso, desde que mantido o regime fechado.

§ 7º Equipara-se à condição de recolhido à prisão, a situação do maior de 16 (dezesseis) e menor de 18 (dezoito) anos de idade que se encontre internado em estabelecimento educacional ou congênere, sob custódia do Juizado da Infância e da Juventude.

Art. 522. Entende-se por:

I – regime fechado aquele sujeito à execução da pena em estabelecimento de segurança máxima ou média; e

II – regime semi-aberto aquele sujeito à execução da pena em colônia agrícola, industrial ou estabelecimento similar.

Art. 523. Para requerimentos a partir de 18 de janeiro de 2019, vigência da Medida Provisória nº 871, o requerimento do auxílio-reclusão será instruído com certidão judicial que ateste o recolhimento efetivo à prisão e será obrigatória a apresentação de prova de permanência na condição de presidiário para a manutenção do benefício.

§ 1º Para requerimentos efetuados até 17 de janeiro de 2019, véspera da vigência da Medida provisória nº 871, a certidão judicial poderá ser substituída por atestado ou declaração do estabelecimento prisional.

§ 2º Para o maior de 16 (dezesseis) e menor de 18 (dezoito) anos, serão exigidos certidão do despacho de internação e o documento atestando seu efetivo recolhimento a órgão subordinado ao Juiz da Infância e da Juventude.

§ 3º As informações obtidas pelo INSS, dos bancos de dados disponibilizados por meio de ajustes firmados com órgãos públicos responsáveis pelos cadastros de presos, substituirão a necessidade de apresentação da certidão judicial e a prova de permanência na condição de presidiário.

§ 4º Para requerimentos efetuados a partir de 9 de abril de 2019, data da publicação da Instrução Normativa PRES/INSS nº 101, até 28 de março de 2022, véspera da publicação da Instrução Normativa PRES/INSS nº 128, de 2022, poderão ser aceitos certidão judicial ou atestado/declaração do estabelecimento prisional que ratifique o regime de reclusão. *(Redação dada pela Portaria Dirben/INSS 1.080/2022)*

Art. 524. Não haverá direito ao benefício de auxílio-reclusão durante o período de percepção pelo segurado de remuneração da empresa, observadas as causas de suspensão do auxílio-reclusão, dispostas no art. 391 da Instrução Normativa PRES/INSS nº 128, de 2022.

§ 1º A comprovação de que o segurado privado de liberdade não recebe a remuneração, será feita através dos dados do CNIS, podendo em caso de dúvida fundada, ser solicitada declaração da empresa à qual estiver vinculado.

§ 2º O exercício de atividade remunerada iniciado após a prisão do segurado recluso em cumprimento de pena em regime fechado não acarreta a perda do direito ao recebimento do auxílio-reclusão para os seus dependentes.

§ 3º Aplica-se o disposto do §2º também ao segurado em cumprimento de pena em regime semiaberto, cujo fato gerador tenha ocorrido antes de 18 de janeiro de 2019.

Art. 525. Para reclusão a partir de 18 de janeiro de 2019, data da publicação da Medida Provisória nº 871, convertida na Lei nº 13.846, de 2019, é vedada a concessão de auxílio por incapacidade temporária para o segurado recluso em regime fechado.

§ 1º Mantém, o segurado recluso, em regime fechado ou semiaberto, cujos dependentes recebam auxílio-reclusão, o direito ao recebimento do auxílio por incapacidade temporária, desde que a opção por este tenha ocorrido antes de 18 de janeiro de 2019, data da publicação de Medida Provisória nº 871, convertida na Lei nº 13.846, de 2019, observado o disposto no art. 380.

§ 2º A opção pelo benefício mais vantajoso deverá ter sido manifestada por declaração escrita pelo(a) segurado(a) e respectivos dependentes, juntada ao processo de concessão, inclusive no auxílio-reclusão.

Art. 526. Para reclusão a partir de 18 de janeiro de 2019, data da publicação da Medida Provisória nº 871, convertida na Lei nº 13.846, de 2019, é vedada a concessão de auxílio-reclusão durante o recebimento pelo instituidor de salário-maternidade.

§ 1º É permitida a concessão do auxílio-reclusão após a data da cessação do salário-maternidade recebido pela segurada reclusa.

§ 2º Desde 30 de abril de 2014, data da publicação do Memorando-Circular nº 12/DIRBEN/INSS, o segurado recluso em regime fechado, durante a percepção, pelos dependentes, do benefício de auxílio-reclusão, não terá direito à concessão do benefício de salário-maternidade reconhecido, exceto se manifestada a opção pelo benefício mais vantajoso também pelos dependentes, observado o disposto no art. 528.

Art. 527. É vedada a concessão de auxílio-reclusão durante o recebimento pelo instituidor de qualquer aposentadoria.

§ 1º É permitida a concessão do auxílio-reclusão após a data da cessação da aposentadoria por incapacidade permanente recebida pelo segurado recluso.

§ 2º O segurado recluso em regime fechado, durante a percepção, pelos dependentes, do benefício de auxílio-reclusão, não terá o direito à concessão do benefício de aposentadoria reconhecido, exceto se manifestada a opção pelo benefício mais vantajoso também pelos dependentes.

Art. 528. Para fatos geradores ocorridos a partir de 18 de janeiro de 2019, data da publicação da Medida Provisória nº 871, convertida na Lei nº 13.846, de 2019, não haverá direito ao auxílio-reclusão, no caso de percepção pelo segurado de pensão por morte.

§ 1º Para fatos geradores ocorridos até 17 de janeiro de 2019, permanece o direito ao recebimento conjunto de pensão por morte pelo segurado recluso e de auxílio-reclusão pelos dependentes.

§ 2º É permitida a concessão do auxílio-reclusão após a data da cessação da pensão por morte recebido pelo segurado recluso.

§ 3º O segurado recluso, durante a percepção, pelos dependentes, do benefício de auxílio-

-reclusão, não terá o direito à concessão do benefício de pensão por morte reconhecido, exceto se manifestada a opção pelo benefício mais vantajoso também pelos dependentes.

Art. 529. Caso o segurado, ao tempo da reclusão, seja recebedor de benefício por incapacidade, salário-maternidade ou pensão por morte caberá a concessão do auxílio-reclusão aos dependentes quando cessar o benefício.

Parágrafo único. Na hipótese do *caput*, a data de início do auxílio-reclusão será fixada na data do fato gerador (reclusão) e a data do início do pagamento deverá observar que:

I – para reclusão ocorrida até 10 de novembro de 1997, véspera da publicação da Medida Provisória nº 1.596-14, convertida na Lei nº 9.528, de 10 de dezembro de 1997, será fixada no dia seguinte à data da cessação dos benefícios indicados no *caput*, qualquer que seja o dependente;

II – para reclusão ocorrida a partir de 11 de novembro de 1997, data da publicação da Medida Provisória nº 1596, de 1997, convertida na Lei nº 9.528, de 1997, a 4 de novembro de 2015, véspera da publicação da Lei nº 13.183, a DIP será fixada:

a) no dia seguinte à data da cessação dos benefícios do *caput*, desde que requerido até 30 (trinta) dias da reclusão;

b) na data da entrada do requerimento, se requerido após 30 (trinta) dias da reclusão, ressalvado o direito dos absolutamente incapazes, para os quais será fixada no dia seguinte à data de cessação dos benefícios do *caput*.

III – para reclusão ocorrida a partir de 5 de novembro de 2015, data da publicação da Lei nº 13.183, de 2015, até 17 de janeiro de 2019, véspera da publicação da MP 871, de 2019, a contar da data:

a) no dia seguinte à data da cessação dos benefícios do *caput*, desde que requerido até 90 (noventa) dias da reclusão;

b) na data da entrada do requerimento, se requerido após 90 (noventa) dias da reclusão, ressalvado o direito do menor de 16 (dezesseis) anos de idade, para os quais será fixada no dia seguinte à data de cessação dos benefícios do *caput*.

IV – para reclusão ocorrida a partir de 18 de janeiro de 2019, data da publicação da MP 871, de 2019, convertida na Lei 13.846, de 2019, a contar:

a) no dia seguinte à data da cessação dos benefícios do *caput*, desde que requerido até 90 (noventa) dias da reclusão, ressalvado o direito do menor de 16 (dezesseis) anos de idade, para os quais o prazo será de 180 (cento e oitenta) dias da reclusão;

b) na data da entrada do requerimento, se requerido após os prazos a que se refere a alínea "a".

§ 1º Aplicar-se-á o disposto neste artigo, no que couber, quando houver cessação do pagamento da remuneração ao segurado recluso que, ao tempo do encarceramento, continuou recebendo remuneração da empresa.

Art. 530. O cumprimento de pena em prisão domiciliar não impede o recebimento do benefício de auxílio-reclusão pelo dependente, se o regime de cumprimento for o fechado, observado o disposto no §4º do art. 521.

Parágrafo único. O monitoramento eletrônico do instituidor do benefício de auxílio-reclusão não interfere no direito do dependente ao recebimento do benefício, uma vez que tem a função de fiscalizar o preso, desde que mantido a prisão domiciliar ou o regime semiaberto, este último em observância ao §4º do art. 521.

Art. 531. Quando as informações contidas no documento expedido pela autoridade carcerária, com a finalidade de comprovar o regime carcerário, forem suficientes para a identificação do instituidor do benefício, não deverá ser exigida dos dependentes a apresentação de documentos de identificação do recluso.

Parágrafo único. Será exigida a apresentação dos documentos do recluso quando houver necessidade de acertos de dados fundamentais para o reconhecimento do direito.

Art. 532. Para aferição do critério de baixa renda disposto na alínea "b" do inciso I do art. 521, deverão ser observadas as seguintes disposições:

I – nos processos despachados (DDB) a partir da publicação do Memorando-Circular Nº 16 DIRBEN/INSS, de 1º de julho de 2013, o décimo terceiro salário e o terço de férias não deverão ser considerados;

II – para requerimentos realizados a partir de 6 de maio de 2015, data da publicação do Memorando-Circular nº 16 DIRBEN/INSS, não será considerado o aviso prévio indenizado; e

III – a remuneração recebida em decorrência do pagamento de horas extraordinárias integrará o salário de contribuição.

Art. 533. Não será devida a concessão de auxílio-reclusão quando o recolhimento à prisão ocorrer após a perda da qualidade de segurado.

§ 1º Caberá a concessão do auxílio-reclusão aos dependentes mesmo que o fato gerador tenha ocorrido após a perda qualidade de segurado, desde que fique reconhecido o direito, dentro do período de graça, à aposentadoria por incapacidade permanente que garanta a qualidade de segurado na data da reclusão, o qual deverá ser verificado por meio de parecer médico-pericial do INSS.

§ 2º Para fins do disposto no § 1º deste artigo, o parecer médico-pericial será fundamentado em atestados ou relatórios médicos, exames complementares, prontuários ou outros documentos equivalentes, referentes ao segurado, que confirmem a existência de incapacidade permanente.

CAPÍTULO VIII – DO ABONO ANUAL

SEÇÃO I – DAS DISPOSIÇÕES GERAIS

Art. 534. O abono anual, conhecido como 13º (décimo terceiro) salário ou gratificação natalina, corresponde ao valor da renda mensal do benefício no mês de dezembro ou no mês da alta ou da cessação do benefício, para o beneficiário que recebeu auxílio por incapacidade temporária, auxílio-acidente, aposentadoria, salário-maternidade, pensão por morte ou auxílio-reclusão, na forma do que dispõe o art. 120 do RPS.

SEÇÃO II – DA MANUTENÇÃO DO BENEFÍCIO

SUBSEÇÃO I – DO PAGAMENTO

Art. 535. O recebimento de benefício por período inferior a 12 (doze) meses, dentro do mesmo ano, determina o cálculo do abono anual de forma proporcional.

Art. 536. O período igual ou superior a 15 (quinze) dias, dentro do mês, será considerado como mês integral para efeito de cálculo do abono anual.

Art. 537. O valor do abono anual correspondente ao período de duração do salário-maternidade será pago, em cada exercício, juntamente com a última parcela do benefício nele devido.

Art. 538. O abono anual incidirá sobre a parcela de acréscimo de 25% (vinte e cinco por cento), pago ao segurado aposentado por invalidez que necessitar da assistência permanente de outra pessoa.

SUBSEÇÃO II – DO PARCELAMENTO

Art. 539. O abono anual será calculado, no que couber, da mesma forma que a gratificação natalina dos trabalhadores e terá por base o valor da renda mensal do benefício do mês de dezembro de cada ano, e seu pagamento será efetuado em duas parcelas, da seguinte forma:

I – a primeira parcela corresponderá a até 50% (cinquenta por cento) do valor do benefício devido no mês de agosto e será paga juntamente com os benefícios dessa competência;

II – a segunda parcela corresponderá à diferença entre o valor total do abono anual e o valor da primeira parcela e será paga juntamente com os benefícios da competência de novembro.

SEÇÃO III – HISTÓRICO

Art. 540. A renda mensal do benefício de amparo previdenciário para maiores de 70 (setenta) anos de idade e para inválidos, instituído pela Lei nº 6.179, de 1974, não gerará direito ao abono anual.

TÍTULO VIII – EMISSÃO DE CERTIDÃO DE TEMPO DE CONTRIBUIÇÃO

CAPÍTULO I – DA DEFINIÇÃO

Art. 541. A Certidão de Tempo de Contribuição emitida pelo INSS é o instrumento através do qual se oportuniza o aproveitamento do tempo de contribuição constante no RGPS em regimes próprios de previdência social – RPPS, para fins de contagem recíproca.

Parágrafo único. A contagem do tempo de contribuição para certificação em CTC observará o mês de 30 (trinta) dias e o ano de 365 (trezentos e sessenta cinco) dias.

CAPÍTULO II – DO REQUISITO PARA A EMISSÃO

Art. 542. Somente será emitida CTC ao servidor público da União, dos Estados, do DF ou dos Municípios vinculado a Regime(s) Próprio(s) de Previdência Social (RPPS) que possuir períodos contribuídos para o RGPS.

Parágrafo único. Em caso de falecimento do segurado, a CTC poderá ser requerida pelos seus dependentes ou herdeiros.

Art. 543. A CTC deverá ser emitida apenas para períodos de efetiva contribuição no RGPS, observado o disposto nos art. 553 e 557.

CAPÍTULO III – DA EMISSÃO DA CTC

Art. 544. A CTC emitida será única, sem rasuras, nela devendo constar: *(Redação dada pela Portaria Dirben/INSS 1.080/2022)*

I – todos os períodos de efetiva contribuição ao RGPS, desde que passíveis de compensação; *(Redação dada pela Portaria Dirben/INSS 1.080/2022)*

II – os períodos aproveitados; *(Redação dada pela Portaria Dirben/INSS 1.080/2022)*

III – as respectivas remunerações a partir de 1º de julho de 1994; *(Redação dada pela Portaria Dirben/INSS 1.080/2022)*

IV – o INSS como órgão expedidor; *(Redação dada pela Portaria Dirben/INSS 1.080/2022)*

V – nome do servidor, número de matrícula, número do documento de identidade (RG), CPF, sexo, data de nascimento, filiação, número do PIS ou número do PASEP, órgão de lotação a que se destina a certidão e o cargo efetivo; *(Redação dada pela Portaria Dirben/INSS 1.080/2022)*

VI – período de contribuição, de data a data, compreendido na certidão; *(Redação dada pela Portaria Dirben/INSS 1.080/2022)*

VII – soma do tempo líquido; *(Acrescido pela Portaria Dirben/INSS 1.080/2022)*

VIII – declaração expressa do servidor responsável pela certidão, indicando o tempo líquido de efetiva contribuição em dias, ou anos, meses e dias; e *(Acrescido pela Portaria Dirben/INSS 1.080/2022)*

IX – assinatura do responsável pela certidão e do Presidente do INSS. *(Acrescido pela Portaria Dirben/INSS 1.080/2022)*

§ 1º Para efeito do disposto no *caput*, a pedido do interessado, a CTC poderá ser emitida para períodos fracionados, que deverá indicar os períodos que deseja aproveitar em cada órgão ou em cada cargo no mesmo órgão de vinculação, observando-se que o fracionamento poderá corresponder à totalidade de um período contributivo ou apenas a parte dele. *(Redação dada pela Portaria Dirben/INSS 1.080/2022)*

§ 2º Entende-se por período a ser aproveitado, o tempo de contribuição indicado pelo interessado para utilização junto ao RPPS ao qual estiver vinculado.

§ 3º Poderá ser impressa uma nova via da CTC, sempre que solicitado pelo interessado ou órgão de destino com a devida justificativa, sem necessidade de apresentação de qualquer documento de comprovação do tempo já certificado, presumindo-se a validade das informações nela contidas.

Art. 545. Para períodos a partir de 14 de novembro de 2019, para todos os segurados, somente serão consideradas para emissão de CTC as competências cujo salário de contribuição seja igual ou superior ao salário mínimo vigente à época.

§ 1º Para efeito do disposto no *caput*, ao segurado que, no somatório de remunerações auferidas no período de um mês, receber remuneração inferior ao limite mínimo mensal do salário de contribuição, será assegurado:

I – complementar a contribuição das competências, de forma a alcançar o limite mínimo do salário de contribuição exigido, quando as remunerações recebidas forem inferiores a este;

II – utilizar o excedente do salário de contribuição superior ao limite mínimo de uma competência para completar o salário de contribuição de outra competência até atingir o limite mínimo; ou

III – agrupar os salários de contribuição inferiores ao limite mínimo de diferentes competências, para aproveitamento em uma ou mais competências até que atinjam o limite mínimo.

§ 2º Os ajustes de complementação, compensação ou agrupamento previstos no § 1º poderão ser efetivados, a qualquer tempo, por iniciativa do segurado, tornando-se irreversíveis e irrenunciáveis após processados, obedecendo as regras do cômputo para o tempo de contribuição.

Art. 546. Não será exigido que o segurado se desvincule de suas atividades abrangidas pelo RGPS, para fins de emissão da CTC.

Art. 547. O INSS emitirá CTC, para fins de contagem recíproca, ainda que o tempo de contribuição do RGPS corresponda a serviço prestado por servidor público ao próprio ente instituidor, inclusive nas situações de averbação automática. *(Redação dada pela Portaria Dirben/INSS 1.080/2022)*
§ 1º A partir de 18 de janeiro de 2019, início da vigência da Medida Provisória nº 871, não é possível efetuar averbação automática, devendo ser emitida CTC para os períodos de emprego público celetista, com filiação ao Regime Geral de Previdência Social, inclusive nas situações de averbação automática em virtude de transformação de regime previdenciário para o RPPS. *(Redação dada pela Portaria Dirben/INSS 1.080/2022)*
§ 2º Os períodos averbados automaticamente até 17 de janeiro de 2019, bem como o tempo de contribuição ao RGPS concomitante a este período deverão ter a sua destinação expressa na CTC, vinculada ao órgão público que efetuou a averbação, exceto se a averbação automática não tiver gerado qualquer direito ou vantagem, situação em que poderá ter destinação diversa. *(Redação dada pela Portaria Dirben/INSS 1.080/2022)*
§ 3º Para fins do disposto no § 2º, deverá ser oficiado o órgão de vinculação do servidor para o qual não se destina a CTC, a fim de que esclareça se houve averbação automática, e, em caso afirmativo, se da averbação automática decorreu qualquer direito ou vantagem.

Art. 548. Ao requerente que exercer cargos constitucionalmente acumuláveis, no mesmo ou em outro ente federativo, é permitida a emissão de CTC única com destinação do tempo de contribuição para, no máximo, RPPS de dois entes federativos ou o RPPS de um mesmo ente federativo para averbação nos dois cargos acumulados.
§ 1º A CTC poderá ser emitida para períodos fracionados, a pedido do interessado, que deverá indicar os períodos que deseja aproveitar em cada órgão ou em cada cargo no mesmo órgão de vinculação, observando-se que o fracionamento poderá corresponder à totalidade de um período contributivo ou apenas a parte dele. *(Redação dada pela Portaria Dirben/INSS 1.080/2022)*
§ 2º Quando do exercício de atividades concomitantes, será certificado o período uma única vez, sendo vedado o desmembramento das atividades entre os Entes de destino.
§ 3º Serão informados no campo «observações» da CTC, os períodos a serem aproveitados em cada órgão, conforme indicação do requerente.
§ 4º É devida a emissão de CTC na forma definida neste artigo também na hipótese de acumulação legal de dois cargos vinculados ao mesmo órgão.

Art. 549. Se o requerente estiver em gozo de abono de permanência em serviço, auxílio-acidente e auxílio-suplementar, a CTC poderá ser emitida sendo o benefício cessado na data da emissão.

Art. 550. Caso o requerente seja aposentado pelo RGPS, é permitida a emissão de CTC somente para períodos de contribuição posteriores à data do início do benefício, desde que as respectivas contribuições não tenham sido restituídas ao segurado em forma de pecúlio.
Parágrafo único. Para períodos de contribuição anteriores à data de início da aposentadoria, somente será permitida a emissão de CTC na hipótese em que o período de contribuição tiver sido descartado da aposentadoria em razão de averbação automática em outro regime de previdência realizado até 17 de janeiro de 2018, data da Medida Provisória nº 871.

SEÇÃO ÚNICA – DA ENTREGA DA CTC

Art. 551. Após a emissão, o interessado poderá obter sua Certidão de Tempo de Contribuição no Portal "Meu INSS", por meio de consulta à tarefa, onde poderá realizar o download do documento e apresentá-la ao órgão ao qual foi direcionado o tempo de contribuição certificado.
Parágrafo único. A comprovação da ciência do recebimento da via da certidão se dará pelo log de acesso realizado pelo interessado, através do Portal "Meu INSS", que será descrito automaticamente no processo eletrônico instruído no Portal do Atendimento – PAT.

Art. 552. Poderá ser impressa uma nova via da CTC, sempre que solicitado pelo interessado ou órgão de destino com a devida justificativa, sem necessidade de apresentação de qualquer documento de comprovação do tempo já certificado, presumindo-se a validade das informações nela contidas.

CAPÍTULO IV – DOS PERÍODOS COMPUTÁVEIS E NÃO COMPUTÁVEIS

Art. 553. É vedada a emissão de CTC para fins de contagem recíproca:

I – com conversão de tempo de contribuição exercido em atividade sujeita a condições especiais; *(Redação dada pela Portaria Dirben/INSS 1.080/2022)*

II – com conversão do tempo de contribuição do segurado na condição de pessoa com deficiência;

III – a contagem de qualquer tempo de serviço fictício;

IV – para período em que não se comprove a efetiva contribuição, exceto para o segurado empregado, empregado doméstico, trabalhador avulso e a partir de 1º de abril de 2003, para o contribuinte individual que presta serviço a empresa;

V – com o tempo de atividade ao RGPS exercido de forma concomitante ao período de emprego público celetista, com filiação à Previdência Social Urbana, objeto de averbação perante o Regime Jurídico Único quando de sua criação, exceto se houver o desligamento de servidor do RPPS Federal, Estadual, Municipal ou Distrital;

VI – para o período de trabalho exercido sob o Regime Especial de RPPS que trata o parágrafo único do art. 3º da Lei nº 3.807, de 1960;

VII – para períodos pendentes de indenização que só serão certificados após a quitação;

VIII – com salário de contribuição abaixo do salário mínimo, observado o disposto no art. 548.

§ 1º O disposto no inciso IV do *caput* não se aplica ao tempo de serviço anterior à edição da Emenda Constitucional nº 20, de 1998, que tenha sido equiparado por lei a tempo de contribuição.

§ 2º Para os períodos de exercício de atividade de empregado, empregado doméstico a partir de 2 de junho de 2015 e trabalhador avulso, sem remuneração no CNIS e não sendo possível a apresentação da documentação comprobatória da remuneração auferida pelo segurado, deverá ser informado o valor de um salário mínimo nas referidas competências.

§ 3º Para os períodos de exercício de atividade de empregado doméstico até 1º de junho de 2015, sem remuneração no CNIS e sem comprovação do efetivo recolhimento, deverá ser incluído o valor de um salário mínimo nas referidas competências, ainda que apresentada documentação comprobatória da remuneração auferida.

§ 4º *(Revogado pela Portaria Dirben/INSS 1.080/2022)*

Art. 554. Além do disposto no art. 553, o cômputo do tempo de contribuição de que trata este capítulo, considerando a legislação pertinente, observará os seguintes critérios:

I – não será admitida a contagem em dobro ou em outras condições especiais;

II – é vedada a contagem de tempo de contribuição no serviço público com o de contribuição na atividade privada ou de mais de uma atividade no serviço público, quando concomitantes, observado o disposto no §1º;

III – não será contado por um regime o tempo de contribuição utilizado para concessão de aposentadoria por outro regime.

§ 1º Em se tratando de mais de uma atividade no serviço público concomitante, devem ser ressalvados os casos de acumulação de cargos ou empregos públicos previstos nas alíneas «a» a «c» do inciso XVI do art. 37 e no inciso III do art. 38, ambos da Constituição Federal para aplicação do disposto no inciso II do *caput*.

§ 2º No caso de atividades concomitantes, observado o inciso II, quando o segurado estiver em débito em uma delas, não será devida a emissão da CTC para o período que compreender o débito, em nenhuma das atividades, ainda que uma esteja regular.

§ 3º Não se aplica o disposto no § 2º nos casos em que o interessado contribuiu em apenas uma das atividades concomitantes, em obediência ao limite máximo do salário de contribuição.

Art. 555. Quando for solicitada CTC com identificação do tempo de serviço prestado em condições perigosas ou insalubres, será realizada a análise de mérito da atividade cujo reconhecimento é pretendido como atividade especial, porém não haverá majoração do tempo. *(Redação dada pela Portaria Dirben/INSS 1.080/2022)*

Parágrafo único. Os períodos reconhecidos pelo INSS como de tempo de atividade exercida em condições especiais deverão ser informados na CTC e discriminados de data a data, sem conversão em tempo comum.

Art. 556. Quando for solicitada CTC por requerente com deficiência, ele será submetido à avaliação médica e social para fins da avaliação da deficiência e seu grau.

Parágrafo único. A CTC deverá conter a indicação dos períodos de tempo de contribuição ao RGPS na condição de segurado com deficiência e os respectivos graus, não sendo admitida a conversão do tempo de contribuição exercido pelo segurado com deficiência em tempo de contribuição.

Art. 557. É permitida a emissão de CTC para fins de contagem de recíproca:

I – para o período em que o segurado contribuinte individual e o facultativo tiverem contribuído com base na alíquota reduzida de 5% (cinco por cento) ou 11% (onze por cento), ou recebido salário-maternidade nestas condições, desde que complementadas as contribuições para o percentual de 20% (vinte por cento);

II – para o tempo de serviço anterior ou posterior à obrigatoriedade de filiação à Previdência Social desde que haja o efetivo recolhimento inclusive de períodos alcançados pela decadência;

III – para o tempo de contribuição do segurado trabalhador rural anterior à competência novembro de 1991, desde que indenizado o período respectivo;

IV – para o período de atividade rural comprovado como segurado especial, desde que indenizado;

V – para o período de aluno-aprendiz devidamente comprovado até 15 de dezembro de 1998, data da publicação da Emenda Constitucional nº 20, desde que à época o ente federativo não mantivesse RPPS;

VI – para o período em que o segurado esteve em gozo de auxílio-doença ou aposentadoria por invalidez entre 1º de junho de 1973 a 30 de junho de 1975, uma vez que houve desconto incidente no benefício; *(Redação dada pela Portaria Dirben/INSS 1.080/2022)*

VII – para o período em que o segurado esteve recebendo: *(Redação dada pela Portaria Dirben/INSS 1.080/2022)*

a) benefício por incapacidade previdenciário: desde que intercalado com períodos de atividade ou contribuição, observado o disposto no § 13 do art. 152;

b) benefício por incapacidade acidentário:

1 – períodos até 30 de junho de 2020, data da publicação do Decreto nº 10.410: poderão ser certificados, ainda que não sejam intercalados com períodos de atividade;

2 – períodos a partir de 1º de julho de 2020, data da publicação do Decreto nº 10.410: poderão ser certificados, somente se intercalados com períodos de atividade ou de contribuição, observado o disposto no § 13 do art. 152.

VIII – Período com salário de contribuição abaixo do mínimo, desde de que observado o disposto no art. 545.

IX – o período de anistia, comprovado na forma dos parágrafos 6º e 7º do art. 152, desde que devidamente indenizado pelo trabalhador anistiado político. *(Acrescido pela Portaria Dirben/INSS 1.080/2022)*

§ 1º A indenização que tratam os incisos II a IV e IX, para fins de contagem recíproca, será calculada com base na remuneração vigente na data do requerimento sobre a qual incidem as contribuições para o RPPS, observado o limite máximo do salário de contribuição, e, na hipótese de o requerente ser filiado também ao RGPS, seu salário de contribuição nesse regime não será considerado para fins de indenização. *(Redação dada pela Portaria Dirben/INSS 1.080/2022)*

§ 2º Havendo parcelamento de débito, o respectivo período só será certificado pelo RGPS após a quitação, comprovada pela RFB.

CAPÍTULO V – DA RATIFICAÇÃO, RETIFICAÇÃO E INFORMAÇÃO RELATIVA À CTC COM ATIVIDADE RURAL

Art. 558. Caso haja solicitação de ratificação, retificação ou qualquer outra informação de órgãos da administração pública em relação à CTC que foi emitida com período de atividade rural até 13 de outubro de 1996, o servidor deverá informar:

I – sobre a legalidade/regularidade da expedição do documento, com indicação da legislação vigente à época; e

II – expressamente se houve o recolhimento das contribuições respectivas, mesmo que em data posterior ao período de exercício das atividades.

Art. 559. Em razão da diferença na obtenção da base de cálculo para fins de indenização necessária à contagem recíproca do tempo de serviço/contribuição, havendo tempo de contribuição indenizado, deverá ser observado se foi utilizada a base de cálculo própria para fins de contagem recíproca.

CAPÍTULO VI – DO CANCELAMENTO DA CTC

Art. 560. É permitido o cancelamento da CTC a pedido do requerente, mediante a apresentação dos seguintes documentos:

I – solicitação do cancelamento da certidão emitida;

II – certidão original, salvo se emitida em meio eletrônico; e

III – declaração emitida pelo órgão de lotação do interessado, contendo informações sobre a utilização ou não dos períodos certificados pelo INSS, e para quais fins foram utilizados.

Art. 561. Nas hipóteses de exoneração, demissão do cargo efetivo ou cassação de aposentadoria concedida pelo RPPS, o período já certificado para fins de contagem recíproca volta a ser tornar disponível para utilização no próprio RGPS, situação em que a CTC deverá ser cancelada para produzir efeitos no RGPS. *(Redação dada pela Portaria Dirben/INSS 1.080/2022)*

CAPÍTULO VII – DA REVISÃO DA CTC

Art. 562. A CTC pode ser revista a qualquer tempo, a pedido do interessado ou de seus dependentes, desde que não seja alterada a destinação dos períodos já averbados e utilizados para obtenção de aposentadoria ou vantagem remuneratória ao servidor público em atividade no RPPS, mediante a apresentação dos seguintes documentos:

I – solicitação do cancelamento da certidão emitida;

II – certidão original, salvo se emitida em meio eletrônico; e

III – declaração emitida pelo órgão de lotação do interessado, contendo informações sobre a utilização ou não dos períodos certificados pelo INSS, e para quais fins foram utilizados.

§ 1º Serão consideradas como concessão de vantagens remuneratórias ao servidor público em atividade as verbas de anuênio, quinquênio, abono de permanência em serviço ou outras espécies de remuneração, pagas pelo ente público.

§ 2º Em caso de impossibilidade de devolução pelo órgão de RPPS, caberá ao emissor encaminhar a nova CTC com ofício esclarecedor, informando quanto ao cancelamento dos efeitos da anteriormente emitida.

§ 3º Nos casos em que o tempo certificado já tenha sido utilizado para fins de aposentadoria ou vantagens remuneratórias ao servidor público em atividade, a CTC poderá ser revista para inclusão de períodos de trabalho anteriores ou posteriores ao período certificado, devendo ser observado, em relação a alteração de destinação, o disposto no *caput*.

§ 4º Nas hipóteses de demissão do cargo efetivo ou cassação de aposentadoria concedida pelo RPPS, na qual tenha sido emitida pelo INSS, o período certificado para fins contagem recíproca volta a ser tornar disponível para utilização no próprio RGPS, cabendo revisão para alteração do órgão destino da CTC, se assim pretender o seu titular.

Art. 563. Nos pedidos de revisão de CTC deverá ser observado que:

I – verificando-se a ocorrência de erro material na certificação dos dados por parte do INSS, o documento deve ser revisto e deve ser mantida a numeração original;

II – para os demais casos, a CTC original deve ser cancelada, devendo ser emitida nova CTC.

Parágrafo único. Na hipótese prevista no inciso II, os períodos de trabalho constantes na CTC serão analisados de acordo com as regras vigentes na data do pedido, para alteração, manutenção ou exclusão, e consequente cobrança das contribuições devidas, se for o caso.

Art. 564. Todos os períodos de atividade rural anterior à competência novembro de 1991, e atividade comprovada como segurado especial em qualquer período, constantes em CTC emitida a partir de 14 de outubro de 1996, devem ter sido objeto de recolhimento de contribuições ou de indenização correspondente, devendo ser revistas as respectivas certidões emitidas em desacordo com o disposto neste item.

Art. 565. Não serão objeto de revisão as certidões emitidas no período de 14 de maio de 1992 a 26 de março de 1997, com conversão de período de atividade especial, continuando elas válidas.

Art. 566. Caberá revisão da CTC de ofício, observado o prazo decadencial, desde que tal revisão não importe em dar à certidão destinação diversa da que lhe foi dada originariamente, mediante informação do Ente Federativo quanto à possibilidade ou não da devolução da original.

Art. 567. Em se tratando de apuração de irregularidade com indício de dolo ou fraude, a CTC poderá ser revista a qualquer tempo.

ANEXO I – PORTARIA DIRBEN/INSS Nº 991, DE 28 DE MARÇO DE 2022

Tabela de Temporalidade e Formulários Correspondentes

Tempo de Atividade a ser Convertido	Para 15	Para 20	Para 25	Para 30	Para 35
De 15 anos	1,00	1,33	1,67	2,00	2,33
De 20 anos	0,75	1,00	1,25	1,50	1,75
De 25 anos	0,60	0,80	1,00	1,20	1,40

ANEXO II – PORTARIA DIRBEN/INSS Nº 991, DE 28 DE MARÇO DE 2022

Tabela de Temporalidade e Formulários Correspondentes

DOCUMENTOS	NORMA	VIGÊNCIA
SB-40	OS SB 52.5/1979	de 13/08/1979 até 11/10/1995
DISES BE 5235	RESOLUÇÃO INSS/PR 58/1991	de 16/09/1991 até 12/10/1995
DSS 8030	OS INSS/DSS 518/1995	de 13/10/1995 até 25/10/2000
DIRBEN 8030	IN INSS/DC 39/2000	de 26/10/2000 até 31/12/2003
PPP	IN INSS/DC 99/2003	de 01/01/2004 até data atual

ANEXO III – PORTARIA DIRBEN/INSS Nº 991, DE 28 DE MARÇO DE 2022

Quadro das atividades passíveis de enquadramento por categoria profissional até 28 de abril de 1995

Atividade Profissional	Campo de Aplicação	Código	Dispositivo Legal	Observações
ENGENHARIA	Engenheiros da Construção Civil	2.1.1	53.831 Anexo III	
	Engenheiros de metalurgia	2.1.1	53.831 Anexo III	
	Engenheiros de minas	2.1.1	53.831 Anexo III 83.080 Anexo II	
	Engenheiros eletricistas	2.1.1	53.831 Anexo III	
	Engenheiros químicos	2.1.1	83.080 Anexo II	
QUÍMICA	Toxicologista	2.1.2	53.831 Anexo III	
	Podologista			
MEDICINA, ODONTOLOGIA, ENFERMAGEM	Médicos	2.1.3	53.831 Anexo III 83.080 Anexo II	
	Médicos anatomopatologista ou histopatologista	2.1.3	83.080 Anexo II	
	Médicos laboratoristas (patologistas)	2.1.3	83.080 Anexo II	
	Médicos radiologistas ou radioterapeutas	2.1.3	83.080 Anexo II	
	Médicos toxicologistas	2.1.3	83.080 Anexo II	
	Médicos veterinários	2.1.3	83.080 Anexo II	
MEDICINA, ODONTOLOGIA, ENFERMAGEM	Dentistas	2.1.3	53.831 Anexo III 83.080 Anexo II	
	Enfermeiros	2.1.3	53.831 Anexo III 83.080 Anexo II	
	Técnico em raio X	2.1.3	83.080 Anexo II	

	Técnicos de laboratório de anatomopatologia ou histopatologia	2.1.3	83.080 Anexo II	
	Farmacêuticos toxicologistas e bioquímicos	2.1.3	83.080 Anexo II	
	Técnicos de anatomia	2.1.3	83.080 Anexo II	
	Técnicos de laboratório de gabinete de necrópsia	2.1.3	83.080 Anexo II	
	Químicos-industriais	2.1.2	83.080 Anexo II	
	Químicos-toxicologistas	2.1.2	83.080 Anexo II	
QUÍMICA/ RADIOATIVIDADE	Técnicos em laboratório de análise	2.1.2	83.080 Anexo II	
	Técnicos em laboratórios químico	2.1.2	83.080 Anexo II	
	Técnicos de radioatividade	2.1.2	83.080 Anexo II	
MAGISTÉRIO	Professores*	2.1.4	53.831 Anexo II	Período trabalhado até 29/06/1981, desde que implementada todas as condições até essa data
AGRICULTURA	Trabalhadores na agropecuária.	2.2.1	53.831 Anexo II	
CAÇA	Trabalhadores Florestais	2.2.2	53.831 Anexo II	
	Caçadores	2.2.2	53.831 Anexo II	
PESCA	Pescadores	2.2.1	83.080 Anexo II	Vide Consultas técnicas: 996 e 2492
ESCAVAÇÕES DE SUBSOLO – TÚNEIS	Trabalhadores em escavações a céu aberto. Trabalhadores em túneis e galerias	2.3.1	53.831 Anexo II	
ESCAVAÇÕES DE SUPERFÍCIE – POÇOS	Trabalhadores em túneis e galerias. Trabalhadores em escravidão à céu aberto	2.3.2	53.831 Anexo III	
EDIFÍCIOS, BARRAGENS, PONTES	Trabalhadores em edifícios, barragens, pontes, torres.	2.3.3	53.831 Anexo III	
	Perfuradores de rochas	2.3.1	53.831 Anexo III	Operações de corte, furação e desmonte e atividades de manobras nos pontos de transferência de cargas e viradores e outras atividades exercidas na frente de trabalho
	Cortadores de rochas	2.3.1	53.831 Anexo III	
	Carregadores	2.3.1	53.831 Anexo III	
MINEIROS DE	Britadores	2.3.1	53.831 Anexo III	
SUBSOLO	Cavouqueiros	2.3.1	53.831 Anexo III	
	Choqueiros	2.3.1	53.831 Anexo III	
	Motoristas	2.3.2	83.080 Anexo II	trabalhadores permanentes em locais de subsolo, afastados das frentes de trabalho (galerias, rampas, poços, depósitos)
	Carregadores	2.3.2	83.080 Anexo II	
	Condutores de vagonetas	2.3.2	83.080 Anexo II	
	Carregadores de explosivos	2.3.2	83.080 Anexo II	

LOCAIS DE SUBSOLO	Encarregados do fogo (blasters)	2.3.2	83.080 Anexo II	
	Eletricistas	2.3.2	83.080 Anexo II	
	Engatores	2.3.2	83.080 Anexo II	
	Bombeiros	2.3.2	83.080 Anexo II	
	Madeireiros	2.3.2	83.080 Anexo II	
	Outros profissionais com atribuições permanentes em minas de subsolo	2.3.2	83.080 Anexo II	
	Perfuradores de rochas	2.3.3	83.080 Anexo II	Trabalhadores no exercício de atividades de extração em minas ou depósitos minerais na superfície.
MINEIROS DE SUPERFÍCIE	Cortadores de rochas	2.3.3	83.080 Anexo II	
	Carregadores	2.3.3	83.080 Anexo II	
	Operadores de escavadeiras	2.3.3	83.080 Anexo II	
	Motoreiros	2.3.3	83.080 Anexo II	
	Condutores de vagonetas	2.3.3	83.080 Anexo II	
MINEIROS DE SUPERFÍCIE	Britadores	2.3.3	83.080 Anexo II	
	Carregadores de explosivos	2.3.3	83.080 Anexo II	
	Encarregados do fogo (blastera)	2.3.3	83.080 Anexo II	
	Outros profissionais com atribuições permanentes de extração em minas ou depósitos minerais na superfície.	2.3.3	83.080 Anexo II	
	Perfuradores	2.3.4	83.080 Anexo II	
	Covouqueiros	2.3.4	83.080 Anexo II	
TRABALHADORES EM PEDREIRAS, TÚNEIS, GALERIAS	Canteiros	2.3.4	83.080 Anexo II	
	Encarregados do fogo (blasters)	2.3.4	83.080 Anexo II	
	Operadores de pás mecânicas.	2.3.4	83.080 Anexo II	
TRABALHADORES EM EXTRAÇÃO DE PETRÓLEO	Trabalhadores ocupados em caráter permanente na perfuração de poços petrolíferos e na extração de petróleo.	2.3.5	83.080 Anexo II	
	Aeronautas	2.4.3	83.080 Anexo II	
TRANSPORTE AÉREO	Aeronautas	2.4.1	53.831 Anexo III	Jornada normal ou especial, fixada em Lei. Lei nº 3.501, (*) de 21-12-58; Lei nº 2.573, (*) de 15-8-55; Decretos nºs 50.660 (*), de 26-6-61 e 1.232, de 22-6-62.
	Aeroviários de serviços de pista e de oficinas	2.4.1	53.831 Anexo III	
	Aeroviários de manutenção	2.4.1	53.831 Anexo III	
TRANSPORTE AÉREO	Aeroviários de conservação	2.4.1	53.831 Anexo III	

	Aeroviários de carga e descarga	2.4.1	53.831 Anexo III	
	Aeroviários de recepção	2.4.1	53.831 Anexo III	
	Aeroviários de despacho de aeronaves.	2.4.1	53.831 Anexo III	
TRANSPORTES MARÍTIMO, FLUVIAL E LACUSTRE	Marítimos de convés de máquinas, de câmara e de saúde – Operários de construção e reparos navais.	2.4.2	53.831 Anexo III	Jornada normal ou especial fixada em Lei. Art. 248 CLT. Decretos nº 52.475 (*), de 13-9-63; 52.700 (*) de 18-10-63 e 53.514 (*), de 30-1-64.
TRANSPORTE MARÍTIMO	Foguistas	2.4.4	83.080 Anexo II	
	Trabalhadores em casa de máquinas	2.4.4	83.080 Anexo II	
	Estivadores (trabalhadores ocupados em caráter permanente, em embarcações, no carregamento e descarregamento de carga.)	2.4.5	83.080 Anexo II	
TRANSPORTE MANUAL DE CARGA NA ÁREA PORTUÁRIA.	Arrumadores e ensacadores.	2.4.5	83.080 Anexo II	
	Operadores de carga e descarga nos portos.	2.4.5	83.080 Anexo II	
	Maquinistas	2.4.3	53.831 Anexo III	
	Guarda-freios	2.4.3		
TRANSPORTE FERROVIÁRIO	Trabalhadores da via permanente	2.4.3		
	Maquinista de máquinas acionadas a lenha ou a carvão.	2.4.1	83.080 Anexo II	
	Foguista	2.4.1	83.080 Anexo II	
TRANSPORTE RODOVIÁRIO	Motorneiros e condutores de bondes	2.4.4	53.831 Anexo III	
	Motoristas e cobradores de ônibus	2.4.4	53.831 Anexo III	
	Motoristas e ajudantes de caminhão	2.4.4	53.831 Anexo III	
	Motorista de ônibus	2.4.2	83.080 Anexo II	
TRANSPORTE URBANO E RODOVIÁRIO	Motorista de caminhões de cargas	2.4.2	83.080 Anexo II	
	Tratorista	2.4.2	83.080 Anexo II	
	Operador de Máquina Pesada	2.4.2	83.080 Anexo II	
	Telegrafista	2.4.5	53.831 Anexo III	
TELEGRAFIA, TELEFONIA, RÁDIO COMUNICAÇÃO.	Telefonista	2.4.5	53.831 Anexo III	
	Rádio operadores de telecomunicações	2.4.5	53.831 Anexo III	
	Lavadores	2.5.1	53.831 Anexo III	
LAVANDERIA E TINTURARIA	Passadores	2.5.1	53.831 Anexo III	
	Calandristas	2.5.1	53.831 Anexo III	
	Tintureiros	2.5.1	53.831 Anexo III	
FUNDIÇÃO, COZIMENTO, LAMINAÇÃO, TREFILAÇÃO, MOLDAGEM	Trabalhadores nas indústrias metalúrgicas, de vidro, de cerâmica e de plásticos-fundidores, laminadores, moldadores, trefiladores, forjadores.	2.5.2	53.831 Anexo III	

SOLDAGEM, GALVANIZAÇÃO, CALDERARIA	Trabalhadores nas indústrias metalúrgicas, de vidro, de cerâmica e de plásticos – soldadores, galvanizadores, chapeadores, caldeireiros.	2.5.3	53.831 Anexo III	
PINTURA	Pintores de Pistola.	2.5.4	53.831 Anexo III	
	Linotipistas	2.5.5	53.831 Anexo III	
	Monotipistas	2.5.5	53.831 Anexo III	
	Tipográficas	2.5.5	53.831 Anexo III	
	Impressores	2.5.5	53.831 Anexo III	
	Margeadores	2.5.5	53.831 Anexo III	
	Montadores	2.5.5	53.831 Anexo III	
INDÚSTRIA POLIGRÁFICA	Compositores	2.5.5	53.831 Anexo III	Trabalhadores permanentes nas indústrias poligráficas
	Pautadores	2.5.5	53.831 Anexo III	
	Gravadores	2.5.5	53.831 Anexo III	
	Granitadores	2.5.5	53.831 Anexo III	
	Galvanotipista	2.5.5	53.831 Anexo III	
	Frezadores	2.5.5	53.831 Anexo III	
	Titulistas	2.5.5	53.831 Anexo III	
	Monotipistas	2.5.8	83.080 Anexo II	
	Linotipistas	2.5.8	83.080 Anexo II	
	Fundidores de monotipo	2.5.8	83.080 Anexo II	
	Fundidores de linotipo	2.5.8	83.080 Anexo II	
	Fundidores de estereotipia	2.5.8	83.080 Anexo II	
	Eletrotipistas	2.5.8	83.080 Anexo II	
	Estereotipistas	2.5.8	83.080 Anexo II	
	Galvanotipistas	2.5.8	83.080 Anexo II	
	Titulistas	2.5.8	83.080 Anexo II	
	Compositores	2.5.8	83.080 Anexo II	
	Biqueiros	2.5.8	83.080 Anexo II	
INDÚSTRIA GRÁFICA E EDITORIAL	Chapistas	2.5.8	83.080 Anexo II	
	Tipógrafos	2.5.8	83.080 Anexo II	
	Caixistas	2.5.8	83.080 Anexo II	
	Distribuidores	2.5.8	83.080 Anexo II	
	Paginadores	2.5.8	83.080 Anexo II	

	Emendadores	2.5.8	83.080 Anexo II	
	Impressores	2.5.8	83.080 Anexo II	
	Minervistas	2.5.8	83.080 Anexo II	
	Prelistas	2.5.8	83.080 Anexo II	
	Ludistas	2.5.8	83.080 Anexo II	
	Litógrafos	2.5.8	83.080 Anexo II	
	Fotogravadores	2.5.8	83.080 Anexo II	
	Estivadores	2.5.6	53.831 Anexo III	Jornada normal ou especial, fixada em Lei. Art. 273, CLT; item VII quadro II, do Art. 65 do Decreto 48.959-A (*), de 29-9-60.
	Arrumadores	2.5.6	53.831 Anexo III	
ESTIVA E ARMAZENAMENTO	Trabalhadores de capatazia	2.5.6	53.831 Anexo III	
	Consertadores	2.5.6	53.831 Anexo III	
	Conferentes	2.5.6	53.831 Anexo III	
EXTINÇÃO DE FOGO, GUARDA.	Bombeiros	2.5.7	53.831 Anexo III	Caberá enquadramento por categoria profissional ao vigia ou vigilante armado
	Investigadores	2.5.7	53.831 Anexo III	
	Guardas	2.5.7	53.831 Anexo III	
	Forneiros	2.5.1	83.080 Anexo II	
	Mãos de forno	2.5.1	83.080 Anexo II	
	Reservas de forno	2.5.1	83.080 Anexo II	
	Fundidores	2.5.1	83.080 Anexo II	Aciarias, fundições de ferro e metais não ferrosos, laminações
INDÚSTRIAS METALÚRGICAS E MECÂNICAS	Soldadores	2.5.1	83.080 Anexo II	
	Lingoteiros	2.5.1	83.080 Anexo II	
	Tenazeiros	2.5.1	83.080 Anexo II	
	Caçambeiros	2.5.1	83.080 Anexo II	
	Caçambeiros	2.5.1	83.080 Anexo II	
	Amarradores	2.5.1	83.080 Anexo II	
	Dobradores	2.5.1	83.080 Anexo II	
	Desbastadores	2.5.1	83.080 Anexo II	
	Rebarbadores	2.5.1	83.080 Anexo II	
	Esmerilhadores	2.5.1	83.080 Anexo II	
	Marteleteiros de rebarbação	2.5.1	83.080 Anexo II	

	Operadores de tambores rotativos e outras máquinas de rebarbação	2.5.1	83.080 Anexo II	
	Operadores de máquinas para fabricação de tubos por centrifugação	2.5.1	83.080 Anexo II	
	Operadores de pontes rolantes ou de equipamentos para transporte de peças e caçambas com metal liquefeito, nos recintos de aciarias, fundições e laminações	2.5.1	83.080 Anexo II	
	Operadores nos fornos de recozimento ou de têmpera	2.5.1	83.080 Anexo II	
	Recozedores	2.5.1	83.080 Anexo II	
	Temperadores	2.5.1	83.080 Anexo II	
	Ferreiros	2.5.2	83.080 Anexo II	
	Marteleiros	2.5.2	83.080 Anexo II	
	Forjadores	2.5.2	83.080 Anexo II	
	Estampadores	2.5.2	83.080 Anexo II	
	Caldeireiros e prensadores.	2.5.2	83.080 Anexo II	
	Operadores de forno de recozimento	2.5.2	83.080 Anexo II	
FERRARIAS, ESTAMPARIAS DE METAL À QUENTE E CALDEIRARIA.	Operadores de forno de têmpera	2.5.2	83.080 Anexo II	
	Operadores de forno de cementação	2.5.2	83.080 Anexo II	
	Forneiros	2.5.2	83.080 Anexo II	
	Recozedores	2.5.2	83.080 Anexo II	
	Remperadores	2.5.2	83.080 Anexo II	
	Cementadores	2.5.2	83.080 Anexo II	
	Operadores de pontes rolantes	2.5.2	83.080 Anexo II	
	Operadores talha elétrica	2.5.2	83.080 Anexo II	
	Operadores de máquinas pneumáticas.	2.5.3	83.080 Anexo II	
	Rebitadores com marteletes pneumáticos.	2.5.3	83.080 Anexo II	
	Cortadores de chapa a oxiacetileno.	2.5.3	83.080 Anexo II	
	Esmerilhadores.	2.5.3	83.080 Anexo II	
OPERAÇÕES DIVERSAS	Soldadores (solda elétrica e a oxiacetileno).	2.5.3	83.080 Anexo II	
	Operadores de jatos de areia com exposição direta à poeira.	2.5.3	83.080 Anexo II	
	Pintores a pistola (com solventes hidrocarbonados e tintas tóxicas).	2.5.3	83.080 Anexo II	
	Foguistas	2.5.3	83.080 Anexo II	
APLICAÇÃO DE REVESTIMENTOS METÁLICOS E ELETROPLASTIA	Galvanizadores	2.5.4	83.080 Anexo II	
	Niqueladores	2.5.4	83.080 Anexo II	

	Cromadores	2.5.4	83.080 Anexo II	
	Cobreadores	2.5.4	83.080 Anexo II	
	Estanhadores	2.5.4	83.080 Anexo II	
	Douradores	2.5.4	83.080 Anexo II	
	Profissionais em trabalhos de exposição permanente nos locais	2.5.4	83.080 Anexo II	
	Vidreiros	2.5.5	83.080 Anexo II	
	Operadores de forno	2.5.5	83.080 Anexo II	
	Forneiros	2.5.5	83.080 Anexo II	
FABRICAÇÃO DE VIDROS E CRISTAIS	Sopradores de vidros e cristais	2.5.5	83.080 Anexo II	
	Operadores de máquinas de fabricação de vidro plano	2.5.5	83.080 Anexo II	
	Sacadores de vidros e cristais	2.5.5	83.080 Anexo II	
	Operadores de máquinas de soprar vidros	2.5.5	83.080 Anexo II	
	Outros profissionais em trabalhos permanentes nos recintos de fabricação de vidros e cristais	2.5.5	83.080 Anexo II	
FABRICAÇÃO DE TINTAS, ESMALTES E VERNIZES	Trituradores	2.5.6	83.080 Anexo II	
	Moedores	2.5.6	83.080 Anexo II	
	Operadores de máquinas moedoras	2.5.6	83.080 Anexo II	
	Misturadores	2.5.6	83.080 Anexo II	
	Preparadores	2.5.6	83.080 Anexo II	
	Envasilhadores	2.5.6	83.080 Anexo II	
	Outros profissionais em trabalhos de exposição permanente nos recintos de fabricação	2.5.6	83.080 Anexo II	
PREPARAÇÃO DE COUROS	Caleadores de couros.	2.5.7	83.080 Anexo II	
	Curtidores de couros.	2.5.7	83.080 Anexo II	
	Trabalhadores em tanagem de couros.	2.5.7	83.080 Anexo II	

ANEXO IV – PORTARIA DIRBEN/INSS Nº 991, DE 28 DE MARÇO DE 2022

Tabela das Regras de Transição Aposentadoria por Idade para a Mulher

Aposentadoria por Idade
Regra de Transição para mulheres filiadas antes da Emenda Constitucional nº 103/19
Requisitos: 180 meses de carência + Idade

Ano	URBANO	HÍBRIDA
	Idade mínima	Idade mínima
2019	60	60
2020	60,5	60,5
2021	61	61
2022	61,5	61,5
2022	62	62

ANEXO V – PORTARIA DIRBEN/INSS Nº 991, DE 28 DE MARÇO DE 2022

Regras de Transição Aposentadoria por Tempo de Contribuição – Art. 15

Aposentadoria por Tempo de Contribuição
Regra de transição – Art. 15 da Emenda Constitucional nº 103
(Filiados antes da EC – Requisitos cumpridos após a Emenda Constitucional)
Requisitos: T.C. mínimo (mulher: 30 anos – homem: 35 anos) + Pontuação (Idade + T.C)

Ano	Pontuação necessária		Ano	Pontuação necessária	
	Mulher	Homem		Mulher	Homem
2019	86	96	2027	94	104
2020	87	97	2028	95	105
2021	88	98	2029	96	105
2022	89	99	2030	97	105
2023	90	100	2031	98	105
2024	91	101	2032	99	105
2025	92	102	2033	100	105
2026	93	103			

ANEXO VI – PORTARIA DIRBEN/INSS Nº 991, DE 28 DE MARÇO DE 2022

Regra de Transição Aposentadoria por Tempo de Contribuição do Professor – Art. 15

Aposentadoria por Tempo de Contribuição do Professor
Regra de transição – Art. 15 da Emenda Constitucional nº 103/19, § 3º
(Filiados antes da Emenda Constitucional – Requisitos cumpridos após a Emenda Constitucional)
Requisitos: T.C. mínimo na Educação Básica (mulher: 25 anos – homem: 30 anos) + Pontuação (Idade + T.C)

Ano	Pontuação necessária	
	Mulher	Homem
2019	81	91
2020	82	92
2021	83	93
2022	84	94
2023	85	95
2024	86	96
2025	87	97
2026	88	98
2027	89	99
2028	90	100
2029	91	100
2030	92	100

ANEXO VII – PORTARIA DIRBEN/INSS Nº 991, DE 28 DE MARÇO DE 2022

Regras de Transição Aposentadoria por Tempo de Contribuição – Art. 16

Aposentadoria por Tempo de Contribuição
Regra de transição – Art. 16 da Emenda Constitucional 103/19
(Filiados antes da Emenda Constitucional – Requisitos cumpridos após a Emenda Constitucional)
T.C. mínimo (mulher: 30 anos – homem 35 anos) + Idade

Ano	Idade necessária		Ano	Idade necessária	
	Mulher	Homem		Mulher	Homem
2019	56	61	2026	59,5	64,5
2020	56,5	61,5	2027	60	65
2021	57	62	2028	60,5	65
2022	57,5	62,5	2029	61	65
2023	58	63	2030	61,5	65
2024	58,5	63,5	2031	62	65
2025	59	64			

ANEXO VIII – PORTARIA DIRBEN/INSS Nº 991, DE 28 DE MARÇO DE 2022

Regras de Transição de Aposentadoria por Tempo de Contribuição Professor – Art. 16

Aposentadoria por Tempo de Contribuição do Professor
Regra de transição – Art. 16 da Emenda Constitucional 103/19 – § 2º

(Filiados antes da Emenda Constitucional – Requisitos cumpridos após a Emenda Constitucional)
T.C. mínimo como Professor na Educação Básica (mulher: 25 anos – homem 30 anos) + Idade mínima

Ano	Idade necessária		Ano	Idade necessária	
	Mulher	Homem		Mulher	Homem
2019	51	56	2026	54,5	59,5
2020	51,5	56,5	2027	55	60
2021	52	57	2028	55,5	60
2022	52,5	57,5	2029	56	60
2023	53	58	2030	56,5	60
2024	53,5	58,5	2031	57	60

ANEXO IX – PORTARIA DIRBEN/INSS Nº 991, DE 28 DE MARÇO DE 2022

Regra de Transição com Adicional de 50% da Aposentadoria por Tempo de Contribuição – Art. 17

Aposentadoria por Tempo de Contribuição
Regra de transição – Art. 17 da Emenda Constitucional nº 103/19

(Filiados antes da Emenda Constitucional – Requisitos cumpridos após a Emenda Constitucional)
Tempo mínimo antes da Emenda Constitucional + Tempo mínimo total + Pedágio

Requisitos	Mulher	Homem
Tempo mínimo antes da EC	30	35
Tempo mínimo total	28	33
Pedágio	50 % do TC que faltava para 30 anos na Emenda Constitucional	50% do TC que faltava para 35 anos na Emenda Constitucional

ANEXO X – PORTARIA DIRBEN/INSS Nº 991, DE 28 DE MARÇO DE 2022

Regra de Transição com Adicional de 100% da Aposentadoria por Tempo de Contribuição – Art. 20

Aposentadoria por Tempo de Contribuição
Regra de transição – Art. 20 da Emenda Constitucional nº 103/19

(Filiados antes da Emenda Constitucional – Requisitos cumpridos após a Emenda Constitucional)
Tempo + Idade + Pedágio

Requisitos	Mulher	Homem
Tempo mínimo	30	35
Idade	57	60
Pedágio	100% do que faltava para 30 anos na Emenda Constitucional	100% do que faltava para 35 anos na Emenda Constitucional

ANEXO XI – PORTARIA DIRBEN/INSS Nº 991, DE 28 DE MARÇO DE 2022

Regra de Transição com Adicional de 100% da Aposentadoria por Tempo de Contribuição do Professor – Art. 20

Aposentadoria por Tempo de Contribuição do Professor
Regra de transição – Art. 20 da Emenda Constitucional nº 103/19 – § 1º
(Filiados antes da Emenda Constitucional – Requisitos cumpridos após a Emenda Constitucional)
Tempo de Magistério na Educação Básica + Idade + Pedágio

Requisitos	Mulher	Homem
Tempo mínimo	25	30
Idade	52	55
Pedágio	100% do que faltava para 25 anos na Emenda Constitucional	100% do que faltava para 30 anos na Emenda Constitucional

Portaria DIRBEN/INSS Nº 992

PORTARIA DIRBEN/INSS Nº 992, DE 28 DE MARÇO DE 2022

Aprova as Normas Procedimentais em Matéria de Benefícios

O DIRETOR DE BENEFÍCIOS DO INSTITUTO NACIONAL DO SEGURO SOCIAL - INSS, no uso das atribuições que lhe confere o Decreto nº 9.746, de 8 de abril de 2019, bem como, o que consta no processo administrativo SEI no 35014.341866/2020-55, resolve:

Art. 1º Fica aprovado o Livro III das Normas Procedimentais em Matéria de Benefícios, disciplinando a aplicação prática da Manutenção de Benefícios e Serviços do Regime Geral de Previdência Social - RGPS no âmbito do INSS, complementares às regras contidas na Instrução Normativa PRES/INSS nº 128 de 28 de março de 2022.

Art. 2º Esta Portaria entra em vigor na data de sua publicação, devendo ser aplicada a todos os processos pendentes de análise e decisão.
Parágrafo único. Esta Portaria contém os Anexos I a XVII.

SEBASTIÃO FAUSTINO DE PAULA

ANEXO

LIVRO III – DA MANUTENÇÃO DE BENEFÍCIOS

TÍTULO I – DAS DISPOSIÇÕES GERAIS RELATIVAS À MANUTENÇÃO DE BENEFÍCIOS

CAPÍTULO I – DISPOSIÇÕES GERAIS

SEÇÃO I – CONCEITO, OBJETIVO E FINALIDADE DA MANUTENÇÃO DE BENEFÍCIOS

Art. 1º Considera-se atualização e manutenção de benefícios todas e quaisquer ações realizadas após o reconhecimento do direito, fundamentais para a conservação do benefício ativo, garantindo o pagamento mensal da renda ao beneficiário até que ocorra a cessação pela extinção do direito.

Art. 2º Tem por objetivo e finalidade o controle efetivo dos benefícios já concedidos, priorizando o pagamento ao beneficiário com eficiência e eficácia.

SEÇÃO II – GESTÃO DA FOLHA DE PAGAMENTO DE BENEFÍCIOS

Art. 3º Consiste na avaliação e controle da folha de pagamento dos benefícios mantidos pelo INSS, por intermédio de cadastros completos, maciça analisada e validada, pagamentos corretos por agentes pagadores, dentre outros, visando evitar possíveis emissões indevidas de créditos.

Art. 4º Compete aos servidores do INSS, principalmente aqueles vinculados às Centrais Especializadas de Suporte e Manutenção de Benefícios - CES/MAN as seguintes verificações:

I - priorização da análise e correção das possíveis inconsistências identificadas pelo Sistema de Verificação de Conformidade da Folha de Pagamento de Benefícios - SVCBEN e apresentadas no Painel de Qualidade de Dados do Pagamento de Benefícios - QDBEN;

II - análise periódica dos benefícios mantidos, objetivando verificar o valor total pago em cada unidade, as espécies de benefícios mantidos e a análise dos procedimentos relativos à manutenção, como procurações cadastradas, cessação, suspensão e reativação comandadas, dentre outros, tanto a totalização mensal de tais ações como a análise da qualidade das mesmas, mediante amostragem de benefícios;

III - auditagem, por amostragem, dos créditos emitidos pelas Equipes Locais de Análise de Benefício - ELAB e Centrais de Análise de Benefícios CEAB, bem como os liberados automaticamente pelo sistema. A abordagem dos benefícios a serem analisados deve envolver métodos que possibilitem a análise de todos os tipos de benefícios/tipo de créditos emitidos;

IV - priorizar ações e voltar esforços para a conscientização dos servidores quanto à atualização do cadastro, de forma completa, de todos os participantes do benefício, seja titular, dependente, instituidor, procurador, representante legal;

V - reportar à Superintendência Regional, a qual comunicará à Direção Central, as situações que estão em discrepância ao estabelecido nos contratos firmados entre INSS e rede bancária pagadora de benefícios;

VI - validação mensal da maciça e encaminhamento à Direção Central das situações identificadas que possam provocar inconsistências na folha de pagamento, após validação pela Superintendência Regional.

SUBSEÇÃO ÚNICA – SISTEMA DE VERIFICAÇÃO DE CONFORMIDADE DA FOLHA DE PAGAMENTO DE BENEFÍCIOS - SVCBEN E PAINEL DE QUALIDADE DE DADOS DO PAGAMENTO DE BENEFÍCIOS - QDBEN

Art. 5º O SVCBEN tem por objetivo analisar a Folha de Pagamento de Benefícios, de forma preventiva e automática, com vistas a identificar eventuais inconsistências e indícios de irregularidades.

Parágrafo único. As inconsistências e os indícios de irregularidades de que trata o caput serão objeto de consolidação e organização no QDBEN, juntamente com os resultados das ações relacionadas às suas correções.

Art. 6º Considerando a necessidade de efetuar o tratamento das inconsistências identificadas, visando evitar possíveis incorreções e geração de pagamentos indevidos, bem como manter a folha de pagamento de benefícios devidamente atualizada e regular, foi aprovado, por intermédio da Resolução nº 678/PRES/INSS, de 23 de abril de 2019, o Sistema de Verificação de Conformidade da Folha de Pagamento de Benefícios - SVCBEN e o Painel de Qualidade de Dados do Pagamento de Benefícios - QDBEN, que atribui a responsabilidade às unidades locais do INSS pelo saneamento dos casos identificados.

Parágrafo único. A partir da publicação da Portaria nº 152/DIRBEN/INSS, de 02 de junho de 2020, a responsabilidade pelo saneamento dos casos identificados pelo SVCBEN ou pelo Painel QDBEN ficou sob atribuição dos servidores vinculados às Centrais de Análise de Benefício em Manutenção - CEAB/MAN.

Art. 7º O SVCBEN considera o uso de inteligência de negócio no processo de identificação de inconsistências a partir da implementação de regras e critérios desenvolvidos com base em leis, decretos, normas internas e acórdãos de órgãos de controle, bem como batimentos com outros cadastros, sendo, portanto, uma rotina inteligente de apuração de inconsistências.

Art. 8º Os benefícios com possíveis inconsistências são visualizados por intermédio do Painel QDBEN, onde os dados são disponibilizados de forma estruturada, o qual se encontra integrado com o Gerenciador de Tarefas - GET, para que possam ser encaminhados, analisados e corrigidos pelas unidades do INSS.

CAPÍTULO II – DADOS CADASTRAIS

SEÇÃO ÚNICA – ATUALIZAÇÃO DE DADOS CADASTRAIS DE BENEFÍCIO EM MANUTENÇÃO

Art. 9º Tem por finalidade a identificação de todos os beneficiários da Previdência Social e seus representantes, com a atualização constante dos dados cadastrais destes, obtendo todas as informações para formar um banco de dados completo, evitando assim:

I - manter benefícios incompatíveis;

II - pagar benefícios de aposentadoria por incapacidade temporária e aposentadoria por incapacidade permanente a quem tenha retornado à atividade;

III - emitir pagamentos após o falecimento do beneficiário; e

IV - suspender ou cessar benefícios de forma equivocada pelo sistema.

SUBSEÇÃO I – ORIENTAÇÕES GERAIS

Art. 10. É imprescindível que se mantenham atualizados os dados cadastrais de todos os participantes do benefício, sejam eles, titular, procurador, representante legal, instituidor, dependentes e/ou grupo familiar.

Art. 11. A atualização dos dados cadastrais deve ser priorizada em qualquer ação a ser realizada no benefício, principalmente na atualização de benefícios em manutenção concedidos antes do Sistema Único de Benefícios.

§ 1º A atualização deve ser efetuada no Cadastro Nacional de Informações do Trabalhador - CNIS, em todos os Números de Identificação do Trabalhador - NITs cadastrados em nome do beneficiário, de forma idêntica, o que possibilita que os NITs sejam agrupados.

§ 2º Atentar para a necessidade de manter o mesmo NIT e CPF em todos os benefícios recebidos pelo mesmo titular, a fim de possibilitar a agregação automática dos rendimentos anuais no processamento da DIRF.

Art. 12. Caso seja identificado o status suspenso ou cancelado no CPF dos participantes do benefício, o beneficiário deverá ser orientado a procurar a Receita Federal para regularizar a situação de pendência.

§ 1º Aplica-se o disposto no caput, inclusive para os casos em que forem identificadas a multiplicidade de inscrições no CPF para um mesmo beneficiário.

§ 2º Considerando as demandas de qualificação da folha de pagamentos, é obrigatório o registro no CPF também para os instituidores de benefícios.

SUBSEÇÃO II – DOCUMENTAÇÃO

Art. 13. É de responsabilidade exclusiva do interessado (titular, procurador, representante legal e dependentes) manter o seu endereço atualizado, presumindo-se válidas todas e quaisquer comunicações dirigidas aos endereços, físico ou eletrônico, informados nos autos pelo interessado, cabendo a ele atualizar os respectivos endereços sempre que houver modificação temporária ou definitiva, conforme Parecer nº 00007/2015/DIVCONS/PFE-INSS/PGF/AGU.

Parágrafo único. A comunicação se dará, preferencialmente, por meio eletrônico, ou na ausência de informação, por meio de correspondência enviada ao endereço declarado pelo interessado, dispensada a apresentação de comprovante de residência.

Art. 14. Para atualização dos dados cadastrais podem ser apresentados os seguintes documentos:

I - Documento de identificação: Carteira de Identidade, Carteira de Trabalho da Previdência Social - CTPS, Passaporte, Carteira Nacional de Habilitação - CNH, Registro de Conselho Profissional, Carteira de Identificação Funcional, Carteira de Identidade do Indígena, Declaração da FUNAI que ateste a veracidade dos dados pessoais de indígena não integrado, ou outro documento dotado de fé pública que permita a identificação do cidadão;

II - Certidão de Nascimento;

III - Cadastro de Pessoa Física - CPF;

IV - Número de Identificação do Trabalhador - NIT, o número de inscrição do contribuinte individual ou número do PIS ou do PASEP;

V - Título de Eleitor;

VI - Certidão de Casamento; e

VII - Certidão de Óbito.

§ 1º A atualização dos dados cadastrais somente será realizada mediante a apresentação de no mínimo um dos documentos de identificação elencados no inciso I, observado o § 4º.

§ 2º O documento de identificação apresentado deverá conter fotografia que permita o reconhecimento do requerente, observado o § 4º.

§ 3º Caso o documento apresentado não seja hábil para identificar o interessado, o servidor deverá emitir carta de exigência para que o interessado apresente algum outro documento que o identifique.

§ 4º Exclusivamente, no caso do solicitante menor de 16 anos, a Certidão de Nascimento é aceita como documento de identificação.

§ 5º Caso o solicitante não seja o titular do benefício, deverá apresentar ainda documento próprio de identificação, acompanhado de instrumento de mandato, conforme o caso.

§ 6º Com o intuito de propiciar um cadastro mais completo, é recomendado que, quando da atualização de dados cadastrais, seja informado o maior número possível de documentos.

§ 7º A Certidão de Óbito poderá ser apresentada por qualquer pessoa, em qualquer Unidade de Atendimento do INSS, independentemente do Órgão Local (OL) mantenedor do benefício do falecido.

Art. 15. O beneficiário poderá atualizar seu endereço no INSS, por meio do Portal ou aplicativo "Meu INSS", ou junto à instituição financeira pagadora do seu benefício, que transmitirá a atualização ao INSS por meio eletrônico conforme regras do protocolo de pagamento de benefícios.

Art. 16. As informações dos dados cadastrais a serem atualizadas serão aceitas com a presença ou identificação dos titulares dos benefícios através dos canais remotos de atendimento ou por intermédio de representante legal ou procurador, desde que seja apresentado o comprovante de sua condição conforme regras de representação vigentes à época da solicitação.

SUBSEÇÃO III – CENSO PREVIDENCIÁRIO

Art. 17. O INSS manterá programa permanente de revisão da concessão e da manutenção dos benefícios por ele administrados, a fim de apurar irregularidades ou erros materiais.
Parágrafo único. Para fins do disposto no caput, o INSS poderá realizar recenseamento para atualização de cadastro de seus beneficiários.

TÍTULO II – DAS DISPOSIÇÕES DIVERSAS RELATIVAS À MANUTENÇÃO DE BENEFÍCIOS

CAPÍTULO I – REPRESENTAÇÕES NOS BENEFÍCIOS

SEÇÃO I – PROCURAÇÃO PARA RECEBIMENTO DE VALORES

Art. 18. Para recebimento de benefício, poderá o titular ser representado por procurador que apresente mandato com poderes específicos nos casos de ausência, moléstia contagiosa ou impossibilidade de locomoção, observado o previsto no art. 109 da Lei nº 8.213, de 24 de julho de 1991 e no art. 156 do Regulamento da Previdência Social - RPS, aprovado pelo Decreto nº 3.048, de 06 de maio de 1999.

Art. 19. O instrumento de mandato poderá ser público ou particular, sendo obrigatória a forma pública na hipótese de outorgante ou outorgado não alfabetizado ou com deficiência visual ou física, que os impeçam de assinar.

Art. 20. Para o cadastramento da procuração, deverá ser apresentado, em conjunto, o documento que comprove o motivo da ausência, incapacidade ou impossibilidade de locomoção, observado que:
I - a comprovação nos casos de moléstia contagiosa ou impossibilidade de locomoção será feita conforme incisos I a IV do art. 45;
II - a comprovação nos casos de ausência por motivo de viagem nacional ou internacional, será feita conforme disposto no art. 46, atentando-se que o período de validade da procuração corresponde ao período da ausência declarada, desde que não ultrapasse o período de 12 (doze) meses.

Art. 21. O documento de procuração não poderá ter prazo superior a doze meses, podendo ser renovado ou revalidado anualmente.
§ 1º Quando não houver previsão expressa de cessação do mandato, da finalidade ou prazo limite de validade inferiores ao previsto no caput, considera-se o limite de doze meses.
§ 2º A outorga de poderes por meio de instrumento público pode determinar o seu prazo de validade, razão pela qual é imprescindível que o servidor confira o documento apresentado e informe no sistema a data final da validade da procuração conforme a data citada no referido instrumento, desde que não ultrapasse o prazo fixado no caput.

Art. 22. É obrigatória a conferência da assinatura do beneficiário, quando da apresentação de instrumento particular, mediante apresentação de documento de identificação das partes e, somente nos casos de dúvida fundada sobre a autenticidade ou integridade do instrumento, poderá ser exigido reconhecimento de firma do titular outorgante.

Art. 23. Os tutores ou curadores, devidamente designados por ordem judicial, poderão outorgar mandato a terceiro, observadas as regras gerais de outorga de procuração, salvo previsão expressa em contrário no termo judicial.
Parágrafo único. Para os casos tratados no caput, o instrumento de mandato deverá ser apresentado na forma pública, com exceção do tutor nato que poderá outorgar mandato por intermédio de instrumento público ou particular.

Art. 24. É permitido o cadastramento de procurador em benefício com recebimento em conta corrente, exclusivamente para realização de Prova de Vida, permanecendo restrita junto a rede bancária a autorização para esta finalidade, não podendo receber parcelas em nome do titular.

Art. 25. Considerando a impossibilidade de efetuar o cadastro de procurador em benefício com status "cessado", e havendo valores pendentes de recebimento, deverá o requerente solicitar, através de serviço do "Meu INSS", o pagamento de benefício não recebido e anexar os mesmos documentos necessários ao cadastramento do procurador dispostos nesta seção.

Art. 26. Quando da inclusão do procurador, renovação ou revalidação no sistema de benefícios, é obrigatório o preenchimento do Termo de Responsabilidade, independente da procuração ser pública ou particular.
§ 1º No referido Termo de Responsabilidade deve constar o comprometimento do mandatário em comunicar ao INSS quaisquer eventos que possam anular a procuração, dentre eles o óbito do outorgante, sob pena de incorrer nas sanções criminais cabíveis.
§ 2º No âmbito do processo digital, o Termo de Responsabilidade poderá ser preenchido no momento da solicitação do cadastramento do procurador, diretamente pelo Portal «Meu INSS», podendo a ciência do mandatário ser verificada nos campos adicionais e histórico de ações da tarefa.
§ 3º Em se tratando de termo de responsabilidade eletrônico, este deverá estar assinado eletronicamente pelo procurador, observados, a partir de 1º de julho de 2021, os padrões de assinatura eletrônica definidos no Decreto nº 10.543, de 13 de novembro de 2020.
§ 4º No caso de requerimento de inclusão de procurador realizado através de login do outorgante ou pela Central 135, o termo de responsabilidade eletrônico, localizado nos campos adicionais da tarefa não será aceito, por não conter a firma do procurador, devendo ser emitida exigência para apresentação do documento digitalizado ou em meio físico.

Art. 27. A procuração pública, outorgada no exterior, desde que com tradução juramentada, pode ser recepcionada com o apostilamento previsto na Convenção de Haia sobre a Eliminação da Exigência de Legalização de Documentos Públicos Estrangeiros, promulgada pelo Decreto nº 8.660, 29 de janeiro de 2016.
§ 1º Por força do Acordo de Cooperação entre Brasil e França, promulgado pelo Decreto nº 3.598, de 12 de setembro de 2000, o documento de procuração pública ou particular, emitidos na França, estão dispensados de legalização no Consulado ou apostilamento, sendo necessário o envio da respectiva tradução efetuada por tradutor juramentado.
§ 2º Os Atestados de Vida emitidos pelas representações consulares brasileiras no Exterior continuarão sendo aceitos para fins de comprovação de vida e inclusão/renovação de procuração emitida no Exterior, pois, aos documentos emitidos por agentes diplomáticos ou consulares não se aplica o disposto na Convenção citada no caput.
§ 3º O formulário de «Atestado de vida para comprovação perante o INSS» com firma reconhecida por notário local, deve ser recepcionado com o apostilamento previsto na referida Convenção.

Art. 28. O procurador não poderá autorizar os descontos referentes a empréstimo pessoal e cartão de crédito concedidos por instituições financeiras no benefício que representa, conforme inciso VII do artigo 3 da Instrução Normativa nº 28/INSS/PRES, de 16 de maio de 2008.

Art. 29. É permitido o substabelecimento da procuração quando constar poderes expressamente especificados no instrumento originário.

Art. 30. Não poderão representar outro dependente, na condição de procurador para fins de recebimento e percepção de benefício, as seguintes pessoas:

I - o dependente excluído definitivamente da condição de dependente do segurado em razão de condenação criminal por sentença transitada em julgado, como autor, coautor ou partícipe de homicídio doloso, ou de tentativa desse crime, cometido contra a pessoa do segurado, ressalvados os absolutamente incapazes e os inimputáveis;

II - o dependente que tenha a parte no benefício de pensão por morte provisoriamente suspensa, em razão da ocorrência de fundados indícios de autoria, coautoria ou participação do dependente, ressalvados os absolutamente incapazes e os inimputáveis, em homicídio, ou em tentativa desse crime, cometido contra a pessoa do segurado;

III - o dependente que perder o direito à pensão por morte na condição de cônjuge ou companheiro/companheira se comprovada, a qualquer tempo, simulação ou fraude no casamento ou na união estável, ou a formalização desses com o fim exclusivo de constituir benefício previdenciário;

§ 1º Nas hipóteses dos incisos I e III, o dependente perderá o direito à pensão somente após a tramitação de processo judicial próprio.

§ 2º Na hipótese do inciso II, o dependente terá o seu direito à pensão suspenso somente após a tramitação de processo administrativo, respeitados os direitos à ampla defesa e ao contraditório.

SUBSEÇÃO I – CADASTRAMENTO DE PROCURADOR

Art. 31. Para a inclusão do procurador, além do instrumento de mandato, público ou privado, exigir-se-á a comprovação da impossibilidade de locomoção ou moléstia contagiosa acometida ao titular do benefício, mediante a apresentação de um dos seguintes documentos:

I - Atestado Médico que comprove tal situação;

II - Atestado emitido pela secretaria ou serviço social do hospital, quando beneficiário internado;

III - Atestado ou Declaração de recolhimento prisional emitido por autoridade competente, nos casos de privação de liberdade;

IV - Declaração de internação emitida por órgão competente ou casa de recuperação para dependentes químicos.

§ 1º Os documentos citados no caput devem ter sido emitidos há, no máximo, 30 (trinta) dias da data de solicitação da inclusão do procurador (requerimento eletrônico) ou da data de emissão da exigência para sua apresentação.

§ 2º O atestado médico é documento obrigatório, que substitui a presença do titular do benefício, e deve demonstrar que o beneficiário tem comprometimento da sua capacidade funcional, que o impeça de manter suas atividades de forma independente, não necessitando vir explícito o termo «impossibilidade de locomoção».

Art. 32. Para a inclusão de procurador por motivo de viagem, deverá ser comprovada a situação de ausência do titular do benefício, mediante apresentação de declaração escrita do outorgante contendo a informação se a viagem é dentro do país ou para o exterior, bem como o período da ausência.

§ 1º A declaração do titular poderá ser suprida pelo preenchimento de campo específico no Termo de Responsabilidade ou pelo preenchimento no campo específico do modelo de «Procuração» (Anexo XXII da Instrução Normativa PRES/INSS nº 128, de 2022), caso conste a informação do destino da viagem e do período da ausência no instrumento de procuração.

§ 2º Nos casos em que o titular não estiver no Brasil deverá, obrigatoriamente, apresentar o Atestado de Vida emitido no Exterior, com prazo de validade de 90 (noventa) dias, a partir da data de sua expedição, legalizado pela autoridade brasileira competente.

Art. 33. Além do Instrumento de mandato público e dos documentos citados nos artigos anteriores, para cadastramento do procurador, é obrigatória a apresentação dos documentos de identificação do outorgante, do outorgado e do Termo de Responsabilidade preenchido e assinado.

§ 1º O documento de identificação apresentado, deve possibilitar a confirmação da assinatura nos casos de procuração particular.

§ 2º Quando houver dúvida fundada quanto à autenticidade ou integridade dos documentos de atestado médico, atestado de recolhimento à prisão ou declaração de internação em casa de recuperação de dependentes químicos o servidor deverá abrir prazo para cumprimento de exigência, para que o requerente apresente o documento original na APS para a devida autenticação.

§ 3º Caso o documento apresentado na APS não possibilite a autenticação pelo servidor do INSS, o documento poderá ser rejeitado e o requerimento concluído por não cumprimento de exigência, devendo o servidor responsável cadastrar tarefa de «Admissibilidade de Indícios de Irregularidade» para a devida apuração pelo MOB, citando quais divergências foram identificadas.

SUBSEÇÃO II – PROCURAÇÃO COLETIVA E ENTIDADE DE REPRESENTAÇÃO

Art. 34. Os segurados internados em asilos, leprosários, sanatórios e outras entidades poderão passar procuração ao representante da entidade na qual está acolhido.

Art. 35. Para o cadastramento da Entidade de Representação é obrigatória a apresentação de:

I - cópia do estatuto da entidade;

II - número do Cadastro Nacional de Pessoa Jurídica - CNPJ da entidade;

III - ata de reunião em que foi designado o representante da entidade;

IV - documentos de identificação e CPF do representante;

V - procuração individual ou coletiva dos beneficiários.

§ 1º O cadastramento da Entidade de Representação não dispensa a comprovação do motivo da procuração conforme disposto na presente norma.

§ 2º Um representante de entidade pode estar vinculado a mais de um benefício, no entanto só pode representar uma entidade.

§ 3º A entidade de representação e seu representante devem ser cadastrados em um único órgão mantenedor, ou seja, uma única APS.

§ 4º Existindo benefício de outro órgão mantenedor a ser vinculado em entidade de representação cadastrada, a APS de destino deve providenciar a Transferência do benefício em manutenção - TBM, para a mesma unidade em que a entidade está cadastrada.

SUBSEÇÃO III – RENOVAÇÃO DO MANDATO

Art. 36. Na renovação da procuração é obrigatória a apresentação de documento que demonstre a ausência, moléstia contagiosa ou impossibilidade de locomoção, devidamente atualizado.

Art. 37. Para fins de renovação, deverá ser formalizado novo Termo de Responsabilidade, através de formulário próprio ou por meio eletrônico, mesmo que já tenha sido apresentado no momento da inclusão do procurador.

Art. 38. Quando se tratar de renovação/revalidação de procuração por motivo de viagem ao exterior, será exigida apresentação de Atestado de Fé de Vida emitido no Exterior.

Parágrafo único. O parâmetro de Imposto de Renda do benefício somente deve ser alterado para o tipo "Exterior" no momento em que o período de 12 (doze) meses de ausência for ultrapassado.

SUBSEÇÃO IV – EXTINÇÃO DOS EFEITOS DA PROCURAÇÃO

Art. 39. O instrumento de mandato perde a validade, efeito ou eficácia nas seguintes situações:

I - revogação ou renúncia;

II - morte ou interdição de uma das partes (titular ou procurador);

III - mudança da condição que habilitou o titular a conferir poderes ou o procurador a exercê-los;

IV - término do prazo ou pelo cumprimento ou extinção da finalidade outorgada.

Parágrafo único. A emissão de nova procuração com os mesmos poderes, revoga a anterior.

Art. 40. Presume-se válida a procuração perante o INSS enquanto não houver ciência a respeito das ocorrências previstas acima, independentemente da data de emissão.

Art. 41. O titular do benefício poderá solicitar, a qualquer tempo, a retirada do procurador do cadastro.

§ 1º A solicitação deverá ser feita por meio dos canais remotos, através de requerimento digital.

§ 2º O pedido não revoga os efeitos da procuração, apenas realiza a exclusão da procuração no sistema do INSS.

§ 3º Cabe ao segurado/beneficiário realizar a revogação dos poderes conferidos ao procurador, na forma da lei civil.

Art. 42. Na cessação de benefícios, seja por procedimento automatizado ou por comando realizado por servidor, ocorrerá a exclusão automática da informação de procurador cadastrado no benefício.

Parágrafo único. Nos casos de cessação indevida ou de reativação, o servidor poderá informar os dados da procuração conforme processo anterior e data da validade que constava no cadastro antes da exclusão.

SEÇÃO II – REPRESENTAÇÃO LEGAL

Art. 43. O titular ou dependente civilmente incapaz será representado, para fins de recebimento de benefício, por um dos seguintes responsáveis legais, conforme o caso:

I - tutor nato;

II - tutor provisório ou definitivo;

III - curador provisório ou definitivo;

VI - administrador provisório, reconhecido administrativamente;

V - guardião (termo de guarda);

VI - dirigente de entidade de que trata o art. 92 do Estatuto da Criança e do Adolescente - ECA.

§ 1º Para efetivação do cadastro de qualquer dos representantes é obrigatório o preenchimento e a assinatura do Termo de Responsabilidade eletrônico ou físico, ainda que o representante já tenha assinado o Termo Judicial.

§ 2º Nos casos de administrador provisório e de dirigente de entidade, o termo de responsabilidade faz-se necessário também nos procedimentos de renovação de representação.

§ 3º Em relação ao termo de responsabilidade de que trata o § 1º, tanto para inclusão, renovação ou revalidação no sistema de benefícios, é obrigatório o preenchimento do termo de responsabilidade.

§ 4º Nas situações em que o representante legal for incluído, alterado ou excluído, a forma de pagamento do benefício deverá também ser alterada para cartão magnético, evitando o envio de créditos à conta de depósitos do antigo recebedor e a possibilidade de rejeição automática, exceto se mantido o mesmo representante e alterada apenas sua categoria.

SUBSEÇÃO I – ORIENTAÇÕES GERAIS

Art. 44. Aquele que apresentar termo de guarda, tutela ou curatela, ainda que provisórios ou com prazo determinado expresso no documento, deverá ser considerado definitivo.

§ 1º A tutela, a curatela e a guarda legal, ainda que provisórias, serão sempre declaradas por decisão judicial, servindo, como prova de nomeação do representante legal, a sentença judicial, o termo de tutela, curatela, guarda ou o ofício encaminhado pelo Poder Judiciário à unidade do INSS, sendo obrigatório o preenchimento e a assinatura do termo de responsabilidade eletrônico ou físico, ainda que o representante já tenha assinado termo judicial.

§ 2º Quando for apresentado termo de curatela Provisório, termo de tutela provisório ou termo de guarda provisório, o servidor do INSS deverá cadastrar o representante legal como Curador/Tutor/Guardião, conforme o caso.

§ 3º Caso o requerimento de cadastramento do representante legal de que trata o caput seja feito após o término de seu prazo expresso, deverá ser solicitado novo documento de representação.

§ 4º Por força do Acordo de Cooperação entre Brasil e França, promulgado pelo Decreto nº 3.598, de 12 de setembro de 2000, os documentos de tutela, curatela ou guarda, emitidos na França, estão dispensados de legalização no Consulado ou apostilamento.

Art. 45. No caso de benefícios que possuem divisão de cotas é imprescindível observar se a representação dar-se-á a todos os dependentes ou somente para algum deles.

Parágrafo único. No caso da representação ser somente para algum deles, deve-se orientar o interessado a primeiramente solicitar o serviço de "Pensão por Morte Urbana/Rural" ou "Auxílio-Reclusão para que ocorra o desdobramento do benefício, possibilitando assim o cadastro do representante apenas no benefício do (s) dependente (s) que representa.

Art. 46. O pagamento de atrasados de qualquer natureza, concessão, revisão ou reativação de benefício, somente poderá ser realizado quando o requerente apresentar o termo de guarda, tutela ou curatela, ainda que provisórios ou com prazo determinado, expedido pelo juízo responsável pelo processo.

§ 1º Poderá ser efetuado pagamento a representante legal de créditos atrasados ou residuais sendo necessário apresentar toda a documentação mencionada nesta seção e dispensando apenas a efetivação do cadastro no sistema quando o benefício se encontrar cessado.

§ 2º O dirigente de entidade que desenvolve programa de acolhimento é equiparado de pleno direito ao guardião estatutário, conforme § 1º do art. 92 do ECA, e durante o período de exercício da guarda, não poderá haver limitação pelo INSS aos poderes de representação de menores por dirigente de entidade, enquanto equiparado por lei à figura do guardião estatutário, no que diz respeito à percepção de benefícios atrasados.

Art. 47. Nos benefícios com representante legal cadastrado, para que o pagamento seja realizado em conta de depósitos, esta deverá estar em nome do titular do benefício e ser em conjunto com o representante.

Art. 48. O representante legal (tutor ou curador) poderá autorizar o desconto no respectivo benefício elegível de seu tutelado ou curatelado, referente a empréstimo pessoal e cartão de crédito concedidos por instituições financeiras na forma do inciso IV t do art. 3º da Instrução Normativa nº 28/INSS/PRES, de 2008, mediante autorização judicial.

§ 1º No caso de operações realizadas pelo representante legal, caberá à instituição financeira verificar possível restrição prevista na nomeação judicial deste, sob pena de nulidade do contrato, conforme inciso VI do art. 3º da Instrução Normativa nº 28/INSS/PRES, de 2008.

§ 2º A revogação ou a destituição dos poderes ao representante legal não atingem os atos praticados durante sua vigência, salvo decisão judicial dispondo o contrário.

Art. 49. O detentor da guarda, o curador e o tutor, devidamente designados por ordem judicial, assim como o tutor nato, poderão outorgar mandato a terceiro, observadas as regras gerais de outorga de procuração, salvo previsão expressa em contrário no termo judicial.

Parágrafo único. Para os casos tratados no caput, o instrumento de mandato deverá ser apresentado na forma pública, com exceção do tutor nato, que poderá outorgar mandato particular ou público.

Art. 50. Os dados constantes no arquivo do cadastro de representantes legais são transmitidos aos Órgãos Pagadores em conjunto com os créditos da maciça, assim, caso o representante seja cadastrado após o processamento desta, a informação será encaminhada à rede bancária na folha do mês subsequente.

Parágrafo único. Nas situações em que o representante legal vier a falecer e houver crédito depositado em conta corrente do representante falecido, não será possível reemitir esses valores, tendo em vista a impossibilidade de recuperação dos créditos junto à rede bancária, visto que a participação do INSS ocorre somente quando há o óbito do titular do benefício.

Art. 51. O apoiador, nos termos do art. 1.783-A do Código Civil, não é considerado representante legal para fins de requerimento e recebimento de benefício.

SUBSEÇÃO II – TUTOR NATO

Art. 52. Os beneficiários civilmente incapazes poderão ser representados pelos seus pais. Estes serão considerados tutores natos do menor até que este atinja a maioridade civil, na forma do Código Civil Brasileiro.

Parágrafo único. Para a comprovação da representação, é suficiente a apresentação de Certidão de Nascimento ou de documento de identificação no qual conste o representante na filiação do menor a ser representado.

Art. 53. A validade da representação se dará até o 18º aniversário do beneficiário, portanto, não há que se falar em tutor nato para os dependentes que possuem 18 anos ou mais, bem como aqueles emancipados civilmente na forma do parágrafo único do artigo 5º do Código Civil Brasileiro.

Parágrafo único. Deverá ser procedida a exclusão de ofício do tutor nato, caso se verifique que o titular do benefício já é civilmente capaz conforme a maioridade determinada no Código Civil Brasileiro.

Art. 54. No caso de tutor nato civilmente incapaz, este será substituído em suas atribuições para com o beneficiário menor incapaz por seu representante legal até o momento que restar adquirida ou recuperada sua capacidade civil, dispensando-se, neste caso, nomeação judicial.

Art. 55. Somente poderá ser negada a inclusão do pai/mãe como representante legal do filho nos casos em que, por decisão judicial, o poder familiar tenha sido destituído ou suspenso.

Art. 56. Quando houver um tutor nato já cadastrado no benefício e for apresentado pedido de cadastro pelo outro tutor nato, este último requerente deverá apresentar justificativa para que seja processada a alteração, como nas situações de perda do poder familiar ou a concordância do outro representante legal, dentre outros.
Parágrafo único. Não apresentada nenhuma justificativa, caberá a conclusão da tarefa sem análise do mérito.

SUBSEÇÃO III – GUARDIÃO - TERMO DE GUARDA

Art. 57. Guarda é o encargo legalmente conferido a uma pessoa que se obriga à prestação de assistência material, moral e educacional à criança ou adolescente.
§ 1º Excepcionalmente, poderá ser deferida a guarda pela autoridade judiciária competente, fora dos casos de tutela e adoção para atender a situações peculiares ou suprir a falta eventual dos pais ou responsável.
§ 2º Havendo a determinação de mais de um representante legal, como na situação da definição de guarda a ambos os avós, deve-se orientar aos representantes que a autoridade judicial designe um representante para o recebimento do benefício, em face da limitação do sistema para o cadastro.

Art. 58. O termo de guarda não perde eficácia legal com a maioridade do beneficiário, no entanto, para fins de representação no benefício, não deve ser cadastrado Guardião para os beneficiários maiores de idade na forma do Código Civil Brasileiro.

SUBSEÇÃO IV – ADMINISTRADOR PROVISÓRIO

Art. 59. Administrador provisório é o herdeiro necessário ou o representante de entidade de atendimento, de que trata o art. 92 do ECA, que representa o beneficiário enquanto não for finalizado processo judicial de tutela ou curatela, mediante assinatura do Termo de Compromisso administrativo.
§ 1º Especificamente para fins de pagamento ao administrador provisório, são considerados herdeiros necessários, na forma do art. 1.845 do Código Civil, os descendentes (filho, neto, bisneto), os ascendentes (avós, bisavós) e o cônjuge.
§ 2º Quando for solicitado o cadastro, como administrador provisório, por pessoa cujo grau de parentesco não se enquadra no § 1º do caput, o requerente não poderá ser considerado herdeiro necessário do titular do benefício e não deverá ser cadastrado como administrador provisório do beneficiário. Neste caso, o requerente deverá aguardar a nomeação judicial, ainda que em caráter provisório, para ter direito à representação do segurado.
§ 3º É autorizado o cadastro inicial dos herdeiros necessários, constantes no § 1º do caput, sem a devida comprovação do processo judicial de interdição. Esta autorização é válida pelo prazo de 6 (seis) meses e sua renovação é condicionada a apresentação de Certidão Judicial que comprove o andamento da ação.

Art. 60. O administrador provisório poderá requerer benefício, sendo-lhe autorizado o recebimento do valor mensal durante o prazo de validade de seu mandato, que será de 06 (seis) meses a contar da assinatura do termo de compromisso firmado no ato de seu cadastramento.
§ 1º Após o término do prazo citado no caput sem que haja a apresentação do comprovante de andamento do processo judicial, o pagamento é processado como Pagamento Alternativo de Benefícios - PAB, até que se completem 120 dias. Após este período, o crédito é cancelado automaticamente e o benefício é suspenso por «não apresentação de tutela/curatela».
§ 2º Havendo a apresentação do andamento do processo judicial, o benefício deve ser reativado.

Art. 61. Tanto para a inclusão quanto para a renovação do administrador provisório, faz-se necessário firmar Termo de Compromisso, válido por 06 (seis) meses, podendo ser prorrogado mediante a apresentação do andamento do respectivo processo judicial de representação civil.

Art. 62. O pagamento de atrasados de qualquer natureza (concessão, revisão ou reativação de benefício) não deve ser efetuado ao administrador provisório, nos termos do art. 45.

§ 1º São consideradas parcelas atrasadas, aquelas compreendidas entre a última competência recebida e a data do requerimento de reativação do benefício ou a data da inclusão do respectivo representante.

§ 2º Não se aplica o disposto no caput aos dirigentes de entidade de que trata o artigo 92 do ECA, ainda que cadastrados como administrador provisório. Nesta situação o dirigente é equiparado ao guardião para fins de pagamento e poderá receber parcelas atrasadas.

Art. 63. Com objetivo de atender a recomendação do Ministério Público, o INSS passou a enviar Aviso de Recebimento - AR, via DATAPREV, aos recebedores de benefícios com administradores provisórios, informando que faltam 45 dias para apresentação de comprovante de andamento do processo ou comprovante de tutela/curatela definitiva.

Art. 64. É autorizado o recebimento do benefício, devido ao menor impúbere acolhido em abrigo, pelo dirigente de instituição, mesmo na hipótese de pais vivos.

Parágrafo único. Na situação prevista no caput, o cadastro deve ser realizado na modalidade administrador provisório e registrado no sistema a ocorrência de que se trata de dirigente de entidade, conforme art. 92 do ECA.

Art. 65. Para o cadastramento do dirigente de entidade de que trata o art. 92 do ECA, faz-se necessária a apresentação dos seguintes documentos:

I - "Guia para Acolhimento Institucional Familiar", devidamente preenchida e assinada pela autoridade judiciária, conforme Anexo I;

II - comprovação da qualidade de dirigente da entidade;

III - documento de identificação pessoal, em que conste seu CPF; e

IV - "Declaração de Permanência", conforme Anexo II.

§ 1º Para a manutenção do pagamento do benefício, o dirigente de entidade deve renovar, a cada 06 (seis) meses, a declaração de permanência do menor em abrigo, conforme inciso IV, do caput, e firmar o Termo de Responsabilidade.

§ 2º Não havendo renovação da Declaração de Permanência, o pagamento é suspenso, com restabelecimento vinculado à regularização da situação.

§ 3º Um dos documentos que comprova a qualidade de dirigente é o Contrato Social e as alterações contratuais referentes à criação da entidade.

§ 4º O dirigente a que se refere este artigo tem o dever de informar ao INSS, ao final do período de 18 (dezoito) meses referido no § 2º do art. 19 do ECA, se houve o retorno do menor à família ou a recolocação em família substituta ou, ainda, a prorrogação do período, mediante apresentação da decisão judicial que a autorizou.

§ 5º Para efetivação do cadastro de representante legal nesta categoria deve-se observar o contido no Memorando-Circular nº 07/DIRBEN/INSS, de 15 de abril de 2010 e seus anexos.

SUBSEÇÃO V – TUTOR

Art. 66. Tutela judicial é a instituição estabelecida por lei para proteção dos menores, cujos pais faleceram, foram considerados ausentes ou perderam o poder familiar.

Parágrafo único. A tutela judicial é concedida em favor de menores, portanto não deve ser cadastrado tutor para os beneficiários maiores de idade, na forma do Código Civil Brasileiro.

Art. 67. O tutor pode representar o menor para requerer seus direitos e receber benefício previdenciário ou assistencial, enquanto perdurar a condição de menor.

Art. 68. Conforme a decisão judicial, vários menores podem ter um mesmo tutor ou vários menores irmãos podem ter tutores diferentes. Nesta situação deve-se observar a titularidade das cotas do benefício e a representação de cada titular, evitando o cadastro de representante legal para menores que o requerente não possui autorização/nomeação judicial.

Art. 69. O tutor judicial deverá firmar Termo de Compromisso com o INSS, ainda que alegue tê-lo feito judicialmente, podendo fazê-lo de forma eletrônica ou física.

SUBSEÇÃO VI – CURADOR

Art. 70. Curatela é o encargo que a lei confere a uma pessoa, segundo limites legalmente fundamentados, para que cuide dos interesses de alguém que não possa administrá-los. Estão, assim, sujeitos à curatela, segundo o Código Civil:
I - aqueles que, por causa transitória ou permanente, não puderem exprimir sua vontade;
II - os ébrios habituais e os viciados em tóxico;
III - os pródigos.

Art. 71. Para o cadastramento do representante legal como curador deve ser apresentada a sentença judicial declarando a interdição, o termo de curatela ou o ofício encaminhado pelo Poder Judiciário à unidade do INSS.
Parágrafo único. Não caberá ao INSS fazer exigência de interdição do beneficiário, seja ela total ou parcial, consistindo ônus do cônjuge ou companheiro, parentes ou tutores, representante da entidade em que se encontra abrigado o interditando ou Ministério Público, conforme Art. 474, do Código de Processo Civil.

Art. 72. O curador deverá firmar termo de compromisso com o INSS, ainda que alegue tê-lo feito judicialmente, podendo fazê-lo de forma eletrônica ou física.

SUBSEÇÃO VII – EXCLUSÃO DO REPRESENTANTE LEGAL

Art. 73. O titular e o dependente, após completarem 16 (dezesseis) anos de idade, poderão receber o pagamento de forma independente, observados:
I - em se tratando de dependente único, com representante legal na qualidade de tutor nato ou administrador provisório, a exclusão do representante é possível, sendo a solicitação do titular suficiente;
II - quando se tratar de benefício com representante legal na qualidade de tutor/curador designado judicialmente, não é devida a exclusão deste sem que haja determinação judicial neste sentido;
III - havendo mais de um dependente ativo no benefício, deverá ser providenciado o desdobramento das cotas.
Parágrafo único. Os demais titulares de benefícios previdenciários e assistenciais também poderão solicitar a exclusão do representante legal, sendo feita a análise conforme incisos I e II.

CAPÍTULO II – ATUALIZAÇÕES NOS BENEFÍCIOS

SEÇÃO I – SALÁRIO-FAMÍLIA

Art. 74. O salário-família é devido ao segurado de baixa renda empregado, inclusive o doméstico, e ao segurado trabalhador avulso, que tenham salário de contribuição inferior ou igual ao limite máximo de renda fixado por Portaria Ministerial.
§ 1º O benefício será pago mensalmente, em cotas proporcionais ao número de filho(s), enteado(s) ou menor(es) tutelado(s) de qualquer condição, até 14 (quatorze) anos de idade ou inválido(s) de qualquer idade.
§ 2º O empregado doméstico passou a fazer jus ao recebimento de salário-família a partir de 02 de junho de 2015, com o advento da Lei Complementar nº 150.
§ 3º As regras de acesso ao benefício estão disciplinadas nos art. 362 e 363 da Instrução Normativa PRES/INSS nº 128, de 2022.

SUBSEÇÃO I – DA MANUTENÇÃO DO SALÁRIO-FAMÍLIA

Art. 75. A manutenção do salário-família está condicionada, sob pena de suspensão do pagamento, à apresentação:
I - anual, no mês de novembro, de caderneta de vacinação dos filhos e equiparados até os 6 (seis) anos de idade;
II - semestral, nos meses de maio e novembro, de comprovante de frequência escolar, para os filhos, enteados ou os menores tutelados, com mais de 4 (quatro) anos de idade, no caso de requerimentos posteriores a 1º de julho de 2020, data da publicação do Decreto nº 10.410, de 30 de junho de 2020; e

III - semestral, de comprovante de frequência escolar, para os filhos, enteados ou os menores tutelados, com mais de 7 (sete) anos de idade, para requerimentos efetuados até 30 de junho de 2020, dia imediatamente anterior à data da publicação do Decreto nº 10.410, de 30 de junho de 2020.

Parágrafo único. A apresentação dos documentos a que se refere o caput será feita por meio dos canais remotos, através do serviço "Cadastrar ou Atualizar Dependentes para Salário-Família".

SUBSEÇÃO II – DA RENOVAÇÃO DO SALÁRIO-FAMÍLIA

Art. 76. A renovação do direito ao salário-família é obrigatória, condicionada à apresentação dos seguintes documentos nos respectivos períodos:

I - caderneta de vacinação ou equivalente para dependentes até os 6 (seis) anos de idade, apresentada anualmente, sempre no mês de novembro;

II - comprovante de frequência escolar, apresentada semestralmente nos meses de maio e novembro, para os dependentes a partir de 4 (quatro) anos de idade; e

III - termo de responsabilidade.

§ 1º Para requerimentos efetuados até 29 de junho de 2020, data anterior à publicação do Decreto 10.410, a comprovação de frequência escolar é obrigatória aos dependentes a partir de 7 (sete) anos de idade.

§ 2º A comprovação semestral de frequência escolar de que trata o inciso II do caput, será feita por meio da apresentação de documento emitido pela escola, na forma estabelecida na legislação específica, em nome do aluno, no qual conste o registro de frequência regular, ou de atestado do estabelecimento de ensino que comprove a regularidade da matrícula e a frequência escolar do aluno.

§ 3º Para efeito de renovação do salário-família, deverá o titular do benefício ou representante legal, apresentar termo de responsabilidade assinado, no qual se compromete a comunicar à empresa, ao empregador doméstico ou ao INSS, conforme o caso, qualquer fato ou circunstância que determine a perda do direito ao benefício e ficará sujeito, em caso de descumprimento, às sanções penais e trabalhistas.

Art. 77. Caso o servidor verifique, no momento da renovação do salário-família, que a categoria do segurado no benefício está incompatível (cadastro RAFF - Ramo de Atividade e Forma de Filiação) com o pagamento de salário-família, interferindo assim no direito ao benefício, o servidor deverá concluir a solicitação de inclusão/renovação do salário-família informando ao segurado a incompatibilidade encontrada e que poderá ser solicitado o serviço de revisão para regularização da categoria, se for o caso.

Parágrafo único. Preferencialmente, os pagamentos relativos ao salário-família deverão ser emitidos em conjunto com o processamento da revisão.

Art. 78. Na ocorrência de divórcio, separação judicial ou de fato dos pais, ou em caso de abandono legalmente caracterizado ou perda do pátrio-poder, o salário-família passará a ser pago diretamente àquele a cujo cargo ficará o sustento do menor, ou a outra pessoa, se houver determinação judicial nesse sentido.

Art. 79. A manutenção da cota de salário-família do segurado empregado doméstico que está em benefício no RGPS não está condicionada à apresentação dos documentos de comprovação de vacinação e/ou frequência escolar.

Parágrafo único. Conforme § 5º do art. 84 do RPS, com nova redação pelo Decreto nº 10.410, de 30 de junho de 2020, para o recebimento do salário-família, o empregado doméstico apresentará ao seu empregador apenas a certidão de nascimento do filho ou a documentação relativa ao enteado e ao menor tutelado, desde que comprovada a dependência econômica dos dois últimos.

SUBSEÇÃO III – DA SUSPENSÃO DO SALÁRIO-FAMÍLIA

Art. 80. A empresa, o órgão gestor de mão de obra - OGMO, o sindicato de trabalhadores avulsos ou o INSS suspenderá o pagamento do salário-família se o segurado não apresentar o atestado de vacinação obrigatória e a comprovação de frequência escolar do filho ou equiparado, nas datas predefinidas, até que a documentação seja apresentada, observando que:

I - não é devido salário-família no período entre a suspensão do benefício motivada pela falta de comprovação da frequência escolar e sua reativação, exceto se provada a frequência escolar regular no período; e

II - se após a suspensão do pagamento do salário-família, o segurado comprovar a vacinação do filho, ainda que fora de prazo, caberá o pagamento das cotas relativas ao período suspenso.

§ 1º Caso a cota do salário-família seja suspensa por falta de comprovação da vacinação ou comprovação da frequência escolar, será devido o pagamento de valores atrasados, após regularizada a situação, para cada ano que o beneficiário apresentar a comprovação da vacinação e/ou frequência escolar.

§ 2º A apresentação da declaração escolar para o ano letivo atual não regulariza o benefício em relação aos anos anteriores, pois é necessária ainda a comprovação que o dependente concluiu os anos letivos anteriores para ter direito às parcelas retroativas.

SUBSEÇÃO IV – DA CESSAÇÃO DO SALÁRIO-FAMÍLIA

Art. 81. A cota do salário-família cessa:

I - por morte do filho, do enteado e do menor tutelado, a contar do mês seguinte ao do óbito;

II - quando o filho, o enteado ou o menor tutelado completar 14 (quatorze) anos de idade, a contar do mês seguinte à data do aniversário, exceto se inválido;

III - pela recuperação da capacidade do filho, do enteado e do menor tutelado inválido, a contar do mês seguinte ao da cessação da incapacidade; e

IV - pelo desemprego do segurado.

§ 1º Nas reativações de benefícios de auxílio por incapacidade temporária deve ser observado se no intervalo em que o benefício estiver cessado não houve alteração da forma de filiação para desempregado.

§ 2º A falta de comunicação oportuna de fato que implique a cessação do salário-família, bem como a prática, pelo empregado, inclusive o doméstico, de fraude de qualquer natureza para o seu recebimento, autoriza o Instituto Nacional do Seguro Social - INSS, a descontar dos pagamentos de cotas devidas com relação a outros filhos ou, na falta delas, da renda mensal do seu benefício, o valor das cotas indevidamente recebidas, sem prejuízo das sanções penais cabíveis.

SEÇÃO II – DA CESSAÇÃO DA APOSENTADORIA POR INCAPACIDADE PERMANENTE

SUBSEÇÃO I – RETORNO VOLUNTÁRIO

Art. 82. O beneficiário de aposentadoria por incapacidade permanente que se julgar apto a retornar à atividade deverá solicitar a realização de nova avaliação médico-pericial, antes de voltar a trabalhar.

§ 1º Caso a perícia médica do INSS conclua pela recuperação da capacidade laborativa, a aposentadoria será cancelada.

§ 2º Ainda que o resultado da perícia seja pela continuidade do benefício, diante de sua natureza não definitiva, este deverá ser cessado pelo motivo de desistência, caso o segurado assim requeira.

Art. 83. O segurado poderá solicitar a cessação do benefício por incapacidade através dos canais remotos selecionando o serviço "Solicitar Alta a Pedido".

Parágrafo único. Caso o segurado solicite alta a pedido, mesmo que o resultado da perícia seja pela continuidade do benefício, este deverá ser cessado por "desistência escrita do titular do benefício".

Art. 84. Se o beneficiário de aposentadoria por incapacidade permanente retornar voluntariamente à atividade antes da realização de nova perícia, e permanecer trabalhando terá sua aposentadoria cessada administrativamente a partir da data do retorno, devendo observar que:

I - a cessação deve ser precedida do devido processo legal, garantido ao segurado o direito de submeter-se à exame médico-pericial para avaliação de sua capacidade laborativa, quando apresentada defesa ou interposto recurso alegando incapacidade, conforme o disposto nos arts. 179 e 305, ambos do RPS;

II - a DCB será fixada na data do retorno ao trabalho; e

III - os valores recebidos indevidamente deverão ser devolvidos conforme disposto no § 2º do art. 154 e art. 365, ambos do RPS.

Parágrafo único. Identificado retorno voluntário ao trabalho, sem avaliação médica por parte do INSS, o servidor deverá cadastrar tarefa de "Admissibilidade de Indícios de Irregularidades" indicando a inconsistência encontrada.

SUBSEÇÃO II – DA MENSALIDADE DE RECUPERAÇÃO

Art. 85. Se for verificada a recuperação da capacidade de trabalho do beneficiário de aposentadoria por incapacidade permanente, excetuando-se a situação prevista no art. 98, aplicam-se as seguintes regras:

I - quando a recuperação for total e ocorrer dentro de 5 (cinco) anos contados da data do início da aposentadoria por incapacidade permanente ou do auxílio por incapacidade temporária que a antecedeu sem interrupção, o benefício cessará:

a) de imediato, para o segurado empregado que tiver direito a retornar à função que desempenhava na empresa ao se aposentar, na forma da legislação trabalhista, valendo como documento, para tal fim, o certificado de capacidade fornecido pela Previdência Social; ou

b) após tantos meses quantos forem os anos de duração do auxílio por incapacidade temporária e da aposentadoria por incapacidade permanente, para os demais segurados, sendo permitido nestes casos o retorno à atividade, sem prejuízo do pagamento do benefício.

II - quando a recuperação for parcial ou ocorrer após 5 (cinco) anos contados da data do início da aposentadoria por incapacidade permanente ou do auxílio por incapacidade temporária que a antecedeu sem interrupção, ou ainda quando o segurado for declarado apto para o exercício de trabalho diverso do qual habitualmente exerce, a aposentadoria será mantida, sem prejuízo da volta à atividade:

a) pelo seu valor integral, durante 6 (seis) meses contados da data em que for verificada a recuperação da capacidade. Não cabe a concessão de novo benefício nesse período;

b) com redução de 50% (cinquenta por cento), no período seguinte de 6 (seis) meses; e

c) com redução de 75% (setenta e cinco por cento), também por igual período de 6 (seis) meses, ao término do qual cessará definitivamente.

Parágrafo único. Não cabe a concessão de novo benefício no período disposto na alínea "b" do inciso I.

SEÇÃO III – DO ACRÉSCIMO/MAJORAÇÃO DE 25% (VINTE E CINCO POR CENTO) DO ACOMPANHANTE

Art. 86. O valor da aposentadoria por incapacidade permanente do segurado que necessitar de assistência permanente de outra pessoa será acrescido de 25% (vinte e cinco por cento).

SUBSEÇÃO I – DO DIREITO À MAJORAÇÃO DE 25%

Art. 87. O acréscimo é devido nos benefícios de aposentadoria por incapacidade permanente previdenciária e acidentária, espécies 32, 92, 04, 05, 06 e 56, observado quanto a esse último o disposto no § 2º.

§ 1º Não há previsão administrativa para implantação do acréscimo para outras espécies de aposentadorias, ainda que o segurado se encontre em uma das situações descritas no Anexo I do RPS.

§ 2º O beneficiário da Pensão Especial Vitalícia da Síndrome da Talidomida, maior de 35 (trinta e cinco) anos, que necessite de assistência permanente de outra pessoa e que tenha recebido a pontuação superior ou igual a seis pontos, fará jus a um adicional de 25% (vinte e cinco por cento) sobre o valor desse benefício, conforme disposto no art. 13 da Medida Provisória nº 2.129-10, de 22 de junho de 2001.

§ 3º Nos casos citados no parágrafo anterior, o adicional é concedido automaticamente pelo sistema, quando reunidos os requisitos necessários para a obtenção do direito e poderá ser identificado pela rubrica 118.

Art. 88. A parcela será devida ainda que, somada à renda mensal, ultrapasse o teto máximo do benefício.

Art. 89. O acréscimo compõe o cálculo do abono anual (décimo terceiro) e será recalculado quando o benefício que lhe deu origem for reajustado.

Parágrafo único. No ano da implantação do acréscimo de 25% este integrará o abono anual respeitado a DIB do benefício, não limitado a DIP do acréscimo.

Art. 90. Não incide desconto de Pensão Alimentícia - PA, Imposto de Renda - IR e consignação sobre o acréscimo de 25%.

Art. 91. O acréscimo de que trata esta seção cessará com a morte do aposentado, não sendo incorporado ao valor da pensão por morte.

Parágrafo único. O resíduo é devido até a data do óbito, sendo pago proporcionalmente.

Art. 92. O acréscimo é devido, independente da data do início da aposentadoria.

Art. 93. A Data de Início do Pagamento - DIP do acréscimo será fixada:

I - na data de início da aposentadoria por incapacidade permanente, independentemente de requerimento específico, se nesta data já estiver presente a necessidade da assistência permanente de outra pessoa;

II - na data do primeiro exame médico de revisão da aposentadoria por invalidez no âmbito administrativo, na forma do art. 101 da Lei 8.213/91, independentemente de requerimento específico, no qual o INSS tenha negado ou deixado de reconhecer o direito ao adicional, se nesta data já estiver presente a necessidade da assistência permanente de outra pessoa;

III - na data do requerimento administrativo específico do adicional, se nesta data já estiver presente a necessidade da assistência permanente de outra pessoa;

IV - na data da citação, na ausência de qualquer dos termos iniciais anteriores, se nesta data já estiver presente a necessidade da assistência permanente de outra pessoa; e

V - na data da realização da perícia judicial, se não houver elementos probatórios que permitam identificar fundamentadamente a data de início da necessidade da assistência permanente de outra pessoa em momento anterior.

Art. 94. As situações em que há direito à majoração de que trata esta seção, conforme Anexo I do RPS, são:

I - cegueira total;

II - perda de nove dedos das mãos ou superior a esta;

III - paralisia dos dois membros superiores ou inferiores;

IV - perda dos membros inferiores, acima dos pés, quando a prótese for impossível;

V - perda de uma das mãos e de dois pés, ainda que a prótese seja possível;

VI - perda de um membro superior e outro inferior, quando a prótese for impossível;

VII - alteração das faculdades mentais com grave perturbação da vida orgânica e social;

VIII - doença que exija permanência contínua no leito;

IX - incapacidade permanente para as atividades da vida diária.

Parágrafo único. A análise do direito ao acréscimo é de competência da perícia médica federal, bem como o enquadramento em uma das situações descritas nos incisos do caput.

SUBSEÇÃO II – DA IMPLANTAÇÃO DA MAJORAÇÃO DE 25%

Art. 95. O acréscimo do adicional de 25% pode ser incluído pelo médico perito na concessão da aposentadoria por incapacidade permanente.

Art. 96. Se o referido acréscimo referente à parcela de acompanhante for solicitado após a concessão da aposentadoria por incapacidade permanente, o titular, seu representante legal ou seu procurador deve protocolar requerimento para o serviço "Solicitação de Acréscimo de 25%" via canais remotos.

Art. 97. Em casos de concessão do acréscimo após a cessação do benefício, a regularização do pagamento deve ser efetuada através de PAB.

Art. 98. Quando se tratar de benefício concedido judicialmente, o acréscimo de 25% (vinte e cinco por cento) será incluído pelo servidor responsável pela demanda/tarefa.

Parágrafo único. Cabe concessão do acréscimo de 25%, solicitado administrativamente, para beneficiário que teve benefício concedido judicialmente, enquanto a decisão estiver em vigor, de acordo com Parecer nº 02/2010/2010/DIVCONT/CGMBEN/PFE-INSS, de 06 de outubro de 2010.

SEÇÃO IV – DO AUXÍLIO-RECLUSÃO

Art. 99. O auxílio-reclusão, cumprida a carência de 24 (vinte e quatro) contribuições mensais, será devido, nas mesmas condições da pensão por morte aos dependentes do segurado de baixa renda recolhido à prisão em regime fechado, que não receber remuneração da empresa nem estiver em gozo de auxílio por incapacidade temporária, de pensão por morte, de salário-maternidade, de aposentadoria ou de abono de permanência em serviço.

§ 1º Para fins de concessão do benefício de que trata este artigo, deverá ser observado o disposto nos arts. 381 a 392 da Instrução Normativa PRES/INSS nº 128, de 2022.

SUBSEÇÃO I – DA RENOVAÇÃO DO AUXÍLIO--RECLUSÃO

Art. 100. A manutenção do benefício está condicionada a apresentação trimestral de certidão, declaração ou atestado emitido por autoridade competente, que comprove a permanência prisional do segurado, bem como o regime de reclusão ao qual se encontra submetido.

§ 1º Deve ser observado, quando da apresentação da declaração de cárcere, o tipo de regime em que o beneficiário recluso está submetido, uma vez que, para fins de manutenção do direito ao benefício, faz-se necessária a condição de privação de liberdade, considerada aquela cumprida em regime fechado ou semiaberto, sendo:

a) regime fechado: quando a pena é cumprida em estabelecimento de segurança máxima ou média; e

b) regime semiaberto: o cumprimento da pena dá-se em colônia agrícola, industrial ou estabelecimento similar, observado o disposto nos parágrafos §§ 2º e 3º.

§ 2º Para os benefícios concedidos em função de fato gerador ocorrido até 17 de janeiro de 2019, anteriores à vigência da Medida Provisória nº 871, de 2019, cabe manutenção do auxílio-reclusão nos casos de cumprimento de pena no regime semi-aberto, ainda que a progressão do regime fechado para o semi--aberto tenha ocorrido após essa data.

§ 3º O benefício de auxílio-reclusão, cujo fato gerador ocorreu a partir de 18 de janeiro de 2019, será mantido enquanto o instituidor permanecer em regime fechado.

§ 4º As situações especiais em que houver dúvidas sobre o regime informado na documentação devem ser submetidas à apreciação da Central Especializada de Suporte - CES, com posterior envio à procuradoria local, se necessário.

§ 5º Os dependentes do segurado detido em prisão provisória, preventiva ou temporária, terão direito ao benefício desde que comprovem o efetivo recolhimento e permanência do segurado em estabelecimento prisional por meio de documento expedido pela autoridade responsável.

§ 6º O cumprimento de pena em prisão domiciliar ou o monitoramento eletrônico do instituidor do benefício de auxílio-reclusão não afasta o recebimento do benefício de auxílio--reclusão pelo dependente, se o regime de cumprimento for fechado ocorrido a partir do dia 18 de janeiro de 2019, ou semiaberto para fato gerador até o dia 17 de janeiro de 2019.

§ 7º Equipara-se à condição de recolhido à prisão a situação do segurado com idade entre 16 e 18 anos que tenha sido internado em estabelecimento educacional ou congênere, sob custódia do Juizado da Infância e da Juventude. Nesta situação exigir-se-á a apresentação dos seguintes documentos:

I - certidão do despacho de internação; e

II - documento atestando seu efetivo recolhimento ao órgão subordinado ao Juiz da Infância e da Juventude.

§ 8º O INSS poderá celebrar convênios com os órgãos públicos responsáveis pelo cadastro dos presos para obter informações sobre o recolhimento à prisão.

§ 9º A certidão judicial e a prova de permanência na condição de presidiário poderão ser substituídas pelo acesso à base de dados, por meio eletrônico, a ser disponibilizada pelo Conselho Nacional de Justiça, com dados cadastrais que assegurem a identificação plena do segurado e da sua condição de presidiário.

Art. 101. Com objetivo de atender a recomendação do Ministério Público, o INSS passou a enviar AR, via DATAPREV, aos recebedores de benefícios de auxílio-reclusão informando que faltam 45 dias para apresentação de novo Atestado de Cárcere.

Art. 102. Será obrigatória a apresentação trimestral de prova de permanência na condição de presidiário para a manutenção do benefício. Após o término do prazo e até que haja a apresentação de novo Atestado de Cárcere, o pagamento será processado como PAB até que se completem 120 dias.

Parágrafo único. Encerrado o prazo disposto no caput, o PAB será cancelado automaticamente e o benefício suspenso por não apresentação de declaração de cárcere.

SUBSEÇÃO II – DA SUSPENSÃO DO AUXÍLIO-RECLUSÃO

Art. 103. É de responsabilidade dos dependentes comunicarem ao INSS a ocorrência de fuga do beneficiário ou a mudança de regime.

Art. 104. Os pagamentos do auxílio-reclusão serão suspensos:

I - quando não for apresentado o Atestado de Cárcere trimestral, emitido por autoridade competente;

II - se o segurado recluso possuir vínculo empregatício de trabalho empregado, inclusive de doméstico, avulso ou contribuição como contribuinte individual, ressalvada a exceção disposta no § 2º;

III - na hipótese de opção pelo recebimento de salário-maternidade pelo (a) instituidor (a); ou

IV - durante o período em que o instituidor estiver em gozo de auxílio por incapacidade temporária, sendo obrigatória para este caso a anuência do (s) dependente (s) titular (es) do auxílio-reclusão.

§ 1º Nas hipóteses dos incisos I ao IV, o benefício será restabelecido no dia imediatamente posterior ao encerramento do motivo que gerou a suspensão.

§ 2º A partir da Lei nº 13.846, de 2019, o exercício de atividade remunerada iniciado após a prisão do segurado recluso em cumprimento de pena em regime fechado, ou a contribuição como facultativo, não acarreta a perda do direito ao recebimento do auxílio-reclusão para seus dependentes.

SUBSEÇÃO III – DA CESSAÇÃO DO AUXÍLIO-RECLUSÃO

Art. 105. O benefício de auxílio-reclusão cessa:

I - pela progressão do regime de cumprimento de pena, observado o fato gerador:

a) para benefícios concedidos com fato gerador até 17 de janeiro de 2019, quando o segurado progredir para regime aberto;

b) para benefícios concedidos com fato gerador a partir de 18 de janeiro de 2019, quando o segurado progredir para o semiaberto ou aberto.

II - na data da soltura ou do livramento condicional, conforme informações constantes no comprovante;

III - pela fuga do recluso;

IV - se o segurado, ainda que privado de sua liberdade ou recluso, passar a receber aposentadoria;

V - com a extinção da última cota individual; ou

VI - pelo óbito do segurado recluso ou do último dependente.

§ 1º Nas hipóteses dos incisos I a III do caput, o benefício não poderá ser reativado, caracterizando-se a nova captura ou regressão de regime como novo fato gerador para requerimento de novo benefício, observado o disposto no §3º.

§ 2º Nos casos de ocorrência de livramento condicional, cumprimento da pena em regime aberto ou semiaberto, observada a data do fato gerador, ou ainda de fuga, o benefício deverá ser cessado por «Cumprimento de Pena/Condicional ou Albergue» ou «Cessação de Auxílio-Reclusão por Fuga».

§ 3º Aplica-se os dispostos nos §§ 2º e 3º do caput para fatos ocorridos após a publicação da IN 77/PRES/INSS, 22 de janeiro de 2015, considerando que o ato normativo anterior previa a suspensão e restabelecimento do benefício.

§ 4º Na situação descrita no inciso V do caput, o benefício cessará automaticamente por falta de dependente válido.

Art. 106. No caso de nova prisão posterior, deverá requerer um novo benefício, mesmo nos casos de fuga com posterior recaptura, caracterizando-se a nova captura ou regressão de regime como novo fato gerador para requerimento de benefício.

Art. 107. Observado o fato gerador do benefício, a duração de cada cota corresponderá a seguinte determinação:

I - cônjuge, companheiro, ex-cônjuge (divorciado ou separado judicialmente ou de fato que recebia pensão alimentícia):

a) por 04 (quatro) meses quando o casamento ou união estável se iniciar em menos de dois anos do recolhimento à prisão do segurado; ou

b) de acordo com a idade do dependente, quando a prisão ocorrer após, pelo menos, dois anos do início do casamento ou união estável, observada a tabela de duração de cota disposta no Anexo III.

II - dependente inválido ou com deficiência:

a) será devido enquanto durar a deficiência ou invalidez, respeitando-se os prazos mínimos descritos na tabela abaixo para categoria de cônjuge ou companheiro.

III - filho ou equiparado ou irmão, a cota cessará:

a) ao completar vinte e um anos de idade, salvo se inválido;

b) pela adoção, exceto quando tratar-se de adotante na condição de cônjuge ou companheiro(a) do recluso; ou

c) pela condenação criminal por sentença com trânsito em julgado, como autor, coautor ou partícipe de homicídio doloso, ou de tentativa desse crime, cometido contra a pessoa do segurado, ressalvados os absolutamente incapazes e os inimputáveis.

§ 1º A partir da Lei nº 13.183, de 4 de novembro de 2015 não ocorre a cessação da cota por emancipação, uma vez que a citada lei não fez a previsão de cessação por este motivo.
§ 2º A cota parte do dependente cessará na data do óbito caso esta ocorra antes dos prazos previstos no caput.

SEÇÃO V – REATIVAÇÃO DE BENEFÍCIOS

Art. 108. A solicitação de reativação do benefício poderá ser realizada pelo próprio titular, procurador ou representante legal, observadas as regras de representação, através dos canais remotos, "Central 135" e Portal "Meu INSS".

Art. 109. Quando o beneficiário ou seu representante legalmente constituído solicitar a reativação do benefício ou relacionamentos de benefício, devem ser adotados os seguintes procedimentos:

I - verificar a origem do requerimento,

II - verificar a indicação de procurador ou representante legal;

III - nos casos de suspensão/cessação por ausência de saque ou suspeita de óbito, a análise para restabelecimento do benefício restringe-se à identificação do beneficiário;

IV - verificar a situação dos dados cadastrais dos participantes e proceder às devidas atualizações se necessário.

V - verificar a ocorrência de acumulação de benefícios ou informação de óbito:

a) se a informação do óbito coincidir com os dados do titular do benefício, o mesmo deverá ser orientado a solicitar a anulação da Certidão de Óbito através de ação judicial própria, devendo o benefício permanecer cessado enquanto não houver decisão judicial modificativa;

b) no caso de identificação de dados de terceiros no registro da Certidão de Óbito encaminhada pelos Cartórios de Registro Civil de Pessoas Naturais, deve-se reativar o benefício e comunicar ao setor responsável pela supervisão da referida serventia, reportando tal ocorrência.

VI - verificar comprovação de vida:

a) caso o benefício esteja cessado por "Não apresentação de Fé de Vida", o segurado deverá ser orientado sobre a necessidade de realização da Prova de Vida;

b) se o benefício estiver cessado por outro motivo, mas com Prova de Vida vencida no SUB, deverão ser verificadas as demais condições para a manutenção do benefício. Caso o segurado preencha os demais requisitos o benefício poderá ser reativado, devendo o servidor orientar o segurado a realizar a Prova de Vida logo após a reativação, junto a Instituição Financeira pagadora do seu benefício.

VII - verificar a ocorrência da prescrição:

VIII - verificar a existência de processo de apuração de irregularidade, e caso seja identificado procedimento de apuração de irregularidade já iniciado, o qual se encontre em fase de recurso ou com relatório conclusivo de irregularidade, o benefício não deverá ser restabelecido, salvo decisão recursal ou judicial em contrário;

IX - verificar a existência de indício de irregularidade durante o pedido de reativação e caso seja identificado, o servidor deverá reativar o benefício com geração de créditos a contar da DCB, observada a prescrição quinquenal, e abrir tarefa de "Admissibilidade de Indícios de Irregularidades" com despacho devidamente fundamentado contendo a informação dos indícios identificados.

Art. 110. Nas hipóteses de cessação do benefício por ausência de comprovação de vida, será realizado batimento dos dados com sistemas SISOBI/SIRC para localização do óbito do titular, de forma automatizada ou por meio dos procedimentos adicionais realizados pelas unidades, para correção da data e do motivo de cessação do benefício.

Art. 111. O processamento da reativação nos sistemas de benefício se dá de forma online e logo após a conclusão da atualização é possível verificar no SUB seus efeitos.

Art. 112. Quando ocorrer a reativação de um benefício, o pagamento deve ser sempre realizado através de cartão magnético, para que a instituição bancária realize a identificação do segurado no primeiro pagamento.

Art. 113. Deverão ser verificadas pelo servidor as particularidades de cada espécie de benefício, realizando as consultas nos sistemas corporativos, assim como nos atos próprios que regem a concessão e manutenção dos benefícios, emitindo as exigências necessárias.

SEÇÃO VI – TRANSFERÊNCIA DE BENEFÍCIOS EM MANUTENÇÃO – TBM

Art. 114. A transferência do benefício entre órgãos mantenedores é um procedimento interno do INSS, sendo sempre consequência de:
I - readequações na rede de atendimento;
II - reorganização dos órgãos pagadores de benefícios;
III - atualizações de benefícios, a pedido do segurado ou por necessidade de adequação pelo INSS.

Art. 115. O titular do benefício, seu procurador ou representante legal pode solicitar a transferência do pagamento do benefício para outra localidade.

Art. 116. O pedido será realizado através de requerimento eletrônico por meio dos canais remotos, pelo serviço "Alterar local ou forma de pagamento", exclusivamente para os usuários que possuam nível do Login Gov.Br, conforme selos:
I - Selo Internet Banking;
II - Selo de Certificado Digital de Pessoa Física;
III - Selo Validação Facial; e
IV - Selo Balcão Gov.br

Art. 117. Em situações restritas que não for possível o requerimento via canais de atendimento do "Meu INSS", o cidadão deverá ligar para a "Central 135", para agendar o atendimento presencial na APS por meio do serviço de "Atendimento Especializado".
Parágrafo único. Quando o requerente solicitar o serviço de "Alterar Forma ou Local de Pagamento", o meio de pagamento deverá ser obrigatoriamente alterado para cartão magnético, não sendo permitida a opção para o recebimento em conta corrente ou poupança, observado que:
I - a alteração do local e/ou forma de pagamento implicará a transferência do benefício para a APS de vinculação do novo órgão pagador;
II - caso o usuário queira alterar a forma de pagamento para receber em conta corrente/poupança, deverá fazer a solicitação diretamente na agência bancária de seu interesse;

III - durante o estado de emergência de saúde pública de importância internacional decorrente da pandemia do coronavírus (COVID-19), foi criado o serviço "Transferir Benefício para Conta Corrente", o qual será efetuado exclusivamente via Portal "Meu INSS" para permitir a alteração da forma de pagamento do benefício da modalidade cartão magnético para conta corrente. Caso necessário, o servidor deverá efetuar a TBM do benefício para inclusão da conta corrente, sendo esta última limitada a mesma UF de manutenção do benefício.

Art. 118. A transferência de órgão mantenedor ocasiona o bloqueio automático, por 60 (sessenta) dias, para inclusão de consignações de operações financeiras no benefício, podendo ser desbloqueado mediante solicitação única e exclusivamente do titular ou de seu representante legal.
§ 1º O desbloqueio de que trata o caput somente poderá ser realizado 90 dias após a data de despacho do benefício - DDB.
§ 2º Não haverá o bloqueio citado no caput quando a transferência for realizada em bloco (TBB) ou pelas Agências de Atendimento de Demandas Judiciais.

Art. 119. Os empréstimos na modalidade retenção foram transformados em consignação a partir da competência junho de 2021.

Art. 120. O titular do benefício pago pelo INSS que estiver de mudança para um dos países com os quais o Brasil mantém Acordo de Previdência Social, e, havendo mecanismo de remessa de valor para o país pretendido, poderá solicitar a transferência do pagamento para recebimento naquele país.
Parágrafo único. A solicitação de TBM, nesses casos, poderá ser realizada através de requerimento eletrônico, sendo distribuído para uma das Agências da Previdência Social de Atendimento Acordos Internacionais - APSAI, conforme disposto no art. 37 do Livro VI - Acordos Internacionais, aprovado pela Portaria nº 995, de 28 de março de 2022.

Art. 121. É permitida a transferência de benefício com situação (status) de cessado ou suspenso, exceto quando estiver suspenso ou cessado por motivo de fraude ou erro administrativo detectados ou informados pela Auditoria.

SEÇÃO VII – TRANSFERÊNCIA DE BENEFÍCIO POR NÚMERO DE BENEFÍCIO – TBBNB

Art. 122. A Transferência de Benefício por Número de Benefício - TBBNB poderá ser efetuada pelos servidores das Superintendências Regionais e das CEAB DJ.

Parágrafo único. A TBBNB poderá ser realizada nas seguintes situações:

I - quando houver necessidade de cumprir decisão judicial de benefício mantido em APS não pertencente à gerência da ELABDJ, pois possibilita, após o cumprimento da ação, devolver o NB ao OP originário;

II - em casos excepcionais, quando há uma solicitação de transferência para um determinado órgão pagador dentro da mesma Gerência-Executiva;

III - para benefício mantido por meio de conta corrente ou cartão magnético e o titular solicitar o pagamento por meio de conta corrente listagem (empresa convenente); e

VI - para benefício mantido por meio de conta corrente listagem e a empresa conveniada solicitar a transferência para outra empresa convenente.

SEÇÃO VIII – DESISTÊNCIA DE BENEFÍCIO

Art. 123. As aposentadorias concedidas pela previdência social são irreversíveis e irrenunciáveis.

Art. 124. O segurado poderá desistir do seu pedido de aposentadoria desde que manifeste essa intenção e requeira o arquivamento definitivo do pedido antes da ocorrência de um dos seguintes atos:

I - recebimento do primeiro pagamento do benefício; ou

II - efetivação do saque do FGTS ou do PIS, decorrente do ato de aposentadoria.

§ 1º Para a efetivação do cancelamento do benefício, deverão ser adotadas as seguintes providências:

I - o pedido deve ser formalizado via canais remotos, através de requerimento do Serviço "Solicitar Desistência do Benefício";

II - bloqueio do crédito no caso de pagamento por meio de cartão magnético ou conta corrente e/ou ressarcimento dos valores creditados em conta corrente, através de GPS identificada pelo código de recolhimento 9008, utilizando-se como identificador o número do benefício, com data de vencimento no prazo de 15 dias da sua emissão;

III - declaração formal da CEF, assinada pelo responsável pela unidade, informando se houve ou não o saque do FGTS ou do PIS da conta vinculada do beneficiário, decorrente da concessão do benefício, bem como se o saque, porventura realizado, foi decorrente de crédito automático ou por solicitação do beneficiário:

a) caso não seja apresentada a declaração no ato do requerimento, deverá ser emitida exigência para a apresentação da mesma pelo interessado, podendo ser utilizado o "Modelo de Declaração de Saque ou não Saque do PIS/FGTS", constante no Anexo IV.

b) não deverá ser emitido ofício do INSS ao banco gestor, visto que as informações de movimentação da conta vinculada são de acesso exclusivo do beneficiário.

IV - para empresa acordante, o segurado além de cumprir os requisitos elencados nos incisos I e III, deverá apresentar declaração da empresa informando o não recebimento do crédito.

§ 2º Cumpridas as exigências acima citadas e confirmado o não recebimento do pagamento do benefício e o não saque do FGTS/PIS, o benefício poderá ser cessado por «desistência escrita do titular do benefício».

§ 3º O pagamento do PIS por crédito automático do banco, em função da Medida Provisória nº 813, de 26 de dezembro de 2017, convertida na Lei nº 13.677, de 13 de junho de 2018, que alterou a Lei Complementar nº 26, de 11 de setembro de 1975, sem requerimento do interessado, não impede a desistência das aposentadorias por idade, por tempo de contribuição e aposentadorias especial, visto que a finalidade da Medida Provisória foi beneficiar os participantes do PIS/PASEP e não restringir direitos previdenciários.

§ 4º Nos casos de requerimento de desistência de aposentadorias quando já houve recebimento do PIS por crédito automático pelo banco, não existe necessidade de exigir a devolução de valores recebidos, visto que tal exigência seria de competência do Conselho Diretor do PIS, cabendo apenas emitir ofício à Caixa Econômica Federal informando o cancelamento da aposentadoria, caso o segurado conte com menos de sessenta anos de idade.

§ 5º O recebimento do PIS por aposentadoria em outro órgão, pelo Regime Próprio de Previdência Social - RPPS, também não pode ser considerado óbice para a aceitação de pedido de desistência das aposentadorias concedidas pelo Regime Geral de Previdência Social - RGPS.

§ 6º Para os benefícios pagos através da modalidade de Cartão Magnético, o recebimento do primeiro pagamento é ato irreversível de aceite do benefício concedido.

§ 7º Na conclusão das Tarefas de «Solicitar Desistência do Benefício» o segurado deverá ser orientado a requerer o serviço de «Retificação de DIRF», através dos canais remotos, caso seja identificado o desconto relativo a Imposto de Renda, observadas as seguintes situações:

I - o requerimento deverá ser formalizado no ano seguinte ao da cessação do benefício, após a liberação do ajuste anual de Imposto de Renda pela Receita Federal do Brasil;

II - nos casos de empresas convenentes, com crédito provisionado, cujo Termo de Acordo preveja a retenção do IR, a retificação da DIRF deverá ser solicitada diretamente ao representante do respectivo convênio, tendo em vista que a ação é de competência da empresa acordante nesses casos.

Art. 125. Uma vez solicitado o cancelamento do benefício e adotados os procedimentos mencionados no artigo anterior, o benefício não poderá ser restabelecido.

Art. 126. É possível, ao segurado, renunciar ao benefício de aposentadoria por incapacidade permanente, auxílio por incapacidade temporária, auxílio-acidente e auxílio suplementar. Também é possível a renúncia à percepção de sua cota individual, cota de benefício, de pensão por morte e de auxílio-reclusão, inclusive se concedido ou mantido por determinação judicial.

Parágrafo único. Nas situações do caput, para a efetivação do cancelamento do benefício, deverão ser adotadas as seguintes providências:

I - o pedido deve ser formalizado através de requerimento do Serviço "Solicitar Desistência de Benefício", através do Portal "Meu INSS" ou pela "Central 135";

II - quando o requerente for beneficiário de aposentadoria por incapacidade permanente deverá, necessariamente, ser encaminhado para avaliação médico pericial, a fim de verificar a permanência, ou não, da invalidez;

III - quando se tratar de benefício de auxílio por incapacidade temporária, com Data de Cessação do Benefício - DCB decorrente de análise médico pericial, o segurado deve ser encaminhado, necessariamente, para nova avaliação médico pericial, a fim de verificar a permanência, ou não, da incapacidade;

IV - mesmo que o resultado da perícia, tanto no benefício de auxílio de incapacidade temporária como no benefício de aposentadoria por incapacidade permanente, seja pela continuidade, o benefício deverá ser cessado na data da solicitação, haja vista o direito de renúncia;

V - se o segurado, requerente da renúncia, estiver em gozo do benefício de auxílio por incapacidade temporária, em período de manutenção não decorrente de decisão médico pericial, ou seja, benefício com Data de Cessação Administrativa - DCA ou com Data de Cessação de Benefício - DCB, com perícia de prorrogação automática do sistema, o benefício poderá ser cessado na data da solicitação por "desistência escrita do titular do benefício", sendo dispensada a realização do exame médico pericial;

VI - o beneficiário de pensão por morte ou de auxílio-reclusão poderá solicitar a renúncia de sua cota individual, inclusive se concedido ou mantido por determinação judicial;

VII - a renúncia aos benefícios constantes neste artigo se dá em relação à percepção pecuniária, não prejudicando a análise de benefício futuro, da mesma ou de outra espécie;

VIII - após a efetivação da renúncia, o benefício poderá ser reativado somente por decisão judicial ou recursal;

IX - em todas as situações dispostas nos incisos do caput, verificado recebimento de períodos após a DCB do benefício, deverá ser criada a tarefa de "Admissibilidade de Indícios de Irregularidade" com o devido apontamento dos indícios identificados.

Art. 127. É renunciável o direito ao recebimento do Benefício de Prestação Continuada e de Renda Mensal Vitalícia.

Parágrafo único. O titular de Benefício de Prestação Continuada e de Renda Mensal Vitalícia que requerer benefício previdenciário deverá optar expressamente por um dos dois benefícios, cabendo ao servidor do INSS prestar as informações necessárias para subsidiar a decisão do beneficiário sobre qual o benefício mais vantajoso.

Art. 128. Ao titular de benefício previdenciário que se enquadrar no direito ao recebimento de benefício assistencial será facultado o direito de renúncia e de opção pelo mais vantajoso, exceto nos casos de aposentadorias programáveis, haja vista o contido no art. 181-B do RPS.

Art. 129. O segurado poderá desistir do seu pedido de aposentadoria, concedido judicialmente, desde que cumpridas as exigências previstas nesta Seção.

Art. 130. Para os benefícios concedidos ou mantidos por decisão judicial, poderão ser adotados, na situação de opção por benefício mais vantajoso, requerido administrativamente, os mesmos procedimentos observados quando da opção entre benefícios concedidos/mantidos na esfera administrativa, inclusive, utilizando-se para a cessação os motivos adequados, mesmo que não relacionados à decisão judicial.
§ 1º Não se aplica o disposto no caput para benefícios de aposentadorias programadas, por idade, por tempo de contribuição ou especial.
§ 2º Para esta opção deverá ser solicitada a manifestação formal do beneficiário, com vistas a evitar alegações de desconhecimento do processo administrativo.
§ 3º Se manifestada a opção pelo benefício mais vantajoso e essa for deferida, a cessação deverá ocorrer na véspera da DIB do benefício mais vantajoso.
§ 4º Ressalte-se, ainda, que não poderá ocorrer, sob pena de violação à ordem judicial, anulação de concessão judicial, período de vínculo ou qualquer outro requisito reconhecido judicialmente.

Art. 131. Quando se tratar de benefício implantado em virtude do cumprimento de tutela antecipada, a decisão da solicitação de desistência do benefício de aposentadoria ou de opção por benefício mais vantajoso deverá ser precedida da tarefa de "Parecer de Área Técnica - Manutenção" à CES, para que esta encaminhe à Procuradoria Federal Especializada no INSS, para conhecimento e manifestação sobre a possibilidade de deferimento do pedido.

Art. 132. Quando se tratar de benefício concedido em razão de decisão judicial já transitada em julgado, além do cumprimento de todos os requisitos expostos para a efetivação da desistência do benefício, deverá ser questionada à APSDJ, sobre a existência de pagamento, na esfera judicial, em razão da concessão do benefício.

Art. 133. Não cabe pedido de renúncia à percepção de benefício de salário-maternidade já concedido, visto tratar-se de norma de proteção à maternidade.

SUBSEÇÃO ÚNICA – DO PEDIDO DE CESSAÇÃO DE BENEFÍCIO INACUMULÁVEL

Art. 134. Deve-se proceder à cessação da aposentadoria voluntária, com Data de Cessação do Benefício - DCB fixada na data do pedido de cessação, quando houver solicitação de cessação apresentada pelo beneficiário em decorrência exclusivamente de inacumulabilidade com outro benefício no âmbito do RGPS ou RPPS, tendo em vista que a regra constante no § 3º do artigo 181-B do RPS, incluída pelo Decreto nº 10.410, de 30 de junho de 2020 não se trata de uma hipótese de renúncia de aposentadoria, mas sim de cessação de aposentadoria por inacumulabilidade legal.
§ 1º Deverá ser efetuada a emissão de Guia da Previdência Social - GPS código 9008, para estorno ao INSS dos valores do benefício creditados e pagos ao beneficiário em período posterior à DCB, sendo devido o comando de cessação e conclusão da tarefa apenas após confirmação da quitação.
§ 2º Tratando-se de solicitação de cessação por inacumulabilidade de benefícios do RGPS, deverá ser efetuada a cessação do benefício de menor valor e abrir a tarefa de Admissibilidade de Indícios de Irregularidade.

Art. 135. A situação de inacumulabilidade legal é declaratória, devendo ser aplicada também a fatos geradores anteriores a 01 de julho de 2020, prevalecendo o pedido do beneficiário de cessação do benefício que para ele é menos vantajoso.

Art. 136. Para cobrança dos valores recebidos indevidamente, por ocasião da acumulação indevida, deve-se verificar primeiramente onde houve violação do dispositivo legal.
§ 1º Caso a acumulação indevida ocorra entre a aposentadoria do RGPS com benefício do RPPS ou regime militar por força da aplicação de lei própria no RPPS, não decorrente da Lei nº 8.213/1991, não cabe a cobrança administrativa no âmbito do INSS do período recebido indevidamente, devendo ser avaliada pelo RPPS ou regime de previdência militar eventual

cobrança de pagamento indevido durante o período que não deveria ter havido cumulação.

§ 2º No caso de violação de regra que vede internamente a acumulação de benefícios no RGPS, cabe ao INSS a cobrança dos valores pagos indevidamente ao beneficiário. Para tanto, deverá ser criada a tarefa de Admissibilidade de Indícios de Irregularidade para fins de apuração de irregularidade e cobrança de valores recebidos de forma indevida.

Art. 137. A partir da regra do § 3º do artigo 181-B do RPS pelo Decreto nº 10.410, de 2020, visto a inacumulabilidade temporária entre RGPS e RPPS, o benefício do RGPS será cessado, sendo reativado por solicitação do segurado, após a cessação do benefício que gerou essa inconsistência.

SEÇÃO IX – ATUALIZAÇÃO ESPECIAL EM BENEFÍCIO – AEB

SUBSEÇÃO I – DA FINALIDADE

Art. 138. A Atualização Especial de Benefício é uma transação do Sistema Único de Benefícios, criada para possibilitar a informação de dados necessários à atualização de benefícios do tipo especial (ex-combatente, anistiados ou estatutários) ou que necessitam de alterações por meio de ações judiciais ou revisão de reajustamento.

SUBSEÇÃO II – DOS TIPOS DE ATUALIZAÇÃO ESPECIAL

Art. 139. As atualizações especiais podem ser dos seguintes tipos:

I - Ação Judicial;

II - Revisão de Reajustamento;

III - Ex-Combatente;

IV - Anistiado;

V - Estatutário.

§ 1º A atualização especial prevista no inciso III se aplica para titulares de benefícios regidos pelas Leis nº 4.297, de 1963, nº 1.756, de 1952, ou nº 5.698, de 1971, com DIB até 16 de dezembro de 1998.

§ 2º Para os benefícios de espécies de anistiados, aposentadorias com DIB até 05 de outubro de 1988 e pensões cuja DIB do benefício precedido seja até 05 de outubro de 1988, utiliza-se a atualização especial do inciso IV.

§ 3º Aplica-se a atualização especial descrita no inciso V aos benefícios estatutários, enquanto estiverem sob responsabilidade da Previdência Social.

Art. 140. Conforme o tipo de atualização especial, é possível efetuar as seguintes ações:

I - alteração de Renda Mensal Atual/Mensalidade Reajustada (RM/MR) ou Aposentadoria Reajustada (APR);

II - alteração de Tratamento;

III - alteração de Espécie;

IV - vinculação/Desvinculação da RM/MR ao Salário-Mínimo;

V - complemento Positivo; ou

VI - consignação.

§ 1º As ações constantes nos incisos I, V e VI podem ser efetuadas para todos os tipos de atualizações especiais.

§ 2º A ação constante no inciso II pode ser efetuada para as atualizações especiais do tipo ação judicial e revisão de reajustamento.

§ 3º As ações constantes nos incisos III e IV só podem ser efetuadas para a atualização especial do tipo ação judicial.

§ 4º A vinculação ou desvinculação da renda mensal ao salário-mínimo é utilizada para vincular o reajustamento de um determinado benefício à quantidade de salários-mínimos, em atendimento à determinação judicial.

§ 5º A alteração de espécie é permitida, nesta modalidade, somente por ação judicial, implicando ajuste do tratamento, quando incompatível com a nova espécie.

§ 6º É vedada a atualização da MR a partir da DIB.

§ 7º A atualização especial não pode ser utilizada para revisão da RMI.

Art. 141. O valor da renda informada deve ser sempre na moeda vigente na data da digitação da AEB e nos casos de ações em que o Juiz determina o valor com data retroativa, deverá ser feito o devido reajustamento na APS, até a data do comando da AEB.

Art. 142. Na reativação, o sistema utiliza a DIB ou a última data em que o benefício era calculado pelo salário-mínimo para calcular a renda mensal atualizada, descartando eventual comando de alteração da renda mensal efetuado por AEB.

Parágrafo único. Na hipótese do caput, caso a decisão judicial que motivou a alteração da

MR permaneça mantida e inexista outro óbice, a regularização da renda mensal passará, preferencialmente, pelo processamento de revisão da RMI, na forma do caput, ou pelo comando de novo AE com o valor devido.

SEÇÃO X – SISTEMA DE ÓBITOS

SUBSEÇÃO I – SISTEMA INFORMATIZADO DE ÓBITOS - SISOBI

Art. 143. O Sistema Informatizado de Controle de Óbitos - SISOBI foi instituído para gerenciar as informações de óbitos recebidas dos Cartórios de Registro Civil de Pessoas Naturais, tendo como objetivo principal dar maior agilidade e segurança aos procedimentos de cancelamento de pagamentos indevidos, em virtude de óbitos de titulares ou dependentes de benefícios administrados pelo INSS.

SUBSEÇÃO II – BATIMENTOS

Art. 144. O sistema de óbitos realiza o batimento com o SUB, diariamente, objetivando detectar a ocorrência de óbito de beneficiários, utilizando vários critérios, que levam a verificar, suspender e/ou cessar os benefícios.
§ 1º Quando houver óbito cadastrado para o titular do benefício, esse dado só será modificado através de decisão judicial transitada em julgado.
§ 2º Quando houver a suspensão do benefício, porém os dados do óbito forem de terceiro, o mesmo deve ser reativado, com a notificação do cartório responsável através da subtarefa de «Solicitação de correção de registro pelo Cartório».
§ 3º Quando constatado que o óbito informado na certidão se refere a homônimo do titular do benefício, o INSS deverá apenas proceder à análise referente a reativação do benefício, atentando-se sempre para a necessidade de atualização dos dados cadastrais do beneficiário.
§ 4º Se após a realização de pesquisas aos sistemas corporativos for constatado que o óbito identificado pertence ao titular do benefício, deve-se comandar a cessação e bloqueio dos créditos que ainda sejam passíveis de tal operação.
§ 5º Caso existam créditos com status «PAGO» após o óbito do titular, o servidor deverá criar a tarefa correspondente no sistema GET/PAT, para apuração e cobrança dos valores recebidos após o óbito.

TÍTULO III – DAS DISPOSIÇÕES RELATIVAS AOS PAGAMENTOS DOS BENEFÍCIOS

CAPÍTULO I – DO PAGAMENTO DE BENEFÍCIOS

SEÇÃO I – DO PAGAMENTO

Art. 145. O pagamento do benefício será efetuado diretamente ao titular, ou, no seu impedimento previsto em lei, ao seu representante legal ou procurador especificamente designado, salvo nos casos de benefícios vinculados a empresas acordantes.
§ 1º O titular do benefício, maior de dezesseis anos, poderá receber o pagamento independentemente da presença dos pais ou do tutor.
§ 2º Quando houver tutor instituído judicialmente, o maior de 16 anos e menor de 18 anos somente poderá receber o benefício se o tutor for destituído da representação por ordem judicial.

Art. 146. Para receber o primeiro pagamento do benefício da Previdência Social, o titular, o procurador ou o representante legal, devidamente cadastrados junto ao INSS, deverá comparecer à agência bancária indicada na Carta de Concessão, munido de documento de identificação.

Art. 147. O dia do pagamento do benefício é definido pelo último algarismo do número do benefício anterior ao dígito verificador.
Parágrafo único. O dia útil de pagamento do benefício pode ser visualizado no Portal "Meu INSS".

Art. 148. O pagamento dos benefícios obedecerá aos seguintes critérios, observada a distribuição proporcional do número de beneficiários por dia de pagamento:
I - os benefícios com renda mensal superior a um salário-mínimo, tem o crédito disponibilizado do primeiro ao quinto dia útil do mês subsequente ao de sua competência; e
II - os benefícios com renda mensal no valor de até um salário-mínimo, serão pagos no

período compreendido entre o quinto dia útil que anteceder o final do mês de sua competência e o quinto dia útil do mês subsequente.

§ 1º Considera-se dia útil, para efeitos deste artigo, aquele dia de expediente bancário com horário normal de atendimento.

§ 2º Independentemente da modalidade de pagamento, será obrigatória a inclusão do número do CPF do titular, do representante legal e do procurador no Sistema Informatizado de Benefícios.

Art. 149. Em regra, os pagamentos dos benefícios de prestação continuada não poderão ser antecipados, porém, excepcionalmente, nos casos de estado de calamidade pública decorrente de desastres naturais, reconhecidos por ato do Poder Executivo Federal, o INSS poderá, nos termos do ato Ministerial, antecipar aos beneficiários domiciliados nos respectivos municípios:

I - o cronograma de pagamento dos benefícios de prestação continuada previdenciária e assistencial, enquanto perdurar o estado de calamidade; e

II - o valor correspondente a uma renda mensal do benefício devido, excetuados os temporários, mediante opção dos beneficiários.

Art. 150. Quando os créditos forem disponibilizados à rede bancária para fins de pagamento de benefícios e não recebidos pelos beneficiários, serão restituídos ao INSS pelas instituições financeiras, em sua integralidade, quando não forem sacados ou creditados em conta até o final da segunda competência subsequente ao seu período de referência.

§ 1º Para os créditos emitidos por meio alternativo (PAB ou complemento positivo), quando não forem sacados até o final da segunda competência subsequente à sua data de validação pelo INSS.

§ 2º Nos casos de ausência de saque acarretará na suspensão cautelar do pagamento do benefício e, após seis meses, sua cessação, cabendo a solicitação de seu restabelecimento pelo titular, procurador ou representante legal, de forma justificada.

SEÇÃO II – FORMAS DE PAGAMENTO

Art. 151. Em regra, os benefícios serão pagos por Instituições Financeiras contratadas pelo INSS, na modalidade de cartão magnético e o crédito direcionado para o órgão pagador localizado na microrregião mais próxima da residência do beneficiário ou através de provisionamento no órgão pagador - OP da empresa acordante, previamente cadastrado no momento da celebração do acordo.

§ 1º O recebimento na modalidade de cartão magnético não permite ao beneficiário escolher o órgão pagador, este será direcionado conforme regras constantes nos sistemas do INSS.

§ 2º O beneficiário pode optar pela modalidade de pagamento em conta depósito, seja conta corrente ou conta poupança em nome do titular do benefício, após o recebimento do primeiro pagamento.

§ 3º Nos casos de benefícios vinculados a empresas acordantes, pode ser realizada outra forma de pagamento na concessão.

§ 4º No momento da inclusão do benefício na base de dados do sistema informatizado, o crédito do beneficiário será direcionado à rede bancária de acordo com as regras definidas em contrato firmado entre o INSS e as instituições financeiras.

§ 5º No caso de benefício com representante legal, a conta de depósitos deverá ser conjunta, em nome do titular do benefício e de seu representante legal.

§ 6º A alteração do local e/ou forma de pagamento implicará a transferência do benefício para a APS de vinculação do novo órgão pagador, exceto:

I - se a alteração de meio de pagamento tiver sido efetuada diretamente pela rede bancária; ou

II - se a alteração do local de pagamento for decorrente de readequação na rede pagadora de benefícios, como encerramento ou alteração no cadastro de órgão pagador.

SUBSEÇÃO I – CARTÃO MAGNÉTICO

Art. 152. O cartão magnético será emitido pelos órgãos pagadores, sem ônus para o recebedor.

Parágrafo único. Se ocorrer extravio ou dano do cartão magnético o recebedor deverá comunicar ao órgão pagador, para emissão da segunda via, com ônus para o recebedor.

Art. 153. Quando o pagamento do benefício for realizado ao procurador, a entrega do cartão magnético está condicionada a identificação do mesmo pelo órgão pagador, conforme os dados constantes no arquivo de procuradores do Sistema Único de Benefícios, transmitido semanalmente pela DATAPREV.

Art. 154. Os créditos dos benefícios ficarão disponíveis para recebimento até o final da segunda competência subsequente à sua data de validação.

Parágrafo único. Se não houver o recebimento do crédito dentro do período de disponibilidade, o mesmo será devolvido pela instituição financeira ao INSS.

SUBSEÇÃO II – CRÉDITO EM CONTA FITA - CCF

Art. 155. O pagamento poderá ser efetuado por meio de conta de depósito - conta corrente ou poupança- por opção do beneficiário/representante legal, desde que a instituição financeira esteja dentre aquelas que possuem contrato firmado junto ao INSS, conforme regras vigentes.

§ 1º Se o beneficiário tiver interesse em receber os valores de seu benefício em conta corrente/poupança, deverá, após o recebimento do primeiro pagamento, fazer a solicitação diretamente na instituição financeira.

§ 2º Não será permitido o cadastramento de procurador para recebimento de benefício pago através de conta corrente, exceto para realização de comprovação de vida na instituição financeira.

§ 3º No caso de benefício com representante legal cadastrado, a conta bancária deverá ser conta conjunta entre o titular e o representante legal.

§ 4º Tratando-se de pagamento ao titular de benefício com a concedido a partir de 1º de janeiro de 2020 na modalidade conta de depósitos, a conta deverá ser individual, exceto em casos de representação legal onde o CPF informado na conta de depósitos deverá ser o mesmo constante no cadastro do INSS.

SUBSEÇÃO III – CONTA CORRENTE LISTAGEM - CCL

Art. 156. A Conta Corrente Listagem é uma modalidade de pagamento de benefícios vinculada a empresas acordantes ou benefícios pagos em países com Acordo Internacional, com os quais o INSS mantém rotina de envio de crédito.

§ 1º Nos pagamentos realizados através de empresa acordante, o valor referente a cada beneficiário, vinculado à respectiva empresa, recebe a denominação de provisionamento. Uma vez direcionados os valores ao OP da empresa acordante, caberá a mesma o repasse dos pagamentos aos beneficiários.

§ 2º O beneficiário vinculado à empresa acordante poderá solicitar a transferência do seu benefício para qualquer modalidade de pagamento ou localidade:

I - à empresa acordante, cabendo a mesma comunicar a alteração ao INSS;

II - ao INSS, por meio dos canais remotos, "Central 135" ou Portal "Meu INSS". Neste caso, antes de efetuar a transferência, cabe ao INSS comunicar à empresa acordante.

SUBSEÇÃO IV – AUTORIZAÇÃO DE PAGAMENTO - AP

Art. 157. Modalidade utilizada para efetuar pagamentos determinados judicialmente e para situações excepcionais não contempladas pelos demais meios de pagamento existentes, como o PAB ou CP.

Parágrafo único. A Autorização de Pagamento é emitida exclusivamente por meio do Sistema de Emissão de Autorização de Pagamento - APWeb, como ferramenta de cadastro, controle e gerenciamento dos documentos de pagamentos emitidos pelas unidades do INSS.

SUBSEÇÃO V – COMPLEMENTO POSITIVO - CP

Art. 158. Em situações excepcionais, poderá haver geração automática ou emissão de crédito fora do processamento mensal da maciça, por meio do Complemento Positivo - CP ou Pagamento Alternativo de Benefícios - PAB.

Art. 159. O CP pode ser gerado pelo sistema, quando do processamento de comandos de atualização na reativação e revisão de benefícios, bem como saldo residual na cessação de benefícios por incapacidade.

Parágrafo único. O CP também pode ser emitido manualmente, somente em benefícios ativos, para atender situações de créditos não gerados automaticamente, para complementar pagamentos ou para a correção de crédito emitido com valor incorreto. Nesta última situação, mediante confirmação de bloqueio do crédito incorreto nos sistemas de benefícios, não sendo possível a emissão de complemento positivo para benefícios cessados ou suspensos.

SUBSEÇÃO VI – PAGAMENTO ALTERNATIVO DE BENEFÍCIO - PAB

Art. 160. O PAB pode ser gerado pelo Sistema nos casos de créditos de concessão pendentes em limite de alçada e nos casos de benefícios aguardando confirmação de administrador provisório ou de apresentação da declaração de cárcere.

§ 1º Poderá ser emitido PAB, em benefícios ativos ou cessados, nos casos de pagamentos não recebidos, rejeitados, não gerados pela maciça, pagamentos de valores residuais referentes a benefícios cessados e em cumprimento à determinação judicial.

§ 2º Não é possível a emissão de PAB em benefício suspenso.

§ 3º Nos PABs emitidos para benefícios ativos ou cessados, sem troca de nome do recebedor em ambos os casos, deverá ser informado o órgão pagador - OP do domicílio bancário no qual o beneficiário recebe o pagamento mensal, mantendo a mesma modalidade de pagamento. *(Redação dada pela Portaria Dirben/INSS 1.105/2023)*

§ 4º Excepcionalmente, deverá ser informado o OP sinônimo do Banco do Brasil, de localização mais próxima da residência do requerente/recebedor, nos seguintes casos: *(Redação dada pela Portaria Dirben/INSS 1.105/2023)*

a) benefícios ativos, cessados com troca de nome do recebedor; *(Acrescida pela Portaria Dirben/INSS 1.105/2023)*

b) pecúlio sem aposentadoria ativa; *(Acrescida pela Portaria Dirben/INSS 1.105/2023)*

c) IRSM; *(Acrescida pela Portaria Dirben/INSS 1.105/2023)*

d) OP do benefício é de microrregião tipo 5 e o benefício não é pago em conta de pagamentos; ou *(Acrescida pela Portaria Dirben/INSS 1.105/2023)*

e) OP anterior desativado/inválido. *(Acrescida pela Portaria Dirben/INSS 1.105/2023)*

SEÇÃO III – CÁLCULO PROPORCIONAL

Art. 161. O cálculo da proporcionalidade de dias em benefício deve ser analisado da seguinte maneira:

I - Renda Mensal - MR: o mês é considerado sempre com 30 (trinta) dias;

II - Abono Anual (Décimo Terceiro):

a) o mês de fevereiro sempre será considerado como se tivesse 30 dias; e

b) para os meses com 31 dias, o dia 31 será incluído na contagem dos 15 dias para percepção de fração do abono anual.

Parágrafo único. O cálculo é feito considerando os dias em que o benefício ficou em manutenção até a data da cessação - DCB.

Art. 162. Para apuração dos valores deve-se usar as seguintes fórmulas:

I - MR / 30: Para identificar o valor diário da MR;

II - MR / 12: Para apuração do valor mensal do abono, levando-se em consideração 15 ou mais dias de manutenção do benefício no mês de competência.

§ 1º Após apurados os valores proporcionais diário e mensal, conforme o disposto no caput, o resultado da fórmula deve ser multiplicado pela quantidade de dias ou meses, respectivamente para renda mensal e abono, em que o benefício estiver ativo (MR) ou observando a DIB (abono anual).

§ 2º A DCB deve ser incluída na contagem de dias devidos do benefício, inclusive em casos de cessação por óbito.

Art. 163. Nos casos de reativação, a diferença devida para o mês deve ser paga de forma a preservar a MR do beneficiário, independente do mês.

§ 1º Na situação descrita do caput deve-se calcular a diferença da MR paga com a diferença da MR devida no mês para apuração do valor proporcional.

§ 2º Deverá ser adotada a fórmula: MR devida - MR proporcional já recebida, para apuração da diferença devida ao beneficiário.

Art. 164. Na apuração da proporcionalidade de dias e cotas do benefício, quando da cessação de uma ou mais cotas durante o mês, a renda mensal será proporcional aos períodos em que a cota esteve ativa.

§ 1º Para os benefícios de Pensão por Morte e Auxílio-Reclusão, considerando as novas regras dispostas pela Emenda Constitucional nº 103, de 2019, deverá ser observado o contido no quadro comparativo «Pensão por Morte e Auxílio-Reclusão Antes e Depois da EC 103/2019», constante no Anexo V, considerando a data da DIB ou do fato gerador.

§ 2º Na hipótese de haver dependente inválido ou com deficiência intelectual, mental ou grave, o valor da pensão por morte será equivalente a cem por cento do valor da aposentadoria recebida pelo segurado ou daquela a que teria direito se fosse aposentado por incapacidade permanente na data do óbito, até o limite máximo do salário de benefício do RGPS.,

§ 3º Enquanto o dependente inválido ou com deficiência intelectual, mental ou grave mantiver essa condição, independentemente do número de dependentes habilitados ao benefício, o valor da pensão será rateado entre todos os dependentes em partes iguais, conforme § 1º do artigo 113 do RPS.

§ 4º O valor da pensão será recalculado quando:

I - a invalidez ou deficiência intelectual, mental ou grave sobrevier à data do óbito, enquanto estiver mantida a qualidade de dependente, conforme §§ 2º e 3º; ou

II - deixar de haver dependente inválido ou com deficiência intelectual, mental ou grave, na forma do disposto no § 1º do caput, considerando as orientações para DIB ou fato gerador a partir de 13 de novembro de 2019.

Art. 165. Para benefícios que possuem direito ao acréscimo de 25%, o cálculo proporcional será realizado da seguinte forma:

I - 25% da MR / 30: Para apuração do valor diário do acréscimo, sendo o mês considerado sempre com 30 (trinta) dias;

II - MR + 25% / 12: Para apuração do valor mensal do abono com acréscimo, observado o disposto no art. 166.

SEÇÃO IV – ABONO ANUAL OU DÉCIMO TERCEIRO

Art. 166. O abono anual ou décimo terceiro é o valor devido ao segurado e ao dependente que, durante o ano, receberam auxílio por incapacidade temporária, auxílio-acidente, aposentadoria, salário-maternidade, pensão por morte ou auxílio-reclusão, observada a prescrição de que trata a Seção X deste Capítulo.

Parágrafo único. Nos casos de antecipação do abono anual a prescrição deve considerar a data em que a referida antecipação deveria ter sido paga no ano em questão.

Art. 167. Para o pagamento do valor do abono, toma-se como base o valor da renda mensal do benefício no mês de cessação/alta ou no mês de dezembro.

Art. 168. Para cada mês em que o benefício tiver duração igual ou superior a quinze dias, será devido o pagamento de 1/12 (um doze avos) do abono, considerando a quantidade total de dias do mês.

Art. 169. Se a duração do benefício for inferior a 1 (um) ano, o abono será pago de forma proporcional a quantidade de meses de duração do benefício.

Art. 170. Na análise de reemissão de créditos para os benefícios concedidos/reativados em virtude de ordem judicial, o abono, no ano da DIP, será pago de forma integral ou proporcional considerando a DIB do benefício.

Parágrafo único. Na situação prevista no caput, deverá ser analisado se houve pagamento de décimo terceiro no cálculo de RPV do processo judicial.

Art. 171. O acréscimo de 25% (vinte e cinco por cento) compõe o cálculo do abono anual (décimo terceiro) e será recalculado quando o benefício que lhe deu origem for reajustado.

Parágrafo único. No ano da implantação do acréscimo de 25%, este integrará o abono anual respeitado a DIB do benefício, não limitado à DIP do acréscimo.

Art. 172. O valor do abono anual referente ao salário-maternidade, correspondente ao período de duração, será pago, em cada exercício, em conjunto com a última parcela do benefício.

Art. 173. O pagamento do abono anual, a partir do ano de 2006, passou a ser realizado em duas parcelas para todos os benefícios que fazem jus ao abono anual, sendo observado o cálculo proporcional, de acordo com a Data do Início do Benefício - DIB.

§ 1º Para análise da prescrição considerando a antecipação de parcelas do abono de que trata o caput, deverá ser observado se o benefício preencheu os requisitos de antecipação da parcela na competência de antecipação de cada ano, o que pode ser consultado no Anexo VI «Registro Histórico de Antecipação do Abono Anual».

§ 2º Para os benefícios que não preencheram os requisitos de antecipação da parcela, deve-se considerar para contagem da prescrição a competência de cessação do benefício ou a competência de quitação do abono anual.

§ 3º A antecipação do décimo terceiro salário de que trata o caput será realizada da seguinte forma:

I - benefícios permanentes:

a) 50% (cinquenta por cento) do valor devido no ano, apurado conforme MR do benefício no mês de pagamento da antecipação; e

b) 100% (cem por cento) do valor devido no ano, pago na competência novembro, considerando MR da competência dezembro, descontado o valor da parcela de antecipação.

II - benefícios temporários, inclusive o auxílio por incapacidade temporária:

a) 50% do valor devido até a competência de pagamento da antecipação, descontados os valores pagos anteriormente no ano decorrentes de cessação de benefício posteriormente restabelecidos;

b) 100% (cem por cento) do valor devido até a competência dezembro ou da cessação do benefício, caso prevista, pago na competência novembro ou na competência de cessação, descontado o valor das parcelas pagas anteriormente, conforme o caso.

§ 4º No ano de 2020, não houve distinção de cálculo entre benefícios permanentes e temporários para fins de pagamento de antecipação do abono anual em cumprimento do disposto na Medida Provisória nº 927, de 22 de março de 2020.

§ 5º Especificamente nos casos dos benefícios de auxílio por incapacidade temporária ocorrerá o pagamento do décimo terceiro salário na competência da DCB tantas quantas forem as vezes em que cessar o benefício, desde que entre uma cessação e outra tenha sido alcançado mais um período aquisitivo.

Art. 174. O abono anual deverá constar no cálculo do pagamento de resíduo para os casos em que o benefício fizer jus ao décimo terceiro salário.

Parágrafo único. Na situação descrita no caput e em caso de pagamento de resíduo ao dependente habilitado à pensão por morte, deverá ser pago o valor referente ao décimo terceiro salário no mês da cessação quando o benefício possuir quinze dias ou mais, ainda que também haja direito a parcela do décimo terceiro salário no benefício de pensão por morte.

Art. 175. Em caso de óbito do segurado, antes da conclusão do ano vigente, em benefício com recebimento total das cotas de 13º salário, pagas antecipadamente, os valores recebidos a maior, serão objeto de encontro de contas para fins de pagamento de resíduo a dependente/herdeiro.

SEÇÃO V – PRESCRIÇÃO PARA PAGAMENTO DE VALORES

Art. 176. A emissão de valores aos beneficiários fica condicionada à apuração da prescrição dos valores conforme determinações contidas nesta seção.

Art. 177. Prescreve em cinco anos, a contar da data que deveria ter sido paga, toda e qualquer ação para receber prestação vencida ou quaisquer restituições ou diferenças devidas pela Previdência Social, exceto para menores de dezesseis anos não emancipados.

§ 1º Para os menores que completarem dezesseis anos de idade, o termo inicial de contagem da prescrição será o dia seguinte àquele em que tenha completado a idade.

§ 2º Conforme Lei nº 13.146, de 2015, que alterou o Código Civil Brasileiro, revogando os incisos I a III do artigo 3º, foram excluídos da lista de absolutamente incapazes as pessoas que:

a) não tiverem o necessário discernimento para a prática dos atos da vida civil, por enfermidade ou deficiência mental; e

b) por causa transitória, não puderem exprimir sua vontade.

§ 3º Para aqueles enquadrados como absolutamente incapazes até 2 de janeiro de 2016, ressalvados os menores de 16 (dezesseis) anos, os prazos de prescrição e decadência passam a correr a partir de 3 de janeiro de 2016, início da vigência da Lei nº 13.146/2015, que alterou o Código Civil.

Art. 178. Para análise da prescrição, inclusive nos casos de resíduo, observar-se-á:

I - uma vez disponibilizado o crédito, o marco inicial da contagem da prescrição será sempre a data de início de validade da primeira emissão do pagamento, mesmo que tenha sido emitido por mais de uma vez;

II - não havendo a disponibilização do crédito no benefício, o termo inicial da prescrição corresponderá à data em que a prestação deveria ter sido disponibilizada se o benefício estivesse ativo, ou seja, o dia previsto para o pagamento conforme cronograma anual de pagamento de benefícios publicado pelo INSS;

III - considerando a antecipação de parcelas do abono, deverá ser observado se o benefício preencheu os requisitos de antecipação da parcela na competência de antecipação de cada ano;

IV - para os benefícios que não preencheram os requisitos de antecipação da parcela do abono anual, deve-se considerar para contagem da prescrição a competência de cessação do benefício ou a competência de quitação do abono anual.

Art. 179. A prescrição iniciada contra uma pessoa continua a correr contra o seu sucessor, assim como o óbito do beneficiário não renova o prazo prescricional para o(s) herdeiro(s).

Art. 180. Para análise da ocorrência da prescrição nos casos de pagamento de resíduo de benefícios em razão da apresentação de documento judicial ou de Escritura Pública, devem ser observadas as seguintes regras:

I - o prazo prescricional inicia-se a partir da data do início da validade do crédito ao qual o de cujus faria jus;

II - o prazo prescricional será interrompido quando do protocolo do procedimento (alvará judicial, inventário judicial ou extrajudicial), devendo voltar a correr pela metade, ou seja, por mais 2,5 (dois e meio) anos, após a data de expedição do respectivo documento;

III - quando o tempo de duração do procedimento for superior a 12 (doze) meses, cabe ao INSS verificar se o atraso na tramitação deveu-se à inércia do(s) herdeiro(s), ocasião na qual deverá a Administração solicitar ao interessado a apresentação da cópia do processo/procedimento ou outro documento que esclareça a sua responsabilidade no atraso;

IV - não se admite, sob nenhuma hipótese, que o prazo prescricional total seja inferior a 5 (cinco) anos.

§ 1º A interrupção no prazo de que trata o inciso II do caput só será considerada uma única vez.

§ 2º Na situação descrita no inciso III, do caput, quando restar comprovado que o atraso na tramitação ocorreu por inércia do (s) herdeiro (s), o prazo prescricional não estará sujeito à interrupção, conforme o disposto no art. 5º, do Decreto 20.910, de 06 de janeiro de 1932.

Art. 181. Nos pedidos de revisão ou recurso o marco da contagem da prescrição será fixado na Data do Pedido de Revisão ou Recurso - DPR retroagindo-se 05 (cinco) anos desta, para os casos em que não haja apresentação de novos elementos, limitada a DIP do benefício.

Parágrafo único. No caso de apresentação de novos elementos, os efeitos financeiros serão a partir da DPR.

SEÇÃO VI – DO REAJUSTE ANUAL DE BENEFÍCIOS

Art. 182. É assegurado o reajustamento dos benefícios para preservar-lhes, em caráter permanente, o valor real da data de sua concessão.

§ 1º Os valores dos benefícios em manutenção serão reajustados, anualmente, na mesma data do reajuste do salário mínimo, pro rata, de acordo com suas respectivas datas de início ou do último reajustamento, com base no Índice Nacional de Preços ao Consumidor - INPC, apurado pela Fundação Instituto Brasileiro de Geografia e Estatística - IBGE.

§ 2º Para os benefícios que tenham sido majorados devido à elevação do salário mínimo, o referido aumento deverá ser compensado no momento da aplicação do disposto no § 1º.

Art. 183. Nenhum benefício previdenciário ou assistencial reajustado poderá exceder o limite máximo do salário-de-contribuição na data do reajustamento, respeitado o direito adquirido e o acréscimo de 25% (vinte e cinco por cento) das aposentadorias por incapacidade permanente, nem ser inferior ao valor de um salário mínimo, observado o disposto no parágrafo único.

Parágrafo único. O auxílio-acidente, o abono de permanência em serviço, o auxílio-suplementar, o salário-família, a parcela a cargo do Regime Geral de Previdência Social dos benefícios por totalização, o auxílio-inclusão e os benefícios concedidos com base em acordos internacionais de previdência social, poderão ter valor inferior ao do salário mínimo.

SUBSEÇÃO I – REAJUSTAMENTO DE LEGISLAÇÃO ESPECIAL

Art. 184. Os benefícios de legislação especial pagos pela previdência social à conta do Tesouro Nacional e de ex-combatentes, iniciados até 16 de dezembro de 1998, serão reajustados com base nos mesmos índices aplicáveis aos benefícios de prestação continuada da previdência social.

§ 1º O reajustamento dos benefícios de legislação especial é realizado na mesma data e forma dos benefícios do RGPS, no que se refere à parcela previdenciária da renda, identificada como rubrica 922.

§ 2º O valor da renda mensal dos benefícios previdenciários com direito a complementação da RFFSA - Rede Ferroviária Federal SA e da ECT - Empresa Brasileira de Correios e Telégrafos, será composto pelo valor da renda mensal previdenciária e a complementação paga pela União.

§ 3º O somatório desses valores corresponde aos vencimentos como se os titulares (no caso de aposentadorias) ou instituidores (no caso de pensão) estivessem em atividade.

§ 4º Sempre que esses benefícios sofrerem reajuste, o valor da parcela da União será recalculado de forma que a Renda Mensal do benefício não ultrapasse o valor que seria devido se em atividade estivesse.

§ 5º Nos casos de pensão por morte, a renda mensal reajustada respeitará o coeficiente global do benefício.

§ 6º No que se refere ao reajustamento dos valores pagos a título de complementação pela União, o mesmo não é sistemático e ocorre mediante Acordo Coletivo ou Dissídio Coletivo da categoria.

SUBSEÇÃO II – HISTÓRICO DE REAJUSTAMENTOS

Art. 185. Com o intuito de anular os efeitos da inflação sobre os benefícios da Previdência Social, a Constituição Federal de 1988 estabeleceu a obrigatoriedade de atualização tanto dos salários-de-contribuição que são utilizados para calcular o benefício, quanto o reajuste dos benefícios já concedidos, preservando-lhes, em caráter permanente, o valor real.

Art. 186. Os benefícios concedidos anteriormente a Constituição Federal de 1988, por força do Artigo 58, dos Atos das Disposições Constitucionais Transitórias - ADCT, tiveram seus valores revistos, sendo-lhes restabelecidos o poder aquisitivo, em número de salários mínimos, que tinham na data de sua concessão. Nessa condição, foram pagos até setembro de 1991.

Parágrafo único. Com o advento da Lei nº 8.213, de 1991, foi extinta essa paridade, com a criação dos conceitos de salário-de-contribuição e do salário-de-benefício, que passaram a ser os parâmetros básicos para o cálculo das contribuições sociais, bem como dos benefícios previdenciários.

Art. 187. A Lei nº 8.213, de 1991, que instituiu o Plano de Benefícios da Previdência Social, após a promulgação da Constituição Federal de 1988, estabeleceu o INPC como índice de reajuste dos benefícios, conforme redação original do seu art. 41, inciso II.

I - a partir de janeiro de 1993, em consonância com a Lei nº 8.542, de 23 de dezembro de 1992, foi determinada a substituição do INPC pelo Índice de Reajuste do Salário Mínimo - IRSM para todos os fins previstos nas Leis nº 8.212 e 8.213, ambas de 24 de julho de 1991;

II - em maio de 1995, conforme art. 29, da Lei 8.880, de 24/05/1994, houve nova mudança para os benefícios com valor superior ao salário mínimo, passando a aplicar o Índice de Preços ao Consumidor do Real - IPC-R;

III - a Medida Provisória nº 1.415, transformada na Lei nº 9.711, de 20/11/1998, determinou o reajuste com base no Índice Geral de Preços/Disponibilidade Interna - IGP-DI, a partir de maio de 1996;

IV - De 1997 até maio de 2002, a Previdência Social passou a adotar, para os benefícios acima do salário mínimo, por meio de medidas provisórias, índices calculados administrativamente, com base no INPC;

V - A partir de junho de 2002 até os dias atuais, o índice retornou para o INPC, apurado pela Fundação Instituto Brasileiro de Geografia e Estatística - IBGE, regra que passou a constar expressamente por meio da Lei nº 1.430, de 26 de dezembro de 2006, que inseriu o art. 41 - A na Lei nº 8.213, de 1991.

SUBSEÇÃO III – SIMULAÇÃO DO REAJUSTE

Art. 188. Em algumas emissões de crédito especial existe a necessidade de identificar os valores de reajuste do benefício.

Art. 189. O reajustamento do benefício ocorre anualmente com a finalidade de preservar, em caráter permanente, o valor real do benefício na data de sua concessão.

Art. 190. Os benefícios, com valor acima do salário mínimo, são reajustados conforme o

INPC, oficializado por portaria publicada pela Ministério do Trabalho e Previdência.

Art. 191. No caso de benefício precedido, para fins de reajuste, deverá ser considerada a DIB do NB anterior.

SEÇÃO VII – ARREDONDAMENTO

Art. 192. Desde a competência janeiro de 2001, o INSS pode arredondar para a unidade de real imediatamente superior, os valores em centavos dos benefícios de prestação continuada, pagos mensalmente a seus beneficiários.
§ 1º Os valores recebidos a maior pelo beneficiário, durante o ano, serão descontados no pagamento do abono anual, sempre na competência novembro ou no último valor do pagamento do benefício quando cessado.
§ 2º Em relação aos benefícios que não geram direito ao abono anual o ajuste dos valores antecipados será efetuado sempre na competência novembro.
§ 3º Não ocorre o arredondamento para os créditos de benefícios pagos através de conta de depósitos, conta corrente de Empresas Conveniadas (provisionamento) e benefícios de Acordos Internacionais.
§ 4º O ajuste dos valores antecipados deverá ser providenciado quando efetuado o cálculo manual nos benefícios cessados, com créditos referentes a determinado período no ano corrente, nos casos, por exemplo, de benefícios cessados por óbito, por alta médica ou com prazo pré-determinado.

SEÇÃO VIII – ATUALIZAÇÃO MONETÁRIA

Art. 193. O pagamento de parcelas efetuadas com atraso, relativas a benefícios despachados, revistos ou reativados a partir de 31 de dezembro de 2008, deve ser corrigido monetariamente desde o momento em que restou valores devidos, independentemente de ocorrência de mora e de quem lhe deu causa, devendo-se observar:
I - o pagamento de parcelas relativas a benefícios concedidos com atraso, deverá ser corrigido monetariamente desde a Data do Início do Pagamento - DIP, ainda que esta data seja anterior ao requerimento do benefício;
II - nos casos de revisão sem apresentação de novos elementos, a correção monetária incidirá sobre as parcelas em atraso não prescritas, desde a DIP;
III - nas revisões e nos recursos com apresentação de novos elementos a correção monetária incidirá sobre as diferenças apuradas a partir da Data do Pedido da Revisão - DPR ou da Data do Pedido do Recurso;
IV - para os casos de reativação incidirá atualização monetária, competência por competência, levando em consideração a data em que o crédito deveria ter sido pago;
V - para os casos em que houver emissão de pagamento de competências não recebidas no prazo de validade, este deverá ser reemitido com a devida atualização monetária;
VI - a correção monetária incide também sobre os valores do salário-família, porventura não recebidos em época própria;
VII - Se após a aplicação da correção monetária, o valor apurado resultar em montante inferior ao valor original da dívida ou do crédito, deverá ser mantido o valor original, respeitando o disposto nos §§ 2º a 5º do art. 154 e o art. 175 do RPS.
§ 1º Em todas as situações elencadas no caput, o crédito deverá ser corrigido pelo mesmo índice utilizado para os reajustamentos dos benefícios do Regime Geral de Previdência Social, o INPC, apurado no período compreendido entre o mês que deveria ter sido pago e o mês do efetivo pagamento.
§ 2º Para a apuração da atualização monetária de qualquer competência devida, deve ser utilizado o índice de atualização do mês imediatamente posterior ao da competência a ser calculada, utilizando-se sempre os índices previstos na Portaria de Correção Monetária em vigor na data do cálculo.

SEÇÃO IX – RESÍDUO

Art. 194. Resíduo é o valor devido e não recebido pelo segurado referente ao período em que o benefício esteve ativo.
§ 1º O pagamento de resíduo de benefício referente a titular vivo será pago ao próprio, seu representante legal ou procurador cadastrados junto ao INSS.
§ 2º Quando houver óbito do beneficiário, o resíduo será pago aos seus dependentes habilitados à pensão por morte, independentemente de inventário ou de arrolamento, ou na falta deles, aos sucessores na forma da lei civil, observada a prescrição de que trata a Seção X do Capítulo VI.
§ 3º O resíduo de que trata o caput é devido até a data do óbito, ainda que tenha sido concedida pensão por morte com DIP também na data do óbito.

Art. 195. Considerando a necessidade de padronizar os procedimentos quanto ao fornecimento de informações pelo INSS sobre a existência de resíduos de pagamentos à pessoa que comprovar ser inventariante de segurado falecido, ou ao cartório que solicitar tais informações para instrução de processo de inventário extrajudicial, deverá ser observado:

I - a solicitação da referida informação pode ser recebida por qualquer Agência da Previdência Social - APS, devendo conter, se solicitado por herdeiro ou dependente, requerimento por escrito constando identificação do segurado falecido (nome do beneficiário e número do benefício), identificação do solicitante (nome, documento de identificação e endereço) e motivo da solicitação;

II - para as solicitações realizadas por cartório, as mesmas deverão ser encaminhadas por meio de ofício.

Parágrafo único. A orientação tem finalidade exclusiva para prestação de informação da existência de valores residuais não pagos ao titular, não sendo dispensada a documentação comprobatória para fins de pagamento dos valores em questão.

Art. 196. O pagamento de resíduos poderá ser realizado das seguintes formas:
I - aos dependentes habilitados à pensão;
II - por meio de Alvará Judicial;
III - pela apresentação de Escritura Pública;
IV - para o próprio segurado ou seu representante, em casos de benefícios temporários.

Parágrafo único. O pagamento de todo e qualquer resíduo deve ser atualizado monetariamente, a partir da data em que o crédito deveria ter sido pago, inclusive no resíduo pago mediante alvará judicial/partilha por escritura pública.

Art. 197. Para efetuar o pagamento de resíduo de benefício, em caso de óbito, deverá ser apresentada a seguinte documentação:
I - certidão de Óbito do segurado;
II - documento de Identidade/CPF do requerente/recebedor;
III - alvará Judicial ou Escritura Pública, conforme o caso.

§ 1º Aos dependentes habilitados à pensão dispensa-se a apresentação dos documentos listados nos incisos do caput.

§ 2º Dispensa-se a apresentação da Certidão de Óbito do segurado, inciso I do caput, quando a referida certidão for localizada no sistema SIRC.

Art. 198. Havendo mais de um herdeiro o pagamento deverá ser efetuado:
I - a apenas um deles, se esse for indicado como inventariante, judicialmente ou na partilha por escritura pública; ou
II - a cada um dos herdeiros, em partes iguais ou conforme fixado no documento judicial ou na partilha por escritura pública, mediante requerimento individual.

Parágrafo único. Nos casos em que a escritura pública for omissa quanto a divisão/partilha do resíduo do (s) benefício (s) deixado(s) pelo falecido, deverá ser emitida exigência para apresentação de sobrepartilha ou retificação do documento originalmente apresentado.

Art. 199. Independente da modalidade de pagamento, poderão ser pagos pelo INSS, na forma de resíduo, os valores não recebidos pelo beneficiário, ou seja, créditos não pagos (NPG), rejeitados (REJ), não provisionados (NPR), com bloqueio confirmado nos sistemas de benefícios ou parcelas de décimo terceiro não recebidas, desde que o saldo do encontro de contas seja positivo.

Parágrafo único. Na situação de créditos não provisionados, conforme previsto no caput, deverá ser observado se o valor ainda não foi pago pela convenente, de acordo com as regras constantes no instrumento pactuado entre esta e o INSS.

Art. 200. Para apuração do valor de resíduo aos dependentes habilitados à pensão ou aos herdeiros autorizados por alvará judicial ou escritura pública, deverá ser realizado acerto de contas entre os valores devidos e aqueles recebidos indevidamente no benefício, devendo ser observada a existência das seguintes situações:
I - antecipação de décimo terceiro salário;
II - arredondamento de créditos, seu ajuste ou saldo devedor;
III - empréstimo(s) consignado(s) no benefício;
IV - descontos relacionados a mensalidade associativa;
V - a consignação de débito com INSS no benefício do instituidor;
VI - recebimento indevido de benefícios em razão do óbito do segurado, situação em que, independentemente do pagamento ter sido

realizado por cartão magnético ou por depósito em conta, devem ser observadas as seguintes determinações:

a) o pagamento de valores residuais referentes a períodos em que o beneficiário fazia jus, porém creditados após o óbito, somente será efetuado pelo INSS caso tenha havido sua restituição integral ao Instituto, ainda que o(s) herdeiro(s) alegue não ter recebido tais valores; e

b) os valores referentes a pagamento de períodos até a data do óbito do titular já creditados, ainda que o crédito tenha sido efetivado após o óbito do mesmo, deverão ser requeridos junto à instituição financeira, mesmo que apresentada autorização judicial ou escritura pública.

§ 1º Após a apuração de que trata o caput, sendo o valor líquido negativo não caberá pagamento de resíduo, devendo ser criada tarefa correspondente, indicando a inconsistência encontrada para apuração e cobrança dos valores.

§ 2º Os valores, ainda que devolvidos diretamente pelas instituições financeiras, deverão ser corrigidos desde a data do recebimento indevido até a data do vencimento do crédito (data que será fixada no curso do procedimento administrativo próprio) pelo mesmo índice utilizado para os reajustes dos benefícios do RGPS, de acordo com a redação conferida ao art. 175 do RPS.

§ 3º Os valores recebidos indevidamente a maior em razão de óbito do beneficiário e não abrangidos pelo encontro de contas citado no § 1º, não podem ser consignados na pensão por morte do seu dependente por falta de previsão legal, pois se trata de dívida do segurado, cujo patrimônio sucedido deve responder, se houver, quer através dos sucessores ou do espólio.

§ 4º No caso de dívida, nos termos do § 3º, deverá ser aberta tarefa de «Admissibilidade de Indícios de Irregularidades» e adotados os procedimentos tradicionais de cobrança do espólio ou, inexistindo este, dos sucessores da lei civil, acaso o falecido tenha deixado herança, no limite desta, devendo ser observados os procedimentos para apuração e cobrança administrativa de valores devidos ao INSS conforme ato vigente.

SUBSEÇÃO I – PAGAMENTO DE RESÍDUO AOS DEPENDENTES HABILITADOS À PENSÃO POR MORTE

Art. 201. O pagamento de resíduo aos dependentes habilitados à pensão por morte será efetuado por meio de PAB no benefício do instituidor, com troca do nome do recebedor.

§ 1º Para os dependentes de pensão cujos beneficiários são menores, o pagamento poderá ser efetuado ao representante legal destes, nos moldes do Capítulo I - Representações nos Benefícios, do Título II.

§ 2º Havendo mais de uma pensão concedida, o pagamento do resíduo deverá ser realizado de forma proporcional à quantidade de cotas de cada benefício.

§ 3º O resíduo deverá ser rateado entre os dependentes habilitados à pensão, ainda que seja verificada por meio da Certidão de Óbito a existência de outros dependentes.

§ 4º Em se tratando de concessão de pensão por morte tardia, caso o pagamento de resíduo já tenha sido realizado de forma integral aos dependentes da pensão desdobrada, caberá a devolução dos valores recebidos além do devido e pagamento dos valores proporcionais a que tem direito o novo dependente habilitado à pensão.

SUBSEÇÃO II – PAGAMENTO DE RESÍDUO POR ALVARÁ JUDICIAL OU ESCRITURA PÚBLICA

Art. 202. O pagamento de resíduo aos dependentes autorizados por decisão judicial, alvará judicial ou pela apresentação de partilha por meio de escritura pública, será efetuado por meio de Pagamento alternativo no benefício do instituidor, com troca do nome do recebedor.

Art. 203. Havendo valor expressamente determinado no alvará judicial ou na partilha por escritura pública, o pagamento ficará limitado a esse valor, se o valor devido calculado pelo INSS for superior ao mesmo e, se inferior, deverá ser emitido no valor calculado pelo INSS.

Art. 204. Os valores de resíduo referentes a reclassificação de nível de ex-ferroviários serão pagos aos seus herdeiros pelo INSS, após ratificação da Rede Ferroviária Federal SA - RFFSA, mediante alvará.

Art. 205. Para os casos de recebimento de alvará para pagamento de resíduo de IRSM, o mesmo não deve ser pago.

Parágrafo único. Na situação prevista no caput, o servidor deverá realizar o cadastramento do herdeiro por meio do aplicativo próprio.

Art. 206. Ao analisar pedido de resíduo mediante alvará Judicial ou escritura pública com pagamentos a mais de um dependente, o servidor deverá realizar a emissão dos créditos relacionados ao solicitante, devendo os demais dependentes requererem de forma individual.

SEÇÃO X – BENEFÍCIOS COM COMPLEMENTAÇÃO À CONTA DA UNIÃO

SUBSEÇÃO I – REDE FERROVIÁRIA FEDERAL SA - RFFSA E COMPANHIA BRASILEIRA DE TRENS URBANOS - CBTU

Art. 207. É devida a complementação nas aposentadorias dos ferroviários admitidos até 31 de outubro de 1969 na RFFSA, na forma da Lei nº 8.186, de 21 de maio de 1991.

§ 1º A partir de 1º de abril de 2002, o direito à complementação foi estendido aos ferroviários admitidos até 21 de maio de 1991 da RFFSA/CBTU por força da Lei nº 10.478, de 28 de junho de 2002.

§ 2º A RFFSA foi incorporada pela CBTU em 22 de fevereiro de 1984, conforme Decreto-Lei nº 89.396.

SUBSEÇÃO II – EMPRESA BRASILEIRA DE CORREIOS E TELÉGRAFOS - ECT

Art. 208. É garantida a complementação nas aposentadorias pagas aos empregados admitidos na Empresa Brasileira de Correios e Telégrafos - ECT, até 31 de dezembro de 1976, na forma da lei nº 8.529, de 14 de dezembro de 1992.

SUBSEÇÃO III – DO PAGAMENTO DOS BENEFÍCIOS COM COMPLEMENTAÇÃO DA RFFSA/CBTU E DA ECT

Art. 209. A complementação devida pela União corresponde à diferença entre o valor total do benefício pago pelo INSS e o valor da remuneração do cargo correspondente ao do pessoal em atividade, com a respectiva gratificação adicional por tempo de serviço.

Art. 210. É igualmente garantida a complementação aos benefícios de pensão por morte previdenciária dos dependentes de empregados da RFFSA/CBTU e da ECT.

§ 1º O valor total do benefício a ser pago pelo INSS deve ser igual ao valor da remuneração do pessoal em atividade na empresa RFFSA/CBTU ou na ECT.

§ 2º O reajustamento da «parcela previdenciária» ocorre à época do reajuste salarial, conforme índice de política salarial, observando-se que:

I - quando houver reajuste apenas da "parcela previdenciária", o valor total do benefício não é alterado, entretanto, o valor da complementação diminui;

II - o valor da complementação somente será alterado quando houver reajuste estabelecido pela empresa RFFSA/CBTU ou ECT, situação em que, se o valor da complementação aumentar, a renda mensal total do benefício altera automaticamente;

III - quando o valor da "parcela previdenciária" ultrapassar o valor da ativa, o sistema assume automaticamente este como renda mensal, não havendo mais o pagamento da complementação.

SUBSEÇÃO IV – DA EMISSÃO DE PAGAMENTO EM BENEFÍCIO COM COMPLEMENTAÇÃO

Art. 211. Não é permitida a emissão de Complemento Positivo - CP nos benefícios com complementação da RFFSA/CBTU e ECT.

Art. 212. Quando identificada a necessidade de emissão de complemento positivo referente a complementação da União, o cálculo dos valores deve ser efetuado e enviado à RFFSA, por meio de ofício, para que a mesma inclua em sua folha de pagamento.

Art. 213. No que se refere à ECT, os acertos financeiros, tanto em relação à complementação da renda mensal quanto ao pagamento das diferenças referentes às competências emitidas sem complementação, são realizados na maciça, diretamente pela ECT, não cabendo nenhuma ação pelos servidores do INSS.

Parágrafo único. Neste caso, o servidor do INSS poderá orientar o segurado/beneficiário que entre em contato com a ECT para comunicá-la quanto ao não pagamento da complementação.

Art. 214. Em algumas situações especiais poderá ser emitido PAB para a regularização de créditos, conforme abaixo:

I - quando o benefício for suspenso ou cessado indevidamente e reativado sem geração do crédito, deverá ser emitido pagamento apenas no valor referente a "parcela previdenciária". Se a complementação for devida, a informação será enviada pela RFFSA/CBTU ou ECT, diretamente à Dataprev;

II - quando o crédito emitido com complementação da RFFSA/CBTU/ECT estiver com a informação de não pago - NPG, o PAB deverá ser emitido com as mesmas rubricas do crédito original, além da correção monetária;

III - para o pagamento de resíduo referente a reclassificação de nível de ex-ferroviários, após apresentação de Alvará e ratificação do direito pela RFFSA ou ECT.

Art. 215. Tratando-se de créditos de competência da RFFSA ou da ECT, como valores de complementação e/ou dissídio coletivo, estes deverão ser informados e esclarecidos pela RFFSA ou pela ECT, que são as responsáveis pelos mesmos, assim como as informações sobre o período do crédito, valores, ocorrência de prescrição, dentre outros, deverão ser questionados à RFFSA ou à ECT. Ao INSS cabe julgar exclusivamente a parte previdenciária.

SEÇÃO XI – BLOQUEIO E DESBLOQUEIO DE PAGAMENTO

Art. 216. O comando de bloqueio de créditos é de uso exclusivo do INSS, pode ser transmitido à rede bancária até 1 (um) dia útil antes da data de início da validade do mesmo, se o meio de pagamento do benefício for conta de depósitos (CCF), ou até 1 (um) dia útil antes da data fim de validade do crédito de PAB ou cartão magnético (CMG), que não tenha retornado como "pago".

§ 1º Os pagamentos enviados originalmente bloqueados serão desbloqueados pela rede bancária quando atendidas as seguintes condições:

I - CENSO: efetivação do CENSO para o benefício;

II - antecipação de renda: preenchimento do termo de opção; e

III - comprovação de vida: renovação de senha.

§ 2º O servidor deverá alertar o titular do benefício cujo crédito de origem maciça, com desconto de empréstimo consignado, deva permanecer bloqueado até a data final da validade, sobre a necessidade do beneficiário entrar em contato com a instituição financeira credora para acerto direto das parcelas que seriam descontadas naquela competência,

considerando o disposto no art. 41, § 2º da Instrução Normativa INSS/PRES nº 28, de 2008.

§ 3º Ao cadastrar, alterar ou excluir representante legal, após o processamento da folha de pagamento mensal, o servidor deverá comandar bloqueio do crédito gerado na maciça, alterar o meio de pagamento do benefício para cartão magnético (CMG), se o mesmo vier sendo pago em conta de depósitos (CCF), para reemissão do pagamento em nome do recebedor correto.

CAPÍTULO II – CRÉDITO ESPECIAL

SEÇÃO I – CONCEITO

Art. 217. O Crédito Especial é o movimento diário de transmissão de pagamentos complementares ou de exceção para toda a rede bancária, não realizados pelo processamento da folha de pagamento de benefícios, denominado maciça.

Art. 218. O Crédito Especial abrange as solicitações de pagamentos manuais incluídos pelo servidor ou automáticos gerados pelo Sistema Único de Benefícios, sendo creditados diretamente no órgão pagador do benefício do segurado, na mesma modalidade de crédito vigente no benefício, em cartão magnético ou conta de depósito, ressalvado o disposto no § 1º.

Parágrafo único. Constituem meios de emissão do crédito especial:

I - PAB: é utilizado em situações excepcionais para a regularização de crédito no benefício, podendo ser:

a) remitido de forma manual pelo servidor, nos casos de pagamentos não recebidos, rejeitados, não gerados pela maciça ou em cumprimento à determinação judicial; ou

b) gerado automaticamente, pelo sistema central, nos casos de desvio de meio de pagamento, nos créditos de concessão pendentes em limite de alçada e quando o benefício estiver aguardando a confirmação de administrador provisório ou a apresentação da declaração de cárcere.

II - Complemento Positivo - CP: também é gerado em situações excepcionais, podendo ser:

a) automático, nos casos de processamento de reativação e revisão de benefícios; ou

b) manual, informado por servidor nos casos de não geração automática pelo sistema central, emitidos com valor incorreto ou para complementar pagamentos já emitidos.

Art. 219. A implantação automática é resultante do processamento de comandos de atualização para reativação, revisão de benefícios ou saldo residual da cessação de benefícios por incapacidade.

Art. 220. Nas situações em que na emissão de PAB houver troca do nome do recebedor vinculado ao benefício ou em que o benefício estiver cessado, o mesmo será pago exclusivamente no Banco do Brasil.

Parágrafo único. Importante atentar que a unidade do Banco do Brasil identificada como Banco Postal, Posto Bancário e O.P. que esteja dentro de microrregião tipo 5 (recebe pagamento de benefícios somente na modalidade conta de depósitos), não realiza o pagamento de qualquer PAB.

SEÇÃO II – PENDÊNCIA, CANCELAMENTO, AUTORIZAÇÃO E INVALIDAÇÃO DO CRÉDITO

Art. 221. No processamento do crédito especial serão aplicadas regras de negócio com o intuito de minimizar a emissão e envio ao banco de créditos inconsistentes, tendo como resultado pagamentos automaticamente autorizados, pendentes de validação ou cancelados.

Art. 222. Os Créditos Especiais com pendência de validação de limite de alçada ou grau de pendência do Gerente de APS, Chefe de Divisão/Serviço de Benefícios ou Gerente Executivo, se submetem à análise criteriosa do direito ao recebimento do crédito para a sua autorização ou cancelamento.

Art. 223. Nas situações em que o Crédito Especial pendente não for autorizado até a data limite de validação, conforme prazos fixados abaixo, o mesmo será automaticamente cancelado em:

I - 60 (sessenta), 90 (noventa) ou 120 (cento e vinte) dias para grau de pendência de sistema, conforme o caso;

II - 90 (noventa) dias para grau de pendência de Gerente de APS;

III - 120 (cento e vinte) dias para grau de pendência de Chefe de Divisão/Serviço de Benefícios; e

IV - 120 (cento e vinte) meses para grau de pendência do Gerente Executivo.

Art. 224. Após a autorização do Crédito Especial, o mesmo se submete às rotinas automáticas de invalidação e bloqueios de créditos disponíveis para pagamento, bem como às regras de bloqueios manuais realizados por servidor.

Art. 225. Conforme previsão sistêmica, os Créditos Especiais estarão disponíveis ao segurado em 72 (setenta e duas) horas úteis após a liberação, exceto se emitidos na modalidade de PAB, com recebimento no Banco do Brasil, os quais ficam disponíveis em 48 (quarenta e oito) horas úteis.

SEÇÃO III – COMPLEMENTO POSITIVO – CP

Art. 226. O complemento positivo é umas das modalidades de emissão de Crédito Especial, podendo ser gerado automaticamente nos casos de processamentos de reativação e revisão de benefícios ou emitido de forma manual, para os casos de não geração automática pelo sistema central, reemissão de créditos bloqueados/cancelados, complementar pagamentos, corrigir créditos emitidos com valor incorreto, dentre outras situações.

Art. 227. Ao ser emitido o complemento positivo de forma automática, o Sistema Único de Benefícios irá vincular o motivo correspondente à origem de solicitação do crédito.

Parágrafo único. Nos casos de emissão manual, compete ao servidor selecionar o motivo correspondente ao objeto de geração do crédito.

Art. 228. As descrições dos motivos de complemento positivo vigentes, bem como os desabilitados, para fins de registro histórico, estão no quadro "Motivos de Complemento Positivo", constante no Anexo VII

Art. 229. Não é permitida a emissão de complemento positivo manual para benefícios suspensos ou cessados.

SUBSEÇÃO ÚNICA – DAS DISPOSIÇÕES GERAIS

Art. 230. Deverá ser aplicada a atualização monetária dos valores pagos em atraso, utilizando a Portaria de índices vigentes na data da emissão do crédito.

Art. 231. Atentar para os critérios de fixação do período de prescrição do crédito a ser emitido, contida nesta Portaria e na Instrução Normativa PRES/INSS nº 128, de 2022.

Art. 232. Nos casos de benefícios pagos através de representação legal, verificar se o recebedor do crédito a ser emitido corresponde ao representante legal cadastrado na tarefa em execução e promover, se necessário, sua atualização conforme procedimentos e rotinas vigentes.

Art. 233. Caso seja identificado que o pagamento no processamento mensal ou de concessão ocorreu com dados cadastrais e informações de representante legal equivocados, o envio destes dados ao banco somente ocorrerá no processamento da próxima maciça após a realização da atualização.

§ 1º O procedimento previsto no caput é devido ainda que o equívoco seja corrigido no sistema.

§ 2º O pagamento poderá ser bloqueado e, após a confirmação do bloqueio, admite-se a realização de novo pagamento em nome do recebedor correto.

Art. 234. Não é permitida a emissão manual de complemento positivo para Pensões Alimentícias - PA, bem como para benefícios com tratamento de complementação da RFFSA/CBTU ou da ECT.

§ 1º Para a emissão de pagamento nas Pensões Alimentícias, deverá ser informado PAB, conforme orientações constantes na Seção IV - Pagamento Alternativo de Benefício - PAB deste Capítulo.

§ 2º Para a emissão de pagamento de benefícios com complementação da RFFSA/CBTU ou da ECT, seguir as orientações constantes na Subseção IV - Da Emissão de Pagamento em Benefício com Complementação, observando na composição do cálculo as rubricas do quadro «Rubricas dos Benefícios com Complementação», constante no Anexo VIII.

Art. 235. Em se tratando de benefícios com tratamento de complementação da RFFSA/CBTU ou da ECT, caberá:

§ 1º Identificada a necessidade de emissão de complemento positivo em benefício com complementação da União, o servidor do INSS deverá proceder ao cálculo dos valores e enviar as informações à RFFSA, através de ofício, para que a mesma inclua os valores na sua folha de pagamento.

§ 2º Em casos excepcionais, em que for preciso a emissão de CP - Complemento Positivo para pagamento de valores previdenciários, o benefício deverá ter seu tratamento alterado temporariamente para previdenciário, possibilitando a inclusão do CP, e após retornar imediatamente ao tratamento anterior.

§ 3º Na situação descrita no § 2º, o tratamento deverá ser alterado temporariamente para 13 em se tratando de aposentadoria ou para 01 em caso de pensão por morte.

Art. 236. Em se tratando de emissão de complemento positivo para períodos sucessivos, deverá ser priorizada a emissão de um único comando de CP para todo o período, a fim de que o crédito seja gerado em conformidade com as regras de tributação do imposto de renda sobre rendimentos recebidos acumuladamente - RRA, assim como para que seja respeitado qualquer limite de alçada estabelecido para autorização.

Art. 237. Para benefícios com recebimento por administrador provisório, reconhecido administrativamente, não deverá ser pago o montante referente ao período anterior à data em que o representante requereu a reativação ou firmou compromisso com o INSS, conforme orientações contidas na Seção II do Capítulo IV.

SEÇÃO IV – PAGAMENTO ALTERNATIVO DE BENEFÍCIOS – PAB

Art. 238. O PAB é uma das modalidades de emissão de Crédito Especial e poderá ser emitido de forma:

I - automática, pelo sistema central, nas seguintes situações:

a) desvio de meio de pagamento;

b) créditos de concessão pendentes em limite de alçada;

c) benefícios pendentes de confirmação de administrador provisório; e

d) benefícios pendentes de apresentação da declaração de cárcere.

II - manual, em situações excepcionais, tais como:

a) não gerados pelo sistema central;

b) emitidos com erro;

c) emitidos com inconsistência;

d) não recebidos em tempo hábil;

e) pagamentos de resíduos;

f) pagamento por determinação judicial; e

g) PABs cancelados.

SUBSEÇÃO I – DA EMISSÃO

Art. 239. Não é permitido a emissão de PAB para benefícios que se encontrem em uma das seguintes situações:

I - benefício concedido sem a informação da MR de pagamento;

II - benefício encerrado pela concessão (não foi concedido);

III - benefício indeferido; ou

IV - benefício suspenso.

Art. 240. Identificada a necessidade de emissão do crédito na modalidade PAB, o servidor deverá atentar para os seguintes aspectos:

I - correta vinculação do motivo do PAB;

II - período de crédito devido;

III - correção monetária pelos índices da Portaria vigente na data da emissão do crédito;

IV - rubricas de pagamento (Anexo IX) e respectivos valores;

V - quantidade de anos de 13º salário;

VI - outros campos de preenchimento obrigatório; e

VII - necessidade de os dados cadastrais do recebedor estarem atualizados.

Art. 241. Caberá a emissão de PAB com marca de erro administrativo em substituição de um PAB anteriormente autorizado que foi para a Instituição Financeira com erro de valor, nome ou órgão pagador.

SUBSEÇÃO II – DAS DISPOSIÇÕES GERAIS

Art. 242. Deverá ser aplicada a atualização monetária dos valores pagos em atraso, utilizando a Portaria de índices vigentes na data da emissão do crédito.

Art. 243. O servidor deve atentar para os critérios de fixação do período de prescrição do crédito a ser emitido, conforme descrito em Seção contida neste ato e na Instrução Normativa vigente.

Art. 244. Considerando que o sistema central não transmite PAB com os dados de procurador vinculado ao benefício, nesta situação, o procurador apenas estará habilitado a receber o crédito após a recepção pelo órgão pagador do arquivo de dados cadastrais de procurador enviado pela DATAPREV.

Art. 245. Para o recebimento pelos herdeiros de créditos relacionados à revisão do art. 29, inciso II, da Lei nº 8.213, de 1991 e do IRSM, não será devida a emissão de Crédito Especial para o primeiro pagamento.

§ 1º Caberá emissão de Crédito Especial somente nas situações em que os créditos emitidos pelo sistema retornarem como NPG (não pago) ou REJ (rejeitados) ou nos casos em que haja determinação judicial.

§ 2º Nos casos de pedido de antecipação do pagamento da revisão do art. 29, inciso II, da Lei nº 8.213, de 1991, este deverá seguir o fluxo determinado pela área competente. Se concedida a antecipação, o benefício deverá ser cadastrado em aplicativo próprio, «AR-T29ANT», para geração automática dos créditos na próxima maciça.

SUBSEÇÃO III – VALIDAÇÃO E AUTORIZAÇÃO DE PAGAMENTOS

Art. 246. Validação de pagamento é o procedimento pelo qual as unidades do INSS, autorizadas para tal, analisam e atestam o direito à percepção do crédito, bem como a correta informação de seus valores e forma de lançamento, para autorização pela autoridade competente.

§ 1º Em cumprimento e ao disposto no art. 178 do RPS, o pagamento de benefícios de valor superior a vinte vezes o teto do salário de contribuição deverá ser autorizado pelo Gerente-Executivo, observada a análise prévia da Divisão/Serviço de Benefícios, por intermédio da Central Especializada de Suporte - CES.

§ 2º Os créditos de valores até vinte vezes o teto do salário de contribuição poderão ser autorizados sem necessidade de tramitação pela CES, devendo ser observada a análise para validação de que trata o caput.

§ 3º O disposto no § 2º não afasta a possibilidade do Chefe de Divisão/Serviço de Benefícios requisitar apoio das áreas técnicas da CES quando entender necessário, por meio das tarefas específicas.

§ 4º As Gerências-Executivas poderão atribuir, por meio de portaria, a atividade de autorizar créditos pendentes para um ou mais servidores.

Art. 247. A análise prévia à autorização do pagamento em relação ao direito do recebedor obedecerá aos seguintes critérios:

I - para os pagamentos gerados em atos de reconhecimento de direito, tais como concessão, recurso ou revisão, a análise para autorização deverá passar pela reavaliação dos fatores que ensejaram o deferimento em fase administrativa ou recursal, assim como de seus parâmetros; e

II - para os pagamentos gerados em atos de manutenção de benefícios, a análise deverá passar pela reavaliação dos fatores que ensejaram a emissão do crédito, assim como de seus parâmetros.

Art. 248. No que se refere aos valores dos créditos a serem validados, deverão ser observadas as seguintes situações:

I - prescrição;

II - o correto período do crédito;

III - concomitância de pagamento com benefício inacumulável;

IV - necessidade de encontro de contas;

V - valores corretos informados em todas as rubricas;

VI - correção monetária calculada em conformidade com os índices da Portaria vigente na data de solicitação do crédito;

VII - em caso de pagamento de resíduo, o desconto do saldo devedor de arredondamento do crédito; e

VIII - quando se tratar de competências acumuladas, a emissão de somente um pagamento contemplando todo o período, para que haja correta apuração da base de cálculo e tributação do imposto de renda retido na fonte.

Art. 249. Quanto à regularidade formal do crédito especial emitido, deverão ser observados os seguintes pontos:

I - os dados do recebedor informados corretamente;

II - o domicílio do recebedor para a emissão, em caso de pagamento de resíduo ou de NB transferido de APS ou OP;

III - o motivo correto do crédito especial (PAB/CP);

IV - em caso de direcionamento para OP-PAB do Banco do Brasil, este encontra-se em microrregião tipo 1 ou 4; e

V - se o pagamento for referente à concessão ou reativação judicial, a DIP - Data de Início de Pagamento fixada judicialmente.

Art. 250. Os créditos decorrentes de decisão judicial seguem os mesmos ritos de validação dos demais, devendo a análise do direito restringir-se à verificação do correto cumprimento da decisão.

CAPÍTULO III – VALORES DESCONTADOS DA RENDA MENSAL

SEÇÃO I – DA CONSIGNAÇÃO

Art. 251. A consignação é o meio pelo qual são comandados descontos diretamente na renda mensal do benefício e/ou em créditos atrasados ou acumulados, que têm por finalidade extinguir as obrigações de pagamentos do titular para com o INSS ou terceiros.

Parágrafo único. A consignação pode ser processada automaticamente pelo sistema ou comandada manualmente.

Art. 252. As consignações são classificadas em descontos obrigatórios, eletivos e por determinação judicial.

§ 1º São considerados descontos obrigatórios aqueles determinados por lei:

I - as contribuições à Previdência Social;

II - pagamento administrativo ou judicial de benefício previdenciário ou assistencial indevido, ou além do devido, inclusive na hipótese de cessação do benefício pela revogação de decisão judicial;

III - o Imposto de Renda Retido na Fonte; e

IV - a pensão alimentícia.

§ 2º São considerados descontos eletivos aqueles que dependem de expressa vontade do titular do benefício, tais como:

I - a consignação em aposentadoria ou pensão por morte para pagamento de operações financeiras contratadas pelo titular do benefício ou seu representante legal, devidamente autorizado, nos termos do inciso IV do artigo 3º da Instrução Normativa INSS/PRES nº 28, de 2008, em favor de instituição financeira, conforme estipulado em normativos específicos; e

II - as mensalidades de associações e de demais entidades de aposentados legalmente reconhecidas, desde que autorizadas por seus filiados.

§ 3º São considerados descontos por determinação judicial aqueles realizados em cumprimento à determinação judicial, observada a margem consignável disponível do benefício.

§ 4º Nos casos de descontos por determinação judicial, não sendo possível a implantação de consignação em decorrência da ausência ou insuficiência de margem consignável, deverá ser comunicado o fato através de ofício ao respectivo juízo ou solicitante.

Art. 253. Deverá ser obedecido o limite para consignação de débitos obrigatórios, eletivos ou por determinação judicial, quando acumulados, de até 100% do valor da renda mensal do benefício.

§ 1º Nos casos de consignações decorrentes de empréstimos bancários e de valores recebidos indevidamente, deverão ser observados os limites estabelecidos pelos normativos vigentes.

§ 2º Excepcionalmente poderá ser consignado percentual menor que 30% desde que observadas as seguintes situações:

I - para benefícios com renda mensal de até dois salários mínimos e idade do titular a contar de 70 (setenta) anos, o percentual de desconto será de 10% (dez por cento);

II - para benefícios com renda mensal de até seis salários mínimos e idade do titular menor dor que 21 (vinte e um) anos e a contar de 53 (cinquenta e três) anos, o percentual de desconto será de 20% (vinte por cento);

III - para benefícios cuja renda mensal de até seis salários mínimos e idade do titular igual ou maior que 21 (vinte e um) anos e inferior a 53 (cinquenta e três) anos, o percentual de desconto será de 25% (vinte e cinco por cento); e

IV - para benefícios cuja renda mensal seja acima de seis salários mínimos, o percentual de desconto será de 30% (trinta por cento), independentemente da idade do titular do benefício.

Art. 254. As consignações de caráter obrigatório prevalecem sobre as de caráter eletivo, sendo que, entre as obrigatórias, deverá ser observada a cronologia da implantação, salvo disposição em contrário.

Art. 255. Quanto aos pagamentos retroativos, eles não se sujeitam a qualquer limite percentual no tocante à quitação de débitos do beneficiário para com o INSS, podendo ser, para tanto, retidos em sua integralidade.

SUBSEÇÃO ÚNICA – DA CONSIGNAÇÃO DE VALORES RECEBIDOS INDEVIDAMENTE NOS BENEFÍCIOS

Art. 256. A consignação de valores recebidos indevidamente é o lançamento de valor de débito apurado, conforme dispõe os §§ 2º, 3º e 5º do art. 154 do RPS, com a atualização monetária prevista no art. 175 da mesma norma, cujo saldo devedor é igualmente atualizado mês a mês nos mesmos moldes.

Parágrafo único. A importância debitada mensalmente poderá ser insuficiente para redução da dívida, se o valor da atualização monetária mensal resultar superior ao do desconto.

Art. 257. O INSS pode descontar da renda mensal do benefício, pagamento administrativo ou judicial de benefício previdenciário ou assistencial indevido, ou além do devido, inclusive na hipótese de cessação do benefício pela revogação de decisão judicial.

Parágrafo único. O desconto ocorre em cada competência até o limite de 30% (trinta por cento) do valor da mensalidade reajustada, exceto no pagamento de atrasados de qualquer natureza, quando poderá ser debitado até o limite do crédito.

Art. 258. A restituição de importância recebida indevidamente por beneficiário da Previdência Social, nos casos comprovados de dolo, fraude ou má-fé, deverá ser feita de uma única vez e atualizada nos moldes do art. 175 do RPS, independentemente de outras penalidades legais.

§ 1º Caso o débito seja originário de erro da previdência social, o segurado, usufruindo de benefício regularmente concedido, poderá devolver o valor de forma parcelada, atualizado nos moldes do art. 175 do RPS, devendo cada parcela corresponder, no máximo, a 30% (trinta por cento) do valor do benefício em manutenção, e ser descontado em número de meses necessários à liquidação do débito.

§ 2º Poderá ser realizado encontro de contas entre os valores recebidos indevidamente em um benefício, seja por erro administrativo ou por acumulação indevida e os valores devidos em um benefício mais vantajoso, desde que se trate do mesmo beneficiário. O acerto financeiro deverá ser apurado considerando os valores recebidos e devidos mês a mês, incluindo no cálculo as parcelas do 13º salário.

§ 3º Cabe a restituição de valores recebidos indevidamente em um benefício assistencial através de consignação em outro benefício assistencial ou em benefício previdenciário.

§ 4º Não é permitido o desconto em benefício assistencial de débitos originários de benefícios previdenciários recebidos indevidamente, cabendo ressaltar que há possibilidade de desconto em caso de auxílio emergencial, pelas regras transitórias relacionadas ao COVID 19.

§ 5º O acerto financeiro deverá ser apurado considerando os valores recebidos e devidos mês a mês, incluindo no cálculo as parcelas do 13º salário.

SEÇÃO II – DA PENSÃO ALIMENTÍCIA – PA

Art. 259. A Pensão Alimentícia - PA é uma consignação em benefício, de caráter obrigatório, implantada em cumprimento à decisão judicial, formalizada por escritura pública ou por acordo extrajudicial, emitido pelas Defensorias Públicas e Ministério Público.

Art. 260. A pensão alimentícia não se caracteriza como benefício, tratando-se tão somente de repasse de valores e, portanto, seus descontos são devidos se e enquanto perdurar o pagamento do benefício e serão mantidos até o limite do crédito objeto da transação, recebendo a mesma espécie e tratamento do benefício de origem.

SUBSEÇÃO I – DA IMPLANTAÇÃO

Art. 261. A Pensão Alimentícia – PA, deverá ser implantada para desconto no benefício de origem do alimentante e será paga pela Previdência Social, nos parâmetros definidos na decisão judicial em ação de alimentos, nos termos constantes na escritura pública ou acordo extrajudicial emitido pelas Defensorias Públicas e Ministério Público.

§ 1º Considera-se benefício de origem o benefício mantido pela Previdência Social do qual será descontado o percentual destinado ao pagamento da PA.

§ 2º Considera-se parâmetro, o termo que indica o padrão de desconto, fixado judicialmente ou por escritura pública, e que será descontado no benefício de origem e pago em forma de PA.

§ 3º Não sendo possível a implantação da PA em decorrência da insuficiência de margem para consignação no parâmetro definido ou de insuficiência de dados, deverá ser comunicado o fato através de ofício ao respectivo juízo ou emissor da escritura pública, requerendo as informações necessárias para adequação dos critérios.

§ 4º A pensão alimentícia deverá ser implantada para manutenção do benefício pela unidade do INSS onde reside o beneficiário ou naquela onde lhe for mais conveniente.

Art. 262. Para fins de implantação ou de alteração do parâmetro, a DIP será determinada pelo juízo ou a constante da escritura pública ou acordo extrajudicial e o seu cumprimento será imediato por parte do INSS, a partir da data do recebimento do ofício ou da apresentação da escritura pública ou acordo extrajudicial.

Parágrafo único. Na ausência de fixação expressa da DIP, a mesma será fixada na data do recebimento da demanda.

Art. 263. O INSS de posse do ofício judicial, escritura pública ou acordo extrajudicial e identificado o benefício de origem, deverá proceder à implantação da PA mediante apresentação dos seguintes documentos:

I - carteira de identidade ou qualquer outro documento oficial com foto, podendo apresentar Certidão de Nascimento dos filhos menores de 16 anos em substituição ao documento com foto;

II - CPF; e

III - endereço completo para fins de correspondência, podendo ser declaratório.

Art. 264. O pagamento de pensão alimentícia será realizado, preferencialmente, através de conta de depósitos indicada pelo juízo ou requerente, utilizando-se, para repasse financeiro, do protocolo de pagamento de benefícios administrados pelo INSS junto à rede bancária.

SUBSEÇÃO II – DOS PARÂMETROS DE DESCONTO DE PA

Art. 265. O valor a ser pago a título de pensão alimentícia será descontado do benefício de origem obedecendo aos seguintes parâmetros:

I - percentual da Renda Mensal: porcentagem determinada sobre a renda mensal do benefício de origem vigente da DIP;

II - percentual do salário mínimo: porcentagem determinada sobre o valor salário mínimo vigente na DIP; e

III - valor fixo: um valor fixo informado.

Parágrafo único. Nos casos em que houver determinação judicial ou extrajudicial para implantação de parâmetro não disponível no sistema, deverá ser encaminhado ofício ao juízo informando sobre a impossibilidade operacional de implantação na forma inicialmente determinada, esclarecendo as formas possíveis de implantação e sugerindo adequação do parâmetro.

Art. 266. Nas situações em que for determinado mais de um tipo de parâmetro, deve-se informar separadamente cada um no sistema.

SUBSEÇÃO III – DA REPRESENTAÇÃO NA PA

Art. 267. Nas pensões alimentícias, aplicam-se as mesmas regras de cadastramento de representante legal adotada nos benefícios, conforme a Seção II, Capítulo IV, ressalvada eventual disposição contrária constante na decisão judicial, na escritura pública ou no acordo extrajudicial.

§ 1º Nos pagamentos de PA deverá ser procedida a exclusão de ofício do tutor nato, caso se verifique que o titular do benefício já é civilmente capaz conforme a maioridade determinada no Código Civil Brasileiro.

§ 2º Quando se tratar de PA com representante legal na qualidade de tutor/curador designado judicialmente, não é devida a exclusão deste sem que haja determinação judicial neste sentido.

§ 3º Nos casos de alteração do representante legal, se necessário o pagamento de valores atrasados na PA, desde que tenha ocorrido o desconto no benefício de origem, deverão ser observados os critérios para emissão de pagamento previsto no art. 260.

§ 4º Na situação apontada no §3º, deverá ser observada a necessidade de emissão manual de Complemento Negativo - CN no benefício de origem da PA.

SUBSEÇÃO IV – DA ALTERAÇÃO DO PARÂMETRO DE PA

Art. 268. A alteração do parâmetro da PA será realizada na própria PA e poderá ocorrer quando apresentado novo ofício, escritura pública ou acordo extrajudicial que a determine.

Parágrafo único. Na situação contida no caput, obrigatoriamente deverá ser alterada a DIP da PA conforme novo parâmetro determinado no ofício, escritura pública ou acordo extrajudicial, sendo feito batimento automático pelo sistema com geração de Complemento Positivo - CP e/ou CN para os benefícios envolvidos, conforme o caso.

Art. 269. Qualquer que seja a alteração, o sistema fará o devido encontro de contas, gerando complemento positivo ou negativo, tanto para o benefício de origem quanto para PA.

SUBSEÇÃO V – DA SUSPENSÃO

Art. 270. A PA será suspensa:

I - por determinação judicial ou escritura pública;

II - quando o benefício de origem é suspenso;

III - por marca de erro quando verificada inconsistência no benefício;

IV - por ausência de saque;
V - pela não realização da comprovação de vida anual.
Parágrafo único. O desconto da PA é mantido no benefício de origem somente nas situações previstas nos incisos III e IV do caput.

SUBSEÇÃO VI – DA CESSAÇÃO

Art. 271. A PA cessa nas seguintes situações:
I - por óbito do titular da pensão alimentícia;
II - pela cessação do benefício de origem;
III - na data expressa na determinação judicial, na escritura pública ou no acordo extrajudicial; ou
IV - na data de recebimento do ofício pelo INSS, da apresentação da escritura pública ou do acordo extrajudicial, que determinem a cessação, na ausência da data citada no inciso III.
Parágrafo único. Em caso de cessação indevida da PA deverá ser observado se há necessidade de reativação do benefício com data futura, evitando a geração indevida de créditos.

Art. 272. A PA cessará automaticamente na data do óbito do instituidor se os benefícios estiverem relacionados corretamente.

Art. 273. Mesmo que o dependente tenha atingido a maioridade na forma do Código Civil Brasileiro, a cessação da PA somente poderá ser efetuada com apresentação de determinação judicial, escritura pública ou acordo extrajudicial.

Art. 274. Quando o benefício de origem for reativado, o sistema reativará a PA automaticamente.
Parágrafo único. Caso não aconteça a reativação automática, a PA deverá ser reativada manualmente.

SEÇÃO III – IMPOSTO DE RENDA

SUBSEÇÃO I – DO CONCEITO

Art. 275. O Imposto sobre a Renda Retido na Fonte - IRRF é um Imposto Federal que incide sobre a Renda e Proventos de Qualquer Natureza dos contribuintes residentes no Brasil ou no Exterior, recebidos de fontes pagadoras situadas no Brasil, as quais têm o encargo de apurar a incidência, calcular e recolher o imposto em vez do beneficiário, administrado pela Secretaria Especial da Receita Federal do Brasil, vinculada ao Ministério da Economia.

Art. 276. Para cálculo do IRRF, aplicam-se a tabela e as disposições vigentes nas normas estabelecidas pela Receita Federal do Brasil -RFB, conforme regulamento aprovado pelo Decreto nº 9.580/2018 tais como: tipo de tributação (padrão, isento ou exterior), abatimentos, deduções e tabelas, inclusive nos casos de pagamentos acumulados ou atrasados.
Parágrafo único. Os benefícios mantidos no âmbito dos Acordos de Previdência Social estão sujeitos às regras do Imposto de Renda Retido na Fonte - IRRF, por ocasião do efetivo crédito, obedecendo às instruções expedidas pela Receita Federal do Brasil e aos Acordos Internacionais existentes com cada país para evitar a bitributação e evasão fiscal.

SUBSEÇÃO II – RETENÇÃO

Art. 277. Os benefícios pagos pela Previdência Social estão sujeitos a retenção do Imposto sobre a Renda Retido na Fonte - IRRF, conforme inciso III do art. 154 do RPS, sendo o referido imposto retido por ocasião do efetivo pagamento ou crédito, obedecendo às instruções expedidas pela Receita Federal do Brasil - RFB.

Art. 278. Compete ao INSS, na condição de fonte pagadora, cumprir as regras de tributação definidas pela RFB promovendo o cálculo do IRPF nos créditos mensais e atrasados, prestando as informações mensais acerca do Imposto sobre a Renda (IR) retido e recolhido à RFB e as informações anuais de seus beneficiários através da DIRF, além da emissão do Comprovante de Rendimentos Pagos e de Retenção de Imposto de Renda na Fonte.

Art. 279. As empresas convenentes com cláusula contratual de provisionamento de pagamento de benefício mantido pelo INSS são , classificadas como fontes pagadoras, competindo-lhes o cálculo e retenção do IR, a emissão da DIRF e do Comprovante de Rendimentos Pagos e de Imposto sobre a Renda Retido na Fonte, exceto se houver previsão em contrário no termo de acordo.

Art. 280. Compete ao titular de benefício ou seu representante legalmente constituído, manter suas informações atualizadas junto à Fonte Pagadora, tais como: dados cadastrais, dependentes, isenção por moléstia classificada em lei, situação fiscal quanto à condição de residente no país ou de não residente no país.

Art. 281. Para identificar se o beneficiário está sujeito ou não à retenção do IR, verifica-se sua condição tributária registrada no Sistema Central, através dos seguintes tipos de IR:

I - Padrão (P): aplica-se a tabela mensal de tributação vigente na data de disponibilização do crédito;

II - Isento (I): não tem incidência de tributação; e

III - Exterior (E): aplica-se as alíquotas padrão estabelecidas pela RFB ou diferenciadas, conforme regras de Acordo de Tributação firmados junto aos países acordantes.

Art. 282. A descrição das rubricas de dedução, tributação e informativas do imposto de renda estão disponíveis no Anexo X.

Art. 283. O Imposto sobre a Renda - IR incidente sobre os rendimentos de pessoas físicas, será calculado de acordo com a tabela vigente divulgada pela Receita Federal do Brasil, atualmente normatizada pela Instrução Normativa RFB N° 1.500, de 29 de outubro de 2014 e alterações, conforme quadro de "Incidência de Imposto de Renda Sobre os Rendimentos de Pessoa Física", constante no Anexo XI.

Art. 284. Na apuração da base de cálculo para incidência do IR, exclusivamente para os benefícios com tipo de IR Padrão, considera-se a renda mensal acrescida de diferenças, se houver, exceto salário-família.

Art. 285. Nas situações de créditos com tipo de IR Padrão serão observadas as seguintes deduções:

I - importâncias pagas a título de pensão alimentícia, inclusive para benefícios com tipo de IR Exterior;

II - quantia por dependente, conforme valores dispostos no artigo 4º, inciso III, alínea "i" da Lei nº 9.250 de 26 de dezembro de 1995;

III - parcela de abatimento a partir do mês em que o beneficiário completar 65 (sessenta e cinco) anos de idade, quando os valores isentos respeitarão as tabelas do IR da Receita Federal;

IV - contribuição previdenciária; e

V - consignação "Débito com INSS".

Art. 286. O valor do abono anual, também denominado 13º salário ou gratificação natalina, será tributado separadamente dos demais rendimentos do beneficiário, no mês de quitação, com base na alíquota correspondente à base de cálculo apurada, ressalvado que não há retenção na fonte quando do pagamento de sua antecipação.

Art. 287. Nas situações em que na apuração da base de cálculo, após os abatimentos legais, a renda líquida for menor que o valor mínimo tributável, não ocorrerá a retenção do imposto sobre a renda.

Art. 288. O cálculo do Imposto sobre a Renda - IR é realizado automaticamente pelo Sistema Central no processamento da Folha de Pagamento Mensal e na geração de crédito especial (CP ou PAB).

Art. 289. Nas situações em que, por equívoco, for efetuado desconto indevido de IRRF em pagamentos, via CP ou PAB, depois de recebido o valor pelo beneficiário, não deverá ser realizado nenhum reembolso de valores, sendo devido o requerimento de reembolso pelo interessado diretamente à Receita Federal do Brasil.

SUBSEÇÃO III – DEPENDENTES

Art. 290. São considerados dependentes para dedução:

I - o cônjuge;

II - o companheiro ou companheira;

III - a filha, o filho, a enteada ou enteado, até 21 (vinte e um) anos, ou de qualquer idade quando incapacitado física ou mentalmente para o trabalho;

IV - o menor pobre, até 21 (vinte e um) anos, do qual o segurado detenha a guarda judicial;

V - o irmão, o neto ou o bisneto, sem arrimo dos pais, até 21 (vinte e um) anos, desde que o segurado detenha a guarda judicial, ou de qualquer idade quando incapacitado física ou mentalmente para o trabalho;

VI - os pais, os avós ou bisavós, desde que não aufiram rendimentos tributáveis ou não superiores ao limite de isenção mensal; e

VII - o absolutamente incapaz, do qual o segurado seja tutor ou curador.

§ 1º As pessoas elencadas nos incisos III e V do caput podem ser consideradas dependentes quando maiores até 24 (vinte e quatro) anos de idade, se estiverem cursando estabelecimento de ensino superior ou escola técnica de 2º (segundo) grau.

§ 2º É vedada a dedução concomitante de um mesmo dependente na determinação da base de cálculo de mais de um segurado, exceto nos casos de alteração na relação de dependência no ano-calendário. devendo ser informado em ocorrência no ato do cadastramento o número da tarefa, o nome, a data de nascimento do dependente e o grau de parentesco com o titular do benefício.

§ 3º Para fins de dedução na tributação do imposto sobre a renda na fonte, os beneficiários devem informar à fonte pagadora os dependentes a serem utilizados na determinação da base de cálculo, anexando declaração ao pedido que contenha a qualificação do(s) dependente(s) e documentação comprobatória. No caso de dependentes comuns, ambos responsáveis devem apresentar a declaração, conforme «Modelo Exemplificativo de Declaração de Dependente», constante no Anexo XII.

§ 4º Para fins do disposto no inciso II do caput, considera-se também dependente o companheiro ou companheira de união homoafetiva.

§ 5º Para fins de imposto de renda, serão aceitos os seguintes documentos para comprovação da relação da dependência:

I - certidão de casamento para o cônjuge e certidão de nascimento de filhos até 21 (vinte e um) anos;

II - declaração de Imposto de Renda, do Titular, referente ao exercício do ano anterior, para os demais dependentes.

SUBSEÇÃO IV – ISENTO

Art. 291. Em cumprimento ao determinado na Lei nº 9.250, de 26 de dezembro de 1995, estão isentos de desconto do IR os valores pagos aos beneficiários que estão em gozo de:

I - auxílio por incapacidade temporária, auxílio-acidente e aposentadoria por incapacidade permanente decorrente de acidente em serviço; e

II - benefícios concedidos a portadores de moléstia profissional, tuberculose ativa, alienação mental, esclerose múltipla, neoplasia maligna, cegueira, hanseníase, paralisia irreversível e incapacitante, cardiopatia grave, doença de Parkinson, espondiloartrose anquilosante, nefropatia grave, estados avançados da doença de Paget (osteíte deformante), contaminação por radiação, Síndrome da Imunodeficiência Adquirida, Fibrose cística (mucoviscidose), hepatopatia grave e Síndrome de Talidomida;

§ 1º Para a isenção constante do inciso II deste artigo, o beneficiário deverá ser comprovar a doença mediante laudo pericial emitido por serviço médico oficial da União, dos Estados, do Distrito Federal e/ou dos Municípios, no qual conste a Classificação Internacional de Doenças - CID e a data em que a enfermidade foi contraída.

§ 2º A data do início da moléstia será fixada a contar:

I - do mês da concessão da aposentadoria, da reforma ou da pensão, quando a doença for preexistente;

II - do mês da emissão do laudo pericial, emitido por serviço médico oficial da União, dos Estados, do Distrito Federal ou dos Municípios, que reconhecer a moléstia, se esta for contraída após a concessão da aposentadoria, da reforma ou da pensão; ou

III - da data em que a doença foi contraída, quando identificada no laudo pericial.

§ 3º Diante da impossibilidade de indicação da data em que a enfermidade foi contraída, será considerada a data da emissão do laudo como o marco inicial da moléstia.

§ 4º A documentação médica apresentada pelo interessado poderá ser utilizada pela Perícia Médica Federal para emissão do laudo pericial, nos casos em que o beneficiário não apresente o laudo correspondente.

Art. 292. Nas situações em que o laudo médico oficial apresentar a fixação de prazo de validade, requisito imposto pela lei no caso de moléstias passíveis de controle, conforme § 1º do art. 30 da Lei nº 9.250, de 26 de dezembro de 1995, não cabe à fonte pagadora qualquer ação de controle de limite sobre a isenção reconhecida, conforme Parecer SEI nº 20/2018/CRJ/PGACET/PGFN-MF.

Art. 293. O sistema de pagamentos de benefícios passará a considerar o cálculo do IR como isento a partir da próxima folha de pagamento, conforme a data de processamento da informação de isenção incluída através dos sistemas de benefício.

§ 1º Compete ao contribuinte promover os ajustes ou retificação de sua Declaração do Imposto sobre a Renda de Pessoa Física - DIRPF, através da Declaração de Ajuste Anual - DAA, nas situações em que a data de início da doença for anterior à maciça de processamento da isenção, sendo dispensada a retificação da DIRF pela fonte pagadora.

§ 2º Aplica-se o disposto no § 1º inclusive nos casos em que a doença foi contraída em exercícios anteriores.

Art. 294. Conforme disposto no § 1º do art. 1º do Decreto nº 4.897, de 25 de novembro de 2003, também estão isentas as aposentadorias e pensões de anistiado.

Art. 295. O desconto do Imposto de Renda não incidirá sobre as importâncias pagas a título de:

I - Pecúlio: pagamento em cota única, devido ao segurado aposentado pelo RGPS, ou aos seus dependentes, que permaneceu exercendo atividade abrangida pelo regime ou que voltou a exercê-la, quando se afastar definitivamente da atividade que exercia até 15 de abril de 1994, véspera da vigência da Lei nº 8.870, de 15 de abril de 1994;

II - Pensão mensal para portador de síndrome Talidomida;

III - Pensão especial Hanseníase; e

IV - Salário-família.

Parágrafo único. O quadro resumido das espécies isentas de desconto do IR pode ser consultado no Anexo XIII.

SUBSEÇÃO V – EXTERIOR

Art. 296. A renda e os proventos de qualquer natureza percebidos de fontes situadas no País por residentes ou domiciliados no exterior, estão sujeitos à incidência do imposto sobre a renda na Fonte Pagadora, nas seguintes situações:

I - pelos residentes no País que estiverem ausentes no exterior por período superior a doze meses, exceto aqueles que estejam a serviço do País;

II - pela pessoa física proveniente do exterior, com visto temporário;

III - pela pessoa física residente no País que passar à condição de não residente, a partir da data de caracterização da nova condição.

Art. 297. Para fins de identificação da condição de residente ou não residente no Brasil, devem ser observados:

I - residente:

a) brasileiro que adquiriu a condição de não residente no Brasil e retorne ao País com ânimo definitivo, na data da chegada; e

b) pessoa que se ausente do Brasil em caráter temporário ou se retire em caráter permanente sem apresentar a Comunicação de Saída Definitiva do País.

II - não residente:

a) pessoa que não resida no Brasil em caráter permanente;

b) pessoa que se retire em caráter permanente do território nacional, na data da saída, com a entrega da Declaração de Saída Definitiva do País junto à RFB e deverá também ser comunicada à Fonte Pagadora;

c) pessoa que, na condição de não residente, ingresse no Brasil para prestar serviços como funcionário de órgão de governo estrangeiro situado no País;

d) pessoa que ingresse no Brasil com visto temporário e permaneça até 183 dias, consecutivos ou não, em um período de até doze meses ou até o dia anterior ao da obtenção do visto permanente ou de vínculo empregatício, se ocorrida antes de ultrapassar este prazo e período; e

e) pessoa que se ausente do Brasil em caráter temporário, a partir do dia seguinte àquele em que complete doze meses consecutivos de ausência.

Art. 298. Compete ao contribuinte ou seu representante legalmente constituído, comunicar à Fonte Pagadora a sua Saída Definitiva do País ou sua condição de não residente, bem como seu retorno ao país com ânimo de fixar permanência, para que seja feita a retenção do IR na forma adequada.

Art. 299. Caberá a alteração do tipo de IR para Exterior, por caracterizar a condição de não residente, nas seguintes situações:

I - renovação da procuração por motivo de viagem ao exterior em que for constatado que não houve retorno do beneficiário ao país antes de 12 (doze) meses consecutivos; e

II - recepção dos atestados de vida emitidos no exterior e encaminhados para comprovação de vida do beneficiário, sendo constatado que não houve retorno do mesmo ao país antes de 12 (doze) meses consecutivos.

§ 1º Quando ficar caracterizada a condição de não residente, conforme apontado no caput, deverá ser incluído no CNIS do beneficiário o endereço completo de residência no exterior como endereço secundário.

§ 2º Quando for alterado o tipo do imposto de renda para o exterior, o servidor responsável pela tarefa informará ao beneficiário a alteração do tipo de IR para Exterior e que o mesmo poderá requerer a retificação da DIRF junto ao INSS, se necessário.

§ 3º Uma vez solicitada a retificação da DIRF, a mesma será processada com a alteração da composição do crédito no exercício, a inclusão do código do país e o endereço de residência do beneficiário no exterior, considerando a data (mês/ano) de saída definitiva do Brasil.

§ 4º Quando for observado que o beneficiário não residente está em gozo de benefício assistencial ao Idoso (B88) ou à Pessoa Portadora de Deficiência (B87), deverá ser aberta tarefa de «Admissibilidade de Indícios de Irregularidades» para apuração, com a inclusão de despacho descrevendo a(s) inconsistência(s).

§ 5º O código do país é uma informação de uso interno do INSS, podendo ser consultada em seu Sistema de Dados Corporativos - SDC.

Art. 300. Os beneficiários com informação de tipo de IR Exterior, têm rendimentos sujeitos à retenção de IRRF com alíquota correspondente a 25% (vinte e cinco por cento) e, se Pensão Alimentícia, a 15% (quinze por cento).

Parágrafo único. A tributação é feita sobre a renda e os proventos de qualquer natureza do benefício, independente da faixa salarial, não se aplicando o abatimento por idade maior de 65 (sessenta e cinco) anos, a dedução por dependente cadastrado e as isenções por moléstia ou doença grave ou pela espécie do benefício.

Art. 301. Os Acordos para evitar a Dupla Tributação - ADT e evasão fiscal têm como objetivo evitar que os proventos recebidos de fontes pagadoras de país diferente daquele de residência do contribuinte sejam tributados tanto no país de origem quanto no país de destino.

Parágrafo único. Os países acordantes e suas respectivas regras de tributação podem ser consultados no Anexo XIV.

SUBSEÇÃO VI – RENDIMENTOS RECEBIDOS – ACUMULADAMENTE - RRA

Art. 302. Os rendimentos recebidos acumuladamente – RRA são créditos atrasados recebidos pelo beneficiário que correspondem a períodos de dois ou mais meses consecutivos, referentes a anos-calendário anteriores ou do mesmo ano-calendário do recebimento do crédito, sendo estes critérios observados para realizar a tributação devida e vinculação correta na DIRF.

§ 1º Classifica-se como ano-calendário anterior o período compreendido pelas competências efetivamente pagas dentro do ano, ou seja, de 1º de janeiro a 31 de dezembro do mesmo ano, englobando o período com data fim até 30 de novembro do ano anterior

§ 2º Classifica-se como ano-calendário atual o período compreendido pelas competências efetivamente pagas dentro do mesmo ano, englobando períodos iniciados em dezembro do ano anterior até a data de pagamento.

§ 3º Independente do tipo de tributação ao qual o benefício estiver vinculado, seja Padrão, Isento ou Exterior, o crédito emitido na condição acima é considerado RRA.

Art. 303. Considerando o tipo de IR vinculado ao benefício, o IR incidente sobre os RRA, será calculado de acordo com a tabela vigente divulgada pela Receita Federal do Brasil e a Instrução Normativa RFB N° 1.500, de 2014 e alterações, observado em relação ao tipo de IR:

I - padrão: verificar tabela "Incidência de Imposto de Renda Sobre os Rendimentos Recebidos Acumuladamente - RRA", constante no Anexo XV;

II - isento: não haverá incidência de IR;

III - exterior: haverá incidência de IR nos termos descritos na subseção V desta seção.

Parágrafo único. Os benefícios com IR tipo Padrão são passíveis dos abatimentos e deduções abaixo:

I - uma única vez a parcela de isenção maior 65 anos referente ao mês do crédito, caso a mesma não tenha sido aplicada em outros créditos no mês.

II - despesas com ação judicial;

III - contribuição previdenciária oficial;

IV - pensão alimentícia; e
V - débito com o INSS.

SUBSEÇÃO VII – COMPROVANTE

Art. 304. Compete ao INSS o processamento do comprovante de rendimentos pagos e de retenção de imposto de renda na fonte referente ao ano base/ano-calendário anterior ao exercício da sua emissão, o qual é expedido pela Instituição Financeira - IF pagadora do benefício, conforme regras definidas no contrato de prestação de serviço firmado entre esta e o INSS.

Art. 305. No comprovante de rendimentos a fonte pagadora sintetiza as informações transmitidas na DIRF referentes à sua própria identificação e do beneficiário, aos rendimentos creditados, imposto retido e eventuais pagamentos a terceiros debitados do rendimento informado.

Art. 306. Serão considerados para composição do comprovante de rendimentos os créditos com status de pago, mesmo que invalidados, e aqueles ainda sem retorno bancário, desde que possuam data de início de validade no período de 1º de janeiro a 31 de dezembro do respectivo ano base.

Parágrafo único. No momento do processamento da DIRF, em janeiro do ano base posterior ao crédito, os pagamentos emitidos e ainda sem retorno bancário serão considerados como pagos e totalizados na DIRF, cabendo sua retificação para exclusão daqueles que posteriormente retornarem como NPG.

Art. 307. Em relação à emissão do comprovante de rendimentos, devem ser observados:
I - a partir de 2006 os comprovantes de rendimentos relativos ao IRRF, cujo benefício é pago ao representante legal, estão sendo gerados com nome e CPF constantes no cadastro do titular;
II - somente estarão disponíveis na internet os comprovantes de rendimentos a partir do ano-base de 2007;
III - para a empresa convenente que optar pelo recolhimento do IRRF, a emissão do comprovante de rendimentos ficará a cargo da mesma;
IV - somente será encaminhado comprovante anual de rendimentos pelos bancos para os beneficiários que perceberam, acumuladamente no ano-calendário anterior, valores acima do limite de isenção ou que se enquadrem na obrigatoriedade de prestar a Declaração de Ajuste Anual do IR, podendo os demais solicitá-lo nos caixas eletrônicos, pelo Portal "Meu INSS" ou através do serviço de agendamento para a retirada do "Extrato para Imposto de Renda - IR"; e
V - o comprovante de rendimentos referente a processo judicial pago em precatório ou Requisição de Pequeno Valor - RPV é obtido na Caixa Econômica Federal ou Banco do Brasil, pois nesta situação o INSS não é a fonte pagadora, exceto no caso de pagamento de RPV de ação acidentária, sendo os Serviços de Orçamento, Finanças e Contabilidade responsáveis por esse crédito.

Art. 308. Em relação ao comprovante de rendimentos pagos e de retenção de imposto de renda na fonte, os principais campos de preenchimento estão organizados da seguinte forma:
I - FONTE PAGADORA PESSOA JURÍDICA OU PESSOA FÍSICA (Quadro 1):
a) nome da Fonte Pagadora; e
b) número do CNPJ da Fonte Pagadora.
II - PESSOA FÍSICA BENEFICIÁRIA DOS RENDIMENTOS (Quadro 2):
a) número do CPF;
b) nome do titular do benefício; e
c) natureza do rendimento.
III - RENDIMENTOS TRIBUTÁVEIS, DEDUÇÕES E IMPOSTO SOBRE A RENDA RETIDO NA FONTE (Quadro 3):
a) total de rendimentos: soma das rendas mensais deduzida de abatimentos a beneficiário maior de 65 (sessenta e cinco) anos e consignações (débito com o INSS);
b) contribuição a previdenciária oficial: soma das contribuições previdenciárias debitadas;
c) pensão alimentícia: soma dos descontos a título de pensão alimentícia debitados; e
d) Imposto de Renda Retido: valor total retido na fonte.
IV - RENDIMENTOS ISENTOS E NÃO TRIBUTÁVEIS (Quadro 4):
a) parcela isenta dos proventos de aposentadoria, reserva, reforma e pensão (65 anos ou mais): total do abatimento ao beneficiário maior de 65 anos, inclusive referente ao 13º salário;
b) pensão, proventos de aposentadoria ou reforma por moléstia grave e aposentadoria ou reforma por acidente em serviço: soma das rendas mensais, quando beneficiário isento de

IR nestas condições, deduzida de contribuições previdenciárias e consignações; e

c) outros: proventos de benefícios com isenção de incidência de desconto do IR por força de lei, que equivale à soma das rendas mensais, quando beneficiário isento de IR nestas condições, deduzida de contribuições previdenciárias e consignações;

V - RENDIMENTOS SUJEITOS À TRIBUTAÇÃO EXCLUSIVA - rendimento líquido (Quadro 5):

a) 13º salário líquido: valor total deduzido do imposto sobre a renda - IR retido, dependente, pensão alimentícia, contribuição previdenciária, parcela de abatimento beneficiário maior de 65 (sessenta e cinco) anos e consignação sobre o 13º;

b) imposto sobre a renda retido na fonte sobre o 13º salário: valor total retido; e

c) outros: valor total de benefícios com tipo de IR Exterior, deduzido do imposto sobre a renda - IR retido e pensão alimentícia.

VI - RENDIMENTOS RECEBIDOS ACUMULADAMENTE - RRA - sujeitos à tributação exclusiva (Quadro 6):

a) total de rendimentos: soma das rendas mensais, inclusive referente ao 13º salário, deduzida de abatimentos a beneficiário maior de 65 (sessenta e cinco) anos e consignações (débito com o INSS);

b) contribuição a previdenciária oficial: soma das contribuições previdenciárias debitadas, relativas aos rendimentos tributáveis;

c) pensão alimentícia: soma dos descontos a título de pensão alimentícia debitados;

d) Imposto sobre a Renda: valor total retido na fonte; e

e) pensão, proventos de aposentadoria ou reforma por moléstia grave e aposentadoria ou reforma por acidente em serviço, que equivale à soma das rendas mensais, quando beneficiário isento de IR nestas condições, deduzida de consignações (débito com o INSS).

VII - INFORMAÇÕES COMPLEMENTARES (Quadro 7): permite o registro pela Fonte Pagadora de mensagens que venham a complementar os dados dos campos anteriores, tais como:

a) para benefício com desconto de PA será exibido o nome e CPF do recebedor da PA, valor tributável e do 13º recebido;

b) para benefício que recebe PA será exibido o nome e CPF do alimentante e os descontos sofridos mensalmente no NB de origem PA;

c) para cada RRA será exibida a informação do período, valor tributável, valor de IR, valor isento, valor da parcela de abatimento para maior de 65 anos, valor da PA, data da validade do crédito e quantidade de meses;

d) havendo benefícios agregados por CPF e NIT, seus respectivos números serão exibidos;

e) para beneficiários residentes no exterior será exibida a informação do total anual recebido e de IR pago;

f) para benefícios com representante legal será exibida informação dos dados do representante legal (nome e CPF);

g) para benefício com exigibilidade suspensa e/ou recolhimento de IR via depósito judicial será exibida mensagem informando o valor do IR depositado ou não descontado por ordem judicial, assim como o número da respectiva ação; e

h) outras informações complementares.

Art. 309. A fonte pagadora vinculada por origem orçamentária, a ser preenchida no comprovante de rendimentos conforme a espécie do benefício será:

I - CNPJ Nº 29.979.036/0001-40: INSS, vinculado aos benefícios assistenciais ou indenizações pagas à conta da União; ou

II - CNPJ Nº 16.727.230/0001-97: Fundo do Regime Geral de Previdência Social, para as demais espécies de benefícios.

Parágrafo único. A relação completa das espécies está disponível no "Quadro Resumido das Espécies de Benefícios Vinculadas por Origem Orçamentária da Fonte Pagadora", constante no Anexo XVI.

SUBSEÇÃO VIII – RETIFICAÇÃO DIRF

Art. 310. A Declaração do Imposto sobre a Renda Retido na Fonte - DIRF, é feita pela fonte pagadora, com o objetivo de informar à Secretaria Especial da Receita Federal do Brasil:

I - o valor do imposto de renda e/ou contribuições retidos na fonte, dos rendimentos pagos ou creditados para seus beneficiários;

II - o pagamento, crédito, entrega, emprego ou remessa a residentes ou domiciliados no exterior, ainda que não tenha havido a retenção do imposto, inclusive nos casos de isenção ou alíquota zero; e

III - os rendimentos isentos e não-tributáveis de beneficiários pessoas físicas e jurídicas domiciliadas no País.

Art. 311. A emissão e transmissão da DIRF é realizada pela Dataprev, após o término do processamento da carga anual da DIRF, bem como das retificações de anos-base anteriores, através das rubricas de composição do crédito e dos dados cadastrais do titular do NB no momento final da carga da DIRF ou de sua retificação.

Art. 312. O período considerado para base de cálculo é de 1º de janeiro a 31 de dezembro, de cada ano base, correspondente à data de início da validade do crédito, conforme a seguir:

I - beneficiários que recebem a competência dentro do próprio mês em virtude da antecipação dos pagamentos: a base de cálculo será de janeiro (competência recebida em janeiro) a dezembro (competência recebida em dezembro); e

II - para os demais beneficiários: a base de cálculo será dezembro (competência recebida em janeiro) a novembro (recebimento em dezembro).

Art. 313. Considerando que a RFB disponibiliza a base de dados da DIRF apenas dos últimos 5 (cinco) anos, não é possível à fonte pagadora retificar a DIRF de anos anteriores, devendo ser observado que:

I - havendo notificação formal da RFB diretamente ao INSS, a situação dever ser analisada e respondida por meio de ofício; e

II - se solicitado diretamente pelo beneficiário, sem notificação ao INSS pela RFB, o requerimento deverá ser indeferido.

Art. 314. Nas situações em que o beneficiário solicitar o serviço de "Atualizar Dados do Imposto de Renda Retido na Fonte (DIRF)", na análise da tarefa, deverá ser observada se houve erro ou inconsistência que impossibilitou a transmissão da DIRF à RFB ou totalização em valores incompatíveis e promover os acertos necessários conforme fluxo definido para o cumprimento da tarefa.

Art. 315. As atualizações de benefícios que tenham interferência no rendimento mensal, consignações, abatimentos, inclusão ou exclusão de dependentes, tipo de IR (padrão, isento ou exterior), dados cadastrais, geração de créditos atrasados ou não pagos e outras, geram impacto direto na carga da DIRF e processamentos dela decorrentes.

Art. 316. As situações de processamento que impedem a transmissão na DIRF, sendo gerada crítica automática de erro, estão relacionadas da seguinte forma:

I - beneficiários com tipo de IR - Exterior sem endereço completo no Exterior: é obrigatória a informação do código do País, sendo necessário seu preenchimento no Cadastro Nacional de Informações de Segurados - CNIS como endereço secundário, em data anterior à carga da DIRF ou diretamente no Sistema único de benefícios - SUB;

II - valores negativos na composição da base de totalização da DIRF;

III - valores isentos em mês anterior à data de início da moléstia; e

IV - existência de mais de um NB por CPF quando existir divergência do NIT ou CPF entre um ou mais de um deles.

SEÇÃO IV – EMPRÉSTIMO CONSIGNADO

SUBSEÇÃO I – ORIENTAÇÕES GERAIS

Art. 317. Empréstimo consignado é a modalidade de crédito destinado a aposentados e pensionistas do INSS, com descontos diretamente na folha de pagamento.

Parágrafo único. Os tipos de empréstimos e seus respectivos códigos e rubricas podem ser consultados no quadro "Tipos de Empréstimo e Rubricas", constante no Anexo XVII.

Art. 318. Os critérios para as consignações em benefícios previdenciários entre o INSS, as instituições financeiras e a DATAPREV, estão disciplinados na Instrução Normativa INSS/PRES Nº 28, de 2008.

Art. 319. O empréstimo consignado está vinculado diretamente ao titular do benefício, sendo que em caso de óbito deste:

I - o empréstimo cessará ainda que haja outros dependentes no benefício;

II - o empréstimo não será repassado administrativamente aos herdeiros, nas cessações do benefício e concessão de pensão por morte; e

III - não devem ser respondidos ofícios de bancos públicos e demais consultas de Instituições Financeiras quanto aos possíveis herdeiros do beneficiário, quando da cessação/exclusão de empréstimos consignados.

SUBSEÇÃO II – BLOQUEIO E DESBLOQUEIO DO BENEFÍCIO PARA EMPRÉSTIMOS

Art. 320. O bloqueio do benefício para averbação de empréstimos e cartão de crédito é realizado pelos seguintes eventos:

I - no ato da concessão;

II - na Transferência do Benefício em Manutenção - TBM; e/ou

III - por solicitação do segurado.

§ 1º Os benefícios concedidos a partir de 1º de abril de 2019 permanecerão bloqueados para a realização de empréstimo consignado até que haja autorização expressa para desbloqueio, na forma dos §§ 2º e 3º.

§ 2º O desbloqueio referido no § 1º somente poderá ser autorizado após 90 (noventa) dias contados da Data de Despacho do Benefício - DDB, excetuado o período de 27 de julho de 2020 à 31 de dezembro de 2021, em virtude do estado de calamidade pública, reconhecido pelo Decreto Legislativo nº 6, de 20 de março de 2020 e alterações introduzidas pelas Instruções Normativas PRES/INSS, nº 107, de 2020 e nº 113, de 2021, que reduziram o referido prazo para 30 (trinta) dias.

§ 3º Na hipótese dos incisos II e III, o desbloqueio pode ser realizado a qualquer tempo.

Art. 321. Para bloqueio ou desbloqueio do benefício para empréstimos, o titular ou representante legal (tutor ou curador) deve solicitar o serviço "Bloqueio/Desbloqueio de Benefício Para Empréstimo", disponível na "Central 135", no Portal "Meu INSS" ou no aplicativo "Meu INSS".

§ 1º Em se tratando dos canais de atendimento do «Meu INSS», o serviço estará disponível exclusivamente para os usuários que possuam nível do Login Gov.Br, conforme selos:

I - selo Internet Banking;

II - selo de Certificado Digital de Pessoa Física;

III - selo Validação Facial; e

IV - selo Balcão Gov.br.

§ 2º Será exigida a juntada de documento de identificação com foto do beneficiário e, quando necessário, do procurador/representante legal.

SEÇÃO V – DESCONTOS DECORRENTES DE ENTIDADES ASSOCIATIVAS

Art. 322. O INSS pode descontar da renda mensal do benefício mensalidades de associações e demais entidades de aposentados legalmente reconhecidas, constituídas e em funcionamento, desde que autorizadas por seus filiados, observado o disposto nos § 1º ao § 1º-G do art. 154 do RPS.

§ 1º Considera-se mensalidade de associações e de demais entidades de aposentados a contribuição associativa, em valor fixo, devida exclusivamente em razão da condição de associado, em decorrência de previsão estatutária ou definição pelas assembleias gerais, a qual não admite descontos de taxas extras, contribuições especiais, retribuição por serviços ou pacotes de serviços específicos, prêmios de seguros, empréstimos nem qualquer outro tipo de desconto, sujeita ao limite máximo de desconto estabelecido em ato do Presidente do INSS.

§ 2º O benefício concedido permanecerá bloqueado para os descontos previstos no caput até que haja autorização prévia, pessoal e específica por parte do beneficiário, devendo ser revalidada a cada 3 anos a partir de 31 de dezembro de 2021, sob pena de exclusão automática dos descontos.

§ 3º A autorização de que trata o caput poderá ser revogada a qualquer tempo, pelo próprio beneficiário.

Art. 323. Para a efetivação desses descontos faz-se necessária a celebração de Acordo de Cooperação Técnica entre as associações e demais entidades de aposentados e o INSS.

§ 1º Considera-se associação ou entidade de aposentados ou pensionistas aquela formada por:

I - aposentados ou pensionistas, com objetivos inerentes a essas categorias; ou

II - pessoas de categoria profissional específica, cujo estatuto as preveja como associados ativos e inativos, e que tenha dentre os seus objetivos a representação de aposentados ou pensionistas.

§ 2º Para fins de repasse do desconto efetuado pelo INSS, as associações e entidades de aposentados deverão estar em situação regular perante as Fazendas nacional, estadual, distrital e municipal, a Previdência Social, FGTS, o Sistema Integrado de Administração Financeira do Governo Federal - SIAFI, o Sistema de Cadastramento Unificado de Fornecedores - SICAF e o Cadastro Informativo de Créditos não Quitados do Setor Público Federal - CADIN.

§ 3º O INSS deverá ser ressarcido das despesas realizadas em função da implementação e do controle do acordo de cooperação técnica de que trata o § 3º pela instituição que o celebrar.

§ 4º Na hipótese de entidade confederativa que representa instituições a ela vinculadas, às exigências de que tratam os §§ 1º e 2º deverão ser atendidas pela instituição que celebrar o acordo de cooperação técnica.

Art. 324. Compete às associações e entidades de aposentados encaminhar à DATAPREV, bem como ao INSS, a relação dos associados que tenham autorizado o desconto das mensalidades.

§ 1º Os descontos serão realizados automaticamente no benefício e repassados pelo INSS à associação/entidade.

§ 2º O pedido de exclusão do desconto pode ser feito pelo segurado diretamente junto à associação/entidade, ou através do requerimento do serviço ‹Solicitar Exclusão de Mensalidade de Associação ou Sindicato no Benefício›, por meio dos canais remotos.

SEÇÃO VI – DESCONTOS DECORRENTES DE DETERMINAÇÃO JUDICIAL

Art. 325. Os descontos oriundos de determinação judicial deverão ser processados pelo INSS, nos termos definidos judicialmente, observada a margem consignável disponível no benefício no momento da atualização.

§ 1º Não sendo possível a implantação da consignação em decorrência da ausência ou insuficiência de margem consignável, deverá ser comunicado o fato através de ofício ao respectivo juízo ou solicitante.

§ 2º O Juízo sempre deverá ser comunicado, por ofício, quanto à implantação da consignação e a data de início dos descontos.

TÍTULO IV – DAS CONSIDERAÇÕES FINAIS

Art. 326. Para solicitação dos serviços de manutenção de benefício o interessado deverá realizar requerimento via canais remotos, "Central 135", Portal "Meu INSS" ou entidade conveniada, podendo ser realizado por meio de procurador ou representante legal.

Parágrafo único. A informação declarada no ato do requerimento e apresentada no GET é suficiente e substitui os formulários de solicitação.

Art. 327. Nos termos do § 2º do artigo 19-B do RPS, fica dispensada a apresentação de documentos originais necessários à atualização do CNIS e à análise de requerimentos de benefícios e serviços.

§ 1º A dispensa da autenticação a que se refere o caput não impede a rejeição do documento nas hipóteses em que haja previsão legal expressa e de dúvida fundada quanto à autenticidade ou à integridade do documento, ressalvada a possibilidade de o INSS exigir, a qualquer tempo, os documentos originais para fins do disposto no art. 179 do RPS, situação em que o responsável pela apresentação das cópias ficará sujeito às sanções administrativas, civis e penais aplicáveis.

§ 2º O registro da juntada do documento com uso de login e senha no Portal «Meu INSS» é suficiente para identificação do responsável.

§ 3º O servidor responsável pela análise das cópias de documentos recebidos deverá confrontá-los com as informações constantes dos sistemas corporativos, especialmente o CNIS, como meio auxiliar na formação de convicção quanto à integridade ou à autenticidade do documento.

Art. 328. Conforme Acordo de Cooperação em Matéria Civil firmado entre o Governo da República Federativa do Brasil e o Governo da República Francesa, em 28 de maio de 1996, promulgado pelo Decreto nº 3.598, de 12 de setembro de 2000, os seguintes documentos estão dispensados de legalização no Consulado quando emitidos na França, para ter efeito no Brasil:

I - os documentos que emanem de um tribunal, do Ministério Público, de um escrivão ou de um Oficial de Justiça;

II - as certidões de estado civil;

III - os atos notariais; e

IV - os atestados oficiais, tais como transcrições de registro, vistos com data definida e reconhecimentos de firmas apostas em documento particular.

§ 1º As certidões de nascimento, casamento e óbito, ainda que oriundas da França, para produzirem efeitos no Brasil precisam ser registradas no Registro de Títulos e Documentos, conforme Lei 6.015, de 31 de dezembro de 1973.

§ 2º Enquadra-se no rol de documentos do caput os seguintes:

I - atestado de vida;

II - procuração pública emitida por tabelião;

III - procuração particular com reconhecimento de firma;

IV - termos de guarda, tutela ou curatela;

V - certidões de nascimento e casamento.

Art. 329. Para os atos referentes à atualização de benefícios, fica ratificada a possibilidade de aceitação dos atestados médicos emitidos por profissionais participantes do "Programa Mais Médicos para o Brasil", Lei nº 12.871, de 2013, conforme Nota nº 0004/2016/CGJEF/PFE-INSS/PGF/AGU, de 03 de maio de 2016, aprovada pelo Despacho nº 00219/2016/CGMBEN/PFEINSS/PGF/AGU, de 26 de julho de 2016.

Art. 330. Aos benefícios de auxílio por incapacidade temporária recebidos por segurados que tiverem sido recolhidos à prisão a partir de 18 de junho de 2019, da data de publicação da Lei nº 13.846, de 2019 observar-se-á o seguinte:
I - não será devido o auxílio por incapacidade temporária ao segurado recluso em regime fechado;
II - o segurado em gozo de auxílio por incapacidade temporária na data do recolhimento à prisão terá o seu benefício suspenso;
III - a suspensão prevista no inciso II será pelo prazo de até 60 (sessenta) dias, contado da data do recolhimento à prisão, hipótese em que o benefício será cessado após o referido prazo;
IV - na hipótese de o segurado ser colocado em liberdade antes do prazo previsto no inciso III, o benefício será restabelecido a partir da data de sua soltura;
V - em caso de prisão declarada ilegal, o segurado terá direito à percepção do benefício por todo o período devido, efetuado o encontro de contas na hipótese de ter havido pagamento de auxílio-reclusão com valor inferior ao do auxílio por incapacidade temporária no mesmo período.

ANEXO I – PORTARIA DIRBEN/INSS Nº 992, DE 28 DE MARÇO DE 2022

GUIA PARA ACOLHIMENTO INSTITUCIONAL ( ) FAMILIAR ( ) Nº _____

NOME DA CRIANÇA/ADOLESCENTE:
SEXO: ( ) MASCULINO ( ) FEMININO
DATA DE NASCIMENTO: _____/_____/_____ IDADE PRESUMIDA:_____
NOME DA MÃE:
NOME DO PAI:
NOME DO RESPONSÁVEL, CASO NÃO VIVA COM OS PAIS:
ENDEREÇO DOS PAIS OU RESPONSÁVEL:
RUA/AVENIDA Nº CEP:
BAIRRO: APTO.: EDIFÍCIO:
CIDADE: UF:
PONTO DE REFERÊNCIA:
FONE RESIDENCIAL: CELULAR:
DADOS DO ACOLHIMENTO:
LOCAL:
DATA: HORA:
INTEGRA GRUPO DE IRMÃOS: SIM ( ) NÃO ( ); SE SIM, QUANTOS?
ALGUM ACOLHIDO? SIM ( ) NÃO ( )
SE SIM, LOCAL(IS) DE ACOLHIMENTO:
RECEBIDO POR: _____ _____
NOME DO FUNCIONÁRIO ASSINATURA
MEDIDA(S) PROTETIVA(S) APLICADA(S):
À CRIANÇA/ADOLESCENTE ( ):
À FAMÍLIA ( ):
DOCUMENTAÇÃO, SE SIM ESPECIFICAR:
( ) DNV; ( ) CERT. NASC.; ( ) BOLETIM OCORRÊNCIA; ( ) CART. IDENT.;
( ) CART. VACINA; ( ) ATEND. MÉDICO; ( ) CRECHE; ( ) ESCOLA;
( ) ENCAMINHAMENTO CONSELHO TUTELAR; ( ) OUTROS
FAZ USO DE MEDICAMENTO(S)? SIM ( ) NÃO ( )
SE SIM, QUAL(IS):
PARENTES OU TERCEIROS INTERESSADOS EM TÊ-LOS SOB GUARDA:
RUA/AVENIDA: Nº CEP:
BAIRRO: APTO.: EDIFÍCIO:
CIDADE: UF:
PONTO DE REFERÊNCIA:
FONE RESIDENCIAL: CELULAR:
RUA/AVENIDA: Nº CEP:
BAIRRO: APTO.: EDIFÍCIO:
CIDADE: UF:
PONTO DE REFERÊNCIA:
FONE RESIDENCIAL: CELULAR:

MOTIVOS DA RETIRADA OU DA NÃO REINTEGRAÇÃO AO CONVÍVIO FAMILIAR:

SOLICITANTE DO ACOLHIMENTO INSTITUCIONAL OU FAMILIAR:
NOME/FUNÇÃO:
TELEFONE INSTITUCIONAL: CELULAR:
RELATÓRIOS/DOCUMENTOS ANEXADOS: SIM ( ) NÃO ( ) Nº DE FOLHAS ( )
PARECER DA EQUIPE TÉCNICA:

RESPONSÁVEL PELO PARECER: MATRÍCULA:
RELATÓRIOS/DOCUMENTOS ANEXADOS: SIM ( ) NÃO ( ) Nº DE FOLHAS ( )

DESPACHO DA AUTORIDADE JUDICIÁRIA:

LOCAL/DATA: _____/_____/_____ _____ JUIZ

ANEXO II – PORTARIA DIRBEN/INSS Nº 992, DE 28 DE MARÇO DE 2022

DECLARAÇÃO DE PERMANÊNCIA
Eu, _____, portador do CPF nº _____ e RG nº_____, na qualidade de dirigente da _____ (nome da Instituição), declaro, sob as penas do art. 299 do Código Penal, que:
O menor _____ (nome completo e identificação do menor abrigado) encontra-se acolhido na entidade em que sou dirigente.
Estou ciente de que o recebimento de benefício de titularidade do menor, caso eu já esteja desligado da Instituição, acarretará a minha responsabilidade pessoal pelo ressarcimento dos valores percebidos indevidamente.
Local/Data: _____

_____
Assinatura do dirigente

ANEXO III – PORTARIA DIRBEN/INSS Nº 992, DE 28 DE MARÇO DE 2022

DURAÇÃO DAS COTAS DOS DEPENDENTES

IDADE DO DEPENDENTE CÔNJUGE OU COMPANHEIRO NA DATA DA PRISÃO	DURAÇÃO MÁXIMA DA COTA
Menos de 21 anos	03 anos
Entre 21 e 26 anos	06 anos
Entre 27 e 29 anos	10 anos
Entre 30 e 40 anos	15 anos
Entre 41 e 43 anos	20 anos
A partir de 44 anos	Sem data limite para extinção

ANEXO IV – PORTARIA DIRBEN/INSS Nº 992, DE 28 DE MARÇO DE 2022

Modelo de Declaração de Saque ou não Saque do PIS/FGTS

DECLARAÇÃO
A Caixa Econômica Federal vem, em atenção à consulta formalizada para fins de cancelamento do benefício concedido em favor do (a) segurado(a), Sr(a) _____ cadastrado (a) sob o PIS/NIT número _____, declarar que:
( ) Não há registro de saque para a(s) conta(s) vinculada(s) do PIS/FGTS de titularidade do trabalhador, em razão da concessão de sua aposentadoria, benefício nº _____, iniciado em _____.
( ) Há registro de saque da(s) conta(s) vinculada(s) do PIS/FGTS, em razão da concessão da aposentadoria, benefício nº _____, iniciado em _____.
Local e data.

_____
Responsável pela Unidade da Caixa Econômica Federal
PIS/NIT do responsável

ANEXO V – PORTARIA DIRBEN/INSS Nº 992, DE 28 DE MARÇO DE 2022

Pensão por Morte e Auxílio Reclusão Antes e Depois da EC 103/2019

Pensão por Morte ou Auxílio-Reclusão antes da EC 103/2019	Pensão por Morte ou Auxílio-Reclusão após a EC 103/2019
DIB ou fato gerador até 12/11/2019	DIB ou fato gerador a partir de 13/11/2019
Independente do número de dependentes no benefício, a Renda Mensal será sempre igual à 100% (cem por cento) da RMI.	Renda mensal igual a 50% (cinquenta por cento) do valor da aposentadoria recebida pelo segurado ou daquela a que teria direito se fosse aposentado por incapacidade permanente na data do óbito, acrescida de cotas de dez pontos percentuais por dependente, até o máximo de cem por cento.
Extinguindo uma ou mais cotas de dependentes no B21, a Renda Mensal do benefício permanece no valor de 100%.	As cotas por dependente cessarão com a perda dessa qualidade e não serão reversíveis aos demais dependentes, preservado o valor de cem por cento da pensão por morte quando o número de dependentes remanescentes for igual ou superior a cinco.
Em relação ao abono anual este considerará a renda do benefício no mês da cessação/alta do benefício ou no mês de dezembro.	Em relação ao abono anual este considerará a renda do benefício no mês da cessação/alta do benefício ou no mês de dezembro.

ANEXO VI – PORTARIA DIRBEN/INSS Nº 992, DE 28 DE MARÇO DE 2022

REGISTRO HISTÓRICO DE ANTECIPAÇÕES DO ABONO ANUAL

Ano	Competência de Antecipação	Competência de Quitação
2010	Agosto	Novembro
2011	Agosto	Novembro
2012	Agosto	Novembro
2013	Agosto	Novembro
2014	Agosto	Novembro
2015	Setembro	Novembro
2016	Agosto	Novembro
2017	Agosto	Novembro
2018	Agosto	Novembro
2019	Agosto	Novembro
2020	Abril	Maio ou Novembro

ANEXO VII – PORTARIA DIRBEN/INSS Nº 992, DE 28 DE MARÇO DE 2022

MOTIVOS DE COMPLEMENTO POSITIVO

MOTIVO	NOMENCLATURA
00000000001	PECÚLIO
00000000002	DIF.CRED.FAVOR DO TITULAR
00000000003	REVISÃO DE REAJUSTAMENTO
00000000004	DECISÃO JUDICIAL
00000000005	ATRASADOS INFO PELO POSTO
00000000006	ATRAS. DEVIDO REATIVAÇÃO DE BENEFÍCIO
00000000007	ATRAS.EX-COMB,ANIST,ESTAT
00000000008	CRÉDITOS BENEF. ANTERIOR
00000000009	ATRAS.POR CESS.PA OU DESD
00000000010	ATRAS. DEVIDO INCL. ACOMP.
00000000011	ALTER.COTAS PENS.EMP.RUR.
00000000012	ATRAS.INFO RFFSA,CBTU,ECT
00000000013	ATRASADOS DEVIDO REVISÃO
00000000014	DIFERENÇA ARTIGO 201/58
00000000015	RECUPERAÇÃO AUTOMÁTICA
00000000016	REATIVAÇÃO DE COTA DE SALÁRIO-FAMÍLIA
00000000017	CRÉDITO P/NB DE ORIGEM S/REPASSE P/PA
00000000018	CRÉDITO RESIDUAL CALCULADO P/SISTEMA
00000000019	CRÉDITO RESIDUAL INFORMADO PELO INSS
00000000020	REPOSIÇÃO DE CPMF
00000000021	DIF. REVISÃO AÇÃO IRSM 02/94
00000000022	DIF. REV. IRSM 2/94 NB ANT/ATU
00000000023	REVISÃO DE PECÚLIO
00000000024	DIF. REVISÃO IRSM (08/2004 ATE ADESÃO)

00000000025	PARCELAS DA REVISÃO DO IRSM - ATIVOS
00000000026	PARCELAS DA REVISÃO DO IRSM - CESSADOS
00000000027	PARCELAS DA REVISÃO DO IRSM - HERDEIROS
00000000028	DIFERENÇA REVISÃO JUDICIAL ORTN/OTN/BTN
00000000029	CP-DIF. REVISÃO JUD.PENSÃO-100%A BASE
00000000030	CP-PARC. REV. IRSM DEP. PENSÃO CESSADA
00000000031	CP-PARC. REV.IRSM HERD. DEP. PENSÃO CESS
00000000032	PAGAMENTO DE RESÍDUO
00000000033	REVISÃO DE SÚMULA 9
00000000034	REVISÃO JUDICIAL - ÍNDICE RESIDUAL
00000000035	PAG DE INDENIZAÇÃO PARA B56 (TALIDOMIDA)
00000000036	REVISÃO TETO ACP 2011 ATIVO
00000000037	REVISÃO TETO ACP 2011 CESSADO
00000000038	REVISÃO TETO ACP 2011 HERDEIRO
00000000039	REVISÃO ARTIGO 29 ATIVO
00000000040	REVISÃO ARTIGO 29 CESSADO
00000000041	REVISÃO ARTIGO 29 HERDEIRO
00000000042	REVISÃO ARTIGO 29 RESÍDUO NB ANTERIOR
00000000043	CP-ARTIGO 29 - ACP-MP242
00000000044	CP-ACP IRSM
00000000045	CP-PAG INDENIZ P/B85 E B86(SERINGUEIROS)
00000000046	REVISAO DE BENEFICIO EX-SASSE
00000000047	REVISÃO DE B31 ANTECIPADO (TRAT. 94)

ANEXO VIII – PORTARIA DIRBEN/INSS Nº 992, DE 28 DE MARÇO DE 2022

RUBRICAS DOS BENEFÍCIOS COM COMPLEMENTAÇÃO

RUBRICAS	NOMENCLATURA
102	COMPLEMENTO DA MENSALIDADE REAJUSTADA
113	COMPLEMENTO NÃO TRIBUTÁVEL DA RFFSA
119	OUTRAS VANTAGENS - RFFSA OU ECT
120	PLANSFER - RFFSA/CBTU
130	COMPLEMENTO POSITIVO-CP INFORMADO PELA RFFSA/CBTU OU ECT
135	GRATIFICAÇÃO DE QUALIDADE E PRODUTIVIDADE - ECT
301	INFORMATIVA - DIFERENÇAS PAGAS PELA UNIÃO, NÃO FAZ PARTE DA COMPOSIÇÃO DO VALOR LÍQUIDO
922	INFORMATIVA - RENDA MENSAL PREVIDENCIÁRIA, NÃO FAZ PARTE DA COMPOSIÇÃO DO VALOR LÍQUIDO

ANEXO IX – PORTARIA DIRBEN/INSS Nº 992, DE 28 DE MARÇO DE 2022

rubricas de pagamento

RUBRICAS	NOMENCLATURA
00000000101	VALOR TOTAL DE MR DO PERÍODO
00000000102	COMPLEMENTO DA MENSALIDADE REAJUSTADA
00000000103	ABONO DO GOVERNO FEDERAL
00000000104	VALOR DO DÉCIMO-TERCEIRO SALÁRIO
00000000105	SALARIO FAMILIA
00000000106	PARCELA DE DIFERENÇA DE REVISÃO DA RMI
00000000107	COMPLEMENTO POSITIVO
00000000108	DIFERENÇA DE IMPOSTO DE RENDA - CRÉDITO
00000000109	DIFERENÇA EVENTUAL
00000000110	CORRECAO MONETARIA
00000000111	PARCELA DE GRATIFIC. DE EX-COMBATENTE
00000000112	DIFERENÇA I.R. SOBRE 13. SAL. - CRÉDITO
00000000113	COMPLEM. NÃO TRIBUTÁVEL RFFSA - CRÉDITO
00000000114	COMPLEMENTO A TÍTULO DE IPMF
00000000115	ABONO ANUAL DE EX-COMBATENTE - 14. SAL.
00000000116	VALOR DA PARCELA REF. A REVISÃO ART.201
00000000117	VALOR DA PARCELA REF. A REVISÃO ART. 26

00000000118	COMPLEMENTO DE ACOMPANHANTE
00000000119	OUTRAS VANTAGENS
00000000120	PLANSFER - RFFSA/CBTU
00000000121	COMPLEMENTO A TÍTULO DE CPMF
00000000122	REVISÃO DE PECÚLIO
00000000123	CP - ALTERAÇÃO DE PENSAO ALIMENTICIA
00000000124	CP - REVISÃO DE REAJUSTAMENTO - PSS
00000000125	CP - DECISÃO JUDICIAL
00000000126	CP - INFORMADO PELO PSS
00000000127	CP - REATIVAÇÃO
00000000128	CP - CESSAÇÃO DESDOBRAMENTO OU P.A.
00000000129	CP - INCLUSÃO DE ACOMPANHANTE
00000000130	CP - INFORMADO PELA RFFSA/CBTU/ECT
00000000131	CP - REVISÃO BENEFÍCIO SISTEMA CENTRAL
00000000132	CP - DIFERENCA ARTIGO 201 OU 58
00000000133	PARCELA DUPLA ATIVIDADE
00000000134	CP - CRED. P/NB ORIGEM SEM REPASSE P/PA
00000000135	GRATIFICAÇÃO DE QUALID.E PRODUTIV.
00000000136	REATIVAÇÃO DE COTA DE SALÁRIO FAMÍLIA
00000000137	ADIANTAMENTO P/ARREDONDAMENTO DO CRÉDITO
00000000138	CP - RESÍDUO CALCULADO PELO SISTEMA
00000000139	CP - RESÍDUO INFORMADO PELO INSS
00000000140	REPOSIÇÃO DE CPMF
00000000141	CP DE PECÚLIO
00000000142	CP DE REVISÃO DE PECÚLIO
00000000143	CP-COMPLEMENTO REVISÃO IRSM LEI 10999/04
00000000144	CP-PARCELA DA REVISÃO IRSM LEI 10.999/04
00000000145	ADICIONAL TALIDOMIDA
00000000146	INDENIZACAO AÇÃO JUDICIAL 970060590-6
00000000147	CP - DIFERENÇA REVISÃO ORTN/OTN/BTN
00000000148	CP-DIFERENÇA REV.JUD.PENSAO-100% APBASE
00000000149	CP-PARC. REV. IRSM DEP. PENSÃO CESSADA
00000000150	CP-PARC. REV.IRSM HERD. DEP. PENSÃO CESS
00000000151	CP-RESÍDUO INFORM NA CONCESSÃO DA PENSÃO
00000000152	CP - REVISÃO DE SÚMULA 9
00000000153	CP - REVISÃO JUDICIAL - ÍNDICE RESIDUAL
00000000154	ANTECIPAÇÃO RENDA CALAM. CONF. DECRETO
00000000155	INDENIZACAO TALIDOMIDA - LEI 12.190/2010
00000000156	CP - REVISÃO TETO
00000000157	CP - REVISÃO TETO CESSADOS
00000000158	CP - REVISÃO TETO HERDEIROS
00000000159	CORREÇÃO MONETÁRIA COMPLEMENTAR DE RENDA
00000000160	CORRECAO MONET. COMPLEMENTAR DE 13. SAL
00000000201	IMPOSTO DE RENDA RETIDO NA FONTE
00000000202	PENSÃO ALIMENTÍCIA - DÉBITO
00000000203	CONSIGNAÇÃO
00000000204	IMPOSTO DE RENDA NO EXTERIOR
00000000205	DIFERENÇA DE IMPOSTO DE RENDA - DÉBITO
00000000206	DESCONTO DO I.N.S.S.
00000000207	DESCONTO DE I.R. SOBRE 13. SALÁRIO
00000000208	CONTRIBUIÇÃO PREVIDENCIÁRIA SOBRE 13.SAL
00000000209	DIFERENÇA DE I.R. SOBRE 13. SAL.- DÉBITO
00000000210	PENSÃO ALIMENTÍCIA SOBRE 13. SALÁRIO
00000000211	DESCONTO DE I.R. SOBRE 14. SALÁRIO
00000000212	CONTRIBUIÇÃO PREVID. SOBRE 14. SALÁRIO
00000000213	PENSÃO ALIMENTÍCIA SOBRE 14. SALÁRIO
00000000214	CONSIGNACAO SOBRE 13 SAL.
00000000215	AJUSTE DO ARREDONDAMENTO DE CRÉDITOS
00000000216	CONSIGNADO - EMPRESTIMO BANCARIO
00000000217	EMPRÉSTIMO SOBRE A RMC

00000000218	13. SALARIO PAGO COMPETENCIAS ANTERIORES
00000000219	CONTRIBUIÇÃO SINDICATO/COBAP
00000000220	CONTRIBUIÇÃO SINDICATO/CONTAG
00000000221	CONTRIBUIÇÃO STFERJ
00000000222	CONTRIBUIÇÃO ASTRE
00000000223	CONTRIBUIÇÃO SINDNAPI
00000000224	CONTRIBUIÇÃO SINTAPI
00000000225	CONTRIBUIÇÃO UNIDOS
00000000226	CONTRIBUIÇÃO CENTRAPE
00000000227	DEVOLUÇÃO DE CPMF
00000000228	CONTRIBUIÇÃO SINDAPB
00000000229	CONTRIBUIÇÃO ASBAPI
00000000230	CONTRIBUIÇÃO FNTF
00000000231	DESC ANTECIP RENDA CALAM. CONF. DECRETO
00000000232	DESCONTO VALORES RECEBIDOS NA RUBR. 146
00000000233	DESC PA REV TETO
00000000234	CONTRIBUIÇÃO FETRAF
00000000236	DÉCIMO TERCEIRO SALÁRIO - DÉBITO
00000000237	SALARIO FAMILIA - DÉBITO
00000000238	COMPLEMENTO DE ACOMPANHANTE - DÉBITO
00000000239	CONTRIBUIÇÃO ANAPPS
00000000240	CONTRIBUIÇÃO ANAPPS (13) DÉCIMO TERCEIRO
00000000241	CONTRIBUIÇÃO ASBAPI (13) DÉCIMO TERCEIRO
00000000242	CONTRIBUIÇÃO SINDIAPI
00000000243	CONTRIBUIÇÃO SINTRAAPI/CUT
00000000244	CONTRIBUIÇÃO ABAMSP
00000000245	CONTRIBUIÇÃO FITF/CNTT/CUT
00000000246	CONTRIBUIÇÃO RIAAM-BRASIL
00000000247	CONTRIBUIÇÃO SINAB
00000000248	CONTRIBUIÇÃO ABSP
00000000249	CONTRIBUICAO CONAFER
00000000250	CONTRIBUIÇÃO UNIBRASIL
00000000251	DÉCIMO TERCEIRO SALÁRIO PAGO A MAIOR
00000000252	DESC. ACUMULACAO DE BENEF. JÁ CONCEDIDO
00000000253	DESC. ACUM. BENEF. JÁ CONCEDIDO - 13 SAL
00000000301	DIFERENÇA PAGA PELA UNIÃO
00000000302	ABATIMENTO IMPOSTO RENDA POR DEPENDENTE
00000000303	ABATIMENTO A BENEFICIÁRIO MAIOR 65 ANOS
00000000304	DESCONTO POR DEPENDENTE SOBRE 13.SALÁRIO
00000000305	DESCONTO MAIOR 65 ANOS - I.R. 13.SALÁRIO
00000000306	RUBRICA JÁ UTILIZADA ANTERIORMENTE
00000000307	RUBRICA JÁ UTILIZADA ANTERIORMENTE
00000000308	DESCONTO POR DEPENDENTE SOBRE 14.SALÁRIO
00000000309	DESCONTO MAIOR 65 ANOS - I.R. 14.SALÁRIO
00000000310	DESCONTO DE CONSIGNAÇÃO NO I.R.
00000000311	13. SALARIO PAGO COMPETENCIA ANTERIOR
00000000312	DESCONTO DE CONSIGNAÇÃO NO IR - 13.SAL
00000000313	IR NÃO RECOLHIDO POR ORDEM JUDICIAL
00000000314	IR NÃO RECOLHIDO POR ORDEM JUDIC. 13.SAL
00000000315	DIFERENÇA DA MR POR AÇÃO URV
00000000316	SALDO DEVEDOR ARREDONDAMENTO DE CRÉDITOS
00000000317	VALOR LÍQUIDO CORRIGIDO
00000000318	DIFERENÇA ENTRE MR NORMAL E MR JUDICIAL
00000000319	I.R DEVOLVIDO
00000000320	I.R SOBRE DÉCIMO TERCEIRO DEVOLVIDO
00000000321	EMPRÉSTIMO BANCÁRIO (RETENÇÃO)
00000000322	RESERVA DE MARGEM CONSIGNÁVEL (RMC)
00000000323	ADIANTAMENTO DE 13 COMPETENCIA ANTERIOR
00000000324	DÉCIMO TERCEIRO DEVOLVIDO
00000000325	VALOR ACUMULADO P.A. SOBRE 13 SALÁRIO

00000000326	VALOR ACUM. CONTRIB. PREV. SOBRE 13 SAL.
00000000327	VALOR ACUM. CONSIGNACAO SOBRE 13 SALÁRIO
00000000328	AUX.EMERG.PECUNIÁRIO MP 875/2019
00000000329	DIFERENÇAS TALIDOMIDA - LEI 13638/2018
00000000333	CP-ALTERAÇÃO DE PENSAO ALIMENTICIA
00000000334	CP-REVISÃO DE REAJUSTAMENTO - PSS
00000000335	CP-DECISÃO JUDICIAL
00000000336	CP-INFORMADO PELO PSS
00000000337	CP-REATIVAÇÃO
00000000338	CP-CESSAÇÃO DESDOBRAMENTO OU P. A.
00000000339	CP-INCLUSÃO DE ACOMPANHANTE
00000000340	CP-INFORMADO PELA RFFSA/CBTU/ECT
00000000341	CP-REVISÃO BENEFÍCIO SISTEMA CENTRAL
00000000342	CP-DIFERENCA ARTIGO 201 OU 58
00000000344	CP-CRED. P/NB ORIGEM SEM REPASSE P/PA
00000000346	REATIVAÇÃO DE COTA DE SALÁRIO-FAMÍLIA
00000000348	CP-RESÍDUO CALCULADO PELO SISTEMA
00000000349	CP-RESÍDUO INFORMADO PELO INSS
00000000350	REPOSIÇÃO DE CPMF
00000000351	CP DE PECÚLIO
00000000352	CP DE REVISÃO DE PECÚLIO
00000000353	CP-COMPLEMENTO REVISÃO IRSM LEI 10999/04
00000000354	CP-PARCELA DE REVISÃO IRSM LEI 10999/04
00000000357	CP-DIFERENÇA REVISÃO ORTN/OTN/BTN
00000000358	CP-DIFERENÇA REV.JUD. PENSAO-100% APBASE
00000000359	CP-PARC REV IRSM DEP PENSÃO CESSADA
00000000360	CP-PARC REV IRSM HERD. PENSÃO CESSADA
00000000361	CP-RESÍDUO INFORM NA CONCESSÃO DA PENSÃO
00000000362	CP-REVISÃO DE SÚMULA 9
00000000363	CP-REVISÃO JUDICIAL - ÍNDICE RESIDUAL
00000000365	INDENIZACAO TALIDOMIDA - LEI 12190/2010
00000000366	CP-REVISÃO TETO
00000000367	CP-REVISÃO TETO CESSADOS
00000000368	CP-REVISÃO TETO HERDEIROS
00000000369	CP-REVISÃO ARTIGO 29 ATIVO
00000000370	CP-REVISÃO ARTIGO 29 CESSADO
00000000371	CP-REVISÃO ARTIGO 29 HERDEIROS
00000000372	CP-REVISÃO ARTIGO 29 RESÍDUO NB ANTERIOR
00000000373	CP-ARTIGO 29 ACP-MP242
00000000374	CP-ACP IRSM
00000000375	CP-INDENIZ. SERINGUEIROS
00000000376	CP-REVISÃO DE BENEFÍCIO EX-SASSE
00000000377	DIFERENCA DE RENDA POR ACUMULACAO
00000000378	DIFERENÇA DE 13. SALARIO POR ACUMULACAO
00000000379	REVISÃO DE B31 ANTECIPADO (TRAT.94)
00000000901	VALOR BRUTO TRIBUTÁVEL
00000000902	VALOR PAGO DE MENSALIDADE REAJUSTADA
00000000903	SALDO DE IMPOSTO DE RENDA - POSITIVO
00000000904	SALDO DE IMPOSTO DE RENDA - NEGATIVO
00000000905	CONSIG. CREDITO PAGO BENEFICIO ANTERIOR
00000000906	CONSIGNACAO ASBAPI
00000000907	CONSIGNACAO COBAP
00000000908	CONSIGNACAO CONTAG
00000000909	CONSIG. RECUPERAÇÃO AO GOVERNO FEDERAL
00000000910	CONSIG. PARC. DEBITO CONTRIB. PREVIDENC.
00000000911	CONSIGNAÇÃO PENSÃO ALIMENTÍCIA
00000000912	CONSIGNAÇÃO DÉBITO COM INSS
00000000913	CONSIG. SINDICATO TRAB. FERROVIÁRIOS RJ
00000000914	CONSIGNAÇÃO ALUGUEL DE CASA
00000000915	CONSIGNAÇÃO EMPRÉSTIMO IMOBILIÁRIO

PORTARIA DIRBEN/INSS Nº 992, DE 28 DE MARÇO DE 2022

00000000916	CONSIGNACAO IMPOSTO DE RENDA NA FONTE
00000000917	CONSIGNACAO IMPOSTO DE RENDA NO EXTERIOR
00000000918	CONSIGNACAO ASSISTÊNCIA PATRONAL
00000000919	CONSIG. POOL DE SEGURO DE VIDA DA ASTRE
00000000920	CONSIGNAÇÃO EMPRÉSTIMO DA C.E.F.
00000000921	CONSIGNAÇAO DÉBITO IRREGULAR. BENEFÍCIO
00000000922	RENDA MENSAL PREVIDENCIÁRIA
00000000923	CONSIGNACAO SINTAPI
00000000924	CONSIGNACAO CENTRAPE
00000000925	CONSIG.83 DÉBITO COM O INSS SOBRE 13 SAL
00000000926	CONSIG.10 CRED PG BENF.ANT. SOBRE 13 SA
00000000927	CONSIG.92 DEB P/IRREG.BENEF SOBRE 13 SAL
00000000928	CONSIG.93-DETERM. JUDIC./VAL. FIXO
00000000929	CONSIG.94-DETERM. JUDIC./PERC. RM
00000000930	CONSIG.95-SINDNAP-FS - ANUAL
00000000931	CONSIG.96-SINDNAP-FS - MENSAL
00000000932	CONSIG.99-DESCONTOS UNIDAS
00000000933	CONS.94-DETER.JUD./PERC.RM SOBRE 13 SAL

ANEXO X – PORTARIA DIRBEN/INSS Nº 992, DE 28 DE MARÇO DE 2022

Rubricas de Dedução, Tributação e Informativas do Imposto de Renda

I - Rubricas da base de tributação

RUBRICAS	NOMENCLATURA
202	PENSÃO ALIMENTÍCIA - DÉBITO
203	CONSIGNAÇÃO
206	DESCONTO DO INSS
208	CONTRIBUIÇÃO PREVIDENCIÁRIA SOBRE 13 SALÁRIO
210	PENSÃO ALIMENTÍCIA SOBRE 13 SALÁRIO
212	CONTRIBUIÇÃO PREVID. SOBRE 14. SALÁRIO
213	PENSÃO ALIMENTÍCIA SOBRE 14. SALÁRIO
214	CONSIGNACAO SOBRE 13 SALÁRIO
233	DESC PA VER TETO
236	DÉCIMO TERCEIRO SALÁRIO- DÉBITO
251	DÉCIMO TERCEIRO SALÁRIO PAGO A MAIOR
252	DESC. ACUMULACAO DE BENEF. JÁ CONCEDIDO
253	DESC. ACUM. BENEF. JÁ CONCEDIDO - 13 SAL.

II - Rubricas de tributação

RUBRICAS	NOMENCLATURA
201	IMPOSTO DE RENDA RETIDO NA FONTE
204	IMPOSTO DE RENDA NO EXTERIOR
205	DIFERENÇA DE IMPOSTO DE RENDA - DÉBITO
207	DESCONTO DE I.R. SOBRE 13. SALÁRIO
209	DIFERENÇA DE I.R. SOBRE 13. SAL.- DÉBITO
211	DESCONTO DE I.R. SOBRE 14. SALÁRIO

III - Rubricas informativas

RUBRICAS	NOMENCLATURA
302	ABATIMENTO IMPOSTO RENDA POR DEPENDENTE
303	ABATIMENTO A BENEFICIÁRIO MAIOR 65 ANOS
304	DESCONTO POR DEPENDENTE SOBRE 13.SALÁRIO
305	DESCONTO MAIOR 65 ANOS - I.R. 13.SALÁRIO
308	DESCONTO POR DEPENDENTE SOBRE 14.SALÁRIO
309	DESCONTO MAIOR 65 ANOS - I.R. 14.SALÁRIO
310	DESCONTO DE CONSIGNAÇÃO NO I.R.
312	DESCONTO DE CONSIGNAÇÃO NO IR - 13.SAL
313	IR NÃO RECOLHIDO POR ORDEM JUDICIAL
314	IR NÃO RECOLHIDO POR ORDEM JUDIC. 13.SAL

320	I.R SOBRE DÉCIMO TERCEIRO DEVOLVIDO
903	SALDO DE IMPOSTO DE RENDA - POSITIVO
904	SALDO DE IMPOSTO DE RENDA - NEGATIVO
916	CONSIGNACAO IMPOSTO DE RENDA NA FONTE
917	CONSIGNACAO IMPOSTO DE RENDA NO EXTERIOR

ANEXO XI – PORTARIA DIRBEN/INSS Nº 992, DE 28 DE MARÇO DE 2022

Incidência de Imposto de Renda Sobre os Rendimentos de Pessoa Física

BASE DE CÁLCULO	ALÍQUOTA (%)	PARCELA A DEDUZIR DO IRPF (R$)
Até 1.903,98	-	-
De 1.903,99 até 2.826,65	7,5	142,80
De 2.826,66 até 3.751,05	15	354,80
De 3.751,06 até 4.664,68	22,5	636,13
Acima de 4.664,68	27,5	869,36

*Fundamentação legal: Instrução Normativa RFB N° 1.500, de 29 de outubro de 2014 e alterações.

ANEXO XII – PORTARIA DIRBEN/INSS Nº 992, DE 28 DE MARÇO DE 2022

Modelo Exemplificativo de Declaração de dependente

DECLARAÇÃO DE DEPENDENTE *

Eu, (nome), (nacionalidade), (estado Civil), (profissão), inscrito no CPF sob o nº (informar) e no RG nº (informar), residente e domiciliado à (endereço), declaro para os devidos fins que tenho sob minha dependência as pessoas abaixo elencadas:

(nome), (nacionalidade), (estado Civil), (profissão), inscrito no CPF sob o nº (informar) e no RG nº (informar), grau de dependência (informar).

(nome), (nacionalidade), (estado Civil), (profissão), inscrito no CPF sob o nº (informar) e no RG nº (informar), grau de dependência (informar).

A presente declaração é a expressão de verdade pela qual me responsabilizo para todos os efeitos legais.

* O requerente deverá informar todos os dependentes que deseja incluir

_____ , ___/___/_____

Local e data.

_____

(Assinatura)
(Nome do declarante)

ANEXO XIII – PORTARIA DIRBEN/INSS Nº 992, DE 28 DE MARÇO DE 2022

Quadro Resumido das Espécies Isentas de Desconto do IR

ESPÉCIE	BENEFÍCIO
31 e 91	Auxílios por incapacidade temporária, previdenciário e acidentário.
36 e 94	Auxílio-acidente previdenciário e acidentário
95	Auxílio-suplementar por Acidente do trabalho
92	Aposentadorias por incapacidade permanente decorrentes de acidente de trabalho.
58 e 59	aposentadorias e pensões de anistiados.
68	Pecúlio.
56	Pensão mensal para portador de síndrome Talidomida.
96	Pensão especial Hanseníase.
Todas as espécies	Salário-família.

ANEXO XIV – PORTARIA DIRBEN/INSS Nº 992, DE 28 DE MARÇO DE 2022

Acordos Para Evitar a Dupla Tributação - ADT

PAÍS	SITUAÇÃO ATUAL	TRIBUTAÇÃO
ALEMANHA	Decreto nº 76.988, de 01/01/1976 Acordo sem efeito desde 1º de janeiro de 2006.	Regra da legislação brasileira: 25% sobre rendimentos; 15% se Pensão Alimentícia

ARGENTINA	Decreto nº 87.976, de 22/12/1982 O rendimento somente pode ser tributado no Estado Fonte (Brasil).	Regra da legislação brasileira: 25% sobre rendimentos; 15% se Pensão Alimentícia.
BÉLGICA	Decreto nº 72.542, de 30/07/1973	Regra da legislação brasileira: 25% sobre rendimentos; 15% se Pensão Alimentícia
CANADÁ	Decreto nº 92.318, de 23/01/1986 Limite de US$ 4.000 canadenses	25,00% sobre o excedente.
CHILE	Decreto nº 4.852, de 02/10/2003 O rendimento somente pode ser tributado no Estado Fonte (Brasil).	Regra da legislação brasileira: 25% sobre rendimentos; 15% se Pensão Alimentícia.
CORÉIA	Decreto nº 354, de 02/11/1991 Limite de US$ 3.000 americanos	25,00% sobre o excedente.
EQUADOR	Decreto nº 95.717, de 11/02/1988	Regra da legislação brasileira: 25% sobre rendimentos; 15% se Pensão Alimentícia
ESPANHA	Decreto nº 76.975, de 02/01/1976 O rendimento não pode ser tributado.	Sem tributação no Brasil
FRANÇA	Decreto nº 70.506, de 12/05/1972	Sem tributação no Brasil
ITÁLIA	Decreto nº 85.985, de 06/05/1981 O rendimento somente pode ser tributado no Estado Fonte (Brasil) no que ultrapassar a US$ 5.000 (cinco mil dólares) americanos no ano calendário.	25,00% sobre o excedente.
JAPÃO	Decreto nº 61.899, de 14/12/1967 O rendimento somente pode ser tributado no Estado de Residência (Japão).	Sem tributação no Brasil.
LUXEMBURGO	Decreto nº 85.051, de 18.08.1980 O rendimento somente pode ser tributado no Estado Fonte (Brasil) o que ultrapassar a US$ 3.000 (três mil dólares) americanos no ano calendário.	25,00% sobre o excedente.
PERU	Decreto nº 7.020, de 27/11/2009	Regra da legislação brasileira: 25% sobre rendimentos; 15% se Pensão Alimentícia.
PORTUGAL	Decreto nº 4.012, de 13/11/2001 O rendimento somente pode ser tributado no Estado Fonte (Brasil).	Regra da legislação brasileira: 25% sobre rendimentos; 15% se Pensão Alimentícia.

ANEXO XV – PORTARIA DIRBEN/INSS Nº 992, DE 28 DE MARÇO DE 2022

Incidência de Imposto de Renda Sobre os Rendimentos Recebidos Acumuladamente - RRA

BASE DE CÁLCULO RRAs	ALÍQUOTA (%)	PARCELA A DEDUZIR DO IRPF (R$)
Até (1.903,98 x NM)	-	-
Acima de (1.903,98 x NM) até (2.826,65 x NM)	7,5	142,79850 x NM
Acima de (2.826,65 x NM) até (3.751,05 x NM)	15	354,79725 x NM
Acima de (3.751,05 x NM) até (4.664,68 x NM)	22,5	636,12600 x NM
Acima de (4.664,68 x NM)	27,5	869,36000 x NM

*Fundamentação legal: Instrução Normativa RFB Nº 1.500, de 29 de outubro de 2014 e alterações.
* NM = Número de meses a que se refere o pagamento acumulado acrescido de mais 1 (hum) mês por ano em que houver pagamento de abono anual.
* Refere-se ao tipo de IR Padrão

ANEXO XVI – PORTARIA DIRBEN/INSS Nº 992, DE 28 DE MARÇO DE 2022

Quadro Resumido das Espécies de Benefícios Vinculadas por Origem Orçamentária da Fonte Pagadora
I - CNPJ Nº 29.979.036/0001-40: Instituto Nacional do Seguro Social - INSS, vinculado aos benefícios assistenciais

ESPÉCIE	BENEFÍCIO
11	AMPARO PREVIDENC. INVALIDEZ- TRAB. RURAL
12	AMPARO PREVIDENC. IDADE - TRAB. RURAL
22	PENSÃO POR MORTE ESTATUTÁRIA
30	RENDA MENSAL VITALÍCIA POR INCAPACIDADE
37	APOSENTADORIA EXTRANUMERÁRIO CAPIN
38	APOSENT. EXTRANUM. FUNCIONÁRIO PÚBLICO
40	RENDA MENSAL VITALÍCIA POR IDADE
54	PENSÃO ESPECIAL VITALÍCIA - LEI 9793/99

56	PENSÃO VITALÍCIA SÍNDROME DE TALIDOMIDA
58	APOSENTADORIA DE ANISTIADOS
59	PENSÃO POR MORTE DE ANISTIADOS
60	PENSÃO ESPECIAL PORTADOR DE SIDA
85	PENSÃO VITALÍCIA SERINGUEIROS
86	PENSÃO VITALÍCIA DEPENDENTES SERINGUEIRO
87	AMP. SOCIAL PESSOA PORTADORA DEFICIÊNCIA
88	AMPARO SOCIAL AO IDOSO
89	PENSÃO ESP. VÍTIMAS HEMODIÁLISE-CARUARU
96	PENSÃO ESPECIAL HANSENÍASE LEI 11520/07
98	BENEFÍCIO ASSIST. TRAB. PORTUÁRIO AVULSO

II - CNPJ Nº 16.727.230/0001-97: Fundo do Regime Geral de Previdência Social, – para as demais espécies de benefícios

ESPÉCIE	BENEFÍCIO
Todas as espécies diferentes de:	11, 12, 22, 30, 37, 38, 40, 54, 56, 58, 59, 60, 85, 86, 87, 88, 89, 96 e 98

ANEXO XVI – PORTARIA DIRBEN/INSS Nº 992, DE 28 DE MARÇO DE 2022

▸ Mantivemos a numeração como constou da publicação oficial, no entanto, entendemos que o correto seria Anexo XVII.

TIPOS DE EMPRÉSTIMO E RUBRICAS

TIPO DE EMPRÉSTIMO	CÓDIGO (HISATU)	RUBRICA (HISCRE)
Consignação - desconto diretamente no benefício.	98	216
Retenção - desconto na conta bancária.	75	321
RMC - Reserva de Margem Consignável (sem desconto).	76	322
Cartão de Crédito - desconto pela utilização.	77	217
Viaja mais melhor idade - valor consignado.	71	216

Portaria DIRBEN/INSS Nº 993

PORTARIA DIRBEN/INSS Nº 993, DE 28 DE MARÇO DE 2022

Aprova as Normas Procedimentais em Matéria de Benefícios

O DIRETOR DE BENEFÍCIOS DO INSTITUTO NACIONAL DO SEGURO SOCIAL – INSS, no uso das atribuições que lhe confere o Decreto nº 9.746, de 8 de abril de 2019, bem como, o que consta no Processo Administrativo SEI no 35014.341866/2020-55, resolve:

Art. 1º Fica aprovado o Livro IV das Normas Procedimentais em Matéria de Benefícios, disciplinando a aplicação prática do Processo Administrativo Previdenciário no âmbito do INSS, complementares às regras contidas na Instrução Normativa PRES/INSS nº 128, de 28 de março de 2022.

Art. 2º Esta Portaria entra em vigor na data de sua publicação, devendo ser aplicada a todos os processos pendentes de análise e decisão.

Parágrafo único. Esta Portaria contém os Anexos I a III.

SEBASTIÃO FAUSTINO DE PAULA

ANEXO

LIVRO IV – PROCESSO ADMINISTRATIVO PREVIDENCIÁRIO

TÍTULO I – DAS DISPOSIÇÕES GERAIS

CAPÍTULO I – DO CONCEITO E DOS PRINCÍPIOS

Art. 1º Considera-se Processo Administrativo Previdenciário o conjunto de atos praticados pelo administrado ou pela Previdência Social nos Canais de Atendimento da Previdência Social, iniciado em razão de requerimento formulado pelo interessado, por terceiro legitimado, ou de ofício pela Administração, e concluído com a decisão definitiva no âmbito administrativo.

§ 1º Os processos administrativos previdenciários, por conterem dados pessoais e sigilosos, são de acesso restrito aos interessados e a quem os represente, salvo por determinação judicial ou por solicitação do Ministério Público, esta devidamente justificada e realizada no exercício de suas funções com intuito de instruir processo administrativo de sua competência. *(Redação dada pela Portaria Dirben/INSS 1.081/2022)*

§ 2º O Processo Administrativo Previdenciário contempla as fases inicial, instrutória, decisória, recursal e revisional. *(Redação dada pela Portaria Dirben/INSS 1.081/2022)*

Art. 2º São Processos Administrativos Previdenciários os processos de:

I – administração de informações previdenciárias: atos administrativos que podem resultar na inclusão, alteração ou exclusão de informações previdenciárias no Cadastro Nacional de Informações Sociais – CNIS;

II – reconhecimento inicial de direitos: atos administrativos que podem resultar na concessão de um requerimento de benefício ou Certidão de Tempo de Contribuição – CTC;

III – manutenção e pagamento: atos administrativos realizados após o reconhecimento do direito ao benefício, fundamentais para a conservação do benefício ativo, garantindo o pagamento mensal da renda ao beneficiário até que ocorra a cessação do benefício pela extinção do direito;

IV – revisão: atos administrativos praticados após a concessão ou indeferimento de um requerimento de benefício ou CTC, visando à sua alteração parcial ou total;

V – recurso: atos administrativos iniciados após o indeferimento, ainda que parcial, de um requerimento, com o objetivo de alterar sua decisão, cuja competência de análise é do Conselho de Recursos da Previdência Social – CRPS;

VI – monitoramento: atos administrativos que visam a revisão de ofício de Processos Administrativos Previdenciários pelo INSS, decorrentes de desconformidade legal ou normativa, em virtude de indício de fraude ou de vício insanável.

Parágrafo único. Aos Processos Administrativos assistenciais, bem como os Processos Administrativos vinculados ao Seguro Desemprego do Pescador Artesanal – SDPA e ao cumprimento de decisões judiciais, ainda que disciplinados em atos normativos específicos, aplica-se, no que couber, no âmbito do INSS, o mesmo regramento de formalização do Processo Administrativo Previdenciário.

Art. 3º Os atos que compõem o Processo Administrativo Previdenciário devem observar formalidades essenciais à garantia dos direitos dos interessados e ser organizados em sequência lógica e cronológica crescente, objetivando a decisão final de forma fundamentada e padronizada.

Art. 4º Nos Processos Administrativos Previdenciários serão observados, entre outros, os seguintes preceitos:

I – presunção de boa-fé dos atos praticados pelos interessados;

II – atuação conforme a lei e o direito;

III – atendimento a fins de interesse geral, vedada a renúncia total ou parcial de poderes e competências, salvo autorização em lei;

IV – objetividade no atendimento do interesse público, vedada a promoção pessoal de agentes ou autoridades;

V – atuação segundo padrões éticos de probidade, decoro e boa-fé;

VI – condução do Processo Administrativo com a finalidade de resguardar os direitos subjetivos dos segurados, dependentes e demais interessados da Previdência Social, esclarecendo-se os requisitos necessários ao benefício ou serviço mais vantajoso;

VII – o dever de prestar ao interessado, em todas as fases do processo, os esclarecimentos necessários para o exercício dos seus direitos, tais como documentação indispensável ao requerimento administrativo, prazos para a prática de atos, abrangência e limite dos recursos, não sendo necessária, para tanto, a intermediação de terceiros;

VIII – acesso aos atos praticados no curso do Processo Administrativo restrita aos interessados e seus representantes legais, resguardando-se o sigilo médico e dos dados pessoais, exceto se destinado a instruir processo judicial ou apuração administrativa de irregularidades.

IX – adequação entre meios e fins, vedada a imposição de obrigações, restrições e sanções, quando cabíveis, em medida superior àquelas estritamente necessárias ao atendimento do interesse público;

X – fundamentação das decisões administrativas, indicando os documentos e os elementos que levaram à concessão ou ao indeferimento do benefício ou serviço;

XI – identificação do servidor responsável pela prática de cada ato e a respectiva data;

XII – adoção de formas e vocabulário simples, suficientes para propiciar adequado grau de certeza, segurança e respeito aos direitos dos usuários da Previdência Social, evitando-se o uso de siglas ou palavras de uso interno da Administração que dificultem o entendimento pelo interessado;

XIII – compartilhamento de informações com órgãos públicos, na forma da lei;

XIV – garantia dos direitos à comunicação, à apresentação de alegações finais, à produção de provas e à interposição de recursos, nos processos de que possam resultar sanções e nas situações de litígio;

XV – proibição de cobrança de despesas processuais, ressalvadas as prevista em lei;

XVI – impulsão, de ofício, do Processo Administrativo, sem prejuízo da atuação dos interessados; e

XVII – interpretação da norma administrativa da forma que melhor garanta o atendimento do fim público a que se dirige, vedada aplicação retroativa de nova interpretação.

CAPÍTULO II – DOS IMPEDIMENTOS E DA SUSPEIÇÃO

Art. 5º É impedido de atuar no Processo Administrativo o servidor:

I – que tenha participado ou venha a participar como interessado, perito, testemunha ou representante, ou se tais situações ocorrerem quanto ao cônjuge, companheiro ou parente e afins até o terceiro grau;

II – que esteja litigando judicial ou administrativamente com o interessado ou respectivo cônjuge ou companheiro; e

III – cujo cônjuge, companheiro ou parente e afins até o terceiro grau tenha atuado como intermediário.

Parágrafo único. Entende-se por parentes em primeiro grau, os pais e os filhos; em segundo grau, os netos, os avós e os irmãos; em terceiro grau, os bisavós, bisnetos, tios e sobrinhos.

Art. 6º Há suspeição do servidor quando:

I – tenha interesse direto ou indireto na matéria;

II – tenha amizade íntima ou inimizade notória com algum dos interessados ou com os respectivos cônjuges, companheiros, parentes e afins até o terceiro grau; e

III – quando o requerente for seu credor ou devedor, de seu cônjuge ou companheiro ou de parentes destes, em linha reta até o terceiro grau, inclusive.

Art. 7º O servidor que incorrer em impedimento ou suspeição deve comunicar o fato ao responsável pela Central de Análise a que estiver vinculado ou à chefia imediata que, ao acolher as razões, designará outro servidor para atuar no processo.

Parágrafo único. Os impedimentos elencados no art. 5º quando não arguidos pelo próprio servidor, poderão ser apontadas por qualquer servidor e decretado pelo gestor da unidade ou Central de Análise a que estiver vinculado o servidor apontado como impedido.

Art. 8º No Processo Administrativo de apuração de irregularidade, inclusive na fase de admissibilidade, constitui impedimento para atuação, neste processo, o servidor que tenha analisado o requerimento ou benefício objeto da apuração.

Parágrafo único. O impedimento, que nesta situação possui natureza objetiva, poderá ser arguido por qualquer Servidor, e decretado pelo Gestor da Unidade ou Central de Análise a que estiver vinculado o servidor apontado como impedido.

Art. 9º A não comunicação do impedimento estabelecido no art. 5º, por quaisquer motivos, ensejará a nulidade dos atos decisórios, mas não a dos atos de mero expediente.

Parágrafo único. A omissão do dever de comunicar o impedimento será apurada em sede disciplinar.

Art. 10. Pode ser arguida perante ao responsável pela Central de Análise a que estiver vinculado ou a chefia imediata a suspeição de servidor que tenha amizade íntima ou inimizade notória com algum dos interessados ou com os respectivos cônjuges, companheiros, parentes e afins até o terceiro grau.

Parágrafo único. É de 10 (dez) dias o prazo para recurso contra a decisão que não acolher a alegação de suspeição suscitada pelo interessado, cabendo a apreciação e julgamento à chefia da Unidade de Atendimento.

CAPÍTULO III – DO INÍCIO E CONCLUSÃO DO PROCESSO

Art. 11. O Processo Administrativo Previdenciário se inicia de ofício pelo INSS ou com um requerimento do interessado e termina com uma decisão administrativa que reconhece ou não o direito ao benefício ou serviço pretendido ou com um pedido de desistência do interessado.

§ 1º O processo é iniciado de ofício quando o INSS identifica ato ou fato que tenha reflexo em benefícios ou serviços e concluído com uma decisão definitiva em relação ao ato que motivou sua instauração.

§ 2º Reconhecer o direito do interessado significa concluir o Processo Administrativo com análise do mérito, estando ele instruído com as informações e/ou os documentos necessários para conceder ou indeferir o benefício ou o serviço pretendido.

CAPÍTULO IV – PROCESSO ADMINISTRATIVO ELETRÔNICO

Art. 12. O Processo Administrativo Previdenciário será inteiramente processado de forma eletrônica, ressalvados os atos que exijam a presença do requerente.

§ 1º Os atos processuais deverão ser realizados em meio eletrônico, exceto nas situações em que este procedimento for inviável ou em caso de indisponibilidade do meio eletrônico cuja demora no restabelecimento cause dano relevante à celeridade do processo.

§ 2º No caso das exceções previstas no § 1º, os atos processuais poderão ser praticados segundo as regras aplicáveis aos processos físicos, devendo ser posteriormente digitalizado o documento-base correspondente.

§ 3º Para unificar todos os requerimentos por meio eletrônico foi criado o Portal de Atendimento – PAT, incorporando o Gerenciador de Tarefas – GET e o Sistema de Agendamento – SAG num só portal. Os canais do «Meu INSS» – Autenticado, Não Autenticado, Entidade Conveniada, Central de Teleatendimento 135 e Servidor – estão incluídos no SAG.

Art. 13. O Processo Administrativo Previdenciário tem seus atos processuais registrados e disponibilizados em meio eletrônico com os seguintes objetivos:

I – assegurar a eficiência, a eficácia e a efetividade da ação governamental e promover a adequação entre meios, ações, impactos e resultados;

II – realizar os Processos Administrativos com segurança, transparência e economicidade;

III – ampliar a sustentabilidade ambiental com o uso da tecnologia da informação e da comunicação; e

IV – facilitar o acesso do cidadão às instâncias administrativas.

Art. 14. Os atos processuais em meio eletrônico consideram-se realizados no dia e na hora registrados nos canais de atendimento remoto.

§ 1º Quando o ato processual tiver que ser praticado em determinado prazo, por meio eletrônico, serão considerados tempestivos os efetivados, salvo caso fortuito ou força maior, até às 23hs59 (vinte e três horas e cinquenta e nove minutos) do último dia do prazo, no horário oficial de Brasília. *(Redação dada pela Portaria DIRBEN/INSS 1.023/2022)*

§ 2º Na hipótese prevista no § 1º, se os canais de atendimento remoto estiverem indisponíveis, será garantida a prorrogação do prazo até às 23hs59 (vinte e três horas e cinquenta e nove minutos) do primeiro dia útil seguinte ao da resolução do problema. *(Redação dada pela Portaria DIRBEN/INSS 1.023/2022)*

§ 3º Nas situações em que o procedimento eletrônico for inviável, consideram-se praticados os atos na forma usual para esse formato de processo, prevista em lei ou regulamento.

Art. 14-A. Considera-se indisponibilidade do sistema do Instituto Nacional de Seguro Social a falta de oferta ao público externo dos seguintes serviços: *(Acrescido pela Portaria DIRBEN/INSS 1.023/2022)*

I – requerimento de serviços por meio do Meu INSS ou sistema de entidades parceiras; *(Acrescido pela Portaria DIRBEN/INSS 1.023/2022)*

II – cumprimento de exigências; *(Acrescido pela Portaria DIRBEN/INSS 1.023/2022)*

III – acesso às consultas disponíveis no Meu INSS. *(Acrescido pela Portaria DIRBEN/INSS 1.023/2022)*

§ 1º As falhas de transmissão de dados entre as estações de trabalho do público externo e a rede de comunicação pública, assim como a impossibilidade técnica que decorrerem de falhas nos equipamentos ou programas dos usuários, não caracterizarão indisponibilidade. *(Acrescido pela Portaria DIRBEN/INSS 1.023/2022)*

§ 2º O disposto no *caput* será aferido de maneira automática pela Empresa de Tecnologia e Informações da Previdência – DATAPREV. *(Acrescido pela Portaria DIRBEN/INSS 1.023/2022)*

§ 3º A indisponibilidade do sistema ou impossibilidade técnica por parte do INSS superiores a 180 minutos serão registradas em relatório de interrupções de funcionamento a ser divulgado ao público no site do INSS, devendo conter as seguintes informações: *(Redação dada pela Portaria DIRBEN/INSS 1.040/2022)*

I – data da indisponibilidade; *(Redação dada pela Portaria DIRBEN/INSS 1.040/2022) (Acrescido pela Portaria DIRBEN/INSS 1.023/2022)*

II – *(Revogado pela Portaria DIRBEN/INSS 1.040/2022)*

III – aplicações que ficaram indisponíveis. *(Redação dada pela Portaria DIRBEN/INSS 1.040/2022)*

§ 4º Os prazos que vencerem no dia da ocorrência da indisponibilidade de quaisquer dos serviços referidos no inciso I e II do *caput* poderão ser prorrogados para o primeiro dia útil seguinte à retomada de funcionamento, quando a indisponibilidade for superior a 180 (cento e oitenta) minutos, ininterruptos ou não, se ocorrida no mesmo dia. *(Acrescido pela Portaria DIRBEN/INSS 1.023/2022)*

§ 5º A prorrogação de que trata o § 4º não será feita automaticamente pelo sistema, cabendo ao servidor responsável pela análise do serviço com o prazo expirado, proceder de forma manual essa dilatação de prazo, após se certificar da existência de registro da ocorrência de indisponibilidade do sistema ou impossibilidade técnica por parte do INSS, no relatório de interrupções a que se refere o § 3º, e desde que solicitada pelo interessado. *(Acrescido pela Portaria DIRBEN/INSS 1.023/2022)*

§ 6º Será garantida a prorrogação até o primeiro dia útil seguinte, observado o disposto no § 4º, quando a indisponibilidade do sistema for decorrente de paralisações previstas em calendários de parada programada, janela de atualização, mudança ou implementação de sistemas. *(Acrescido pela Portaria DIRBEN/INSS 1.023/2022)*

SEÇÃO ÚNICA – FORMALIZAÇÃO DO PROCESSO ADMINISTRATIVO ELETRÔNICO

Art. 15. Quando o requerimento for protocolado nas unidades de atendimento do INSS ou por entidade conveniada, os documentos, caso apresentados, devem ser digitalizados e anexados na sequência abaixo:

a) requerimento assinado;

b) procuração, termo de representação ou documento que comprove a representação legal, se for o caso;

c) documento de identificação e Cadastro de Pessoa Física – CPF do procurador ou representante;

d) documento de identificação e CPF do requerente, instituidor e dependentes;

e) documentos referentes às relações previdenciárias, tais como Carteira de Trabalho e Previdência Social – CTPS, CTC, Carnês, formulários de atividade especial, documentação rural, documentos para comprovação de união estável/dependência econômica e outros documentos necessários à comprovação do direito ao benefício ou serviço solicitado ou que o interessado queira adicionar.

Art. 16. Deverão ser associados elementos descritivos aos arquivos anexados ao processo administrativo nos canais de atendimento remoto, inclusive quando se tratar de Entidade Conveniada, a fim de apoiar sua identificação, sua indexação, sua presunção de autenticidade, sua preservação e sua interoperabilidade.

Art. 17. Quando o interessado apresentar a via original de documento, o servidor, após conferir sua autenticidade, deverá digitalizá-lo e devolver os originais ao requerente.

§ 1º O arquivo com o documento digitalizado será anexado ao processo e o servidor informará, no campo referente à sua descrição, que se trata da digitalização de documento autêntico.

§ 2º O servidor poderá informar que digitalizou a via original de documentos em despacho, fazendo referência ao código de identificação do arquivo ou às folhas em que esses documentos foram inseridos no processo.

§ 3º Os originais dos documentos digitalizados deverão ser preservados pelo interessado até a conclusão do processo, exceto aqueles utilizados para atualização do CNIS e a análise de requerimentos de benefícios e serviços, cuja guarda dos originais é permanente.

Art. 18. Os despachos poderão ser anexados em arquivos ou digitados diretamente no campo próprio no PAT. *(Redação dada pela Portaria DIRBEN/INSS 1.081/2022)*

Art. 18-A. As consultas e os extratos que forem emitidos por meio dos sistemas corporativos (CNIS e outros) e utilizados para fins de análise do requerimento deverão ser igualmente anexados ao GET, sendo dispensada sua autenticação. *(Acrescido pela Portaria DIRBEN/INSS 1.081/2022)*

CAPÍTULO V – DA COMUNICAÇÃO DOS ATOS

Art. 19. A notificação caracteriza-se como uma comunicação formal que cumpre a tarefa de informar a parte interessada no processo sobre um acontecimento, exigência ou decisão, com mecanismos para verificar a ciência do interessado.

§ 1º Devem ser objeto de comunicação os atos do processo que resultem para o interessado em possibilidade de exercício ou restrição de direitos, bem como as decisões, e os atos de natureza diversa, de seu interesse.

§ 2º Compete ao servidor responsável pela análise do processo comunicar ao interessado ou ao seu representante, as decisões tomadas ou as exigências necessárias para a devida instrução do processo, a qual deverá ser realizada preferencialmente por meio eletrônico e, excepcionalmente, por meio de correspondência enviada ao endereço informado pelo interessado ou pessoalmente.

Art. 20. Consideram-se realizadas validamente as notificações:

I – após 5 (cinco) dias da data de sua emissão no PAT, nos casos em que o endereço eletrônico de e-mail do interessado estiver corretamente cadastrado ou quando ele informar que concorda com o acompanhamento do processo por meio dos canais remotos;

II – na data da consulta efetuada pelo interessado ou seu representante ao processo eletrônico, ou na data da juntada da manifestação expressa do interessado ou seu representante no processo eletrônico, o que ocorrer primeiro, nos casos de notificação por meio eletrônico;

III – na data do recebimento constante do aviso de recebimento – AR, nos casos de notificação via postal;

IV – na data da manifestação expressa do interessado no processo físico, quando a notificação tiver sido realizada pessoalmente; e

V – na data da publicação do edital, conforme previsão do art. 24.

§ 1º As notificações dispostas neste artigo incluem as comunicações que se destinam ao cumprimento de exigência, a apresentação de defesa ou a apresentação de contrarrazões recursais.

§ 2º Cabe ao interessado manter seu endereço atualizado, comunicando ao INSS eventual alteração por meio de agendamento do serviço de atualização de dados cadastrais.

§ 3º Caso sejam apresentados elementos dentro do processo que demonstrem alteração de endereço do interessado, tais dados deverão ser atualizados no CNIS previamente à emissão da notificação postal.

§ 4º Em se tratando de exigência, esta deverá ser emitida no PAT de forma que o interessado tenha ciência através de Portal «Meu INSS», contato com a Central de Teleatendimento do 135 – Central 135, ou unidades de atendimento.

§ 5º Na hipótese do inciso III, considera-se como válida para fins de notificação, a consulta efetuada pelo interessado ou seu representante ao Processo Eletrônico, desde que devidamente identificada ou autenticada, quando do acesso ao seu conteúdo no ambiente de acesso destinado aos usuários do sistema, desde que devidamente identificados.

§ 6º Na hipótese do inciso III, considera-se como válida para fins de notificação, a juntada da manifestação expressa pelo interessado ou seu representante ao Processo Eletrônico, desde que devidamente identificada ou autenticada.

Art. 21. Quando o interessado ficar ciente da comunicação em alguma unidade de atendimento do INSS, esta deverá registrá-la em despacho no PAT.

SEÇÃO I – DAS NOTIFICAÇÕES POSTAIS

Art. 22. A notificação postal para o endereço informado pelo interessado no processo é suficiente para comprovar a intimação, sendo desnecessário o múltiplo envio, ainda que não localizado o interessado, observado o art. 23 e 24.

Parágrafo único. Em se tratando de processos de apuração de irregularidade, a notificação postal poderá ser realizada para endereço constante na base do CNIS, observado o art. 20.

Art. 23. Em se tratando de processos de apuração de irregularidade ou de recurso, deverá ser observada a necessidade de nova notificação postal ou de notificação por edital.

§ 1º Para fins do disposto no *caput*, nas notificações realizadas por via postal, a localização e notificação do segurado deve ser considerada como:

I – bem sucedida, quando nas bases oficiais dos Correios constar a informação de entrega ao destinatário, podendo esta ser por imagem ou dados; ou

II – mal sucedida, quando não constar a informação descrita no inciso I.

§ 2º A notificação postal bem sucedida para o endereço constante na base do CNIS é suficiente para fins de observação do princípio do contraditório e ampla defesa, sendo desnecessário o múltiplo envio, ainda que exista outra fonte de consulta.

§ 3º A notificação postal mal sucedida pode ser considerada como insucesso sanável ou insanável, podendo ensejar nova notificação postal ou notificação por edital, conforme o caso.

§ 4º Consideram-se como insucessos sanáveis da notificação postal, viabilizando uma nova notificação postal, os que retornarem contendo os seguintes status:

I – "não procurado";

II – "ausente"; e

III – "roubado", "sinistro", ou "objeto extraviado".

§ 5º Consideram-se como insucessos insanáveis da notificação postal, viabilizando a notificação por meio de edital, observado o art. 24, os que retornarem nas seguintes situações:

I – status "Mudou-se", "Desconhecido" ou "Endereço insuficiente";

II – ocorrência de novo insucesso sanável, após oportunizada nova notificação postal, na forma do § 3º.

§ 6º Em todo os casos, antes de verificar a providência cabível diante de insucessos sanáveis ou insanáveis, deverá o servidor certificar-se de que a notificação que obteve esses resultados se deu com base no endereço disponível no CNIS.

§ 7º Sendo constatado que alguma notificação foi realizada em endereço incorreto, distinto do disponível no CNIS, o ato deverá ser reiniciado.

SEÇÃO II – DO EDITAL

Art. 24. O edital será utilizado como meio de notificação dos fatos no processo de apuração de irregularidade, quando ocorrer insucesso insanável da notificação postal e não se tenha a certeza da ciência do interessado por outro meio válido.

§ 1º O edital poderá ser utilizado nos processos de recurso para intimação dos interessados, quando o endereço não tiver sido informado pelo interessado no processo e, ao utilizar o endereço constante no CNIS, ocorrer insucesso insanável da notificação postal e não se tenha a certeza da ciência do interessado por outro meio válido.

§ 2º A intimação por edital deve ser efetuada por meio de publicação em imprensa oficial, dispensando-se a publicação em jornal local ou de grande circulação.

§ 3º Visando a padronização, preservação do erário e o respeito ao princípio da eficiência, é suficiente constar no edital:

I – a identificação da instituição e do notificado;

II – a finalidade da notificação;

III – data, hora e local em que deve comparecer;

IV – se o intimado deve comparecer pessoalmente, ou fazer-se representar;

V – informação da continuidade do processo independentemente do seu comparecimento; e

VI – indicação dos fatos e fundamentos legais pertinentes.

§ 4º Ficam dispensadas as informações referentes aos incisos III, IV e V do § 3º quando inexistentes no rito do processo administrativo.

§ 5º As indicações referentes ao inciso VI do §3º, cuja finalidade é permitir ao interessado saber do que está se defendendo, poderão constar de forma sintética e coletiva, visando à economicidade e a preservação do erário e o respeito ao princípio da eficiência.

TÍTULO II – DA FASE INICIAL

CAPÍTULO I – DO REQUERIMENTO

Art. 25. Requerimento é o pedido que o interessado formaliza ao INSS, dando início ao Processo Administrativo Previdenciário, que contém:

I – a identificação do interessado;

II – a identificação do benefício ou serviço pretendido; e

III – a data de protocolo.

Art. 26. O requerimento de benefícios e serviços deverá ser solicitado pelos canais de atendimento do INSS, previstos na Carta de Serviços ao Usuário do INSS de que trata o art. 11 do Decreto nº 9.094, de 17 de julho de 2017, tais como:

I – Central de Serviços ou Portal "Meu INSS";

II – Central de Teleatendimento 135 – Central 135; e

III – Unidades de Atendimento.

§ 1º O Portal «Meu INSS», disponível na Internet e em aplicativos de celulares, é o principal canal para emissão de extrato e solicitação de serviços perante o Instituto.

§ 2º Os serviços e extratos disponíveis ao cidadão pela central de serviços, quando solicitados presencialmente nas Unidades de Atendimento, passarão a ser realizados somente após requerimento prévio efetuado pelo cidadão, preferencialmente por meio dos canais remotos (Central 135, Internet e outros), com definição de data e hora para atendimento da solicitação.

§ 3º No caso de auxílio por incapacidade temporária, o INSS deve processar de ofício o benefício quando tiver ciência da incapacidade do segurado, mesmo que este não o tenha requerido.

Art. 27. O interessado que comparecer às Unidades de Atendimento deverá ser informado acerca da existência do Portal "Meu INSS", sobretudo acerca dos serviços oferecidos, devendo ser adotados os seguintes procedimentos:

I – caso o cidadão não possua senha e cadastro no Portal "Meu INSS", o atendente, na triagem, deverá emitir senha do "Meu INSS" via SAT e orientá-lo a acessar a Central de serviços;

II – quando a solicitação do requerimento for por meio da Central 135, deverá ser oferecido primeiramente o cadastro no Portal "Meu INSS", com a explicação para o que serve; e

III – caso o interessado não obtenha sucesso no cadastro do Portal "Meu INSS", ou não opte pelo seu cadastramento, o requerimento deverá ser efetuado conforme disposto no art. 15.

Art. 28. O requerimento pode ser protocolado diretamente pelo interessado maior de dezesseis anos ou por quem legal ou voluntariamente o represente.

Art. 29. O interessado deve informar no requerimento qual o benefício ou serviço que ele solicita e prestar informações adicionais a ele relacionadas, podendo ou não anexar documentos.

Parágrafo único. As informações prestadas pelo interessado estão disponíveis nos campos adicionais da tarefa no PAT e são parte integrante do requerimento, devendo ser consideradas para sua análise e tomada de decisão.

Art. 30. A apresentação de documentação incompleta não constitui motivo para recusa do requerimento do benefício ou serviço.

Parágrafo único. O requerimento será analisado mesmo que não venha acompanhado de documentos e ainda que, preliminarmente, constate-se que o interessado não faz jus ao benefício, cabendo ao servidor observar o disposto no art. 67. *(Redação dada pela Portaria DIRBEN/INSS 1.081/2022)*

SEÇÃO ÚNICA – DA DATA DE ENTRADA DO REQUERIMENTO – DER

Art. 31. A DER é aquela em que o interessado solicita o benefício ou serviço e vem identificada no protocolo, devendo ser informada nos sistemas de benefícios caso não ocorra a migração automática.

Art. 32. Em se tratando de requerimento de benefício, a DER será mantida sempre que o benefício requerido e o benefício devido ou o mais vantajoso fizerem parte do mesmo grupo, estabelecido em cada inciso a seguir na forma da Carta de Serviços ao Cidadão:
I – aposentadorias;
II – benefícios por incapacidade;
III – benefícios aos dependentes do segurado;
IV – salário-maternidade; e
V – benefícios assistenciais.

Art. 33. Em se tratando de análise inicial de requerimento de benefício de aposentadoria, na hipótese de reconhecimento do direito a mais de uma aposentadoria na DER, deverá ser oferecida ao segurado a opção pelo benefício que seja mais vantajoso.

§ 1º O disposto no *caput* se aplica às situações em que for implementado o direito a mais de uma aposentadoria em momento posterior à DER até a data do despacho do benefício – DDB, devendo ser oferecido ao segurado a possibilidade de reafirmação da DER para esta data, observado que ela deve ser anterior a DDB.

§ 2º Se durante a análise do requerimento inicial for verificado que na DER o segurado não satisfazia os requisitos para o reconhecimento do direito, mas que os implementou em momento posterior até a DDB, deverá o servidor informar ao interessado sobre a possibilidade de reafirmação da DER para esta data, observado que ela deverá ser anterior a DDB, exigindo-se, para sua efetivação, a expressa concordância por escrito ou por meio digital com validação de acesso por senha, como no Portal «Meu INSS».

Art. 34. Na hipótese de o segurado ter implementado todas as condições para uma ou mais de uma espécie de aposentadoria na DER ou até a data do despacho do benefício, na forma do disposto no art. 33, e em não lhe tendo sido oferecido o direito de opção pelo melhor benefício, deverá ser garantido esta opção no requerimento de revisão.

§ 1º Com exceção da hipótese prevista no *caput*, não cabe reafirmação da DER nos pedidos de revisão ou em decorrência de procedimento de apuração de indício de irregularidade, considerando tratar-se de procedimento exclusivo da concessão.

§ 2º A alteração da DER prevista no *caput* está limitada à data do despacho do benefício na concessão.

CAPÍTULO II – DA IDENTIFICAÇÃO DO INTERESSADO E DOS SEUS REPRESENTANTES

SEÇÃO I – DO INTERESSADO

Art. 35. A identificação pessoal do interessado poderá ser efetuada com qualquer documento oficial ou meio válido para esse fim.

§ 1º Quando o requerimento é efetuado por meio do canal de atendimento remoto do "Meu INSS" ou da "Entidade Conveniada", é suficiente, para fins de identificação do interessado, que o solicitante seja usuário autenticado.

§ 2º A manifestação do interessado por meio da Central 135, após confirmação de dados pessoais nos moldes do PAT, configura sua identificação para fins de requerimento.

§ 3º A identificação do interessado nas unidades de atendimento do INSS é efetuada mediante apresentação de documento oficial de identificação que contenha fotografia que permita seu reconhecimento:
I – Carteira de Identidade;
II – Carteira Nacional de Habilitação;
III – Carteira de Trabalho;
IV – Carteira Profissional;
V – Passaporte;
VI – Carteira de Identificação Funcional; ou

VII – outro documento dotado de fé pública que permita a identificação do cidadão.

§ 4º Estando o interessado identificado na forma descrita nos incisos acima, é desnecessário emitir exigência para solicitar documento de identificação oficial na fase de análise, exceto para fins de atualização cadastral ou em casos de dúvida fundada.

§ 5º Não poderá ser realizado o atendimento pretendido quando o interessado comparecer nas unidades de atendimento do INSS sem documento de identificação com foto.

§ 6º Quando efetivamente houver dúvida fundada acerca da pessoa que está solicitando o benefício ou o atendimento, o documento de identificação apresentado poderá ter a validade negada pela alteração das características físicas do titular ou pela mudança significativa no gesto gráfico da assinatura, cabendo emissão de exigência para que a documentação seja complementada.

§ 7º O INSS poderá utilizar biometria ou meio subsidiário de identificação incorporado aos sistemas informatizados de atendimento, como o registro fotográfico.

SEÇÃO II – DOS REPRESENTANTES DO INTERESSADO

Art. 36. Podem protocolar o requerimento em nome do interessado:

I – o representante legal: tutor nato, detentor da guarda, tutor, curador ou administrador provisório do interessado;

II – *(Revogado pela Portaria DIRBEN/INSS 1.081/2022)*

III – o procurador;

IV – a entidade conveniada.

V – o dirigente de entidade de atendimento de que trata o art. 92, § 1º, do Estatuto da Criança e do Adolescente – ECA. *(Acrescido pela Portaria DIRBEN/INSS 1.081/2022)*

Art. 37. Os menores de dezesseis anos são absolutamente incapazes para os atos da vida civil e devem ser representados pelos pais, pelo tutor ou pelo detentor da guarda.

§ 1º *(Revogado pela Portaria DIRBEN/INSS 1.081/2022)*

§ 2º O interessado maior de 16 (dezesseis) anos de idade poderá firmar requerimento de benefício ou serviço independentemente da presença dos pais, tutor ou detentor da guarda, observando que estes poderão representá-lo perante a Previdência Social até a maioridade civil, ou seja, até os 18 (dezoito) anos de idade. *(Redação dada pela Portaria DIRBEN/INSS 1.081/2022)*

Art. 38. A tutela é a instituição estabelecida por lei para proteção dos menores, cujos pais faleceram, foram considerados ausentes ou decaíram do poder familiar. *(Redação dada pela Portaria DIRBEN/INSS 1.081/2022)*

§ 1º O documento que comprova a representação legal do interessado menor tutelado é a certidão judicial de tutela.

§ 2º Ocorre a representação quando o tutor assina em nome do interessado e a assistência quando eles assinam em conjunto.

§ 3º No caso de tutor nato civilmente incapaz, este será substituído em suas atribuições para com o beneficiário menor incapaz por seu representante legal até o momento de adquirir ou recuperar sua capacidade civil, dispensando-se, neste caso, nomeação judicial.

Art. 39. A guarda, atributo do poder familiar, consiste no direito definido em juízo, quando necessário, de um dos pais, ambos ou terceiro ficar com a responsabilidade de ter o menor em sua companhia.

§ 1º O termo judicial de guarda provisória ou definitiva é o documento que comprova a guarda legal do interessado menor de idade. *(Redação dada pela Portaria DIRBEN/INSS 1.081/2022)*

§ 2º O dirigente de entidade que desenvolve programa de acolhimento institucional de crianças e adolescentes, de que trata o § 1º do art. 92 do ECA, é equiparado ao guardião e representa os menores sob sua guarda, podendo protocolar requerimento em seu nome mediante a apresentação dos seguintes documentos: *(Redação dada pela Portaria DIRBEN/INSS 1.081/2022)*

I – "Guia de acolhimento institucional familiar", devidamente preenchida e assinada pela autoridade judiciária, conforme Anexo I;

II – comprovação da qualidade de dirigente da entidade;

III – documento de identificação pessoal, em que conste seu CPF; e

IV – "Declaração de permanência", nos moldes do Anexo II, renovada a cada 6 (seis) meses. *(Redação dada pela Portaria DIRBEN/INSS 1.081/2022)*

§ 3º Ainda que o dirigente de entidade que desenvolve programa de acolhimento institucional de crianças e adolescentes seja equiparado a guardião, este deverá ser cadastrado na modalidade administrador provisório e o servidor registrará no sistema a ocorrência de que se trata de dirigente de entidade de acolhimento, conforme § 1º do art. 92 do ECA. *(Acrescido pela Portaria DIRBEN/INSS 1.081/2022)*

Art. 40. O curador representa o interessado que, por causa transitória ou permanente, não puder exprimir sua vontade, se assim declarado por sentença judicial.

§ 1º No ato do protocolo de requerimento de benefícios operacionalizados pelo INSS, não será exigida apresentação de termo de curatela de titular ou de beneficiário com deficiência.

§ 2º Para fins de instrução de requerimento protocolado por curador, deverá ser apresentado documento oficial de identificação do curador e termo de curatela.

§ 3º *(Revogado pela Portaria DIRBEN/INSS 1.081/2022)*

Art. 41. Os descendentes, ascendentes e o cônjuge do interessado podem lhe representar como administradores provisórios, pelo prazo de 6 (seis) meses, nos casos em que ele não puder protocolar o requerimento pessoalmente.

Parágrafo único. A prorrogação, além do prazo de 6 (seis) meses, dependerá da comprovação, pelo administrador provisório, do andamento do respectivo processo judicial de representação civil.

Art. 41-A. O administrador provisório e o dirigente de entidade que desenvolve programa de acolhimento institucional de crianças e adolescentes, de que trata o § 1º do art. 92 do ECA, deverão assinar o Termo de Compromisso, que comporá o processo administrativo. *(Acrescido pela Portaria DIRBEN/INSS 1.081/2022)*

Art. 42. Os apoiadores eleitos por pessoa com deficiência de acordo com o artigo 1.783-A do Código Civil não podem protocolar requerimento em seu nome, mas podem ter acesso a seus dados pessoais e processos.

SUBSEÇÃO I – DA PROCURAÇÃO PARA REQUERIMENTO

Art. 43. Para fins de requerimento, poderá o beneficiário capaz civilmente nomear e constituir procurador, por meio de instrumento de mandato, para que, em seu nome, possa praticar atos ou administrar interesses, contendo a qualificação do interessado e do procurador, os poderes que aquele conferiu a este, a data, o local e a assinatura.

§ 1º O menor entre 16 (dezesseis) e 18 (dezoito) anos pode ser procurador, nos termos da lei civil. *(Redação dada pela Portaria DIRBEN/INSS 1.081/2022)*

§ 2º O interessado analfabeto ou com deficiência visual ou física que o impeça de assinar poderá nomear procurador por meio de: *(Redação dada pela Portaria DIRBEN/INSS 1.081/2022)*

I – procuração pública; ou *(Redação dada pela Portaria DIRBEN/INSS 1.081/2022)*

II – procuração particular, desde que compareça a uma unidade de atendimento do INSS, onde deverá: *(Redação dada pela Portaria DIRBEN/INSS 1.081/2022)*

a) apor sua digital na procuração, na presença de um servidor público do INSS ou que esteja a serviço do INSS; ou *(Redação dada pela Portaria DIRBEN/INSS 1.081/2022)*

b) efetuar assinatura a rogo na presença de duas pessoas, preferencialmente servidores, as quais deverão assinar conjuntamente com um terceiro que assinará em nome da pessoa interessada. *(Redação dada pela Portaria DIRBEN/INSS 1.081/2022)*

§ 3º Na hipótese do §2º, em se tratando de outorgado advogado, os mandatos poderão ser formalizados por meio de instrumento particular ou outro documento, firmado a rogo por terceiro em nome da pessoa interessada, na presença de 2 (duas) testemunhas, que assinarão conjuntamente. *(Redação dada pela Portaria DIRBEN/INSS 1.081/2022)*

§ 4º *(Revogado pela Portaria DIRBEN/INSS 1.081/2022)*

§ 5º Assim como a procuração, o Termo de Representação e Autorização de Acesso a Informações Previdenciárias só terá validade se contiver a assinatura do interessado ou, caso ele seja analfabeto, se estiver acompanhado de procuração pública ou cumprir as orientações indicadas no II do §2º deste artigo, observado o disposto no §4º do art. 44. *(Redação dada pela Portaria DIRBEN/INSS 1.081/2022)*

§ 6º A procuração cujo único objeto seja a representação ad judicia dá poderes para o procurador representar o interessado apenas junto ao Poder Judiciário e, por si só, não produz efeito para representação no Processo Administrativo Previdenciário.

§ 7º O Processo Administrativo Previdenciário deverá ser instruído com a procuração ou outro documento que comprove a representação, o documento oficial de identificação e CPF do procurador e o termo de responsabilidade quando protocolado diretamente pelo procurador ou, se protocolado pelo interessado, quando houver atuação do procurador em qualquer de suas fases, observado o disposto nos parágrafos 1º e 3º art. 44. *(Redação dada pela Portaria DIRBEN/INSS 1.081/2022)*

§ 8º Quando o benefício for requerido diretamente pelo interessado e não houver atuação do procurador até o momento da conclusão da análise, não será necessário informar seus dados na habilitação do benefício nos sistemas corporativos.

§ 9º É permitido o substabelecimento da procuração quando constar poderes expressamente especificados no instrumento originário.

SUBSEÇÃO II – DAS ENTIDADES CONVENIADAS

Art. 44. O requerimento pode ser protocolado por entidades conveniadas que tenham celebrado Acordo de Cooperação Técnica com o INSS, devendo ser, obrigatoriamente:

I – órgãos da Administração Pública;

II – organizações da sociedade civil;

III – empresas em relação a seus empregados; e

IV – sindicatos ou entidades de aposentados relativamente a seus associados.

§ 1º O representante de Entidade Conveniada já foi identificado por ocasião da celebração do Acordo de Cooperação Técnica e seu documento de identificação pessoal não precisa integrar o requerimento do Processo Administrativo Previdenciário, ressalvado o disposto no §3º. *(Redação dada pela Portaria DIRBEN/INSS 1.081/2022)*

§ 2º O Termo de Representação e Autorização de Acesso a Informações Previdenciárias é o documento em que o interessado confere poderes para que a entidade conveniada o represente perante o INSS e deve estar anexado ao requerimento por ela protocolado.

§ 3º O advogado que protocola requerimento por meio de Acordo de Cooperação Técnica celebrado com a Ordem dos Advogados do Brasil – OAB deve instruí-lo com o Termo de Representação e Autorização de Acesso a Informações Previdenciárias ou com procuração e documento oficial de identificação. *(Redação dada pela Portaria DIRBEN/INSS 1.081/2022)*

§ 4º A dispensa prevista no § 3º do art. 43 também é aplicável nos casos de representações decorrentes de Acordos de Cooperação Técnica mantidos pela OAB com o INSS, para fins de requerimento de benefícios e serviços, quando estas se fizerem representar por meio de Termo de Representação e Autorização de Acesso a Informações Previdenciárias. *(Redação dada pela Portaria DIRBEN/INSS 1.081/2022)*

SUBSEÇÃO III – DO TERMO DE RESPONSABILIDADE

Art. 45. O termo de responsabilidade é o documento por meio do qual o procurador e o representante legal se comprometem a comunicar o óbito do titular ou dependente do benefício e a cessação da representação. *(Redação dada pela Portaria DIRBEN/INSS 1.081/2022)*

§ 1º O termo de responsabilidade poderá ser firmado em documento físico digitalizado e juntado ao processo ou por meio eletrônico. *(Redação dada pela Portaria DIRBEN/INSS 1.081/2022)*

§ 2º Para o caso de digitalização de documento físico, este deverá ser confrontado com as informações constantes nos sistemas corporativos, especialmente com o CNIS, como meio auxiliar na formação de convicção quanto à sua autenticidade ou integridade.

§ 3º Em se tratando de termo de responsabilidade eletrônico, este deverá estar assinado eletronicamente pelo representante legal ou procurador, observados, a partir de 1º de julho de 2021, os padrões de assinatura eletrônica definidos no Decreto nº 10.543, de 13 de novembro de 2020. *(Redação dada pela Portaria DIRBEN/INSS 1.081/2022)*

Art. 46. *(Revogado pela Portaria DIRBEN/INSS 1.081/2022)*

CAPÍTULO III – DA CONTA DE ACESSO

Art. 47. A Conta de Acesso, ou Conta gov.br, constitui de um meio de autenticação digital único do usuário aos serviços públicos digitais, ou seja, com um único usuário e senha o segurado poderá utilizar os serviços públicos digitais do INSS que estejam integrados com a Conta gov.br

Art. 48. A Conta de Acesso fornece um nível de segurança compatível com o grau de exigência, natureza e criticidade dos dados e das informações pertinentes ao serviço público solicitado.

Art. 49. Para segurança dos dados e protocolos informados no art. 48, foram criados "Níveis de Autenticação" que tem como principal característica ser um recurso de segurança da informação da identidade, permitindo a flexibilidade para realização do acesso.

Art. 50. O cadastro da Conta de Acesso pode ser feita:

I – por meio do aplicativo gov.br;
II – por meio dos Bancos Credenciados;
III – por meio do Internet Banking dos bancos conveniados;
IV – Por meio do balcão de atendimento do INSS.

SEÇÃO I – DOS NÍVEIS DE AUTENTICAÇÃO E DOS SELOS DE CONFIABILIDADE

Art. 51. Os Níveis de Autenticação são divididos em:

I – Nível Básico – Bronze;
II – Nível Verificado – Prata;
III – Nível Comprovado – Ouro.

Art. 52. Os Selos de Confiabilidade estão presentes em cada nível de autenticação e consistem em orientar para qualificação das contas com a obtenção dos atributos do interessado a partir das bases oficiais de governo, por meio das quais permitirão a utilização da credencial de acesso em sistemas internos dos clientes e serviços providos diretamente ao segurado.

Parágrafo único. É possível a variação de Níveis de Autenticação conforme a aquisição ou perda dos Selos de Confiabilidade.

Art. 53. Para adquirir o Nível Básico (Bronze), é necessário um dos seguintes Selos de Confiabilidade:

I – Selo Cadastro Básico com Validação de Dados Previdenciários: Validação do cadastro do cidadão por meio da base do CNIS;

II – Selo Balcão Presencial (INSS): Validação do cadastro do cidadão por meio do balcão presencial localizado nas agências do INSS, sem validação facial.

Art. 54. Para adquirir o Nível Verificado (Prata), é necessário um dos seguintes Selos de Confiabilidade:

I – Selo Internet Banking: Validação do cadastro do cidadão por meio da plataforma de Internet Banking dos bancos conveniados;

II – Selo Validação Facial: Validação do cadastro do cidadão por meio do balcão presencial localizado nas agências do INSS, com validação facial;

III – Selo Cadastro Básico com Validação em Base de Dados de Servidores Públicos da União: Validação do cadastro por meio de base de dados de Servidores Públicos da União.

Art. 55. Para adquirir o Nível Comprovado (Ouro), é necessário um dos seguintes selos de confiabilidade:

I – Selo Cadastro Básico com Validação em Base de Dados de Servidores Públicos da União: Validação do cadastro por meio de base de dados de Servidores Públicos da União.

II – Selo Validação Facial: Validação do cadastro do cidadão por meio de biometria facial. A base utilizada para comparação é a da Justiça Eleitoral (Tribunal de Justiça Eleitoral).

SEÇÃO II – DOS PROTOCOLOS PELO MEU INSS

Art. 56. Os segurados com o nível prata e nível ouro podem solicitar, pelo Portal "Meu INSS", os serviços:

I – Bloquear/Desbloquear Benefício para Empréstimo Consignado; e
II – Alterar Local ou Forma de Pagamento.

Parágrafo único. Nos requerimentos dos serviços a que se refere este artigo será exigida a juntada de documento de identificação com foto do beneficiário e, quando necessário, do procurador/representante legal.

Art. 57. Para requerimentos e protocolos em geral no "Meu INSS", será solicitado o Nível Básico (Bronze), exceto o tratado no art. 56, cujo serviço será realizado presencialmente através do agendamento do serviço "Atendimento Especializado".

TÍTULO III – DA FASE INSTRUTÓRIA

CAPÍTULO I – ANÁLISE PRÉVIA

Art. 58. A boa-fé do requerente é presumida e as informações por ele prestadas no Processo Administrativo Previdenciário devem ser consideradas para análise quanto ao reconhecimento do direito.
Parágrafo único. Não será emitida exigência para que o interessado se manifeste quanto às informações já prestadas nos campos adicionais do PAT ou em declarações anexadas ao requerimento, exceto se necessário para esclarecer eventuais divergências.

Art. 59. Presumem-se válidas as informações prestadas pelo interessado analfabeto no ato do protocolo do requerimento realizado mediante identificação com a senha do "Meu INSS", na Central 135, ou nas unidades de atendimento após ter sido identificado.
§ 1º Quando for necessária manifestação expressa do interessado analfabeto ou impossibilitado de assinar, o mesmo deverá comparecer a uma unidade de atendimento do INSS, onde deverá:
I – apor a sua digital no documento declaratório, na presença de um servidor público do INSS ou que esteja a serviço do INSS; ou
II – efetuar assinatura a rogo na presença de duas pessoas, preferencialmente servidores, as quais deverão assinar conjuntamente com um terceiro que assinará em nome da pessoa interessada.

Art. 60. A análise quanto ao reconhecimento do direito deve considerar os documentos juntados ao processo em análise e/ou em outros requerimentos.
§ 1º O teor e a integridade dos documentos digitalizados são de responsabilidade do interessado, que responderá nos termos da legislação civil, penal e administrativa por ilícitos ou eventuais fraudes.
§ 2º Existindo indício de erro ou fraude em relação a qualquer documento apresentado, o servidor deverá justificar a não utilização do referido documento além de:
I – encaminhar a situação para apuração, por meio de juízo de admissibilidade, conforme orientação específica; e
II – em se tratando de certidão de nascimento, casamento e óbito não saneado com consulta ao Sistema Nacional de Informações do Registro Civil – SIRC, caberá comunicação à Seção/Serviço de Administração de Informações de Segurados para atuação junto ao respectivo Cartório de Registro Civil de Pessoas Naturais.
§ 3º O CPF do interessado deve ser consultado no PAT para que, antes da análise do requerimento, seja verificado se há outros processos eletrônicos por ele requeridos, para possível aproveitamento de informações e/ou documentos.
§ 4º Caso o segurado requeira novo benefício, poderá ser utilizada a documentação de processo anterior para auxiliar a análise.
§ 5º Identificada a existência de processo de benefício indeferido da mesma espécie, deverão ser solicitadas informações acerca dos elementos nele constantes e as razões do seu indeferimento, suprindo-se estas pela apresentação de cópia integral do processo anterior, a qual deverá ser juntada ao novo pedido.
§ 6º Nos casos de impossibilidade material de utilização do processo anterior, ou se detectada a sua desnecessidade, devidamente justificada, fica dispensada a determinação do § 5º.
§ 7º O reconhecimento de firma, salvo imposição legal, somente será exigido quando houver dúvida de autenticidade documental.

Art. 60-A. As informações acerca dos registros de nascimento, natimorto, casamento e óbito poderão ser obtidas por meio de consulta ao SIRC. *(Acrescido pela Portaria DIRBEN/INSS 1.081/2022)*
§ 1º Constatada no SIRC a existência de informações de registros civis de que trata o *caput* e se estas forem convergentes com as informações declaradas no requerimento, a apresentação das respectivas certidões será dispensada.
§ 2º Se houver averbação ou anotação de informações, seja no SIRC ou no registro civil eventualmente juntado ao processo, prevalecerá a última informação averbada ou anotada.

Art. 61. Para produzirem efeito perante o INSS, as Certidões Civis de Nascimento, Casamento e Óbito emitidas no exterior devem seguir os procedimentos descritos neste artigo.
§ 1º No caso de brasileiros, as certidões deverão ser registradas no 1º Ofício de Registro Civil de Pessoas Naturais do domicílio do registrado ou no 1º Ofício do Distrito Federal, os quais farão o traslado dessas certidões emitidas por autoridade consular brasileira ou por autoridade estrangeira competente e observarão os seguintes critérios: *(Redação dada pela Portaria DIRBEN/INSS 1.081/2022)*
I – se a certidão tiver sido emitida por autoridade estrangeira de País signatário da Convenção sobre a Eliminação da Exigência de Legalização de Documentos Públicos Estrangeiros, deve

estar acompanhada do respectivo apostilamento;

II – as certidões serão registradas no Livro "E" e emitidas em língua portuguesa, nos mesmos padrões e modelos das certidões civis emitidas no Brasil.

§ 2º No caso de estrangeiros, as certidões deverão ser registradas no Cartório de Registro de Títulos e Documentos e estarem acompanhadas: *(Redação dada pela Portaria DIRBEN/INSS 1.081/2022)*

I – da respectiva tradução juramentada quando não estiverem redigidas em língua portuguesa e do apostilamento realizado pela autoridade do país emissor, caso sejam emitidas por países signatários da Convenção; ou *(Redação dada pela Portaria DIRBEN/INSS 1.081/2022)*

II – da respectiva tradução juramentada quando não estiverem redigidas em língua portuguesa e da legalização realizada junto às Repartições Consulares do Brasil no exterior. *(Acrescido pela Portaria DIRBEN/INSS 1.081/2022)*

§ 3º O registro nos cartórios das certidões indicadas no §2º é feito pela aposição de carimbo nas próprias certidões originais em língua estrangeira, bem como nas traduções juramentadas, quando não estiverem redigidas em língua portuguesa, e nos apostilamentos que as acompanham, observando-se que nesses documentos deverão estar apostos: *(Acrescido pela Portaria DIRBEN/INSS 1.081/2022)*

I – o carimbo de anexo/protocolado (numerador) em todas as folhas (certidão civil original emitida no exterior, respectiva tradução juramentada e respectivo apostilamento) e nele constará o nome do cartório e o número do registro e/ou protocolo;

II – o carimbo de registro no final e/ou na última folha e nele constará o nome, o endereço e o telefone do cartório, o número do registro e/ou protocolo, a data do registro, o nome completo do titular do cartório e dos substitutos e, ainda, selo e site para consulta no Tribunal de Justiça do Distrito Federal e Territórios – TJDFT.

Art. 62. Os dados constantes do CNIS relativos a atividade, vínculos, remunerações e contribuições valem, a qualquer tempo, como prova de filiação à Previdência Social, tempo de contribuição e salários de contribuição.

§ 1º Cabe ao requerente comprovar os dados divergentes, extemporâneos ou não constantes no CNIS sempre que o INSS emitir a respectiva carta de exigência.

§ 2º Quando os documentos apresentados não forem suficientes para o acerto do CNIS, mas constituírem início de prova material, ou caso haja dúvida quanto à veracidade ou contemporaneidade dos documentos apresentados, o INSS poderá realizar as diligências cabíveis, tais como:

I – consulta aos bancos de dados oficiais colocados à disposição do INSS;

II – emissão de ofício a empresas ou órgãos;

III – Justificação Administrativa; e

IV – Pesquisa Externa.

Art. 63. Os documentos necessários à atualização do CNIS e à análise de requerimentos de benefícios e serviços poderão ser apresentados em cópias simples, em meio físico ou eletrônico, dispensada a sua autenticação, exceto nas hipóteses em que haja previsão legal expressa ou dúvida fundada.

§ 1º É necessária a apresentação da via original do documento em caso de dúvida fundada quanto:

I – à sua integridade: quando se tratar de um documento constituído de múltiplas informações e houver dúvida se todas as suas partes foram apresentadas, nos casos em que a verificação do documento inteiro for necessária para análise do requerimento;

II – à sua autenticidade: quando houver indicativos de rasura, montagem ou elementos outros que indiquem que o documento possa não ser autêntico, após confrontação das informações do documento com as que estão registradas em sistemas corporativos ou em outros processos anteriores;

III – à identificação do responsável pela apresentação da cópia do documento: o INSS pode exigir os documentos originais a qualquer tempo, nos programas permanentes de revisão da concessão e da manutenção dos benefícios, ficando o responsável pela apresentação das cópias sujeito às sanções administrativas, civis e penais aplicáveis.

§ 2º São exemplos de hipóteses que podem ensejar dúvida fundada quanto à autenticidade da documentação apresentada:

I – inclusão de vínculo decorrente de contrato em que não se pode atestar a contemporaneidade das datas de admissão ou demissão, referente a período superior ao período limite para a marcação de extemporaneidade;

II – alteração de vínculo decorrente de contrato em que não se pode atestar a contemporaneidade das datas de admissão ou demissão, conforme o caso, referente a acréscimo de período superior ao período limite para a marcação de extemporaneidade;

III – inclusão ou alteração de vínculo decorrente de contrato onde se perceba que a intenção foi apenas para garantir a qualidade de segurado, referente a acréscimo de período inferior ao período limite para a marcação de extemporaneidade;

IV – inclusão de vínculo ou remuneração decorrente de contrato com informação de contribuições discrepantes, onde se perceba que a intenção foi garantir ao segurado o recebimento de valores elevados em benefício; ou

V – outros com base em motivos fortes e seguros, que foge ao senso comum e, por si, não levam ao convencimento acerca da veracidade das informações apresentadas.

Parágrafo único. Ao emitir exigência em razão da autenticidade ou integridade do documento, o servidor deverá produzir despacho fundamentado que justifique a necessidade.

Art. 64. As informações prestadas nos campos adicionais do PAT e os documentos apresentados pelo interessado, no requerimento em análise e/ou em requerimentos anteriores, serão complementadas com consultas obrigatórias aos sistemas corporativos do INSS e bancos de dados oficiais colocados à disposição do INSS.

Art. 65. Deverá ser emitida exigência para apresentação da via original de Certidão de Tempo de Contribuição – CTC emitida por ente detentor de Regime Próprio de Previdência Social – RPPS, quando uma cópia simples ou autenticada for apresentada e o período certificado influenciar no reconhecimento do direito.

§ 1º Não é necessário solicitar a via original desse documento, excepcionalmente, quando se tratar de CTC expedida e assinada eletronicamente pelos entes detentores de RPPS, devendo sua autoria, autenticidade e integridade ser conferida por meio de link externo, proveniente da página oficial do ente emissor, cujo endereço deverá estar disponível no próprio documento.

§ 2º Após a recepção da CTC, compete às unidades de atendimento sua digitalização e juntada no PAT, devolvendo-a ao interessado com anotação de recebimento no verso.

Art. 66. Os documentos microfilmados por empresas ou cartórios, ambos registrados por órgão do Ministério da Justiça e Segurança Pública, produzidos e armazenados nos termos da Lei nº 5.433, de 1968, apresentados em cópia perfeitamente legível e devidamente autenticada, fazem a mesma prova dos originais e deverão ser aceitos pelo INSS, sem a necessidade de diligência junto à empresa para verificar o filme e comprovar a sua autenticidade.

§ 1º A cópia de documento privado microfilmado deverá estar autenticada, com carimbo aposto em todas as folhas, pelo cartório responsável pelo registro da autenticidade do microfilme e que satisfaça os requisitos especificados no Decreto nº 1.799, de 1996.

§ 2º A confirmação do registro das empresas e cartórios poderá ser feita por meio de consulta ao órgão do Ministério da Justiça e Segurança Pública, responsável pelo registro.

§ 3º O documento não autenticado na forma do § 1º deste artigo não poderá ser aceito para a instrução de processos previdenciários, podendo, na impossibilidade de apresentação do documento original, ser confirmado por meio de Pesquisa Externa.

CAPÍTULO II – SANEAMENTO

Art. 67. O servidor responsável pelo requerimento deverá promover a análise prévia do pedido com os elementos que possuir, inclusive com as informações oriundas dos sistemas corporativos e caso os elementos não sejam suficientes para reconhecer o direito ao benefício ou serviço requerido deverá ser emitida carta de exigência ao requerente para complementação da documentação.

§ 1º As exigências necessárias para o requerimento devem ser feitas desde logo e de uma só vez ao interessado, justificando-se exigência posterior apenas em caso de dúvida superveniente.

§ 2º Não é necessário emitir exigência quando o interessado se manifesta, no ato do protocolo do requerimento, no sentido de não dispor de outras informações ou documentos úteis, diversos daqueles apresentados ou à disposição do INSS.

Art. 68. O interessado tem o direito de ter ciência da tramitação do Processo Administrativo do qual é parte, de formular alegações e de apresentar documentos antes da conclusão da análise de seu requerimento.

Art. 69. Quando o interessado declarar que fatos e dados estão registrados em documentos existentes em qualquer órgão público, o INSS procederá, de ofício, à obtenção dos documentos ou das respectivas cópias.

§ 1º Exceto se houver disposição legal em contrário, se o INSS necessitar de documentos comprobatórios de regularidade da situação do interessado, de atestados, de certidões ou de outros documentos comprobatórios que constem em base de dados oficial da Administração Pública Federal, deverá obtê-los diretamente do órgão ou da entidade responsável pela base de dados.

§ 2º O disposto no § 1º deste artigo não impede que o interessado providencie, por conta própria, o documento junto ao órgão responsável, se assim o desejar.

Art. 70. Quando for necessária a prestação de informações ou a apresentação de documentos por terceiros, poderá ser expedida comunicação para esse fim, mencionando-se data, prazo, forma e condições de atendimento.

Art. 71. A digitalização de documentos recebidos nas unidades de atendimento do INSS deverá ser acompanhada da conferência da integridade do documento digitalizado.

§ 1º A conferência prevista no *caput* deverá registrar se foi apresentado documento original, cópia autenticada em cartório, cópia autenticada administrativamente ou cópia simples.

§ 2º Os documentos resultantes da digitalização de originais serão considerados cópia autenticada administrativamente, e os resultantes da digitalização de cópia autenticada em cartório, de cópia autenticada administrativamente ou de cópia simples terão valor de cópia simples.

§ 3º A unidade de atendimento do INSS poderá:

I – proceder à digitalização imediata do documento apresentado e devolvê-lo imediatamente ao interessado; ou

II – receber o documento em papel para posterior digitalização, considerando que:

a) os documentos recebidos em papel que sejam originais ou cópias autenticadas em cartório devem ser devolvidos ao interessado; e

b) os documentos em papel recebidos que sejam cópias autenticadas administrativamente ou cópias simples podem ser descartados após realizada a sua digitalização.

Art. 72. Ressalvados os casos que impliquem imposição de deveres, ônus, sanções ou restrições ao exercício de direitos e atividades, a comunicação entre o INSS e o interessado poderá ser feita por qualquer meio, inclusive comunicação verbal, direta ou telefônica, e correio eletrônico, devendo a circunstância ser registrada no processo administrativo.

CAPÍTULO III – CARTA DE EXIGÊNCIA

Art. 73. O INSS deverá comunicar ao interessado, na primeira oportunidade e de uma só vez, sobre as exigências a seu cargo que são necessárias para o reconhecimento do direito.

Parágrafo único. É vedada a emissão de exigência para ratificar fato já comprovado pela apresentação de documento ou informação válida, justificando-se exigência posterior apenas em caso de dúvida superveniente.

Art. 74. Para complementar informações ou solicitar documentos e esclarecimentos, a comunicação com o interessado poderá ser feita por qualquer meio, preferencialmente eletrônico, através da atribuição do status de exigência no PAT.

§ 1º A carta de exigência deverá conter:

I – identificação do interessado e, se for o caso, do terceiro interessado;

II – número do protocolo do requerimento a que se refere;

III – texto que informe objetivamente qual o documento a ser apresentado e/ou qual a providência que deve ser tomada, não devendo ser informado apenas o ato normativo que justifica a solicitação;

IV – data, hora e local em que deve comparecer, acompanhado ou não de testemunhas, se for o caso, e informação se o interessado deve comparecer acompanhado de seu representante legal ou procurador; *(Redação dada pela Portaria DIRBEN/INSS 1.081/2022)*

V – informação da continuidade do processo independentemente do comparecimento.

§ 2º O formulário cujo preenchimento for solicitado deverá ser anexado na própria carta de exigência.

Art. 75. O prazo para cumprimento da exigência é de 30 (trinta) dias, contados da data da ciência do interessado, podendo ser prorrogado uma vez, por igual período, se ele apresentar pedido justificado.

§ 1º Todos os prazos previstos em relação aos pedidos de interesse dos segurados junto ao INSS começam a correr a partir da data da ciêntificação oficial, excluindo-se da contagem o dia do começo e incluindo-se o do vencimento, observando-se que:

I – considera-se prorrogado o prazo até o primeiro dia útil seguinte se o vencimento cair em dia em que não houver expediente nas unidades de atendimento ou este for encerrado antes da hora normal;

II – os prazos expressos em dias contam-se de modo contínuo; e

III – os prazos fixados em meses ou anos contam-se de data a data e se, no mês do vencimento, não houver o equivalente àquele do início do prazo, tem-se como termo o último dia do mês.

§ 2º O não atendimento da comunicação não implica no reconhecimento da verdade dos fatos de modo desfavorável à pretensão formulada pelo interessado.

Art. 76. Nos casos em que o endereço eletrônico de e-mail do interessado estiver corretamente cadastrado no PAT ou quando ele informar que concorda com o acompanhamento do processo por meio dos canais remotos, o recebimento e ciência da comunicação são presumidos e o prazo para cumprimento da exigência começa a contar em 05 (cinco) dias após a data de sua emissão no PAT.

§ 1º Se o interessado não informar endereço eletrônico de e-mail e não concordar com o acompanhamento do processo por meio das plataformas digitais, a exigência deverá ser enviada ao endereço para correspondência informado no requerimento ou cadastrado nos sistemas corporativos e bases governamentais, iniciando-se o prazo para seu cumprimento na data do recebimento constante do aviso de recebimento.

§ 2º Quando o interessado não concordar com o acompanhamento do processo por meio das plataformas digitais e seu endereço eletrônico ou de correspondência não forem localizados, a exigência deve ser emitida no PAT para que ele tenha ciência através de contato com a Central de 135 ou unidades de atendimento.

§ 3º Quando o interessado ficar ciente da exigência em alguma unidade de atendimento do INSS, esta deverá registrá-la em despacho no PAT.

Art. 77. O cadastramento de exigência para apresentação de procuração deverá observar as seguintes orientações:

I – aquele que comparecer à unidade de atendimento e alegar ser procurador de um interessado sem possuir procuração ou, ao menos, um documento de identificação válido do próprio interessado, não terá protocolado o benefício ou serviço que alegar que o interessado pretende obter;

II – aquele que comparecer à unidade de atendimento munido, além de um documento de identificação pessoal válido, um documento de identificação válido do interessado de quem alegar ser procurador, deve ser atendido, protocolado o benefício ou serviço pretendido e emitida exigência ao interessado para apresentação de procuração no prazo de 30 (trinta) dias;

III – até que a procuração seja apresentada, não deverão ser disponibilizadas, ao solicitante, informações pessoais do interessado, assim como não deverão ser aceitas declarações para fins de acerto de dados, vínculos, remunerações e contribuições, ou que importem em renúncia ou opção relacionada à percepção de benefício.

§ 1º Na situação prevista no inciso II deste artigo, quando não cumprida a exigência para apresentação da procuração, o servidor responsável pela análise do requerimento deverá certificar a desistência administrativa por ausência de documento essencial, sem análise dos dados constantes dos sistemas informatizados do INSS e sem análise de mérito.

§ 2º A simples entrega de documentos do segurado ou interessado no INSS, por terceiros, dispensa a apresentação de procuração para a respectiva juntada.

CAPÍTULO IV – JUSTIFICAÇÃO ADMINISTRATIVA

SEÇÃO I – DAS FINALIDADES

Art. 78. A Justificação Administrativa – JA é um procedimento realizado pelo INSS na fase instrutória de um Processo Administrativo Previdenciário, que consiste em fazer perguntas a testemunhas que possam prestar informações quanto ao fato ou circunstância de interesse do requerente, suprindo a falta ou insuficiência de documento.

§ 1º A Justificação Administrativa é parte do processo de atualização de dados do CNIS ou de reconhecimento de direitos, vedada a sua tramitação na condição de processo autônomo.

§ 2º O processamento da Justificação Administrativa deve ser oportunizado quando a concessão do benefício depender de documento ou de prova de ato ao qual o interessado não tenha acesso, exceto quanto a registro público de casamento, de idade ou de óbito, ou de qualquer ato jurídico para o qual a lei prescreva forma especial.

SEÇÃO II – DO INÍCIO DE PROVA MATERIAL

Art. 79. Para que seja autorizado o processamento de Justificação Administrativa para fins de comprovação de tempo de serviço ou de contribuição, dependência econômica, união estável, identidade e relação de parentesco, é necessário que o Processo Administrativo contenha ao menos um documento contemporâneo, que possa ser considerado como início de prova do fato a ser comprovado.

§ 1º O documento apresentado serve como início de prova quando demonstra a plausibilidade do que se pretende comprovar, devendo estar em nome do interessado e ter sido emitido na época do acontecimento do ato ou fato a ser comprovado.

§ 2º A Justificação Administrativa ou Judicial não tem validade quando fundamentada em prova exclusivamente testemunhal, exceto na ocorrência de motivo de força maior ou caso fortuito, observado o disposto no § 2º do art. 143 do RPS.

§ 3º A Justificação Administrativa para confirmar a identidade e relação de parentesco constitui hipótese de exceção e será utilizada quando houver divergência de dados a respeito da correspondência entre a pessoa interessada e os documentos exibidos.

Art. 80. Somente será aceito laudo de exame documentoscópico com parecer grafotécnico como início de prova material se realizado por perito especializado em perícia grafotécnica acompanhado dos documentos originais que serviram de base para a realização do laudo/exame.

§ 1º Entende-se por perito especializado em perícia grafotécnica:

I – perito oficial: profissional de nível superior detentor de cargo público específico para essa atribuição (Instituto de Criminalística ou Instituto de Medicina Legal), que atue obrigatoriamente em perícias no âmbito da Justiça Criminal, podendo também atuar na realização de laudos periciais cíveis ou particulares; e

II – perito não oficial: profissional que atua em laudo pericial cível ou laudo pericial de interesse particular e, do ponto de vista técnico-científico, segue os mesmos critérios adotados pelos peritos oficiais na realização das perícias criminais.

§ 2º São requisitos para comprovação da condição de perito especializado em perícia grafotécnica:

I – perito oficial: documentos que atestem sua especialização de perito em exame documentoscópico e comprovem a função de perito oficial no Instituto de Criminalística ou Instituto de Medicina Legal; e

II – perito não oficial: documentos que atestem sua especialização de perito em exame documentoscópico, diploma de curso superior e inscrição no conselho regional de fiscalização de sua profissão. Deverá, ainda, comprovar experiência profissional em exame grafotécnico com perícias documentoscópicas realizadas em juízo.

SEÇÃO III – DA COMPROVAÇÃO DA ATIVIDADE ESPECIAL

Art. 81. Quando o segurado solicitar análise de atividade especial e a empresa estiver legalmente extinta, a JA poderá ser processada, mediante requerimento, observando-se as seguintes disposições:

I – quando se tratar de enquadramento por categoria profissional ou atividade até 28 de abril de 1995 que não puder ser comprovado de outra forma, a JA será instruída com base em documentos que informem a função exercida, devendo ser verificada a correlação entre a atividade da empresa e a profissão do segurado; e

II – quando se tratar de exposição a qualquer agente nocivo em período anterior ou posterior à Lei nº 9.032, de 1995, a JA deverá ser instruída obrigatoriamente com a apresentação do laudo técnico de avaliação ambiental coletivo ou individual, contemporâneo à época da prestação do serviço ou acompanhado de declaração em que a empresa informe expressamente que não houve alteração no ambiente de trabalho ou em sua organização ao longo do tempo, tais como:

a) mudança de layout;

b) substituição de máquinas ou de equipamentos;

c) adoção ou alteração de tecnologia de proteção coletiva; e

d) alcance dos níveis de ação estabelecidos nos subitens do item 9.3.6 da NR-09, aprovadas pela Portaria nº 3.214, de 1978, do MTE, se aplicável.

§ 1º Para o disposto neste artigo, a comprovação da extinção da empresa, que deve estar baixada no Cadastro Nacional de Pessoa Jurídica – CNPJ ou cancelada, inapta ou extinta no respectivo órgão de registro, far-se-á por documento que demonstre a sua baixa, cancelamento, inaptidão ou extinção em algum dos órgãos ou registros competentes.

§ 2º Na hipótese do inciso II, a JA processada dependerá da análise da perícia médica, devendo a conclusão do mérito ser realizada pelo servidor que a autorizou.

SEÇÃO IV – DA EXCLUSÃO DE DEPENDENTES

Art. 82. Poderá ser processada a JA para eliminar possível dependente em favor de outro, situado em ordem concorrente ou preferencial, por inexistir qualquer condição essencial ao primeiro, observando-se que:

I – cada pretendente ao benefício deverá ser cientificado, antes da realização da JA, quanto à existência de outro possível dependente e ser orientado a requerer, também, a oitiva de testemunhas ou realizar a comprovação de dependência econômica, quando couber;

II – sempre que o dependente a excluir for incapaz, a JA somente poderá ser realizada se ele estiver devidamente representado; e

III – no caso do inciso II deste artigo, em razão da concorrência de interesses, o representante legal não poderá ser pessoa que venha a ser beneficiada com a referida exclusão, hipótese em que não caberá o processamento de JA, devendo o interessado fazer a prova perante o juízo de direito competente.

SEÇÃO V – DO REQUERIMENTO

Art. 83. Para o processamento de JA, o interessado deverá apresentar, além do início de prova material, requerimento no qual exponha, clara e minuciosamente, os pontos que pretende justificar, além de indicar testemunhas idôneas, em número não inferior a dois nem superior a seis, cujos depoimentos possam levar à convicção da veracidade do que se pretende comprovar.

Parágrafo único. Deverá ser oportunizada ao interessado a complementação dos dados necessários, mediante exigência para cumprimento no prazo máximo de trinta dias, em virtude da ausência dos requisitos previstos no *caput* deste artigo.

Art. 84. Caso uma ou mais testemunhas residam em localidade distante do local do processamento da JA, a oitiva poderá ser realizada na Unidade de Atendimento mais próxima da residência de cada uma delas, mediante requerimento do interessado.

SEÇÃO VI – DAS TESTEMUNHAS

Art. 85. Não podem ser testemunhas:

I – a parte interessada;

II – o menor de dezesseis anos;

III – quem intervém em nome de uma parte, assim como o tutor na causa do menor e o curador, na do curatelado;

IV – o cônjuge e o companheiro, bem como o ascendente e o descendente em qualquer grau, a exemplo dos pais, avós, bisavós, filhos, netos, bisnetos;

V – o irmão, tio, sobrinho, cunhado, a nora, genro ou qualquer outro colateral, até terceiro grau, por consanguinidade ou afinidade;

VI – quem, acometido por enfermidade ou diagnosticado com impedimento de longo prazo de natureza por debilidade mental ou intelectual caracterizador de deficiência à época de ocorrência dos fatos, não podia discerni-los ou, ao tempo sobre o qual deve depor, não estiver habilitado a transmitir as percepções; e

VII – o cego e o surdo, quando a ciência do fato depender dos sentidos que lhes faltam.

SEÇÃO VII – DA AUTORIZAÇÃO

Art. 86. Após apresentação do requerimento por parte do interessado, caberá ao servidor a análise dos requisitos ao processamento da JA:

I – Se o interessado não tiver apresentado documento que possa ser considerado como início de prova material para comprovar o que pretende, o servidor relatará em despacho, devidamente justificado, a não autorização do processamento por motivo de não preenchimento dos requisitos necessários e comunicará ao interessado, informando a possibilidade de recurso e o respectivo prazo;

II – Se os requisitos para processamento da JA forem atendidos, o servidor efetuará despacho para:

a) informar qual documento foi considerado como início de prova;

b) autorizar seu processamento com a indicação do período aprovado (data a data); e *(Redação dada pela Portaria DIRBEN/INSS 1.081/2022)*

c) encaminhar o processo ao processante por meio da criação da subtarefa de Justificação PAT, que utilizará os documentos e informações à sua disposição como subsídio para formular as perguntas.

Art. 87. No retorno dos processos em fase recursal, cuja decisão determina o processamento da JA, o servidor responsável deverá processá-la independentemente da existência de início de prova material.

SEÇÃO VIII – DO PROCESSAMENTO

Art. 88. A JA será processada na Unidade de Atendimento escolhida pelo interessado para manutenção do benefício, realizando-se apenas a oitiva das testemunhas em Unidade diversa, se assim requerido.

Art. 89. Uma vez autorizada a JA, o interessado será notificado do local, data e horário no qual será realizada a oitiva das testemunhas.
§ 1º O INSS não intimará diretamente as testemunhas, cabendo ao interessado comunicá-las.
§ 2º Caberá ao processante notificar o interessado sobre o local, data, horário e o nome da testemunha que deverá comparecer.

Art. 90. No dia e hora marcados, as testemunhas serão indagadas pelo processante designado a respeito dos pontos que forem objeto de justificação, observado que:
I – por ocasião do processamento da JA, será lavrado o "Termo de Assentada e Autorização de Uso de Imagem e Depoimento", por testemunha, conforme Anexo III, consignando-se a presença ou ausência do justificante e de seu procurador, para, posteriormente, o processante passar à inquirição da testemunha, que será realizada e registrada mediante gravação em áudio e vídeo ou, na impossibilidade, registrando a termo o depoimento;
II – o processante registrará a presença, ou não, do interessado e de seu representante/procurador;
III – cada uma das testemunhas será ouvida separadamente;
IV – cada uma das testemunhas será cientificada do motivo pelo qual o justificante requereu a JA e o que pretende comprovar;
V – cada uma das testemunhas será advertida das cominações previstas nos arts. 299 e 342 do Código Penal;
VI – o justificante e seu procurador são autorizados a presenciar a oitiva e, ao final de cada depoimento, podem formular perguntas e dirigi-las ao processante, que questionará as testemunhas;
VII – caso o processante entenda que as perguntas são impertinentes ou abusivas, pode restringi-las ou indeferi-las; e
VIII – caso o comportamento do justificante ou do procurador dificultem ou prejudiquem o bom andamento do trabalho do servidor, serão advertidos e proibidos de participar do restante do procedimento, caso persistam.
Parágrafo único. Do "Termo de Assentada e Autorização de Uso de Imagem e Depoimento" deverá constar o nome e a qualificação da testemunha, à vista do seu documento de identificação, que será mencionado, conforme Anexo III, que será assinado por todos os presentes à oitiva.

Art. 91. O comparecimento do justificante ou de seu procurador no processamento da JA não é obrigatório.
Parágrafo único. Caso o processante entenda necessário dirimir eventual controvérsia, poderá convocar o justificante para prestar depoimento, se este não estiver presente.

Art. 92. A JA processada por determinação judicial deverá observar os termos nela previstos.
Parágrafo único. Quando a ordem judicial determinar o processamento de Justificação Administrativa contrariando as normas administrativas relacionadas ao rito de processamento da JA, deverá ser encaminhado para a Procuradoria Federal Especializada junto ao INSS, para atuar junto à Procuradoria-Geral Federal responsável pela defesa judicial, para que este órgão promova a avaliação de impugnação ou definição dos parâmetros de execução de cada decisão.

SEÇÃO IX – DA HOMOLOGAÇÃO DA JA

Art. 93. Concluído o depoimento das testemunhas, compete ao processante a emissão de parecer conclusivo quanto à eficácia da JA para comprovar o que foi solicitado.
§ 1º O parecer emitido pelo processante deve conter:

I – o relatório sucinto dos fatos;

II – a sua percepção acerca da idoneidade das testemunhas, confrontando a prova oral produzida com os documentos apresentados e as demais informações dos sistemas corporativos; *(Redação dada pela Portaria DIRBEN/INSS 1.081/2022)*

III – a informação de que foi observada, no processamento, a forma prevista nos atos normativos; e

IV – *(Revogado pela Portaria DIRBEN/INSS 1.081/2022)*

§ 1º Na hipótese do processamento da JA em mais de uma Unidade de Atendimento, nos casos em que uma ou mais testemunhas residam em localidade distante da unidade mantenedora, cada processante deverá emitir o parecer previsto no *caput* em relação aos depoimentos por ele colhidos, mas à APS mantenedora caberá a conclusão final quanto à homologação da JA.

§ 2º Na hipótese do processamento da JA em mais de uma Unidade de Atendimento, nos casos em que uma ou mais testemunhas residam em localidade distante da unidade mantenedora, cada processante deverá emitir o parecer previsto no *caput* em relação aos depoimentos por ele colhidos. *(Redação dada pela Portaria DIRBEN/INSS 1.081/2022)*

§ 3º Caso a JA tenha sido eficaz para comprovar parcialmente os fatos ou períodos de contribuição alegados pelo justificante, o parecer deverá conter a delimitação clara entre o que foi e o que não foi reconhecido. *(Acrescido pela Portaria DIRBEN/INSS 1.081/2022)*

Art. 94. A homologação quanto à forma da JA compete ao processante e a homologação quanto ao mérito compete ao servidor que a autorizou ou a outro que se torne responsável pela análise processual, exceto nos casos em que ela tiver sido processada para atendimento à diligência recursal. *(Redação dada pela Portaria DIRBEN/INSS 1.081/2022)*

§ 1º Na hipótese de diligência judicial, observado o disposto no art. 92, se ausentes os requisitos para o processamento ou homologação da justificação, tais como inexistência de início de prova material ou insuficiência do número de testemunhas, a JA realizada será declarada ineficaz.

§ 2º Na hipótese de diligência recursal, se ausente o requisito subjetivo para o processamento ou homologação da justificação, de inexistência de início de prova material, a JA realizada será declarada ineficaz.

Art. 95. Após o processamento e homologação da JA, a subtarefa será concluída no PAT para prosseguimento da análise do requerimento principal.

Art. 96. Não caberá recurso da decisão conclusiva do INSS que considerar eficaz ou ineficaz a JA.

SEÇÃO X – DA JUSTIFICAÇÃO JUDICIAL

Art. 97. A Justificação Judicial corresponde à decisão judicial prolatada para suprir a falta ou a insuficiência de documento ou para produzir prova de fato ou circunstância de interesse dos beneficiários perante a Previdência Social.

Art. 98. A Justificação Judicial, para fins de comprovação de tempo de contribuição, dependência econômica, identidade e relação de parentesco, somente produzirá efeito quando for baseada em início de prova material contemporânea dos fatos, não sendo admitidas as provas exclusivamente testemunhais.

§ 1º A inclusão, a exclusão, a ratificação e a retificação de vínculos, remunerações e contribuições, ainda que reconhecidos em ação trabalhista transitada em julgado, dependerão da existência de início de prova material contemporânea dos fatos.

§ 2º A homologação da Justificação Judicial processada com base em prova exclusivamente testemunhal dispensa a Justificação Administrativa quando complementada com início de prova material contemporânea dos fatos.

SEÇÃO XI – DAS OUTRAS DISPOSIÇÕES

Art. 99. Se, após o processamento da JA, ficar evidenciado que a prestação de serviço ocorreu sem relação de emprego, será feito o reconhecimento da filiação na categoria correspondente, com obrigatoriedade do recolhimento das contribuições, quando for o caso.

Art. 100. Após a conclusão da JA, se o interessado apresentar documentos de início de prova adicionais que, confrontados com os depoimentos, possam ampliar os períodos já homologados, poderá ser efetuado termo aditivo e reconhecidos os novos períodos.

Art. 101. Não caberá reinquirição de testemunhas ou novo processamento de JA para o mesmo objeto quando a anterior já tiver recebido análise de mérito.

Art. 102. A JA poderá ser processada por meios eletrônicos, conforme procedimentos definidos em ato específico.

CAPÍTULO V – DA PESQUISA EXTERNA

Art. 103. Entende-se por pesquisa externa as atividades realizadas junto a beneficiários, empresas, órgãos públicos, entidades representativas de classe, cartórios, e demais entidades e profissionais credenciados, necessárias para a atualização do CNIS, o reconhecimento, manutenção e revisão de direitos, bem como para o desempenho das atividades de serviço social, perícias médicas, habilitação e reabilitação profissional, bem como para o acompanhamento da execução dos contratos com as instituições financeiras pagadoras de benefícios.

§ 1º A pesquisa externa será realizada por servidor do INSS previamente designado por meio de Portaria.

§ 2º Na pesquisa externa poderão ser colhidos depoimentos e examinados documentos aos quais a lei não assegure sigilo e que visem sanar as dúvidas do solicitante, conforme disposições em ato específico.

§ 3º No caso de órgão público poderá ser dispensada a pesquisa externa quando, por meio de ofício, restar esclarecido o que se pretende comprovar, salvo se, oficiado o referido órgão, não for possível formar convicção em relação ao que se pretende comprovar.

§ 4º A pesquisa externa somente será autorizada depois de verificada a impossibilidade de o interessado apresentar os documentos solicitados pelo INSS ou restarem dúvidas nos documentos apresentados.

Art. 104. O servidor designado por dirigente do INSS buscará junto à empresa as informações ou registros de que dispuser, relativamente a segurado a seu serviço e previamente identificado, para fins de instrução ou revisão de processo de reconhecimento de direitos e outorga de benefícios do RGPS.

TÍTULO IV – DA FASE DECISÓRIA

Art. 105. O Processo Administrativo Previdenciário será concluído com análise do mérito do requerimento ou sem análise do mérito, quando ocorrer a desistência expressa do interessado ou por abandono processual.

§ 1º O processo será concluído com análise do mérito quando for possível dar uma resposta definitiva ao que foi solicitado no requerimento, quer seja decidido pela concessão ou indeferimento do benefício ou serviço.

§ 2º Esgotado o prazo para cumprimento da exigência sem que os documentos solicitados pelo INSS tenham sido apresentados pelo segurado requerente, e em havendo elementos suficientes ao reconhecimento do direito, o processo será decidido neste sentido, observado o disposto neste Capítulo.

§ 3º Na hipótese do parágrafo anterior, não havendo elementos que permitam o reconhecimento do direito ao segurado, o requerimento será encerrado sem análise do mérito, por desistência do pedido, após decorridos 75 (setenta e cinco) dias da ciência da referida exigência.

§ 4º O encerramento do processo sem análise do mérito, por desistência do pedido, não prejudica a apresentação de novo requerimento pelo interessado, que terá efeitos a partir da data da nova solicitação

Art. 106. O interessado tem o dever de prestar as informações que lhe forem solicitadas, apresentar documentos para comprovação de dados divergentes, extemporâneos ou não constantes no CNIS e colaborar para o esclarecimento dos fatos, estando o requerimento apto a ser concluído com análise do mérito:

I – quando as informações e documentos anexos ao requerimento inicial forem suficientes para o reconhecimento do direito;

II – após o cumprimento da exigência solicitada ou manifestação do requerente pela impossibilidade de cumprimento;

III – após o vencimento do prazo para cumprimento da exigência, desde que:

a) o requerimento esteja instruído com informações necessárias para habilitação nos sistemas de benefício; e *b)* não haja vícios de representação.

Parágrafo único. Se não atendidos os requisitos previstos no inciso III, o requerimento será arquivado sem análise do mérito, por motivo de desistência do interessado, após 75 (setenta e cinco) dias contados da data de ciência da exigência.

Art. 107. O INSS deve conceder o melhor benefício a que o segurado fizer jus, cabendo ao servidor orientar nesse sentido.

Art. 108. Quando, por ocasião da decisão, for identificado que estão satisfeitos os requisitos para mais de um tipo de benefício, cabe ao INSS oferecer ao segurado o direito de opção, mediante a apresentação dos demonstrativos financeiros de cada um deles.

§ 1º A opção deverá ser expressa e constar nos autos.

§ 2º Nos casos previstos no *caput*, deverá ser observada a seguinte disposição:

I – se os benefícios forem do mesmo grupo, a DER será mantida; e

II – se os benefícios forem de grupos distintos, e o segurado optar por aquele que não requereu inicialmente, a DER será fixada na data da habilitação do benefício, observado o disposto no art. 31 a 34.

Art. 109. A Administração tem o dever de explicitamente emitir decisão nos Processos Administrativos e sobre solicitações ou reclamações em matéria de sua competência.

§ 1º A decisão administrativa, em qualquer hipótese, deverá conter despacho sucinto do objeto do requerimento administrativo, fundamentação com análise das provas constantes nos autos, bem como conclusão deferindo ou indeferindo o pedido formulado, sendo insuficiente a mera justificativa do indeferimento constante no sistema corporativo da Previdência Social.

§ 2º A motivação deve ser clara e coerente, indicando quais os requisitos legais que foram ou não atendidos, podendo fundamentar-se em decisões anteriores, bem como notas técnicas e pareceres do órgão consultivo competente, os quais serão parte integrante do ato decisório.

§ 3º Todos os requisitos legais necessários à análise do requerimento devem ser apreciados no momento da decisão, registrando-se no Processo Administrativo a avaliação individualizada de cada requisito legal.

§ 4º Considera-se concluída a instrução do Processo Administrativo quando estiverem cumpridas todas as exigências, se for o caso, e não houver mais diligências ou provas a serem produzidas.

§ 5º Finalizada a análise do processo, os resumos e extratos dos sistemas de benefícios devem ser anexados no GET, com a conclusão da respectiva tarefa. *(Acrescido pela Portaria DIRBEN/INSS 1.081/2022)*

Art. 110. O interessado poderá, mediante manifestação e enquanto não proferida a decisão, desistir do pedido formulado.

§ 1º Havendo vários interessados, o pedido de desistência atinge somente aquele que o solicitou.

§ 2º O INSS pode analisar a matéria objeto do requerimento mesmo que o requerente tenha desistido do pedido, para uniformização de entendimento e sem proferir decisão relacionada ao interessado.

§ 3º Quando houver indício de irregularidade, o pedido de desistência não impede o INSS de prosseguir com a análise do requerimento.

§ 4º Considera-se desistência a falta de manifestação pelo cumprimento de exigência após 75 (setenta e cinco) dias de sua ciência.

§ 5º A desistência poderá ser efetuada eletronicamente, inclusive considerando o cancelamento da tarefa por meio digital.

Art. 111. O encerramento do processo sem análise do mérito, por desistência do pedido, não prejudica a apresentação de novo requerimento pelo interessado, que terá efeitos a partir da data da nova solicitação.

Parágrafo único. Não caberá recurso nos casos em que restar caracterizada a desistência do requerimento sem análise do mérito de que tratam os arts. 105, § 3º e 110.

Art. 112. As empresas privadas e entes da administração pública direta e indireta de qualquer dos Poderes da União, Estados e Municípios, que possuam em seus quadros ocupantes de cargo, emprego ou função pública, terão acesso às decisões administrativas de benefícios requeridos por seus empregados, resguardadas as informações consideradas sigilosas. *(Redação dada pela Portaria DIRBEN/INSS 1.012/2022)*

§ 1º A consulta será disponibilizada por meio do sítio do Instituto Nacional de Seguro Social – www.gov.br/inss – nas opções de serviços para empresas. *(Acrescido pela Portaria DIRBEN/INSS 1.012/2022)*

§ 2º O acesso à consulta dependerá de prévio cadastro perante a Receita Federal do Brasil a ser realizado na Unidade de Atendimento ao Contribuinte da Receita Federal do Brasil da jurisdição do estabelecimento centralizador (raiz ou matriz). *(Acrescido pela Portaria DIRBEN/INSS 1.012/2022)*

§ 3º As informações de benefício que serão fornecidas referem-se à data do requerimento, da concessão, de início e de cessação, quando houver, além do seu status no momento da consulta. *(Acrescido pela Portaria DIRBEN/INSS 1.012/2022)*

§ 4º As espécies de benefícios passíveis de consulta são: *(Acrescido pela Portaria DIRBEN/INSS 1.012/2022)*

I – Auxílio por incapacidade temporária;

II – Auxílio-acidente;

III – Aposentadorias;

IV – Pensão por morte acidentária;

V – Antecipação de auxílio por incapacidade temporária, prevista na Lei nº 13.982, de 2 de abril de 2020.

§ 5º A identificação da Antecipação de auxílio por incapacidade temporária é feita por meio do detalhamento das informações do benefício, quando o valor atribuído no campo "Tratamento" for 84 ou 85, uma vez que é representado pela espécie 31 – Auxílio por Incapacidade Temporária. *(Acrescido pela Portaria DIRBEN/INSS 1.012/2022)*

§ 6º As informações serão disponibilizadas por um período de 18 (dezoito) meses, contados da data do despacho do benefício (DDB), até a adequação final do sistema que permitirá a verificação das informações por maior período. *(Acrescido pela Portaria DIRBEN/INSS 1.012/2022)*

§ 7º Objetivando o cumprimento do disposto no § 14, do artigo 37, da Constituição Federal, somente o acesso dos entes da administração pública contemplará informações de todas as espécies abrangidas pelo inciso III do § 4º, de ocupantes de cargo, emprego ou função pública, de integrantes de seu corpo funcional. *(Acrescido pela Portaria DIRBEN/INSS 1.012/2022)*

§ 8º As empresas privadas terão acesso às informações de benefícios previdenciários objetivando o conhecimento acerca do resultado dos requerimentos administrativos relacionados a existência de incapacidade laboral e/ou acidentária, bem como a notificação da ocorrência de eventos que repercutem na relação laboral, conforme disposições nos artigos 49, parágrafo único do 69, 72, 76-B e 346 do Decreto nº 3.048, de 6 de maio de 1999, e artigo 4º, da Lei nº 13.982, de 2 de abril de 2020. *(Acrescido pela Portaria DIRBEN/INSS 1.012/2022)*

§ 9º O uso dos dados dos segurados em finalidade diversa da estabelecida nesta Portaria acarretará a respectiva responsabilização. *(Acrescido pela Portaria DIRBEN/INSS 1.012/2022)*

Art. 113. No ato da conclusão da tarefa deve-se informar se o pedido foi indeferido ou deferido, em texto simples e de fácil entendimento para o público externo, não devendo ser informado o despacho fundamentado.

Art. 114. Conclui-se o Processo Administrativo com a decisão administrativa, ressalvado o direito de o requerente solicitar recurso ou revisão nos prazos previstos nas normas vigentes.

Parágrafo único. Constatado erro na decisão administrativa, deverá ser revisto de ofício o processo administrativo já concluído para que se proceda ao deferimento do pedido devidamente fundamentado, observando-se a decadência e a prescrição, conforme o caso. *(Redação dada pela Portaria DIRBEN/INSS 1.081/2022)*

TÍTULO V – DAS DISPOSIÇÕES DIVERSAS RELATIVAS AO PROCESSO

CAPÍTULO I – DAS VISTAS, CÓPIA E DA RETIRADA DE PROCESSOS

Art. 115. O Processo Administrativo Previdenciário, por sua natureza, contém informações de caráter sigiloso relacionadas ao interessado, que não podem ser divulgadas a terceiros sem sua anuência.

§ 1º Estando as informações pessoais do interessado protegidas por sigilo, a cópia, retirada ou as vistas ao Processo Administrativo Previdenciário só podem ser fornecidas ao próprio interessado, seu representante legal ou advogado com procuração. *(Acrescido pela Portaria DIRBEN/INSS 1.081/2022)*

§ 2º Na solicitação de cópia de processo com laudo social, realizada por procurador ou por entidade conveniada, será obrigatória a apresentação de procuração com consentimento expresso do interessado ou seu tutor nato, tutor, curador, detentor de guarda legal ou administrador provisório para acesso ao Laudo Social, nos termos do inciso II, §1º do art. 31, da Lei nº 12.527, de 18 de novembro de 2011. *(Acrescido pela Portaria DIRBEN/INSS 1.081/2022)*

§ 3º Em caso de inexistência da documentação comprobatória de que trata o §2º, o servidor responsável pela análise deverá emitir exigência solicitando a regularização do pedido. *(Acrescido pela Portaria DIRBEN/INSS 1.081/2022)*

§ 4º Em caso de falecimento do segurado, a cópia do processo poderá ser requerida pelos seus dependentes ou herdeiros. *(Acrescido pela Portaria DIRBEN/INSS 1.081/2022)*

Art. 116. A cópia do Processo Administrativo Eletrônico deverá ser fornecida em meio digital, salvo nos casos em que o requerente declara a impossibilidade de utilização dos Canais Remotos.

§ 1º O custo da impressão e das cópias entregues em meio físico será ressarcido pelo requerente, conforme disposto em ato específico.

§ 2º Quando o interessado optar pela realização das cópias de processo físico fora da Unidade, deverá ser acompanhado por servidor, devendo ambos zelarem pela integridade do processo nessa situação.

Art. 117. O advogado poderá retirar o processo físico da Unidade, pelo prazo máximo de 10 (dez) dias, mediante requerimento e termo de responsabilidade com compromisso de devolução tempestiva, observados os impedimentos previstos no art. 5º.

§ 1º O deferimento da carga depende da apresentação de procuração ou substabelecimento.

§ 2º É admitido o deferimento da carga àquele que não é advogado do interessado somente nas hipóteses de estagiário inscrito na OAB e que apresente o substabelecimento ou procuração outorgada pelo advogado responsável, nos termos do § 2º do art. 3º da Lei nº 8.906, de 1994.

§ 3º O requerimento de carga deverá ser decidido no prazo improrrogável de dois (dois) dias úteis.

§ 4º Quando aberto prazo para interposição de recurso ou contrarrazões do interessado, a data de devolução do processo não será posterior ao termo final do prazo para a prática do ato, ainda que inferior a dez (dez) dias.

Art. 118. Não sendo devolvido o processo físico no prazo estabelecido, a Unidade de Atendimento deverá comunicar o fato à Procuradoria Federal Especializada – PFE local para adoção das medidas cabíveis.

Art. 119. Quando da entrega e da devolução do processo físico em carga, a Unidade deverá:

I – verificar a sua integridade;

II – conferir a numeração de folhas;

III – apor o carimbo de carga, conforme modelo previsto no Anexo IV;

IV – reter termo de responsabilidade no qual fique expressa a obrigatoriedade de devolução tempestiva; e

V – efetuar o registro em livro ou sistema específico.

Art. 120. Não será permitida a retirada do processo físico nos seguintes casos:

I – quando existirem nos autos documentos originais de difícil restauração;

II – processos durante apuração de irregularidades;

III – processos com prazo em aberto para recurso ou contrarrazões por parte do INSS;

IV – processos em andamento nos quais o advogado deixou de devolver os respectivos autos no prazo legal, e só o fez depois de intimado; e

V – processos que, por circunstância relevante justificada pela autoridade responsável, devam permanecer na unidade.

CAPÍTULO II – DA PRESCRIÇÃO E DA DECADÊNCIA

SEÇÃO I – DA DECADÊNCIA

Art. 121. É de 10 (dez) anos o prazo de decadência de todo e qualquer direito ou ação do segurado ou beneficiário para a revisão do ato de concessão de benefício, a contar do dia primeiro do mês seguinte ao do recebimento da primeira prestação ou, quando for o caso, do dia em que tomar conhecimento da decisão indeferitória definitiva, no âmbito administrativo, levando-se em consideração: *(Redação dada pela Portaria DIRBEN/INSS 1.081/2022)*

I – para os benefícios em manutenção em 28 de junho de 1997, data da publicação da MP nº 1523-9, de 1997, a partir de 1º de agosto de 1997, não importando a data de sua concessão; *(Redação dada pela Portaria DIRBEN/INSS 1.081/2022)*

II – para os benefícios concedidos com DIB, a partir de 28 de junho de 1997, a partir do dia primeiro do mês seguinte ao do recebimento da primeira prestação; e *(Redação dada pela Portaria DIRBEN/INSS 1.081/2022)*

III – no período de 18 de janeiro de 2019, data da publicação da Medida Provisória n.º 871, até 26 de outubro de 2020, data da publicação da decisão do Supremo Tribunal Federal na Ação Direta de Inconstitucionalidade n.º 6096, o prazo decadencial de dez anos também se aplicava para a revisão do ato de cancelamento ou cessação de benefício e para a revisão do ato de deferimento, indeferimento ou não concessão de revisão de benefício. *(Redação dada pela Portaria DIRBEN/INSS 1.081/2022)*

§ 1º Em se tratando de pedido de revisão de benefícios com decisão indeferitória definitiva no âmbito administrativo, em que não houver a interposição de recurso, o prazo decadencial terá início no dia em que o requerente tomar conhecimento da referida decisão. *(Acrescido pela Portaria DIRBEN/INSS 1.081/2022)*

§ 2º As alterações realizadas no art. 103 da Lei nº 8.213, de 1991, pela Medida Provisória nº 871, de 2019, convertida na Lei 13.846, de 2019, não são aplicáveis a nenhum benefício previdenciário em razão da pronúncia de inconstitucionalidade com efeitos retroativos em decisão proferida na Ação Direta de Inconstitucionalidade 6.096 pelo Supremo Tribunal Federal, observado o inciso III. *(Acrescido pela Portaria DIRBEN/INSS 1.081/2022)*

Art. 122. É de 10 (dez) anos, contados a partir do primeiro pagamento, o prazo decadencial para o INSS anular atos administrativos ilegais, que possuam efeitos continuados e eficácia favorável aos administrados, salvo comprovada má-fé.

§ 1º Para os benefícios concedidos antes do advento da Lei nº 9.784, de 1999, ou seja, com DDB até 31 de janeiro de 1999, o início do prazo decadencial começa a correr a partir de 1º de fevereiro de 1999.

§ 2º Para os benefícios com efeitos patrimoniais contínuos, concedidos a partir de 1º de fevereiro de 1999, o prazo decadencial contar-se-á da data do primeiro pagamento.

Art. 123. A consumação da decadência gerará a estabilização do ato administrativo para todos os fins previdenciários.

§ 1º A consolidação do ato administrativo disposta no *caput* preserva das relações jurídicas dele decorrentes ainda que tenha sido identificado erro administrativo do INSS posteriormente a data desta consolidação.

§ 2º Não haverá consolidação do ato administrativo quando o INSS possuir elementos robustos indicando a má-fé do beneficiário, hipótese em que a ilegalidade poderá ser pronunciada a qualquer tempo.

§ 3º Qualquer medida de autoridade administrativa que importe impugnação à validade do ato impedirá a consumação da decadência.

Art. 124. A revisão administrativa nos benefícios por incapacidade ou benefícios assistenciais concedidos a pessoas com deficiência consiste na reavaliação periódica do estado clínico no segurado ou beneficiário e, como tal, não se sujeita à decadência decenal, pois poderá detectar fato novo, situação na qual o instituto decadencial não se aplica.

Parágrafo único. A revisão administrativa disposta no *caput* não visa a anular ato ilegal praticado pelo INSS, mas avaliar a permanência das condições que ensejaram a concessão do benefício.

Art. 125. O prazo decadencial de 10 (dez) anos não se aplica nos casos em que a manutenção do benefício encontra-se irregular por falta de cessação do benefício ou cota parte.

§ 1º Os efeitos da atualização de benefício (cessação de cotas, cessação de benefícios, redução de renda) poderão ser aplicados a qualquer tempo, desde que respeitadas as condições legais para manutenção do benefício na DIB.

§ 2º Deve ser observado o prazo prescricional de cinco anos para fins de cobrança de valores recebidos indevidamente de benefícios com manutenção irregular, salvo comprovada má-fé.

Art. 126. Não se aplica a regra da decadência decenal à revisão de ato irregular do INSS que ainda não tenha gerado efeitos favoráveis ao beneficiário:

I – averbação de tempo de contribuição; e

II – revisão de CTC para inclusão de novos períodos ou para fracionamento de períodos de trabalho não utilizados no órgão de destino.

SEÇÃO II – DA PRESCRIÇÃO

Art. 127. Prescreve em 5 (cinco) anos, a contar da data em que deveria ter sido paga, toda e qualquer ação para recebimento de prestações vencidas, diferenças devidas, ou quaisquer restituições seja pelo INSS ou pelo beneficiário, salvo o direito do absolutamente incapaz e ausentes, na forma do Código Civil, respeitado o parágrafo único do art. 128.

Art. 128. Na restituição de valores pagos indevidamente em benefícios será observada a prescrição quinquenal, salvo se comprovada má-fé.

Parágrafo único. Nos casos da ocorrência de manutenção irregular de benefício previdenciário ou assistencial em decorrência da prática de crime ou ato de improbidade administrativa, a cobrança de que trata o *caput* não estará sujeita ao prazo prescricional.

Art. 129. No procedimento de revisão, a contagem do período prescricional será feita:
I – para o segurado ou beneficiário, em se tratando de revisão a pedido, a partir do agendamento/requerimento da revisão, observado o § 1º; e
II – para a Previdência Social, em se tratando de revisão de ofício, a partir da data da expedição do ofício de defesa, observado o § 2º.

§ 1º Na hipótese do inciso I, em sendo iniciado procedimento revisional de ofício que gere efeitos desfavoráveis ao segurado ou beneficiário, o momento exato do início da contagem do período prescricional deverá ser fixado na data da expedição de comunicação ao interessado acerca do despacho decisório de procedimento revisional.

§ 2º Na hipótese do inciso II, sendo verificado a ocorrência de efeitos favoráveis ao segurado ou beneficiário, o momento exato do início da contagem do período prescricional deverá ser fixado na data do parecer técnico que determinou a revisão, observado o § 3º.

§ 3º Na hipótese do § 2º, em se tratando de processo de apuração de irregularidade, o momento exato do início da contagem do período prescricional deverá ser fixado na data da instauração do processo de apuração de irregularidade.

§ 4º Não se aplica o disposto no *caput* quando restar comprovada a ocorrência de fraude ou má fé do segurado ou beneficiário, hipótese em que a cobrança não estará sujeita à prescrição, devendo ser efetuada desde a DIB.

ANEXO I – PORTARIA DIRBEN/INSS Nº 993, DE 28 DE MARÇO DE 2022

GUIA PARA ACOLHIMENTO INSTITUCIONAL ( ) FAMILIAR ( ) Nº _____

NOME DA CRIANÇA/ADOLESCENTE:
SEXO: ( ) MASCULINO ( ) FEMININO
DATA DE NASCIMENTO: _____/_____/_____ IDADE PRESUMIDA:_____
NOME DA MÃE:
NOME DO PAI:
NOME DO RESPONSÁVEL, CASO NÃO VIVA COM OS PAIS:
ENDEREÇO DOS PAIS OU RESPONSÁVEL:
RUA/AVENIDA Nº CEP:
BAIRRO: APTO.: EDIFÍCIO:
CIDADE: UF:
PONTO DE REFERÊNCIA:
FONE RESIDENCIAL: CELULAR:
DADOS DO ACOLHIMENTO:
LOCAL:
DATA: HORA:
INTEGRA GRUPO DE IRMÃOS: SIM ( ) NÃO ( ); SE SIM, QUANTOS?
ALGUM ACOLHIDO? SIM ( ) NÃO ( )
SE SIM, LOCAL(IS) DE ACOLHIMENTO:
RECEBIDO POR: _____
NOME DO FUNCIONÁRIO ASSINATURA
MEDIDA(S) PROTETIVA(S) APLICADA(S):
À CRIANÇA/ADOLESCENTE ( ):
À FAMÍLIA ( ):
DOCUMENTAÇÃO, SE SIM ESPECIFICAR:
( ) DNV; ( ) CERT. NASC.; ( ) BOLETIM OCORRÊNCIA; ( ) CART. IDENT.;
( ) CART. VACINA; ( ) ATEND. MÉDICO; ( ) CRECHE; ( ) ESCOLA;
( ) ENCAMINHAMENTO CONSELHO TUTELAR; ( ) OUTROS
FAZ USO DE MEDICAMENTO(S)? SIM ( ) NÃO ( )
SE SIM, QUAL(IS):
PARENTES OU TERCEIROS INTERESSADOS EM TÊ-LOS SOB GUARDA:
RUA/AVENIDA: Nº CEP:
BAIRRO: APTO.: EDIFÍCIO:
CIDADE: UF:
PONTO DE REFERÊNCIA:

FONE RESIDENCIAL: CELULAR:
RUA/AVENIDA: Nº CEP:
BAIRRO: APTO.: EDIFÍCIO:
CIDADE: UF:
PONTO DE REFERÊNCIA:
FONE RESIDENCIAL: CELULAR:

MOTIVOS DA RETIRADA OU DA NÃO REINTEGRAÇÃO AO CONVÍVIO FAMILIAR:

SOLICITANTE DO ACOLHIMENTO INSTITUCIONAL OU FAMILIAR:
NOME/FUNÇÃO:
TELEFONE INSTITUCIONAL: CELULAR:
RELATÓRIOS/DOCUMENTOS ANEXADOS: SIM ( ) NÃO ( ) Nº DE FOLHAS ( )
PARECER DA EQUIPE TÉCNICA:

RESPONSÁVEL PELO PARECER: MATRÍCULA:
RELATÓRIOS/DOCUMENTOS ANEXADOS: SIM ( ) NÃO ( ) Nº DE FOLHAS ( )

DESPACHO DA AUTORIDADE JUDICIÁRIA:

LOCAL/DATA: ____/____/_____ _____
JUIZ

ANEXO II – PORTARIA DIRBEN/INSS Nº 993, DE 28 DE MARÇO DE 2022

DECLARAÇÃO DE PERMANÊNCIA
Eu, _____, portador do CPF nº _____ e RG nº _____, na qualidade de dirigente da _____ (nome da Instituição), declaro, sob as penas do art. 299 do Código Penal, que:
O menor _____ (nome completo e identificação do menor abrigado) encontra-se acolhido na entidade em que sou dirigente.
Estou ciente de que o recebimento de benefício de titularidade do menor, caso eu já esteja desligado da Instituição, acarretará a minha responsabilidade pessoal pelo ressarcimento dos valores percebidos indevidamente.
Local/Data: _____
_____
Assinatura do dirigente

ANEXO III – PORTARIA DIRBEN/INSS Nº 993, DE 28 DE MARÇO DE 2022

TERMO DE ASSENTADA E AUTORIZAÇÃO DE USO DE IMAGEM E DEPOIMENTO
JUSTIFICANTE: (nome)
( ) Ausente ( ) Presente
Procurador: (nome, RG e OAB)
Testemunha 01: (nome e RG)
Testemunha 02: (nome e RG)
Testemunha 03: (nome e RG)
Aos XX dias do mês de XX do ano de XXXX, procedi a Justificação Administrativa nesta APS XXXX onde prestaram depoimento no Processo Administrativo nº XXXXX ou NB nº XXXX as testemunhas acima mencionadas.
Os presentes envolvidos nesta oitiva assumem o COMPROMISSO DE DIZER A VERDADE do que souberem e lhe for perguntado, bem como estarem cientes do disposto nos arts. 299 e 342 do Código Penal:
Art. 299. Omitir, em documento público ou particular, declaração que dele devia constar, ou nele inserir ou fazer inserir declaração falsa ou diversa da que deveria ser escrita, com o fim de prejudicar direito, criar obrigação ou alterar a verdade sobre fato juridicamente relevante:

Pena – reclusão, de 1 (um) a 5 (cinco) anos, e multa, se o documento é público, e reclusão de 1 (um) a 3 (três) anos, e multa, se o documento é particular.
Art. 342. Fazer afirmação falsa, ou negar ou calar a verdade como testemunha, perito, contador, tradutor ou intérprete em processo judicial, ou administrativo, inquérito policial, ou em juízo arbitral:
Pena – reclusão, de um a três anos, e multa.
Os depoimentos foram:
( ) gravados em áudio e vídeo, sendo arquivados no CD/DVD que se segue. As testemunhas, justificante e procurador AUTORIZAM o uso de sua imagem e depoimento, colhidos durante a realização desta Justificação Administrativa, nos termos do Capítulo X desta Instrução Normativa – IN, para instrução de Processos Administrativos ou de eventual Processo Judicial envolvendo o requerente ou a testemunha, ou ambos.
( ) lavrados a termo. As testemunhas, justificante e procurador AUTORIZAM o uso do depoimento, colhido durante a realização desta Justificação Administrativa, nos termos Capítulo X desta IN, para instrução de Processos Administrativos ou de eventual Processo Judicial envolvendo o requerente ou a testemunha, ou ambos.
_____, _____de_____de 20____.
_____ _____
Assinatura e matrícula do servidor processante Assinatura do Justificante
_____ _____
Assinatura da Testemunha 1 Assinatura da Testemunha 2
_____ _____
Assinatura da Testemunha 3 Assinatura do Procurador

Portaria DIRBEN/INSS Nº 994

PORTARIA DIRBEN/INSS Nº 994, DE 28 DE MARÇO DE 2022

Aprova as Normas Procedimentais em Matéria de Benefícios

O DIRETOR DE BENEFÍCIOS DO INSTITUTO NACIONAL DO SEGURO SOCIAL – INSS, no uso das atribuições que lhe confere o Decreto nº 9.746, de 8 de abril de 2019, bem como, o que consta no processo administrativo SEI no 35014.341866/2020-55, resolve:

Art. 1º Fica aprovado o Livro V das Normas Procedimentais em Matéria de Benefícios, disciplinando os procedimentos acerca de Acumulação de Benefícios no âmbito da área de benefício do INSS, complementares à Instrução Normativa PRES/INSS nº 128, de 28 de março de 2022.

Art. 2º Esta Portaria entra em vigor na data de sua publicação, devendo ser aplicada a todos os processos pendentes de análise e decisão.

SEBASTIÃO FAUSTINO DE PAULA

ANEXO

LIVRO V – DAS ACUMULAÇÕES EM BENEFÍCIOS

CAPÍTULO I – ACUMULAÇÕES INDEVIDAS

Art. 1º Exceto na hipótese de direito adquirido, não é permitido o recebimento em conjunto dos seguintes benefícios do RGPS, inclusive quando decorrentes de acidente do trabalho:

I – mais de uma aposentadoria, exceto com DIB anterior a janeiro de 1967, de acordo com o Decreto-Lei nº 72, de 21 de novembro de 1966;

II – aposentadoria com abono de permanência em serviço;

III – aposentadoria com auxílio por incapacidade temporária;

IV – salário-maternidade com auxílio por incapacidade temporária ou aposentadoria por incapacidade permanente;

V – auxílio-suplementar com aposentadoria ou auxílio por incapacidade temporária, observado quanto ao auxílio por incapacidade temporária a exceção da pensão especial hanseníase.

VI – mais de um auxílio por incapacidade temporária, inclusive acidentário;

VII – mais de um auxílio-acidente, para fatos geradores após a vigência da Lei nº 9.032, de 28 de abril de 1995;

VIII – auxílio-acidente com qualquer aposentadoria, quando a consolidação das lesões decorrentes de acidentes de qualquer natureza ou o preenchimento dos requisitos da aposentadoria forem posteriores às alterações inseridas no § 2º do art. 86 da Lei nº 8.213, de 24 de julho de 1991, pela Medida Provisória no 1.596-14, convertida na Lei no 9.528, de 10 de dezembro de 1997;

IX – auxílio-acidente com auxílio por incapacidade temporária, do mesmo acidente ou da mesma doença que o gerou;

X – mais de uma pensão deixada por cônjuge;

XI – mais de uma pensão deixada por companheiro ou companheira;

XII – mais de uma pensão deixada por cônjuge e companheiro ou companheira.

XIII – pensão por morte deixada por cônjuge ou companheiro com auxílio-reclusão de cônjuge ou companheiro, para evento ocorrido a partir de 29 de abril de 1995, data da publicação da Lei no 9.032, de 1995, facultado o direito de opção pelo mais vantajoso;

XIV – mais de um auxílio-reclusão de instituidor cônjuge ou companheiro, para evento ocorrido a partir de 29 de abril de 1995, data da publicação da Lei no 9.032, de 1995, facultado o direito de opção pelo mais vantajoso;

XV – auxílio-reclusão pago aos dependentes, com auxílio por incapacidade temporária, salário-maternidade, aposentadoria ou abono de permanência em serviço do segurado recluso, observado o disposto no § 7º deste artigo, permitida a opção pelo benefício mais vantajoso.

XVI – renda mensal vitalícia com qualquer benefício de qualquer regime, exceto se o beneficiário tiver ingressado no regime do extinto INPS após completar 60 anos, quando será possível também receber o pecúlio de que trata o § 3º do art. 5º da Lei nº 3.807, de 26 de agosto de 1960;

XVII – pensão mensal vitalícia de seringueiro (soldado da borracha), com qualquer outro Benefício de Prestação Continuada de natureza assistencial mantido pela Previdência Social ou qualquer outro benefício do RGPS;

XVIII – amparo social à pessoa portadora de deficiência ou auxílio-inclusão com pensão especial destinada a crianças com Síndrome Congênita do Zika Vírus;

XIX – benefício assistencial com benefício da Previdência Social ou de qualquer outro regime previdenciário, ressalvados os benefícios assistenciais concedidos a partir de 7 de julho de 2011, data de publicação da Lei nº 12.435, de 6 de julho de 2011, que poderão ser acumulados com as seguintes prestações de natureza indenizatória:

a) espécie 54 – Pensão Indenizatória a Cargo da União;

b) espécie 56 – Pensão Especial aos Deficientes Físicos Portadores da Síndrome da Talidomida – Lei nº 7.070, de 1982;

c) espécie 60 – Beneficio Indenizatório a Cargo da União;

d) espécie 89 – Pensão Especial aos Dependentes das Vítimas da Hemodiálise – Caruaru – PE – Lei nº 9.422, de 1996; e

e) espécie 96 – Pensão Especial (Hanseníase) – Lei nº 11.520, de 2007.

§ 1º Nas hipóteses de que tratam os incisos X, XI e XII do *caput*, fica facultado ao dependente optar pela pensão mais vantajosa, observado o disposto no art. 5º, exceto para óbitos ocorridos até 28 de abril de 1995, véspera da publicação da Lei nº 9.032, de 1995, situação na qual será permitida a acumulação.

§ 2º É vedado o recebimento conjunto do seguro-desemprego com qualquer benefício de prestação continuada previdenciária ou assistencial, exceto pensão por morte, auxílio-reclusão, auxílio-acidente, auxílio-suplementar ou abono de permanência em serviço.

§ 3º O beneficiário não pode acumular o Benefício de Prestação Continuada ou o auxílio-inclusão com outro benefício no âmbito da Seguridade Social ou de outro regime, inclusive o seguro-desemprego, ressalvados o de assistência médica e a pensão especial de natureza indenizatória.

§ 4º A partir de 13 de dezembro de 2002, data da publicação da MP nº 83/2002, convalidada pela Lei nº 10.666, de 8 de maio de 2003, o segurado recluso, que contribuir na forma do § 6º do art. 116 do RPS, não faz jus aos benefícios de auxílio por incapacidade temporária e de aposentadoria durante a percepção pelos dependentes do auxílio-reclusão, sendo permitida a opção, desde que manifestada também pelos dependentes pelo benefício mais vantajoso.

§ 5º O segurado recluso em regime fechado, a partir de 18 de janeiro de 2019, data da publicação da MP nº 871, de 2019, não terá o direito aos benefícios de salário-maternidade e de aposentadoria reconhecido durante a percepção, pelos dependentes, do benefício de auxílio-reclusão, exceto se manifestada a opção pelo benefício mais vantajoso também pelos dependentes.

§ 6º Não fará jus ao auxílio por incapacidade temporária o segurado recluso em regime fechado, exceto se a opção ao auxílio por incapacidade temporária tiver ocorrido antes de 18 de janeiro de 2019, data da publicação de MP nº 871, de 2019, convertida na Lei nº 13.846, de 2019.

§ 7º O pagamento do auxílio-suplementar ou do auxílio acidente deverá ser suspenso até a cessação do auxílio por incapacidade temporária acidentário concedido em razão do mesmo acidente ou doença, devendo ser restabelecido após a cessação do novo benefício ou cessado se concedida aposentadoria.

§ 8º A opção pelo benefício mais vantajoso disposta no inciso XV deverá ser manifestada por declaração escrita do(a) segurado(a) e respectivos dependentes, juntada ao processo de concessão, inclusive no auxílio-reclusão. Em caso de opção pelo Auxílio por Incapacidade Temporária, o Auxílio-Reclusão será restabelecido no dia seguinte à cessação do outro benefício.

Art. 2º Comprovada a acumulação indevida, deverá ser mantido o benefício concedido de forma regular e cessados ou suspensos os benefícios irregulares, adotando-se as providências necessárias quanto à regularização e à cobrança dos valores recebidos indevidamente.

Parágrafo único. As importâncias recebidas indevidamente, nos casos de fraude ou erro da Previdência Social, deverão ser restituídas, observado o disposto nos §§ 2º e 3º e no inciso II, ambos do art. 154 do RPS.

CAPÍTULO II – ACUMULAÇÕES PERMITIDAS COM REDUÇÃO

Art. 3º Será admitida a acumulação dos seguintes benefícios:

I – de pensão por morte deixada por cônjuge ou companheiro do RGPS com pensão por morte concedida por outro regime de Previdência Social, também instituída por cônjuge ou companheiro, inclusive as decorrentes das atividades militares de que tratam o art. 42 e o art. 142 da Constituição Federal.

II – de pensão por morte deixada por cônjuge ou companheiro do RGPS com aposentadoria do mesmo regime e de regime próprio de previdência social ou com proventos de inatividade decorrentes das atividades militares de que tratam o art. 42 e o art. 142 da Constituição Federal; ou

III – de aposentadoria concedida no âmbito do RGPS com pensão deixada por cônjuge ou companheiro de regime próprio de previdência social ou com proventos de inatividade decorrentes das atividades militares de que tratam o art. 42 e o art. 142 da Constituição Federal.

§ 1º Nas hipóteses das acumulações previstas no *caput*, é assegurada a percepção do valor integral do benefício mais vantajoso e de uma parte de cada um dos demais benefícios, apurada cumulativamente de acordo com as seguintes faixas:

I – 60% (sessenta por cento) do valor que exceder 1 (um) salário-mínimo, até o limite de 2 (dois) salários-mínimos;

II – 40% (quarenta por cento) do valor que exceder 2 (dois) salários-mínimos, até o limite de 3 (três) salários-mínimos;

III – 20% (vinte por cento) do valor que exceder 3 (três) salários-mínimos, até o limite de 4 (quatro) salários-mínimos; e

IV – 10% (dez por cento) do valor que exceder 4 (quatro) salários-mínimos.

§ 2º A aplicação do disposto no § 1º poderá ser revista a qualquer tempo, a pedido do interessado, em razão de alteração de algum dos benefícios.

§ 3º Na hipótese de recebimento de pensão desdobrada, para fins de aplicação do disposto no § 1º, em relação a esse benefício, será considerado o valor correspondente ao somatório da cota individual e da parcela da cota familiar, devido ao pensionista, que será revisto em razão do fim do desdobramento ou da alteração do número de dependentes.

§ 4º As restrições previstas neste artigo não se aplicam caso o direito aos benefícios tenha sido adquirido até 13 de novembro de 2019, data da publicação da Emenda Constitucional nº 103, de 2019.

§ 5º Até que seja implementado o sistema de cadastro dos segurados do RGPS e dos servidores vinculados a regimes próprios de previdência social de que trata o § 6º do Art. 167-A do RPS, a comprovação de que o aposentado ou o pensionista cônjuge ou companheira ou companheiro do RGPS não recebe aposentadoria ou pensão de outro regime próprio de previdência social será feita por meio de autodeclaração, a qual o sujeitará às sanções administrativas, civis e penais aplicáveis caso seja constatada a emissão de declaração falsa.

§ 6º Caberá ao aposentado ou pensionista do RGPS informar ao INSS a obtenção de aposentadoria ou pensão de cônjuge ou companheira ou companheiro de outro regime, sob pena de suspensão do benefício.

Art. 3º-A. Para a aposentadoria por incapacidade permanente, a autodeclaração de que trata o § 5º do art. 3º será exigida após o processamento da concessão do benefício. *(Acrescido pela Portaria DIRBEN/INSS 1.043/2022)*

§ 1º O segurado ou beneficiário será notificado, via carta de concessão, para apresentar a autodeclaração em até até 60 (sessenta) dias, contados a partir da data de despacho do benefício – DDB, sob pena de suspensão do pagamento do benefício.

§ 2º A autodeclaração deverá ser realizada por meio do formulário eletrônico do serviço "Informar sobre Recebimento de Benefício em Outro Regime de Previdência", através dos canais remotos Meu INSS ou Central de Teleatendimento 135, servindo também como requerimento de reativação do benefício.

§ 3º Transcorrido o prazo de que trata o § 1º, sem apresentação da autodeclaração de recebimento de aposentadoria ou pensão em outro regime de previdência social, o benefício será suspenso automaticamente pelo motivo 92 – NAO APRES.DEC.REC.BENEF RPPS.

§ 4º Após 6 (seis) meses de suspensão, o benefício será cessado pelo motivo 109 – NAO APRES. DEC. REC. BEN. RPPS.

Art. 3º-B. A reativação dos benefícios suspensos ou cessados na forma dos §§ 3º e 4º do art. 3º-A, poderá ser realizada somente mediante apresentação da autodeclaração, utilizando o motivo 51 – APRES.DEC.RECEB. BENEF.RPPS, devendo haver o cadastramento prévio da acumulação ou informação de que não há recebimento de outro benefício no aplicativo PLENUS/SISBEN/ACUMULA, opções 1 – INCRPPS ou 7 – SEMRPPS, respectivamente. *(Acrescido pela Portaria DIRBEN/INSS 1.043/2022)*

§ 1º Existindo a necessidade de encontro de contas, deverá ser cadastrada a tarefa "ACUMULA_acerto_de_contas" de que trata o artigo 5º da Portaria Conjunta DIRBEN/DIRAT/INSS nº 33, de 7 de abril de 2021.

§ 2º A reativação do benefício poderá ser realizada antes da conclusão do acerto de contas referido no § 1º.

CAPÍTULO III – DAS DISPOSIÇÕES DIVERSAS RELATIVAS A ACUMULAÇÃO

Art. 4º É permitida a acumulação dos benefícios previstos no RPS, concedidos a partir de 11 de dezembro de 1997, data da publicação da Lei nº 9.528, de 10 de dezembro de 1997, com a Pensão Especial aos Portadores da deficiência física conhecida como "Síndrome da Talidomida" que não poderá ser reduzido em razão de eventual aquisição de capacidade laborativa ou de redução de incapacidade para o trabalho ocorrida após a sua concessão.

Art. 5º Salvo nos casos de aposentadoria por incapacidade permanente ou aposentadoria especial, observado quanto à última, o disposto no parágrafo único do art. 69 do RPS, o retorno do aposentado à atividade não prejudica o recebimento de sua aposentadoria, que será mantida no seu valor integral.

Art. 6º Se em razão de qualquer outro acidente ou doença, o segurado fizer jus a auxílio por incapacidade temporária, o auxílio-suplementar ou auxílio acidente será mantido, concomitantemente com o auxílio por incapacidade temporária e, quando da cessação deste será:
I – mantido, se não for concedido novo benefício; ou
II – cessado, se concedido auxílio-acidente ou aposentadoria.

Art. 7º Será permitida ao menor sob guarda a acumulação de recebimento de pensão por morte em decorrência do falecimento dos pais biológicos com pensão por morte de um dos seus guardiões, somente quando esta última ocorrer por determinação judicial.

Art. 8º Pelo entendimento exarado no Parecer nº 175/CONJUR/2003, de 18 de setembro de 2003, do Ministério da Defesa, ratificado pela Nota CJ/MPS nº 483, de 18 de abril de 2007, os benefícios de ex-combatente podem ser acumulados com a pensão especial instituída pela Lei nº 8.059, de 4 de julho de 1990.

Art. 9º Os benefícios de auxílio-acidente com DIB anterior ou igual a 10 de novembro de 1997 acumulados com aposentadoria com DER e DDB entre 14 de setembro de 2009 até 06 de dezembro de 2012, deverão ser mantidos, independentemente da decadência.

Art. 10. É admitida a acumulação de auxílio por incapacidade temporária, de auxílio-acidente ou de auxílio suplementar, com pensão por morte e/ou com abono de permanência em serviço.

Art. 11. O recebimento da pensão especial hanseníase não impede o recebimento de qualquer benefício previdenciário, podendo ser acumulada inclusive com a complementação paga nas aposentadorias concedidas e mantidas aos ferroviários admitidos até 31 de outubro de 1969, na Rede Ferroviária Federal S/A, bem como com os seguintes benefícios:
I – Amparo previdenciário por invalidez – trabalhador rural (espécie 11), amparo previdenciário por idade – trabalhador rural (espécie 12), renda mensal vitalícia por incapacidade (espécie 30) e renda mensal vitalícia por idade (espécie 40), instituídas pela Lei nº 6.179, de 1974, dada a natureza mista, assistencial e previdenciária desses benefícios; e
II – Pensão especial devida aos portadores da síndrome de talidomida (espécie 56);
III – Amparo social a pessoa portadora de deficiência (espécie 87) e amparo social ao idoso (espécie 88) – benefícios assistenciais previstos na Lei Orgânica da Assistência Social.

Art. 12. O titular de Benefício de Prestação Continuada e de renda mensal vitalícia que requerer benefício previdenciário deverá optar expressamente por um dos dois benefícios, cabendo ao servidor do INSS prestar as informações necessárias para subsidiar a decisão do beneficiário sobre qual o benefício mais vantajoso.
§ 1º A DIP do benefício previdenciário será fixada na DER estabelecida de acordo com as regras vigentes para fixação da DER do INSS e o benefício incompatível deverá ser cessado no dia imediatamente anterior, observada a necessidade de realizar o encontro de contas do período de recebimento concomitante.
§ 2º Tratando-se de opção pelo recebimento de pensão por morte, em razão do disposto nos arts. 74, 79 e 103, todos da Lei nº 8.213, de 1991, para óbitos a partir de 18 de janeiro de 2019, data da vigência da Medida Provisória nº 871, convertida na Lei nº 13.846, de 2019 deverá ser observado o seguinte:

I – ocorrendo a manifestação dentro do prazo de 90 (noventa) dias da data do óbito, a pensão será devida desde a data do óbito, devendo ocorrer a devolução dos valores recebidos no benefício assistencial;

II – para o menor antes de completar 16 (dezesseis) anos com requerimento realizado até 180 (cento e oitenta) dias da data do óbito, o pagamento da pensão será devido desde a data do óbito, devendo ocorrer a devolução dos valores recebidos no benefício assistencial.

§ 3º Para fato gerador anterior à 18 de janeiro de 2019, os prazos previstos nos incisos I e II do §2º devem observar aqueles vigentes à época.

Art. 13. Ao titular de benefício previdenciário que se enquadrar no direito ao recebimento de benefício assistencial será facultado o direito de opção pelo mais vantajoso, exceto nos casos de aposentadoria programada, aposentadoria por idade, tempo de contribuição e especial, haja vista o contido no art. 181-B do RPS.

Parágrafo único. A opção prevista no *caput* produzirá efeitos financeiros a partir da DER e o benefício previdenciário deverá ser cessado no dia anterior a DER do novo benefício, observada a necessidade de realizar o encontro de contas do período de recebimento concomitante.

Art. 14. O direito de opção de que trata os arts. 12 e 13 poderá ser exercido uma única vez.

Parágrafo único. A renúncia ao benefício se dá em relação à percepção pecuniária, não prejudicando a análise de benefício futuro, da mesma ou de outra espécie, que poderá, inclusive, ser devido durante o período de manutenção da qualidade de segurado.

Portaria DIRBEN/INSS Nº 995

PORTARIA DIRBEN/INSS Nº 995, DE 28 DE MARÇO DE 2022

Aprova as Normas Procedimentais em Matéria de Benefícios

O DIRETOR DE BENEFÍCIOS DO INSTITUTO NACIONAL DO SEGURO SOCIAL – INSS, no uso das atribuições que lhe confere o Decreto nº 9.746, de 8 de abril de 2019, bem como, o que consta no processo administrativo SEI no 35014.341866/2020-55, resolve:

Art. 1º Fica aprovado o Livro VI das Normas Procedimentais em Matéria de Benefícios, disciplinando os procedimentos e rotinas aplicáveis aos acordos internacionais no âmbito da área de benefício do INSS, complementares à Instrução Normativa PRES/INSS nº 128, de 28 de março de 2022.

Art. 2º Esta Portaria entra em vigor na data de sua publicação, devendo ser aplicada a todos os processos pendentes de análise e decisão.
Parágrafo único. Esta Portaria contém os Anexos I a IV. (Redação dada pela Portaria DIRBEN/INSS 1.045/2022)

SEBASTIÃO FAUSTINO DE PAULA

ANEXO

LIVRO VI – DOS ACORDOS INTERNACIONAIS DE PREVIDÊNCIA SOCIAL

TÍTULO I – DAS REGRAS DOS ACORDOS INTERNACIONAIS

CAPÍTULO I – DAS DISPOSIÇÕES GERAIS

SEÇÃO I – DOS ACORDOS

Art. 1º O Brasil possui Acordos Internacionais bilaterais e multilaterais em matéria de previdência Social vigentes que se inserem na política de ampliação da cobertura previdenciária brasileira.

Art. 2º No Brasil, o Acordo Internacional de Previdência Social entra em vigor no plano jurídico interno, quando da publicação do Decreto Presidencial de Promulgação do Acordo pelo Presidente da República.

Art. 3º Os tratados, convenções e outros acordos internacionais de que o Estado estrangeiro ou organismo internacional e o Brasil sejam partes, e que versem sobre matéria previdenciária, serão interpretados como lei especial, conforme disposto no art. 85-A da Lei nº 8.212, de 24 de julho de 1991.

Art. 4º Estão abrangidos pelos Acordos Internacionais de Previdência Social os segurados e seus dependentes que estejam ou estiveram

PORTARIA DIRBEN/INSS Nº 995, DE 28 DE MARÇO DE 2022

vinculados aos regimes de previdência dos países signatários do Acordo.

Art. 5º Para fins da aplicação dos Acordos Internacionais de que trata esta Portaria, considera-se:

I – autoridade competente: o Ministro responsável pela aplicação da legislação previdenciária;

II – instituição competente: o Instituto Nacional do Seguro Social – INSS e as Entidades Gestoras dos Regimes Próprios de Previdência Social – RPPS; e

III – Organismo de Ligação: a unidade designada pelo INSS para a operacionalização dos Acordos Internacionais de Previdência Social no Brasil.

Art. 6º São atribuições do Organismo de Ligação:

I – promover o intercâmbio de informações com o(s) país(es) acordante(s) para aplicação do Acordo no âmbito do INSS;

II – emitir certificados, e encaminhar documentos e formulários necessários para a aplicação do Acordo Internacional;

III – analisar e concluir as solicitações que envolvam tempo de contribuição ou seguro vertidos para países signatários de Acordo Internacional em matéria de previdência social em que o Brasil é Parte;

IV – prestar atendimento às solicitações internas e externas que envolvam Acordos Internacionais.

Art. 7º As definições constantes nas atas decorrentes de reuniões de comissão mista devem ser consideradas para fins de aplicação dos Acordos Internacionais.

Art. 8º Os Acordos Internacionais de Previdência Social não modificam a legislação previdenciária interna dos países signatários, devendo, no entanto, serem observadas as regras de cada Acordo.

CAPÍTULO II – DOS DIREITOS PREVISTOS NOS ACORDOS INTERNACIONAIS

Art. 9º Os direitos previstos nos Acordos Internacionais de Previdência Social se referem ao reconhecimento de direitos previdenciários, ao deslocamento temporário de trabalhadores, à cooperação administrativa e à assistência à saúde, quando haja previsão expressa.

SEÇÃO I – DOS BENEFÍCIOS

SUBSEÇÃO I – DO REQUERIMENTO

Art. 10. No âmbito dos Acordos Internacionais de Previdência Social, os requerimentos de benefícios serão apresentados em formulários próprios estabelecidos de comum acordo pelos países signatários.

Art. 11. Os benefícios previstos constam no campo material de cada Acordo Internacional e são relativos ao Regime Geral de Previdência Social – RGPS e, em determinados Acordos, ao Regime Próprio de Previdência Social – RPPS, alcançando os servidores públicos e ao Regime Militar.

Art. 12. O atendimento aos requerimentos de benefício com a indicação de tempo de seguro ou cobertura cumpridos em país acordante é de responsabilidade das instituições brasileiras competentes.

§ 1º Para residentes no Brasil, os benefícios previstos nos Acordos Internacionais podem ser requeridos nos canais de atendimento remoto do INSS «Meu INSS», Central 135 ou diretamente nas Agências da Previdência Social de Atendimento Acordos Internacionais – APSAI.

§ 2º Para residentes no exterior, os benefícios previstos nos Acordos Internacionais devem ser requeridos no Organismo de Ligação ou Instituição competente do país acordante.

§ 3º O preenchimento do formulário de requerimento específico é obrigatório para a análise do reconhecimento do direito no âmbito do Acordo Internacional.

§ 4º Um requerimento ou documento redigido no idioma oficial de um país acordante não poderá ser rejeitado por não estar redigido em português.

§ 5º O requerente poderá apresentar ou anexar documentos que comprovem o vínculo com o País acordante, porém, a não apresentação não será óbice para o protocolo e análise do requerimento.

SUBSEÇÃO II – DA ANÁLISE DOS BENEFÍCIOS

Art. 13. A análise dos benefícios com períodos de seguro ou cobertura no âmbito dos Acordos Internacionais de Previdência Social bem como sua conclusão, seja dos requerimentos efetuados administrativamente ou no âmbito judicial, é restrita às APSAI, e será realizada conforme a legislação brasileira, observadas as regras previstas em cada Acordo. *(Redação dada pela Portaria DIRBEN/INSS 1.045/2022)*

Art. 14. Os benefícios previstos no Acordo para o reconhecimento do direito poderão ter os períodos de seguro ou de cobertura totalizados, havendo o cômputo dos períodos contribuídos sob a legislação brasileira e do(s) país(s) acordante(s), quando o segurado não atender às exigências para a concessão do benefício com base unicamente nos períodos cumpridos sob a legislação brasileira.

§ 1º Entende-se por período de seguro ou período de cobertura, os períodos de contribuição, de emprego, de serviço, de exercício de atividade profissional ou período equivalente que seja reconhecido pela legislação dos países signatários do Acordo para fins de aquisição do direito a benefícios.

§ 2º Os períodos concomitantes de seguro ou de cobertura prestados nos países acordantes serão tratados conforme definido no texto de cada Acordo e não haverá sobreposição de períodos.

§ 3º A regra prevista no *caput* do artigo não será absoluta quando o Acordo Internacional estabelecer a regra do benefício mais vantajoso, sendo possível a totalização, mesmo quando o segurado fizer jus à concessão do benefício por período independente.

Art. 15. Os períodos de seguro ou de cobertura cumpridos no país acordante poderão ser totalizados com os períodos de contribuição cumpridos no Brasil para efeito de aquisição, tempo de contribuição, período de carência, manutenção e recuperação de direitos do benefício pleiteado.

Art. 16. No caso de totalização dos períodos de seguro ou de cobertura, deverá ser observado:

I – para o reconhecimento de direito ao benefício será considerada a legislação brasileira e as regras de totalização de períodos previstas nos Acordos Internacionais;

II – caso haja previsão expressa no Acordo de cômputo de período de seguro ou cobertura de um terceiro Estado, este poderá ser utilizado na totalização dos períodos;

III – a concessão de benefício independente sob a legislação brasileira não obsta a aplicação do Acordo Internacional, no que se refere ao intercâmbio das informações necessárias ao país acordante.

§ 1º Para aplicação do Acordo Internacional de Seguridade Social ou Segurança Social firmado entre Brasil e Portugal deverão ser observadas as regras do Anexo III desta Portaria, e quanto à aposentadoria por tempo de contribuição, nos termos do § 2º do art. 9º do Acordo, apenas serão totalizados os períodos de seguro cumpridos ao abrigo da legislação portuguesa que correspondam ao exercício de uma atividade profissional em Portugal. *(Redação dada pela Portaria DIRBEN/INSS 1.045/2022)*

§ 2º Para o Brasil, o disposto no art. 13 da Convenção Multilateral Iberoamericana de Seguridade Social deve ser interpretado no sentido de que a totalização só será aplicada quando necessária para completar o período de cobertura (seguro/contribuição) mínimo exigido para a elegibilidade ao benefício. Estando presentes as condições exigidas pela legislação brasileira, sem que seja necessário recorrer à totalização, o benefício será concedido de forma independente, sem prejuízo de o interessado poder solicitar a outros Estados Partes, benefícios proporcionais «pro rata» (com totalização), para os quais a utilização da totalização para o acesso à prestação é necessária.

Art. 17. O período de seguro ou cobertura cumprido no país acordante, computado para o reconhecimento de direito no âmbito dos Acordos Internacionais, com a utilização das regras de totalização, deve ser validado pelo organismo de ligação desse País em formulário próprio acordado entre as Partes.

Art. 18. Se a duração total dos períodos de seguro cumpridos em um país acordante for inferior a um ano e, se levando em consideração esses períodos, nenhum direito à prestação existir de acordo com a legislação desse país, não haverá obrigatoriedade de pagar uma prestação em relação a esses períodos, porém, para aplicação dessa regra, o Acordo Internacional deve conter dispositivo expresso nesse sentido.

Parágrafo único. A regra constante no *caput* deste artigo não desobriga o envio da validação do tempo de contribuição brasileiro para o país acordante, visando a determinação da elegibilidade de benefícios nesse país.

Art. 19. Mantém a qualidade de segurado aquele que esteja filiado ao(s) regime(s) de Previdência Social referenciado(s) nos Acordos, de qualquer país acordante.

Parágrafo único. Todo aquele que esteja em gozo de benefício, por período totalizado ou não, nos países com os quais o Brasil possui Acordo Internacional de Previdência Social, mantém a qualidade de segurado para fins de concessão de benefício na legislação brasileira no âmbito do Acordo.

Art. 20. Havendo períodos de contribuição cumpridos sob a legislação do RPPS, as regras contidas na Subseção IV deverão ser observadas.

Art. 21. A apresentação de documentos e formulários para cumprimento de exigência pelo segurado poderá ser realizada da seguinte forma:

I – por meio de agendamento prévio nas unidade do INSS;

II – por envio da documentação física original via postal à APSAI; ou

III – em forma de anexo no Meu INSS.

§ 1º Na hipótese de apresentação de documentos digitalizados no Meu INSS, havendo dúvida fundada quanto à autenticidade ou integridade do documento, a APSAI poderá exigir, a qualquer tempo, a apresentação dos documentos originais.

Art. 22. Quando a exigência estiver a cargo do país acordante e esta não for cumprida em até 120 dias (cento e vinte), os Organismos de Ligação de ambos países poderão se comunicar pelos meios oficiais a fim de que sejam atendidos os requisitos necessários à concessão do benefício.

SUBSEÇÃO III – DA ANÁLISE DOS BENEFÍCIOS POR INCAPACIDADE

Art. 23. A concessão de benefícios por incapacidade laboral para beneficiários residentes no exterior abrangidos ou não por Acordos Internacionais, seguem os seguintes procedimentos para a realização da perícia médica:

I – para realização de perícia médica de residentes no Brasil para fins de concessão de benefício por incapacidade no âmbito dos Acordos Internacionais o Organismo de Ligação brasileiro deve agendar a perícia médica presencial no Sistema PMF, anexando obrigatoriamente o arquivo editável do modelo do relatório médico, previsto no Acordo Internacional correspondente, criando o serviço/ subtarefa "Perícia no âmbito dos Acordos Internacionais";

II – para a realização da análise processual para conformação de dados de avaliação médica no âmbito dos Acordos Internacionais de residente em país acordante, o Organismo de Ligação brasileiro deverá anexar o formulário recebido do país acordante e todos os documentos relativos às evidências médicas traduzidos por tradutor juramentado, criando a subtarefa "Conformação de dados de perícia";

III – para a realização da análise processual para conformação de dados de avaliação médica de benefício exclusivamente brasileiro de cidadão residente em país que não possui Acordo Internacional com o Brasil ou residente em país que possui Acordo, mas não há previsão deste tipo de colaboração administrativa, será precedida dos seguintes passos:

a) realização de requerimento nos canais remotos do INSS;

b) indicação de médico perito do país de residência do interessado pela Divisão das Comunidades Brasileiras no Exterior – DBR/Itamaraty, a ser analisado pela Subsecretaria da Perícia Médica Federal – SPMF, para ratificação da indicação e autorização da realização do exame pelo profissional indicado;

c) criação do serviço/subtarefa "Conformação de dados de perícia" anexando o relatório médico e os demais documentos de evidências médicas traduzidos por tradutor juramentado recebidos, com transferência para à Central de Análise de Benefício – CEAB de reconhecimento de direito para prosseguimento e atendimento do requerimento.

§ 1º Documentos redigidos em língua portuguesa estão dispensados da tradução juramentada.

§ 2º Os requerimentos referidos no inciso III serão direcionados à Coordenação de Acordos

Internacionais de Benefícios – CAINT, para a interlocução com o Itamaraty, visando à indicação do médico perito no exterior.

SUBSEÇÃO IV – DOS REGIMES PRÓPRIOS DE – PREVIDÊNCIA SOCIAL – RPPS

Art. 24. Os Acordos Internacionais de Previdência Social, com previsão expressa de cláusula convencional que alcance a legislação dos RPPS relativa ao reconhecimento de direitos de benefícios, estabelecem regras para fins de totalização dos períodos de seguro para alcançar a elegibilidade a esses benefícios.

Art. 25. Em relação aos períodos de contribuição certificados e utilizados para fins de aposentadoria pelo INSS e pelo RPPS em decorrência de Acordos Internacionais, devem ser observados a Portaria 1.467, de 2 de junho de 2022 e o Anexo IV desta Portaria, bem como o disposto no art. 88 do Livro IX – Compensação Previdenciária, aprovada pela Portaria DIRBEN/INSS nº 998, de 28 de março de 2022. *(Redação dada pela Portaria DIRBEN/INSS 1.045/2022)*

Art. 26. É garantida a contagem recíproca entre os RPPS e o RGPS, por meio de emissão de Certidão de Tempo de Contribuição – CTC para a realização da compensação previdenciária entre os Regimes brasileiros, observado o disposto no art. 88 do Livro IX – Compensação Previdenciário, aprovada pela Portaria DIRBEN/INSS nº 998, de 2022.

Parágrafo único. Os períodos de seguros ou de cobertura cumpridos sob a legislação do país acordante não serão averbados, não cabendo a emissão de CTC para fins de contagem recíproca e compensação previdenciária.

Art. 27. O Organismo de Ligação brasileiro competente deverá solicitar a validação do tempo de contribuição à unidade gestora do RPPS sempre que for apresentado requerimento que contenha declaração de período trabalhado sob esse regime.

Parágrafo único. Para aplicação do Acordo Internacional, a unidade gestora do RPPS validará o tempo de contribuição do servidor vinculado ao seu regime, utilizando o formulário constante no Anexo I.

Art. 28. O formulário de ligação que o INSS encaminhar ao RPPS, cujo período de seguro ou cobertura tenha sido validado pelo organismo de ligação do país acordante, será considerado documento hábil para análise e reconhecimento de direito sob a legislação do RPPS.

Art. 29. Compete aos Organismos de Ligação brasileiros estabelecer a comunicação com os Organismos de Ligação dos países acordantes, inclusive quando o RPPS estiver na condição de Instituição Competente.

Art. 30. O INSS, quando estiver na condição de Regime instituidor, será responsável pela concessão e pagamento da prestação proporcional do benefício brasileiro, como Instituição Competente, no âmbito do Acordo Internacional, resguardado o direito à compensação previdenciária entre os regimes brasileiros, quando couber.

SUBSEÇÃO V – DO CÁLCULO DO BENEFÍCIO POR TOTALIZAÇÃO

Art. 31. O cálculo dos benefícios concedidos por totalização será realizado observando-se o disposto nos Acordos Internacionais de Previdência Social e as seguintes regras:

I – para fins de fixação do Período Básico de Cálculo – PBC, deve-se ter em consideração o tempo de contribuição realizado sob a legislação brasileira;

II – o salário de benefício, para fins de cálculo da prestação teórica dos benefícios por totalização, será apurado, segundo as regras contidas nos art. 32 e 35 do Regulamento da Previdência Social-RPS;

III – Para fins de cálculo da Renda Mensal Inicial Teórica, os períodos de seguro cumpridos sob a legislação do país acordante serão considerados como períodos brasileiros;

IV – A renda mensal inicial teórica não poderá ter valor inferior ao salário mínimo vigente na data do início do benefício, na forma do inciso VI do art. 2º e do art. 33, ambos da Lei nº 8.213, de 1991.

Art. 32. Para direitos formados a partir de 1º de julho de 2020, quando inexistirem salários de contribuição a partir de julho de 1994, os benefícios concedidos nos termos do art. 32 do RPS, na redação dada pelo Decreto nº 10.410, de 30 de junho de 2020, terão o valor correspondente ao do salário mínimo, aplicadas as regras de totalização previstas no § 1º do art. 35 do RPS.

Art. 33. Para fins de cálculo da Renda Mensal Inicial – RMI proporcional, aplicar-se-á sobre a renda mensal inicial teórica a proporcionalidade, ou seja, o resultado da razão entre o tempo de contribuição cumprido no Brasil dividido pela somatória dos períodos cumpridos no Brasil e no país acordante, conforme as regras de totalização de cada Acordo Internacional, aplicando-se a fórmula abaixo:

$$RMI1 = \frac{RMI2 \times TS}{TT}$$

Onde:
RMI 1 = renda mensal inicial proporcional
RMI 2 = renda mensal inicial teórica
TS = tempo de serviço no Brasil
TT = totalidade dos períodos de seguro cumpridos em ambos os países acordantes (observado o limite máximo, conforme legislação vigente)

§ 1º A renda mensal inicial proporcional dos benefícios concedidos no âmbito dos Acordos de Previdência Social, por totalização, poderá ter valor inferior ao do salário mínimo vigente, conforme § 1º do art. 35 do RPS, salvo se houver expressa previsão em sentido contrário no Acordo Internacional.

§ 2º O tempo de contribuição a ser considerado na aplicação da fórmula do fator previdenciário é o somatório do tempo de contribuição para a Previdência Social brasileira e do tempo de contribuição para a Previdência Social do país acordante.

SUBSEÇÃO VI – DO RECURSO

Art. 34. O requerimento de recurso poderá ser realizado pelos canais de atendimento remoto do INSS, "Central 135" e Portal "Meu INSS".

§ 1º A tramitação e a análise do pedido de recurso que envolva tempo de contribuição ou seguro em país acordante será realizada pela APSAI competente.

§ 2º Caberá às APSAI, nas hipóteses previstas no § 1º, a instrução de recurso à Junta de Recurso – JR, a elaboração de parecer sobre as decisões proferidas pelas JR e Câmaras de Julgamento – CAJ e a implantação de decisões da JR e CAJ que reconheceram o direito e/ou revisão de benefício que envolva tempo de contribuição ou seguro em país acordante.

SUBSEÇÃO VII – DA REVISÃO

Art. 35. O requerimento de revisão poderá ser realizado pelos canais de atendimento remoto do INSS, "Central 135" ou Portal "Meu INSS".

Parágrafo único. A análise do pedido de revisão que envolva tempo de contribuição ou seguro em país acordante será realizada pela Agência da Previdência Social Atendimento Acordos Internacionais competente.

SEÇÃO II – DA MANUTENÇÃO DOS BENEFÍCIOS

SUBSEÇÃO I – DO PAGAMENTO

Art. 36. O pagamento dos benefícios concedidos no âmbito dos Acordos Internacionais ocorre nas seguintes modalidades:

I – se residente no Brasil, na rede bancária contratada pelo INSS para pagamento de benefícios;

II – se residente no exterior, com remessa dos valores à instituição financeira contratada pelo INSS, para depósito na conta corrente indicada pelo beneficiário em instituição financeira localizada em país com o qual o Brasil mantém Acordo Internacional de Previdência Social;

III – se residente no exterior, mas sem remessa dos valores ao país de residência, por meio de procurador constituído.

§ 1º A remessa dos pagamentos dos benefícios prevista no inciso II ocorrerá até o 2º dia útil subsequente de cada competência.

§ 2º No Sistema de Pagamento de Acordos Internacionais – SPAI, constará as informações sobre as operações realizadas, inclusive quanto à taxa de câmbio operada para a remessa dos valores ao exterior e as informações dos benefícios não pagos.

§ 3º Para pagamento dos benefícios no exterior, os créditos no SPAI poderão ter os seguintes status:

I – liberado: crédito para pagamento no exterior ou aguardando retorno da instituição financeira contratada pelo INSS;

II – inconsistente: crédito com informações incorretas de dados bancários ou cadastrais não liberado para pagamento no exterior;

III – pago: crédito transferido para instituição financeira final localizada no exterior;

IV – não pago: crédito retornado como não pago pela instituição financeira contratada pelo

INSS devido a ocorrência de inconsistência no pagamento, sendo os principais motivos, dados bancários inválidos, óbito do titular ou conta encerrada.

§ 4º O benefício sem registro de dados bancários ou cadastrais no SPAI ficará com status de inconsistente e não fará parte do pagamento da competência.

§ 5º A inclusão dos dados bancários no SPAI, até a data do envio do arquivo de pagamento para a instituição financeira contratada, definida no calendário de pagamento dos benefícios no exterior, libera os pagamentos dos créditos que estiverem com a data de validade não expirada.

§ 6º Entende-se por instituição financeira contratada pelo INSS, aquela que presta serviço de envio dos pagamentos às instituições financeiras indicadas pelos segurados para que os valores do benefício sejam creditados nas respectivas contas correntes:

§ 7º Entende-se por instituição financeira final, aquela de escolha do segurado para que o pagamento do benefício seja creditado, localizada no exterior.

§ 8º O status do crédito de «não pago» no SPAI será registrado com o processamento do arquivo de retorno enviado pela instituição financeira contratada pelo INSS, após o recebimento da informação da instituição financeira final. O prazo para o envio das informações obedecerá aos prazos internacionais de cada instituição financeira final.

Art. 37. O titular de benefício brasileiro poderá solicitar a transferência do pagamento para recebimento no exterior, utilizando os canais remotos do INSS.

§ 1º A solicitação de TBM, nesses casos, poderá ser realizada através de requerimento eletrônico, no Portal «Meu INSS» ou na «Central 135», pelo serviço «Acordo Internacional – Solicitar Transferência de Benefício para Recebimento em Banco no Exterior».

§ 2º Deverá ser anexado à solicitação o «Formulário de Requerimento TBM ou alteração dos dados bancários» e o comprovante de titularidade da conta corrente no exterior.

§3º O pedido será distribuído para uma das APSAI, considerando o país de destino.

§ 4º Quando o beneficiário da Previdência Social brasileira com pagamento em banco no exterior retornar ao Brasil, poderá solicitar a transferência do pagamento do seu benefício para uma instituição financeira contratada pelo INSS.

SUBSEÇÃO II – DAS ATUALIZAÇÕES DE DADOS CADASTRAIS E/OU BANCÁRIOS

Art. 38. A atualização de dados cadastrais e/ou bancários de benefício de residente no exterior é solicitada pelo titular ou representante legal pelos canais remotos do INSS ou por meio do Organismo de Ligação estrangeiro, sendo necessário o preenchimento e anexação do formulário próprio, disponível no site do INSS.

Parágrafo único. Para fins de atualização dos dados cadastrais, deverá ser apresentado o documento de identificação e demais comprovantes das alterações ocorridas e para atualização dos dados bancários o comprovante de titularidade de conta corrente individual, com o respectivo código de transferência internacional, tais como IBAN, SWIFT, ABA, dentre outros.

SUBSEÇÃO III – DA PROCURAÇÃO

Art. 39. A procuração outorgada no exterior, para produzir efeito junto ao INSS, deverá ser:

I – legalizada pela Repartição Consular Brasileira, caso o país não seja signatário da Convenção de Haia;

II – apostilada quando originária de países signatários da Convenção de Haia.

§ 1º Quando o documento for originário da França, haverá a dispensa de legalização ou a aplicação de qualquer formalidade análoga, nos termos do Decreto nº 3.598, de 2000.

§ 2º A procuração emitida em idioma estrangeiro, particular ou pública, será acompanhada da respectiva tradução por tradutor público juramentado, exceto quando se tratar de documento redigido em língua portuguesa originário de países cuja língua oficial seja o português.

§ 3º A manutenção dos benefícios concedidos por totalização, no âmbito dos Acordos de Previdência Social, para residentes no Brasil, será direcionada para a APS de preferência do titular ou do procurador do beneficiário.

SUBSEÇÃO IV – DO IMPOSTO DE RENDA

Art. 40. Os benefícios de residentes no exterior possuem tributação diferenciada em virtude de sua residência de acordo com as normas expedidas pela Receita Federal do Brasil – RFB e dos Acordos Internacionais promulgados para evitar a dupla tributação e prevenir a evasão fiscal em matéria de impostos sobre a renda.

§ 1º Os beneficiários residentes ou domiciliados no exterior terão os rendimentos tributados na alíquota de 25% (vinte e cinco por cento) a título de imposto de renda retido na fonte.

§ 2º Havendo Acordo Internacional para evitar a dupla tributação e evasão fiscal em matéria de impostos sobre a renda celebrado entre o país de residência do beneficiário e o Brasil, deve-se observar, nesse instrumento, qual o país responsável pela tributação do imposto de renda, para aplicação da alíquota, prevista no § 1º.

§ 3º As isenções previstas na Lei nº 7.713, de 22 de dezembro de 1988, aplicam-se às pessoas físicas residentes ou domiciliadas no Brasil.
(Acrescido pela Portaria DIRBEN/INSS 1.045/2022)

SUBSEÇÃO V – DO ÓBITO NO EXTERIOR

Art. 41. As Agências de Previdência Social – APS que recepcionarem certidão de óbito ocorrido no exterior deverão providenciar a cessação dos benefícios, observadas as regras de recepção de documento emitido no exterior.

Parágrafo único. No âmbito dos Acordos Internacionais, as APSAI devem observar as regras de isenção de legalização neles previstas.

Art. 42. Compete às APSAI de Acordos Internacionais a cessação de benefícios com remessa de créditos para o exterior em decorrência de óbito do titular, adotando os seguintes procedimentos:

I – cessação do benefício pelo motivo 13 em caso de apresentação da certidão de óbito do titular;

II – suspensão do benefício por suspeita de óbito, motivo 82 nos casos de não apresentação da certidão, emitindo a exigência para a apresentação;

III – adoção dos procedimentos de cobrança pós-óbito, caso necessário.

Parágrafo único. A cessação de benefícios concedidos no âmbito dos acordos internacionais ou com base unicamente nos períodos cumpridos sob a legislação brasileira, com apresentação de certidão de óbito emitida no exterior, deve ser registrada observando as suas peculiaridades.

SUBSEÇÃO VI – DA COBRANÇA PÓS ÓBITO

Art. 43. A comunicação de óbito de residente no exterior pelos familiares do titular do benefício falecido poderá ser por correspondência ou pelo Meu INSS, pelos Organismos de Ligação Estrangeiros por ofícios e/ou formulários ou ainda, listagem de devolução dos valores remetidos ao exterior.

Parágrafo único. os países acordantes poderão estabelecer de comum acordo rotina de batimento de dados para fins de identificação de óbitos ocorridos em seus territórios para a cessação dos benefícios.

Art. 44. Havendo a constatação de óbito de titular de benefício vinculado à Acordo Internacional, com indício de recebimento indevido após a data do óbito no exterior, deverão ser adotados os seguintes procedimentos:

I – proceder à cessação ou suspensão do benefício conforme disposto nos incisos I e II do art. 42;

II – verificar, no histórico de créditos do benefício, no Sistema de Pagamento de Acordos Internacionais – SPAI, se há informações de pagamento dos valores objeto da apuração;

III – elaborar a planilha de cálculos para obtenção dos valores atualizados, conforme art. 175 do Regulamento da Previdência Social – RPS, aprovado pelo Decreto nº 3.048, de 1999;

IV – expedir ofício de cobrança, dirigido aos herdeiros do titular do benefício, com os dados bancários do INSS para depósito dos valores.

§ 1º Adotado os procedimentos descritos no *caput*, devem ser observados os demais procedimentos previstos no Manual do Monitoramento Operacional de Benefícios, aprovado pela Resolução nº 276/PRES/INSS, de 1º de março de 2013, constantes na Seção VIII do Capítulo III, em relação a defesa e recurso.

§ 2º Caso seja requerida pensão por morte, os valores recebidos indevidamente deverão ser corrigidos e consignados na concessão do benefício, desde que o dependente seja devidamente comunicado.

§ 3º Transcorrido o prazo previsto no ofício de cobrança sem obtenção de resposta, deve-se solicitar ao Organismo de Ligação do País Acordante o último endereço atualizado do segurado falecido, expedindo-se o ofício de cobrança novamente, à vista das informações recebidas.

§ 4º Recebido o comprovante bancário da devolução dos valores recebidos após o óbito, a APSAI formalizará processo no SEI para a CAINT, anexando o comprovante de depósito, a indicação dos períodos e dos valores pagos indevidamente, para que seja possível a invalidação dos créditos nos sistemas corporativos, após a confirmação do recebimento dos valores pelo setor financeiro.

§ 5º Para eventos ocorridos no exterior, não cabe a comunicação à Polícia Federal do Brasil ou mesmo o envio à Seção/Serviço de Orçamento, Finanças e Contabilidade – SOFC, para fins de cobrança ao Agente Pagador.

§ 6º Caso não haja qualquer resposta, mesmo após o encaminhamento ao endereço informado pelo organismo de ligação, a apuração restará prejudicada, devendo o procedimento ser arquivado com as devidas justificativas que cada caso requer.

SUBSEÇÃO VII – DA REATIVAÇÃO DOS BENEFÍCIOS

Art. 45. A reativação dos benefícios mantidos no âmbito dos acordos internacionais segue a rotina prevista na legislação brasileira.

Parágrafo único. Após a apresentação dos documentos necessários, os valores pendentes de pagamento devem ser atualizados monetariamente e acertados por meio de complemento positivo.

SUBSEÇÃO VIII – REAJUSTAMENTO

Art. 46. Os valores dos benefícios em manutenção no âmbito dos acordos internacionais serão reajustados conforme disposto no art. 182 do Livro III – Manutenção de Benefício, aprovado pela Portaria nº 992, de 28 de março de 2022.

SEÇÃO III – DO INTERCÂMBIO DAS INFORMAÇÕES

Art. 47. O intercâmbio de informações para fins de aplicação dos Acordos Internacionais de Previdência Social deve ocorrer exclusivamente entre os Organismos de Ligação do Brasil e dos países acordantes.

Art. 48 Os documentos, formulários e certidões para aplicação do Acordo tramitados entre os Organismos de Ligação, em conformidade com a previsão expressa no próprio Acordo, são dispensados de legalização, autenticação consular ou formalidades similares como o apostilamento e tradução oficial.

Art. 49. A troca de informações entre os Organismos de Ligação poderá ocorrer no idioma oficial do país acordante e não deverá ser rejeitada por não estar redigida em português.

Art. 50. As instituições competentes ou os Organismos de Ligação dos países signatários do Acordo trocarão informações acerca de fatos relevantes à operacionalização, tais como:

I – reconhecimento de direito;

II – cessação de benefícios ou de cota parte de pensão;

III – validação de períodos de seguro ou cobertura;

IV – permanência ou retorno à atividade laboral;

V – óbito do beneficiário, titular ou dependente;

VI – dados relativos à incapacidade laboral;

VII – deslocamento temporário de trabalhador.

Parágrafo único. As cartas de indeferimento de benefícios deverão ser encaminhadas juntamente com o Formulário de Ligação e ofício expedidos, devendo o motivo ser devidamente esclarecido à outra parte acordante, não podendo conter informações genéricas que impossibilitem o entendimento do motivo do indeferimento.

Art. 51. Desde que previamente acordada entre os países acordantes, poderá haver a troca de informações eletrônicas, ou outro meio que permita a celeridade na comunicação, observada a Lei Geral de Proteção de Dados – LGPD.

§ 1º Podem ser tramitados na forma prevista no *caput*, formulários e documentos referentes ao reconhecimento e manutenção de direitos e certificados de deslocamento temporário inicial, prorrogação, retificação ou de exceção dentre outros documentos necessários à aplicação dos Acordos Internacionais.

§ 2º O Sistema Eletrônico de Informações – SEI poderá ser utilizado pelas APSAI de Acordos Internacionais para gerar os documentos para a troca de informações com os países acordantes.

§ 3º Os formulários e certificados gerados no SEI para a tramitação com os países acordantes devem:

I – ter nível de acesso restrito quando tratar de informações pessoais, nos termos do art. 31 da Lei nº 12.527, de 18 de novembro de 2011, principalmente documentação relativa à validação do tempo de contribuição ou certificado de deslocamento temporário; e

II – ser assinados digitalmente pelo Gerente da APSAI.

§ 4º As APSAI devem manter o endereço eletrônico específico para se comunicar com os Organismos de Ligação, sendo vedada a troca de informações com a utilização de endereço eletrônico pessoal.

Art. 52. No âmbito do Acordo Multilateral de Seguridade Social do MERCOSUL, a tramitação das solicitações dos requerentes e a validação dos períodos de seguro ou cobertura devem ser realizadas no Sistema de Troca de Informações Eletrônicas – SIACI, conforme Anexo II. *(Redação dada pela Portaria DIRBEN/INSS 1.045/2022)*

§ 1º Consideram-se autênticos quanto ao seu conteúdo e autoria os documentos e imagens a serem transmitidos via SIACI, oriundos dos Organismos de Ligação reconhecidos no Acordo Multilateral de Seguridade Social do Mercosul.

§ 2º Também será considerada autêntica a documentação complementar anexada aos formulários tramitados por meio de sistema, que se comunique por outros meios, sempre que contenha os mesmos mecanismos de autenticidade e segurança previstos para a transmissão de formulários.

Art. 53. Os requerimentos, notificações, defesas e recursos apresentados na Instituição Competente/Organismo de Ligação do país acordante serão considerados como tendo sido apresentados na Instituição Competente/ Organismo de Ligação brasileiro.

§ 1º As notificações, defesas e recursos devem ser encaminhados ao segurado ou seu representante legal e obedecerão aos prazos previstos nos Acordos Internacionais de Previdência Social ou nos Ajustes Administrativos, contudo, não havendo previsão expressa nesses atos, observarão os prazos previstos na legislação brasileira.

§ 2º O início da contagem do prazo, exceto se disposto de forma diversa no Acordo Internacional de Previdência Social ou Ajuste Administrativo, será a data de recebimento da correspondência pelo segurado, constante no AR. A data do cumprimento a ser considerada será a da entrega da documentação na Instituição Competente/ Organismo de Ligação do país acordante, ou da postagem da correspondência para envio ao Brasil.

CAPÍTULO III – DO DESLOCAMENTO TEMPORÁRIO

Art. 54. O empregado de empresa com sede em um dos países acordantes, que for enviado ao território do outro, pelo período previsto no Acordo, continuará sujeito à legislação previdenciária do país de origem, desde que seja emitido o Certificado de Deslocamento Temporário que deverá ser requerido pelo empregador, observando-se as seguintes disposições:

I – a solicitação do Certificado de Deslocamento Temporário de brasileiros poderá ser realizada nos canais de atendimento remoto do INSS, "Central 135" ou Portal "Meu INSS". O requerimento deve ser realizado antes da efetiva saída do trabalhador do Brasil;

II – a emissão do Certificado de Deslocamento Temporário, considerando o País Acordante de destino, será de responsabilidade do organismo de ligação brasileiro competente de acordo com a atribuição de competência estabelecida pelo presidente do INSS, em ato próprio;

III – fica a cargo da Instituição competente ou do Organismo de Ligação no exterior a emissão do certificado de deslocamento temporário para estrangeiro em deslocamento ao Brasil, considerando o contido no *caput* deste artigo

Art. 55. Havendo previsão expressa no Acordo Internacional, o deslocamento temporário do trabalhador poderá ser prorrogado, desde que haja autorização da autoridade competente ou organismo de Ligação do país de destino

Art. 56. As autoridades competentes ou a instituição competente dos países acordantes, por consentimento mútuo, podem fazer exceções à aplicação dos dispositivos previstos para os deslocamentos temporários, com relação a quaisquer pessoas ou categorias de pessoas, desde que estejam sujeitas à legislação de uma das partes.

§ 1º As regras previstas no *caput* estendem-se ao trabalhador por conta própria, desde que haja previsão expressa no Acordo de Previdência para esta categoria de trabalhador.

§ 2º Solicitações de deslocamento temporário com regras de exceção devem ser submetidas à Diretoria de Benefícios do INSS para autorização.

§ 3º Os formulários relativos ao deslocamento temporário podem ser encontrados no site oficial do INSS.

Art. 57 A emissão de Certificado de Deslocamento Temporário torna-se desnecessária, exceto quando houver previsão contrária no Acordo Internacional, nas seguintes situações:

I – membros da tripulação de voo das empresas de transporte aéreo que continuarão sujeitos à legislação vigente no Estado em cujo território a empregadora tenha sede;

II – membros de tripulação de navios que ostente a bandeira de um dos Estados Contratantes que estarão sujeitos às disposições vigentes deste Estado;

III – pessoa que exerça atividade por conta de outrem, a bordo de um navio com bandeira de uma das Partes Contratantes, sendo remunerada em função dessa atividade por uma empresa ou pessoa física equiparada à empresa, que tenha sua sede no território da outra Parte Contratante, continuará submetida à legislação desta última Parte:

IV – qualquer outra pessoa que o navio empregue em tarefa de carga e descarga, conserto ou vigilância, quando no porto, estará sujeita à legislação do Estado sob cujo âmbito jurisdicional se encontre atracado este navio; e

V – membros das Representações Diplomáticas e Consulares, Organismos Internacionais e demais funcionários, empregados e trabalhadores a serviço dessas Representações ou a serviço pessoal de algum de seus membros, que serão regidos, no tocante à Previdência Social, pelas Convenções e Tratados que lhes sejam aplicáveis.

Art. 58. Desde que respeitadas as condições estabelecidas pelos Acordos Internacionais de Previdência Social vigentes, o empregado deslocado temporariamente ao Brasil não deve ser considerado segurado do Regime Geral de Previdência Social – RGPS, não havendo, por conseguinte, contribuição previdenciária a cargo da Empresa (Patronal, Seguro Acidente do Trabalho – SAT e Sistema S)". *(Redação dada pela Portaria DIRBEN/INSS 1.045/2022)*

Parágrafo único. As contribuições de terceiros, por terem natureza parafiscal, e não previdenciária, não estão previstas na isenção do Acordo, fazendo-se necessária para a correta avaliação de incidência do tributo, observar a redação específica da contribuição de terceiro a que está sujeita a empresa.

Art. 59. Para aplicação do Acordo Multilateral de Seguridade Social do MERCOSUL, foram aprovados os seguintes critérios para o deslocamento temporário, em conformidade com o art. 5º dos Critérios para aplicação deste Acordo:

I – o prazo dos deslocamentos temporários previstos pelo inciso I do art. 5º do Acordo Multilateral não poderá ser prorrogado por mais de doze meses e deve ser previamente autorizado pela autoridade competente ou instituição delegada pelo estado receptor.

II – o prazo inicial e de prorrogação poderão ser utilizados de forma fracionada.

III – em virtude do caráter excepcional do regime de deslocamento temporário, uma vez utilizado o prazo máximo de 24 (vinte e quatro) meses, não poderá ser concedido ao mesmo trabalhador um novo período de amparo a este regime.

IV – para os fins da alínea "a" do art. 5º do Acordo, serão consideradas como tarefas profissionais, de pesquisa, científicas, técnicas ou de direção, aquelas relacionadas a situações de emergência, transferência de tecnologia, prestação de serviços de assistência técnica, funções de direção geral, de gerenciamento, de supervisão, de assessoramento a funções superiores da empresa, de consultoria especializada e similares.

V – é facultado ao Estado Parte receptor dos trabalhadores deslocados temporariamente, solicitar que além do certificado previsto no art. 3º do Ajuste Administrativo seja apresentada documentação que certifique que o Trabalhador possui qualificação ou as qualidades exigidas pela alínea "a" do inciso 1 do art. 5º do Acordo Multilateral de Seguridade Social do Mercosul, assim como declaração da empresa receptora relativa à atividade que será desempenhada pelo trabalhador no território do Estado Parte receptor.

CAPÍTULO IV – DA SAÚDE

Art. 60. A prestação de assistência médica no país de destino dos segurados filiados ao RGPS e seus dependentes está prevista nos Acordos de Previdência Social firmados entre o Brasil e os países: Cabo Verde, Itália e Portugal.

§ 1º Para os países signatários do Acordo Multilateral de Seguridade Social do Mercosul, a assistência médica está prevista para o trabalhador empregado que estiver em deslocamento temporário.

§ 2º A responsabilidade pela emissão do Certificado de Direito à Assistência Médica – CDAM, que garante o atendimento no país de destino é do Sistema Único de Saúde – SUS. Informações complementares são obtidas no site oficial do Ministério da Saúde.

ANEXO I – PORTARIA DIRBEN/INSS Nº 995, DE 28 DE MARÇO DE 2022

(TIMBRE DO ÓRGÃO OU ENTIDADE EMITENTE)

DECLARAÇÃO DE TEMPO DE CONTRIBUIÇÃO AO RPPS PARA APLICAÇÃO DE ACORDOS INTERNACIONAIS DE PREVIDÊNCIA SOCIAL

ÓRGÃO EXPEDIDOR:	CNPJ:

DADOS PESSOAIS:

NOME:		
RG:	ORGÃO EXPEDIDOR:	DATA EXPEDIÇÃO:
CPF:	TÍTULO DE ELEITOR:	PIS/PASEP:
DATA DE NASCIMENTO:	NOME DA MÃE:	
ENDEREÇO:		

DADOS FUNCIONAIS

APOSENTADO: ( ) NÃO ( ) SIM	DATA APOSENTADORIA:
CARGO EFETIVO:	
ORGÃO DE LOTAÇÃO:	
DATA DE ADMISSÃO:	MATRÍCULA:

DADOS DO BENEFÍCIO

BENEFÍCIO A SER REQUERIDO:

PERÍODOS DE CONTRIBUIÇÃO AO RPPS

DE ___/___/_____ A ___/___/_____

FONTE DE INFORMAÇÃO:

DECLARO que até esta data o servidor conta, de efetivo exercício prestado neste Órgão, o tempo líquido de contribuição de ___ dias, correspondente a ___ anos, ___ meses e ___ dias.

Lavrei esta Declaração, que não contém emendas nem rasuras.	Visto do Dirigente do Órgão
Assinatura e carimbo do servidor Nome/Matrícula/Cargo	Assinatura e carimbo do dirigente Nome/Matrícula/Cargo
LOCAL E DATA:	
OBSERVAÇÕES / OCORRÊNCIAS:	

UNIDADE GESTORA DO RPPS

HOMOLOGO a presente Declaração de Tempo de Contribuição ao RPPS e declaro que as informações nela constantes correspondem à verdade.
Local e data: _____
Assinatura e carimbo do Dirigente da UG

ANEXO II – PORTARIA DIRBEN/INSS Nº 995, DE 28 DE MARÇO DE 2022

(Acrescido pela Portaria DIRBEN/INSS 1.045/2022)

Dispõe sobre regras de aplicação para o Acordo Multilateral de Seguridade Social do MERCOSUL

DO SISTEMA DE ACORDOS INTERNACIONAIS

1 – No âmbito do Acordo Multilateral de Seguridade Social do Mercosul, em conformidade com a reunião realizada em Assunção, no Paraguai, nos dias 30 e 31/07/2007, da Comissão Multilateral Permanente – COMPASS, a tramitação das solicitações dos requerentes e a validação do tempo de contribuição entre os Organismos de Ligação devem ser realizados por meio do Sistema de Acordos Internacionais – SIACI.

1.1 – Consideram-se autênticos quanto ao seu conteúdo e autoria os documentos e imagens transmitidos via SIACI, oriundos dos Organismos de Ligação reconhecidos no Acordo Multilateral de Seguridade Social do Mercosul.

1.2 – Também será considerada autêntica a documentação complementar anexada aos formulários tramitados por meio de sistema, que se comunique por outros meios sempre que contenha os mesmos mecanismos de autenticidade e segurança previstos para a transmissão de formulários.

2 – No SIACI existem 06 (seis) níveis de acesso às funcionalidades específicas, sendo que:

2.1 – Usuário "A" (APS): realiza a inserção, edição e consulta do formulário MER-01 até que este esteja completamente preenchido e pronto para validação a ser realizada pelo usuário "C";

2.2 – Usuário "B" (médico): realiza a inserção, edição, consulta e impressão do formulário MER-05. Após a transmissão do formulário MER-05, apenas a visualização e a impressão do formulário são permitidas.

2.3 – Usuário "C" (Organismo de Ligação), realiza:
a) a validação, transmissão, leitura, consulta, visualização e impressão do formulário MER-01;
b) o preenchimento do formulário MER-01;

c) a inserção, edição, consulta, transmissão, leitura e impressão do formulário MER-02;
d) a consolidação de dois ou mais formulários MER-02.
2.3.1 – Nas atividades como usuário "C", deve-se observar que:
a) a inserção do formulário MER-02 só pode ser realizada caso o formulário MER-01 a ele associado já esteja validado ou lido;
b) após a transmissão de qualquer dos formulários, será permitida apenas a visualização ou a impressão dos formulários transmitidos, tanto para o emissor quanto para o receptor;
c) quanto ao formulário MER-05, o usuário "C" apenas tem permissão para transmissão e recebimento, sem a possibilidade de visualização.
2.4 – Usuário "Administrador", realiza:
a) a inserção, remoção, edição e consulta aos usuários do sistema;
b) a inserção, remoção, edição e consulta às informações de configuração do sistema.
2.5 – Usuário "D" (OISS): realiza a consulta e emite relatórios de tramitação dos formulários MER.
2.6 – Usuário "E": realiza a consulta e emite relatórios de tramitação dos formulários MER relacionados ao seu país.
3 – O SIACI prevê 06 (seis) status para a tramitação dos formulários:
a) pendente de preenchimento/em preenchimento;
b) pendente de validação/preenchido;
c) pendente de transmissão/validado;
d) transmitido;
e) recebido;
f) lido.

DOS CRITÉRIOS PARA APLICAÇÃO DO ACORDO MULTILATERAL DO MERCOSUL

4 – Para a operacionalização do Acordo Multilateral de Seguridade Social do MERCOSUL, nos Critérios para aplicação do Acordo, foram acrescidas as alíneas a, b e c e os parágrafos 2º e 3º na redação do art. 5º, conforme a Resolução da Comissão Multilateral Permanente – CMP nº 5, de 31/07/2007, destacados a seguir:

Art. 5º
a) o prazo dos deslocamentos temporários previstos pelo inciso I do art. 5º do Acordo Multilateral não poderá ser prorrogado por um prazo total maior que doze meses, previamente autorizado pela autoridade competente ou instituição delegada pelo estado receptor;
b) tanto o prazo original quanto o de prorrogação poderão ser utilizados de forma fracionada;
c) em virtude do caráter excepcional do regime de deslocamento temporário, uma vez utilizado o prazo máximo de 24 (vinte e quatro) meses, não poderá ser concedido ao mesmo trabalhador um novo período de amparo a este regime;
§ 2º Para os fins da alínea a do Art. 5 do Acordo, serão consideradas como tarefas profissionais, de pesquisa, científicas, técnicas ou de direção, aquelas relacionadas a situações de emergência, transferência de tecnologia, prestação de serviços de assistência técnica, funções de direção geral, de gerenciamento, de supervisão, de assessoramento a funções superiores da empresa, de consultoria especializada e similares. (parágrafo acrescentado pela Resolução CMP nº 5, de 31/7/2007).
§ 3º É facultado ao Estado Parte receptor dos trabalhadores deslocados temporariamente solicitar que além do certificado previsto no art. 3º do Ajuste Administrativo seja apresentada documentação que certifique que o trabalhador possui qualificação ou as qualidades exigidas pela alínea •a• do inciso 1 do art. 5º do Acordo Multilateral de Seguridade Social do Mercosul, assim como declaração da empresa receptora relativa à atividade que será desempenhada pelo trabalhador no território do Estado Parte receptor. (parágrafo acrescentado pela Resolução CMP nº 5, de 31/7/2007)

ANEXO III – PORTARIA DIRBEN/INSS Nº 995, DE 28 DE MARÇO DE 2022
(Acrescido pela Portaria DIRBEN/INSS 1.045/2022)

DISPÕE SOBRE AS REGRAS DE APLICAÇÃO PARA O ACORDO DE SEGURIDADE SOCIAL OU SEGURANÇA SOCIAL FIRMADO ENTRE O BRASIL E PORTUGAL

Considerando a Décima Primeira Reunião da Comissão Mista realizada em Portugal, no período de 15 a 21 de dezembro de 2004, ficam estabelecidas as seguintes rotinas operacionais ao Acordo Internacional Brasil/Portugal:
1 – Fica dispensado o envio de cópias autenticadas dos documentos de identificação do segurado, quando estes registros constarem do formulário de ligação enviado pelo Organismo de Ligação, conforme previsto no item 4 do artigo 12 do Ajuste Administrativo ao Acordo de Seguridade Social ou Segurança Social, firmado entre o Governo da República Federativa do Brasil e o Governo da República Portuguesa, de 07 de maio de 1991, em vigor desde 25 de março de 1995.
2 – Quando se tratar de pedido de pensão por morte, poderá ser aceita a Certidão de Óbito ou a Certidão de Nascimento/Casamento desde que conste a averbação de óbito e que tenha o carimbo e/ou marca d'água de uma Conservatória de Registro Civil de Portugal, tendo em vista que em Portugal são averbadas na Certidão de Nascimento/Casamento todas as ocorrências que envolvam modificação de estado civil até o óbito da pessoa.

3 - A comunicação dos óbitos dos segurados residentes em Portugal, e que recebem benefícios brasileiros, poderá ocorrer entre os Organismos de Ligação de ambos os países, visando a cessação dos benefícios.

4 - Para a comprovação de união de fato para fins do reconhecimento de direito brasileiro, poderá ser aceito o Atestado da Junta de Freguesia que confirma judicialmente este tipo de união em Portugal, sem prejuízo de mais dois documentos comprobatórios, conforme previsto na legislação brasileira.

5 - A Certidão de Casamento Católico de Portugal poderá ser aceita como documento para o reconhecimento do direito quando averbado nos Conservatórios de Registro Civil, que produz efeitos na ordem jurídica civil daquele país.

6 - O não cumprimento das exigências em prazo superior a 120 (cento e vinte) dias por parte do país acordante poderá possibilitar aos Organismos de Ligação de ambos os países a troca de correspondências oficiais, a fim de que sejam atendidos os requisitos necessários à concessão do benefício.

7 - As cartas de indeferimento de benefícios deverão ser encaminhadas juntamente com o Formulário de Ligação e ofício expedidos, devendo o motivo ser devidamente esclarecido à outra parte acordante, não podendo conter informações genéricas que impossibilitem o entendimento do motivo do indeferimento.

8 - Na legislação portuguesa existem os períodos equiparados para os quais não há exercício efetivo de atividade profissional, contudo são considerados períodos de seguro pela respectiva legislação para fins de totalização, mesmo sem haver o respectivo pagamento das contribuições.

8.1 - Esses períodos se referem à concessão de prestações como: subsídio de doença, subsídio de desemprego, prestação de serviço militar, dentre outros e devem ser indicados no quadro 8, campo 8.1, do formulário de ligação pelo Organismo Português.

8.2 - Os respectivos períodos são computados para fins de totalização, exceto para a aposentadoria por tempo de contribuição no Brasil, visto que não são considerados como efetivo exercício de atividade conforme acordado na reunião da Comissão Mista Luso brasileira de 20 a 24 de abril de 1998.

ANEXO IV - PORTARIA DIRBEN/INSS Nº 995, DE 28 DE MARÇO DE 2022

(Acrescido pela Portaria DIRBEN/INSS 1.045/2022)

DISPÕE SOBRE APLICAÇÃO DOS ACORDOS, NO PLANO JURÍDICO INTERNO, QUANDO ESTES POSSUÍREM CLÁUSULA CONVENCIONAL QUE ALCANCE A LEGISLAÇÃO DOS REGIMES PRÓPRIOS DE PREVIDÊNCIA SOCIAL - RPPS

1 - Os Acordos Internacionais de Previdência Social celebrados pelo Brasil preveem, no âmbito de aplicação material, a legislação do Regime Geral de Previdência Social - RGPS e para alguns, a do Regime Próprio de Previdência Social - RPPS, para alcançar a elegibilidade aos benefícios previdenciários com regras de totalização de períodos de seguro.

2 - A Portaria nº 1.467, de 02 de junho de 2022, disciplina os parâmetros e as diretrizes gerais para organização e funcionamento dos Regimes Próprios de Previdência Social dos servidores públicos da União, dos Estados, do Distrito Federal e dos Municípios, em cumprimento à Lei nº 9.717, de 1998, aos arts. 1º e 2º da Lei nº 10.887, de 2004 e à Emenda Constitucional nº 103, de 2019 e dispõe sobre a aplicação dos Acordos Internacionais no âmbito dos RPPS, com as seguintes regras:.

2.1 - Regime Instituidor/Instituição Competente: RPPS:

2.1.1 - O RPPS será o regime instituidor do benefício a ser concedido por totalização e atuará como Instituição Competente, respondendo pela aplicação da norma internacional em cada caso concreto, quando, no momento da aplicação do Acordo, a pessoa interessada mantiver vínculo atual com o RPPS na condição de servidor público titular de cargo efetivo ou seu dependente.

2.1.2 - O INSS, neste caso, manterá a condição de Organismo de Ligação para aplicação do Acordo Internacional de Previdência Social.

2.1.3 - O formulário de ligação encaminhado pelo INSS ao RPPS, cujo período de seguro tenha sido validado pelo Organismo de Ligação do Estado Acordante, será considerado documento hábil para fins de registro no RPPS, cálculo da prestação teórica e da prestação proporcional do benefício a ser concedido por totalização, sendo necessários os seguintes procedimentos:

a) recebido o formulário de solicitação o RPPS encaminhará ao Organismo de Ligação brasileiro a validação do tempo de contribuição para aquele Regime, certificado por meio do formulário constante no anexo I desta Portaria, junto com o formulário de solicitação recebido;

b) após a transcrição do tempo de contribuição validado pelo RPPS no formulário de ligação, o Organismo de Ligação brasileiro competente o encaminhará ao País Acordante;

c) a validação do tempo de contribuição do País Acordante será encaminhada à Instituição Competente do RPPS pelo Organismo de Ligação competente brasileiro, visando a análise e conclusão do pedido;

d) o reconhecimento do direito ficará a cargo da Instituição Competente do RPPS, bem como o pagamento do benefício que deverá ser realizado diretamente ao beneficiário.

2.1.4-Se o segurado filiado a RPPS requerer, para fins de aplicação de Acordo Internacional, além do cômputo do período de seguro cumprido no Estado Acordante, a contagem recíproca de tempo de contribuição para o RGPS ou outro RPPS, como regimes de origem, esse tempo nacional, mediante a expedição de Certidão de Tempo de Contribuição - CTC, será passível de compensação financeira nos termos da Lei nº 9.796, de 1999.

3 - Regime Instituidor/Instituição Competente: RGPS:

3.1 – O Regime Geral de Previdência Social – RGPS será o regime instituidor quando, no momento da aplicação do Acordo, o interessado estiver vinculado ao sistema previdenciário do País Acordante e possuir vinculação anterior ao RPPS, inclusive, quando o interessado não tenha filiação anterior ao RGPS.

3.2 – Para fins de aplicação do Acordo, o Organismo de Ligação brasileiro deverá:

a) verificar no formulário de solicitação se o requerente possui tempo de contribuição ao RGPS;

b) analisar a Certidão de Tempo de Contribuição apresentada pelo segurado, relativa ao RPPS de vinculação, para envio da validação do tempo de contribuição brasileiro, em formulário próprio, ao País Acordante;

c) analisar e concluir o pedido, considerando a validação do tempo de seguro do País Acordante.

3.3 Para o reconhecimento de direito, o INSS exigirá do RPPS de origem, para fins de contagem recíproca do tempo de contribuição e posterior compensação financeira, a CTC, relativa ao tempo de vínculo no RPPS que venha a ser considerado período de seguro válido nos termos do Acordo Internacional de Previdência Social.

3.4 – Como regime instituidor o RGPS ficará com a responsabilidade da análise e conclusão do benefício e, para os casos concedidos, do pagamento do benefício diretamente ao beneficiário. Os dois Regimes farão a compensação financeira do período de contribuição nacional, na forma da Lei nº 9.796, de 5 de maio de 1999.

3.5 – O Regime instituidor será o responsável pela concessão e pagamento da prestação proporcional do benefício brasileiro, na condição de Instituição Competente, no âmbito do Acordo Internacional.

3.6 – Quando o RPPS for o Regime Instituidor, a realização de perícia médica, quando necessária, para requerente residente no Brasil, ficará a cargo do RPPS, com a utilização do formulário próprio firmado entre os Países Acordantes.

Portaria DIRBEN/INSS Nº 996

PORTARIA DIRBEN/INSS Nº 996, DE 28 DE MARÇO DE 2022

Aprova as Normas Procedimentais em Matéria de Benefícios

O DIRETOR DE BENEFÍCIOS DO INSTITUTO NACIONAL DO SEGURO SOCIAL – INSS, no uso das atribuições que lhe confere o Decreto nº 9.746, de 8 de abril de 2019, bem como, o que consta no processo administrativo SEI no 35014.341866/2020-55, resolve:

Art. 1º Fica aprovado o Livro VII das Normas Procedimentais em Matéria de Benefícios, disciplinando os procedimentos e rotinas de recurso no âmbito da área de benefício do INSS, complementares à Instrução Normativa PRES/INSS nº 128, de 28 de março de 2022.

Art. 2º Esta Portaria entra em vigor na data de sua publicação, devendo ser aplicada a todos os processos pendentes de análise e decisão.

SEBASTIÃO FAUSTINO DE PAULA

ANEXO

LIVRO VII – RECURSOS

TÍTULO I – DA FASE RECURSAL

CAPÍTULO I – DISPOSIÇÕES GERAIS

SEÇÃO I – DO CONCEITO

Art. 1º O recurso é o instrumento utilizado pela parte interessada para contestar uma decisão administrativa que lhe seja desfavorável.

§ 1º Compete ao Conselho de Recursos da Previdência Social – CRPS a análise e o julgamento do recurso interposto das decisões administrativas do Instituto Nacional do Seguro Social – INSS desfavoráveis às pretensões do interessado, no todo ou em parte, respeitado o disposto no Regimento Interno do CRPS – RICRPS. *(Acrescido pela Portaria Dirben/INSS 1.083/2022)*

§ 2º As decisões administrativas do INSS passíveis de interposição de recurso ao CRPS estão dispostas nos incisos I e III do art. 305 do Regulamento da Previdência Social – RPS, aprovado pelo Decreto nº 3.048, de 06 de maio de 1999. *(Acrescido pela Portaria Dirben/INSS 1.083/2022)*

§ 3º No âmbito do INSS, o processo fica dividido nas seguintes fases: *(Acrescido pela Portaria Dirben/INSS 1.083/2022)*

I – instrução/contrarrazão;

II – cumprimento de diligência;

III – análise de acórdão; e

IV – cumprimento de acórdão.

§ 4º Compete às Centrais de Análise do INSS a execução de todas as fases do recurso. *(Acrescido pela Portaria Dirben/INSS 1.083/2022)*

§ 5º Os processos que envolvam períodos decorrentes de acordo internacional, a análise e execução de todas as fases do processo de recurso caberá às Agências da Previdência Social Atendimento Acordos Internacionais, de acordo com Resolução nº 295 PRES/INSS, de 8 de maio de 2013. *(Acrescido pela Portaria Dirben/INSS 1.083/2022)*

Art. 2º Não caberá recurso ao CRPS da decisão que promova o arquivamento do requerimento sem avaliação de mérito, decorrente da não apresentação de documentação indispensável à análise do requerimento, na forma do § 3º do artigo 176 do RPS.

Parágrafo único. A interposição de recurso referente a decisão que promova o arquivamento do requerimento sem avaliação de mérito, decorrente da não apresentação de documentação indispensável à análise do requerimento, não constitui motivo para o INSS recusar seu recebimento, devendo o processo ser remetido ao órgão julgador.

Art. 3º É vedado ao INSS recusar o recebimento do recurso ou sustar-lhe o andamento, exceto nas hipóteses disciplinadas no RICRPS ou em Decreto.

Parágrafo único. Ainda que constatada a intempestividade, falta de procuração ou existência de ação judicial com mesmo objeto, o recurso deverá ser encaminhado ao órgão julgador, ressalvado o caso de reconhecimento total do direito pleiteado antes da remessa do processo à primeira instância, na forma do inciso I do art. 30.

SEÇÃO II – DA CLASSIFICAÇÃO DOS RECURSOS

Art. 4º São unidades de julgamento de recursos do CRPS as Juntas de Recursos – JRs, as Câmaras de Julgamento – CaJs, conforme RICRPS.
§ 1º A JR, considerada como primeira instância, é responsável pelos julgamentos dos recursos ordinários, caracterizados como aqueles que contestam as decisões do INSS.
§ 2º A CaJ, considerada como segunda instância, é responsável pelo julgamento dos recursos especiais, caracterizados como aqueles que contestam as decisões de primeira instância.
§ 3º Os recursos ordinários serão interpostos pelo interessado/beneficiário por meio do serviço "Recurso Ordinário (Inicial)", disponível nos canais eletrônicos de atendimento do INSS. *(Redação dada pela Portaria DIRBEN/INSS 1.069/2022)*
§ 4º Os recursos especiais, quando cabíveis, podem ser interpostos tanto pelo INSS quanto pelo interessado/beneficiário, sendo disponibilizado por meio do serviço "Recurso Especial ou Incidente (Alteração de Acórdão)" nos canais eletrônicos de atendimento do INSS. *(Redação dada pela Portaria DIRBEN/INSS 1.069/2022)*

Art. 5º Não caberá recurso especial de decisão da JR que verse sobre matéria de alçada, quando será considerada decisão de única instância.
§ 1º Considera-se matéria de alçada exclusiva da JR aquelas assim definidas no RICRPS.
§ 2º A interposição de recurso especial referente à matéria de alçada não constitui motivo para o INSS recusar seu recebimento, devendo a situação ser relatada nas contrarrazões antes do processo ser remetido à CaJ.

Art. 6º São considerados incidentes processuais os requerimentos referente às questões controversas secundárias e acessórias que surgem no curso do processo de recurso, previstas no RICRPS, observados os art. 48 a 64.
Parágrafo único. Os incidentes processuais, quando cabíveis, podem ser interpostos tanto pelo INSS quanto pelo interessado/beneficiário, sendo disponibilizado por meio do serviço "Recurso Especial ou Incidente (Alteração de Acórdão)" nos canais eletrônicos de atendimento do INSS. *(Redação dada pela Portaria DIRBEN/INSS 1.069/2022)*

SEÇÃO III – DO PROCESSO ADMINISTRATIVO

Art. 7º O requerimento de recurso ordinário constitui processo administrativo próprio, devendo os seus atos processuais observarem esta Portaria e o RICRPS, de forma que sejam praticados todos os atos processuais referentes ao requerimento.
§ 1º Os requerimentos de recurso especial e incidentes processuais constituem atos contínuos ao requerimento de recurso ordinário, integrando o mesmo processo administrativo.
§ 2º Os atos processuais do recurso deverão observar o disposto no Livro IV – Processo Administrativo Previdenciário, aprovado pela Portaria DIRBEN/INSS nº 993, 28 de março de 2022, ressalvados as situações expressamente previstas nesta Portaria e no RICRPS.
§ 3º Para fins de instrução do processo administrativo de recurso, considera-se processo de origem o processo administrativo previdenciário onde consta a decisão objeto do recurso.

SEÇÃO IV – DOS INTERESSADOS

Art. 8º Entende-se por interessado o titular de direitos e interesses dentro do processo administrativo, na forma do art. 524 da Instrução Normativa INSS/PRES nº 128, de 2022, e aqueles que, sem ser parte relacionada no processo, tenham direitos ou interesses que possam ser afetados pela decisão recorrida.
§ 1º A constituição de representantes observará o disposto no Livro IV – Processo Administrativo Previdenciário, aprovado pela Portaria DIRBEN/INSS nº 993, de 2022.
§ 2º A representação deverá ser comprovada no ato do requerimento do recurso.
§ 3º Havendo decisão colegiada sem a comprovação da representação pelo requerente, o cumprimento desta decisão fica vinculado à ciência do titular do direito reconhecido.

Art. 9º Em caso de óbito do recorrente, o recurso seguirá seu trâmite regular independentemente de habilitação de dependentes, produzindo os efeitos financeiros, caso haja, nos termos da decisão do órgão julgador.

Art. 10. Ainda que habilitados, os dependentes não poderão exercer atos de cunho pessoal do falecido tais como a desistência, a reafirmação da DER, a complementação de contribuições ou a opção por benefício mais vantajoso, dentre outros, dado o caráter personalíssimo das relações jurídicas previdenciárias.

SEÇÃO V – DO LOCAL PARA APRESENTAÇÃO DO RECURSO E DAS CONTRARRAZÕES

Art. 11. A interposição de recurso, seja ordinário ou especial, e a apresentação de contrarrazões se darão exclusivamente pelos canais de atendimento previstos no Livro IV – Processo Administrativo Previdenciário, aprovado pela Portaria DIRBEN/INSS nº 993, de 2022, não havendo obrigatoriedade de apresentação junto à unidade do INSS que proferiu a decisão.
§§ 1º a 3º *(Revogados pela Portaria DIRBEN/INSS 1.069/2022)*

SEÇÃO VI – DO REQUERIMENTO

Art. 12. A petição do recurso deverá observar o disposto no Livro IV – Processo Administrativo Previdenciário, aprovado pela Portaria DIRBEN/INSS nº 993, de 2022, quanto a forma e apresentação do requerimento.
§ 1º O requerimento do recurso deverá conter, necessariamente:
I – identificação do objeto do recurso;
II – razões recursais; e
III – endereços para correspondência.
§ 2º Em se tratando do serviço "Recurso Ordinário (Inicial)", a identificação do objeto do recurso deverá ser efetuada pela informação do processo objeto de contestação (decisão negada pelo INSS): *(Redação dada pela Portaria DIRBEN/INSS 1.069/2022)*
I – número de benefício previdenciário ou assistencial;
II – número da Certidão de Tempo de Contribuição – CTC;
III – número do requerimento do seguro defeso; ou
IV – número do protocolo de requerimento administrativo.
§ 3º Em se tratando do serviço "Recurso Especial ou Incidente (Alteração de Acórdão)", a identificação do objeto do recurso deverá ser efetuada pela informação do protocolo de recurso ordinário e pela informação do tipo de petição, considerando os instrumentos processuais previstos no RICRPS. *(Redação dada pela Portaria DIRBEN/INSS 1.069/2022)*

SEÇÃO VII – DA CIÊNCIA E NOTIFICAÇÃO DO INTERESSADO

Art. 13. As comunicações do INSS dirigidas ao interessado devem obedecer, independentemente do momento processual, estabelecido no Livro IV – Processo Administrativo Previdenciário, aprovado pela Portaria DIRBEN/INSS nº 993, de 2022, inclusive quanto aos requisitos, à forma e à validade da notificação, salvo as expressamente estabelecidas neste ato.
§ 1º Havendo representante ou procurador habilitado, a comunicação deverá ser direcionada inclusive a ele, exceto quando o endereço para correspondência declarado pela parte e seu representante ou procurador for o mesmo.
§ 2º Deve constar na instrução do recurso a ciência das decisões proferidas.

SEÇÃO VIII – DOS PRAZOS

Art. 14. O prazo para interposição dos recursos ordinário e especial, bem como para apresentação dos incidentes processuais é de 30 (trinta) dias a contar da data da ciência da decisão questionada pela parte.
§ 1º Quando necessárias as contrarrazões, o prazo para sua apresentação será de 30 (trinta) dias a contar da ciência do recurso interposto pela parte recorrida, observado o § 2º.
§ 2º Em caso de necessidade de providências complementares para apresentação das contrarrazões, será facultado o seu cumprimento em 30 (trinta) dias a contar da data da ciência da necessidade de saneamento, observados os procedimentos do Livro IV – Processo Administrativo Previdenciário, aprovado pela Portaria DIRBEN/INSS nº 993, de 2022.
§ 3º O disposto no *caput* não se aplica a revisão de acórdão.

Art. 15. Para o cumprimento de diligências e decisões do CRPS pelo INSS, o prazo será de 30 (trinta) dias a contar do recebimento do processo pelo INSS no sistema eletrônico de recurso. *(Redação dada pela Portaria Dirben/INSS 1.083/2022)*

§§ 1º a 3º *(Revogados pela Portaria DIRBEN/INSS 1.069/2022)*

Art. 16. Os prazos são improrrogáveis e contados de forma contínua, devendo sempre ser iniciados e encerrados em dias de expediente normal no órgão, tendo o início e/ou o término prorrogados até o primeiro dia útil seguinte, caso os marcos ocorrerem em dias que não houver expediente normal.

§ 1º O prazo da diligência constitui exceção quanto à prorrogação, uma vez que este prazo poderá ser prorrogado por igual período, nos termos do RICRPS.

§ 2º A contagem do prazo para interposição de recurso será suspensa apenas se comprovada a ocorrência de calamidade pública ou em caso de força maior que impossibilite a sua protocolização, sendo reiniciada a contagem no primeiro dia útil, imediatamente após o término da ocorrência.

§ 3º Observa-se que, para os procedimentos de contagem de prazo, deve-se seguir o disposto no Livro IV – Do Processo Administrativo Previdenciário.

SEÇÃO IX – DA TEMPESTIVIDADE

Art. 17. A análise da tempestividade do recurso consiste em verificar se ele foi apresentado dentro do prazo regulamentar, entre os 30 (trinta) dias decorridos entre a ciência da decisão recorrida e a interposição do recurso.

§ 1º A intempestividade constitui razão para não conhecimento do recurso pelo CRPS, mas não pode gerar recusa à sua protocolização ou andamento pelo INSS.

§ 2º A intempestividade do recurso pode ser relevada pelo CRPS na forma prevista pelo RICRPS.

Art. 18. Não havendo prova de que o interessado foi cientificado da decisão do INSS, o recurso será considerado tempestivo.

Parágrafo único. A comprovação da notificação da decisão deverá observar o disposto nos art. 19 a 23 do Livro IV – Processo Administrativo Previdenciário, aprovado pela Portaria DIRBEN/INSS nº 993, de 2022.

SEÇÃO X – DA AÇÃO JUDICIAL

Art. 19. A propositura, pelo interessado, de ação judicial que tenha objeto idêntico ao pedido sobre o qual versa o processo administrativo importa em renúncia tácita ao direito de recorrer na esfera administrativa e desistência do recurso interposto.

§ 1º Considera-se idêntica a ação judicial que tiver as mesmas partes, a mesma causa de pedir e o mesmo pedido do processo administrativo, sendo definidos para este fim como:

I – partes: os sujeitos de determinada relação jurídica, na qual uma delas demanda algo – requerente/recorrente – em face de outra – requerido/recorrido –, independentemente de o direito alegado existir ou não;

II – causa de pedir: o conjunto de fatos ao qual o requerente/recorrente atribui o efeito jurídico que pretende obter com o processo por ele instaurado; e

III – pedido: o efeito jurídico que se pretende obter com a instauração do processo.

§ 2º A renúncia tácita deve ser sempre decidida pelo CRPS, não cabendo ao INSS suscitá-la para fins de arquivamento.

§ 3º A manifestação prévia do requerente acerca da existência ou não de ação judicial com o mesmo pedido do recurso administrativo dispensa a sua convocação para manifestação quanto ao objeto da ação.

§ 4º Ao INSS é obrigatória a pesquisa de ação de judicial de mesmo objeto na fase de cumprimento de acórdão, porém, havendo conhecimento da propositura em qualquer outro momento, o fato deverá ser comunicado ao órgão julgador.

§ 5º Se for localizada ação judicial com as mesmas partes, mas os dados disponíveis não firmarem convicção de que o objeto é idêntico ao do processo administrativo, o INSS dará prosseguimento ao recurso, cabendo ao CRPS decidir sobre a sua admissibilidade.

SEÇÃO XI – DAS CONTRARRAZÕES

Art. 20. As contrarrazões são a resposta da parte recorrida às razões recursais apresentadas pelo demandante, seja no recurso ordinário, no recurso especial ou nos incidentes processuais.

§ 1º No recurso ordinário, as contrarrazões poderão ser oferecidas:

I – pelo INSS, sendo consideradas como contrarrazões os motivos do indeferimento contidos no despacho administrativo, na forma do § 7º do art. 305 do RPS; e

II – pelo interessado, que, eventualmente, sem ser parte relacionada no processo, tenha direitos ou interesses que possam ser afetados pela decisão recorrida.

§ 2º No recurso especial e nos incidentes processuais, as contrarrazões poderão ser tanto do INSS quanto das demais partes, a depender de quem for o demandante.

SEÇÃO XII – DA REAFIRMAÇÃO DA DER

Art. 21. A DER deverá, obrigatoriamente, ser alterada quando houver a apresentação de novos elementos.

§ 1º Na hipótese prevista no *caput*, a análise deverá ponderar a caracterização dos novos elementos seguindo os critérios dispostos nos arts. 10 e 11 do Livro VIII – Revisão, aprovado pela Portaria nº 997, de 28 de março de 2022, devendo, a partir disso, fixar a DER na data de sua apresentação, o que poderá ocorrer em qualquer fase do processo antes da decisão de última e definitiva instância.

§ 2º Caso o INSS não concorde com o entendimento do CRPS quanto à fixação da DER e caiba recurso especial ou quando não houver manifestação do julgador acerca do tema e couber a apresentação de incidente processual, deverá o INSS devolver o processo ao CRPS para manifestação e decisão, observado o disposto do § 3º.

§ 3º Na hipótese dos novos elementos serem utilizados na fundamentação do Acórdão como elementos de convicção e não existir manifestação do órgão julgador determinando a manutenção da DER/DIP original, o INSS deve fazer a reafirmação da DER de ofício, por força do § 4º do art. 347 do Decreto nº 3.048, de 1999.

Art. 22. Enquanto não houver decisão de última e definitiva instância do CRPS, conforme art. 27, o interessado poderá solicitar reafirmação da DER para data da implementação de benefício mais vantajoso.

§ 1º Não cabe reafirmação da DER para data posterior à decisão colegiada, considerando disposto no § 3º do art. 52 do RICRPS.

§ 2º Caso a solicitação seja posterior a decisão definitiva, mas anterior ao cumprimento da decisão, o INSS poderá efetuar a alteração sem necessidade de manifestação do CRPS, desde que a DER seja anterior a decisão colegiada e corresponda a implementação dos requisitos ao benefício.

§ 3º Caso não seja possível a reafirmação da DER, na forma dos §§ 1º e 2º, o pedido deverá ser encaminhado ao CRPS como incidente processual para manifestação quanto ao pedido do segurado, cabendo ao INSS comprovação quanto a data da implementação do benefício mais vantajoso.

SEÇÃO XIII – DA DESISTÊNCIA DO RECURSO

Art. 23. Em qualquer fase do processo, desde que antes do julgamento do recurso pelo órgão competente, o interessado poderá voluntariamente desistir do recurso interposto.

§ 1º A desistência voluntária será manifestada de maneira expressa, por petição ou termo firmado no processo, devendo o pedido ser encaminhado à JR ou à CaJ, conforme o caso, observado o § 2º, para conhecimento e homologação da desistência, a qual, uma vez homologada, torna-se definitiva.

§ 2º A desistência manifestada antes de qualquer encaminhamento ao CRPS encerra o pedido, cabendo o arquivamento do processo.

§ 3º Interposto o recurso, o não cumprimento pelo interessado de exigência ou providência que a ele incumbiriam e para a qual tenha sido devidamente intimado, não implica em desistência tácita ou renúncia ao direito de recorrer, devendo o processo ser julgado no estado em que se encontre, arcando o interessado com o ônus de sua inércia.

Art. 24. Havendo pedido de desistência após julgamento de alçada ou de última instância, ou seja, com a consolidação da decisão recursal, o INSS deve juntar o pedido aos autos do processo e comunicar o órgão julgador para conhecimento. *(Redação dada pela Portaria DIRBEN/INSS 1.069/2022)*

SEÇÃO XIV – DA CONSULTA FUNDAMENTADA

Art. 25. Em caso de dúvida quanto a atos e normas inerentes ao recurso, deverá ser solicitada orientação à área técnica da Gerência-Executiva de lotação. *(Redação dada pela Portaria Dirben/INSS 1.083/2022)*

§ 1º São elementos essenciais para efetuar a consulta: *(Redação dada pela Portaria Dirben/INSS 1.083/2022)*

I – descrição do caso concreto; *(Redação dada pela Portaria Dirben/INSS 1.083/2022)*

II – manifestação do entendimento do servidor, devidamente fundamentada; e *(Redação dada pela Portaria Dirben/INSS 1.083/2022)*

III – dúvida específica e claramente definida. *(Redação dada pela Portaria Dirben/INSS 1.083/2022)*

§ 2º *(Revogado pela Portaria Dirben/INSS 1.083/2022)*

SEÇÃO XV – DA DECISÃO ADMINISTRATIVA DEFINITIVA

Art. 26. Considera-se decisão de última e definitiva instância do CRPS a decisão cujo prazo para interposição de recurso especial ou de embargos declaratórios tenha se exaurido sem que estes tenham sido protocolados, não comportando novas impugnações pelas partes.

§ 1º Para fins de aplicação do disposto no *caput*, deverá ser afastada a hipótese de relevação da tempestividade, prevista no RICRPS.

§ 2º O disposto no *caput* não alcança os incidentes processuais do tipo revisão de acórdão e erro material, na forma do RICRPS.

CAPÍTULO II – DA INSTRUÇÃO DO RECURSO ORDINÁRIO

Art. 27. Recebido o recurso, deve o INSS proceder, respeitando o prazo regimental, à instrução do feito, juntando a ele o processo em que se deu a decisão recorrida.

§ 1º Quando o objeto for decisão proferida em requerimento de benefício por incapacidade, poderão ser juntados como processo concessório os extratos e dados dos sistemas corporativos que reconstituam as informações do requerimento.

§ 2º Após a juntada à instrução do recurso ordinário do processo em que se deu a decisão recorrida, o requerimento poderá ser encaminhado para as JRs, oportunidade em que serão ratificadas as razões do indeferimento, que serão consideradas como as contrarrazões do INSS.

Art. 28. Em se tratando de pedido de recurso que envolva períodos decorrentes de acordo internacional, a sua instrução deverá ser realizada pela Agência da Previdência Social Atendimento Acordos Internacionais – APSAI, de acordo com Resolução nº 295 PRES/INSS, de 8 de maio de 2013 e suas alterações, ou ato posterior que venha a substituí-la.

Parágrafo único. Neste caso, deverá ser definida com APS Responsável no sistema de recurso a APSAI correspondente.

Art. 29. Verificada a ocorrência de conexão ou continência, o fato deverá ser relatado antes do encaminhamento ao CRPS, observando-se que:

I – ocorrerá a conexão entre dois ou mais processos de recurso quando estes possuírem o mesmo objeto ou a mesma causa de pedir; e

II – haverá continência quando existir identidade de partes e da causa de pedir, mas o objeto de um dos processos de recurso, por ser mais amplo, abrange o do outro.

§ 1º Compete ao CRPS determinar a reunião de processos quando comprovada a conexão ou continência.

§ 2º O INSS poderá apontar relação entre os processos, para fins de decisão pelo CRPS.

CAPÍTULO III – DA REFORMA DO ATO DENEGATÓRIO

Art. 30. Enquanto não ocorrer a decadência, o INSS poderá reconhecer expressamente o direito do interessado, considerando os elementos constantes no processo. *(Redação dada pela Portaria Dirben/INSS 1.083/2022)*

I e II – *(Revogados pela Portaria DIRBEN/INSS 1.069/2022)*

§ 1º Quando o reconhecimento ocorrer na fase de instrução do recurso ordinário, o servidor deverá: *(Redação dada pela Portaria Dirben/INSS 1.083/2022)*

I – se a reforma for total, realizar a reforma do pedido e arquivar o processo; nesse caso o processo não será encaminhado ao CRPS; *(Redação dada pela Portaria Dirben/INSS 1.083/2022)*

II – se a reforma for parcial, encaminhar o recurso à JR em relação à questão objeto da controvérsia remanescente, devendo ser elaborado despacho registrando a reforma parcial do ato denegatório. *(Redação dada pela Portaria Dirben/INSS 1.083/2022)*

§ 2º Quando for identificado o reconhecimento do direito durante a tramitação do processo de recurso, por ocasião do cumprimento de diligência ou cumprimento de acórdão, cuja decisão era denegatória, deve ser elaborado despacho fundamentado quanto às razões que o justifiquem e encaminhado o processo ao respectivo órgão julgador para decisão de mérito. *(Acrescido pela Portaria DIRBEN/INSS 1.069/2022)*

§ 3º A reforma da decisão administrativa em processo administrativo de revisão de ofício poderá ocorrer de forma independente do processo administrativo em fase recursal, devendo a sua comprovação, bem como os elementos que ensejaram o seu reconhecimento, serem anexados ao processo do recurso. *(Acrescido pela Portaria DIRBEN/INSS 1.069/2022)*

Art. 31. *(Revogado pela Portaria DIRBEN/INSS 1.069/2022)*

Art. 32. Sempre que o INSS reconhecer o direito pleiteado pelo interessado antes de qualquer julgamento pelo CRPS, a implantação do benefício deve ser efetuada com o despacho de revisão administrativa, visto que o uso do despacho recursal se restringe a casos em que a decisão do CRPS for favorável ao pleito do interessado.

CAPÍTULO IV – DAS DILIGÊNCIAS

Art. 33. Diligências são providências solicitadas pelos órgãos julgadores, de primeira ou segunda instância, sem prejulgamento e sem depender de lavratura de acórdão, para adoção de procedimentos complementares à instrução.

§ 1º É vedado ao INSS escusar-se de cumprir, no prazo regimental, as diligências solicitadas pelas unidades julgadoras do CRPS.

§ 2º Verificado, no entanto, que o diligenciado não seja passível de cumprimento, total ou parcialmente, inclusive por inércia das demais partes, poderá o INSS, com o objetivo de ainda atender o julgador, adotar procedimento diverso do requerido, devolvendo posteriormente o processo ao órgão julgador requisitante com a justificativa cabível.

Art. 34. Se no cumprimento da diligência houver mudança de entendimento que resulte em reconhecimento do direito ao segurado, ainda que atendendo integralmente o pedido, o servidor deverá elaborar despacho fundamentado quanto às razões que o justifiquem e encaminhar o processo ao respectivo órgão julgador para decisão de mérito. *(Redação dada pela Portaria Dirben/INSS 1.083/2022)*

Parágrafo único. Se a mudança de entendimento decorrer da apresentação de novos elementos, deverá o INSS fazer constar em seu despacho pedido para alteração da DER para a data em que foram juntados.

Art. 35. *(Revogado pela Portaria Dirben/INSS 1.083/2022)*

Art. 36. Nas diligências que determinem o processamento de JA, deve ser observado:

I – independentemente de existirem documentos como início de prova material, do ponto de vista do INSS, deverá ser processada a JA, observado o § 3º;

II – A JA deixará de ser processada caso não sejam indicadas pelo interessado testemunhas que atendam o disposto nos art. 145 e 146 do RPS;

III – não será considerada cumprida a diligência que versar sobre processamento de JA e não houver manifestação quanto à homologação de forma e mérito, observado o § 3º.

§ 1º Caso o processante entenda que não estão presentes os requisitos necessários para a homologação quanto à forma, poderá deixar de homologar a JA, consignando as razões por meio de relatório sucinto.

§ 2º A não homologação da JA quanto à forma torna ineficaz o processamento da JA, se esta tiver sido realizada.

§ 3º Caso o objeto da JA possa ser esclarecido por outro procedimento administrativo mais eficaz, devidamente fundamentado, a JA poderá deixar de ser processada.

Art. 37. Nos casos em que o órgão julgador solicitar que o INSS decida quanto ao processamento ou não de JA, deverá ser efetuado os seguintes procedimentos: *(Redação dada pela Portaria Dirben/INSS 1.083/2022)*

I – processar a JA se estiverem presentes os requisitos previstos nos arts. 142 a 146 do RPS e homologá-la quanto à forma e ao mérito;

II – caso contrário, elaborar despacho apontando-se as razões para o não processamento da JA;

III – retornar o processo ao órgão julgador.

Art. 38. Caberá ao servidor do INSS a responsabilidade pela homologação da JA recursal quanto à forma e mérito. *(Redação dada pela Portaria Dirben/INSS 1.083/2022)*

§ 1º A homologação quanto ao mérito deverá ser efetuado pelo servidor responsável pelo cumprimento da diligência. *(Acrescido pela Portaria Dirben/INSS 1.083/2022)*

§ 2º Não caberá recurso da decisão do INSS que considerar eficaz ou ineficaz a justificação administrativa, nos termos do art. 147 do RPS. *(Acrescido pela Portaria Dirben/INSS 1.083/2022)*

CAPÍTULO V – DO RECURSO ESPECIAL

SEÇÃO I – DO RECURSO ESPECIAL DO INTERESSADO/BENEFICIÁRIO

Art. 39. Apresentado recurso especial pelas partes que não o INSS, inicia-se o prazo para instrução e apresentação de contrarrazões pelo INSS.

Parágrafo único. Caso o INSS não seja o único recorrido, a outra parte interessada deverá ser notificada da apresentação do recurso especial, sendo-lhe facultado contrarrazoar.

Art. 40. Observados os §4º e § 5º do art. 1º, caberá à CEAB ou APSAI analisar o mérito da decisão recorrida, as razões recursais apresentadas e elaborar as contrarrazões ao recurso. *(Redação dada pela Portaria Dirben/INSS 1.083/2022)*

§ 1º Deverá ser avaliado se o recurso especial versa sobre matéria de alçada, sua tempestividade e se há benefício concedido ao interessado com as mesmas características, fazendo constar estes aspectos em suas contrarrazões caso constituam motivo de não conhecimento pela CAJ. *(Redação dada pela Portaria Dirben/INSS 1.083/2022)*

§ 2º A pesquisa de ação judicial não é obrigatória nesta fase, mas tendo conhecimento da propositura, deverá ser comunicado o fato ao órgão julgador.

§ 3º Deverá avaliar, ainda, se foram apresentados novos elementos, fazendo constar nas contrarrazões, em caso positivo, pedido subsidiário para a alteração da DER para a data em que foram juntados. *(Redação dada pela Portaria Dirben/INSS 1.083/2022)*

Art. 41. Se na análise do mérito da decisão contrária ao interessado houver mudança de entendimento que resulte em reconhecimento do direito ao segurado, ainda que atendendo integralmente o pedido, deve ser elaborado despacho fundamentado quanto às razões que o justifiquem, cancelado o recurso especial e apresentado o respectivo incidente processual ao órgão de primeira instância que proferiu a decisão antes recorrida.

Parágrafo único. A devolução à JR não deve ocorrer caso a alteração de entendimento se dê a partir da apresentação de novos elementos, ocasião em que se deve proceder como descrito no § 3º do art. 40.

Art. 42. Elaboradas as contrarrazões, observado o prazo regimental, o INSS deverá encaminhar o processo de recurso para julgamento pela segunda instância do CRPS.

SEÇÃO II – DO RECURSO ESPECIAL DO INSS

Art. 43. Recebida a decisão da JR que reforme a decisão proferida pelo INSS, total ou parcialmente, inicia-se o prazo para interposição de recurso especial pelo INSS.

Art. 44. O INSS deverá examinar o mérito da decisão de primeira instância e dela recorrer, observado o prazo regimental, quando: *(Redação dada pela Portaria Dirben/INSS 1.083/2022)*

I – violar disposição de lei, de decreto ou de portaria ministerial;

II – divergir de súmula ou de parecer do Advogado Geral da União, editado na forma da LC nº 73, de 1993;

III – divergir de pareceres da Consultoria Jurídica do ME ou da PFE, aprovados pelo Procurador-Chefe;

IV – divergir de Enunciados editados pelo Conselho Pleno do CRPS; ou

V – contiver vício insanável.

§ 1º Não caberá recurso especial de decisão que versar sobre matéria de alçada, conforme definido no RICRPS.

§ 2º Consideram-se vício insanável as seguintes ocorrências, entre outras:

I – a decisão que tiver voto de Conselheiro impedido ou incompetente, bem como, se condenado por crimes relacionados à matéria objeto de julgamento do colegiado;

II – a fundamentação baseada em prova obtida por meios ilícitos, ou cuja falsidade tenha sido apurada em processo administrativo ou judicial;

III – a decisão decorrer de julgamento de matéria diversa da contida nos autos;

IV – a fundamentação de voto decisivo ou de acórdão incompatível com sua conclusão; e

V – a decisão fundada em "erro de fato", compreendida como aquela que considerou fato inexistente ou considerou inexistente fato efetivamente ocorrido, sendo indispensável, em ambos os casos, que o fato não represente ponto controvertido sobre o qual o órgão julgador deveria ter se pronunciado.

Art. 45. Na análise da decisão da primeira instância, deverá ser avaliado: *(Redação dada pela Portaria Dirben/INSS 1.083/2022)*

I – se há benefício concedido ao interessado com as mesmas características; *(Acrescido pela Portaria DIRBEN/INSS 1.069/2022)*

II – se há ação judicial com mesmo objeto; *(Acrescido pela Portaria DIRBEN/INSS 1.069/2022)*

III – se foram apresentados novos elementos; *(Acrescido pela Portaria DIRBEN/INSS 1.069/2022)*

IV – se foi apresentado pedido subsidiário de alteração da DER. *(Acrescido pela Portaria DIRBEN/INSS 1.069/2022)*

Parágrafo único. *(Revogado pela Portaria Dirben/INSS 1.083/2022)*

Art. 46. Observados os procedimentos acima, sendo verificada a necessidade de interposição de recurso especial, as partes recorridas deverão ser cientificadas, facultando-se a apresentação de contrarrazões e indicando o prazo para manifestação. *(Redação dada pela Portaria Dirben/INSS 1.083/2022)*

Parágrafo único. Recebidas as contrarrazões ou esgotado o prazo para manifestação, o processo deverá ser encaminhado à CaJ.

Art. 47. A interposição tempestiva de recurso especial suspende os efeitos da decisão de primeira instância e devolve à instância superior o conhecimento integral da causa.

CAPÍTULO VI – DOS INCIDENTES PROCESSUAIS

SEÇÃO I – DISPOSIÇÕES GERAIS

Art. 48. Os incidentes processuais, conforme previsão do RICRPS, podem ser dos seguintes tipos:

I – aplicáveis ao caso concreto:
a) embargos de declaração;
b) revisão de acórdão;
c) uniformização de jurisprudência; e
d) reclamação ao Conselho Pleno.

II – não aplicáveis ao caso concreto:
a) a uniformização em tese de jurisprudência; e
b) a solução de controvérsia.

Art. 49. *(Revogado pela Portaria Dirben/INSS 1.083/2022)*

Art. 50. Ocorrendo a apresentação tempestiva dos incidentes do tipo embargos declaratórios e uniformização de jurisprudência, restará suspenso o prazo para cumprimento da decisão questionada, conforme disposto no RICRPS.

Art. 51. Conforme o RICRPS, não existe previsão de contestação das decisões proferidas nos incidentes que não conhecerem do pedido.

Parágrafo único. Caso o interessado assim proceda, o requerimento deverá ser encaminhado ao órgão julgador, considerando que é prerrogativa do CRPS admitir ou não o pedido.

SEÇÃO II – DOS EMBARGOS DE DECLARAÇÃO

Art. 52. Caberão embargos de declaração, dirigidos ao relator do processo, respeitado o prazo regimental, quando constatadas na decisão, seja das JRs ou das CaJs, as seguintes situações:

I – obscuridade: falta de clareza do ato que gera dúvidas, não permitindo a compreensão do que ficou decidido;

II – ambiguidade: duplo sentido, que pode ter diferentes significados;

III – contradição: falta de coerência da decisão, através da incompatibilidade entre a decisão e seus fundamentos;

IV – omissão: falta de pronunciamento sobre pontos que deveria haver manifestação do órgão julgador; ou

V – erro material: erros de grafia, numéricos, de cálculos ou outros equívocos semelhantes, que não afetem o mérito do pedido, o fundamento ou a conclusão do voto, assim como não digam respeito às interpretações jurídicas dos fatos relacionados nos autos, o acolhimento de opiniões técnicas de profissionais especializados ou o exercício de valoração de provas.

Art. 53. Os embargos de declaração podem ser opostos por qualquer das partes, não cabendo contrarrazões à parte contrária, exceto quando o pedido implicar na alteração do sentido do decisório.

§ 1º Caso os embargos sejam opostos pelo INSS, identificada a possibilidade de alteração do sentido do decisório, deverão ser notificados os demais interessados para apresentação de contrarrazões.

§ 2º Caso os embargos sejam opostos pelas partes contrárias ao INSS, o servidor deverá identificar se o alegado poderá alterar o sentido do decisório, e, em caso positivo, apresentar as respectivas contrarrazões, desde que seja efetuado dentro do prazo regimental. *(Redação dada pela Portaria Dirben/INSS 1.083/2022)*

Art. 54. Havendo mais interessados atingidos pela oposição dos embargos com possibilidade de alteração do sentido do decisório, deverão eles ser também notificados para a apresentação de contrarrazões.

Parágrafo único. Atendido o disposto no *caput*, poderá o processo ser encaminhado ao órgão julgador que proferiu a decisão embargada.

Art. 55. A oposição de embargos de declaração interrompe o prazo para cumprimento do acórdão, sendo restituído todo o prazo regimental após a sua solução, salvo na hipótese do § 2º do art. 58 do RICRPS

SEÇÃO III – DA REVISÃO DE ACÓRDÃO

Art. 56. Caberá pedido de revisão de acórdão, dirigido ao relator do processo, seja das JRs ou das CaJs, respeitado o prazo regimental, quando a decisão:

I – violar literal disposição de lei ou decreto;

II – divergir dos pareceres da Consultoria Jurídica do ME, aprovados pelo Ministro de Estado da Economia, bem como Súmulas e Pareceres do Advogado-Geral da União, na forma da Lei Complementar no 73, de 1993;

III – divergir de Enunciado editado pelo Conselho Pleno;

IV – for constatado vício insanável; e

V – divergir dos pareceres da Consultoria Jurídica dos extintos MPS, MTPS e MDSA, vigentes e aprovados pelos então Ministros de Estado de Previdência Social, do Trabalho e Previdência Social e do Desenvolvimento Social e Agrário.

§ 1º A revisão pode ser suscitada por qualquer das partes, devendo sempre ser facultada a apresentação de contrarrazões às partes contrárias.

§ 2º Apresentadas as contrarrazões ou esgotado o prazo para manifestação, o processo deverá ser devolvido ao órgão julgador que proferiu a decisão a ser revisitada.

Art. 57. A interposição de requerimento de revisão de acórdão não suspende o prazo para o cumprimento da decisão ou para a interposição de recurso especial, embargos de declaração, reclamação ao conselho pleno ou pedido de uniformização de jurisprudência.

Parágrafo único. Se a revisão de acórdão ocasionar a cessação do benefício concedido em fase de recurso, não será efetuada a cobrança administrativa dos valores já recebidos, exceto:

I – se a revisão se deu em decorrência de fraude, dolo ou má-fé do recorrente; ou

II – em relação aos valores recebidos após a ciência da decisão por parte do interessado.

SEÇÃO IV – DO PEDIDO DE UNIFORMIZAÇÃO DE JURISPRUDÊNCIA

Art. 58. O pedido de uniformização de jurisprudência, dirigido ao Presidente do respectivo órgão julgador, respeitado o prazo regimental, poderá ser requerido em casos concretos nas seguintes hipóteses:

I – quando houver divergência na interpretação em matéria de direito entre acórdãos de CaJs, em sede de recurso especial, ou entre estes e resoluções do Conselho Pleno; ou

II – quando houver divergência na interpretação em matéria de direito entre acórdãos de JRs, nas hipóteses de matéria de alçada, ou entre estes e Resoluções do Conselho Pleno.

§ 1º O pedido de uniformização poderá ser formulado pela parte uma única vez, tratando-se do mesmo caso concreto à luz do mesmo acórdão ou resolução indicados como paradigma.

§ 2º A uniformização de jurisprudência poderá ser solicitada por qualquer das partes, devendo ser facultada às partes contrárias a apresentação de contrarrazões para, após, em sendo apresentadas ou esgotado o prazo para manifestação, o processo ser encaminhado ao Presidente do respectivo órgão julgador.

§ 3º Reconhecida em sede cognição sumária a existência da divergência pelo Presidente do órgão julgador, o processo será encaminhado ao Presidente do Conselho Pleno para que o pedido seja distribuído ao relator da matéria.

§ 4º Compete ao Presidente do CRPS analisar e decidir monocraticamente o Recurso em face do não recebimento do pedido de uniformização pela Presidência do órgão julgador.

Art. 59. O Conselho Pleno poderá pronunciar-se pelo não conhecimento do pedido de uniformização ou pelo seu conhecimento com as seguintes decisões:

I – edição de Enunciado, com força normativa vinculante para os órgãos julgadores do CRPS, quando houver aprovação da maioria absoluta de seus membros; e

II – edição de Resolução para o caso concreto, quando houver aprovação da maioria simples de seus membros.

Parágrafo único. Caso o pedido não seja conhecido, caberá recurso ao Presidente do CRPS.

SEÇÃO V – DA RECLAMAÇÃO AO CONSELHO PLENO

Art. 60. A reclamação ao Conselho Pleno, dirigida ao Presidente do CRPS, respeitado o prazo regimental, somente poderá ocorrer quando os acórdãos das JRs, em matéria de alçada, ou das CaJs, em sede de recurso especial, infringirem:

I – pareceres da Consultoria Jurídica do ME, aprovados pelo Ministro de Estado da Economia, bem como, Súmulas e Pareceres do Advogado-Geral da União, na forma da Lei Complementar nº 73, de 1993;

II – pareceres da Consultoria Jurídica dos extintos MPS, MTPS e MDSA, vigentes e aprovados pelos então Ministros de Estado de Previdência Social, do Trabalho e Previdência Social e do Desenvolvimento Social e Agrário; ou

III – Enunciados editados pelo Conselho Pleno.

§ 1º A reclamação ao Conselho Pleno poderá ser apresentada por qualquer das partes, devendo ser facultada a apresentação de contrarrazões às demais partes para, após, em sendo apresentadas ou esgotado o prazo para manifestação, ser o processo encaminhado ao Presidente do CRPS.

§ 2º O Presidente do CRPS fará o juízo de admissibilidade da reclamação ao Conselho Pleno, podendo indeferir por decisão monocrática irrecorrível ou submeter ao Conselho Pleno.

§ 3º Nos casos em que o pedido for encaminhado ao Conselho Pleno, o resultado do julgamento será objeto de notificação ao órgão julgador que prolatou o acórdão infringente, para fins de adequação à tese fixada pelo Conselho Pleno, por meio de revisão de ofício.

SEÇÃO VI – DA UNIFORMIZAÇÃO EM TESE DE JURISPRUDÊNCIA

Art. 61. A uniformização em tese da jurisprudência administrativa previdenciária visa encerrar divergência jurisprudencial administrativa ou consolidar jurisprudência reiterada no âmbito do CRPS, mediante a edição de Enunciados que possuem força normativa vinculante para os órgãos julgadores do CRPS, devendo ser observados os seguintes procedimentos:

I – elaboração prévia de estudo fundamentado sobre a matéria a ser uniformizada, no qual deve ser demonstrada a existência de relevante divergência jurisprudencial ou de jurisprudência convergente reiterada; e

II – indicação de decisórios divergentes ou convergentes, conforme o caso, proferidos nos últimos 5 (cinco) anos, por outro órgão julgador, composição de julgamento, ou, ainda, por resolução do Conselho Pleno.

Art. 62. A uniformização em tese da jurisprudência pode ser provocada:

I – pelo Presidente do CRPS;

II – pela Coordenação de Gestão Técnica do CRPS;

III – pela Divisão de Assuntos Jurídicos do CRPS;

IV – pelos Presidentes das Câmaras de Julgamento ou, exclusivamente em matéria de alçada, por solicitação de Presidente de Juntas de Recursos; ou

V – pela Diretoria de Benefícios do INSS, por provocação das Divisões ou Serviços de Benefícios das Gerências-Executivas.

Art. 63. O Conselho Pleno poderá pronunciar-se pelo não conhecimento do pedido de uniformização ou pela emissão de Enunciado.

§ 1º A interpretação dada pelo enunciado não se aplica aos casos definitivamente julgados no âmbito administrativo, não servindo como fundamento para a revisão destes.

PORTARIA DIRBEN/INSS Nº 996, DE 28 DE MARÇO DE 2022

§ 2º O enunciado poderá ser revogado ou ter sua redação alterada, por maioria simples, mediante provocação das autoridades legitimadas para o pedido da uniformização, em tese, da jurisprudência, sempre precedido de estudo fundamentado, nos casos em que:

I – esteja desatualizado em relação à legislação previdenciária;

II – houver equívoca interpretação da norma; ou

III – quando sobrevier parecer normativo ministerial, aprovado pelo Ministro de Estado, nos termos da Lei Complementar nº 73, de 1993, que lhe prejudique ou retire a validade ou eficácia.

SEÇÃO VII – DA SOLUÇÃO DE CONTROVÉRSIA

Art. 64. Havendo controvérsia na aplicação de lei, decreto ou pareceres da Consultoria Jurídica do MTP, bem como do Advogado Geral da União, entre INSS e CRPS, poderá ser solicitada ao Ministro de Estado do Trabalho e Previdência solução para a controvérsia ou questão em abstrato, não cabendo este procedimento para impugnação de casos concretos.

§ 1º Quando o servidor identificar a controvérsia mencionada, deve fazer um relatório expondo seu entendimento, devidamente fundamentado, juntando cópias das decisões que comprovem a controvérsia entre o CRPS e o INSS. *(Redação dada pela Portaria Dirben/INSS 1.083/2022)*

§ 2º O processo deverá ser encaminhado à PFE local, para análise e pronunciamento, devendo ser observado o seguinte procedimento:

I – caso o parecer da PFE local confirme a existência da controvérsia apontada, encaminhar à Divisão de Recursos de Benefícios para análise.

II – caso o parecer da PFE local não verifique a existência da controvérsia, os autos do processo serão devolvidos à origem para arquivamento.

§ 3º O exame de matéria controvertida só deve ser evocado em tese de alta relevância, em abstrato, não sendo admitido para alterar decisões recursais em caso concreto já julgadas em única ou última e definitiva instância, devendo ser efetuado o cumprimento da decisão antes do encaminhamento à PFE.

§ 4º O processo relacionado no *caput* deverá tramitar de forma autônoma aos processos de recursos relacionados. *(Acrescido pela Portaria DIRBEN/INSS 1.069/2022)*

CAPÍTULO VI – DO CUMPRIMENTO DE ACÓRDÃO

▸ Mantivemos a numeração como constou da publicação oficial, no entanto, entendemos que o correto seria Capítulo VII.

Art. 65. Analisado o processo pelo órgão julgador do CRPS, será emitida por ele decisão que deverá ser cumprida, respeitado o prazo regimental, pelo INSS.

§ 1º É vedado ao INSS deixar de dar efetivo cumprimento às decisões do Conselho Pleno e acórdãos definitivos dos órgãos colegiados, reduzir ou ampliar o seu alcance ou executá-las de modo que contrarie ou prejudique seu evidente sentido.

§ 2º Não pode o INSS questionar as decisões definitivas fora das hipóteses previstas no RICRPS.

Art. 66. Cabe à CEAB ou APSAI, conforme o caso, avaliar a decisão recursal provida, ainda que parcialmente, das JRs e todas as decisões das CaJs, ocasião em que deverá ser verificado a necessidade de reforma ou saneamento do acórdão através de um dos instrumentos disponíveis no RICRPS. *(Redação dada pela Portaria Dirben/INSS 1.083/2022)*

§ 1º Caberá nesta fase a pesquisa de eventual ação judicial de mesmo objeto proposta pelo interessado, e, em sendo localizada, deverá ser verificado se consta trânsito em julgado da referida ação, sendo posteriormente observado o seguinte procedimento:

I – constando o trânsito em julgado, a coisa julgada prevalecerá sobre a administrativa e o acórdão deixará de ser cumprido, dando-se a devida ciência ao órgão julgador.

II – não constando o trânsito em julgado, deverá o processo ser encaminhado à PFE para fins de orientação quanto ao cumprimento do acórdão.

§ 2º O trânsito em julgado da ação judicial pode ser verificado em consulta ao sistema SAPIENS, ou, de forma subsidiária, junto aos sítios eletrônicos dos respectivos Tribunais Regionais Federais e/ou Tribunais de Justiça, podendo ainda ser comprovado por meio da certidão de trânsito em julgado fornecida pelo poder judiciário.

§ 3º Sendo o processo concluído pelo cumprimento do acórdão, deverá ser incluído despacho conclusivo informando quanto ao não cabimento de incidente ou Recurso Especial. *(Redação dada pela Portaria Dirben/INSS 1.083/2022)*

I a VI – *(Revogados pela Portaria Dirben/INSS 1.083/2022)*

Art. 67. Sendo acatada a decisão do CRPS, esta será encaminhada para cumprimento .

Parágrafo único. Em se tratando de cumprimento de decisão que envolva períodos decorrentes de acordo internacional, o cumprimento deverá ser realizado pela Agência da Previdência Social Atendimento Acordos Internacionais, de acordo com Resolução nº 295 PRES/INSS, de 8 de maio de 2013 e suas alterações, ou ato posterior que venha a substituí-la.

Art. 68. Em se tratando de cumprimento de decisão favorável ao interessado contra decisão resultante de atuação do Monitoramento Operacional de Benefícios – MOB, o servidor responsável pelo cumprimento deverá: *(Redação dada pela Portaria Dirben/INSS 1.083/2022)*
I – reativar ou revisar o benefício, se for o caso;
II – criar a tarefa "Encaminhamentos do Processo de Apuração – MOB", a fim de que o servidor do MOB adote as providências pertinentes; *(Redação dada pela Portaria DIRBEN/INSS 1.069/2022)*
III – comunicar o segurado acerca da decisão do CRPS.
Parágrafo único. *(Revogado pela Portaria DIRBEN/INSS 1.069/2022)*

Art. 69. A decisão poderá deixar de ser cumprida, exclusivamente, quando:
I – for verificado que ao interessado foi concedido por decisão judicial benefício que seja incompatível com aquele reconhecido na decisão recursal;
II – o segurado optar pelo benefício que estiver recebendo;
III – o segurado não exercer o direito de opção, após devidamente cientificado, hipótese em que será mantido o benefício que vem sendo pago administrativamente; ou
IV – for verificada a existência de ação judicial transitada em julgado de mesmo objeto, ajuizada pelo interessado, na forma prevista no inciso I do § 1º do art. 67.
Parágrafo único. Em todos os casos, deverá o órgão julgador ser cientificado da situação.

Art. 70. A decisão definitiva do CRPS proferida em processo anterior indeferido poderá ser utilizada em novo requerimento do mesmo segurado, por incorporar-se ao seu patrimônio jurídico.
Parágrafo único. As decisões dos órgãos recursais se aplicam unicamente aos casos julgados, não se estendendo administrativamente, por analogia, aos demais processos ou requerimentos de outros interessados.

Art. 71. Por ocasião do cumprimento de decisão de última e definitiva instância relativa a benefícios, deverá ser efetuada pesquisa nos sistemas corporativos com a finalidade de verificar a existência de benefício incompatível concedido ao interessado, e em caso positivo: *(Redação dada pela Portaria Dirben/INSS 1.083/2022)*
I – simular os cálculos do benefício reconhecido em grau de recurso, bem como, simular o encontro de contas entre os dois benefícios e demonstrar os valores a receber/a pagar;
II – facultar ao interessado o direito de optar por escrito pelo benefício mais vantajoso;
III – se o segurado optar pelo benefício que estiver recebendo, o servidor deve juntar o termo de opção e encaminhar o processo ao órgão julgador para ciência; *(Redação dada pela Portaria Dirben/INSS 1.083/2022)*
IV – se o interessado optar pelo benefício objeto da decisão recursal o servidor deve implantar o benefício e proceder aos acertos financeiros; *(Redação dada pela Portaria Dirben/INSS 1.083/2022)*
V – a opção será concretizada com o recebimento do primeiro pagamento, revestindo-se essa opção a partir de então, de caráter irretratável;
VI – quando o segurado não exercer o direito de opção, após devidamente cientificado, será mantido o benefício que vem sendo pago administrativamente, sendo que neste caso, o INSS se exime do cumprimento da decisão do CRPS, devendo o órgão julgador ser cientificado da situação.

Art. 72. Nas situações de concessão ou de revisão em sede recursal é necessário o acompanhamento da geração de créditos pelo servidor responsável pelo cumprimento da decisão.
Parágrafo único. Na ocorrência de o pagamento se encontrar pendente de liberação, o servidor deverá remetê-lo à CES/Man.

TÍTULO II – FLUXO DO PROCESSO DE RECURSO

Art. 73. O processo de recurso inicia-se com o requerimento do interessado de recurso ordinário de decisão denegatória do INSS.

PORTARIA DIRBEN/INSS Nº 996, DE 28 DE MARÇO DE 2022

Parágrafo único. Recebido o recurso ordinário, ele deverá seguir, junto ao processo que deu origem à decisão recorrida, observado o § 1º do art. 27, para a JR, caso, no prazo regimental previsto, não seja possível a sua reconsideração na íntegra pelo INSS.

Art. 74. Uma vez na JR, o órgão julgador poderá converter o processo em diligência ou proferir sua decisão.

Parágrafo único. Em caso de diligência, deverá o INSS proceder ao seu cumprimento, com posterior devolução ao órgão julgador.

Art. 75. Em caso de não provimento ao interessado, o processo retornará ao INSS que dará ciência dos termos da decisão às demais partes e abrirá prazo para interposição de recurso especial, caso cabível.

§ 1º Interposto recurso especial pelo interessado, caberá ao INSS a sua análise, para fins de formulação de contrarrazões, observado o prazo. *(Redação dada pela Portaria Dirben/INSS 1.083/2022)*

§ 2º Poderá o interessado apresentar um dos incidentes processuais previstos no art. 48. *(Redação dada pela Portaria DIRBEN/INSS 1.069/2022)*

§ 3º Na ocorrência do § 2º, caberá à CEAB ou APAI, conforme o caso, seguir com sua análise e trâmite recursal. *(Redação dada pela Portaria Dirben/INSS 1.083/2022)*

Art. 76. Em caso de provimento ao interessado, o processo retornará ao INSS para análise da decisão, para fins de verificação do cabimento de recurso especial ou qualquer outro incidente processual previsto no RICRPS, observando-se que: *(Redação dada pela Portaria Dirben/INSS 1.083/2022)*

I – acatando o acórdão, efetivará o cumprimento da decisão; *(Redação dada pela Portaria Dirben/INSS 1.083/2022)*

II – cabendo qualquer incidente processual, deverá verificar a necessidade de cientificação das partes e seguirá com o trâmite recursal; e *(Redação dada pela Portaria Dirben/INSS 1.083/2022)*

III – cabendo recurso especial, deverá instruir o processo com a cientificação das partes e suas eventuais contrarrazões. *(Redação dada pela Portaria Dirben/INSS 1.083/2022)*

Art. 77. Cumprida a decisão na forma do art. 71 e do inciso I do art. 72, o processo deverá ser arquivado.

Art. 78. Havendo a apresentação de algum dos incidentes processuais por qualquer das partes, como previsto no § 2º do art. 73 e no inciso II do art. 72, o processo seguirá seu fluxo conforme a espécie do incidente.

§ 1º Com a decisão do órgão quanto ao incidente, as partes devem ser cientificadas e se restitui, em regra, o prazo para cumprimento da decisão e interposição de recurso especial.

§ 2º Cabendo recurso da decisão no incidente e sendo ele apresentado, retoma-se o procedimento a partir do disposto no *caput*.

§ 3º Encerrado o incidente, retoma-se o fluxo de cumprimento da decisão previsto no inciso I do art. 72.

Art. 79. Apresentado recurso especial por qualquer das partes, nas situações do § 1º do art. 73 e do inciso I do art.74, observados os procedimentos a ele inerentes, o processo deverá ser encaminhado à CaJ.

§ 1º Uma vez na CaJ, o órgão julgador poderá converter seu processo em diligência ou proferir sua decisão, observando-se que:

I – em caso de diligência, deverá o INSS proceder a seu cumprimento, com posterior devolução ao órgão julgador;

II – as decisão da CaJ serão encaminhadas ao INSS, cabendo análise da decisão para fins de verificação do cabimento de incidente processual previsto no RICRPS, observando-se que: *(Redação dada pela Portaria Dirben/INSS 1.083/2022)*

a) cabendo o cumprimento do acórdão, efetuará o cumprimento da decisão; ou *(Redação dada pela Portaria Dirben/INSS 1.083/2022)*

b) cabendo qualquer incidente processual, deverá verificar a necessidade de cientificação das partes e seguirá com o trâmite recursal. *(Redação dada pela Portaria Dirben/INSS 1.083/2022)*

III – o interessado deverá ser cientificado da decisão e poderá apresentar um dos incidentes processuais previstos no art. 48. *(Redação dada pela Portaria DIRBEN/INSS 1.069/2022)*

IV – *(Revogado pela Portaria Dirben/INSS 1.083/2022)*

§ 2º Cumprida a decisão prevista no § 1º, II, «a», o processo deverá ser arquivado.

§ 3º Havendo a apresentação de algum dos incidentes processuais por qualquer das partes, o processo seguirá seu fluxo conforme a espécie do incidente, e com a decisão do órgão quanto ao incidente, as partes devem ser cientificadas e se restitui, em regra, o prazo para cumprimento da decisão, observando-se que:

I – cabendo recurso da decisão no incidente e sendo ele apresentado, retoma-se o procedimento a partir deste parágrafo;

II – encerrado o incidente, retoma-se o fluxo de cumprimento da decisão previsto no § 1º, II, "b".

Art. 80. Enquanto não houver decisão de última e definitiva instância, o interessado poderá apresentar nova documentação nos requerimentos previstos nesta Portaria, considerando previsão no RICPS, cabendo, porém, ao INSS e ao CRPS avaliar se o documento constitui novo elemento ou não devido aos reflexos financeiros previstos no § 4º do art. 347 do RPS.

Art. 81. Havendo a apresentação de incidente recursal ou recurso especial de mais de uma das partes, deve-se seguir o fluxo de cada um deles de maneira individualizada, e quando finalizada a instrução de todos eles, remetem-se os autos ao órgão julgador responsável.

Parágrafo único. Caso após a decisão de primeira instância seja apresentado incidente processual de uma das partes e recurso especial de outra, o recurso especial deverá ser cancelado, cientificando-se o recorrente quando este não for o INSS, e o processo seguirá o trâmite do incidente, ao que, encerrado, deve-se verificar novamente o cabimento do recurso especial pelo INSS e ser aberto o prazo para sua apresentação pelas demais partes.

Portaria DIRBEN/INSS Nº 997

PORTARIA DIRBEN/INSS Nº 997, DE 28 DE MARÇO DE 2022

Aprova as Normas Procedimentais em Matéria de Benefícios

O DIRETOR DE BENEFÍCIOS DO INSTITUTO NACIONAL DO SEGURO SOCIAL – INSS, no uso das atribuições que lhe confere o Decreto nº 9.746, de 8 de abril de 2019, bem como, o que consta no processo administrativo SEI no 35014.341866/2020-55, resolve:

Art. 1º Fica aprovado o Livro VIII das Normas Procedimentais em Matéria de Benefícios, disciplinando os procedimentos e rotinas de revisão no âmbito da área de benefício do INSS, complementares à Instrução Normativa PRES/INSS nº 128, de 28 de março de 2022.

Art. 2º Esta Portaria entra em vigor na data de sua publicação, devendo ser aplicada a todos os processos pendentes de análise e decisão.
SEBASTIÃO FAUSTINO DE PAULA

ANEXO

LIVRO VIII – REVISÃO

TÍTULO I – DA FASE REVISIONAL

CAPÍTULO I – CONCEITO

Art. 1º Revisão é o procedimento administrativo utilizado para reavaliação dos atos praticados pelo INSS, observadas as disposições relativas à prescrição e à decadência.

Art. 2º A revisão pode ser processada para benefícios já concedidos ou para benefícios indeferidos, com ou sem apresentação de novos elementos.

CAPÍTULO II – LEGITIMIDADE PARA SOLICITAR REVISÃO

Art. 3º Podem solicitar revisão:
I – o titular do benefício;
II – o representante legal;
III – o procurador;
IV – os dependentes, observado o disposto no § 2º;
V – o INSS;
VI – a Subsecretaria da Perícia Médica Federal, nos casos dos benefícios em que a atuação da Perícia Médica Federal é indispensável no processo de reconhecimento do direito; e
VII – os órgãos de controle interno ou externo; e *(Redação dada pela Portaria Dirben/INSS 1.082/2022)*
VIII – os sucessores/herdeiros, observado o disposto no § 3º; *(Acrescido pela Portaria Dirben/INSS 1.082/2022)*
§ 1º A revisão também será processada em decorrência das decisões recursais e judiciais.
§ 2º No caso de requerimento de dependentes beneficiários da Pensão por Morte, o pedido de revisão deve ser estendido ao benefício originário de titularidade do instituidor, respeitado o prazo decadencial deste.
§ 3º A falta de dependentes legais habilitados à pensão por morte, os sucessores (herdeiros) do segurado instituidor são partes legítimas para pleitear a revisão do benefício original, e, por conseguinte, eventuais diferenças pecuniárias não prescritas, observado prazo decadencial e o art. 19. *(Acrescido pela Portaria Dirben/INSS 1.082/2022)*

CAPÍTULO III – DATA DO PEDIDO DA REVISÃO – DPR

Art. 4º A data de pedido de revisão – DPR, será fixada:
I – na data do requerimento, em se tratando de revisões a pedido do interessado;

II – na data do pedido de instauração do processo administrativo, em se tratando de revisões de ofício decorrentes de apuração de irregularidades;

III – na data do parecer técnico que determinou a revisão, em se tratando de revisões de ofício decorrentes de procedimentos internos, tais como auditagem de pagamento ou compensação previdenciária;

IV – na data informada na lei, em se tratando de revisões legais, ou, não havendo data expressa, na data em que passa a vigorar;

V – na data informada em juízo, em se tratando de revisões judiciais.

§ 1º Na hipótese do inciso V, não sendo informado em juízo a data do pedido de revisão, a mesma deverá ser fixada na data da sentença.

§ 2º Em se tratando de revisões judiciais objeto de Ação Civil Pública – ACP, deverão ser observadas as orientações constantes na ACP, expressas em ato normativo próprio.

CAPÍTULO IV – PROCEDIMENTOS

SEÇÃO I – DA REVISÃO A PEDIDO

Art. 5º Quando do processamento da revisão, deverá ser analisado o objeto do pedido, bem como realizada a conferência geral dos demais critérios que embasaram a decisão.

§ 1º Independentemente do solicitante da revisão, a conferência geral dos critérios que embasaram a decisão deverá ser realizada no primeiro requerimento de revisão, sendo que nas solicitações subsequentes a análise ficará restrita ao objeto do pedido.

§ 2º Fica dispensada a conferência dos critérios que embasaram a concessão quando se tratar exclusivamente de revisão de reajustamento.

Art. 6º Para todas as espécies de benefícios deverá ser observado o reconhecimento do direito em conformidade com a legislação pertinente à época do fato gerador.

Parágrafo único. Em se tratando de pensão por morte ou auxílio-reclusão, deverá ser observada a legislação vigente à época do fato gerador, no que concerne aos percentuais de cálculo e cotas.

Art. 7º No processamento da revisão do benefício, sendo observado que este é precedido de outro(s), deverá ser realizada a revisão em todos os benefícios a partir do benefício de origem, ressalvada as hipóteses de decadência.

§ 1º Para fins de verificação da decadência, deverá ser observada a DPR da revisão.

§ 2º Os efeitos financeiros e a prescrição dos valores resultantes de revisão realizada em benefício precedente deverão observar a DPR da revisão, salvo nos casos de redução de renda, quando serão contados a partir da data da comunicação desta redução ao segurado.

SEÇÃO II – DOS BENEFÍCIOS INDEFERIDOS

Art. 8º Os benefícios indeferidos poderão ser revisados, devendo ser observado o seguinte:

I – se não houver apresentação de novos elementos, o INSS efetuará análise do ato do indeferimento; ou

II – se houver apresentação de novos elementos, o pedido será analisado como novo requerimento, ressalvado o disposto no § 1º.

§ 1º No procedimento de revisão de benefício indeferido deverá ser verificada a possibilidade de reforma do ato com os elementos originários do processo, situação em que será mantida a DER inicial e desconsiderados os novos elementos apresentados, uma vez que os efeitos financeiros serão desde a DER.

§ 2º Para fins de atendimento ao inciso II, em sendo verificada a possibilidade de deferimento, deverá ser solicitada anuência do requerente quanto a reafirmação da DER para a Data do Pedido da Revisão – DPR.

Art. 9º O pedido de revisão de decisão indeferitória confirmada pela última instância do Conselho de Recursos da Previdência Social não será apreciado, exceto se apresentados novos elementos, devendo ser observado o inciso II do art. 8º.

SEÇÃO III – DOS NOVOS ELEMENTOS

Art. 10. O pedido de revisão poderá ser instruído com apresentação de novos elementos, assim entendidos:

I – fato do qual o INSS não tinha ciência ou declarado inexistente pelo segurado até a decisão que motivou o pedido de revisão;

II – fato não comprovado, após oportunizado prazo para tal, mediante carta de exigência, sem o cumprimento pelo requerente até a decisão do INSS;

III – as marcas de pendência em vínculos e remunerações inexistentes na análise inicial da concessão do benefício;

IV – outros elementos não presentes na análise inicial que possam interferir no reconhecimento do direito ou de suas características.

Art. 11. Não se consideram novos elementos:
I – os documentos apresentados para provar fato do qual o INSS já tinha ciência, inclusive através do CNIS, e não oportunizou, por meio de carta de exigência, ao segurado o prazo para a comprovação no ato da concessão, tais como:
a) dados extemporâneos ou vínculos sem data de rescisão;
b) vínculos sem salários de contribuição;
c) período de atividade rural pendente de comprovação no CNIS; e
d) período de atividade especial informados pela empresa através de GFIP.
II – a decisão judicial de matéria previdenciária, na qual o INSS é parte, quando baseada em documentação apresentada no processo administrativo.
§ 1º Caso fique constatado que a decisão judicial se baseou em documentação não presente no processo administrativo, fica caracterizada a apresentação de novos elementos.
§ 2º Nos casos de benefícios elegíveis para a concessão automática que venham a ser concedidos automaticamente, pelo sistema, ou posteriormente, pelo servidor, sem solicitação de exigências ao segurado, os documentos apresentados, em eventual pedido de revisão, não serão considerados novos elementos, observado o disposto no inciso I do art. 10.

SEÇÃO IV – DA DER

Art. 12. Não cabe reafirmação da DER nos pedidos de revisão, considerando tratar-se de procedimento exclusivo da concessão, ressalvados os §§ 1º e 5º.
§ 1º Durante a análise, identificado erro administrativo no reconhecimento inicial do direito, poderá ser alterada da DER na forma dos § 2º e 3º.
§ 2º Caberá retificação da DER em procedimento de revisão para data do agendamento do benefício ou data do requerimento protocolado no GET, quando forem divergentes da data de habilitação do benefício no sistema e não tendo sido manifestada a concordância expressa do segurado em relação a reafirmação da DER no reconhecimento inicial do direito.
§ 3º Em sendo verificado que não foi oportunizada a reafirmação da DER no reconhecimento inicial do direito, caberá a alteração da DER em procedimento de revisão para o momento em que foram implementados os requisitos para obtenção do benefício, desde que esta seja anterior a data do despacho de conclusão da concessão do benefício – DDB.
§ 4º O contido no § 1º somente se aplica aos casos em que não for observada fraude ou má-fé por parte do segurado, visto que nessas hipóteses devem ser adotados os procedimentos previstos no Monitoramento Operacional de Benefícios.
§ 5º Não concordando com a concessão na DER original, e desejando a reafirmação para data futura, limitada à DDB, esta somente será possível se não houver o recebimento dos créditos referentes ao benefício e nem o saque de PIS/FGTS, nos mesmos termos do pedido de desistência do benefício.

SEÇÃO V – DA REVISÃO DE OFÍCIO

Art. 13. Considera-se revisão de ofício as solicitações de revisão requisitadas pelo INSS, pelos órgãos de controle externo e interno ou pelo Poder Judiciário.
Parágrafo único. O direito da Previdência Social de anular os atos administrativos de que decorram efeitos favoráveis para os seus beneficiários decai em dez anos, contados da data em que foram praticados, salvo comprovada má-fé.

Art. 14. A revisão que resultar na cessação do benefício somente será processada após os procedimentos descritos no art. 179 do RPS.
§ 1º Durante a análise da revisão, quando for identificado erro administrativo no reconhecimento inicial do direito que resulte na perda do benefício, este deverá ser cessado na Data do Início do Benefício – DIB, após facultado o contraditório e a ampla defesa ao segurado.
§ 2º Na hipótese do § 1º, em sendo verificado que o segurado implementou todas as condições para obtenção do benefício até a data do despacho conclusivo da revisão, deverá ser concedido novo benefício na data do implemento das condições, devendo ser realizado o encontro de contas entre os benefícios, mediante concordância expressa do segurado.
§ 3º O disposto no § 2º somente se aplica aos casos em que não for observada fraude ou

má-fé por parte do segurado, visto que nessas hipóteses devem ser adotados os procedimentos previstos no Monitoramento Operacional de Benefícios.

Art. 15. A revisão que resultar em redução de renda somente produzirá efeitos após a conclusão dos procedimentos que garantam o contraditório e a ampla defesa.

§ 1º Antes da confirmação da revisão, deverá ser emitida comunicação ao segurado informando o valor da nova Renda Mensal Inicial – RMI, oportunizando a sua defesa.

§ 2º Caso a defesa do beneficiário seja acolhida, mantém-se o ato originário de concessão, sem alteração do valor do benefício.

§ 3º Expirado o prazo ou sendo a defesa considerada insuficiente, deverá ser confirmada a revisão e concluído o processo.

Art. 16. O INSS deverá rever os benefícios em manutenção para cuja aquisição do direito tenha sido considerado o período de exercício de mandato eletivo no período de 1º de fevereiro de 1998 a 18 de setembro de 2004, bem como as CTC emitidas com a inclusão do referido período, quando não verificada a opção pela manutenção da qualidade de Facultativo, e excluir os referidos períodos.

Art. 17. Nos procedimentos relacionados à revisão de ofício, não caberá alteração da DER, ressalvado os casos expressos nesta Portaria.

SEÇÃO VI – DA REVISÃO DE REAJUSTAMENTO

Art. 18. Quando solicitada revisão de reajustamento, o servidor deverá observar:

I – constatada inconsistência na aplicação dos índices de reajustamento, será feita a correção, com o pagamento dos valores atrasados, observada a prescrição quinquenal;

II – não havendo inconsistência no reajustamento, desde que este seja o único pedido do interessado e não tenham sido apresentados outros documentos com o requerimento de revisão, o pedido deve ser indeferido;

§ 1º Não se aplicam às revisões de reajustamento os prazos de decadência de que tratam os arts. 103 e 103-A da Lei nº 8.213, de 24 de julho de 1991.

§ 2º Para fins de aplicação da prescrição, deverá ser observada a DPR.

SEÇÃO VII – DOS EFEITOS FINANCEIROS

Art. 19. Os efeitos financeiros, a decadência e a prescrição deverão ser analisados com base na DPR.

§ 1º Nas revisões em que não seja identificado novo elemento, os efeitos financeiros serão fixados na Data do Início do Pagamento – DIP, observada a prescrição, que é contada a partir da DPR.

§ 2º Nas revisões processadas com novos elementos, os efeitos financeiros serão fixados na DPR.

§ 3º Em relação a prescrição, deverá ser observado o disposto no art. 129 do Livro IV – Processo Administrativo Previdenciário, aprovado pela Portaria DIRBEN/INSS nº 993 de 28 de março de 2022.

SEÇÃO VIII – DA CONCLUSÃO DA REVISÃO

Art. 20. Concluído o processamento da revisão do benefício ou da certidão de tempo de contribuição, deverá ser elaborado despacho circunstanciado, detalhando os elementos relevantes identificados, bem como os dados efetivamente revistos.

Parágrafo único. O despacho deverá conter todas as alterações produzidas e que levaram às modificações no benefício, tais como alteração de dependentes, tempo de contribuição, salários de contribuição, valor de renda mensal inicial e mensalidade reajustada, diferenças a serem pagas ou devolvidas, entre outras.

TÍTULO II – DAS REVISÕES TEMÁTICAS

Art. 21. As revisões temáticas caracterizam-se por procedimentos específicos realizados por determinação legal ou judicial, que podem ter seu processamento efetuado de forma automática.

Art. 22. São consideradas como revisões temáticas principais:

I – ORTN / OTN / BTN;

II – Artigo 58 (ADCT);

III – Artigo 201 (Constituição Federal);

IV – "Buraco Negro" (Artigo 144 da Lei nº 8.213, de 1991);

V – Artigo 145 (Lei nº 8.213, de 1991);

VI – Índice Teto (Artigo 26 da Lei nº 8.870, de 1994 e Artigo 21 da Lei nº 8.880, de 1994), incluindo o "Buraco Verde";

VII – IRSM (Índice de Reajuste do Salário Mínimo);

VIII – Revisão do Teto; e

IX – Artigo 29 (Lei nº 8.213, de 1991).

Parágrafo único. As revisões indicadas no caput estão sujeitas à decadência, ressalvadas as previstas nos incisos VI e VIII.

CAPÍTULO I – ORTN/OTN/BTN

Art. 23. Esta revisão consiste na correção dos 24 (vinte e quatro) primeiros salários de contribuição, constantes no Período Básico de Cálculo – PBC, com base na variação dos índices da ORTN/OTN/BTN, de acordo com a Lei nº 6.423, de 17 de junho de 1977.

Parágrafo único. São passíveis da revisão disposta no caput os benefícios com DIB no período de 19 de junho de 1977 a 05 de outubro de 1988, cuja RMI foi apurada com base em PBC composto pela média dos 36 (trinta e seis) últimos salários de contribuição.

CAPÍTULO II – ARTIGO 58

Art. 24. A revisão prevista no art. 58 do Ato das Disposições Constitucionais Transitórias – ADCT tem por objetivo a apuração da quantidade de salários mínimos correspondente à RMI na data da sua concessão, para fins de aplicação desta equivalência no processamento da revisão, de forma a garantir sua recuperação.

§ 1º Esta revisão se aplica aos benefícios com DIB até 05 de outubro de 1988.

§ 2º Nos casos de benefício precedido, a equivalência deverá ser calculada na DIB do primeiro benefício.

§ 3º A revisão disposta no caput foi processada administrativamente, produzindo efeitos financeiros no período de abril de 1989 até dezembro de 1991, na vigência do Decreto nº 357, publicado em 09 de dezembro de 1991, que dispõe sobre o Plano de Custeio e Benefícios da Previdência Social.

CAPÍTULO III – ARTIGO 201

Art. 25. A revisão constante no art. 201 da Constituição Federal consiste na equiparação da Renda Mensal Atualizada – RMA ao salário mínimo vigente, quando o benefício for inferior ao referido valor, bem como ao pagamento das diferenças das rendas.

§ 1º Esta revisão se aplica aos benefícios com DIB anterior a 05 de abril de 1991.

§ 2º A revisão disposta no caput foi processada administrativamente, produzindo efeitos financeiros no período de 05 de outubro de 1988 a 04 de abril de 1991.

CAPÍTULO IV – "BURACO NEGRO"

Art. 26. A revisão denominada "Buraco Negro", prevista no art. 144 da Lei nº 8.213, de 1991, objetiva o recálculo e o reajuste da renda mensal inicial dos benefícios concedidos no período de 5 de outubro de 1988 a 04 de abril de 1991, ante a ausência de legislação regulamentando a forma de cálculo no referido período.

§ 1º O salário de benefício será calculado com base na média dos 36 (trinta e seis) últimos salários de contribuição, apurados em período não superior a 48 (quarenta e oito) meses.

§ 2º A RMI recalculada deve ser reajustada pelos índices de reajustamento definidos pela Ordem de Serviço/INSS/DISES nº 121 de 15 de junho de 1992.

CAPÍTULO V – ARTIGO 145

Art. 27. O art. 145 da Lei nº 8.213, de 1991, conhecido como "Buraco Verde", prevê a necessidade de recalcular a RMI de todos os benefícios concedidos a partir de 05 de abril de 1991, em conformidade com o disposto no art. 29 da referida lei, bem como reajustar a renda de acordo com as regras estabelecidas na mesma.

CAPÍTULO VI – ÍNDICE TETO (ARTIGO 26 E 21) E «BURACO VERDE» (ART. 26)

Art. 28. As revisões previstas no art. 26 da Lei nº 8.870, de 15 de abril de 1994, bem como no § 3º do artigo 21 da Lei nº 8.880, de 27 de maio de 1994, consistem na aplicação do "Índice Teto" no primeiro reajustamento.

§ 1º Considera-se «Índice Teto» a diferença percentual entre a média dos salários de contribuição na DIB e o teto previdenciário vigente na DIB.

§ 2º A revisão prevista no art. 26 da Lei nº 8.870, de 1994, se aplica aos benefícios com DIB entre 05 de abril de 1991 e 31 de dezembro de 1993, sendo esta a revisão conhecida como "Buraco Verde".

§ 3º A revisão prevista no § 3º do artigo 21 da Lei nº 8.880, de 1994, se aplica aos benefícios com DIB a partir de 1º de março de 1994.

§ 4º Deve ser observado que, com a aplicação do «Índice Teto», o valor do benefício reajustado não pode superar o valor do teto do salário de contribuição vigente do mês da correção.

CAPÍTULO VII – IRSM

Art. 29. A revisão prevista no § 1º do art. 21 da Lei nº 8.880, de 1994, consiste na atualização dos salários de contribuição do PBC até fevereiro de 1994, com a aplicação do percentual de 39,67 % (trinta e nove inteiros e sessenta e sete centésimos por cento) no fator de correção dos salários de contribuição anteriores a março de 1994, referente ao índice de reajuste do salário mínimo de fevereiro de 1994.

Parágrafo único. A revisão prevista no caput abrange os benefícios com DIB a partir de 01 de março de 1994, que tenham em seu PBC a competência fevereiro de 1994.

CAPÍTULO VIII – REVISÃO DO TETO

Art. 30. A revisão do "Teto" consiste na recomposição da renda mensal dos benefícios com DIB entre 05 de abril de 1991 a 31 de dezembro de 2003, cujo Salário de Benefício – SB foi limitado ao teto previdenciário, considerando o incremento do valor teto trazido pelas Emendas Constitucionais nº 20 de 15 de dezembro de 1998 e nº 41, de 19 de dezembro de 2003.

§ 1º O valor teto da Emenda Constitucional nº 20, de 1998, corresponde a R$ 1.200,00 (um mil e duzentos reais) e o da Emenda Constitucional nº 41, de 2003, a R$ 2.400,00 (dois mil e quatrocentos reais).

§ 2º A revisão prevista no caput decorre dos autos da Ação Civil Pública N.º 0004911-28.2011.4.03/TRF 3ª Região.

CAPÍTULO IX – ARTIGO 29

Art. 31. A revisão do inciso II do art. 29 da Lei nº 8.213, de 1991, consiste em novo cálculo da RMI considerando os 80% (oitenta por cento) dos maiores salários de contribuição integrantes do PBC.

§ 1º A revisão disposta no caput refere-se aos benefícios por incapacidade concedidos entre 29 de novembro de 1999 e 29 de outubro de 2009, cujo cálculo tenha utilizado 100% (cem por cento) dos salários de contribuição no PBC, em adequação a previsão da Lei nº 9.876, de 26 de novembro de 1999, que incluiu a redação do art. 29, inciso II, da Lei nº 8.213, de 1991, e ainda nos termos do Decreto nº 6.939, de 18 de agosto de 2009, que alterou o RPS.

§ 2º Serão objetos de revisão os benefícios derivados daqueles elencados no § 1º, observada a decadência e prescrição.

§ 3º O prazo de decadência de dez anos se aplica a contar da data da citação do INSS na Ação Civil Pública Nº 0002320-59.2012.4.03.6183/SP, ocorrida em 17 de abril 2012, para todos os casos em que não houver requerimento administrativo específico anterior a essa data.

§ 4º O prazo prescricional das parcelas vencidas inicia-se em 17 de abril de 2012, data da citação do INSS na Ação Civil Pública citada no § 3º.

§ 5º Não serão objeto da revisão os benefícios enquadrados em um dos seguintes critérios:

I – já revistos pelo mesmo objeto, ou seja, administrativa e judicialmente;

II – concedidos no período de vigência da Medida Provisória nº 242, entre 28 de março de 2005 e 3 de julho de 2005;

III – concedidos até o dia 17 de abril de 2002, quando foi operada a decadência;

IV – concedidos dentro do período de seleção, porém precedidos de benefícios alcançados pela decadência; e

V – embora concedidos no período definido no Acordo Judicial firmado no âmbito da Ação Civil Pública citada no § 3º, sejam precedidos de benefícios com DIB anterior a 29 de novembro de 1999.

TÍTULO III – DA REVISÃO DE ACUMULAÇÃO DE BENEFÍCIO DE AUXÍLIO-ACIDENTE COM APOSENTADORIA

▸ Efeitos suspensos pela Portaria Dirben/INSS 1.091/2022

Art. 32. Nos procedimentos relativos à revisão de benefícios de auxílio-acidente e aposentadoria com indicativo de acumulação indevida deverá ser observado o prazo decadencial, exceto para as situações descritas no artigo 594, inciso II, da Instrução Normativa PRES/INSS nº 128, de 2022. *(Acrescido pela Portaria Dirben/INSS 1.082/2022)*

▸ Efeitos suspensos pela Portaria Dirben/INSS 1.091/2022

§ 1º Os benefícios de auxílio-acidente com DIB anterior ou igual a 10 de novembro de 1997, acumulados com aposentadorias com DER e DDB entre 14 de setembro de 2009 até de dezembro de 2012, deverão ser mantidos, independentemente da decadência;

§ 2º A constatação de que se encontra decadente o direito da Previdência Social de rever o benefício de aposentadoria que vem sendo mantido e pago acumuladamente com o benefício de auxílio-acidente, enseja o direito à manutenção dos dois benefícios;

§ 3º Se o direito de revisão da aposentadoria ainda não tiver sido alcançado pela decadência, deverá o auxílio-acidente ser cessado, procedendo-se a revisão da aposentadoria para inclusão da renda do auxílio-acidente no período base de cálculo da aposentadoria e realizado o encontro de contas entre os benefícios, observada a prescrição quinquenal tanto no pagamento quanto na cobrança dos valores;

§ 4º Nos processos judiciais, onde o auxílio-acidente possui DIB posterior à DIB da aposentadoria, o processo deverá ser encaminhado à Procuradoria Federal para pronunciamento acerca da aplicabilidade dos entendimentos firmados na NOTA nº 77/2013/DIVCONS/CGMBEN/PFE-INSS/PGF/AGU, bem como os termos que se dará o encontro de contas.

Portaria DIRBEN/INSS Nº 998

PORTARIA DIRBEN/INSS Nº 998, DE 28 DE MARÇO DE 2022

Aprova as Normas Procedimentais em Matéria de Benefícios

O DIRETOR DE BENEFÍCIOS DO INSTITUTO NACIONAL DO SEGURO SOCIAL – INSS, no uso das atribuições que lhe confere o Decreto nº 9.746, de 8 de abril de 2019, bem como, o que consta no processo administrativo SEI no 35014.341866/2020-55, resolve:

Art. 1º Fica aprovado o Livro IX Normas Procedimentais em Matéria de Benefícios, disciplinando os procedimentos e rotinas de compensação previdenciária no âmbito da área de benefício do INSS, complementares à Instrução Normativa PRES/INSS nº 128 de 28 de março de 2022.

Art. 2º Esta Portaria entra em vigor na data de sua publicação, devendo ser aplicada a todos os processos pendentes de análise e decisão.
Parágrafo único. Esta Portaria contém os Anexos I a III.

SEBASTIÃO FAUSTINO DE PAULA
Diretor de Benefícios

ANEXO

LIVRO IX – COMPENSAÇÃO PREVIDENCIÁRIA

TÍTULO I – DEFINIÇÃO

Art. 1º A compensação previdenciária, prevista no § 9º do artigo 201 da Constituição Federal e na Lei nº 9.796, de 5 de maio de 1999, regulamentada pelo Decreto nº 10.188, de 20 de dezembro de 2019, é o acerto de contas de natureza financeira entre o Regime Geral de Previdência Social – RGPS e os Regimes Próprios de Previdência Social – RPPS, e entre os regimes próprios, referente ao tempo de contribuição utilizado na concessão de benefícios nos termos da contagem recíproca, prevista na Lei nº 6.226 de 14 de julho de 1975 e Lei nº 6.864, de 1º de dezembro de 1980.
Parágrafo único. *(Revogado pela Portaria DIRBEN/INSS 1.054/2022)*

Art. 2º Para efeito de contagem recíproca, observa-se:
I – é assegurado o cômputo do tempo de contribuição na administração pública e de serviço militar exercido nas atividades de que tratam os art. 42, 142 e 143 da Constituição Federal;
II – a partir de 13 de novembro de 2019, para o segurado empregado, empregado doméstico e trabalhador avulso, somente serão consideradas as competências cujo salário de contribuição seja igual ou superior ao seu limite mínimo.

Art. 3º Para efeito de contagem recíproca não serão considerados os seguintes períodos:
I – de contagem em dobro ou em outras condições especiais;
II – de tempo de serviço público com o de atividade privada, quando concomitantes;
III – o tempo de serviço/contribuição utilizado para concessão de aposentadoria por outro regime;
IV – o tempo de serviço/contribuição anterior ou posterior à obrigatoriedade de filiação à Previdência Social, salvo se houver recolhimento, observadas as regras da indenização correspondente ao período respectivo, nos termos do art. 45-A da Lei nº 8.212, de 1991;
V – o tempo de contribuição do segurado trabalhador rural anterior à competência novembro de 1991, salvo se indenizado;
VI – da parcela adicional do tempo de contribuição resultante de conversão de tempo especial em comum, salvo em relação ao tempo de serviço público federal sob regime da Consolidação das Leis Trabalhistas – CLT prestado até 11 de dezembro de 1990, desde que tenha sido aproveitado para a concessão de aposentadoria ou de pensão dela decorrente, conforme § 3º do art. 4º da Portaria MPAS nº 6.209, de 1999;

VII – da parcela adicional do tempo de contribuição resultante de conversão do tempo cumprido pelo segurado com deficiência, reconhecida na forma do art. 70-D do RPS, em tempo de contribuição comum;

VIII – o período em que o segurado contribuinte individual e facultativo tenham contribuído com base na alíquota reduzida de 5% (cinco por cento) ou 11% (onze por cento) na forma do § 2º do art. 21 da Lei nº 8.212, de 1991, salvo se efetuar a complementação das contribuições para o percentual de 20% (vinte por cento), conforme § 3º do mesmo artigo;

IX – o tempo de serviço fictício, considerado em lei como tempo de contribuição sem que tenha havido a prestação de serviço ou a correspondente contribuição, salvo se o tempo tiver sido contado até 15 de dezembro de 1998 como tempo de serviço para efeito de aposentadoria.

Art. 4º O tempo de serviço/contribuição sem recolhimento anterior à obrigatoriedade de filiação ou o posterior, quando ocorrida a decadência sobre a obrigação do pagamento das contribuições previdenciárias, poderá ser indenizado.

Art. 5º Aplica-se a compensação previdenciária para os benefícios de aposentadoria concedidos a partir de 5 de outubro de 1988, desde que em manutenção em 6 de maio de 1999 ou concedidos após essa data, com contagem recíproca de tempo de contribuição, e às pensões por morte que deles decorrerem, excluída a aposentadoria por incapacidade permanente decorrente de acidente em serviço, moléstia profissional ou doença grave, contagiosa ou incurável, especificada em lei, e a pensão dela decorrente.

§ 1º Os procedimentos relativos à compensação deverão observar as disposições contidas na Lei nº 9.796, de 1999, no Decreto nº 10.188, de 2019, na Portaria MPAS nº 6.209, de 1999 e na Portaria SEPRT/ME nº 15.829, de 2020.

§ 2º Não são passíveis de compensação previdenciária as concessões dos benefícios distintos dos previstos no RGPS, conforme determina o artigo 5º da Lei 9.717, bem como os benefícios que estejam em desacordo com os §§ 4º e 5º do art. 40, da Constituição Federal, alterado pela Emenda Constitucional nº 103, de 2019, mesmo que as certidões estejam nos moldes da Lei nº 6.226, de 1975.

§ 3º Não será devida pelo RGPS a compensação financeira em relação aos servidores civis e militares dos Estados, do Distrito Federal e dos Municípios quanto aos períodos em que tinham garantida apenas aposentadoria pelo ente federativo e que foram inscritos em regime especial de contribuição para fazer jus aos benefícios de família, na forma prevista no parágrafo único do art. 3º da Lei nº 3.807 – Lei Orgânica da Previdência Social – LOPS, de 26 de agosto de 1960, e na legislação posterior.

§ 4º Não serão objeto de contagem recíproca as aposentadorias cujo tempo de serviço/contribuição foi prestado integralmente na condição de funcionário público, regido pela Lei nº 1.711, de 28 de outubro de 1952, e/ou servidor público, regido pela Lei nº 8.112, de 11 de dezembro de 1990, nos Poderes Executivo, Legislativo e Judiciário da União, no Tribunal de Contas da União, no Ministério Público da União e na Defensoria Pública da União, e as pensões delas decorrentes.

Art. 6º Quando verificado que a CTS/CTC foi emitida por decisão judicial ou que existe benefício no RGPS que foi concedido com despacho judicial, o servidor deverá verificar a manutenção da decisão antes da concessão ou requerimento da compensação previdenciária, podendo inclusive solicitar parecer da Procuradoria.

Art. 7º Não será possível realizar a compensação previdenciária para os RPPS dos Estados e Distrito Federal quando houver transferência para inatividade dos ocupantes de cargos militares, devendo ser suspensa a análise até que seja regulamentada a matéria.

Art. 8º Para o tempo de serviço militar obrigatório, voluntário ou alternativo, para efeitos de contagem recíproca, observar-se-á:

I – para períodos a partir de 14 de novembro de 2019, o tempo de serviço militar deverá ser certificado em Certidão de Tempo de Contribuição expedida pelas Forças Armadas, mesmo que não tenha sido emitida nos moldes da Lei nº 6.226, de 1975, e da Portaria MPS nº 154, de 2008;

II – para períodos até 13 de novembro de 2019, o militar integrante das Forças Armadas deverá apresentar certidão de tempo de serviço militar, mesmo que não tenha sido emitida nos moldes da Lei nº 6.226, de 1975 e da Portaria MPS nº 154, de 2008, para comprovação de tempo de serviço prestado em prazo maior que 18 meses. Para período inferior a 18 meses, a comprovação será por meio de certificado de reservista.

§ 1º Para benefícios concedidos antes de 10 de outubro de 2001, data da IN/INSS/DC Nº 57, deverá ser aceito o certificado de reservista, ainda que possua período superior a 18 meses. O requerimento será solicitado para todo o período, não havendo necessidade de excluir o período de serviço militar obrigatório.

§ 2º A CTC relativa ao tempo de serviço militar dos Estados e do Distrito Federal deve observar as normas definidas na Portaria MPS nº 154, de 15 de maio de 2008, ou da norma que vier a substituí-la.

TÍTULO II – CONCEITOS GERAIS

Art. 9º Para fins de compensação financeira considera-se:

I – Regime Geral de Previdência Social – RGPS: o regime previsto no art. 201 da Constituição Federal;

II – Regime Próprio de Previdência Social – RPPS: o regime de previdência social estabelecido no âmbito de cada ente federativo que assegure, por lei, aos servidores que ocupam cargo efetivo, no mínimo, os benefícios de aposentadoria e pensão por morte previstos no art. 40 da Constituição;

III – Regime de Origem: o regime previdenciário ao qual o segurado ou servidor público esteve vinculado e não tenha ensejado o recebimento de aposentadoria ou de pensão aos seus dependentes;

IV – Regime Instituidor: o regime previdenciário responsável pela concessão e pelo pagamento de benefício de aposentadoria ou pensão por morte dela decorrente a segurado ou servidor público ou a seus dependentes com cômputo de tempo de contribuição no âmbito do regime de origem;

V – Estoque: os valores da compensação financeira em atraso relativos ao período compreendido entre 5 de outubro de 1988 e 5 de maio de 1999, dos benefícios concedidos nesse período, na forma dos art. 16 e 17;

VI – Fluxo Acumulado: os valores da compensação financeira dos benefícios concedidos após o período de estoque, na forma do art. 18.

Art. 10. Considera-se como data de ingresso e data de desvinculação:

I – a data de ingresso no regime de origem será fixada na data em que se iniciou o aproveitamento da CTC na concessão do benefício, não sendo necessariamente a data inicial informada na CTC;

II – a data da desvinculação será a data de mudança do regime nos casos de enquadramento geral ou a data em que, efetivamente, o servidor foi enquadrado no novo regime. Esta data servirá de base na compensação para verificar a legislação e parâmetros de cálculo que serão usados para a simulação da aposentadoria, assim como para a fixação do Período Básico de Cálculo – PBC conforme o tipo de requerimento.

Art. 11. A data de desvinculação do regime de origem será fixada da seguinte forma:

I – o dia seguinte ao último dia do afastamento da atividade no regime de origem; e

II – quando a data de ingresso no regime instituidor ocorrer em concomitância com o regime de origem, considera-se como data de desvinculação o dia do ingresso no regime instituidor.

Art. 12. A Renda Mensal Inicial da Compensação Previdenciária é o menor valor escolhido entre o valor da renda inicial da aposentadoria simulada na data da desvinculação do Regime de Origem e o valor da renda inicial da aposentadoria do Regime Instituidor, não podendo este ser inferior ao salário-mínimo e nem superior ao:

I – valor da remuneração do cargo efetivo que o servidor teria no ente de origem na data imediatamente anterior à da concessão da aposentadoria pelo regime instituidor ou que teria servido de referência para a concessão da pensão pelo regime de origem; ou

II – limite máximo dos benefícios pagos pelo RGPS, quando este for o regime de origem.

Art. 13. O Percentual de Participação será o resultado da divisão do tempo de contribuição aproveitado do regime de origem pelo tempo total de contribuição utilizado na concessão do benefício pelo Regime Instituidor, transformados em dias.

Parágrafo único. Para o cálculo será considerado o tempo de contribuição total computado na concessão da aposentadoria, ainda que superior ao tempo mínimo de contribuição exigido pela legislação para a concessão.

Art. 14. O valor da compensação financeira (pró-rata Inicial) será o resultado da multiplicação do Percentual de Participação pelo valor da renda mensal inicial do benefício ou pelo valor da renda mensal inicial simulada, o que for menor, seja o regime instituidor RGPS ou RPPS, observado o art. 34.

Parágrafo único. O pró-rata inicial apurado será corrigido pelos índices de reajuste dos benefícios mantidos pelo INSS até a data do primeiro pagamento da compensação previdenciária, resultando, então, no valor do pró-rata mensal.

Art. 15. O Fluxo mensal (pró-rata mensal) são os valores da compensação financeira pagos mensalmente pelo regime de origem ao regime instituidor, a partir da competência de concessão da compensação, enquanto os pagamentos dos benefícios objeto da compensação financeira estiverem em manutenção.

§ 1º O pró-rata mensal será reajustado nas mesmas datas e com os mesmos índices de reajustamento dos benefícios em manutenção concedidos pelo RGPS.

§ 2º O valor do pró-rata referente a cada benefício não poderá exceder a renda mensal do maior benefício da mesma espécie pago pelo regime de origem.

Art. 16. Estoque RGPS são os valores da compensação financeira em atraso relativos ao período compreendido entre 5 de outubro de 1988 e 5 de maio de 1999 dos benefícios concedidos nesse período com contagem recíproca do tempo de contribuição do RGPS ou do RPPS, na hipótese de o RGPS ser o regime instituidor, desde que em manutenção em 5 de maio de 1999, observado o prazo estabelecido no art. 12 da Lei nº 10.666, de 08 de maio de 2003, alterada pelo art. 11 da Lei nº 12.348, de 15 de dezembro de 2010.

Parágrafo único. Para calcular o passivo de estoque, multiplica-se o valor do pró-rata mensal, pelo número de meses e dias existentes no período compreendido entre a Data de Início do Benefício – DIB e a data de 5 de maio de 1999, data da Lei nº 9.796, de 1999, ou na data da cessação, se ocorrida em data anterior.

Art. 17. Estoque RPPS são os valores da compensação financeira em atraso relativos ao período compreendido entre 5 de outubro de 1988 e 5 de maio de 1999 dos benefícios concedidos nesse período com contagem recíproca de outro RPPS, desde que em manutenção em 5 de maio de 1999 ou no período de 6 de maio de 1999 até 31 de dezembro de 2020, data de entrada em vigor do Decreto nº 10.188, de 2019.

Parágrafo único. Para calcular o passivo de estoque, multiplica-se o valor do pró-rata mensal, pelo número de meses e dias existentes no período compreendido entre a Data de Início do Benefício – DIB e a data de 31 de dezembro de 2020, data do Decreto nº 10.188, de 2019, ou na data da cessação, se ocorrida em data anterior.

Art. 18. Fluxo acumulado são os valores da compensação financeira dos benefícios concedidos após o período de estoque RGPS ou de estoque RPPS relativos ao período entre a data de concessão e o deferimento do requerimento de compensação, ou até a data de cessação do benefício, conforme o caso, observado o prazo prescricional.

§ 1º O fluxo acumulado será pago em parcela única juntamente com o pagamento da primeira parcela mensal da compensação relativa ao requerimento deferido.

§ 2º Para cálculo do fluxo acumulado, multiplica-se o pró-rata mensal pelo número de meses e dias contados a partir de 6 de maio de 1999 (RGPS/RPPS) ou 1º de janeiro de 2021 (RPPS/RPPS) até a data da concessão da compensação previdenciária ou até a data da cessação do benefício que gerou a concessão, incluindo os 13º salários, conforme o caso.

Art. 19. Glosa é um acerto de pagamentos de compensação que ocorrerá quando for verificado o pagamento indevido de compensação financeira de aposentadoria e/ou pensão por morte, podendo ocorrer:

I – Glosa de Estoque RGPS/RPPS – para os pagamentos efetuados de forma indevida no período de 5 de outubro de 1988 até 5 de maio de 1999;

II – Glosa de Estoque RPPS/RPPS – para os pagamentos efetuados de forma indevida no período de 5 de outubro de 1988 até 31 de dezembro de 2020;

III – Glosa de Fluxo RGPS/RPPS – para os pagamentos efetuados de forma indevida para períodos a partir de 6 de maio de 1999 até a data da cessação, observando a prescrição quinquenal;

IV – Glosa de Fluxo RPPS/RPPS – para os pagamentos efetuados de forma indevida para períodos a partir de 1º de janeiro de 2021 até a data da cessação, observando a prescrição quinquenal.

Art. 20. A glosa será realizada automaticamente quando da cessação automática ou manual da compensação. Os motivos de glosa no sistema são:

I – concessão Indevida;

II – cassação de aposentadoria pelo ente federativo;

III – pagamento após o óbito;

IV – pagamento em duplicidade;

V – erro de cálculo;

VI – irregularidade;

VII – parte de período não reconhecido;

VIII – perda da guarda do menor;

IX – perda do direito legal;

X – processo na justiça;

XI – solicitação de pensão;

XII – maioridade/emancipação;

XIII – requerimentos abertos a partir de janeiro de 2020 que voltam exigência (concedidos até novembro de 2020 (mês anterior a entrada em produção do novo sistema COMPREV);

XIV – glosa devolutiva de valores compreendidos entre a data de migração do sistema e a data de qualificação cadastral;

XV – por decisão judicial;

XVI – por decisão recursal;

XVII – por capacidade do segurado;

XVIII – por pensão sem dependentes ativos;

XIX – por dependentes cessados;

XX – por DCB no SUB;

XXI – cessação indevida de pensão no sistema antigo;

XXII – glosa invertida decorrente de cessação indevida por óbito;

XXIII – glosa represada proveniente de cessação manual;

XXIV – glosa invertida de 13º proveniente de cessação manual;

XXV – outros.

Art. 21. Quando for constatada a concessão indevida de compensação para os benefícios, o objeto da compensação será glosado desde a DIB.

Art. 22. No caso de cessação de compensação por óbito ocorrido anteriormente a 6 de maio de 1999, o valor da glosa deverá ser igual ao valor estimado/pago do passivo de estoque da aposentadoria ou pensão por morte dela decorrente.

Art. 23. A glosa deverá ser calculada multiplicando-se o total dos meses recebidos indevidamente pelo valor do pró-rata atual, incluindo os 13º salários.

TÍTULO III – COMPENSAÇÃO PREVIDENCIÁRIA RGPS REGIME INSTITUIDOR – RI

CAPÍTULO I – DO REQUERIMENTO

Art. 24. Nas situações em que o RGPS for o regime instituidor, o INSS encaminhará ao regime de origem os requerimentos de compensação previdenciária referentes aos benefícios concedidos com cômputo de tempo de contribuição no âmbito daquele regime.

§ 1º O requerimento deve conter os seguintes dados: *(Redação dada pela Portaria DIRBEN/INSS 1.054/2022)*

I – dados pessoais do segurado e, se for o caso, dos seus dependentes; *(Redação dada pela Portaria DIRBEN/INSS 1.054/2022)*

II – o valor inicial da aposentadoria ou da pensão por morte dela decorrente, e a data de início do benefício; *(Redação dada pela Portaria DIRBEN/INSS 1.054/2022)*

III – o tempo de contribuição no âmbito do regime de origem utilizado na concessão do benefício na forma da contagem recíproca e o tempo de contribuição total do segurado no regime instituidor;

IV – o tipo de benefício, a data de início do pagamento, a data de ingresso no regime de origem e a data de desvinculação no regime de origem; *(Redação dada pela Portaria DIRBEN/INSS 1.054/2022)*

V – a data de cessação do benefício, caso já tenha cessado. *(Redação dada pela Portaria DIRBEN/INSS 1.054/2022)*

VI – *(Revogado pela Portaria DIRBEN/INSS 1.054/2022)*

§ 2º O regime de origem, destinatário do requerimento, poderá exigir que seja enviada a cópia da Certidão de Tempo de Serviço ou da Certidão de Tempo de Contribuição por ele fornecida em caso de dúvida fundada. *(Redação dada pela Portaria DIRBEN/INSS 1.054/2022)*

I e II – (Revogados pela *Portaria DIRBEN/INSS 1.054/2022*)

Art. 25. O requerimento de compensação previdenciária será dirigido ao ente federativo, independentemente de a CTS/CTC ter sido emitida por qualquer órgão/entidade a ele vinculado ou independentemente de onde o ex-servidor estivesse lotado.

Art. 26. A não apresentação das informações ou de eventuais documentos solicitados em caso de dúvida fundada vedará a realização da compensação financeira entre os regimes. *(Redação dada pela Portaria DIRBEN/INSS 1.054/2022)*

CAPÍTULO II – DA DATA DE DESVINCULAÇÃO

Art. 27. A data de desvinculação poderá ser:
I – dia posterior à data fim do último período da CTC: quando é utilizado no cômputo do Tempo Total da Aposentadoria todo período certificado;
II – dia posterior à data fim do último período indicado na CTC para averbação no RGPS: casos de CTC fracionada em que um período foi indicado para uso no RGPS e outro para uso no RPPS;
III – dia do início da licença sem vencimentos: quando dentro do período certificado constar Licença sem Vencimentos com término posterior à data da mudança de regime;
IV – data de mudança de regime: quando o servidor estiver em gozo de auxílio por incapacidade temporária com início e cessação anterior a mudança de regime.

Art. 28. Na hipótese de haver concomitância entre os períodos dos dois regimes, onde o ingresso no RGPS recaia dentro do período do RPPS, a data da desvinculação do regime próprio será igual à data da vinculação no RGPS.

CAPÍTULO III – DO CÁLCULO DA RENDA MENSAL INICIAL DA COMPENSAÇÃO

Art. 29. A Renda Mensal Inicial da Compensação devida pelo RPPS será o menor valor entre a Renda Mensal Inicial do benefício concedido pelo INSS e o valor simulado da RMI no RPPS de acordo com as com as normas aplicáveis aos benefícios concedidos pelo regime de origem na data da desvinculação desse regime.

Art. 30. Sendo o RPPS o regime de origem, o sistema simulará a RMI de benefício de mesma espécie daquele concedido pelo INSS, de acordo com a legislação própria, na data da exoneração ou da desvinculação do ex-servidor.

Art. 31. O valor da Renda Mensal Inicial – RMI apurada na simulação realizada pelo sistema será comparado ao valor da RMI do benefício concedido pelo INSS para escolha do menor valor, não podendo este ser inferior ao salário-mínimo e nem superior ao valor da remuneração do cargo efetivo que o servidor teria no ente de origem na data imediatamente anterior à da concessão da aposentadoria pelo regime instituidor ou que teria servido de referência para a concessão da pensão pelo regime de origem.

Art. 32. O valor apurado da RMI simulada do RPPS será reajustado com os mesmos índices aplicados para correção dos benefícios mantidos pelo INSS (INPC publicado anualmente em Portaria Ministerial), até o mês anterior à data de início da aposentadoria no RGPS.

Art. 33. Não sendo possível simular a renda mensal no RPPS por não existirem remunerações do ex-servidor no CNIS, o valor a ser considerado para escolha de que trata o artigo 29, corresponderá ao valor da média geral de benefícios do RGPS, tomando-se como base a Portaria Ministerial da competência em que se deu o início do benefício.
Parágrafo único. O valor médio da renda mensal do total dos benefícios pagos pelo INSS, no período outubro de 1988 a novembro de 1999, são os constantes do Anexo II da Portaria nº 6.209, de 1999.

Art. 34. Ao valor do benefício pago pelo regime instituidor será acrescido o benefício especial de que trata o § 1º do art. 3º da Lei nº 12.618, de 30 de abril de 2012, no caso da União, ou benefício que tenha essa mesma natureza, se previsto na legislação dos Estados, Distrito Federal ou Municípios, observado o disposto no artigo 31 quanto ao limite mínimo e máximo.

CAPÍTULO IV – DO PRÓ-RATA

Art. 35. O pró-rata inicial apurado será corrigido pelos índices de reajuste dos benefícios mantidos pelo INSS até a data do primeiro pagamento da compensação previdenciária resultando no valor do Fluxo Mensal (pró-rata).

Art. 36. O Fluxo Mensal (pró-rata) será reajustado anualmente na mesma data e com os mesmos índices de reajustamento dos benefícios em manutenção concedidos pelo RGPS.
Parágrafo único. O valor do Fluxo Mensal (pró-rata) referente a cada benefício não poderá exceder a renda mensal do maior benefício da mesma espécie pago pelo regime de origem.

CAPÍTULO V – DA REVISÃO DE OFÍCIO

Art. 37. Deverá ser solicitada revisão de ofício no benefício nas seguintes situações:
I – quando forem verificadas concessões de benefícios com uso de certidões emitidas pelo RPPS em desacordo com a Lei nº 6.226, de 1975 e com a Portaria MPS nº 154, de 15 de maio de 2008, ou com uso de documento que não seja Certidão de Contagem Recíproca, cujo período foi de contribuição para Regime Próprio de Previdência, desde que não tenha ultrapassado os prazos decadenciais previstos em Lei;
II – quando for verificado erro administrativo na concessão do benefício com a utilização de períodos em desacordo com as regras de contagem recíproca, observado o prazo decadencial do artigo 103-A da Lei 8.213.
§ 1º A revisão poderá ser processada, independente de prazo decadencial, se comprovada a má-fé do beneficiário.
§ 2º Para apuração da má-fé deverá ser registrada tarefa específica. O requerimento de compensação deverá ser encaminhado no estado em que se encontra, com solicitação do tempo correto.

Art. 38. Após criada a solicitação da revisão, o requerimento deverá ser enviado ao ente federativo no estado em que se encontra, com solicitação do tempo correto, para atendimento ao disposto no inciso II do artigo 12 do Decreto 10.188/2019.
Parágrafo único. Se o requerimento retornar em exigência do ente federativo, o seu cumprimento deverá aguardar pela conclusão da revisão.

Art. 39. Caso a revisão do benefício modifique o seu valor inicial, serão utilizados os mesmos parâmetros para a concessão da compensação financeira, recalculados os valores de compensação devidos ao regime instituidor desde a data de início de pagamento do benefício, observada a prescrição quinquenal.

Art. 40. Na hipótese de revisão do benefício pela apresentação de novos elementos que resultem em decisão administrativa ou em decisão judicial que não possuam efeitos retroativos, os valores da compensação financeira serão recalculados a partir do pagamento do valor do benefício revisado, observada a prescrição quinquenal.

Art. 41. As diferenças de valores decorrentes da revisão ou do pagamento de compensação financeira em relação a benefício cessado serão compensadas no mês seguinte ao da constatação.

CAPÍTULO VI – DA CESSAÇÃO MANUAL

Art. 42. A cessação manual ocorrerá quando não for processada automaticamente, podendo acontecer nas seguintes situações:
I – quando ficar comprovado que houve concessão indevida da Compensação;
II – quando se tomar conhecimento de óbito do segurado/dependente que não tenha sido detectado pelo sistema;

III – quando houver cessação ou anulação da aposentadoria por determinação judicial;
IV – quando houver perda da qualidade de dependente;
V – quando o segurado deixar de receber benefício por incapacidade permanente.

CAPÍTULO VII – DISPOSIÇÕES ESPECÍFICAS

Art. 43. Cabe requerimento de compensação previdenciária de todo e qualquer período constante em certidões emitidas pela Polícia Militar dos Estados e DF, mesmo sendo inferior a um ano e seis meses, haja vista que não se trata de serviço militar obrigatório.
Parágrafo único. Quanto ao militar das forças armadas, deverá ser observado o constante no artigo 8º. *(Acrescido pela Portaria DIRBEN/INSS 1.054/2022)*

Art. 44. Cabe o pagamento da compensação previdenciária ao RGPS referente às aposentadorias concedidas pelo INSS com uso de certidões emitidas pelos entes federativos nas quais constam informações de que não houve contribuições para fins de aposentadoria no RPPS, uma vez que as contribuições são presumidas, ou que as contribuições para RGPS eram apenas de 4% a 4,8% em consonância com o parágrafo único do art. 3º da Lei 3.807, de 1960.

TÍTULO IV – COMPENSAÇÃO PREVIDENCIÁRIA RGPS REGIME DE ORIGEM – RO

CAPÍTULO I – DO REQUERIMENTO

Art. 45. O Regime Próprio de Previdência Social – RPPS, quando Regime Instituidor, encaminhará ao RGPS o requerimento de compensação previdenciária referente a cada benefício concedido com cômputo de tempo de contribuição no âmbito do RGPS, contendo os seguintes dados: *(Redação dada pela Portaria DIRBEN/INSS 1.054/2022)*
I – dados pessoais do servidor e, se for o caso, dos seus dependentes; *(Redação dada pela Portaria DIRBEN/INSS 1.054/2022)*
II – o valor inicial da aposentadoria ou da pensão por morte dela decorrente e a data de início do benefício;
III – o tempo de contribuição no âmbito do regime de origem utilizado na concessão do benefício na forma da contagem recíproca e o tempo de contribuição total do servidor no regime instituidor;
IV – parecer médico, informando não se tratar de invalidez acidentária ou de doença prevista no rol do art. 151 da Lei nº 8.213, de 24 de julho de 1991; *(Redação dada pela Portaria DIRBEN/INSS 1.054/2022)*
V – o tipo de benefício, a data de início do pagamento, a data de ingresso no regime de origem e a data de desvinculação no regime de origem; *(Redação dada pela Portaria DIRBEN/INSS 1.054/2022)*
VI – a data de cessação do benefício, caso já tenha cessado; e *(Redação dada pela Portaria DIRBEN/INSS 1.054/2022)*
VII – a data de publicação do ato de registro da homologação pelo tribunal de contas para os requerimentos apresentados a partir de 1º de janeiro de 2.020, data da entrada em vigor dos dispositivos do Decreto 10.188/2019 aplicáveis à compensação financeira entre o RGPS e RPPS. *(Redação dada pela Portaria DIRBEN/INSS 1.054/2022)*
VIII – *(Revogado pela Portaria DIRBEN/INSS 1.054/2022)*
Parágrafo único. *(Revogado pela Portaria DIRBEN/INSS 1.054/2022)*

Art. 46. Em caso de dúvida fundada poderá ser exigido que o RPPS como regime instituidor envie os seguintes documentos: *(Redação dada pela Portaria DIRBEN/INSS 1.054/2022)*
I – cópia da Certidão de Tempo de Serviço ou da Certidão de Tempo de Contribuição utilizada para cômputo do tempo de contribuição no âmbito do regime instituidor; *(Redação dada pela Portaria DIRBEN/INSS 1.054/2022)*
II – cópia do ato expedido pela autoridade competente que concedeu a aposentadoria ou a pensão por morte dela decorrente; e *(Redação dada pela Portaria DIRBEN/INSS 1.054/2022)*
III – cópia do registro do ato concessório da aposentadoria ou da pensão por morte pelo Tribunal de Contas competente, quando couber. *(Redação dada pela Portaria DIRBEN/INSS 1.054/2022)*
§ 1º No caso de o tempo de contribuição vinculado ao RGPS ter sido prestado no próprio ente instituidor e averbado sem a respectiva Certidão de Tempo de Contribuição emitida pelo INSS, o ente poderá emitir a certidão específica, observado o artigo 50 e, quando exigida, deverá ser apresentada no requerimento de compensação previdenciária. *(Acrescido pela Portaria DIRBEN/INSS 1.054/2022)*

§ 2º Tratando-se de certidão específica, deverá ser observado o procedimento constante no artigo 51 para identificar a necessidade de solicitar documentação complementar. *(Acrescido pela Portaria DIRBEN/INSS 1.054/2022)*

§ 3º Quando for anexada a Certidão de Tempo de Contribuição e os dados não ficarem legíveis é permitido o traslado dos dados para o formulário previsto no Anexo I devendo este ser anexado juntamente com a certidão ilegível. *(Acrescido pela Portaria DIRBEN/INSS 1.054/2022)*

Art. 47. A não apresentação das informações ou de eventuais documentos solicitados em caso de dúvida fundada vedará a realização da compensação financeira entre os regimes. *(Redação dada pela Portaria DIRBEN/INSS 1.054/2022)*

CAPÍTULO II – DA ANÁLISE DO TEMPO CERTIFICADO

Art. 48. O tempo de contribuição é certificado por meio da Certidão de Tempo de Contribuição, emitida pelo INSS, utilizada para cômputo do tempo de contribuição no âmbito do Regime Próprio de Previdência Social.

Art. 49. Da análise dos vínculos e contribuições:

I – os conceitos de extemporaneidade constantes no CNIS e observados para a concessão de benefícios e emissão de Certidão de Tempo de Contribuição não se aplicam à compensação previdenciária;

II – para a CTC emitida pelo INSS é irrelevante se os períodos certificados constam ou não no CNIS.

§ 1º Em caso de dúvida quanto aos períodos certificados, poderá ser solicitado o processo de CTC para conferência.

§ 2º Se constatado indício de irregularidade deverão ser tomadas as providências para apuração, respeitado o prazo decadencial, salvo indício de fraude ou má-fé.

Art. 50. Quando o servidor público possuir tempo de contribuição vinculado ao Regime Geral de Previdência Social, por serviço prestado ao próprio ente instituidor, deverá ser observado o que segue:

I – para os benefícios concedidos com Data de Início do Benefício – DIB a partir de 18 de janeiro de 2019, data da publicação da MP nº 871, é vedada a contagem recíproca de tempo de contribuição do RGPS por RPPS sem a emissão da CTC correspondente;

II – para os benefícios com DIB até 17 de janeiro de 2019 é permitida a emissão de Certidão Específica pelo ente federativo instituidor, conforme § 2º do artigo 10 do Decreto nº 3.112, de 1999 e modelo constante do Anexo II.

Parágrafo único. O RGPS aceitará a Certidão Específica, independente da data de emissão, se a DIB do benefício de aposentadoria ocorrer até 17 de janeiro de 2019, ou seja, antes da vigência da MP nº 871, de 2019. Sendo o benefício concedido a partir de 18 de janeiro de 2019, a CTC deverá ser emitida pelo RGPS.

Art. 51. Quando a comprovação do tempo de atividade para o RGPS for realizada mediante apresentação de Certidão Específica emitida pelo ente federativo, nos termos do inciso II do art. 50, caberá observar:

I – a compensação previdenciária somente será feita se o período de vínculo indicado for confirmado mediante consulta ao Cadastro Nacional de Informações Sociais – CNIS (independente de marcação de extemporaneidade);

II – na ausência do registro do vínculo no CNIS ou quando constar indicativo de RPPS no período certificado, deverá ser solicitado ao ente, através de exigência, a apresentação de prova inequívoca do vínculo ao RGPS e do desconto das contribuições correspondentes a esse período, devendo ser comprovado pelos seguintes documentos:

a) registro na Carteira de Trabalho e Previdência Social – CTPS do servidor;

b) folhas, recibos ou fichas financeiras de pagamentos de salários e demais registros contábeis;

c) livro ou ficha de registro de empregado;

d) contrato de trabalho e respectiva rescisão;

e) atos de nomeação e de exoneração publicados; ou

f) outros registros funcionais capazes de demonstrar o exercício da atividade e o vínculo com o RGPS.

III – a não apresentação das informações e dos documentos a que se refere o inciso II veda a compensação previdenciária entre o RGPS e o regime instituidor.

Art. 52. Não terá validade a Certidão Específica emitida pelo RPPS em caso de período de filiação ao RGPS que não tenha sido exercido no próprio ente.

Art. 53. Para os municípios emancipados, o atual regime instituidor poderá certificar o tempo de vínculo com o município do qual se emancipou.

Art. 54. *(Revogado pela Portaria DIRBEN/INSS 1.054/2022)*

Art. 55. Os regimes próprios não poderão incluir o tempo de Regime Especial de que trata o parágrafo único do art. 3º da Lei nº 3.807, de 26 de agosto de 1960, nas Certidões Específicas emitidas na forma do § 2º, art. 10 do Decreto nº 3.112, de 1999, mesmo que o vínculo conste no CNIS.

§ 1º Considera-se Regime Especial o período em que os servidores civis e militares dos Estados, do Distrito Federal e dos Municípios contribuíam para o RGPS com o percentual de 4,0 a 4,8% sobre o salário de contribuição, apenas para fazer jus aos benefícios de família (de auxílio-natalidade, pensão por morte, auxílio-reclusão e auxílio-funeral), sendo a aposentadoria de total responsabilidade dos Estados e Municípios.

§ 2º Para fins de comprovação a que se refere o *caput* e § 1º (alíquota de contribuição), deverá ser feita exigência ao RPPS para apresentar folha de pagamento ou ficha financeira referente ao período certificado.

§ 3º Caberá o indeferimento da compensação quando ficar comprovado que se trata, exclusivamente, de Regime Especial.

Art. 56. Quando comprovado pelo INSS a inclusão do período de regime especial em objetos de compensação ativos, estes serão cessados de imediato, devendo todo o período pago indevidamente ser glosado.

Parágrafo único. Caso o objeto de compensação de que trata o *caput* esteja cessado, será glosado o período pago indevidamente.

Art. 57. Os requerimentos de compensação previdenciária que possuam CTS/CTC com conversão de tempo de serviço especial em comum deverão ser indeferidos com a fundamentação da decisão.

Parágrafo único. Excetua-se a emissão de CTS/CTC com conversão de tempo especial em comum no período anterior à edição do Regime Jurídico Único do respectivo ente federativo, vedada a conversão para período prestado após 13 de novembro de 2019.

Art. 58. Na análise dos requerimentos de compensação referentes aos períodos certificados nas CTS/CTC emitidas com tempo rural, observar-se-á:

I – o tempo de atividade rural reconhecido pelo INSS mediante CTC/CTS expedida até 13 de outubro de 1996, véspera da publicação da Medida Provisória nº 1.523, de 11 de outubro de 1996, convalidada pela Lei nº 9.528, de 10 de dezembro de 1997, será objeto de compensação financeira desde que tenha sido utilizada pelo regime instituidor em aposentadoria concedida até essa data;

II – o tempo de atividade rural reconhecido pelo INSS mediante CTC/CTS emitida a partir de 14 de outubro de 1996, somente será considerado para compensação previdenciária caso esse período tenha sido ou venha a ser indenizado ao INSS pelo requerente da CTC/CTS.

§ 1º Não haverá compensação previdenciária enquanto não for regularizada a indenização dos períodos rurais certificados.

§ 2º Não se aplica o disposto no inciso II ao empregado rural, trabalhador avulso rural e contribuinte individual rural prestador de serviços a uma pessoa jurídica, este a partir da competência abril de 2003, considerando que possuem presunção de recolhimento da contribuição previdenciária, a teor do § 5º do art. 33 da Lei nº 8.212, de 1991, observado o art. 2º.

CAPÍTULO III – DA DATA DE DESVINCULAÇÃO

Art. 59. A data de desvinculação poderá ser:

I – dia posterior a última data de mudança de regime: quando o ente tem várias datas de início /reinício como RPPS;

II – dia posterior à data fim do período averbado automaticamente: quando a CTC é emitida pelo próprio ente (modelo constante no anexo II), a desvinculação é igual data da mudança de regime; *(Redação dada pela Portaria DIRBEN/INSS 1.054/2022)*

III – dia do ingresso como RPPS: quando a CTC emitida pelo regime de origem possuir períodos posteriores a data de ingresso no ente como RPPS.

CAPÍTULO IV – DO CÁLCULO DA RENDA MENSAL INICIAL DA COMPENSAÇÃO

Art. 60. As informações constantes no requerimento servirão de base para o sistema calcular a Renda Mensal Inicial – RMI do benefício objeto de compensação previdenciária, observada a data em que houve a desvinculação desse regime pelo servidor.

Art. 61. Para fins de apuração da RMI do RGPS, como regime de origem, o cálculo será realizado na mesma espécie daquele concedido pelo ente federativo, segundo as normas aplicáveis aos benefícios concedidos pelo RGPS na data da desvinculação do ex-segurado.

Art. 62. O Período Básico de Cálculo – PBC será fixado na competência anterior à data de desvinculação, observada a lei vigente à época, sendo as remunerações obtidas no CNIS.

Art. 63. A Renda Mensal Inicial da Compensação devida pelo RGPS será o menor valor entre a Renda Mensal Inicial – RMI do benefício pago pelo RPPS e o valor simulado pelo RGPS de acordo com as com as normas aplicáveis aos benefícios concedidos pelo regime de origem, na data da desvinculação desse regime.

Art. 64. O valor Renda Mensal Inicial – RMI apurada na simulação realizada pelo sistema será comparado ao valor da RMI do benefício concedido pelo RPPS para escolha do menor valor, não podendo este ser inferior ao salário-mínimo e nem superior ao limite máximo dos benefícios pagos pelo RGPS.
Parágrafo único. O menor valor escolhido será a RMI da compensação, na qual aplicar-se-á o coeficiente de participação, resultando no pró-rata inicial.

Art. 65. O valor apurado no cálculo da RMI simulada do RGPS será reajustado com os mesmos índices aplicados para a correção dos benefícios mantidos pelo INSS (INPC publicado anualmente em Portaria Ministerial) até o mês anterior à data de início da aposentadoria no RPPS.

Art. 66. Não sendo possível simular a renda mensal no RGPS por não existirem remunerações do segurado no CNIS, o valor a ser considerado para escolha de que trata o artigo 63, corresponderá ao valor da média geral de benefícios do RGPS, tomando-se como base a Portaria Ministerial da competência em que se deu o início do benefício.
Parágrafo único. O valor médio da renda mensal do total dos benefícios pagos pelo INSS, no período outubro de 1988 a novembro de 1999, são os constantes do Anexo II da Portaria nº 6.209, de 1999.

SEÇÃO I – DO CÁLCULO DA RENDA MENSAL INICIAL DE APOSENTADORIAS

Art. 67. O cálculo da Renda Mensal Inicial – RMI de aposentadorias será de acordo com a Data de Desvinculação.

Art. 68. Quando a data da desvinculação for anterior a 5 de outubro de 1988, o cálculo do Salário de Benefício – SB e da Renda Mensal Inicial – RMI será realizado de acordo com o Decreto nº 83.080, de 1979.
§ 1º O cálculo para encontrar o salário de benefício e, posteriormente, a RMI, será fixado com base nos últimos 36 (trinta e seis) meses imediatamente anteriores à data de desvinculação, apurados em um período não superior a 48 (quarenta e oito) meses.
§ 2º No caso de aposentadoria por incapacidade permanente, serão consideradas as 12 (doze) últimas, num período não superior a 18 (dezoito) meses.

Art. 69. Quando a data de desvinculação for a partir de 5 de outubro de 1988 até 28 de novembro de 1999 (data da publicação da Lei 9.876/1999), será observado o que segue:
I – o cálculo para encontrar o salário de benefício e, posteriormente, a RMI, abrangerá

os últimos salários de contribuição dos meses imediatamente anteriores à desvinculação, até o máximo de 36 (trinta e seis), apurados em período não superior a 48 (quarenta e oito) meses. Todos os 36 (trinta e seis) salários de contribuição utilizados do cálculo serão reajustados, mês a mês, de acordo com o INPC;

II – ficam eliminados o menor e maior valor teto para cálculo do salário de benefício, a partir de 6 de outubro de 1988;

III – o valor do salário de benefício não será inferior ao de um salário-mínimo, nem superior ao do limite máximo do salário de contribuição na data de desvinculação;

IV – nas aposentadorias por idade e tempo de serviço/contribuição, se houver menos de 24 (vinte e quatro) salários de contribuição no período máximo do PBC, o SB corresponderá a 1/24 (um vinte e quatro) avos da soma dos salários de contribuição apurados;

V – na aposentadoria por incapacidade permanente, se houver menos de 36 (trinta e seis) contribuições no período máximo citado, o salário de benefício corresponderá à soma dos salários de contribuição dividida pelo seu número apurado, conforme Decreto n° 611, de 1992, média aritmética simples.

Art. 70. Quando a data de desvinculação for a partir de 29 de novembro de 1999, o cálculo para encontrar o salário de benefício e, posteriormente a RMI, abrangerá desde a competência de julho de 1994 até a competência anterior à data de desvinculação, observado o art. 26 da Emenda Constitucional n° 103, de 2019, para concessões com base neste dispositivo.

Art. 71. O Salário de Benefício em casos de múltiplas atividades observará:

I – os benefícios com data de requerimento de 5 de outubro de 1988 a 23 de julho de 1991, utilizam as regras para o cálculo da múltipla atividade estabelecidas na Lei n° 8.213, de 1991;

II – o cálculo da múltipla atividade não se aplica ao filiado que, em obediência ao limite máximo do salário de contribuição, contribuiu apenas por uma das atividades concomitantes. Também não se aplica ao filiado que tenha sofrido redução do salário de contribuição das atividades concomitantes em respeito ao limite máximo desse salário;

III – em decorrência da revogação dos incisos do art. 32 da Lei n° 8.213, de 1991, não se aplica o cálculo de múltipla atividade para apuração do salário de benefício a partir de 18 de junho de 2019, data da publicação da Lei n° 13.846, devendo ser observado:

a) para benefícios por incapacidade, a data do início da incapacidade – DII; e

b) para os demais benefícios, a data do início do benefício – DIB.

SEÇÃO II – DO CÁLCULO DA RENDA MENSAL INICIAL DA PENSÃO

Art. 72. O cálculo da Renda Mensal Inicial – RMI da pensão será de acordo com a Data do Início do Benefício – DIB.

Art. 73. Para benefícios com DIB no período de 5 de outubro de 1988 a 28 de abril de 1995:

I – a RMI simulada de aposentadoria (na data de desvinculação) será atualizada pelos índices de reajustamento dos benefícios em manutenção para a competência de início do benefício da pensão concedida pelo RPPS;

II – a esse valor atualizado deve ser aplicado o coeficiente da pensão: 80% (oitenta por cento), parte fixa, mais 10% (dez por cento) para cada dependente, limitado a 02 (dois) dependentes, que equivale a 100% (cem por cento).

Parágrafo único. Após o cálculo acima, compara-se o valor encontrado com o valor da RMI da pensão no RPPS, escolhendo o menor, que será a RMI da compensação.

Art. 74. Para benefícios com DIB no período de 29 de abril de 1995 a 27 de junho de 1997:

I – a pensão por morte corresponde a 100% (cem por cento) do salário de benefício (SB) da aposentadoria;

II – se a data de início da aposentadoria ocorreu no período de 5 de outubro de 1988 a 28 de abril de 1995, mas o óbito se deu a partir de 29 de abril de 1995, o valor da renda mensal inicial da pensão por morte será igual a 100% (cem por cento) do salário de benefício que deu origem à aposentadoria, atualizado até a data do óbito.

Art. 75. Para benefícios com DIB a partir de 28 de junho de 1997 até 13 de novembro de 2019, data da publicação da Emenda Constitucional n° 103, a RMI corresponde a 100% (cem por cento) do valor da aposentadoria que o filiado recebia na data do óbito.

Art. 76. Para benefícios com DIB a partir de 14 de novembro de 2019, a RMI será equivalente a uma cota familiar de 50% (cinquenta por cento) do valor da aposentadoria recebida pelo segurado ou servidor ou daquela a que teria direito se fosse aposentado por incapacidade permanente na data do óbito, acrescida de cotas de 10 (dez) pontos percentuais por dependente, até o máximo de 100% (cem por cento).

§ 1º Na hipótese de existir dependente inválido ou com deficiência intelectual, mental ou grave, o valor da pensão por morte de que trata o *caput* será equivalente a:

I – 100% (cem por cento) da aposentadoria recebida pelo segurado ou servidor ou daquela a que teria direito se fosse aposentado por incapacidade permanente na data do óbito, até o limite máximo de benefícios do Regime Geral de Previdência Social; e

II – uma cota familiar de 50% (cinquenta por cento) acrescida de cotas de 10 (dez) pontos percentuais por dependente, até o máximo de 100% (cem por cento), para o valor que supere o limite máximo de benefícios do Regime Geral de Previdência Social.

§ 2º Quando não houver mais dependente inválido ou com deficiência intelectual, mental ou grave, o valor da pensão será recalculado na forma do *caput*.

§ 3º Na hipótese de extinção da cota individual de 10%, a RMI deverá ser revista.

CAPÍTULO IV – DO PRÓ-RATA

▸ Mantivemos a numeração como constou da publicação oficial, no entanto, entendemos que o correto seria Capítulo V.

Art. 77. O pró-rata inicial apurado será corrigido pelos índices de reajuste dos benefícios mantidos pelo INSS até a data do primeiro pagamento da compensação previdenciária resultando no valor do Fluxo mensal (pró-rata).

Art. 78. O fluxo mensal (pró-rata) será reajustado na mesma data e com os mesmos índices de reajustamento dos benefícios em manutenção concedidos pelo RGPS.

Parágrafo único. O valor do fluxo mensal (pró-rata) referente a cada benefício não poderá exceder a renda mensal do maior benefício da mesma espécie pago pelo RGPS.

CAPÍTULO V – DA REVISÃO

▸ Mantivemos a numeração como constou da publicação oficial, no entanto, entendemos que o correto seria Capítulo VI.

SEÇÃO I – DA REVISÃO DOS BENEFÍCIOS

Art. 79. Os RPPS deverão registrar imediatamente no sistema de compensação previdenciária qualquer revisão no benefício objeto de compensação financeira, ou sua extinção total ou parcial.

§ 1º A revisão do ato original de aposentadoria e pensão só será aceita se houver homologação do ato pelo Tribunal ou Conselho de Contas.

§ 2º As diferenças de valores decorrentes da revisão ou do pagamento de compensação financeira em relação a benefício cessado serão compensadas no mês seguinte ao da constatação.

§ 3º Caso a revisão do benefício modifique o seu valor inicial, serão utilizados os mesmos parâmetros para a concessão da compensação financeira, recalculados os valores de compensação devidos ao regime instituidor desde a data de início de pagamento do benefício, observada a prescrição quinquenal.

§ 4º Na hipótese de revisão do benefício pela apresentação de novos elementos que resultem em decisão administrativa ou em decisão judicial que não possuam efeitos retroativos, os valores da compensação financeira serão recalculados a partir do pagamento do valor do benefício revisado, observada a prescrição quinquenal.

Art. 80. Em análise ao direito à compensação, se for identificada a existência de duas aposentadorias para o mesmo servidor, uma no RGPS e outra no RPPS, com utilização do mesmo período, deverá ser observado o que segue:

I – se existir aposentadoria concedida pelo RGPS com DIB anterior à averbação automática (data da mudança de regime do ente federativo de RGPS para RPPS) e uma aposentadoria concedida pelo RPPS posteriormente, será considerada indevida a concessão da aposentadoria concedida posteriormente pelo RPPS. O requerimento de compensação previdenciária, neste caso, deverá ser indeferido;

II – se existir aposentadoria concedida pelo RGPS com DIB posterior à averbação automática (data da mudança de regime do ente federativo de RGPS para RPPS) e uma aposentadoria concedida pelo RPPS com a utilização do mesmo período, será considerada como indevida a aposentadoria do RGPS, sendo cabível a compensação previdenciária;

III – no caso do inciso II, deverá ser solicitada a revisão de ofício no benefício, observado o prazo decadencial, salvo se comprovada a má-fé apurada conforme regras vigentes.

SEÇÃO II – DA REVISÃO DA CTC

Art. 81. Em análise ao direito à compensação, se for constatada a emissão de CTC/CTS pelo INSS e a existência de aposentadoria concedida no RGPS, com utilização do mesmo período, deverá ser observado o que segue:

I – se a CTC/CTS foi emitida antes da concessão da aposentadoria no RGPS: será considerada como indevida a aposentadoria concedida pelo RGPS posteriormente à emissão da CTC;

II – se a aposentadoria do RGPS foi concedida primeiro e a CTC/CTS foi emitida pelo INSS posteriormente àa DIB da citada aposentadoria: será considerada como indevida a emissão da certidão.

§ 1º Na hipótese do inciso I, deverá ser solicitada revisão de ofício no benefício, observado o prazo decadencial, salvo se comprovada a má-fé apurada conforme regras vigentes.

§ 2º Na hipótese do inciso II, deverá ser solicitada a revisão da CTC, respeitado o prazo decadencial, salvo comprovada má-fé apurada conforme regras vigentes.

Art. 82. Em análise ao direito à compensação, se for constatada a emissão de CTC pelo INSS certificando período já averbado automaticamente e utilizado em aposentadoria concedida por um outro RPPS (diferente do destinatário da CTC), será considerada indevida a emissão de CTC pelo RGPS.

CAPÍTULO VI – DA CESSAÇÃO

▸ Mantivemos a numeração como constou da publicação oficial, no entanto, entendemos que o correto seria Capítulo VII.

Art. 83. A cessação da compensação ocorrerá automaticamente quando:

I – no requerimento de aposentadoria ou de pensão vier informada a data de cessação;

II – o último dependente, filho ou menor sob guarda, válido e capaz, completar 21 (vinte e um) anos de idade, ou idade inferior, a depender da lei do ente federativo; e

III – do batimento do sistema de compensação com o sistema de óbitos.

Parágrafo único. Na situação de manutenção da pensão por morte após a idade citada no inciso II, a exemplo de prova de invalidez ou deficiência, conforme a lei do ente federativo, a compensação deverá ser restabelecida.

Art. 84. cessação manual, que deverá ser realizada pelo próprio regime instituidor, ocorrerá quando não for processada automaticamente, podendo acontecer nas seguintes situações:

I – quando for constatada concessão indevida;

II – pela perda dos requisitos necessários à manutenção do direito ao benefício;

III – quando houver requerimento de pensão e for constatada a manutenção da compensação da aposentadoria;

IV – quando se tomar conhecimento de óbito do segurado/dependentes que não tenha sido detectado pelo sistema;

V – quando houver determinação judicial ou recursal;

VI – quando verificada a cessação da invalidez ou deficiência como causa de cancelamento do benefício à luz da lei do ente federativo;

VII – quando cessado o prazo de pagamento de alimentos temporários na situação de pensão por morte temporária, observada a lei do ente federativo.

CAPÍTULO VIII – DISPOSIÇÕES ESPECÍFICAS

▸ Mantivemos a numeração como constou da publicação oficial, pois, apesar de não estar sequencial, em razão de possível lapso do legislador, seria o número correto.

Art. 85. Caberá a compensação previdenciária na hipótese de acumulação de cargos prevista na Constituição Federal para o mesmo CPF, com matrículas distintas no mesmo Ente Federativo, excetuando-se as situações em que houver concomitância nos períodos de contribuição para o Regime Geral de Previdência Social – RGPS.

Art. 86. Existindo requerimentos de compensação de entes federativos distintos, relativos ao mesmo CPF, com períodos concomitantes, só caberá a compensação previdenciária para o ente no qual a aposentadoria tenha sido primeiramente concedida, mesmo havendo contribuição de cada Ente para o RGPS.

Parágrafo único. Aplica-se o disposto no *caput* mesmo quando o RPPS que contribuiu no limite máximo permitido não for o regime que primeiro concedeu a aposentadoria.

Art. 87. O direito de anular os atos de concessão, revisão ou indeferimento da compensação financeira decairá no prazo de cinco anos, contado da data em que tenham sido praticados, exceto se comprovada má-fé, nos termos do disposto no art. 54 da Lei nº 9.784, de 29 de janeiro de 1999.

TÍTULO V – DOS ACORDOS INTERNACIONAIS NA COMPENSAÇÃO PREVIDENCIÁRIA

Art. 88. Em relação aos períodos de contribuição certificados e utilizados para fins de aposentadoria pelo INSS e pelo RPPS em decorrência de Acordos Internacionais, de acordo com a Instrução Normativa nº 1, de 25 de novembro de 2016 e a Portaria nº 527/MTPS, de 5 de maio de 2016, devem ser observados:
§ 1º Se o vínculo atual do interessado for com o seguro social do Estado Acordante, e possuir vinculação anterior apenas ao RPPS, o Regime Instituidor será o RGPS, que exigirá a Certidão de Tempo de Contribuição – CTC do RPPS para efeito de contagem recíproca e compensação previdenciária do RPPS.
§ 2º Se o vínculo atual do interessado for com o seguro social do Estado Acordante, e possuir vinculação anterior ao RPPS e, também, ao RGPS, o Regime Instituidor será o RGPS, que exigirá a CTC do RPPS para efeito de contagem recíproca e compensação previdenciária do RPPS.
§ 3º Se o vínculo atual do interessado for com o RPPS, e possuir vinculação anterior ao Estado Acordante e, também, ao RGPS, o Regime Instituidor será o RPPS, que exigirá a CTC do RGPS para efeito de contagem recíproca e compensação previdenciária do RGPS.
§ 4º O tempo de seguro do Estado Acordante não será averbado e nem caberá a emissão de CTC para fins de contagem recíproca.
§ 5º Deve ser observado que o INSS é o órgão competente para fazer a comunicação e o intercâmbio de informações e de documentos entre o Brasil e os Estados Acordantes, na condição de Organismo de Ligação, inclusive quando o RPPS estiver na condição de regime instituidor.

Art. 89. Não cabe ao RGPS e ao RPPS pagar compensação previdenciária referente a períodos de contribuições que forem efetuadas para a previdência de outro país.

TÍTULO VI – DA PRESCRIÇÃO

Art. 90. Aplica-se a prescrição quinquenal, nos termos do disposto no Decreto nº 20.910, de 6 de janeiro de 1932, aos valores não pagos nem reclamados em época própria do surgimento da pretensão, que ocorrerá:
I – no primeiro dia subsequente ao registro do ato concessório de aposentadoria ou a pensão pelo Tribunal de Contas competente, quando o regime instituidor for o RPPS; ou
II – no primeiro dia subsequente ao recebimento da primeira prestação, quando o regime instituidor for o RGPS.

Parágrafo único. O prazo prescricional da compensação financeira relativo ao período do estoque do RPPS será contado a partir 1º de janeiro de 2021, data da entrada em vigor do Decreto nº 10.188, de 2019, conforme disposto no inciso II do art. 28.

ANEXO I – PORTARIA DIRBEN/INSS Nº 998, DE 28 DE MARÇO DE 2022

MODELO DE TRASLADO DE CERTIDÃO DE TEMPO DE CONTRIBUIÇÃO

Aos _____ dias do mês de _____ do ano de _____, transcrevo os dados constantes na CTC de nº _____, emitida em _____/_____/_____, pela Agência da Previdência Social de _____ _____.

ÓRGÃO EXPEDIDOR:					
NOME DO SEGURADO:		DOCUMENTO DE IDENTIDADE:			
NIT/PIS/PASEP:		DATA DE NASCIMENTO:			

FILIAÇÃO:

PAI:
MÃE:

EMPREGADOR	PERÍODO	TEMPO		LÍQUIDO	
		anos	meses		dias
		anos	meses		dias
		anos	meses		dias
		anos	meses		dias
		anos	meses		dias

Tempo Líquido (em dias):

CERTIFICO que o(a) interessado(a) conta como de efetivo exercício o tempo de serviço líquido de _____ dias, correspondente a _____ ano(s), _____ mês(es) e _____ dias, vinculado ao RGPS/INSS.

Por ser verdade, assinamos o presente:

SERVIDOR EF/RPPS:	VISTO DO SERVIDOR INSS:
Carimbo e Assinatura	Carimbo e Assinatura

ANEXO II – PORTARIA DIRBEN/INSS Nº 998, DE 28 DE MARÇO DE 2022
(Redação dada pela Portaria DIRBEN/INSS 1.054/2022)

(IDENTIFICAÇÃO DO ÓRGÃO OU ENTIDADE EMITENTE)

CERTIDÃO ESPECÍFICA DE TEMPO DE CONTRIBUIÇÃO PRESTADO PELO SEGURADO AO PRÓPRIO ENTE INSTITUIDOR PARA FINS DE COMPENSAÇÃO

Nº DA CERTIDÃO:		
ÓRGÃO EXPEDIDOR:		
NOME DO SERVIDOR:		MATRÍCULA:
PIS/PASEP:	DATA DE NASCIMENTO:	CPF:
ADMISSÃO:	CARGO:	
FILIAÇÃO:		

PERÍODO COMPREENDIDO/FILIADO AO RGPS:	ANO(S)	MÊS(S)	DIA(S)
TOTAL			

Nº DO PROCESSO:	FONTE DE INFORMAÇÃO CENTRO DE DIREITOS E REGISTROS

CERTIFICO que o(a) interessado(a) conta com o tempo de serviço líquido de _____ dias, correspondendo a _____ ano(s), _____ mês(es), _____ dia(s) de exercício filiado ao Regime Geral de Previdência Social – RGPS, calculado conforme as normas legais do INSS, para fins de Compensação Previdenciária entre o RGPS e os Regimes Próprios de Previdência Social dos Servidores Públicos.

DECLARO que o período certificado foi averbado até 18 de janeiro de 2019 e não foi incluído o tempo de Regime Especial de contribuição em que tinha garantido apenas os benefícios de família, na forma do parágrafo único do art. 3º da Lei nº 3.807, de 26 de agosto de 1960, conforme estabelecido no § 3º do art. 3º do Decreto 10.188, de 20 de dezembro de 2019, sob pena de aplicação das penalidades previstas no art. 299 do Código Penal.

OBSERVAÇÕES:	
Local e Data	
RESPONSÁVEL PELAS INFORMAÇÕES NOME/MATRÍCULA/CARGO:	Carimbo e assinatura do Dirigente

ESTA DECLARAÇÃO NÃO CONTÉM EMENDAS NEM RASURAS

ANEXO III – PORTARIA DIRBEN/INSS Nº 998, DE 28 DE MARÇO DE 2022

DECLARAÇÃO DE MUDANÇA DE REGIME – RPPS
GOVERNO ESTADUAL/PREFEITURA MUNICIPAL:_____

ÓRGÃO EXPEDIDOR:
NOME DO SERVIDOR: MATRÍCULA:
PIS/PASEP: DATA DE NASCIMENTO: CPF:
ADMISSÃO: CARGO:
FILIAÇÃO:

Declaramos a fim de fazer prova junto ao INSS que o servidor acima foi:

CONTRATADO	REGIME	DATA DA ALTERAÇÃO	LEI	REGIME

Observação: Nos casos em que nas certidões emitidas pelo Ente, houver informação de mais de um período de vinculação ao RGPS, deverá ser informado todas as datas e Leis de alteração.
Em,_____, ___/___/_____
_____ _____
Assinatura do responsável e Carimbo   Assinatura do chefe e Carimbo

Portaria DIRBEN/INSS Nº 999

PORTARIA DIRBEN/INSS Nº 999, DE 28 DE MARÇO DE 2022

Aprova as Normas Procedimentais em Matéria de Benefícios

O DIRETOR DE BENEFÍCIOS DO INSTITUTO NACIONAL DO SEGURO SOCIAL – INSS, no uso das atribuições que lhe confere o Decreto nº 9.746, de 8 de abril de 2019, bem como, o que consta no processo administrativo SEI no 35014.341866/2020-55, resolve:

Art. 1º Fica aprovado o Livro X das Normas Procedimentais em Matéria de Benefícios, disciplinando os procedimentos e rotinas de reabilitação profissional no âmbito da área de benefício do INSS, complementares à Instrução Normativa PRES/INSS nº 128, de 28 de março de 2022.

Art. 2º Esta Portaria entra em vigor na data de sua publicação, devendo ser aplicada a todos os processos pendentes de análise e decisão.
Parágrafo único. Esta Portaria contém os Anexos I a V.

SEBASTIÃO FAUSTINO DE PAULA

ANEXO

LIVRO X – REABILITAÇÃO PROFISSIONAL

TÍTULO I – DA HABILITAÇÃO E REABILITAÇÃO PROFISSIONAL

CAPÍTULO I – DA CONCEITUAÇÃO E DAS FUNÇÕES BÁSICAS

Art. 1º A habilitação e a reabilitação profissional deverão proporcionar ao beneficiário incapacitado parcial ou totalmente para o trabalho, e às pessoas com deficiência, os meios para a (re)educação e de (re)adaptação profissional e social indicados para participar do mercado de trabalho e do contexto em que vive.
Parágrafo único. Cabe ao Instituto Nacional do Seguro Social promover a prestação de que trata este artigo aos segurados, inclusive aposentados, e, de acordo com as possibilidades administrativas, técnicas, financeiras e as condições locais do órgão, aos seus dependentes e às pessoas com deficiência – PcD.

Art. 2º O processo de habilitação e de reabilitação profissional do beneficiário será desenvolvido por meio das funções básicas de:
I – avaliação do potencial laboratorio;
II – orientação e acompanhamento da programação profissional;
III – articulação com a comunidade, inclusive mediante a celebração de acordo ou convênio para reabilitação física restrita a beneficiários que cumpriram os pressupostos de elegibilidade ao programa de reabilitação profissional, com vistas ao (re)ingresso no mercado de trabalho; e
IV – acompanhamento e pesquisa da fixação no mercado de trabalho.

Art. 3º O atendimento aos beneficiários e às pessoas com deficiência passíveis de Reabilitação Profissional será descentralizado e funcionará nas APS ou por meio de atendimento remoto, conduzido por equipes multiprofissionais especializadas, com atribuições de execução das funções básicas e demais funções afins ao processo de Reabilitação Profissional.
§ 1º O atendimento ao beneficiário será, sempre que possível, na localidade do domicílio do beneficiário, ressalvadas as situações excepcionais em que ele tenha direito à reabilitação profissional fora dela. *(Redação dada pela Portaria Dirben/INSS 1.130/2023)*
§ 2º O atendimento remoto poderá ser realizado em estabelecimento indicado pelo INSS ou, caso o beneficiário ou PcD tenha os recursos necessários para tal, em local de sua preferência. *(Redação dada pela Portaria Dirben/INSS 1.130/2023)*

PORTARIA DIRBEN/INSS Nº 999, DE 28 DE MARÇO DE 2022

Art. 4º A readaptação preventiva é de competência da empresa e não se configura como responsabilidade do Instituto Nacional do Seguro Social.

CAPÍTULO II – DA CLIENTELA

SEÇÃO I – DISPOSIÇÕES GERAIS

Art. 5º Poderão ser encaminhados para o Programa de Reabilitação Profissional:

I – o segurado em gozo de auxílio por incapacidade temporária, acidentário ou previdenciário;

II – o segurado sem carência para benefício por incapacidade temporária, incapaz para as atividades laborais habituais;

III – o segurado em gozo de aposentadoria por incapacidade permanente;

IV – o pensionista inválido;

V – o segurado em gozo de aposentadoria programada, especial ou por idade do trabalhador rural, que voltar a exercer atividade abrangida pelo Regime Geral de Previdência Social, e tenha reduzido a sua capacidade funcional em decorrência de doença ou acidente de qualquer natureza ou causa;

VI – o segurado em atividade laboral mas que necessite de reparo ou substituição de Órteses, Próteses, meios auxiliares de locomoção e outros recursos de tecnologia assistiva (OPM/TA), desde que estes tenham sido previamente concedidos pelo INSS;

VII – o dependente do segurado; e

VIII – as Pessoas com Deficiência – PcD.

§ 1º É obrigatório o atendimento pela Reabilitação Profissional aos beneficiários descritos nos incisos I, II, III, IV, V e VI do *caput*.

§ 2º Fica condicionado às possibilidades administrativas, técnicas, financeiras e às características locais, o atendimento aos beneficiários relacionados aos incisos VII e VIII do *caput*.

§ 3º Na hipótese do inciso VIII do *caput*, o atendimento depende de celebração prévia de Acordos ou Convênios de Cooperação Técnica – ACT firmado entre INSS e instituições e associações de assistência às PcD.

CAPÍTULO III – DA OBRIGATORIEDADE

SEÇÃO I – DISPOSIÇÕES GERAIS

Art. 6º O processo de Reabilitação Profissional é obrigatório para os beneficiários que estão afastados do trabalho, em benefícios por incapacidade temporária ou permanente e para o pensionista inválido, encaminhados pela Perícia Médica Federal ou por demanda judicial.

SEÇÃO II – DA CONVOCAÇÃO E AGENDAMENTO DOS BENEFICIÁRIOS EM REABILITAÇÃO PROFISSIONAL

Art. 7º O atendimento inicial em Reabilitação Profissional será realizado por meio de notificação ao beneficiário para apresentar-se à equipe de Reabilitação Profissional.

Art. 8º Os atendimentos subsequentes, presencial ou remoto, deverão ser agendados periodicamente pela equipe de Reabilitação Profissional – RP, para acompanhamento do Programa de Reabilitação Profissional – PRP, com a devida notificação ao beneficiário. *(Redação dada pela Portaria Dirben/INSS 1.130/2023)*

Art. 9º Os agendamentos e convocações devem ser notificados em conformidade com o art. 548 da Instrução Normativa PRES/INSS nº 128, de 2022, e os art. 19 à 23 do Livro de Processo Administrativo Previdenciário, aprovado pela Portaria nº 993, de 28 de março de 2022. Parágrafo Único. Considerando a possibilidade de atendimentos remotos por telefone ou aplicativo de mensagens, o Agendamento/Convocação feita por estes meios de contato serão válidos desde que fique registrado no aplicativo ou conste a devida anotação por meio de despacho no sistema, a efetiva ciência do interessado quanto ao agendamento.

Art. 10. Todos os agendamentos têm caráter convocatório e, em caso de falta, o beneficiário terá um prazo de dez dias corridos, tomando como início do prazo o dia seguinte da ausência, para apresentar justificativa para o reagendamento. *(Redação dada pela Portaria Dirben/INSS 1.130/2023)*

§ 1º O reagendamento do atendimento pela equipe de RP por solicitação do beneficiário é uma situação excepcional, que será realizada apenas com justificativa plausível que, desta forma, não se caracterize como postura de recusa. *(Redação dada pela Portaria Dirben/INSS 1.130/2023)*

§ 2º Os reagendamentos devem ser registrados em despacho para controle e acompanhamento e não serão permitidos mais de três reagendamentos por beneficiário ao longo do Programa de Reabilitação Profissional.

§ 3º Casos de faltas justificadas por motivo de força maior ou caso fortuito, não são contabilizados para o limite de reagendamentos de que trata o §2º. *(Redação dada pela Portaria Dirben/INSS 1.130/2023)*

SEÇÃO II-A – DO MONITORAMENTO DO BENEFÍCIO DE SEGURADOS EM REABILITAÇÃO PROFISSIONAL – MORP

Art. 10-A. O segurado em gozo de auxílio por incapacidade, temporário ou permanente, terá o seu benefício mantido até que se conclua o Programa de Reabilitação Profissional, estando a cargo da Equipe de Reabilitação Profissional o monitoramento permanente dos casos. *(Acrescido pela Portaria Dirben/INSS 1.130/2023)*

§ 1º O Profissional de Referência da Reabilitação Profissional – PR/RP, em todos os atendimentos realizados, deverá monitorar todas as situações que possam demandar reavaliação da manutenção do benefício a que se refere o *caput*, em especial as situações de intercorrência médica, insuscetibilidade de RP, recusa e abandono.

§ 2º Identificadas alterações nas condições socioprofissionais ou médicas que possam interromper a permanência do segurado em PRP, nos termos da presente Portaria, o PR/RP deverá adotar os procedimentos previstos para cada caso.

§ 3º Os segurados em fila de espera para o início do PRP deverão ter o primeiro atendimento pela Equipe de RP no prazo máximo de 360 dias contados da data da elegibilidade.

§ 4º Iniciado o PRP, o segurado em programa não deverá ter intervalo entre atendimentos superior a 180 dias.

§ 5º Os benefícios a que se refere o *caput* não sofrerão interrupções na sua manutenção apenas pelo decurso do prazo da Data de Comprovação da Incapacidade – DCI.

SEÇÃO III – DA RECUSA E DO ABANDONO AO PROGRAMA DE REABILITAÇÃO PROFISSIONAL

Art. 11. Caracteriza-se recusa ao programa de reabilitação profissional qualquer manifestação do segurado de desinteresse ou resistência em cumprir o programa, de forma ativa ou passiva, embora reúna condições físicas, psíquicas e socioprofissionais para o seu cumprimento.

§ 1º Caracteriza-se como recusa passiva as situações em que, apesar da existência de condições para cumprimento do programa, o beneficiário não progride devido a sua postura de desinteresse, por comportamentos evasivos ou inadequados ou, ainda, apresenta resistência em seguir na programação definida para capacitação ou treinamento.

§ 2º Todos os atos e acontecimentos que levam ou podem levar à caracterização da recusa ativa ou passiva deverão ser registrados em despacho detalhado, inclusive indicando as datas dos fatos. *(Redação dada pela Portaria Dirben/INSS 1.130/2023)*

Art. 12. É considerado como abandono ao Programa de Reabilitação Profissional:

I – falta ao atendimento agendado de Reabilitação Profissional ou Perícia Médica de RP e o não comparecimento espontâneo nos 10 dias seguintes para justificar a ausência e realizar o reagendamento; e *(Redação dada pela Portaria Dirben/INSS 1.130/2023)*

II – interrupção de curso/treinamento/melhoria de escolaridade sem a ciência e anuência da equipe de reabilitação.

Art. 13. Quando caracterizada a recusa ou abandono, o Profissional de Referência da Reabilitação Profissional-PR/RP deverá proceder com a suspensão do benefício na data da constatação/enquadramento do fato, elaborar despacho relatando todo o ocorrido e como se deu o enquadramento da recusa ou o abandono (com o devido detalhamento nas hipóteses de recusa passiva), bem como abrir exigência e emitir notificação com o prazo de defesa de 30 dias, a contar da data do recebimento/ciência da comunicação, para o beneficiário apresentar justificativa que comprove motivo de força maior ou caso fortuito.

§ 1º Aplica-se às situações de caracterização de recusa ou abandono aos benefícios judiciais, devendo-se, nestas situações, observar também o estabelecido nos normativos conjuntos vigentes sobre o tema.

§ 2º Para os beneficiários que não se enquadram nas hipóteses de obrigatoriedade não cabe suspensão ou cessação do benefício, todavia, o PR/RP deverá concluir o Programa de RP quando constatadas situações de abandono ou recusa.

SUBSEÇÃO I – DA CARACTERIZAÇÃO DOS MOTIVOS DE FORÇA MAIOR OU CASOS FORTUITOS

Art. 14. São considerados motivos de força maior ou casos fortuitos:

I – apresentação de documento de internação hospitalar, ou atendimento em serviço de urgência/emergência, comprovado por prontuário/ficha/boletim médico/odontológico; *(Redação dada pela Portaria Dirben/INSS 1.130/2023)*

II – óbito de parentes até segundo grau, devendo ser apresentada a declaração de óbito;

III – reclusão na data de agendamento da reabilitação profissional, devendo ser apresentado comprovante;

IV – comparecimento à convocação judicial, devendo ser apresentado o comprovante;

V – graves fatos humanos ou naturais que não podem ser impedidos, tais como tempestades com enchentes, guerras e paralisações urbanas de repercussão regional ou nacional;

VI – outros motivos de força maior ou casos fortuitos que o PR/RP julgar pertinentes, desde que devidamente documentados.

§ 1º O segurado deverá comprovar por meio de documento válido o enquadramento nas hipóteses descritas no *caput*, podendo enviá-lo por representante quando o impedimento tornar o contato com o PR/RP inviável. *(Redação dada pela Portaria Dirben/INSS 1.130/2023)*

§ 2º Nas situações em que estiver o segurado recluso em regime fechado e em gozo de auxílio por incapacidade temporária, o benefício deverá ser mantido suspenso e a equipe de RP abrirá tarefa ao setor de manutenção de benefício para análise. O PRP, nestes casos, deverá ser encerrado pelo motivo «Decisão de outros órgãos/serviços».

Art. 15. Apresentada justificativa pelo beneficiário, o PR/RP analisará os documentos apresentados quanto à sua validade e à comprovação do impedimento ao comparecimento no agendamento ou na atividade da Reabilitação Profissional. *(Redação dada pela Portaria Dirben/INSS 1.130/2023)*

Parágrafo único. A apresentação de documento de internação hospitalar ou atendimento em serviço de urgência/emergência que comprove o atendimento na unidade de saúde na data do agendamento no INSS, será suficiente para considerar aceita a justificativa de ausência por motivo de força maior, dispensada a necessidade de perícia médica para avaliação do documento. *(Redação dada pela Portaria Dirben/INSS 1.130/2023)*

Art. 16. Aceita a justificativa de força maior ou caso fortuito, o beneficiário terá o direito, tanto à reativação, como à percepção dos valores correspondentes às parcelas vencidas no período de vigência da suspensão.

Parágrafo único. O PR/RP deverá retomar o Processo de Reabilitação Profissional e reativar o benefício na mesma data em que houve a interrupção do pagamento e utilizando os códigos correspondentes.

Art. 17. Caso não haja apresentação de justificativa no prazo fixado do art. 13 ou a justificativa apresentada não se enquadre nos motivos de força maior ou caso fortuito, o PR/RP deverá: *(Redação dada pela Portaria Dirben/INSS 1.130/2023)*

I – proferir despacho decisório narrando o ocorrido; *(Acrescido pela Portaria Dirben/INSS 1.130/2023)*

II – motivar as razões que o levaram ao não acolhimento da justificativa; *(Acrescido pela Portaria Dirben/INSS 1.130/2023)*

III – efetuar a cessação do benefício na data da suspensão, com o código correspondente; e *(Acrescido pela Portaria Dirben/INSS 1.130/2023)*

IV – encaminhar a Comunicação da Decisão de Conclusão que trata o art. 18. *(Acrescido pela Portaria Dirben/INSS 1.130/2023)*

SUBSEÇÃO II – DOS PROCEDIMENTOS DE DESLIGAMENTO POR RECUSA OU ABANDONO AO PROGRAMA DE REABILITAÇÃO PROFISSIONAL

Art. 18. Quando o desligamento do Programa de Reabilitação Profissional ocorrer pelos motivos de recusa ou abandono, a "Comunicação de Decisão de Conclusão RP – Recusa/Abandono", constante no ANEXO I, será emitida e datada de acordo com:

I – imediatamente, quando a justificativa apresentada dentro do prazo for considerada insuficiente, emitindo a comunicação de decisão com a data em que a justificativa foi analisada negativamente; e

II – após 30 (trinta) dias da ciência da comunicação para apresentar justificativa que comprove motivo de força maior ou caso fortuito, quando não for apresentada justificativa no prazo. Neste caso, a data do comunicado será a data em que se completam os 30 (trinta) dias.

§ 1º Caso o beneficiário comprove ter recebido a correspondência referente à abertura do prazo para defesa em data posterior à cessação do benefício, o PR/RP deverá aceitar a justificativa para análise. *(Redação dada pela Portaria Dirben/INSS 1.130/2023)*

§ 2º A comunicação com beneficiário de que se trata neste artigo se dará nos termos fixados nos arts. 548 e 549 da Instrução Normativa PRES/INSS nº 128, de 2022.

Art. 19. O desligamento por recusa ou abandono dos beneficiários em gozo de aposentadoria por incapacidade permanente deverá ser realizado conforme trâmites descritos nesta Seção, não fazendo jus à mensalidade de recuperação.

Art. 20. Somente após a cessação do benefício, quando da impossibilidade de se retomar o processo, é que a Reabilitação Profissional deve ser encerrada, com os devidos apontamentos em processo e formulários correspondentes.
Parágrafo único. *(Revogado pela Portaria Dirben/INSS 1.130/2023)*

CAPÍTULO IV – DA COMPOSIÇÃO E ORGANIZAÇÃO DAS EQUIPES

Art. 21. A Reabilitação Profissional no INSS deve ser realizada por meio do trabalho de equipe multiprofissional especializada, na localidade do domicílio do beneficiário, ressalvadas as situações excepcionais em que ele tenha direito à reabilitação profissional fora dela, ou atendimento remoto quando necessário.

Art. 22. A equipe multiprofissional deve ser composta por profissionais de nível superior e/ou Analista do Seguro Social de áreas afins ao processo de Reabilitação Profissional, como Serviço Social, Terapia Ocupacional, Fisioterapia, Pedagogia, Psicologia, entre outras.

Art. 23. Os atendimentos presenciais das Equipes de Reabilitação Profissional devem ser ofertados, prioritariamente, nas APS do INSS, em condições que garantam a execução do serviço de RP e disponham de estrutura capaz de oferecer ao segurado em Reabilitação o sigilo necessário, dada a natureza das informações tratadas nos atendimentos.
Parágrafo único. Nas localidades onde não for possível realizar nenhuma das modalidades de atendimento, as equipes de RP deverão se organizar de forma volante para atender os segurados nos locais próximos ao seu domicílio.
(Acrescido pela Portaria Dirben/INSS 1.130/2023)

CAPÍTULO V – DA AVALIAÇÃO DO POTENCIAL LABORATIVO

SEÇÃO I – DISPOSIÇÕES GERAIS

Art. 24. A Avaliação do Potencial Laborativo – APL é a primeira das funções básicas do processo de habilitação e de reabilitação profissional. É composta pela Avaliação de Elegibilidade, realizada pela Perícia Médica Federal, e pela Avaliação Socioprofissional, realizada pelo PR/RP, nos termos dos art. 27 a 29.

Art. 25. A APL tem início quando:
I – a Perícia Médica Federal, em qualquer fase do exame médico-pericial, identifica que o beneficiário é insuscetível de recuperação para a sua atividade habitual, porém reúne condições de exercer outra atividade que lhe garanta subsistência;
II – uma sentença judicial estabelece o encaminhamento do beneficiário ao PRP;
III – o beneficiário espontâneo protocola o requerimento de inclusão no PRP;
IV – os beneficiários abrangidos por ACT são encaminhados pelas instituições parceiras; e
V – as PcD abrangidas por ACT são encaminhadas pelas instituições parceiras.
Parágrafo único. Quando o encaminhamento não for proveniente de exame médico-pericial, deverá ser agendada, junto à Perícia Médica Federal, Avaliação de Elegibilidade, salvo nas situações em que houver norma conjunta vigente dispondo de maneira diversa.

Art. 26. Nos casos de encaminhamento de segurado que já tenha se submetido ao Programa de Reabilitação Profissional, o PR/RP, deverá rever o processo anteriormente desenvolvido e anexar ao atual, antes de iniciar novo Programa de Reabilitação Profissional.

SEÇÃO II – DA AVALIAÇÃO SOCIOPROFISSIONAL

Art. 27. Após avaliação de Elegibilidade, o beneficiário será avaliado pelo PR/RP, em etapa denominada Avaliação Socioprofissional.

§ 1º Para realização da Avaliação Socioprofissional o PR/RP deverá realizar o preenchimento do «Formulário de Avaliação Socioprofissional – FASP», constante no ANEXO II, emitindo o prognóstico conclusivo para o cumprimento do PRP, e anexá-lo ao processo.

§ 2º Caso necessário, o PR/RP também poderá solicitar e anexar ao processo, descrição de função de origem para a empresa de vínculo, Perfil Profissiográfico Previdenciário e pareceres especializados, além de realizar visita à empresa e/ou ao domicílio do beneficiário.

SEÇÃO III – DA CONCLUSÃO DA AVALIAÇÃO DO POTENCIAL LABORATIVO

Art. 28. Na conclusão da Avaliação do Potencial Laborativo, o PR/RP deverá registrar o prognóstico conclusivo, fazendo-o em documento próprio e apresentando as justificativas que embasam a decisão, em especial as contrárias à reabilitação profissional.

Parágrafo único. As informações constantes no *caput* estarão disponíveis no processo digital para acesso pelo segurado.

Art. 29. São os prognósticos conclusivos da Avaliação de Potencial Laboratório:

I – apto a cumprir o PRP: beneficiários que apresentem condições físicas, psíquicas e socioprofissionais para cumprir o programa de RP e/ou receber OPM/TA. Esta conclusão indica o início do Programa de Reabilitação Profissional;

II – não necessita de Reabilitação Profissional: beneficiários que não necessitem da intervenção da RP por já possuírem qualificação que respeita as restrições médicas e seu perfil socioprofissional, lhe garantindo as condições necessárias para o exercício de atividade que lhe garanta a subsistência, devendo tal conclusão ser registrada pelo Profissional de Referência de forma justificada no sistema, com detalhamento do histórico profissional do segurado, suas condições pessoais, sociais, educacionais e técnicas que permitem atestar a aptidão para o exercício de atividade sem necessidade do procedimento de reabilitação;

III – insuscetível de Reabilitação Profissional: beneficiários que, na avaliação socioprofissional, apresentam prognóstico desfavorável para cumprimento de PRP, não reunindo as condições necessárias para reingresso no mercado de trabalho em atividade que lhe garanta a subsistência, devendo tal conclusão ser registrada pelo Profissional de Referência de forma justificada, com detalhamento do histórico profissional do segurado, suas condições pessoais, sociais, educacionais e técnicas que permitem atestar tal situação;

IV – instrução de processo judicial concluído: casos encaminhados pelos Órgãos do Poder Judiciário ou PFE para o serviço de Reabilitação Profissional do INSS proceder tão somente a "Avaliação do Potencial Laborativo – APL", que foram concluídos assim que realizada a avaliação;

V – apto a cumprir o PRP por Homologação: trata-se do aceite de proposta, por meio de ACT, para readaptação profissional de beneficiários na empresa de vínculo ou para a (re)habilitação de pessoas com deficiência promovida por instituição cooperada/conveniada;

VI – indeferimento de homologação: trata-se de indeferimento de proposta de readaptação ou (re)habilitação de PcD por não compatibilidade da função proposta pela empresa/instituição, ou pela conclusão negativa do potencial laborativo do beneficiário;

VII – intercorrência médica: beneficiários que na etapa de avaliação do potencial laboral não apresentem condições para continuar em processo de RP devido a procedimento cirúrgico recente ou pendente, final de gravidez, necessidade de tratamento específico ou demais agravamentos em saúde. Estas condições devem ser confirmadas em avaliação pela Perícia Médica Federal;

VIII – recusa: beneficiário que teve seu benefício cessado por manifestar, ativa ou passivamente, desinteresse e/ou resistência em cumprir o Programa de Reabilitação Profissional, embora apresente condições físicas, psíquicas e socioprofissionais para tal e não tenha cumprido os requisitos previstos na rotina de suspensão/cessação, conforme descrito nesta portaria;

IX – abandono: beneficiário que teve seu benefício cessado por falta sem justificativa ao atendimento de avaliação socioprofissional agendado e não tenha cumprido os requisitos previstos na rotina de suspensão/cessação, conforme descrito nesta portaria;

X – óbito: beneficiários que falecem no decorrer da fase de Avaliação do Potencial Laborativo;

XI – transferência: beneficiários que, durante a avaliação do potencial laboratório, passem a pertencer à outra GEX em razão de efetiva transferência do benefício. O desligamento não deve ser realizado antes da transferência do benefício (TBM) ter sido executada pela APS de destino e, enquanto não o fizer, o beneficiário deve permanecer com agendamento de retorno;

XII – decisão de outros órgãos/serviços: beneficiários que tiveram o benefício cessado, encaminhamento revertido ou impedido de prosseguir na RP por decisão de outros órgãos ou serviços, como Justiça, Perícia Médica Federal, MOB, entre outros, sem que a avaliação do potencial laborativo tenha sido concluída;

XIII – alta a pedido: beneficiários que, em fase de avaliação do potencial laborativo, solicitam voluntariamente a cessação do benefício e o desligamento do Programa de Reabilitação Profissional, e tenham a demanda atendida; ou

XIV – indeferimento de requerimento espontâneo: casos de indeferimento de requerimento espontâneo de beneficiários para inclusão no Programa de Reabilitação Profissional ou para concessão, reparo ou substituição de OPM/TA. O indeferimento ocorre quando o requerente não se enquadra nos parâmetros de clientela ou de encaminhamento à RP ou pela conclusão negativa do potencial laborativo para cumprimento do PRP.

§ 1º Considerando a necessidade de estabelecimento de compatibilidade e avaliação da capacidade, a conclusão prevista no inciso II deve ser precedida de perícia médica para confirmação do enquadramento e estabelecimento de DCB ou, em caso contrário, a continuidade do processo de RP.

§ 2º A conclusão de que se trata o inciso III é definida pela Equipe de Reabilitação Profissional do INSS, encerrando o processo de Reabilitação Profissional, com posterior encaminhamento para avaliação médico pericial para verificar a concessão da aposentadoria por incapacidade permanente.

§ 3º A conclusão de que se trata o inciso VII é prerrogativa da Perícia Médica Federal, devendo o PR/RP encaminhar o beneficiário para avaliação sempre que verificada, fundamentada e documentada a alteração ou agravamento do quadro clínico que possa interferir no prosseguimento da RP, para confirmação e fixação da Data da Cessação do Benefício – DCB, ou caso contrário, a continuidade do processo de RP. *(Redação dada pela Portaria Dirben/INSS 1.130/2023)*

§ 4º A decisão médico-pericial pelo retorno do beneficiário insuscetível ao Serviço de Reabilitação Profissional é considerada como 'reencaminhamento', devendo-se criar novo processo. *(Acrescido pela Portaria Dirben/INSS 1.130/2023)*

CAPÍTULO VI – DA ORIENTAÇÃO E ACOMPANHAMENTO DA PROGRAMAÇÃO PROFISSIONAL – PRP

SEÇÃO I – DISPOSIÇÕES GERAIS

Art. 30. Os beneficiários considerados aptos a cumprir a Programação Profissional na Avaliação do Potencial Laborativo, ingressarão na etapa de ORIENTAÇÃO E ACOMPANHAMENTO DA PROGRAMAÇÃO PROFISSIONAL – PRP, que deverá se desenvolver pelas seguintes etapas:

I – definição, a partir dos elementos levantados na APL, incluindo fatores pessoais do beneficiário e fatores contextuais, de um planejamento do PRP. Este planejamento, denominado Projeto Singular de Reabilitação Profissional – PSRP, deve ser registrado no processo, utilizando documento próprio;

II – contato com a empresa de vínculo do beneficiário, com fins de promover a sua reinserção em função compatível com as restrições médicas estabelecidas pela PMF;

III – encaminhamento dos beneficiários para cursos de formação profissional e/ou treinamentos adequados, quando houver impossibilidade de inserção na empresa de vínculo ou o beneficiário não possuir vínculo ativo;

IV – encaminhamento dos beneficiários para melhoria de escolaridade, quando necessário, sempre visando a qualificação profissional, de acordo com o estabelecido no PSRP;

V – acompanhamento de todo o processo de Reabilitação Profissional, análise de intercorrências e devidos encaminhamentos, e replanejamento do Projeto Singular, quando necessário;

VI – finalização do PRP quando houver elementos para que se considere que o beneficiário está apto para o retorno ao trabalho do ponto de vista socioprofissional.

SEÇÃO II – DOS GRUPOS INFORMATIVOS

Art. 31. Atendimentos da Reabilitação Profissional poderão ocorrer de forma coletiva, por meio de grupos informativos – G.I, com reabilitandos encaminhados ao serviço ou que já se encontram em Reabilitação Profissional, como também a extensão familiar quando avaliado como necessário pelo PR/RP.

SEÇÃO III – DO PROJETO SINGULAR DE REABILITAÇÃO PROFISSIONAL

Art. 32. O Projeto Singular é o instrumento de planejamento do Programa de Reabilitação Profissional, definido pelo PR/RP, em conjunto com o reabilitando, estabelecendo as intervenções necessárias para o retorno deste beneficiário ao trabalho.

Art. 33. Para consolidação do Projeto Singular, deverão ser identificados e analisados os aspectos pessoais e do contexto em que o beneficiário está inserido e que mais impactam no prognóstico de reinserção no trabalho.

SEÇÃO IV – DA ANÁLISE DE COMPATIBILIDADE DA FUNÇÃO

Art. 34. A análise de compatibilidade da função tem como finalidade determinar se a função ou curso considerados para o PRP são viáveis para que o beneficiário alcance o (re) ingresso no mercado de trabalho.

Parágrafo único. A análise da compatibilidade de função consiste no cruzamento de informações contidas no documento referente às restrições laborais estabelecidas pela Perícia Médica Federal (FAPL), os dados levantados na Avaliação Socioprofissional e as informações apresentadas pela empresa ou instituição escolar, de forma documental ou por observação in loco do PR/RP, a fim de definir a (in) compatibilidade da função proposta.

Art. 35. Se necessário, o PR/RP poderá solicitar auxílio da equipe de Reabilitação Profissional e da rede intersetorial, por meio de reuniões, supervisões, consulta ao Núcleo de Análise de Compatibilidade do Trabalho e pareceres especializados, para definição da compatibilidade da função proposta pela vinculadora.

SEÇÃO V – DOS BENEFICIÁRIOS COM VÍNCULO EMPREGATÍCIO

SUBSEÇÃO I – DO CONTATO COM A EMPRESA DE VÍNCULO

Art. 36. Para beneficiários com vínculo empregatício, o PR/RP deve entrar em contato com a empresa de vínculo, enviando Ofício, a fim de esclarecer os objetivos do PRP e avaliar a possibilidade de readaptação, podendo solicitar:

I – descrição de função/atividade da função proposta;

II – descrição de função/atividade exercida pelo beneficiário na empresa;

III – cadastro de funções da empresa.

Parágrafo único. O prazo de resposta da empresa será de 30 (trinta) dias, a contar da data do recebimento, prorrogáveis por igual período por meio de reiteração da solicitação. *(Redação dada pela Portaria Dirben/INSS 1.130/2023)*

Art. 37. Caso a função proposta pela empresa seja considerada incompatível por não atender às restrições ou às condições mínimas para proporcionar ao beneficiário os meios para retorno e fixação no mercado de trabalho, o PR deverá comunicar ao beneficiário que a função proposta pela empresa foi considerada incompatível e deverá solicitar à empresa a indicação de nova função para readaptação, com novo prazo de trinta dias para a resposta.

Art. 38. Nos casos de beneficiários que possuam dois vínculos empregatícios, deve-se prosseguir com os procedimentos de solicitação de indicação de nova função/atividade junto às duas empresas.

Parágrafo único. O treinamento profissional poderá ser realizado em apenas um dos vínculos. Neste caso, a empresa que não ofertou o treinamento receberá o beneficiário posteriormente reabilitado para função diversa, assim como ocorre nos casos em que frequenta curso profissionalizante.

Art. 39. Na ausência de resposta da empresa, o PR/RP deverá registrar o fato no sistema e seguir o Programa de Reabilitação Profissional adotando os procedimentos descritos para os casos de beneficiários sem vínculo empregatício.

SUBSEÇÃO II – DO TREINAMENTO NA NOVA FUNÇÃO

Art. 40. Caso a função proposta pela empresa seja considerada compatível, o PR/RP providenciará o encaminhamento do beneficiário para a capacitação/treinamento para a nova função/atividade na empresa, com documentos para acompanhamento da frequência e avaliação de desempenho/resultado, que serão preenchidos pelo responsável que acompanhará a ação.

Parágrafo único. Quando indispensáveis, o PR/RP deve solicitar os recursos materiais para cumprimento da capacitação/treinamento.

SEÇÃO VI – DO BENEFICIÁRIO SEM VÍNCULO EMPREGATÍCIO

Art. 41. Caso o beneficiário não possua vínculo ativo no CNIS, o PR/RP deverá, em conjunto com o beneficiário, buscar recursos na comunidade para a realização do programa. Devem ser avaliados a iniciativa, a motivação, os interesses, experiências, habilidades, tendências de mercado e o perfil para empreender do beneficiário.

Art. 42. São possibilidades de encaminhamento para capacitação do beneficiário em função compatível com suas restrições laborais:
I – treinamento em empresas parceiras;
II – cursos de formação profissional; e
III – melhoria de escolaridade.

SEÇÃO VII – DO TREINAMENTO EM EMPRESA PARCEIRA OU COM ACT

Art. 43. O preparo profissional em empresa parceira, com ou sem ACT, consiste na realização de treinamento ou capacitação na prática em atividades compatíveis com as restrições laborais do beneficiário e que viabilize sua (re)inserção no mercado de trabalho.
Parágrafo único. O período acordado da ação, entre a equipe de RP e a empresa, deve ser adequado para a avaliação do desempenho e aprendizado, conforme referências do mercado de trabalho.

Art. 44. No caso da vigência de ACT, os fluxos devem estar previstos no plano de trabalho do mesmo.

Art. 45. Em caso de parceria o contato e formalização do encaminhamento devem ser feitos por meio de ofícios, seguindo o mesmo fluxo dos casos de treinamento na empresa de vínculo.

SEÇÃO VIII – DOS CURSOS DE FORMAÇÃO PROFISSIONAL

Art. 46. O PR/RP, em conjunto com o beneficiário, poderá definir proposta de formação profissional por meios de cursos de qualificação que proporcionem os meios necessários para a (re)inserção no mercado de trabalho e no contexto em que vive.
§ 1º Cursos de qualificação profissional são aqueles organizados para preparar para a vida produtiva e social, promovendo a inserção e reinserção de jovens e trabalhadores no mundo do trabalho. Estão inclusos:
I – cursos de capacitação profissional, aperfeiçoamento e atualização profissional de trabalhadores em todos os níveis de escolaridade;
II – cursos especiais, de livre oferta, abertos à comunidade; e
III – cursos de qualificação profissional integrados aos itinerários formativos do sistema educacional.
§ 2º Essas modalidades de cursos podem ser acessadas por meio de gratuidade na comunidade, acordos e parcerias ou adquiridos pelo INSS, sem ônus financeiro ao segurado.
§ 3º O encaminhamento para cursos de graduação só será permitido quando ofertados de forma totalmente gratuita, e deverá ser autorizado pela Chefia da Reabilitação Profissional na Superintendência Regional, nas situações excepcionais em que se verifique ser indispensável para a formação do beneficiário.
§ 4º O encaminhamento para cursos de pós-graduação lato sensu também deverá ser analisado e autorizado pelos gestores da RP no âmbito da SR, desde que gratuitos, haja vista a amplitude de áreas de trabalho já possibilitadas pela graduação.

Art. 47. Nos encaminhamentos para cursos de formação profissional, deverão ser emitidos documentos para acompanhamento da frequência e avaliação de desempenho/resultado que serão preenchidos pelo responsável da Instituição que acompanhará o curso de formação.
Parágrafo único. Quando indispensáveis à realização do curso de formação, devem ser prescritos Implementos Profissionais.

SEÇÃO IX – DA MELHORIA DE ESCOLARIDADE

Art. 48. A melhoria de escolaridade deve ser ofertada de forma gratuita e objetivar a ampliação das possibilidades de reinserção no mundo do trabalho e para fins de posterior encaminhamento para capacitação em cursos de formação profissional ou treinamento.

Parágrafo único. O PR/RP e o beneficiário devem definir o nível de escolaridade a ser alcançado, em consonância com o planejamento estabelecido no programa, que será acompanhado por meio de documento emitido periodicamente pela instituição de ensino.

CAPÍTULO VII – DO ENCERRAMENTO DO PROCESSO DE REABILITAÇÃO PROFISSIONAL

SEÇÃO I – DO DESLIGAMENTO POR CONCLUSÃO DO PROGRAMA DE REABILITAÇÃO PROFISSIONAL

Art. 49. O Programa de Reabilitação Profissional será considerado concluído quando o reabilitando for considerado apto para o desempenho de atividade que lhe garanta a subsistência e em conformidade com as suas restrições laborais.

Parágrafo único. O mesmo se aplica aos casos em que o PRP se resume à concessão ou manutenção de OPM/TA.

Art. 50. Nos casos em que o reabilitando for considerado não recuperável, mesmo após a participação em Programa de Reabilitação Profissional, também será dado como concluído o PRP.

Parágrafo único. *(Revogado pela Portaria Dirben/INSS 1.130/2023)*

Art. 51. São considerados os motivos de desligamento com Conclusão do Programa de Reabilitação Profissional, bem como os procedimentos a serem adotados em cada tipo de desfecho:

I – retorno à função diversa: beneficiários que, após cumprirem o PRP, estejam habilitados para o exercício de função e atividades diferentes daquelas de origem. O PR deve emitir o "Certificado de Reabilitação Profissional", constante no ANEXO III, e a "Comunicação de Decisão da RP – Encerramento do Programa", constante no ANEXO IV, e efetuar a cessação administrativa do benefício, quando couber, na mesma data;

II – retorno à mesma função com adaptações: beneficiários que, após cumprirem a RP, apresentem condições de retorno à função de origem necessitando de adaptações das atividades e/ou do posto de trabalho. O PR deve emitir o "Certificado de Reabilitação Profissional", constante no ANEXO III, e a "Comunicação de Decisão da RP – Encerramento do Programa", constante no ANEXO IV, e efetuar a cessação administrativa do benefício, quando couber, na mesma data;

III – insuscetível de Reabilitação Profissional: beneficiários que, durante o PRP, após tentativas de preparo para uma atividade profissional, não alcançaram os requisitos mínimos para exercerem uma atividade no mercado de trabalho em atividade que lhe garanta a subsistência, devendo tal conclusão ser registrada pelo Profissional de Referência de forma justificada, com detalhamento do histórico profissional do segurado, suas condições pessoais, sociais, educacionais e técnicas que permitem atestar tal situação;

IV – concessão/manutenção OPM/TA: beneficiários contemplados pela concessão/manutenção/substituição de OPM/TA, pelo instituto, cuja conclusão do programa profissional consistia no recebimento destes recursos para (re)ingresso no mercado de trabalho. O PR/RP deve encerrar o PRP, emitir a "Comunicação de Decisão da RP – OPM", constante no ANEXO V, e efetuar a cessação administrativa do benefício, quando couber, na mesma data;

V – homologação de Readaptação ou Reabilitação de PcD: Trata-se da homologação de readaptação profissional de beneficiários na empresa de vínculo ou de reabilitação realizada para pessoas com deficiência promovida por meio de ACT. O PR deve emitir o "Certificado de Reabilitação Profissional", constante no ANEXO III. Caso se trate de beneficiário, emitir a "Comunicação de Decisão da RP – Encerramento do Programa", constante no ANEXO IV, e efetuar a cessação administrativa do benefício na mesma data.

Parágrafo único. A conclusão de que se trata o inciso III é definida pela equipe de Reabilitação Profissional do INSS, encerrando o prosseguimento no serviço, devendo ser encaminhado posteriormente para avaliação médico pericial para verificar a pertinência da concessão da aposentadoria por incapacidade.

SUBSEÇÃO I – DA EMISSÃO DO CERTIFICADO DE REABILITAÇÃO PROFISSIONAL

Art. 52. Concluído o processo de habilitação ou reabilitação profissional, o INSS emitirá certificado individual, indicando a função para a qual o reabilitando foi capacitado profissionalmente, sem prejuízo do exercício de outra para a qual se julgue capacitado. *(Redação dada pela Portaria Dirben/INSS 1.130/2023)*

Parágrafo único. O segurado certificado como reabilitado pelo INSS está apto à contratação pela reserva de vagas, conforme disposto no art. 93 da Lei nº 8.213, de 24 de julho de 1991.

SUBSEÇÃO II – DA CESSAÇÃO DO BENEFÍCIO

Art. 53. No ato da conclusão do programa para retorno ao trabalho, após a emissão do certificado, o PR/RP deverá cessar administrativamente o benefício de incapacidade temporária.

Parágrafo único. Nos casos de incapacidade permanente, o PR/RP deverá solicitar ao Gerente/Chefe de Benefícios da Agência mantenedora a cessação do benefício, observando-se o direito à mensalidade de recuperação, se for o caso.

SEÇÃO II – DOS DESLIGAMENTO POR INTERRUPÇÃO DO PROGRAMA DE REABILITAÇÃO PROFISSIONAL

Art. 54. O Programa de Reabilitação Profissional será considerado interrompido quando o programa profissional, definido previamente, for finalizado antes que se alcancem os objetivos propostos.

Art. 55. São considerados os motivos de desligamento com interrupção do Programa de Reabilitação Profissional:

I – intercorrência médica: beneficiários que durante o PRP não apresentem condições para continuar em processo de RP devido a procedimento cirúrgico recente ou pendente, final de gravidez, necessidade de tratamento específico ou demais agravamentos em saúde. Estas condições devem ser confirmadas em avaliação pela Perícia Médica Federal;

II – recusa: beneficiário que teve seu benefício cessado por manifestar, ativa ou passivamente, desinteresse e/ou resistência em cumprir o Programa de Reabilitação Profissional, embora apresente condições físicas, psíquicas e socioprofissionais para tal e não tenha cumprido os requisitos previstos na rotina de suspensão/cessação, conforme descrito nesta portaria;

III – abandono: beneficiário que teve seu benefício cessado por falta sem justificativa aos agendamentos ou ações do PRP e não tenha cumprido os requisitos previstos na rotina de suspensão/cessação, conforme descrito nesta portaria;

IV – óbito: beneficiários que falecem no decorrer do PRP;

V – transferência: beneficiários que, durante o PRP, passem a pertencer à outra GEX, em razão de transferência do benefício. A transferência do programa de RP não deve ser realizada antes da efetivação da transferência do benefício – TBM;

VI – decisão de outros órgãos/serviços: beneficiários que tiveram o PRP encerrado, benefício cessado, encaminhamento revertido ou impedido de prosseguir na RP por decisão de outros órgãos ou serviços, como poder judiciário, perícia médica federal, MOB, entre outras situações, sem que o programa tenha sido concluído pela equipe;

VII – alta a pedido: beneficiários que durante o PRP solicitam formal e voluntariamente a cessação do benefício, com consequente desligamento do Serviço de Reabilitação Profissional, e tenham a demanda atendida;

VIII – indeferimento de Readaptação ou Reabilitação de PcD: trata-se de indeferimento da homologação em caso de resultado insatisfatório do processo de readaptação ou reabilitação de PcD promovida por meio de ACT e que não seja possível nova proposta. O PR/RP deverá emitir o Ofício de indeferimento e encaminhar para a empresa/instituição parceira.

§ 1º A conclusão de que se trata o inciso I do *caput* é prerrogativa da Perícia Médica Federal, devendo o PR/RP encaminhar o beneficiário para avaliação sempre que verificada, fundamentada e documentada a alteração ou agravamento do quadro clínico que possa interferir no prosseguimento da RP, para confirmação e fixação da Data da Cessação do Benefício – DCB ou, em caso contrário, a continuidade do processo de RP. *(Redação dada pela Portaria Dirben/INSS 1.130/2023)*

§ 2º O desligamento que se trata o inciso V, trata-se de transferência do benefício e do processo de reabilitação, onde sua continuidade e características serão avaliadas com prioridade pela equipe de Reabilitação Profissional que recebe o processo.

CAPÍTULO VIII – DA ARTICULAÇÃO COM A COMUNIDADE

SEÇÃO I – DA PESQUISA EXTERNA NA REABILITAÇÃO PROFISSIONAL

Art. 56. As atividades externas são o rol de ações que possibilitam ao PR/RP conhecer e atuar junto às empresas, espaços de formação escolar e profissional, contexto de moradia, rede intersetorial, o acompanhamento dos segurados em processo de protetização, entre outros, bem como elucidar fato ou documentação apresentada pelo beneficiário relevante para o serviço de reabilitação profissional.

Art. 57. As atividades externas que poderão ser desenvolvidas pela Reabilitação Profissional são:

I – visitas técnicas a empresas e análise de compatibilidade "in loco";

II – acompanhamento de cursos de formação profissional e melhoria de escolaridade;

III – visitas domiciliares;

IV – reuniões com a rede intersetorial.

Parágrafo único. O rol de atividades externas pode incluir outras atividades, desde que tenham pertinência à condução do PRP e estejam em consonância com os procedimentos de Pesquisa Externa da RP.

SEÇÃO II – DOS ACORDOS E CONVÊNIOS DE COOPERAÇÃO TÉCNICA

Art. 58. Para o atendimento dos reabilitandos em PRP, poderão ser firmados Acordos ou Convênios de cooperação técnica, contratos e parcerias, no âmbito da Reabilitação Profissional, com entidades públicas ou privadas de comprovada idoneidade financeira e técnica, nas seguintes modalidades:

I – atendimentos especializados (nas áreas de Fisioterapia, Terapia Ocupacional, Fonoaudiologia e Psicologia e outras áreas da saúde);

II – avaliação e melhoria do nível de escolaridade;

III – avaliação e treinamento profissional;

IV – promoção de cursos profissionalizantes;

V – estágios curriculares e extracurriculares para alunos graduados;

VI – homologação do processo de habilitação ou reabilitação de PcD;

VII – homologação de readaptação profissional; e

VIII – teleatendimento, onde não existir APS.

§ 1º Os ACTs estão previstos em ato normativo próprio, bem como suas minutas e seus respectivos planos de trabalho.

§ 2º Todas as modalidades previstas neste artigo deverão ser desenvolvidas com acompanhamento e supervisão das equipes de Reabilitação Profissional.

§ 3º Os reabilitandos que não sejam beneficiários da Previdência Social, mas que estejam vinculados na condição de PcD nas hipóteses previstas nesta Portaria, somente poderão ser atendidos pelas modalidades Acordo ou Convênio de cooperação técnica.

CAPÍTULO IX – DO ACOMPANHAMENTO E PESQUISA DA FIXAÇÃO NO MERCADO DE TRABALHO

Art. 59. A pesquisa da fixação no mercado de trabalho é função básica da Reabilitação Profissional, de realização obrigatória, e deve ser feita com os beneficiários desligados do Programa de RP para retorno ao trabalho com emissão de certificado 14 meses após o desligamento.

Art. 60. O PR/RP será responsável pela realização da pesquisa da fixação dos beneficiários que acompanhou durante o PRP, devendo, tão logo efetue a alta, já abrir tarefa específica para a pesquisa da fixação e acompanhar a data estipulada para sua realização.

Art. 61. A coleta dos dados referentes à pesquisa da fixação dar-se-á através de entrevista com o beneficiário na agência do INSS, por teleatendimento ou no local de trabalho do segurado, com agendamento prévio.

Parágrafo único. Não sendo viável a realização da pesquisa da fixação pelos tipos de atendimento listados no *caput*, a mesma poderá ser feita através de questionário disponibilizado ao segurado via aplicativo MEU INSS, ou pela realização de coleta de dados no CNIS.

Art. 62. Os dados das Pesquisas da Fixação concluídas devem ser consolidados mensalmente pela Chefia da Reabilitação Profissional nas Superintendências Regionais, para análise.

CAPÍTULO X – DO BOLETIM ESTATÍSTICO DA REABILITAÇÃO PROFISSIONAL

Art. 63. O PR/RP deve registrar de maneira tempestiva as informações relativas ao atendimento do PRP no processo, garantindo que esteja sempre indicada a fase do programa em que o reabilitando se encontra. *(Redação dada pela Portaria Dirben/INSS 1.130/2023)*

§ 1º As informações mencionadas no *caput* devem ser supervisionadas pela Chefia da Reabilitação Profissional na SR, em conjunto com o registro das informações referentes à concessão de recursos materiais e às ações de articulação intersetorial e com a rede. *(Redação dada pela Portaria Dirben/INSS 1.130/2023)*

§ 2º Os dados registrados no processo referido no *caput* e os coletados no §1º compõem o Boletim Estatístico da Reabilitação Profissional – BERP da Gerência Executiva, que é a fonte de dados oficiais do serviço de Reabilitação Profissional do INSS para fins gerenciais, divulgação e prestação de contas do serviço. *(Redação dada pela Portaria Dirben/INSS 1.130/2023)*

§ 3º *(Revogado pela Portaria Dirben/INSS 1.130/2023)*

CAPÍTULO XI – DOS RECURSOS MATERIAIS

SEÇÃO I – DAS CONSIDERAÇÕES GERAIS

Art. 64. Quando indispensáveis ao efetivo desenvolvimento do processo de Reabilitação Profissional e prescritos pela equipe que acompanha o reabilitando ou determinados por sentença judicial, o Instituto Nacional do Seguro Social fornecerá recursos materiais aos segurados, inclusive aposentados, em caráter obrigatório, e na medida das possibilidades do Instituto, aos seus dependentes.

§ 1º No caso das pessoas com deficiência, a concessão dos recursos materiais referidos no parágrafo anterior ficará condicionada à celebração de acordo ou convênio de cooperação técnico-financeira.

§ 2º O Instituto Nacional do Seguro Social não reembolsará as despesas realizadas com a aquisição de recursos materiais não prescritos ou não autorizados por suas unidades de reabilitação profissional.

Art. 65. Para os efeitos desta Portaria, consideram-se recursos materiais:

I – órteses, próteses, meios auxiliares de locomoção: tecnologia assistiva para correção de deformidades ou melhora da funcionalidade; para substituição de membros ou parte destes, sem necessidade de intervenção cirúrgica para implantação ou introdução no corpo humano; aparelhos ou dispositivos que auxiliam a locomoção do indivíduo com dificuldades ou impedimentos para a marcha independente;

II – outros recursos de tecnologia assistiva: produtos, recursos, metodologias, estratégias, práticas e serviços que objetivam promover a funcionalidade, relacionada à atividade e participação, de pessoas com deficiência, incapacidades ou mobilidade reduzida, visando sua autonomia, independência, qualidade de vida e inclusão social;

III – cursos de formação profissional: referem-se a cursos de capacitação profissional, aperfeiçoamento e atualização profissional, nas modalidades presenciais, semipresenciais ou à distância, visando a preparação do beneficiário para o retorno ao mercado de trabalho;

IV – taxas e documentos de habilitação: consistem em taxas indispensáveis e de necessidade imediata para o cumprimento do programa de RP, desde que indiscutível sua relação com o projeto singular planejado pela equipe junto com o beneficiário;

V – auxílio-transporte urbano, intermunicipal e interestadual: consiste no pagamento de despesas com o deslocamento do beneficiário de seu domicílio para atendimento nas Agências da Previdência Social (APS), avaliações, cursos, melhoria da escolaridade e/ou treinamento em empresas ou instituições da comunidade;

VI – auxílio-alimentação: consiste na indenização paga ao segurado para que o mesmo possa custear as despesas necessárias para sua alimentação durante as atividades de cumprimento do PRP de duração igual ou superior a quatro horas diárias, excluída a duração do deslocamento, e cuja realização ocorra na mesma localidade do seu domicílio ou em localidade diversa com deslocamento inferior a 50 km;

VII – diárias: devidas ao beneficiário que necessitar se deslocar por determinação do INSS para se submeter a processo de Reabilitação Profissional em localidade diversa de sua residência;

VIII – implemento profissional: é o conjunto de materiais indispensáveis para o desenvolvimento da formação/capacitação profissional compreendendo, dentre outros, materiais didáticos, instrumentos técnicos e equipamentos de proteção individual;

Parágrafo único. Considera-se localidade diversa, para fins de pagamento de diárias, o local que exija deslocamento entre municípios superior a 50 km, ou que estejam fora dos limites da região metropolitana, considerando a residência do segurado como ponto de partida para a mensuração.

SEÇÃO II – DAS ÓRTESES, PRÓTESES, MEIOS AUXILIARES DE LOCOMOÇÃO E OUTROS RECURSOS DE TECNOLOGIA ASSISTIVA – OPM/TA

SUBSEÇÃO I – DAS CONDIÇÕES PARA A CONCESSÃO DE OPM/TA

Art 66. A concessão de OPM/TA pelo serviço de Reabilitação Profissional do INSS deve observar os seguintes parâmetros:

I – ter por objetivo a manutenção ou o retorno ao mercado de trabalho;

II – enquadrar-se como tecnologia assistiva;

III – não ser destinada à aplicação na área médica e de reabilitação física ou social;

IV – ser mantida em posse do beneficiário;

V – atender às necessidades individuais do beneficiário, sendo vedada a concessão para melhoria de postos de trabalho e ambientes coletivos;

VI – anuência e comprometimento do beneficiário a cumprir integralmente o programa de reabilitação profissional fixado.

Parágrafo único. Os acessórios dos itens de que trata esta Seção deverão ser concedidos, a fim de evitar a inutilização do dispositivo em uso pelo requerente.

Art. 67. O reabilitando para o qual for indicada a concessão ou manutenção de OPM/TA no contexto da Reabilitação Profissional não terá seu programa de RP encerrado até que se conclua a concessão do equipamento necessário para o reingresso no mercado de trabalho. *(Redação dada pela Portaria Dirben/INSS 1.130/2023)*

§ 1º Para o beneficiário que passar a gozar de aposentadoria por incapacidade permanente no decorrer do processo de concessão de OPM/TA, uma vez concluído o processo de Reabilitação Profissional, interrompe-se o processo de contratação do referido item. *(Acrescido pela Portaria Dirben/INSS 1.130/2023)*

§ 2º Para o beneficiário que recuperar a capacidade laborativa, conforme indicado em exame médico pericial, ou for considerado reabilitado antes da concessão/manutenção da OPM/TA, presume-se que não há mais indicação do equipamento, devendo ser interrompido o processo de contratação do referido item. *(Acrescido pela Portaria Dirben/INSS 1.130/2023)*

§ 3º Excetuam-se às interrupções previstas nos parágrafos §1º e §2º os processos em que: *(Acrescido pela Portaria Dirben/INSS 1.130/2023)*

I – a contratação da OPM/TA já ocorreu e estejam em curso apenas as etapas de tomada de medidas, confecção e entrega dos equipamentos.

II – quando a concessão do equipamento decorrer de decisão judicial em tutela de direito individual ou coletivo.

Art. 68. Ao beneficiário que se aposentar de forma programada, especial ou por idade do trabalhador rural no decorrer do processo de concessão, ou ainda, que estiver em gozo de uma dessas aposentadorias na data do requerimento, caberá a concessão de OPM/TA, desde que esteja exercendo atividade abrangida pelo RGPS (como empregado, inclusive o doméstico, ou trabalhador avulso), e se enquadre nos demais parâmetros necessários à concessão.

Art. 69. Nas situações de determinação de concessão de OPM/TA pelo poder judiciário, a equipe de RP deverá se orientar pelo parecer da Procuradoria Geral Federal – PGF, verificando se a decisão detém força executória para o cumprimento imediato.

Art. 70. Os beneficiários em PRP que tenham direito ao fornecimento de aparelho de órteses, próteses, meios auxiliares de locomoção e outros recursos de tecnologia assistiva (OPM/TA), mas se recusam injustificadamente a cumprir integralmente o programa de reabilitação profissional não farão jus ao fornecimento desses dispositivos. *(Redação dada pela Portaria Dirben/INSS 1.130/2023)*

Parágrafo único. A equipe de RP, previamente à decisão conclusiva pelo não fornecimento da OPM/TA, deverá realizar intervenção assertiva junto ao segurado, com o objetivo de informá-lo acerca da importância e necessidade de participação integral no processo de reabilitação profissional.

SUBSEÇÃO II – DAS COMPETÊNCIAS

Art. 71. Cabe à equipe de RP o acompanhamento periódico dos casos de concessão desses recursos, desde o requerimento até a finalização do processo, e ainda, o acompanhamento referente à utilização dos equipamentos (de acordo com o prazo de garantia de cada produto).

Art. 72. A avaliação e a prescrição dos recursos materiais de que trata esta Seção é de competência da Perícia Médica Federal.

Parágrafo único. O segurado que está em atividade laboral mas que necessite de reparo ou substituição de Órteses, Próteses e meios auxiliares de locomoção e outros recursos de tecnologia assistiva, previamente concedidos pelo INSS, deverá ser avaliado pela Perícia

Médica Federal e, confirmada a necessidade do recurso, será considerado elegível. *(Redação dada pela Portaria Dirben/INSS 1.130/2023)*

SUBSEÇÃO III – DA QUALIDADE DE SEGURADO

Art. 73. A qualidade de segurado na Data de Entrada do Requerimento é condição indispensável para o prosseguimento do processo de concessão de OPM/TA, assim como a perspectiva de manutenção ou retorno ao mercado de trabalho.

SUBSEÇÃO IV – DO PROCESSO DE CONCESSÃO

Art. 74. Quanto à definição da natureza jurídica do contrato de concessão de OPM/TA, a confecção e fornecimento de órteses e próteses não implantáveis sob medida, assim como os serviços de manutenção desses recursos materiais possuem natureza jurídica de serviços. *(Redação dada pela Portaria Dirben/INSS 1.130/2023)*

Parágrafo único. A aquisição de meios auxiliares de locomoção e outros recursos de tecnologia assistiva que não ensejam responsabilidade técnica e não são feitos sob medida podem ser licitados como compras/material. *(Acrescido pela Portaria Dirben/INSS 1.130/2023)*

Art. 75. O acompanhamento e a entrega provisória, bem como a verificação da adequação do material ou da prestação dos serviços até a entrega do produto definitivo, são de responsabilidade do Fiscal Técnico do Contrato.

Art. 76. Em relação à concessão de OPM/TA, cabe à Perícia Médica Federal: *(Redação dada pela Portaria Dirben/INSS 1.130/2023)*

I – a análise técnica; *(Acrescido pela Portaria Dirben/INSS 1.130/2023)*

II – a efetivação da entrega definitiva; *(Acrescido pela Portaria Dirben/INSS 1.130/2023)*

III – o aceite dos equipamentos; *(Acrescido pela Portaria Dirben/INSS 1.130/2023)*

IV – a verificação de adaptação completa do beneficiário ao dispositivo; e *(Acrescido pela Portaria Dirben/INSS 1.130/2023)*

V – a reavaliação após ajustes, manutenção ou substituição de componentes. *(Acrescido pela Portaria Dirben/INSS 1.130/2023)*

Art. 77. O beneficiário deve ter ciência da prescrição realizada, bem como de qualquer alteração que venha a ocorrer durante o processo de concessão, de forma a evitar recusa no ato da entrega.

§ 1º Caso o beneficiário se recuse a aceitar o dispositivo fornecido, deverá ser orientado a apresentar justificativa, que será anexada ao processo e analisada quanto à sua pertinência. *(Redação dada pela Portaria Dirben/INSS 1.130/2023)*

§ 2º Caso, após análise pela equipe de RP, a justificativa seja considerada insatisfatória, o dispositivo deverá ser entregue ao beneficiário para efetiva conclusão do programa. *(Redação dada pela Portaria Dirben/INSS 1.130/2023)*

§ 3º Mantida a postura de recusa, deverá ser encaminhado para procedimento de cobrança administrativa do gasto havido. *(Acrescido pela Portaria Dirben/INSS 1.130/2023)*

Art. 78. Ao término do período de garantia, a necessidade de substituição ou reparo dos dispositivos é considerada como um novo requerimento e estará condicionado a uma nova avaliação inicial realizada pela equipe de RP que analisará a "qualidade de segurado" e as justificativas para substituição e/ou reparos, dando início a novo processo de concessão de OPM/TA. *(Redação dada pela Portaria Dirben/INSS 1.130/2023)*

SEÇÃO III – DOS CURSOS DE FORMAÇÃO PROFISSIONAL

SUBSEÇÃO I – DOS CURSOS GRATUITOS DISPONÍVEIS NA COMUNIDADE

Art. 79. Deve ser dada prioridade ao encaminhamento do beneficiário para cursos de formação profissional disponíveis gratuitamente na comunidade e/ou ofertados ao INSS por meio de Acordos de Cooperação Técnica.

SUBSEÇÃO II – DA AQUISIÇÃO DE CURSOS

Art. 80. A aquisição de cursos pelo serviço de Reabilitação Profissional, com o objetivo de qualificar profissionalmente o segurado, deve priorizar a carga horária de 160 horas.

§ 1º Não há impedimento de aquisição de cursos com o objetivo de complementação ou de atualização profissional com carga horária inferior a 160 horas, desde que sua aquisição esteja fundamentada, de acordo com a prescrição e justificativa do caso concreto, visando concluir o processo reabilitatório do segurado.

§ 2º Não é permitida a aquisição de cursos de nível superior.

Art. 81. Os cursos adquiridos poderão ter uma vigência que ultrapassa o exercício, mas a estimativa orçamentária e o pagamento deverão respeitar o exercício financeiro.

§ 1º Para os contratos cuja vigência se der em mais de um exercício financeiro, as solicitações de ateste orçamentário deverão observar o princípio da anualidade orçamentária, separando no pedido os valores previstos para a execução em cada exercício.

§ 2º É vedado promover o pagamento de curso continuado na totalidade, devendo ser efetuado em parcelas e respeitando o orçamento de cada exercício financeiro.

Art. 82. O beneficiário encaminhado para curso de formação deverá ser orientado sobre suas obrigações, mediante ciência em documento próprio.

SEÇÃO IV – DAS TAXAS E DOCUMENTOS DE HABILITAÇÃO

Art. 83. Poderão ser prescritas e custeadas pelo INSS, quando indispensáveis ao cumprimento do PRP, o pagamento de taxas e documentos de habilitação.

§ 1º Para efeitos do *caput*, considera-se:

I – taxas: inscrição em processo seletivo prévio, emissão de certificado, taxa para renovação de Carteira Nacional de Habilitação, entre outras;

II – documentos de habilitação: documentos necessários para o exercício de algumas profissões regulamentadas, como atestados de capacitação profissional e registro em conselhos de classes.

§ 2º Não constitui obrigação legal do INSS arcar com taxas/inscrições que tenham como objetivo a garantia de trabalho ao segurado reabilitado.

Art. 84. Em se tratando de inscrição em conselho de classe, tais taxas somente podem ser custeadas, quando houver a necessidade imediata, devidamente comprovada e justificada, sendo indispensável para o desfecho do PRP.

Parágrafo único. As demais anuidades decorrentes dessa inscrição não mais poderão ser custeadas pelo INSS.

SEÇÃO V – DO AUXÍLIO-TRANSPORTE URBANO, INTERMUNICIPAL E INTERESTADUAL, AUXÍLIO-ALIMENTAÇÃO E DIÁRIAS

Art. 85. O pagamento de auxílio-transporte, auxílio-alimentação e diárias podem ser realizados em caráter de antecipação ou reembolso, conforme avaliação técnica da necessidade pela equipe de Reabilitação Profissional.

§ 1º É vedado o pagamento antecipado para período superior a um mês da atividade proposta.

§ 2º O beneficiário que deixar de comparecer ao encaminhamento proposto pela equipe de RP deverá devolver os valores pagos antecipados e não utilizados, caso não haja novo encaminhamento da mesma ordem.

Art. 86. Nas situações em que o beneficiário declare ser necessário um acompanhante ou quando da necessidade de convocação de familiar pela equipe de RP, nos casos de deslocamento para localidade diversa da sua residência, poderá ser realizado o pagamento de auxílio-transporte e diárias ao acompanhante/familiar, conforme critérios estabelecidos.

Parágrafo único. A comprovação da necessidade de acompanhante pelo beneficiário dependerá de apresentação de relatório do médico assistente comprovando a necessidade. Se necessário, a equipe de RP poderá solicitar parecer da Perícia Médica Federal.

SUBSEÇÃO I – DO AUXÍLIO-TRANSPORTE

Art. 87. Não cabe a concessão de auxílio-transporte ao reabilitando que tenha carteira de transporte para PcD e/ou passe livre, exceto em casos em que os benefícios citados não atendam às necessidades do beneficiário, como por exemplo: insuficiente cobertura de transporte público ou limite de crédito diário.

Art. 88. No reembolso de despesa com transporte intermunicipal e/ou interestadual é obrigatória a apresentação do(s) bilhete(s) para comprovação da despesa do deslocamento, que deve ser anexado ao processo. Nas situações em que as empresas de transporte intermunicipal e/ou interestadual não emitam bilhetes de passagem e nos deslocamentos urbanos, será considerada para fins de comprovação a presença do segurado no encaminhamento proposto. *(Redação dada pela Portaria Dirben/INSS 1.130/2023)*

Art. 89. Na inexistência de meios de transporte públicos, poderão ser utilizados outros tipos de transportes (ex.: moto-táxi, van, aplicativo de transporte), desde que seja comprovada a necessidade e seguindo os trâmites propostos por ato próprio.

SUBSEÇÃO II – DO AUXÍLIO-ALIMENTAÇÃO

Art. 90. O valor diário do auxílio-alimentação será fixado em 3,5% do salário-mínimo vigente.
§ 1º Dispensa-se a necessidade de prestação de contas quanto à utilização do auxílio-alimentação, mas exige-se a comprovação da presença do segurado na atividade proposta para que seja feito o pagamento.
§ 2º Nas atividades realizadas pelo segurado em que a ofertante do curso, treinamento ou melhoria de escolaridade dispor de refeição gratuita no local da atividade ou oferecer ajuda de custo voluntária ao reabilitando para este fim, está dispensado o pagamento do auxílio-alimentação. *(Redação dada pela Portaria Dirben/INSS 1.130/2023)*

SUBSEÇÃO III – DAS DIÁRIAS

Art. 91. Os valores para pagamento de diárias são atualizados anualmente por Portaria Ministerial.
Parágrafo único. Os critérios para pagamento a serem utilizados serão:
I – sem pernoite: paga-se 1/2 diária; e *(Redação dada pela Portaria Dirben/INSS 1.130/2023)*
II – com pernoite: paga-se diária. *(Redação dada pela Portaria Dirben/INSS 1.130/2023)*

Art. 92. Considera-se, para fins de pagamento de diárias, a necessidade de apresentação de comprovante de frequência na atividade proposta, que deve ser anexado ao processo e disponibilizado para consulta quando solicitado por órgão interno ou externo. *(Redação dada pela Portaria Dirben/INSS 1.130/2023)*

SEÇÃO VI – DO IMPLEMENTO PROFISSIONAL

Art. 93. A aquisição de implementos profissionais é devida apenas no caso de cursos e treinamentos em que os implementos não são disponibilizados de forma gratuita ao segurado pela instituição de ensino ou pela empresa responsável pelo treinamento.

Art. 94. O fornecimento de implementos profissionais para utilização do segurado em programa de Reabilitação Profissional deve estar contemplado na contratação de cursos, sempre que possível.
Parágrafo único. Excepcionalmente, a entrega dos implementos profissionais de grande volume e difícil transporte poderá ser feita pelo fornecedor no local do curso ou treinamento do reabilitando, desde que definido na prescrição.

SEÇÃO VII – DAS DISPOSIÇÕES FINAIS

Art. 95. A aquisição dos Recursos Materiais será efetuada pelas seguintes formas:
I – contrato de aquisição ou de prestação de serviços;
II – pagamento ao fornecedor; e
III – pagamento ao reabilitando, nos casos previstos como: concessão de auxílio-transporte, auxílio-alimentação e diárias.
§ 1º A aquisição de bens e serviços pela Administração Pública e, consequentemente, de recursos materiais no âmbito da RP é feita por meio de processo de licitação pública, permitindo a padronização nos procedimentos a serem adotados pelas equipes.
§ 2º A equipe de RP deverá observar os normativos e atos vigentes, publicados em conjunto com a Diretoria de Orçamento, finanças e Logística-DIROFL, quanto às diretrizes relacionadas ao processo de concessão de recursos materiais.

§ 3º O pagamento de recursos materiais referentes a auxílio-transporte, auxílio-alimentação e diárias para os segurados em PRP independe de autorização técnica da Chefia da Reabilitação Profissional na SR, cabendo ao PR/RP o encaminhamento do requerimento via sistema OFCWEB (ou outro que venha a substituí-lo). Nos demais casos há necessidade de prévia autorização técnica da Chefia da Reabilitação Profissional na SR para formalização e aquisição. *(Redação dada pela Portaria Dirben/INSS 1.130/2023)*

ANEXO I – PORTARIA DIRBEN/INSS Nº 999, DE 28 DE MARÇO DE 2022

COMUNICAÇÃO DE DECISÃO DA REABILITAÇÃO PROFISSIONAL – RECUSA/ABANDONO

Cidade/UF, ____ de _____ de _____
NIT:
E/NB:
Ao Sr.(a):
Endereço:
Número do Requerimento:
Assunto: Recusa/Abandono do Programa de Reabilitação Profissional
Decisão: Encerramento de Programa de Reabilitação Profissional
Motivo: Justificativa insuficiente ou não apresentada
Fundamentação legal: art. 101 da Lei no 8.213 de 24/07/1991, art. 46 e 47 do Regulamento da Previdência Social, aprovado pelo Decreto no 3.048 de 06/05/1999 e inc. II do art. 343 da instrução Normativa PRES/INSS nº 128, de 28 de março de 2022.
Comunicamos o encerramento de seu Programa de Reabilitação Profissional do INSS e a cessação de seu benefício em ____/____/_____ por abandono/recusa.
Conforme fundamentação legal, seu benefício foi cessado devido à insuficiência ou não apresentação de justificativa documental para comprovação de motivo de força maior e/ou caso fortuito para o não cumprimento do Programa de Reabilitação Profissional.
A partir da data da cessação do benefício e pelo prazo de 30 (trinta) dias, V. Sa. poderá interpor Recurso à Junta de Recursos da Previdência Social. O requerimento de novo benefício poderá ser feito ligando para o número 135 da Central de Atendimento do INSS; pela Internet no endereço www.inss.gov.br ou pelo aplicativo MEU INSS.
Data:
INSTITUTO NACIONAL DO SEGURO SOCIAL – INSS
Agência da Previdência Social:
Endereço:

ANEXO II – PORTARIA DIRBEN/INSS Nº 999, DE 28 DE MARÇO DE 2022

FORMULÁRIO DE AVALIAÇÃO SOCIOPROFISSIONAL – FASP

DADOS DO SEGURADO/BENEFICIÁRIO	
NOME:	
Espécie/NB:	CPF:

I – TRABALHO

1. Atividade de Origem (preenchimento obrigatório):_____

2. Descrição da Atividade Exercida e Condições Objetivas do Trabalho (descrever todas as atividades que realiza, estrutura, mobiliário, vibração, temperatura, acessibilidade, qualidade do ar, luz)

(Campo de preenchimento livre)

3. Processo de trabalho e Relações Interpessoais (jornada, turno, equipe e relações interpessoais, forma de exercer a atividade, ritmo de trabalho)

(Campo de preenchimento livre)

4. Trajeto e deslocamentos para o trabalho: (ressaltar o meio de transporte utilizado para o trabalho, trajeto)

(Campo de preenchimento livre)

5. Experiência Profissional (descrever todas as experiências profissionais, sejam formais ou informais, tempo na função atual, valor do salário de contribuição e benefícios oferecidos pela empresa):

Nome da empresa	CNPJ	Data de entrada	Data de saída	Atividade exercida	Comentários

6. Relação previdenciária (tempo de contribuição, valor do benefício, percepção de outros benefícios previdenciários)

NB	DIB	DCB	CID	RP	Detalhar

7. Histórico do Afastamento do Trabalho (motivos, tempo de afastamento, tentativas de retorno para mesma ou outra função)

(Campo de preenchimento livre)

8. Interesse profissional (considerar aptidões, motivação e perspectivas)

(Campo de preenchimento livre)

II – EDUCAÇÃO

1. Escolaridade:
( ) Não alfabetizado
( ) Ensino Fundamental I (1º ao 5º ano) Incompleto
( ) Ensino Fundamental I (1º ao 5º ano) Completo
( ) Ensino Fundamental II (6º ao 9º ano) Incompleto
( ) Ensino Fundamental II (6º ao 9º ano) Completo
( ) Ensino Médio Incompleto
( ) Ensino Médio Completo
( ) Superior Incompleto
( ) Superior Completo
Cursando ( ) sim ( ) não – ano/série _____
( ) Rede privada
( ) Rede pública
Comprovada com documentação:( ) Sim ( ) Não

2. Habilidades educacionais e cognitivas (competências de leitura, escrita e cálculos; capacidade de manter atenção, resolver problemas cotidianos e tomar decisões)

(Campo de preenchimento livre)

3. Qualificação profissional (descrever todas os cursos e treinamento realizados, carga horária, instituição promotora, ano de conclusão)

(Campo de preenchimento livre)

III – FAMÍLIA E COTIDIANO

1. Caracterização familiar (informações da organização familiar, composição, apoio):
a. Data de nascimento: _____
b. Estado civil:
( ) Solteiro(a)
( ) Casado(a)
( ) Viúvo(a)
( ) Divorciado(a)
( ) Separado(a) Judicialmente
( ) União Estável
c. Dependentes menores:_____
d. Total de pessoas no núcleo familiar: _____
2. Renda familiar (composição, poder aquisitivo; os principais gastos)
a. Renda familiar total
( ) Não possui renda
( ) Até 1 salário mínimo
( ) Entre 1 e 2 salários mínimos
( ) Entre 2 e 4 salários mínimos

( ) Entre 4 e 10 salários mínimos
( ) Entre 10 e 20 salários mínimos
( ) Acima de 20 salários mínimos
b. Número de integrantes do núcleo familiar com renda
( ) 0
( ) Apenas o segurado possui renda
( ) 2
( ) 3 [...]
c. Outras observações:

(Campo de preenchimento livre)

3. Realiza as atividades diárias de forma independente? (cuidado pessoal, atividades domésticas interna e externa, vida comunitária – lazer, recreação, religião, espiritualidade, vida política e cidadania)

(Campo de preenchimento livre)

4. Quanto à habilidade das mãos?
( ) destro ( ) canhoto ( ) ambidestro
5. Faz uso de algum dispositivo de ajuda?
( ) Sim ( ) Não
Quais?
( ) Prótese ortopédica não implantável
( ) Órtese
( ) Cadeira de rodas
( ) Muletas
( ) Andador
( ) Bengala
( ) Aplicativos de acessibilidade
( ) Óculos/Lentes de contato
( ) Aparelho de amplificação sonora individual (prótese auditiva)
( ) monolateral ( ) bilateral
( ) Adaptações
( ) Outros:_____
6. Encontra-se em tratamento/acompanhamento de saúde?
( )Sim ( )Não
a. Modalidade de tratamento/frequência (semestral, trimestral, bimestral, mensal, semanal, mais de uma vez na semana):
( ) Atendimento por equipe multiprofissional/_____
( ) Fisioterapia/_____
( ) Terapia Ocupacional/_____
( ) Fonoaudiologia/_____
( ) Psicologia/_____
( ) Acompanhamento médico especializado/_____
( ) Outros:_____

IV – SERVIÇOS, SISTEMAS E POLÍTICAS
1. Utiliza serviços de saúde? ( ) Sim ( ) Não
Se SIM, quais?
( ) Medicação ( ) Tratamentos
( ) Consultas ( ) Exames
( ) Outros: _____
Se SIM, de qual tipo?
( ) Público ( ) Particular ( ) Particular por convênio médico próprio
( ) Particular por convênio médico pago pela empresa de vínculo
2. Utiliza serviços de educação básica? ( ) Sim ( ) Não
Se SIM, de qual tipo?
( ) Público ( ) Particular ( ) Particular com bolsa de estudos
3. Utiliza serviços de educação profissionalizante? ( ) Sim ( ) Não
Se sim, de qual tipo?

( ) Público ( ) Particular ( ) Particular com bolsa de estudos
4. Utiliza serviços relacionados à Política de Assistência Social? ( ) Sim ( ) Não
4.1 Possui acesso à Política de Assistência Social? ( ) Sim ( ) Não ( ) Sem informação
5. Acesso aos serviços de comunicação:
( ) Correio ( ) Telefone fixo
( ) Internet ( ) Telefone celular
6. Acesso ao transporte:
( ) A pé
( ) Carro próprio
( ) Transporte público – Van, ônibus, barco
( ) Táxi/motoristas contratados por aplicativo
( ) Carona
Possui passe livre?
( ) Não ( ) Sim
Se SIM, qual tipo?
( ) Municipal
( ) Intermunicipal
( ) Interestadual
7. Acesso à política de habitação:
1. Zona de moradia:
( ) Urbano
( ) Rural
2. Condição de moradia:
( ) Própria
( ) Financiada
( ) Alugada
( ) Cedida
( ) Outras
3. Condições de acessibilidade na moradia (considerar possibilidade de locomoção e de entrar e sair de cômodos, existência de escadas, rampas e elevadores, superfícies com ou sem irregularidades, etc):
( ) Acessibilidade adequada
( ) Acessibilidade pouco adequada
( ) Acessibilidade inadequada
4. Condição das vias públicas do entorno da residência (considerar vias com ou sem pavimentação, calçadas com ou sem recuo, superfícies com ou sem irregularidades, existência de sinalização para travessia, etc):
( ) Acessibilidade adequada
( ) Acessibilidade pouco adequada
( ) Acessibilidade inadequada
Outras observações:
(Campo de preenchimento livre)

Prognóstico conclusivo de cumprimento do programa de reabilitação profissional e retorno ao trabalho.
(Campo de preenchimento livre)

Data:_____/_____/_____   Assinatura do Profissional de Referência

ANEXO III – PORTARIA DIRBEN/INSS Nº 999, DE 28 DE MARÇO DE 2022
CERTIFICADO DE REABILITAÇÃO PROFISSIONAL

Gerência Executiva _____/ APS _____
1. Certifico, para os fins de direito, e em cumprimento ao art. 92 da lei nº 8.213 de 24/07/91 e ao art. 140, do RPS (Decreto no 3.048, de 06/05/99), que o(a) segurado(a) _____, CPF _____ concluiu com êxito o Programa de Reabilitação Profissional do INSS em , estando reabilitado(a) para o exercício da função: _____, devendo ser respeitadas as restrições verificadas em perícia médica: _____
2. Em conformidade ainda com os dispositivos legais supracitados, informamos que:
I – o (a) segurado (a) não estará impedido (a) de exercer outra atividade para a qual se julgue capacitado (a); e

II – a empresa com 100 (cem) ou mais empregados está obrigada a preencher de 2% (dois por cento) a 5% (cinco por cento)dos seus cargos com beneficiários reabilitados ou pessoas portadoras de deficiência, habilitadas (art. 93 da lei 8213/91).

_____, _____ de _____ de _____.
ASSINATURA DO SERVIDOR
CARGO e MATRÍCULA

ANEXO IV – PORTARIA DIRBEN/INSS Nº 999, DE 28 DE MARÇO DE 2022

COMUNICAÇÃO DE DECISÃO DA REABILITAÇÃO PROFISSIONAL – ENCERRAMENTO DO PROGRAMA

Cidade/UF, _____ de _____ de _____
NIT:
E/NB:
Ao Sr.(a):
Endereço:
Número do Requerimento:
Assunto: Encerramento de Programa de Reabilitação Profissional
Decisão: Segurado(a) considerado(a) reabilitado(a)
Motivo: Cumpriu Programa de Reabilitação Profissional do INSS
Fundamentação legal: Lei no 8.213 de 24/07/1991, Art. 62 § 1o e Art.92 e Regulamento da Previdência Social aprovado pelo Decreto no 3.048 de 06/05/1999, Art. 140.
Comunicamos a conclusão de seu processo de habilitação e reabilitação social e profissional em XX/XX/XXXX. Conforme a fundamentação legal, será emitido certificado individual indicando as atividades que poderão ser exercidas pelo beneficiário, nada impedindo que este exerça outra atividade para a qual se capacitar. Em função da conclusão do Programa de Reabilitação Profissional, seu benefício foi encerrado nesta data. A partir da data da cessação do benefício e pelo prazo de 30 (trinta) dias, V. Sa. poderá interpor Recurso à Junta de Recursos da Previdência Social.
O requerimento de novo benefício poderá ser feito ligando para o número 135 da Central de Atendimento do INSS; pela Internet no endereço www.inss.gov.br ou pelo aplicativo MEU INSS.
Data:
INSTITUTO NACIONAL DO SEGURO SOCIAL – INSS
Agência da Previdência Social:
Endereço:

ANEXO V – PORTARIA DIRBEN/INSS Nº 999, DE 28 DE MARÇO DE 2022

COMUNICAÇÃO DE DECISÃO DA REABILITAÇÃO PROFISSIONAL – OPM

Cidade/UF, _____ de _____ de _____
NIT:
E/NB:
Ao Sr.(a):
Endereço:
Número do Requerimento:
Assunto: Desligamento da Reabilitação Profissional
Decisão: Concessão/Manutenção de Órtese, Prótese ou Meio Auxiliar de Locomoção (OPM) ao segurado
Motivo: Realizada a concessão/manutenção de OPM
Fundamentação legal: Lei nº 8.213 de 24/07/1991, Art. 89 e Regulamento da Previdência Social aprovado pelo Decreto nº 3.048 de 06/05/1999, Art. 137 § 2º.
Em função da finalização do processo de concessão/manutenção de Órtese, Prótese ou Meio Auxiliar de Locomoção (OPM), comunicamos o desligamento da Reabilitação Profissional e encerramento do seu benefício nesta data.
A partir da data da cessação do benefício e pelo prazo de 30 (trinta) dias, V. Sa. poderá interpor Recurso à Junta de Recursos da Previdência Social.
O requerimento de novo benefício poderá ser feito ligando para o número 135 da Central de Atendimento do INSS; pela Internet no endereço www.inss.gov.br ou pelo aplicativo MEU INSS.
Data:
INSTITUTO NACIONAL DO SEGURO SOCIAL – INSS
Agência da Previdência Social:
Endereço: